ISBN 978-0-656-50135-9
PIBN 10669840

This book is a reproduction of an important historical work. Forgotten Books uses state-of-the-art technology to digitally reconstruct the work, preserving the original format whilst repairing imperfections present in the aged copy. In rare cases, an imperfection in the original, such as a blemish or missing page, may be replicated in our edition. We do, however, repair the vast majority of imperfections successfully; any imperfections that remain are intentionally left to preserve the state of such historical works.

ALLGEMEINES

GEOGRAPHISCH-STATISTISCHES

LEXIKON

aller

Österreichischen Staaten.

Nach ämtlichen Quellen, den besten vaterländischen Hilfs-
werken und Original-Manuscripten, von einer Gesellschaft
Geographen, Postmännern und Staatsbeamten.

Herausgegeben

von

FRANZ RAFFELSPERGER,

INHABER DER GOLDENEN VERDIENST-MEDAILLEN FÜR KÜNSTE UND WISSENSCHAFTEN I. I. M. M.
DER KÖNIGE VON FRANKREICH, PREUSSEN, SACHSEN, SARDINIEN, SICILIEN, DER. K. K.
ÖSTERREICHISCHEN GOLDENEN INDUSTRIE PREIS-MEDAILLEN, ETC. ETC.

Mitglied mehrer gelehrten Gesellschaften und Vereine, Geograph etc. etc.

DRITTER BAND.

Bo — Cr.

Mit 6 typometrischen Landkarten: 2 Blätter der großen Postkarte vom Kaiserstaate,
Mähren, Erzherzogthum Oesterreich, Tirol und Siebenbürgen.

Zweite Auflage.

WIEN, 1846.

Druck und Verlag der k. k. a. p. typo-geographischen Kunstanstalt.
In Commission bei Ignaz Klang, Buchhändler, Dorotheergasse No. 1105.

*Verlag für das Ausland: bei BROCKHAUS und AVENARIUS in Leipzig,
und in allen Buchhandlungen zu haben.*

Bojanowitz, Böhmen, Berauner Kr., ein *Dorf*, zum Gute Dawle geh.; siehe Boganowitz.

Bojanowitz, Ober-, Mähren, Brünner Kr., ein *Gut* und *Dorf* mit einem Schlosse, Meierhofe, einer Lokalkaplanei und böhm. Einw., zwischen Auspitz und Polehraditz, 4 Stunden von Nikolsburg.

Bojanowitz, Unter-, Mähren, Hradischer Kr., ein *Dorf* der Hrsch. Göding, mit einer Lokalie, nächst Prischanek und Göding, mit böhm. Einw., 3 St. von Czeicz.

Bojanowitz, Mähren, Prerauer Kr., ein *Dorf* der Hrsch. und Pfarre Kremsier, im flachen Lande hinter Schelleschowitz, mit böhm. Einw., 1 Stunde von Kremsier, 4 Meilen von Wischau.

Bojanowitz, Mähren, Znaimer Kr., ein *Pfarrdorf* der Hersch. Jaispitz, mit böhm. Einw., 1 St. von Frainersdorf.

Bojansdorf, Illirien, Unter Krain, Neustädtler Kr., ein im Wb. Bzk. Kom. Möttling liegendes, der Herrsch. und Kommende Möttling, Hrsch Krupp, Gut Urschitsch, Suerschlag und Hranilonitz unterthän. *Dorf*, 2 St. von Möttling.

Bojanskygraben und **Bach,** Steiermark, Cillier Kr., im Bezirke des Magistrats Cilli, treibt in der Gegend von Petschowie eine Mauthmühle sammt Stampfe, und eine Hausmühle in der Gegend von Ossenitz.

Bojanverh und Polle, Illirien, Unt. Krain, Neustädtler Kr., ein zur Wb. Bez. Hrsch. Sittich unter Goreinavass, an der Seisenburger Strasse, 1 St. von Pesendorf.

Bojanze, Illirien, Unt. Krain, Neustädtler Kr., ein zur Hrsch. Gradatz und Freythurn gehöriges *Dorf*, gegen Mittag 3½ Stunde von Möttling.

Bojechno, Kroatien, Warasdiner Kom., ein *Dorf* mit 33 Häus. u. 164 Einw.

Bojen, Tirol, kleiner *Ort* und Schule der Pfarre Reuti im Thal und Landgerichte Bregenzerwald.

Bojen, Galizien, Bukow. Kreis, eine *Ortschaft* zur Pfarre und Ortsobrigkeit Styrcze gehörig.

Bojen, Siebenbürgen, Aranyoser Stuhl; siehe Polján.

Bojetitz, Böhmen, Jungb. Kreis, ein *Dorf* nächst und zur Hrsch. Dobrowitz, hinter dem Berge Tschischow auf einer Anhöhe, 1 Stunde von Jungbunzlau.

Bojnicz, Ungarn, Neutr. Kmt.; siehe Bajmócz.

Bojnikovecz, Kroatien, diess. der Save, Kreutz. Gespansch. und Bzk., ein

adel. nach Raven eingpf. *Dorf* mit 21 Häus. und 152 Einw., 1 St. von Kreutz.

Bojnjicska, Opatovze-, Ungarn, Neutr. Komit.; siehe Apáthi, Bajmócz-Apáthi.

Bojnyest, Ungarn, Szathmár. Kmt.; siehe Bujánháza.

Bojobinum, Böhmen, die Hauptstadt in Böhmen; siehe Prag.

Bojon, Venedig, Provinz Venezia und Distr. III, Dolo; siehe Campolongo.

Bojsa, Lombardie, Provinz Pavia und Distr. VIII, Abbiategrasso; siehe Magenta.

Bojscha, Siebenbürgen, Hunyad. Komitat; siehe Boitza.

Bojt, Ungarn, jens. der Theiss, Bihár. Gespansch., Sáréth. Bzk., ein mehren Besitzern geh. ung. *Dorf*, mit 72 Häus. und 1437 Einw., einer reformirten Pfarre liegt nächst Bedő, nordwestl. 3 Stunden von Grosswardein.

Bojturna, Siebenbürgen, Hunyader Komt.; siehe Bujtur.

Bojutzu, Siebenbürgen, Inn. Szolnok. Komt.; siehe Lapos-Bánya.

Bok, Gross-, Boken, Bukowina welka, Buk welky — Böhmen, Königgrätzer Kr., ein *Dorf*, der Hrsch. Gradlitz, liegt gegen Norden an dem Dorfe Koppein, 1¼ Stunden von Jaromierž.

Bok, Klein-, Boken, Bukowina mola, Bukmaly — Böhmen, Königgrätzer Kreis, ein der Herrschaft Chwalkowitz unterthäniges *Dorf*, unweit Chwalkowitz über dem Adlerflusse, 1¼ St. v. Jaromierž.

Bóka, Ungarn, jenseits der Theiss, Torontaler Gespanschaft, Nagy-Becskeréker Bezirk, ein raitzisches *Dorf*, zum hochwürd. Agramer Bisthum gehör., nun mit kathol. bischöfl. Praedialisten bevölkert, daher auch mit einer römischkatholischen Pfarre versehen, am Temes Flusse zwischen Kanak und Szétsány, hat 349 Häus. und 2599 Einw., 4 St. v. Nagy-Becskerék.

Bóka-háza, Ungarn, jenseits der Donau, Zalad. Gespansch., Kapornak. Bzk., ein *Dorf*, mehren Sprossen der adel. Familie Bóka dienstbar, nach Alsó-Csány eingepf., nahe dem Zala Flusse, an der von Zalavér und Szt. Grót nach Kanizsa führenden Kommerzial-Strasse, unweit Uj-falu, 3 Stunden von Zalavér, und eben so weit von Egerszeg.

Bokaj, Bocksdorf, walach. Bokeincza — Siebenbürgen, Hunyad. Gespansch., jenseits der Maros, Al-Gyógyer Bzk., ein mehren Grundherrschaften geh., an der Maros liegendes walach. *Dorf*, mit einer griech. nicht unirten Pfarre, ½ St. von Siboth.

Bokane, Bokenye — Slavonien, Veröcz. Gespanschaft und Bzk., ein zur Hrsch. Vucsin geb. *Dorf,* mit 59 Häus. und 354 Einw., liegt nächst Cseralye im Gebirge, 16 Stunden Babocsa.

Bokau oder **Bakow,** — Schlesien, Teschn. Kr., ein *Dorf,* zur Herrschaft Ochab, mit einem Meierhofe und einer Mahlmühle an d. Weichselflusse, nächst dem Städtchen Schwarzwasser, 2 St. v. Skotschau.

Bokausch, Böhmen, Königgr. Kr., 3 *Häuser,* in den Waldungen westwärts an Grossbok, zur Hrsch. Gradlitz geh., 2 Stunden von Jaromierž.

Boken, Gross-, Böhmen, Königgr. Kr., ein *Dorf,* der Hrsch. Gradlitz; s. Bok (Gross-.)

Boken, Klein-, Böhmen, Königgrätzer Kr., ein *Dorf,* d. Hrsch. Cowalkowitz ; siehe Bok (Klein-).

Bokenbach, Oest. ob d. E., Inn Kr., ein zum Ldgcht. Ried gehöriger *Weiler,* der Pfarre Mettmach, 2¾ Stunden von Ried.

Bokendorf, Siebenbürgen, Hunyad. Komt.; siehe Bakanya.

Bökeny, Ungarn, jenseits der Theiss, Szabolts. Gespansch., Nádudvar. Bzk., ein mehren Grundherrschaften gehöriges *Dorf,* mit 207 Häus. und 1575 Einw., einer griech. katol. Pfarre, 2 Stunden von Hatház.

Bökeny, Ungarn, jenseits der Theiss, Ugocser Gespansch., Bzk. jenseits der Theiss, ein unter mehre adel. Familien getheiltes *Dorf,* mit 98 Häusern und 794 Einw., einer griech. katol. und reform. Kirche, zwischen Farkasfalva und Peterfalva, 2¼ Meile von Halmi.

Bökeny, oder **Bölkeny,** Krumdorf, Bukyenye — Siebenbürgen, Kolosch. Gespansch., im Ober Kr., und Bánffy Hunyad. Bzk., ein den Grafen Bánffy, dann mehren andern Besitzern gehöriges walach. *Dorf,* mit einer griech. unirten Pfarre, liegt seitwärts der Poststrasse, 5¼ Stunde von Kis-Péteri.

Bokfen, Bokwen — Böhmen, Leitm. Kr., ein *Dorf,* der Herrsch. Bürgstein gehörig, liegt gegen Mittag, 1 Stunde von Haida.

Bokheim, Siebenbürgen, Kokelburg. Komt.; siehe Bonyha.

Bokla, Siebenbürgen, Hunyad. Komt.; siehe Bakanya.

Bokla, Ungarn, jenseits der Theiss, Bihar. Gespansch., Szalont. Bzk., ein zur bischöflichen Hrsch. Bél gehöriges walach. *Dorf,* mit 33 Häusern und 201

Einwohnern, einer griech. nicht unirten Pfarre, 6 Stunden von Nagy-Zerénd.

Bokobniak, Illirien, Istrien, eine *Anhöhe,* südwestlich vom Dorfe Berda 194 W. Klft. hoch.

Bokod, Ungarn, Eisenb. Komt.; siehe Izsákfa.

Bokod, Ungarn, diesseits der Donau, Komorn. Gespansch., Gesztes. Bzk., ein den Grafen Eszterházy geh. ungarisches *Dorf,* mit 215 Häus. und 1854 Einwohnern, 3 Kirchen, einer reformirt., evangelischen und katholischen, welche letztere nach Dad eingepf. ist, dann einem Wirthshause, an der von Komorn nach Stuhlweissenburg führenden Strasse, 2½ Stunde von Totis.

Bokor, Ungarn, diesseits der Donau, Neográd. Gespanschaft, Szécsen. Bzk., ein slowak. ungar. unter mehre adeliche Besitzer getheiltes *Dorf,* mit 36 Häus. und 393 Einwohnern, einer Kirche der Augsb. Confes., gegen Morgen nächst Szent Ivány, 3¼ Meile von Balassa-Gyarmath.

Bokor, Kis-Bokor — Ungarn, diesseits der Donau, Neográd. Gespansch., Szécsen. Bzk., ein nach Bujak eingepfarrtes *Praedium* und *Wirthshaus,* nahe bei Bujak, 4 St. von Balassa-Gyarmath.

Bokor, Ordög-Bokor, Certowy Ker — Ungarn, diesseits der Donau, Gömörer Gespansch., Kis-Honth. Bezirk, ein einzelnes an der von Kaschau nach Pressburg führenden Landstrasse liegendes, der Familie von Luzsinszky gehöriges *Wirthshaus* und *Meierhof,* in der Pfarre Osgyán, liegt zwischen Waldungen, gegen Morgen, ¾ Stunden von Rima-Szombath.

Bokow, Galizien, Brzezan. Kr., ein der Hrsch. Swistelniki geh. *Pfarrdorf,* 4½ Stunde von Bursztyn.

Bokowina, Mähren, Brünn. Kr., ein *Dorf,* zur Herrschaft Obrowitz; siehe Bukowin.

Bokrács, Ungarn, jenseits der Donau, Eisenburg. Gespansch., Totság. Bezirk, ein zur Hrsch. Muraj-Szombath gehöriges *Dorf,* nach Szent Benedek eingepf., zwischen Gebirgen, mit 26 Häus. und 178 Einwohnern, 2 Stunden von Radkersburg.

Boksa, Ungarn, diesseits der Theiss, Sáros. Gespansch., Taplyer Bzk., ein der Familie Györssy gehör. russniak. *Dorf,* mit 40 Häusern und 297 Einwohnern, einer griech. Pfarre, 2 St. v. Bartfeld.

Boksán, Német-, Boksán Hamor, Deutsch-Bogschan — Ungarn, jenseits der Theiss, Krassov. Gespanschaft und Bzk., eine königl. Kameral-Herrschaft und am Flusse Berzava liegender, wegen mehren Eisenhämmern berühmter *Bergort*, welcher von Deutschen und Walachen bewohnt wird, u. allwo sich nebst einem Bergamte noch mehrere andere obrigkeitliche Aemter, dann eine römisch katholische Kirche befinden ; seine Grenzen sind gegen Morgen Ezeres, gegen Mittag Manio, und gegen Abend Vaszója, 2½ St. von Dognácska.

Boksán , Olah-, Walachisch Bogschau — Ungarn, jens. d. Theiss, Krassover Gespansch. und Bzk., ein walach. k. zur Hrsch. Német-Boksán geh. Kaal. *Dorf*, nahe am Berzava Flusse, welches mit einer eigenen Pfarre und k. Kaal. Verwalteramte versehen ist, gegen Mrg. unw. Vaszója, 2 St. v. Dognácska.

Boksdorf, Siebenbürgen, Hunyader Komitat; siehe Bokaj.

Bokse, Ungarn, Kraszuaer Komitat; siehe Baksa.

Boksich, Boksicz — Slavonien, Veröczer Gespansch., Deákovárer Bzk., ein zur Hrsch. Fericsancz geh. *Dorf*, mit 121 Häus. und 716 Einw., nächst Zdencse, 8 Meilen von Eszék.

Bokszeg, Ungarn, jens. der Donau, Arad. Gespansch., ein k. Kaal. *Dorf*, mit 220 Häus. und 1018 Einw., welches von Walachen bewohnt wird, mit einer eigenen griech. nicht unirten Pfarre, vom Weiss-Körös Fl. durchwässert, nahe bei Jarkosty, 7 Stunden von Arad.

Bokuslaw, Böhmen, Pils. Kr., ein *Dorf*, der Hrsch. Trpist; s. Pokeslau.

Bokuwna, oder Pukowna — Galizien, Stanisl. Kr., ein zur Hrsch. Jesipol geh. *Dorf*, mit einer russt. Pfarre und Vorwerke, liegt hart am Fl. Dniester, zwischen Wäldern, 3½ St. v. Stanislawow.

Bokwen, Böhmen, Leitm. Kreis, ein *Dorf*, der Hrsch. Bürgstein; s. Bokfen.

Böky, Habzány — Ungarn, diess. der Theiss, Sáros. Gespansch., Unt. Tarcz. Bzk., ein zu Bujanowcze geh. slowak. *Dorf*, mit einer eigenen kathol, Pfarre, liegt an dem Tarcza Fl. und der Poststrasse, ¼ Stunde von Habsány.

Bol, Dalmatien, Spalato Kreis, Neresi Distr., ein mit einer eigenen Pfarre verseheler, der Gemeinde Picischie zugetheilter, auf der Insel Brazza, 5½ Meile von Prasnize entfernt liegender *Marktflecken*, 19 Miglien von Spalato.

Bol, Ungarn, jens. der Donau, Zalader Gespansch., Egerszeg. Bzk., ein *Praedium* und *Waldgegend*, nahe am Bache Cserta, 2½ Stunde von Alsó-Lendva.

Boladore, Lombardie, Prov. Sondrio (Valtellina) und District III, Torino; siehe Sondalo.

Bolagnos, Cassina-, Lombardie, Prov. Milano und Distr. V, Barlassina; siehe Desio.

Bolanka, Mähren, Brünn. Kr., eine *Ortschaft*, 6 Stunden von Brünn.

Bolanowice, Galizien, Przemysler Kr., ein *Dorf*, zur Hrsch. Krukienice unterthänig, 6 Stunden von Przemysl.

Bolanowka, Galizien, Przemysler Kr., ein *Dorf*, zur Hrsch. Krukienice gehörig, 6 Stunden von Przemysl.

Bolatitz, Schlesien, Tropp. Kr., eine *Ortschaft*, bei Troppau.

Bolbeno, Tirol, Rover. Kr., ein *Dorf* und *Gemeinde*, im Landgerichte Tione, Post Arco.

Bolca, Venedig, Verona und Distr. X, Badia Calavena; siehe Vestena nova.

Bolch, Kroatien, diesseits der Savé, Warasdin. Generalat, Farkasseveczer Bzk., ein zum Kreitzer Grenz-Regmts. Kanton Nr. V. geh. *Dorf*, mit 88 Häusern und 522 Einw., mit einer eigenen Pfarre, 2 Stunden von Bellovár.

Bolcheria, I. II. — Lombardie, Prov. und District I, Mantova; siehe Quattro Ville.

Bolchignano, Lombardie, Provinz Lodi e Crema und Distr. V, Casal pusterlengo; siehe Meleguanello.

Bolchine, Cassina e Mulino, Lombardie, Prov. Milano und Distrikt XII, Meleguano; siehe Zunico.

Bölcse, Sándor-Szigeth-Kapolna, Ungarn, diess. der Theiss, Abaujvar. Gespansch., Kaschal. Bzk., ein in der Ebene nahe an der Kommerz. Strasse lieg. *Dorf*, mit einer russn. Pfr., 2 Stunden von Némethi.

Bölcske, Ungarn, jens. der Donau, Toln. Gespansch., Földvár. Bzk., ein volkreich. zur Hrsch. Paks geh. *Dorf*, mit 594 Häusern und 3272 Einw., einer kathol. Pfr. und einem reform. Bethause, liegt an der Donau südl., 1 Stunde von Földvár.

Bolczek, Galizien, Tarnopol. Kr., eine zu dem Gute Baykowce geh. *Ortschaft*, 1 Stunde von Tarnopol.

Bold, Ungarn, jenseits der Donau, Stuhlweissenburger Gespansch., Bitsk. Bzk., ein *Praedium* und *Meierei*, nach Etyek eingepf., nahe bei Etyek, 4 St. von Mártonvásár.

Boldád, Alsó-, Boldag — Ungarn, jenseits der Theiss, Szathmár. Gespanschaft, Krasznaköz. Bzk., ein den Grafen von Teleky geh. *Dorf*, mit 41 Häusern und 296 Einwohnern, einer griechisch katholischen Pfarre und Kirche, an der Grenze von Sieenürgen, nahe bei Kis Szokond, 4¼ Stunde von Szathmár-Némethi.

Boldád, Felsö-, Boldag — Ungarn, jenseits der Theiss, Szathmár. Gespanschaft, Krasznaköz. Bzk., ein mit einer griech. katol. Pfarre und Kirche versehenes *Dorf*, den Grafen von Teleky geh., an der Grenze von Sieenürgen, gegen Mitternacht unweit Rakos Terebes mit 49 Häus. und 352 Einw., 4 St. von Szathmár-Némethi.

Bolden, Sieenürgen, Hunyad. Komt.; siehe Boholt.

Boldeniga, Lombardie, Prov. Brescia und Distrikt III, Bagnolo; siehe Quinzanello.

Boldinaglia, Lombardie, Prov. Lodi e Crema und Distr. VII, Pandino; siehe Rivolta.

Boldinasco con Cassina Comini, Lombardie, Prov. Milano und Distr. III, Bollate, ein *Gemeindedorf*, mit einer Gemeinde-Deputation nach S. Maria Assunta zu Garegnano eingepfarrt, zwischen Garegnano und Rampugnano, 1 Stunde von Ryo, dazu gehören: *Cassina Melerio, einzelnes Landhaus, — Mulino Brucciato, Mühle, — Cassina Colombara, Cassina Comina, Melcrereien.*

Bóldog, Ungarn, diesseits der Donau, Pester Gespansch., Waitzt. Bzk., ein ungar. *Dorf*, den Fürsten von Grassalkovics gehörig, mit einer eigenen Pfarre, am Galga Flusse, 2 Stunden von Hatvan.

Bóldog-Aszonyfa, Ungarn, jenseits der Donau, Eisenürg. Gespanschaft, Kemenesállyaer Bzk., ein ungar. zur Hrsch. Egervár. geh. *Dorf*, 2 St. v. Szalabér.

Boldog-Aszony-fa, Ungarn, jens. der Donau, Zalad. Gespansch., Szántó. Bzk., ein mehren adel. Familien dienstares, nach Szt. György-Vár eingepf., dahin gegen Morgen und gegen Avend an den Marktflecken Keszthely angrenzetdes *Dorf*, 1 Stunde von Keszthely.

Boldog-Aszonyfalva, Sieenürgen, Udvarhelly. Stuhl; siehe Alsó- und Felsö-Boldog-Aszonyfalva.

Boldog-Aszonyfalva, Ungarn, Pressb. Komt.; siehe Boldogfalva.

Boldog-Aszony-háza, Ungarn, jens. der Donau, Zalad. Gespanschaft, Kapornak. Bzk., ein *Praedium* u. *Waldgegend*, nahe bei dem Marktfleck. Kapornak, zwischen Misefa, Rád, Tilaj u. Németfalu.

Boldog-Aszony Kis-, Prata Mariana, Frauenhaid, Szveticza — Ungarn, jens. der Donau, Oedenburg. Gespan

schaft, Ob. Oedenb. Bzk., ein zerstreut. z. Hrsch. Fraknó geh. *Dorf*, mit 5 Häus. und 38 Einwohn., einer eigenen Pfarre, 1¼ Stunde von Oedenurg und Gross-Höflein.

Boldog-Aszonytelke, Ungarn, jens. der Theiss, Bihár. Gespansch., Sárréther Bzk., ein *Praedium*, nächst dem Dorfe Szakáll, 3 St. von Grosswardein.

Boldogaszszony, Frauenkirchen, Frauenhain — Ungarn, ein grosser *Marktflecken*, in der Wieselburger Gespanschaft, mit 204 Häusern und 1791 Einwohnern, einer katholischen Pfarre und Kirche, einem erühmten Gnadenilde, wovon der Ort seinen Namen hat, und einem grossen Franciskanerkloster, 3 Stunden von Parendorf.

Boldog-Aszszonyfa, Ungarn, Sümegher Komt.; siehe Aszszonyfa.

Boldog-Aszsznoyfalva, Sieenürgen, Szekl. Maroscher Stuhl; siehe Nyomát.

Boldog-Aszszonyfalva, Alsó-, Unter Mariendorf — Sieenürgen, Szekl. Udvarhel. Stuhl, Keresztur. Bzk., ein in einer Ebene am Kokel. Fl. liegend. walach. *Dorf*, mehren adel. Besitzern und freien Szeklern geh., mit einer reformirten und griechisch unirten und nicht unirten Pfarre, 3¼ Stunde von Schäsburg.

Boldog-Aszszonyfalva, Felsö-, Ob. Mariendorf — Sieenürgen, Szekler Distr., Udvarhel. Stuhl, Patakfalva Distr., ein am grossen Kokel Fl. liegend. adel. Szekler *Dorf*, mit einer reform. Lokalie, 9½ St. v. Schäsburg.

Boldogfa, Ungarn, jens. der Donau, Zalad. Gespansch., Egerszeg. Bzk., ein nach Alsó-Bagod eingepfarrt, der adel. Familie Farkas de Eadem Boldogfa geh. *Dorf*, an der Grenze des Eisenb. Komt., gegen Morgen nächst dem Praedium Szt. Márton, 1 Stunde von Börönd, und 1 St. von Egerszeg.

Boldogfalva, Sieenürgen, Hunyader Kmt.; sieke Orlya-Boldogfalva.

Boldogfalva, Boldog-Aszonyfalva, Matka-Bozsa — Ungarn, diess. der Donau, Pressurg. Gespansch. und Bzk., ein zur Hrsch. Diószegh geh. *Dorf*, mit 52 Häus. und 372 Einw., einer Lokalkaplanei, unweit Német-Gura, ½ St. von Sárfö.

Boldogfalva, Dreykirchen, Szentemarie — Sieenürgen, Kokelburg. Gespanschaft im Untern Kreis und Benyer Bzk., ein zur Hrsch. Kükülö geh. walach. *Dorf*, an der Landstr. und dem kl. Kokel Flusse mit einer reformirten u. griechisch nicht unirten Pfarre, 4 Stunden v. Medias.

Bóldogkö, Ujfalu-, Ungarn, Abauj-várer Kmt.; siehe Ujfalu.

Boldogkö, Várallya-, Ungarn, Aratjvár. Kmt.; siehe Várallya.

Boldon, oder Bodon — Ungarn, diess. der Theiss, Borsoder Gespansch., Szendröer Bzk., ein ung. Dorf, mit einer eigenen reformirten Kirche, der adelichen Familie Király de Szathmár gehörig, mit Weingebirgen, Eichenwaldungen, und einer Mahlmühle, am Bache Boldva, 2 Stunden von Miskólcz.

Boldone, S. Giovanni in, Lombardie, Prov. Lodi e Crema und Distr. I, Lodi, siehe Campolungo.

Boldone, Torre, Lombardie, Provinz und Distr. I, Bergamo; siehe Torre Boldone.

Boldori, Casalorzo, Lombardie, Prov. Cremona und Distr. VI, Pieve d'Olmi; siehe Casalorzo Boldori.

Boldrasca, Lombardie, Prov. Lodi e Crema und Distr. VII. Pandino; siehe Roncadello.

Boldrasch, Illirien, Krain, Neustädtl. Kr., ein im Wb. B. Möttling liegend. der Hrsch. Tschernembl geh. Dorf, 1 St. v. Möttling.

Boldraschina, Lombardie, Prov. Lodi e Crema und Distr. VII, Pandino; siehe Roncadello.

Boldur, Ungarn, jens. der Theiss, Krassov. Gespansch., Lugos. Bzk., ein wal. kön. Kaal. Dorf, eigentl. z. Hrsch. Lugos geh., mit 189 Häus. und 1203 Einwohnern, einer eigenen Pfarre, nahe am Temes Flusse, in einer Ebene unw. Zsabár und Hodoss, 1 Stunde v. Lugos.

Boldury, Galizien, Zloczow. Kr., ein der Hrsch. Brody geh. Dorf, 3 Stunden von Brody.

Boldutz, Siebenbürgen, Thorenburger Gespansch., ein zum Dorfe Mezö-Tsán geh. Praedium. Post Thorda.

Boldva, Ungarn, Borsoder Kmt., ein Dorf mit 195 Häus. u. 1339 Einwohnern.

Bolechoscht, Bolehosst — Böhmen, Königgr. Kr., ein Dorf gegen Mittag an dem Dorfe Kržiwitz, zur Hrsch. Oppolschna, 3½ Stunde von Königgratz, Post Hohenbruck.

Bolechow, Böhmen, Czasl. Kr., ein der Hrsch. Seelau unterth. Dorf bei Seelau, 3 St. von Iglau. Post Humpoletz.

Bolechow, Galizien, Stryer Kr., ein Kammeral-Gut und Marktflecken, mit einer Pfarre am Ursprung des Baches Sukiel, mit einem Hofe und Salzamte, 3 Stunden von Stry. Postamt.

Bolechow Rusky, Galizien, Stry. Kr., ein zur Kammeral-Herrschaft gleichen Namens geh. unw. dem Markte Bolechow liegendes Dorf, ¼ Stunde von Bolechow.

Bolechowce, Galizien, Sam). Kr., ein der Hrsch. Drohobycz geh. Pfarrdorf, am Bache Solonica, nächst Raniowice gegen Mittag, 7 Stunden von Sambor.

Bolechowitz, Böhmen, Berain. Kr., ein Gut und Dorf mit einem Lustschlosse hievon gehören auch einige Häuser nach Chlumetz; 2 Stunden von Wottitz.

Bolehost, Böhmen, Königgr. Kreis, ein Dorf zur Hrsch. Oppotschna; siehe Bolechoscht.

Bolehraditz, Mähren, Brünn. Kreis, ein Marktflecken; siehe Polehraditz.

Bolelautz, von einigen Bolelucz genannt — Mähren, Ollm. Kreis, ein Dorf nächst und zur Hrsch. Tobitschau an einem Theile des March fl. gegen Ollmütz, mit böhm. Einw., 1½ St. v. Prossnitz.

Bolelucz, Mähren, Ollm. Kreis, ein Dorf zur Pfarre Dub und Hrsch. Tobitschau; siehe Bolelautz.

Boleluz, Ungarn, jens. der Theiss, Torontaler Gespansch., Uj-pécsi Bzk., ein Praedium unweit Bianlak, 4 Stunden von Temesvár.

Bolentina, Tirol, Trient. Kreis, ein Dorf und Gemeinde im Landgrcht. Malé, Post Malé.

Boleráz, Ungarn, diess. der Donau, Pressb. Gespansch., eine Relig. Fonds-Hrsch. und Markt mit 168 Häus. und 1180 Einw., einer eigenen Pfarre, gegen Morgen nächst Felsö-Koronpa, 1¼ Stunde von Tyrnau.

Boleschin, Wollessinek — Böhmen, Berain. Kreis, ein dem Gute Pržicz und Uhržitz unterthän. Dorf liegt hinter dem Städtchen Sedlecz und dem Dorfe Uhržitz, 2½ Stunden von Wottitz.

Boleschin, Bolessjn — Mähren, Brünner Kr., ein geg. Morgen nahe am Markte Oels gelegenes Dorf zur Hrsch. Kunstadt geh., hat 40 Häus. und 220 böhm. Einw., 3½ St. v. Goldenbrunn. Post Kunstadt.

Bolesdorf, Siebenbürgen, Kokelb. Kmt.; siehe Jövedits.

Boleslaw, Galizien, Tarnow. Kreis, eine Herrschaft und Dorf, grenzt gegen Mitternacht an den Weichsel Fluss, 7 St. von Tarnow.

Bolesso, Bollesó, Bolossó — Ungarn, diess. der Donau, Trentschin. Gespanschaft, Mittl. Bzk., eine verschiedenen adel. Familien gehör. Besitzung, mit 33 Häus. und 554 Einw., einer Lokalpfarre, eigenen Richter und Geschwornen zwi-

schen der nach Prutzko führenden Landstrasse, 3½ Stunde von Trentschin.

Bolestraszyce, Galizien, Przemysl.
Kr., ein *Dorf* zur Pfarre Zurawica und
Bolestraszyce, und Ortsobrigkeit Bole-
straszyce. 3 Stunden von Przemysl.

Bolfau, Bolfö, Wolfsau — Ungarn,
jenseits der Donau, Eisenb. Gespansch.
Güns. Bzk., ein zur Hrsch. Schluning
geh. *Dorf*, mit einer eigenen Pfarre,
zwischen dem Gebirge, am Flusse La-
pincs, 4 Stunden von Fürstenfeld.

Bolffan, Kroatien, diess. der Save,
Kreutz. Gespansch., Podravan. Bzk.,
2 den Fürst. Batthyány geh. *Dörfer*, mit
48 Häus. u. 352 Einw., einer griechisch
nicht unirten Pfarrkirche, ¼ Stunden von
Ludreg.

Bolffang Szveti, St. Wolfgang —
Kroatien, Warasdin. Gespansch.; siehe
Szveti Wolffgang.

Bolfö, Ungarn, Eisenb. Komt.; siehe
Bolfau.

Bolgano, Lombardie, Prov. Milano
und Distr. VII, Verano; siehe Besano.

Bolgár, Siebenbürgen, Kokelb. Komt.;
siehe Bolkats.

Bolgare, Lombardie, Prov. Bergamo
u. Distr. XI, Martinengo, ein *Gemeindedorf*, mit Vorstand, Pfarre S. Pietro
und 3 Oratorien; an der linken Seite des
Cherio, gegenüber von Calcinate, 1 St.
von Martinengo.

Bolgárom, Ungarn, diess. d. Donau,
Neográd. Gespansch., Fülék. Bzk., ein
unter mehre Grundherrschaften getheilt.
Dorf, mit 27 Häus. und 263 Einw., nach
Sovaly eingepf., nahe am Berge Bucsor,
gegen Morgen unweit Korláth, 2¼ Stunde
von Rima-Szombath.

Bolgáts, Bulkesch, Bolkatsch — Siebenbürgen, Hermanstädter Stuhl, ein
theils adel. und theils zu den Siebenrich-
tergütern geh. sächs. *Dorf*, mit einer
evangel. Kirche, liegt zwischen den beiden Kokel Fl., 4 Stunden von Medias.

Bolgenach, Tirol, ein *Bach*, im Bal-
derschwanger Thal, der aus der ehemals
gräflich Königseckischen Alpe Balder-
schwang die Gerichte Lingenau u. Sulzberg theilt, hierauf unter Krumbach sich
mit der Weissach vereinigt.

Bolgheretto, Lombardie, Prov. und
Distr. I, (Milano); siehe Corpi S. di
Porta Ticinese.

Bolgiano, Lombardie, Prov. u. Distr.
XI, Milano, eine *Gemeinde-Ortschaft*,
nach S. Donato eingepf., mit einer Gemeinde-Deputation, nicht weit vom Fl.
Lambro und den Gemeinden Zelo, Foramagno, Chiaravalle und S. Donato

entlegen, 2 Stunden v. Milano. **Hieher**
gehören :
Mulino di Monticello, Mühle.

Bölgyen, Alsó-, Ungarn, diess. der
Donau, Neutr. Gespansch., Bodok. Bzk.,
ein *Dorf* mit 23 Häus. und 158 Einw.,
nach Koros eingepf., gegen Mitternacht,
3 Stunden von Nagy-Topolcsány.

Bölgyen, Felsö-, Ungarn, diess. der
Donau, Neutr. Gespansch., Bodok. Bzk.,
ein *Dorf* mit 41 Häus. und 287 Einw.,
ein Filiale der Pfarre Kozos, gegen
Mittern. 1 St. von Nagy-Topolcsány.

Bolhameroed, Oest. ob d. E., Hausr.
Kr., ein im Wb. Bez. Kom. Frankenburg liegendes *Dorf*, zur Hrsch. Köppach geh., nach Neukirchen eingepf.,
3½ Stunde von Vöcklabruck.

Bolhár, Ungarn, jenseits der Donau,
Sümegh. Gespansch., Marczal. Bzk., in
den adel. Fam. Táhán und Rako gehör.
ung. *Dorf*, mit einer reform. Pfarre, die
Katholiken aber sind nach Szob eingepfarrt, liegt zwischen Szob, Konyi und
Szenta, 1½ St. von Berzencze (Breznitz).

Bolhó, Ungarn, jens. der Donau, Sümegher Gespansch., Babocs. Bzk., in
den Grafen Szécsény geh. kroat. *Dorf*
in der kath. Pfarre Babocsa, mit 97 Häus.
und 780 Einw., liegt nächst Ujnép,
¼ St. von Babocsa.

Boliewcze, Slavonien, Syrm. Distr.,
Kupinoer Bzk., ein zum Peterwardeiner
Grenz-Regim. Canton Nro. IX gehör.
grosses *Dorf* von 131 Häusern mit zwei
griech. nicht unirten Pfarren, grenzt östlich an den Savestrom und Servien,
2¼ Stunde von Semlin.

Bolikovce, Ungarn, Neograd. Komt.;
siehe Bolyk.

Bolikowitz, Böhmen, Prachiner Kr.,
ein der Hrsch. Eltschowitz unterthän.
Dorf am Flusse Wollucka, 5¼ Stunde
von Strakonitz.

Bolina, Gerra, Prov. Mantova und
Distr. XII, Viadana; siehe Viadana.

Bolissevecz, Kroatien, diesseits der
Save, Varasdin. Gespansch., im obern
Campest. Bzk., ein der Pfarre und Gemeinde Lepoglava einverleibtes *Dorf*,
5 Stunden von Varasdin.

Bolkabach, Steiermark, Cillier Kr.,
im Bezirke Pragwald, treibt eine Mauthmühle sammt Stampfe und Bretsäge in
Niederdorf.

Bolkáts, Bolgáts, Bulkesch, Bolgár —
Siebenbürgen, Kokelburg. Gespansch.,
Unt. Kr., Bényer Bzk., ein theils dem
Hermanstädter Stuhl und theils zum
Kokelburger Komt. gehör. weitläufiges
sächs. *Dorf*, mit einer evangel. Pfarre,
6 Stunden von Medias.

Bolkatsch, Siebenbürgen, Hermanstädter Stuhl; siehe Bolgats.

Bölkeny, Siebenbürgen, Kolos. Komt.; siehe Bökeny.

Bölkény, Siebenbürgen, Thorenburger Komt.; siehe Magyar-u. Oláh-Bölkeny.

Bolkow, Böhmen, Klattauer Kr., ein auf der Hrsch. Rothporitschen gelegenes *Dorf*, welches grösstentheils der Hrsch. Merklin unterthänig ist, unter dem Dorfe Birschkau. Post Przestitz.

Boll, ein *Berg* im Jung-Bunzlauer Kr. Böhmens, bei Wartenberg.

Bolla, Lombardie, Prov. und Distr. I, Milano; siehe Corpi S. di Porta Vercellina.

Bolladolle, Lombardie, Prov. Milano und Distr. XIII, Gallarate, eine *Gemeindeortschaft* mit einer Pfarre, Aushilfskirche und einer Gemeindedeputation, unweit Cassano Magnano, 3½ St. von Cassina delle Corde und 1 Stunde von Gallarate. Pferdewechsel. Hieher gehören:
Costa, Rapello, Schweizereien.

Bolla-kida, Ungarn, jens. der Donau, Zalad. Gespansch., Egerszeg. Bzk., ein mehren adel. Fam. dienstb. nach Nova eingepf. *Dorf*, gegen Morgen nächst dem Praedium Salamonfő, an den Markt Nova grenzend, 2 Stunden von Baksa.

Bollanzano, Lombardie, Prov. Lodi e Crema und Distr. II, di Zelo Buon Persico; siehe Modignano.

Bollari di Culo, Lombardie, Prov. Como und Distr. VIII, Gravedona; siehe Veroana.

Bollate, Lombardie, Prov. Milano und Distr. III, Bollate, ein *Dorf* und *Gemeinde*, wovon der III. Distr. dieser Provinz den Namen hat, mit einer eigenen Pfarre, einer Aushilfskirche, 4 Oratorien und einer Gemeindedeputation, Polizeibehörde und Distrikt-Commissariat, liegt zwischen Castellazzo und Novate, 1½ St. von Rhò. Postamt. Einverleibt sind:
Gasa Brassa, Casa Frigerio, Casa Vernotti, Schweizereien mit Laubhäusern, — Cassina del' Ospiato, Cassina del Sole, Schweizereien.

Bolldorf, Oest. u. d. E., V. O. W. W., ein *Dorf* mit 9 Häusern und 40 Einw., 2 St. von Amstätten.

Bolle, Venedig, Prov. Padova u. Distr. VIII, Montagnana; siehe Megliadino S. Vitale.

Bollersberg, Oest. ob d. E., Inn Kr., ein zum Ldgcht. Braunau geh. *Weiler*, nach Handenberg eingepf., 3½ Stunde von Braunau.

Bollersberi, Oest. ob d. E., Inn Kr., ein der Hrsch. Viechtenstein geh. *Dörfchen*; siehe Ballersberg.

Bolleschin, Böhmen, Klattauer Kr., ein zum Gute Opitz gehör. *Dorf*, hinter dem Dorfe Opitz gegen Mitternacht gelegen, 1 Stunde von Klattau.

Bollesó, Ungarn, Trentschin. Komt. siehe Bolessó.

Bolletta, Lombardie, Prov. Como und Distr. XVIII, Cuvio; siehe Cabiaglio.

Bollewetz, Wollestzen — Böhmen, Pilsner Kr., ein *Dorf* der Hrsch. Pilsen, gegen Norden, ¾ Stunden von Pilsen.

Bollheim, Illirien, Unter-Kärnten, Klagenfurter Kr., eine zur Gemeinde Hattendorf zugetheilte *Ortschaft* u. *Gut*, der Landger. Hrsch. Hartneidstein geh., 1 Stunde von Wolfsberg.

Bolli, Cà de', Lombardie, Prov. Lodi e Crema und Distr. IV, Borghetto; siehe Cà de' Bolli.

Bollikau, Böhmisch-Bollikau, Bulikow — Mähren, Iglauer Kr., ein zur Hrsch. und Pfarre Stidein gehör. *Dorf*, hat 40 Häuser mit 270 böhm. Einw., Post Teltsch.

Bollina, Polin — Böhmen, Kaurzimer Kr., ein *Dorf* der Hrsch. Wlaschin.

Bolline, Lombardie, Prov. Mantova und Distrikt XV, Revere; siehe Schievenoglia.

Bölling, Illirien, Unt. Kärnten, Klagenfurter Kr., ein weitläufiges *Dorf* mit der zugetheilten Ortschaft Purgstall und einer Pfarre, der Ldgchts. Hrsch. Hartneidstein geh., grenzt gegen Morgen an das Stadtgebiet. St. Andrä und die Gem. Aigen, und gegen Abend an den Burgfried Reysberg, Post St. Andrae.

Bollini, Lombardie, Prov. Milano und Distr. XIII, Gallarate; s. Abbizzate.

Bolliunz, Istrien, im Bezirke Capodistria, ein zur Pfarre Dolina gehörig. *Dorf*, mit 125 Häusern und 678 Einwohnern, in der Diöcese Triest-Capodistria.

Bollmann, Ungarn, Barany. Gesp.; siehe Bolmán.

Bollomache, Slavonien, Posegan. Komt.; siehe Bolamassa.

Bollona, Cassina, Lombardie, Pr. Milano und Distr. XV, Busto Arsizio; siehe Busto Arsizio.

Bolly, Ungarn, jens. d. Donau, Barany. Gespansch. und Bzk., eine fürstlich Batthiàn'sche Herrsch. und *Marktflecken* mit einer eigenen Pfarre, unweit Raez Tötös, 1 Stunde von Szederkény.

Bolly, Magyar-Bolly — Ungarn, jens. der Donau, Barany. Gespansch. u. Bzk. gleichen Namens, ein *Dorf* der Herrsch. Dárda, mit einer griech. nicht unirten Kirche versehen, übrigens nach Németh Marok eingepf., ½ Stunde von Lapancsa.

Bollyao, Bojen, Boj — Ungarn, Krasznaer Gespanschaft und Bezirk, ein der gräfl. Familie Bánffy de Lossonz gehöriges wal. *Dorf*, mit einer griechisch unirten Pfarre, liegt gegen Niedergang nächst Palitzka, 3 Stunden von Somlyó.

Bolmán, Bollman — Ungarn, jenseits der Donau, Baranj. Gespansch. u. Bzk., ein zur Hrsch. Dárda geh. illir. *Dorf*, mit einer griech. nicht unirten Kirche a. Pfr. Die röm. kath. Einw. sind nach Beremend eingepf. in einer Ebene, 1½ Stunde von Lapancza.

Bolmein, Illirien, Friaul, Görz. Kr., eine *Ortschaft* bei Görz.

Bölndorf, Siebenbürgen, Unter Thorenburger Komitat; siehe Boj.

Bolochorzuwka, Galizien, Stanislaw. Kr., ein *Dorf*, der Hrsch. Oberlyn; siehe Balachorowka.

Bolochow, Galizien, Stryer Kr., ein der Kaal. Hrsch. Dolina gehör. *Dorf*, gegen Aufgang nächst dem Dorfe Turzamagna, 1 Stunde von Dolina.

Bologa, Siebenbürgen, Kolos. Komt.; siehe Seies-Várallya.

Bologd, Ungarn, diesseits der Theiss, Abaújvár. Gespansch., Füzér Bzk., ein k. Kaal. *Dorf*, nach Malye eingepf., in einer Ebene am Osva Flusse, 3 Stunden von Kaschau.

Bologd, Ungarn, Abaujvar. Komitat, ein *Dorf*, mit 47 Häus. und 363 Einw.

Bologna, Lombardie, Prov. Mantova und Distr. VI, Castel Goffredo; siehe Castel Goffredo.

Bologna, Lombardie, Prov. Bergamo und Distr. II, Zogno; siehe Gerosa.

Bologna, Lombardie, Prov. Como u. Distr. X, Introbbio, siehe Perledo.

Bologna Baselica, Lombardie, Prov. Pavia und Distr. II, Beregtardo; siehe Baselica Bologna.

Bolognano, Tirol, Rovered. Kr., ein *Dorf*, der Hrsch. Arco geh., liegt gegen Morgen, 1½ St. von Torbole, Post Arco.

Bologne, Lombardie, Prov. Mantova u. Distr. VII, Cannato; s. Redondesco.

Bolognesa, Lombardie, Prov. Mantova und Distrikt VIII, Marcaria; siehe Gazzoldo.

Bolognina, Lombardie, Prov. Mantova und Distr. IX, Borgoforte; siehe Governolo.

Bolognola, Monte-, Lombardie, Prov. Pavia und Distr. IV, Corte Olona; siehe Monte Bolognola.

Bölön, Bölln, Bolonna — Siebenbürgen, Miklosvár. St., ein mehren Grundherren und Szekl. Soldaten geh. ungar. walachisch. *Dorf*, mit einer reformirten

und walach. unirten und nicht unirten Pfarre, 8¼ Stunde von Kronstadt.

Bolone, Tirol, Rovered. Kr., ein zum Ldgcht. der Herrsch. Lodron geh. *Dorf*, gegen der Brescianischen Grenze an dem Berge Pinel, 22 Stunden von Trient, 3 Stunden von Lodron.

Bolonnú, Siebenbürgen, Miklosvár. Stuhl; siehe Bölön.

Bolontino, Tirol, Trient. Bzk., ein in dem Sulzthale liegendes von der Gemeinde Malè abhängendes *Dorf*, davon ½ Stunde entfernt, 13¼ Stunde von Trient.

Boloschana, Galizien, Bukow. Kr., ein zur Religions-Fonds-Herrsch. Illescheschtie geh. *Dorf*, mit einer Pfarre, 5 Stunden von Suczawa.

Boloschinetza, Galizien, Bukow. Kr., ein verschiedenen Dominien geh. nach Balkoutz eingepf. *Dorf*, an der Grenze der Moldau, 1½ Stunde von Sereth.

Bolossó, Ungarn, Trentschin. Komt.; siehe Bolessó.

Bolpez, Lombardie, Prov. und Distr. I, Belluno; siehe Sospirolo.

Bolponi, Lombardie, Prov. Mantova u. Distr. IV, Volta; siehe Peschiera.

Bolsza, Ungarn, Oedenburg. Komt.; siehe Balff.

Bölten, mährisch Bielotin — Mähren, Prerau. Kreis, ein eine Meile langes *Dorf*, mit einer Pfarre und einem Meierhofe, dann einer Mühle gleichen Namens, mit 130 Häuser und 1065 deutsche Einwohner, zur Hrsch. Weiskirchen, liegt zum Theil an der Strasse, 1 Stunde von Weiskirchen.

Boltiere, Lombardie, Prov. Bergamo und Distrikt XIII, Verdello, ein *Gemeindedorf*, mit Vorstand und Pfarre S. Giorgio und 2 Kapellen, ½ Stunde von Verdello. Dazu gehören:
Cassina Amadeot, Cassina Bottal, Cassina Dogana, Cassina Govazzi, Cassina Taschetto, — Schweisereien, — Cassina Cavalli, Cassina del Maglio, Cassina Scalvinari, Meiereien, — Cassina del Molino, Meiereien.

Böltsháza, Ungarn, Liptau. Komt.; siehe Zadiel.

Boitsháza-Nizny-Zadjel, Ungarn, diesseits der Donau, Liptau. Gespansch., nördl. Bzk., eine adel. Kurie von einigen Häusern, einer Säg- und Mahlmühle, der adel. Familie Andaházy geh., nach Tarnócz eingepf., am Bache Sielnicsa, 1¼ Stunde von Bethlehemfalva. (Betlendorf.)

Böltsi, Ungarn, jenseits der Theiss, Bihár. Gespansch., Szalont. Bzk., ein *Praedium*, nächst dem Dorfe Zsadány, 4 Stunden von Szalonta.

Bolumacsa, Bollomache — Slavonien, Posegan. Gespansch., Unt. Bzk., ein zur Hrsch. Velika geh. *Dorf*, mit einer griech. nicht unirten Pfarre u. Kirche, an Gucsany Wäldern und Bergen, 1¼ St. von Posega.

Bolvaschnicza, - Ungarn, jenseits der Theiss, Temesvár. Gespansch, Bukiner Bzk., ein zum walach. illir. Grenz Reg. Canton Nr. XIII. geh. *Dorf* von 55 Häusern, 2¼ Stunde von Káránsebes. -

Bolvedro, Lombardie, Prov. Como u. Distr. IV, Menaggio; siehe Tremozzo.

Boly, Siebenbürgen, Unter Thorenburger Komitat; siehe Boj.

Boly, Ungarn, diess. der Theiss, Zempl. Gespansch. und Bzk., ein den Grafen Klobusiczky geh. *Dorf*, mit einer kathol. nach Zéteny geh. Filialkirche, an dem Bache Latorcza, 4 Stunden von Sátorallya-Ujhely.

Boly, Ungarn, ein *Markt*, mit 317 Häusern und 2028 Einw., Post Mohács.

Boly, Ungarn, Komitat, ein *Dorf*, mit 80 Häusern und 560 Einw., Post Kaposvár.

Bolya, Ungarn, jens. der Theiss, Torontal. Gespansch., Ujpécs. Bzk., ein den Herrn von Nikolits geh., an Rudta angrenzendes *Praedium*, 4 Stunden von Temesvár.

Bolya, Ungarn, diess. der Theiss, Hevesser Gespansch., Mátraer Bzk., ein *Praedium*, zwisch. Terpes u. Pétervásár.

Bolya, Bell, Buja, Bulya — Siebenbürgen, Ob. Weissenb. Gespansch. und Bzk., ein mehren Grundherren geh., an dem Kulpa Fl. lieg. sächs. walach. *Dorf*, mit einer reform. und griech. nicht unirten Pfr., 1¼ St. v. Nagy-Seyk.

Bolyan, Siebenbürgen, Aranyoser Stuhl; siehe Polján.

Bolyk, Bolikovcze — Ungarn, diess. der Donau, Neográd. Gespan., Fülek. Bzk., ein ungar. mehren adel. Familien geh. mit einer röm. kathol. Pfr. versehenes *Dorf*, am Ipoly Fl., unweit Nagy-Darócz, 1¼ Meile von Zelcne.

Bolymán, Ungarn, Barany. Komitat, ein *Dorf*, mit 138 Häus. und 972 Einw., Post Baranyavár.

Bolyok, Ungarn, diess. der Theiss, Borsod. Gespansch., Szt. Péter Bzk., ein ungar. *Filialdorf*, der Pfr. Várkony, mehren Abkömmlingen der adel. Familie Bolyki gehör., mit 86 Häusern und 677 Einw., sehr schönen Waldungen, zwischen Bergen. 8 St. v. Miskólcs.

Bolyok, Kis-, Ungarn, diess. der Theiss, Borsod. Gespansch., Szt. Péter Bzk., ein *Praedium*, der Pfr. Arló zu-

getheilt, mit guten Waldungen, in der Nähe von Csépány, 8 St. von Erlau.

Bolzanella, Lombardie, Prov. Mantova und District XV, Revere; siehe Quistello.

Bolzanelle, Venedig, Prov. Padova und Distr. V, Piazzola; siehe Grantorto.

Bolzano, Venedig, Prov. und Distr. I, Vicenza, ein in einer Ebene unweit Lisiera liegendes *Dorf* und *Gemeinde*, mit einer Gemeinde-Deputation, eigener Pfarre S. Maria und 2 Oratorien, 6 Migl. von Vicenza. Hieher gehört:

Lisiera, Dorf mit Pfarre.

Bolzano, Venedig, Prov. und Distr. I, Padova; siehe Maserà.

Bolzano, Venedig, Prov. Friaul und Distr. XII, Cividale; siehe S. Giovanni di Manzano.

Bolzano, Venedig, Prov. Friaul und Distr. VIII, S. Vito; siehe Morsano.

Bolzano, Venedig, Prov. und Munizipal Bezirk Belluno; siehe Belluno.

Bolzing, Oest. ob d. E., Hausr. Kr., ein zum Ldgcht. Haag geh. *Dorf*, nach Gepoldskirchen eingepf., Unfern sind die Ruinen des vormals festen Schlosses Bolzing, 2¼ Stunde von Haag.

Bolzmühle, Oest. u. d. E., V. O. W. W., 4 zur Hrsch. Hainstädten gehörige *Häuser* mit 25 Einw., nach Neustädtl eingepfarrt, nahe am Kolmitzberge, 3 Stunden von Amstädten.

Bolzonara, Lombardie, Prov. Mantova und District XIV, Gonzaga; siehe Gonzaga (Bondena).

Bolzone, Lombardie, Prov. und Distr. I, Cremona; siehe Ardole S. Marino.

Bolzone, Lombardie, Provinz Lodi e Crema und District VIII, Crema; siehe Zapello.

Bölzse, Ungarn, Abaujvar. Kmt., ein *Dorf* mit 9 Häus. und 69 Einw., Post Hidas Némethi.

Bölzse, Kapolna-, Ungarn, Abaujvarer Komt., ein *Dorf* mit 10 Häusern und 72 Einw., Post Hidas Némethi.

Bölzse, Kis-, Ungarn, Abaujvar. Kmt., ein *Dorf* mit 4 Häus. und 20 Einw., Post Hidas Némethi.

Bölzse, Sandor-, Ungarn, Abaujvarer Komt., ein *Dorf* mit 11 Häus. und 80 Einw., Post Hidas Némethi.

Bölzse, Szigeth-, Ungarn, Abaujv. Kmt., ein *Dorf* mit 44 Häus. und 305 Einwohnern, Post Hidas Némethi.

Bolzulaj, Djálu, Siebenbürgen, ein *Gebirg* in der Hunyader Gespanschaft.

Bolzwies, Oest. ob d. E., Inn Kr., ein zum Ldgcht. Bratnat geh. *Weiler* in der Pfarre Handenberg, 3 St. von Bratnat.

Bo Mazza, Lombardie, Provinz und Distr. I, Cremona; siehe Due Miglia.

Bombarde, Lombardie, Prov. Cremona und Distr. IV, Pizzighettone; siehe Crotta d' Adda.

Bomberg, Oest. ob d. E., Salzburger Kr., ein landesfürstl., zum Landger. Neumarkt geh. *Dorf*, nach Strasswalchen eingepfarrt.

Bomesberg, Oest. ob d. E., Hausr. Kr., ein zum Wb.Bzk. Stahremberg geh., mehren Hrsch. unterthäniges *Dorf*, nach Rottenbach eingepfarrt.

Bommern, Tirol, Vorarlberg, 4 einzelne *Höfe*, der Herrschaft Bregenz und Grcht. Sulzberg geh., 4½ St. v. Feldkirch.

Bompiumazzo, Cassina, Lombardie, Prov. Pavia und Distr. III, Belgiojoso; siehe Fossarmato.

Bon (Buon) Campagno Cassina, Lombardie, Prov. Milano und Distr V, Barlassina; siehe Palazzuolo.

Bon, Tirol, Rov. Kr., ein *Dorf* und Benefiziat der Pfarre Bleggio, Ldgchts. Stenico in Judicarien, Post Arco.

Bona, Böhmen, Chrudim. Kr., ein zur Hrsch. Bistrau geh. *Dorf*; siehe Bohnau.

Bona Villa, Lombardie, Prov. Venezia und Distr. II, Mestre; s. Chirignano.

Bonacina, Lombardie, Prov. Como und Distr. XI, Lecco; siehe Olate.

Bonafisso, Lombardie, Prov. Mantova und Distr. III, Roverbella; siehe Castel Belforte,

Bonaker, Tirol, Vorarlb. Kr., ein *Weiler*, zur Gemeinde Laturns gehörig, im Ldgcht. Feldkirch, Post Feldkirch.

Bonaldo, Venedig, Prov. Verona und Distr. VI, Cologna; siehe Cucca.

Bonane, Lombardie, Prov. Lodi e Crema und Distr. I, Lodi: siehe Chioso di Porta Regale.

Bonanomi, Lombardie, Prov. Cremona und Distr. III, Soresina; siehe Genivolta.

Bonardi, Lombardie, Prov. Mantova und Distr. VI, Castel Goffredo; siehe Castel Goffredo.

Bonarowka, Galizien, Jasl. Kr., eine *Herrschaft* und *Dorf*, mit einer Pfarre, liegt zwischen Wäldern, und grenzt gegen Mittag und Untergang mit dem Orte Weglowka, 4 Stunden von Jassienica.

Bonarowka, Galizien, Sanok. Kr., ein der Hrsch. Jassienica gehör. *Dorf*, nächst Zyznow, am Bache Lachowska, 2 Stunden von Jassienica.

Bonasin, Illirien, Istrien, ein *Weiler*, im Bzk. Dignano, zur Pfarre Dignano gehörig, in der Diöces Parenzo Pola, 2½ Stunden von Dignano.

Bonassia, Lombardie, Prov. Milano und Distr. XIII, Gallarate; siehe Cassano Magnago.

Bonataus, Lombardie, Prov. u. Distr. I, Brescia; siehe Nuvolera.

Bonate, Lombardie, Prov. Pavia und Distr. VII, Landriano; siehe Campo Morto.

Bonate di sopra, Lombardie, Prov. Bergamo und Distr. V, Ponte S. Pietro, ein 1 Migl. vom Bremo Flusse entlegenes *Gemeindedorf*, mit einer eigenen Pfarre S. Maria Assunta, 3 Kapellen, Gemeinde-Deputation, einer Sägemühle und Seiden-Spinerei, ½ Stunde v. Ponte S. Pietro. Hieer gehören:

Alle Ghiaje, Cubanetti, Cadassena, Kleine Garten,

Bonate di sotto, Lombardie, Prov. Bergamo und Distr. V, Ponte S. Pietro, ein *Gemeindedorf*, mit Vorstand, Pfarre S. Giorgio, 4 Kapellen, einer Wachs-Fabrik, einer Sägemühle u. einem Kalk-und Ziegel-Ofen, ¾ Stunden von Ponte S. Pietro.

Bonati Bonaggio, Lombardie, Prov. Pavia und Distr. VIII, Abbiategrasso; siehe Abbiategrasso.

Bonaventura, Böhmen, Budw. Kr., eine *Glasfabrik*, mit einigen Häusern, zur Hrsch. Gratzen geh., Post Gratzen.

Bonavigo, Venedig, Prov. Verona und Distr. V, Legnago, ein *Gemeindedorf*, mit Pfarre S. Giovani Battista, 4 Oratorien und Gemeinde-Deputation, unweit Minerba, 1¼ Migl. von Legnago. Mit:

Orti, Dorf.

Bonavilla Cassina, Lombardie, Prov. Milano und Distr. III, Bollate; siehe Pinzano.

Bonavogli Cà de', Lombardie, Prov. und Distr. I, Cremona; siehe Cà de' Bonavogli.

Bonazza, Lombardie, Prov. Mantova und Distr. XIX, Gonzaga; siehe Gonzaga (Paludano).

Boncella, Lombardie, Prov. Milano und Distr. IX, Gorgonzola; s. Cassano.

Boncza, Galizien, Sandec. Kr., ein z. Hrsch. Nawojowa geh. *Dorf*, 3 Stunden von Sandec.

Bonczalka, Galizien, Jasl. Kr., ein *Gut* und *Dorf*, wodurch der Bach gleich. Namens fliesst, hat einen Edelhof, und grenzt gegen Aufgang mit dem Orte Kamienica gorna, 4 St. von Dembica.

Bonczeszty, Ungarn, jens. d. Theiss, Arader Gespansch., ein walach. königl. Kaäl. *Dorf*, mit 160 Häus. u. 764 Einw., einer griech. nicht unirten Pfarre, in dessen Gebiet der Fluss Weiss-Körös durchfliesst, unweit Szakáts, 12 Stund. von Arad.

Bondaledo, Lombardie, Prov. Sondrio (Valtellina) und Distr. I, Sondrio; siehe Torre.

Bondanello, Lombardie, Prov. Mantova und Distr. XV, Gonzaga; siehe Gonzaga.

Bondanello, Lombardie, Prov. Mantova und Distr. XV, Revere; siehe Quistello.

Bondano, Lombardie, Prov. Sondrio (Valtellina) und Distr. VII, Chiavenna; siehe S. Giacomo.

Bondei, Lombardie, Provinz Sondrio (Valtellina) und Distr. VII, Chiavenna; siehe Villa di Chiavenna.

Bonden, Tirol, Trient. Kr., ein *Weiler* zur Gemeinde Rev, Landgericht Cles, Post Cles.

Bondeno, Lombardie, Prov. Cremona und Distr. VII, Casal Maggiore; siehe Brugnolo.

Bondeno, Lombardie, Prov. Mantova und Dist. XIV, Gonzaga; siehe Gonzaga.

Bondeno, Lombardie, Prov. Mantova und Distr. XI, Sabbionetta; siehe Sabbionetta.

Bondenta, Lombardie, Prov. Lodi e Crema und Distr. IX, Crema; siehe Casaletto Vaprio.

Bondesano, Lombardie, Prov. Mantova und District XVI, Sermide; siehe Felonica.

Bondi, Lombardie, Prov. Bergamo und Distr. VII, Caprino; siehe Cisano.

Bondi, Lombardie, Provinz Como und Distr. XII, Oggione; siehe Galbiate.

Bondianza, Lombardie, Prov. Como und Distr. XXIII, Appiano; siehe Carponate.

Bondioli, Luogo, Lombardie, Provinz Mantova u. Distr. VI, Castel Goffredo; siehe Ceresara.

Bondione, Lombardie, Provinz Bergamo und Distr. XIV, Clusone, ein am linken Ufer des Serio liegendes *Gemeindedorf* mit Vorstand, Pfarre S. Lorenzo, Aushilfskirche, Kapelle, Eisen-Minen, 2 Schmieden und 1 Säge-Mühle, 4 Stunden von Clusone. Dazu gehören: *Dieci Denari, Lezzola, Gassen.*

Bondo, Tirol, Rovered. Bzk., ein zum Markgrafthum Judicarien geh. unter der Pfarre Tione stehendes *Dorf*, Post Riva.

Bondo, Lombardie, Prov. Bergamo u. Distr. VI, Alzano Maggiore, ein *Gemeindedorf* mit Vorstand und Filiale der Pfr. Albino S. Giuliano, Aushilfskirche S. Barbara, südöstlich 2 Migl. vom Flusse

Serio entlegen, 1¼ Stunden von Alzona. Mit: *Brusco, Petello, Gassen.*

Bondo, Lombardie, Provinz Sondrio (Valtellina) und Distr. V, Traona; siehe Mello.

Bondon, Tirol, *Berg,* am rechten Ufer des Adige Flusses bei Romagnano.

Bondon, Tirol, Rov. Kr., ein *Dorf* ob dem Idro See, Kuratie der Pfarre und Ldgcht. Condino, Grcht. Lodron, Post Riva.

Bondon, Tirol, *Berg,* südw. v. Trient, H. ü. d. M. 1180 W. Klafter.

Bondorf, Ungarn, Oedenburg. Kmt.; siehe Bándorf.

Bone, Venedig, Prov. Friaul und Distr. III, Spilimbergo; siehe Vito.

Bonek, Böhmen, Klattauer Kreis, ein *Meierhof* mit einer *Schäferei,* zur Hrsch. Grünberg geh., ¼ Stunde v. Nepomuk.

Bonella, Cassina, Lombardie, Provinz Lodi e Crema und Distr. VI, Codogno; siehe S. Stefano.

Bonellina, Lombardie, Prov. Pavia und Distr. VIII, Abbiategrasso; siehe Abbiategrasso.

Bonello, Venedig, Prov. Polesine und Distr. V, Occhiobello; siehe Gaiba.

Bonemerse, Lombardie, Prov. Cremona und Distr. VI, Pieve d'Olmi, ein *Gemeindedorf* mit Vorstand und Pfarre, in der Nähe des Parma- und Piacenza-Gebirges und der Flüsse Po und Oglio, ¾ Stunden von Cremona. Hieher gehören: *Carrettolo, Gemeindetheil, — Castello, Consiolo, Malcantone, Meiereien, — Far engo, kleine Schweizerei, — Mulino, Landhaus mit Mühle.*

Bonenti, Napolitana con Casella, Lombardie, Prov. Mantova und Distr. VIII, Marcaria; siehe Rodigo.

Bonera, Lombardie, Prov. Como und Distr. XXI, Luino; siehe Montegrino.

Bonerberg, Steiermark, Grätzer Kr., eine *Berggegend,* zu dem Dorfe Haregg zugetheilt, in dem Wb. Bzk. Kom. Jonsdorf, 2¼ Stunde von Fürstenfeld.

Boneredt, Oest. ob d. E., Inn Kr., ein zum Ldgcht. Ried geh. *Weiler,* nach Neuhofen eingepf., ½ St. von Ried.

Bonersdorf, Böhmen, Budweis. Kr., ein *Dörfchen* der Hrsch. Hohenfurt; s. Wonersdorf.

Bonesdorf, Siebenbürgen, Kokelburg. Komt.; siehe Bajom.

Bonetta, Lombardie, Prov. und Distr. I, Milano; siehe Corpi S. di Porta Vercellina.

Bonetta Misana, Lombardie, Prov. Milano und Distr. I, Gorgonzola; siehe Inzago.

Bonetti, Lombardie, Prov. Bergamo und Distr. VIII, Piazza; s. Mazzoldo.

Bonevoglia, Capelletta, Lombardie, Prov. Mantova und Distr. IX, Borgoforte; s. Borgoforte (S. Nicolò).

Bonferraro, Venedig, Prov. Verona und Distr. III, Isola della Scala, siehe Sorgà.

Bonfia, auch Bosifia — Lombardie, Prov. und Distr. I, Cremona; siehe Sette Pozzi.

Bonfio, Gere, Lombardie, Prov. Cremona und Distr. VI, Pieve d' Olmi; siehe Gere del Pesce.

Bonfio, Mulino, Lombardie, Prov. und Distr. I, Cremona; s. S. Savino.

Bonformaggio, Lombardie, Prov. Mantova und Distr. VIII, Marcaria; siehe Castellucchio.

Bonga, Lombardie, Prov. Como und Distr. XXI, Luino; siehe Luind.

Bongard, Baumgart, Bungárda — Siebenbürgen, Dobok. Gespansch., Unt. Kr., Gyeker Bzk., ein mehren Grundherrschaften geh. wal. Dorf mit einer griech. unirten Pfarre, grenzt mit dem Koloser Komt., 3¼ St. von Deckendorf.

Bongárd, Baumgarten, Bungerdo, Bungárd, Bunyárd — Siebenbürgen, Hermannstädter Stuhl, ein freies walach. Dorf mit einer evangel. und walach. nicht unirten Kirche, zwischen Hamerdorf und Schellenberg, 1 Stunde von Hermannstadt.

Bonghisio, Vico, Lombardie, Prov. Cremona und Distr. VII, Casal Magzago.

Bongona, Lombardie, Prov. Milano und Distr. IX, Gorgonzola; s. Cornategiore; siehe Vico Bonghisio.

Bonhard, Ungarn, Toln. Komt.; siehe Bonyhád.

Bonhard, Siebenbürgen, Kokelburger Komt.; siehe Bonyha.

Bonicella, Lombardie, Prov. Mantova und Distr. XII, Viadana; s. Viadana.

Bonico e Sunico, Lombardie, Prov. Brescia und Distr. XV, Gargnano; siehe Maderno.

Bonifacius, St., Siebenbürgen, Hunyader Komt.; siehe Dobra.

-Bonificazione, Ospedaletto, Venedig, Prov. Polesine und Distr. V, Occhiobello; siehe Fiesco (Ospedaletto Bonificazione).

Bouillen, Siebenbürgen, Hunyader Komt.; siehe Bunyilla.

Bonincontri, Lombardie, Prov. Mantova und Distr. XVII, Asola; s. Asola.

Bonine, Lombardie, Prov. Mantova und Distr. XIV, Gonzaga; s. Gonzaga (Bondeno).

Bonino, Campo, Lombardie, Prov. und Distr. I, Cremona; s. Due Miglia.

Bonione, Lombardie, Prov. u. Distr. I, Mantova; siehe S. Giorgio.

Boniow, Mähren, Znaimer Kr., ein Dorf, zum Gute Ratiborzitz geh.; siehe Bonjau.

Boniowice, Galizien, Sanok. Kr., ein Gut u. Dorf nächst Dobromil, am Flusse Wirwa, ¼ Stunde von Dobromil.

Boniowitz, Bouniowitz, Bohunowice — Mähren, Ollmützer Kr., ein zur Hrsch. Kloster-Hradisch gehörig. Dorf, hat 65 Häus. mit 425 Einw. und eine Pfarre, Post Ollmütz.

Bonirola, Lombardie, Prov. Pavia u. Distr. V, Rosate, eine nach S. Invenzio zu Gaggiano gepfarrte Gemeindeortschaft mit Oratorium und Vorstand, links dem Naviglio grande, welcher von Abbiategrasso nach Milano fliesst, 7 Migl. von Binasco. Dazu gehören: *Boscaccio, Brusada, Camuccione, Cantaluppo, Villandola, Schweizereien.*

Bonirola, Lombardie, Prov. Milano und Distr. XVI, Soma; siehe Albusciago.

Bonistwi, Böhmen, eine Ortschaft bei Kollin.

Bonleiten, Oest. u. d. E., V. O. W. W., eine Ortschaft bei St. Pölten.

Bono, Tirol, Rover. Kr., ein zum Markgrafthum Judicarien geh. Dorf u. Hauptpfarr, Post Arco.

Bono, S. Giovanni, Lombardie, Prov. und Distr. I, Mantova; siehe Porto.

Bonolda, Lombardie, Prov. Mantova und Distr. XIV, Gonzaga; siehe Gonzaga Bondeno.

Bonolda, Ronco, Lombardie, Provinz Mantova und Distr. XIII, Suzzara; siehe Suzzara.

Bonoma, Lombardie, Prov. Lodi e Crema und Distr. VII, Pandino; siehe Agnadello.

Bonoma, Cassina, Lombardie, Prov. Bergamo und Distr. X, Treviglio; siehe Arzago.

Bonomino, Lombardie, Prov. Mantova und Distr. V, Castiglione delle Stiviere; siehe Castiglione delle Stiviere.

Bonopolis, Siebenbürgen, Hunyader Komt.; siehe Dobra.

Bonora, Lombardie, Provinz Lodi e Crema und Distr. III, S. Angiolo, eine 1½ Migl. vom Flusse Lambro entfernte Gemeinde-Ortschaft, nach Assunzione B. Maria Verg. zu Fisiraga gepfarrt, mit einer Gemeinde-Deputation, Oratorio u. Getreide-Mühle, 2Migl. von S. Angiolo. Dazu gehören: *Blaghera, Galleotta, abgesonderte Schweizereien — Gervasina, Schweizereien.*

Bonore Cá, Lombardie, Prov. Bergamo und Distr. II, Zogno; siehe Grumello de' Zanchi.

Bonow, Böhmen, Klattauer Kr., ein *Dorf* mit einem kleinen Schlosse, Meierhofe, einer Mühle und Schäferei, gehört zur Hrsch. Roth-Poritschen, 5½ Stunde von Pilsen, Post Przestitz.

Bonow, Galizien, Przemysl. Kr., ein *Dorf* mit einer Pfarre und Ortsobrigkeit Post Jaworow.

Bonpensiere, Lombardie, Provinz Lodi e Crema und Distr. VI, Codogno; siehe Corne Giovine.

Bon Repos, Böhmen, Jungb. Kr., ein *Lustschloss* und *Dörfchen* der Herrschaft Benatek; siehe Hieronimberg.

Bonserio Cattarolo, Lombardie, Prov. Cremona und Distr. VIII, Piadena; siehe Breda Guazzona.

Bonsignori, insgemein Villa nuova genannt — Lombardie, Prov. Milano u. Distr. VI, Monza; siehe Monza.

Bontamka, Böhmen, eine *Ortschaft* im Gebiete der Stadt Prag.

Bonte, Lombardie, Prov. Como und Distr. IX, Bellano; siehe Vestreno.

Bonten, Ungarn, Szathmár. Komt.; siehe Bájfalu.

Bontocco, Lombardie, Prov. Como und Distrikt XXIII, Appiano; siehe Olgiate.

Bontz, Siebenbürgen, Dobok. Komt.; siehe Bontznyires.

Bontzhida, Brück — Siebenbürgen, Dobok. Gespansch., Unt. Kr., Széller Bzk., ein mehren Dominien gehör., in einer Ebene an der Samos liegendes ungar. wal. *Dorf*, mit einer reformirten und griech. nicht unirten Kirche, dann einem gräfl. Bánffy'schen Schlosse, 3 St. von Klausenburg, und 1 Stunde von Válaszut.

Bontznyires, Birken, Bontz — Siebenbürgen, Dobok. Gespansch., Unt. Kr., Széker Bzk., ein mehren Grundherrschaften geh., zwischen Bergen liegendes walach. *Dorf*, mit einer kathol. Pfarre, 4 Stunden von Klausenburg und 1 Stunde von Válaszut.

Bontzod-földe, Ungarn, jenseits der Donau, Zalad. Gespansch., Egerszeg. Bzk., ein *Dorf*, mehren adelichen Familien gehörig, am mitternächtlichen Ufer des Zala Flusses, mit einer eigenen Pfarre, zwischen Kávás und Teskánd, von Morgen gegen Abend, 1 St. von Egerszeg.

Bonvecchiate, Rialto, Venedig, Prov. und Distr. I, Padova; siehe Casal di Ser' Ugo (Rialto Bonvecchiato.)

Bóny, Ungarn, jenseits der Donau, Raab. Gespansch., Györi-Pusztaer (Wüster) Bzk., ein mehren adelichen Familien geh., mit der kathol. Kirche nach Mezö-Eörs eingepf. *Dorf*, mit 178 Häusern und 1249 Einwohnern, einer eigenen evangelischen und reformirten Pfr., 1 Stunde von Gönyö.

Bónya, Ungarn, Sümegh. Komt., ein *Dorf*, mit 85 Häusern und 630 Einw., Post Öreg-Lak.

Bonya, Ungarn, jenseits der Donau, Zalad. Gespansch., Egerszeg. Bzk., ein *Praedium* und Waldgegend, am nördlichen Ufer des Mur Flusses, an Letenje angrenzend, 4 Stunden von Kanisa.

Bonya, Ungarn, Oedenburger Komt., ein *Dorf*, mit 110 Häusern und 842 Einwohnern.

Bonyestyi, Ungarn, Unghvár. Komt.; siehe Bajunháza.

Bonyha, Bachnen, oder Bockheim, Brákna, Bonhard. Bonja — Siebenbürgen, Kokelburg. Gespansch., O). Kr., ein mehren Grundherrschaften gehör., an dem kleinen Kokel Flusse liegendes ungar. walach. *Dorf*, mit einer reformirten und griech. nicht unirten Pfarre, 5 Stunden von Nagy-Kend.

Bonyhád, Bonhard — Ungarn, jenseits der Donau, Toln. Gespanschaft, Völgység. Bzk., ein volkreicher der adelichen Familie Perczell und Kliegl geh. *Markt*, mit 790 Häusern und 5340 Einwohnern, mit einer kathol. Pfarre, dann sowohl evangelischen als reformirten Bethause und Juden-Synagoge, 2 Stunden von Szexárd.

Bonynice, Galizien, Brzezan. Kr., ein der Hrsch. Ostrow geh. griechisch. *Pfarrdorf*, Post Borka.

Bonyó, Siebenbürgen, ein *Gebirg* im Orbaier Sekler Stuhl.

Bonzanigo, Lombardie, Prov. Como und Distr. IV, Menaggio; siehe Mezegra.

Bonzanini, Venedig, Provinz Verona und Distr. IV, Sanguinetto; siehe Casaleone.

Bonzgoni, Dalmatien, Spalato Kr., Sign Distrikt, ein *Dorf*, der Hauptgemeinde Sign einverleibt, und nach Bilopolie eingepfarrt, wovon es 1 Meile entlegen und eben diesem Ortsrichter zugetheilt ist. Post Sign.

Bonzicco, Venedig, Prov, Friaul u. Distr. II, S. Daniele; siehe Dignano.

Böö, Betendorf, Beö oder Böva, Siebenbürgen, Szekl. Maros. Stuhl, Unt. Kr., und Káäler Bzk., ein zwischen Bergen liegendes, von Szeklern und Neu-Russen bewohntes *Dorf*, mit einer kathol. und reform. Pfarre, 3 Stunden von Maros-Vásárhelly.

Böö, Ungarn, Oedenburg. Komt., ein *Urbarial-Markt*, mit 140 Häus. und 782 Einw., Post Güns.

Bööd, Ungarn, Abaujvár. Gespansch., ein *Dorf*, mit 78 Häus. und 560 Einw., Post Tállya.

Bööd, Bögü — Siebenbürgen, Inner Szolnok. Gespansch., Unt. Kr., Bethlen. Bzk., ein mehren Grundherren gehör. walach. *Gebirgsdorf*, mit einer griech. nicht unirten Pfarre, 4 St. von Csicsó-Keresztúr.

Book, Kroatien, Agram. Gespansch., im Bezirk jenseits der Save, ein zur Hrsch. und Pfarre Sziszek gehör. *Dorf*, liegt an der Save, 4 Stunden von Dugoszello.

Boor, Bor — Mähren, Brünn. Kr., ein zur Hrsch. Pernstein gehör. *Dorf*, mit 20 Häusern und 145 Einwohnern, und einer Mühle mit Bretsäge, 4 Stunden von Gr. Meseritsch, Post Tischnowitz.

Boos, Ochsenhain, Boosu — Siebenbürgen, diesseits der Maros, Hunyad. Gespansch. und Bzk., ein mehren Dominien gehör. walach. *Dorf*, mit einer griech. nicht unirten Pfarre an dem Bache Zalasd, 4 Stunden von Déva.

Bóos, Siebenbürgen, Maros. Stuhl; siehe Bos.

Boos, Boschen, walachisch Boschu — Siebenbürgen, Kolos. Gespansch. und Bzk., Unt. Kr., ein mehren Grundherrschaften geh., zwischen Bergen liegendes walach. *Dorf*, mit einer griech. unirten Pfarre, 3 St. von Klausenburg.

Booz, oder Boz-Gyalakuta, Botzendorf, Boza — Siebenbürgen, jenseits der Maros, Hunyad. Gespansch., Illyer Bzk., ein adeliches walach. *Dorf*, mit einer griech. nicht unirten Pfarre, 1¼ St. von Illye, Post Lesnek.

Bopeler, Tirol, Vorarlberg, 3 einzelne *Höfe*, der Hrsch. Bregenz und dem Ldgcht. Alberschwende geh., 3 Stunden von Bregenz.

Boppio, Casa, Lombardie, Prov. Milano und Distrikt III, Bollate; siehe Misocco.

Bor, Ungarn, Hevess. Komitat; siehe Bory.

Bor, Ungarn, Hevess. Komitat; siehe Hégesbor.

Bor, Galizien, Wadowic. Kr., ein zur Hrsch. Lodygowice geh. *Dorf*, im Gebirge, an dem Solla Flusse zwischen Waldungen, 3 Stunden von Bielitz in Schlesien.

Bor, Wilkowski, Galizien, Wadowicer Kr., ein *Dorf*, zur Pfarre und Ortsobrigkeit Lodygowski gehörig, Post Bielitz.

Bor, zu Charczowice, Galizien, Rzeszow. Kr., ein *Dorf*, zur Pfarre und Ortsobrigkeit Rozwadow gehörig, Post Nisko.

Bor, zu Huta-Komorowska, Galizien, Rzeczow. Kreis, ein *Dorf*, zur Pfarre Maydan und Ortsobrigkeit Mokrzyswe, Post Nisko.

Bor, Böhmen, Prachin. Kr., ein zur Hrsch. Brzeznitz geh. *Dorf*, 7 Stunden von Pisek. Post Brzeznitz.

Bor, Böhmen, Prachiner Kreis, eine *Mahlmühle* gehört zur Hrsch. Drhowl, 2 Stunden von Pisek.

Bor, Böhmen, Beraun. Kr., ein *Dörfchen*, ostwärts von Chlumetz, z. Hrsch. Chlumetz geh. Post Seltschan.

Bor, Böhmen, Budweis. Kr., ein *Dörfchen*, zur Hrsch. Gratzen, 2¼ Stunde v. Kaplitz. Post Gratzen.

Bor, Böhmen, Budweis. Kr., ein *Dorf*, zur Hrsch. Witingau und Pfarre Suchenthal, 1 Stunde von Schwarzbach.

Bor, Böhmen, Chrudim. Kr., ein zur Hrsch. Chrast geh. *Dorf*, 3 Stunden von Chrudim.

Bor, Böhmen, Bunzlau. Kr., ein *Dörfchen*, zur Hrsch. Wlkawa, 3 Stunden von Nimburg.

Bor, Böhmen, Klattau. Kr., ein einzelnes *Haus*, am Berge Bor, zur Hrsch. Klattau geh., ¼ Stunden von Klattau.

Bor, Böhmen, Pilsn. Kr., eine *Schutzstadt* der Hrsch. gleichen Namens; s. Hayde.

Bor, Böhmen, Saaz. Kr., eine *Stadt*, unter dem Schutze der Herrsch. Rothenhaus; siehe Görkau.

Bor, Böhmen, Tabor. Kr., ein *Jägerhaus*, mit einigen Chaluppen, zwischen dem Walde Bor gegen Mitternacht gelegen, der Stadt Tabor geh., ¼ St. v. Tabor.

Bor, Böhmen, Tabor. Kr., ein *Dorf*, zur Herrsch. Bozegow, 1½ Stunde von Pilgram.

Bor, Alt- und **Gross-**, Böhmen, Prachin. Kr., ein *Dorf*, zur Hrsch. Libiezitz, 1 Stunde von Nettolitz.

Bor, Klein-, Boor — Böhmen, Prachiner Kreis, ein zur Hrsch. Horazdiowitz geh. *Dorf*, mit einer Pfarre, liegt gegen Mittag, ¼ Stunde von Horazdiowitz.

Bor, Neu-, Böhmen, Prachin. Kreis, ein *Dorf*, der Herrschaft Liebiegitz; s. Neubor.

Boracz, Boratsch — Mähren, Brünn. Kr., ein zur Hrsch. Tischnowitz unterthäniges *Dorf*, am rechten Ufer des Schwarzaflusses, an der Nordseite von Tischnowitz, mit 40 Häusern und 280

Einwohnern, 4 Stunden von Brünn, Post Tischnowitz.

Boracz, Böhmen, Leitmeritzer Kr., eine *Ortschaft*, 1½ Stunde von Teplitz.

Boradello, Lombardie, Prov. Bergamo und Distr. V, Ponte S. Pietro; siehe Sotto il Monte.

Boradello, Castello, Lombardie, Prov. Como und Distr. II, Como; siehe Camerlata.

Boraina, Lombardie, Prov. Como u. Distr. XVII, Cuvio; siehe Ferrera.

Boraja, Dalmatien, Zara Kr.; siehe Podine di Boraja, Vermo di Boraja, Podlusie di Boraja, Mravnizza di Bojara.

Borakow, Böhmen, Berauner Kr., eine *Ortschaft* bei Bistritz.

Borala, Lombardie, Prov. Mantova und Distr. XV, Revere; siehe Quistello (S. Giacomo.)

Boranow, Mähren, Iglau. Kr., ein *Dorf*, zu den Iglauer Stadtgütern; siehe Porenz.

Boraute, Lombardie, Prov. u. Distr. I, Mantova; siehe Curtatone.

Boraria, Chiarica, Lombardie, Prov. und Distr. I, Mantova; siehe Roncoferraro.

Borasca grande, Lombardie, Pr. Lodi e Crema und Distr. V, Casalpusterlengo; siehe Zorlesco.

Borászá, Siebenbürgen, Fogar. Dist.; siehe Bratza.

Borati, Cassina, Lombardie, Provinz Milano und Distr. VI, Monza; s. Monza.

Borattini, Venedig, Prov. Venezia und Distr. V, Loreo; siehe Loreo.

Boratycze, Galizien, Przemysl Kr., ein zur Hrsch. Hussakow gehör. *Dorf*, 4 Stunden von Przemysl.

Boratyn, Galizien, Przemysl. Kreis, eine *Herrschaft* und *Dorf*, 3 Stunden von Jaroslau.

Boratyn, Galizien, Zloczow. Kreis, ein der Hrsch. Ponikwa geh. *Dorf*, 2 St. von Brody.

Boratyn, Galizien, Zolkiew. Kr., ein *Gut* und *Dorf*, mit einem Edelhofe, Vorwerke und griech. kathol. Kirche, oberhalb Krystianopol, Post Sokal.

Borau, Boraw, Ratdna — Böhmen, Czaslau. Kreis, ein *Marktflecken*, mit einem kleinen Schlosse, Brauhause, 2 Mühlen und einem Meierhofe, 3 Stunden v. Deutsch-Brod, Post Polna.

Borau, Oest. u. d. E., V. U. M. B., ein *Dorf*, Post Mallebern.

Borau, Böhmisch-, Böhmen, Pilsner Kr., ein *Dörfchen* der Hrsch. Tepl, nordwestlich gegen Landeck, 4 Stunden von Plan.

Borau, Deutsch-, Porau — Böhmen, Pilsner Kr., ein *Dorf* mit einem Saierbrunnen, zur Hrsch. Tepl gehörtg, am Walde Kopra hinter Schwarzholz, gegen Deutsch-Thomaschlag, 2 Stunden von Plan.

Borawitz, Böhmen, Czaslauer Kr., ein zur Hrsch. Studenetz und Pfarre Libitz geh. *Dorf*, 4½ Stunde von Deutsch-Brod, Post Chotieborz.

Borbach, Bohrbach — Steiermark, Marburger Kr., eine *Weingebirgsgegend*, zur Hrsch. Purgsthal dienstbar.

Borbála, Ungarn, jens. der Donau, Stuhlweissenburger Gespanschaft, Sár-Mellyék., ein zur Hrsch. Csurgó geh. *Praedium*, mit einem Steinbruche, zwischen Zámoly-Keresztes u. Magyar-Almás, 1 Stunde von Stuhlweissenburg.

Borbánd, Weindorf, Bérébántz, Siebenbürgen, Nieder-Weissenburger Gespanschaft, Nied. Kr., Schárder Bzk., ein walach. *Markt* am Fusse des Berges Biak, mit einer reform. und griech. nicht unirten Pfarre, ½ St. von Karlsburg.

Borbás, Ungarn, Sümegh. Komt.; siehe Szent-Borbás.

Borbátviz, Schnellbach, Riuborbát — Siebenbürgen, Hunyader Gespanschaft, Hatzeg. Kr., Borbatvis. Bzk., ein ung. walach., mehren Besitzern geh. *Pfarrdorf*, 14 Stunden von Déva.

Borberek, Vininsula, Weinberg oder Burgberg, Borbrik, Vulper — Siebenbürgen, Nieder-Weissenburger Gesp., Ob. Kr., Alvinz. Bzk., ein mit Alvintz durch den Maros - Fluss verbundener *Markt*, mit einer kath., reform. und griech. nicht unirten Pfarre, 2 Stunden von Karlsburg.

Borbolya, Balversdorf, Walpersdorf — Ungarn, jens. der Donau, Oedenburg. Gespansch. und Bzk., zur deutsch. Hrsch. Frakno geh. *Dorf*, mit 63 Häus. und 472 Einw., einer eigenen Mutterkirche, am Vulka Bache, 2¼ Stunde von Oedenburg.

Borbone, Lombardie, Prov. Brescia und Distr. II, Ospitaletto; s. Rodengo.

Borca, Venedig, Prov. Belluno und Distrikt III, Pieve di Cadore, ein *Gemeindedorf* nächst dem Berge Antelau und dem Strome Boite, mit Vorstand, Pfarre und Oratorium, 8 Migl. von Pieve di Cadore. Mit:
Cnocca, Villanova, Gemeindetheile.

Borcata, Lombardie, Prov. Lodi e Crema und Distr. III, S. Angiolo; siehe Valera.

Borchecz, Kroatien, Agramer Gesp. und Bzk., ein zur Agramer Gerichtsbarkeit geh., nach Sztenyevecz eingepfarrtes *Dorf*, liegt zwischen Gebirgen, 1½ Stunde von Agram.

Borchetta, Canova, Lombardie, Prov. Mantova und Distr. IX, Borgoforte; siehe Borgoforte (S. Nicolò).

Borchetto, Casino, Lombardie, Prov. Mantova und Distrikt IX; siehe Borgoforte (Bocca di Ganda).

Borchow, Galizien, Zolkiew. Kr., ein *Gut* und *Dorf* mit einem Vorwerke, 1 Stunde von Luaczow, Post Rawa-Ruska.

Borchowa, Porchowa — Galizien, Stanislau. Kr., ein zur Herrsch. Koropiec geh. *Dorf*, mit einer Pfarre, an dem Flusse Baryska, 4½ Stunde von Buczacz.

Borcina, Lombardie, Prov. Como u. Distr. XII, Oggiono; siehe Civitate.

Borco, Bosco — Tirol, Trient. Kr., ein *Dörfchen*, zum Stadt- und Ldgcht. Trient, und Pfarre Civezzano, 2 St. von Trient.

Borcowa, Ungarn, Thurocz. Komt.; siehe Borczfalva.

Böres, Runder Thurm — Ungarn, jenseits der Donau, Raab. Gespauschaft, Tököz. Bzk., ein dem hochwürd. Raaber Bisthum gehör., zur kathol. Pfarre nach Aoda eingepf. *Dorf*, liegt an dem Rabcza Flusse, ¼ Stunde von Eötevény (Hochstrass.)

Borcsa, Alt-, Ungarn, Syrm. Gespan., ein zu deutsch bannat. Grenz-Regmts. Kanton Nr. XII, geh. *Dorf*, mit 55 Häusern, mit einer griech. nicht unirt. Pfarre und einer Rossmühle, liegt gegen Mittag nächst der türkischen Festung Belgrád, ¼ Stunden von Zemlin.

Borcsan, Ungarn, diess. der Donau, Neutr. Gespan., Bodok. Bzk., eine nach Sissó eingepf., unter mehr. adel. Familien getheilte *Besitzung*, gegen Mittern., 2 Stunden von Nagy-Topolcsány.

Borcsan, Kis-Borcsan, Male-Borcsanj, Ungarn, diess. d. Donau, Trentschin. Gespan., im Bzk. jens. des Gebirges, ein adeliches mehren solchen Familien gehör., nach Sissó (im Neutr. Komt.) eingepf., mit einem Lokal-Richter versehenes *Dörfchen*, gegen Mrg. ausser der k. Landstrasse, 8½ Stunde von Nitra Zsámbokréth.

Borcsicz, Borsicz — Ungarn, diess. d. Donau, Trentschin. Gespan., Mitt Bzk., ein mehr. adel. Familien geh. *Dorf*, der Pfr. Nemsény zugetheilt, mit einer Kirche am untern Ende dieses Orts, gegen Mrg. an der Landstr. nächst dem Waag Flusse, 2½ Stunden von Trentschin.

Borczfalva, slowak. Borokowa — Ungarn, diess. d. Donau, Thurocz. Ge-

spansch., Mossov. Bzk., ein verschied. Dom. geh., in der evangel. Pfr. Ivánkafalva an dem Bache Mocsa lieg., 1 St. v. Mossócz entferntes *Dorf*, 3 Stunden von Rudnó.

Borczov, Böhmen, Jungb. Kr., eine zur Hrsch. Dobrawitz gehörige *Mühle*. Post Tirnau.

Bord, Siebenbürgen, Kokelb. Gespan., ein mehren Dom. geh. walach. *Dorf*, zwischen Gebirgen, gegen dem Maros Fl., mit einer griech. nicht unirt. Pfarre, 1½ Stunde von Radnót.

Bordalia, Venedig, ein *Berg*, an der Grenze zwischen Venedig und Kärnten.

Bordau, mit **Interneppo**, Lombardie, Prov. Friaul und Distr. XX, Gemona, eine mit Interneppo bildende *Gemeinde-Ortschaft*, nach S. Stefano di Cavazzo (Distr. XX, Tolmezzo) eingpf., mit Vorstand, zwei Filial-Kirchen S. Antonio und S. Martino der eben genannten Pfarre, einem Oratorium S. Lorenzo und Kapelle, von d. Julischen Alpen begrenzt, an dem von Norden gegen Süden vorbei fliessenden Tagliamento, 3¼ Migl. von Tolmezzo.

Bordegari, Cassina-, Lombardie, Prov. Lodi e Crema und Distr. V, Casalpusterlengo; siehe Rovecco.

Bordella, Lombardie, Prov. Mantova und Distr. VI, Castel Goffredo; siehe Castel Goffredo.

Bordello, Lombardie, Prov. Lodi e Crema und Distr. VI, Codogno; siehe S. Fiorano.

Bordiana, Tirol, Trienter Kr., ein *Dorf*, wovon ein Theil der Hrsch. Flavon in Nonnsberg geh., 9½ Stunde von Trient, Post Mezzo-Lombardo.

Bordiano, Tirol, Trienter Bzk., ein in dem Sulzthale lieg. von der Gemeinde Livo, 1 St. entfernt und dahin geh. *Dorf*, 12¼ Stunde von Trient, Post Cles.

Bordigale, Lombardie, Prov. Cremona u. Distr. V, Rovecco; s. Barbiselle.

Bordigone, Lombardie, Prov. Mantova und Distr. XII, Viadana; siehe Pompomesco.

Bordigotta, Lombardie, Prov. Mantova und Distr. XIV, Gonzaga; siehe Gonzaga (Bondanello).

Bordogna, de' Ronchi, Lomb. Prov. Bergamo und Distr. VIII, Piazza, ein *Gemeindedorf*, mit einer eigenen Pfarre S. Maria Assunta, 2 Oratorien, einer Gemeinde-Deputation, Säge, Tuchfärerei und Leinwand-Bleiche unterhalb Baresi, ¼ Stunde von Piazza. Dazu gehören:

Foppa Barelli, Zuccaro, kleine Schweizereien. — Foppa Cava, Forcella, kleine Gassen.

Bordolano, Lombardie, Prov. Cremona und Distr. III, Soresina, ein *Gemeindedorf*, mit Vorstand und Pfarre SS. Giacomo e Filippo und 2 Oratorien, nahe dem Brescian. Gebirge, dem Flusse Oglio und dem Lago d' Iseo, 1½ St. von Pontevico. Einverleibt sind:

Cà Bianca, Cigognino, Colombare, Crota Anguisola, Dosso Anguisola, Rasine, Meiereien. — Mulino Crota, Mulino Ponzoni, Mühlen. — Neve, Oratorium.

Bordon, Venedig, Prov. Friaul und Distr. XII, Cividale; siehe Castel del Monte.

Bordona, Lombardie, Prov. Lodi e Crema und Distr. III, S. Angiolo; siehe Valera.

Bordonazza, Lombardie, Prov. Lodi e Crema und Distr. IV, Borghetto; siehe Ossago.

Bordone Turago, Lombardie, Prov. Pavia und Distr. II, Bereguardo; siehe Turagobordone.

Bordone, Lombardie, Prov. Como u. Distr. XII, Oggiono; siehe Bosisio.

Bordone, Tirol, Trient. Bzk., ein zur Ldgchts. Hrsch. Lodron geh. *Dorf*, mit einer Kuratie und einem Schlosse am See, 1 Stunde v. Lodron. Post Riva.

Bordoni, Lombardie, Prov. u. Distr. I, (Milano); siehe Gorla.

Bordonzina e S. Giuseppe, Lombardie, Prov. u. Distr. I, Pavia; siehe Mirabello.

Bordos, Bordosch — Siebenbürgen, Szekl. Distr., Udvarhely. Stuhl, Böszed. Bzk., ein mehren Grundherren gehörig. jens. des Kokel Fl., und d. Bache Bordospataka liegend. *Dorf*, mit einer katholischen und griechisch nicht unirten Pfarre, 1 Stunde von Nagy-Kend.

Bördötze, Ungarn, jens. der Donau, Zalader Gespansch., Lövö. Bzk., ein *Dorf*, am Bache Cserta, zur fürstlich Esterházy. Hrsch. und Pfarre Nempthy geh., gegen Osten nächst Iklód, und gegen Westen nächst Báka, 2 Stunden von Alsó-Lendva.

Bordowice, Mähren, Prer. Kr., ein *Dorf*, zur Hrsch. Hochwald; siehe Bordowitz.

Bordowitz, Bordowice — Mähren, Prer. Kr., ein zur Hrsch. Hochwald und Pfarre Frankstadt geh. und an d. Dorf Lichtau gegen Abend liegendes *Dorf*, mit böhm. Einw., 3½ Stunden von Freiberg. Post Frankstadt.

Bordu di, Venedig, Prov. Friaul und Distr. XII, Cividale; siehe Castel del Monte.

Bordulaki, zu **Stanislawczyk**, Galizien, Zlocz. Kr., eine *Ortschaft*, z.

Pfarre Stanislawczyk, u. Ortsobrigkeit Brody gehörig, Post Brody.

Boreana, Venedig, Prov. Friaul und Distr. VIII, S. Vito; siehe S. Vito.

Boreana, Illirien, O. Friaul Görzer Kr.; ein *Dorf*, mit einer Lokalie, zur Hrsch. Tolmein geh., 11½ St. von Görz.

Borecz, Böhmen, Jungb. Kr., ein *Dorf*, dem Gute Grosswschellis u. Bezno geh., 2½ Stunde von Jungbunzlau, ½ Stunde von Skalsko.

Borecz, Böhmen, Leitmer. Kr., ein mit der Hrsch. Lobositz vereinigtes *Gut* und *Dorf*, mit einem Schlosse, ¾ Stunden von Lobositz.

Boréeza, Ungarn, jens. der Donau, Eisenburger Gespansch., Tótság. Bzk., ein zur Hrsch. Felsö-Lendva geh. *Dorf*, nach Felsö-Petrócz eingepf., ½ Stunde von Radkersburg.

Boreczeek maly, Galizien, Tarnow. Kr., ein zur Hrsch. der Stadt Ropczyce geh. und dahin eingepf. *Dorf*, 1 Stunde von Sendciszow.

Boreczek bei Malawa, Galizien, Rzesz. Kr., eine *Ortschaft*, zur Pfarre und Ortsobrigkeit Malawa gehörig.

Borego Cassina, Lombardie, Prov. Como und Distr. XIV, Erba; s. Anzano.

Borek, Böhmen, Kaurž. Kr., ein *Dorf*, zur Hrsch. Brandeis geh., Post Brandeis.

Borek, Böhmen, Kaurž. Kr., eine einzelne *Mühle*, zur Hrsch. Wlaschim gehörig, Post Wlaschim.

Borek, Böhmen, Beraun. Kr., ein *Dorf*, zur Hrsch. Leschan, hinter dem Sazawa Fl., an der Seltschauer Kommerzialstrasse, Post Beneschau.

Borek, Böhmen, Beraun. Kr., eine einzelne *Schäferei*, zum Gute Roth Hradek, Post Seltschan.

Borek, Böhmen, Beraun. Kr., ein einzelner *Meierhof*, zur Hrsch. Suchomast geh., mit einer Pfarrkirche, grenzt am nächsten mit Zelkowitz, 1½ Stunde von Beraun.

Borek, Böhmen, Bidsch. Kr., ein *Dörfchen*, zum Gute Miletin unweit des Berges Schwitzschin, 2¼ St. von Horžitz, Post Miletin.

Borek, Bor, Bora — Böhmen, Chrud. Kr., 2 einzelne *Häuser*, bei dem zur Hrsch. Neuschloss gehörig. Dorfe Borr, 3 Stunden von Hohenmauth.

Borek, Böhmen, Chrud. Kr., ein *Dorf*, zur Hrsch. Pardubitz, 2½ Stunde von Pardubitz.

Borek, Böhmen, Czasl. Kr., ein *Dorf*, des Gutes Westerz, grenzt gegen Ost. an das Dorf Pukschitz, 2½ Stunde von Jenikau.

Borek, Böhmen, Jungbunzl. Kr., ein *Dörfchen*, zur Hrsch. Böhmisch-Aicha, 1¼ Stunde von Liebenau.

Borek, Böhmen, Jungbunzl. Kr., ein *Dörfchen*, zur Hrsch. Gross Skall oder dem Dorfe Hnanitz, 2 St. von Sobotka.

Borek, Böhmen, Katiž. Kr., ein *Dorf*, zum Gute Lhotta gehörig, 1½ Stunde von Planian.

Borek, Böhmen, Klatt. Kr., ein zur Hrsch. Grünberg gehöriger obrigkeitl. *Meierhof* und *Schäferei*, ½ Stunde von Nepomuk.

Borek, Böhmen, Pilsn. Kr., ein *Dorf*, des Gutes Kraschau, am Fl. Schnelle, vor dem Dorfe Kozoged, 6 St. v. Pilsen.

Borek, Böhmen, Pils. Kr., ein *Dorf*, zur Hrsch. Rokitzan gehörig, auf einem Hügel, 1¼ Stunde von Rokitzan.

Borek, Böhmen, Chrud. Kr., eine zur Herrschaft Nassaberg geh. *Mahlmühle*, Post Chrudim.

Borek, Böhmen, Saaz. Kr., eine *Stadt*, unter dem Schutze der Hrsch. Rothenhaus; siehe Görkau.

Borek, Böhmen, Jungb. Kr., ein bei Wolleschenitz u. zur Hrsch. Gross-Skal geh. *Haus*, Post Turnau.

Borek, Böhmen, Tabor. Kr., ein *Dörfchen*, zur Hrsch. Zelč, Post Raudna.

Borek, Klein-, Böhmen, Jungb. Kr., ein zur Hrsch. Melnik und Gute Przimor geh. *Dorf*, Post Melnik.

Borek, Nebilauer, Böhmen, Pils. Kr., *Dorf*, zur Hrsch. Stiahlau geh., liegt westw. an der Budw. Strasse, 2¼ Stunde von Pilsen.

Borek, Ober-, Böhmen, Tabor. Kr., ein *Dörfchen*, zur Herrschaft und Post Jungwoschitz.

Borek, Stienowiczer, Böhmen, Pilsner Kr., ein *Dorf*, zum Gute Stienowicz mit einem Meierhofe, 3 Stunden v. Pilsen.

Borek, Unter-, Böhmen, Tabor. Kr., ein *Dörfchen*, zur Herrschaft und Post Jungwoschitz.

Borek, Vorder-, Böhmen, Chrud. Kreis, ein zur Hrsch. Richenburg geh. *Dörfchen*, 5 Stunden von Chrudim.

Borek, Galizien, Bochnier Kreis, ein *Kammeral-Dorf*, zur Hrsch. Krzeczow gehörig, gegen O. nächst Ostrow, 1½ St. von Bochnia.

Borek, Galizien, Jasl. Kr., eine *Herrschaft* und *Dorf*, an dem Fl. Jasielka, grenzt gegen W. mit dem Orte Jedlicze, 8 Stunden von Jaslo.

Borek, Galizien, Tarnow. Kr., ein zur Hrsch. Wielopole geh. *Dorf*, liegt in der Ebene an einem unbenannten Bache, 3 Stunden von Tarnow.

Borek, Galizien, Tarnow. Kr., ein der Hrsch. Gora Ropczycka gehöriges, nach Sendziszow eingepfarrtes *Dorf*, mit einem Meierhofe, ¼ St. von Sendiszow.

Borek Camerale, Galizien, Wadowicer Kr., ein *Kammeral-Dorf* an der Strasse gegen Podhorce, im flach. Lande, 1 Stunde von Wuloszka.

Borek maly, Galizien, Tarnow. Kr., ein *Gut* und *Dorf* zur Pfarre Sendiszow gehörig, grenzt gegen O. mit Borek Wielki, gegen S. mit Wilkowice, 1 Stunde von Sendiszow.

Borek Nob, Galizien, Wadow. Kreis, ein *Gut* und *Dorf* am Weichsel Flusse, 1 Stunde von Mogilany.

Borek Nowy und **Stary**, Galizien, Rzeszow. Kr., 2 der Hrsch. Tyczyn geh. *Dörfer*, 4 Stunden von Rzeszow.

Borella, Lombardie, Prov. Milano u. Distr. VIII, Vimercate; siehe Ornago.

Borella, Lombardie, Prov. und Distr. I, Mantova; siehe Roncoferaro.

Borella Arbizzoni, Lombardie, Prov. Milano und Distr. IX, Gorgonzola; siehe Vaprio.

Borella Palazzo, Lombardie, Provinz Mantova und Distr. IV, Volta; siehe Monzambano.

Borelle, Lombardie, Prov. Mantova und Distr. VIII, Marcaria; siehe Castellucchio.

Borembl bei **Krzywa**, Galizien, Rzeszow. Kr., eine *Ortschaft* zur Pfarre und Ortsobrigkeit Sendiszow gehörig, Post Sendiszow.

Börend, Ungarn, Zalad. Kmt.; siehe Böründ.

Borenowitz, Borenowice — Mähren, Hradisch. Kr., ein *Dorf* z. Hrsch. Holleschau geh., mit 40 Häus. und 200 Einw., ¾ Stunden von Holleschau.

Borenz, Mähren, Iglauer Kr., eine *Ortschaft* bei Iglau.

Borer-Mühle, Böhmen, Czasl. Kr., eine *Mahlmühle* an dem Teiche Bor zur Hrsch. Polna, Post Polna.

Boreschin, Poreschin, Poressin — Böhmen, Beraun. Kr., ein *Dorf* zur Herrschaft Petrowitz, 5½ Stunde von Sudomierzitz.

Boreschina, Lombardie, Prov. Lodi e Crema und Distr. V, Casalpusterlengo; siehe Casalpusterlengo.

Boreschnitz, Böhmen, Prach. Kreis, ein *Dorf* der Hrsch. Drhowl, 1½ Stunde von Pisek.

Boreschovium, Böhmen, Budweiser Kr., ein *Dorf* zur Hrsch. Hohenfurt; siehe Bareschau.

Böresháza, Ungarn, jens. der Donau, Veszprim. Gespansch., Csesznekeuser Bzk., ein *Praedium* zwischen Nyeszkenye und Bervát, 6 Stunden von Pápa.

Boreslau, Burgsleben — Böhmen, Leitm. Kr., ein *Pfarrdorf* mit einem *Jägerhause*, liegt an der Strasse über die sogenannte Pascapole,zur Herrsch. Teplitz geh., 2¼ Stunde von Teplitz.

Boret, Böhmen, Jungb. Kr., ein *Dorf* theils der Leibgedingstadt und Herrsch. Melnik, theils zum Gute Skuhrow gehör. an der von Jungbunzlau nach Melnik führenden Strasse, 6 Stunden v. Schlan, Post Melnik.

Boretitz, Boretice — Mähren, Brünn. Kr., ein z. Hrsch. Pawlawitz geh. *Dorf*; siehe Borzetitz.

Boretsa, Ungarn, Eisenb. Komt., ein *Dorf* mit 26 Häus. und 126 Einw., Post Stein am Anger.

Boretsch, Böhmen, Jungb. Kr., ein z. den Hrsch. Wschellis und Bezna gehörig. *Dorf*, 2¼ Stunde von Jungbunzlau.

Boretta, Dalmatien, Cattaro-Kreis, Budua-Distrikt, ein *Dorf* mit einer eigenen Pfarre und Kirche orientalischen Ritts, der Gemeinde Maini einverleibt und unter der Pretur Budua stehend. 4¼ M. von Cattaro, 3 Stunden von Budua.

Boretti, Venedig, Prov. Friaul und Distr. XII, Cividale; siehe Torreano.

Boretz, Böhmen, Leitmeritzer Kr., ein *Dorf*, zum Gute gleichen Namens mit einem Schlosse, eigentlich der Lorenzer Amtsort, liegt südlich von dem Dorfe Rezny Augezd, 1 Stunde von Lobositz.

Boretzer Strohschenke, Böhmen, Leitmer. Kr., ein *Wirthshaus*, d. Gutes Boretz und Wihinitz; siehe Augezder Strohschenke.

Boretzk, Siebenbürgen, Kronstädter Distr., eine *Ortschaft*, 4 Stunden von Kronstadt.

Borev, Borefeu, Beirt — Siebenbürgen, Thorenb. Gespansch., Unt. Kr., Torotzkaer Bzk., ein d. Torotzkaischen Familie gehörig., am Flusse Aranyos liegend. walach. *Dorf*, mit einer griech. nicht unirten Pfarre, 4 Stunden von Thorda.

Börfö, Füzes-, Berhlowetz, Brehlowce — Ungarn, diesseits der Donau, Houth. Gespansch., Báth. Bzk., eine kl. von reformirten Ungarn bewohnte, nach Felsö-Semjer eingepf., mehren Grundherren gehörige *Ortschaft*, mit 27 Häus. und 167 Einw., liegt nächst Felsö-Sember, 1¼ Stunde von Báth.

Borfö, Kalna-, Berhlowetz, Brehlowce — Ungarn, diesseits der Donau, Honth. Gespansch., Bálher Bzk., eine kleine ungr. d. adel. Familie Körmendy gehörige *Ortschaft*, mit 25 Häus. und

155 Einw, einer kathol. nach Felsö-Sember eingepfarrten Kirche und einem auf einem Hügel liegend. schönen Schlosse, nächst den Dörfern Bori u. Füzes-Borfö, 1¼ Stunde von Báth.

Borga, Lombardie, Prov. Mantova u. Distr. XV, Revere; siehe Quistello.

Borgarello, Lombardie, Prov. Pavia und Distr. I, Pavia, ein *Gemeindedorf*, mit Vorstand u. Pfarre S. Martino nächst den Flüssen Ticino u. Po. Im Orte selbst befindet sich der sogenannte Naviglio di Pavia Dazu gehören: *Cartore, Cassina de' Sacchi, Porta d'Agosto, Uschiole, Meiercien.*

Borgassi, Lombardie, Prov. Milano und Distr. VIII, Vimercate; s. Agra te

Borgatta, Ungarn, jens. der Donau, Eisenburger Gespanschaft, ein ungr. *Dorf* der Hrsch. Inta, nach Káld eingepfarrt, am Bache Borgátta, nächst Hetye und Kis-Somlyo, mit 50 Häus. und 341 Einw., Post Kis-Czell.

Borghel, Venedig, Prov. Treviso und Distr. V, Seravalle; siehe Seravalle.

Borghesana, Venedig, Prov. Verona und Distr. IV, Sanguinetto; siehe Casaleone.

Borghetta, Lombardie, Prov. Brescia und Distr. III, Bagnolo; s. Azzano.

Borghetto, Venedig, Treviso und Distr. IV, Conegliano; s. Cornegliano.

Borghetto, Venedig, Padova und Distr. XII, Piove; siehe Angelo.

Borghetto, Venedig, Prov. Verona, u. Distr. II, Villafranca; s. Vallaggio.

Borghetto di Calcinara, Venedig, Prov. Padova, und Distr. XII, Piove; siehe Correzzola.

Borghetto di Legnaro, Venedig, Prov. Padova u. Distr. XII, Piove; siehe Legnaro.

Borghetto in Abbazia di S. Eufemia ossia Granze di Abbazia, Venedig, Prov. Padova und Distr. IV, Campo Sampiero; siehe Villa del Conte.

Borghetto Padovano, Venedig, Prov. Padova u. Distr. IV, Campo Sampiero; siehe S. Giustina in Colle.

Borghetto, Tirol, Trient. Kr., ein am linken Ufer der Etsch liegend. *Dorf*, mit einer Kuratie, und einem k. k. Zollamte, zum Vikariate Avia gehörig, 2¼ Stunde von Ala.

Borghetto, Lombardie, Prov. Mantova und XVII, Asola; siehe Asola (Gazzoli).

Borghetto S. Maria Bertolera, Lombardie, Prov. Milano und Distr. V, Barlassina; siehe Barlassina.

30 *

Borghetto, Lombardie, Prov. Como und Distr. XXII, Tradate; s. Carnago.

Borghetto Cassina, Lombardie, Prov. Pavia und Distr. III, Belgiojoso; siehe Carpignano.

Borghetto, Lombardie, Prov. und Distr. X, Milano; siehe Cassignanica.

Borghetto, Lombardie, Prov. Mantova und Distr. VIII, Marcaria; siehe Castellucchio.

Borghetto S. Francesco, Lombardie, Prov. Milano und Distr. XIII, Gallarate; siehe Gallarate.

Borghetto, Lombardie, Prov. und Distr. I, Bergamo; siehe Mozzo.

Borghetto, Lombardie, Prov. Milano und Distr. XII, Melegnano; s. Rancate.

Borghetto Cassina, Lombardie, Prov. Milano und Distr. XV, Busto Arsizio; siehe Sacconago.

Borghetto, Lombardie, Provinz und Distr. I, Bergamo; siehe Torre Boldone.

Borghetto, Burgetum — Lombardie, Prov. Lodi e Crema und Distr. IV, Borghetto, ein *Markt* (eigentlich ein kleines Städtchen) und Gemeinde, wovon der IV. District dieser Provinz den Namen hat, mit einer Pfarre S. Bartolomeo Apostl., Oratorio und einem Militär-Commando (hier ist auch der Sitz des kön. Districts-Commissariats), und mit mehren Mühlen auf der von Lodi nach S. Colombano führenden Provinzial-Strasse, 2 Migl. vom Flusse Lambro, welcher diesen Terrain von jenem der Gemeinden S. Colombano und Graffignaga theilt, 2 Migl. von S. Comlombano. Postamt. Zu dieser Gemeinde gehören:

Burassina, Barbataru, Brajla, Cà de' Boselli, Cà de' Brodi, Cà de' Tavazzi, Casello di Campagna, Casoni, Casotto, Cassina de' Lunghi, Cassina de' Prevede, Cassina Ragona, Cassinetta, Ceradello, Colombara, Ghiselle, Monasterolo, Montguzzo, Nicolà, Ogni Santi, Paniguda, Pantiura, Propio, Ravarolo, Ruscu, S. Antonio, La Saresana, Tre Ruote, Vallazza, Viganone, Vigarolo, Vornaci.

Borghetto e Motella, Lombardie, Prov. Mantova und Distr. VIII, Marcaria; siehe Rodigo.

Borghi Gere di, Lombardie, Prov. und Distr. I, Cremona; siehe Due Miglia.

Borghi, auch Due Borghi genannt — Dalmatien, Rag. Kr., Curzola-Distrikt, ein *Dorf* und zwei gleichsam zusammenhängende Vorstädte, der Stadt und Hauptgemeinde Curzola, unter die nämliche Prettra geh., Post Curzola.

Borgnoso, Lombardie, Prov. Como und Distr. XII, Oggiono; siehe Civate.

Borgo, Venedig, Provinz Padova und Distr. VIII, Montagnana; siehe Megliadino S. Vitale.

Borgo, Lombardie, Prov. Mantova und Distr. XV, Revere; siehe Mulo.

Borgo, Lombardie, Prov. Mantova und Distr. XI, Sabbionetta; s. Sabbionetta.

Borgo, Al dei Mioni, Casali di Fornalis, Venedig, Prov. Friaul u. Distr. XII, Cividale; s. Cividale.

Borgobello, Venedig, Prov. Friaul und Distr. XXI, Tricesimo; s. Tricesimo.

Borgo-Bisztricza, Siebenbürgen, Dobok. Gespansch., ein zum 2. walach. Grenz-Begmts. Kanton Nr. XVII, geh. *Dorf*, mit 125 Häus., liegt an dem Bisztricza Fl., ½ Stunde von Borgo-Brund.

Borgobrund, Brund, Alsó- und Felső-Borgó, oder Gross- und Klein Borgen — Siebenbürgen, Dobok. Gespan. eigen. Bzk., ein an der Bukowin. Grenze liegend. sehr grosses *Dorf*, mit 143 Häusern, einer griech. nicht unirt. Kirche, zum 2. walach. Grenz-Infant.-Regmts. Kanton Nr. XVII geh., an der grossen, von Kaiser Joseph II. erhalten Kaiserstrasse, die aus Siebenbürgen in die Bukowina führt, deren Anlage im J. 1812 erneuert und verbessert wurde; der höchste Punkt dieser Strasse, auf dem Gipfel des Magura-Kalului-Gebirges, bietet eine schauerlich-erhabene Aussicht dar, über unzählige durch Thäler und Schluchten geschiedene Gebirge; zwischen Bisztricz und Illutza. Postamt.

Borgo, Costa, Venedig, Prov. Padova und Disrtikt X, Monselice; siehe Monselice.

Borgo, Cusano, Venedig, Prov. Friaul u. Distr. VII, Pordenone; s. Fiume.

Borgo, Canale, Lombardie, Prov. Bergamo und Distr. I, Bergamo; siehe Bergamo.

Borgo, d' Attigniola, Lombardie, Prov. Milano und Distr. VI, Monza; siehe Monza.

Borgo, di Confin, Venedig, Prov. Treviso und Distr. VI, Ceneda; siehe S. Giacomo di Veglia.

Borgo, Kis-, Ungarn, Szathm. Komitat, ein *Dorf*, mit 89 Häusern und 619 Einw.

Borgo, di Malavicina, Venedig, Prov. Verona und Distr. IV, Sanguinetto; siehe S. Pietro di Morubio.

Borgo, di Mare e Srima, Dalmatien, Zara Kr., Sebenico Distr., ein *Flecken*, als Untergemeinde zur Hauptgemeinde und Prettra Sebenico gehörig, mit einer eigenen Pfarre auf dem festen Lande, 3 Meilen von Sebenico.

Borgo, di S. Michele, Tirol, Trient. Kreis; siehe Wälschmichael.

Borgo, di Terra ferma, Dalmatien, Zara Kr., Sebenico Distr., ein *Flecken*, und Untergemeinde der Hauptgemeinde und Prettra Sebenico, mit einer eigenen Pfarre, auf dem festen Lande, 4 Meilen von Se)enico.

Borgo, di Val Sugana, Tirol, ein *Markt*, *Pfarre* und *Hauptort*, des Ldgchts. Telvana, mit 3240 Einwo)nern, an der Landstrasse zwischen Trient und der venezianischen Grenze, am Flusse Brena, Sitz der Obrigkeit und eines Dechants, mit einem Salzmagazin und Franziskanerkloster, ehedem auch Zollamt. Postamt.

Borgo-Erizzo, Dalmatien, Zara Kreis; siehe Zara.

Borgoforte, Venedig, Prov. Padova und Distr. XI, Conselve; s. Anguilara.

Borgo Forte alla sinistra del Po, Lom)ardie, Prov. Mantova und Distr. IX, Borgoforte, ein kleiner *Flecken* und *Gemeinde*, wovon der IX. Distr. dieser Prövinz den Namen hat, mit einer eigenen Pfarre S. Giovanni Battista im Range eines Erzpriesters, einer Kapelle S. Lucia, k. Districts-Kommissariat, Gemeinde-Deputation und einem Postamte zwischen Castelluccio und Quastalla, 1 Post von Mantova an der linken Seite des Po, in der Nähe der Flüsse Mincio u. Oglio. Zu dieser Hauptgem. gehören:
Colombara, Loghino Valeriana, Opioli, Pascosone, Sabbioni.

Bocca di Ganda, *Dorf* und Pfarre S. Annunciata. Mit:
Biolchina Lomini, Casino nuovo Valeriani, Corte Borchetto, Corte Panizza, Corte Pusot, Corte Quaranta.

Romanore, *Dorf* und Pfarre S. Giorgio. Mit:
Boschina Rovetta, Brasiglia, Carnavale Resana, Ferravina, Maddonina, Moniche, Pioppe.

S. Gattaldo, *Dorf* mit Pfarre S. Gattaldo, Kapelle S. Anna und Cremortartari-Fabrike. Mit:
Calura Petroli, Carbonella, Carnevalle, Casa Bruciata, Golembarola Panizza, Comate, Corte Bertolini, Corte Corbanella, Corte Murata Facchini, Deserto, Gasparola Isola, Savana Pedroni.

S. Nicolò a Pò, eigentlich Correggiòli, *Dorf* mit Pfarre S. Nicolò da Bari, mit:
Canonicu, Canova Borchetta, Capelletta Benvoglia, Casa Bozzi, Corregioli, Corte Quintavalle, Fenilona Beffa, Vignale, Vignaletto.

Scorzarole, *Dorf* mit Pfarre S. Pietro, mit:
Gall'agnina, Gambino, Castella, Chiavella, Chiavicone.

Borgoforte a destra del Pò, Lom)ardie, Prov. Mantova und Distr. XIII, Suzzara; siehe Villa Saviola.

Borgofranco, Lom)ardie, Provinz Mantova und Distr. XVI, Sermide, ein *Gemeindedorf* mit Vorstand und eigenen Pfarre Madonna della Cintura, vom Ft. Po)egrenzt, 6 Migl. von Sermide. Dazu gehören:
Buncare, Casoni Arionbene, Cavriane, Pesse, Schweizereien — Bonizzo Dorf. Diesen sind einverleibt: Anoverina, Barco, Corte Magola, Marcello Zanardi, Schweizereien.

Borgo-Furo, Venedig, Prov. Padova und Distr. IX, Este; siehe Este.

Borgo nuovo, Cassina e Mulino — Lom)ardie, Prov. Milano und Distr. XII, Meglegnano; siehe Bustighera.

Borgo nuovo, Lom)ardie, Prov. Milano u. Distr. VII, Verano; s. Tregasio.

Borgo, nuovo Cappello, Lom)ardie, Prov. Cremona und Distr. V, Ro)ecco; siehe S. Martino in Bellisetto.

Borgo, dell' Ora, Lom)ardie, Prov. und Distr. I, Brescia; siehe Castenedolo.

Borgo, degli Ortolani, Lom)ardie, Prov. und Distr. I, Milano; siehe Corpi S. di Porta Comasina.

Borgo, Pancarale, Lombardie, Prov. Brescia und Distr. III, Bagnolo; siehe Pancarale.

Borgo-Pass, zwischen der Bukowina und Sie)en)ürgen, auf der Strasse von Bistritz nach Czernowitz.

Borgo, Pile e S. Bartolomeo, Lom)ardie, Prov. und Distr. I, Brescia; siehe S. Bartolomeo.

Borgorato, Lom)ardie, Prov. Lodi e Crema und Distr. III, S. Angiolo; siehe Caselle.

Borgorato, Lom)ardie, Prov. Pavia u. Distr. IV, Corte Olona; s. Villanterio.

Borgoricco, Venedig, Prov. Padova und Distr. IV, Campo Sampiero; siehe S. Eufemia.

Borgorona, Lombardie, Prov. und Distr. I, Milano; siehe Corpi S. di Porta Vercellina.

Borgo-Rusz, Sie)en)ürgen, Dobok. Gespanschaft, eine zu den 2. walach. Grenz-Regmts. Kanton Nr. XVII. geh. *Ortschaft*, mit 76 Häus., lieg.' an der Kommerz. Str., 2 St. von Borgóbrund, Kommerz. Str., 2 St. von Borgóbrund.

Borgo, S. Caterina, Lombardie, Prov. Bergamo und Distr. I, Bergamo; siehe Bergamo.

Borgo, S. Giovanni, Venedig, Prov. Polesine und Distr. I, Rovigo; siehe Costa.

Borgo, S. Marco, Venedig, Prov. Padova und Distr. VIII, Montagnana; siehe Montagnana.

Borgo, S. Zen, Venedig, Prov. Padova und Distr. VIII, Montagnana; siehe Montagnana.

Borgo, Satollo, Lom)ardie, Prov. und Distr. I, Brescia, ein *Gemeindedorf*, mit Vorstand und einer eigenen Pfarre S. Maria Annunziata, einem Santuario und 4 Oratorien, durch den Fluss Naviglio vom S. Zeno getrennt, 5 Migl. von Brescia. Mit:
Cantelera, Maierei. — Colombo, Spullera, Schweizereien. — Mulino Nuovo e Vecchio, Mühlen. — Pettiona, Villa.

Borgo de' Gradi, Lombardie, Prov. Milano und Distr. VI, Monza; s. Monza.

Borgogna, Lombardie, Prov. Lodi e Crema und Distr. IX, Crema; s. Bagnolo.

Borgognina, Lombardie, Prov. und Distr. I, Brescia; siehe Cajonvico.

Borgognina, Lombardie, Prov. und Distr. I, Brescia; siehe Castenedolo.

Borgognona, Lombardie, Prov. Lodi e Crema und Distr. I, Lodi; s. Chioso di Porta Regale.

Borgo-Grande, Borgo-Lucaz, Borgo-Manis und Borgo-Pozzoben, Dalmatien, Spalato-Kr.; siehe Grande, Lucaz, Manis und Pozzoben.

Borgo-interno, Dalmatien, Zara-Kreis; siehe Zara.

Borgolietto, Lombardie, Prov. Cremona und Distr. VII, Casal Maggiore; siehe Gussola.

Börgölin, Ungarn, jens. der Donau, Eisenburg. Gespansch., Güssing. Bzk., ein wend., zur Abtei-Hrsch. St. Gotthard geh., nach Istvánfalu eingepf. *Dorf*, mit 32 Häusern und 209 Einw., zwischen Gebirgen, 1¼ Stunde von Rába-Keresztúr.

Borgonato, Lombardie, Prov. Brescia und Distr. IX, Adro, ein *Gemeindedorf* mit Vorstand und eigener Pfarre S. Vitale, mit schönen Anhöhen, 5 Migl. von Lago d' Iseo, 3 Migl. von Adro. Mit: *Monte Rotondo, Villa mit Pfarre S. Vigilio.*

Börgönd, Ungarn, jens. der Donau, Stuhlweissenburg. Gespansch., Csákvár. Bzk., ein *Praedium* mit Meierhof und Wirthshaus, nach Stuhlweissenburg eingepfarrt, unweit Seregélys an der Landstrasse, nahe am Teiche Velentze, 1¼ Stunde von Stuhlweissenburg.

Borgo-Mislotseny, Siebenbürgen, Dobok. Gespansch., Milit. Bzk., ein zum 2. walach. Grenz-Regim. Canton Nr. XVII geh. *Dorf*, mit 103 Häusern, an den Flüssen Szászeny und Bistricza, 1½ Stunden von Borgóbrund.

Borgo nuovo, Lombardie, Prov. Como u. Distr. IX, Bellano; siehe Colico.

Borgo-Sorzeny, Siebenbürgen, Doboker Gespansch., Milit. Bzk., ein zu dem 2. wal. Grenz-Rgmts.- Canton Nr. XVII. geh. *Dorf*, von 125 Häus. und einer Hauptmanns-Station an der Kommerzialstrasse und dem Flusse Bisztricza, mit Salzwasser versehen, 1¼ Stunden von Borgóbrund.

Borgó-Szuszeny, Siebenbürgen, Dobok. Gespansch., ein zum 2. wal. Grenz-Rgmts.- Canton Nr. XVII gehör. *Dorf*, von 82 Häusern, liegt an dem Bisztricza Flusse, ½ Stunde von Borgóbrund.

Borgo di Terzo, Lombardie, Prov. Bergamo und Distr. III, Trescorre, ein *Gemeindedorf*, mit Vorstand, Pfarre B. Vergine Assunta und Aushilfskirche gegen W. am Rande des Cherio, einem Eisen-Schmelz-Ofen, 1 Stunde von Trescorre. Mit: *Terzo, kleine Gasse.*

Borgo Ticino, Lombardie, Prov. und Distrikt I, Pavia; siehe Pavia (Vorstadt.)

Borgó-Tiha, Siebenbürgen, Dohok. Gespansch., ein zum 2. wal. Grenz-Rgmts.-Canton Nr. XVII. gehör. *Dorf*, von 148 Häus. und einer Hauptmanns-Station, liegt an dem Tiha-Flusse und der Kommerzialstrasse, ¼ Stunde von Borgóbrund.

Borgovalo, Lombardie, Prov. Lodi e Crema und Distr. IV, Borghetto, s. Brusada.

Borgo vico, Lombardie, Provinz Como u. Municipalitäts-Bezirk; s. Como.

Borhíd, Ungarn, jens. der Theiss, Szathmárer Gespansch., Krasznaközer Bzk., ein der adel. Familie Gáspár geh. *Dorf*, mit 98 Häus. und 617 Einwohn., einer griech. katbol. Pfarre, nahe bei Lippó, 2 Stunden von Aranyos-Medgyes.

Borhída, Ungarn, jens. der Donau, Eisenburg. Gespansch., Tótság. Bzk., ein wendisches *Dorf*, zur Herrsch. und Pfarre Muraj-Szombath geh., am Lendva Flusse, nächst Predanócz, mit 19 Häus. und 128 Einwohn., 1 Stunde von Radkersburg. Postamt Ehrenhausen.

Borichevacz, Kroatien, jens. der Save, Karlstädt. Generalat, Unan. Bzk., ein zum Licaner Grenz- Rgmts.-Canton Nr. I. geh. *Dorf*, mit 76 Häus. und 101 Einwohn., einer eigenen Pfarre und einem verfallenen türkischen Schlosse, nächst Kissióhát, 12 St. v. Gospich.

Borichevczi, Slavonien, Poseg.Kom., ein *Dorf*, mit 9 Häus. und 83 Einwohn., Post Posega.

Borichevczi, Slavonien, Poseganer Komt.; siehe Borivczeczy.

Borichevecz, Kroatien, diess. der Save, Warasdin. Gespansch., im Ob. Zagorian. Bzk., ein *Dorf*, der Gemeinde Chrett und Pfarre Krapinzke zugetheilt, Toplitze, 8 Stunden von Agram.

Borima, Lombardie, Prov. Como und Distr. XII, Oggiono; siehe Stello.

Borina, Lombardie, Prov. Milano und Distr. IX, Gorgonzola; siehe Cornate.

Borincze, Slavonien, Brood. Regiments - Canton Nr. VII., ein auf der Strasse gegen Ivánkova lieg. Wirthshaus, nächst dem Markte und der Post Vinkovcze.

Böring, Oest.'o) d. E., Inn Kr., ein der Hrsch. Aurolzmünster gehör. *Dorf*, nach Rain)ach eingepfarrt, 2 Stinden von Schärding.

Borini, ein *Dorf*, Dalmatien, Distrikt Rovigno, Bzk. Dignano, zır Untergemeinde Saino, ınd zır Pfarre Bar)anò geh., in der Diöcese Parenzo-Pola, 4 St. von Dignano.

Boritow, Borstendorf — Mähren, Brünner Kr., ein *Dorf*, zır Hrsch. Czernahora geh.; siehe Borstendorf.

Borivezeczy, Borichevczy — Slavonien, Posegan. Gespansch., Unterer Bzk., ein zır Hrsch. Velika und Pfarre Szenderovcze geh. *Dorf*, zwischen Viliczelo und Pavlovczi, 1½ Stunde von Posega.

Borjád, Ungarn, jenseits der Donaı, Baranı. Gespansch. und Bzk. gleichen Namens, ein zır Herrsch. Bolly gehör. *Dorf*, mit 62 Häus. und 440 Einwohn., einer griechisch illirischen Kirche ınd Pfarre, ınd zum Theil der Pfarre Bolly einverlei)t, 1 Stinde von Szederkénı.

Borjád, Ungarn, jenseits der Donaı, Tolnaer Gespansch., Simontorn. Bzk., ein nächst Gyönk lieg. *Praedium*, südwestlich 4 Stunden von Paks, Post Nagı-Dorogh.

Borjanez, Brodgyancz — Ungarn, jenseits der Donau, Sümegh. Gespanschaft, Szigeth. Bzk., ein an der Drave ınd der Grenze des Veröczer Komitats zwischen Sz. Borbás und Sz. Márton liegendes *Praedium*.

Borjas, Ungarn, Torontal. Komt., ein *Dorf*, mit 105 Häus. und 753 Einw., Post Neı-Becse.

Borjassen, Sieben)ürgen, Inner. Szolnok. Komt.; siehe Borlyásza.

Borje, Kroatien, diesseits der Save, Warasdin. Gespansch. im O). Campest. Bzk., ein *Dorf*, zur Gemeinde ınd Pfarre Lepoglava einverlei)t, 5 St. v. Warasdin.

Borje, Dalmatien, Ragısa Kreis, Sabioncello Distr., ein zır Hauptgemeinde Cınna geh., der Pretor Sabioncello einverlei)tes *Dorf*, ınweit Cosciarnidoó, 5 Meilen von Stagno.

Borje, Kroatien, Kreutz. Komt., ein *Dorf*, mit 17 Häıs. ınd 120 Einwohn., Post Kreıtz.

Borka, Böhmen, Czaslauer Kr., eine *Ortschaft*, 1 Stınde von Jenikaı.

Borka, Böhmen, Königgrätzer Kr., eine *Ortschaft*, 2 Stınden von Jaromierž.

Borkau, Borken — Mähren, Iglaı. Kr., ein *Dorf*, zır Herrsch. Datschitz, liegt gegen O. an Datschitz, 3¼ Stınden von Schelletau.

Borke, Ungarn, jenseits der Donaı, Zalad. Gespansch., Muraköz. Bzk., ein *Gebirgsdorf*, nahe an der Grenze von Steiermark, zır gräfl. Festetics. Hrsch. Csáktornya geh., nach Mihálıevecz eingepfarrt, gegen N. nächst Perkovecz, 2 Stınden von Csáktornıa.

Borki, Galizien, Lem)erg. Kr., ein Dominikaner *Pfarrdorf*, mit starken Waldungen, 4 Stınden von Lem)erg.

Borki, Galizien, Rzeszow. Kr., ein der Hrsch. Nisko geh. *Dorf*, 16 Stınden v. Rzeszow. Post Nisko.

Borki, Galizien, Tarnopol. Kr., ein griech. *Pfarrdorf*, zur Herrsch. Grzımalow gehörig, 3 Stınden von Chorostkow.

Borki, zu Machnow, Galizien, Zolkiewer Kr., eine *Ortschaft*, zır Pfarre und Ortsobrigkeit Machnow gehör. Post Rawa Rıska.

Borki, zu Magierow, Galizien, Zolkiew. Kr., eine *Ortschaft*, zır Pfarre ınd Ortsobrigkeit Magierow gehörig, Post Zolkiew.

Borki, Galizien, Tarnopol. Kr., ein *Gut* und *Dorf*, mit einem Edelhofe und Vorwerke, einer griech. kathol. Kirche, Mühle ınd Wirthshause, am Gnıczna Flusse, gegen West., 2 Stunden von Tarnopol.

Borki,)ei Szczıcin, Galizien, Tarnow. Kr., eine *Ortschaft*, zur Pfarre und Ortsobrigkeit Szczucin geh., Post Tarnow.

Borki, Dominikauskie, Galizien, Lem)erger Kr., ein *Dorf*, zır Pfarre Rokitno und Ortsobrigkeit Zarudce gehör., Post Lem)erg.

Borki, Janowskie mit Da)rowa, Koniec Sucholas ınd Tyczıa, Galizien, Lem)erger Kr., ein *Dorf*, zır Pfarre Zasnika und Ortsobrigkeit Janow geh., Post Lemberg.

Borki, Galizien, Tarnower Kr., ein *Dorf*, zır Herrsch. Nizinı geh., grenzt gegen O. mit dem Dorfe Gorki, gegen S. mit dem Kaal. Dorfe Jaslany, gegen W. mit dem Dorfe Mlodochow, und gegeu Norden mit dem Dorfe Kozemienica, 5 Meilen von Dembica.

Borki, Slavonien, Posegan. Kr., ein *Dorf*, mit 95 Häusern ınd 551 Einwohnern.

Börkös, Ungarn, diess. der Theiss, Borsoder Gespansch., Szendröv. Bzk., ein *Praedium*, in der Pfarre Hungacs, 5 Stınden von Miskólcz.

Borkovecz, Kroatien, diesseits der Save, Warasdin. Gespansch., ınd Unt. Zagorian. Bzk., ein zur Gemeinde und Pfarre Zlatar geh. *Dorf*, mit 85 Häu-

sern und 676 Einw., einém adel. Gerichtshofe, Post Hemetinecz.

Borkow, Galizien, Zolkiew. Kreis,
eine zu dem Markte Hrsch. Magiezow
geh., mit demselben verbundene Ortschaft, 5 Stunden von Zolkiew.

Borkow, Mähren, Prer. Kr., ein zur
Hrsch. Bodenstadt geh. Dorf, hat eine
Filialkirche der heil. Maria Magdalena,
eine Schule, 3 Garnbleichen und eine
Glashütte, mit 75 Häus. und 625 Einw.,
Post Bodenstadt.

Borkowann, Borkowany — Mähren, Brünn. Kr., ein zur Hrsch. Klobauck
geh. Dorf, mit 204 Häus. und 964 Einw.,
einer Pfarre zwischen Klobauck und
Boskowitz, 6 St. von Brünn, 2¼ Stunde
von Uhrzitz.

Borkowicz, Böhmen, Budw. Kr., ein
Dorf, der Hrsch. Wittingau u. Zalschy,
¾ Stunden von Wessely.

Borkowicz, Böhmen, Taborer Kr.,
eine Ortschaft, ¾ St. von Wessely.

Borkowitz, Böhmen, Budweiser Kr.,
eine Ortschaft, 1½ St. von Wittingau.

Borkut, Siebenbürgen, Gross-Schenk.
Stuhl; siehe Báránykút.

Borkut, russi. Kwászú — Ungarn,
jens. der Theiss, Marmaros. Gespansch.,
Szigeth. Bzk., ein russniak. Kammeral-
dorf, mit 27 Häus. und 629 Einw., einer
griech. katol. Pfarre und guten Sauerbrunnen, liegt mitten zwischen Gebirgen
und Waldungen, an d. schwarz. Theiss,
nächst Körösmező und Bilin, 10¼ Stunde
von Szigeth.

Borkut, Weinbrunn, walachisch Bor-
kutu — Siebenbürgen, Inn. Szolnoker
Gespansch., Ob. Kr., Magyar-Laposch.
Bzk., ein zwischen Gebirgen liegendes
walach. Dorf, mit einer unirten Pfarre,
6 Stunden von Nagy-Ilonda.

Borky, Slavonien, Posegan. Gespan.,
Ob. Bzk., ein Dorf, der Hrsch. Daruvár,
nach Biella eingepf., zwischen Bergen
und Wäldern, auf 3 Strassen getheilt,
10 Stunden von Posega, und 4 Stunden
von Daruvár.

Borky, Mähren, Iglauer Kr., ein ein-
zelner Meierhof und Brandweinhaus, z.
Gute Mitrow gehörig, 4 Stunden von
Grossmeseritsch.

Borlenga, Lombardie, Prov. Cremona
u. Distr. VI, Pieve d' Olmi; siehe Pieve
d' Olmi.

Borlengo, Lombardie, Prov. Como
und Distr. XXIV, Brivio; siehe Mon-
doriot.

Borlova, Ungarn, Temesvár. Gespanschaft, Butyin. Bzk., ein zum walach.
illirich. Grenz-Regiments-Canton Nro.

XIII. gehör. Dorf, von 146 Häusern,
1¼ Stunden von Káránsebes.

Borloven, Ungarn, Temesvárer Gespanschaft, Prigor. Bzk., ein z. walach.
illirisch. Grenz-Regiments-Canton Nro.
XIII, gehöriges Dorf, von 128 Haus.,
7½ Stunde von Mehádia.

Borlyásza, Borjassen, Berlászá —
Siebenbürgen, Inn. Szolnok. Gespansch.
Ob. Kr., Kösark. Bzk., ein 2 Grundherren
geh., am Bache Hosva liegend, walach.
Dorf, mit einer griech. unirten Pfarre,
5¼ Stunde von Somkerék.

Bormász, Ungarn, Wieselb. Komt.;
siehe Baromház.

Börmény, Nagy- und **Kis-**, Siebenbürgen, Kolos. Komt.; siehe Kalota-
Nagy.

Bormio, vor Alters Worms — Lombardie, Prov. Sondrio (Prov. della Valtellina), Distr. VI, Bormio, eine Gemeinde-Ortschaft. (eigentl. Städtchen),
wovon die VI, Distr. den Namen hat,
mit 1200 Einw., einem königl. Distrikts-
Commissariat, Praetur, Gemeinde-Deputation, einer Pfarre, 5 Aushilfskirchen und 7 Oratorien, dann 4 Mühlen,
an der Grenze von Graubünden und an
der neuen über das 8856 Schuh hohe
Stilfserjoch führend. Verbindungsstrasse
zwischen Tirol und der Lombardie —
eines der merkwürdigsten Denkmale der
glorreichen Regierung Sr. Majestät Kaiser Franz I.; um die Strasse für jede
Jahreszeit fahrbar zu machen und die
Reisenden vor den Schneelawinen zu
decken, sind dort, wo diese am meisten
Gefahr drohen, gedeckte Gallerien durch
den Felsen gesprengt, welche für jede
Gattung Fuhrwerk hoch genug, beinahe
2⅜ Kiftr. breit und mit Ausweichplätzen
versehen sind; auf der übrigen Strassen-
strecke sind an der Seite hohe Geländer
angebracht; die Strasse ist mit Ab- und
Durchzugsgräben, und dort, wo es nö-
thig ist, mit wagrecht angebrachten
Wendeplätzen versehen; — nahe am
Flusse Adda und des reissenden Fra-
dolfo, welcher die Häuser dieser Gemeinde in zwei Theile theilt. Der nahe
Berg Retto, insgemein Reit genannt, ist
ein Theil des Berges Ombraghio; B. war
zu Zeiten Carl V. eine Stadt von mehr
als 12,000 Einw.; damals schon führte
eine Strasse über das Wormser Joch,
gegenwärtig hat B. kaum 1200 Einwohner mehr. Postamt mit:
Campillo, Campulungo, Failet, Prainazzo, Prato
di sopra, Presura, La Reite, einzelne Landhäuser.

Borna, Oestr. ob d. E., Inn Kr., ein
zum Ldgcht. Ried gehör. Weiler, der

Pfarre Hohenzell einverleibt, 1¼ Stunde von Ried.

Bornago, Lombardie, Prov. Milano und Distr. IX, Gorgonzola, ein *Gemeindedorf*, mit einer eigenen Pfarre, Kapelle und Gemeinde-Vorstand, von Gessate, Gorgonzola, Bussero und Possano begrenzt, 2 Migl. von Gorgonzola. Einverleibt sind:
Casa Busca, Cassina Lodora, Cassina Novolana, Cassina Nuova, Cassina Oltrona, Cassina Ruseona, Landhäuser.

Barnasco, Lombardie, Prov. Pavia und Distr. I, Pavia, ein *Gemeindedorf*, mit Pfarre und Gemeinde-Deputation, in der Nähe der Flüsse Ticino und Po, 2 Stunden von Pavia.

Bornato, Lombardie, Prov. Brescia u. Distr. IX, Adro, ein *Gemeindedorf* mit Vorstand und eigener Pfarre, 5 Oratorien und einer alten Kirche, 6 Migl. vom Lago d' Iseo, 7 Migl. von Adro. Mit:
Casa del Diavolo, Fenile nuovo, Monte Rossa, Teaca, Meiereien, — Mulino della Villa, Mühle.

Borngrund, Böhmen, Leitmeritz. Kr., ein der Hrsch. Schöberitz unterth. *Dorf*, nächst dem Dorfe Troschig, 1½ Stunde von Aussig.

Bornia, Venedig, Prov. Treviso und Distr. II, Oderzo; siehe Fontanelle.

Bornico, Lombardie, Prov. Como und Distr. XI, Lecco; siehe Somana.

Bornighetto, Lombardie, Prov. und Distr. X, Milano; siehe Cavajone.

Bornio, Venedig, Prov. Polesine und Distr. II, Lendinara; siehe Villanova del Ghebbo.

Borno, Lombardie, Prov. Como und und Distr. XXV, Missaglia; s. Sirtori.

Bornyas, Ungarn, jens. der Theiss, Torontal. Gespansch., Nagy-Becskerék. Bzk., ein zum Markte Török-Becse geh. *Landhaus*, welches von beiläufig 80 Tabakpflanzern bewohnt wird und der Pfarre Becse zugetheilt ist, unweit Kumánd, ¾ Stunden von Melencze.

Barod, Ungarn, Bihár. Komt.; siehe Baród, Nagy-.

Borodczyce, Galizien, Brzez. Kr., ein der Hrsch. Chodorow gehör. *Dorf*, Post Bohatin.

Borodyczyn, Bohorodiczyn — Galizien, Stanisl. Kr., ein zur Hrsch. Hoslow gehör. *Dorf* mit einer Pfarre und einem Vorwerke, Post Tysmienica.

Borovcze, Slavonien, Syrm. Distr., Verôcz. Gespansch., Deakovár. Bzk., ein *Dorf* der Hrsch. Deakovár, unter dem Gebirge an der Grenze des Poseg. Komt., 3 Meilen von Deakovár.

Borohradek, Boruhradek — Böhmen, Königgrätzer Kr., ein *Markt* zum

gleichnam. Gute geh., mit einer Pfarre, liegt am Adlerflusse, 2 St. von Holitz.

Borojevichi, Kroatien, jenseits der Kulpa, Umetich. Bzk., ein zum 2. Banal-Grenz-Regim. Canton Nr. XI geh. *Dorf* von 25 Häus., zwischen Mechenichani und Komogovina, nächst dem Bache Szunia, 2¼ St. von Kosztainicza.

Börölö, Ungarn, jenseits der Donau, Veszprim. Gespansch., Papens. Bzk., ein *Praedium*, ¼ Stunde von Pápa.

Boronamezö, Eggendorf, Burná, auch Ungarn, Krasznaer Gespansch. und Kr., ein adel. *Dorf* am Fusse des Berges Meszes, mit einer griech. unirten Pfarre u. Kalkbrennerei, liegt am Bache Kraszna, 3¼ Stunde von Somlyó.

Böröud, Ungarn, jenseits der Donau, Zalad. Gespansch., Egerszég. Bzk., ein der adel. Familie Simon gehör. *Dorf*, mit einem Postwechsel an der von Güns nach Egerszeg führenden Poststrasse, einer Filiale der Pfarre Zala-Szent-György, nördl. gegen Egyházas-Bük, Postamt mit:
Alsó- und Felsö Bagod, Boldogfa, Bonczodfölde, Csurgasz, Cseb, Egyházas Bük, Szala-Szent György, Hagydras, Belsö Halasto, Ruleö Halasto, Hodasz, Hottó, Kis Jelekes, Nagy Jelekes, Kavás, Szent Mihályfa, Nemes-zet, Szent Pdal, Salomvar, Sarfo Mizdo, Vaspór, Vitenyéd.

Boronka, Ungarn, jens. der Donau, Sümegh. Gespansch., Kapos. Bzk., ein der adel. Familie Gáll geh. ung. *Dorf*, mit 41 Häusern und 324 Einw., einer kath. nach Marczaly eingepfarrt. Kirche, ½ Stunde von Marczaly.

Boros, Ungarn, Arad. Komt., ein *Urbarial-Markt* mit 310 Häusern und 1950 Einwohnern.

Boros-Botsárd, Siebenbürgen, Nieder-Weissenburg. Komt.; s. Magyar-und Oláh-Boros-Botsárd.

Boros-Gödör, Jetzenhof — Ungarn, jens. der Donau, Eisenburg. Gespansch., Németh-Ujvár Bzk., ein deutsches, zur Hrsch. Németh-Ujvár geh., nach Felsö-Rönök eingepf., mit einer eigenen Kirche versehenes *Dorf* nächst Sándorhegy, 1 Stunde von Rába-Keresztúr.

Borosgyán, Ungarn, jens. der Theiss, Békéss. Gespansch. und Bzk., ein unter die Gerichtsbark. der Grafen von Wenkheim geh. *Landhaus*, dem Békés. Terrain einverleibt.

Boros-Jenö, Ungarn, jenseits der Theiss, Arad. Gespansch., im Trans-Tibiscan. Bzk., ein *Marktflecken* mit einer griech. nicht unirten und römisch-kath. neuen dem Weiss-Körös-flusse, zwischen Borszeg und Sikala, 6 Stunden von Arad. Postamt mit:

Algyest, Apátktelek, Apáti, Bakszeg, Bél·Czernó, Gorbed, Gyarmata, Karand, Kerulós·Monyóró, Oekrós, Seprós, Sikula, Silingya, Somoskesz-, Szék, Szöllös, Vnjvoqyeu..

Boros-Jenő, Weindorf — Ungarn, jenseits der Donau, Pester Gespansch., Bilis Bzk., ein über der Donau, nahe an diesem Flusse liegendes, dem Religionsfond geh. *Pfarrdorf*, 2 Meilen von Ofen, 2 Stunden von Vörösvár.

Borosnyó, Kis-, Klein-Weindorf, Birischnyomike — Siebenbürgen, Szék. Seps. Stuhl, ein in einem Thale liegendes, mehren Grundherren geh., von Ungarn, Szék'er Soldaten und Walachen bew. *Dorf*, mit einer reform. und griech. nicht unirt. Pfarre, 10 St. von Kronstadt.

Borosnyo, Nagy-, Gross-Weindorf, Birishnyomare — Siebenbürgen, Székl. Seps. Stuhl, ein mehren Grundherren geh., unweit dem Bache Kovásznavize liegendes, von Ungarn und Székler Soldaten bewohntes *Dorf*, mit einer reform. Pfarre, 9½ Stunde von Kronstadt.

Boros-Sebes, Ungarn, jenseits der Theiss, Arad. Gespansch, Trans-Tibisc. Bezirk, ein *Urbarial-Marktflecken* am Bache Sebes, mit 170 Häusern und 1330 Einwohn., mit einer reformirt. Kirche und griech. nicht unirten Pfarre, nächst Prezesty und Bűttyin, Post Buttyen.

Boros-Telek, Ungarn, jenseits der Theiss, Bihárer Gespansch., Wardein. Bzk., eine der Familie Haller gehör. walach. *Ortschaft* mit einer eigenen griech. nicht unirten Pfarre, 1 Stunde von Telegd.

Borostyanko, Ungarn, Pressburger Komt., ein *Dorf* mit 98 Häusern und 698 Einwohnern.

Borostyánkö, Pernstein oder Bernstein — Ungarn, jens. der Donau, Eisenburger Gespansch. Güns. Bzk., ein deutscher *Marktflecken* und gräfl. Batthyán'sche *Herrschaft*, mit einer katbol. und evangel. Pfarre, einem Schlosse und Kupferbergwerke, Alaun-, Vitriol-, Scheidewasser- und Zinnober-Fabrik, am Bache Doran, auf einem hohen Berge, mit 129 Häusern und 1060 Einwohnern, 3¼ Stunde von Güns.

Boroszék, Borotz Szegh und Péteri — Ungarn, jens. der Donau, Eisenburger Komt., Steinamanger Bzk., ein ungar., mehren adel. Famil. geh. *Dorf*, nächst Sz. Lörinz, am Gyöngyös Flusse, 1¼ St. von Stein am Anger.

Boroszlo, Bresztow — Ungarn, diess. der Theiss, Sáros. Gespans. Unt. Tarcz. Bzk., ein zum Religionsfond gehöriges slowakisches *Dorf* mit einer eigenen kathol. Pfarre, liegt am Gebirge, 1¼ St. von Lomes.

Boroszló, Siebenbürgen, ein *Praedium* im untern Tschiker Székler Stuhle, welches von dem Dorfe Mindszent abgesondert ist, 1 St. von Csik-Mártonfalva.

Borosznok, Brusznyik — Ungarn, diess. der Donau, Neograd. Gespan., Lossoncz. Bzk., ein slowak., den gräfl. Familien Zichy und Balassa geh. *Dorf*, nach Szenna eingepfarrt, 2¼ Meile von Gács.

Borotá, Ungarn, diess. der Donau, Bacs. Gespan., Ob. Bzk., ein *Praedium* nächst Rém und Zside, 1 Stunde von Felsö-Szent-Iván.

Borotiez, Böhmen, Berauner Kr, ein *Dorf*; siehe Borotitz.

Borotin, Böhmen, Taborer Kr., ein *Markt* mit einer Pfarre, zur Herrsch. Gistebnicz geh., am Borotiner Teiche, ½ Stunde zon Sudomierzitz.

Borotin, Mähren, Ollmützer Kr., ein *Gut* und *Dorf* zur Pfarre Oppatowitz, mit 110 Häusern und 570 Einw., daselbst befindet sich eine Lokalie mit Kirche, Schule und Schloss, 1½ Stunde von Lettowitz, Post Gewitsch.

Borotinek, Böhmen, Berauner Kr., ein einzelner zum Gute Prczicz und Uhržitz geh. *Meierhof*, an der Grenze des Taborer Kreises hinter dem Dorfe Liebennitz, 2 Stunden von Sudomierzitz.

Borotinka, Böhmen, Saazer Kr.; eine Stadt; siehe Saaz.

Borotitz, Borotice — Mähren, Znaim. Kr., ein *Dorf*, zur Hrsch. Lechwitz geh., hat 80 ganz neu erbaute schöne Häuser mit 460 Einw., enthält einen Meierhof, eine Töchterschule von Lechwitz, eine Jägerwohnung und ein Wirthshaus, ½ St. von Lechwitz.

Borotitz, Böhmen, Berauner Kr., ein *Dorf* in einem Thale zwischen Wäldern, zur Hrsch. Alt-Knin geh., 7½ Stunde von Beraun, Post Dohrzisch.

Borotz-Szegh, Ungarn, Eisenburger Komt.; siehe Borosszék.

Boroutnier Wald, Illirien, Inner-Krain.

Boroutz, Galizien, Bukow. Kr., ein *Gut* und *Dorf* mit einer Pfarre, zwischen den Flüssen Pruth und Dniester, 3 St. von Zaleszczyki.

Borova, Bourowa — Ungarn, diess. der Donau, Turocz. Gespan., Sklabin. Bzk., ein der Familie Révay gehör. *Meierhof* in der Pfarre St. Helena, an der Poststrasse, 3 St. von Nolcsova.

Borova, Joachimsthal, Ungarn, diess. der Donau, Pressburg. Gesp., Tyrnauer Bzk., ein *Dorf* der Herrsch. Vöröskeö, nach Hoszszúfalva eingepf., mit 47 Häus.

und 338 Einw., sehr nahe bei Istvánfalva, 1 Stunde von Tyrnau.

Borova, Slavonien, Syrm. Distr. Veröcz. Gespan., Eszek. Bzk., ein *Dorf*, der Gr. Metropol. Hrsch. Dálya, mit 270 Häus. und 1871 Einw., einer eigenen Pfarre Griech. Ritus, an der Grenze des Marktfl. Vukovár, am Ufer der Donau, 4 Meilen von Eszek und 1 Stunde von Vukovár.

Borovacz, Borovczi — Slavonien, Bukovisan. Bzk., ein zum Gradiskaner Grenz-Regmts. Kanton Nr. VIII. gehör. *Dorf*, mit 57 Häus., liegt nächst Raich, ½ Stunde von Novska.

Borovcze, Ungarn, Neutr. Komitat; siehe Bory-Borovcze.

Borove, Kis-, sonst auch Swingarky genannt — Ungarn, diess. der Donau, Liptau. Gespan., nördl. Bzk., ein nach Hytti eingepf. *Dörfchen*, der adel. Familie Faucsaly geh., mit 64 Häus. u. 419 Einw., an der Grenze des Árvaer Komt., nahe bei Nagy-Borowe, 5 Stunden von Bethlenfalva.

Borove, Nagy-, Ungarn, diess. der Donau, Liptau. Gespan., nördl. Bzk., ein der adel. Familie Faucsaly gehör. *Dorf*, nach Hytti eingepf., zwischen d. Gebirge an der Grenze des Árvaer Komitats, mit 112 Häusern und 587 Einw., 5 Stunden von Bethlenfalva.

Borovik, Slavonien, Syrm. Distr. Veröcz. Gespan., Deákóvár. Bzk., ein *Dorf*, unter dem Gebirge am Vuka Flusse, der Hrsch. Deákóvár geh., mit 15 Häus. und 81 Einw., 2½ Meile von Deákóvár.

Borovitha, Kroatien, jens. der Kulpa, Mejan. Bzk., ein zum 1. Banal Grenz-Regmt. geh. *Dorf*, mit 19 Häus., an dem Bache Czerliana nächst Ralinax, 1¼ St. von Glina.

Borovlyány, Kroatien, diesseits der Save, Warasdin. Generalat, Novigrad. Bzk., eine zum St. Georger Grenz-Rgmt. Kanton Nr. VII. gehör. *Ortschaft*, mit 12 zerstreut lieg. Häusern, 1½ Stunde von Kopreinitz.

Borovo, Slavonien, Syrm. Distr. Veröczer Gespansch., Vucsiner Bzk., ein *Dorf*, der Hrsch. Vucsin, unter dem Gebirge nicht weit von Verocza, mit 123 Häusern und 777 Einw., einer griech. nicht unirten Pfarre und Kirche, 5 Meilen von Baocsa.

Borovzi, Dalmatien, Spalato Kreis, Fort-Opus Distr., ein als Untergemeinde zur Hauptgemeinde Fort-Opus geh. *Dorf*, mit einer eigenen Pfarre, beiläufig 2 Meil. von Niova-Selta, mittelst Ueberfuhr, 8 Meilen von Fort-Opus Narenta.

Borow, Böhmen, Klatt. Kr., ein zur Hrsch. Rothporitschen gehöriges *Dorf*, sammt einem Meierhofe, einer Mühle und Schäferei, an dem Fl. Pradlawka, liegt an der Kommerzialstr. von Pilsen nach Klattau, gegen dem Dorfe Lischau, 5¼ Stunde von Pilsen.

Borow, Galizien, Rzeszów. Kr., eine *Ortschaft*, der Hrsch. Dzikow gehörig, nach Michoczin eingepfarrt.

Borowa, Böhmen, Czasl. Kr., eine einzelne *Heger-Chaluppe*, bei d. Dorfe Hranitz zur Hrsch. Maletsch, 3½ Stunde von Deutschbrod.

Borowa, Böhmen, Chrud. Kreis, ein *Dorf*, mit einer Pfarre und einem helvetischen Bethause zur k. Leibgedingstadt Politschka geh., 1¼ Stunde von Politschka.

Borowa, Böhmen, Chrud. Kr., ein der Hrsch. Leutomischl unterth. *Dorf*, nächst dem Dorfe Hermanitz gelegen, 1½ Stunde von Leutomischl.

Borowa, Böhmen, Czaslau. Kr., ein *Dörfchen*, im Gebirge zur Hrsch. Neuhof, 4 Stunden von Czaslau.

Borowa, Böhmen, Königgrätz. Kreis, ein zur Hrsch. Nachod gehör. *Dorf*, an der glatzischen Grenze zwischen S. und O. gelegen, 4 Stunden von Nachod.

Borowa, Mähren, Brünner Kreis, ein *Wirthshaus*, mit böhmischen Einwohnern, zur Pfarre und Hrsch. Lettowitz an der Strasse nach Brisau, 2 Stunden von Brisau, Post Lettowitz.

Borowa, Galizien, Bochnia. Kr., ein zur Hrsch. Czehow gehör. *Dorf*, gegen N. nächst dem Dorfe Dzierzaniny, an dem Strome Palesnica, 3 Stunden von Woynicz.

Borowa, Galizien, Tarnow. Kr., ein *Gut* und *Dorf*, mit einer Kirche und 2 Meierhöfen, liegt gegen O. an dem Flusse Wisloka, 4 Stunden v. Tarnow.

Borowa, Gradzinska, Galizien, Tarnower Kr., ein *Dorf*, zur Hrsch. Borowa Gradziuska nach Zassow eingepf., Post Pilno.

Borowa, Galizien, Zolkiew. Kreis, eine *Ortschaft*, der Hrsch. Lubaczow, Vogtei und Pfarre Basznia geh., Post Rawa-Ruszka.

Borowa Raudna, Böhmen, Czasl. Kr., ein *Markt*; siehe Boran.

Borowan, Borowany — Böhmen, Taor. Kr., ein *Dorf*, zum Gute Woporžan, 5¼ Stunde von Taor. Post Bechin.

Borowaner Mahlmühle, Böhmen, Budweiser Kr., eine *Mühle* des Gutes Forbes); siehe Forbesser Mühle.

Borowany, Böhmen, Budw. Kr., ein *Gut*; siehe Forbes.

Borowany, Böhmen, Ta)or. Kreis, ein *Dorf*, zum Güte Woporžau; siehe Borowan.

Borowe, Galizien, Zolkiew. Kreis, eine *Ortschaft*, zur Hrsch. und Pfarre Dobruszyn. Post Zolkiew.

Borowe, Galizien, Zolkiew. Kreis, eine *Ortschaft*, zur Herrsch. und Pfarre Zameczek. Post Zolkiew.

Borowe, Galizien, Zolkiew. Kreis, ein zur Hrsch. Augustow gehör. *Dorf*, mit der Ortschaft Legowe, nächst Mosty an dem Ratka Flusse, 6 Stunden von Zolkiew. Post Mosty Wielkie.

Borowetz, Mähren, Iglau. Kr., ein *Dorf*, zur Herrschaft Bernstein; siehe Porowetz.

Borowicz, Gross-, Böhmen, Bidschower Kr., ein g.rosses *Dorf*, mit einer Lokalkaplanei theils zur Herrsch. Petzka, theils zum Güte Chiska und dem Güte Forst geh., 1¼ St. v. Neupaka.

Borowinach, W., Böhmen, Czaslauer Kr., ein *Meierhof*, zur Herrschaft Seelau; siehe Borowinsky.

Borowinsky, W., Borowinach — Böhmen, Czasl. Kr., ein *Meierhof*, von einzelnen Häusern zu dem Dorfe Poržitz der Seelauer Hrsch., 8 St. v. Iglau. Post Himpoletz.

Borowitz, Böhmen, Jungbunzlau. Kr., ein zur Hrsch. Münchengrätz geh. *Dorf*, ¼ Stunden von Münchengrätz.

Borowitz, Klein-, Böhmen, Bidschower Kr., ein *Dorf*, theils zum Güte Studenecz, theils zum Güte Čžista geh., an dem Städtchen Petzkau, 1½ Stunde von Arnau.

Borowitz, Böhmen, Klattauer Kr., eine *Ortschaft*, ¼ St. von Bischof-Teinitz.

Borowka, Böhmen, Berann. Kr., ein *Wirthshaus*, nebst 3 Chaluppen z. Hrsch. Tloskau geh., Post Beneschau.

Borowna, Galizien, Bochnia. Kr., ein zur Hrsch. Wisnicz gehör. *Dorf*, liegt gegen Süden nächst der Stadt Lipnica, 3 Stunden von Bochnia. Post Wisnicz.

Borowna, Galizien, Bochn. Kr., eine *Ortschaft*, zur Hrsch. und Pfarre Coronow. Post Wisnicz.

Borowna, Mähren, Iglau. Kr., ein *Dorf* und *Rittersitz*, zur Pfarre Mrakotin und Herrsch. Teltsch gehör., nebst einem obrigkeitlichen Meierhofe und Schäferei bei Ober-Mislau gegen Westen, mit böhmischen Einwohnern, Post Teltsch.

Borowna, Mähren, Ollmütz. Kreis, ein *Dorf*, zur Hrsch. Türnau; siehe Kupferdörfl.

Borownik, Mähren, Iglau. Kr., ein *Dorf*, zur Pfarre Brzesy und Herrsch.

Ossowa-Bilischka, mit böhm. Einwohn. Post Gr. Bittesch.

Borownitz, Böhmen, Budweis. Kr. ein *Dorf*, zur Hrsch. Krumau; 2 St. v Budweis. Post Krumau.

Borownitz, Gross-, Böhmen, Bidschower Kr., ein *Dorf*, zur Herrschaf Branna nächst Petzka, und dahin eingepfarrt, 1¼ Stunde von Arnau.

Borownitz, Böhmen, Chrudim. Kr. ein zur Hrsch. Chotzen geh. *Dorf*, an dem Dorfe Grosslhotta gegen W., 3 St von Hohenmauth.

Borownitz, Böhmen, Czasl. Kreis ein *Dorf*, wovon ein Theil zum Jeržabker Viertel, der andere Theil zur Herrsch. Unter-Kralowitz gehört, mit einer Lokalie, der nächste Ort gegen O. ist der Markt Czechtitz, 11 Stunden von Czaslau, Post Czechtitz.

Borownitz, Böhmen, Czasl. Kr., ein *Dorf*, mit einer Lokalie, zur Herrsch. Kržiwsaudow geh., Post Czechtitz.

Borownitz, Mähren, Iglau. Kr., ein *Dorf*, zur Pfarre und Hrsch. Ingrowitz, eine halbe Stunde hinter dem Markte Ingrowitz gegen S., Post Ingrowitz.

Borowno, Böhmen, Pilsn. Kr., ein *Dorf*, der Herrsch. Brennporitschen in Wäldern gelegen, 3½ Stunden von Rokitzau.

Borowsko, Böhmen, Czaslauer Kr. ein *Dorf*, zur Hrsch. Martinitz u. Pfarre Kralowitz gehörig, Post Czechtitz.

Borowsko, Böhmen, Czaslau. Kr. ein *Marktflecken* mit einer Filialkirche zur Hrsch. Martinitz, Post Czechtitz.

Borowszczyzna, Galizien, Stanislauer Kr., eine *Ortschaft*, zur Hrsch. und Pfarre Tarnowica Iesna. Post Tismienica.

Borowy, Böhmen, eine *Ortschaft* im Gebiete der Stadt Prag.

Borozel, Ungarn, Bihár. Komt.; siehe Baród, Kis-.

Boroznica und **Zurawkow,** Galizien, Stryer Kr., ein zur Hrsch. Holeszow geh. *Dorf*, mit einer russniak. Pfarre, Post Bürsztyn.

Borr, Böhmen, Chrudim. Kr., ein der Hrsch. Neuschloss unterthäniges *Dorf*, unweit vom Markte Prosetsch, zu diesem Dorfe gehören auch 2 einzelne *Häuser*, Borek genannt, 3 Stunden von Hohenmauth.

Borr, Böhmen, Prach. Kr., ein *Dorf*, der Herrsch. Brzežnitz. Bržežnitz, ¼ Stunde von Bržežnitz.

Borra, Lombardie, Prov. Milano und Distr. IX, Gorgonzola; siehe Cassina di S. Pietro.

orra, Lombardie, Prov. und Distr. I, Brescia; siehe Castenedolo.

orraja, Dalmatien, Spalato Kr., ein *Dorf* mit Pferdewechsel; siehe Boraja.

orratsch, Boracz — Mähren, Brünner Kr., ein *Dorf*, mit böhmischen Einwohnern, zur Pfarre Daubrawnik und Ortsobrigkeit Tischnowitz gehörig, Post Tischnowitz.

orrezza, Lombardie, Prov. Como und Distr. XIX, Arcisate; s. Valgana.

orri Bianca, Lombardie, Prov. Pavia und Distr. VIII, Abbiategrasso; siehe Corbetto.

orri Cassinello, Lombardie, Prov. Pavia und Distr. VIII, Abbiategrasso; siehe Corbettta.

orró, Ungarn, diesseits der Theiss, Zemplin. Gespansch., Göröginy. Bzk., ein der adel. Familie Szirmay geh. *Dorf*, mit einer griech. káthol. Hauptpfarre, und einer Mahlmühle am Bache Laborcz, 4 Stunden von Komarnyik.

orromea, Lombardie, Prov. Lodi e Crema und Distr. V, Casalpusterlengo; siehe Camairago.

Borromeo Cá, Venedig, Prov. und Distr. I, Padova; siehe Rubano (Cà Borromea.

orromeo Cassina, Lombardie, Prov. Como und Distr. XXV, Missaglia; siehe Casate nuovo.

orromeo Cesan, Lombardie, Prov. Milano und Distr. V, Barlassina; siehe Cesano Maderno.

orromeo Maresolo, Lombardie, Prov. Como und Distr. XXV, Missaglia; siehe Maresso.

orromeo, Lombardie, Prov. Milano und Distr. VIII, Vimercate; s. Oreno.

orromeo Aresi, Lombardie, Prov. Milano und Distr. V, Barlassina; siehe Cesano Maderno.

orromeo Cassina, Lombardie, Prov. Milano und Distr. III, Bollate; siehe Senago.

orrowetz, Borowee — Mähren, Brünn. Kr., ein *Dorf*, zur Pfarre Stigana und Ortsobrigkeit Pernstein geh., mit böhmisch. Einw., Post Bystrzitz.

orry, Ober-, Bory Hortj — Mähren, Iglauer Kr., ein zur Hrsch. Krizanau geh. *Dorf*, besteht aus 56 Häus. mit 320 Einw., hat eine Lokalie, Kirche und Schule, Post Gross Meseritsch.

orry, Unter-, Bory Dolny — Mähren, Iglauer Kr., ein zur Hrsch. Gross-Meseritsch geh. *Dorf*, zählt 55 Häuser mit 320 Einw., ist zur Pfarre und Schule nach Ob. Borry angewiesen, Post Gross Meseritsch.

Bors, Ungarn, jens. der Theis, Bihár. Gespansch., Sáréth. Bzk., ein dem hochwürdigen Gross-Wardein. Domkapitel geh. ungr. *Dorf*, mit einer reformirten Pfarre, liegt nächst Sz. János, gegen N., 1 Stunde von Gross-Wardein.

Bors, Ungarn, jens. der Theis, Bihár. Gespansch., Sárether Bzk., ein *Praedium*, nächst dem Markte Berettyó-Ujfalú, 5 Stunden von Gross-Wardein.

Borsa, Pfefferfeld, Borse — Siebenbürgen, Dobok. Gespansch., Ob. Kr., Válaszut. Bzk., ein mehren Grundherrschaften geh. ungar. walach. *Dorf*, mit einer reform. und griech. kathol. Pfarre, liegt im Gebirge nächst Gyula und Czomofaja, 3 Stunden von Klausenburg, 2½ Stunde von Válaszút.

Borsa, Alsó-, Kis-, Mala-, Toth-, Unter-Klein-Borsa — Ungarn, diess. d. Donau, Presb. Gespansch., Ob. Insul. Bzk., ein adel. *Dorf*, nach Egyháza eingepf., neben Péntek-Sur, 1½ Stunden von Cséklesz.

Borsa, Felsö-Németh, Gross-Ober-Borsa — Ungarn, diess. d. Donau, Presb. Gespansch., Ob. Insulan. Bzk., ein adel. *Dorf*, zur Pfarre Egyháza geh., bei Alsó- und Közep-Borsa, gegen Ost. nächst Jóka, 1½ St. von Cseklész.

Borsa, Közep-, Prostredni-Borsa — Ungarn, diess. der Donau. Presb. Gespansch., Ob. Insulan. Bzk., ein adel. *Dorf*, nach Egyháza eingepf., unweit Egyháza, zwischen Alsó- und Felsö-Borsa, 1½ Stunden von Cseklész.

Borsa, Motta Avigni e, Lombardie, Prov. Mantova und Distr. III, Roverbella; siehe Bigarello.

Börsa, Ungarn, Temesv. Gespansch., Toplecz. Bzk., ein zum walach. illirisch. Grenz-Regmts. Kanton Nr. XIII. gehör. *Dorf*, mit 33 Häus., 2 St. von Mehádia.

Borsad, Alsó-Felsö-, Ungarn, jens. der Donau, Veszprim. Gespansch., Devetser. Bzk., 2 *Praedien*, im Polyaner Terrain, 1½ bis 2 St. von Pápa.

Borsallo, Lombardie, Prov. Como u. Distr. V, S. Felice; siehe S. Felice.

Borsano, Lombardie, Prov. Como und Distr. XXIII, Appiano; siehe Lomazzo Milano.

Borsano, Lombardie, Prov. Milano und Distr. XIV. Cuggiono, eine *Gemeinde-Ortschaft*, mit Vorstand und Pfarre S. Pietro, einer Aushilfskirche und Oratorium, 4 Stunden von Cuggiono. Hieher gehört: *Cassina Buratano, kleine Schweizerei.*

Borsata, e Borsatino, Vegro Nobis, Lombardie, Prov. Mantova

, und Distr. VIII, Marcaria; siehe Castel-lucchio.

Borschau, Borschow — Böhmen, Taborer Kr., ein *Dorf*, zur Hrsch. Neu-Reichenau, 2¾ Stunden von Iglau, Post Pilgram.

Borschau, mährisch Borschow — Mähren, Hradisch. Kr., ein *Dorf*, zur Pfarre Gaja und zum Gute Scharditz, mit böhm. Einwohnern, ¼ Stunde von Gaja.

Borscheniowitz, Borženiowicze — Böhmen, Kaurž. Kr., ein *Dorf*, z. Hrsch. Gemnischt gegen N., Post Wlaschim.

Borschetitz, Böhmen, Chrud. Kr., eine einzelne *Mahlmühle*, der Hrsch. Heržmanmiestecz; siehe Borzetitz.

Borschitz, Mähren, Hrad. Kr., ein *Dorf*, mit böhm. Einw., z. Hrsch. Ostra, 4 Stunden davon entlegen, mit einer Lokalie, 3 St. von Hradisch, Post Ostra.

Borschitz, Mähren, Hrad. Kr., ein *Dorf*, zur Hrsch. Wellehrad, mit böhm. Einw., einer Pfarre und 3 Mahlmühlen am Marchflusse, 1½ Stunde v. Hradisch.

Borschkow, Böhmen, Jungb. Kr., ein *Dorf*, zur Hrsch. Semil; s. Borzkow.

Borschow, Böhmen, Tabor Kr., ein *Dorf*, der Hrsch. Neu-Reichenau; siehe Borschau.

Borschow, Mähren, Hradischer Kr., ein *Dorf*, zum Gute Scharditz gehörig; siehe Borschau.

Borschow, Mähren, Ollmützer Kr., ein *Dorf* der Herrsch. Trübau; siehe Pörstendorf.

Borsea, Venedig, Prov. Polesine und Distr. I, Rovigo, ein *Gemeindedorf* mit einer Gemeindedeputation, Pfarre und Oratorium, nächst dem Flusse Adigetto, oberhalb Arquà, ¾ St. von Rovigo. Mit: *Brosega di Borsea, Ritratto di Borsea, Gemeindetheile.*

Borsea, Borsega di, Venedig, Prov. Polesine und Distr. I, Rovigo; siehe Borsea (Brosega di Borsea).

Borsea, Ritratto di, Venedig, Prov. Polesine und Distr. I, Rovigo; siehe Borsea (Ritratto di Borsea).

Borsea Ritratto sotto Arquà, Venedig, Prov. Polesine und Distr. I, Reviga; siehe Arquà (Ritratto Borsea sotto Arquà.

Borsi, Ungarn, diesseits der Theiss, Zemplin. Gespanschaft und Bzk., ein *Dorf*, mit einem helvetischen Bethause, und einem verfallenen Schlosse, ¼ St. von S. Ujhely.

Borsicz, Ungarn, Trentschin. Komt.; siehe Borcsicz.

Bors-fa, Ungarn, jenseits der Donau, Zalad. Gespansch., Egerszeg. Bzk., ein *Dorf*, zur Hrsch. Betsehely (der adel. Familie Czúzy) geh., nach Banók-Szent-György eingepf., womit es gegen O. grenzt, 2 Stunden von Kanisa.

Bors-Monostor, Klastrom, Kloster — Ungarn, jens. der Donau, Oedenburger Gespansch., Ob. Bzk., ausserhalb des Raab Fl., ein *Dorf* der PP. Cisterzienser, mit einem Kloster und eigenen Pfarre, ¾ Stunden von Güns.

Borso, Venedig, Prov. Treviso und Distr. IX, Asolo; ein in einer Gebirgsgegend liegender *Flecken*, mit Vorstand, Pfarre SS. Zenone e Maria, 3 Oratorien und einer Leinwand-Fabrik, 2½ Stunde von Asolo. Mit:
S. Eulalia, Semonzo, Dörfer.

Borso, Lombardie, Prov. Mantova u. Distr. XIII, Suzzara; s. Villa Saviola.

Borso, oder Borze — Ungarn, jenseits der Theiss, Marmaros. Gespansch., Ob. Bzk., ein adel. walachisch. *Dorf*, mit 2 griech. kathol. Pfarren, 4 in dem hiesigen Gebirge befindliche Sauerbrunnen, und einer k. Goldgrube, liegt am Fusse des Berges Pietros, 12 St. von Szigeth.

Borsod, Ungarn, diesseits der Donau, Bács. Gespansch., Ob. Bzk., ein adel. *Gut* und *Praedium*, mit einer kleinen kathol. Kirche, nächst Vaskút und Katimár, 2½ Stunde von Baja.

Borsod, Ungarn, diesseits der Theiss, Borsod. Gespansch., Szendröv. Bzk., ein ungr. *Dorf*, mehren adelichen Familien geh., wovon die Gespanschaft den Namen führt, mit einer reform. Kirche und altem Schlosse, an Bolva Fl., 1 Meile vom Markte Szendrő, u. 6 Stunden von Miskólcz.

Borsod, ung. *Pfarrdorf* in der Borsoder Gespansch., Szendröer Bezirk am Flusse Bódva, mit einer reformirten Kirche. Es gehört mehren adelichen Familien, und war in früherer Zeit ein befestigter Ort.

Borsoder Gespanschaft, Ungarn, diess. der Theiss, Hauptort Miskólcz, mit einem Flächeninhalte von 65¹⁰⁄₁₆ geogr. Quadr. Meilen und 216,500 Einw., in 207 Orten oder 36,000 Häus., nämlich in: 1 k. Municipal-Bürgerstadt, 6 Censual- und 3 Urbarial-Märkten, 171 Dörfer und 26 Prädien; mit 201,328 Joch Äcker, 40,600 J. Wiesen, 11,200 Joch Gärten, 15,262 J. Weinland, 124,460 J. Weide, 201,230 J. Wald, 4000 Joch Sümpfe u. Moräste. Jährliche Fechsung im Durchschnitte: 440,000 Mtz. Sommer- u. 600,000 Mtz. Wintergetreide, 320,000 Eim. Wein, 440,000 Ctn. Heu. Die bedeutendsten Flüsse sind: die Theiss, Sajó, Hernád, Bódva, Szinyva, Hezó etc. Der Fluss Bársonyos bildet eine Insel. Der Feketetó ist unter den vielen Morästen der grösste. Man findet hier mehre Schwefelbäder, Sauerbrunnen u. andere mineralische Quellen. An Getreide, vorzüglich an Weizen, an Wein und Obst ist die Gespanschaft sehr reich. Die Waldungen sind ergiebig an Holz aller Art, u. liefern viel Wild. Die Viehzucht ist ausgebreitet. Die Flüsse sind sehr fischreich. Man findet hier viel Eisen, welches in Diósgyőr zu Stahl verarbeitet wird, ferner etwas Kupfer und viel Kalkstein. Unter den Gebirgen sind vorzüglich die Erdőhátságer und Száraz-Tornaer

völgyer zu merken; ferner von Bergen der grosse Belkő, Eged und der wildpretreiche Berg Osztra. Von mehren Höhlen ist besonders merkwürdig die ausgedehnte Diósgyőrer Höhle. Die Hügel sind mit Reben bepflanzt, die Thäler und Ebenen mit fetten Triften gesegnet, das Clima ist gemässigt und angenehm, das Wasser gesund und die Luft rein. Die Gespanschaft wird in 4 Bezirke eingetheilt: Der Miskolczer, Erlauer, Szendröer und Szent Peterer. Sie treibt mit ihren Naturprodukten einen grossen Activhandel.

Borsoi, Venedig, Prov. und District I, Belluno; siehe Tambre.

Borsomezö, Bormezü, Erbsendorf, Inury — Siebenbürgen, Nied. Weissenburger Gespansch., Ob. Kreis, Alvinzer Bzk., ein zur Hrsch. Alvintz gehör. Gebirgsdorf, mit einer griech. nicht unirten Pfarre, 2½ Stunde von Karlsburg.

Borsone, Chiaviche, Lombardie, Prov. Mantova und Distr. XIV, Gonzaga; siehe S. Benedetto.

Borson-tetej, Siebenbürgen, ein *Gebirg* auf der Grenze zwischen dem Gyergyóer und Udvarhel. Szekler Stuhl, 4 Stunden von dem Orte Parajd.

Börsöny, Berssing — Ungarn, jens. der Donau, Tolner Gespansch., Völgyes. Bzk., ein nächst Bonyhád liegend. *Praedium*, 2 Stunden von Székszárd.

Börsöny, Pilsen, Berzen — Ungarn, diess. der Donau, Honth. Gespanschaft, Ipoly. Bzk., ein zum Hochw. Gran. Erzbisthum gehör. deutsches ungar. *Dorf*, mit einer evangelischen und katholischen Pfarre, dann einem Oberoffiziers Quartierhause, und mehren Mahlmühlen, liegt nächst Vámos-Mikola und Maria Nostre, 3 Stunden von Gran.

Borsos Berinka, Ungarn, Neogr. Komt.; siehe Berinke.

Borsos Györ-, Ungarn, Veszprimer Komt.; siehe Györ.

Borsova, Borzsova, Beresova — Ungarn, diess. der Theiss, Beregh. Gespanschaft und Tisza-hát Bzk., ein ungr. unter mehre Grundherrschaften gehör. *Dorf*, welches von dem vorbeifliessenden Borsova Flusse seinen Namen hat, mit 19 Häus. und 217 Einw., einem reformirten Geistlichen, sonst aber nach Béreghszász eingepfarrt. Gleich ober dem Orte entspringt aus dem Bersova Flusse der Verka Fluss, 2 Stunden von Bereghszász.

Borsova, Erbsendorf, Mazere — Siebenbürgen, Ober Csiker Stuhl, ein adel. von Szeklersoldaten u. Provinzialen bewohntes, zwischen Sz. Miklós und Delne lieg. ungr. *Dorf* in der Pfarre Csik-Sz. Miklós, 17¼ St. von Schäsburg.

Borst, Illirien, Inn. Krain, Adelsberg. Kr., ein im Wb. B. Kom. Castelnovo und Ldgcht. St. Servolo, dem Bisthum zu Triest geh. *Dorf* gegen N. an dem Triester Gebiete, gegen W. an dem Dorfe Rizmagne, 1½ Stunden von Triest.

Borst, Illirien, Istrien, *Dorf*, im Bezirke Capodistria, mit einer Expositur, in der Diöces Triest Capodistria, 1¼ St. von Triest.

Borstendorf, Borilow — Mähren, Brünner Kr., ein *Dorf* zur Hrsch. Czernahora, hat 125 Häus. und 730 Einwoh., eine Pfarre, Schule, 2 Wirthshäuser, 2 Mühlen und eine obrigkeitlich. Alaunhütte, 2¼ Stunde von Lipufka.

Borsuk, Galizien, Rzeszow. Kr., eine *Ortschaft* zur Herrsch. und Pfarre Glogow, Post Rzeszow.

Borsusmay, Siebenbürgen, ein *Berg* in der Koloscher Gespanschaft, ¼ Stunde von den Orten Alsó Tüld und Karnas.

Borszawice, Galizien, Przemysler Kr., ein *Dorf* zur Hrsch. Byjlo gehörig, 3 Stunden von Przemysl.

Borszczow, Galizien, Czortkow. Kr., eine *Herrschaft* und *Marktflecken* mit einer Pfarre, nächst dem Flusse Niczkawa, Post Skalat.

Borszczow, Galizien, Kolomeer Kr., ein *Gut* und *Dorf*, hat gegen Osten die Stadt Sniatze zur Grenze, und ist nach Zablotow eingepfarrt, ½ Stunde von Zablatow.

Borszék, *Dorf*, in der siebenbürgischen Grenze des Militärgrenzlandes, mit dem seines trefflichen Wassers wegen mit Recht im In- und Ausland berühmten Gesundbrunnen, der unter die an Kohlenstoff reichsten alkalinischen Sauerbrunnen der Monarchie gehört. Er quillt in einem hochromantischen Gebirgsthale gegen die moldauische Grenze hervor. Ein wesentlicher Vorzug dieses Sauerwassers liegt darin, dass es weit verführt, und lange Zeit aufbewahrt, sehr wenig von seiner ursprünglichen Kraft verliert, wenn nur die Flaschen gehörig verstopft sind. Ein Apothekerpfund dieses Sauerwassers enthält nach der damit vorgenommenen chemischen Analyse 30 Kubikzoll kohlensaures Gas, an festen Bestandtheilen aber 16 Gran mit Soda nebst etwas in Salzsäure aufgelöstem Eisen. Mit Wein vermischt, gibt es ein sehr angenehmes Getränk, 13½ Stunde von Tihutza.

Borsznok, Brisznik — Ungarn, diess. der Donau, Gömör Gespansch., Rattkóer Bzk., ein d. adel. Fam. Farkas geh. *Dorf* mit Eisenhämmern versehen, nach Ujvásár eingepf., links am Bache Turez gegen Rattkó, 5 Stunden von Tornallya.

Borszo, Berszo — Bersdorf, walach. Birsou oder Borszú — Siebenbürgen, Inner Szolnoker Gespansch., Ob. Kreis, Katzkoer Bzk., ein dem Grafen Esterházy geh. walach. *Dorf*, mit einer griechisch nicht unirten Pfarre, 1 Stunde v. Galgó.

Borszow, Galizien, Brzezan. Kr., ein der Hrsch. Pnemyslany geh. griechisch kath. *Pfarrdorf*, 4 Stunden von Podhayczyki.

Borszowice, Galizien, Przemysl. Kr., ein *Dorf* mit einer Pfarre, zur Ortsobrigkeit Byjlo gehörig.

Borszutsina, Borszucsin — Ungarn, diess. der Theiss, Beregh. Gespanschaft und Munkács Bzk., ein der Hrsch. Munkács dienstbares *Dorf* mit 9 Häus. und 95 Einw., im Vrhov. Distr. u. Laturk-Thale, an der Grenze von Pohlen, nach Felsö-

Kis-Bisztra eingepf., 2¼ Stunde v. Also-Vereczke.

Bortesana, Lombardie, Prov. Milano u. Distr. IX, Gorgonzola; siehe Gessate.

Bortiatyn, Galizien, Przemysl. Kr., ein *Dorf* z. Hrsch. Sandowa Wisznia gehörig mit 99 Häus. und 691 Einwohnern, ½ Stunde von Sandowa Wisznia.

Bortkow, Galizien, Zloczow. Kreis, ein *Gut* und *Dorf* mit einer griech. käth. Kirche und einem Edelhofe, nächst der Stadt Giniany, 1 Stunde von Olszanica.

Bortniki, Galizien, Stanisl. Kr., ein zur Hrsch. Tlumacz geh. *Dorf* mit einer eigenen Pfarre, gegen S., Post-Tysmienica.

Bortniki, Galizien, Stryer Kr., ein *Gut* und *Dorf*, mit einer russniakischen Pfarre, grenzt mit dem Dorfe Bukowina und Czeremchów, Post Bursztyn.

Bortolona, Lombardie, Prov. Como und Distr. XXIII, Appiano; siehe Lomazzo Milano.

Bortolot, Venedig, Prov. Belluno und Distr. III, Pieve di Cadore; siehe Zoppe.

Bortolotti, Venedig, Prov. Friaul und Distrikt IX, Codroipo; siehe Codroipo.

Börts, Ungarn, Raaber Komitat, ein *Dorf*, mit 94 Häusern und 656 Einw., Post Raab.

Bortschitz, Böhmen, Prachin. Kr., ein *Dorf*, zum Gute Dub, 2½ Stunde v. Wodnian.

Bortschitz, Borzitz — Böhmen, Prachiner Kr., ein *Dorf*, der Hrsch. Warwaschau, 2 Stunden gegen W. von Warwaschau entlegen, nächst dem Dorfe Moltschitz, 3 Stunden von Pisek, Post Czimelitz.

Boruffini, Lombardie, Prov. Sondrio (Valtellina) und Distr. III, Tirano; *s.* Tirano.

Boruhradek, Böhmen, Königgrätz. Kr., ein *Gut* und *Markt*; siehe Borohradek.

Borumbaku, Siebenbürgen, Fogarascher Distrikt; siehe Porumbak (Porumbak).

Boruschow, Mähren, Ollmütz. Kr., ein *Dorf*, zur Hrsch. Trübau geh.; siehe Pahres.

Borusow, Galizien, Brzezan. Kreis, ein der Hrsch. Wybranowka geh. *Dorf*, 4 Stunden von Bobrka.

Borusow, Galizien, Tarnow. Kr., ein der Hrsch. Medrzechow geh. *Dorf*, liegt an dem Weichsel Flusse, 4 Meilen von Tarnow.

Boruszowa, Galizien, Tarnow. Kr., ein *Dorf*, zur Herrschaft Hubienice, und Pfarre Grembuszow gehörig, Post Tarnow.

Borutto, Borut — Illirien, Krain, Adelsh. Kr., ein *Dorf*, mit einer Lokalie, 13 Stunden von Fiume.

Boruwnik, Borownik — Mähren, Iglau. Kr., ein *Dorf*, zur Hrsch. Ossowa-Bitischka, nächst dem Dorfe Rositz, zum Lokalkirchsprengel des Dorfes Brzezy, 1½ Stunde von Grossbitesch.

Börvéty, Ungarn, jenseits d. Theiss, Szathmar. Gespansch., Nyirer Bzk., ein den Grafen von Károlyi geh., mit einer reformirten Kirche zwischen Tsanálos und Vallaj, 1½ St. von Nagy-Károly.

Bory, Mähren, Iglauer Kr., ein mit einer Lokalkaplanei versehenes, zur Hrsch. Krzizanau geh. *Dorf*, 1½ Stunde von Grossmeseritsch.

Bory oder **Bor**, Ungarn, diesseits der Donau, Honth. Gespansch., Bathy. Bzk., ein theils der adelichen Familie Bory, theils andern Grundherren geh. ungar. *Dorf*, mit einer reform. Pfarre, liegt nächst Dalmad, Szánto und Csank, 1½ Stunde von Apáthi-Maróth.

Bory, Borovcze, Ungarn, diesseits der Donau, Neutra. Gespansch., Vag Ujhel. (Neustädtl.) Bzk., ein mehren adelichen Familien geh. *Dorf*, mit 105 Häusern und 740 Einwohnern, einer Lokalkaplanei gegen N., 4 Stunden von Galgoez.

Bory od. **Messeritscher Bory**, Mähren, Iglau. Kr., ein *Dorf*, z. Hrsch. Grossmeseritsch, nordwestlich mit einer Kirche, einem Jagdhause und einer Mahlmühle am Borer Bache, 4 St. von Grossmeseritsch.

Boryczowka, Galizien, Tarnopol. Kr., ein *Gut* und *Dorf*, liegt ausser der Poststrasse, 3 Stunden von Mikulince.

Borynia, Galizien, Sambor. Kr., eine Kaal. *Herrschaft* und *Dorf*, mit einer Filial-Kirche, grenzt gegen O. mit dem Flusse Stry, und den Dörfern Ilnik, Jablonow und Wisockie, 16 Stunden v. Sambor. Post Turka.

Borynia, Galizien, Stryer Kr., ein Kaal. *Gut* und *Dorf*; siehe Smorza.

Borynicze, Galizien, Brzezan. Kr., ein *Dorf*, mit Hrsch. und Pfarre, Post Bobrka.

Boryslaw, Galizien, Sambor. Kreis, ein der Hrsch. Popiele geh. *Dorf*, mit einer russniakischen Pfarrkirche und 3 Mahlmühlen, am Flusse Tysmienica, grenzt gegen O. mit Stubicze, gegen W. mit Mraznica, 11 Stunden v. Sambor. Post Drohobicz.

Boryslawka, Galizien, Sanok. Kr., ein zur Hrsch. Rybotycze gehör. *Dorf*,

und Pfarre, am Wiar Flusse, 3¼ St. v. Przemysl.

Boryszkoweze, Galizien, Czortkow. Kr., eine *Herrschaft* und *Dorf*, an dem Flusse Podhorce, nach Krzywcze eingepf., 9 St. v. Zaleszcyki.

Borz, Lombardie, Prov. Sondrio (Valtellina) und Distr. VII, Chiavenna; s. Prara.

Borz, Tirol, Trienter Kr., ein *Dorf*, bei Sanzeno, Filial dieser Pfarre, Landgericht Cles auf dem Nonsberg, Post Cles.

Borz, Ungarn, jenseits der Theiss, Bihárer Gespansch., Belényes. Bzk., ein zur hochwürd. Bisthumshrsch. Belényes geh. walach. *Dorf*, mit 31 Häusern und 189 Einwohnern, einer griech. nicht unirten Pfarre, 9 Stunden von Gross-Wardein.

Börza, Ungarn, Jenseits der Theiss, Temeswár. Gespansch., wal. illirisch. Grenz-Regmts.-Canton Nro. XIII, Topletz. Bzk., ein *Dorf*, von 35 Häusern, an dem Bache Cserna, nächst Toplecz, 2 Stunden von Mehádia.

Borzago, Tirol, Rovered. Kr., ein *Dorf* und Gemeinde im Ldgcht. Tione, Post Riva.

Borzana, Tirol, Rovered. Kr., ein *Dorf*, an der Sarca bei S. Faustino, Filial dieser Kuratie, der Pfarre u. Ldgch. Tione in Judicarien. Post Riva.

Borzanowitz, Böhmen, Kaurz. Kr., ein der Hrsch. Jungfernbrzezan gehör. *Dorf*, 2¼ Stunde von Prag.

Borzanowitz, Böhmen, Prach. Kr., ein *Dorf*, der Hrsch. Winterperg, 6 St. von Strakonitz. Post Winterberg.

Borzás, Hollerdorf, Bozies, Borzesch — Ungarn, Kraszuaer Gespanschaft, Somlyóer Bzk., ein ungarisches mehren Grundherren geh. *Dorf*, in einer Ebene an dem Berettyó Flusse mit einer Mahlmühle, 3½ Stunde von Somlyó.

Borzás, Hollerfeld, Bozyes —Siebenbürgen, Dobok. Gespansch., Unt. Kr., Gyek. Bzk., ein mehren Grundherrschaften geh., in einem Thale liegenden ungar. walach. *Dorf*, mit einer reformirten und griech. kath. Pfarre, 4 Stunden von Bisztricz.

Borzás, Hollerthal, Szok — Siebenbürgen, Kokelburg. Gespansch., Unt. Kr., Sökefalv. Bzk., ein mehren Grundherrschaften geh., an dem kleinen Kokel Flusse liegendes, mit einem Salzbrunnen versehenes wal. *Dorf*, 4½ St. von Medias.

Borzavár, Ungarn, jens. der Donau, Veszprimer Gespanschaft, Czeszuneker Bzk., ein der gräfl. Familie Eszterházy de Galantha gehör., nach Zircz eingepf. *Dorf*, zwischen Zircz und Porva, mit 125 Häusern und 943 Einwohn., 2¼ St. von Veszprim.

Borzecin mit **Borzecinek**, Galizien, Bochnia Kr., ein *Dorf*, mit einer Pfarre zur Ortsobrigkeit Radkow geh., Post Brzesko.

Borzecinek zu **Borzecin**, Galizien, Bochnia Kr., eine *Ortschaft*, zur Pfarre Borzecin und Ortsobrigkeit Radkow geh., Post Brzesko.

Borzenago, Tirol, Rovered. Kreis, ein zu dem Markgrafthum Judicarien und Pfarre Rendeno geh. *Dorf*, 14 Stunden von Trient, ¼ Stunde von Rendena, Post Riva.

Borzena Hora, Böhmen, Berauner Kr., ein einzelnes zum Gute Stietkowitz geh. *Dorf*, nächst diesem Orte, 2¼ St. von Wotitz.

Borzeniowicze, Böhmen, Katrž. Kr., ein *Dorf*, der Hrsch. Gemischt; s. Borscheniowitz.

Borzenitz, Böhmen, Kauržimer Kr., eine *Ortschaft*, 1¼ St. von Dnespek.

Borzenowitz, Borenowice — Mähren, Hrad. Kr., ein *Dorf*, zur Hrsch. Holleschau über dem Bache Russawa, hat 40 Häuser und 200 böhmische Einwohner, 3 Stunden von Kremsier und ¾ Stunden von Holleschau.

Borzeta, Galizien, Wadowic. Kr., eine *Ortschaft*, zur Pfarre und Ortsobrigkeit Myslenice gehörig.

Börzeticz, Böhmen, Tabor. Kr., ein *Dorf*, mit einer Mühle zum Gute Brzezina an der Strasse von Prag nach Nethaus, 7¼ Stunde von Tabor, Post Patzau.

Borzeticze, Böhmen, Tabor. Kr., ein *Dorf*, sammt dem herrschaftl. Meierhofe Nethof, nächst und zum Gute Neustupow, 1½ Stunde von Wotitz.

Borzetin, Böhmen, Tabor. Kr., ein *Dorf*, zur Hrsch. Königseck und Pfarre Tremles, nächst der mährischen Hrsch. Teltsch, 2¼ Stunde von Nethaus.

Borzetin, Böhmen, Tabor. Kr., ein *Dorf*, mit dem Meierhofe Rutof zur Herrschaft Roth Lhota, 5 Stunden von Nethaus.

Borzetitz, Böhmen, Königgrätz. Kr., ein *Meierhof*, gehört zum Gute Borohradek, 2 Stunden von Holitz.

Borzetitz, Böhmen, Czasl. Kr., ein *Dorf*, zur Herrsch. Malleschau an der Grenze der Hrsch. Radborsch, 1½ St. v. Kollin.

Borzetitz, Mähren, Hrad. Kr., ein *Dorf*, zur Hrsch. Pawlowitz mit einer Lokalie und einem Meierhofe, hat 35 Häuser und 630 Einwohner, Post Pawlowicz.

Borzetitz, Borschetitz — Böhmen, Chrud. Kr., ein zur Herrsch. Herzmanmiestecz geh. einzelne *Mahlmühle*, nahe an dem Dorfe Laan und dem sogenannten Skupitzer Teiche, ¼ Stunde von Chrudim.

Borzigow, Böhmen, Jungbunzl. Kr., ein *Dorf*, zum Gute Hauska, siehe Borzim.

Borzik oder **Borzuk**, Ungarn, jenseits der Theiss, Bihár. Gespanschaft, Wardein. Bzk., ein der gräfl. Familie Csáky geh. walach. *Ortschaft*, mit 61 Häusern und 371 Einwohnern, einer griech. nicht unirten Pfarre, liegt nächst Fölös, nördlich, 1½ Stunde von Mezö-Telegd.

Borzikow, Porschiken — Böhmen, Budweis. Kr., ein *Dorf*, der Hrsch. Gratzen und Pfarre Schweinitz seitwärts Sitzkreiss, 4½ Stunde von Budweis, Post Gratzen.

Borzikow, Böhmen, Klatt. Kr., ein *Gut* mit einem Schlosse und unterthänigem Dorfe, welches gegen das Dorf Hradisch liegt, 2 St. v. Klattau.

Borzikowitz, Mähren, Znaim. Kr., ein einzelner *Hof* und zwei *Häuser*, zur Hrsch. Hrottowitz, und dem damit verbundenen Gute Krhau, 1 Stunde von Hrottowitz, 5 Stunden von mähr. Budwitz, Post Jaromeritz.

Borzim, Borzigow — Böhmen, Jungbunzl. Kr., ein *Dorf*, zum Gute Hauska mit einer Pfarrkirche, 1½ Stunde von Hirschberg.

Borzin, Porzin — Böhmen, Taborer Kr., ein zur Hrsch. Radenin geh. *Dorf*, 2¼ Stunde von Tabor.

Borzinow, Mähren, Brünn. Kr., ein einzelner *Meierhof*, zu und ober der Hrsch. Pernstein am Flusse Schwarzawa, nächst Czepy und Niewieditz, 7 Stunden von Goldenbrunn. Post Tischnowitz.

Borzitau, Böhmen, Königgrätz. Kr., ein zur Hrsch. Geyersberg geh. *Dorf*, 7 Stunden von Hohenmauth, Post Seuftenberg.

Borzitz, Borzicze — Böhmen, Klatt. Kr., ein zur Stadt Taus gehörig. *Dorf*, liegt vor der Stadt an der Klattauer Strasse rechts, 2¼ Stunde von Klentsch, Post Taus.

Borzitz, Böhmen, Prachin. Kr., ein *Dorf*, zur Herrschaft Warwaschau; siehe Bortschitz.

Borzitz, Ober-Mitter- und **Unter-**, Mähren, Brün. Kr., 3 *Dörfer*, zum Gute Krzelin; siehe Parzitz.

Borzitz, Pod)or — Böhmen, Chrud. Kr., ein zur Hrsch. Chrast gehör. *Dorf*, 2 Stinden von Chrudiu. ;

Borzkow, -Borschkow — Böhmen, Juugb. Kr., ein *Dorf*, zir Hrsch. Semil, gegen Süd. an dem Flusse Wolleschka hinter Semil, 4 Stinden von Gitschin.

Borzkow, Mähren, Prerai. Kr., ein *Dorf*, zir Hrsch. Bodenstadt; s. Paskai.

Borzkowicz, Böhmen, Kaurz. Kr., ein *Dorf*, zir Hrsch. Wlaschim, 1 St. von Wotitz, Post Wlaschim.

Borzova, Borzowen, Borza — Siebenbürgen, Dobok. Gespansch., O). Kr., Rákos. Bzk., ein mehren Grundhrschft. geh., in einem Thale, am Fl. Egregy lieg. walach. *Dorf*, mit einer eigenen katholischen Pfarre, nächst Oermezö. 3 Stinden von Bréd.

Borzova, Ungarn, diess. der Theiss, Torn. Gespansch., Unt. Bzk., ein zir Hrsch. Szadvár geh. ingar. *Dorf*, mit 75 Häus. und 619 Einw., einer reform. Pfarre, liegt zwischen Wäldern, nächst den Dörfern Szilicze und Józsassö, 3 St. den von Rosenai.

Borzova, Borzsova, Borsova — Siebenbürgen, O). Tschiker Székler Stihl, ein von Székler Grenzsoldaten und Széklern)ewohntes *Dorf*, 2 Stinden von Tsik-Mártonfalva.

Borzova, Ungarn, Szathm. Gespanschaft, ein *Dorf*; siehe Bórzsova.

Börzse, Ungarn, jens. d. Donai, Veszprimer Gespansch. und Cseszneklenser Bzk., ein *Praedium*, unweit Kökeháza, 5¼ Stinde von Pápa.

Borzsova, Ungarn, Beregh. Komitat; siehe Borsova.

Borzsova, Ungarn, jens. der Theiss, Szathmár. Gespansch., Szamosköz. Bzk., ein *Dorf*, mit 31 Häus. und 213 Einw., welches mit einer reform. Kirche versehen und den Grafen von Erdödy gehörig unweit von Penyige, 4 Stinden von Szathmár-Némethi, Post Tisza-Ujlak.

Borzuk, Ungarn, Bihárer Komitat; siehe Borzik.

Bös, Ungarn, Presburger Komitat; siehe Böss.

Bos, Bóos, Boschen, Boj — Siebenbürgen, Szekl. Marosch. Stihl, Unter Kr. und Kaaler Bzk., ein von Széklern und Walachen)ewohntes, zwischen Bergen lieg. *Dorf*, mit einer griech. nicht unirt. und reform. Filialkirche, 2 Stinden von Maros-Vásárhely.

Bós, u. **Gros**, Siebenbürgen, Hunyad. Gespansch., sind zwei besondere *Dörfer*, jedes hat seinen eigenen Richter; sie liegen zwischen Zalasd und Ulm. Bús liegt gleich o)er Zalasd, Gros aber unter Ulm, sie erscheinen also falsch als ein Dorf unter dem Namen Bós-Gros. Beide Orte zum Postamte Déva.

Bosa, Lom)ardie, Prov. und Distr. I, Brescia; siehe S. Eifemia.

Bosacz, Ungarn, Trentschiner Komt., eine *Ortschrft*)ei Trentschin.

Bosnj, Ungarn, jens. der Theiss, Bihárer Gespansch., Ermellyék. Bzk., ein mehren Besitzern geh. walach. *Dorf*, mit einer griech. nicht unirt. Pfarre, liegt nächst Csetelek, 1 Stunde von Margitta.

Bosancze, Galizien, Bukow. Czernowitzer Kr., ein der Hrsch. der Jassier Metropolie in der Moldai geh. *Pfarrdorf*, mit einem Zollamte und Kontumaz, 2 Stunden von Suczawa.

Bosany, Mali-, Velki-Bosan) — Ungarn, Neutr. Komitat; siehe Bossai, Nagy-, Kis-Bossai.

Bosarda, Lom)ardie, Prov. Lodi e Crema und Distr. III, S. Angiolo; siehe S. Angiolo.

Bosarda, Lom)ardie, Prov. Lodi e Crema u. Distr. III, S. Angiolo; s. Caselle.

Bosarda, Lom)ardie, Prov. Lodi e Crema und Distr. III, S. Angiolo; siehe Trivulzina.

Bosaro, **Ritratto di**, Venedig, Prov. Polesine und Distr. I, Rovigo; siehe Arquà (Ritratto di Bosara).

Bosaro, Venedig, Prov. Polesine und Distr. VII, Polesella, ein *Gemeindedorf*, am Kanal Bianco, mit einer Gemeinde-Depitation, Pfarre S. Sebastiano und einem Oratorio, 2 Stinden von Polesella. Mit;
Bosco del Monaco, zur Pfarre Pontecchio, Bosco di Mezzo, zur Pfarre Arqua, Gemeindetheile.

Boscaccio, Lombardie, Prov. Pavia und Distr. V, Rosate; siehe Bonirola.

Boscaccio, Lom)ardie. Prov. Como und Distr. XVII, Varese; siehe Varese (eigentlich Giubbiano).

Boscaccio Cassina, Lombardie, Prov. Como und Distr. XIV, Er)a; siehe Romegio.

Bascacedo, Lom)ardie, Prov. Pavia und Distr. VI, Binasco; siehe Moivago.

Boscai Cassina, Lom)ardie, Prov. Como u. Distr. X, Introbbio; s. Cortabbio.

Boscajua, Lom)ardie, und Distr. XI, Milano; siehe Locate.

Boscajolo, **Giroso**, Lombardie, Prov. und Distr. I, Milano; siehe Corpi S. di Porta Comasina.

Boscajolo, **Biraghi**, Lombardie, Prov. und Distr. I, Milano; siehe Corpi S. di Porta Comasina.

Boscajolo, **Maderna**, Lom)ardie, Prov. und Distr. I, Milano; siehe Corpi S. di Porta Comasina.

31 *

Boscajolo, Ruggeri, Lombardie, Prov. und Distr. I, Milano; siehe Corpi S. di Porta Comasina.

Boscajolo, S. Ambrogio, Lombardie, Prov. und Distr. I, Milano; siehe Corpi S. di Porta Comasina.

Boscalto intiéro, Lombardie, Prov. Padova und Distr. IV, Campo Sampiero; siehe Loreggia.

Boscana, Lombardie, Prov. und Distr. XI, Milano; siehe Foramagno.

Boscardelli, Lombardie, Prov. Mantova und Distr. III, Roverbella; siehe Roverbella (Rizotti).

Boscari, Illirien, Istrien, ein *Dorf*, im Bzk. Dignano, zur Pfr. Sanvincenti gehörig, in der Diöces Parenzo Pola, 3 Stunden von Dignano.

Boscarini, Venedig, Prov. Friaul und Distr. IV, Maniago; siehe Fanna.

Boscat, Venedig, Prov. Friaul und Distr. VII, Pordenone; siehe Azzano.

Boscato, Venedig, Prov. Friaul und Distr. VIII, S. Vito; siehe Casarsa.

Boscato di Fratta, Venedig, Prov. Venezia und Distr. VIII, Portogruaro; siehe Fossalta.

Boscatto, Venedig, Prov. Friaul und Disr. VIII, S. Vito; siehe S. Vito.

Boscelli, Lombardie, Prov. Lodi e Crema und Distr. V, Casalpusterlengo; siehe Secugnago.

Boschakova, Illirien, Unt. Krain, Neustädt. Kr., ein im Wb. B. Möttling lieg. der Kommende zu Möttling unterthäniges *Dorf*, 1½ Stunde von Möttling.

Boschau, Böhmen, Prachin. Kr., ein *Dorf*, zum Gute Ober-Tieschau gehör., liegt auf einer Ebene gleich neben dem Dorfe Ober-Tieschau gegen Westen, Post Schüttenhofen.

Boscheker Mühle, Böhmen, Budweiser Kr., eine *Mahlmühle*, zur Hrsch. Dirna, 3 Stunden von Wessely.

Boschello, Lombardie, Prov. Mantova und Distr. VI, Castel Goffredo; siehe Castel Goffredo.

Boschen, Siebenbürgen, Koloser Komitat; siehe Boos.

Boschen, Siebenbürgen, Maroser Stuhl; siehe Bos.

Boschetta, Lombardie, Prov. Cremona u. Distr. III, Soresina; s. Cornalotto.

Boschetta, Lombardie, Prov. Cremona u. Distr. III, Soresina; s. Grantorto.

Boschetta, Lombardie, Prov. Mantova u. Distr. VIII, Marcaria; s. Marcaria.

Boschetta, Lombardie, Prov. Lodi e Crema u. Distr. IX, Crema; s. Camisano.

Boschetta, Colombi, Lombardie, Prov. Cremona und Distr. III, Soresina; siehe Castel Visconti.

Boschetta, Lombardie, Prov. Cremona u. Distr. III, Soresina; s. Formigara.

Boschetta, Lombardie, Prov. Mantova und Distr. XVI, Sermide; siehe Sermide (Porcara).

Boschetta, Lombardie, Prov. Mantova und Distrikt VIII, Marcaria; siehe Marcaria.

Boschetti, Lombardie, Prov. Padova und Distrikt VIII, Montagnana; siehe Casale.

Boschetti, Lombardie, Prov. Mantova und Distr. XVII, Asola; siehe Asola.

Boschetti, Lombardie, Prov. Mantova und Distr. XIV, Gonzaga; siehe Gonzaga.

Boschetti, Lombardie, Prov. Mantova u. Distr. VIII, Marcaria; siehe Marearia.

Boschetti, Lombardie, Prov. und District I, Mantova; siehe S. Giorgio.

Boschetti, Lombardie. Prov. Como und Distr. XXV, Missaglia; siehe Vigno di sopra.

Boschetti Filiberte, Lombardie, Prov. Mantova und Distr. VIII, Marcaria; siehe Castellucchio.

Boschettino, Lombardie, Provinz Lodi e Crema und Distr. VI, Codogno; siehe Maleo.

Boschetto, Lombardie, Prov. Pavia und Distr. VIII, Abbiategrasso; siehe Abbiategrasso.

Boschetto, Lombardie, Prov. Cremona und District V, Robecco; siehe Casal Buttano.

Boschetto, Lombardie, Prov. u. Dist. I, Mantova; siehe Curtatone.

Boschetto, Lombardie, Prov. Mantova und District XII, Viadana; siehe Dosolo.

Boschetto, Lombardie, Provinz Cremona und Distr. VI, Pieve d' Olmi; siehe Dosso de' Frati.

Boschetto, Lombardie, Provinz und Distr. I, Cremona; siehe Due Miglia.

Boschetto, Lombardie, Provinz und Distr. I, Pavia; siehe Torre d' Isola.

Boschetto, Lombardie, Prov. Milano und Distr. VI, Monza; siehe Monza.

Boschetto, Lombardie, Prov. Mantova und District VII, Canneto; siehe Ostiano,

Boschetto, Lombardie, Prov. Mantova und Distr. II, Ostiglia; s. Ostiglia.

Boschetto, Lombardie, Prov. Pavia und Distr. VI, Binasco; siehe Pasturago.

Boschetto, Lombardie, Prov. Lodi e Crema und Distr. IX, Crema; siehe Pianengo.

Boschetto, Lombardie, Prov. Mantova und District XIII, Suzzara; siehe Suzzara.

Boschetto, Lombardie, Prov. Mantova und District XII, Viadana; siehe Viadana.

Boschetto Corazza, Lombardie, Prov. Lodi e Crema und Distr. VI, Codogno; siehe Maleo.

Boschetto Spadacenta, Venedig, Prov. Venezia und District VIII, Porto Gruaro; siehe Annone.

Boschettone, Lombardie, Prov. Lodi e Crema und Distr. VI, Codogno; siehe Maleo.

Boschi, Venedig, Provinz Friaul und Distr. VII, Pordenone; siehe Azzano.

Boschi, Venedig, Prov. Verona und Distr. III, Isola della Scala; siehe Isola della Scala.

Boschi, Lombardie, Provinz Mantova und Distr. IV, Volta; siehe Ponti.

Boschi, Lombardie, Prov. Mantova u. Distr. IV, Volta; siehe Volta.

Boschi, Lombardie, Prov. Mantova u. Distr. XVII, Asola; siehe Asola (Barchi).

Boschi Algisi Contrade de', Lombardie, Prov. und Distr. I, Bergamo; siehe Sorisole.

Boschiarina, auch Poschiarina — Venedig, Prov. Friaul und Distr. VIII, S. Vito; siehe S. Vito.

Boschiez, Böhmen, Bidschow. Kreis, ein *Dorf* zur Herrsch. Podiebrad; siehe Faschitz.

Boschidar, Böhmen, Jungb. Kr., ein *Meierhof* zur Herrschaft Benatek; siehe Bozidar.

Boschi Dei, Venedig, Prov. Friaul und Distr. XI, Palma; Trivignano.

Boschi di Col de Rù, Venedig, Provinz Belluno und Distr. VIII, Mel; siehe Cesana.

Boschi di Lentiai, Venedig, Provinz Belluno und Distr. VIII, Mel; siehe Cesano.

Boschi di S. Anna, Venedig, Provinz Verona und Distr. V, Legnago, ein von der Gemeinde-Ortschaft Bevilacqua begrenztes *Dorf* und *Gemeinde*, mit Vorstand und Pfarre S. Anna und 2 Privat-Oratorien, 1½ Migl. von Legnago. Mit: *Boschi di S. Marco, Dorf.*

Boschi di S. Marco, Venedig, Prov. Verona und Distr. V, Legnago; siehe Boschi di S. Anna.

Boschi De', Lombardie, Prov. Mantova und District XIV, Gonzaga; siehe S. Benedetto (Portiolo).

Boschi Cassina ai, Lombardie, Prov. Como und Distr. II, Como; siehe Albati.

Boschi Luogo, Lombardie, Provinz Mantova und Distr. VI, Castel Goffredo; siehe Piubega.

Boschi e Medea, Lombardie, Provinz Mantova und Distr III, Roverbella; siehe Roverbella.

Boschi Simonetta, Lombardie, Prov. Cremona und District VII, Casal Maggiore; siehe Toricello del Pizzo.

Boschi Strada Barili, Lombardie, Provinz Mantova und Distr. VIII, Marcaria; siehe Castellucchio.

Boschiera, Venedig, Prov. Padova und Distr. V, Piazzola; siehe Piazzola.

Boschilez, Böhmen, Budw. Kr., ein *Dorf* mit einer Pfarre zur Hrsch. Wittingau nahe bei Horusitz am Boschilezer u. Horusizer Teiche, 1¼ St. von Wessely.

Boschin, Böhmen, Chrudim. Kr., ein der Hrsch. Chotzen geh. *Dorf* nächst dem Dorfe Biestowitz gegen N. gelegen, 2 St. von Hohenmauth.

Boschin, Böhmen, Königgr. Kr., ein *Dorf* der Hrsch. Nachod; siehe Bauschin.

Boschin mit Buzin, (Luzin), Böhmen, Jungb. Kr., ein zur Hrsch. Krzinetz geh. *Dorf*, 3 Stunden von Nimburg.

Boschina Rovesta, Lombardie, Provinz Mantova und Distr. IX, Borgoforte; siehe Borgoforte (Romanero).

Bösching, Böhmen, Jungb. Kr., ein *Dorf* zur Hrsch. Gross-Rohosetz; siehe Beschen.

Boschiroli, Lombardie, Prov. Milano und District XIII, Gallarate; siehe Cassano Magnago.

Boschitz, Böhmen, Prach. Kreis, ein *Dorf*, zum Gute Skalitz geh., liegt am Flusse Wimbergskeg, 5 Stunden von Strakonitz, Post Winterberg.

Boschitz, Bossicze, Bossicz — Böhmen, Katrž. Kr., ein *Dorf* zur Hrsch. Swoyschitz, ¼ Stunden von Planian.

Böschkirchen, Ungarn, Mittler Szolnok. Komt.; siehe Bosháza.

Boschkow, Böhmen, Kaurž. Kr., ein zur Hrsch. Kammerburg geh. *Dorf* ½ St. von dem Städtchen Mnichowitz auf einer Anhöhe gegen O. gelegen, 1½ Stunde v. Duespek.

Boschkow, Bosskow — Böhmen, Pilsn. Kr., ein *Dorf* am Flusse Radbusa zur Hrsch. Pilsen geh. mit Schwefel Erzeugung, liegt gegen O. ¾ Stunden von Pilsen.

Boschkow, Böhmen, Chrudimer Kr., eine *Ortschaft* bei Chrudim.

Boschkowitz, Mähren, ein *Postamt*; siehe Poskowice.

Boschkowitz, Böhmen, Beraun. Kr., ein kleines zur Hrsch. Tloskau unterthän. *Dorf* nebst einem Meierhofe, 1½ Stunden von Wotitz.

Boschkuwek, Mähren, Brünn. Kr., ein zur Hrsch. Austerlitz geh. *Dorf* eine

Meile südöstlich von Wischau bei Mährischpruss, 1¼ Stunde von Wischau.

Boschlag, Poschlag — Böhmen, Budweiser Kr., ein *Dörfchen* zur Hrsch. und Pfarre Hohenfurt, 5¼ Stunde v. Kaplitz.

Boschow, Böhmen, Klatt. Kreis, ein kleines der Stadt Tauss zugeth. *Dörfchen* hinter Milawetsch als dessen Pfarr-Ort, 2¼ Stunde von Klentsch.

Boschow, Böhmen, Chrud. Kreis, ein der Herrsch. Nassaberg unterthän. *Dorf,* 3 Stunden von Chrudim.

Boschowetz, Mähren, Ollm. Kr., die ehemalige Benennung des zur Herrschaft Sternberg geh. *Dörfes* Seibersdorf.

Boschowitz, Böhmen, Prachin.Kr., ein *Dorf* d. Hrsch. Drhowl, 1½ St. von Pisek.

Boschowitz, Bossowice — Mähren, Brünn. Kr., ein zur Hrsch. Steinitz geh. *Markt* mit 152 Häus. und 743 Einwohn. (45 Einw. helvetisch. Bekenntnisses) Lokalie und Schule zum Relig. Fonde; oberhalb des Ortes ist ein altes kl. Schloss und obrigk. Meierhof, 2¼ St. v. Ubrzitz.

Boschowitzer Jägerhaus, Mähren, Brünner Kr., einsam im Walde, über ¼ Stunde vom Orte Boschowitz entfernt.

Boschtiz, Böhmen, Czasl. Kr., ein *Hof* zur Hrsch. Katzow, unweit Althütten, 4¼ Stunden von Czaslau.

Boschu, Siebenbürgen, Kolos. Komt.; siehe Boos.

Bosco, Venedig, Prov. Treviso und Distr. IV, Conegliano; siehe Orsago.

Bosco, Venedig, Provinz Treviso und Distr. VII, Valdobbiadene; siehe Vidore.

Bosco, Venedig, Provinz Verona und Distr. III, Isola della Scala; s. Bovolone.

Bosco, Venedig, Prov. Verona und District VII, Zevio; siehe Zevio.

Bosco Al, Venedig, Prov. Venezia u. Distr. II, Mestre; siehe Mestre.

Bosco Bocca di, Venedig, Prov. Padua und Distr. VI, Teolo; siehe Veggian (Bocca di Bosco).

Bosco Cà del, Venedig, Prov. und Distr. I, Padova; siehe Casal di Ser' Ugo (Cà del Bosco.

Bosco Cà del, Venedig, Prov. Verona und Distr. V, Legnago; siehe Miuerbe (Cà del Bosco).

Bosco con Frizzolane, ossia Chiesa nuova, Venedig, Prov. und Distr. I, Verona, ein von Berge S. Margheritta und von Lughezzano begrenztes *Gemeindedorf*, mit Vorstand und Pfarre S. Lomaraso und 2 Aushilfskirchen, 3¼ Migl. von Verona. Mit: *Lughezzano, Val di Porro, Dörfer.*

Bosco del Monaco, Venedig, Prov. Polesine u. Distr. VII, Polesella; siehe Boraro.

Bosco del Rotta, Venedig, Prov. Friaul und Distr. X, Latisana; siehe Palazzolo (Piancada).

Bosco del Vescovo, Venedig, Prov. Padova u. Distr. IV, Campo Sampiero; siehe Campo d' Arsego.

Bosco, Tirol, Rov. Kr., ein *Weiler*, zur Gemeinde Noriglio, im Ldgcht. Roveredo gehörig, Post Roveredo.

Bosco, Tirol, Trient. Kr., ein *Dorf*, z. Gemeinde und Ldgcht. Civezzano, Post Civezzano.

Bosco, di Cartura, Prov. Padova und Distr. XI, Conselve; siehe Cartura.

Bosco di Mezzo, Venedig, Prov. Polesine u. Distr. VII, Polesella, siehe Bosaro.

Bosco di Nanto, Venedig, Prov. Vicenza und Distr. XIII, Barbarano; siehe Nanto.

Bosco di Rubano, Venedig, Prov. und Distr. I, Padova; siehe Rubano.

Bosco di Sacco, Venedig, Prov. Venezia u. Distr. III, Dolo; siehe Campolongo.

Bosco grande Quarto, Venedig, Prov. Venezia u. Distr. III, Dolo; siehe Gambarare (Quarto Bosco grande).

Bosco piccolo Quarto, Venedig, Prov. Venezia u. Distr. III, Dolo; siehe Gambarare (Quarto Bosco piccolo).

Bosco, S. Bartolomeo, Villa del, Venedig, Prov. u. Distr. I, Treviso; siehe Breda (Villa del Bosco S. Bartolomeo.)

Bosco, S. Giorgio in, Venedig, Prov. Padova und Distr. V, Piazzola; siehe S. Giorgio in Bosco.

Bosco, Vegrolongo del, Venedig, Prov. Padova u. Distr. VI, Teolo; siehe Revolone in Monte (Vegrolongo del Bosco).

Bosco, Villa del, Venedig, Prov. Padova und Distr. VI, Teolo, siehe Teolo (Villa del Bosco).

Bosco, Villa del, Venedig, Prov. Padova und Distr. XII, Piove; siehe Correzzola (Villa del Bosco).

Bosco, Villa del, Venedig, Prov. Venezia und Distr. IV, Chioggia; siehe Cono (Villa del Bosco).

Bosco Corter, Illirien, Istrien, ein waldiger *Berg*, südlich von Coridico, 168 W. Klft. über dem Meere.

Bosco, Lombardie, Prov. Mantova und Distr. VIII, Marcaria; siehe Gazzoldo.

Bosco, Lombardie, Prov. Como und Distr. XXI, Luino, ein *Gemeindedorf*, mit einer eigenen Pfarre S. Maria Annunciata, und Gemeinde-Deputation in einer Gebirgsgegend, in dessen Terrain der Fluss Margorobbia entspringt, dann

das Gebirg Siere sich befindet, 5 Migl. von Luino. Mit:
Piandolina, Meierei.

Bosco, Lombardie, Prov. Crema und Distr. IV, Pizzighettone; siehe Grotta de' Adda.

Bosco, Lombardie, Prov. Pavia und VII, Landriano; siehe Vigonzone.

Bosco, Lombardie, Prov. Como und Distr. XVI, Gavirate, ein *Gemeinde-Ort*, eigentlich Masseria, mit Vorstand, nach S. Stefano zu Leggiuno gepfarrt, nordostwärts von Gavirate, mit einer Mühle, 6 Migl. von Gavirate. Mit:
Ballarate, Ghirate, auch Chirate, Marzano, kleine Schweizercien.

Bosco, Lombardie, Prov. u. Distr. XI, Milano; siehe Chiaravalle.

Bosco, Lombardie, Prov. Bergamo und Distr. XI, Martinengo; s. Brusaporto.

Bosco, Lombardie, Prov. Lodi e Crema u. Distr. III, S. Angiolo; siehe Cà dell' Acqua.

Bosco, Lombardie, Prov. und Distr. I, Milano; siehe Creszenzago.

Bosco, Lombardie, Prov. Mantova und Distr. XV, Reveré; siehe Quistello (Nuvolato).

Bosco, Lombardie, Prov. Lodi e Crema und Distr. VI, Codogno; s. Maccastorna.

Bosco, Lombardie, Prov. Mantova und Distr. VIII, Marcaria; siehe Marcaria.

Bosco, Lombardie, Prov. u. Distr. XV, Revere; siehe Revere.

Bosco, Lombardie, Prov. Pavia und Distr. IV, Corte Olona; s. Monticelli.

Bosco, Lombardie, Prov. und Distr. XI, Milano; siehe Opera.

Bosco, Molinoal, Lombardie, Prov. Bergamo u. Distr. XIII, Verdello; siehe Zanica.

Bosco Orta, Lombardie, Prov. Cremona und Distr. II, Soncino; s. Soncino.

Bosco, Ospitale Cà del, Lombardie, Prov. Cremona und Distr. III, Soresina; siehe Oscasale.

Bosco ex Parmigiano, Lombardie, Prov. Cremona u. Distr. VI, Pieve d' Olmi; siehe Gere de' Caprioli.

Bosco, Lombardie, Prov. und Distr. XI, Milano; siehe Pieve.

Bosco, Prov. Mantova und Distr. XV, Revere; siehe Quistello.

Bosco, Lombardie, Prov. Cremona und und Distr. V, Rovecco; siehe Quistro.

Bosco, Lombardie, Prov. und Distr. I, Pavia; siehe Villa Reggio.

Bosco, Lombardie, Prov. Como und Distr. XXIV, Brivio; s S. Maria Hoè.

Bosco, Lombardie, Prov. Cremona und Distr. III, Soresina, siehe Vinzasca.

Bosco, Lombardie, Prov. Pavia und Distr. IV, Corte Olona; siehe Zerbo.

Bosco, Bosco dell' Argine e Bosco Ceriali, Lombardie, Prov. Cremona u. Distr. VII, Casal Maggiore; siehe Gussola.

Bosco Bononi, e Locatelli, Lombardie, Prov. Mantova und Distr. XVII, Asola; siehe Asola (Barchi).

Bosco, Cà del, Lombardie, Prov. Lodi e Crema und Distr. V, Casalpusterlengo; siehe Cà del Bosco.

Bosco, Cà del, Lombardie, Pr. Lodi e Crema und Distr. VIII, Crema; siehe Porta Ombriano.

Bosco Casali, Lombardie, Prov. Mantova u. Distr. VIII, Marcaria; siehe Castellucchio.

Bosco, Cassina del, Lombardie, Prov. Lodi e Crema u. Distr. V, Casalpusterlengo; siehe Camairago.

Bosco, Cassina del, Lombardie, Prov. Lodi e Crema und Distr. VI, Codogno; siehe Castel nuovo Bocca d' Adda.

Bosco, Cassina del, Lombardie, Prov. Pavia und Distr. II, Beregiardo; siehe Liconasco.

Bosco, Cassina del, Lombardie, Prov. und Distr. X, Milano; s. Mezzate.

Bosco, Cassina del, Lombardie, Prov. Lodi e Crema und Distr. V, Casalpusterlengo; siehe Rovecco.

Bosco, Cassina del, Lombardie, Prov. und Distr. X, Milano; siehe Tregarezzo.

Bosco, Casa di, Lombardie, Prov. Como und Distr. XIX, Arcisate; siehe Induno.

Bosco, Cassina di, Lombardie, Prov. Como und Distr. XXI, Luino; siehe Montegrino.

Bosco Ceriali, Lombardie, Prov. Cremona und Distr. VII, Casal Maggiore; siehe Gussola.

Bosco del Deserto, Lombardie, Prov. Cremona und Distr. V, Rovecco; siehe Grontardo.

Bosco Falavigna, Lombardie, Prov. Mantova und Distr. XIII, Sizzara; siehe Sizzara (Riva).

Bosco Gerola, Lombardie, Prov. Cremona und Distr. IV, Pizzighettone; siehe Pizzighettone.

Bosco Gizzari, Lombardie, Prov. Mantova und Distr. VIII, Marcaria; siehe Castellucchio.

Bosco Gonzaga, Lombardie, Prov. Mantova und Distr. II, Ostiglia; siehe Sistinente.

Bosco grande, Lombardie, Prov. Mantova und Distr. XVI, Sermide; siehe Sermide.

Bosco grande, Lombardie, Prov. Lodi e Crema, und Distr. V, Casalpusterlengo; s. Gamairago (Leccama).

Bosco Griffini, Lombardie, Prov. Lodi e Crema und Distr. V, Casalpusterlengo; siehe Castiglione.

Bosco, Lancone, Lombardie, Prov. und Distr. I, Cremona; siehe Due Miglia.

Bosco, Lirelli Cà del, Lombardie, Prov. Cremona und Distr. III, Soresina; siehe Oscasale.

Bosco Lui, Lombardie, Prov. Mantova und Distr. VIII, Marcaria; siehe Castellucchio.

Bosco del Lupo, Lombardie, Prov. Lodi e Crema und Distr. I, Lodi; siehe Chieso di Porta Cremonese.

Bosco, Madonna del, Lombardie, Prov. Como und Distr. XXIV, Brivio; siehe Imbersago.

Bosco, Madonna del, Lombardie, Prov. Lodi e Crema und Distr. VII, Pandino; siehe Spino.

Bosco Mainardi, Lombardie, Prov. Mantova und Distr. VIII, Marcaria; siehe Castellucchio.

Bosco Mancine, Lombardie, Prov. Mantova und Distr. IX, Borgoforte; siehe Governolo.

Bosco Marchesi, Lombardie, Prov. Mantova und Distr. VIII, Marcaria; siehe Castellucchio.

Boscona, Lombardie, Prov. und Dist. X, Milano; siehe Settala.

Boscone, Lombardie, Prov. Mantova u. Distr. VII, Canneto; s. Casal Romano.

Boscone, Lombardie, Prov. und Distr. I, Mantova; siehe Castellaro.

Boscone, Lombardie, Prov. Mantova und Distr. XII, Viadana; siehe Dosolo.

Boscone, Lombardie, Provinz Lodi e Crema und Distr. III, S. Angiolo; siehe S. Angiolo.

Boscone del Cavalli, Lombardie, Prov. Cremona und District VII, Casal Maggiore; siehe Torricello del Pizzo.

Boscone Cesano, Lombardie, Provinz und Distr. II, Milano; siehe Cesano Boscone.

Bosco nuovo, Lombardie, Provinz Mantova und Distr. IX, Borgoforte; s. Governolo.

Bosco Pavesi, Lombardie, Provinz Lodi e Crema und Distr. VI, Codogno; siehe Rocco al Porto.

Bosco piccolo, Lombardie, Provinz Lodi e Crema und Distr. VI, Codogno; siehe Maleo.

Bosco Pirolo, Lombardie, Provinz Cremona und District IV, Pizighettone; siehe Pizighettone.

Bosco Prato del, Lombardie, Prov. Como und Distr. XV, Angera; s. Taino.

Bosco Roncovieri, Lombardie, Prov. Lodi e Crema und Distr VI, Codogno; siehe Rocco di Porto.

Bosco Rotondo, Lombardie, Prov. Lodi e Crema und Distr V, Casalpusterlengo; s. Camairago (Cassina del Bosco).

Bosco, S. Maria al, Lombardie, Prov. und Distr. I, Milano; siehe Corpi S. di Porta Ticinese.

Bosco Secchia, Lombardie, Prov. Cremona u.Distr. II, Soncino; s. Soncino.

Bosco sparato, Lombardie, Prov. Mantova und Distr. VIII, Marcaria; siehe Marcaria.

Bosco Steroli, Lombardie, Provinz Mantova und Distr. VIII, Marcaria; siehe Castellucchio.

Bosco Trecchi, Lombardie, Prov. Lodi e Crema und Distr. VI, Codogno; siehe Maleo.

Bosco ex Vaire, Lombardie, Prov. Cremona und Distr. VI, Pieve d' Olmi; siehe Porto con Somo.

Bosco Valentino, Lombardie, Provinz Lodi e Crema und Distr. V, Casalpusterlengo; siehe Camairago.

Bosco vecchio, Lombardie, Prov. Mantova und District IX, Borgoforte; siehe Governolo.

Bosco Villagrossi, Lombardie, Prov. Mantova und Distr. VIII, Marcaria; siehe Castellucchio.

Bosco Visconte, Vià del, Lombardie, Provinz Bergamo und District X, Treviglio; siehe Treviglio.

Bosco vicino al Pò, Lombardie, Prov. und Distr. I, Cremona; siehe Due Miglia.

Boscovito, Lombardie, Prov. Cremona und Distr. II, Soncino; siehe Casaletto.

Bose, Lombardie, Prov. Mantova und Distr. IX, Borgoforte; siehe Governolo.

Boseglina, Dalmatien, Spalato-Kr., Trau-District, ein grösseres *Dorf* und Gemeinde mit einem Gemeinde-Richter und eigener Pfarre, 9 Migl. von Trau, u. 8 Migl. von Seghetto.

Bösegründel, Böhmen, Leitm. Kr., ein *Dörfchen* zur Hrsch. Tetschen vor alt Bila hinter Rotherg, 6 Stunden von Aussig, Post Tetschen.

Boselich, Illirien, Istrien, Mitterburg. Kr., eine *Ortschaft*, 5 St. von Pisino.

Boselle, Lombardie, Prov. u. Distr. I, Mantova, siehe Castellaro.

Boselli, Lombardie, Provinz Lodi e Crema u. Distr. IX, Crema; s. Bottajana.

Boselli, Ca de', Lombardie, Prov. Lodi e Crema und Distr. IV, Borghetto; siehe Borghetto.

Bosen, Siebenbürgen, Dobok. Komt.; siehe Posa.

Bösenbach, Steiermark, Grätz. Kr., ein Seitenthal des Waldsteingrabens am linken Ufer des Uibelbaches.

Bösenbach, Steiermark, Marburger Kr., ein *Dorf* im Bezirke Feilhofen zur Hrsch. Frauenthal dienstbar, hat 23 Häus. und 118 Einw., ist nach St. Florian eingepfarrt.

Bösenberg, Steiermark, Bruck. Kr., eine *Gebirgsgegend* zwischen den Krautgarten und Gemsforst.

Bösenberg, Steiermark, Judenburg. Kr., eine *Gegend* im Johnsbachgraben.

Bösenbuch, Oest. u. d. E., V. O. W. W., in der Hrsch. Gurhof gehör. *Dorf*, siehe Pesenbuch.

Bosendorf, Siebenbürgen, Hunyad. Komt.; siehe Bosorod.

Bösendorf, Illirien, Unt. Krain, Neustädtler Kr., ein im Wb. B. Kom. Sittich lieg. *Dorf*; siehe Pesendorf.

Bösendorf, Oest. u. d. E., V. O. W. W., ein der Hrsch. Lilienfeld geh. *Dorf*, mit 13 Häus. nächst Wilhelmsburg, wohin es eingepfarrt ist, 2¼ Stunde von St. Pölten, Post Wilhelmsburg.

Bösendorf, Oest. u. d. E., V. U. W. W., ein zur Hrsch. Kirchschlag gehör. *Dörfchen* mit 5 Häus. und 60 Einwohn., Post Krumbach.

Bösendorf Gross-, Steiermark, Grätz. Kr., ein *Dorf* im Bezirke Herberstein, zur Herrschaft Herberstein und Münchhofen dienstbar, mit 91 Häusern und 423 Einwoh., pfarrt nach Büschelsdorf.

Bösendorf Klein-, Steiermark, Grätz. Kr., ein *Dorf* des Bezirkes Herberstein, mit 20 Häus. und 90 Einw., nach Büschelsdorf eingepfarrt.

Bösendürrenbach, Oest. u. d. E., V. U. M. B., ein der Herrsch. Grafeneck geh. *Dorf* mit 24 Häus. und 150 Einw., 3½ Stunde von Krems.

Böseneunzehn, Oest. u. d. E., V. O. M. B., ein der Herrsch. Stift Zwettel geh. *Dorf* an der Strasse bei Kirchberg am Walde, nächst der deutschen Thaia, 2 Stunden von Zwettel.

Bosenitz, mähr. Dwarožna oder Twarozna — Mähren, Brünn. Kr., ein *Gut* u. *Dorf* mit einer eigenen Pfr., hat 80 Häus. und 450 Einw., nächst Wellatitz an der Strasse von Brünn nach Ollmütz, 2¼ St. von Brünn.

Bösenliedering, Oest. ob d. E., Traun Kr., eine dem Wb. B. Kom. und Hrsch. Wimsbach geh. *Ortschaft*, von 6 Häusern, 1½ Stunde von Lambach.

Bösenort, insgem. Hidi Krai — Illirien, U. Kärnten, Klagenf. Kr., ein zur Ldgchts. Hrsch. Heimburg geh. *Dorf*, gegen O. nächst Wandelitzen, und gegen W. nächst St. Michael, 2½ Stunde von Vöcklermarkt.

Bösenreinalpe, Steiermark, Judh. Kr., in der Brenten des Grossölkgraben, zwischen d. Schwarzenbach- und Mauthner-Alpe.

Bösenstein, Steiermark, Judenburg. Kr., ein *Berg*, nordwestlich vom Orte Hohenthauern, 1288 W. Klafter über dem Meere.

Bosentino, Tirol, Trient. Kr., ein *Dorf* und Kuratie der Pfarre Calzerainlca, Gericht Caldonazzo, Ldgcht. Levico, Post Levico.

Bösenweissenbach, Oest. u. d. E., V. O. M. B., ein der Hrsch. Stift Zwettel geh. *Dorf*; siehe Weissenbach Klein.

Bösenwinkel, Steiermark, Marburg. Kr., ein zum Wb. B. Kom. und Hrsch. Faal geh. *Dorf*, am Bacher, 5½ Stunde von Marburg.

Bösenwinkel, windisch Hudikot — Steiermark, Cill. Kr., ein *Dorf*, im Bezirke Buchenstein, nördl. v. Weitenstein, mehren Hrsch. dienstbar, mit 108 Häus. u. 615 Einw., nach Reifnig eingepfarrt.

Bösenwinkel, Steiermark, Marb. Kr., ein *Waldrevier* der Hrsch. Fall, am Bacher-Gebirge, bestehend aus 7353 Joch Waldstand, mit einer Gemeinde gleichen Namens, z. Bezirk- und Grundherrschaft Fall geh., mit 23 Häus. und 165 Einwohnern, nach St. Lorenzen eingepfarrt.

Bösenwinkl, wind. Böshenwinkl — Steiermark, Cill. Kr., ein zum Wb. B. Kom. und Magistrat Saldenhofen geh. zerstr. *Dorf*, mit einem Eisenbergbau, 4 Stunden von Mahrenberg.

Böserscheideck, Tirol, Vorarlb., ein zur Hrsch. Bregenz und Gericht Altenburg geh. *Dörfchen*, 4¼ Stunde von Bregenz.

Bosetto, Lombardie, Prov. Bergamo u. Distr. XIII, Verdello; siehe Urgnano.

Böse Weibelen, fünf-, Tirol, Pusterthaler Kr., grosse *Bergspitzen* im Kalser Thale, östlich von der Pfarre Kals, im Landger. Windisch-Matrey.

Bösháza, Böschkirchen, Byicsche — Ungarn, Mitter Szólnoker Gespansch., Inner Kr., Szilágy Cseher Bzk., ein zwischen Bergen lieg. mehren Grundherrschaften geh. ungar. walach. *Dorf*, mit einer reform. und griech. katholisch. Pfarre, 4½ Stunde von Zilah.

Boshniake, Bosniakcze — Slavonien, Brod. Bzk., ein zum Brod. Grenz-Reg.

Kanton Nr. VII. geh. *Dorf*, mit 48 Häusern und 2617 Einw., mit einer kathol. Pfarre, liegt gegen Ottok nächst Sippanye, 5½ Stunde von Vincovcze.

Bosifia, Lombardie, Prov. und Distr. I, Cremona; siehe Sette Pozzi.

Bosilyevo, Kroatien, Agram. Komt. ein *Dorf*, mit 105 Häusern und 1048 Einwohnern.

Bosilyevo, Kroatien, Agram. Komt., ein *Dorf*, mit 18 Häus. und 176 Einw.

Bosio, Casella, Lombardie, Prov. Mantova und Distr. VIII, Marcaria, siehe Marcaria.

Bosio Ravaine, Lombardie, Prov. Mantova und Distr. VIII, Marcaria; siehe Castellucchio.

Bosis Cassinetto, Lombardie, Provinz Bergamo und Distr. XIII, Verdello; siehe Urgnano.

Bosisio, Lombardie, Prov. Como und Distr. XII, Oggiono, ein *Gemeindedorf*, mit Vorstand und Pfarre S. Anna, in der Ebene westl. am See Pisciano, 3 Migl. von Oggiono. Mit:

Bordonc, Schweizerei.   Garbagnate, Rotta, Dorf.

Bosisio Cassina, Lombardie, Provinz Milano u. Distr. III, Bollate; siehe Musocco.

Bosisolo, Lombardie, Prov. Como und Distr. XII, Oggiono; siehe Oggiono.

Bosjakovina, Kroatien, diess. der Save, Agram. Gespansch., St. Johanner Bzk., eine *Herrschaft* und *Dorf*, mit einer der gräfl. Familie Draskovich geh. Kastell, in der Ebene, am Zelina Flusse, 1 Stunde von Digoszello.

Boskau, Böhmen, Czaslauer Kr., eine *Ortschaft* bei Deutsch-Brod.

Boskow, Bozkow — Böhmen, Jungb. Kr., ein *Pfarrdorf*, zur Hrsch. Semil, zwischen den Bächen Kamenicze und Woschmenda, gegen Nord. hinter Semil, 5½ Stunde von Gitschin, Post Semil.

Boskowitz, Boskowitium, Bozkowice — Mähren, Brün. Kr., eine *Herrschaft* mit 24 Dörfer, 1136 Häus. u. 9000 Einw. dann eine *Stadt* mit einem Schlosse, einer Pfarre und ansehnlicher Judengemeinde, einer Meierei und zwei nächstliegenden Allaunhütten, dann einem einzelnen zerstückten Hof, Zweihof genannt, und 4 Mahlmühlen, die Bräuhäuser, Ambroser, Podlessner und Piller Mühle, dann einem Gülthofe, Pillerhof genannt, mit böhm. Einw., 1 Stunde von Goldenbrunn. Postamt mit:

Augezd, Baczow, Bukowa, Chrudichrom, Drhalowitz, Glashütte, Hradkow, Klein-Hradesko, Lerchenfeld, Krhow, Lipowa, Lhota, Ludikow, Mladkow, Obora, Oklak, Pillerthal, Pamnetitz, Pastwisko, Protinanow, Repech, Setech, Skalitz, Schmetshütte, Suchy, Sadita, Thiergarten, Walchow, Wellenow, Witsch, Zeliarna, Zweyhoft.

Boskowstein, Mähren, Znalm. Kr., ein mit dem Gute Hösting vereinbartes *Dorf*, mit einer Pfarre und böhm. Einw. einem alten Schlosse hinter Paulitž, 2 St. von Jaispitz, 1 Stunde von Frainersdorf.

Bosle, Illirien, Istrien, eine *Ortschaft* bei Capodistria.

Bosling, Oest. ob d. E., Inn Kr., ein zum Ldgchte. Schärding geh. *Dorf*, in einer ebenen Gegend, d. Pfarre Audorf, 2¼ Stunde von Siegharding.

Bosnikoum na, Illirien, Un. Krain, Neustädt. Kr., ein *Dorf*, d. Wb. Bzk. Hrsch. Auersberg geh., 4¼ Stunde von Grosslupp.

Bosnyakcze, Slavonien, Brooder-Regiments Kanton; siehe Boshniake.

Bosobitz, Böhmen, Klattauer Kr., eine *Ortschaft* bei Klattau.

Bosok, Bosfalva, Poschendorf — Ungarn, jens. der Donau, Eisenb. Gespan., Günser Bzk., ein kroat. *Dorf*, mehren adel. Familien geh., nach Szerdahely eingepf., am Fusse der Gebirge nächst Rohoncz, 1¼ Stunde von Güns.

Bosoletto, Lombardie, Prov. Mantova und Distr. IV, Volta; siehe Volta.

Bosoni, Lombardie, Prov. und Distr. X, Milano; siehe Pioltello.

Bosonohy, Mähren, Brün. Kr., ein *Dorf*, zur Hrsch. Tischnowitz; s. Barfus.

Bosont, Walach. und Klein — Ungarn, Kövar. Distr.; siehe Bozonta, Oláhund Kis-Bozonta.

Bosorod, Bosendor, Bosroda — Siebenbürgen, Hunyad. Gespan., Kr. diess. der Máros, Kiteder Bzk., ein mehren Grundherrschaften geh. walach. *Dorf*, in einem Thale mit einer griech. nicht unirten Pfarre, 3½ Stunde von Déva.

Bosotti, Mulino, Lombardie, Prov. Como und Distr. XXII, Tradate; siehe Castronno.

Bosovicz, Ungarn, jens. der Theiss, Temeswarer Gespansch., Dalboshetzer Bzk., ein 2. Banat wal. illyr. Grenz-Regimt. Kanton Nr. XIII. gehör. grosses *Dorf*, mit 205 Häusern, einer eigenen Pfarre und Kaserne, liegt an dem Bache Monis, 10 Stunden von Weiskirchen.

Bosplans, Venedig, Prov. Friaul und Distr. IV, Maniago; siehe Andreis.

Böss, Bös — Ungarn, diess. d. Donau, Presb. Gespansch., Unter Insulaner Bzk., ein *Marktflecken*, in der Schütt, den Grafen Amadé geh., nahe an der Donau unweit Varkony, 3½ Stunde von Somerein, Post Presburg.

Bossacza, Ungarn, diess. d. Donau, Trentschin. Gespansch., Unt. Bzk., ein sehr weitschicht. mehren adel. Familien, eigentlich zur Hrsch. Beczkó geh. *Dorf*, mit 1500 Einw., die sich durch Brannt-weinbrennerei nähren, einer eigenen Pfr. und Lokal-Gerichtsbarkeit, zwischen Bergen, an der mähr. Grenze, ausser der k. Landstrasse, 3½ Stunde von Trentschin.

Bossán, Kis-, Mali-Bosany — Ungarn, diess. der Donau, Neutr. Gespan., Bajmócs. Bzk., ein mehren adel. Familien gehörig. *Dorf*, mit 25 Häus. und 180 Einw., nach Nagy-Bossán eingepfarrt, am Ufer des Neutra Flusses, gegen O., 1 Stunde von Tapolcsán. Post Nyitra Zsámbokréth.

Bossán, Nagy-, Velki-Borsány — Ungarn diess. d. Donau, Neutr. Gespanschaft, Bajmócz. Bzk., ein der adel. Familie Bossányi gehör., mit einer eigenen Pfarre versehenes *Dorf*, mit 124 Häus. und 874 Einwohn., am Neutra Flusse, gegen W., 1 Stunde von Nagy-Tapolcsán. Post Nyitra Zsámbokréth.

Bossana, Lombardie, Prov. u. Distr. XIV, Gonzaga; siehe Gonzaga (Pegognaga).

Bossanecz, Kroatien, diess. der Save, Warasdin. Gespansch., im Obern Campester Bzk., ein *Vorgebirg*, mit zerstr. Weingarthäusern, d. Pfarren Viniczen, Krisovlyan und St. Barbara zugetheilt, 1½ Stunde von Sauritsch.

Bosanka, Dalmatien, Ragus. Kr., und Distrikt, ein *Dorf* und Untergemeinde der Hauptgemeinde Ragusa, mit einer eigenen Pfarre und Gemeinde-Aeltesten, nahe am Berge S. Sergio, und d. Oertern Ombla, Gionchetto und Bergatto, 1 St. von Ragusa.

Bossán-Neporacz, Ungarn, Trentschiner Komt.; siehe Neporacz.

Bossert, Possert — Illirien, Inn. Krain oder Istrien, Adelsb. Kr., ein z. Wb. B. Kom. und Hrsch. Wachsenstein gehör. *Dörfchen*, nach Paas eingepfarrt, 12½ St. von Fiume.

Bossevezy, Kroatien, Agramer Gespanschaft, im Bzk. jenseits der Kulpa, eine verschiedenen Dominien gehörige, nach Terghs eingepfarrte *Ortschaft*, in der Gerichtsbarkeit Podgrajczy, 2½ St. von Karlstadt.

Bossi, Canèa, Venedig, Prov. Treviso und Distr. IV, Coneghiano; siehe S. Fior di sopra (Canè a Bossi).

Bossi e Bianchi Castello, Lombardie, Prov. Milano und Distr. XIII, Gallarate; siehe Jerago.

Bossi, Foppa de', Lombardie, Prov. Bergamo und Distr. II, Zogno; siehe Somendenna.

Bossich Verch, Illirien, Unt. Krain, Neustädtler Kr., ein im Wb. Bzk. Mött-ling liegendes, der Hrsch. Krupp geh. *Dorf*, 3 Stunden von Möttling.

Bossico, Lombardie, Prov. Bergamo und Distr. XVI, Lovere, ein auf einer Gebirgshöhe nahe dem Thale Cavallina liegendes *Gemeindedorf* mit Vorstand, Pfarre und einer Aushilfskirche, ½ St. von Lovere.

Bössig, Klein-, Pösig — Böhmen, Jungbunzlauer Kr., ein zur Herrsch. Hirschberg geh. *Dorf*, mit einer Lokalie, Post Hirschberg.

Bössig, Pösig, Bezdiekow — Böhmen, Königgrätzer Kr., ein der Hrsch. Adersbach unterthän. *Dorf*, hinter Stattin bei Wellhotta, ½ Stunde von Trautenau.

Bössig, Schloss Bösing, Unter-Bössig, Pesing, Tiefenbach, Bezdieczi — Böhmen, Bunzlauer Kr., ein *Pfarrdorf*, zur Hrsch. Hirschberg gehör., nahe bei dem sogenannten Berg Bössig, worauf ehemals ein befestigtes Schloss und Benedictiner-Kloster gestanden hat, Post Hirschberg.

Bossin, Böhmen, Jung-Bunzlauer Kr., ein *Dorf*, zum Gute Liblitz geh., 2 St. von Melnik.

Bossin, Bozen, Bozna, Possin — Böhmen, Jung-Bunzlauer Kr., ein *Dorf* mit einer Pfarre, zur Hrsch. Münchengrätz geh., südöstlich 1 St. von Münchengrätz.

Bossina, Lombardie, Prov. Lodi e Crema und Distr. I, Lodi; siehe Cornegliano.

Bosskow, Böhmen, Pilsner Kr., ein *Dorf* der Hrsch. Pilsen; siehe Boschkow.

Bosso, Lombardie, Prov. Sondrio (Valtellina) und Distr. III, Tirano; siehe Aprica.

Bossow, Böhmen, Czaslauer Kr., eine *Ortschaft*, 1¼ Stunde von Czaslau.

Bossowitz, Böhmen, Czaslauer Kr., ein *Dorf* mit einem obrigkeitl. Meierhofe, zur Hrsch. Schrittenz geh., ½ St. von Stöken.

Bossuth, Slavonien, Morovich. Bzk., ein zum Peterwardeiner Grenz-Regim. Canton Nr. IX geh. *Dorf* von 40 Häus., in der griech. nicht unirten Pfarre Racacz, östlich nächst der Save, am Bache gleichen Namens, 2½ St. von Bacsincze.

Bossyry, Galizien, Czortk. Kr., ein *Dorf* mit einer Pfarre und Ortsobrigkeit.

Bost, Kroatien, jenseits der Save, Karlstädter Generalat, Barrillovich. Bzk., eine zum Szluin. Grenz-Regim. Canton Nr. IV geh. *Ortschaft* von 5 Häusern, nächst Galovich Szello, 4 Stunden von Karlstadt.

Böst, Steiermark, Brucker Kreis, ein grosser *Bauernhof* nächst dem Dorfe Miterendorf im Leinthal, zum Wb. Bzk. Kom. der Stadt Trafaya geh., 2¼ Stunde von Vordernberg.

Bosta, Böhmen, Kaurž. Kr., eine *Ortschaft* bei Kollin.

Bosta, Ungarn, jens. der Donau, Baranyer Gespansch., Fünfkirchner Bzk., ein dem Fünfkirchner Seminarium geh. nach Némethi eingepf. *Dorf*, mit einem Vorwerke, an der von Fünfkirchen nach Dráva führenden Strasse, auf einem Hügel, ½ Stunde von Szalontha.

Boste, Bost, Bosle — Illirien, Istrien, ein *Dorf* im Bzk. Capodistria, Hauptort einer Untergemeinde gleichen Namens, mit 76 Häusern und 414 Einwohn., zur Pfarre Trusche gehörig, in der Diöcese Triest-Capodistria, 2½ Stunde von Capodistria.

Bostettie, Illirien, Unt. Krain, Neustädter Kr., ein zum Wb. Bzk. der Hrsch. Auersperg gehöriges *Dorf*, Post Grosslupp.

Bostie, Quarto, Venedig, Prov. Venezia und Distr. III, Dolio; siehe Gamharare (Quarto Bostie).

Bostie, Bastie — Böhmen, Czaslauer Kr., ein einzelner *Meierhof* der Hrsch. Scheittenž, 2¼ Stunde von Stöken.

Bostiechow, Wostiechow — Böhmen, Taborer Kreis, ein *Dorf*, zum Gute Wschelnicz geh., nächst Ober-Radaun, 2¼ Stunde von Nethaus.

Bosto, Lombardie, Prov. Como und Distr. XVII, Varese; siehe Varese.

Bosurda, Lombardie, Prov. u. Distr. I, Brescia; siehe Mazzano.

Bosyry, Galizien, Zaleszc. Kr., ein zur Hrsch. Zbryz geh., nach Skala eingepfarrtes *Dorf*, 3¼ St. von Husiatyn.

Boszan, Kroatien, Agramer Komt., ein *Dorf* mit 22 Häusern und 210 Einw.

Böszenfa, Ungarn, jens. der Donau, Sümegh. Gespansch., Szigeth. Bzk., ein den Herren v. Festetics geh. deutsches *Dorf*, mit einer kathol. Pfarre, zwischen Galosfa, Gyormat, Simonfa u. Boldog-Aszszonyfa, 3 Stunden von Szigeth.

Boszilyevo, Kroatien, diess. der Save, Warasdiner Generalat, Chasmer Bzk., ein zum Kreutzer Grenz-Regim. Canton Nr. V geh. *Dorf* von 15 Häusern, liegt an dem Zusammenflusse der Glogovnicza und Chasma, 3 St. von Bellovár.

Boszilyevo, Bosziliefze — Kroatien, diess. der Save, Agram. Gespansch., Trans-Colapian. Bzk., ein *Dorf* zwischen Hügeln an der gegen das adriatische Meer führenden Karlstädter Strasse, mit einer dem hochw. Agramer Bisthume gehörigen Pfarre, einem alten, der Adel Familie Voikovich de Klokoch gehörig Schlosse und einem Wirthshause, 4 St von Karlstadt.

Boszniachkoszello, Kroatien, Agramer Komt., eine *Ortschaft* bei Agram.

Böszörmény, Ungarn, Bihár. Komt. eine *Municipalstadt* und Congregationsort mit 2120 Häusern und 17,000 Einw. Post Grosswardein.

Böszörmény, sonst Rácz- oder Haydu-Bözörmény — Ungarn, jenseits der Theiss, Szaboltz. Gespansch., Haydus. Distr., ein zu den k. Hayduken-Städten geh. freier *Markt*, mit einer reform. und griech. kath. Pfarre, dann der Distrikts-Gerichtstafel, 1½ Stunde von Hatház.

Botá, Ungarn, Borsod. Komt., ein *Dorf* mit 58 Häusern und 451 Einwohnern.

Bötefa, Ungarn, jenseits der Donau, Zalader Gespansch., Kapornak. Bzk., ein mehren adel. Familien gehör. *Dorf*, nach Nemes-Apáti eingepf., nördl. unw. davon entlegen, 1 St. von Egerszeg.

Botenwald, mähr. Butowice — Mähren, Prer. Kr., ein *Meierhof*, am Bache gleich. Namens, 3 St. von Neutitschein, und Freiberg, Post Wagstadt.

Botestagno, Beitelstein — Tirol, ein *Gericht*, im Brunecker K., liegt im Pusterthale, hat 7000 Einwohn., und ein Bergschloss, Post Niederndorf.

Botezu, Siebenbürgen, Nied. Weissenburger Komt.; siehe Batisháza.

Bot-fa, Ungarn, jenseits der Donau, Zalader Gespansch., Kapornak. Bzk., eine gräfl. Erdödysche *Herrschaft* und *Dorf*, nach Csatár eingepf., am Valitzka Bache, gegen O. nahe an der v. Egerszeg nach Hatós führenden Poststrasse, ¼ Stunde von Egerszeg.

Botfalva, Brendorf, Brigellendorf, Bod oder Pota — Siebenbürgen, Kronstädter Distr. — ein in einer Ebene am Flusse Weidenbach liegendes sächsisch walach. freies *Dorf*, mit einer evangel. und griech. unirten Pfarre, 3 Stunden von Kronstadt.

Botfej, Ungarn, jenseits der Theiss, Bihár. Gespansch., Szalont. Bzk., ein z. bischöfl. Hrsch. Bél geh. walach. *Dorf*, mit 34 Häus. u. 205 Einw., einer griech. nicht unirt. Pfarre, 7 St. v. Nagy-Zeránd.

Bothard, Siebenbürgen, Weissenb. Komt.; siehe Botsárd.

Botháza, Bothans, Bothaszu — Siebenbürgen, Kolos. Gespanschaft, Unterer Kr., Motsics. Bzk., ein mehren Grundherren geh. ungr. walach. *Dorf*, zwischen Bergen ausser der Poststrasse, mit einer reformirten und griech. unirt. Pfarre, 6½ Stunde von Klausenburg.

Bothenwald, Botenwald, Buttowice — Mähren, Prer. Kr., ein *Dorf*, mit 280 Häus. und 2020 böhm. Einw., zur Pfarre Partschendorf, und Ortsobrigkeit Kunnwald geh., Post Freiberg.

Bothleiten, Steiermark, Brucker Kr., eine *Gegend* am grossen Sonnech.

Bothsee, Oest. u. d. E., V. O. W. W., ein der Stiftshrsch. Herzogenburg unterthäniges *Dorf*; siehe Ponsee.

Bothwald, Steiermark, Grätzer Kr., eine *Gegend* bei Frondsberg.

Botinecz, Kroatien, diesseits d. Save. Warasdin. Generalat, Capell. Bzk., eine zum St. Georger Grenz-Rgmts-Canton Nro. VI. geh. *Ortschaft*, von 13 Häusern, in einer gebirgigen Gegend, 2 St. von Bellovár.

Botinovecz, Kroatien, diesseits der Save, Kreutz. Gespanschaft, Podravan. Bzk., ein zum Chasmens. Kapitel und Pfarre Ivanecz geh. *Dorf*, mit 16 Häusern und 117 Einwohnern, ½ Stunden von Kopreinicz.

Botinovecz, Kroatien, diesseits der Save, Warasdin. Generalat, Kukavicz. Bzk., eine zum St. Georger Grenz-Regiments Canton Nr. VI. geh. *Ortschaft*, von 9 Häusern, mit einer griechisch nicht unirten Pfarre, liegt in einer Ebene, 3 Stunden von Kopreinicz.

Botisch, Böhmen, Kauržim. Kr., ein zur Hrsch. Manderscheid geh. *Dorf*; s. Botitz.

Botisch, Böhmen, Königgrätzer Kr., ein *Dorf*, der Herrsch. Bratnat; siehe Bodiesch.

Botitz, otza Kuda, Botisch — Böhmen, Kauržim. Kr., ein zur Hrsch. Manderscheid gehör. *Dörfchen*, ½ Stunde von Jessenitz.

Botkovchina, Kroatien, diesseits der Save, Warasdin. Gespansch., im Unt. Zagorian. Bzk., ein der Gemeinde und Pfarre Mache einverleibtes *Dorf*, 4¼ Stunde von Szt. Ivány.

Botos, Ungarn, jenseits der Theiss, Arad. Gespansch., ein im Gebiete des Marktes Sikló sich befindend. *Praedium*.

Botos, Ungarn, jenseits der Theiss, ein zum deutsch-banatischen Grenz-Regiments-Canton Nr. XII gehöriges *Dorf* von 252 Häusern, mit 2 griech. nicht unirten Pfarren, grenzt gegen Ost. mit dem Torontaler Komitat und hat 5 Rossmühlen, 5 St. v. Neudorf.

Botoschana, Galizien, Bukow. Kr., ein *Dorf*, mit einer Pfarre zur Ortsobrigkeit Solka geh., Post Gora Humora.

Botoschenika, Galizien, Bukow. Kr., ein *Dorf*, mit einer Pfarre und Ortsobrigkeit. Post Sereth.

Botovo, Kroatien, Kreutzer Kmt., eine *Ortschaft* bei Kreutz.

Bot Palád, Ungarn, Szathm. Komt.; siehe Palad.

Botrágy, Bottrágy — Ungarn, diesseits der Theiss, Beregh. Gespansch., und Tisza-hát. Bzk., ein ungarisch. der Familie Lónyay geh. *Dorf*, mit 39 Häusern und 390 Einwohnern, einem reformirten Geistlichen, in einer waldigen und sumpfigen Ebene, unweit Batyú, 8 Stunden von Munkács.

Bots, Ungarn, Hev. Gespansch., ein *Dorf*, mit 186 Häus. und 1346 Einw., Post Erlau.

Bots, Botschen, Botschu — Siebenbürgen, Kolosch. Gespansch., O). Kreis, Bánfi-Hunyad. Bzk., ein mehren Grundherren gehör., zwischen Alpen liegendes walach. *Dorf*, mit einer griechisch nicht unirten Pfarre, liegt seitwärts der Strasse, 3 Stunden von Bánfi-Hunyad.

Botsar, Boesar — Ungarn, Torontal. Komt., ein *Dorf*, mit 232 Häusern und 1732 Einwohnern, Post Nagy-Kikinda.

Botsárd, Siebenbürgen, Nied. Weissenburger Komt.; siehe Buzás, Magyar und Olah-Boros-Butsárd.

Botsch, Steiermark, Cillier Kr., ein hoher *Berg* bei Studenitz, der beinahe im ganzen Lande gesehen wird, ein Nachbar zum Donati-Berge.

Botsch, Am, U Gori — Steiermark, Cill. Kr., einige zum Wb. Bzk. Kom. Rohitsch gehör. zerstreute *Häuser*, am Botschberge, nach heil. Kreutz eingepf., 3 Stunden von Windisch-Feistritz.

Botschen, Siebenbürgen, Kolos. Komitat; siehe Bots.

Bötschler, Tirol, Vorarlberg, vier einzelne *Höfe*, im Ldgcht. Hofsteig der Hrsch. Bregenz geh., 2 St. von Bregenz.

Botschumb, Siebenbürgen, Niederweissenburg. Komt.; siehe Butsum.

Botsdorf, Ungarn, Zipser Komt.; s. Batisfalva.

Botska, Ungarn, jenseits der Donau, Zalad. Gespanschaft, Kapornak. Bzk., ein *Weingebirgs-Dorf*, der adel. Familie Inkey geh., an der von Egerszeg nach Kanisa führenden Poststrasse, eine Filial der Pfarre Szent-Balás, 1¼ St. v. Kanisa.

Botta, Ungarn, diesseits der Theiss, Borsod. Gespansch., Szent Péter Bzk., ein ungar. nach Sáta eingepfarrt. *Dorf*, dem hochwürd. Seminarium des Erlauer Clerus geh., zwischen Bergen, 5 Stunden von Erlau.

Botta, Lombardie, Provinz Sondrio (Valtellina) und Distr. IV, Morbegno; siehe Morbegno.

Botta, Lombardie, Prov. Bergamo u. Distr. II, Zogno; siehe Sedrina.

Botta, Ponte della, Lombardie, Prov. Bergamo und Distr. I, Bergamo; siehe Bruntino.

Bottai, Cassina, Lombardie, Prov. und Distrikt XIII, Verdello; siehe Boltiere.

Bottajano, Lombardie, Prov. Lodi e Crema und Distr. IX, Crema, ein kleines, auf der von Crema nach Camisano führenden Strasse liegendes *Gemeindedorf*, mit Pfarre SS. Faustino e Giovita, Gemeinde-Deputation und vier Reis-Stampfen, 5 Migl. v. Crema. Dazu gehören:

Boselli, Canova, Cassina Cerchiera, Al Fiera, Nova, Obbizza nuova e vecchia, Schweizereien, — Cassina del Portico, Gemeindetheile.

Bottanucco, Lombardie, Prov. Bergamo und Distr. V, Ponte S. Pietro, ein *Gemeindedorf*, östlich am Adda-Flusse, welcher die Prov. Bergamo von der Provinz Milano scheidet, mit Vorstand, Pfarre S. Vittore und 3 Kapellen, 1½ Stunde von Ponte S. Pietro. Dazu gehört:

Cerro, kleine Gasse.

Bottari, Braida, Venedig, Prov. Friaul und Distr. VIII, S. Vito: siehe S. Vito (Braida Bottari).

Bottazzine, I. II., Lombardie, Provinz und Distr. I, Mantova; siehe Roncoferraro.

Bottazzo, Villa, Lombardie, Provinz Mantova und Distr. XII, Viadana; siehe Viadana.

Bottedo, Lombardie, Prov. Lodi e Crema und Distr. I, Lodi, eine *Villa* nach S. Gualtero gepfarrt mit einer Gemeinde-Deputation nächst dem Pfarrorte, 3 Migl. und 1 Stunde von Lodi. Dazu gehören:

Cà de Valvasori, Mozzetta, Paderno de' Carni selli, S. Giacomo, Gemeindetheile.

Bottenicco, Venedig, Prov. Friaul und Distrikt XII, Cividale; siehe Moimacco.

Bottenigo, Venedig, Prov. Venezia u. Distr. II, Mestre; siehe Mestre.

Bottenigo, Quarto, Venedig, Pr. Venezia und Distr. III, Dolo; s. Gambarere (Quarto Bottenigo.)

Botte, Prà di, Venedig, Prov. Padova und Distr. VIII, Montagnana; s. S. Fidenzio intero (Prà di Botte).

Botterone, Lombardie, Prov. Pavia und Distrikt IV, Corte Olona; siehe Nizzolaro.

Bottesini, Villetta, Lombardie, Prov. Mantova und Distr. XII, Viadana; siehe Dosolo.

Bottfalva, Alsó-, Bzincze — Ungarn, diesseits der Donau, Neutr. Gespanschaft und Vág-Ujhel. (Neustädtl.) Bzk., ein der adelichen Familie Noszlopy geh. *Dorf*, mit 65 Häusern und 465 Einwohnern, einer eigenen Pfarre, gegen N., 7 Stunden von Galgócz.

Bottfalva, Ungarn, diesseits der Theiss, Ungvár. Gespansch. und Kaposs. Bzk., ein mehren adel. Familien geh. *Dorf*, nach Eös eingepfarrt, mit 56 Häusern und 401 Einwohner, von O. gegen W. zwischen Tanócz u. Bátfa, 1 Stunde von Unghvár.

Bottfalva, Felső-, Hornye-Bzincze, Ober-Bzintz — Ungarn, diesseits der Donau, Neutra. Gespansch., Vág-Ujhel. (Neustädtl.) Bzk., ein den Grafen Erdödy geh. *Dorf*, mit 120 Häusern und 841 Einwohnern, einem evangel. Bethause, gegen N., 7 Stunden von Galgócz.

Botthyán, Ungarn, jenseits d. Donau, Sümegh. Gespanschaft, Marczal. Bzk., ein ungar. *Dorf*, in der kathol. Pfarre Vörs, liegt am Platten See zwischen Vörs, Tikos, Hollád und Ujlak, mit einer Ueberfuhr nach Keszthely, 1½ St. von Marczaly.

Botti, Cingia de', Lombardie, Pr. Cremona und Distr. IV, Pieve d' Olmi; siehe Cingia de' Botti.

Botti, Djálu-, Siebenbürgen, ein *Berg*, in der Nieder-Weissenburger Gespanschaft, ½ Stunde vom Orte Kápolna entfernt.

Bottichberg, Steiermark, Grätzer Kr., eine *Gegend* im Bzk. Lanach, zur Hrsch. Lanach weinzehendpflichtig.

Botticino Mattina, Lombardie, Prov. und Distr. I, Brescia, ein *Gemeindedorf*, mit Vorstand und Pfarre S. Faustino, einer Aushilfskirche und 2 Kapellen, am Saume des Gebirges, 6 Migl. von Brescia. Mit:

Cusserolo, Mühle, — Mulinetto, Schweizerei.

Botticino Sera, Lombardie, Prov. und Distr. I, Brescia, ein *Gemeindedorf*, mit Vorstand und eigener Pfarre S. Maria Assunta, einer Aushilfskirche und 7 Kapellen am Fusse des Gebirges, 5 Migl. von Brescia. Mit:

Colambara, Meierei, — Dall' Ora, Prata, Mühlen, — S. Gallo, Villa.

Bottiest, Bodesti — Ungarn, jenseits der Theiss, Krassov. Gespansch., im Kápolna. Bzk., ein walachisches mit einer Kirche versehenes königl. Kaal *Dorf*, eigentlich zur Hrsch. Lugos geh. mit 31 Häusern und 129 Einwohnern, am Fusse des Gebirges zwischen Drinova und Zsurest, 2 Stunden von Lugos.

Bottinecz, Kroatien, diesseits der Save, Warasdin. Generalat, Capeller Bzk., eine zum St. Georger Grenz-Regiments-Canton Nro. VI. geh *Ortschaft*, von 13 Häusern, 2 St. v. Bellovár.

Bottinest, Ungarn, jens. der Theiss, Krassov. Gespansch., im Kápolna. Bzk., ein zur Hrsch. Facset geh. königl. Kameral - *Pfarrdorf*, welches gegen S. mit Zsurest, und gegen N. mit Szarazán grenzt, mit 99 Häusern und 983 Einwohnern, 1 Stunde von Bozsur.

Bottinovecz, Kroatien, Kreutz. Komitat, ein *Dorf*, mit 16 Häusern und 117 Einwohnern; siehe Botinovecz.

Bottitz, otza Kuda — Böhmen, Kaurzimer Kr., ein zur Hrsch. Manderscheid geh. *Dorf*, ½ Stunde von Jessenitz.

Botto, Lombardie, Prov. Lodi e Crema und Distr. VI, Codogno ; siehe Senna.

Botto, Cà del, Lombardie, Prov. Cremona und Distr. V ; Rovecco; siehe Olmenetta.

Bottoglie, Lombardie, Prov. Sondrio (Valtellina) und Distr. II, di Ponte ; s. Piateda.

Bottomogl, Illirien, Istrien, ein *Dorf*, im Bezirke und auf der Insel Veglia, zur Pfarre Besca geh., in der Diöcese Veglia, 1 Stunde von Veglia.

Bottonega, Röttoneg — Illirien, Istrien, ein zu dem Kr. Komman. Bzk. Mitterburg geh. kleines *Dörfchen*, Post Pisino.

Bottosch, Ungarn, Banat, ein zum deutsch banatischen Grenz- Regiments-Canton Nro. XII. geh. *Dorf*, von 252 Häusern, mit 2 griechisch nicht unirten Pfarren und 5 Rossmühlen , grenzt mit dem Torontaler Komitat nächst Tornaschovaz, 5 Stunden von Neudorf.

Bottovo, Kroatien, Kreutz. Komt., ein *Dorf* mit 79 Häus. und 514 Einw., Post Kopreinitz.

Bóttrágy, Ungarn, Beregher Komt.; siehe Botrágy.

Bottrighe, Venedig, Prov. Polesine und Distr. VIII, Adria, ein unterhalb Adria am Flusse Po liegendes *Gemeindedorf*, mit einer grossen Pfarre, einem Oratorio und Gemeindeputation, dann 2 Kalk- und Ziegel-Öfen, 1 Stunde von Adria. Mit;
Bellombra, Mazzorno, Panarella Dörfer — Caravella di Pò, Gemeindetheil.

Bottyán, Ungarn, Pest. Komt.; siehe Botyán.

Bottyán, Ungarn, Stuhlweissenburg. Komt.; siehe Batt yán, Szabad und Faln Battyán.

Bottyán, Ungarn, jenseits der Theiss, Bihár. Gespansch., Wardein. Bzk., eine

zur gräfl. Batthyán. Hrsch. Élesd gehör. wal. *Ortschaft* mit einer griechisch nicht unirten Pfarre, liegt nächst K. Jenö, N. 1 Stunde von Mezö-Telegd.

Bottyán, Nyir-, Ungarn, diesseits der Theiss, Zemplin. Gespanschaft und Bzk., ein mehren Dominien geh. kathol. *Pfarrdorf* mit einem Kastell, 5 Stunden von Ujhel y.

Bottyán, auch Botyán — Ungarn, diesseits der Donau, Pesther Gespanschaft, Wazt. Bzk., ein zum Religions-Fond geh. *Dorf* mit 53 Häus. und 348 Einw., wovon die kathol. Einwohner nach Hartyán, und die evangel. nach Csomád eingepfarrt sind, zwischen Zsidó und Hartyán, 4 Stunden von Dunakeszi.

Bottyány, Ungarn, Sümegher Komt. ein *Dorf* mit 14 Häus. und 121 Einwoh., Post Marczaly.

Bottyár, Ungarn, diess. der Theiss, Sáros. Gespanschaft, Unt. Tarcz. Bzk., ein mehren Dominien geh. slowaki *Dorf*, nächst dem Olsva Flosse an der Grenze des Abaujvár. Komitats, 2¼ Stunde von Harsány.

Bottyka, Ungarn, jens. der Donau, Barany. Gespansch., Szt. Lörincz. Bzk., ein in einer Ebene liegendes, mit einer reformirten Kirche und Seelsorger versehenes, der Hrsch. Szt. Lörincz gehör. *Dörfchen* mit 55 Häus. und 389 Einw., ½ Stunden von Szigeth.

Botyarow, Ungarn, Sáros. Komitat; siehe Battyár.

Botyesa, Ungarn, Mármaross. Komt.; siehe Batiza.

Botza, Banya (Regia) und Botza Szt. Iván — Ungarn, diesseits der Donau, Liptau. Gespansch., östl. Bzk., ein *Bergflecken*, welcher durch den Bach Bocza in Botza Regia und Botza Szt. Iván getheilt wird, jener Theil desselben enthält Gold- u. Silberbergwerke, gehört z. k. Kammeral-Hrsch. Hradek und ist nach Hibbe eingepf., der letztere aber dahin Szt. Iván y geh. der adel. Familie Szent Iván y, und hat seine eigene Pfarre und Kirche. Dieser Bergflecken liegt ganz zwischen Bergen und Wäldern, und hat gegen N. in einem Thale das kön. Eisenwerk Maluszina in seiner Nähe, dem Berge Csertova Smadha gegenüber. Es ist in demselben ein k. Bergamt und Berggericht, 5 Stunden von Ocolicsna.

Botzanitz, Schlesien, Teschner Kr., eine *Ortschaft*, ½ Stunde v. Jablunka.

Botzanowitz, Boczonowicz — Schlesien, Teschner Kr., ein *Dorf* zur Pfarre Jablunka und Teschner Kammer geh. mit böhmischen Einw., Post Jablunka.

Botza Regia, Ungarn, Liptau. Komt.; siehe Botza-Bánya.

Botza Szt. Iváuy, Ungarn, Liptau. Komt.; siehe Botza-Bánya.

Botzen, ital. Bolsano, Bolzano, lat. Bulsanum — Tirol, Botzn. Kr., eine *Stadt* und berühmter Handelsplatz am Eysack, Sitz' des Kreisamtes an der Etsch, eines Kollegial- und Wechselgerichtes, Merkantil-Magistrats u. eines Dechants, mit 980 Häusern und 9000 Einw., einem Kollegiat-Stift, Gymnasium, Post-Inspectorate, Forst-, Rent- u. einem Mauthoberamt, drei Weggeldämtern, bedeutende Seidenfabrik. u. Weinbau, dann einem Franziskaner- und Kapuziner-, auch Frauenkloster dritten Ordens, u. 4 Haupt-Jahrmärkten. Die Stadt hat auch eine Buchdruckerei. Ehemals war hier der Sitz d. Land-Commenthurs deutschen Ordens. Postamt mit:

Aberstickl, Afing, Aguns, Algund, Allitz, Altenburg, Andrian, Annaberg, Arkel, Aatfeld, Auen, Botzen Ober-, Brandes, Burgeis, Burgstall, Campill bei Enneben, Dall, Deutschnofen, Durnholz, Eggenthal, Eppan, Eyers, Palmer, Feran, Filpian, Flas, Fort, Frangart, Freiberg, Gallenstein, Galsaun, Gampen, Gargarzan, Gayers, Gfeil, Gilan, Gisman, Glanning, Glurns, Göfland, Goldern, Goldrein, Gratenstein, Grutsch, Graubunden, das ganze Thal, Gries, Gufhan, Hafling, Haid, Hellensdorf, Hocheppan, Jenesten, Josephsberg, Kaltern, Kapen, Kardaun, Karneid, Kastelbell, Koltern Ober- und Unter-, Kompatsch, Kortsch, Buens, Laas, Laib, Lana Mitter-, Nieder- und Ober-, Lantauters, Latsch, Latschinig, Lichtenberg, Loatsch, Mais Ober- und Unter-, Mals, Marein, Mariaberg, Marling, Martel, Matsch, Mendel, Meran, Münster Kloster, Missian, Mitterdorf, Mölten, Montani bei Latsch, Moos, Morter, Nals, Nathurns, Nauders, Navaun, Neuhaus, Oberbotzen, Oberin, Partschins, Passeyr, Peunt, Pens, Petersberg, Plancil, Planitzing, Ober- u. Unter-, Platz, Plawen, Plörsch Ober-, Prad, Prissian, Rabland, Rafaer, Reinswald, Rentsch, Reschen, Rifian, Bitten, St. Anton, St. Leonard, St. Martin, St. Michael deutsch, St. Niklaus, St. Paulo, St. Peter, St. Walburga, Sarenthal, Schena, Schlanders, Schleis, Schlenig, Schluderns, Schnals, Schweinsteg, Siebeneich, Sigmundskron, Stahen, Stein unter Lewenberg, Steinach Kloster, Steinegg, Stilfs, Stoben, Stulf, Sulden, Tablant, Tanas, Tarscherbichel, Tartsch, Tauters in Münsterthal, Terlan, Thöll, Tirol Schloss, Tis, Tisens, Trafoy, Triumbs, Tschars, Tschengels, Tschermbs, Uten, Utern, Veran, Völlan, Walten, Wangen, Welschnofen.

Botzen, Siebenbürgen, Hunyad. Komt.; siehe Boitza.

Botzenau, Tirol, Vorarlberg, 4 einzelne *Höfe*, der Hrsch. Bregenz und dem Ldgcht. Alberschwende geh., 3 St. von Bregenz.

Botzendorf, Siebenbürgen, Hunyad. Komt.; siehe Booz und Bozes.

Botzendorf, Siebenbürgen, Nieder-Weissenburg. Komt.; siehe Koppand.

Botzener Kreis, auch Kreis an der Etsch genannt — Tirol, an der Etsch. Er wird in 23 Gerichtsbezirke getheilt, und enthält auf 60¼ Quadrat-Meilen 103,340 Einwohner, welche der Mehrzahl nach Deutsche sind. Ausser den Deutschen wohnen, besonders im südlichen Theile, viele Italiener, deren Sprache hier schon sehr gewöhnlich zu werden anfängt. Der Hauptfluss des Kreises ist die Etsch. Man bauet hier Getreide aller Art, Flachs, Hanf und vorzüglich guten Wein. Das Weingewächs um Meran (Köchelberger) und um Botzen (Leitacher) wird besonders geschätzt. Die Obstbaumzucht ist von

Wichtigkeit, und die sogenannten Botzner Käse werden in das Ausland weit verführt. Die Vieh- und Seidenwürmerzucht ist bedeutend, letztere vorzüglich im südlichen Theile. Zu den Gewerben gehören: Seidenspinnerei, Lederbereitung, Leinwand- und Baumwollweberei, das Spitzenklöppeln und das Schnitzen hölzerner Spielsachen und Geräthe, womit sich im Grödnerthale über 1600 Einwohner beschäftigen und damit einen ausgebreiteten Handel treiben.

Botzfölde, Ungarn, jens. der Donau, Zalad. Gespansch., Egerszeg. Bzk., ein mehren Grundherrschaften geh. nahe am Marktflecken Egerszeg, und der nach Kanisa führenden Poststrasse liegend., nach Csatár eingepf. *Dorf*, gegen N., ¼ Stunden von Egerszeg.

Botzmühle, Oest. u. d. E., V. O. W. W., eine *Ortschaft*, 3 Stunden von Amstetten.

Bouczy, Bouzower Hof — Böhmen, Czasl. Kr., ein einzelner *Hof*, zum Gute Rosohatetz, 1½ Stunden v. Deutsch-Brod.

Boukouza, Illirien, Inner Krain, ein *Fluss*, zwischen Sittich und Wagensperg, und geht in die Temeinz.

Bouluj, Djálu-, Ungarn, ein *Berg*, in der Krassauer Gespansch., ¾ Stunden vom Orte Tusza entfernt.

Bouluj, Dálu-, Siebenbürgen, ein *Berg*, im Bistritzer Militär Distrite, 1 Stunde von Neu Rodna, und ¾ Stunden vom Gebirge Kukureasza entfernt.

Bouluj, Djálu-, Siebenbürgen, ein *Berg*, in der Koloser Gespanschaft, 2¼ Stunde vom Orte Gyurkutza entfernt.

Bouniowitz, Mähren, Ollm. Kr., ein *Dorf*, zur Hrsch. Hradisch; siehe Boioniowitz.

Bourova, Ungarn, Thurocz. Komt.; siehe Borowo.

Bousow, Mähren, Ollm. Kr., eine *Herrschaft* und *Markt*, siehe Busat.

Bouszow oder **Butszow,** Galizien, Stryer Kr., ein *Gut* und *Dorf*, d. Hrsch. Halicz, mit einer griechischen Pfarre und Vorwerke, an dem Flusse Gnita Lipa, 2 Stunden von Bursztyn.

Bouzower Hof, Böhmen, Czasl. Kr., ein einzelner *Hof*, zum Gute Rosohatetz; siehe Botezy.

Bova, Venedig, Provinz Venezia und Distrikt VIII, Porto Gruaro; siehe Pramaggiore.

Bovario, eigentlich Boario, Lombardie, Prov. Bergamo und Distr. XIV, Clusone; siehe Gromo.

Bovarolo, Lombardie, Prov. Bergamo und Distr. V, Ponte S. Pietro; siehe Sotto il Monte.

Bovegno, Lombardie, Prov. Brescia und Distr. VII, Bovegno, ein *Gemeinde-Gebirgsdorf*, wovon der VII. Distr. dieser Provinz den Namen hat, mit einer eigenen Pfarre S. Giorgio, 5 Aushilfskirchen, 4 Oratorien, einem königlich. Distrikts-Commissariat, Gemeinde-Deputation, und einem Eisenwerk; nahe den Bergen Guglielmo, Gostetto und dem Flusse Mella, Postamt. Dazu gehören:

Bacciocco , Bonaldo, Comuni , Dosso , Fassole, Gambalera, Mughe, Paghere, Passione, Piaszuole , Prati Magri , Preghi , Puozzuolo di Rongo , La Rosega , Sayonasco , S. Lorenzo, Stabbio , Starnegazze, Tandenole, Villa nuova, Zerlo , Zerma , Zonate , Meiereien , — Bosoltne, Campo Molle , Case di Stabile Fiorito , Case di Racinate , Cigoletto , Corte di Redceampo , Gardino , Mussetto, Re di Campo , Sarle , Stabile Fiorito , Vesgheno , Visigno , Schweizereien, — di Broto, di Castello , Graticelle , Mühlen , — Magno, Plano , Val di Ludisso, Villen.

Bovera, Lombardie, Prov. und Distr. X, Milano; siehe Melzo.

Boverae, Lombardie, Prov. Lodi e Crema und Distr. IV, Borghetto; siehe S. Colombano.

Boveria, Lombardie, Prov. Mantova und Distrikt II, Ostiglia; siehe Serravalle.

Bovezzo, Lombardie, Prov. und Distr. I, Brescia, ein *Gemeindedorf* mit einer eigenen Pfarre S. Appolonia, einer Aushilfskirche, einem Santuario, Kapelle und Gemeinde-Deputation, von mehreren Bergen umgeben, 4 Miglien von Brescia. Mit:

Ca dell' Ora, Meicrel , — Grassi Colle, S. Onofrio, Schweizereien.

Bovich, Kroatien, Kirin. Bzk., ein zum I. Banal-Grenz-Reg. Canton Nr. X geh. *Dorf* von 34 Häusern, mit einer griech. Pfarre, 4 St. von Glina.

Bovina, Venedig, Prov. Polesine und Distr. VIII, Adria; siehe Fasana.

Bovisa Cassina, Lombardie, Prov. Milano und Distr. IX, Gorgonzola; siehe Busnago.

Bovisio, Lombardie, Prov. Milano und Distr. V, Barlassina, ein *Gemeindedorf* mit eigener Pfarre, einer Aushilfskirche, einem Oratorium und Gemeindevorstand, zwischen Dosio und Binzago, 1 Stunde von Dosio, 2 Stunden von Monza. Hierher gehören:

Cassina Monbellino , Schweizerei, — Monbellino, Landhaus.

Boviso, Lombardie, Prov. und Distr. I, Milano; s. Corpi S. di Porta Comasina.

Bovo, Venedig, Prov. Mantova und Distr. IV, Volta; siehe Ponti.

Bovo, Venedig, Provinz und Distrikt I, Verona; siehe Buttapietra.

Bovolenta di sopra e di sotto, Venedig, Prov. Padova und Distr. XII, Piove, eine *Gemeinde-Ortschaft*, mit 2800 Einw., Vorstand u. Pfarre S. Agostino und 9 Oratorien, mehren Linnen-, Hanf-, Kalk- und Feuerstein-Fabriken, durch die beiden Flüsse Bacchiglione und Brenta bewässert, mit einer Wasserbau-Inspection, 9 Miglien von Padova. Dazu gehören:

Frasca, Polverarola , Riviera porzione sotto Polverarola , Gassen, — Granza Donada , Isola Bernù , Via di Mezzo di sotto, Gemeindetheile, — Roncaulo, S Agnese , kleine Ortschaften.

Bovolin, Venedig, Prov. und Distr. I, Verona; siehe Buttapietra.

Bovolone, Venedig, Provinz Verona und Distr. III, Isola della Scala, ein zwischen Tarmasso und Isolalta liegendes *Gemeindedorf*, mit Vorstand und Pfarre S. Biaggio u. 2 Oratorien. ½ Migl, von Isola della Scala. Mit:

Bosco , Madonna , Mulinazzo , Mühle , — Vescovado , Dörfchen, — Villafontana , Dorf.

Bowi, Powiz — Böhmen, Budw. Kr., ein *Dorf*, zur Hrsch. Krumau, 2 Stunden von Budweis.

Boxava, Dalmatien, Zara Kreis und Distr., ein *Pfarrdorf*, der Hauptgemeinde Salve u. Pretor Zara zugetheilt, auf der Insel Grossa, 16 Migl. v. Zara.

Boxhofen, Oest. u. d. E., V. O. W. W., eine *Rotte*, mit 5 Häus. und 40 Einw., zur Pfarre Amstetten, und Ortsobrigkeit Neulengbach, Post Amstetten.

Boxitza, Ungarn, Mittel Szolnoker Komt.; siehe Bacsa.

Boxsgrün, Bocksgrün — Böhmen, Saaz. Kr., ein *Dorf*, z. Hrsch. Klösterle, liegt im hohen Gebirge, 3 St. von Saaz.

Boydensdorf, Schlesien, Troppau. Kr., ein *Dorf*, zur Hrsch. Gross-Herletz, nächst Erbesdorf und Kunzendorf, ½ Stunde vom Dorfe Post Teschen.

Boyen, Tirol, Vorarlb. Kr., ein zur Hrsch. Feldkirch und Gericht Inn. Bregenzer Wald geh. kleines *Dorf*, 7¼ St. von Bregenz.

Boykowitz, Mähren, Hradisch. Kr., ein *Markt*, zur Hrsch. Neu Swietlau; siehe Bogkowitz.

Boynitz, Ungarn, Kóvar. Distr.; siehe Pojnitza.

Boyny Djálu, Siebenbürgen, ein *Berg*, im Bistritzer Provinzial-Distrikt, ¾ Stunden vom Orte Kutsma entfernt.

Boz, Butza, Holling — Ungarn, jens. der Donau, Oedenb. Gespanschaft, und eben sogenanten Bzk., ein deutsch. dem Grafen von Szécsényi geh. *Dorf*, mit einer eigenen Pfarre, u. sehr guten Weinbau, am Neusiedler See, 2¼ Stunde von Oedenburg.

Bozaer Pass, zwischen Siebenbürgen und der Walachei auf der Strasse von Kronstadt nach Bukarest.

Bozanka - Neporacz, Ungarn, Trentschin. Komt.; siehe Neporacz.

Bozano, Tirol, Trient. Kr., eine *Ortschaft*, 2 Stunden von Cles.

Bozanow, Böhmen, Königg. Kr., ein *Dorf*, der Hrsch. Bratnau; s. Bartsdorf.

Boza Wola, Galizien, Przemysl. Kr., ein *Dorf*, zur Hrsch. Swidnica gehörig, 2 Stunden von Krakowice.

Bozdos, Bozos — Ungarn, diess. der Theiss, Unghvár. Gespansch., Kaposs. Bzk., ein dem Freiherrn von Horváth gehöriges, nach Unghvár eingepfarrtes *Dorf*, mit einem Kastell, einer Mahlmühle und Holzschleusse auf dem Flusse Ungh, gegen Westen nahe bei Darma, ½ Stunde von Unghvár.

Bozegow, Božiewog, Bozkow, ehevor auch Altburg — Böhmen, Taborer Kr., eine *Herrschaft* und *Markt*, mit einer Pfarre, Schlosse, 2 Mahlmühlen, eine Glashütte, und 2 Meierhöfen, 2 St. von Pilgram.

Bozegowitz, Böhmen, Taborer Kr., ein *Dorf*, der Hrsch. Gistebnitz, 2¼ St. von Sudomierzitz.

Bozen, Böhmen, Jungb. Kr., ein *Dorf*, der Hrsch. Münchengrätz; siehe Bossin.

Bözenfa, Böszenfa — Ungarn, Sümegher Komt., ein *Dorf*, mit 70 Häus. und 589 Einw., Post Kaposvár.

Bozenka zu Karow, Galizien, Zolk. Kr., eine *Ortschaft*, zur Pfarre Karow und Ortsobrigkeit Uhnow gehör., Post Belz.

Bozes, Posega, Botzendorf, Bozesu — Siebenbürgen, Hunyad. Gespanschaft, jens. der Maros, Al-Győgy. Bzk, ein mehren Grundherren geh. walach. *Dorf*, mit einer griech. nicht unirten Pfarre, 2 Stunden von Szász-Város.

Bozeticz, Böhmen, Taborer Kr., ein *Dorf*, der Hrsch. Mühlhausen, zwischen den Dörfern Hoduschin und Wiksitz, 3 Stunden von Tabor. Post Mühlhausen.

Bozeicze, Böhmen, Kaurž. Kr., ein *Dorf*, zur Hrsch. Pischely; siehe Banitz.

Bozetin, Böhmen, Berann. Kr., ein *Dörfchen*, zum Gute Geižichowicz geh. worin das Gut Prczicz ein Wirthshaus hat, 2¼ Stunde von Wotitz.

Bozetitz, Böhmen, Klatt. Kr., ein zur Hrsch. Bistritz geh. *Dorf*, 2¼ Stunde von Klattau, Post Neuern.

Bozeze, Böhmen, Bidsch. Kr., ein *Dorf*, zur Hrsch. Podiebrad, siehe Baschitsch.

Boz - Gyalakuta, Siebenbürgen, Hunyad. Komt.; siehe Booz.

Bozidar, Boschidar — Böhmen, Jungb. Kr., ein *Meierhof*, zur Hrsch. Benatek, hinter Mlada über. d. Iser Fl., 1¼ Stunde von Lissa.

Bozies, Ungarn, Krasznaer Komitat; siehe Borzás.

Boziewog, Böhmen, Tabor. Kr., ein *Markt*, der Hrsch. gleichen Namens; siehe Božegow.

Bozin, Ungarn, Presburger Komitat; siehe Bazin.

Bozina, Lombardie, Prov. Cremona und Distr. V, Rovecco; s. Cambina.

Bozinow, Böhmen, Kaurz. Kr., ein einzelner *Meierhof*, der Hrsch. Natscheradetz, unter d. Städtchen eben dieses Namens gelegen, Post Czechtitz.

Bozita, Ungarn, diesseits der Donau, Neograd. Gespansch., Fülek. Bzk., ein *Praedium*, nach Sávoly eingepfarrt, nahe am Ipoly Flusse, gegen Ost. nächst Sávoly, Post Losoncz.

Bozitó, Ungarn, Torontaler Komitat; siehe Bozitova.

Bozitova, sonst auch Bozitó, nun Magyar Czernya genannt — Ungarn, jens. der Theiss, Torontal. Gespansch., Nagy-Becskerék. Bzk., ein meistens von Tabakpflanzern, die mit einer Kaplanei versehen sind, bewohntes *Praedium*, unweit Bassahíd, 1 St. v. Nagy-Kikinda.

Bozkow, Böhmen, Jungb. Kr., ein *Dorf*, zur Hrsch. Semil, siehe Boskow.

Bozkow, Böhmen, Klatt. Kr., ein zur Stadt Taus gehöriges *Dorf*, Post Taus.

Bozkow, Böhmen; Taborer Kreis, ein *Markt*, der Hrsch. gleichen Namens; siehe Božegow.

Bozma, Siebenbürgen, Doboker Komitat; siehe Péter-Falva.

Bozna, Böhmen, Jungb. Kr., ein *Dorf*, zur Hrsch. Münchengrätz; siehe Bossin.

Boznay, Böhmen, Leitm. Kr., ein *Dorf*, gehört zur Hrsch. Lobositz, 1¾ Stunden von Lobositz.

Boznicza, Ungarn, diess. der Theiss, Zempliner Gespansch., Ujhelyer Bzk., ein mehren Dominien gehöriges, nach Parnó eingepfarrtes *Dorf*, mit einer katholischen Kapelle, 1 Stunde von Vécse.

Bözöd, Bezed, Besendorf, Bezodu — Siebenbürgen, Udvarhely. Székl. Stuhl, Bözöd. Bzk., ein adel. *Dorf* mit einer reform. und griechisch-unirten Pfarre, 2¼ Stunde von Nagy-Kend.

Bözöd-Ujfalu, Neudorf, Hoszát — Siebenbürgen, Udvarhely. Szék. Stuhl, Böszöd. Bzk., ein adel. an dem Bache Küsmöd liegendes walach. *Dorf* mit einer reform. und griech. und griech. unirten Pfarre, liegt nächst Erdő Szent György und Csokfalva, 2¼ Stunde von Nagy-Kend.

Bözöder Bezirk, processus Bözödiensis, Bözödi-Járas — ein Bezirk in Siebenbürgen, Udvarhely Székl. Stuhls, welcher 46 Gr. 18 Min. 30 Sek. bis 46 Gr. 26 Min. 30 Sek. nördl. Breite und 42 G. 22 M. 30 S. bis 42 Gr. 40 M. 0 S. östl. Länge im Maroscher Hauptflussgebiete in seinen linksufrigen Gegenden die Lage hat und 13 Dörfer enthält; dieser Bez. grenzt nördlich mit dem Sowátaer Béz. des Marosch Székler Stuhls, östlich mit dem Etéder, süd- und südwestlich mit dem Nádoscher Bez. der Kokelburger Gespanschaft.

Bozogháza, Ungarn, diess. der Theiss, Gömör. Gespansch., Putnok. Bez., ein zum Dorfe Otrokotsch geh. *Praedium*.

Bozok, Alsó- und **Felső-**, Kasso-Lehotta — Ungarn, Soler, Komt.; siehe Lehotta.

Bozók, Posaucken, Bzowik — Ungarn, diess. der Donau, Honth. Gespansch., eigener Bzk., eine Religionsfondherrsch. und slowak. *Markt* mit 100 Häusern und 520 Einw., einer kathol. Pfarre und einem Schlosse, dann einem Bräuhause und Mahlmühle, liegt zwischen Carponek, Czekócz und Alsók, 4 Stunden von Scheinnitz.

Bozol, Ungarn, jens. der Donau, Zalader Gespansch., Kapornaker Bzk., ein der adel. Familie Dejáky geh., unmittelbar an Zala-bér anstossendes, dahin eingepfarrtes *Dörfchen*, auf der nach Sümegh führ. Poststr., ¼ St. v. Zala-bér.

Bozolnok-Pataka, Siebenbürgen, Koloser Komitat; siehe Középlak.

Bozontá, Walach. Bofont — Ungarn, Kóvárer Distr.; siehe Oláh-Bozonta.

Bozonta, Kis-, Bosont, Bozontu — Siebenbürgen; Ung. Antheil, Kóvárer Distr. Berkesz. Bzk., ein an dem Bache Lapos lieg., den Grafen Kornis gehör. walach. *Dorf*, mit einer griech. kathol. Pfarre, 3 Stunden von Somkút.

Bozos, Galizien, Bukow. Kr., ein zur Kaal. Hrsch. Kimpolung geh. *Dorf*, und Poststation; siehe Poszorita.

Bozos, Ungarn, Unghvárer Komitat; siehe Bozdor.

Bozsa, Matka-Bozsa, Ungarn, Pressburger Komitat; siehe Bóldogfalva.

Bozsilovacz, Slavonien, Syrm. Distr. Verröcz. Gespansch., Deákovár. Bzk., eine zur Hrsch. Fericsaucze geh. *Ortschaft*, nächst Matarige, 7 M. v. Eszék.

Bozsok, Ungarn, jens. der Donau, Baranj. Gespansch. und Mohács. Bzk., ein zur Relig. Fonds-Hrsch. Pécsvár gehör. *Dorf*, mit 220 Häusern und 1541 Einw., einer eigenen Pfarre, gegen Osten nächst Vémend, ¾ Stunde von Szektsö.

Bozsok, Ungarn, jenseits der Donau, Veszprimer Gespansch. und Bzk. gleichen Namens, ein mehren adel. Gutsbesitzern geh. *Dorf*, nach Lepsény eingepfarrt zwischen Enyeng und Lepsény nach 54 Häusern und 408 Einw., 4¼ Stunde von Veszprim.

Bozsok, Ungarn, jenseits der Donau, Zalad. Gespansch., Kapornaker Bzk., ein *Dorf*, am Bache Válitzka, dem Hochw. Benediktin. Stift zu Zalavár gehörig, nach Csátz eingepf., zwischen Botfa und Csátz nördl., ½ St. v. Egerszeg.

Bozsok, Kis-, Ungarn, jens. d. Donau, Veszprim. Gespansch., ein *Praedium*, zwischen Kistján und Gamásza, 4¼ Stunde von Veszprim.

Bozsoru, Ungarn, Krassover Gespanschaft; siehe Bozsúr.

Bozsur, Bozsoru — Ungarn, jens. der Theiss, Krassov. Gespansch., im Kápolnaer Bzk., ein walach. k. Kaal. *Dorf*, eigentlich zur Hrsch. Facset gehör., mit 94 Häus. und 402 Einw., einer eigenen Pfr. und Postwechsel auf der nach Siebenbürgen führenden Poststrasse, zwischen Lugos und Facset, vom ersten Orte 3, vom letztern 4 Stunden entlegen, Postamt mit:

Szecsency, Szaraszány, Dottinycze, Szurduk, Monostor, Rakitta, Szudrios, Zaupany, Dukovetz, Jurdio, Zsurcza, Hotfjcze, Sauszány, Rituova, Nevristue, Locsasen, Kuttlina, Klatova, Jersnik, Remete lunga, Poverszino, Urinova, Pirna, Ghobu lunga.

Rozsva, Kis-, Ungarn, Abaujvár.
Komt., ein *Dorf*, mit 30 Häusern und
217 Einw., Post Sátorallya-Ujhely.

Bozsva, Nagy-, Ungarn, Abaujvár.
Komt., ein *Dorf*, mit 38 Häusern und
281 Einw., Post Sátorallya-Ujhely.

Bózul, Ungarn, jens. der Theiss, Bihárer Gespansch., Szalonter Bzk., ein
Praedium, nächst dem Dorfe Krajovár,
5 Stunden von Szalonta.

Bozy Dum, Böhmen, Chrud. Kr., ein
Dorf, der Hrsch. Netschloss; siehe
Netschloss.

Bozyes, Siebenbürgen, Doboker Komitat; siehe Borzás.

Bozyki, zu Hrehenne — Galizien, Zolk.
Kr., eine *Ortschaft*, z. Pfr. u. Ortsobrigkeit Hrehenne geh., Post Rawa-Ruska.

Bozykow, Galizien, Brzez. Kr., ein
der Hrsch. Kozowa geh. griech. kathol.
Pfarrdorf, 7 Stunden von Halicz.

Bozza, Siebenbürgen, ein *Fluss*, der
Goldsand mit sich führt. Er vereinigt
sich mit den Flüssen Strimla, Krassna,
Doblen und der kleinen B., und strömt
durch den Bozzaer Pass in die Walachei.

Bozza, Lombardie, Prov. Pavia und
Distrikt VIII, Abbiategrasso; siehe
Albajrate.

Bozza, Lombardie, Prov. Pavia und
Distr. VI, Binasco; siehe Binasco.

Bozza, Lombardie, Prov. Como und
Distr. XVI, Gavirate; siehe Bogno.

Bozza, Lombardie, Prov. Como und
Distr. XVI, Gavirate; siehe Brebbia.

Bozza, Lombardie, Prov. Como und
Distr. XXII, Tradate; siehe Castiglione.

Bozza, Mulino della, Lombardie, Prov. Como und Distr. XVI, Gavirate; siehe Brebbia.

Bozzaj, Ungarn, Eisenb. Komt., ein
Dorf, mit 29 Häusern und 209 Einw.

Bozza Villa, Venedig, Prov. Padova und Distrikt V, Piazzola; siehe
Curtarolo (Villa Bozza).

Bozzi, Lombardie, Prov. Sondrio (Valtellina) und Distr. III, Tirano; s. Teglio.

Bozzi Casa, Lombardie, Prov. Mantova und Distr. IX, Borgoforte; siehe
Borgoforte (S. Nicolò).

Bozzolasco, Lombardie, Prov. Como und Distr. XII, Oggiono; s. Imberido.

Bozzole, Lombardie, Prov. Mantova u.
Distr. XVII, Asola; siehe Asola.

Bozzole, Lombardie, Prov. Mantova
und Distr. XVI, Sermide; s. Poggio.

Bozzoletto, Lombardie, Prov. Mantova u. Distr. XII, Viadana; s. Viadana.

Bozzoline, Lombardie, Prov. Mantova und Distrikt XV, Revere; siehe
Schievenoglia.

Bozzolo, Lombardie, Prov. Mantova
und. Distr. X, Bozzolo, ein *Städtchen*
und *Gemeinde*, wovon der X. Distrikt
dieser Provinz seinen Namen hat, mit
4900 Einw., 2 Pfarren S. Pietro und
Trinità, 5 Oratorien, k. Distr. Commissariat, k. Prätur zweiter Classe, für
die Distr. Bozzolo und Marcaria, einer
Gend'armerie-Abtheilung, Steuer-Einnehmerei, Majolica-Geschirr- und Wasser-Fabrike; bedeutende Seidenspinnerei und Weberei, Pferde- und Brief-Post-Station, am Flusse Oglio zwischen
Viadena und Casalmaggiore, 2¼ Posten
oder 15¼ Wasser-Mgl. von Mantova,
Postamt. Dazu gehören:
*Abbazia della Geronda, Bina di Ricavolo, Cà di
l'ecchio, ex Convento de' Capuccini, Crosara
le Lame Alghisi e Sigre, Motta Falch, Prime Ca
se di S. Martino, Schweizereien. Tessaglia aue
Tessoglio, Dorf.*

Bozzone, Tirol, Trienter Kreis, ein
Dorf und verfallenes *Schloss*, in der
Gegend le Capelle am Noce Flusse, Filial der Kuratie S. Giacomo, der Pfarre
Livo, Ldgchts. Malè auf dem Sulzberge.
Hier hat ein Bezirksarzt seinen Sitz,
12¼ Stunde von Trient. Post Malè.

Brabach, Steiermark, Grätzer Kr.,
ein *Dorf*, im Bezirke Freiberg, mehreren Hrsch. dienstbar, mit 37 Häusern
und 179 Einwohnern, nach Eckersdorf
eingepfarrt.

Brabschow, Böhmen, Prachin. Kr.,
ein zerstückter *Meierhof*, der Hrsch.
Schüttenhofen; siehe Wrabschow.

Bracca, Lombardie, Prov. Lodi e Crema und Distr. I, Lodi; siehe Chioso di
Porta Regale.

Bracca, Lombardie, Prov. Bergamo
und Distr. II, Zogno, ein *Gemeindedorf*,
mit Vorstand und Pfr. S. Andrea Apost.
und Kapelle, am Fl. Ambria, welcher
zwischen diesem Dorfe und der Contrada Carnotta fliesst. Es ist zwar hier
eine Mineral-Quelle, wie jene zu S. Pellegrino, aber wegen des beschwerlichen Zuganges in keinem besonderen
Rufe, 2 Stunden von Zogno. Hieher
sind einverleibt:
*Alfeno, Batta, Carnotta, Pregaroldi, Stanelli,
Zubroni, Schweizereien. — Truchel e Bruga,
kleine Gasse.*

Bracca Molino, Lombardie, Prov.
Bergamo und District II, Zogno; siehe
Endenna.

Bracchi, Cassina de', Lombardie,
Prov. Como und Distr. XXV, Missaglia;
siehe Cassina de' Bracchi.

Bracciol, Illirien, *Hafen* am äussersten Ende der Insel Veglia gegen Süd.

Bracevich, Dalmätien, Spalato Kr.
und Distr., ein 1 Meile von Ramgliane
entfernt liegendes, an den Berg Svilaja

grenzendes *Dorf*, welches nach Unter-Ogorie gepfarrt, und der Hauptgemeinde Oder-Mích einverleibt ist, 9 Migl. von Spalato.

Brachak, Kroatien, diess. der Save, Warasdin. Gespansch., Unt. Zagorianer Bzk., ein adel. *Hof* in der Gemeinde Spichkovina und Pfarre Komor, am Krapina Flusse, 6 Stunden von Agram.

Brachek, Oest. u. d. E., V. O. W. W., eine der Hrsch. Zellern geh. *Rotte*; s. Prachegg.

Brachendorf, Illirien, Kärnten, Villacher Kr., ein *Dorf* mit 10 Häus. und 60 Einw., zur Gemeinde Dornbach gehör., 1 Stunde von Gmünd.

Bracherbergen, Steiermark, Grätz. Kr., eine *Gegend*, im Bezirke Waldeck Pfarre St. Stephan im Rosenthal.

Brachergraben, Steiermark, Bruker Kr., ein *Seitenthal*, des Allerheiligen-Graben, zwischen den Eheweingraben und Ewischgraben.

Brachfeldisches Häusl, Böhmen, Czasl. Kr., eine *Einschichte*; siehe Prachfeld.

Brachowitze, Böhmen, Kauřž. Kr., ein *Dorf* zur Hrsch. Zasmuk geh.; siehe Barchowitz.

Brachowka, Galizien, Zloczower Kr., eine zum Gute Konti gehörige, und mit diesem Dorfe vereinigte *Ortschaft*, 1¼ Stunde von Podhorce.

Braciadello, Lombardie, Provinz Mantova und Distr. XVII, Asola; siehe Asola.

Braciejowa, Galizien, Tarnow. Kr., ein der Hrsch. Dembica geh. nach Gumnisk eingepfarrtes *Dorf*, liegt zwischen Gebirgen und Waldungen, grenzt gegen W. mit Gumnisk, 2 Stunden von Pilsno.

Braciovich, Illirien, Istrien, ein *Dorf* im Distr. Rovigno, Bezirke Dignano, z. Untergemeinde Sossich u. z. Pfr. Canfanaro gehör., in der Diöces Parenzo Pola, 2½ Stunde von Rovigno.

Bracken, Illirien, Kärnten, Klagenf. Kr., ein der Hrsch. Hartneidstein gehör. *Ort* in der Gemeinde Kamperkogl, 5 St. von Wolfsberg.

Brackenberg, Oest. ob d. E., Inn Kr., ein zum Wb. B. Kom. Ld. und Pfleggericht Schärding und der Hrsch. St. Martin geh. *Dorf* nach Münzkirchen eingepf., 3½ Stunde von Passau, Post Schärding.

Brackevecz, Kroatien, Warasdiner Generalat; siehe Praschevecz.

Bracsevcze, Slavonien, Syrm. Distr. Veröcz. Gespansch., Deakovár. Bzk., ein *Dorf* u. Unterlegstation an der Landstrasse in einer Ebene am Vuka Flusse, der Herrsch. Deakovár gehörig, mit 52 Häus. und 296 Einw., einer griechisch nicht unirten Kirche und Pfarre versehen, 2 Meilen von Deakovár.

Bracz, Pratsch — Böhmen, Kauržimer Kr., ein *Gut* und *Dorf* mit einem Schlösschen, 2 Stunden von Prag.

Braczitz, Bratschitz — Böhmen, Czaslauer Kr., ein *Dorf* zur Hrsch. Tupadl, ½ Stunde davon entlegen; mit einer Kirche und Meierhofe, 1 Stunde von Jenikau.

Brád, Siebenbürgen, Herrmanstädter Stuhl; siehe Fenyő-Falva.

Brád, Siebenbürgen, Udvarhely. Stuhl; siehe Fenyőd.

Brad, Tirol, Oberinnth. Kr., ein *Dorf* und Gemeinde im Ldgrcht. Glurns hat ein Postamt; siehe Brad.

Brád, Tannendorf — Ungarn, Zaránder Gespanschaft, Brader Bzk., ein adel. theils ungr. theils wal. *Markt* mit 170 Häusern und 1000 Einwohn., einer reformirten und griech. nicht unirten Pfr. und einer Goldeinlösung, unweit der Körös. Dieser Ort hält Wochen- u. Jahrmärkte ist von dem Markte Körös-Bánya 1 Stunde entfernt, 6 Stunden von Déva.

Brada, Böhmen, Bidschow. Kreis, ein *Dörfchen* zur Herrsch. Welisch; siehe Bradda.

Bradaczka, Böhmen, Tabor. Kr., ein *Hegerhaus* bei Wrazna zur Hrsch. Chotowin, 1½ Stunde von Sudomierzitz.

Bradaczow, Böhmen, Tabor. Kr., ein *Dorf*, theils zum Kleteczer-Freisassen-Viertel, theils zur Hrsch. Jungwoschitz 3½ Stunden von Sudomierzitz, Post Jungwoschitz.

Bradarezka, Böhmen, Tabor. Kreis, ein *Hegerhaus* zur Stadt Tabor gehörig, 2 Stunden von Tabor.

Bradatzel, Bekosel walach. Bredenzel — Siebenbürgen, Hunyad. Gespanschaft, jens. des Maros, Illier Bzk., ein mehreren Dominien geh. walach. *Dorf* mit einer griech. nicht unirten Pfarre, nächst Petresd, 5 Stunden von Illye.

Bradawa, Böhmen, Klattau. Kr., eine einzelne *Mahlmühle* unter dem Bradauer und oberhalb dem Huadczower Teiche, an der Reichsstrasse, zum Dorfe Huadczow und zur Herrsch. Planitz gehörig, 2½ Stunde von Klattau.

Bradda, Brada — Böhmen, Bidschow. Kr., ein *Dörfchen* mit einer Kirche zur Hrsch. Welisch, grenzt gegen Westen mit dem Dorfe Prachow, 1 Stunde von Gitschin, Post Kopidlno.

Brade, Ungarn, Marmarosser Komt.; siehe Farkasrév.

Braderberg, Tirol, Oberinnth. Kr., ein *Weiler* zur Gemeinde Brad geh., im Ldgrcht. Glurns, Post Brad.

Braderhof, Mähren, Ollm. Kr., ein zum Gute Luderzow geh. einzelner *Hof* gegen W., ¼ Stunde von dem Dorfe Luderzow. 3¼ Stunde von Ollmütz.

Brades, Venedig, Provinz Friaul und Distr. III, Spilimbergo; siehe Tramonti di sotto.

Brades di sopra e di sotto, Prov. Friaul und Distr. III, Spilimbergo; siehe Chiazzetto.

Brades sotto Trivia, Venedig, Prov. Friaul und Distr. III, Spilimbergo; siehe Tramonti di sopra.

Bradirn, Oest. ob d. E., Inn Kr., ein zum Land- und Pfleggcht. Mattighofen geh. *Dorf*, in der Ebene, nördlich vom Gobernauserwald, mit einer Salitersiederei; pfarrt nach Munderfing, 1 Stunde von Mattighofen.

Bradkowitz, Böhmen, Beraun. Kr., ein *Dorf* an dem Flusse Littawa zur Hrsch. Hluosch gehör., 3½ Stunde von Zditz, Post Przibram.

Bradl, Tirol, Unt. Inn- und Wippthal. Kr., ein *Weiler* zur Gemeinde Strass im Ldgcht. Schwaz geh., ½ St. v. Insbruck.

Bradle, Böhmen, Königgr. Kr., ein z. Munizipalstadt Neustadt geh. *Dörfchen*, hinter dem Orte Resek, 2⅕ St. v. Nachod.

Bradleczka Lhota, Böhmen, Junghunzlauer Kr., eine *Ortschaft*, 2 St. von Jungbunzlau.

Bradleni, Mähren, Brünn. Kr., ein *Dorf* zur Pfarre u. z. Gute Krzetin und Hrsch. Lettowitz mit deutschen und böhmischen Einw.; siehe Bradlin.

Bradlenz, oder Bradlo — Mähren, Iglau. Kr., ein *Dorf*, zur Pfarre Wiese, über dem Flusse Iglawa, 1¼ Stunde v. Iglau.

Bradletz, Böhmen, Jungb. Kr., ein zur Hrsch. Münchengrätz gehör. *Dorf*, 2 Stunden von Münchengrätz.

Bradlin, auch Bradleni, Bralni — Mähren, Brünn. Kr., ein *Dorf* zum Gute Krzetin, zum Theil zur Hrsch. Lettowitz, mit einer Pfarre zwischen Lettowitz und Brisau, am Flusse Zwittawa, 1 Stunde von Brisau.

Bradlo, Mähren, Igl. Kr., ein *Dorf* zum Gute Puklitz; siehe Bradlenz.

Bradlo Ober- und Unter-, Böhmen, Chrud. Kr., ein *Dorf* der Herrsch. Nassaberg, 4 Stunden von Chrudim.

Bradno, Ungarn, Gömör. Komt.; s. Baradno.

Bradronitz, Böhmen, Rakonitzer Kr., eine *Ortschaft*, 4 Stunden v. Horosedl.

Bradschitz, Mähren, Brünn. Kreis, ein *Dorf* zur Hrsch. Kaulitz; s. Bratshitz.

Bráduluj Djálu-, Siebenbürgen, ein *Gebirg* im Bistritzer Militär Districte, 2 Stunden von Nagy Ilva.

Bragano Vigo, Prov. und Munizipal-Bezirk Padova; s. Padova (Granze di Camino).

Bragarezza, Venedig, Prov. Belluno und Distr. II, Longarone; siehe Forno di Zolo.

Bragarolo, Lombardie, Prov. Como und Distr. XXIV, Brivio; siehe Merate.

Bragazzona, Lombardie, Provinz Como und Distr. XIX, Arcisate; siehe Induno.

Bragendorf, Siebenbürgen, Leschkirchner Stuhl; siehe Bendorf.

Bragge, Venedig, Prov. Padova und Distr. VIII; siehe Megliadino S. Vitale.

Braggio, Venedig, Prov. Padova und Distr. V, Monselice; siehe Solesine.

Braghier, *Schloss*, Tirol; s. Brughiero.

Braglia, Lombardie, Prov. Lodi e Crema und Distr. VI, Codogno; siehe Guardamiglio.

Braglia, Molino, Lombardie, Prov. Lodi e Crema und Distr. V, Casalpusterlengo; siehe Orio.

Braglio, Lombardie, Prov. Lodi e Crema und Distr. VI, Codogno; siehe Senna.

Braglio, Lombardie, Prov. Lodi e Crema und Distr. V, Casalpusterlengo; siehe Turano.

Bragnero, Lombardie, Prov. Como und Distrikt IX, Bellano; siehe Tremenico.

Bragni, Venedig, Prov. und Distr. I, Padova; siehe Vigo d'Arzere.

Bragni di Mejaniga, Venedig, Prov. und Distr. I, Padova; siehe Cadoneghe.

Bragola Raimonda, Venedig, Pr. Polesine und Distr. II, Lendinara; siehe Fratta.

Bragolone, Lombardie, Prov. Como und Distrikt XXIV, Brivio; siehe Bagagiera.

Bragyes, Ungarn, jenseits der Theiss, Bihár. Gespansch., Belényes. Bzk., ein zur hochwürd. Bisthums Hrsch. Belényes geh. wal. *Dorf*, mit 75 Häus. und 451 Einw., einer griech. nicht unirten Pfarre, 11 Stunden von Gross-Wardein.

Braida, Venedig, Prov. Friaul u. Distr. XII, Cividale; siehe Ipplis.

Braida bottari, Venedig, Prov. Friaul und Distr. VIII, S. Vito; siehe S. Vito.

Braida, Chiona, Venedig, Prov. Friaul und Distr. XII, Cividale; siehe Torreano (Chiona Braida).

Left margin (fragmentary index entries):

- , Seleschürgen, Militär Districte, l. l.
- Prov. und Munizi- l. Padova (Granze
- Prov. Padova und Prov. S. Vitale.
- Prov. Padova und Prov. Salesine.
- Prov. Lodi e Crema; siehe
- Lombardie, Prov.
- Prov. Lodi e Crema; siehe
- Prov. Lodi e Casterlengo;
- , Prov. Como
- , Prov. Co- V., Brivio; siehe
- siehe der Theiss, Dves, Bzk., ein Hrsch. Belé- r: 73 Häus. und nicht uuirten G.-s-Wardein. v. Friaul. Distr.
- Prov. siehe
- Prov. siehe

Braidacurti, Venedig, Prov. Friaul und Distr. VIII, S. Vito; siehe Sesto.

Braidenberg, Oest. o. d. E., Inn Kr.; ein zum Ldgcht. und zur Hrsch. Mauerkirchen geh. Dorf, nach Hennhart eingepfarrt.

Braidenried, Oest. ob d. E., Inn Kr., ein zum Ldgcht. Grieskirchen geh. Weiler, der Pfarre Taiskirchen, 2¼ St. von Ried.

Braidtwiess, Tirol, Unter Inn- und Wippthal. Kr., ein Einödegut, nächst dem Dorfe Absams, wohin es eingepfarrt ist, der Hrsch. Thaur geh., 2 St. von Insbruck, ½ St. von Hall.

Brainshegi, Breinsheg — Steiermark, Cillier Kr., ein zum Wb. Bzk. Kom. Stattenberg geh. Bergdorf, nächst St. Anna, nach Maxan eingepf., 4½ St. von Windisch-Feistriz.

Brainszka, Kroatien, diesseits der Save, Warasdin. Generalat, Batinyan. Bzk., eine zum Kreutz. Grenz-Regmts. Canton Nro. V. geh. Ortschaft, von 123 Häus. und 628 Einw., nächst dem Kloster Lebavina, 2 St. v. Kreutz.

Braitbrunn, Breitbrunn — Oesterr. ob d. E., Salzb. Kr., ein zum Ldgcht. Neumarkt (im flachen Lande) geh. Weiler, unweit der Vincinal-Strasse von Berndorf nach Berwang am Haunsberg; pfarrt nach Berndorf, 4 Stunden von Neumarkt.

Braitbrunn, Breitbrunn — Oesterr. ob d. E., Hausr. Kr., ein in dem Wb. B. Kom. Freiling lieg. Dorf, verschiedenen Dominien geh., nach Hörsching eingepf., rechts von der Poststrasse nach Wels, nächst Aistenthal, 2½ St. von Linz.

Braiten, Oest. u. d. E., V. U. W. W., ein der Hrsch. Weikersdorf geh. Dorf, mit 26 Häus. und 210 Einw., über dem Schwechatbache ausser der Stadt Baaden, gegen S., 1½ St. v. Neudorf.

Braitenaich, Oesterr. ob d. E., Inn Kr., ein der Hrsch. St. Martin geh. Dorf, darin eingepf., 2¼ St. v. Ried.

Braitenaich, Braitenai — Oest. u. d. E., V. O. W. W., ein der Stiftshrsch. Melk geh. Dorf, nächst Wieselburg am Erlaflusse, 2 Stunden von Kemmelbach.

Braitenau, Oest. ob d. E., Inn Kr., ein zum Landgcht. Engelhardszell geh. Weiler, in der Pfarre Egidi, und dem Steuerdistrikte Schaurn, 2¼ Stunden von Baierbach.

Braitenbach, Steiermark, Grätzer Kr., ein zum Wb. B. Kom. Rieggersburg, und der Hrsch. Feistritz gehör.

Dorf, nach Ilz eingepfarrt, 1 Stunde von Ilz.

Braitenbach, Steiermark, Grätzer Kr., ein zerstreutes Dorf, zum Wb. B. Kom. Lannach geh. verschiedenen Dominien unterthänig, nach Moskirchen eingepf., nächst dem Schlosse Lannach, 5¼ Stunde von Grätz.

Braitenberg, Oest. o. d. E., Hausr. Kr., ein in dem Wb. B. Kom. Lambach lieg. Dorf, dem Stift Lambach geh. und darin eingepf., ½ Stunde von Lambach.

Braitenberg, Oester. ob d. E., Inn Kr., ein zum Wb. B. Kom., Land- und Pfleggcht. Schärding und verschiedenen Hrsch. geh. Dorf, nach Andorf eingepf., 2 Stunden von Siegharding.

Braitenberg, Oesterr. ob d. E., Inn Kr., ein zum Wb. B. Kom. Reichersberg und verschiedenen Hrsch. gehör. Dorf, nach Lambrechten eingepf., 1¼ St. von Siegharding.

Braitenberg, Tirol, Botzn. Kr., ein Weiler, zur Gemeinde Luifens im Ldgcht. Botzen. Post Botzen.

Braitenbergham, Salzb. Kr.; siehe Breitenbergham.

Braitenbrunn, Steiermark, Grätz. Kr., eine Gegend, von zerstreut. Häus., in der Pfarre Waldbach, zum Wb. Bzk. Kom. Mönichwald geh., 17 Stunden von Grätz, Post Friedberg.

Braitenfehl, gew. Stenzengreut — Steiermark, Grätz. Kr., ein zum Wb. Bzk. Kom. Kainberg geh., der Hrsch. Gutenberg unterth. Dorf, nach Sct. Radegund eingepfarrt, gegen Osten an der Gegend Garrach, 5½ Stunde von Grätz.

Braitenfeld, Steiermark, Grätz. Kr., ein zur Wb. Bzk. Hrsch. Rieggersburg geh. Dorf, mit einer Lokalie, 1½ Stunde von Ilz.

Braidenfeld, Oest. u. d. E., V. O. M. B., ein zum Bürgerspital der Stadt Drosendorf gehör. Dorf; s. Breitenfeld.

Braitenfurt, Oest. ob d. E., Traun Kr., eine in dem Wb. B. Kom. Ternberg liegende Ortschaft, d. Hrsch. Steier und Garsten geh., nach Ternberg eingepf., 4 Stunden von Steier.

Braitenreut, Oest. ob d. E., Inn Kr., ein der Kaal. Hrsch. Friedburg geör. kl. aus 2 Höfen bestehend. Ort, 2 Stunden von Frankenmarkt.

Braitenried, Oest. ob d. E., Inn Kr., ein d. Land- u. Pfleggerichts Hrsch. Ried und verschied. andern Hrsch. geh. Dorf, nach Taiskirchen eingepfarrt, 3 Stunden von Ried.

Braitenstein, Illirien, Kärnten, Klagenf. Kr., ein zur Ldgchts. Hrsch.

Kreug u. Nussberg geh. *Dorf*, 1 Stunde von Sct. Veit.

Braitsach, Nieder-, Oest. ob d. E., Inn Kr., ein zum Lgcht, Ried gehör. *Weiler*, der Pfarre Hohenzell, 1 Stunde von Ried.

Braitsach, Mitter-, Oest. ob. d. E., Inn Kr., ein zum Ldgcht. Ried geh. *Weiler*, nach Eberschwang eingepfarrt, 1½ Stunde von Ried.

Braitsach, Ober-, Oest. ob d. E., Inn Kr., ein zum Ldgcht. Ried gehörig. *Weiler*, in der Pfarre Eberschwang, 1¾ Stunden von Ried.

Braitschroten, Oest. u. d. E., V. O. W. W., 2 zur Hrsch. Sct. Ulrich am Berg, nächst Wieselburg geh. *Häuser*, ¾ Stunden von Kemmelbach.

Braitschuhhof, Oest. ob der E., Hausr. Kr., ein einzeln. im Wb. B. Kom. der Hrsch. Neukirchen und in der Ortschaft Veitsberg lieg. verschied. Dom. geh. *Haus*, gegen Süden, 3½ Stunde von Bayerbach.

Braitstetten, Oest. u. d. E., V. U. M. B., ein *Dorf*, mit 47 Häus., einer eigenen Pfarre, zur Conscript. Hrsch. Orth geh., Post Gross Enzersdorf.

Braittenhof, Mähren, Iglauer Kr., eine *Ortschaft*, 1 Stunde von Iglau.

Braitwies, Oest. ob d. E., Inn Kr., ein zum Ldgcht. Ried geh. *Weiler*, der Pfarre Waldzell, 3¾ Stunden von Frankenmarkt.

Braitwiesen, Oest. ob d. E., Hausr. Kr., eine kleine im Wb. B. Kom. Köpbach liegende *Ortschaft*, von 3 Häus., der Hrsch. Köpbach und Wartenburg geh., nach Atzbach eingepf., 3½ Stunde von Lambach.

Braitwiesen, Oest. ob d. E., Inn Kr., ein der Land- und Pflggcht. Hrsch. Ried, und anderen Herrschaften gehör. *Dorf*, nach Waldzell eingepfarrt, 2½ Stunde von Ried.

Braitwiss, Oest. ob d. E., Hausr. Kr., ein kleines im Wb. B. Kom. Würting lieg. *Dörfch n*, von 5 Häusern, mit einer Hufschmiede, unter die Hrsch. Roith. Benediktiner Stift Lambach und Kapelleramt Gmunden geh., nach Meggenhofen eingepf., nächst der Pfarre Steinakirchen, 2¾ Stunden von Lambach.

Brajeschtie, Galizien, Czernowitzer Kr., ein *Gut* und *Pfarrdorf*, liegt am Moldau Flusse, 1 Stunde von Mazanajestie.

Brajkovich oder Unter-Lovich — Kroatien, Agram. Gespansch., im Bzk. diess. der Kulpa, eine zwischen Gebirgen liegende *Ortschaft*, in d. Gerichtsb. und Pfarre Prekriesie, mit 22 Häusern 227 Einw., 3½ Stunde von Jászka.

Brajla, Lombardie, Prov. Lodi e Crema und Distr. I, Lodi; siehe Chieso di Porta Cremonese.

Brajla, Lombardie, Provinz Lodi e Crema und Distr. IV, Borghetto; siehe Borghetto.

Brajletta, Lombardie, Prov. Lodi e Crema und Distr. I, Lodi; siehe Chieso di Porta Cremonese.

Brakenberg. Oest. ob d. E., Mühl Kr., ein *Berg*, südwestlich von Biberau, 557 W. Klftr. über dem Meere.

Brákná, Siebenbürgen, Kokelburg. Komt.; siehe Bonyha.

Braleczka Lhota. Böhmen, Bidsch. Kr.; siehe Lhota Bradlecz.

Braller, Siebenbürgen, Fogar. Komt., Gross-Schenk. Stuhl; siehe Brullya.

Bralny, Mähren, Brünn. Kr., ein *Dorf*, zur Pfarre und Hrsch. Lettowitz mit böhmischen Einwohnern, Post Lettowitz.

Bram, Oester. ob d. E., Inn Kr., ein zum Ldgcht. Mauerkirchen geh. *Weiler*, in einer Waldgegend, der Pfarre Burgkirchen, 2¼ Stunde von Braunau.

Bram, Oester. ob d. E., Inn Kr., ein zum Ldgcht. Schärding geh. *Dorf*, nördlich vom Bramfluss bewässert, und nach Taufkirchen pfarrend, 2 Stunden von Siegharding.

Bram, Oesterr. ob d. E., Inn Kr., ein zum Ldgcht. Schärding geh. *Dorf*, westlich vom Bramfluss bewässert, und in der Ebene liegend, pfarrt nach Andorf, 1 St. von Siegharding.

Brama, Tirol; siehe Fieberbrunn.

Brama, Böhmen, Budw. Kr., eine *Ortschaft* bei Wittingau.

Bramach, Steiermark, Judenburger Kr., eine *Gemeinde*, des Bezirks Rothenfels, zur Herrsch. Rothenfels und Frauenburg dienstbar, mit 40 Häusern und 210 Einwohnern, nach Ober-Wölz eingepfarrt.

Bramadorf, Oest. ob d. E., Hausr. Kr., ein zum Wb. B. Kom. und Hrsch. Stahremberg geh. *Dorf*, nach Geiersberg eingepfarrt.

Bramau, Ober-, Oester. ob d. E., Inn Kr., ein der Hrsch. und dem Wb. B. Kom. Schwend geh. *Dorf*, an dem Flusse Bram, und gegen O. an Andersham, 1 Stunde von Siegharding.

Bramau, Unter-, Oest. ob d. E., Inn Kr., ein der Hrsch. und dem Wb. B. Kom. Schwend geh. *Dorf*, an dem Flusse Bram, und gegen O. an Oberbramau, 1 Stunde von Siegharding.

Bramaratto, Lombardie, Prov. Bergamo und Distr. VII, Caprino; siehe Torre de Busi.

Bramazza, Venedig, Prov. Belluno und Distr. V, Agordo; siehe Rocca.

Brambach, Untern, Oest. ob d. E., Hausr. Kr., ein zum Wb. B. Kom. Dachsberg und Pfarre Prambachkirchen geh. *Dörfchen*, von 10 Häusern, mehren Hrsch. unterthänig, 2½ Stunde von Efferding.

Bramberg, Oest. ob d. E., Salzbg. Kr., eine zum Ldgcht. Mittersill (im Gebirgslande Pinzgau) geh. *Kreuztracht* mit zwölf Rotten, die von dem Dörfcien Bramberg den Namen hat. Dieses Dörfcien ist an der Strasse von Mittersill, zwei Stunden davon entfernt, in einer angenehmen Fläche gelegen, hat ein Pfarrhaus, eine sehr alte Kirche und ein Bräuhaus. An der Südseite fliesst die Salzach vorüber, und gerade am Wege liegt die Brambergerau, 12 Stunden von Lend.

Bramberg, Hohen-Bramberg — Oest. ob d. E., Salzb. Kr., eine zum Ldgcht. Mittersill (im Gebirgslande Pinzgau) geh. *Rotte*, in der Kreuztracht Bramberg am Sonnberge, 9 St. v. St. Johann.

Bramberg, Mitter-Bramberg — Oest. ob d. E., Salzb. Kr., eine zum Ldgcht. Mittersill (im Gebirgslande Pinzgau) geh. *Rotte*, auf dem hohen Sonnberge gelagert, in der Kreuztracht Neukirchen, von wo es ½ Stunde entfernt ist, 8½ Stunde von St. Johann.

Bramberg, Oest. ob d. E., Hausr. Kr., ein zum Wb. B. Kom. Stahremberg geh. der Hrsch. Feldeck unterthäniges *Dorf*, pfarrt nach Pram.

Brambilla, Lombardie, Prov. Pavia und Distr. VIII, Abbiategrasso; siehe Corbetta.

Brambilla, Casa, Lombardie, Pr. Milano und Distr. IX, Gorgonzola; s. Inzago.

Brambilla del Carugate, Lombardie, Prov. Milano und Distr. IX, Gorgonzola; siehe Masate.

Brambor, Böhmen, Czaslauer Kr., ein zur Hrsch. Suschitz und zur Pfarre Zbislau geh. *Dorf*, ¼ St. v. Czaslau.

Bramendorf, Oester. ob d. E., Inn Kr., ein zum Landgcht. Schärding geh. *Dorf*, in der Ebene, östlich vom Bramflusse bewässert, pfarrt nach St. Florian und hat zwei Kapellen, 1 Stunde von Schärding.

Bramhof, Oest. ob d. E., Inn Kr., ein dem Domkapitel Passau, Kastenamt Schärding und der Stadtpfarre allda unterthäniges *Dorf*, nach St. Florian eingepf., 1 Stunde von Schärding.

Bramhof, Oester. ob d. E., Inn Kr., ein zum Ldgcht. Schärding geh. *Weiler*, nördlich vom Bramflusse begränzt, mit einer Kapelle, pfarrt nach St. Florian, 1 Stunde von Schärding.

Bramm, Oest. ob d. E., Inn Kr., ein zum Wb. B. Kom., Land- und Pflgcht. Schärding der Hrsch. Stuben geh. *Dorf*, bei dem vorbeifliessenden Haizingerbächl, nach Andorf eingepf., ¼ Stunden von Siegharding.

Bramm, Oesterr. ob d. E., Inn Kr., einige *Höfe*, der Hrsch. und dem Wb. B. Kom. Schwend gehör., neben dem Flusse Bram, gegen O. nächst Wimm, 2 Stunden von Schärding.

Brammendorf, Oest. ob d. E., Inn Kr., ein verschiedenen Hrsch. geh. *Dorf*, nach St. Florian eingepf., ¾ Stunden v. Schärding.

Bramowitz, Braowicz, Bramowicz — Böhmen, Tabor. Kr., ein zur Hrsch. Wlezkowitz geh. *Dorf*, ¾ Stunden von Wottitz.

Bramriegel, Steiermark, Grätzer Kr., eine *Gegend*, im Bezirke Frondsberg, Pfarre Auger, hier kommt das Diener-Bachel vor.

Bramwald, Oest. ob d. E., Hausr. Kr., ein zum Wb. B. Kom. Stahremberg geh. den Hrsch. Stahremberg und Riedau unterthäniges *Dorf*, nach Haag eingepfarrt.

Brán, Siebenbürgen, Kronst. Distr.; siehe Törtsvár.

Branau, Böhmen, Prachin. Kr., eine *Ortschaft* bei Horazdiowitz.

Branburg, Tirol, Botzner Kr., eine *Ortschaft* bei Meran.

Branca, Lombardie, Prov. Milano u. Distr. VIII, Vimercate; s. Vimercate.

Brancaglia, Lombardie, Prov. Padova u. Distr. VIII, Montagnana; siehe Montagnana.

Brancavora, Tirol, Trient. Kr., ein *Dorf*, z. Gemeinde Pedemorte im Landgerichte Levico, Post Levico.

Branchowes, Mähren, Iglauer Kr., ein *Dorf*, zur Hrsch. Pirnitz; siehe Branitzlosen.

Branchowicz, Böhmen, Budw. Kr., ein *Dorf*, zur Hrsch. Krumau; siehe Branschowitz.

Branciere, Lombardie, Prov. Cremona und Distr. VI, Pieve d'Olmi, ein *Gemeindedorf*, mit Vorstand, Pfarre S. Maria assunta u. Oratorio, vom Gebirge Parma und Piacenza und den Flüssen Po und Oglio begrenzt, 2 Stunden von Cremona. Dazu gehören:

Cà vecchia, Cantone, einzelne Dörfer — Alveo Derelitto, Casa Po Morto, Casotta, Cassinetta, Chiarica, Corte, Ferrara, Francona, Gerolo, Isola Costa Massi, Isola Nadi, Isola Persico, Lavione, Pilastro, Randonina, S. Omobono, Salata, Spazi, Spiusa, Trevenazze, Schweizereien.

Branco, Lombardie, Prov. Friaul und Distr. I, Udine; siehe Felletto.

Branco, Lombardie, Prov. Friaul und Distr. VII, Pordenone; siehe Cordenons.

Brancolina, Tirol, Rovered. Kr., ein Dorf und *Gemeinde* im Ldgchte. Nogaredo, Post Roveredo.

Brancolino, Tirol, Rovered. Kr., ein Dorf der Hrsch. Castellano und Castellnuovo, 1 Stunde von Roveredo.

Brancolino, Tirol, Rovered. Kr., ein zur Ldgchts. Hrsch. Castellano geh. Dörfchen mit einem Minoritenkloster, an dem Etschflusse, 1½ St. von Roveredo.

Branco, Zero, Lombardie, Prov. Padova und Distr. III, Noale; siehe Zero Branco.

Brancsacz, Slavonien, Poseg. Komt.; siehe Braxancz.

Brand, Oest. u. u. d. E., V. O. M. B., drei zur Hrsch. Weissenberg und Pfarre Leimbach geh. *Häuser,* nahe am Weidenflusse, 2 Stunden von Böckstall.

Brand, Tirol, Oberinnthaler Kr., ein zur Hrsch. Ehrenberg gehör. *Weiler* im Thale Rothlech, Filial der Pfarre Imst, im Ldgchte. Ehrenberg, mit einer Schule, 4½ Stunde von Lermos.

Brand, Tirol, Vorarlberg, ein zur Hrsch. Feldkirch und Ger. Inner-Bregenzerwald geh. kleines *Dorf,* 8½ St. von Bregenz.

Brand, Tirol, Vorarlberg, ein zu der Hrsch. Bludenz und Ger. Sonnenberg geh. *Dorf,* Post Bludenz.

Brand, Tirol, Ober-Innthaler Kr., ein zur Hrsch. Petersberg gehöriger *Hof,* Post Silz.

Brand, Oest. ob d. E., Inn Kr., eine kleine *Ortschaft* der Land- und Pfleger. Hrsch. Braunau und Ldgcht. Mauerkirchen geh., pfarrt nach Burgkirchen, 2½ Stunde von Braunau.

Brand, Böhmen, Jungbunzlauer Kr., ein dem Gute Morchenstern unterthän. *Dorf* an dem Flusse Dessen, 3½ Stunde von Reichenberg, Post Morchenstern.

Brand, Unter-, Böhmen, Ellbogner Kr., ein *Dorf* mit einem Meierhofe, Schäferei und Mühle, der Hrsch. Schlackenwert geh., 2½ St. von Karlsbad.

Brand, Vorder-, Mitter- und **Hinter-,** Böhmen, Pilsner Kr., einzelne zerstreute Häuser, zur Hrsch. Plan gehör., zwischen dem Böhmerwalde,

an der pfälzischen Grenze, westl. von Plan 2½ Stunde, Post Pfrauenberg.

Brand im Brand, Tirol, bewohntes *Thal* am Alwierbach, im Landgerichte Sonnenberg; siehe Alwierbach.

Brand im Gebirge, Oest. u. d. E., V. O. W. W., eine zur Hrsch. Weissenburg geh., aus zerstreut liegenden Häusern bestehende *Ortschaft* im Brandthale, mit 9 Häusern, nach Puchenstuben eingepfarrt, hinter Frankenfels, 7 St. von Dürnitz.

Brand im Heidenreichsteiner Wald, Oest. u. d. E., V. O. M. B., ein *Dorf* mit 66 Häusern, der Hrsch. Heidenreichstein geh., mit einer Pfarre, über der deutschen Thaya, 1¼ Stunde von Schrems.

Brand, Oest. u. d. E., V. O. M. B., ein der Hrsch. Rastenberg geh., hinter dem Schlosse Rastenberg unweit dem kleinen Kampflusse lieg. *Dorf* mit einer Pfarre, aus 45 Häusern bestehend, 2½ Stunde von Zwettel.

Brand, Oest. u. d. E., V. O. W. W., ein *Dorf* mit 37 Häusern und 200 Einw., zur Pfarre Ollersbach, Ortsobrigkeit Neulengbach u. Conscriptionsherrschaft Stollberg geh., Post Neulengbach.

Brand, Oest. u. d. E., V. O. W. W., ein der Hrsch. Soos geh. einzelnes *Haus* hinter St. Peter in der Au, bei Rohrbach, nach Weistra eingepfarrt, 2½ Stunde von Strengberg.

Brand, Oest. u. d. E., V. U. W. W., eine der Herrsch. Burkersdorf gehör. *Waldhütte* nächst Blattenberg u. Wolfsgraben, 2½ Stunde von Burkersdorf.

Brand, Oest. u. d. E., V. U. W. W., ein *Berg,* ½ Stunde westlich von dem Markte Höflein, 269 W. Klftr. über dem Meere.

Brandach, Tirol, ein kleiner *Ort* mit einer Schule, oder St. Leonhard, im Thale und Landgerichte Passeyr.

Brand, Steiermark, Grätzer Kr., eine *Gegend,* in der Pfarre Büschelsdorf zur Hrsch. Landsberg zehentpflichtig.

Brand, Steiermark, Grätz. Kr., eine *Gegend,* im Bezirke Hochenbruck, Pfarre Hatzendorf.

Brandau, Böhmen, Saazer Kr., ein *Dorf* mit einer Pfarre, der Herrschaft Rothenhaus geh., an der sächs. Grenze, 4½ Stunde von Kommotau.

Brandalpe, Steiermark, Judenburg. Kr., eine *Alpe,* im Mittereck am Galling-Bache zwischen dem Plackwald und der Ofnachgutsalpe.

Brandalpe, Steiermark, Judenburg. Kr., im Schlitzengraben.

Brandalpe, Steiermark, Judenburg. Kr., im Kemetgebirg.

Brandalpe, Steiermark, Judenburg. Kr., im Saarstein mit 2 Hütten.

Brandalpe, Steiermark, Judenburg. Kr., im Untern Schladming-Thale.

Brandalpe, Steiermark, Judenburger Kr., im Donnersbachgraben.

Brandazza, Lombardie, Prov. Lodi e Crema und Distr. III, S. Angiolo; siehe S. Angiolo.

Brandazzi, Lombardie, Prov. Lodi e Crema und Distr. VI, Codogno; siehe Meletto.

Brandberg, Tirol, ein *Dorf* inner Mayrhof im Zillerthale, Vikariat der Pfarre und Landger. Zell.

Brandberger Kolm, Tirol ein hoher *Berg* im Zillergrund, inner Brandberg.

Brandeben, Oest. u. d. E., V. O. W. W., eine zur Hrsch. Weissenburg geh. *Ortschaft* von 9 Häusern mit 76 Einw., mit einer Bleierzgrube, welche unter dem Bergamte Annaberg steht, zwischen Puchenstuben und Gösing, nächst dem Ötscher, 3½ Stunde von Annaberg.

Brandeck, Brandjoch — Tirol, ein hoher *Berg* nordwestl. von Innsbruck, im Angesichte der Stadt, 7423 Schuh hoch, wird gemeiniglich für die Frauhütte gehalten; siehe Frauhütte.

Brandeis, Böhmen, Czaslauer Kr., ein *Dörfchen* der Hrsch. Katzow, unweit des Flusses Sazawa, 5 St. von Czaslau.

Brandeis, Branny Hrad, Brandis, Brandusium — Böhmen, Kaurž. Kr., eine *Stadt u. Kammeralherrschaft* ob d. Elbe, mit 210 Häus. u. 2500 Einw., einer Dechantei, dann einer Kirche, welche von d. Piaristen versehen wird, einer Mahlmühle am Popowitzer Bache, neben dem Elbeflusse, über welchen hier eine Brücke zu dem Wallfahrtsorte Alt-Bunzlau führt, dann einem Schlosse, zwischen Prag und Benatek, Postamt mit:

Brandeis an der Elbe, Brandlm, Alt-, Neu- und Gross-, Bunzlau, Alt-, Borek, Czakowiz, Gross- und Klein-, Czelakow Hradek, Czelakowiz, Czwrtechowiz, Chrast, Decklar, Drzewtschitz, Drzny, Drast, Ghell, Girsitz, Girna, Gross und Klein-, Orßnhauden, Illawenez, Hlawno Swidowy, Hlawno Kostelny, Hras, Hruschof, Jenstein, Kabelin, Kaiserkuchl, Karany, Königsdorf (Kralowitz), Knjetis, Konletoo, Kostelec an der Elbe, Kostomlatek, Kotlik oder Nohawizka, Kosel, Krsenek, Kochanek, Letnian, Lhotta, Lobkowiz, Milkojed, Martinowez, Metschersiz, Mischkowitz, Mirowiz, Mratin, Matritz, Nauzow, Nedumitz, Neuwirthshaus, Nerislowiz, Neudorf, Ofesar (Wowesar), Polchrad, Popowiz, Podbrach, Prsenow, Przedworsitz, Podolarka, Radonitz, Rudetseh, Sanddorf (Drahelin), Seidebchanck, Semitz, Swjnititz, Sofowitz, Swanka, Sluha, Skorkow, Sobietuch, Tauanhlin, Tloralis, Türsitz, Torhetschelin, Westez, Alt- und Neu-, Winarz, Wrah, Warhatal, Woatowo, Wotradwrh (Laubendorf), Zaup, Zakusi, Zarih, Zelenitz.

Brandeis, Branny Hrad, Brundusium cis Aquilam — Böhmen, Königgrätzer Kr., ein *Städtchen*, Herrschaft und Bergveste mit einer Pfarre, am Adlerflusse, in einem Thale, gegen O. an dem Städtchen Wildenschwert und gegen W. an dem Städtchen Chozyen, 2½ Stunde von Hohenmauth.

Brandeisen, Mähren, Ollmützer Kr., ein *Dorf* der Pfarre Altendorf und Ortsobrigkeit Janowitz geh., mit deutschen Einw., Post Janowitz.

Brandeiss, Schlesien, Teschner Kr., eine *Vorstadt* der Hrsch. und der herz. Stadt Teschen, mit röm. Einw., zum Postamte Stadt Teschen.

Brandel, Oest. ob d. E., Hausr. Kr., ein zum Wb. B. Kom. Stadt Wels geh. mehren Hrsch. unterthäniges *Dorf*, nach Stadt Wels eingepfarrt.

Branden, Tirol, Vorarlberg, ein zur Hrsch. Bregenz und Gericht-Lingenau geh. kleines *Dorf* mit einer Schule, 5 Stunden von Bregenz.

Brandenberg, Tirol, bewohntes Thal an der gleichnamigen Ache, die aus dem spitzigen Boden auf bairischem Boden entspringt, das Thal von N. nach S. durchstreicht und bei Rattenberg in den Inn fällt.

Brandenberg, Tirol, Unter Inn- und Wippthaler Kr., ein *Dorf* und *Gemeinde* im Brandenbergthale, im Landgerichte Rattenberg, Post Rattenberg.

Brandenberg, Steiermark, Bruck. Kr., in der Nähe von Gallenstein, auf welchem die Schindelbacheralpe, der Pfaffengraben und Feilingergraben vorkommen.

Branderau, Tirol, Vorarlberger Kr., ein *Weiler*, zur Gemeinde Hittisau im Landger. Bezau geh., Post Bregenz.

Brandezzate, Lombardie, Prov. und Distr. XI, Milano; s. Quinto de' Stampi.

Brandgraben, Steiermark, Brucker Kr., im Bzk. Göss, in welchem auch der Brandbach vorkommt.

Brandgrabenbach, u. Neu-Brandgrabenbach, Steiermark, Judenburger Kr., zwei *Bäche*, deren jeder in Sommer eine Hausmühle treibt.

Brandham, Oest. ob d. E. Hausr. Kr., ein im Wb. Bzk. Kom. Kammer lieg. *Dörfchen* von 12 Häusern, mit einer Mühle (Aumühle gen.), verschiedenen Dom. geh., an der dürren Ager, nach Seewalchen eingepfarrt, 2½ Stunde von Vöcklabruck.

Brandhartsberg, Brannhartsberg, Pranhartsberg — Oest. u. d. E., V. U. M. B., ein der Hrsch. Wullersdorf geh. *Dorf*, nach Sitzendorf eingepf., gegen

O. ¼ Stunde von Obergrabern, 2 Stunden von Hollabrun.

Brandhausen, Tirol, Unt. Inntial. Kr., ein adeliger *Ansitz* ober Altraus, im Landgericte Sonnenberg.

Brandhof, Oest. u. d. E., V. O. M. B., die eigentliche Benennung der Hrsch. und des Dorfes Nieder-Ranna.

Brandhof, Oest. u. d. E., V. O. M. B., ein *Schloss,* wovon die Hrsch. den Namen iat; siehe Prandhof.

Brandhof, Steiermark, Brucker Kr., eine einzelne *Alpenwirthschaft* am nördlichen Abhange des Seeberges, teils im Mariazeller, teils im Aflenzer Bezirke; merkwürdig durch seinen Besitzer seit 1818, den Erzherzog Johann, den beglückenden Genius Steiermarks, der hier oftmals weilt, mehr für das Beste dieses Landes sinnend und wirkend, als seiner eigenen Erholung wegen; das geräumige Wohngebäude mit seiner Einrichtung, den verschiedenen Aufschriften u. s. w., charakterisirt deutlich den edlen philosophischen und humanen Sinn des erhabenen Prinzen. 4 St. von Mariazell.

Brandhof, Oest. u. d. E., V. O. W. W., *Herrschaft* und *Schloss* nächst Nieder-Ranna, worin es eingepfarrt ist, 4 St. von Krems.

Brandhof, Oest. u. d. E., V. O. W. W., eine der Hrsch. Ardacker-geh. *Rotte* mit 4 Häusern und 40 Einw., an der Donau, bei dem Markte Ardacker, 1½ Stunde von Amstädten.

Brandhof, Oest. o d. E., Inn Kr., ein zum Ldgcht. Weizenkirchen gehör. Dorf an der Landstrasse, nach Weizenkirchen eingepfarrt, 2 St. von Baierbach.

Brandhoflehen, Oest. u. d. E., V. O. W. W., ein einzelnes, zur Hrsch. Vestenthal und Pfarre Bierbach geh. *Haus,* 3 Stunden von Amstädten.

Brandico, Lombardie, Prov. Brescia und Distr. III, Bagnolo, ein *Gemeindedorf* mit Vorstand und eigener Pfarre S. Maria Maddalena, 12 Migl. von Brescia. Dazu gehören: *Duranti, Fenaroli, Fenil Nuovo, Fppzzini, Parrocchia, Provaglia, Rainer, Schweizereien, — Tisayni, Schweizerei und, Mühle — Calini Mühle.*

Brandina Via S. Zeno, Lombardie, Prov. Bergamo und Distr. X, Treviglio; siehe Treviglio.

Brandis, Böhmen, Kaurž. Kreis, eine *Kammeralstadt* der Hrsch. Brandeis; s. Brandeis.

Brandkogel, Steiermark, Brucker Kr., ein *Berg,* südlich von Michael, in der Leinsach.

Brandkogel, Steiermark, Bruck. Kr. ein *Berg,* nordwestl. von Bruck, in Kohlbrandgraben.

Brandl, Böhmen, Budweiser Kr., ein *Ortschaft,* 7 Stunden von Budweis.

Brandl, Illirien. Kärnten, Klagenfurter Kr., ein *Berg,* 2½ Stunde östlich vom St. Georgen, 762 W. Klftr. über dem Meere.

Brandleiten, Steiermark, Judenburger Kr., eine *Gebirgsgegend* am Wolkensteiner Berg.

Brandlen, Schlesien, Tropp. Kreis, eine alte *Bretmühle* der Hrsch. Zukmantel im Orte Obergrund, 2½ Stunde vor Zukmantel.

Brandlhof, Böhmen, Czasl. Kr., ein *Gut* und *Dörfchen;* siehe Breitenhof.

Brandlin, Böhmen, Budw. Kr., ein *Gut* und *Dorf* des k. k. Religions-Fond, mit einem Schlosse, Meierhofe und einer kleinen Mühle, zur Pfarre Tutschap ½ Stunden von Raudna.

Brandlin, Mähren, Igl. Kr., ein *Dorf* zum Gute Kirchwiedern und zur Pfarre Welsietz geh., grenzt gegen N. an das Dorf Skregschau, gegen S. an das Dorf Hermantsch, gegen O. an das Dorf Gross-Lhota und gegen W. an das Dorf Ober-Nimschitz, mit höhmischen Einw., Post Datschitz.

Brandelsleithen, Oest. o d. E., Inn Kr., ein zum Ldgrcht. Grieskirchen gehöriger *Weiler,* der Pfarre Zelt einverleibt, 3 Stunden von Siegharding.

Brandlucken, Steiermark, Grätzer Kr., ein zerstr. *Dorf* zum Wb. B. Kom. Ober-Fladnitz geh. und der Hrsch. Guttenberg unterth. nach St. Katharina eingepfarrt, 1 Stunde von Katrein, 8 Stunden von Gleisdorf.

Brandnergraben, in Steiermark, Grätzer Kr., ein *Seitenthal* des Stübinggrabens.

Brandriegelalpe, Steiermark, Judenburger Kr., im Vorwitzgraben, mit sehr grossem Waldstand.

Brandsaudow, Böhmen, Czaslauer Kr., ein obrigkeitl. einzelner *Meierhof* mit einem Jägerhause, zur Hrsch. Heraletz und Humpoletz, worin er eingepf. ist, ob dem Dorfe Duby, 3 Stunden von Deutschbrod, Post Humpoletz.

Brandschau, Böhmen, Prach. Kr., ein *Dorf* des Gutes Pržetschin; siehe Brantzau.

Brandsdorf, Schlesien, Troppauer Kr., eine *Ortschaft,* 1 St. von Jägerndorf.

Brandseifen, Mähren, Brünn. Kr., ein *Dorf* der Hrsch. Jonsdorf, 7 Stunden von Littau, Post Schönberg.

509

Brandseit, Tirol, Unter Inn- und Wippth. Kr., ein *Weiler* zur Gemeinde Kirchberg im Landgerichte Hopfgarten, Post Elmau.

Brandsleiten, Oest. o) d. E., Inn Kr., ein der Hrsch. St. Martin und verschiedenen anderen Hrsch. gehör. Dorf, nach Zell eingepf., 1¾ St. v. Siegharding.

Brandstadl, Oest. o) d. E., Inn Kr., ein der Pfleggrchts. Hrsch. Obernberg u. Stift Reichersberg geh. *Dorf*, grenzt gegen S. mit Murham, nach Weilbach eingepfarrt, 3¼ Stunde von Ried.

Brandstadl, Oest. ob d. E., Traun Kr., eine dem Wb. Bzk. Kom. und Hrsch. Gschwendt geh. *Ortschaft*, nach Kemmaten eingepf., 6 Stunden von Steier.

Brandstadt, Oest. ob d. E., Inn Kr., ein zum Ldgrcht. Mattighofen geh. *Weiler* in einer ebenen Gegend, der Pfarre Perwang einverleibt, 6 Stunden v. Braunau, 5 Stunden von Salzburg, 4 Stunden von Neumarkt, 3 St. v. Mattighofen.

Brandstadt, Illirien, Kärnten, Villacher Kr., ein der Hrsch. Gmünd geh. im Gebirge des Malta-Thales liegendes *Dorf* mit 12 Häus. und 80 Einw., 3 St. von Gmünd.

Brandstadt, Steiermark, Grätzer Kr., ein zum Wb. B. Kom. Pernegg in der Elsenau, der Kaal. Hrsch. Thallberg geh. *Ort* von 3 Häusern, nach Friedberg eingepf., nördl. gegen Wiesenhof und dem Tauchenbache, Post Friedberg.

Brandstadt, Oest. o) d. E., Hausr. Kr., ein im Wb. B. Kom. Lambach lieg. *Dorf*, dem Stifte Lambach gehör., dahin eingepf., 1 Stunde von Lambach.

Brandstadt, Oest. o) d. E., Hausr. Kr., eine im Wb. B. Kom. Efferding liegende *Ortschaft* unter d. Hrsch. Burg-Efferding, Oberwalsee und Eschelberg (im Inn Kr.,) geh., hart an der Donau, nach Efferding eingepf., ¾ Stunden von Efferding.

Brandstadt, Oest. o) d. E., Hausr. Kr., ein im Wb. B. Kom. Kogl liegendes *Dorf* den Hrsch. Kogl, Lützelberg und Breittenau gehör. nach Weissenkirchen eingepf., nahe dem Vöcklaflusse, ½ St. von Frankenmarkt.

Brandstadt, Oest. o) d. E., Inn Kr., eine *Einöde* der Kaal. Hrsch. Wildshut geh., 5 Stunden von Braunau.

Brandstadt, Oest. ob d. E., Inn Kr., ein im Land- und Pfleggcht. Ried sich befind. der Hrsch. Riegerting gehörig. *Dörfchen*, nach Waldzell eingepfarrt, 2¼ Stunde von Ried.

Brandstadt, Oest. unt. d. E., V. O. M. B., ein der Hrsch. Leiben geh. *Haus*, bei Lambach, 1¼ St. von Böckstall.

Brandstadt, Oest. unt. d. E., V. O. W. W., ein einzeln. der Hrsch. Ulmerfeld gehör. *Bauernhaus*, bei Randeck, 4½ Stunde von Kemmelbach.

Brandstadt, Oest. unt. d. E., V. O. W. W., ein der Hrsch. Scheibs gehör. *Ort*, von 57 zerstr. Waldhäusern und 290 Einw., in der Jesnitz und Heuberg bei Scheibs, 5¼ Stunde von Kemmelbach, Post Scheibs.

Brandstadt, Oest. unt. d. E., V. O. W. W., ein *Dorf* mit 4 Häusern und 30 Einwohnern, zur Pfarre St. Leonhard am Forst, Ortsobrigk. Weinzierl und Conscript. Hrsch. Peilenstein geh., Post S. Leonhard.

Brandstadt, Oes. unt. d. E., V. O. W. W., ein *Dorf*, mit 3 Häus. und 30 Einw., z. Pfarre Steinerkirchen, Ortsobrigkeit und Conscript. Hrsch. Wolfpassing gehörig, Post Kemmelbach.

Brandstadt, Oest. unt. d. E., V. O. W. W., ein der Hrsch. Ennseck gehör. kleines *Dorf*, unweit dem Pfarrdorfe Wolfsbach, an der Strasse nach Haag, 1¼ Stunde von Strengberg.

Brandstadt, Oest. unt. d. E., V. U. W. W., eine der Hrsch. Burkersdorf geh. *Waldhütte*, nächst Wurzen und Wolfsgraben, 1¼ St. von Burkersdorf.

Brandstadt, Ober-, Oest. ob der Ens, Inn Kr., eine der Kaal. Hrsch. Wildshut geh. *Einöde*, 5¼ Stunde von Braunau.

Brandstadt, Oest. ob d. E., Inn Kr., ein zum Ldgcht. Mattighofen gehöriger *Weiler*, in einer ebenen Gegend am Steckenbache, pfarrt nach Feldkirchen, 4 Stunden von Braunau, und 1½ Stunde von Mattighofen.

Brandstadt, Oest. ob d. E., Inn Kr., eine *Einöde*, im Ldgcht. Obernberg, und in der Pfarre Geilbach, 2 Stunden von Altheim.

Brandstadt, Tirol, Oberinnth. Kr., ein *Weiler*, zur Gemeinde Ober mit Unterperfuss gehör. im Ldgcht. Telfs. Post Telfs.

Brandstadt, Oest. ob d. E., Inn Kr., ein zum Ldgcht. Ried geb. *Weiler*, in der Pfarre Waldzell, 2¼ Stunde v. Ried.

Brandstadt, *Berg*, Tirol, Unt. Innthal, an d. Grenze zwischen Tirol und Salzburg bei Raitt.

Brandstadt mit Rossschlag, Tirol, Oberinnth. Kr., ein *Weiler*, zur Gemeinde Mussau gehör., im Ldgcht. Ehrenberg, Post Reute.

Brandstädt, Oest. ob d. E., Inn Kr., ein *Dorf*, der Hrsch. u. Ldgcht. Friedburg, wovon 2 Häuser der Hrsch. Perwang gehör., 3 Stunden links von der

Braunauer Strasse, nach Perwang eingepfarrt, 6¼ Stunde von Braunau. Post Mattigiofen.

Brandstädtel, Am-, Oest. u. d. E., V. O. W. W., 3 in der Rotte Vorderleithen liegende, zur Hrsch. Seisseneck gehörige *Bauernhäuser*, 3 Stunden von Amstädten.

Brandstädten, Oest. o) d. E., Inn Kr., ein d. Land- u. Pfleggchts. Hrsch. Ried, Teufenbach und St. Martin geh. *Dörfchen*, nach Taiskirchen eingepfarrt, 1¼ Stunde von Ried.

Brandstädten, Oest. unt. d. E., V. O. W. W., 2 *Häuser*, mit 12 Einw., zur Pfarre Wieselburg und Ortsobrigk. Weinzierl gehörig, Post Melk.

Brandstädten, Oest. unt. d. E., V. O. W. W., ein *Dörfchen* von wenigen Häusern, zur Hrsch. und Pfarre Alhardsberg geh., 3 St. von Amstädten.

Brandstädten, Oest. unt. d. E., V. O. W. W., 3 d. Hrsch. Burg Enns geh. *Häuser*, in der Pfarre Kreustädten, hinter Assbach, 4 Stunden von Amstädten, und ⅛ Stunde von Kreustädten.

Brandstädten, Oest. unt. d. E., V., O. W. W., 5 der Hrsch. Ulmerfeld geh. *Bauernhäuser*, mit 50 Einw., zwisch. Neuhofen und Alhardsberg, 3 Stunden von Amstädten.

Brandstädten, Oest. unt. d. E., V. O. W. W., ein der Hrsch. Erla gehör. einzelnes *Bauerngütchen*, in der Rotte Windpassing, nach Neustadl eingepf., 2 Stunden von Amstädten.

Brandstädten, Oest. unt. d. E., V. O. W. W., 2 zur Pfarre und Hrsch. St. Ulrich am Berg nächst Wieselburg geh. *Häuser*, 2¼ Stunde von Kemmelbach.

Brandstädten bei Alhardsberg, Oest. unt. d. E., V. O. W. W., ein kleines unweit Alhardsberg und zu dieser Hrsch. und Pfarre gehöriges *Dörfchen*, 2¼ Stunde von Amstädten.

Brandstädten über der Erlauf, Oest. unt. d. E., V. O. W. W., 2 d. Hrsch. Sänfteneck dienstb. *Häuser*, nahe bei Steinakirchen und dahin eingepfarrt, 3 Stunden von Kemmelbach.

Brandstadtgraben, Steiermark, Bruck. Kr., ein zum Wb. B. Kom. Hrsch. Wyden geh. *Dorf* nach Stänz eingepf., 3½ Stunde von Merzhofen.

Brandstatt, Oest. o) der E., Salzb. Kr., ein zum Ldgrcht. Tialgau (im flachen Lande) gehör. *Einöde* im Vikariate Ebenau, ½ Stunde von Hof.

Brandstatt, Oest. ob d. E., Inn Kr., eine zum Ldgrcht. Tialgau (im flachen Lande) geh. *Einöde* der Pfarre Tialgau, 1½ Stunde von Hof.

Brandstatt, Oest. ob d. E., Hausr. Kr., ein zum Wb. Bzk. Kom. Schmiding geh., den Hrsch. Irnharding und Schlierbach dienstbar, nach Pichl eingepfarrt.

Brandstatt, Oest. ob d. E., Inn Kr. ein zum Ldgrcht. Frankenmarkt gehör. *Dorf* der Pfarre Weizenkirchen nach Walchen, Kogl und Breitenau grundbar, ½ Stunde von Frankenmarkt.

Brandstatt, Steiermark, Bruck. Kr., *Gemeinde* des Bezirkes Ober-Kindberg, östlich von Kapfenberg, an der Grenze des Grätzer Kreises, 2 St. von Ober-Kindberg, 5 St. von Mürzhofen und 7 Meilen von Bruck, mit 33 Häusern und 144 Einw., zur Hrsch. Ober- und Unter-Kapfenberg. Wieden dienstbar, nach Stainz eingepfarrt.

Brandstatt, Oest. ob d. E., Salzb. Kr.; siehe Brandstätt.

Brandstatt, Oest. ob d. E., Inn Kr., ein zum Ldgrcht. Haag geh. *Dörfchen*, nach Hofkirchen pfarrend, 3 Stunden von Haag.

Brandstatt, Oest. ob d. E., Salzburg. Kr., ein zum Ldgrcht. Neumarkt (im flachen Lande) gehör. *Weiler*, gegen die Grenze des Ldgrcht. Salzburg, in der Pfarre Seekirchen, 2¼ St. v. Neumarkt.

Brandstatt, Oest. ob d. E., Salzb. Kr., ein zum Ldgrcht. Neumarkt (im flachen Lande) geh. *Weiler* in der unwirthbaren Gegend des Henndorfer-Forstes, der Pfarre Köstendorf einverleibt, 1½ St. von Neumarkt.

Brandstatt, Brandstadt – Oest ob d. E., Salzb. Kr., eine zum Ldgrcht. Radstadt (im Gebirgslande Pongau) gehör. *Ortschaft* im gebirgigen Thale Zauch, am Wildbach gleichen Namens, nahe bei Altenmarkt, wohin es pfarrt, im Hintergrunde d. Zauchthales liegen hohe steile Gebirge und tiefe Gebirgsseen; unter d. Gebirgen zeichnen sich besonders aus: der Strimskogl, der Blattenkopf, der Bärenstaffel, der Schwärzenegg etc., die sich mit der Kette des Tauerngebirges verbinden, ¾ Stunden von Radstadt.

Brandstätt, Oest. o. d. E., Salzb. Kr., ein zum Ldgrcht. Neumarkt (im flachen Lande) geh. *Weiler*, am Haunsberge, in der Pfarre Trum, 4¼ St. von Neumarkt.

Brandstattalpe, Steiermark, Brukker Kr., westlich vom Kaisersberg, im Kräubathgraben.

Brandstätten, Oest. ob d. E., Hausr. Kr., ein zum Wb. B. Kom. Roith geh., dem Spitalamt Efferding, Riedau und Roith dienstbares *Dorf*, nach Taufkirchen eingepfarrt.

Brandstätten, Oest. ob d. E., Inn Kr., ein zum Ldgchte. Grieskirchen geh.

Weiler, in der Pfarre Taiskirchen. 2½ Stunde von Ried.

Brandstett, Oest. ob d. E., Salzb. Kr., Ldgcht. Tralgau (im flachen Lande), zwei *Einöden*, des Vikariats Feistenau, 2 Stunden von Hof.

Branstetten, Oest. unt. d. E., V. O. W. W., ein *Dorf*, mit 4 Häusern und 15 Einw., 3 Stunden von Amstetten.

Brandstein, Steiermark, Bruck. Kr., ein *Berg* zwischen dem Hundsgraben und Laufabach.

Brandstein, Steiermark, Bruck. Kr., eine *Gegend* im Siebenscegraben.

Brandstein, Steiermark, Bruk.-Kr., eine *Kuppe* nordöstlich vom Markte Eisenärz, 1051 W. Klft. über dem Meere.

Brandthäuser, Böhmen, Pils. Kr., eine *Waldhäuschengemeinde*, südw. von Tachau im Böhmerwalde, mit einer Pfr. versehen, zur Hrsch. Tachau, 5 Stunden von Plan.

Brandtrattenbach, Steiermark, Judenburger Kr., im Bezirke Murau, treibt eine Hausmühle in Lutzmannsdorf.

Brandwald, Steiermark, Judenburg. Kr., südlich von Zeyring, eine grosse *Gebirgswaldung*.

Brandweinhäusl, Oest. unt. d. E., V. O. W. W., ein der Hrsch. Neuenlengbach gehöriges *Gasthaus*; s. Griess.

Brandwies, Galizien, Rzesz. Kreis, ein der Hrsch. Rozwadow geh. *Dorf*, am rechten Ufer des Saan Fl., 18 Stunden von Rzeszow, Post Nisko.

Brandzaus, oder Brandzos — Mähren, Igl. Kr., zwei einzelne *Chaluppen* u. eine *Mühle*, zur Hrsch. Trebitsch, am Fl. Iglawa, jens. des der Hrsch. Pirnitz geh. Dorfes Branitzlosen, 2½ Stunde von Trebitsch.

Brandzos, Mähren, Iglau. Kr., zwei *Chaluppen* und eine *Mühle*, zur Hrsch. Treibitsch; siehe Baradzaus.

Branek, Mähren, Prer. Kr., ein *Dorf*, zur Pfr. Kaltsch, mit böhm. Einw., zur Hrsch. Meseritsch; siehe Branky.

Branessacz, Ungarn, Poseg. Kr. ein *Dorf*, mit 59 Häus. und 381 Einw., Post Posega.

Brangstaudet, Oest. ob d. E., Inn Kr., ein *Weiler*, im Ldgcht. Vöcklabruck und der Pfr. Ungenach, 1 Stunde von Vöcklabruck.

Branhardsberg, Oest. unt. d. E., V. U. M. B., ein *Dorf*, mit 33 Häus. und 163 Einw., zur Pfr. Sitzendorf und Ortsobgk. gleichen Namens, Post Sitzendorf.

Branico, Lombardie, Prov. Bergamo und Distr. XVI, Lovere; siehe Volpino superiore.

Branicze, Mähren, Brün. Kr., ein *Dorf*, zur Hrsch. Kanitz; siehe Branitz.

Braniczkow, Böhmen, Prach. Kr., ein *Dorf* des Gutes Nemelkau; s. Braniczow.

Braniczkow, Böhmen, Branschkow — Mähren, Brün. Kr., ein *Dorf*, zur Hrsch. Gurein, 2 Stunden von Schwarzkirchen.

Braniczow, Braniczkow — Böhmen, Prach. Kr., ein *Dorf*, zum Gute Nemelkau gehörig, 3 Stunden von Klattau.

Branik, Böhmen, Kaurz. Kr., ein *Dorf*, zum Gute Zladnik u. Hrsch. Lieben geh., mit einem Brauhause und 2 Höfen, liegt an dem Flusse Moldau nahe bei Prag, ¾ St. von Jessenitz und 1 St. von Prag.

Branky, Mähren, Prer. Kr., ein *Dorf*, zur Hrsch. Meseritsch; siehe Branky.

Braniowka, Galizien, Stanisl. Kr., ein *Dorf*, zur Pfarre und Ortsobrigkeit Poherecz gehörig.

Branischau, Böhmen, Pils. Kr., ein *Dorf*, der Hrsch. Tepl, nordw. gegen Neschikau, 5½ Stunde von Plan.

Branischauer Mühle, Böhmen, Pils. Kr., eine *Mühle*, der Hrsch. Tepl, nordw. unter d. Kaperlteich und Branischau, 5½ Stunde von Plan.

Branischen, Böhmen, Branssow — Böhmen, Budw. Kr., ein *Dorf*, zur Stadt und Pfr. Budweis, wovon aber auch ein Theil nach Frauenberg und Krumau geh., bei Duben, 1½ Stunde von Budweis.

Braniszko, Ungarn, ein *Gebirg*, welches die Sároser Gespanschaft von der Zipser absondert.

Branitz, Böhmen, Prachin. Kr., ein *Dorf*, zur Herrschaft Worlik gehörig, 3½ Stunde von Pisek.

Branitz Böhmisch-, oder Branicze — Mähren, Brün. Kr., ein *Dorf*, der Hrsch. Kanitz, am linken Ufer der Iglawa zur Kanitzer Pfarre gehör., mit böhm. Einw., Post Eibenschitz.

Branitz Deutsch-, Mähren, Brün. Kr., ein *Dorf*, zur Hrsch. Kanitz geh., mit einem Hofe, mit böhmischen Einw., Post Eibenschitz.

Branitzlosen, oder Branzaus, vor Alters Branschowes — Mähren, Iglau. Kr., ein *Dorf*, zur Hrsch. Pirnitz, an der Igla, mit einer Mahlmühle, 2 Stunden von Stannern.

Braniuwka, Galizien, Stanisl. Kr., ein *Dorf* zur Hrsch. Jezupol geh., mit einem Vorwerke und russ. Pfr., gegen Ost. am Dniester Fl., 1½ St. von Halicz.

Branka, Schlesien, Tropp. Kr., ein *Dorf*, mit böhm. Einw., zur Pfr. und Hrsch. Grätz, 1½ Stunde von Troppau.

Brankenberg, Oest. ob d. E., ein zum Ldgchte. Ried geh. *Weiler*, in der Pfarre Waldzell, 2 Stunden von Ried.

Brankl, Kroatien, Agramer Komt., eine *Ortschaft* bei Agram.

Brankou, Illirien, Unt. Krain, Neustädter Kr., ein im Wb. B. Auersperg lieg. der Hrsch. Ortenek geh. *Dorf*, mit 5 Häus. und 30 Einw., Post Grosslupp.

Brankower Mühle, Mähren, Brün. Kr., eine ½ St. von Damborzitz und 1 St. v. Postorte Uhrzitz lieg. einz. *Teichmühle*.

Brankowitz, Mähren, Brün. Kr., ein *Dorf*, der Hrsch. Butschowitz, mit böhmischen Einw. und einer Pfarre zwischen Wischau und Gaja, 3 Stunden von Wischau.

Branky, Braniky, Branek — Mähren, Prer. Kr., ein *Lehengut* und *Dorf*, mit einem Schlosse und einer Lokalie, nahe an der Stadt Meseritsch, dann einer Mahlmühle am Bache Řzeka, 3 Stunden von Weiskirchen.

Bralni, Mähren, Brün. Kr., ein *Dorf*, zum Gute Kržetin und Hrsch. Lettowitz; siehe Bradlin.

Brambor, Böhmen, Czasl. Kr., ein *Dorf*, zur Hrsch. Schuschitz, 1½ Stunde von Czaslau.

Bramhof, Böhmen, Budw. Kr., ein einzelner *Hof*, zur Hrsch. Hohenfurt; siehe Pramhof.

Bramowicz, Bromowicz — Böhmen, Tabor. Kr, ein *Dorf*, zum Gute Wlczkowicz, ¾ Stunden von Wotitz.

Branna, Brana — Böhmen, Budw. Kr., ein *Dorf*, wovon ein Theil zur Hrsch. und Pfr. Wittingau geh., an dem Goldner Bache, 1 Stunde von Wittingau.

Branna, Ober-, Brenna, Branney — Böhmen, Bidsch. Kr., eine *Herrschaft Dorf*, mit einem Schlosse, einer Pfarre, Meierhofe- und Brauhause, an d. Bache Sowinecz nächst d. Städtch. Starkenbach, 6 Stunden v. Gitschin, Post Starkenbach.

Branna, Unter-, Böhmen, Bidsch. Kr., ein *Dorf*, zur Hrsch. Branna; siehe Hermersdorf.

Brannberg, Oest. unt. d. E., V. U. W. W., ein zur Hrsch. Kirchschlag geh. *Dorf*; siehe Bromberg.

Brannsberg, Tirol, Botzner Kr., eine *Ortschaft*, 5 Stunden von Botzen.

Branny Hrad, Böhmen, Kaurz. Kr., eine *Kammeralstadt*, der Hrsch. Braudeis gehörig; siehe Brandeis.

Branny Hrad, Böhmen, Königgr. Kr., ein *Städtchen*, der Hrsch. Braudeis ob der Orlitz; siehe Brandeis.

Branow, Böhmen, Rakon. Kr., ein *Dorf*, ob. der Miza- oder Beraunfl. und der Burg Pürglitz gegen Süden, mit einer Ueberfuhr zur Hrsch. Pürglitz geh., 2¼ Stunde von Beraun.

Branowicz, Böhmen, Budw. Kr., ein *Meierhof*, zum Gute Bzy an der Moldauteiner Strasse, 1 St. v. Moldautein.

Branowitz, Wranowicz — Mähren, Brün. Kr., ein *Dorf*, der Hrsch. Kaunitz und Pfarre Priebitz, mit einem Meierhofe am rechten Ufer der Schwarzawa, mit böhm. Einw., liegt an der Kaiser Ferdinands-Nordbahn und ist eine Eisenbahn-Station, Post Pohrlitz.

Branscanone, Lombardie, Prov. u. Distr. I, Mantova; siehe Castellaro.

Branschau, Böhmen, Klattau. Kr., ein zur Hrsch. Bistritz geh. *Dorf*, 4 Stunden von Klattau, Post Neuern.

Branschau, Böhmen, Tabor. Kr., ein *Dörfchen*, der Hrsch. Mühlhausen; siehe Bransow.

Branschau, Böhmen, Taborer Kreis, ein *Dorf*, zur Hrsch. Pilgram; siehe Braussow.

Branschau, Branssow — Böhmen, Czasl. Kr., ein *Dorf*, mit einer Pfarre, zur Hrsch. Windisch-Jenikau, die Südgrenze macht das Dorf Schimanau, die Nordgrenze aber d. Dorf Austy, 3 Stunden von Iglau, Post Pilgram.

Branschesch, Branžez — Böhmen, Jungb. Kr., ein zur Hrsch. Münchengrätz geh. *Dorf*, 2 Stunden v. Münchengrätz.

Branschkow, Mähren, Brünn. Kr., ein *Dorf* zur Pfarre Deblin und Hrsch. Gurein mit böhmischen Einw.; siehe Brauiczkow.

Branschow, Böhmen, Czasl. Kreis, ein *Meierhof* der Herrsch. Neustudenitz; siehe Branzow.

Branschow, Böhmen, Tabor. Kr., eine *Einöde* zum Gute Klein-Chischka geh., 3 Stunden von Sudomierzitz.

Branschow, Mähren, Igl. Kr., ein *Dorf* zur Pfarre Swolla und Hrsch. Radeschin geh. mit böhmischen Einwohn., Post Bystrzitz.

Branschow, Branschowicz — Böhmen, Tabor. Kr., ein *Dörfchen* der Herrschaft Mühlhausen; siehe Braussow.

Branschowitz, Branczowicz — Böhmen, Budw. Kr., ein *Dorf* der Herrschaft Krumau, 1½ Stunde von Budweis.

Bransdorf, Schlesien, Tropp. Kreis, *Herrschaft* und *Dorf* mit einem Schlosse und einer Lokalkaplanei am Oppaflusse mit böhmischen Einw., 1 Stunde von Jägerndorf.

Bransow, Branschow, Branschowitz — Böhmen, Tabor. Kr., ein *Dörfchen* der Hrsch. Mühlhausen, zum Theil auch zum Gute Klein-Chischka gehör., nahe dem Dorfe Huiewanitz, 6 Stunden von Tabor, Post Mühlhausen.

Bransow, Böhmen, Budw. Kr., ein *Dorf* z. Stadt Budweis; s. Branischen.

Branssow, Böhmen, Czasl. Kr., ein *Dorf* der Hrsch. Windisch-Jenikau; s. Brauschau.

Branssow, Böhmen, Prachin. Kreis, ein *Dorf* zum Gute Przetschin; sie re Brantzau.

Branssow, Branschau, Branschow — Böhmen, Taborer Kr., ein *Dorf*, zur Stadt Pilgram, 2 Stunden von Pilgram.

Branstein, Tirol, ein *Berg*, an der Grenze zwischen Tirol und Baiern, in der Nähe des Scharnitz-Passes.

Brantach im **Mitterberg**, Tirol, Oberinnth. Kr., ein *Weiler*, zur Gemeinde Kaunsenberg geh., im Ldgcht. Ried, Post Ried.

Brantenau, Oest. ob d. E., Salzburger Kr., ein landesfürstl., zum Ldgcht. Taxenbach geh. *Dorf*, nach St. Georgen eingepfarrt.

Brantenau, Oest. ob d. E., Salzburger Kr., ein zum Ldgcht. Taxen bach gehör., dem Landesfürsten dienstbares *Dorf*, nach Taxenbach eingepfarrt.

Bränten, Tirol, Oberinnth. Kr., eine zur Hrsch. Ehrenberg geh. *Gegend*, mit wenigen zerstr. Häusern, nach Obernthal eingepfarrt, 10½ Stunden v. Reute.

Brantenthal, Tirol, ein *Thal*, am Leiserer Bach, von Leisers südöstlich gegen Deutscinofen, dieses Ldgchts.

Brantern, Steiermark, Grätzer Kr., eine *Gegend* in der Pfarre Weitzberg, zum Bisthum Seckau zehentpflichtig.

Brantgraben, Steiermark, Brucker Kr., nordöstlich von Leoben, in welchem die Krana eti- und Gschwendalpe vorkommen.

Bräntlern, Oest. ob d. E., Inn Kr., eine zum Ldgcht. Ried gehörige *Einöde*, in der Pfarre Hohenzell, 1¼ St. v. Ried.

Brantzau, Brandschau, Branssow — Böhmen, Prachin. Kr., ein *Dorf*, unw. vom Gute Gross-Zdikau z. Gute Przetschin geh., 6½ Stunde von Strakonitz, Post Winterberg.

Branyest, Branest — Ungarn, jens. der Tieiss, Krassov. Gespansch., im Kápolnaer Bzk., ein walacisches mit einer eigenen Pfarre versehenes königl. *Kammeraldorf*, mit 112 Häus. und 626 Einw., eigentlich zur Hrsch. Facset geh., welches gegen O. von Gojzest, und gegen W. von Kasziost begrenzt wird, 1 Stunde von Facset.

Branyieska, walaci. Breniuska — Siebenbürgen, Hunyader Gespansch., jenseits des Maros, Illyer Bzk., ein der

freiherrlichen Familie Josika gehöriges walaci. *Dorf*, näcrst der Maros, mit einer griech. nicht unirt. Pfarre, 2 St. von Illye. Post Dobra.

Branzaus, Mähren, Iglauer Kr., ein *Dorf*, zur Hrsch. Pirnitz, und Pfarre Heralditz geh., mit böhmiscr. Einw., Post Pirnitz.

Branzen, Oest. ob d. E., Inn Kr., ein zum Ldgcht. Schärding gehör. *Weiler*, westlich von einer starken Waldung regrenzt, pfarrt nach Andorf, 2 Stund. von Siegharding.

Branzen, Oest. ob d. E., Inn Kr., ein z. Wb. Bzk. Kom. Land- und Pfleggcht. Schärding gehöriges *Dorf*, nach Andorf eingepf., 1 St. von Siegharding.

Branzez, Böhmen, Jungb. Kr., ein *Dorf*, zur Hrsch. Münchengrätz; sie re Brauschesch.

Branzi, Lombardie, Prov. Bergamo u. Distr. VIII, Piazza, ein am Brembo liegendes *Gemeindedorf*, mit Vorstand, eigener Pfarre, 2 Kapellen, einer Säge und Eisen-Schmelz-Ofen, 2 Stunden von Piazza. Mit:
Bivione, Cagnoli, Dossi, Monaci, Redutta auch Redorta, kleine Gassen.

Branzoll, Tirol, Botzn. Kr., ein *Dorf*, an der Etsch, Kuratie der Pfarre Auer, vormals auch Zoll- und Weggeldamt, Ldgchts. Enn und Caldif, Postamt mit:
Ober u. Unter Au, Biglon, Breitenberg, Göller, Leifert, Pfatten, Schlössel, Stadel.

Branzow, Branschow — Böhmen, Czaslauer Kr., ein einzeln. *Meierhof*, ne rst einem Jägerhause, z. Hrsch. Neustudenitz geh., grenzt an die sogenannte neue Mühle, 4½ St. von Deutsci-Brod.

Braone, Lombardie, Prov. Bergamo und Distr. XVII, Breno, ein an d. linken Seite des Oglio und der rechten Seite des reissenden Polabio liegendes *Gemeindedorf*, mit Pfarre, einer Gemeinde-Deputation, einer Eisenscrmiede und Säge, ½ Stunden von Breno. Mit:
Pian di Buslon Gasse.

Bras, Böhmen, Pilsn. Kr., ein *Steinkohlenbergwerk* und *Mineralwerk*.

Brasberg, Oest. ob d. E., Inn Kr., ein z. Ldgcht. Ried geh. *Weiler*, nach Sct. Marienkirchen eingepfarrt, 1¼ Stunden von Ried.

Brascina, Dalmatien, Ragusa Kreis; siehe Brasina.

Braschen, Siebenbürgen, Hunyad. Komt.; sie re Brassó.

Braschetz, Praschetz — Böhmen, Königgr. Kr., ein der Hrsch. Nachod geh., ob d. Mettauß. gegen S. liegend. *Dorf*; ½ Stunde von Nachod.

Braschin, Praschin — Böhmen, Saaz. Kr., ein Dorf, zum Gute Gross-Lippen, 1 Stunde davon entfernt, 2 St. von Saaz.

Braschka, Galizien, Czernow. Kr., ein Dorf, mit einer Pfarre und Ortsobrigkeit. Post Mazanajestie.

Braschnik, Illirien, Kärnten, Villac̦er Kr., ein Berg, 2½ Stunde südl. von Saifnitz, 935 W. Klftr. üᴅer dem Meere.

Braschow, Siebenbürgen, Kronstädt. Distr.; siehe Brássó.

Braschtitz, Böᴉmen, Beraun. Kr., ein Dorf, nächst und zum Gute Janowitz, 2 Stunden von Wotitz.

Brasich, Illirien, Istrien, ein Dorf im Bezirke Dignano, z. Pfarre Sanvincenti geh., in der Diöces Parenzo Pola, 3 Stunden von Dignano.

Brasido, Lombardie, Prov. Sondrio (Valtellina) u. Distr. V, Traona; sieᴉe Traona.

Brasiglia, Lombardie, Prov. Mantova und Distr. IX, Borgoforte; siehe Borgoforte (Romanore).

Brasille, Lomᴅardie, Prov. Mantova und Distr. XVI, Sermide; siehe Magnacavallo.

Brasina aucᴉ Brascina — Dalmatien, Ragusa Kr. und Distr., ein zur Pretur Ragusa und Hauptgemeinde Breno geh. Dorf, daᴉin gepfarrt und naᴉe daᴅei liegend, 1⅜ Meilen von Ragusa.

Braslaw, Böhmen, Pracᴉin. Kr., ein obrigkeitl. Meierhof, z. Gute Knieẑicz geh., 5 Stunden von Horaždiowitz.

Braslawicz, Böhmen, Tabor. Kr., ein Dorf, zum Gute Břzezina; sieᴉe Pržaslawicz.

Braslevine, Kroatien, jens. der Save, Karlstädter Generalat, Sluiner Bzk., eine zum Sluiner Grenz-Regmts. Canton Nr. IV geᴉörige Gebirgs-Ortschaft von 7 Häusern, 2 Stunden von Möttling.

Brassa, Casa, Lombardie, Prov. Milano und Distr. III, Bollate; sieᴉe Bollate.

Brassen, Siebenbürgen, Kokelburg. Komt.; sieᴉe Bajom.

Brassen, Ober-, oder Bassen — Sieᴉenᴅürgen, Medias. Stuᴉl; sieᴉe Bajom, Felsö-Bajom.

Brasslawitz, Mähren, Brünner Kr., ein gegen O. am Markte Kunstadt angrenzendes Dorf, zur Pfarre und Hrsch. Kunstadt geᴉörig, woran der Meierhof Wista sicᴉ ᴅefindet, mit böhm. Einw., 1½ Stunde von Goldenbrunn.

Brasso, Lombardie, Prov. und Distr. I, Milano; siehe Corpi S. dᴉ Porta Comasina.

Brasso, Brasc̦en, walach. Brassen — Sieᴉenᴅürgen, Hunyad. Gespanscᴉaft, Jens. der Maros, Illᴉer Bzk., ein der freiᴉerrlicᴉen Familie Nalátzi geh. walacᴉ. Dorf, mit einer griech. nicᴉt unirten Pfr., 5 Stunden von Doᴉra.

Brassó, Corona, Stephanopolis, Kronstadt, Braschow — Siebenbürgen, Sächs. Kronstädt. Distr., eine zwiscᴉen Bergen liegende, von 32,000 Einwohn. bevölkerte k. freie Stadt, mit meᴉreᴉn kathol., evangel. und griech. nicᴉt unirten Kirchen, 3 Vorstädten, einem Bergschlosse, einem evangel. Gymnasium und katᴉol. Normalscᴉule, einem organisirten Magistrate und Dreissigstamte, von Sachsen, Ungarn, Walachen u. Griechen bewohnt, liegt an der walach. Grenze, zwischen Wladein u. Stolzenburg, Postamt; siehe Kronstadt.

Braszke, Siebenbürgen, Györgyer Stuhl; sieᴉe Békás.

Braszlavie, Kroatien, Agramer Gespanschaft und Bzk., diess. der Kulᴘa, eine zur Gemeinde Bukovicza gehörige, zwiscᴉen Geᴉirgen liegende Ortschaft, 2 Stunden von Jászka.

Braszlaw, Böᴉmen, Prachin. Kreis, ein Dorf, zum Gute Kniezicz geh., ¼ St. von Schüttenhofen.

Brat oder **Prat,** Siebenbürgen, ein Berg in der Oᴅer-Weissenburger Gespanschaft, gleicᴉ oᴅer den Weingärten des Dorfes Keresd.

Bratczitz, Böhmen, Czaslauer Kr., eine Ortschaft bei Czaslau.

Braté, Siebenbürgen, Medias. Stuhl; sieᴉe Parathelly.

Bratellich, Bratellichi — Illirien, Istrien, ein Dorf im Distrikt Rovigno, Bezirke Dignano, zur Untergemeinde Castelnuovo und Pfarre Barbana geh., in der Diöces Parenzo Pola, 4 Stunden von Dignano.

Bratelsbrunn, Mähren, Brünner Kr., ein Dorf mit einer Lokalie u. Schäferei, zur Hrsch. Dürnholz, zwischen Nikolsburg und Dürnholz, mit deutscᴉ. Einwohnern, 1 Stunde von Nikolsᴅurg.

Braten, Ungarn, Mittel Szolnoker Komt.; sieᴉe Sülelmed.

Braten, Scᴉlesien, Tropp. Kreis, ein Dorf zu den Jägerndorfer Kammergüterᴉ; siehe Breitenau.

Bratenze, Illirien, Unt. Krain, Neustädtler Kr., ein zum Wᴅ. B. Kom. Sittiᴄᴉ geh. Dorf mit 6 Häus. und 30 Einw., ᴉint. St. Georgen unt. Prims Kan, 2½ St. von Pesendorf.

Bratersdorf, mähr. Bratossow — Mähren, Ollmütz. Kreis, ein Dorf zur Hrsch. Blauda, hat 150 Häuser und 830 deutsche Einwohner, mit einer Lokalie, unweit Schönberg, Post Schönberg.

Brátfalu, Siebenbürgen, Kolos. Komitat; siehe Barátfalva.

Bratlanecz, Ungarn, jens. der Donau, Zalad. Gespansch., Muraköz. Bzk., ein *Praedium* und *Meierei*, nach Szelnicza eingepf., nicht weit davon entlegen, am nördl. Ufer des Mur Flusses, 1¼ Stunde von Csáktornya, ¾ St. v. Alsó-Lendva.

Bratikovecz, Kroatien, diess. der Save, Warasdin. Gespausch., Ob. Zagorianer Bzk, ein der Gemeinde Polyana und Pfarre Szella einverleibtes *Dorf* an der steiermärkischen Grenze und dem Szutla Flusse, 6½ Stunde von Cilli.

Bratina, Kroatien, Agram. Komt., ein *Dorf* mit 73 Häus. und 719 Einwohnern, 2 Stunden von Jaszka.

Bratiscovzi, Dalmatien, Zara-Kr., Scardona-Distrikt, ein *Dorf* mit einer Pfarre, der Podesta u. Pretur Scardona zugetheilt, auf dem festen Lande, 6 Migl. von Scardona.

Brátka, Ungarn, jenseits der Theiss, Bihár. Gespansch., Wardein. Bzk., eine zur gräfl. Batthyán. Hrsch. Élesd gehör. wal. *Ortschaft* mit 54 Häus. und 327 Einw., einer griech. nicht unirten Pfr., liegt an dem Sebes Körös Flusse nächst Bánlaka, südlich 1 Stunde von Bárod.

Brátkója, Ungarn, jens. der Theiss, Bihár. Gespansch., Szalont. Bzk., ein *Praedium* nächst dem Dorfe Barczesd, 6 Stunden von Nagy-Zerénd.

Bratkovecz, Kroatien, Warasdiner Komt., ein *Dorf* mit 18 Häus. u. 93 Einw.

Bratkovieza, Ungarn, Sohler. Komitat; siehe Miklósfalva.

Bratkowce, Galizien, Stanisl. Kr., ein zur Hrsch. Kamienna geh. *Dorf* mit einer russniak. Pfarre, 1¼ Stunde von Stanislawow.

Bratkowce, Galizien, Stryer Kreis, ein der Hrsch. Stankow geh. *Dorf* am Fl. Stry, mit einer russniak. Kirche u. einem Vorwerke, ¾ Stunden von Stry.

Bratkowice, Galizien, Lemb. Kreis, eine *Herrschaft* und *Pfarrdorf*, 1½ St. von Grodek.

Bratkowice, Galizien, Rzeszower Kr., eine Starostei und *Dorf*, 3 Stunden von Sendiszow.

Bratkowitz, Böhmen, Rakon. Kr., ein *Dorf*, zur k. Stadt Welwarn gehörig, zwischen Welwarn und Zlonitz gelegen, 2½ Stunde von Schlan.

Bratkowka, Galizien, Jasl. Kreis, eine *Herrschaft* und *Dorf*, wodurch der Fluss Wyslok seinen Lauf hat, grenzt gegen S. mit dem Orte Odrzykoń, 4¼ St. von Jaslo.

Bratnaniow, Böhmen, Czaslauer Kr., eine *Ortschaft* bei Deutsch-Brod.

Bratnizze, auch Brochnizze — Dalmatien, Ragusaner-Kreis und Distrikt Ragusa-vecchia, ein *Dorf* in der Pfarre Stravcie, mit einem Ortsrichter, d. Hauptgemeinde Ragusa-vecchia einverleibt, am Berge Bralniski Verh, sonst Brigh genannt, unweit Sidlieschi und Stravcie, 4½ Migl. von Ragusa.

Brato, Lombardie, Prov. Lodi e Crema und Distr. VI, Codogno; siehe Maleo.

Bratoncz, Ungarn, jens. der Donau, Zalad. Gespansch., Lövö. Bzk., ein zur gräfl. Csákisch. Herrsch. Belatincz geh., darin eingepf., nördlich an Lippahócz angrenzendes *Dorf*, an der Grenze des Eisenburg. Komt., 3 Stunden von Alsó-Lendva.

Bratrauchow, Bratrociow — Böhmen, Bidschow. Kr., ein *Dorf* ob dem Iserflusse, zur Hrsch. Branna und Starkenbach, nach Jablonitz eingepfarrt, 8½ Stunde von Gitschin, Post Hohenelbe.

Bratrige, Böhmen, Berauner Kr., eine *Ortschaft* bei Wotitz.

Bratrikow, Böhmen, Jungb. Kr., ein *Dorf*, zum Gute Nawarow geh., 2½ St. v. Liebenau, Post Gablonz.

Bratrochow, Böhmen, Bidschower Kr., ein *Dorf* der Hrsch. Branna; siehe Bratrauchow.

Bratronicze, Bratronitz — Böhmen, Jungb. Kr., ein *Dorf* der Hrsch. Lauczim, 3 Stunden von Jungbunzlau.

Bratronicze, Böhmen, Prachin. Kr., *Herrschaft* und *Dorf*; siehe Bratronitz.

Bratroniow, Böhmen, Czasl. Kreis, ein *Dorf*, zur Hrsch. Okrauhlitz gehörig, 1¾ Stunden von Deutschbrod.

Bratroniow, Böhmen, Chrudim. Kr., eine *Ortschaft* bei Chrudim.

Bratronitz, Böhmen, Jungb. Kr., ein *Dorf* der Hrsch. Lauczim; siehe Bratronicze.

Bratronitz, Böhmen, Rakon. Kr., ein *Dorf*, grenzt gegen W. an Bieletsch, mit einer Lokalie und einem obrigkeitlichen Meierhofe, zur Hrsch. Pürglitz geh., Post Reutsch.

Bratronitz, Bratronicze — Böhmen, Prachin. Kr., *Herrschaft* und *Dorf* mit einem Schlosse und einer Kapelle, 3 St. von Strakonitz und 2¼ Stunde von Horazdiowitz.

Bratronow, Böhmen, Chrud. Kr., ein der Hrsch. Nassaberg untrth. *Dorf* mit einem Meierhofe, 3 Stunden v. Chrudim.

Bratroschin, Mähren, Igl. Kr., ein *Dorf* der Herrsch. Bistritz; siehe Bratruschin.

33 *

Bratossow, Mähren, Ollm. Kr., ein *Dorf* zur Hrsch. Blauda geh.; siehe Bratersdorf.

Bratruschin, oder Bratroschin — Mähren, Igl. Kr., ein der Pfarre Bistržitz und Hrsch. Rozinka unterthän. *Dorf* hinter dem Dorte Wiechmow nahe an der Stadt Bistrzitz mit böhm. Einw., 7 Stunden von Grossmeseritsch, Post Bistrzitz.

Bratrzegow, Böhmen, Beraun. Kr., ein *Dorf*, südwestlich von Chlumetz zur Hrsch. Chlumetz geh., 5 St. v. Wottitz. Post Seltschan.

Bratrzegow, Mähren, Hradisch. Kr., ein *Dorf*, mit 110 Häusern und 400 böhmischen Einwohnern, zur Herrsch. und Pfarre Wisowitz nahe an dieser Stadt, 9½ Stunde von Hradisch, 8 Meilen von Wischau. Post Wisowitz.

Bratrzicz, Böhmen, Tabor. Kr., ein *Dorf*, zum Gute Gross-Lhischka nächst Salaczowa Lhotta, 6 Stunden von Tabor. Post Patzau.

Bratrzikow, Böhmen, Jungbunzlau. Kr., ein dem Gute Nawarow unterthäniges *Dorf*, unter Sahadl an dem Dorfe Wabsel, Klein-Skaller Hrsch., 2¼ St. v. Lichenau. Post Gablonz.

Bratrzikowicze, Böhmen, Beraun. Kr., ein *Dorf*, zur Hrsch. Chlumetz; s. Bratržikowitz.

Bratrzikowitz, Bratrzikowicze — Böhmen, Beraun. Kr., ein *Dorf*, südwestlich von Chlumetz zur Hrsch. Chlumetz geh.; 5½ Stunde von Wottitz. Post Seltschan.

Bratschitz, Bradschitz oder Bratczicze — Mähren, Brünn. Kr., ein *Dorf*, mit böhmischen Einwohnern, der Herrsch. Konitz und Pfarre Prahlitz, zwischen Konitz und Raigern mit einer Filialkirche zur Prahlitzer Pfarre, Post Raigern.

Bratschitz, sammt **Zales,** Böhmen, Czasl. Kr., ein *Dorf*, mit einer Kirche und einer Mahlmühle, die Pilsker Mühle, und einem Gasthause, Wistrkow genannt, gehört zur Herrsch. Tupadel und Pfarre Potiech, 1¾ Stunden von Deutschbrod.

Bratta, Lombardie, Prov. Bergamo und Distr. VII, Caprino; siehe Torre de' Busi.

Bratta, La, Lombardie, Prov. Sondrio (Valtellina) und Distr. III, Tirano; siehe Bianzone.

Bratte di Briotti, Lombardie, Pr. Sondrio (Valtellina) und Distr. II, di Ponte; siehe Ponte.

Bratte di Carugo, Lombardie, Pr. Sondrio (Valtellina) und Distr. II, di Ponte; siehe Ponte.

Brattelsbrunn, Mähren, Brünne Kr., eine *Ortschaft*, 1 St. von Nikolsburg.

Brattersdorf, auch Brättersdorf - Schlesien, Troppau. Kr., ein *Dorf*, mi deutsche und böhmischen Einwohnern zur Pfarre Gross-Herlitz und zum Gut Glomnitz, nächst Ekersdorf und Herlitz, mit einem ½ Stunde vom Orte entfernten Wirthshause, Feld-Kratschan oder Armeruh genannt, 1 Stunde von Dorfe Teschen.

Brattersdorf, Mähren, Ollmütze Kr., ein *Dorf*; siehe Bratersdorf.

Brattersdorf, Schlesien, Tropp. Kr. ein *Dorf*, zum Gute Glomnitz; sieh Brättersdorf.

Brattina, Kroatien, Agram. Gespan schaft, im Bezirk diesseits der Kulpa eine zur Gemeinde Szternecz geh. *Ort schaft*, 2 Stunden von Jászka.

Brattovanczy, Kroatien, Agrame Gespansch., im Bzk. jenseits der Kulpa ein mehren Besitzern geh., in der Ge richtsbarkeit Berlogh und Pfarre Thorg liegende *Ortschaft*, 4 Stunden vo Karlstadt.

Bratucice, Galizien, Boch. Kr., ein mit dem zur Kameral-Hrsch. Niepolo mice gehör. Dorfe Okalice konzentrirt *Ortschaft*, 2¼ Stunde von Bochnia.

Bratu'jevczy, Slavonien, Posega Gespansch., Unt. Bzk., ein zur Hrsch Velika und Pfarre Smoljanovcze gehö *Dorf*, nahe bei Oljavczy, 2 Stunden v Posega.

Bratyszow, Galizien, Stanisl. Kr. ein zur Hrsch. Nizniow geh. *Dorf*, m einer eigenen Pfarre, liegt gegen S. 1½ Stunde von Tlumacz. Post Nizniow.

Bratz, Tirol, Vorarlberg, ein zu de Hrsch. Bludenz und dem Ldgchte. Son nenberg geh. *Dorf*, 6 Stunden von Feld kirch, Post Dalaas.

Bratzdrum, Oest. ob d. E., Inn Kr. ein zum Wb. B. Kom. Land- und Pfleg gericht Schärding und der Hrsch. St Martin geh. *Dorf*, nach Kopfing einge pfarrt, 2½ Stunde von Sieghar ding.

Bratzigon, Böhmen, Bunzlauer Kr. eine *Ortschaft*, 5 St. von Reichenberg.

Brauauer, Oest. ob d. E., Inn Kr. oder *Rücken*, im Kobernauer-Wald 408 W. Klftr. hoch.

Brauching, Oest. ob d. E., Hausr. Kr. ein *Dorf* im Wb. Bzk. Kom. Puchheim den Hrsch. Pfarrhof, Altmünster, Ort Puchheim und Wagrain dienstbar, nach Desselbrun eingepfarrt.

Brauchnig, Oest. ob d. E., Hausr. Kr., ein in dem Wb. B. Kom. Wagrain liegendes *Dörfchen*, von 8 Häusern verschiedenen Dominien geh. am kleiner

Flusse Aurach, nach Unterregau eingepfarrt, 2¼ Stunde von Vöcklabruck.

Brauczkow, Böhmen, Kauržim. Kr., ein einzelner *Meierhof*, zur Herrschaft Schwarzkosteletz geh. nächst Kauržim, 2¾ Stunden von Planian.

Braüer, Oester. ob d. E., Mühl Kr., ein kleines in dem Wb. B. Kom. Peilstein und Landgcht. Marsbach liegende *Ortschaft*, von 5 Häusern, der Hrsch. Marsbach und Stift Schlögl geh., nach Julbach eingepf., 12¼ Stunden von Linz. Post Rohrbach.

Braüerau, Kriegwald und Stubenberg — Oest. ob d. E., Mühl Kr., mehre in dem Wb. B. Kom. Peilstein, und Landgcht. Marsbach zerstreut liegende *Häuser* der Hrsch. Altenhof und Ranariedl geh., nach Julbach eingepfarrt, gegen O. ¼ Stunden von Julbach, und grenzen gegen W. an das Hochstift Passau, nächst dem vorbeifliessenden Finsterbache, 14 Stunden von Linz. Post Rohrbach.

Braüergut, Oesterr. ob d. E., Mühl Kr., ein in dem Wb. B. Kom. Wildberg und Ldgcht. Steireck liegendes einzelnes *Bauerngut* in dem Dorfe Dornach der Hrsch. Riedeck geh., nach Magdalena eingepf., 1¼ Stunde von Linz.

Braühaus, Oest. ob d. E., Traun Kr., eine in dem Wb. B. Kom. und Herrsch. Egendorf liegende *Ortschaft*, zum Ldgch. Gschwend geh.; siehe Hueb.

Braühaus am Stampfl, Oest. u. d. E., V. O. W. W., eine in dem Landgut Tröstlberg und in der Ortschaft Stampf liegende der Hrsch. Dorf an der Ens gehör. *Besitzung*, 2 Stunden von Steier.

Bräuhaus, Böhmen, Czaslauer Kr., ein zur Hrsch. Rosochatetz geh. *Dorf*: Post Deutschbrod.

Brauhäuser Mühle, Mähren, Brünn. Kr.; siehe Boschkowitz.

Braühof, Preihof — Steiermark, Judenburger Kr., ein zum Wb. B. Kom. und Hrsch. Pflindsberg geh. *Dorf* mit 34 Häusern und 179 Einwohnern, an dem gegen O. angrenzenden Grundlsee, 1 St. von Aussee.

Braüleithen, Oester. ob d. E., Inn Kr., ein zum Landgcht. Weizenkirchen geh. *Weiler*, an der Donauleithen; nach Neukirchen pfarrend, 4¼ Stunde von Baierbach.

Braulins, Venedig, Provinz Friaul und District XX, Gemona; siehe Trasaghis.

Braulio, Venedig, Prov. Sondrio (Valtellina) und Distr. VI, Bormio; siehe Valle di dentro.

Braum, Böhmen, Rakonitz. Kr., ein Dorf, mit einem obrigkeitlichen Hofe und einer Mahlmühle nahe an Kublow gegen W. zur Hrsch. Pürglitz gehörig, hier waren vor Zeiten Glashütten, ¼ St. von Zditz.

Bräumlersfeld, Bräunlersberg — Oest. u. d. E., V. O. W. W., ¼ Stunde westlich von Neuhofen, Höhe über dem Meere 224 W. Klftr.

Braumow, Mähren, Brünn. Kr., ein Dorf, zur Hrsch. Lomnitz; s. Brumow.

Braun, Schlesien, Tesciner Kr., eine Ortschaft, 2 St. von Bielitz.

Braunau, Branau, Brunonum — Oesterr. ob d. E., Inn Kr., eine zum Ldgcht. Braunau gehör. *Stadt* mit 354 Häusern und 1951 Einwohn., in einer Ebene am Inn, worüber eine Brücke ins baierische Gebiet führt; mit einer Pfarrkirche, welche ganz aus Tufsteinquaderstücken erbaut ist, einer Spitalkirche zum heil. Geist, einem Rathhause, einer Kaserne und einem Zeughause; es ist diese Stadt der Sitz des Landger. Braunau, eines Rentamtes, eines Forstamtes, eines Mauthamtes, einer Strassen-Inspektion und einer Salzniederlage. Hier soll das Brundunum der Römer gestanden haben, und 1743 errangen im Successionskriege daselbst die Oesterreicher einen Sieg über d. Baiern. Grenz-Postamt.

Braunau, Ober-, Oest. ob d. E., Inn Kr., ein zum Ldgcht. Schärding geh. *Dorf*, am Iglingerbache nach Taufkirchen gepfarrt, 1¼ Stunde von Siegharding.

Braunau, Unter-, Oest. ob d. E., Inn Kr., ein zum Landgcht. Schärding geh. *Dorf*, auf einer kleinen Anhöhe, nördlich vom Iglingerbache bespült; pfarrt nach Taufkirchen, 1¼ Stunde von Siegharding.

Braunau, Böhmen, Prach. Kr., einige einzelne *Häuser*, 2 Mühlen und eine Hammerschmiede am Flusse Wottawa zum Gute Langendorf geh., 4 Stunden von Horaždiowitz, Post Schüttenhofen.

Braunau, Brumow, Bronow, Braunavia, Braunovium — Böhmen, Königgrätzer Kr., eine *Herrschaft und Stadt*, mit 460 Häusern und 3100 Einwohnern, einer Pfarre und Benediktiner Abtei an dem kleinen Flusse Steina, liegt an der Grenze von preussisch Schlesien nächst der Grafschaft Glatz gegen Osten. Postamt mit:

Barzdorf, Birkicht, Bodisch, Ditersbach, Grossdorf, Hainzendorf, Halbstadt, Hermsdorf, Johannesberg, Märzdorf, Neusorge, Ottendorf, Rosenthal, Ruppersdorf, Schönau, Strassenau, Wekersdorf, Wernersdorf, Wiesen.

Braunau, Schlesien, Tescnner Kr., ein *Dorf*, mit nöimiscnen Einwornern, zur Hrsch. Alt-Birlitz und Pfarre Riegersdorf, 1 Stunde von Bielitz.

Braunavia, Braunovium — Böimen, Königgrätzer Kr., eine *Herrschaft* und *Stadt*; sieine Braunau.

Braunberg, Oest. ob d. E., Hansr. Kr., eine kleine in dem Wb. B. Kom. Würting liegende *Ortschaft* von 4 Häusern, unter die Herrsch. Stahremberg, Roith und Würting geh., nacn Offenhausen eingepf., am sogenannten Braunberg, 2 Stunden von Lamnaci.

Braunbusch, Böimen, Klattau. Kr., ein Hrsch. Bistritz geh. *Dorf*, 5 St. von Klattau. Post Neuern.

Braune, Hab - Braune — Mäiren, Ollm. Kr., ein *Dorf*; sieine Wranowa.

Brauneck, Tirol', Pusterthal. Kr., eine *Herrschaft* und *Stadt*; s. Bruneck.

Brauneck, oder Praunegg — Oest. u. d. E., V. O. M. B., ein der Herrsch. Böckstall geh. *Dorf*, mit 17 Häusern, näcnst der Pfarre Heil. Blut, 1½ Stunde von Böckstall.

Braünerhof, Oest. u. d. E., V. U. M. B., ein der Hrsch. Alt-Prerau geh. *Hof*; sieine Prerau, Alt-.

Braünermühle, Steiermark, Judenburg. Kr., eine einzelne *Mahlmühle*, zum Wb. B. Kom. und Markt Neumarkt geh., ¼ Stunde von Neumarkt.

Braünerschloss, Oester. u. d. E., V. U. M. B., ein *Schloss*, der Herrsch. Altprerau geh.; sieine Prerau, Alt-.

Braunetzhof, Oesterr. ob d. E., Salzb. Kr., eine zum Ldgcht. Antenau (im Gebirgslande Pongau) geh., nacn Annanerg eingepf. *Rotte*, am Lammerflusse, und vom Stuhlgebirge und Scheftennerg negrenzt, 5¼ St. von Golling.

Braunhartsberg, Oester. u. d. E., V. U. M. B., ein der Hrsch. Wullersdorf geh. *Dorf*; sieine Brandhartsberg.

Braunhirschen, Oest. u. d. E., V. U. W. W., ein *Dorf*, mit 179 Häusern und 5060 Einwoinern, zur Pfarre Reindorf, mit einer Ortsobrigkeit und Conscriptionshrsch., ausser der Mariahilferlinie, ¼ Stunde von Wien.

Braunhof, Braunsteinhof, Pranhof — Böimen, Budweis. Kr., ein einzelner *Hof*, zur Hrsch. Honenfurti geıörig, nicnt weit von Rosennerg, Post Kaplitz.

Braunkahralpe, Steiermark, Judennurger Kr., im Triebenthal, wird auci Stift Admontische Hofalpe genannt.

Braunleb, Steiermark, Brucker Kr., ein zum Wb. B. Kom. und Hrsch. Göss geh. *Dorf*; sieine Prooleeb.

Braunleberberg, Steiermark, im Brucker Kr., nördlicn von Bruck, im Hendelgraben.

Braunöd, Oester. u. d. E., V. O. W. W., ein der Stiftsherrschaft Melk geh. *Dorf*, mit 4 Häusern und 25 Einwohnern, bei Heinreichsberg, nach Kilb eingepf., 4 Stunden von Melk.

Braunofen, Steiermark, Judenburger Kr., eine *Gegend* südlich von Murau.

Braun-Oehlhütten, Mähren, Ollmützer Kr., ein *Dorf*, mit böhmischen Einwohnern, einer Pfarre. und einem Berg-, Guss-, Scnmelz- und Hammerwerke.

Braunovium, Böimen, Königgrätz Kr., eine *Herrschaft* und *Stadt*; siehe Braunau.

Braunreitalpe, Steiermark, Judennurger Kr., im untern Schladmingthale sowoil Vor- als Mitter-Hoch- und Nacn-Alpe.

Braunsau, Oest. o. d. E., Salzburg Kr., zwei zum Landgcht. Thalgau (in flachen Lande) geh. *Einöden* im Vikariat Feistenau, 2 Stunden von Hof.

Braunsberg, mährisch Brussberg, vor Alters Brunswerde — Mähren, Prerauer Kr., ein *Städtchen*, mit 430 Häusern und 3000 deutschen und böhmischen Einwohnern, zur Herrsch. Hochwald, mit einer eigenen Pfarre, nächst Altendorf und Antoninow am Bache Ondržegniza, 1½ Stunde von Freiberg. Postamt

Braunsberg, Oester. ob d. E., Im Kr., ein zum Ldgcht. Haag geh. *Dörfchen*, nacn Hofkirchen gepfarrt, 3¼ St von Haag.

Braunsberg, Oest. ob d. E., Traun Kr., ein in dem Wb. B. Kom. Pernsteil liegendes *Gast- und Bauernhaus*, der Hrsch. Seisenburg geh., nach Kirchdorf eingepf., hinter dem Dorfe Lautterbach, 6 Stunden von Gmunden.

Braunsberg, Oest. u. d. E., V. O. W. W., ein der Herrsch. Jeutendorf geh. *Dorf*, bei Kasten, 2 Stunden vor Bärschling.

Braunsberg, der, Oest. u. d. E., V. U. W. W., ein *Berg* bei Hainburg an der Donau.

Braunsberg, Oesterr. u. d. E., V. U. M. B., das in dem Markte Nieder-Fellabrunn nefindliche *Schloss*; siehe Fellabrunn, Nieder-.

Braunschlag, Böimen, Tabor. Kr., ein *Meierhof* mit einem Jägerhause und 2 Försterhäuschen, zur Herrsch. Neublstritz geh., 4 Stunden von Neuhaus, Post Neunistritz.

Braunschwanden, Tirol, Bregenz Kr., eine *Ortschaft*, 4¼ St. von Bregenz

Braunsdorf, Oest. u. d. E., V. O. M. B., *Kuppe*, ½ Stunde südlich vom Giglsee, 244 W. Klftr. ƥoch. ·

Braunsdorf, Schlesien, Tropp. Kr., ein *Pfarrdorf*, zu den Jägerndorfer-Kammergütern, nächst dem Oppaflusse, mit böimischen Einwohnern, 2 Stunden von Jägerndorf oder Troppau.

Braunsdorf, Böhmen, Ellbogn. Kr., ein zum Gute Ober-Crodau geh. neu erbautes *Dorf*, 2½ St. v. Karlsbad.

Braunsdorf, Oest. u. d. E., V. U. M. B., *Herrschaft* und *Dorf*, mit 105 Häusern und 680 Einw., einem Schlosse und Pfarre, am Schmidabache, gegen O. oder dem Markte Sitzendorf, 2 St. von Ober-Hollabrunn und 2 Stunden von Pulkau.

Braunseifen, mährisch Brunsaifa — Mähren, Ollm. Kr., ein *Städtchen*, zur Hrsch. Eulenberg, eredem eine Poststation, mit einer eigenen Pfarre und böhmischen Einw., einem Eisenwerke, einem Spitale, Brauhause und einer Mahlmühle, im Gebirge an der alten Poststrasse nach Freudenthal, 1¼ St. von Lobnik.

Braunshof, Oesterr. u. d. E., V. O. W. W., ein der Hrsch. Auhof gehör. *Dorf*, jenseits der Ips, 2 Stunden von Amstädten.

Braunsölk, Steiermark, Judenburger Kr., ein *Gut*, nun mit dem Gute Braunau vereinigt.

Brauschow, Branschow — Mähren, Iglau. Kr., ein *Dorf*, zur Hrsch. Saar und Pfarre Swolla geh., 9 Stunden von Iglau und 5 Stunden von Grossmeseritsch. Post Saar.

Brautschkische Chaluppe, — Böhmen, Kaurzim. Kr., eine *Chaluppe*, zur Gut Lieiner Jurisdiktion geh., 1 St. von Prag.

Bravaczo, Ungarn, diesseits der Donau, Sohler Gespansch., Ob. Bzk., eine *Holzhauer-Stätte*, zur Neusohler Bergkammer und Pfarre Benyuss geh., auf dem Brisner Terrain, 1½ Stunde von Brezno-Bánya.

Bravetzu, Siebenbürgen, ein *Berg*, in der Hunyader Gespanschaft, 1¼ St. von dem Orte Gredistye entfernt.

Bravia, Lombardie, Provinz Lodi e Crema und Distr. VI, Codogno; siehe Castelnuovo Bocca d'Adda.

Brawlen, Schlesien, Troppau. Kreis, ein *Dorf*, mit böhmischen Einwohnern, zur Pfarre Schlatten und Hrsch. Wagstadt, nächst der Kolonie Neuhof, 5 St. von Troppau, Post Wagstadt.

Brawinkl, Oest. ob d. E., Mühl Kr., eine in dem Wb. B. Kom. und Ldgcht. Prandegg liegende zerstreute *Ortschaft*; siehe Prachwinkl.

Brawonin, Böhmen, Berauner Kr., eine *Ortschaft* bei Wottitz.

Braxancz, Brancsacz — Slavonien, Poségan. Gespansch., Ober. Bzk., ein *Dorf*, der Hrsch. Pakracz, nach Buch eingepfarrt, zwischen Oxcovacz und Grahovlyani, 1 Stunde von Pakracz, 3½ Stunde von Posega.

Braxmar, Tirol, Unter Inn- u. Wippthaler Kr., ein *Weiler*, zur Gemeinde Griess im Ldgcht. Sonnenburg gehörig.

Braz, Tirol, Vorarlberg, *Pfarrdorf* im Klosterthal, Landgcht. und Dekanat Sonnenberg, Post Dalaas.

Braza, Ungarn, Marmaros. Komitat; siehe Berezna.

Bráza, Breatza, Frauendorf, Borásza — Siebenbürgen, Fogaratsch. Distr., ein diess. des Alt Flusses am Gebirge lieg. von Walachen und Grenz-Soldaten bewohntes *Dorf*, mit einer griech. nicht unirten Pfarre und einem k. Dreissigstamte, 4 Stunden von Fogaras.

Brazda-Mühle, Mähren, Iglau. Kr., eine *Mühle* der Hrsch. Neureusch, mit einer Kapelle des heil. Kreutzes und einem Badhause, 1½ St. von Schelletau.

Brazdim, Alt-, Staryhbrazdim — Böhmen, Kaurž. Kr., ein *Dorf* d. Kammeral-Hrsch. Brandeis, 1½ Stunde von Brandeis.

Brazdim, Gross-, Welkybrazdim — Böhmen, Kaurž. Kr., ein neu errichtetes, sur Kammeral-Hrsch. Brandeis gehörig. *Dorf*, 1½ Stunde von Brandeis.

Brazdim, Neu-, Nowybrazdim — Böhmen, Kaurž. Kr., ein neuerbautes z. Hrsch. Brandeis geh. *Dorf*, 1½ Stunde von Brandeis.

Brazeez, Böhmen, Ellbogn. Kr., ein *Dorf* der Herrschaft Gieshübl; siehe Perglass.

Brazelle, Lombardie, Prov. Lodi e Crema und Distr. VI, Codogno; siehe Caselle Landi.

Brazná, Prassna — Böhmen, Beraun. Kr., ein *Dorf* d. Hrsch. Calumetz, südw. davon gelegen, 5 Stunden von Wotitz. Post Seltschan.

Brázova, Ungarn, jens. der Theiss, Krassov. Gespansch., Kapolnaer Bzk., ein walach. zur Hrsch. Facset gehör. k. *Kammeral-Pfarrdorf*, nahe am Bega Flusse, unweit Kurtya, mit 92 Häus. und 489 Einw., ½ Stunde von Kossova.

Brázova, Brasow — Siebenbürgen, Hunyad. Gespansch., Hatzeg. Kr., Klopotiver Bzk.,—ein der Familie Brazova gehöriges, nacı Klopotiva eingepfarrtes walacı. *Dorf*, 10 Stunden von Déva.

Brazzacco, Venedig, Prov. Friaul und Distr. II, S. Daniele; sieıe Moruzzo.

Brazzalengo, Lomıardie, Prov. Lodi e Crema und Distr. III, S. Angielo; sieıe Trivulzina.

Brazzana, Illirien, ein *Dorf* im Bez. Pingueute, zur Pfarre Sovignaco geh., in der Diöcese Triest-Capodistria, 6¼ St. von Pisino, Post Pingueute.

Brazzanighe, Tirol, Trienter Kr., ein *Weiler*, zur Gemeinde Vigalzano im Ldgchte. Pergine geh., Post Pergine.

Brazzoli, Lomıardie, Prov. Cremona und Distr. V, Robecco; s. Villanuova.

Brazzolo, Lomıardie, Prov. Mantova und Distr. XV, Revere; sieıe Quistello (S. Giovanni del Dosso).

Brazzuto, Lomıardie, Prov. und Distr. X, Milano; sieıe Settala.

Brch-Bresanov, Iillirien, Istrien, ein *Berg*, südw. von Pisino, 248 W. Klafter üıer dem Meere.

Brch-Czuleg, Illirien, Istrien, ein *Berg*, nordöstlicı vom Orte Cemino, 234 W. Klafter üıer dem Meere.

Brd, Kärnten, Krain, Adelsberger Kr., ein *Berg*, nordw. vom Dorfe Gernuth, 597 W. Klftr. ü. d. Meere.

Brdeczny, Böımen, Beraun. Kr., ein *Dorf*, der Hrsch. Tloskau; s. Prteczny.

Brdloch, Brloch — Böımen, Czasl. Kr., ein *Dorf*, unw. d. Stadt Przelautsch; zur Hrsch. Scıuscıitz geh., 2¼ Stunde von Czaslau.

Brdloch, Bierlocı — Böımen, Saazer Kr., ein *Dorf*, zur Hrsch. Cittolieb geh., mit einer Kircıe und einem obrigkeitl. Meierhofe, ¼ Stunden von Laun.

Brdloczez, Böımen, Ellbogner Kr., ein *Dorf*, der Hrsch. Pürles; s. Pürles.

Brdo, Kärnten, Klagenfurter Kr., ein *Berg*, unw. des Dorfes Ludmannsdorf, 307 W. Klafter üıer dem Meere.

Brdo, Alt-, Mäıren, Hradischer Kr., ein *Berg*, ¼ St. südöstl. von Roscıtin, 306 W. Klafter üıer dem Meere.

Brdo, Böımen, Bidsch. Kr., ein *Dorf*, zur Hrsch. Kumburg-Aulilitz, näcıst dem alten Scılosse Kumburg, 1 Stunde von Neupaka.

Brdo, Böımen, Chrud. Kreis, ein zur Hrsch. Ricıenıurg geh. *Dorf*, unweit dem sogenannten Gebirgsflusse, 5 Stunden von Cırudim.

Brdo, Böımen, Kaurz. Kr., ein *Meierhof*, der Hrsch. Unter-Brzezan, liegt hinter der Bergstadt Eule, 3 Stunden von Jessenitz.

Brdo, Böımen, Pils. Kr., ein *Dorf*, der Hrsch. Manetin geıör. und von diesem Stdtch. ½ St. entfernt, liegt gegen Norden, Post Ludıtz.

Brdly, Böımen, Pracıin. Kr., ein zur Stadt Pisek geh. *Meierhof*, Fost Pisek.

Bre, Lombardie, Prov. Padova und Distrikt VI, Teolo; sieıe Teolo.

Brè, Tirol, ein *Dorf*, am Ponal Bache, Kuratie der Pfarre und des Landgericıts Val di Ledro.

Brea, Illirien, Friaul. Görz. Kr., ein *Gebirgshof*, in der Gemeinde Bainfiza, der Hrsvh. Canale geh., 5¼ St. v. Görz.

Brealto, Venedig, Prov. Padova und Distr. XII, Piove; sieıe Correzzola.

Breasa, Sieıenıürgen, ein *Gebirg*, auf der Grenze zwiscıen dem Bistritzer Provinzial-Distrikte und der Doboker Gespanscıaft, ¼ Stunde von dem Orte Kutsma entfernt.

Breasa, Siebenbürgen, ein *Berg*, in der Inner-Szolnoker Gespansch., ¼ St. von dem Orte Emberfö entfernt.

Breatza, Siebenbürgen, Fogarascher Distrikt; sieıe Bratza.

Bréb, oder **Bribb**, Bribb — Ungarn, jens. d. Tıeiss, Marmaroser Gespansch., Kassoer Bzk., ein adel. walacı. *Dorf*, mit 76 Häus. und 713 Einw., einer eigenen griech. katı. Pfr., liegt an der Strasse von Szigeth nacı Felsö-Bánya, Post Kapnik.

Brebbia Cassina, Lomıardie, Provinz Milano und District III, Bollate; sieıe Bollate.

Brebbia Cassina, Lombardie, Provinz und Distr. II, Milano; s. Terzago.

Brebbia, Lomıardie, Prov. Como und Distr. XVI, Gavirate, eine aus unten angezeigten Bestandtheilen ıesteıende, nacı S. Pietro in Breııia inferiore gepfarrte, südöstlicı gegen Gavirate zerstreut liegende *Gemeinde*, 4 Mıgl. von Gavirate. Die Bestandtheile sind:

Brebbia inferiore, Brebbia superiore, Bozza, Casa nuova al Ronco, Ghigerlina inferiore e superiore, Marturo, Motti Sopra, Motti Sotto, Schweizereien. — Motti, Puvione, Ronco, Meiereıen. Mulino della Bozza, Mulino nuovo, Mulino Pıonc, Ronchae, Mühlen.

Brebbia, inferiore e super., Lombardie, Prov. Como u. Distr. XVI, Gavirate; siehe Breııia.

Brebenyi, Ungarn, Kövarer Distr.; sieıe Brebfalva.

Breberspitz, Steiermark, Judenburger Kreis, ein *Berg*, nordwestl. vom Dorfe Krakau, 1442 W. Klafter über dem Meere.

Brebfalva, oder Prébfalva, Ehrendorf, Brebényi — Ungarn, Kövar. Dıstrikt, ein im Gebirge lieg., mehren Domin. gehör. walach. *Dorf*, mit einer griech. kathol. Pfarre, 6 Stunden von Nagy–Somkút.

Brébi, Ungarn, Mitt. Szolnok. Komt.; siehe Bred.

Breborniczá, Kroatien, jenseits der Save, Karlstädter General. Bodachk. Bzk., ein zum Szluin. Grenz-Reg. Kanton Nr. VI, geh. *Ortschaft*, mit 12 Häusern, 2 Stunden von Voinich.

Brebounza, Illirien, Krain, Lai). Kr., ein *Dorf*, mit 17 Häus. u. 84 Einw., zur Gemeinde Tratta geh., Post Bischof-Lack.

Brecchia, auch Brescia — Lombardie, Prov. Como und District II, Como, eine *Gemeinde-Ortschaft* und *Meierei*, mit einer Pfarre S. Cassiano und Gemeinde-Administration, grösstentheils in der Ebene lieg., 2 Migl. von Como. Zu dieser gehören:
Carpone, Cesluscio, Fontana, Lovesone, Pratlino, Meiereien. — Cesate, Lazzago, Leno, Rondineto, Villen.

Breccia, Lombardie, Prov. Como und Distr. II, Como; siehe Brecchia.

Breccia, Lombardie, Prov. Como u. Distr. XVIII, Cuvio; siehe Cittiglio.

Breccia, Lombardie, Prov. u. Distr. XVIII, Cuvio; siehe Gemonio.

Breccejowce, Ungarn, Zempl. Komt.; siehe Berethö.

Brech, Illirien, Istrien, ein *Berg*, nordwestl. von Momiano, 166 W. Klft.

Brech Fluss, Illirien, Unter Krain, entspringt oberhalb Weichselburg, und ergiesst sich in die Gurk.

Brech, Illirien, O. Friaul, Görzer Kr., eine kleine zum Dorfe Cau zugetheilte *Ortschaft*, d. Hrsch. Canale, 5 Stunden. von Görz.

Breckow, Mähren, Znaim. Kr., ein *Dorf*; siehe Tröschau.

Breczan, Ungarn, diess. der Donau, Neutr. Gespansch., Bajmócz. Bzk., ein den Grafen Pálffy geh. *Dorf*, mit einer eigenen Pfarre, neben dem Neutra-Flusse, gegen O. 1 St. von Prividgye.

Brecziowcze, Ungarn, Sáros. Komt.; siehe Beretö.

Bréd, Bredendorf, Brely — Ungarn, Mitt. Szolnok. Gespansch., Inn. Kr., Zilai. Bzk., ein den Grafen Andrásy geh., im Thale zwischen *Waldungen* liegend. walach. *Dorf*, mit einer griech. kathol. Pfarre und einem Postwechsel, an der Strasse nach Hermannstadt, zwischen Zilai u. Nagy-Egregy, Postamt.

Breda, Venedig, Prov. und Distr. I, Treviso, ein unweit vom Flusse Zero und den Gemeinden Villanova und Vorago entfernt liegendes, vom Flusse Musestre begrenztes *Gemeindedorf*, mit Vorstand und Pfarre, 2 Oratorien, dann 3 Papier-Mühlen in der Villa Saletto. 1¼ Stunden von Treviso. Mit:
Pero, Saletto, Villen. — Sacil, Villa del Bosco S. Bartolomeo, Gemeindetheile.

Breda, Venedig, Prov. Treviso und Distr. V, Serravalle; siehe Fregona.

Breda, Lombardie, Prov. Cremona und Distrikt IV, Pizzighettone; siehe Breda de' Bugni.

Breda, Lombardie, Prov. Mantova und Distr. VII, Canneto; siehe Casalromano.

Breda, Lombardie, Prov. Lodi e Crema und Distr. VI. Codogno; siehe Castel nuovo Bocca d' Adda.

Breda, Lombardie. Prov. Mantova und Distr. V, Castiglione delle Stiviere; s. Castiglione delle Stiviere.

Breda, Lombardie, Prov. Mantova und Distr. V, Castiglione delle Stiviere; s. Cavriana.

Breda, Lombardie, Prov. Cremona u. Distr. IV, Pizzighettone; s. Grumello.

Breda, Lombardie, Prov. Mantova und Distr. VIII, Marcaria; siehe Marcaria.

Breda, Lombardie, Prov. Cremona und Distr. II, Soncino; siehe Romanengo.

Breda Azzolina, Lombardie, Provinz Cremona u. Distr. VII, Casal Maggiore; siehe Rivarolo del Re.

Bredach, Illirien, Krain, Laibacher Kr., ein *Dorf* mit 8 Häus. und 47 Einw. zur Gemeinde Radmansdorf gehörig.

Breda de' Bugni con Castagnino secco, Lombardie, Provinz Cremona und Distr. IV, Pizzighettone, ein *Gemeindedorf* mit Vorstand und Pfr. S. Arcilelao und Kapelle, einem verfallenen Bergschlosse u. einem Palast, 1 St. von Cremona. Dazu gehören:
Breda, Dosso, Fossadoldo, kleine Schweizereien.

Breda Cassina, Lombardie, Prov. Bergamo und Distr. X, Treviglio; siehe Calvenzano.

Breda Cisoni, Lombardie, Provinz Mantova und Distr. XI, Sabbionetta; s. Sabbionetta.

Breda Franca, Lombardie, Prov. Brescia und Distr. XII, Orzinovi; siehe Pompiano.

Breda Guazzona, Lombardie, Provinz Cremona und Distr. VIII, Piadena; ein *Gemeindedorf* der Pfarre S. Pietro zu Cà d' Andrea (Distr. IX, Pescarolo) zugetheilt, mit einer Gemeinde-Deputation von dem Parma- und Brescia-Gebirge, den Flüssen Oglio und Po u. dem Garda-See begrenzt, 1 Stunde v. Piadena. Dazu gehören:
Gattarolo Ronscrio, Villa — Gattarolo Capelline, kleine Schweizerei.

Breda libera, Lombardie, Provinz Brescia und Distr. XI, Veroia nuova; siehe Verola nuova.

Breda Iunga, Lombardie, Provinz Cremona und Distr. IV, Pizzigiettone, ein *Gemeindedorf*, mit seinen Gemeindeteilen den Pfr. S. Andrea zu Cà nuova del Morbasco, S. Mar. Maddalena zu Cava Tigozzi und SS. Nazaro e Celso zu Sesto gepfarrt, einer Kapelle und Gemeinde - Deputation, 2½ Stunde v. Cremona. Dazu gehören: *Barozzo, Breda, Lunghine, Pandolfa Forre, Pandolfa Ropuzzi, kleine Schweizereien.*

Breda Lunghina, Lombardie, Provinz Cremona und Distr. IV, Pizzighettone; siehe Sesto.

Breda d' Ora, Lombardie, Provinz Cremona und Distr. V, Robecco; siehe Casal Signone.

Breda Palavicini, Lombardie, Prov. Cremona und Distr. III, Soresina; siehe Casal Morano.

Bredau, Bredowka — Böhmen, Königgrätzer Kr., ein zur Hrsch. Geyersberg geh. Dorf, 7 St v. Hohenmauth.

Bredazze, Lombardie, Provinz und Distr. I, Cremona; s. Torre de' Berteri.

Brede, Lombardie, Prov. Lodi e Crema u. Distr. VIII, Crema; s. Porta Ombiano.

Brede, Lombardie, Prov. Mantova und Distr. XIV, Gonzaga; siehe S. Benedetto.

Brede, Lombardie, Prov. Mantova und Distr. XII, Viadana; siehe Viadana.

Brede, Corte di, Lombardie, Prov. Mantova und Distr. XIV, Gonzaga; s. S. Benedetto (Brede).

Bredendörf, Siebenbürgen, Mitter Szolnok. Komt.; siehe Bréd.

Bredendorf, Ungarn, Zarand. Komitat; siehe Vallyebrod.

Bredenzel, Siebenbürgen, Hunyad. Komt.; siehe Bradatzel.

Brederis, Tirol, Vorarlberg, ein *Dorf* nächst Rankweil, Filial dieser Pfarre, Ldgcht. Feldkirch, ehemals G. Rankweil. 2 Stunden von Feldkirch.

Bredig, Tirol, *Berg* bei Galthür am Trofanabache.

Breding, Steiermark, Grätz. Kr., ein zum Wb. B. Kom. Minichhofen geh. und der Hrsch. Oberflednitz unterthän. *Dorf*, nach Weitz eingepf., am Weitzbache gegen N., 3 Stunden v. Gleisdorf, ½ St. von Weitz.

Bredl, Illirien, Unt. Kärnten, Klagenf. Kr., eine zur Ldgrchts. Hrsch. Kreug u. Nussberg geh. *Gegend* 2 Stunden ober St. Veit.

Bredluez, Böhmen, Chrud. Kr., eine *Munizipalstadt* zur Hrsch. Pardubitz; s. Przelautsch.

Bredowka, Böhmen, Königgr. Kreis, ein *Dorf* der Hrsch. Geyersberg; siehe Bredau.

Bredozzane, Lombardie, Prov. Lodi e Crema und Distr. VI, Codogno; siehe Rocco al Porto.

Breg, Illirien, Ob. Krain, Laibacher Kr., ein zur Wb. B. Kom. Hrsch. Laak geh. *Dorf* in d. Ebene am Saustrome, mit einer Filialkirche, nach St. Martin eingepfarrt, ¾ Stunden von Krainburg.

Breg, Illirien, Ob. Krain, Laib. Kreis, ein z. Wb. B. Kom. Hrsch. Egg ob Krainburg geh. nach Höflein eingepf. *Dorf* am Kankerfl., 2 Stunden von Krainburg.

Breg, Illirien, Ob. Krain, Laibach. Kr., ein im Wb. B. Kom. der Hrsch. Flädnig lieg., mehreren Obrigkeiten geh. *Dorf*, gegen O., in die Kommende St. Peter eingepfarrt, 3 Stunden von Krainburg.

Breg, Illirien, Unt. Krain, Neustädtl. Kr., ein zur Wb. B. Kom. Hrsch. Treffen geh. *Dorf* zwischen der Karlstädterstrasse und dem Bache Temenitz, unter der Hrsch. Landpreiss, 2¼ Stunde von Neustädtl.

Breg, Illirien, Adelsb. Kr., eine *Ortschaft* mit 14 Häus. und 90 Einw., zur Gemeinde Pressen gehörig.

Breg, Illirien, Krain, Neustädtl. Kr., ein *Dorf* mit 4 Häus. und 23 Einw., zur Gemeinde Obergurk gehörig.

Breg, Illirien, Krain, Neustädtl. Kreis, ein *Dorf* mit 7 Häus. und 30 Einw., zur Gemeinde Grossgaber gehörig.

Breg, Illirien, Unt. Krain, Neustädtl. Kr., ein *Gut* u. *Dorf* in dem Wb. B. Kom. Reifnitz; siehe Wilingrain.

Breg, Illirien, Unt. Krain, Neustädtl. Kr., ein *Dorf* der Hrsch. Sittich; siehe Skoflo.

Breg, Illirien, Unt. Krain, Neustädtl. Kr., ein zur Wb. B. Kom. Hrsch. Sittich und Hrsch. Weissenstein gehör. *Dorf* an dem Fl. Temaniz, ob dem Dorfe Straine, 2 Stunden von Pesendorf.

Brega, Catta, Lombardie, Prov. Lodi e Crema und Distr. VI, Codogno; siehe Codogno.

Bregamasca, Lombardie, Provinz Pavia und Distr. VIII, Abbiategrasso; siehe Magenta.

Bregamina, Lombardie, Prov. Pavia und Distr. VIII, Abbiategrasso; siehe Bareggio.

Bregana, Lombardie, Prov. Como u. Distr. XXII, Tradate; siehe Carnago.

Bregana, Kroatien, diess. der Save, Agram. Gespansch., Cis-Colapian. Bzk., ein *Dorf* in der Ebene am Bregan Flusse, welcher durch die grossen Wasserfälle mehrere Mahlmühlen in Bewegung setzt. Diese Besitzung grenzt mit dem Herzogthume Krain, 4 Stunden von Agram.

Breganicza, Kroatien, Agram. Gespanschaft, im Bzk. diess. der Kulpa, eine zur Gemeinde Szlanidod gehörige, nach Zamobor eingepfarrte *Ortschaft* mit mehren Mahlmühlen an dem Bregana Flusse, 2 Stunden von Jászca.

Bregano, Lombardie, Prov. Como u. Distr. XVI, Gavirate, ein nach S. Lorenzo zu Biandrone gepfarrtes *Gemeindedorf,* mit Vorstand, unweit Biandrone, 2 Migl. von Gavirate.

Breganze, Venedig, Prov. Vicenza und Distr. V, Marostica, ein *Gemeindedorf,* mit Vorstand und Pfarre Beata Vergine Assunta, dann 7 Oratorien, am Rükken kleiner Hügel, 1 Stunde von Marostica. Mit:

Castelletto, Porciglia, Riva, Gemeindetheile

Bregarella, Lombardie, Prov. und Distr. I, Milano; siehe Corpi S. di Porta Romana.

Bregazzo, Tirol, Vorarlb. Kr., eine *Ortschaft* bei Riva.

Breg-Benczov, Kroatien, Warasdiner Gespansch.; siehe Benczov-Breg.

Bregchische Mühle, (Adalbert-), Böhmen, Rakon. Kr., eine zum Gute Tuchomierzitz gehörige *Mühle,* $\frac{1}{4}$ St. von dem Dorfe Hinter-Kopanina, $1\frac{3}{4}$ Stunden von Prag.

Bregchische Mühle, (Karl-,) Böhmen, Rakon. Kr., eine z. k. k. Staatsgute Tuchomierzitz geh. *Mühle* gegen d. z. Wischehrad geh. Dorf Koxorž, $\frac{1}{4}$ St. von dem Dorfe Hinterkopanina, $1\frac{3}{4}$ Stunden von Prag.

Bregchowitz, (Pila-,) Böhmen, Prachin. Kr., ein einzelnes *Haus,* welches zum Dorfe Wonschowitz und zum Gute Tschkin gehört, hinter dem Dorfe Wonschowitz liegt, und gegen N. an dem Dorfe Putkau angrenzt, $5\frac{1}{4}$ Stunde von Strakonitz.

Brege, Illirien, Neustädtl. Kr., ein *Dorf* mit 41 Häus. und 212 Einwo., zur Gemeinde Zürkle zählend.

Bregenz, Bregenzer-Ach — *Fluss,* Tirol, Vorarlberg, entspringt oberhalb dem Dorfe Schröcken auf dem Tannberge, krümmt sich in nordwestlicher Richtung durch den langen, von hohen Bergen umschlossenen Bregenzerwald und ergiesst sich fast $\frac{1}{2}$ Meile westlich von der Stadt Bregenz, nach einem meist nordwestlichen Laufe von ungefähr 6 Meilen, zwischen Mehrerau und Hard in den Bodensee. Die B. führt das Bau- und Brennholz des Bregenzerwaldes, besonders Millionen von Rebstöcken, in den See.

Bregenz, Tirol, Vorarlberg, eine *Stadt* im gleichnamigen Kreise am Bodensee,

eine der ältesten Städte Deutschlands, und ein wichtiger Handelsplatz. Sie besteht aus der obern und untern Stadt; jene, die eigentliche ummauerte alte Stadt, die sich den Hügel hinanzieht, ist hässlich und alt; sie ist das alte Brigantium der Römer; die untere, rauscher gebaute Stadt, ist ganz offen, und wird eigentlich aus den am See gelegenen Vorstädten gebildet. Die reizende Lage begünstigt zugleich den Handel. Die Gegenstände desselben sind vorzüglich: Getreide, Fettwaaren, Nutzvieh, Holz, Alpenhütten, die zu Schiffe nach der Schweiz geführt und dort mit 7 — 800 fl. bezahlt werden. Die Vieh- und Obstbaumzucht ist bedeutend, nur der Wein gedeiht hier schlecht. Zu den übrigen Nahrungszweigen gehören: Die Benutzung der Waldungen, dann Garnspinnerei, Linnen-, Kattun-. Musselin-, Battist-Webereien und Stickereien, womit sich hier vorzüglich das weibliche Geschlecht beschäftiget; auch sind in der Nähe einige Eisenhütten und ein Steinkohlenbergwerk. B. hat 283 Häus. u. 4000 Einwohner, eine Dekanatspfarre, ein Kapuziner-Manns-, und ein Dominikaner-Frauenkloster, eine Hauptschule und ist der Sitz des Kreis-, eines Hauptzoll-, Salz- und Postamtes, einem Forst- und Rentamte und einer Buchdruckerei, dann eines Landgerichtes. Das alte Bergschloss Hohenbregenz trägt Spuren röm. Bauart. Bregenz hat viele Streiche des Schicksals erlitten, und ist einige Male zerstört worden; von einer der Belagerungen, die es ausgestanden, schreibt sich die Geranci, dass im Winter, Abends dem anrufenden Nachtwächter, mit dem Worte Ehrguta geantwortet wird, zu Ehren einer Frauensperson dieses Namens, welche vorhandenen Urkunden nach, die Stadt im Jahre 1407 dadurch rettete, dass sie ihren Mitbürgern den Anmarsch der Schweizer verrieth, welche einen Ueberfall auf die unvorbereiteten Bregenzer verabredet hatten, und dann nach einer hartnäckigen Belagerung unverrichteter Sache wieder abziehen mussten. Postamt mit:

tinau, Hof, Helmisau, Holz, Haselstauden, Mettlersdorf, Hirscherk, Hirschau, Hinterberg, Hohenegg, Hopfreben- Baad, Ittenberg, Kerten, Kohlegg, Kenelbach, Krumbach, Kuhn, Klaus, Langen, Lerchenau, Lochau, Lautrach, Leiten, Leitenhofen, Leiblach, Langenegg, Liesenbach, Lustenau, Lingenau. Loch, Miselbach, Mühle, Mellau, Meistern, Mittelberg auch Walserthal, Mörc+an, Mittelweterburg, Moggers. Muselbach, Nannen, Nederau, Oberdorf, Oberstels, Ried, Rickenbach, Renthe, Rente Baad, Rhindorf, Riedlberg, Remen, Rietslern, Rieden, Rifensberg, Rein, Ramsach, Springen, St. Johann Hochst, Schneider, Stallers, Stalden, schöne Büchl, Sulsberg, Schwarzach, Schnelzhütten, Schnareutte, Schwarzenberg, Sibratsgfäll, Schönbach, Schnepfau, Schopernau, Schans auch Walserschanz, Sagen, Trogen, Tanner, Unterlitten, Vorkloster, Vözen, Wiesenrhein, Werlen, Walserthal auch Mittelberg, Walserschanz, Wolfurt, Weienried, Velenried, Weidach, Wellenstein, Verg, Ziegelbach, Zwing.

Bregenzer-Achbrücke, Tirol, Vorarlberg, ein kleiner *Ort* und Weggeldamt an der Brücke nächst Bregenz, auf der Strasse nach Feldkirch.

Bregenzerklause, Tirol, Vorarlberg, eine Viertelstunde von Bregenz, ein vormals fester *Pass*, bestehend in drei Strassensperren, der Unnoth, d. hohen Klause und d. Pulverthurmes. Alles was hierdurch nach der Schweiz will, muss denselben passiren. Hart an dieser Klause ist einer der schönsten Punkte, wo man den Bodensee bis nach Konstanz mit seinen reizenden Ufern übersieht. Eine kleine offene Halle, die hier auf den ehemaligen Verschanzungen erbaut wurde, gewährt dem Reisenden einen ungestörten Genuss dieser schönen Gegend.

Bregenzerwald, Tirol, Vorarlberg, ist das von der Stadt oder dem Flusse Bregenz genannte *Bergland*, welches an der Bregenz bis an die Quellen der Iller, des Lechs und den Arlberg hinaufzieht. Der B. theilt sich übrigens in den innern und äussern oder vordern Wald, dessen Bewohner nicht unbedeutende Gemeinden bilden, Inner- und Vorderwälder genannt werden. Dieses Bergland, das weder in malerischer noch in volksthümlicher Hinsicht bisher genau gewürdigt worden ist, hat es aus der Vorzeit den Benediktinern zu Mehrerau zu verdanken, dass es aus urbaren Strecken bestet. Sie liessen die Wälder lichten, und zogen die weidereichsten Thalgründe hervor. In dieser Gegend macht man die besten Käse, welche den schweizerischen nahe kommen, auch gibt es hier eine Fabrik von Kautschak. Von hier wird mit Rebstöcken und hölzernen Gefässen zum Weinbau, dann Schindeln und Dielen nach der Schweiz und ins Badensche ein lebhafter Handel getrieben.

Breg-Gregurichev, Kroatien, Agram. Gespansch. im Bezk. diess. der Kulpa, eine zur Gemeinde Rakovicza u. Pfarre Szamobor geh. *Ortschaft*, 2 Stunden von Jaszka.

Bregh, Illirien, Istrien, Mitterb. Kr., ein *Dorf* im Bezirke Pinguente, zur Curatie Racizze gehör., in der Diöces Triest Capod'istria, 4 Stunden von Pisino.

Breghena, Tirol, Trienter Kr., *Dorf*, ob Livo, Filial dieser Pfarre, Ldgrcht. Cles, jedoch am Sulzberg gelegen.

Breghi, Civium — Kroatien, diesseits der Save, Kreutz. Gespansch., Podrav. Bzk., mit 171 Häus. und 1419 Einw., einer eigenen Pfarre, Kirche und Normalschule, am Bache Kaproncza, ½ Stunden von Kaproncza.

Breghi, Cotonorum — Kroatien, diess. der Save, Kreutz. Gespanschaft, Mont. Claud. Bzk., ein dem Agram. Bisthum geh. *Dorf*, mit 142 Häus. und 1678 Einwohnern, einer Pfarre, Kirche und herrschaftlichem Zollhause, 4 Stunden von Dugoszello.

Breg-Hmelinov, Kroatien, Warasdiner Gespansch.; siehe Hmelinov-Breg.

Bregigia, Lombardie, Prov. Pavia u. Distr. VIII, Abbiategrasso; siehe Ozero.

Bregi-Martinkovichevi, Kroatien, Warasdin. Gespansch.; siehe Martinkovichevi-Bregi.

Bregi-Rihtarovi, Kroatien, Warasdiner Gespansch.; siehe Rihtarovi-Bregi.

Bregi-Skerlehevi, Kroatien, Warasdiner Gespansch.; siehe Skerlehevi-Bregi.

Breg-Kerlesov, Kroatien, Warasd. Gespansch.; siehe Kerlesov-Breg.

Bregl, Böhmen, Rakon.Kr., ein obrigkeitlicher *Hof* mit einer Forstbeamtenwohnung im Thiergarten, gegen N. an Rudda stossend, zur Hrsch. Pürglitz geh., 1½ Stunde von Rentsch.

Breglia, Lombardie, Prov. Como und Distr. IV, Menaggio, eine aus den Dörfern Villa und Maggio bestehende Gemeinde mit Vorstand und Pfarre S. Gregorio in Villa, in einer Gebirgsgegend, 3½ Migl. von Menaggio.

Breglow, Böhmen, Beraun. Kr., eine einzelne *Mühle* und Wirthshaus an dem Flusse Sazawa unw. Trinitz u. Podielin zur Hrsch. Lescian, 3½ Stunde v. Bistritz.

Breglow, Böhmen, Jungb. Kr., ein *Dorf* zur Hrsch. Münchengrätz; siehe Breilow.

Breg-Lugarzki, Kroatien, Warasdiner Gespansch.; siehe Lugarzki-Breg.

Breg-Maczanov, Kroatien, Warasdiner Gespansch.; s. Maczanov-Breg.

Breg-Markussev, Kroatien, Warasdiner Gespansch.; siehe Markussev-Breg.

Bregnano, mit den Dörfern Buginate, S. Giorgio und S. Michele — Lombardie, Prov. Como und Distr. I, Como, eine aus obgenannt. Dörfern bestehende Gemeinde-Ortschaft mit einer Pfarre S. Michele, und Gemeinde-Deputation in einer Ebene an der reissenden Lura, 8 Migl. v. Como. Hieher gehören:
Cassina Mangiardi auch Mangiardi, kleine Villa — S. Rocco, kleine Meierei.

Bregosa, Lombardie, Prov. Milano und Distr. IX, Gorgonzola; s. Pessano.

Bregosina, Tirol, Vorarlberg. Kreis, eine Ortschaft, bei Riva.

Bregovecz, Kroatien, Warasdiner Komt., ein Dorf mit 42 Häus. und 212 Einwohnern.

Bregovich, Kroatien, diesseits der Save, Warasd. Gespansch., im Ob. Campester Bzk., ein der Gemeinde Jerovecz und Pfarre Ivanecz einverleibtes Dorf, 4 Stunden von Warasdin.

Bregowitz, Böhmen, Berauner Kr., eine Ortschaft, bei Bistritz.

Bregrad, oder Piegrad — Illirien, Ob. Kärnten, Villach. Kr., ein Burgfried, Wb. B. Kom. Herrschaft und Schloss, mit 10 Häus. und 60 Einw. und einem Meierhofe, wird mit der Hrsch. Osiach verwaltet, 3 Stunden von Villach.

Breg-Shipachki, Kroatien, Agram. Gespansch., im Bzk. diess. der Kulpa, eine zur Gemeinde Draganich geh. Ortschaft mit einer eigenen Pfarre, 1 Stunde von Karlstadt.

Breguz V. di., Tirol, Roveredo Kr., That am Arno Bach, Ldgrcht. Tione in Judicarien.

Breguzzo, Tirol, Rover. Kr., ein z. Markgrafthum Judicarien geh. unter der Pfarre Tione stehendes Dorf, 13 St. von Trient.

Breher, oder Breker Mühle — Böhmen, Königgr. Kr., eine einzelne Mühle an dem Dorfe Miestez z. Hrsch. Oppotschna geh., 4 Stunden von Königgrätz.

Brehovecz, Kroatien, Agram. Gespanschaft, im Bzk. diess. der Kulpa, eine z. Gemeinde und Pfarre Patrovina gehörige Ortschaft, mit einem adel. Hofe, 1½ St. von Jászka.

Brehy, Ungarn, Bars. Komt.; siehe Margosparth.

Breil, Böhmen, Rakonitzer Kr., eine Ortschaft, 5 Stunden von Horosedl.

Breilow, Breglow — Böhmen, Jungbunzlauer Kr., ein zur Herrsch. Münchengrätz gehör. Dorf, 2 Stunden von Münchengrätz.

Brein, in der Prein, Oest. u. d. E., V. U. W. W., ein zur Herrsch. Reichenau geh. Dorf im Gebirge, an der steiermärk. Grenze, nach Schottwien eingepf., 4 St. von Schottwien.

Breineck, Steiermark, Judenb. Kr., ein Dorf im Bzk. Haus, zur Hrsch. Gstatt, Pfarre Schladming und St. Peter dienstbar, mit 30 Häus. und 128 Einw., nach Haus eingepfarrt.

Breiniksham, Oest. ob d. E., Inn Kr. ein zum Ldgrcht. Ried geh., nach St. Marienkirchen gepfarrter Weiler, 1¼ St. von Ried.

Breiningsdorf, Oest. ob d. E., Inn Kr., ein Dörfchen zum Ldgrcht. Obernberg geh., nahe bei Lamprechten, wohin es eingepf. ist, 3 Stund. v. Schärding.

Breinlesberg, Oest. u. d. E., V. O. W. W., 2 der Hrsch. Ulmerfeld gehör. Bauernhäuser, zwischen Neuhofen und Alhardsberg, 3 Stunden von Amstädten.

Breinröd, Breinröth — Oest. ob der E., Inn Kr., ein zum Ldgcht. Mattighofen (im flachen Lande) geh. Weiler, in einer unwirthbaren Gegend, zur Pfarre Pöndorf gepfarrt. 3 St. von Neumarkt, 3 Stunden von Frankenmarkt.

Breinröth, Oest. ob d. E., Hausruck Kr., ein ein zum Wb. B. Kom. Cistersheim geh., der Hrsch. Steinhaus dienstbares Dorf, nach Meggenhofen eingepf.

Breinröth, Oest. ob d. E., Inn Kr., siehe Breinröd.

Breinröth, Oest. ob d. E., Inn Kreis, ein der Kaal. Hrsch. Friedburg gehörig. Dorf, 2 Stunden von Frankenmarkt.

Breinsberg, Steiermark, Grätz. Kr., eine Gegend im Bzk. Kahldorf und Pfarre Ilz, zum Gute Lidlhof zehentpflichtig.

Breinscheg, Steiermark, Cill. Kr., ein Dorf im Wb. B. Kom Stattenberg; siehe Breinshegi.

Breinthal, Oest. u. d. E., V. U. W. W.; siehe Schwarzau im Gebirge.

Breiseck — Steiermark, Grätz. Kr., ein zum Wb. B. u. Herrsch. Stainz geh. Dorf, mit einer Pfarre ober Stainz, 6¾ Stunden von Grätz.

Breiseck, Steiermark, Grätz. Kreis, ein Dorf, der Herrsch. Stainz; siehe Breisberg.

Breisenberg, Oest. ob d. E., Inn Kr., ein Dorf des Pfleggrcht. Wildsrut, nach Geretsberg eingepfarrt.

Breit, Steiermark, Grätz. Kr., eine Gegend im Bzk. Thannhausen, nach Weitzberg eingepfarrt.

Breitach-Bach, Name des Iller Fl. von seinem Ursprunge im Walser Thal, ehemaligen Ldgchts. Mittelberg an bis Obersdorf, wo er nach der Vereinigung mit der Stillach den Namen Iller annimmt.

Breitau, Siebenbürgen, Mediascher Stuhl; siehe Paratély.

Breitau, Oest. ob d. E., Inn Kr., ein zum Ldgchte. Weizenkirchen geh. beträchtl. Dorf am Breitauerholze und d. Breitauerbachl, mit einer Mühle, pfarrt nach Baierbach, 1½ St. v. Baierbach.

Breitbrunn, Oest. ob d. E., Salzburger Kr.; siehe Braitbrunn.

Breitbrunn, Oest. ob d. E., Traun Kr., ein *Dorf* im Wb.B. Kom. Freiling; siehe Braitbrunn.

Breite, Böhmen, Tabor. Kr., ein *Berg*, an der Grenze zwischen Böhmen und Oesterreich, bei Neu-Bistritz.

Breiteben, Tirol, Botzner Kr., ein *Weiler*, zur Gemeinde St. Martin im Ldgch. Passeier.

Breiteck, Steiermark, Grätz. Kr., eine *Gegend* im Steinmüllner-Graben.

Breiteck, Steiermark, Grätz. Kr., eine *Gegend* im Bzk. Stadl, zur Hrsch. Landsberg zehentpflichtig, nach St. Ruprecht eingepfarrt.

Breiteckberg, Steiermark, Grätzer Kr., eine *Weingebirgsgegend* zur Hrsch. Münchhofen dienstbar.

Breiten, Steiermark, Grätz. Kr., eine dem Magistr. zu Fürstenfeld unterthän. *Ortschaft*, mit 41 Häusern und 199 Einwohnern, an der untern Seite d. Stadt, gegen Dietersdorf, ½ St. v. Fürstenfeld.

Breitenaich, Oest. ob d. E., Inn Kr., ein an d. Landstr. von Schärding nach Ried lieg., unt. d. Ldgch. Obernberg geh., nach St. Martin eingepfarrt. *Weiler*, 2¼ Stunde von Ried.

Breitenaich, Oest. unt. d. E., V. O. M. B., ein *Dorf*, mit 62 Häus., z. Pfarre und Ortsobrigk. Horn, mit einer Conscriptionsherrschaft. Post Horn.

Breitenaich, Oest. u. d. E., V. O. W. W., ein *Dorf*, mit 4 Häus. u. 30 Einw. am rechten Ufer der Erlat, zur Pfarre und Conscriptionshrsch. Petzenkirchen und Ortsobrigk. Melk gehörig.

Breitenau, Steiermark, Brucker Kr., ein zur Wb. Bzk. Kom. Hrsch. Pernegg geh. *Dorf*, mit einer Pfarre, nächst Stanz, 3½ Stunde von Kettelstein.

Breitenau, Siebenbürgen, Unter-Thorenburg. Kom.; siehe Sütmeg.

Breitenau, Braten — Schlesien, Troppauer Kr., ein *Pfarrdorf*, zu den Jägerndorfer Kammergütern gehörig, bei Markersdorf, am Goldflusse, 2 Stunden von Freudenthal.

Breitenau, Steiermark, Grätzer Kr., eine *Gemeinde* des Bezirkes Gutenberg, zur Hrsch. Gösting und Eibiswald dienst-

bar, mit 29 Häusern und 118 Einwohnern; siehe Preitenau.

Breitenau, Oest. ob d. E., Hausr. Kr., eine Wb. B. Kom. *Herrschaft* und *Dorf* von 9 Häusern, mit einem Kloster, nach Benewang eingepfarrt, am Benewanger Bachel, gegen O. an Schmidsburg, gegen W. an Wisham, 1 Stunde von Lambach.

Breitenau, Oest. ob d. E., Traun Kr., ein zum Wb. B. Kom. Grossraming zu Weier geh., der Hrsch. Weier urbares *Dorf*, pfarrt nach Gaflenz.

Breitenau, Oest. ob d. E., Hausr. Kr., ein im Wb. B. Kom. Engelhartzell lieg. *Dorf* der Hrsch. Engelhartzell, nach Weidenholz geh., in der Kössla, welche Gegend vom Küsslabache und d. Donau eingeschlossen ist, nach Aegidi eingepf., 4¼ Stunde von Baierbach.

Breitenau, Preitenau — Oest. unt. d. E., V. U. W. W., ein der Hrsch. Froschdorf geh. *Dorf* mit 38 Häusern und 370 Einw., oberhalb Schwarzau am Steinfelde, unweit d. Schwarza Fl., 1¼ Stunde von Neunkirchen.

Breitenau, Oest. ob d. E., Traun Kr., ein *Zerren-* und *Streckhammerwerk* bei Molln.

Breitenau, Oest. ob d. E., Inn Kr., ein zum Ldgch. Weizenkirchen geh. *Weiler*, an der Vicinal-Strasse nach Engelhärdszell, nach St. Egidi eingepf., 3¼ Stunden von Ried.

Breitenbach, Steiermark, Grätzer Kr., eine zur Wb. B. Kom. Hrsch. Piber geh. *Gebirgsgegend* von 46 zerstreuten Häusern und 282 Einwohnern, nach Kainbach eingepfarrt, 9 Stunden von Grätz.

Breitenbach, Böhmen, Ellbogn. Kr., ein *Silberbergwerk*.

Breitenbach o. Dirnowitzer Wirthshaus — Mähren, Brünn. Kr., ein *Wirthshaus* mit einigen Nebenhäusern, zum Gute Dirnowitz, an der Poststr., 2½ St. von Goldenbrunn.

Breitenbach, Steiermark, Grätzer Kr., ein zum Wb. B. Kom. und Hrsch. Waldegg geh., nach Kirchbach eingepf. *Dorf*, 5 Stunden von Grätz.

Breitenbach, Schrane, vulgo Schrane-Breitenbach — Tirol, der jens. des Inn gelegene Theil des Ldgchts. Rattenberg, hatte vor Zeiten seine eigene Gerichtsbarh. u. gehörte als Pfandschaft den Inhabern der Hofmark Matzen.

Breitenbach, Ober-, Steiermark, Cill. Kreis, eine *Gemeinde* des Bezirks Windisch-Feistritz, zur Hrsch. Burg und Dechantei Feistritz und Ober-Putsgau dienstbar, mit 27 Häus. und 151 Einw., naci St. Martin am Bacie eingepfarrt.

Breitenbach, Unter-, Steiermark, Cill. Kr., eine *Gemeinde* des Bezirks Windisci-Feistritz, zur Hrsch. Gonowitz, Grünerg u. Granichsfeld dienst)ar, mit 32 Häus. und 124 Einw., naci St. Martin am Bacie eingepfarrt.

Breitenbach, Steiermark, Grätzer Kr., ein *Dorf* im Bezirke Lanach, mehreu Hrsch. dienstiar, mit 26 Häus. und 121 Einw., naci Mooskircien eingepf.

Breitenbach, Steiermark, Grätzer Kr., eine *Gegend* südwestl. vom Uibelbacie.

Breitenbach, Steiermark, Grätzer Kr., *Fluss* im Bezk. Lankowitz, treibt eine Haus- u. Mauthmühle im Hirscieck, entspringt am Fusse der Sattelalpe, läuft durci den Breitenbachgraben und fliesst bei der Senseufabrik in die Mainach.

Breitenbach, Steiermark, Grätzer Kr., eine *Gegend* nördl. von Riegersiurg am Ritscheinbache, zur Hrsch. Eiciierg zehentpflichtig, pfarrt naci Riegersiurg.

Breitenbach, Nieder-, Tirol, Unter Inn- und Wippth. Kr., ein zur Hrsch. Kuffstein geh. *Dorf*, ¾ Stunden von Wörgel.

Breitenberg, Oest. oi d. E., Inn Kr., ein zum Ldgcht. Mauerkirchen gehöriger *Weiler*, aus 4 auf dem Berge gleicien Namens zerstr. liegenden *Bauerngütern* besteiend, pfarrt nach Heunbart, 4¼ St. von Brauuau.

Breitenberg, Oest. ob d. E., Inn Kr., ein d. Ldgcht. Mauerkircien geh., unw. Stocket zerstr. tieils in der Eiene, und tieils auf einer Amiöie liegenden *Dorf*, naci Hennhard eingepfarrt, 1¼ Stunde von Altieim.

Breitenberg, Oest. unt. d. E., V. O. M. B., 2 *Bauernhöfe*, der Herrsciaft Weitra geh., an der Lainsitz, iei Harmanschlag, 6 Stunden von Scirems.

Breitenberg, Oest. ob d. E., Inn Kr., ein *Dörfchen*, unter dem Ldgcht. Oiernberg, welcies unweit Lamirecien liegt u. auci dahin eingepfarrt ist, 3 Stunden von Sciärding.

Breitenberg, Steiermark, Grätzer Kr., ein *Berg* am recilen Ufer der Mur, zwiscien den Königsgraben und dem Stübinger Scilossgarten.

Breitenberg, Tirol, ein adel. *Ansitz* iei St. Walierg, im Thal und Ldgcht. Ulten.

Breitenberg, Oest. oi d. E., Salzi. Kr., eine zum Ldgcit. Gastein (im Gebirgslande Poungau) geiörige, naci Hof-Gastein eingepfarrte *Ortschaft*, iesieit aus den Weilern Stein und Ereitenierg

und den am Breitenberge hiu zerstreut liegenden Einödiöfen, ¾ Stunden von Hof-Gastein.

Breitenberg, Oest. oii der E., Hausruck Kr., ein zum Wb. B. Kom. u. Herrsciaft Lambaci geh. und daiin eingepf. *Dorf*.

Breitenberg, Oest. ob d. E.; Salzb. Kr.; sieie Breitenberg.

Breitenbergham, Braitenbergham — Oest. oi d. E., Salzb. Kr., ein zum Ldgcht. und der Pfarre Saalfelden (im Gebirgslaude Pinzgau) geiör. *Dorf*, auf einem sici fanft erieienden Hügel, südlici von Saalfelden, wovon es ¼ Stund. entlegen ist. Hat ein Bad. 16¼ Stunden von Salzburg.

Breitenbruck, Oest. oi d. E., Müil Kr., ein kl. d. Wb. B. Kom. Riedeck und Ldgcht. Haus geh. *Dörfchen*, mit einem Scilosse und 7 Häusern, naci Käsdorf eingepfarrt, 4¼ Stunde von Linz.

Breitenbrunn, Steiermark, Grätz. Kr., eine *Gemeinde* des Bezirks Vorau, zur Hrsch. Tialierg und Reittenau dienstiar, mit 19 Häus. und 88 Einw., naci Waldbaci eingepfarrt.

Breitenbrunn, Ungarn, jens. der Donau, Oedenburg. Komt., ein *Censual-Markt*, mit 224 Häus. und 1340 Einw.

Breitenbrunn, Ungarn, Pressburg. Komt.; sieie Széleskút.

Breitenbuch, Oest. u. d. E., V. U. W. W., ein der Hrsch. Kircisclag geh. *Dörfchen*, naci Promierg eingepfarrt, mit 16 Räus. und 160 Einwohn., näcist dem Amte Schlatten, 8 Stunden von W. Neustadt.

Breitenbuch, Steiermark, Grätzer Kr., eine *Gemeinde* des Bezirks Waldeck, meiren Hrsch. dienstiar, mit 113 Häus. und 601 Einw., naci Hirsciaci eingepfarrt.

Breiteneich, Oest. oi d. E., Hausr. Kr., ein im Wb. B. Kom. Efferding lieg. *Ortschaft*, verschied. *Dörfchen*, an der Wolfsstrasse naie am Innflusse, nach Efferding eingepfarrt, 1¼ Stunden von Efferding.

Breiteneich auch Praitenaich — Oest. unt. d. E., V. O. M. B., eine *Herrschaft* Schloss und *Dorf*, zwiscien Stockerau und Mödering, ½ Stunde von Horn.

Breitenfeld, Steiermark, Grätz. Kr., ein *Dorf*, mit 83 Häusern und 213 Einwohn., pfarrt naci Wolfsierg, zum Wb. B. Kom. Laiegg geiörig; sieie Praitenfeld.

Breitenfeld, Oest. u. d. E., V. U. W. W., eine *Vorstadt* von Wien.

Breitenfeld, Braitenfeld — Oest. u. d. E., V. Ö. M. B., ein z. Eürgerspital der Stadt Drosendorf gehör. Dorf, mit 34 Häus., bei Kirchberg an der Wild, ½ Stunde von Göpfritz.

Breitenfeld, Steiermark, Grätzer Kr., *Gemeinde* des Bezirks Riegersburg zur Hrsch. und Pfarre Riegersburg und Commende Fürstenfeld dienstbar, mit 92 Haus. und 344 Einw., nach Lapersdorf eingepfarrt.

Breitenfeld, Steiermark, Grätz. Kr., eine *Gegend* in der Gemeinde Stenzengreuth, 3 Meilen von Grätz, zur Hrsch. Guttenberg zehentpflichtig.

Breitenfeld, Mähren, Iglauer Kr., ein kleines *Dorf*, zur Pfarre und Hrsch. Ingrowitz geh., liegt nahe an d. Dorfe Neuingrowitz, mit böhmischen Einw., 9 Stunden von Grossmeseritsch.

Breitenfeld, Oest. unt. d. E., V. O. M. B., ein gewesenes *Kirchdorf*, im Gebiete der Pfarre Weikendorf, welches im Jahre 1332 noch bekannt war.

Breitenfurt, Oest. ob d. E., Traun Kr., eine d. Wb. Bzk. Kom. und Hrsch. Steyer geh. *Ortschaft*, nach Ternberg eingepfarrt, 3 Stunden von Steyer, und 1 Stunde von Losenstein.

Breitenfurt, Oest. unt. d. E., V. U. W. W., ein *Dorf*, mit 68 Häus. und 410 Einw., einer Lokalkapl. und einem alten Schlosse, nächst Hochenroderd und Kalksburg, 2¼ Stunde von Burkersdorf.

Breitenfurt, Schlesien, Tropp. Kr., ein *Dorf*, zur Pfarre Niklasdorf und Hrsch. Freiwaldau, nächst dieser Stadt, am Bülfl., mit deutschen Einwohnern, 2 Stunden von Zukmantel.

Breitenhilm, Steiermark, Grätz. Kr., ein *Dorf*, mit 64 Häusern und 322 Einwohnern, z. Wb. B. Kom. und Hrsch. Vasoltsberg geh. im Thale auf d. Schemmerl oder Nöstelbacher Strasse, nächst Wagensbach, 2½ Stunde von Grätz.

Breitenhof, von einig. Brandlhof — Böhmen, Czaslauer Kr., ein *Dörfchen* und *Gut*, mit einem Schlosse und obrigkeitlichem Meierhofe, 1 St. v. Iglau.

Breitenhof, Böhmen, Czasl. Kr., ein *Gut* und *Dorf*; siehe Preitenhof.

Breitenlee — von Breitenlach — Oest. unt. d. E., V. U. M. B., ein der Hrsch. Stammersdorf u. Stift Schotten in Wien geh. *Dorf*, mit 41 Häus. und 266 Einw., ausser Wien über die Donau-Brücke, mit einer eigenen Pfarre, 2 Stunden von Stammersdorf.

Breitenmeiss, Oest. unt. d. E., V. U. W. W., 12 zerstr. *Waldhütten*, mit 75 Einw., zur Pfarre Pressbaum und Hrsch. Burkersdorf gehörig.

Breitenreit, Oest. ob d. E., Inn Kr., ein zum Ldgcht. Neumarkt (im flachen Lande) geh. *Weiler*, in d. Pfarre Strasswalchen, 3 Stunden von Neumarkt.

Breitenreite, Tirol, Vorarlberg 2 einzeln. *Höfe*, der Hrsch. Bregenz und Gericht Hofrieden geh., 1 Stunde von Bregenz.

Breitenröth, Oesterr. ob d. E., Inn Kr., ein zum Ldgcht. Frankenmarkt geh *Dorf*, in d. Pfarre Abtsdorf, nach Walchen und Pfarrhof Lohn grundbar, 3½ St von Frankenmarkt.

Breitenröth, Breitenroit — Oest. ob d. E., Hausr. Kr., ein im Wb. B. Kom Kogel lieg. *Dorf*, den Hrsch. Kogel Walchen und Pfarrhof Lochen gehör. nach Abtsdorf eingepfarrt, 3 Stunden von Frankenmarkt.

Breitenschitzing, Oest. ob d. E. Hausr. Kr., ein im Wb. B. Kom. Schwanenstadt liegende *Dorf*, verschiedene Dominien geh., unter Schwanenstadt wohin es eingepfarrt ist, 1 Stunde von Lambach.

Breitensee, Oest. unt. d. E., V. O. M B., ein d. Hrsch. Gmünd gehörig. *Dorf*, mit 14 Häus. nach Zugers eingepfarrt, hinter Ehrenstein, nächst dem Lainsitzbache, 2 Stunden von Schrems.

Breitensee, Oest. u. d. E., V. U. M. B., ein der Hrsch. Marcheck geh. *Dorf* mit 75 Häusern und 600 Einw., einer Lokalie, im Marchfelde, 4 Stunden von Hainburg.

Breitensee, Oest. u. d. E., V. U. W. W., ein *Dorf* auf einer Anhöhe, mit 30 Häusern und 270 Einw., hat Fabriksanstalten und ein Schloss, welches eine reiche Sammlung von Gemälden, Alterthümern, Schnitzwerken und anderen Kunstgegenständen enthält, und bei welchem sich ein grosser Garten befindet, mit einer Schule, nach Penzing eingepfarrt, zwischen Wien und Burkersdorf, in einer kleinen Entfernung von der Landstrasse, ½ St. von Wien.

Breitenstein, Oest. u. d. E., V. U. W. W., ein den Hrsch. Schottwien und Klamm gehör. zerstreute *Ortschaft* mit 41 Häusern und 338 Einw., im Gebirge hinter Klamm, 1½ St. v. Schottwien.

Breitenstein, Ober- u. Unter-, Böhmen, Budweiser Kr., zwei *Dörfer* der Hrsch. Krumau, 2 St. von Budweis.

Breitenstein, Böhmen, Pilsner Kr., eine *Herrschaft* mit dem gleichnamigen Schlosse; siehe Preittenstein.

Breitenthal, Weitenthal, Ssyroky Dul — Böhmen, Chrudimer Kr., ein theils zur Hrsch. Leitomischl, theils zur Stadt Politschka geh. *Dorf* hinter dem Dorfe Sebranitz, 3 Stunden von Leitomischl.

Breitenweida, Oest. u. d. E., V. U.
M. B., ein *Dorf* der Hrsch. Sonnberg;
sie ie Praitenwaida.

Breitenwiesengraben, Steiermark, Judenb. Kr., südöstl. von Knittelfeld, im Bzk. Seckau, ein *Hauptgraben* mit einem gleicnamigen Bache, bei Margaret en, dessen Wasser sic mit der Mu r vereint.

Breitenzell, Steiermark, Grätz. Kr., eine *Weingebirgsgegend*, zur Pfarrgilt Gnass dienstbar.

Breitewang, Tirol, Oberinnthal. Kr., ein zur Hrsch. Ehrenberg gehör. *Dorf* mit einer Pfarre, hier ist Kaiser Lothar II. auf seiner Rückreise von Rom im Jahre 1137 gestorben. ¼ Stunde von Reutte.

Breithaslach, Tirol, Oberinnthaler Kr., ein *Weiler*, zur Gemeinde Tösens geh., im Landgerichte Ried.

Breithen, Schlesien, Troppau. Kr., eine *Ortschaft*, 5 Stunden von Jägerndorf.

Breitlingbach, Steiermark, Judenb. Kr., im Bezirke Grosssölk, treibt eine Mauthmühle in Mössna.

Breitriegel, Steiermark, Marb. Kr., eine *Gegend* zur Hrsch. Harracheck und Landsberg zehentpflichtig, nac Gross-Florian eingepfarrt.

Breitriegl, Illirien, Kärnten, Klagenfurter Kr., ein *Berg*, 2 St. nördlic von Dux, 814 W. Klftr. über dem Meere.

Breitschrollen, Oest. u. d. E., V. O. W. W., zwei zur Hrsch. Wieselburg geör. und da in eingepf. *Häuser*, mit 16 Einw. 3 Stunden von Kemmel ac.

Breitstädten, Oest. u. d. E., V. U. M. B., ein der Hrsch. Ort gehör. *Dorf* mit einer Pfarre, 5½ St. von Wien und 2¼ Stunde von Fischamend.

Breitwand, Tirol, ein *Berg* am linken Ufer des Zillerbaches, bei Hilppach.

Breitwies, Tirol, Pusterthaler Kr., ein *Weiler*, zur Gemeinde Pfiersch geh., im Ldgchte. Sterzingen.

Breitwiesen, Oesterr. ob d. E., Hausr. Kr., ein im Wb. Bzk. Kom. Scmiding liegendes *Dorf*, den Hrsch. Wil ering, Efferding, Wirting, Ezelsdorf u. Pfarrhof Wallern geörig, o er Haiding und Gölding am Innbache, t eils nac Püchl, t eils nac Wallern eingepfarrt, 1¼ Stunden von Wels.

Breitwiesen, Oest. ob d. E., Hausr. Kr., ein im Wb. B. Kom. Köppach lieg., nach Köppach und Wartenburg dienstbares *Dorf*, nach Atzbach eingepfarrt.

Brekanze, Illirien, Adelsberger Kr., ein *Dorf* mit 10 Häusern und 60 Einw., zur Gemeinde Sayrach gehörig.

Breker Mühle, Böimen, Königgrätzer Kr., eine *Mühle*, zur Hrsch. Opotschna geh.; sie e Breher Mü le.

Brekinsza, Slavonien, Posegauer Komt.; sie e Brezinszka.

Brekot, Sieben ürgen, Gross-Scienk. Stuil; sie e Báránykút.

Brekow, Ungarn, Zempliner Komt.; sie e Barkó.

Breksen, Ober- und **Unter-,** Ungarn, Mittel - Szolnok. Komt.; sie e Berekszó.

Brekujam, (sa,) Illirien, Ob. Krain, Laibac er Kr., ein zur Wb. B. Kom. Hrsch. Laac geör. *Bergdorf* in der Pfarre Lellzah, 5¼ St. von Krainburg.

Brella, Lombardie, Prov. Como und Distr. XVI, Gavirate; sie e Besozzo.

Brelle, Dalmatien, Spalato Kr., Almissa-Distr., ein *Dorf*, der Hauptgem. Almissa zugetheilt, mit einer Pfarre, ober dem Berge Mossor, 2 Migl. von Bascavoda und 3 Migl. von Dobrose, 12 Migl. von Almissa. Pferdewec sel.

Breloch, Bö men, Czaslau. Kr., eine *Ortschaft*, bei Czaslau.

Brembate di sopra, Lombardie, Prov. Bergamo und Distr. V, Ponte S. Pietro, ein gegen W. am Rande des Brembo lieg. *Gemeindedorf*, mit Vorstand, Pfarre, 2 Kapellen und einem Kalk- und Ziegelofen, ¼ St. von Ponte S. Pietro. Dazu ge ören:
Cassina al Brembo, Cassina Brembati, Dorona, Malpensata, Meiereien, — Tresoltio superior e inferior, kleine Schweizerei.

Brembate di sotto, Lombardie, Prov. Bergamo und Distr. V, Ponte S. Pietro, ein *Gemeindedorf*, in dessen Nä e sic der Brembo mit dem Adda-Flusse vereinigt, mit Vorstand u. Pfarre, einer Aushilfskirche und Kapelle, 3 St. von Ponte S. Pietro. Dazu ge ören:
Cassina Benaglia, Contrada al Ponte S. Vittore, Gassen.

Brembati Cassina, Lombardie, Prov. Bergamo und Distr. V, Ponte S. Pietro; sie e Brembate di sopra.

Brembilla, Lombardie, Prov. Bergamo und Distr. II, Zogno, ein *Gemeindedorf* an dem gleichnamigen Flüsscien, mit eigener Pfarre, 4 Oratorien und Gemeindedeputation, 2 Stunden von Zongo. Dazu ge ören:
Cà del Foglia, Cattrimerio, S. Giovanni Laxolo, Gassen.

Brembilla vecchia, Lombardie, Prov. Bergamo und Distr. IV, Almeno, S. Salvatore; sie e Cappizzone.

Brembilla, Lombardie, Prov. Bergamo und Distr. X, Treviglio; sie e Pontirolo.

Brembio, Lombardie, Prov. Lodi e Crema und Distr. V, Casalpusterlengo,

ein *Gemeindedorf* mit Vorstand, eigener Pfarre, 2 Käsemeiereien, 1 Oelpresse und Mühle, wo der Brembiolo seinen Ursprung hat, 5 Migl. von Casalpusterlengo. Hieher gehören:
Bellaziu, Palazzina, Palazzo, Polenzone, Tacca-dizze, Vignozza, kleine Villen. — Cà de Folli, Cà del Porto, Cà de Vertui, Crocetta, Dossi, Lovera Grande, Loverola, Monasterolo, Pilastrello, Ronchini, S. Michele, Gemeindetheile.

Brembio, Lombardie, Prov. Lodi e Crema und Distr. V, Casalpusterlengo; siehe Cà del Bosco.

Brembo, Lombardie, ein *Fluss*, er entspringt am Pizzo del Diavolo ober Branze, aus einem kleinen See, geht bei Zogno vorüber, und ergiesst sich bei Brembate in die Adda, dient zur Flössung des Holzes und nimmt folgende Flüsse auf: Stabina, Parina, Enna, Ambria, Brembillo, Imagna und Dordo.

Brembo, Breno al, Lombardie, Prov. Bergamo und Distr. I, Bergamo; siehe Breno al Brembo.

Brembo Cassina, Lombardie, Prov. Bergamo und Distr. XIII, Verdello; siehe Mariano.

Brembo Cassina, Lombardie, Prov. Bergamo und Distr. XIII, Verdello; siehe Osia di sopra.

Bremenried, Tirol, Vorarlberg, ein zur Hrsch. Bregenz geh. kleines *Dorf*, 5 St. von Bregenz.

Bremenshub, Tirol, Vorarlberg, 8 zerstr. *Höfe*, der Hrsch. Bregenz und 1 Stunde von Bregenz.

Breming, Ober-, Oester. ob d. E., Hausr. Kr., ein im Wb. B. Kom. Starremberg liegendes, zur Herrsch. Erlach grundbares *Dorf*, nach Pram eingepfarrt.

Breming, Unter-, Oest. ob d. E., Hausr. Kr., ein im Wb. B. Kom. Starremberg liegendes, d. Spitale Efferding und Beneficium Kahlham unterthäniges *Dorf*, pfarrt nach Kahlham.

Bremma, Schlesien, Teschn. Kr., ein *Dorf*, zur Hrsch. und Stadt Teschen, mit einer Pfarre, 1 Stunde von Skotschau.

Brems, Böhmen, Jungb. Kr., ein *Dorf*, der Hrsch. Wartenberg; siehe Brins.

Bremsdorf, Steiermark, Grätz. Kr., eine *Gemeinde*, im Bezirke Herberstein mehreren Hrsch. dienstbar, mit 82 Häusern und 353 Einwohnern, nach Püschelsdorf eingepfarrt.

Bren, Galizien, Tarnow. Kr., ein zur Hrsch. Trzciana geh. *Dorf*, mit zwei Meierhöfen, grenzt gegen Osten an den Trzcianer Wald, gegen Westen mit dem Dorfe Ziemblinow und d. Fl. Stary Bren, ¾ Stunde von Dembica.

Bren, Galizien, Tarnow. Kr., ein *Gut* und *Dorf*, mit einem Edelhofe, grenzt gegen S. mit d. Hrsch. Dombrova, nächst dem Bache Brenka, 5 St. von Tarnow.

Brena, Lombardie, Prov. Como und Distr. XVI, Gavirate; siehe Laveno.

Brenda, Böhmen, Königgr. Kr., ein z. Hrsch. Starkstadt gehörig. *Dorf*; siehe Brennten.

Brenden, Tirol, Vorarlberg, ein zu der Hrsch. Bregenz geh., in dem Ldgcht. Sulzberg liegendes Dorf, 5 Stunden von Feldkirch.

Brendera, Steiermark, Grätz. Kr., eine *Gegend*, im Bezirke Gleichenberg nach Trautmannsdorf eingepfarrt.

Bren di Busio, Lombardie, Prov. Como und Distr. XVII, Breno; siehe Braone.

Brenditz, oder Prenditz, Přzimietitz — Mähren, Znaim. Kr., eine *Herrschaft* und *Dorf*, mit deutschen und böhmischen Einwohnern, und eine Pfarre, nordwestlich, ½ Stunde von Znaim.

Brendola, Venedig, Prov. und Distr. I, Venezia, ein von dem Gebirge Barbarano begrenztes *Gemeindedorf*, mit Vorstand und Pfarre S. Michele und 7 Oratorien, 10 Migl. von Vicenza.

Brendole, Venedig, Prov. Venezia und Distr. II, Mestre; siehe Mestre.

Brendolo, Venedig, Prov. Venezia und Distr. IV, Chioggia; siehe Chioggia.

Brening, Steiermark, Grätzer Kreis, westlich von Feistritz an der Strasse nach Uibelbach liegendes *Dorf*, im Bezirke und der Grundherrschaft Waldstein, mit 47 Häusern und 246 Einwohnern, pfarrt nach Feistritz.

Brenmühle, Oest. u. d. E., V. O. M. B., eine der Hrsch. Böckstall geh. einzelne *Mühle*, am Weitra Flusse, 1 St. von Böckstall.

Brenn, Prenn — Böhmen, Jungbunzl. Kr., ein *Dorf*, mit einer Filialkirche zur Hrsch. Reichstadt am Polznitzflusse, 1¼ Stunden von Leippa.

Brenna, ein *Berg*, in den Beskiden.

Brenna, Lombardie, Prov. Como und Distr. XXVI, Mariano, ein *Gemeindedorf*, mit einer eigenen Pfarre SS. Gervasio e Protasio und einer Gemeinde-Deputation, 7 Migl. von Cantù. Hierher gehören:
Olgelasca, Pozzolo inferiore, Pozzolo superiore, Schweizereien.

Brenna, Böhmen, Bidschow. Kr., eine *Herrschaft* und *Dorf*; siehe Branna Ober-.

Brenna, Böhmen, Königgrätzer Kr., ein *Dorf*, der Hrsch. Pottenstein; siehe Branna.

Brenna, Schlesien, Teschn. Kr., ein *Dorf*, mit böhmischen Einwohnern, einer Pfarre zur Teschner Kammer gehörig.

Brennach, Illirien, Kärnten, Villacier Kr., ein *Bleibergwerk*, der Herren Mühlbacher und Posch.

Brennberg, Ungarn, Oedenburger Komt., ein *Steinkohlen-* und *Alaunbergwerk*, an Frei ierren v. Sina verpachtet.

Brennbichl, Tirol, Oberinnthal, Kr., ein *Weiler*, zur Gemeinde Karrösten im Ldgcht. Imst gehörig.

Brennbühel, Tirol, Wirthshaus u. Holztrifft am Inn, nächst Lust, dieses Landgericht.

Brenndorf, Böhmen, Ellbogn. Kr., ein *Dorf*, der Herrschaft Wallhof, wo sich ein neuerbautes herrschaftliches Schloss und ein Meierhof befindet, 4½ St. von Eger.

Brenndorf, Siebenbürgen, Kronst. Distr.; siehe Botfalva.

Brenndorf, Ungarn, Mitter Szolnok, Komt., siehe Ardó.

Brenndorf, Siebenbürgen, Nieder Weissenburg. Komt.; siehe Forró.

Brenndorf, Ogorenz — Steiermark, Cill. Kr., ein zum Wb. Bzk. Kom. der Hrsch. Reifenstein gehörig. *Dörfchen*, nächst dem Agleinflusse, ¾ Stunden von Cilli.

Brenne, Tirol, Roveredo Kreis, ein *Dorf*, bei Tione in Judicarien, Filiale dieser Pfarre, im Ldgcht. dieses Namens.

Brenner, Tirol, Pusterthaler Kreis, ein *Dorf*, auch Lueg genannt, Kuratie der pfarre Sterzingen, dieses Landgchts., mit zwei Wirthshäusern, Hier ist die Abdachung, der Ursprung der Sill und des Eisackflusses, deren die erstere mit dem Inn und der Donau dem Schwarzen, letztere mit der Etsch, d. Adriatisch. Meere zufliessen. Postamt.

Brenner, Tirol, Oberinnthal. Kr., ein *Weiler*, zur Gemeinde Ischgl geh., im Ldgcht. Landeck.

Brenner, Tirol, ein *Alpengebirge*, über welches eine 4 Stunden lange Landstrasse nach Italien geht. Es ist ein Theil der hohen und mächtigen Alpenkette, die vom Grossglockner her durch die Mitte Tirols nach Südwesten streicht, zwischen Innsbruck und Sterzing, oder zwischen dem Inn, Eisak und der Etsch, 6040 Fuss hoch.

Brennerbaad, Tirol, Pusterthaler Kr., eine *Mineralquelle* sammt Baad, Wirthshause und Kirchlein, auf dem Gebirge, der Hrsch. Strassberg und Sterzing geh., ¾ Stunden von Brenner.

Brenner Post, Tirol, Pusterthal. Kr., *Wirthshaus* und *Poststation*, zum Wolfen genannt, nächst dem Dorfe, Ldgcht. Sterzingen.

Brenner See, eigentlich Dornsee — Tirol, auf der halben Höhe des Berges, klein aber merkwürdig, weil er die Grenze macht zwischen den Kreisen Unterinn- und Pusterthal.

Brennet, Böhmen, Prach. Kr., eine *Ortschaft* bei Schüttenhofen.

Brennetenberg, Böhmen, Budw. Kr., ein *Dorf*, zur Hrsch. Kruman; s. Brennenberg.

Brenngraben, Steiermark, Bruck. Kr., nördlich von Leoben, *Gemeinde*, des Bezirkes Göss, mit 8 Häusern und 52 Einwohnern zur Land- und Herrschaft Göss dienstbar, nach Veitsberg eingepfarrt.

Brennhof, Oest. u. d. E., V. O. W. W., ein der Hrsch. Artstädten geh. kl. *Dörfchen*, 1½ Stunde von Böckstall.

Brennhof, Oest. u. d. E., V. O. M. B., ein einzelnes zur Hrsch. Weissenberg geh. *Dorf*, mit 5 Häusern, in der Pfarre Münchenreut, wohin es angrenzt, 4 Stunden von Böckstall, ½ Stunde von Minichreith.

Brennichsham, Oest. ob d. E., Inn Kr., ein der Pfleg- und Ldgcht. Hrsch. Ried, und unter St. Martin und Pröstgericht Ried geh. *Dorf*, nach St. Mariakirchen eingepfarrt, 1½ Stunden von Ried.

Brenning, Oest. ob d. E., Inn Kr., ein zum Ldgcht. Ried geh. *Weiler*, der Pfarre St. Peterskirchen, 1 Stunde von Ried.

Brenning, Oest. ob d. E., Inn Kr., ein den Hrsch. Aurolzmünster und St. Martin gehör. *Dorf*, nach Peterskirchen eingepf., 1½ Stunde von Ried.

Brennkogel, Brennhorn — Oest. ob d. E., Salzb. Kr., grosser *Berg*, 1590 Wiener Klafter hoch, gegen Westen mit Eisfeldern bedeckt. Die Mittelmasse besteht aus Serpentin. Er ist sehr reich an verschiedenen seltenen Fossilien. 8 St. südwärts von Rauris.

Brenno, Lombardie, Prov. Como und Distr. XIV, Erba, ein *Gemeindedorf*, in der Pfarre S. Maria zu Masnago, mit einer Gemeinde-Deputation, oder einer Anhöhe in der Nähe des Lambro-Flusses, 6 Migl. von Erba. Hierher gehören:

Camirasca, Cassina Brunasco, Cassina Colombia jo, Mulino di Zegorca.

Brenno, Lombardie, Prov. Como und Distr. XIX, Arcisate, ein am Berge Useria in der Ebene liegendes *Gemeindedorf*, und Filial der Pfarre S.Vittore zu Arcisate, wovon es nicht weit

entfernt liegt, mit einer Gemeinde-Deputation, 4 Migl. von Varese, dazu gehören:
Baraggio, Cassina Usseria, Malpensa, kleine Meiereien, — Madonna di Usseria, Kapelle.

Brenno, Lombardie, Prov. und Distr. I, Brescia; siehe Brescia.

Brennoed, Oest. u. d. E., V. O. W. W., ein einzelnes nach Wieselburg eingepfarrtes, nahe dabei liegendes, der Hrsch. St. Leonhard am Forst gehörig. *Haus*, unweit von Petzenkirchen, 3 St. von Kemmelbach.

Brennporitschen, Brenn - Porzicz, ehemals Landstein — Böhmen, Pilsner Kr., ein *Markt* und eine *Herrschaft*, mit einer Pfarrkirche, einem Schlosse, einer herrschaftlichen Meierei und 2 Eisenhämmern, 3 Stunden von Rokizan.

Brenn-Porziez, Böhmen, Pilsner Kr., ein *Markt*, der Hrsch. gleichen Namens; siehe Brennporitschen.

Brennte Mühle, Böhmen, Klatt. Kr., eine einzelne der Stadt Tauss gehörige *Mahlmühle*, hinter Bischinsko am Bache Zubržnie, 2¼ Stunde von Klentsch.

Brennten, Brenda — Böhmen, Königgrätzer Kr., ein zur Herrschaft Starkstadt gehöriges *Dorf*, nächst dem Dorfe Schwadowitz, 2¼ Stunde von dem Städtchen Starkstadt und 2¼ Stunde von Trautenau.

Brennwald, Tirol, Oberinnthal. Kr., ein *Weiler*, zur Gemeinde Wens im Ldgcht. Imst gehörig.

Breno, Lombardie, Prov. Bergamo u. Distr. XVII, Breno, ein *Flecken* und *Gemeinde*, wovon der XVII. Distrikt den Namen hat, mit einer Pfarre S. Maurizio, einer Aushilfskirche, 4 Oratorien, einer Kapelle, königl. Distrikts-Commissariat, Prätur, Gemeinde-Deputation, Lotto-, Tabak-, Stempel-Inspektorat, Leih- und Zimentirungsamt, Rauchwaaren-Fabriken, dann Distrikts-Postamt, 42¼ Migl. vom Provinz-Postamte Bergamo entlegen, zwischen Lovere und Edolo auf der linken Seite des Oglio im Thale Camonica, Postamt, hierher gehören:
Astno, Pespardo, Dörfer.

Breno al Brembo, Lombardie, Prov. Bergamo und Distr. I, Bergamo, ein *Gemeindedorf*, mit Vorstand, Pfarre SS. Fermo e Russtico und Aushilfskirche, 2 Migl. von Alme entlegen, zum Theil am linken Ufer des Flusses Brembo, ¾ St. von Bergamo. Hierher gehört:
Cassina del Monte, einzelnes Haus.

Breno, di Piano, in der Landessprache Sgiupa — Dalmatien, Ragusa Kreis und Distrikt, eine *Hauptgemeinde*

und *Dorf*, mit einer eigenen Pfarre und Ortsvorsteher, einer Sanitäts-Deputation, welche zu Balilichi ihren Sitz hat, und zugleich das Mauthwesen besorgt, mit einem Kloster der P. P. Dominikaner und mehren Kapellen, unweit Celopek und Balilichi, 2 Stunden von Ragusa.

Brenta, Tirol, Pusterthaler Kr., ein *Weiler*, zur Gemeinde Buchenstein geh. im Ldgcht. Buchenstein.

Brenta, Tirol, Trient. Kr., ein *Weiler* zur Gemeinde Caldonazzo im Ldgcht. Levico.

Brenta, Lombardie, Prov. Como und Distr. XVIII, Cuvio, ein *Gemeindedorf*, südwärts im Thale, dessen Terrain durch die Gemeine Gemonio dem Flusse Boesio und vom Saume des Brenta-Gebirges durchschnitten wird. Mit einer eigenen Pfarre SS. Vito e Modesto, einer Gemeinde-Deputation und Sägemühle, 9 Migl. von Varese Hierher gehören:
Caraglio, De' Chiosi, Colombera, Ronco Mazza, Meiereien, — Cassina, Pozzi, Prada, Mühlen.

Brenta, Venedig, *Fluss*, entspringt in Tirol aus den Seen Caldonazzo und Levico, bespült Vicenza, wird unweit Padua schiffbar, speisst einige schiffbare Canäle, durchströmt in nord- und südöstlicher Richtung das ganze Thal Val Sugana bis an die Grenze von Primolano, von wo er sich mehr südlich wendet, und nach einem Laufe von ungefähr 18 geographischen Meilen in zwei Mündungen bei Fossone in das Adriatische Meer stürzt. Die Ufer ringsumher sind mit reizenden Dörfern und Gebäuden besäet.

Brenta dell' Abbà, Venedig, Prov. Padova und Distr. XII. Piove; siehe Correzzola.

Brenta di Calcinara, Venedig, Prov. Padova und Distr. XII, Piove; siehe Correzzola.

Brenta, Ospitale di, Venedig, Pr. Vicenza und Distr. II, Camisano; siehe Carmignano.

Brenta, Ponte di, Venedig, Prov. und Municipal-Bezirk Padova; siehe Padova (Ponte di Brenta).

Brenta, S. Giorgio in, Venedig, Prov. Padova und Distr. V, Piazzola; siehe Grantorto S. Giorgio in Brenta).

Brenta, S. Vito oltra, Venedig, Prov. und Distr. I, Padova; siehe Vigonza (S. Vito oltra Brenta).

Brenta secca, Venedig, Prov. und Distr. I, Padova, siehe Saonàra.

Brentana, La Cà, o. Cassina Brentana — Lombardie, Prov. Milano und Distr. VIII, Vimercate; s. Sulbiate infer.

Brentana, Lombardie, Prov. Milano und Distr. IX, Gorgonzola; s. Inzago.

Brentana, Lombardie, Prov. und Distr. I, (Milano); sieie Corpi S. di Porta Orientale.

Brentana, Lombardie, Prov. Como und Distr. V, S. Fedele; sieie S. Fedele.

Brentani Bianca, Lombardie, Provinz Pavia und Distr. VIII, Abbiategrasso; sieie Corbetta.

Brentani Cassinello, Lombardie, Prov. Pavia und Distr. VIII, Abbiategrasso: sieie Corietta.

Brente, Venedig, ein *Berg*, am reciten Ufer des Piave Flusses bei Lozzo.

Brentelle di sopra, Venedig, Provinz und Munizipal-Bzk. Padova; sieie Padova (Chiesanova).

Brentelle di sotto, Venedig, Provinz und Munizipal-Bzk. Padova; sieie Padova (Brusegana).

Brentenberg, Brennetenberg, Prentenberg — Böimen, Budw. Kreis, ein *Dorf*, zur Hrsch. Krumau, 8 Stunden von Budweis.

Brentenberg, Steiermark, Judenburger Kr., am Halserberg des Ramsaubodens.

Brentenkogel, Steiermark, Judenburger Kr., eine hohe *Bergspitze* in der Gegend St. Oswald des Bezirks Probstei Zeyring.

Brentenmaiss, Oest. unt. d. E., V. U, W. W., eine der Hrsch. Burkersdorf geh. *Waldgegend*, mit 13 Hütten, näcist Bichaberg und Bartberg. 1½ Stunde von Burkersdorf.

Brentenmooskogel, Steiermark, Judenburger Kr., eine ioie *Bergspitze*, südlich von Aussee.

Brentenmöseralpe, Steiermark, Judenburger Kr., au der reciten Ausseer-Seite.

Brenthof, Böimen, Czasl. Kr., ein *Meierhof* und *Bräuhaus*, der Stadt Deutschbrod geiörig; sieie Rozkoss.

Brentino, Venedig, Prov. Verona u. Distr. XII, Caprino, ein *Gemeindedorf*, welches von Monte della Corona und v. Monte dei Coltri begrenzt wird u. naie iei Preabocco liegt, mit einer eigenen Pfr. S. Vigilio, 1 Aushilfskirche, 2 Oratorien, Gemeinde-Deputation, 1 Villeggiatur und 5 Müilen, 2½ Migl. von Caprino. Mit:
Preabocco, Rivalta, Dörfer.

Brenton, Venedig, Prov. Verona und Distr. VIII, S. Bonifacio; s. Montecchia.

Brentonico, Tirol, Trient. Kr., ein zur Hrsch. d. 4 Vikariaten geh. *Markt*, *Schul* und *Pfarre*, (Brentonico ist eine d. 4 Vikariate)|, liegt auf einem Berge,

am reciten Ufer des Etschfl. 3 Stunden von Roveredo. In dieser Gegend sind gute Marmor-Brücie.

Brenzendorf, Ungarn, Kóvár. Dist.; sieie Berentze.

Brenzio, Lombardie, Prov. Como und Distr. VII, Dongo; sieie Consiglio di Rumo.

Brenzon, auci S. Giovanni di Brenzon — Venedig, Prov. Verona und District XIII, Bardolino, ein vom Berge delle Buse begrenztes *Gemeindedorf*, mit einer eigenen Pfarre S. Giovanni Battista, 2 Aushilfskirchen, 1 Sautuario und Gemeinde-Deputation, 5¼ Migl. von Lazise.

Brenzon Castelletto, e Castello di, Venedig, Prov. Verona und Distr. XIII, Bardolino; sieie Brenzon (Castelletto e Castello di Brenzon).

Breonio, Venedig, Prov. Verona und Distr. XI, S. Pietro Incariano, ein näcist dem Etsci (Adige) Fl. lieg., von den Bergen di Castelletto und S. Giovanni Battista begrenztes *Gemeindedorf*, mit Vorstand, 2 Pfarren, SS. Marziale e S. Anna, 1 öffentlicien und 3 Privat-Oratorien, dann 14 Müilen, 3 Migl. von S. Pietro Incariano. Mit:
Cercdo, Cona, Dorfer.

Brept, Böimen, Jungb. Kr., ein *Dörfchen*, der Hrsch. Neustadt; s. Prerupt.

Brera, S.Brigida in, Lombardie, Prov. Milano und Distr. XII, Melegnano; sieie S. Brera.

Breri, Lombardie, Prov. Bergamo und Distr. VIII, Piazza; sieie Mazzoldo.

Bresa, Lomiardie, Prov. Lodi e Crema und District VI, Codogno; sieie Maccastorna.

Bresani, Kroatien, diess. der Save, Kreutz. Gespansch. und Distr., ein der adel. Familie Bujánovich geiör. *Dorf*, sonst auch ein *Praedium* des Agram. Bisthums, der Pfr. Miholecz einverleibt, mit einem adel. Gerichtshofe auf einem Hügel, 2 Stunden von Kreutz.

Bresaudull, Illirien, Unter Krain, Neustdt. Kr., ein im Wb. B. Sittici lieg. der Hrsch. Zobelsberg geh. *Dorf*, iinter dem Vikariatsdorfe Ambruss, 2½ Stunde von Pesendorf.

Bresche, Illirien, Unter Krain, Neustdt. Kr., ein *Dorf*, der Hrsch. Reifnitz; sieie Friesaci.

Breschen, Böimen, Leitm. Kr., ein *Dorf*, der Hrsch. Ossegg; s. Prescien.

Breschina-Guth, Böimen, Tabor. Kr., eine *Ortschaft* bei Tabor.

Breschkavass, Illirien, Krain, Neustädt. Kr., ein *Dorf*, mit 5 Häus. und 24 Eiuw., zur Gemeide Gradische geh.

Breschze, Illirien, Unt. Steier, Cill. Kr., eine Wb. Bzk. Kom. *Herrschaft* und *Stadt*; siehe Rann.

Brescia, Lombardie, Delegation im Gouvernement Mailand, mit einem Flächeninhalt von 55½ Q. M. u. einer Volksmenge von 310,000 Einw. Sie ist grösstentheils eine fruchtbare Ebene und nur gegen Nord. etwas bergig. Der Hauptfluss ist der Oglio mit den Nebenflüssen Mella und Chiese. Die Luft ist mild und heiter. Die Naturprodukte sind Getreide, Flachs, Hanf, Oliven, wovon eine be-

deutende Menge Oeil gewonnen wird, viele Citronen, guter Wein, ferner Seide, Eisen, Kupfer etc. Die Seidenindustrie beschäftigt viele Hände, ausserdem die Wollen- und Flachsmanufakturen. Das Eisen setzt viele Werke in Bewegung; die Papiermühlen liefern jährlich 200,000 Pesi Papier. Die Delegation zerfällt in 17 Distr. und 238 Gemeinden und zählt 1 Stadt, 32 Marktflecken und 202 Dörfer.

Brescia, in alten Urkunden Brenno, Bresse, lat. Brixia, Brescianum — Lombardie, Provinz und Distr. I, Brescia, mit 3440 Häus. und 35,000 Einw., eine k. *Delegationsstadt*, wovon eine eigene Provinz der Lombardie und dessen erster Distr. den Namen haben, in einer fruchtbar lachenden Landschaft, am Fusse von Bergen, welche sich an eine Gebirgskette anschliessen, womit Italien von Süden nachNorden umgeben ist, am Fl. Garza oder Gorza, durch den Naviglio mit dem Fl. Mella verbunden. Mit schönen Strassen und Gebäuden, unter denen sich die prächtige Kathedrale und die Paläste Broletta und della Leggia auszeichnen, einem Bisthum, und 8 Pfarren, nämlich: S. Afra, S. Giovanni Btta., S. Faustino Maggiore, S. Nazaro, S. Lorenzo, S. Alessandro, S. Maria Calchere, S. Agata, 7 Aushilfs-

kirchen, 3 Sant. und 12 Oratorien. Hier ist der Sitz einer k. Delegation, einer Prätur, eines Civil-, Criminal- und Mercantil-Tribunals erster Instanz, einer Finanz-Intendenz mit Zollamt, eines Distr. Commissariats, Munizipal-Versammlung, Militär-Platz-Commando, eines Polizei-Commissariats und einer Brigade berittener Gend'armerien, mit einem k. k. Garanzieamt. Ausser einem Elementar-Schul-Inspectorat befinden sich hier noch ein Provinzial-Post-Inspectorat, und mehrere Seiden-, Tabak-, Wolle-, Leinwand- und Hut-Fabriken, geschickte Eisen- und Stahlarbeiter und hat sehr beträchtlichen Activund Transito-Handel; zwölf nahe gelegene Dörfer bilden ihre Vorstädte. Von dem auf einem Hügel stehenden, mit Mauern und Gräben umgebenen altem Bergschlosse hat man eine äusserst reizende Aussicht gegen Norden, auf die Gebirge des Camonica Thales, und gegen Süden in eine unabsehbare und fruchtbare Ebene, wo man Lonato und Monte Chiaro erkennt. Hier stand die Römerstadt Brixia, und man findet noch viele Spuren des Alterthums, vorzüglich sind viele Inschriften und Denkmünzen ausgegraben worden.

Bresciano, Valpino, Lombardie, Prov. Bergamo u. Distr. XVI, Lovere; siehe Volpino superiore.

Brescianum, Lombardie, Prov. und Distr. I, Brescia; siehe Brescia.

Brescina, Illirien, Friaul. Görz. Kr., eine kl. zu dem Dorfe Idria zugeh. *Ortschaft*, der Hrsch. Canale geh., 5 Stunden von Görz.

Bresciona, Lombardie, Prov. Como und Distr. VII, Dongo; siehe Musso.

Bresem, V. di, Tirol, ein *Thal*, im Sulzberg am Rio Barnes, der an der Grenze von Ulten entspringt, und bei Scana in den Noce Fluss fällt.

Bresez, Illirien, Inner Krain, Adelsb. Kr., ein im Wb. B. Castelnovo der Ldgchts. Hrsch. Adelsberg geh. *Dorf*, gegen Osten nächst d. Dorfe Goritsche, 2¼ Stunden von Prewald.

Bresiach, deutsch Bresie — Illirien, Ob. Krain, Laibach. Kr., ein zu den Ob. Wb. B. Hrsch. Radmannsdorf geh. *Dorf*, mit 59 Häusern und 330 Einw., gegen Norden hint. Gutenfeld, ¼ Stunden von Safnitz-Ottok.

Bresie, Illirien, Krain, Neustdt. Kr., eine *Ortschaft*, mit 17 Häus. u. 96 Einw., zur Gemeinde S. Marein gehörig.

Bresie, Illirien, Neustdt. Kr., ein *Dorf*, mit 15 Häus. und 83 Einw., zur Gemeinde Brründl gehörig.

Bresie, Illirien, Neustdt. Kr., ein *Dorf,* mit 10 Häus. u. 51 Einw., zur Gemeinde Gurgfeld gehörig.

Bresie, Illirien, Adelsb. Kr., ein *Dorf,* mit 10 Häus. u. 60 Einw., zur Gemeinde Berdo gehörig.

resie, Illirien, Neustdt. Kr., ein *Dorf,* mit 17 Häus. und 95 Einw., zur Gemeinde Arch gehörig.

Bresie, Illirien, Ob. Krain, Laibaci. Kr., ein *Dorf,* der Hrsch. Radmannsdorf; siehe Birkendorf (deutsci).

Bresie, Illirien, Unt. Krain, Neustädt. Kreis, ein *Dorf,* der Hrsch. Sitticı; sieie Mullau.

Bresie, Illirien, Unt. Kr., Neustädtler Kr., ein im Wb. B. Kom. Landstrass lieg., der Hrsch. Thurnamhart gehöriges *Dörfchen,* mit 27 Häus. und 158 Einw., in der Pfr. eil. Kreuz, 7½ St. von Neustadtl.

Bresie, Steiermark, Cill. Kr., ein *Dorf,* z. Wb. B. Kom. Sanneg gei.; s. Wresie.

Bresie, Steiermark, Cillier Kr., eine *Gegend,* im Bezirke Weitenstein zur Staatsherrschaft Geyrach zehentpflichtig nach Reicienburg eingepf., mit einem gleicinamigen Bache.

Bresiggia, Lombardie, Prov. Milano und Distr. IV, Saronno; s. Passirana.

Bresik, Brezik — Kroatien, jens. der Save, Karlstdt. Generalat, Likan. Bzk., ein zum Likan. Grenz-Regmts. Kanton Nr. I geh., naci Medak eingepf. *Dorf,* mit 70 Häusern und 354 Einw., nächst Kuklitz, an d. Bacıe Jovovacz, 3 Stunden von Gospich.

Bresimo, Tirol, Trient. Kr., ein im Sulzthale lieg., von der Gemeinde 1½ St. entfernt und dain geh. *Dorf,* mit einer Kuratie, 14¼ Stunde von Trient.

Bresina, Mäıren, Ollm. Kr., ein *Dorf* zur Pfarre und Ortsobrigk. Brusau geh. mit böimiscien Einwoinern.

Bresje, Illirien, Neustädtl. Kr., ein *Dorf* mit 3 Häus. und 16 Einw., zur Gemeinde Wrussnitz geiörig.

Bresje, Illirien, Krain, Neustdt. Kr., ein *Dorf,* mit 10 Häus. und 60 Einw., zur Gemeinde Heil. Kreuz geiörig.

Breska, Mäıren, Zuaim Kr., ein *Dorf,* zur Pfarre Tassau und Hrsch. Namiest geiörig, mit böimisciien Einwoinern.

Breskiho, Mäıren, Znaim. Kr., ein *Dorf,* zur Pfarre Brzesy u. Hrsch. Namiestgeh., mit böimisciien Einwoinern.

Bresko, Galizien, Bochn. Kreis, ein *Städtchen* mit Postwechsel; s. Brzesko.

Bresna, Ungarn, diess. der Donau, Thurocz. Gespansch., Znio-Kloster Bezirk, ein der Studien-Fonds-Herrschaft

Znio-Várallya geh. *Meierhof,* ober dem Dorfe Valcsa, 4½ Stunde von Rudnó.

Bresneralpe, Illirien, Kärnten, Klagenfurter Kr., *Berg,* 4½ Stunde westl. von Reicienfeld, 987 W. Kiftr. üb. dem Meere.

Bresnitz, Ungarn, Bars. Komt.; sieie Berzencze, Garam-Berzencze.

Bresniza, Illirien, Istrien, *Berg* in d. Näie des gleicinamigen Hauses, nördl. von Ivanacz, 219.W. Kfftr. ocı.

Breson Berdu, Illirien, Inn. Krain, Adelsb. Kr., ein der Wb. B. Hrsch. Prem geh. *Dorf;* siehe Pirkendorf.

Bresou, Illirien, Krain Neustädtl. Kr., ein *Dorf* mit 11 Häus. und 67 Einw. zur Gemeinde Bründl gehörig.

Bresou, Illirien, Krain, Neustädtler Kr., ein *Dorf* mit 22 Häus. und 110 Einwohnern, zur Gemeinde Heilig. Kreutz geiörig.

Bresouitz, Bresouza — Illirien, Inn. Krain, Laibacı. Kr., ein im Wb. B. Radmannsdorf lieg. der Hrsch. Lak geiör. *Dorf* am Bacıe Leibnitz unt. Kropp, gegen O., 2 Stunden von Safnitz-Ottok.

Bresouza, Illirien, Neustädtl. Kr., ein *Dorf* mit 12 Häus. und 66 Einw., zur Gemeinde Neudegg geiörig.

Bresouza, Illirien, Unt. Krain, Neust. Kr., ein im Wb. B. Landstrass lieg. der Hrsch. Thurnamhart geh. *Dörfchen,* v. 5 Häus., in der Pfarre Heil. Kreutz, 7 St. von Neustadtl.

Bresouza, Illirien, Ob. Krain, Laib. Kr., ein zur Wb. B. Kom. Herrsch. Egg bei Podpetsch geh. *Dorf* oı der Landstr. im Geıirge, 1 Stunde von Podpetsch.

Bresouza, Illirien, Krain, Neustädtl. Kr., ein *Dorf* mit 6 Häus. und 26 Einw., zur Gemeinde Nassenfuss geiörig.

Bresouza, Illirien, Adelsb. Kr., eine *Ortschaft* mit 32 Häus. und 190 Einw., z. Gemeinde Oberlaibach geiörig.

Bresouza, Illirien, Adelsıerg. Kr., ein *Dorf* mit 18 Häus. und 160 Einw., zur Gemeinde Franzdorf geh.

Bresouza, Illirien, Ob. Krain, Laib. Kr., ein *Dorf* der Herrsch. Lak, in dem Wb. B. Radmannsdorf; sieie Bresonitz

Bresova, Illirien, Ob. Friaul, Görz. Kr., ein in der Gemeinde Rainiza liegend. der Hrsch. Canale geı. *Gebirgshof,* 5½ St. von Görz.

Bresovaczu, Kroatien, jens. d. Save, Karlstdt. Generalat. Szluinchicz. Bzk., ein zum Ogulin. Grenz-Reg. Kanton Nr. III geh. *Dorf,* mit 24 Häus., nächst Rakovicza, 7½ St. von Generalskistoll.

Bresovico, Illirien, Friaul, Görz. Kr., ein zur Central-Grchtsbark. Guisca geh.

Dörfchen, zwischen Corbuno Brizza und Podposnich, 3½ Stunde von Görz.

Bresovim, Steiermark, Cillier Kr., eine *Gegend*, in der Pfarre St. Egyden bei Schwarzenstein zur Hrsch. Oberburg zehentpflichtig.

Bresovitz, Illirien, Krain, Laibacı. Kreis, ein *Dorf*, mit 17 Häusern und 116 Einw., zur Gemeinde Krapp gehörig.

Bresoviz, Illirien, Ob. Krain, Laibach. Kr., ein zur Wb. B. Hrsch. Kreutberg geh. *Dorf*, mit 40 Häus. u. 245 Einw., ½ St. von d. Str. entfernt und teils im Gebirge nächst Kreutberg, 1½ Stunde von Podpetsch.

Bresoviza, Illirien, Krain, Adelsb. Kr., ein im Wb. B. und Ldgcht. Castelnuovo lieg., der Herrschaft Raunocı gehöriges *Dorf*, liegt in einem Tıale, mit Hügeln umgeben, nächst dem Dorfe Rosize, wo sici die sechzig Klftr. tiefe Höıle Brintschiza befindet, mit 4 Mühlen und einer eigenen Pfarre, ½ Stunde von Mataria.

Bresowa, Mähren, Hrad. Kreis, ein *Dorf*, zur Pfr. und Ortsobrigk. Hung. Brod, mit böımiscıen Einwoınern.

Bressa, Venedig, Prov. Friaul u. Distr. I, Udine; sieıe Campo Formido.

Bressana, Venedig, Prov. Friaul u. Distr. XII, Cividale; sieıe Cividale.

Bressanvido, Venedig, Prov. und Distr. I, Vicenza, ein naıe bei Pojanella, am Fl. Tessino lieg., von einem Berge ıegrenztes *Gemeindedorf*, mit Vorstand, Pfarre S. Maria Elisabetta u. 2 Oratorien; 9 Migl. von Vicenza. Mit: *Pojanella, Dorf.*

Bresse, Lombardie, Prov. und Distr. I, Brescia; sieıe Bıescia.

Bressel, Klein-, Scılesien, Tropp. Kr., ein *Dorf*, zur Pfr. Neudörfel, mit deutschen Einw., Hrsch. Gottscıdorf mit einer Mahlmühle, nächst Kreuzberg, 1¼ Stunde von Jägerndorf.

Bressenberg, Illirien, Ob. Kärnten, Villacı. Kr., ein zur Ldgchts. Hrsch. Gmünd geh., nächst dem Vikariate Leoben lieg. *Dorf*, 2 Stunden von Gmünd.

Bresseo, Venedig, Prov. Padova und Distr. VI, Teolo; sieıe Teolo.

Bressera, Lombardie, Prov. Como u. Distr. V, S. Felice; sieıe Casasco.

Bressera, Lombardie, Prov. Como u. Distr. V, S. Felice; sieıe Cerano.

Bressie, Illirien, Unt. Krain, Neust. Kr., ein zum Wb. B. Hrsch. Tıurn bei Gallenstein geh. *Dorf*, 4½ Stunde von Pesendorf.

Bressie, Steiermark, Cill. Kr., ein z. Wb. B. Kom. Reichenburg und Hrsch.

Oberlícıtenwald geb. *Dorf*, mit einer Kirche, 11 Stunden von Cilli.

Bressie Vess, Steiermark, Cill. Kr., ein im Wb. B. Kom. Studenitz lieg. *Dörfchen*; siehe Pirkendorf.

Bressino, Lombardie, Prov. und District I, Milano; sieıe Bresso.

Bressnitz, Gran-Bressnitz — Ungarn, Sohler Komt.; sieıe Berzencze, Gran-Berzencze.

Bresso, Lombardie, Prov. und Distr. I, Milano, ein *Gemeindedorf*, mit einer eigenen Pfr. S. Nazaro e Celso, einer Aushilfskirche, 2 Oratorien und Gemeinde-Vorstand, unw. Niguarda u. Bruzzano, 1¼ Stunde von Milano. Hieher gehören: *Brczsino, Meierei. — Isimbaldi, Patellani, Vigoni, Landhäuser.*

Bressow, Ungarn, Säroser Komitat; siehe Eperjes.

Brest, Briest — Kroatien, jens. d. Save, Karlslädt. Generalat, Czerovacz. Bzk., eine zum Szluin. Grenz-Reg. Kanton Nr. IV gehör. *Ortschaft*, mit 9 Häusern, 1½ Stunde von Generalskistoll.

Brest, Klein- u. Gross-, Brest — Ungarn, Beregı. Komt.; sieıe Bresztó, Kis- und Nagy-Bresztó.

Brest, Illirien, Istrien, Mitterburg. Kr., ein *Dorf*, im Bzk. Pinguente, zur Pfarre Laniscıie geh., in d. Diöces Triest Capodistria. Südlicı von dem Dorfe liegt d. gleicınamige Berg, welcıer 296½ W. Klafter über der Meeresfl. erıoben ist, 7 Stunden von Capodistria.

Brest, Illirien, Krain, Adelsb. Kr., ein zu d. Kr. Kom. Bzk. Mitterburg geıör. *Dörfchen*, an der Bergkette des Monte maggiore ıı. d. Berge Blanich u. Vragna eingepfarrt, 10 Stunden von Fiume.

Brestacsa, Slavonien, Gradiskaner Bzk., ein zum Gradiskan. Grenz-Reg. Kanton Nr. VIII geh. *Dorf*, mit 33 Häus. an d. Bache gleicıen Namens, ¼ Stunde von Novská.

Breste, Illirien, Ob. Krain, Laib. Kr., ein im Wb.Bzk. Hrsch. Kreutberg geıör. *Dorf*, in d. Ebene, ½ St. von der Str. mit einer Kirce, 1 Stunde von Podpetsch.

Brestia, Illirien, Friaul, Görz. Kr., ein *Dörfchen*, dem Gute Dobra geh., in d. Grısb.d. Hrsch. Quisca, an d. Berge Planına gegen W. nächst Quisca und d. Bacıe Peumizza, 1¼ Stunden von Görz.

Brestova Draga, Kroatien, Kommerzial-Distrikt; sieıe Drága.

Brestovacz, Ungarn, jens. d. Tıeiss, Temess. Gespsch., im Lippa.Bzk., ein Kaal. *Dorf*, unt. das Kaal. Amt Rékás geh., welcıes von Walacıen und Raitzen bewohnt wird, mit einer eig. griech.

nicit unirt. Kircie und Pfr., unw. His-ziás, 6 Stunden von Lippa.

Brestovacz, Ungarn, Bács. Gespan. ein *Dorf*, mit 418 Häus. und 2927 Einw.

Brestovaz, Ungarn, ein zum deutsci-)auat. Grenz-Reg. Kanton Nr. XII geh. *Dorf*, mit 202 Häus. mit einer kathol. u. griech. nicit unirt. Pfr., dann 4 Ross-müilen, grenzt gegen O. mit Bavanistie, und gegen N. mit Homolitz, 2 Stunden von Páncsova.

Brestovisa, Illirien, Krain, Adelsb. Kr., ein zur Wb. B. Kom. Hrsch. Tibein geh. *Dorf*, 1 Stunde von Jamiano.

Brestoviza, Illirien, O. Friaul, Görz. Kr., ein *Dorf*, zur Hrsch. Sciwarzen-egg geiörig, 1 Stunde von Sessana.

Brestyenye, Ungarn, Trentschiner Komt.; sieie Beresztyén.

Bresznicza, Kroatien, diess. d. Save, Agram. Gespansch., St. Johaner Bzk., ein der gräfl. Familie Erdödy geh. *Dorf*, am Fusse einer Aniöbe, mit einem Post-wecisel, an der von Warasdin naci Agram füirenden Poststrasse, Postamt.

Bresznicza, Kis-, Ungarn, diess. d. Tseiss, Zempl. Gespansch., Sztropkov. Bzk., ein den Grafen Barkóczy geiörig. *Dorf*, mit einer griech. kathol. Haupt-pfarre, 3 Stunden von Orlici.

Bresznicza, Nagy-, Ungarn, diess. d. Tieiss, Zemplin. Gespansch., Sztrop-kover Bzk., ein den Grafen Barkóczy geiöriges *Dorf*, mit einer katbol. naci Sztropke geh. Filialkircie, und einer Mahlmühle, 3 Stunden von Orlici.

Bresznik, Kroatien, Agram. Gespan. im Bzk. jens. d. Kulpa, eine zur Hrsch. und Pfarre Ribnik geiör. *Ortschaft*, in der Gericitsbarkeit Martinszky-Verci, 3 Stunden von Netralich.

Breszt, Kroatien, diesseits der Save, Agram. Gespansch., Trans-Savan. Bzk., ein in einer Ebene am linken Ufer des Kulpa Fl. liegendes *Dorf*, mit einer Brücke über denselben, wodurci die Civil- mit der Militär-Gemeinde ver-bunden wird, ½ Stunde von Petrinia.

Breszt, Kroatien, diess. d. Save, Wa-rasdiner Gespansch., im Oi. Zagorian. Bzk., ein der Gemeinde Czigrovecz und Pfarre Pregrada einverleibtes *Dorf*, 8 Stunden von Agram.

Bresztács, Slavonien, Syrmier Ge-spanschaft, Rumaer Bzk., ein z. Hrsch. Ruma geiör. *Dorf*, mit 125 Häus. und 1153 Einw., einer eigenen griech. nicit unirten Pfarre, liegt an der Grenze des Peterwardeiner Grenz-Regiments Bzk., 2 Stunden von Ruma.

Bresztik, Kroatien, jens. der Kulpa, Malligradacz. Bzk., ein zum 1. Banal

Grenz-Regiments Canton Nro. 10 gehör. *Dorf*, vou 45 Häusern, 2½ St. v. Glina.

Breszto oder Ovitó — Ungarn, diess: der Donau, Bács. Gespansch., Unt. Bzk., ein zur Hrsch. Futak geiör. *Land-* und *Wirthshaus*, 1 Stunde von Cserevics.

Bresztó, Homona-, Ungarn, diess. der Tieiss, Zemplin. Gespansch., Gö-röginyer Bzk., ein den Grafen Van der Noth geh. *Dorf*, 3 Stunden von Nagy-Miiály.

Bresztó, Izbugyo-, Zbuczke-Bresztó — Ungarn, diess. der Donau, Zemplin. Gespansch., Göröginyer Bzk., ein meiren Dominien geiöriges *Dorf*, mit einer griech. kathol. naci Radvány geiör. Filialkircie und einer Mahlmühle, 6 Stunden von Nagy-Miiály.

Bresztó, Kis-, Malj-Bresztü, Klein-Brest — Ungarn, diesseits der Tieiss, Beregi. Gespansch., und Fel-Vidéker Bzk., ein ungar. zur Hrsch. Munkács und Pfarre Nagy-Bresztó geiör. *Dorf*, mit 4 Häus. und 32 Einw., im Gebirge zwiscien Nagy-Bresztó und Ploszkono-vitza, 4 Stunden von Munkács.

Bresztó, Nagy-, Velikj-Bresztü, Gross Brest — Ungarn, diess. d. Tieiss, Beregi. Gespansch., Fel-Vidéker Bzk., ein russn. zur Hrsch. Munkács geiörig. *Dorf*, mit 19 Häus. und 198 Einwohn., einer eig. Pfarre, im Gebirge zwiscien Kis-Bresztó und Pászika, 4 Stunden von Munkács.

Bresztov, Ungarn, Sáros. Komt.; sieie Boroszló.

Bresztova-Draga, Kroatien, Agra-mer Gespansch., im Gebirgs-Bzk., eine zur Kaal. Hrsch. Fussina und Gericits-)arkeit Merkopaly geh. und dain ein-gepfarrte *Ortschaft*, 1¼ Stunde von Merkopaly.

Bretztovácz, Slavonien, Posegan. Gespansch., Ob. Bzk., ein zur Hrsch. Daruvár gehör. *Dorf*, mit 96 Häus. und 516 Einw., einer griech. nicit unirten Pfarre, sonst aber der Kapl. Daruvár zugetheilt, unweit Koncsantpolje, 4 St. von Pakrácz, 1½ Stunde von Daruvár.

Bresztovácz, Slavonien, Posegan. Gespansch., Unt. Bzk., eine *Herrschaft* und *Dorf*, mit einer eigenen Pfarre und Kircie, am Fusse des Gebirges an den Gradiscan. Confinien und an der von Pa-krácz nach Posega führend. Landstrasse, ¾ Stunden von Posega.

Bresztovácz, Ungarn, ein z. deutsch-banatischen Grenz-Regiments Kanton Nro. XII geiöriges *Dorf* von 204 Häus., mit einer kathol. und griech. nicht unirt. Pfarre, dann 4 Rossmühlen, liegt näcist Bavanistie, am Bache Bonjavica, gegen über **von** dem türkischen Orte Grotzka, 2 Stunden von Páncsova.

Bresztovacz, O- Uj-, Ungarn, diess. der Donau, Bács. Gespanschaft, Mitt. Bzk., ein von Raitzen und Deutschen bewohntes *Kammeraldorf*, mit einer kathol. und griech. nicht unirten Pfarre, liegt nächst Boroszló und Weprovácz, 2¼ Stunde von Zombor.

Bresztovány, Kis-, Ungarn, diess. der Donau, Pressburger Gespanschaft, äusserer oder Szereder Bzk., ein *Dorf* mit 36 Häusern und 57 Einwohnern, nach Nagy-Breszsovány eingepfarrt, und an Bucsa angrenzend, 1 Stunde von Tyrnau.

Brezztovány, Nagy-, Ungarn, diess. der Donau, Pressburg. Gespanschaft, äusser. oder Szered. Bzk., ein ein der k. Stadt Tyrnau gehöriges *Dorf*, nahe bei Felsö-Lócz, und Kis-Bresztovány, mit 57 Häus. und 412 Einwohn., 1 Stunde von Tyrnau.

Bresztovecz, Kroatien, diesseits der Save, Warasdiner Gespansch., im Unt. Zagorianer Bzk., ein adel. *Gerichtshof*, der Gemeinde Komor und Pfarre Orechovicza zugetheilt, 7 St. von Agram.

Bresztyén, Brestyénye — Ungarn, diess. der Donau, Trentschin. Gespanschaft, Waag-Beszt. Bzk., ein der adel. Familie Trsztyánszky gehöriges *Dorf*, nach Pruszka eingepf., ausser der Landstrasse, 5¼ Stunde von Silein.

Bretach, Steiermark, Bruck. Kr., ein *Berg*, bei Göss.

Bretbach, Oest. unt. d. E., V. O. W. W., ein *Ort*, in welchem der Hrsch. Gärsten 2 Bauerngüter, d. milden Versorghngsfond in Steier ein Haus, und der übrige Theil andern Hrsch. gehört, nach Beramberg eingepf., gegen Osten nächst Penz, 1 Stunde von Steier.

Bretbühel, Steiermark, Brucker Kr., zwischen dem Erzberg und Gerichtsgraben mit grossem Waldstande, auf welchem die Polster-, Hirsch- und Artlesebenalpe vorkommt.

Bréte, walach. Brétye — Siebenbürgen, Inner Szolnok. Gespansch., Unt. Kr., Bethlen. Bzk., ein mehren Grundherren gehör. ungr. walach. *Dorf*, mit einer reform. und griech. kathol. Pfarre, 1¼ Stunde von Somkerék.

Bretelin, Bretlein, walach. Bretjeluine — Siebenbürgen, Hunyad. Gespansch., Kr. diess. der Maros, Dévaer Bzk., ein theils der Hrsch. Deva, theils dem Militär-Kanton geh. wal. *Dorf*, mit einer griechisch nicht unirten Pfarre, 1¼ Stunde von Déva.

Breterbach, Steiermark, Bruck. Kr., in der vordern Wildalpe zwischen dem Krimpenbach, dem Hechelstein und der Salza, bedeutendes Waldrevier d. Hrsch. Gallenstein.

Bretergraben, Steiermark, Bruck. Kr., zwischen dem Kirchberg und Lehenberge.

Bretetschlag, Böhmen, Budw. Kr., ein *Dorf*, der Hrsch. Hohenfurrt; siehe Bretterschlag.

Breth, Ober- und **Unter-,** Illirien, Friaul, Görzer Kr., 2 zur Kaal. Hrsch. Flitsch geh., am Fusse des Predllbergs gelegene *Dörfer*, 8 Stunden v. Villach.

Bretjetuine, Siebenbürgen, Hunyad. Komt.; siehe Bretelin.

Bretlein, Siebenbürgen, Hunyader Komt.; siehe Bretelin.

Bretoch, Böhmen, Czaslauer Kr., ein *Dorf*, der Hrsch. Křzesetitz; siehe Pržitoka.

Bretstein, Prettstein — Steiermark, Judenburger Kr., ein z. Wb. B. Kom. und Probstei-Hrsch. Zeiring geh. *Dorf*, mit 100 Häusern und 478 Einwohnern, einem Vikariate, 7 St. von Judenburg.

Bretstein, Steiermark, Judenburger Kr., ein *Seitenthal* des Pölsthales im Bezirke Zeyring.

Brettendorf, Siebenbürgen, Hunyad. Komt.; siehe Brettye.

Bretterdorf, Illirien, Krain, Neust. Kr., ein z. Wb. B. Hrsch. Pölland geh. *Dorf* mit 20 Häus. und 160 Einw., gegen Motschilla, 6¼ Stunde von Möttling.

Bretterschlag, Bretetschlag — Böhmen, Budw. Kr., ein *Dorf* zur Herrsch. und Pfarre Hohenfurt geh., an der Str. nach Linz, 6½ St. von Kaplitz.

Brettfall, Tirol, Unt. Innthaler Kr., *Kirche* und Wallfahrtsort auf einem Felsen bei Strass, Ldgrchts. Rottenburg, Eingang ins Zillerthal.

Brettgrund, Böhmen, Königgr. Kr., ein zur Hrsch. Schatzlar geh. *Dorf* mit 4 Mahlmühlen unter dem Schlosse gleichen Namens gelegen, 2¼ Stunde v. Trautenau.

Brettmühle, Böhmen, Tabor. Kreis, eine *Brettmühle* zum Gute Gross-Chiska geh., 6 Stunden von Tabor.

Brettmühle, Eichwälder-, Böhmen, Leitm. Kreis, eine *Brettsägemühle* der Hrsch. Liebshausen, liegt im hohen Gebirge ob dem Dorfe Eichwald, 3 Stunden von Teplitz.

Brettmühle, Böhmen, Ellbogn. Kr., ein *Silberbergwerk*.

Brettmühle, Böhmen, Pilsn. Kreis, eine einzelne *Mahl-* und *Sägemühle* hinter dem Bergstädtchen Michaelsberg, an dem Buchbache gegen N., 1¼ St. v. Plau.

Bretto, Lombardie, Prov. Bergamo u. Distr. VIII, Piazza; sieie Camerata.

Brettstein, Oest. oi d. E., Salziurg. Kr., eine zum Ldgrcht. St. Michael (im Gebirgslande Luugau) geiör. *Ortschaft* von 6 Häus., welcie zerstreut im Tiale Zederians liegen, 2¼ Stunden von St. Michael.

Brettye, **Magyar-**, Brettendorf, Brettya — Siebenbürgen, Hunyad. Gespanschaft, Kreis dieß. der Maros, Hosdáter Bzk., ein verscieidenen Dominien geiör. walaci. *Dorf*, von 30 Häusern, mit einer griech. nicit unirten Pfarre, 1 Stüide vom Markte Vajda-Hunyad entfernt, 4 Stunden von Déva.

Brettye, **Maros-**, Brettendorf, Brettya — Siebeniürgen, Hunyad. Gespansciaft, Jens. der Maros, Illyer Bzk., ein meiren Grundierren geh., an der Maros lieg. walach. *Dorf*, mit einer griech. nicht unirten Pfarre, ½ Stunde v. Illye.

Brettye, **Oláh-**, Walachisch Brettendorf, Pretya — Siebenbürgen, Hunyader Gespansch., Kreis diess. der Maros, Kitid. Rzk., ein meiren Dominien geh. nng. walách. *Dorf*, mit einer reformirten und griech. nicit unirten Pfarre, dann einer kath. Kapelle, 2 Stunden von dem Markte Hatzeg, 4 Stunden v. Déva.

Bretweg, Tirol, Vorarlberg, 5 einzelne *Höfe* im Grcht. Grünnenbach, der Htsch. Bregenz geh., Post Holzleuthen.

Bretwiss, Oest. unt. d. E., V. U. W. W., 3 der Hrsch. Burkersdorf geiörige *Waldhütten*, nächst Taferl und Brentenmaiss, 1½ Stunde von Burkersdorf.

Bretzdorf, Siebeniürgen, Thorenb. Komt.; sieie Beresztelke.

Bretzendorf, Ungarn, Kraszuaer Komt.; sieie Peretseh.

Brétzk, Siebenbürgen, Thorenburger Komt.; sieie Pereszteke.

Breuhaus, Böimen, Jungbunzl. Kr., ein dem Gute Stranka unterth. *Dorf* in cinem tiefen Tiale zwiscien Wäldern, von Mscheno 1 Stuude gegen W., 5¼ St. von Jungbunzlan.

Breune, Tirol, Rovered. Kr., ein *Dorf* zur Gemeinde Tione im Ldgrcht Tione.

Breunerov, Böimen, Tabor. Kr., ein einzelner *Hof* der Hrsch. Neureichenau, 4¼ Stunden von Iglan.

Breuterhof, Böimen, Czaslan. Kr., eine *Ortschaft*.

Breva, Lombardie, Provinz Como und Distr. IV, Como; sieie Camerlata.

Breva, Lombardie, Prov. Lodi e Crema und Distr. VI, Borghetto; siehe S. Colombano.

Brevilacqua, Dalmatien, Zara-Kreis und Distr., ein *Dorf* am Ricina Flusse, auf dem festen Lande, zur Hauptgemeinde Nona und Pretur Zara geh., unweit Radovia, 15 Migl. von Zara.

Brewniow, Böimen, Rakon. Kr., ein *Gut*; sieie Brzewniow.

Breybach, auci Gannenbach — Tirol, *Wildbach* aus dem Tiale Tiers, der sici bei Blamau in den Eisack stürtzt.

Brez, Tirol, Botzn. Kr., ein zur Hrsch. Castelfondo geiöriges *Dorf*, des berühmten Medicus von Alenghiu Vaterstadt, 9 Stunden von Trient, 2¼ Stunde von Cles.

Breza, Ungarn, diess. der Donau, Árvaer Gespansch., Nameszt. Bzk., ein zur Hrsch. Árva geh:, nach Loktza eingepfarrtes kati. slowak. *Dorf* mit 171 Häus. und 1180 Einw., liegt zwischen Waldungen, woselist viele Scindel, Bretter und Weinstäbe verfertigt werden, an der galiziscien Grenze. 10 St. von Rosenberg, 7 St. v. d. Markte Kubin.

Brezany, Kroatien, Kreutz. Gespansciaft, ein *Dorf* mit 12 Häus. u. 80 Einwohnern.

Brezány, Ungarn, diess. der Donau, Trentsciin. Gespansch., Silein. Bzk., ein *Filialdorf* der Hrsch. und Pfarre Lietava mit 24 Häus. und 227 Einw., einer Lokal-Gerichtsbarkeit, liegt gegen N., 2 St. von Silein.

Brézezy, Mähren, Igl. Kr., ein *Dorf* zur Hrsch. Gross-Meseritsch geh.; sieie Brzezegitz.

Brezezy, Mäiren, Iglauer Kr., eine *Ortschaft* bei Iglau.

Brezie, Kroatien, Agram. Gespansch., im Gebirgs-Bezirke, eine zur Herrsch. Brod und Gericitsbarkeit Divjaky geiör. und da ein eingepf. *Ortschaft*, 2¼ Stunde von Ravnagora.

Brezie, Kroatien, Agram. Gespansch., im Bzk. diess. der Kulpa, eine zur Gemeinde Sztermecz und Pfarre St. Nedelya geh. *Ortschaft* mit 2 adel. Höfen, ¾ St. von Rakovpatak.

Brezie, Ungarn, Zalad. Gespanscraft, Muraköz, ein *Dorf* am Fusse des Gebirges Muraköz, zwischen Senkovecz und Szlakovecz, der Hrsch. Csáktornya geh., naci Nedolicz eingepf.; ½ Stunde von Czáktornya.

Brezik, Kroatien, Karlstädt. Generalat; sieie Bresik.

Brezim, Breziny, Brezing — Ungarn, diess. der Donau, Soiler Gespansciaft, Unt. Bzk., ein slowak. zur Schlosshrsch. Dobrona geh. *Dorf*, naci Dobronyiva eingepf., ausser der Laudstrasse, in einem Thale unweit Nierecznicza, 1¼ St. von Butsa.

Brezine, Kroatien, diess. der Save, Farkassovcz. Bzk., eine zum Kreutzer Grenz-Rgmts. Kanton Nr. V geh. *Ortschaft* mit 59 Häus. und 299 Einwohn., nächst Majur, 2 Stunden von Bellovár.

Brezine, Slavonien, Gradiscan. Bzk., ein zum Gradiscan. Grenz-Reg. Kanton Nr. VIII geh. *Dorf* mit 50 Häus. u. 290 E., liegt nächst Kukunievacz an dem Zusammenflusse der Pakra mit Riola, 3 Stunden von Novska.

Brezing, Ungarn, Sohler Komt.; sie ie Brozino.

Brezinszka, Brekinsza — Slavonien, Posegan. Gespausch., Ob. Bzk., ein *Dorf* zur Hrsch. Pakrácz geh., naci Gag eingepfarrt, mit einer Filialkircie der besagten Pfarre im Orte, zwiscien Tiorau und Ullingák, 8 Stunden von Posega, 2 Stunden von Pakrácz.

Brezje, Kroatien, diesseits der Save, Warasdin. Gespansch., Ob. Campester Bzk., ein *Dorf* der Gemeinde Babinecz und Pfarre Krisovlyan einverleibt, auf der Poststrasse am Drau Flusse mit 39 Häus. und 149 Einwob., ¾ Stunden von Sauritsch.

Brezje, Kroatien, diesseits der Save, Warasdin. Gespansch., Ob. Campester Bzk., ein der Gemeinde und Pfarre Bednya einverleibtes *Dorf* mit 183 Häus. u. 898 Einw., 5 Stunden von Warasdin.

Brezje, Kroatien, diess. der Save, Warasdiner Gespansch., ein adel. der Gemeinde Ladanye und Pfarre Marussovecz einverleibter *Gerichtshof*, 2 Stunden von Warasdin.

Brezje, Kroatien, diesseits der Save, Kreutz. Gespansch., Verbovecz. Bezk., ein der gräfl. Familie Patatich geh., naci Verbovecz eingepf. *Dorf* mit 15 Häus. u. 105 Euwr., ¼ Stunde von Verbovecz.

Brezje, Kroatien, diesseits der Save, Kreutz. Gespansci., Verbovecz. Distr., ein *Dorf* der sogenannten Dombraer Provinz geh., naci Dombia eingepf., mit 20 Häus. und 143 Einw., ¼ St. v. Verbovez.

Brezje, Kroatien, diesseits der Save, Warasdiner Gespansch., Ob. Zagorian. Bzk. und Chászárvárer Distr., ein *Dorf*, und *Gemeinde*, nach Tuhely eingepfarrt, zur Hrsch. Chászávar geh., naie am Szutla Flusse, gegen N. mit der Gemeinde Tuhely grenzend, 7 Stunden von Agram.

Brezlaya, Steiermark, Marburg. Kr., ein *Dorf*, der Wb.B. Hrsch. Grosssonntag; sieie Pretzlavaberg.

Brezni, Ungarn, Unghv. Komt.; siehe Berezna, Nagy-Berezna.

Brezni, Male-, Ungarn, Unghvár. Komt.; sieie Bereznó, Kis-Bereznó.

Breznicu, Hronska-, Ungarn, Sohler Komt.; siehe Berzencze, Gran-Berzencze.

Breznica, Zelezna-, Ungarn, Sohler Komt.; siehe Berzencze, Vas-Berzencze.

Breznicz, Alsó-, Breznicza-Dolnja — Ungarn, diesseits der Donau, Trentsciin. Gespansch., Mitt. Bzk., ein *Dorf*, der Hrsch. Lednicz, nach Rovnye eingepfarrt, mit 33 Häusern und 358 Einwohnern, einem Ricıter und Geschwornen, ausser der Landstrasse, 6 Stunden von Treutschin.

Breznicz, Felsö-, Hornye - Breznize — Ungarn, diesseits der Donau, Trentsciin. Gespansch., Mitt. Bzk., ein zur Hrsch. und Pfarre Lednicz geiörig. *Dorf*, mit 56 Häus. und 580 Einw., einem eigenen Ortsgerichte, ausser der Landstrasse, 6½ Stunde von Treutsciin.

Breznicz, Tapos-, Tapos - Breznicza — Ungarn, diesseits der Donau, Trentsciin. Gespansch., Mitt. Bzk., ein *Dorf*, der Hrsch. Lednicz, naci Rovnye eingepf., mit 10 Häusern und 107 Einwohnern, einem Lokal-Ricıter und Geschwornen, ausser der Landstrasse, 5½ Stunde von Treutschin.

Breznicza, Ungarn, Neogr. Komt.; sieie Berzencze.

Breznicza, Slavonien, Poseg. Gespanschaft, Unt. Bzk., ein zur Hrsch. Pleternicza und Pfarre Verkovcze geh. *Dorf*, mit 14 Häusern und 98 Einwohn., unweit Solhovecz und Pleternicz, 2 St. von Posega.

Breznicza, Slavonien, Veröcz. Gespansch., Vucsin. Bzk., eine einzelne am Therczovacz Flusse liegende *Mühle*, 6 Meilen von Babocs.

Breznicza, Slavonien, Veröcz. Gespansch., Naschicz. Bzk., ein neu angelegtes *Dorf*, der Hrsch. Naschicz, mit 59 Häusern und 326 Einwoinern, am Bacie dieses Namens und der königl. Landstrasse. Hier wird Pottasche und Glas verfertigt, 5 Meilen von Eszék.

Breznicza, Slavonien, Verócz. Gespansch., Eszék. Bzk., eine zur Hrsch. Deákovár geh. *Ortschaft*, mit 42 Häusern und 240 Einwoinern, an der Poseganer Grenze näcist Csenkovo, 2 M. von Deákovár.

Breznicza, Tapos-, Ungarn, Trentsciin. Komt.; sieie Breznicz, Tapos-Breznicz.

Breznicze, Bresznitza — Kroatien, Agram. Komt., ein *Dorf*, mit 39 Häus. und 338 Einw. Postamt mit:

[linke Randspalte, teilweise abgeschnitten:]

...arn, Unghvár.
k...Bereznó,
...a..., Ungarn,
...ntzee, Gran-

...a..., Ungarn,
...rtenetze, Vas-

...nicza-Dolnja
...Donau, Trent-
...lek., ein Dorf,
...a Rovuye ein-
...und 388 Ein-
...und Geschwor-
...nisse, 6 Stunden

...Hornye-Brez-
...ts der Donau,
...Mtt. Bzk., ein
...l....gehörig,
...Enw., einem
...er der Land-
...Trentschin.
...Tapos-Brez-
...ts der Donau,
...Mtt. Bzk., ein
...nach Rovuye
...und 107 Ein-
...ier und Ge-
...Landstrasse,

...Neogr. Komt.;

...Poseg. Ge-
...ein zur Hrsch.
...Verkovcze ein-
...Einwohn.,
...Pleternicz, 2 St.

...Verócz. Ge-
...eine einzelne
...egende Mühle,

...Verócz. Ge-
...ein neu an-
...Naschicza, mit
...wohnern, am
...1 der Hrsch.
...Pottasche und
...von Eszék.
...Verócz. Ge-
...eite zur Hrsch.
...mit 42 Häu-
...an der Po-
...Csakovo, 2 M.

...os-, Ungarn,
...e Breznicz, Ta-

...— Kroatien,
...mit 59 Häus.
...mit

[Hauptspalten:]

A. Martin, Biszagh, Breznicza-Mühle, Butkovecz, Hraschina, Hraschina-Mühle, Radeshieh, Tergovische, Winichno, Wiazoko.

Brezniczka, Hutta Breznika — Ungarn, diesseits der Donau, Sohler Gespanschaft, Unter. Bzk., erledem eine Eisen-Schmelzhütte, nun ein kleines zur Kaal. Hrsch. Sass-Keö geh. Dörfchen, mit einer der h. Anna geweihten, nach Ternye eingepf. Kapelle, ¼ St. von Butsa.

Breznik, Kroatien, Agramer Gespanschaft, im Bzk. diesseits der Kulpa, eine zur Gemeinde Deszinecz gehör., nach Plessivicza eingepfarrte Ortschaft, mit 22 Häusern und 192 Einwohnern, und einem Weingebirge, ½ St. von Jászka.

Breznik, Kroatien, Agram. Gespanschaft, jenseits der Kulpa, eine zur Hrsch. Hrasztie geh., in der Gerichtsbarkeit Mlachaky und Pfarre Szveticze liegende Ortschaft, mit 15 Häusern und 143 Einwohnern, 2 St. von Karlstadt.

Breznika, Hutta-, Ungarn, Sohler Komt.; siehe Brezniczka.

Breznitz, Ungarn, Sümegh. Komt.; s. Berzencze.

Brezniza Dolnja, Ungarn, Trentschiner Komt.; siehe Breznicz, Alsó-Breznicz.

Breznize, Hornye-, Ungarn, im Trentsch. Komt.; siehe Breznicz, Felsö-Breznicz.

Brezno, Kroatien, diesseits der Save, Warasdin. Gespansch., Ob. Zagorian. Bzk., Thaboren. Distr., ein zur Hrsch. Kis-Tábor und Pfarre St. Peter nächst Prisslin geh. Dorf und Gemeinde, mit 80 Häusern und 402 Einwohnern, am Szutla Flusse, 6 Stunden von Cilli.

Brezno-Banya, Brezno, Brisen — Ungarn, diesseits der Donau, Sohler Gespansch., Ob. Bzk., eine königliche freie Stadt, mit einem eigenen Magistrate, Pfarre, Kirche, einem Bethause der A. C., einem P. P. Piaristen-Collegium und Grammatical-Schulen, in einer Ebene, mit Bergen und Wäldern versehen, am Gran Flusse, an der in das Gömörer Komitat führenden Strasse, nahe bei Valaczka, 6¼ Stunde von Neusohl. Postamt.

Brezó, Csech-, Ungarn, Neograd. Komt.; siehe Brezova, Cseske-Brezova.

Brezó, Rima-, Brezowe — Ungarn, diesseits der Donau, Gömör. Gespanschaft, Kis-Houth. Bzk., ein der freiherrlichen Familie Luzsinszky geh. slowakisches Dorf, mit einer evangelichen Pfarre, einem Sauerbrunnen, Eisenschmelz- und Hammerwerke; auch wird hier viel Thonarbeit verfertiget, liegt an dem Bache Rima, 3 Stunden von Rima-Szombath.

Brezó, Szucha, Ungarn, Neograd. Komt., ein Dorf, mit 78 Häusern und 560 Einwohnern.

Brezo, Ungarn, Dorf, in der Kis-Houtier Gespanschaft mit 430 Einwohnern, einer evangelischen lutherischen Kirche und 2 Eisenhammerwerken. Man verfertigt hier sehr viele und gute Töpferwaaren. In dem dortigen Berge Szinez findet man 50 bis 60 Pfund schwere Krystalle und Topase. Auch gibt es hier 2 Sauerbrunnen.

Brezócz, Ungarn, jenseits der Donau, Eisenburger Gespansch., Tótság. Bzk., ein wendisches, zur gräfl. Szapárischen Hrsch. Muraj-Szombath geh., nach Hidekut eingepf. Dorf, mit 24 Häusern und 188 Einwohnern, nächst Gorisza, 2 St. von Radkersburg.

Brezolubb, Brezolupi — Ungarn, diesseits der Donau, Trentsch. Gespanschaft, Unt. Bzk., ein weitschichtiges Dorf, der Herrsch. Bán, nach Viskócz eingepfarrt, mit 20 Häusern und 146 Einwohnern, einem herrschaftlichen Meierhofe, Richter und Geschwornen, 1¼ Stunde von Nitra-Zsámbokréth.

Brezov, Ungarn, Sáros. Komt.; siehe Nyires.

Brezova, Kroatien, diesseits der Save, Warasdin. Gespansch., Unt. Zagorian. Bzk., ein der Gemeinde Miskovecz u. Pfarre Szveti-Krzis (Heil.Kreuz) einverleibtes Dorf, 6¼ St. von Agram.

Brezova, Cseske-, Cseh-Brezó— Ungarn, diesseits der Donau, Neograd. Gespansch., Fülek. Bzk., ein slowakisches Dorf, meren adelichen Familien geh., mit einer eigenen Pfarre und Kirche der A. C. gegen O. an der Grenze des Kis-Honth. Komitats, 1 Meile von Zelene.

Brezova, Glava-, Kroatien, jenseits der Save, Karlstädt. Generalat, Wukmanich. Bzk., eine zum Szluiner Grenz-Regiments-Kanton Nro. IV geh. Ortschaft, von 10 Häusern, nächst Tusilloyich, 2½ Stunde von Voinich.

Brezova, Gora-, Kroatien, diesseits der Save, Warasdiner Gespansch., Ob. Campest. Bzk., ein Dorf, der Gemeinde Trakostan und Pfarre St. Peter in Czvestlin zugetheilt, mit 64 Häusern und 324 Einwohnern, 3 Stunden v. Sauritsch.

Brezova, Raven-, Kroatien, diesseits der Save, Warasdin. Gespansch., Ob. Zagorian. Bzk., ein der Gemeinde Brezje und Pfarre Tuhely einverleibtes Dorf, 7 Stunden von Agram.

Brezova, Száraz-, Szucha-Brezó — Ungarn, diess. der Donau, Neograd.

Gespansch., Losoncz. Bzk., ein slowak. meiren adeligen Fam. geiör. *Dorf* mit 32 Häusern und 455 Einw., naci Nagy-Sam eingepf., gegen O. unweit von Borosznok, $2\frac{1}{2}$ Meile von Gács.

Brezovacz, Kroatien, jens. der Save, Karlstädter Generalat, Sicielburg. Bzk., eine zum Szluin. Grenz-Regim. Canton Nr. IV geiör. *Ortschaft* von 12 Häusern, näcist Merzlopolye, 3 St. von Jaszka.

Brezovacz, Kroatien, jens. der Save, Karlstädter Generalat, Ottochan. Grenz-Regim. Bzk., eine *Einöde*, $6\frac{1}{4}$ St. von Ottochacz.

Brezovecz, Kroatien, Agramer Gespanschaft, Sz. Ivaner Bzk., ein mehren Besitzern geh., nach St. Nicola in Zelina eingepfarrte *Ortschaft*, 1 Stunde von Sz. Iván.

Brezovecz, Kroatien, diess. der Save, Warasdiner Generalat, Gudovecz. Bzk., ein zum Kreutzer Grenz-Regim. Canton Nr. V geh. *Ortschaft* von 19 Häusern, mit einer eigenen Kircie, liegt nächst dem Bache Bellovaczke, 1 Stunde von Bellovár.

Brezovecz, Kroatien, diess. der Save, Warasdiner Gespansch., Ob. Campest. Bzk., drei der Gem. Jerovecz u. Pfarre Kamenicza zugetheilte *Häuser*, 4 St. von Warasdin.

Brezovecz, Ungarn, diess. der Donau, Neutraer Gespansch., Vág-Ujhel. Bzk., ein tieils den Grafen Erdödy, theils anderen adel. Familien geiör. *Marktflecken*, mit einer kathol. Pfarre und Kircie und einem evangel. Bethause, gegen O. 7 Stunden von Galgócz.

Brezovecz, Ungarn, diess. der Tieiss, Zempliner Gespansch., Nagy-Mihál. Bzk., ein zum Religionsfonde geh., nach Uila eingepfarrtes griech. kati. *Dorf*, 5 Stunden von Unghvár.

Brezovecz, Ungarn, jens. der Donau, Zalad. Gespansch., Muraköz. Bzk., ein *Dorf* am südl. Ufer des Mur Flusses, an der naci Steiermark füirenden Kommerzialstrasse, der gräfl. Althan'schen Fam. geh., gegen O. näcist Sz. Márton, woiin es eingepfarrt ist, 2 Stunden von Alsó-Lendva, und eben so weit von Csáktornya.

Brezovecz, Dolni-, Kroatien, diess. der Save, Kreutzer Gespansch., Verbovezer Bzk., ein zur Agramer Bisthum-Hrsch. Gradecz geh. und daiin eingepfarrtes *Dorf* mit 15 Häusern und 108 Einw., seir naie iei Gornye-Brezovecz, $\frac{1}{4}$ Stunden von Verbovecz.

Brezovecz, Gornye-, Kroatien, diess. der Save, Kreutz. Gespansciaft, Verbovecz, Bzk., ein zur Agram. Bisth.

Hrsch. Gradecz geh. und daiin eingepf. *Dorf* mit 23 Häus. und 163 Einw., niciet weit vom Chornecz Bache, $\frac{3}{4}$ Stunden von Verbovecz.

Berzovicza, Kroatien, diesseits der Save, Agram. Gespansch. und Bzk., ein der Familie Draskovich geh. *Dorf*, mit einem Kastell und meiren adel. Höfen; dann einer eigenen Pfarre, 2 Stunden v. Agram.

Brezovicza, Slavonien, Veröcz. Gespanschaft und Bzk., ein zur Herrsch. Vucsin geh. *Dorf* mit 76 Häus. und 459 Einw., liegt näcist Detkovacz, 10 Stunden von Babocsa.

Brezovicza, Ungarn, diess. der Donau, Árváer Gespansch., Trsztea. Bzk., ein zur Hrsch. Árva geh., nach Trsztenna eingepf. katholisch.slowakisch. *Dorf* mit 116 Häus. und 655 Einw., liegt am karpatischen Gebirge, 12 Stunden von Rosenberg, 9 Stunden von Kubin.

Brezovicza, Ungarn, jens. der Donau, Zalader Gespansch., Lövö. Bzk., ein zur gräfl. Csáky. Herrsch. Belatincz geh. *Dorf* und Filial der Pfarre Turnissa, nördl. gegen Zarkaháza, 1 Stunde von Alsó-Lendva.

Brezovicza, Ungarn, Sáros. Komt.; siehe Berzevicze.

Brezovicza, ehemals Berzicza genannt — Slavonien, Veröcz. Gespansch., Vucsin. Bzk., ein *Dorf* der Hrsch. Vucsin, mit einer Filialkirche der Pfarre Gradine, 5 Meilen von Babocs.

Brezovka, Ungarn, Sárosser Komt., ein *Dorf* mit 15 Häus. und 115 Einw.

Brezovlyany, Kroatien, diess. der Save, Warasdin. Generalat, Szt. Iván. Bzk., eine zum Kreutz. Grenz-Reg. Kanton Nro. V geh. *Ortschaft* mit 62 Häus. u. 315 Einw., nächst Alt-Glog, 2 Stunden von Verbovecz.

Brezovlyany, Slavonien, Veröczer Gespansciaft, Naschicz. Bzk., ein zur Hrsch. Fericsancze geh. in einer Ebene liegendes *Dorf* mit 21 Häus. und 218 Einwohnern, 10 Meilen von Eszék.

Brezovo, Ungarn, Gömörer Komt.; siehe Brozó, Rima-Brezo.

Brezovopolie, Kroatien, jenseits d. Kulpa, Klasnich. Bzk., ein zum 1. Banal Grenz-Reg. Kanton Nr. X geh. *Dorf* mit 48 Häus. u. 273 Einw., an dem Bache Maja, $3\frac{1}{2}$ Stunde von Glina.

Brezowa, Ungarn, Neutraer Gespanschaft, ein *Marktflecken* den Grafen Erdödy geh., mit einer kathol. und evang. reform. Kircie, mit 150 Häus. und 696 Einw., welcie von allen Naturalroboten befreit sind, und sici von Brantweinbrennen, Leder- und Hornviehhandel nähren.

Brezt, Illirien, Istrien, *Berg* südlich v. gleichnamigen Dorfe 296 W. Klft. ꭗoꭗ über dem Meere.

Breztova, Ungarn, diess. der Donau, Neutr. Gespansch., Szakolcz. Bzk., ein *Praedium*, nacꭗ Szenicze eingepf., gegen O., 3¼ Stunden von Holics.

Breztovicza, Kroatien, diesseits der Save, Agram. Gespansch. und Bzk., ein auf einer angenehmen Anhöꭗe liegendes mit eigener Pfarre verseꭗenes *Dorf*, wo sicꭗ ein der gräfl. Familie Draskovich geꭗör. Kastell, und meꭗre andere adel. Höfe befinden, 2 Stund. v. Agram.

Brezuvka, Ungarn, diess. der Tꭗéiss, Sáross. Gespansch., Szektsöer Bzk., ein zwiscꭗen Waldungen näcꭗst Hazslin u. Hrabócz lieg. *Dorf*, 2 St. v. Bartfeld.

Brezza Cá, Venedig, Prov. Treviso und Distr. VIII, Montebelluna; sieꭗe Montebelluna (Cá Brezza).

Brezzo, Lombardie, Prov. Como und Distr. XXI, Luino; sieꭗe Bedero.

Brhlowce, Ungarn, Honther Komt.; siehe Borfö, Kalna- und Tegzes-Borfö.

Bria, Illirien, Friaul, Görz. Kreis, ein *Dorf* der Hrsch. Ober-Reiffenberg geh., 1½ Stunde von Cerniza.

Briaghi, Lombardie, Prov. Bergamo und Distr. X, Treviglio; sieꭗe Massari de' Melzi.

Brialon M., Tirol, Rovered. Kr., ein hoꭗer *Berg* im Ldgrcht. Condino in Judicarien, im Grunde des Thals V. Averta.

Brian, Lombardie, Prov Venezia und Distr. VIII, Portogruaro; sieꭗe Caorle.

Briana, Lombardie, Prov. Mantova u. District XIV, Gonzaga; siehe Gonzaga (Bondeno).

Briana, Lombardie, Prov. Padova und Distr. III, Noale; sieꭗe Noale.

Briande, Lombardie, Prov. Cremona und Distr. IV, Pizzigꭗettone; s. Paderno.

Brianka, Galizien, Sanok. Kr., ein *Gut* und *Pfarrdorf* näcꭗst Trzesniow, an einem unbenannten Bache, 4 Meilen von Jassienica, und 6 Stunden v. Sanok.

Brianza, Lombardie, Prov. Como, ein *Berg* bei Oggiono.

Brianza, Lombardie, Prov. Como, ein *Thalgebiet*, unweit Mailand.

Brianzola, Lomꭗardie, Prov. Como und Distr. XXIV, Brivio, ein *Gemeindedorf* mit Vorstand u. Pfarre S. Lorenzo, auf dem Berge Brianza oder Brianzola, 2 Migl. von Oggione. Dazu geꭗören: *Beverino di mezzo, Beverino di sotto, Beverino superiore, Bognachino, Cá, Carꭗcerto, Castello, Cologna, Colombe, Inclone, Inseraga supr. e inferiore, Roncaccio, Valsorda, Meiereien, — Boffa lora, einzelnes Haus.*

Brianzola, Lombardie, Prov. Milano und Distr. XIII, Gallarate; s. Gallarate.

Briavacca, Lombardie, Provinz und Distr. X, Milano, ein von Limito, Pescꭗiera, Cassignanica und Lucin ꭗegrenztes *Gemeindedorf*; mit einer Gemeinde-Deputation nacꭗ S. Vicenzo in Cassignanica eingepfarrt, 1 Stunde von Milano. Dazu geꭗören: *Mulino di Briavazza, Mühle, — Panzone, Meierei.*

Briavacca, Mulino di, Lombardie, Prov. und Distr. X, Milano; sieꭗe Briavacca.

Briaza, zu Moldauisch Kimpolung — Galizien, Bukow. Kr., eine *Ortschaft*, zur Pfarre und Ortsobrigkeit Kimpolung geꭗörig.

Briban, Venedig, Prov. und Distr. I, Belluno; sieꭗe Sedico.

Bribb, Ungarn, Marmaros. Komt.; 's. Bréb.

Bribir, Kroatien, See-Distr., ein zur Kameral Hrsch. Vinodol geh. *Schloss*, in welchem der Kameral-Herrschafts Controllor, und ein zur Modruscher Diöcese geꭗör. Stifts-Kapitel, welcꭗes zugleicꭗ die Pfarre verwaltet, sicꭗ befinden, im Vinodol. Tꭗale, ¼ Stunde von Novi.

Bribir, Dalmatien, Zara Kr., Scardona Distr., ein auf dem festen Lande an dem reissenden Strome Bribistizza liegendes *Dorf*, und Untergemeinde der Hauptgemeinde Scardona, eben dieser Pretur untersteꭗend, mit einer eigenen Pfarre, 8 Migl. von Scardona.

Briboy, Kroatien, jenseits der Save, Karlstädt. Generalat, Ottochan. Grenz-Regiments-Bezirk, eine *Ortschaft*, von 11 Häusern, 12 Stunden von Ottochacz.

Briccola, Lombardie, Prov. Como u. Distr. XXVI, Mariano; sieꭗe Figino.

Briche, Palazzo di Andru, Lombardie, Prov. und Distr. II, Milano; siehe Lorenteggio.

Bricola, Lombardie, Prov. Como und Distr. I, Como; sieꭗe Luisago.

Bricz, Illirien, Istrien, *Anhöhe*, nächst dem Dorfe Bricz, 209 W. Klftr. hoch.

Brida, Venedig, Prov. Friaul u. Distr. XIII, S. Pietro; siehe Grimacco.

Briebie, Illirien, Istrien, Mitterburger Kr., mit 3000 Einwohnern und starkem Weinbau, der jährlich bei 18000 Eimer abwirft.

Briech, Illirien, Kärnten, Klagenfurter Kr., die windische Benennung des zur Hrsch. Bleiburg geꭗör. *Dorfes* Raine.

Briel, Oest. ob d. E., Inn Kr., eine zum Ldgcht. Haag geb. *Einöde*, in der Pfarre Haag, 1 Stunde von Haag.

Briel, Oest. u. d. E., V. O. M. B., ein der Hrsch. Imbach unterthäniges *Dorf*; siehe Priel.

Briel, Oest. u. d. E., V. O. M. B., ein der Hrsch. Persenbeug geh. *Dorf*; siehe Priel.

Briel, Oest. unt. d. E., V. O. W. W., verschiedene zerstreut liegende der Herrschaft Zelking geh. *Häuser*; siehe Priel, Gross-, Klauss-, Kolla-, Unter-.

Briel, Hinter-, Priel — Oest. u. d. E., V. U. W. W., ein zur Herrsch. Burg Mödling und Veste Liechtenstein geh. *Dorf*, mit einer eigenen Pfarre und Mühle, zwischen Vorder - Briel und Weissenbach, wegen seiner romantischen Lage berühmt, 1¾ Stunden von Neudorf.

Briel, Vorder-, auch Priel — Oest. u. d. E., V. U. W. W., ein zur Hrsch. Burg Mödling und Veste Liechtenstein geh. *Dorf*, mit einer Mühle nach Hinter - Briel eingepf., nächst der Klausen und Hinter-Briel neben dem Mödlingerbache, 1 Stunde von Neudorf.

Briel, Ober- und **Unter-**, auch Brühl genannt — Oest. u. d. E., V. O. M. B., ein der Hrsch. Weitra geh. *Dorf*, liegt an der Lainsitz nächst Weitra, 4 St. von Schrems.

Brielhof, Oesterr. ob d. E., Inn Kr., eine kleine *Ortschaft*, der Land- und Pfleggchts. Hrsch. Braunau geh., nach Schwand eingepfarrt, 2¼ Stunden von Braunau.

Brienno, Lombardie, Prov. Como u. Distr. III, Bellaggio, ein *Gemeindedorf*, mit Vorstand und Pfarre SS. Nazzaro e Celso, an einem starken Abhange in Berührung mit dem Como-See, 10 Migl. von Bellaggio.

Bries, Ungarn, eine k. *Freistadt*, im Sohler Komitat an der Gran, mit 390 Häusern und 4000 slavischen Einwohnern, welche sich vorzüglich mit Viehzucht, Holzhandel und auch mit Ackerbau beschäftigen. Auch wird hier der schmackhafte ungarische Brieser- oder Briusenkäse verfertigt, der auch im Auslande im guten Rufe stehet.

Briessen, Priessen — Böhmen, Leitmeritzer Kr., ein *Dorf*, zur Hrsch. Ossegg, mit einer Mühle an einem Bache, der ¾ Stunden unter diesem Dorfe in den Bielafluss fliesst, ¼ Stunde von der Stadt Bilin, 2 Stunden von Teplitz.

Briest, Kroatien, Karlstädt. Generalat; siehe Brest.

Briesta, Dalmatien, im Ragusa Kr., Slano Distr., ein *Dorf*, der Hauptgemeinde Jagnina zugetheilt, zur Pretur

Slano geh., unweit Cossov, 2⅛ Migl. von Stagno.

Briestoczina, Ungarn, Liptau, Komilat; siehe Lubochina.

Briesztya, Ungarn, diesseits der Donau, Thúrócz. Gespanschaft, Znio. Bzk., ein zur Hrsch. Tóth-Próna geh., und dahin eingepf. *Dorf*, zwischen Gebirgen, an der Neutraer-Grenze, 1½ St. von Rudnó.

Briesztyene, Ungarn, Trentschiner Komt., ein *Dorf*, mit 14 Häusern und 65 Einwohnern.

Briesztyene, Ungarn, Trentschiner Komt., ein *Dorf*, mit 35 Häusern und 350 Einwohnern.

Brif, Auf dem, Tirol, Vorarlberg, ein zu der Hrsch. Bludenz und Ldgcht. Montafon geh. kleines *Dorf* und Schule, 9¼ Stunde von Feldkirch.

Brig, Kroatien, Buccaran. Kommerzial- und Dragaer Gerichts - Bzk., ein zur königlichen Frei- und Kommerzial-Stadt Buccari geh. *Dorf*, mit einer eigenen Pfarre, auf der von Fiume nach Buccari führenden Kommerzial-Strasse, 1 Stunde von Fiume, und eben so weit von Buccari.

Brig, Mariendolsky — Kroatien, jenseits der Save, Karlstädt. Generalat, Barrillovich. Bzk., eine zum Szluiner Grenz-Regiments-Kanton Nro. IV geh. *Ortschaft*, von 9 Häusern, zwischen Város und Nováki, 3 Stunden von Karlstadt.

Briga, Illirien, Krain, Neustädtl. Kr., ein zum Wb. B. Kom. und Landgchts. Hrsch. Graffenwart geh. *Dorf*, mit 390 Häusern und 4000 Einwohnern.

Brigantia, Tirol, Vorarlberg, *Herrschaft* und *Stadt*; siehe Bregenz.

Brig-bili, Slavonien, Sicz. Bzk., ein zum Gradiscaner Grenz-Regiments-Canton Nro. VIII geh. *Dorf*, von 24 Häusern, ¼ Stunde von Verbova.

Brigellendorf, Siebenbürgen, Kronstädt. Distr.; siehe Botfalva.

Brigidau, Galizien, Sambor. Kr., ein der Kaal. Hrsch. Medenice geh. evangelisches Kolonie-*Dorf*, mit einer Pfarre, grenzt gegen O. mit Stry und Nieszuciow, gegen W. mit Gaya, 2½ Stunde von Stryi, 4 Stunden von Drohobycz, 6 Stunden von Sambor.

Brigitten-Aue, Oest. u. d. E., V. U. W. W., ein dem Stifte Klosterneuburg geh. *Jägerhaus* und einige *Schankhütten*, nach Leopoldau konscribirt und dahin eingepf., eine sich bildende Vorstadt Wiens.

Brig-Koranski, Kroatien, jenseits der Save, Karlstädtl. Generalat, Barri-

jovich. Bzk., eine zum Szluin. Grenz-Regiments-Canton Nro. IV geiör. *Ortschaft*, von 11 Häusern, mit einer griechischen Pfarre, liegt näciist Barrilovich, 3 Stunden von Karlstadt.

Briglau, Oest. ob d. E., Inn Kr., ein zum Ldgcht. Ried geh. *Weiler*, in der Pfarre Schiltorn, 2 Stunden von Ried.

Briglitz, Siebenbürgen, Inn. Szolnok. Komt.; sieie Tóti-Szállás.

Brignano, Lombardie, Prov. Bergamo und Distr. X, Treviglio, ein *Gemeindedorf*, gegen Nord. 4 Migl. vom Flusse Serio, mit einer Gemeinde-Deputation, eigener Pfarre S. Maria Assunta, 4 Aushilfskirchen und einem Oratorio, einem Kalk- und Ziegel-Ofen und Spinnerei, ½ Stunden von Treviglio. Dazu geiören:
Ballochetta, Benigni, Brusada, Cagnettone, Caluta, Cartina, Cassina Balocca, Piane, Portice, Scorino, Scorio, Vinontizza, Meiereien.

Brigni, Lomiardie, Prov. Bergamo und Distr. X, Treviglio; siehe Caravaggio.

Brignida, Lombardie, Prov. Bergamo und Distr. X, Treviglio; sieie Caravaggio.

Brignoli, Lombardie, Prov. Bergamo und Distr. X, Treviglio; sieie Caravaggio.

Briheny, Ungarn, jenseits der Theiss, Biiár. Gespansch., Belényes. Bzk., ein zur Bisthum-Hrsch. Vaskói geh. walaci. *Dorf*, mit 51 Häus. und 311 Einwohn., einer griech. und unirten Pfarre und einem Eisenhammer, 12 Stunden von Gross-Wardein.

Brihove, Kroatien, Agram. Gespanschaft, im Bzk. jenseits der Kulpa, eine meiren Besitzern geiörige, in der Gerichtsbarkeit Pravutina und Pfarre Sakaiuya liegende *Ortschaft*, mit 29 Häus. und 217 Einwoinern, 3½ Stunde von Novigrad.

Brülnica, Galizien, Przemysl. Kreis, eine *Ortschaft*, 2 Stunden von Przemysl.

Brindlitz, Brünlitz, mähr. Brniaa — Mähren, Brünn. Kr., ein *Dorf*, der Hrsch. Wisciau, mit einer Filialkiroie, nächst Wischau am Hannaß., ½ Stunde von Wisciau.

Brinles, Böimen, Ellbogn. Kr., ein *Dorf*, der Hrsch. Hartenierg; sieie Prünless.

Brinles oder **Bräuless**, mäir. Brniczko oder Brny — Mähren, Ollm. Kr., ein *Dorf*, der Hrsch. Hohenstadt, mit einer Kircie, zwiscien Bergen iinter Lesslitz, 3½ Stunde von Müglitz.

Brinoschitz, Illirien, Krain, Neust. Kr, ein *Dorf*, mit 5 Häus. und 40 Einw., zur Gemeinde St. Gregor geiörig.

Brins, Brems, Prüns — Böhmen, Junglunzlauer Kr., ein *Pfarrdorf*, der Hrsch. Wartenierg, ½ Stunde v. Gaiel.

Brinsach, Oest. ob d. E., Inn Kr., ein zum Ldgcht Ried geh. *Weiler*, nach Eberschwang eingepf., 1½ Stunde von Fraukenmarkt, und 1 Stunde von Frankenburg.

Brinzio, Lombardie, Prov. Como und Distr. XVIII, Cuvio, eine *Dorfgemeinde*, mit Vorstand und Pfarre, in deren Näie ein kleiner See sici iildet, mit Arcisate grenzend, 5 Migl. von Varese. Mit:
Al Mulino Benedetto, Mühle.

Briocche, Lombardie, Prov. Lodi e Crema und Distr. IV, Borgietto; siehe S. Colomiano.

Briola, Lombardie, Prov. Bergamo u. Distr. VII, Caprino; s. Villa d' Adda.

Brioletta, Lomiardie, Prov. Como u. Distr. I, Como; sieie Fino.

Briolo, Lomiardie, Prov. Bergamo u. Distr. II, Zoguo; sieie S. Gallo.

Briolo, Lomiardie, Prov. Bergamo n. Distr. V, Ponte S. Pietro; siehe Ponte S. Pietro.

Briolo, Lombardie, Prov. nnd Distr. I, Bergamo; sieie Seano.

Brione, Tirol, Rover. Kreis, ein zur Marggraf. Judikarien geh., unt. der Pfr., in Condino stei. *Dorf*, mit einer Kuratie, 2 St. von Condino, 18 St. von Trient.

Brione, Lombardie, Prov. und Distr. I, Brescia, ein *Gemeindedorf*, mit Pfr., 3 Oratorien u. Gemeinde-Deputation, auf Berggipfeln, mit 5 durci Tiäler getheilte Strassen, 9 Migl. von Brescia. Mit:
Vitala, Schweiserei.

Brione, Lombardie, Prov. Bergamo u. Distr. VII, Caprino: s. Torre de' Busi.

Briosca, Lombardie, Prov. und Distr. I, Milano; s. Corpi S. di Porta Romana.

Brioschina, Lombardie, Prov. und Distr. I, Milano; sieie Corpi S. di Porta Romana.

Brioseo, Lombardie, Prov. Milano u. Distr. VII, Verano, eine *Ortsgemeinde*, mit einer Gemeinde-Deputation und Pfr., 1½ St. von Verano entlegen und von den Gemeinden Cappriano, Agliate, Vergo und Cazzano begrenzt, am Fl. Lamiro, 1½ Stunde von Cürate. Einverleibt sind:
Dancda, Peragallo, Seminario, Zimbaldo, Mühlen. — Colombo, Fornaci, Pignoni, Simonte, Verana, kleine Schweiserei.

Briotti, Bratte di, Lomiardie, Prov. Sondrio (Valtellina) und Distr. II, di Ponte; sieie Ponte.

Bripium, Lomiardie, Prov. Como u. Distr. XXIV, Brivio; sieie Brivio.

Brisa, Lombardie, Prov. Cremona und Distr. V, Robecco; s. Casal Sigone.

Brisau, Schlesien, Tropp. Kreis, ein *Dorf*, mit einer Pfr. und böhm. Einw., zur Hrsch. Grätz, $4\frac{1}{2}$ St. von Troppau.

Brisau, Brüsan, mähr. Brżezowa — Mähren, Brünn. Kr.; ein *Städtchen*, mit einer Pfr. unt. d. Schutze des Ollmützer Erzbisthums, am Flusse Zwittawa und der böhm. Grenze, bei Chroztau, bekannt durch das vortreffliche Mehl, das auf d. umliegenden Mühlen aus Hannaweizen gemahlen wird, mit 108 Häusern und 750 Einw., welche grösstentheils Tuchmanufaktur betreiben. Fundort v. Braunstein. Postamt.

Brische, Venedig, Prov. Treviso und Distr. III, Motta; siehe Meduna.

Brischis, Venedig, Prov. Friaul und Distr. XIII, S. Pietro; siehe Rodda.

Brischis e Castello, Venedig, Provinz Friaul und Distr. XII, Cividale; siehe Prepotto (Castello e Briscis).

Brisciago, Lombardie, Prov. Como und Distr. XXI, Luino, ein *Gemeindedorf*, mit Vorstand und eigener Pfr., in einer Gebirgsgegend, in dessen Terrain die Berge Porseja und Vaghetta, u. nahe dabei der Fluss Margorobbia sich befinden, 1 Migl. von Luino.

Brisen, Ungarn, Sohler Komt., ein *Dorf*, mit 390 Häusern und 4000 Einw., $2\frac{1}{4}$ St. von Neusohl.

Brisen, mähr. Brżezina — Mähren, Ollm. Kr, ein zur Pfr. Krumau, zwischen Brisau und Gemitsch lieg., zur Hrsch. Mähr.-Trübau geh. Dorf, mit deutschen Einw., 3 Stunden von Grünau.

Brisser, Tirol, Pusterth. Kr., ein *Berg* am rechten Ufer des Isel Fl. bei Lienz.

Brissevo, Dalmatien, Zara Kr., und Distrikt, ein *Pfarrdorf*, als Untergemeinde der Podestà Nona und Bezirksobrigkeit Zara einverleibt, nahe bei Grün auf dem festen Lande, 8 Migl. von Zara.

Brisszhaki, Illirien, Krain, Adelsb. Kr., ein zur Wb. B. Hrsch. Tiebein geh. Dorf, $1\frac{1}{4}$ Stunde von Heiligen-Kreuz.

Brisszhe, Illirien, Krain, Adelsb. Kr., ein z. Wb. B. Hrsch. Tiebein geh. *Dorf*, mit 32 Häus. und 210 Einw., $\frac{1}{2}$ Stunde von Heil. Kreuz.

Brist, Dalmatien, Spalato Kr., Macarsca Distr., ein *Dorf*, der Hauptgemeinde Dervenik, mit einer eigenen Pfarre und einer Poststation zwischen Narenta, Fort-Opus u. Macarsca, $1\frac{1}{4}$ Meile von Podazza und Gradacz, 21 Meilen von Macarsca; Postamt. Zwischen Brist und Narenta übersetzt man 3 Flüsse, daher $\frac{3}{4}$ Posten zu Land und $\frac{1}{4}$ Posten zu Wasser. $\vee$ . . . .

Bristane, Dalmatien, Zara Kr., Dernis Distr., ein *Dorf*, in der Pfarre Miglievzi, der Hauptgemeinde und Pretur Dernis einverleibt, auf d. festen Lande, 10 Meilen von Sehenico.

Bristivizza, Dalmatien, Spalato Kr., Traù Distr., ein *Dorf* und *Gemeinde*, mit einer eigenen Pfarre und Gemeinderichter, $3\frac{1}{4}$ Migl. v. Blisna, und 10 Migl. von Traù.

Briszer - Mauth, Ungarn, Sohler Komt., ein vereinigtes *Gold* und *Antimonbergwerk*.

Brita, Siebenbürgen, Kezder Stuhl; siehe Bita.

Britnussele, Steiermark, Cill. Kr., ein zum Wb. B. Kom. und Hrsch. Neu-Cilli geh. zerstreutes *Gebirgsdorf*, nach Greiss eingepfarrt, 2 Stunden von Cilli.

Britof, Illirien, Friaul, Görzer Kr., eine kleine zum Dorfe Deskla zugeth. *Ortschaft*, der Hrsch. Canale gehörig, 3 Stunden von Görz.

Britof, Illirien, Krain, Adelsberg. Kr., ein *Dorf*, mit 30 Häus. und 150 Einw., der Hrsch. Adelsberg; siehe Koschana (Unter).

Britof, Illirien, Krain, Adelsberg. Kr., ein im Wb. B. Kastelnovo liegendes, der Ldgchts. Hrsch. Adelsberg gehörig. *Dorf*, gegen O. nächst dem Pfarrdorfe Unter-Vrem, mit einer unweit davon entfernt lieg. Steinkohlengrube, $3\frac{1}{4}$ St. von Prewald.

Brittenhub, Tirol, Vorarlberg, ein *Weiler*, 24 Höfe, zur Gemeinde Fluch im Ldgch. Bregenz gehörig.

Britz, St., Steiermark, Cillier Kr., eine *Gemeinde*, des Bzk. Wöllan, zur Hrsch. Thurn und Wöllan dienstbar, mit 57 Häusern und 141 Einw., nach Skallis eingepfarrt.

Brivia, Rocca, Lombardie, Prov. Milano und Distr. XII, Meleguano; siehe Brera.

Brivio, latein. Bripium — Lombardie, Prov. Como und Distr. XXIV, Brivio, ein *Gemeindeflecken*, eigentlich kleine Stadt, wovon der XXIV. Distr. dieser Provinz den Namen hat, mit einer eigenen Pfarre, einem Distrikts - Commissariat, Gemeinde-Deputation und Inspectorat der Elementarschulen, auf einer Anhöhe am Flusse Adda, 1 Migl. von Caprino (Prov. Bergamo). Postamt. Dazu gehören:
Beverate, Toppa Livera, einzelne Häuser, — Canosse, Meierei, — Toffo, Mühle, — Vacavezza, Schweizerei.

Brivio, Lombardie, Prov. Como und Distr. II, Como; siehe Cavallasco.

Brixen, Tirol, Pusterthaler Kr., eine *Stadt*, Residenz des Fürst-Erzbischofs,

Sitz des Domkapitels, Consistoriums und Seminariums, mit den von Innsbruck dahin übersetzten theologischen Studien, dann einem Collegialstifte, Gymnasium, Franziskaner - Hospizium , Kapuziner-Manns- und Clarisser - Frauenkloster, Englisch - Fräuleinstift und einem der Terzianerinnen, einem Rent- und Weggeldamt und einer Buchdruckerei. B. war ehemals die Hauptstadt des Reichsfürstenthums dieses Namens , mit 350 Häusern und 3600 Einwohnern; sie ist von Bergen umgeben, die Gegend freundlich, und das Clima mild, die Gebirge sind mit Reben besetzt, und der rothe Wein gedeiht hier vorzüglich; sie liegt am Zusammenflusse der Eisack und Rienz. Postamt mit:

Albeins, Aicha, Ansiedel, Afers, Aue, Ober- und Unter-, Clerant, Elvas, Flitt, Farn, Garten, Geifen, Hanberg, Klausel, Köstland, Lüsen, Mahr, Mransen, Mühlbach, Manstrol, Mellaun, Miland, Neustift, Natz, Nauders, Pallaus, Pinzagen, Platner, Unter und Ober-, Ras, Rigga, Vorder- und Hinter-, Rodeneck, Sarns, Salern, Schalders, Schabs, Seeb, Ober- und Unter-, Spilack, Spinges, Steinwend, St. Leonhard, St. Johannes, St. Andrä, St. Jacob, St Georg, St. Verth, Tetschling, Tils, Tschötsch, Vals, Vill, Viums

Brixen, im Brixenthal, Tirol, Unt. Inntial, ein *Pfarrdorf*, der Sitz eines Dechants, in dem ehmals fürstl. Salzburgschen Gericht Itters, nun Landgericht Hopfgarten.

Brixenberg, Steiermark, Grätzer Kr., eine *Gegend*, oder Strassengel zwischen dem Lulchengraben und Strassenglerberg.

Brixenthal, Tirol, Unt. Inntial, ein bewohntes *Thal*, von 8 Quadratmeilen im Umfange, an der Brixenthaler-Ache, mit trefflicher Viehzucht, von Hopfgarten östlich bis an die Grenze des Landgerichtes Kitzbüchel ; die Ache mündet sich oberhalb Haidach in den Innstrom. Das Hauptthal ward einst von den Burgen Ytter (Utter) und Engelberg beschützt, woraus das Land- und Pfleggericht Hopfgarten, mit dem gleichnamigen Marktflecken erwuchs. Ausserdem sind Hof, Brixen mit einer herrlichen Pfarrkirche, Kirchberg etc. bedeutende Ortschaften.

Brixia, Lombardie, Prov. und Dist. I, Brescia; siehe Brescia.

Brixlegg, Tirol, Unt. Inn- und Wipptialer Kr., ein zur Hrsch. Rattenberg geh. Dorf mit einem Lokalie und einem berühmten Silber-, Kupfer- und Bleischmelzwerke, dann Berggericht, Waldamt und Salzmagazin, auch werden hier alle Gattungen Kupfergeschirre u. Drähte verfertigt, ½ Stunde v. Rattenberg, ¼ St. von dem Inn Flusse.

Brixner Kläusel, Tirol, Pusterth. Kr., Pass von Unterau gegen Brixen, Ldgcht. Brixen, vormals G. Salern, bekannt durch den Anfang d. Insurrektionskrieges, vom Jahre 1809.

Briz, Illirien, Istrien, Dorf im Distr. und Bzk. Buje zur Untergemeinde und Pfarre Berda geh., in der Diöces Triest Capod'istria, 4 Stunden von Capod'istria.

Briznyik, Siebenbürgen, Hunyader Komt.; siehe Burznyik.

Brizza, Berce — Illirien, Friaul, Görzer Kr., ein zur Centr. Gerichtsbarkeit Quisca geh. Dörfchen, zwischen Coshano, Bresovico u. Podposnich, an einem Berge gegen das Venetianische , 3½ Stunde v. Görz.

Brizzi, Illirien, Istrien, Mitterburger Kr., eine *Ortschaft*, 5 Stunden von Pisino.

Brizzo, Venedig, Prov. Friaul u. Distr. XIII, S. Pietro; siehe Savogna.

Broch, Böhmen, Czasl. Kr., ein *Dorf* zur Hrsch. Scruscitz; siehe Brdloch.

Broch, Mähren, Brünn. Kr., ein *Zinsdorf*; siehe Zawist.

Broch, oder Berloch — Böhmen, Prachiner Kr., ein *Dorf* zur Hrsch. Drhowl, 2½ Stunde von Pisek.

Broch, Böhmen, Budw. Kr., ein *Dorf* zur Hrsch. Krumau; siehe Berlach.

Bruluk, Böhmen, Klattau. Kr., eine *Ortschaft*, bei Klattau.

Brnian, Mähren, Brünn. Kr., ein *Dorf* zur Hrsch. Wischau; siehe Brindlitz.

Brnian, Böhmen, Leitm. Kr., ein *Dorf* der Hrsch. Doxan, an dem Egerfl. südw. an dem Marktfl. Brozan, westw. von dem Dorfe Zeblitz, nordw. an dem Dorfe Bauschowitz, 1½ Stunde von Lobositz.

Brnianetz, Mähren, Brünn. Kr., eine *Ortschaft*, ½ Stunde von Brisau.

Brnice, Ungarn, Liptau. Komt.; siehe Bernitze.

Brnicza, Ungarn, Honth. Komt.; siehe Bernecze.

Brniczko, Mähren, Ollm. Kr., ein *Dorf*, zur Hrsch. Hohenstadt; s. Brinles.

Brnieéez, Böhmen, Chrud. Kr., ein *Dorf*, des Gutes Deutsch-Bielau; siehe Bründlitz.

Brnik, Galizien, Tarnow. Kr., ein *Gut* und *Dorf*, nach Domprowa eingepf., grenzt gegen Norden mit Domprowa, gegen Westen mit Zclazowka und Kohierzyn und an das kleine Flüsschen Breu, 2½ Stunde von Tarnow.

Brnik, Böhmen, Kaurz. Kr., ein zur Hrsch. Schwarzkosteletz gehör. u. nächst dabei lieg. *Dörfchen*, 2 Stunden von Böhmischbrod.

35 *

Brnikow, Böhmen, Rakon. Kr., ein z. Hrsch. Budin geh. *Dorf*; s. Bernikau.

Brninky, Böhmen, Kaurz. Kr., ein *Gut* und *Dorf*; siehe Brnky.

Brniow, Mähren, Prer. Kr., ein zwischen Klein-Liota und Klein-Bistritz lieg. *Dorf*, zur Hrsch. Meseritsch und Pfarre Wesselm, mit böhmischen Einw., 4 Stunden von Weiskirchen.

Brnka, Böhmen, Kaurz. Kr., ein *Gut* und *Dorf*; siehe Brnky.

Brnkau, Böhmen, Rakon. Kr., ein zur Hrsch, Budin geh. *Dorf*; siehe Bernikau.

Brnky, Brnka, Brninky — Böhmen, Kaurz. Kr., ein *Gut* und *Dorf*, mit einem Schlosse, hinter Lielen an der Moldau, gegen Süden, 2½ St. von Prag.

Brnna, Brenna — Böhmen, Königgr. Kr., ein zum Gute Pottenstein geh. *Dorf*, gegen Osten näcist dem Markte Pottenstein gelegen, 5¼ St. von Hohenmauti.

Brno, Böhmen, Bidsch. Kr., ein *Dörfchen*, oder d. Iserfl., zur Hrsch. Branna und Starkenbaci nächst Jahlonetz eingepfarrt, 8 Stunden von Gitschin.

Brno, Mähren, Brün. Kr., *Haupt*- und *Kreisstadt*; siehe Brünn.

Brny, Mähren, Ollm. Kr., ein *Dorf*, zur Hrsch. Hohenstadt; siehe Brnles.

Brobenzing, Oest. ob d. E., Inn Kr., ein zum Ldgchte. Ried geh. *Weiler*, in der Pfr. Eitzing gelegen, 1 St. von Ried.

Brobitz, Mähren, Brünn. Kr., eine *Ortschaft*, 4 St. v. Nikolsburg.

Brobolten, Böhmen, Budw. Kr., ein *Dorf*, d. Hrsch. Krumau; s. Probolden.

Broch, Lombardie, Prov. Treviso und Distr. IV, Connegliano; s. S. Lucia.

Brochanacz, Kroatien, jens. d. Save, Karlstdt. Generalat, Szluin. Bzk., eine zum Ogulin. Grenz-Regm. Kanton Nr. III, geh. *Ortschaft*, mit 21 Häus., 6¼ St. von Generalskistoll.

Brochendorf, Illirien, Ob. Kärnten, Villaci. Kr., ein zur Ldgchts. Hrsch. Gmünd geh. *Dorf*, 1 Stunde von Gmünd.

Brocherberg, Oest. unt. d. E., V. O. W. W., ein *Berg*, 1 St. östlich vom Mitterlechner, 588 W. Klafter üb. dem Meere.

Brochiana, Venedig, Prov. Friaul und Distr. XIII, S. Pietro; s. Rodda.

Brochianaz, Dalmatien, Spalato Kr., und Distr., ein der Pf. Unter-Prugovo und Hauptgemeine Ober-Muci einverleibtes *Dorf*, nächst dem angrenzenden Hügel Ossoje, beiläufig 1½ Meile von Blazsa, 9 Meilen von Spalato.

Brochino, Lombardie, Prov. Como und Distr. XVI, Gaviarate; s. Bogno.

Brochionaz, Inferiore-, Unter-Brochionaz, Dalmatien, Spalato Kreis und Distr., ein naci Koinseko gepfarrt, *Marktflecken* und *Untergemeine*, der Hauptgemeine Clissa, 3 Meilen von Solena, 8 Meilen von Spalato.

Brochnizza, Dalmatien, Ragusa Kr.; siehe Bratnizza.

Broczka, Ungarn, diess. der Donau, Neutr. Gespansch., Szakolcz. Bzk., ein zur k. Hrsch. Saszin geh. *Dorf*, mit einer Pfarre, k. Dreissigstamte u. Ueberfuhr über dem Marchflusse, gegen Osten, 2¼ Stunde von Holies.

Broczna, Böhmen, Könlggr. Kr., ein *Dorf*, zur Hrsch. Solnitz; s. Brozany.

Brod, Böhmen, Beraun. Kr., ein *Dörfchen*, südw. von Cilumetz gelegen, z. Hrsch. Cilumetz geh., 6 Stunden von Wottitz.

Brod, Böhmen, Beraun. Kr., ein zur Stadt Přžibram geh. *Dorf*, liegt unweit Beschetitz, gegen Westen, 7 Stunden von Zditz.

Brod, Böhmen, Klatt. Kr., ein z. Hrsch. Teinitzl unterth. *Dorf*, liegt gegen O. und grenzt mit d. zu dem Gute Wiczkowitz geh. Dorfe Wiczkowitz, 3¼ Stunde von Klattau.

Brod, Böhmen, Pils. Kr., ein *Dörfchen*, des Gutes Biela, hinter dem Meierhofe Tluzna, 4 Stunden von Pilsen.

Brod, Böhmen, Pilsn. Kr., ein *Dörfchen*, zur Hrsch. Kladrau, nahe am Dorfe Tmichau westw., 1¼ Stunde von Miess.

Brod, Kroatien, Agram. Komt.; siehe Brood.

Brod, Kroatien, diess. der Save, Warasdiner Generalat, St. Georger Bzk., ein zum St. Georger Grenz-Regiments Kanton Nro VI geh. *Dorf*, von 55 Häus., mit einer kathol. Pfarre, am Drau Fl., mit einer darauf befindlichen Ueberfuhr, 6 Stunden von Bellovár.

Brod, Kroatien, diess. d. Save, Agram. Gespanscaft, Montaner Bzk., eine *Herrschaft* und *Dorf*, d. gräfl. Battyán. Familie, mit einer Pfarrkircke, Schule und Eisengruben, in einer Ebene am Colapin Fl., mit 16 Häus. und 149 Einw., 4 Stunden von Skrad.

Brod, Kroatien, Agram. Gespanscaft, ein *Dorf*, mit 16 Häus. und 84 Einwohn.

Brod, Slavonien, Broder Bzk., eine *Festung* und *Markt*; siehe Broood.

Brod, Brüd — Ungarn, diesseits der Theiss, Beregh. Gespansch., Fel-Vidék. Bzk., ein russn. unter meire Grundhrsch. geh. *Dorf*, welces vom Ilosva Baci durchwässert wird, im Thale zwischen Csertész und Ilosva, worin es eingepf. ist, mit 46 Häus. und 617 Einwohnern, 3 Stunden von Nyíresfalva.

Brod, Illirien, Krain, Laibach. Kr., ein *Dorf,* der Hrsch. Veldes; sie e Fürten.

Brod, Illirien, Krain, Lai). Kr., ein im Wb. B. Kom. Habbach lieg., dem Gute Grubenbrunn geh. *Dorf,* näc st dem Saustrome, 1¼ Stunde von Laibac.

Brod, Illirien, Krain, Neustädt. Kr., ein *Dorf,* mit 22 Häus. und 115 Einw., zur Gemeinde Zirkle ge örig.

Brod, Illirien, Mitterburger Kr., ein *Dorf,* im Bzk. Pinguente, zur Pfarre Dragusch ge örig, in der Diöces Triest Capodistria, 4 Stunden von Pisino.

Brod, Böhmisch-, Czesky Brod, Broda boemica, Broda Boemicalis, Boemo Broda — Böhmen, Kaurž. Kr., eine *Herrschaft* u. *Stadt,* mit einer Dec antei auf der Wiener Strasse, zwis en Planian und Biechowitz, am Bache Zembra, Postamt mit:
Aldaschin, Althura, Auololnitz, Augezditz, Au schtz, Auwall, Autierhost, Benatek, Bezdiekow, Bielokozel, Bielochitz, Billan, Blato; Blatz, Bohaunowitz, Bohumil, Buschkow, Brnik, Bře zan, Bröistow, Butschina, Buda, Budin, Buda, Chlum, Chmelierht, Choltaun, Chotteych, Chruchtlan, Chrost, Chrost, Chrietan, Czekanow, Czernik, Czerny-Wodierad, Czystetz, Dauhek, Daubrawczis, Daubrawitz, Derletin, Dobretschowitz, Hobrapnl, Dagetschitz, Dubawsko, Dubsko, Duly, Huber, Hazzek, Harzmanitz, Hlawotschow, Hodow, Horuschun, Gross- und Klein-, Horka, Horka, Horžan, Hoscht, Hostin, Hradeschin, Hradetz, Hrusitz, Hruschkow, Hruschow, Hržit, Hubotschow, Humenetz, Hwiezdonitz, Jeschow, Jeschowitz, Jeman, Kolischt, Kammerburg, Karlowitz, Kaunitz, Kazck, Klakotschna, Klakotschna, Kluptachow, Kniežhaly, Kninoretz, Konaged, Kostelletz, Schwarz-, Kotzerad, Kozechod, Kozochedy, Kruppa, Krutt, Ober- und Unter-Kechell, Ober- und Unter, Kwietnitz, Launowetz, Ledetsch, Ledetschko, Lenzedl, Lemin, Lhotta, Lhotta Janowska, Lhotta, Limus, Lippan, Lietibarž oder Stiborž, Lokamitz, Makoluk, Mallowll, Maseched, Motorhowitz, Melnik, Menčžicž, Michowitz, Miroschowitz, Miroschowitz, Nischlin, Moczelnik, Moschtitz, Mrchaged, Mrzck, Mukařow, Nahatsch, Nausow, Nausower Mühle, Nechiber, Neudorf, Neuhof, Nutechitz, Ohora, Ober- und Unter-, Pentechitz, Puskotschill, Podduby, Podwek, Poržitschan, Propost, Pruels, Přechwost, Přetaulk, Przibislawitz, Prsichimas, Przsitaupln, Przsinolok, Radlitz, Radwonitz, Rottey, Rawzinow, Rostekland, Romny, Sadka, Samechow, Samopetsch, Sazau, Scher oder Zher, Schurkow, Sedlischt, Senahral, Smietsch, Skolitz, Skramnik, Skrsiwan, Skworetz, Sluschtitz, Smilow, Smilowitz, Smrk, Srbin, Stankowitz, Stihlitz, Stallmierž, Struhauzow, Střzemhlot, Střzemoschnits, Strzinelitz, Swictitz, Swagetitz, Sierahau, Studenetz, Tallenherg, Techow, Tchowetz, Teinitz, Teplelschowitz, Tess, Tisonitz, Tluotofenus, Třzebohostits, Trohar, Tuchorzs, Tuklat, Turkowitz, Wewežinetz, Wegererek, Westetz, Wikan, Wieczerowitz, Wittitz, Wiltlowka, Wkunterhitz, Wikowets, Wohora, Wodlierail, Czerny-, Wodatiw, Wogkow, Wolworhetz, Woplan, Wranow, Wratkow, Wraž, Wechurkwat, Wschechsin, Werke star, Zahortan, Zalessy, Žernowska, Žeršenits, Zher oder Scher, Zlata, Zladicga Jägerhaus, Zwanowitz.

Brod, Deutsch-, Niemeczky Brod, Teuto Broda — Böhmen, Czaslauer Kr., eine *Herrschaft* und freie *Stadt,* mit 2 Vorstädten, nämlic der Ober- und Untervorstadt, welc e zum T eil von dem Fl. Sazawa umgeben werden, mit

einer *Dechantei* zwischen Steken und Steinsdorf, Postamt mit:
Audolen, Audof, Althütten, Benatek, Billck, Borau, Bukau, Bauschitz, Ober- und Unter-, Benetitz, Bistra, Brzesinka, Ober- und Unter-, Buslikau, Babitz, Bezdekow, Bratranow, Brzesinka, Brzewnitz, Biella, Borowitz, Branczow, Brentenhof, Böhmischhof, Buhschin, Chilstow, Czekanow, Chlamek, Chrast, Czarhotin, Dobra, Dluschin, Ober- und Unter-, Druhanow, Dobrawoda, Elhotta, Eisenberg, Frauenthal, Gahlenz, Böhmisch- und Deutsch-, Gerstein, Hajck, Hluboka, Hutie, Horka (Eisen), Höflern, Hutsch, Hlawnow, Heiligen-Kreuz, Janowitz, Ittkau, Jedanchow, Illemnik, Johanneshütte, Jahlona, Kerskau, Kocheutow, Kreuzberg, Kunemühle, Keyschlitz, Kogkowitz, Gross- und Klein-, Krzepin, Gross- und Klein-, Klanezna, Krasnahora, Kotzaurow, Krzemenitz, Kraupen, Ober- und Unter-, Kijow, Kwietlenau, Kwasetitz, Kurzdorf, Kottlashof, Knik, Kojetein, Korhanow, Konko witz, Lossenitz, Gross- und Klein-, Laukau, Lhotzko, Lippnitz, Lippnitzer Glashutte, Leschtina, Lustig Saar, Langendorf, Lissa, Lažan, Lhotta, Markwanitts, Modlikau, Mrekawitz, Mexiklas, Mosalow, Matzenau, Michalowitz, Maczenow, Neudorf, Neuhof, Niederhof, Nischkau, Nehadowka, Neuhol, Neudorf, Okrauhlitz, Oppatowitz, Pesendorf, Perschikau, Podieschin, Porsitz, Prsimislau, Przsiczkau Pawlow, Podiebah, Podmoklan, Pochwald, Perknau, Pansky, Pelletrow, Pawlikow, Pelles, Ransko, Ratschin, Ronau, Rositzka, Regtschkau, Rowcy, Rossochatetz, Rosniak, Radostowitz, Remeta, Rauhetein, Raustin, Rzetschitz, Sazau, Scharheredorf, Schonfeld, Schützendorf, Böhmisch-, Silberberg, Sirakau, Skregschau, Slawietin, Sohnau, Sopoth, Spieldorf, Spinnhof, Strzitim, Struatka, Swietlin, Smrkenka, Schmollhof, Skalla, Slaupy, Slawikow, Spalawa, Stillow, Struzinetz, Stude netz, Neu- und Ober-, Siebendorf, Scharlelitz, Siebenthan, Skorzetin, Stepanow, Surha, Setecherhof, Smržna, Sommerwald, Sukdoll, Termeshof, Trpischowitz, Uttendorf, Untevetzadt, Unterhof, Wrprzikau, Wolleschna, Willimowitz, Wittonin, Wollichow, Willimowitz, Wesselitz, Westetz, Ober- und Unter-, Wodranetz, Wol leschna, Wiež, Žditetz, Žebrakow, Zahlehlitz, Zhrastawitz, Zales, Zbožitz, Sawitkowitz-Zditawitz.

Brod-Gliboki, Kroatien, jens. der Save, Karlsädt. Generalat, Vukmanich. Bzk., eine zum Szluiner Grenz-Regiments Kanton Nro. IV geh. *Ortschaft,* mit 44 Häus. und 220 Einw:, liegt zwis en Lippie und Poppovich, 4¼ Stunde von Voinich.

Brod, Hungarisch-, mähr. Ubersky Brod — Mähren, Hrad. Kr., eine *Herrschaft* und *Stadt,* mit einer Pfarre und Landdechantei, einem Se losse und einer Salzlegstadt an d. Olschawa, mit böhm. Einwo nern, 8 Stunden von Wischau, und 4 St. von Hradisc . Postamt.

Brod Koro, Tirol, ein *Berg,* in der Nä e der Quelle des Trofana Bac es.

Brod-Sztari, Kroatien, Agramer Gespansch., Sz. Iván. Bzk., eine in der Pfarre Fakassic an der Kulpa liegende *Ortschaft,* mit 15 Häus. und 134 Einw., 3 Stunden von Petrinia.

Brod, Wrato-, Böhmen, Budweiser Kr., ein *Dorf,* zur Stadt und Pfarre Budweis bei Rudolphstadt, ½ Stunden von Budweis.

Brod Zelezný, Böhmen, Jungb. Kr., ein *Markt,* der Hrsch. Rohosecz; siehe Eisenbrod.

Broda Boemica, Böhmen, Kaurž. Kr. eine k. *Stadt*; s. Böimisci-Brod.

Broda Boemicalis, Böhm., Kaurž. Kr., eine k. *Stadt*; s. Böimisci - Brod.

Brodan, Ungarn, Mitt. Szolnok. Komt.; sieie Prodánfalva.

Brodarovecz, Kroatien, diess. der Save, Warasdin. Gespansch., Oi. Campester Bzk., ein zur Gemeinde Druskowecz und Pfarre Marussevecz gehörig. Dorf, mit 17 Häus. und 86 Einwohn., 2¼ Stunden von Warasdin.

Brodbrenten, Illirien, Kärnten, Vill-Kr., 2 einzelne *Häuser* der Wb. B. und Ldgrchts. Hrsch. Spital geh., 1¼ Stunde von Spital.

Brodeze, Böimen, Jungb. Kreis, eine *Herrschaft* u. *Marktflecken*; s. Brodecz.

Brode, Böimen, Königgr. Kr., ein *Dorf* der Hrsch. Gradlitz; sieie Prode.

Brodech, Illirien, Krain, Laii. Kr., ein *Dorf* mit 14 Häus. und 70 Einw., zur Gemeinde Lack geiörig.

Brodech-Na, Steiermark, Cill. Kr., eine *Gegend*, zur Hrsch. Oierburg zehentpflichtig naci Franz eingepfarrt.

Brodecz, Böimen, Berauu. Kr., eine *Mühle* und ein *Bauernhof* am Flusse Sazawa, zur Herrsch. Konopischt geiörig, 2½ Stunde von Dnespeck.

Brodecz, Brodcze — Böimen, Jungbunzlauer Kr., ein *Marktflecken* u. *Herrschaft* mit einer Pfarre und einem Meierhofe dann 2 Einkehrwirthshäusern, an der Iser gelegen, 1 Stunde v. Benatek.

Brodecz, Brödl, Zelezny Brod — Böhmen, Jungbunzl. Kr., ein *Markt* d. Herrsciaft Gross-Rohosecz; siehe Eisenbrod.

Brodecz, Protzen — Böimen, Jungbunzlauer Kr., ein zur Hrsch. Gross-Rohosecz geh. *Dörfchen*, gegen Norden an dem Iserflusse iei der Stadt Eisenbrod, zur Pfarre Eisenirod geh., 4¼ St. von Soiotka, 2¼ St. von Turnau.

Brodek, Mäiren, Ollmütz. Kr., ein *Dorf* der Hrsch. Konitz mit einer Pfarre, 5¼ St. von Prossnitz, 2 St. von Konitz.

Brodek, Mäiren, Ollmützer Kr., ein *Gut* und *Dorf*; siehe Pródlitz.

Brodek, Mähren, Prer. Kr., ein *Dorf* zur Pfarre und Herrsch. Roketnitz geh., 3 Stunden von Ollmütz.

Broden, Böimen, Praciin. Kr., ein *Dorf* des Gutes Czachrau, grenzt gegen N. an das k. Waldhwoider und Seewieser Gericit, 3¼ Stunde von Klattau.

Broder Mühle, Böimen, Pilsner Kr., eine *Mühle* der Hrsch. Kladräu, an dem Dorfe Brod, 1½ Stunde v. Mies.

Brodersdorf, Deutsch-, Oest. u. d. E., V. U. W. W., ein *Gut* und *Dorf* mit deutscien Eiuw., einer eigenen Pfr.,

diess. des Leithaflusses, an der ungar. Grenze seitw. der Oedenburg. Poststr.. zwischen Wampersdorf und Seibersdorf, 1 Stunde von Wimpassing.

Brodersdorf, Steiermark, Grätzer Kr., ein *Dorf*, im Bezirke Freiierg, meiren Hrsch. dienstiar, mit 28 Häus. und 161 Einwohn., naci Eckersdorf pfarreud.

Brodeslod, Böimen, Pilsn. Kr., eine *Ortschaft* bei Pilsen.

Brodetz, Newiezenicz — Böimen, Saaz. Kr., ein *Dorf* zur Hrsch. Cittolieb geh., mit einem obrigkeitl. Meierhofe u. einer Sciäferei, ¾ Stunden von Laun.

Brodgyanez, Ungarn, Sümegh. Komitat; sieie Borjaucz.

Brodi, oder U Prodou — Steiermark, Cill. Kr., ein zum Wb. B. Koin. Osterwitz geh. *Gut* näcist dem Wolskabache mit 15 Häus. und 134 Einw., ½ Stunde von Franz.

Brodi, Cà de', Lombardie, Provinz Lodi e Crema und Distr. IV, Borgietto; sieie Borgietto.

Brodingerbergen, Steiermark, Grätz. Kr., eine *Gegend*, zur Herrsch. Kaiiberg dienstbar, nach Eckersdorf eingepfarrt.

Brodky, Galizien, Lemberg. Kr., ein *Kammerat-Pfarrdorf* zur Herrsciaft Szczerzec geh., 8 Stunden v. Lemierg.

Brodl, Böimen, Jungbunzl. Kr., ein *Markt* der Hrsch. Rohosecz; sieie Eisenbrod.

Brodleczka, Lhota, Böhmen, Bidschower Kr.; sieie Liota Bradlecz.

Brodlesgraben, Steiermark, Judenburger Kr., ein *Seitenthal* des Feistritz-Graiens oi Kraubati, in welciem die Grün-Wilfling und. Linglalpe vorkommen.

Brodno, Ungarn, diess. der Donau, Trentsciin. Gespansch., Silein. Bzk., ein *Pfarrdorf*, der Herrsciaft Budetin, gegen Nord. am Kiszucza Flusse mit einem Ricnter und Geschwornen, ¼ Stunde v. Silein.

Brodok, Galizien, Bukow. Kr., ein zwisciein dem Hauptflusse Dniester an einer Anıöie liegendes *Dorf* mit einer Pfarre, 3 Stunden von Zaleszczyk.

Brodprenten, Illirien, Kärnten, Villacier Kr., ein *Dorf* mit 4 Häus. und 30 Einw., zur Gemeinde Spital geh.

Brodsdorf, Ober- und **Unter-**, Sieiemürgen, Broos. Stuıl; s. Alkényer.

Brody, Galizien, Wadowic. Kr., ein zur Hrsch. Kalwaria geh. Dorf, *Meierhof* und *Mühle*, mit einem an d. Strasse lieg. Wirtshause, liegt an der Lemierger Strasse, 1 Stunde von Izdebnik.

Brody, Galizien, Zloczower Kr., eine ansehnliche freie *Grenzstadt*, am Bacre Sucha wielka in einer ebenen Gegend, nare an d. russischen Grenze, offen, nur mit einem Erdwalle und von mehren Vorstädten umgeren, seit 1779 zu einer freien Handelsstadt errören. Sie zählt 2,600 Häus. und 24,000 Einw., darunter 18,000 Israeliten, und rat ein mit d. Magistrate vereinigtes Mercantil- und Wechselgericht, 3 griech., 1 kathol. Pfarrkirche, 1 Synagoge, 1 Kloster der)armrerzigen Schwestern. B. hat starke Spedition, Transito, lerrafte Messe. Mit Landes-Produkten wird d. meiste Verkerr)ewerkstelligt, sonst werden auch in Colonial-Waaren, mit Juwelen, Perlen, Galanterie-, Rauch- und Tuchwaaren, Anis, gedörrtem Orste, Wachs, Pferden,)etrachtliche Geschäfte)esonders nach Russland und der Türkei gemacht. Der Commissions- u. Speditions-randel ist serr ausgederrnt. Die riesigen Handelsleute sind grössten Theils Juden. Die Stadt ist schlecht gebaut und schmutzig; jedoch girt es einige schöne Gebäude, worunter das Potozkysche Haus mit seinem Garten den ersten Rang berrauptet. Postamt mit:

Barytow, Barryow, Berlin, Bielawce, Boldury, Czernica, Dubre, Dmytrow, Dytkowce, Gaje Smolensk e, Gaje Ditkowieckie Gaje Starobrodzkie, Grzymatowka, Kickotow, Kontusykow, Korsow, Lachodua, Leaniow, Lapatyn, Mikulajow, Manastyrek, Nakwasza, Okladow, Palikrowy, Podkamien, Ponikwa, Ponikowice, Popowce, Romunowka, Rudenkolackie, Sienkow, Smolno, Stanislawczyk, Stare-Brody, Strzemilcze, Suchodny, Suchowola, Sydonowka, Sznyrow, Szczurowice, Uwin, Wolica barytowa, Wysoko, Zawidsze.

Brody stare, Galizien, Zloczower Kr., ein der Hrsch. Brody gerör. Dorf, mit einer griechisch-kathol. Kirche und Einbruchszollamte, ⅓ Stunde v. Brody.

Brodze, Mähren, Iglauer Kr., ein der Pfarre und Hrsch. Pirnitz gerörig. Dorf, nare rei Pirnitz, mit)örmischen Einw., 1¼ Stunde von Stannern.

Broga, Lombardie, Prov. Como und Distr. XXIII, Appiano; siehe Lomazzo Comasco.

Brogeda, Lombardie, Prov. Como und Distr. II, Como; sie1e Monte Olimpino.

Broggia Villa, Venedig, Prov. Verona u. Distr. IX, Illasi; siere Lavagno (Villa Broggia).

Brogia, Lom)ardie, Prov. Mantova und Distr. IV, Volta; sie1e Pescriera.

Brogliano, Venedig, Prov. Vicenza und Distr. X, Valdagno, ein nare rei Castel Gamberto liegendes, von dem Berge di Breganze begrenztes *Gemeindedorf*, mit Vorstand u. Pfarre S. Martino und einem Oratorio, 2 Stunden von Valdagno. Mit:

t *Quargnenta, Landhaus.*

Broglio, Cassina del, Lombardie, Prov. Pavia und Distr. III, Belgiojoso; sie1e Spirago.

Broglio superiore ed inferiore, Lombardie, Prov. Como und Distr. XIX, Arcisate; siere Induno.

Brogna, Lombardie, Prov. Mantova und Distr. XIV, Gonzaga; s. Gonzaga.

Brogno, Lom)ardie, Prov. Mantova und Distr. XIV, Gonzaga; siere Gonzaga (Moglia).

Brogno, Lombardie, Prov. Como und Distr. XI, Lecco; siere Rancio.

Brognol, Venedig, Prov. Verona und Distr. III, Isola della Scala; s. Vigasio.

Brognoligo, Venedig, Prov. Verona und Distr. VIII, S. Bonifacio; siere Monteforte.

Brogo, Lom)ardie, Prov. Como und Distr. III, Bellaggio; siere Bellaggio.

Brogone, Lom)ardie, Prov. Milano u. Distr. XIII, Gallarate; s. Gallarate.

Brogyán, Brogyany, Ungarn, diess. der Donau, Bárs. Gespansch., Oszlauer Bzk., ein volkreiches *Dorf*, mit 91 Häus. und 636 Einwohn., einer Kirche, nach Kraszuó eingepf., den adel. Familien Brogyányi und Kvassay geh., nare am Nittra Flusse, ½ Stunde v. Nittra-Zsámbokréth., 2½ Stunde von Veszternicz.

Brogyancze, Slavonien, Veröczer Gespansch., Valpó. Bzk., ein *Dorf*, der Hrsch. Valpó, mit 162 Häus. und 1062 Einw., einer eigenen Pfarre, nächst einer Pfütze, 2 Meilen von Eszék.

Brohsen, Mähren, Ollmütz. Kr., ein *Dorf*, der Hrsch. Türnau; siere Brosen.

Broimühr, sonst Flenkenthall — Oest. o) d. E., Inn Kr., eine z. Ldgcht. Engelhardszell geh. *Einöde* und *Mahlmühle*, in der Pfarre Engelhardszell, und dem Steuerdistrikt Egidi, 4¼ Stunde von Baier)ach.

Broisberg, Steiermark, Grätz. Kr., ein *Dorf*, der W). B. Hrsch. Kallsdorf; siere Proisberg.

Broken, Oest. o) d. E., Inn Kr., eine zum Ldgcht. Weizenkirchen gerörige *Einöde*, fast am Ufer der Donau, nach Waldkirchen gepfarrt, 5¼ Stunde von Baier)ach.

Brokersdorf, Mähren, Ollmütz. Kr., ein *Dorf*, zur Pfarre Baun und Ortsobk. Karl)erg, mit deutsch. Einw.; siere Prokersdorf.

Brokurawa, Galizien, Stanisl. Kr., ein *Dorf*, der Kaal. Hrsch. Pystyn; siere Prokurawa.

Brola e Piroletta, Lom)ardie, Prov. und Distr. X, Milano; s. Liscate.

Brolazzo, Lom)ardie, Prov. Mantova und Distr. IV, Volta; sie1e Goito.

Broli, Lombardie, Prov. Bergamo und Distr. I, Bergamo: siehe Bergamo.

Brolo, Lombardie, Prov. Bergamo und Distr. VII, Caprino; siehe Rossino.

Brolo, Lombardie, Prov. und Distr. I, Brescia; siehe S. Alessandro.

Brolo, Cà del, Lombardie, Prov. Cremona und Distr. VI, Pieve d' Olmi; siehe Sospiro.

Brolpasino, Lombardie, Prov. Cremona und Distr. IX, Pescarolo, ein *Gemeindedorf*, mit Vorstand und einer Kapelle, nach S. Pietro Medegallo zu Cà d' Andrea gepfarrt, am Flusse Oglio. 3¼ Stunde von Cremona.

Brombeer-Schach, Steiermark, Grätz. Kr., eine *Gegend* im Bzk. Stein, Pfarre Tehring.

Brombeo, Venedig, Prov. und Distr. I, Padova; siehe Vigo d' Arzere.

Bromberg, Tirol, Unter-Inn- und Wippth. Kr., ein der Hrsch. Kuffstein geh. *Dorf*, nach Söll eingepf., 2 Stund. von Ellmau.

Bromberg, Oest. ob d. E., Hausr. Kr., ein *Berg*, östlich von Reschfeld, 273 W. Klafter über dem Meere.

Bromberg, Promberg, Brannberg — Oest. unt. d. E., V. U. W. W., ein der Hrsch. Kirchschlag gehörig. *Dorf*, mit 9 Häus. und 80 Einw., am sogenannten Schlattuerfl., 5 St. von W. Neustadt.

Bromen, Tirol, Vorarlberg, ein *Weiler*, zur Gemeinde Kooblach gehör., im Ldgcht. Feldkirch.

Brongio, Lombardie, Prov. Como u. Distr. XII, Oggiono; siehe Garbagnate Monastero.

Bronica, Galizien, Sambor. Kr., ein *Dorf*, mit einer Pfarre, zur Ortsobk. Drohobysch gehörig. Postamt.

Broniste, Ungarn, Trentsch. Komt.; siehe Brunystye.

Broniszow, Galizien, Tarnow. Kr., ein *Gut* und *Dorf*, in der Pfarre Laczka, grenzt gegen O. mit Szodna und Gnoynica, 4 St. von Dembica.

Bronn, Böhmen, Leitm. Kr., eine *Ortschaft*, ¼ St. von Brüx.

Brono, Lombardie, Prov. Como und Distr. II, Como; siehe Monte Olimpino.

Bronow, Böhmen, Königg. Kr., eine *Abtei*, *Herrschaft* u. *Stadt*; s. Braunau.

Bronowitz, Böhmen, Taborer Kr., ein *Dorf*, des Gutes Wlczkowitz; siehe Bramowitz.

Bronus, Ungarn, Trentsch. Komt.; siehe Bruhistye.

Bronyka, Szucha, Bronka — Ungarn, jens. der Theiss, Marmaros. Gespansch., Unt. Bzk., ein zum Theil den Grafen Teleky, und zum Theil der adel. Familie Sztoitka geh. ruthen. *Dorf*, mit 69 Häus. und 263 Einw., einer griech. kathol. Pfarre, am Bache Dolia, nächst dem Beregh. Komt., 9¼ St. von Szigeth.

Bronzale, Tirol, Trienter Kr., ein *Weiler*, zur Gemeinde Ospedaletto geh., im Ldgcht. Striguo.

Bronzola, Venedig, Prov. Padova und Distr. IV, Campo Sampiero; siehe Campo d' Arsego.

Brood, Kroatien, Agram. Gespansch., im Gebirgs-Bzk., eine gräfl. Bathyán. *Herrschaft* und *Dorf*, mit einer eigenen Pfarre, einem Schlosse und k. Dreissigstamte, an der Grenze von Kärnten, und dem Einflusse der Kupicza in den Kulpa Fl., 3¼ Stunde von Skrad.

Brood, Kroatien, Agram. Gespansch., im Bzk. jens. der Kulpa, eine zur Hrsch. Kasztell und Gerichtsbarkeit Zadoborie geh., nach Hernetich eingepf. *Ortschaft*, am Kulpa Fl., 1 Stunde von Karlstadt.

Brood oder **Brod**, Slavonien, Brod. Bzk.; eine *Festung* und *Stadt*, von 410 Häusern und 2470 Einwohnern, wovon das Broder-Regiment und Bezirk seinen Namen führt, mit 4 katholischen und einer griechischen Pfarre, dann einem Contumaz- und Salzamte, liegt an der Save, welcher Fluss diesen Ort von dem türkischen Brood scheidet, ¼ St. v. Podvin. Postamt mit:
Bukovje, Czerni-Potok, Dubovik, Glogowitza, Grabarje, Gromaschnik, Slatnik doljni und gornji, Jeshevik, Matkovich mala, Podvin, Podzerkavje, Rastushje, Ruschchicza, Thomicza, Warosh, Ober-, Werba, Ober-, Wranovze, Zdenss.

Brooder VIII. G. Regiments-Bezirk mit dem Stabsorte Vinkovcze, hat 36 geographische Q. M. mit 81,200 Einw. in 100 Orten, nämlich in einer k. Municipal-Bürgerstadt, 2 Censual-Märkten und 97 Dörfern.

Broos, Szászváros — Siebenbürgen, *Marktflecken* und Hauptort des Brooser Stuhls, mit 593 Häusern und 3300 Einwohn., theils Ungarn, theils Sachsen, bewohnt, welche Gewerbe und Landbau treiben. Es ist hier der Sitz der Stuhlbeamten; ferner befinden sich daselbst 1 katholische und 2 reformirte

Pfarrkirchen nebst einem reform. Gymnasium. Der Ort ist zwar ohne Mauern, hat aber in seiner Mitte das Kirchencastell mit doppelten Mauern, Thürmen und einem Wassergraben; Broos hält jährlich 3 Jahrmärkte. Postamt.

Brooser Stuhl, Szászváros. Szék, Sedes Saxopolitana, in Siebenbürgen, (Land der Sachsen), mit 8 Q. im Umfange, worauf in 12 Ortschaften 20,400 Einw. leben. Er wird vom Maros Fl. durchströmt; der Boden ist grösstentheils fruchtbar und allen Arten von Früchten gedeihlich. Grenzt im N. an die Maros, im Osten an den Mühlbacher Stuhl, im Süden an das Hatzeger Thal, im Westen an die Hunyader Gespanschaft. Durch die Unfälle, welche diesen

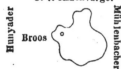

Stuhl öfters in den ungarisch-siebenbürgischen Unruhen betroffen haben, verlor er die meisten seiner deutschen Einwohner, an deren Stelle sich Ungarn und Walachen ansiedelten, welche jetzt die bei weitem grössere Zahl der Einwohner ausmachen.

Broosz oder **Brostadt**, Siebenbürgen, Bross. Stuhl; siehe Szászváros.

Brosan, Böhmen, Leitmer. Kr., ein *Marktflecken*, der Hrsch. Raudnitz unterthänig, mit einer Pfarrkirche und Schule, nebst einem obrigkeitl. Meierhofe, Schäferei und Mühle, dann einem auf dem Berge stehenden Schlosse mit Beamtenswohnung, südwestlich, 1¼ St. von Budin.

Brosau, Prosau — Böhmen, Pilsner Kr., ein *Dorf*, der Hrsch. Tepl, an der Strasse von Tepl nach Königswart, gegen N., 2¼ Stunde von Plan.

Broschau, Mähren, Iglau. Kr., eine *Ortschaft* bei Iglau.

Broscsan, Ungarn, Krassov. Komt.; siehe Brostyán.

Brosdorf, Schlesien, Tesciner Kreis, *Herrschaft* und *Dorf*, zur Pfarre Kormitz, mit deutsch. u. böhm. Einw., am Bache Gamlich, nächst den Dörfern Stauding und Baislawitz, 3 Stunden von Neutitschein.

Brosega di Borsea, Venedig, Pr. Polesine u. Distr. I, Rovigo; s. Borsea.

Brosega, Sarzano in, Venedig, Prov. Polesine und Distr. I, Rovigo; s. Buso (Sarzano in Brosega.)

Brosquari, Illirien, Istrien, *Dorf*, im Bezirke Dignano, zur Pfarre Barbara geh., in der Diöcese Parenzo Pola, 3¼ Stunde von Dignano.

Brost, Ungarn, jenseits der Theiss, Bihár. Gespansch., Belényes. Bzk., ein zur Bisthums-Herrschaft Belényes geh. walach. *Dorf*, mit 32 Häusern und 194 Einwohnern, einer griechisch nicht unirten Pfarre, 11 Stunden von Gross-Wardein.

Brost, Oest. ob d. E., Inn Kr., ein zum Ldgcht. Ried geh. *Weiler*, in der Pfarre Waldzell, 2 Stunden von Ried.

Brosten, Siebenbürgen, Weissenburg. Komt.; siehe Kis-Kerek.

Brostowa Gura, Galizien, Rzesz. Kr., ein der Starostei Sedomir geh. *Dorf*, 12 Stunden von Rzeszow.

Brostyán, Broscsan — Ungarn, jenseits der Theiss, Krassov. Gespansch., und Oravicz. Bzk., ein walach. zur königl. Kaal. Hrsch. Oravicsa geh. *Pfarrdorf*, mit 279 Häusern und 1703 Einwohnern, sehr nahe an der Poststrasse, ¼ Stunden von Oravicza.

Broszkowice, Galiz., Wadow. Kr., ein *Gut* und *Dorf*, an dem Weichsel Fl., 5 Stunden von Kenty.

Broszniow, Galizien, Stry. Kr., ein *Gut* und *Dorf*, mit einer griechischen Pfarre und einem Hofe, liegt am Flusse Czeczwa, 4 Meilen von Stanislawow.

Brotnio, Kroatien, jenseits d. Save, Karlstädt. Generalat, Unan. Bzk., eine zum Liccaner Grenz-Regiments-Canton Nro. I geh., nach Suraja eingepf. *Ortschaft*, mit 240 Häusern und 1255 Einwohnern, an dem Zusammenflusse der Kerka mit der Unna, 14 Stunden von Gospich.

Brotsch, Mähren, Brünn. Kr., eine *Ortschaft*, 4 St. v. Nikolsburg.

Brottels, Oest. u. d. E., V. O. M. B., ein *Berg*, 1 Stunde südwestlich von Rappottenstein 503 W. Klftr. über dem Meere.

Brotuna, Protum — Ungarn, Zaránder Gespansch., Kis-Kulitz. Bzk., ein adeliches walachisches, jenseits der Körös nahe an der Strasse nach Ungarn liegendes *Dorf*, mit einer Pfarre, gegen N., 1¼ Stunden von Körös-Bánya, 8¼ Stunde von Déva.

Brotzen, Böhmen, Leitmer. Kr., ein *Dorf*, der Hrsch. Doxan, liegt westwärts an dem Dorfe Czelnuss, ostwärts an dem Dorfe Ciudolas, 3 Stunden von Auscia.

Broud, Siebenbürgen, Schäsburg. St.; siehe Prod.

Brosen, mähr. Wrazny, insgemein Broisen geschrieben — Mähren, Ollmützer Kr., ein näcist und zur Hrsch. Türnau geh. *Dorf,* 2 St. v. Grünau.

Brösenka, Schwarz-, Böimen, Jungbunzl. Kr., ein *Dorf,* zur Herrsch. Perstein; siehe Herrndorf.

Brösenka, Weiss-, Böimen, Jungbunzlauer Kr., ein *Meierhof,* der Hrsch. Perstein, unweit dem Dorfe Nedam, 2 St. von Neuschloss.

Broseta, Fuori di Porta, Lombardie, Prov. Bergamo und Distr. I, Bergamo; siehe Bergamo.

Broseta, Lombardie, Prov. Bergamo und Distr. VII, Caprino; siehe Pontita.

Broskoutz, Galizien, Bukow. Kr., ein verschiedenen Dominien geh. *Pfarrdorf,* im Walde, 2 St. von Czernowicz.

Browary, Galizien, Zaleszc. Kr., ein zur Hrsch. Jazlowice gehör. und dahin eingepf. *Dorf,* wodurci der Baci Jazlowczyk fliesst, mit einer russniakischen Kircie und einem Bollwerke, 3 St. von Buczacz.

Broz, Lombardie, Prov. und Distr. I, Belluno; siehe Tambre.

Brozan, Böimen, Cirudim. Kr., ein *Dorf,* der Herrsch. Parduitz, an der Elbe, 1 Stunde nordw. von Pardubitz, 2¼ Stunde von Cirudim.

Brozanek, Brozanka — Böimen, Jungbunzl. Kr., ein *Dorf,* unweit Horscin an der Elbe, zur Hrsch. Melnik, 8 Stunden von Scilan.

Brozanka, Böhmen, Jungbunzl. Kr., ein *Dorf;* siehe Brozanek.

Brozanowka, Galizien, Lemberg. Kr., einige *Häuser,* zur Pfarre Lemberg, St. Maria und Ortsobrigkeit Lemberg geiörig.

Brozany, Böimen, Leitmer. Kr., ein zu den Hrsch. Czebus, Draiorus und Liioci geh. *Dorf;* siehe Brozen.

Brozany, Broczna — Böimen, Königgr. Kr., ein zur Hrsch. Solnicz geh. *Dorf,* gegen W. an Hoci-Augezd und gegen N. an das Dorf Wieska grenzend, 1½ Stunde von Reichenau, 4 St. von Königgratz.

Brozen, Brozany —Böhmen, Leitmer. Kr., ein *Dorf,* zu den Hrsch. Czebus, Draiorus und Liioch, mit einer herrschaftlichen Meierei, nächst dem Dorfe Czebus, westw. auf einer Eiene, 3 St. von Melnik, 4¼ St. von Scilan.

Brozniow. Galizien, Stryer Kr., ein *Dorf,* mit einer Pfarre, zur Ortsobrigkeit Krechowice geiörig.

Brozze, Dalmatien, Ragusa Kr., Slano Distr., ein *Dorf,* der Hauptgemein-

de Stagno einverleibt, unter die Pretui Slano geh., naie iei Cesvinizza, ¾ M. von Stagno.

Brozzi, Tirol, Rovered₀ Kreis, ein *Weiler,* zur Gemeinde Wallensee im Ldgcht. Roveredo.

Brozzo, Lombardie, Prov. Brescia u. Distr. VII, Bovegno, ein *Gemeinde-Gebirgsdorf,* mit einer eigenen Pfarre S. Miciele, 3 Migl. von Bovegno. Hierher geiört:
Cesovo, Dorf.

Brsanken, Böimen, Leitmeritz. Kr., ein *Dorf,* der Herrsch. Raudnitz unterthänig, über d. Elbeflüsse nordw., 2½ St. von Auscia.

Brscheskowitz, Böimen, Klattau. Kr., ein zur Hrsch. Rothporitschen geh. *Dorf;* siehe Bržeskowitz.

Brschestan, Böimen, Rakonitz Kr., ein *Dorf,* der Herrsch. Zlonitz; siehe Bržesttan.

Brscziani, Galizien, Sambor. Kreis, ein der Staatsgüter Direktions_Herrschaft Sambor geh. Religions-Fond-*Gut* und *Dorf,* mit einer griechischen Pfarre iinter Raidarowice, gegen Ragusna, 3 St. v. Sambor.

Brskau, Böimen, Czaslau. Kr., ein *Dorf,* zur Hrsch. Polna, 4 St. von Iglau.

Brssitz, Böimen, Königgr. Kr., eine *Ortschaft,* bei Königgrätz.

Brtew, Böhmen, Bidsch. Kr., ein *Dorf,* der Hrsch. Neudorf: siehe Prtwy.

Brtlow, Mähren, Brünn. Kr., ein der Hrsch. Czernahora Kunstadt und Oppatowitz und zur Pfarre Lang Lhotta geh. *Dorf,* mit böhmischen Einwohnern, 1 St. westw. von Czernahora, 2 St. nordw. von Kunstadt, 2 bis 3½ St. von Goldenbrunn.

Brtlow, Mähren, Brünn. Kr., ein *Dorf,* zur Pfarre Als und Hrsch. Kunstadt, gegen Osten nächst dem Markte Oels, mit böhmischen Einwohnern, 2 St. nordw. von Kunstadt, 3½ Stunde von Goldenbrunn.

Brtlow, Mähren, Brünner Kreis, ein *Dorf,* mit böhmischen Einwohnern, zur Hrsch. und Pfarre Oppatowitz, wohin es angrenzt, 2 St. von Goldenbrunn.

Brtkj, Böhmen, Klattau. Kr., ein zur Hrsch. Bistritz gehör. *Dorf,* 3 St. von Klattau.

Brtna, Böimen, Czasl. Kr., ein *Dorf,* der Hrsch. Seelau, unw. Roth-Retschitz, 8 St. von Iglau.

Brtned, Böimen, Czaslau. Kr., eine *Ortschaft* iei Czaslau.

Brtnik, Böhmen, Czaslau. Kr., eine einzelne *Mahlmühle,* zum Gute Wostrow geh., 5½ Stunde von Czaslau.

Brtnitz, Böhmen, Kaurzim. Kr., ein Dorf, zur Hrsch. Popowitz, an der Linzerstrasse näcist Popowitz, 2¼ St. von Jessenitz.

Brtolka, Brtholka — Böhmen, Bidschow. Kr., ein Dörfchen, zur Hrsch. Bielohrad, unter dem Dorfe Nieder-Neudorf, 1¼ St. v. Horžitz.

Brtsch, Böhmen, Chrud. Kr., ein zur Stadt Hohenmauth gei. Dorf, gegen S. gelegen, 1 St. v. Hohenmauth.

Brtwy, Böhmen, Bidsch. Kr., ein Dorf, der Hrsch. Neudorf; sieie Prtwy.

Brubno, Kroatien, 1. Banal Grenz-Regiments-Canton; sieie Bruvno.

Brucciata, Lombardie, Prov. Mantova und Distr. VIII, Marcaria; sieie Castellucchio.

Brucciata, Lombardie, Prov. Mantova und Distr. XIV, Gonzaga; sieie Gonzaga (Bondanello).

Brucciata, Cà-, Lombardie, Prov. und Distr. I, Mantova; sieie Curtatone.

Brucciata, Lombardie, Prov. Mantova und Distr. XIV, Gonzaga; sieie Gonzaga (Moglia).

Brucciata, Lombardie, Prov. Mantova und Distr. XIV, Gonzaga; sieie Gonzaga (Pegognaga).

Brucciata, auci Brusada — Lombardie, Prov. Milano u. Distr. IV, Saronno; siehe Passirana.

Brucciata, Cà-, Lombardie, Prov. Lodi e Crema und Distr. VI, Codogno; siehe Fombio.

Brucciata, Cà-, Lombardie, Prov. Mantova und District VIII, Marcaria; siehe Marcaria.

Brucciata, Cà-, Lombardie, Prov. Mantova und Distr. IV, Volta; s. Goito.

Brucciata, Cà-, Lombardie, Prov. u. Distr. I, Mantova; sieie Quattro Ville.

Brucciata, Cà-, Lombardie, Prov. Cremona und Distr. VII, Casal Maggiore; siehe Vicinanza.

Brucciata, Casa, Lombardie, Prov. Mantova u. Distr. IX, Borgoforte; sieie Borgoforte (S. Gattaldo).

Brucciata, Casa, Lombardie, Prov. Milano und Distr. VI, Monza; s. Monza.

Brucciato, Lombardie, Prov. und Distr. II, Milano; siehe Ronchetto.

Brucciato, Fenil, Lombardie, Provinz Mantova u. Disr. III, Roverbella; siehe Castel Belforte.

Brucciato, Fenil, Lombardie, Provinz u. Distr. I, Mantova; s. Castellaro.

Brucciato, Mulino, Lombardie, Prov. Milano und Distr. III, Bollate; siehe Boldinasco.

Brucciato, Mulino, Lombardie, Prov. u. Distr. II, Milano; s. Ronchetto.

Bruch, Prag — Böhmen, Leitm. Kr., ein Dorf, mit einer Steinmühle Bernardsthal genannt, zur Hrsch. Osseg, wodurc ein von dem Meissnergebirge kommender Baci fliesst, ¼ St. unt. den Städtcien Oberleutensdorf, 2 Stunden von Brüx.

Bruch, Steiermark, Cill. Kr., eine Gegend, zur Hrsch. Neukloster zeientpflichtig.

Bruch, Unter-, Steiermark, Grätz. Kr., eine Weingebirgsgegend; zur Hrsch. Herbersdorf dienstbar.

Bruch, Oest. unt. d. E., V. O. W. W., ein der Hrsch. Ardacker geh. Dorf, mit 13 Häus. und 90 Einw., an der Donau, wo auci meire andere Herrsciaft. Besitzungen iaben, liegt bei Schindelburg u. ist naci Stephanshart eingepfarrt, 3 Stunden von Amstädten.

Bruchberg, Steiermark. Cillier Kr., eine Weingebirgsgegend, zur Herrsch. Pockenstein dienstbar.

Bruchberg, Steiermark, Grätz. Kr., eine Gegend, im Bezirke Waasen, zur Hrsch. Waasen, Ober-Wildon und Neudorf zehentpflichtig.

Bruchnal, Galizien, Przemysl. Kr., Herrschaft und Dorf, mit einer Pfarre, 3 Stunden von Jaworow.

Bruchner Steinmühle, Böhmen, Leitm. Kr., eine Mahl- Brett- und Papiermühle, der Hrsch. Osseg, mit 10 z. Dorfe Bruci zugetheilten Häus., ¼ St. von diesem Dorfe, an dem vom Meissnergebirge herabkommenden Bacie, 2 Stunden von Brüx.

Bruchthal, Steiermark, Bruck. Kr., nordwestlici von Aflenz, eine Gegend, im sogenannten Seeboden.

Bruck, Tirol, Unt. Inn- und Wippth. Kr., ein Dorf, der Hrsch. Rattenberg sieie Brugg.

Bruck, Tirol, Pusterth. Kr., ein Schloss bei Lienz, vor Zeiten der alten Grafen von Görz Sommer-Residenz.

Bruck, Tirol, Vorarlb., ein zu der Hrsch. Feldkirci geh Dorf, am Rieinflusse Sct. Joiann Höcist und Fussach, 5 Stunden von Feldkirci.

Bruck, Oest. ob. d. E., Hausr. Kr., ein kl., im Wb. B. Kom. Pram lieg. Dörfchen, mit 7 Häus. der Hrsch. Erla geh., nach Pram eingepf., gegen Ost. vorwärts Leiten, 2 Stunden von Haag.

Bruck, Oest. ob d. E., Hausr. Kr., ein im Wb. B. Kom. Neukircien am Walde lieg. Dörfchen, mit 4 Häus., mit dem dazu geh. Haus, Kriegner genannt, verscied. Domin. geh., naci St. Agatia eingepfarrt, näcist Hecit gegen Osten, 1¼ Stunde von Baierbaci.

Bruck, Oest. ob d. E., Hausr. Kr., eine Wb. B. Kom. Hrsch. und landesf. *Stadt*; siehe Vöcklabruck.

Bruck, Oest. ob d. E., Inn Kr., ein der Hrsch. St. Martin und verschied. andern Hrschn. geh. *Dorf*, nach Senftenbach eingepfarrt, 1¼ Stunde von Ried.

Bruck, Oest. ob d. E., Hausr. Kreis, ein zum Wb B. Kom. Wartenburg geh. mehren Hrsch. dienstbares *Dorf*, nach Zell am Pettenfürst eingepfarrt.

Bruck, Oest. ob d. E., Inn Kr., ein zur Hrsch. und zum Ldgcht. Braunau geh. *Dorf*, nach Schwand eingepfarrt.

Bruck, Oest. ob d. E., Inn Kr., ein zum Ldgcht. und zur Hrsch. Mattighofen geh. *Dorf*, nach Palting eingepfarrt.

Bruck, Oest. ob d. E., Salzburg. Kr., ein zum Ldgcht. Weitwörth geh., mehren geistlichen Herrsch. unterthäniges *Dorf*, nach Lambrechtshausen eingepf.

Bruck, Oest. ob d. E., Salzburg. Kr., ein zum Ldgcht. Taxenbach geh., mehren Hrsch. dienstbares *Dorf*, mit einer eigenen Pfarre.

Bruck, Oest. ob d. E., Inn Kr., ein z. Wb. B. Kom. Reichersberg u. verschied. Hrschn. geh. *Dorf*, nach Lambrechten eingepf., 2 Stunden von Siegharding.

Bruck, Oest. ob d. E., Inn Kr., eine z. Wb. B. Kom. Ld.- u. Pfleggcht. Schärding, den Hrschn. Heizing, Kastenamt Schärding und St. Martin geh. *Dorf*, bei dem vorbeifliessendem Haizingerbache nach Andorf eingepf., ¾ St. von Siegharding.

Bruck, Oest. ob d. E., Inn Kr., ein der Hrsch. Aurolzmünster und St. Martin geh. *Dorf*, nach Andrichsfurt eingepf., 1¼ Stunde von Ried.

Bruck, Oest. ob d. E., Salzb. Kr., ein zum Ldgchte. Taxenbach, (im Gebirgslande Pinzgau) gehör. *Dorf*, in einer ganz ebenen Gegend am Salzach Fl., d. es von West. nach Ost. durchschneidet, gelegen; — im Nord. von dem Bruckerund Sonnberge begrenzt; hat eine Vikariats-Kirche, eine Schule und zwei Wirthshäuser. In Bruck theilt sich die Strasse rechts nach Zell u. Hoch-Pinzgau, links über die Salzach nach Fusch und Kaprun, 2¼ St. v. Taxenbach, 4¼ St von Lend.

Bruck, Oest. ob d. E., Inn Kr., ein zum Ldgcht. Haag geh. *Dorf*, in der Pfarre Bram, 1¼ Stunde von Haag.

Bruck, Oest. ob d. E., Inn Kr., ein *Weiler*, im Landgericht Vöcklabruck der Pfarre Zell, 2¼ St. v. Vöcklabruck.

Bruck, Oest. ob d. E., Inn Kr., ein zum Ldgcht. Weizenkirchen geh. *Weiler*, auf einer kleinen Anhöhe, nördlich vom Sattlberg, und südlich vom klei-

nen Sandbache begrenzt, pfarrt nach Heiligenberg, 1¼ St. von Baierbach.

Bruck, Oest. ob d. E., Inn Kr., ein zum Ldgcht. Braunau geh. *Weiler*, im Rentamt Braunau, nach Schwand pfarrend, 2¼ St. von Braunau.

Bruck, Oest. ob d. E., Inn Kr., ein zum Ldgcht. Mattighofen geh. *Weiler*, in einer sumpfigen Gegend am Mattigflusse, pfarrt nach Palting, 3 St. von Mattighofen, 3 St. v. Neumarkt.

Bruck, Oest. ob d. E., Inn Kr., eine zum Ldgcht. Ried geh. *Einöde*, in der Pfarre Andrichsfurth, 1¼ St. von Ried.

Bruck, Pruck — Oest. ob d. E., Inn Kr., ein *Dorf*, der Hrsch. Katzenberg, Landgcht. Ried und Aurolzmünster geh., unweit der Ortschaft Kleindling, gegen O. an der Waldung Buch, nach Gurten eingepf., 2 St. von Ried.

Bruck, Pruck — Oest. ob d. E., Hausruck. Kr., ein in dem Wb. B. Komman. Wartenburg liegendes *Dorf*, unter verschiedene Dominien geh., nach Zell am Pettenfürst eingepf., 2¼ St. von Vöcklabruck.

Bruck, Unter-, Oesterr. ob d. E., Hausr. Kr., ein zum Wb. B. Kom. Dachsberg und Pfarre Prambachkirchen geh. *Dörfchen*, von 14 Häusern, verschiedenen Hrsch. unterthänig, an der Reichsstrasse, 2 St. von Efferding.

Bruck, Steiermark, Grätz. Kr., eine *Gegend* im Bez. Thalberg, in welcher der Matzenbach fliesst.

Bruck, in der Bruck — Steiermark, Grätz. Kreis, ein zur Wb. Bzk. und Kaal. Hrsch. Thalberg geh. *Dörfchen*, mit zwei Eisenhämmern an der Lafnitz, zwischen dem Stifte Vorau , und dem Schlosse Vestenburg , 11 St. von Ilz.

Bruck, Oest. u. d. E., V. U. W. W., 3 *Häuser*, z. Pfarre Puchberg am Schneeberg und Ortsobrigkeit Stixenstein, Post Neunkirchen am Steinfeld.

Bruck, Oest. u. d. E., V. O. W. W., ein *Dorf*, mit 4 Häusern und 25 Einwohnern, zur Pfarre Lunz, Ortsobrigkeit und Conscriptionsherrschaft Stiebar gehörig.

Bruck, Oest. unt. d. E., V. O. W. W., ein der Hrsch. Waldreichs geh. *Dorf*, bei dem Markte Töllersheim, 1¼ St. von Neupölla, 2 Stunden von Gföll.

Bruck, Oest. unt. d. E., V. O. W. W., ein der Hrsch. Straunersdorf gehöriges *Bauerngut*; siehe Simondsberg.

Bruck, Oest. unt. d. E. V. U. M. B., ein der Hrsch. Kommenda Mailberg geh. *Dorf*; siehe Pruck.

Bruck, Brugg — Oest. unt. d. E., V. O. M. B., ein der Hrsch. Leiben und

Kannberg geh. *Dorf*, mit 12 Häus., bei Neukirchen, 3 Stunden von Lubereck.

Bruck oder Pruck — Oest. u. d. E., V. O. M. B., ein der Herrsch. Malberg unterthäniges *Dorf*, bei Walkenstein und ist dahin eingepf., oberhalb des Maigner-Baches, 2 St. von Horn.

Bruck, ehemals Kloster-Bruck, mähr. Lauka, latein. Luca — Mähren. Znaim. Kr., *Herrschaft* und *Dorf*, mit einem Schlosse und einer Pfarre, mit deutschen und böhm. Einw., an der Taja südlich, ¼ Stunde von Znaim.

Bruck, Illirien, Kärnten, Villach. Kr., ein *Dorf*, mit 11 Häus. und 65 Einw., zur Gemeinde Nampolach gehörig.

Bruck, bei Hausleiten — Oest. ob d. E., Traun Kr., ein kl. im Wb. B. Kom. Florian lieg. *Dörfchen*, versch. Hrschn. geh. nach Florian eingepf., unw. der Enserstrasse, ¼ Stunde von Ens.

Bruck an der Aschach, Oest. ob d. E., Inn Kr., ein zum Ldgchte. Weizenkirchen geh. *Dörfchen*, mit einem Schlösschen, das dem Ruine nahe ist, worin jedoch Schule gehalten wird; mit einer Taferne, einer Säge- und Mahlmühle, an der Aschach, pfarrt nach Baierbach, ¼ Stunde von Baierbach.

Bruck im Holz, Oest. ob d. E., Inn Kr., *Anhöhe* westl. v. Dorfe Schwand, 288 W. Klftr. über dem Meere.

Bruck in Holz, Oest. ob d. E., Inn Kr., ein zum Ldgcht. u. Rentamt Braunau gehör. *Weiler*, pfarrt nach Schwand, 2⅓ Stunde von Braunau.

Bruck in Holz, Oest. ob d. E., Inn Kr., eine kleine *Ortschaft*, der Land- und Pfleggcht. Hrsch. Braunau geh., 3 St. von Braunau.

Bruck bei Lambrechten, Oest. ob d. E., Inn Kr., ein z. Ldgrcht. Obernberg geh. *Dorf*, nach Lambrechten eingepfarrt, an der Grenze des Landgricht. Grieskirchen, mit einem Gasthause, 3 St. von Ried.

Bruck an der Leitha, Brugg, Pruck — Oest. unt. d. E., V. U. W. W., eine *Herrschaft* und landesfürstl. *Stadt*, mit einer eigenen Pfarre und Magistrate, nahe der Königreiche Ungarn, am Leithafl., welcher hier die Grenze zwischen Ungarn und Oesterreich bildet. Die Stadt zählt 312 Häus., 2600 Einw. und besitzt eine Maschinenfabrik, so wie auch englische Baumwollespinnereien; nahe an derselben ist das alterthümliche gräfl. Harrach'sche Schloss mit dem sogenannten Römerthurm, welcher eine weitumfassende Aussicht gewährt. In dem Familiensaal des Schlosses sind alle Harrache, vom ersten Besitzer bis

auf den Vater des Jetzigen, im Costüme ihres Zeitalters, lebensgross abgebildet. Der Park ist sehr weitläufig und sowohl der schönen, gut gewählten Anlagen, als auch der vielen seltenen Gewächse wegen, der er enthält, einer der schönsten im österr. Kaiserstaate. So bestent unter andern eine künstlich angelegte Waldparthie ganz aus d. seltensten ausländischen Gewächsen, so z. B. der italienischen Cypresse, dem Alpen-Rhamnus, der amerikanischen Birke, dem Judasbaum, der Pinus pinea, d. nordamerikanischen Bierfichte, dem virginischen Wachholder etc. Die den Park durchströmende Leitha, über welche zierliche Brücken aller Art führen, bietet ebenfalls sehr angenehme Partien. An mancherlei Ueberraschungen, interessanten Fernsichten, künstlichen Zusammensetzungen und Gebäuden fehlt es hier ebenfalls nicht. Die sehenswürdigsten Partien sind: Eine Orangeriegruppe, ein artiges Lusthaus von einfacher, geschmackvoller Verzierung, d. Aciteck genannt, die Thränenweidengruppe, deren Zweige, tief in das Wasser hinabreichend, eine Grotte bilden, durch deren Wölbung man von fern die wassersprühenden Räder einer Mühle erblickt, welche, von der Sonne beschienen, einen magischen Effekt machen, die Fasanerie, ein ländl. Tempel, eine Brücke, über welche man an einen alten dicken Weidenbaum kommt, der den Ausgang zu verschliessen scheint, sich aber auf einen Druck öffnet, und auf eine Insel führt, in deren Mitte ein einfacher Tempel steht, v. ringsumschliessendem düstern Gehölz in tiefen Schatten gehüllt, endlich die Fischerparthie, der Pflanzengarten u. s. w., unt. Wilfleinsdorf, 3 St. von Fischamend. Postamt mit:

Breitenbrunn, Göttesbrunn, Gevgen, Gerhaus, Höllein, Rohrau, Kaiser - Steinbruch, Königshof, Pachfurth, Willingsdorf, Winden.

Bruck an der Mur, Steiermark Bruck. Kr., eine landesfürstl. *Kreis-Stadt*, und Wb. B. Kom., mit 202 Häusern und 1500 Einw., einem Zerren- u. Streckhammerwerke, einer Probstei u. Pfarre. Sie liegt an der Mur und dem Mürzflusse in einem Bergkessel mit lebhaftem Strassengewerbe, indem sich hier die Wienerstrasse theilt, u. rechts nach Italien, links aber zu den Seeküsten Istriens führt, und hat eine alte Burg, eine Militärproviant-Kommission und ein Hauptzollamt. Es ist hier eine über 1000 Klft. tiefe Höhle merkwürdig. Hier gibt es Cretins (Trotteln), blödsinnige Menschen, die sich kaum durch iıren aufrecıten Gang von den Thieren unterscıeiden. Eisenbahnstation u. Postamt mit :

Aflenz, Aich, Ober , Mitter- und Unter-ı Arndorf, Aue, Baibersdorf, Berndorf, Breitenau, Buchberg, Brandhof, Deichendorf, Diemlach, Döllach, Dorflach, Dreiach, Dutschach, Einöd, Emberg, Etmessl , Fegenberg , Flaning , Folz , Geirach, Greith, Hasendorf, Heuberg , Jauring, Kathrein, Kaptenberg , Kotzgrahen , Laming , Oberdorf, Oberorth, Parschlug , Pischk , Puchsengut , St. Dtontesen , St. Martin , St. Ruprecht , Schörgendorf, Seebach , Sichenbrün , Stubing, Steinerhof, Steg, Strohsitz , Schwarzhamer , Thall , Thörl, Tragöss, Uhblstein , Utschgraben , Unterorth, Winkl, Wleden, Zweyen.

Bruck bei Senftenbach , Oest. obd. E , Inn Kr., ein *Dörfchen*, welches z. Ldgcht. Oıermıerg, und zur naıe gelegenen Pfarre Senftenberg geh., 2 Stunden von Ried.

Bruck bei Tödling , Oest. ob d. E. , Trauu Kr., eine kleine in dem Wb. Bzk. Kom. Florian liegende *Ortschaft*, verscıiedenen Dominien geh., nacı Florian eingepf., an der Enserpoststrasse, 1¾ St. von Ens.

Bruck bei Wippenheim , Oest. obd. E., Inn Kr., ein *Weiler* im Ldgrcht. Oıermıerg, pfarrt nacı Gurten. 2 Stunden von Ried.

Bruckbach , Steiermark, Grätz. Kr., im Bezirke Vorau treiıt 2 Hausmühlen im Bittermann.

Bruckberg , Oest. oıd. E., Salzb. Kr., eine z. Ldgcht. Zell am See (im Gebirgslande Pinzgau) geh. *Rotte*, aus meıren am Bruckberge zerstreut liegenden Häusern ıesteıend, der Pfarre und Scıule Zell am See, 6 Stunden von Lend.

Bruckdorf, Oest. oıd. E., Salzburg. Kr., ein zum Ldgrcht. Tamsweg (im flacıen Lande) geh. *Dorf*, an der Langga, im Steuerdistricte gleichen Namens gelegen, mit meıren Müılen, pfarrt nacı Mariapfarr, 1 Stunde von Mauterndorf.

Bruckdorf , Oest. oıd. E., Salzburg. Kr.; siehe Schlier.

Brücke, Steinerne , Illirien, U. Krain, Neustädtl. Kr., an der Herrsch. Landespreiss und Klingenfels unterthän. *Dorf* in der Wb. B. Hrsch. Treffen, und ist dahin eingepf., 3¾ St. v. Neustadt.

Brücke, Von der , Illirien, Ober Krain, Laibacı. Kr., eine *Vorstadt* der Stadt Stein.

Brücke zu Brugge, Tirol, Pusterıialer Kr., eine *Ortschaft*, 3 St. von Sillian.

Brücke zu Brugge, Tirol, Pusterıialer Kr., ein Tıeil des Dorfes Aussservielgratten auf der Hrsch. Heimfels, 3 St. von Sillian.

Brückel , Oest. u. d. E., V. O. W. W., ein einzelnes *Haus* am Urllusse, zur Pfr. Krenstetten, Ortsobrigk. und Conscrip-

tionsherrschaft Ascıbach geh., ¼ Stunde von Krenstetten.

Brückel, Samosdez, Illirien, U. Krain, Neustädtl. Kr., ein zur Wb. B. Herrsch. Reifnitz geh. *Dorf* mit 50 Häus. und 270 Einw., nach Soderschitz eingepf., liegt an der Strasse nach Triest, 8¼ Stunde v. Laıbacı.

Brückelbach , Steiermark, Brucker Kreis, im Bezirke Aflenz, treibt mehre Hausmühlen fliesst von N. nach S. und fällt ıei Turnau in den Stübmingbach.

Brückelbaueralpe , Steiermark, Judenburg. Kr. , im Feistritzgraben ob Krauboth, mit einigem Waldstand.

Brückelberg , Steiermark, Marburg. Kr., eine *Weingebirgsgegend*, zur Hrsch. Ober-Pettau u. Pfarresgült Pettau dienstbar.

Brückeldorf, Steiermark, Marburg. Kr., *Dorf* im Bezirke Dornau mehren Hrsch. dienstbar, mit 106 Häus. und 484 Einw., nach St. Lorenzen eingepfarrt.

Brucken, Tirol, Oberinnthal. Kr., ein zur Hrsch. Landeck geh. *Riedl* von wenigen Häusern an der Rosanna, 3 Stunden von Nassereit, 4½ Stunde von Imst.

Brucken, Illirien, Kärnten, Villach. Kr., ein z. Ldgcht. Hrsch. Greifenburg geh. *Dorf* mit einer Brücke über dem Drauß. ½ Stunde von Greifenburg.

Brucken, Vor der , Oest. u. d. E., V. U. W. W., ein der Hrsch. Gutenstein geh. *Ort*, mit zerstr. Häusern, vor Gutenstein, 5¼ Stunden von W. Neustadt.

Bruckendorf, Ober- , Illirien, Kärnten, Villach. Kr., eine zur Ldgrcht. Hrsch. Osterwitz geh., in der Pfarre St. Peter lieg. *Ortschaft* von 7 Häusern, hier befindet sich über dem Gurkfluss eine Brücke, 2 Stunden von St. Veit.

Bruckendorf, Unter- , Illirien, Kärnten, Klagenf. Kr., ein zur Ldgcht. Hrsch. Osterwitz geh. *Dörfchen* mit einer einzelnen Mahlmühle (an der Ternitz genannt) nacı Launsdorf eingepf., an dem Gurkflusse, worüıer hier eine Brücke füırt, 2 Stunden von St. Veit.

Bruckenholz, Oest. obd. E., Salzburger Kr., ein zum Ldgrcht. Weitwörth geh. landerfürstl. und Stift Michelbeuern dienstbares *Dorf*, nacı St. Georgen eingepfarrt.

Bruckenthal bei Choronow, Galizien, Zolkiew. Kr., eine *Ortschaft* zur Pfarre Chliwczany und Ortsobrigk. Chonorow gehörig.

Bruckeralpe, Steiermark, Judenb. Kr., eine *Alpe* im Lochthale der Ober-Wöls.

Brucker Kreis, Steiermark, durchzogen von der Eisenbahn nach Grätz, grenzt an das unterensische Viertel ob' dem Wienerwalde, nordostw. an das Land u. d. E., gegen O. an den Grätzer Kr., gegen S. an die Mur, gegen W..an den Judenburg. Kr. Die Flüsse welche denselben bewässern, sind: die Mur, Mürz, Salza, der Seebach, Erzbach; dann folgen der Erlafsee und der Leopoldsteiner See. Dieser Kreis macht den nordöstlichen Theil von Steiermark aus. Er hat: 2 Städte, 11 Marktfl., 153 Dörfer u. 11,831 Häuser. Die hohen Gebirge, der Ober- u. Unter Oesterreich

Gams-, Zeller-, Buc١ː… Wildalpen etc. von denen der ganze Kreis durchzogen wird, bilden mehre grosse Täler, wovon einige Mineralquellen enthalten. Der Kreis ist reich an Eisen und Kupfer, und auch Blei findet man daselbst, ferner an Holz, Wild (vorzüglich Gemsen), Fischen etc. Der Flächenraum beträgt über 73 Quadr. Meil. mit 62.000 Einwohnern, welche meist von Bergbau und Viehzucht leben.

Bruckern, Steiermark, Judenburger Kr., eine *Gemeinde* im Bezirke Gstatt z. Herrschaft Gstatt Friedstein und Pfarre Gröbming dienstbar, mit einem Eisenhammer an der Ens, 88 Häus. und 402 Einw., nach Gröbming eingepfarrt.

Bruckfelder, Steiermark, Grätzer Kr., eine *Gegend* in der Pfarre Anger z. Bisthume Seckau zehentpflichtig.

Bruckgraben, Steiermark, Grätzer Kr., eine *Gegend* im Bezirke Thauhausen, Pfarre Weizberg.

Bruckgraben, Steiermark, Judenburger Kr., ein *Gehäus* zwischen dem Buchstein, Brucksattel, der Krapfenalpe, und dem Bruckstein, mit sehr grosser Beholzung.

Bruckhaus, Oest. ob d. E., Inn Kr., eine zum Ldgrcht und Pfarre Haag geh. *Einöde*, ½ Stunde von Haag.

Bruckhof, Oest. ob d. E., Hausruck Kr., ein zur Hrsch. Parzn Steinhaus geh., im Wb. B. Kom. Aisterheim liegend. *Dorf*, nach Meggenhofen eingepfarrt.

Bruckhof, Oest. unt. d. E., V. O. W. W., ein der Hrsch. Totzenbach geh. einzelner *Hof* mit 12 Einw., unter dieser Hrsch. gegen S., 2 St. von Bärschling.

Bruckhof, Oest. unt. d. E., V. O. W. W., eine *Rotte* mit 7 Häus. und 60 Einwohnern, zur Pfarre Weissrach, Ortsobrigk. Roirbach, und Conscriptionshrsch. Salaberg gehörig.

Bruckhof, Oest. unt. d. E., V. O. W. W., ein der Hrsch. Judenau und zur Ortschaft Poltram konscrib. *Hof* im Walde, zwischen Neuenlengbach und Totzenbach, 2 St. von Sieghardskirchen.

Brückl, Steiermark, Cill. Kr., *Dorf*, im Bezirke Rann mit 36 Häus. und 211 Einw., nach Dobowa eingepfarrt.

Brückleins, Oest. u. d. E., V. U.W. W., ein zur Hrsch. Seebenstein gehör. *Pfarrdorf*; siehe Prüglitz.

Bruckleiten, Oest. ob d. E., Inn Kr., ein der Land- und Pfleggcht. Hrsch. Ried und unter Teufenbach, Matau und Rablern geh. *Dörfchen*, nach Taiskirchen eingepf., 1¼ St. von Ried.

Bruckleiten, Oest. ob der E., Inn Kr., ein zum Ldgrcht. Grieskirchen geh. *Weiler*, in der Pfarre Taiskirchen, 2¼ St. von Ried.

Brückling, Mähren, Brünn. Kr., ein *Dorf*; siehe Pritlach.

Bruckmoos, Oest. ob d. E., Salzburger Kr., ein zum Ldgcht. Neumarkt (im flachen Lande) gehör. *Weiler*, am Hechfelde, in der Pfarre Strasswalchen, 2 St. von Neumarkt.

Bruckmoos, Ober-, Oest. ob d. E., Salzburg. Kr., ein zum Landgcht. Neumarkt (im flachen Lande) geh. *Weiler*, in der Pfarre Trum, 3¼ St. v. Neumarkt, 4¼ St. von Salzburg.

Bruckmoos, Unter-, Oest. ob d. E., Salzb. Kr., ein zum Ldgcht. Neumarkt (im flachen Lande) geh. *Dorf* in der Pfarre Trum, 3¼ St. von Neumarkt, 4 Stunden von Salzburg.

Bruckmühl, Oest. ob d. E., Inn Kr., ein zum Ldgcht. Vöcklabruck. gehöriger *Weiler* in der Pfarre Ottnang, mit einer Mühle, 2¼ Stunden von Vöcklabruck.

Bruckmühle, Oest. ob d. E., Hausr. Kr., ein im Wb. Bzk. Kom. Köpbach liegende kleine *Ortschaft* von 6 Häus., den Hrsch. Wartenburg und Köpbach geh., nach Ottnang eingepf., 5½ Stunde von Lambach.

Bruckmühle, Oest. u. d. E., V. O. M. B., eine der Hrsch. Ottenstein geh. Mühle; siehe Flacha.

Bruckmühle, Oest. unt. d. E., V. O. M. B., eine der Hrsch. Rotenbach geh.

einzelne *Mühle* am Kamp **Flusse**, 3 St. von Zwettel.

Bruckmühle, Oest. unt. d. E., V. O. W. W., eine der Hrsch. Ulmerfeld geh. *Mühle*, liegt am Zauci Fl. zwischen Amstädten und Eiratsfeld, 1¼ St. von Amstädten.

Bruckmühle, Oest. unt. d. E., V. O. W. W., eine der Pfarrherrsch. St. Ulrici am Berg nächst Wieselburg unterthän., beim Markte Wieselburg sich befindliche *Mühle*, 1¼ St. von Kemmelbach.

Bruckstein, Steiermark, Judenburger Kreis, eine *Gegend* im Gehäus zum Stifte Admont gehörig.

Bruckwies, Oest. ob d. E., Inn Kr., ein kleines *Dorf* der Hrsch. Asbach, zum Stifte Mattsee und Kloster Ranshofen geh., zwischen Frieseneck und Fräham, nach Rossbach eingepf., 1¼ Stunden von Altheim.

Bruckwies, Oest. ob d. E., Inn Kr., ein zum Ldgcht. Maurkirchen gehöriger *Weiler*, in einem Thale, am Sct. Veitnerbache, in der Pfarre Rossbach, 2 St. von Altheim.

Bruco, Lombardie, Prov. Sondrio (Valtellina) und Distr. IV, Morbegno; siehe Coslo.

Brud zu **Dzibulki**, Galizien, Zolk. Kr., ein *Dorf*, zur Pfarre und Ortsobk. Dzibulki gehörig.

Bruderauhof, Tirol, Oberinnth. Kr., ein zum k. Stift und adel. Frauenkloster Kiemsee geh. *Hof*, 3¼ St. v. Insbruck.

Bruderbach, Steiermark, Judenb. Kr., im Bezirke Zeyring treibt eine Hausmühle in der Tauern-Schattseite, sein Lauf ist von N. nach S.

Bruderberg, Oest. unt. d. E., V. O. W. W., ein der Hrsch. Allhardsberg geh. und dahin eingepfärrtes *Dörfchen*, 1¼ St. von Strengberg.

Brudereck, Steiermark, Marburger Kr., eine *Gemeinde* im Bezirke Arnfels, zur Herrsch. Landsberg zehentpflichtig, nach Kitzeck eingepfarrt.

Bruderhof, Tirol, Vorarlberg, ein zur Hrsch. Bregenz u. Gericht Lingenau geh. kleines *Dorf*, 5 Stunden von Bregenz.

Bruderkogl, Steiermark, Judenburg. Kr., ein *Berg*, nordöstlich vom Dorfe Pretstein, 1209 W. Klaft. über d. Meere.

Bruderndorf, Oest. unt. d. E., V. O. M. B., ein der Hrsch. Gross-Bertholds geh. *Dorf*, mit 28 Häusern, bei Langschlag, 8 Stunden von Schrems.

Bruderndorf, Oest. u. d. E., V. U. M. B., ein der Hrsch. Ernstbrunn geh. *Dorf*, mit 72 Häus. u. 510 Einw., nach Niederhollabrunn eingepf., bei Nieder-

fellabrunn und Streitdorf, 2¼ Stunden von Stokerau.

Bruderndorfer Waldhäuser, Oest. unt. d. E., V. O. M. B., ein der Hrsch. Gross-Bertholds geh. *Gegend*, v. 29 zerstr. Waldhütten im Reichenauer Walde, 9 Stunden von Schrems.

Bruder See, Oest. ob d. E., Salzburger Kr., ein kleiner *See*, im Salzkammergute.

Bruderstadt, Oest. ob d. E., Salzb. Kr., ein zum Ldgcht. Neumarkt (im flachen Lande) gehör. *Weiler*, in der Pfarre Seekirchen, 3 St. von Neumarkt, und 3 St. von Salzburg.

Brudki zu **Pustkow**, Galizien, Tarnow. Kr., ein *Dorf*, z. Pfarre Brzesnica und Ortsobrigk. Pustkow gehörig.

Bruga, Lombardie, Prov. Sondrio (Valtellina) und Distr. II, di Ponte; siehe Chiuro.

Bruga, Lombardie, Prov. Como und Distr. X, Introbbio; siehe Vendrogno.

Bruga Cassina, Lombardie, Prov. Milano und Distr. IX, Gorgonzola; siehe Cornate.

Bruga e Truchel, Lombardie, Prov. Bergamo und Distr. II, Zongo; siehe Bracca.

Brugaletti, Lombardie, Prov. Bergamo und Distr. III, Trescorre; siehe Cenate di sotto.

Brugali, Lombardie, Prov. Bergamo und Distr. III, Trescorre; s. Chiuduno.

Brugazzo, Lombardie, Prov. Milano und Distr. VII, Verano; siehe Paina.

Bruge, Lombardie, Prov. Lodi e Crema und Distr. VIII, Crema; s. Montodine.

Brugg, Oest. unt. d. E., V. O. M. B., ein *Dorf*, mit 13 Häus., zur Pfarre Döllersheim Ortsobigk. und Conscriptionsherrschaft Waldreichs gehörig.

Brugg, Oestr. unt. d. E., V. O. M. B., ein *Dorf*, mit 12 Häusern, zur Pfarre Walkenstein, Ortsobrigk. u. Conscriptionsherrschaft Mailberg gehörig.

Brugg, Illirien, Ob. Kärnten, Villach. Kr., ein zum Wb. B. und Ldgcht. Hrsch. Künburg geh. *Dorf*, mit 17 Häus. und 92 Einw., nächst Micheldorf, 4 St. von Greifenburg.

Brugg, Oest. ob d. E., V. O. M. B., ein der Hrsch. Leihen und Kunberg geh. *Dorf*; siehe Bruck.

Brugg, Illirien, Kärnten, Villach. Kr., eine *Ortschaft*, mit 4 Häus. u. 32 Einw., zur Gemeinde Renweeg gehörig.

Brugg, Bruck — Tirol, Unt. Inn- und Wippth. Kr., ein der Hrsch. Rattenberg geh. zerstr. *Dorf*, gegen O. am Zillern, und gegen N. ¼ St. von Kropfberg, mit einer Lokalie, 2 bis 3 St. v. Rattenburg.

Bruggau, Tirol, Vorarlberg, 6 einzeln. *Höfe,* der Hrsch. Feldkirci, unter dem Gericite Inn. Bregenzer Wald, 9 St. von Bregenz.

Bruggen, Tirol, Pusterth. Kr., Brixn. Gebiet, ein einzeln., zum Brixn. Pflgcht. Anras geh., dem Dorfe Rassling einverleibter *Weiler* oder Hof, ⅓ St. von Mittewald.

Bruggen, Tirol, Oberinnth. Kr., ein *Weiler,* zur Gemeinde Landeck gehör., im Ldgcht. Landeck.

Bruggen, Tirol, Oberinnth. Kr., ein *Weiler,* zur Gemeinde Lengenfeld im Ldgcht. Silz geiörig.

Bruggen, Tirol, Pusterth. Kr., ein *Weiler,* zur Gemeinde Windischmatrei, im Ldgch. Windischmatrei.

Bruggen zu Mariahof, Tirol, Pusterthaler Kr., ein *Weiler,* z. Gemeinde St. Jacob im Ldgcht. Windischmatrei geiörig.

Bruggenberg, Tirol, Unt. Inn- und Wippth. Kr., ein *Weiler,* zur Gemeinde Brugg, im Ldgcht. Rattenburg.

Bruggendorf, Ober- und **Unter-,** Illirien, Unt. Kärnten, Klagenf. Kr., 2 einzelne *Örter* zur Landgrchts. Hrsch. Altiofen geh., 3 St. v. St. Veit und eben so weit von Friesaci.

Bruggern, Pruggern — Steiermark, Judenburg. Kr., ein zum Wb. B. Kom. und Proistei Hrsch. Gstatt geh. *Dorf* unweit des Marktes Gröiming, an dem Eusfl., mit einem Eisenhammerwerke, Post Gröiming.

Brughe, Lomiardie, Prov. Como und Distr. XXII, Tradate; sieie Caronno Ghiringhello.

Brughe, Lombardie, Prov. Como und Distr. XXIV, Brivio; sieie Olgiate.

Brughe, Lombardie, Prov. Como und Distr. XXIV, Brivio; siehe Paderno.

Brughera, Lombardie, Prov. Pavia und Distr. VIII, Abbiategrasso; sieie Bareggio.

Brughera, Lomiardie, Prov. Como und Distr. XXII, Tradate; sieie Caronno Ghiringhello.

Brughera, Lombardie, Prov. Como und Distr. II, Como; sieie Lurate.

Brughera, Lomiardie, Prov. Milano und Distr. VIII, Vimercate; sieie Lesno.

Brughera, Lomiardie, Prov. Lodi e Crema und Distr. II, di Zelo Buon Persico; siehe Modignano.

Brughera, Lomiardie, Prov. Pavia und Distr. IV, Corte Olona; sieie Pieve Porto Morone.

Brughera, Cassina della, Lombardie, Provinz Bergamo und Distr. I, Bergamo, sieie Alme.

Brughera, Pezzoli, Lombardie, Prov. Bergamo und Distr. X, Treviglio; sieie Treviglio.

Brughere, Lombardie, Prov. Pavia und Distr. IV, Corte Olona; s. Inverno.

Brugherio, Lombardie, Prov. Milano und Distr. VIII, Vimercate; sieie Cassina Baraggia.

Brugherio, Lombardie, Prov. Como und District XXV, Missaglia; sieie Montevecchio.

Brugherio, Lombardie, Prov. Milano u. Distr. IX, Gorgonzola; s. Porto.

Brugherolo, auci S. Uguzzone — Lomiardie, Prov. und Distr. I, Milano; sieie Precotto.

Brugherozza, Lombardie, Prov. Como und Distr. XIX, Arcisate; sieie Induno.

Brughetto, Lombardie, Prov. Como und Distr. XII, Oggiono; s. Cesana.

Brughetto, Lomiardie, Prov. Como und Distr. XII, Oggiono; s. Oggiono.

Brughiera, Lomiardie, Prov. Como und Distr. XXII, Tradate; sieie Castel Seprio.

Brughiera, Lomiardie, Prov. Como und Distr. XXIV, Brivio; s. Olgiate.

Brughiera, sulla Cassinello, Lomiardie, Prov. Milano und Distr. IX, Gorgonzola; sieie Cornate.

Brughiere, Alle, Lomiardie, Prov. Como und Distr. XXIII, Appiano; sieie Beregazzo.

Brughiere, Le due, Lombardie, Prov. Como und Distr. XIX, Arcisate; sieie Induno.

Brughiere, Castello, auch Bragiier — Tirol, Trienter Kr., ein *Schloss* bei Tajo, Ldgchts. Cles auf dem Nonsierge, einer besonderen Linie der Grafen von Thunn.

Brugliera, Lombardie, Prov. u. Distr. XXV, Missaglia; sieie Lomaniga.

Brugnach, Venedig, Prov. Belluno und Distr. V, Agordo; s. Agordo.

Brugnaga, Lombardie, Prov. Como und Distr. II, Como; sieie Capiago.

Brugnano, Lombardie, Prov. Cremona und Distr. III, Soresina; sieie Genivolta.

Brugnedolo, Lombardie, Prov. Mantova u. Distr. V, Castiglione delle Stiviere; sieie Cavriana.

Brugnera, Venedig, Prov. Friaul u. Distr. VI, Sacile, ein *Gemeindedorf,* mit Vorstand und Pfarre S. Giacomo u. Aushilfskirche, am Flusse Livenza, 4 Migl. vou Sacile. Mit:

Chirano, Maron, S Cassiano di Livenza, Tamal, Villanova, Gemeindetheile und Dörfer

36

Brugnetti, Lombardie, Prov. Bergamo und Distr. X, Treviglio; siehe
Treviglio.
BrugnettiCassinetto, Lombardie,
Prov. Bergamo und Distr. XIII, Verdello; siehe Arcene.
Brugnola, Lombardie, Prov. Cremona und Distr. II, Soncino; s. Trigolo.
Brugnolo, Lombardie, Prov. Cremona und Distr. VII, Casal Maggiore,
ein *Gemeindedorf*, vom Munizipal-Ma-
gistrate der Stadt Casal Maggiore admi-
nistrirt, nächst dem Flusse Po, mit ei-
nem Oratorio, eigentlich eine Filial der
zunächst lieg. Pfarre Rivarolo del Re u.
darin eingepfarrt, 6 Migl. von Casal
Maggiore. Dazu gehören:
Bondeno, Chiavica de Padri, Regone, Häuser.
Brugo, Lombardie, Prov. Como und
Distr. I, Como; siehe Civello.
Brugora, Lombardie, Prov. Milano
und Distr. VII, Verano; siehe Monte.
Brugora, Lombardie, Prov. Como u.
Distr. XIV, Erba; siehe Arcellasco.
Brugorella, Lombardie, Prov. Mi-
lano und Distr. VIII, Vimercate; siehe
Velate.
Brühl, Illirien, Unt. Kärnten, Klagenf.
Kr., ein Eisen- und Stahlhammerwerk,
gegenwärtig den Herrn Karl Stümpfel
gehörig.
Brühl, Hinter-, Oest. unt. der E.,
V. O. W. W., ein *Dorf* mit 51 Häus. und
450 Einw., mit einer Pfarre z. Ortsobrig-
keit und Conscriptionsherrschaft Veste
Liechtenstein gehörig.
Brühl, Vorder-, Oest. u. d. E., V.
U. W. W., ein *Dorf* mit 43 Häus. u. 190
Einw., zur Pfarre Hinterbrühl, Orts-
obrigkeit und Conscrionshrsch. Liechten-
stein geh.
Brühl, Unter-, Oest. unt. d. E, V.
O. M. B., 5 einzelne *Häuser* zur Pfarre
Unserfrau, Ortsobrigk. und Conscrip-
tionsherrschaft Weitra gehörig.
Brühl, Ober-, Oest. u. d. E., V. O.
M. B., 16 zerstr. *Waldhütten* zur Pfarre,
Ortsobrigk. und Hrsch. Weitra gehörig.
Brujetza, Krain, Laibach. Kr., roter
Berg, welcher zwischen Kärnten und
Krain die Scheidung macht.
Bruk, Siebenbürgen, Dobok. Komt.;
siehe Bontzhida.
Bruk, Siebenbürgen, Ober Weissen-
burger Komt.; siehe Hitvég.
Bruk, Ungarn, Presburg. Komt.; siehe
Pruck.
Bruk, Böhmen, Ellbogn. Kr., ein zur
Hrsch. Eger geh. *Dorf*, 2½ St. v. Eger.
Bruk, Böhmen, Pilsner Kr., ein *Dorf*
des Gutes Kazerow; siehe Nebrzezin.

Bruk, Böhmen, Saaz. Kr., eine kön.
freie *Stadt*; siehe Brüx.
Bruk, Pruck, Pons — Böhmen, Pilsner
Kr., ein *Dorf* zur Hrsch. Plan mit einem
Eisenschmelz- und Hammerwerke, einer
Pfarre an' dem Shladabache zwischen
Plan gegen N. und Gotschau gegen S.,
an der Strasse von Plan nach Kladrau,
1 St. von Plan.
Bruk, Oest. u. d. E., V. O. W. W., eine
Rotte mit 3 Häuser zur Pfarre Buchberg
am Schneeberg, Ortsobrigk. und Con-
scriptionshrsch. Stixenstein gehörig.
Bruk, Vor der, Oest. u. d. E., V.
U. W. W., eine *Rotte* mit 18 Häus. und
316 Einw., zur Pfarre, Ortsobrigk. und
Conscriptionshrsch. Guttenstein im Ge-
birge geh., Post Wiener-Neustadt.
Brükel, Ungarn, Raaber Komt.; siehe
Abda.
Bruken, Pellischker-, Böh-
men, Kaurž. Kr., ein zur Herrsch. Böh-
mischsternberg gehör. *Dörfchen*; siehe
Pellischker Broken.
Brukenau, illir. Piskia — Ungarn,
jens. der Theiss, Temes. Gespansch., im
Szt. Andras Bzk., ein mit Weingebirg
versehenes, zum Kaal. Rentamt Szent-
Andras geh. deutsches *Pfarrdorf* mit
222 Häus. und 1403 Einw., wegen seinen
Mineralwässern bekannt, auch befindet
sich hier ein Kaal. Rev. Jäger, unweit
Gyarmatha, 2 St. von Temesvár.
Brukenau, Siebenbürgen, Inn. Szol-
noker Komt.; siehe Pontinásza.
Brukendorf, Siebenbürgen, Kolo-
ser Komitat; siehe Apahida.
Brukendorf, Siebenbürgen, Nieder
Weissenb. Komitat; siehe Apahída.
Brukenthal, Siebenbürgen, Ara-
nyoser Stuhl; siehe Hídas.
Brukenthal, Ungarn, Krasznaer
Komitat; siehe Hídvég.
Brukenthal, Galizien, Zolkiewer
Kr., eine deutsche *Kolonie*, nächst dem
zur Hrsch. Augustow geh. Dorfe Choro-
now, 8 St. von Zolkiew.
Brukenthal, Siebenbürgen, Maro-
scher Stuhl; siehe Hídvég.
Brukhof, Böhmen, Ellbogn. Kr., ein
Stein- und *Braunkohlenbergwerk*, der
Ellbogner Stadtgemeinde gehörig.
Brukhof, Oest. u. d. E., V. U. M. B.,
ein einz. *Haus*, zur Pfr., Ortsobrigk. und
Konscripthrsch. Rapottenstein geh., am
Zusammenfluss des grossen und kleinen
Kampflusses, unweit Zwettl.
Brukhof, Grosser-, Oest. u. d. E.,
V. O. W. W., ein einz. *Haus*, zur Pfr.
und Konscriptionhrsch. Tozenbach und
Ortsobrigkeit Neulengbach gehörig.

Brukhof, Kleiner-, Oest. u. d. E., V. O. W. W., ein einz. *Haus*, zur Pfr., Ortsobrigk. und Konscriptbrsch. Tozenbach geiörig.

Brüllen, Oest. ob d. E., Inn Kr., eine zum Ldgchte. Weizenkirchen geiörige *Einöde*, an d. Donauleithen, naci Waldkirchen eingepf., 5 St. von Baierbaci.

Brullya, Braller, Brug — Siebenbürgen, Gross Schenk. Stuhl, ein freies säcis. wal. *Dorf*, mit einer evangel. Pfr., liegt in einem Tiale zwischen Gebirgen, 3 St. von Szombáth, 1 Meile von Gross-Scienk entfernt.

Bruma, Illirien, Unt. Friaul, Gradisk. Kr., in der Prätur zu Gradiska geiör. *Dorf*, grenzt gegen O. mit d. Ortschaften Farra und Villanova, u. stösst gegen Süd. an die Stadt Gradiska an, ⅛ St. von Gradiska.

Brumani, Lombardie, Prov. Cremona und Distr. III, Soresina; s. Azzanello.

Brumano, Lombardie, Prov. Bergamo und Distr. IV, Almeno S. Salvatore, ein *Gemeindedorf*, mit einer Diözesan-Pfarre von Como S. Bartiolomeo, und einer Gemeinde-Deputation, am Abhange des Geirges, welcier die Provinz Bergamo von d. Prov. Como scieidet. In dieser Alpengegend entspringt der Fluss Inogna, 3¼ St. von S. Salvatore. Mit:

Forensi, Dorf.

Brumano, Lomiardie, Prov. Bergamo und Distr. VI, Alzano Maggiore; sieie Alzano Maggiore.

Brumant, Venedig, Prov. Friaul u. Distr. XV, Moggio; siehe Resia.

Brumant, Del, Venedig, Provinz Friaul und Distr., XV, Moggio; siehe Resia (Mulino del Brumant).

Brumbach, Oest. oi d. E., Traun Kr., ein im Wb. Bzk. Kom. Gross-Raming zu Weyr liegendes, zur Hrsch. Steier und Weier dienstbares *Dörfchen*, naci Gross-Raming eingepfarrt.

Brumdorf, Siebenbürgen, Nieder Weissenb. Komitat; sieie Drombár.

Brumgstaudet, Oest. ob der Ens, Hausr. Kr., ein im Wb. B. Kom. Wartenurg lieg. *Dorf*, unt. verschi. Dom. geh., naci Ungenaci eingepfarrt, 1 St. von Vöckla)ruck.

Brummberg, Steiermark, Cillier Kr., eine *Weingebirgsgegend*, zur Hrsch. Neu-Cilli dienstbar.

Brummfeld, Steiermark, Judeniurg. Kr., eine *Gegend* am Allerheiligenberg, bei Gusteriein.

Brumow, Ilyésházysch — Mäiren, Hrad. Kr., eine *Herrschaft* und *Städtchen*, mit einer Pfarre, einem Scilosse

und Wegmauthamt, unw. der nugar. Grenze, mit böhm. Einw., 10 St. von Hradisci, 8 M. von Wisciau. Postamt.

Brumow, Böimen, Königgr. Kr., eine *Abtei, Herrschaft* u. *Stadt*; s. Braunau.

Brumow, oder Braumow — Mäiren, Brün. Kr., ein zur Hrsch. Lomnit geh. *Dorf*, mit einer Pfr. und böhm. Einw., iinter Ossik; 2 St. v. Goldenbrunn.

Brumowitz, Mäiren, Hrad. Kr., ein *Dorf*, zur Hrsch. Göding, mit einer Lokalie, näcist Grumwirž und Kobily, mit böhm. Einw., 2 St. von Czeicz.

Brun, Tirol, Pusterth. Kr.; ein *Weiler*, zur Gemeinde Virgen, im Ldgchte. Windischmatrei geiörig.

Brün, Oest. oi d. E., Inn Kr., ein zum Ldgchte. Grieskirchen geh. *Weiler*, in der Pfr. Taiskirchen, 3 St. von Ried.

Brun, S. Michele di Val-de, Venedig, Prov. Padova und Distr. V, Piazzola; s. Villa Franca (S. Miciele Val de Brun.)

Brun, Neu-, Böimen, Rakon. Kr., ein *Dorf*, zur Hrsch. Smetschna geh., 1 St. von Ziehrowitz.

Bruna, Mäiren, Brünner Kreis, eine *Haupt-* und *Kreisstadt*; sieie Brünn.

Bruna, Venedig, Prov. Cremona und Distr. III, Soresina; s. Castel Leone.

Bruna, Rocca, Lomiardie, Prov. Lodi e Crema u. Distr. II, di Zelo Buon Persico; s. Cassino d' Alieri.

Brunary niznie, Galizien, Sandec. Kr., eine zur Hrsch. Muszyna geh. *Dorf*, am Flusse Biala, 3 St. von Sandec.

Brunary wyznie, Galizien, Sandec. Kr., ein zur Hrsch. Muszyna geh. *Dorf*, mit einer griech. Pfr., am Flusse Biala, 8¼ St. von Sandec.

Brunate, Lomiardie, Prov. Como u. Distr. II, Como, ein *Gemeindedorf* mit Vorstand, und Pfarre S. Andrea, in einer Geirgsgegend, 3 Migl. von Como. Hieier geiören:

Carascione, Palozetta, Meiereien.

Brunau, Tirol, Oier Inntial. Kr., ein *Weiler* z. Gemeinde Haimingen im Landgericite Silz:

Brunau, Oest. ob d. E., Inn Kr., ein zum Ldgrcht. Haag geiör. *Dorf*, in der Pfarre Gepoldskirchen, 3 St. von Haag.

Brunau, Oest. ob d. E., Inn Kr., ein *Weiler* im Ldgrcht. Vöcklabruck und der Pfarre Ungenaci, 2 St. von Vöcklabruck.

Brunavass, Illirien, Krain, Neustädtl. Kr., ein *Dorf* mit 4 Häus. und 45 Einw., zur Gemeinde Tersische geiörig.

Brunberg, Oest. ob d. E., Inn Kr., ein zum Ldgrcht. Haag gehör. *Dörfchen*, nach Rottenbach pfarred, 1 St. v. Haag.

36 *

Brunberg, Tirol, Pusterthal. Kr., ein *Weiler* zur Gemeinde St. Jobann gebör., im Ldgrcht. Taufens.

Brundedt, Oest. ob d. E., Inn Kreis, eine zum Ldgrcht. Scbärding geb., auf einer Anböe gelegene *Einöde*, der Pfr. Taufkircben einverleibt, 1¼ Stunde von Scbärding.

Bründel, Oesterr. ob d. E., Inn Kr., eine kleine *Ortschaft* der Land- u. Pflggrchtshrsch. Braunau geb., nach Neukirchen eingepf., 2 St. von Braunau.

Bründl, Kroatien, jenseits der Save, Karlstädt. Generalat, Bründl. Bzk., eine zum Ogulin. Grenz Reg. Kanton Nr. III geb. *Bezirks-Ortschaft*, von 234 Häus., mit einer kathol. Pfarre und einem alten Scblosse, 2½ St. von Josepbstbal.

Bründl, Oest. ob d. E., Inn Kr., *Dorf* m. einem Heilbrunnen, theils der Hrsch. St. Martin, tbeils unter Raab und zum Tbeil unter verscbiedene andere Hrsch. gebör., naci Raab eingepf., 1¼ St. von Siegharding.

Bründl, Studenz — Illirien, Unter Krain, Neustädtl. Kreis, ein im Wb. B. Kom. Thurnamhart lieg. dem Gute Neustein und Oberradelstein geb. *Dorf* mit einer Vikariat Pfarre gegen O. unweit Sauratetz, 4 St. von Neustadtl.

Bründl, Illirien, Adelsberg. Kr., ein *Dorf* mit 30 Häusern und 170 Einw., zur Gemeinde Prewald gehörig.

Bründl, Illirien, Neustädtl. Kr., ein *Dorf* mit 30 Häus. und 181 Einw., mit einer Pfarre.

Bründler Baad, Brünel — Böhmen, Königgrätz. Kr., ein *Wirthshaus* mit Bädern gegen N., an dem Dorfe Domaschin, zur Hrsch. Oppotschna gehörig, 5 St. von Königgrätz.

Bründlitz, Brünnlitz — Böhmen, Chrudimer Kr., ein zum Gute Deutschbielau geb. *Dorf* an dem Flusse Zwittawa, ¼ St. von Brüsau.

Bründlitz, Brnian — Mäbren, Brünn. Kr., ein *Dorf* zur Pfarre und Herrscbaft Wiscbau geb., mit böhm. Einwobnern.

Bründlmauer, Steiermark, Brüuner Kr., eine *Gegend* im Birkgraben.

Bründlmauer, Steiermark, Judenburger Kr., eine *Gegend* im Gehäuss.

Brundorf, Illirien, Krain, Laibacber Kr., ein *Dorf* mit 122 Häus. und 686 Einwohnern, zur Gemeinde Wröst gebörig.

Brundorf, Illirien, Krain, Neustädtl. Kr., ein *Dorf* mit 5 Häus. und 27 Einw., zur Gemeinde Treffen gehörig.

Brundusium, Böbmen, Kauržimer Kr., eine *Kammeralstadt* der Herrscbaft Brandeis geb.; siebe Brandeis.

Brundusium eis aquilam, Böhmen, Königgrätz. Kr., ein *Städtchen* der Hrsch. Brandeis ob d. Orlitz; s. Brandeis.

Brunecken, Tirol, Pusterthal. Kr., *Stadt* an der Rienz, mit 1200 Einwohnern, Sitz des Kreisamtes im Pusterthal, Hauptort des neu kreirten Ldgchts. Brunecken, Sitz der Obrigkeit und eines Dechants, mit einem Kapuziner Manns- u. Ursuliner Frauenkloster, dann Post-, Rent-, Wein-, Aufschlag- und Weggeldamt, und einem Bergschlosse, zuvor Hauptzollamt. In der Näbe ist das bekannte Baad Antbolz, welcbes durcb einen Bergsturz am 24. Juli 1820 zerstört wurde. Postamt.

Brünel, Böhmen, Königgrätz. Kr., ein einzelnes *Gebäude* zur Hrsch. Reicbenau, siebe Brünler Baad.

Brünel ob der Röhrau, Dobra Woda — Böhmen, Budw. Kr., ein *Markt* z. Hrsch. Grazen, mit einer Pfarrkircbe näcbst Heilbrunn, es ist hier ein kaltes Baad, 4¼ St. von Kaplitz.

Brunella, Lombardie, Prov. Como u. Distr. XVI, Gavirate; siehe Besozzo.

Brunelle, Lombardie, Provinz und Distr. I, Mantova; siebe Roncoferraro.

Brunello, Lombardie, Prov. Como u. Distr. XVII, Varese, ein auf einer Anböhe liegendes *Gemeindedorf* mit Vorstand und Pfarre S. Maria, 5 Migl. von Varese.

Brunello, Lombardie, Prov. Lodi e Crema und Distrikt VIII, Crema; siebe S. Maria della Croce.

Brunengo, Lombardie, Prov. Pavia und Distr. VIII, Abbiategrasso; siebe Abbiategrasso.

Brunergut, Oest. ob d. E., Salzburger Kr., eine zum Ldgrcht. Tbalgau (im flacben Lande) geb. *Einöde* im Vikariate Friestenau, 3 St. von Hof.

Bruneri Villa, Böbmen, Saaz. Kr., *Herrschaft* und Dorf; siehe Prunersdorf.

Brunersdorf, Böbmen, Saaz. Kr., *Herrschaft* u. *Dorf*; siebe Prunersdorf.

Brunetti, Lombardie, Prov. Mantova und Distr. VIII, Marcaria; siebe Castellucchio.

Brunfelden, Oesterr. ob d. E., Inn. Kr., ein zum Ldgrcht. Braunau gehöriger *Weiler* im Rentamte Braunau, pfarrt nacb Rannshofen, 1¼ St. von Rannshofen, ¾ St. von Braunau.

Brungraben, Oest. unt. d. E., V. O. W., eine *Rotte* mit 4 Häus. zur Pfarre Haidershofen, Ortsobrigkeit Dorf an der Ens gehörig.

Brüngraben, Steiermark, Marburg. Kr., ein zum Wb. B. Kom. Waldschach und verschied. Hrsch. geb. *Dorf*, nach St.

? Andrä in Sausaal eingepf., mit 39 Häusern und 176 Einwonnern, 3¼ St. von Leoring.

Brungries, Oest. ob d. E., Inn Kr., ein zum Ldgrcht. Braunau geıör. *Weiter*, im Rentamte Braunau, eingepfarrt nacı Scıwand, 1½ St. von Braunau.

Brunhám, Ober-, Oest. ob d. E., Inn Kr., ein zum Ldgrcht. Haag gehöriges *Dorf*, nacı Hofkircıen pfarrend, 2½ St. von Haag.

Brunham, Unter-, Oest. ob d. E., Inn Kr., ein zum Ldgrcht. Haag geıör. *Dorf* in der Pfarre Hofkircıen, 2½ St. von Haag.

Brunhausen, Böımen, Prachiner Kr., ein der Stadt Bergreichenstein geh. *Dorf*; sieıe Brunwald.

Brun- od. **Stuberhäuser,** Böhmen, Taıor. Kr., zerstr. *Häuser*, geıör. zur Hrsch. Bergreichstein, 5 Stunden von Schüttenhofen.

Brunhub, Oest. ob d. E., Inn Kr., eine *Einöde* im Landgrcht. Oıernıerg, nicıt weit von dem Pfarrorte Weilbacı, 1½ St. von Altıeim.

Bruni, Tirol, Rovered. Kr., kleiner *Ort* und Scıule ıei der Pfarre Vall Arsa, im Tıal dieses Namens, Ldgrchts. Roveredo.

Bruni Ca de, Lombardie, Provinz Cremona und Distrikt VII, Casal Maggiore; sieıe Roncadello.

Brunig, Illirien, Krain, Neustädtler Kr., ein *Dorf* mit 5 Häus. und 27 Einw.

Brüning, Oest. ob d. E., Inn Kr., ein zum Ldgrcht. Weizenkircıen geh. *Dorf*, südlicı von Raaı, mit einer Säge- und Mahlmühle, pfarrt nacı Raaı, 2¼ St. v. Siegharding.

Brunkaberg, Steiermark, Marburg. Kr., eine *Weingebirgsgegend,* zur Hrsch. Thorınsch dienstıar.

Brunlberg, Mäıen, Ollmütz. Kr., *Berg,* 2 St. von Wiesenberg, 705 Wien. Klftr. ıocı.

Brunlechen, Tirol, Pusterth. Kreis, ein *Weiler* zur Gemeinde Müılen geh., im Ldgrcht. Taufers.

Brünler Baad, böhm. Hrusskowa Studanka — Böhmen, Königgrätz. Kr., ein zur Stadt Reicıenau geh. einzelnes *Gebäud*e in d. Gemeindewalde Wczelny ostw. an dem Dorfe Jawornitz, 7 St. v. Königgrätz.

Brünles, Böımen, Ellbogn. Kr., ein *Dorf* der Herrscıaft Hartenıerg; sieıe Prünless.

Brünless, Mäıen, Ollmütz. Kr., ein *Dorf* zur Pfarre Lesnitz und Hrsch. Hohenstadt mit bôımiscıen Einw.; sieıe Brínles.

Brünlitz, Mäıren, Brünn. Kr., ein *Dorf* z. Hrscı. Wiscıau; sieıe Brindlitz.

Brunn, Ungarn, Wieselıurg. Komt.; sieıe Bíró Georg.

Brunn, Heil. Brunn — Ungarn, Eisenburger Komt.; sieıe Szent-Kút.

Brunn, Böhmen, Königgrätzer Kreis, *Berg,* bei Schatzlar 4828 W. Klftr. ıocı.

Brunn, Oest. ob d. E., Salzıurg. Kr, ein zum Landgrcht. Tıalgau (im flacıen Lande) geh. *Weiter*, des Vikariats St. Gilgen, ½ St. von St. Gilgen.

Brunn, Oest. ob der E., Salzıurg. Kr. ein zum Ldgrcht. Tıalgau (im flacıen Lande) geh. *Wirthshaus,* an der Grätzerstrasse, zwiscıen den Poststationen Hof und St. Gilgen, pfarrt in das Vikariat Fuscıl, 1½ St. von St. Gilgen.

Brunn, Nieder-, Oest. ob der E., Inn Kr., ein zum Ldgrcht. geıör. *Weiler,* nach Neuıofen gepfarrt, 1 St. von Ried.

Brunn, Ober-, Oest. ob d. E., Inn Kr., ein zum Ldgrcht. Ried geh. *Weiler,* in der Pfarre Battichau, ¾ St. von Ried.

Brünn, mäır. Brno, latein. Bruna — Mäıens, Brün. Kr., die *Hauptstadt* der Markgrafscıaft Mäıren. Mit Gewissıeit lässt sicı nicıt angeıen, woıer B. seinen Namen füırt. Einige wollen ihn von den, einstens ıier so vielen ıestandenen Brunnen ıerleiten, nacı andern Meinungen soll Brünn von dem damaligen Beıerrscıer dieser Gegend, Brjno, einem slavischen Fürsten, zur Zeit des mäıriscıen Königs Mogemir, um das Jaır 800, so ıenannt worden seiı, welcher die Stadt anlegte und erweiterte. Als die wahrscheinlichste Bedeutung jedoch, wird es von dem polniscıen Worte Brne (ich warte), aıgeleitet, so dass Brünn, so viel als eine Furtı ıedeuten soll. Scıon um 1274, unter König Ottokar, ıatte die Stadt Ringmauern und Thore, und die Vorstädte Bäckergasse und Altbrünn waren damals scıon ıekannt. Im Feıruar 1364 erricıtete ıier Kaiser Carl IV., mit seinen Brüdern, dann Rudolpı, Alıert und Leopold, Herzoge von Oesterreicı und meıren Reichsfürsten und Bischöfen, d. Erıverbrüderungs-Vertraı zwiscıen den Häusern Luxemıurg u. Oesterreicı. Aucı kam 1459 Kaiser Friedricı III. aus Oesterreicı zu dem Könige Georg hieher, um mit ihm ein Freundschaftsbündniss zu scıliessen. 1619 entscılossen sich die ıier versammelten nichtkatholiscıen Stände dem Bündnisse der Böımen ıeizutreten, und ıuldigten am 4. Feır. 1620 dem ıier angelangten Pfalzgrafen Friedricı. Von ıarten Schicksalen wurde B. öfters heimgesucht. So entzündeten einmal, während eines fürchterlichen Gewitters bei der Nacht mehre Blitze die Stadt, wobei auch das Rathaus mit dem Archiv in Asche gelegt wurde. 1262 brannte abermals das kaum erbaute

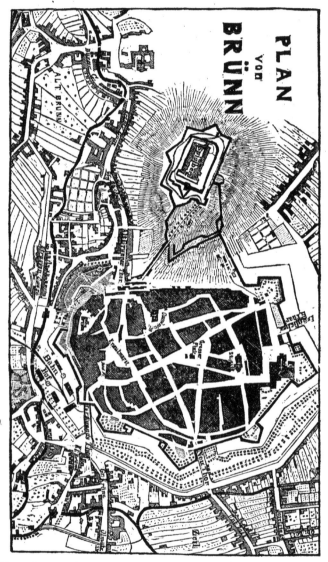

Rathhaus ab, nebst einem grossen Theile der Stadt, 1428 wurde durch Gewitter zum dritten Male Stadt und Rathhaus ein Raub der Flammen. Dasselbe Jahr belagerten die böhm. Taboriten mit einer grosen Macht die Stadt und den Spielberg, welche aber von den Bürgern heldenmüthig vertheidigt wurden, und wobei durch häufige Ausfälle der Feind grossen Schaden litt. Die hier 1558 eingerissene Pest raffte gegen 4000 Menschen weg, zu deren Andenken die Bürger eine Denksäule auf dem grossen Platze errichteten. 1643 kam zum ersten Male das Heer der Schweden hieher, und steckte die kaum hergestellten Vorstädte in Brand, so dass auch die grosse Kirche auf dem Petersberge nebst der Propstei und andern Häusern ein Raub der Flamen wurden. Zwei Jahre darauf, erfolgte die eigentliche Belagerung der Stadt und des Spielberges durch das Heer der Schweden, unter Anführung des berühmten und siegreichen Torstenson, aber durch die tapfere Gegenwehr der Besatzung und der Bürgerschaft, unter General Souches, wurde die Hoffnung des Feindes so vereitelt, dass er ohne Erfolg abziehen musste, obwohl er, während der viermonatlichen Belagerung die Stadt häufig und mit vieler Anstrengung bestürmte. Nebst mancherlei andern Befreiungen und Belohnungen, welche der Stadt für die bewiesene Treue und Tapferkeit der Bürgerschaft zu Theil wurden, erhob Kaiser Ferdinand III. auch alle damaligen Mitglieder des Magistrates in den Adelstand und vermehrte das städtische Wappen mit dem zweiköpfigen Adler. Im Jän. 1742 näherten sich die feindlichen Sachsen und Preussen; welche der Stadt einige Wochen hindurch die Zufuhr abschnitten, aber im April d. Gegend schon wieder verliessen. 1805 und 1809 wurde B. durch die feindlichen Truppen d. Franzosen beunruhigt, jedoch ausser d. Demolirung eines Theils des Spielberges, nicht beschädigt. Den Rang einer Hauptstadt, welcher früher Ollmütz zu Theil war, behauptet B. nun seit längerer Zeit, nachdem es d. Sitz d. Landesguberniums, der Justiz-, Kammeral-, politischen und Militär-Behörden ist. B. liegt in einer angenehmen Gegend, ist zum Theil auf einer Anhöhe erbaut, mit Mauern und Gräben umfangen, hat lichte meistens gutgebaute Gassen, mehre Plätze mit Trottoirs, und durch seine hohe reizende und ausgebreitete Aussichten, sowohl von der Citadelle Spielberg, als vom Franzensberge. Die Flüsse Schwarza und Zwitta umfliessen die Stadt. Die gesammte Häuserzahl, mit Inbegriff der Vorstädte, beläuft sich auf 2,300. Die Häuser sind meistens regelmässig gebaut. Unter den Gebäuden der Stadt zeichnen sich besonders aus: das sogenannte Dicasterial-

haus (vormaliges Augustinerkloster), worin der Landesgouveneur wohnt, und die meisten Dicasterien, wie auch die ständischen Behörden untergebracht sind. (In dem grossen ständischen Landtagssaale wird noch der Pflug aufbewahrt, mit welchem Kaiser Joseph II. bei Raussnitz ackerte). Die Militär-Oekonomie am Dominicanerplatze (ehemals d. Landhaus) im grossartigen Style. Das Rathhaus, mit gothischen Verzierungen, mit dem v. Winterhalder ausgemalten Rathsaale, worin die Marmorbüste des Kaisers Franz, von Kiesling, aufgestellt ist. Das städtische Theater, mit dem darin befindlichen Redoutensaale, auf dem Krautmarkte; das adelige Damenstift Mariaschul mit einer Kapelle; die Garnisons-Caserne (ehemaliges Jesuiten-Collegium), mit 7 Höfen, einer schönen Kirche und ständischen Reitschule (die nördliche Fronte nimmt die ganze Jesuitengasse ein); d. bischöfl. Residenz auf d. Petersberge, der Ollmützer Erzbischofhof; das fürstlich Dietrichstein'sche und das Czikann'sche zur schönen Sclavinn benannte Haus auf d. Krautmarkte; dann d. fürstlich Kaunitz'sche, fürstl. Liechtenstein'sche und d. gräfl. Zierotin'sche Haus auf d. gross. Platze; das ehemals fürstl. Salm'sche Haus in der Judengasse, welches jetzt ein Aerärialhaus ist, worin d. Camerai-Gefällen-Verwaltungsämter sich befinden. — Unter den Kirchen sind bemerkenswerth: Die Cathedralkirche zu St. Peter, auf dem Petersberge, einfach und gefällig, mit Bildhauerarbeiten von Schweigel, und mit Altargemälde vom Kremser Schmidt; die säulenreiche St. Jakobs-Kirche, ein hohes Denkmal altdeutscher Baukunst, ganz mit Kupfer gedeckt, erbaut 1315, mit dem Grabmal des Feldmarschalls Grafen Souches, Retters der Stadt gegen die Schweden. Die metallene Statue, den Helden gepanzert und in halb knieender Haltung vorstellend, ist lebensgross. Der 46 Klafter hohe Thurm, mit der 115 Ztr. schweren Glocke, ist wegen seiner cilinderartigen Spitze und einer Doppelstiege merkwürdig. Bei dieser Pfarrkirche befindet sich eine merkwürdige Bibliothek von mehreren 100 Bänden der seltensten Incunabeln. Die Minoritenkirche mit dem Lorettohause und der heiligen Stiege; die Kirche der Kapuziner (sie hat das vorzüglichste Gemälde B's, die Kreuz-Erfindung von Sandrart zum Hochaltarblatt); das protestantische Bethaus, welches in seiner Einfachheit der niedlich marmorirte Altar und Taufstein ziert. In den Vorstädten gibt es auch sehenswerthe Kirchen, als die Obrowitzer Pfarrkirche, welche früher zu dem 1784 aufgelösten, nun zu einem Militärspital umgewandelten, Prämonstratenser-Stiftsgebäude gehörte, ist mit Altargemälden von Maulbertsch und dem Kremser Schmidt geschmückt, das Gewölbe und die Seitenwände sind in Fresco gemalt von Pichler und Winterhalder; die Augustinerkirche, ehemals die Kirche des Königinklosters zu Altbrünn, 1323 durchaus gothisch erbaut, von der böhmischen Königin Elisabeth gestiftet, und für Cistercienser-Nonnen bestimmt; diese hat 1782 Joseph II. aufgehoben, und 1783 die Augustiner von St. Thomas dahin verlegt; die Kirchen der barmherzigen Brüder und der Elisabethinerinnen mit ihren Spitälern in Altbrünn. — Die Einwohnerzahl ist 34,300 Einheimische, 2,700 Fremde und 3000 Militärs. — Die Spaziergänge B.s sind sehr angenehm, worunter der Franzensberg mit seinen Gartenanlagen den ersten Platz einnimmt. Ihn ziert ein, 1818 errichteter, 60 Fuss hoher Obelisk, aus grauem mähr. Marmor, Franz, dem Befreier des Vaterlandes, seinen beharrlichen Bundesgenossen und Oesterreichs tapferem Heere, als Denkmal des Dankes, von dem treuen Mähren und Schlesien geweiht. Den Grundstein hat der jüngere König von Ungarn und Kronprinz Ferdinand am 4. Oct. 1818, unter grosser Feierlichkeit gelegt. — Der Augarten ist ein schöner Park, theils im französischen, theils im englischen Geschmack angelegt, und von Joseph II. dem Publikum gewidmet. — B. ist der Sitz des Landesguberniums, des General-Militärkomando's, des Appellationsgerichtes des Landrechtes, eines Magistrats, des ständischen Landesausschusses, eines Bischofs, des Consistoriums, nebst vielen andern politischen Cameral- u. Militär-Behörden, dann d. mähr. schles. Gesellschaft z. Beförderung d. Ackerbaues, der Natur- und Landeskunde, mit welcher das, 1818 erstandene, mähr. schles. Landesmuseum, unter den Namen Franzensmuseum in Verbindung steht. Die Bestandtheile desselben sind: Bibliothek, Charten, Kupferstiche und Zeichnungen, mathematisches und physikalisches Cabinet, Münz- und Siegelkunde, vorzüglich durch die alterthümliche höchst interessante Cerroni'sche Siegelsammlung, ein Vermächtniss des verewigten Cerroni, bereichert; Gemälde und Kunstarbeiten, Fabrikationsproducte, Maschinen, Geräthe und Modelle, Pflanzen, Conchilien und besonders Fossilien. Das Ganze ist durch verschiedene Beiträge und Gaben entstanden, zumal in Folge des Aufrufs des damaligen Landesgouverneurs Ant. Friedr. Graf v. Mitrowsky, welcher nicht nur auf seinem Standpunkte als Landeschef und Curator, ja selbst zeitweiliger Direktor der Gesellschaft, das Entstehen und die weitere Organisirung des Museums bewirkte, und demselben durch seinen Einfluss zu einem Lokale in dem Olmützer Erzbischofhofe zu B. verhalf, sondern auch als hochherziger Patriot in grossmüthigen Geschenken andern hochsinnigen Patrioten, wie den Grafen Joseph Auersperg und Hugo Salm, nicht nachstand. — An Lehr- und Bildungsanstalten hat Brünn eine Normalschule, ein Gymnasium, eine philosophische Lehranstalt und ein theologisches Studium; letzteres in Verbindung mit dem bischöflichen Alumnat; ferner eine Mädchenschule bei St. Joseph, unter den Ursulinerinnen, welche zugleich in weiblichen Handarbeiten Unterricht ertheilen, und nebst der Kleinkinderbewahranstalt mehrere Pfarrschulen; dann eine protestantische Schule, für welche die Gemeinde von Zeit zu Zeit treffliche Männer gewonnen hat, wie Riecke, André, Zeller, Buse ect. — Unter den wohlthätigen und gemeinnützigen Anstalten sind ausser den bereits bemerkten Spitälern noch anzuführen: das von Joseph II. 1785 errichtete allgemeine Krankenhaus, die Gebär- und Irrenanstalt, das Waiseninstitut und Siechenhaus. Zum Unterhalt der Hausarmen und zur Verhinderung des Gassenbettelns, besteht der Männerverein, welcher aus den freiwilligen Beiträgen und Sammlungen, die täglichen Gaben nach Massgabe der Erwerbsunfähigkeit in kleinen Beträgen veranstaltet. Nebst einer Brandschaden-Versicherungsanstalt für Mähren und Schlesien bestehen in Brünn Pensionsinstitute des Brünner bewaffneten Bürgercorps; für Lehrer-Witwen und Waisen in Mähren und Schlesien, für die Livrebedienten; ein Blinden- und ein Taubstummeninstitut, und eine mähr. ständische Leihbank. — Ausser dem Spielberger Strafhause ist hier auch das Provinzial-Straf- und Arbeitshaus; eine bedeutende Anzahl Fabriken ist noch immer in Brünn vorhanden, obschon viele Tuchfabriken durch die Zeitverhältnisse eingegangen sind. — Von den noch bestehenden Klöstern der Minoriten, Capuziner und Augustiner-Eremiten ist das Augustinerstift, welches von dem mähr. Markgrafen Johann 1350 gestiftet wurde, hier näher anzuführen. Nachdem 1783 die Augustiner-Eremiten ihr gegenwärtiges Kloster in Altbrünn, anstatt des vormaligen zu St. Thomas in der Stadt Brünn bezogen hatten, übertrugen sie auch das in ihrer vorigen Kirche vereirte Marienbild, mit dem silbernen Altar, in ihre jetzige Stiftskirche, welche zur Pfarrkirche der Vorstadt Altbrünn bestimmt wurde. Das Stift steht unter einem Abte, der zugleich infulirter Prior desselben und Prälat der Markgrafschaft Mähren ist. Die gegenwärtigen Stiftsgüter bestehen in dem Markte Neu-Hwiezlitz, den Dörfern Borschau, Kozlau, Malkowitz, Scharditz, Tscheschen, Alt-Hwiezlitz und einem Antheile Tschertschein. D. jetzige Klostergebäude wurde in neuerer Zeit erweitert u. verschönert. Die Stiftsbibliothek ist zahlreich, und hat in den letztern Jahren durch die einzelnen Büchersammlungen gelehrter Siftsmitglieder ansehnliche Vermehrungen erhalten. Unter dem Abte Cyrill Napp, der sich nicht nur durch seine gelehrten Kenntnisse, sondern auch als Geschäftsmann (ständischer Ausschussbeisitzer) u. wirksamer Theilnehmer an den wissenschaftl. und Humanitäts Anstalten Brünns, auszeichnete, hatte die ökonomische Verwaltung der Stiftsgüter sehr gewonnen. Von den Vorstädten B.s ist Altbrünn noch besonders zu erwähnen. Sie hat eine eigene Marktgerechtigkeit, und ist sowohl dem Namen als der Lage nach, älter als die Stadt selbst. Altbrünn, mit mehren Dörfern, war früher eine Religionsfondsherrschaft, indem sie zu dem aufgehobenen Königinkloster gehörte, wurde 1830 öffentlich veräussert und von dem rühmlich bekannten Oekonomen, Franz Ritter von Heintl, käuflich erstanden, d. sie gegenwärtig besitzt. Postamt mit:

Alexowitz, Augezd bei Chirlitz, Bisenz, Bisterz, Blansko, Bosenitz oder Tworožna, Boskowitz, Chirlitz, Czernowitz, Daubrawitz oder Dubrawitz, Duhnian, Dubrawitz oder Dauhrawitz, Ethentschitz, Eichhorn, Gaya, Gerspitz Ober und Unter, Hajan, Horackow, Hussowitz, Jedownitz, Jehnitz, Inntschowitz, Judendorf, Karthaus, Kiritein, Kobelnitz, Komein, Koritschan, Kosteletz, Kritschen, Kromau mähr., Kumrowitz, Latein, Leskau, Lettowitz, Liwitz, Lomnitz, Lösch, Malomieřitš, Mariazell, Medlanco, Milotitz, Mödritz, Mockra, Morbes, Mostienitz unter, Nehowitz, Nenowitz, Neslowitz, Obrowitz, Obřian, Orkeschin oder Workeschin, Oslawan, Polanka, Präcnitz, Plirschitz, Raitz oder Reitz, Reitz oder Raitz, Reakowitz, Rotigel, Ržezowitz, St. Antoni, Schelschitz, Schimitz, Schlapanitz, Sloup, Sobkerhitz, Sorkoinitz, Spielberg, Strachowitz, Strutz, Střelitz, Telnitz, Tischau, Tischnowitz, Tulgschitz, Turas, Tworožna oder Bosenitz, Welmisltz, Welatitz, Wohochan, Workeschin oder Orkeschin, Wostupowitz.

Brunn, Studnicze — Böhmen, Tabor. Kr., ein *Dorf* zur Hrsch. Neuhaus, 1½ St. von Neuhaus.

Brunn, Illirien, Kärnten, Villacher Kr., ein *Haus* mit 8 Einw., zur Gemeinde Lorenzen gehörig.

Brunn, Oest. o) d. E., Inn Kr., ein z. Ldgcht. Neumarkt (im salzburg. flachen Lande) geh. *Dorf* auf der Strasse nach Frankenmarkt, 3 St. v. Frankenmarkt.

Brunn, Steiermark, Grätz. Kr., ein zum Wb. B. Kom. Jonsdorf gehör., der Hrsch. Kirchberg an der Raab und Commende Fürstenfeld unterth. *Dorf*, mit einer Mahlmühle, liegt gegen Ost., wozu die Berggegend Burgstall geh., 3 St. v. Fürstenfeld.

Brunn, Oest. u. d. E., V. O. W. W., 26 zerstreut lieg. der Herrsch. Weissenburg dienstbare *Häuser*, nach Schwarzbach eingepf., im Gebirge hinter Kirchberg an der Vielach, 5 St. von Dürrnitz.

Brunn, Oest. o) d. E., Salzb. Kr., ein z. Ldgcht. Neumarkt (im flachen Lande) geh. *Dorf*, in der Pfarre Strasswalchen, 2 Stunden von Frankenmarkt.

Brunn, Oest. o) d. E., Inn Kr., ein zum Ldgcht. Wildshut gehör. *Weiler* an der Strasse von Wildshut nach Mattighofen, links auf einer Anhöhe, nach Geretsberg eingepf., 3¼ St. von Laufen, 6 St. von Mattighofen.

Brunn, Oest. o) d. E., Salzburger Kr., ein zum Ldgcht. Neumarkt (im flachen Lande) gehör. *Weiler* in der Pfarre Seekirchen, 3 St. von Neumarkt.

Brunn, Steiermark, Marburger Kr., ein zum Wb. Bzk. Kom. Welsbergl und Hrsch. Purgstall geh. *Dorf*, mit 59 Häuser und 267 Einwohnern', nächst dem Sulm Fl., nach Wies eingepfarrt, 3½ St. von Mahrenberg.

Brunn, Oest. ob d. E., Inn Kr., ein der Kaal. Hrsch. Friedburg geh. *Dorf* an der Linzer Str., 2 St. von Frankenmarkt.

Brunn, Oest. o) d. E., Inn Kr., ein zur Land- und Pflegger. Hrsch. Wildshut geh. *Dorf*, 8½ St. von Braunau.

Brunn, Oest. u. d. E., V. O. M. B., ein zur Hrsch. Ilmau gehör. *Dorf*, mit einem Meierhofe, 1 Stunde von Ilmau, 5 Stunden von Schwarzenau.

Brunn, Steiermark, Brucker Kr., eine *Gegend* an der Salza.

Brunn, Oest. u. d. E., V. O. M. B., ein der Hrsch. Waidhofen an der Thaja geh. *Dorf* mit 27 Häusern, über der deutschen Thaja, 2 St. von Schwarzenau.

Brunn, Oest. u. d. E., V. O. M. B., ein der Hrsch. Altenburg geh. *Dorf* mit 30 Häusern, an der Poststrasse zwischen Horn und Göffritz, 2 St. von Horn.

Brunn, Oest. u. d. E., V. O. M. B., ein der Hrsch. Arbesbach gehör. *Dorf* mit 19 Häusern, 4½ Stunde von Zwettl.

Brunn, Oest. u. d, E., V. O. W. W.,
ein der Hrsch. Gross-Pechlarn gehör.
Dorf mit 45 Häusern und 90 Einw.,
ausser der Stadt Gross-Pechlarn, 2 St.
von Melk.

Brunn, Oest. u. d. E., V. U. W. W.,
ein *Wallfahrtsort* mit einem aufgehobenen Augustiner Kloster; siehe Maria-
Brunn.

Brunn, Oest. u. d. d. E., V. U. W. W.,
eine *Herrschaft* und Dorf; s. Kothing-
brunn.

Brünn, Alt-, mähr. Stary Brno —
Mähren, Brünn. Kr., ein *Markt* oder ei-
gentlich die Vorstadt von Brünn, an dem
Schwarzaflusse unter dem Spielberg; v.
Alters hiess dieser Ort Ralusche od. Ra-
luze, gehört in Rücksicht der Korrespon-
denz zur Ober-Postamts-Verwaltung in
Brünn.

Brunn am Gebirge, Oest. u. d. E.,
V. U. W. W., ein der Hrsch. Burg
Modling und Veste Lichtenstein gehör.
Dorf mit 154 Häusern und 1530 Einw.,
nach Mödling eingepfarrt, links hinter
dem Markte Mödling, an dem gleichnamigen Bache und nächst Vorder-Briel,
1 St. von Neudorf. Postamt.

Brunn am Steinfelde, Oest. u.
der E., V. U. W. W., eine *Herrschaft*,
Schloss u. Dorf, mit 69 Häus. und 510
Einwohn., nach Fischau eingepf., unw.
Sauersdorf, an d. Fischafl., 1 St. v.
Wiener Neustadt.

Brunn am Wald, Oest. u. d. E.,
V. O. M. B., eine *Herrschaft*, *Schloss*
und *Dorf*, mit 35 Häs. an der grossen Krems, nach Lichtenau eingepfarrt,
1½ St. v. Gefäll.

Brunn an der Traisen, insgemein Prunn — Oester. u. d. E., V. O.
W. W., ein der fürstl. Auersperg.
Hrsch. St. Pölten unterth. Dorf, mit 15
Häs. u. 100 Einw., an der Traisen
hinter Stätersdorf, mit einem Gräpit-
werke, unw. d. Markte Phyra, 1 St.
v. St. Pölten.

Brunn, Beim, Illirien, Unt. Krain,
Neust. Kr., ein Dorf, der Hrsch. Gottschee; siehe Sucien.

Brunn bei Pitten, Oest. u. d. E.,
V. U. W. W., ein der Hrsch. Frosch-
dorf geh. Dorf, mit 10 Häus. und 110
Einwohnern, nächst Pitten, wohin es
eingepfarrt ist, 2½ Stunde von Wiener
Neustadt.

Brunn, Fressenberg — Steiermark,
Bruck. Kr., mit einem Landmünzpro-
bieramte, ein z. Wb. B. K. Hrsch. Mas-
senberg gehöriges Dorf, mit einer Filialkirche an der Poststrasse nach Kärnten, 1½ St. von Kraubath.

Brunn, Geweihten, Illirien, U.
Krain, Neustädter Kr., ein *Dorf*, der
Hrsch. Weixelberg; siehe Klanz.

Brunn, Heiligen-, Steiermark,
Grätz. Kr., eine *Lokal-Pfarrkirche* u.
Wahlfahrtsort mit einigen Keuschen z.
Wb. Bzk. Kom. Oberfladnitz gehörig,
und der Hrsch. Waxenberg dienstb., gg.
Nord. 4 St. vom Markte Anger, 8 St.
von Gleisdorf.

Brunn im Felde, Oest. u. d. E.,
V. O. M. B., ein der Hrsch. Grafeneck
gehöriges *Dorf* mit 46 Häus., unweit
der Kommerzialstrasse von Znaim nach
Krems, am gr. Kampflusse, ½ St. von
Krems.

Brunn in Griess, Oest. ob d. E.,
Inn Kr., eine kleine *Ortschaft*, der
Land- u. Pfleggchts. Hrsch. Braunau geh.,
nach Schwand eingepfarrt, 2½ St. von
Braunau.

Brunn, Nieder-, Oest. ob d. E.,
Inn Kr., ein im Land- u. Pfleggcht. Ried
sich befind., der Hrsch. Riegerting geh.
Dörfchen, nach Neuhofen eingepf., 1½ St.
von Ried.

Brunn, Ober-, Oest. ob d. E., Inn
Kr., ein zu der Kaal. Hrsch. Wildshut
geh. *Dörfchen*, 8½ St. von Braunau.

Brunn, Ober-, Oest. ob d. E., Inn
Kr., ein in d. Land- u. Pfleggcht. Ried
sich befind., d. Hrsch. Neuhaus gehör.
Dörfchen nach Neuhofen eingepf., 1 St.
von Ried.

Brunn, Rotte, Oest. u. d. E., V.
O. W. W., eine *Rotte* mit 26 Häus. u.
170 Einwohnern, zur Pfarre Schwarzen-
bach, Ortsobrigkeit Weissenburg und
Post St. Pölten.

Brunnader, Steiermark, Grätz. Kr.,
eine zum Wb. Bzk. Kom. und Herrsch.
Ober-Fladniz geh. *Gegend*, mit 4 Häusern, nach Anger eingepfarrt, gegen
Norden auf einer Anhöhe, 1½ St. v. Markte
Anger, nächst der Pfarre Katharina,
6 St. von Gleisdorf.

Brunnalpe, Oest. o. d. E., Salzburg.
Kr., ein rohes *Gebirg* mit einem Kupferbergwerke.

Brunnalpe, Steiermark, Brucker Kr.,
in der grossen Veitsch; von derselben
kommt ein gleichnamiger Bach, welcher
in der grossen Veitsch eine Hausmühle
treibt.

Brunnalpe, Steiermark, Judenburg.
Kr., auf dem Tauplitz- und Granitz-
Gebirg, mit 10 Hütten.

Brunnau, Tirol, Ober- Innth. Kr.,
ein zur Hrsch. Petersberg geh. *Riedl*,
3 St. von Parweiss.

Brunnau, Oest. ob d. E., Hausruck
Kr., ein in dem Wb. Bzk. Kommande

eibten, Illirien, ...
... in dem Dorf, ...
... Klanz, ...
...-u-, Steierm
...-Pfarrkirche,
... Kenschen,
... gehör,
... dienstb,
... Anger, 8 ...

elle, Oest. u. d. E
... Hrsch. Grafene
... 38 Häns., unw
... Neu Zníkin m
... 1 St. v.

ellen, Oest. ob d. E
... Orlakoff, z
... Braunaug
... 2½ St. v

eller, Oest. ob d. E
... Püzgcht. R
... Bezirkg zu
... eingepf, 1½

ern, Oest. ob d. E, V
... Hrsch. Wildn
... N:u Braunau,
... Püzgcht. B
... Neuhans geh
... eingepf, 1:

ern, Oest. u. d. E,
... :25 Häus.
... Pfarre Schwarz
... Weissenburg

ern, Grätz. Kr
... und Herts
... , mit 4 H
... eingepfarrt, gei
... St. v. Marl
... Pfarre Kalbart

e, d. E, Salzbu
... einem Kupf

etten, Brucker K
... von dersel
... Bach, welc
... eine Hausm

en, Judenbu
... und Grau

Imth. K
geh. Re

... d. E, Hausru
... Eck. Komm.

Stahremberg liegendes *Dorf*, der Hrsch. Aistersheim geh., nach Geboltskirchen eingepf., gegen Süd. am Hausrucker-walde, 1½ St. von Haag.

Brunnau, Oest. ob d. E., Hausruck. Kr., ein in dem Wb. Bzk. Kommando Wartenburg liegendes *Dorf*, dem Land-gut Ainwalding gehörig., nach Unge-nach eingepfarrt, 2 St. von Vöckla-bruck.

Brunnbach, Oest. unt. d. E., V. O. W. W., eine der Hrsch. Stiebar geh. kleine *Hammerschmiede* am kleinen Er-laffl., 6 St. von Kemmelbach.

Brunnbachel, Steiermark, Brucker Kr., im Bezirk Maria-Zell, treibt bei Aschbach eine Hausmühle.

Brunnbachel, Steiermark, Marburg. Kr., im Bezirke Schwauberg, treibt 6 Hausmühlen und 4 Sägen in Wiel und 2 Hausmühlen in Rastock.

Brunnberg, Steiermark, Cillier Kr., ein *Gut*, welches zu Neu-Cilli verwal-tet wird.

Brunnberg, Steiermark, Grätz. Kr., eine *Gegend* im Bezirke Waldeck, der Pfarre Kirchbach zugetheilt.

Brunnberg, Tirol, Botzner Kr., ver-fallenes *Schloss*, unter dem Hauptschloss Tirol, Landgrcht. Meran, einstmals d. Edeln von Kripp zu Brunnberg gehörig.

Brunndoppel und **Thalern,** Oest. unt. d. E., V. O. W. W., vier zur Hrsch. und Pfarre Oberdöbling gehörige *Häuser*, am Gottweihberge, 3½ St. von St. Pölten.

Brunndorf, Steiermark, Marburger Kr., *Gemeinde* des Bezirkes Viktringhof, zur Hrsch. Schleinitz und mehren an-deren dienstbar, mit 46 Häusern und 257 Einwohn., nach Lembach eingepf.

Brunndorf, Steiermark, Marb. Kr. ein zum Wb. Bzk. Kom. Lembach und verschied. Hrsch. gehör. *Dorf* mit einer Lokalie, nächst dem Drau Fl., ¼ Stunde von Marburg.

Brunndorf, Studenu, Illirien, Krain, Adelsb. Kr., ein in dem Wb. Bzk. Schneeberg lieg. der Hrsch. Hass-berg geh. *Dörfchen*, nach Oblack einge-pfarrt an einer Anhöhe, 5 St. v. Loitsch.

Brunnen, Drei Brunnen — Ung., Thu-rocs. Komt.; siehe Try Studne.

Brunnen, Tirol, Oberinnth., Kr., ein zu der Hrsch. Landeck geh. *Hof*, am Kaleberg, 6½ St. von Imst, 9½ St. von Nassereit.

Brunnen, Gute, Böhmen, Königgr. Kr., ein *Gesundheitsbaad* der Hrsch. Königshof; siehe Johannesbad.

Brunnenberg, Siebenbürgen, Hu-niad. Komit.; siehe Gyalakuta.

Brunnendorf, Galizien, Lemberg. Kr., ein deutsches *Kolonien-Dorf* von 22 Häusern, an dem Kammeral-Dorfe Krynca liegend, 1 St. von Grudek.

Brunnendorf, Siebenbürgen, Weiss-sen. Komitat; siehe Kutfalva.

Brunnendorf, Ungar. Eisenburg. Komitat; siehe Perenye.

Brunnenfeld, Tirol, Vorarlb., ein zur Hrsch. und dem Stadtgericht Bludenz gehör. kl. *Dorf*, 5½ St. von Feldkirch.

Brunnenfeld, Tirol, Vorarlberg, ein zu der Hrsch. Bludenz und dem Ge-richt Montafon geh. kleines *Dorf*, 9 St. von Feldkirch.

Brunnengewelhtes, Böhmen, im Leitmeritzer Kr., ein auf Dominikal-grunde neu erbautes *Dörfchen*, mit einem Gesundbade und Fasanerie, zum Meier-hofe Hubinna geh., nahe bei Liboch, 1½ Stunde von Melnik.

Brunnenthall, Oest. ober d. E., Inn Kr., ein zum Ldgrcht. Schärding ge-höriges *Dorf*, östlich an einem Berg ge-lehnt; mit einer Kirche, Schule und Ka-pelle, und ist der Hauptort der Pfarre gleichen Namens. ½ St. von Schärding.

Brünner Kreis in Mähren, ist 87 Quadr. Meilen gross, mit 322,000 Einw. Ein Theil des Brün. Kr., der an dem Ollmützer, und noch mehr jener, der an den Iglauer Kreis grenzt, bestet fast gänzlich aus Gebirgen, die jedoch viele

U. Oesterreich Ebenen und guten Getreideboden enthal-ten; der südliche Theil gegen Oester-reich, hat mehr ebenes Land und frucht-baren Boden, auch vielen Weinbau, der sich von der österr. Grenze bis in die Gegend bei Brünn erstreckt, wo derselbe gegen Norden gänzlich aufhört. Die Flüsse Zwitta, Schwarza und Igla bewässern den Kreis. Sie werden von der Thaya aufgenommen, welche in der südlichen Ecke des Landes, bei Landshut sich in die March ergiesst. Die Einw. sind meistens böhm. Mährer (Horaken) und sprechen die Landessprache, jene aber gegen Oesterreich sind Deutsche, mit Ausnahme der croat. Abkömmlinge (Podluzaken) auf den Herrschaften Lundenburg u. Dürnholz, welche ihre Sprache, Kleidung und Sitten beibehalten haben. Alle diese Einwohner nähren sich vom Feld- und Weinbau, vom Fuhrwesen, von der Spinnerei und verschiedenen Handarbeiten, wozu vorzüglich die Tuch- und Casimir-Fabriken Gelegenheit verschaffen. Dieser Kreis hat auch die meisten Pottaschesiedereien, hier wird das meiste und gutes Papier gemacht; Hopfen, Flachs, Grapp, Weber- u. Rauhkarden erzeugt.

Brunnerhof, Oest ob d. E., Mühl Kr. ein dem Wb. Bzk. Kom. und Landgerichts-Hrsch. Wildberg geh. eizelner *Bauernhof* in dem Dorfe Dreieck, nach Hellmonsöd eingepf., in der Gegend des Marktes Zwettl, 4¼ St. v. Linz.

Brunnern, Oest. ob d. d. E., Inn Kr. ein zum Ldgrcht. Schärding gehöriger *Weiler*, in der Pfarre Diersbach. 1 St. von Siegharding.

Brunnern, Oest. ob d. E., Traun Kr. eine in dem Wb. Bzk. Kom. Eggendorf liegende *Ortschaft* dem Stifte Kremsmünster und Landgerichte Gschwend geh. n. Egendorf eingepf. diess- und Jens. nächst des sogenannten Irrbächel, gegen Süd. und gränzt gegen Nord., mit Weyerbach, 2¼ St. von Wels.

Brunnern, Oest. unter d. E., V. O, W. W., ein der Hrsch. Wolfpassing gehörendes *Dorf*; siehe Bruuning.

Brunnern, Oest. unt. d. E., V. O. W. W. ein *Bauerndorf*, wovon 4 Häus. der Hrsch. Seisenegg geh.; siehe Brunning.

Brunnern, Oest. ob d. E., Inn Kr., ein *Dorf*, 1 St. von Siegharding.

Brunnern, Nieder-, Oest. ob d. E., Traun Kr., ein in dem Wb. Bzk. Kom. Sierning liegendes *Dorf* versch. Domin. geh., nach Sierning eingepfarrt, gegen O. nächst Oberwolfern, 2 St. von Steyer.

Brunnern, Ober-, Oest. ob d. E., Traun Kr., ein in dem Wb. Bzk. Kom. Sierning lieg. *Dorf* verschied. Domin. geh., nach Sierning eingepfarrt, gränzt gegen Ost. m. Losensteinleiten, 2 St. v. Steier.

Brunnern, Oest. ob d. E., Traun Kr. eine im Wb. B. Kom. Egendorf lieg. *Ortschaft*, dem Stifte Kremsmünster un Ldgchte. Gschwend geh., nach Egendorf eingepf., diess- und jens. des sogenannten Irrbächel, gegen O., un grenzt gegen Westen mit Weierbach 2¼ St. von Wels.

Brünnersteig, Oest. ob d. E., Urbankowa, Studanka — Böhmen, Chrud. Kr., ein zu Hrsch. Leutomischl geh. *Dörfchen*, dem Dorfe Nikel, 1¼ St. v. Leitomischl

Brunnfelden, Oest. ob d. E., Inn Kr., eine kl. aus 2 Häus. bestehende der Hrsch. und Stift-Grcht. Raushof geh. *Ortschaft*, ¼ St. von Braunau.

Brunngassen, Oest. ob d. E., Hausr Kr., ein im Wb. B. Kom. Lambach lieg *Dorf*, unt. die Hrsch. Wels und Köpbach geh., nach Aichkirchen eingepf. 1¼ St. von Lambach.

Brunngeräut, Illirien, Unt. Krain Neustdt. Kr., ein zur Hrsch. Pölland geh *Dorf*, gegen Wüstritz, im Wb. Bzk Tsciernembl, 4¼ St. von Möttling.

Brunngraben, Steiermark, Grätz Kr., einige zum Wb. B. Kom. und Hrsch Minichhoffen und zu dem Dorfe Gschai einverl. *Häuser*, wohin sie auch ein gepfarrt, 5 St. von Gleisdorf.

Brunngres, Brunnkress — Böhmen Königgr. Kr., einz. *Häuser*, an der Glatzischen Grenz, zur Hrsch. Politz geh. 3¼ St. von Nachod.

Brunngstaudet, Oest. ob der E. Hausruck Kr., im Wartenburg lieg. den Hrsch. Wagrain, Walchen u. Wartenburg dienstbares *Dorf*, nach Ungenac eingepfarrt.

Brunnhöf, Oest. unt. d. E., V. O. M B., 5 der Probstei Hrsch. Zwettel geh. nach Siebenlinden eingepf. *Häuser*, un weit Riegers, 4 St. von Zwettel.

Brunnhof, Steiermark, Grätz. Kr eine *Gegend*, z. Hrsch. Adriach dienst bar, ¼ St. v. Frohnleithen.

Brunnhofbachl, Steiermark, Judenburger Kr., im Bezirke Murau, treib 2 Hausmühlen in Probst.

Brunnholz, Steiermark, Marburge Kr., eine *Gegend* in der Gemeinde Tom bach des Bezirks Eibiswald.

Brunning, Brunnern — Oest. unt, d E., V. O. W. W., ein der Hrsch. Wolf passing gehör. *Dorf*, mit 14 Häus. un 126 Einw., wovon 4 Häus. der Hrsch Seiseneck unterth. sind, an der Grestne Komerzialstr. von Kemmelbach, gegen Süd. an dem kl. Erlaffl., 1¼ Stunde von Kemmelbach.

Brunning, Ober-, Oest. ob d. E. Inn Kr., ein dem Magistr. des Markte

Uttendorf und Hrsch. Mattighofen geh. *Dorf*, nach Maurkirchen eingepf., am Brunnbache oberhalb Maurkirchen, gegen St. Florian, 2 St. von Braunau.

Brunning, Oest. ob d. E., Inn Kr., ein zum Ldgcht. Maurkirchen gehöriger *Weiler*, in einer sumpfigten Gegend am Brunbach, mit 2 Mauth- und Schneidemühlen, am Fusse des Hartberges, nach Burgkirchen eingepfarrt, 1¼ Stunde von Braunau.

Brunnkirchen, Oest. unt. d. E., V. O. W. W., ein d. Stiftshrsch. Göttweih geh. Dorf, mit 5 Häus., einer Pfr. und Schulhause, einem Steinkohlenbergwerke an der Donau, und bei 20 Steinkohlengruben, wovon einige nach Thallern gehören, ¼ St. von Krems.

Brunnkogel, Steiermark, Brucker Kr., eine *Gegend* in der kleinen oder hintern Wildalpe.

Brünnlitz, Böhmen, Chrud. Kr., ein *Dorf*, des Gutes Deutsch-Bielau; siehe Bründlitz.

Brunnmairhof, Oest. unt. d. E., V. O. W. W., zwei d. Staatshrsch. St. Pölten gehör. *Häuser*, neben dem Markte Pyhra, gegen dem Schlosse Ochsenburg, 1¼ St. von St. Pölten.

Brunnmühle, Oest. unt. d. E., V. O. W. W., eine d. Hrsch. Hollenburg unterth. *Mühle*, zum Dorfe Wagram, an d. Trasen geh. bei Rittersfelden, 4½ St. von St. Pölten.

Brunnmühle, Oest. ob d. E., Salzb. Kr., eine zum Ldgcht. Thalgau (im flachen Lande) geh. *Einöde* u. *Mauthmühle*, am Almbache, Vikariat Feistenau, 2 St. von Hof.

Brunnmühle, Steiermark, Marburger Kr., eine *Gegend* mit einem Steinkohlen-Baue.

Brunnöd, Oest. ob d. E., Inn Kreis, eine kl. *Ortschaft*. mit 2 Häus., d. Hrsch. und Kom. Schwend geh., abw. gegen Berndobl, 2 St, von Siegharding.

Brunnödt, Oest. unt. d. E., V. O. W. W., ein *Bauerngut*, der Hrsch. Sraunersdorf geh.; siehe Simondberg.

Brunnschau, Böhmen, Brunschow — Böhmen, Beraun. Kr., ein *Dorf*, am rechten Ufer der Moldau, gegen Norden, gegen dem Mrktfl. Stiechowitz zum Gute Hradisko geh., 3½ St. von Jessenitz.

Brunnschow, Böhmen, Beraun. Kr., ein *Dorf*, zum Gute Hradisko; siehe Brunnschau.

Brunnsdorf, Bruna Vass — Illirien, Unt. Krain, Neusdt. Kr., ein zur Wb. Bzk. Hrsch. Nassenfuss geh. *Dörfchen*, über dem Flusse Neuring, nach heiligen Dreifaltigk. eingepf., 5 St. v. Neustadtl.

Brunnsee, Steiermark, Grätz. Kr., eine *Herrschaft* und *Schloss*, zum Wb. B. Kom. Strass geh., mit 873 Häusern und 4627 Einwohnern, nach St. Veit am Vogau eingepfarrt, ¾ St. von Muhregg, 3½ St. von Ehrenhausen.

Brunnsee, Illirien, Unt. Krain, Neustädt. Kr., ein zum Hrzogth. Gottschee geh. *Dorf*, nach Nesselthal eingepf. hinter Lichtenbach, 10 St. von Neustadtl.

Brunnthal, Oest. unt. d. E., V. O. W. W., ein einz., der Bisthums-Hrsch. St. Pölten geh. *Haus*, bei Brunnmeierhof 1¾ St. von St. Pölten.

Brunnthal, Steiermark, Bruck. Kr., ein *Seitengraben* des Utschthales, südöst. von Bruck.

Brunnthal, Steiermark, Bruck. Kr., eine *Gegend*, in welcher die Hechtensee-Alpe vorkommt, zur Stadtherrsch. Neuberg gehörig.

Brunnthal, Steiermark, Bruck. Kr., in der St. Stephaner-Lohming, grosses *Waldrevier* der Hrsch. Kaisersberg,

Brunnthal, Oest. ob d. E., Inn Kr., eine kleine *Ortschaft*, der Land- und Pfleggrchts. Hrsch. Braunau geh., 2 St. von Braunau.

Brunnthall, Oest. ob d. E., Inn Kr., ein zum Ldgcht Braunau geh. *Weiler* im Rentamte Braunau, nach Schwandt eingepfarrt, 2 St. von Braunau.

Brunnthall, Oest. ob d. E., Inn Kr., eine zum Ldgcht. Weizenkirchen geh. *Einöde*, an der Donauleithen; nach Waldkirchen eingepfarrt, 4¾ St. von Baierbach.

Brunnwies, Oest. ob d. E., Inn Kr., ein zum Landgericht Schärding gehör. *Dorf* am Bramflusse; nach Brunnenthal eingepfarrt. ¼ St. von Schärding.

Brunnwies, Oest. ob d. E., Inn Kr., ein zum Ldgericht Neumarkt (im salzburgischen flachen Lande) geh. *Weiler*, nahe an dem Gobernauserwalde, der Pfarre Pöndorf einverleibt, 4 St. von Neumarkt, 3 St. von Frankenmarkt.

Brunnwiese, Oest. ob d. E., Inn Kr., ein dem Kasten und Lehenamte Schärding gehöriges *Dorf*, nach Mariabronnenthal eingepfart. ½ St. v. Schärding.

Brunnwiesen, Oest. unt. d. E., V. O. W.W., ein kleines, unter mehrer-Grundhrsch. getheiltes, nach Ruprechtshofen und Petzenkirchen eingepfarrtes *Dörfchen*, mit 7 Häus. und 35 Einw. zwischen der Melk und Erlaffl., 2 St. von Kemmelbach.

Brunnwiesen, Steiermark, Judenburger Kr., ein *Gut* mit der Hrsch. Traunau vereint, dessen Unterthanen Besitzungen am Rettlingberge haben.

Brunnwinkl, Oest. ob d. E., Salzburger Kr., ein zum Ldgrcht. Tialgau
(im flacien Lande) geiöriger *Weiler* am
Atersee, im Vikariate St. Gilgen, ¼ St.
von St. Gilgen.

Brunnwiss oder Prunnwis — Oest.
oi d. E., Hausruck Kr., eine in dem
Wb. Bzk. Kom. Frankenmarkt liegende kleine *Ortschaft* von 3 Häusern,
der Hrsch. Frankenburg geiörig, naci
Poendorf eingepfarrt, 1 St. von Frankenmarkt.

Bruno, Cassina del, Provinz
Milano und Distr. VIII. Vimercate; sieie
Arcore.

Brunocz, Brunovcze — Ungarn, diesseits der Donau, Neutr. Gespann., Vág-
Ujiely. (Neustädel.) Bzk. ein, mehr. adel.
Familien geiöriges *Dorf*, naci Heil.
Kreuz eingepfarrt, mit 46 Häusern und
320 Einw., am Ausflusse der Waag,
4 St. von Galgócz.

Brunsa, Illirien, Krain, Neust. Kr.,
ein *Dorf* mit 5 Häuser und 50 Einw.
zur Gemeinde Unterleutschau geiörig.

Brunsano, Lombardie, Prov. Friaul
und Distr. X, Latisana; sieie Palazzolo (Piancada).

Brunsdorf, Illirien, Krain, Neustdtl.
Kr., eine *Ortschaft*, 3 Stv. Neustadtl.

Brunskagora, Illirien, Krain, Neust.
Kr., ein *Dorf* mit 14 Häusern und 75
Einw., zur Gemeinde Ratschach geh.

Brünst, Oest. unter d. E., V. O. W.
W., 12 zerstreute *Häuser* mit 100 Einwohnern, zur Pfarre Hainfeld, Ortsobrigk. und Conskriptionshrsch. zu Lilienfeld gehörig.

Brunswerda, deutsch Braunsberg —
Mäiren, Prerau. Kr., eine *Stadt*, mit
einer Pfarre und Ortsobrigkeit; sieie
Braunsberg.

Brunsztureszt, Ungarn, Arad. Komitat, eine *Ortschaft* bei Arad.

Bruntino, Lombardie, Prov. Bergamo und Distr. I, Bergamo, ein am südlichen Abhange des Berges Canto liegendes *Gemeindedorf* mit Vorstand und
Pfarre St. Elisaietta, und 3 Oratorien,
1 St. v. Bergamo. Dazu geiörei:
*Cassina Boblunca, Cassina in Vitera, Ponte della
Botta, einzelne Landhäuser.*

Brunwald, Brunhausen, Waldhau-
sen — Böimen, Praci. Kr., ein *Dorf*,
zur königl. Stadt Bergreichenstein nächst
Straciau. 8 St. von Horazdiowitz.

Brunzaifa, Mäiren, Ollmützer Kr.,
ein *Städtchen* zur Hrsch. Eulenberg;
sieie Braunseifen.

Brünzelsdorf, Oest. unter d. E.,
V. O. M. B., ein der Hrsch. Leibenge-
iöriges *Dorf*; sieie Prinzeludorf.

Brusa, Lombardie, Prov. Lodi e Crema und Distr. VII, Paudino; siehi
Rivolta.

Brusabo, Lombardie, Provinz Mantova und Distr. V, Castiglione delli
Stiviere; siehe Medole.

Brusaboschi, Lombardie, Provini
Como und Distr. VIII, Gravedona; i
Dosso.

Brusacagna I, II, Lombardie, Pr
und Distr. I, Mantova; siehe St. Giorgio

Brusaco, Brusacum — Tirol, Trient
Kr., ein zum Stadt- und Ldgcht. Trien
geh. *Dorf* in dem Thale Pinè, 9½ St. v
Trient.

Brusada, Tesa, Lombardie, Prov.
Venezia und Distr. VIII. Porto Gruaro
sieie Tossalta (Tesa Brusada).

Brusada, Lombardie, Prov. Lodi i
Crema und Distr. IV, Borghetto, eini
kleine, nach S. Gervaso e Protaso zi
Ossago gepfarrte *Gemeinde-Ortschaf*
mit Vorstand und öffentlichem Oratorio,
1½ St. von Lodi. Mit:
Borgovalo, einzelner Ort.

Brusada, Lombardie, Prov. Pavi
und Distr. V, Bosate; siehe Bonirola.

Brusada, Lombardie, Prov. Com
und Distr. II, Como; sieie Camerlato

Brusada, Lombardie. Provinz un
Distr. I, Milano; sieie Corpi St. d
Porta Comasina.

Brusada, Lombardie, Provinz und
Distr. I, Milano; sieie Corpi St. d
Porta Orientale.

Brusada, Lombardie, Provinz uni
Distr. I, Milano; siehe Corpi St. d
Porta Vercellina.

Brusada, Lombardie, Prov. Pavia s
Distr. II, Bereguardo; s. Marcignag

Brusada, Lombardie, Prov. Com
und Distr. I, Como; sieie Maccio.

Brusada, Lombardie, Provinz Pavi
und Distr. V, Rosate; siehe Castellett
Mendosio.

Brusada, Lombardie, Provinz Milan
und Distr. IV, Saronno; siehe Passiran

Brusada, Lombardie, Prov. Lodi
Crema und Distr. VII, Pandino; sieh
Rivolta.

Brusada, Lombardie, Prov. Como un
Distr. XII, Oggiono; siehe Sala.

Brusada, Lombardie, Prov. u. Distr
XI, Milano; sieie Zelo Foramagno.

Brusada, Cà, Lombardie, Provini
Mantova und Distr. XV, Revere; sieh
Pieve.

Brusada, Cassina, Lombardie
Prov. Bergamo und Distr. XIII, Verdello; siehe Comunnuovo.

Brusada, Lombardie, Prov. Bergam
u. Distr. X, Treviglio; siehe Brignano

Brusadaz, Lombardie, Prov. Belluno und Distr. II, Longarone; siehe St. Tiziano.

Brusade, Lombardie, Prov. Bergamo und Distr. X, Treviglio; siehe Fornovo.

Brusadizze, Lombardie, Prov Mantova und Distr. XVII, Asola; siehe Asola (Barchi).

Brusago, V. di, Lombardie, *Thal* und *Bach* vom Gebirge in Palit, nordwärts bis Soverin V. di Cembra.

Brusago, Tirol, Trient. Kr., *Dorf* auf dem Berg Pinè, Benefiziat der Pfarre dieses Namens, Landgericht Civezzano.

Brüsan, Mähren, Brünn. Kreis, ein *Städtchen*, mit deutschen Einwohnern, einer Pfarre und Ortsobrigkeit.

Brusane, Kroatien, jenseits der Save, Karlstädt. Generalat, Lican. Bzk., ein zum Lican. Grenz-Regim. Canton Nr. I gehöriges *Dorf* von 42 Häusern, mit einer eigenen Pfarre u. einem k. Frucht-Magaz. auf der Strasse zwischen Gospich und Carlopago, 2 St. von Ostaria.

Brusaporco, Lombardie, Prov. Treviso und Distr. X, Castelfranco; siehe Resana.

Brusaporto, Lombardie, Prov. Bergamo und Distr. XI, Martinengo, ein *Gemeindedorf* mit Vorstand und Pfarre S. Martino, liegt westlich am Flusse Serio, an der Grenze des Distr. III, Trescorre, 2 Stunden von Martinengo. Dazu gehören:
Belcedere, Bosco, kleine Gassen.

Brusaragrande, Lombardie, Prov. Milano und Distr. XV, Busto Arsizio; siehe Busto Arsizio.

Brusaro, Lombardie, Prov. Como u. Distr. XXV, Missaglia; siehe Contra.

Brusata, Lombardie, Prov. Milano u. Distr. XII, Melegnano; siehe Carpiano.

Brusata, Lombardie, Prov. Pavia u. Distr. VIII, Abiategrasso; siehe Ravello.

Brusata, Lombardie, Prov. Milano und Distr. IX, Gorgonzola; siehe Bellinzago.

Brusata, Lombardie, Prov. Lodi e Cuema und Distr. III, St. Angielo; siehe Valera.

Brusata, Lombardie, Prov. u. Distr. I, (Milano); siehe Corpi S. di Porta Comasina.

Brusata, Cà, Lombardie, Prov. Cremona und Distr. VI, Pieve d' Ollmi; siehe Carettolo.

Brusata, Cà, Lombardie, Prov. Cremona und Distr. V, Robecco; siehe Cambina.

Brusata, Cà, Lombardie, Prov. Cremono und Distr. VI, Pieve d'Imi; siehe Gera de' Caprioli.

Brusata, Lombardie, Prov. Pavia u. Distr. III, Belgiojoso; siehe Lardirago.

Brusata, Cà, Lombardie, Prov. Cremona und Distr. VI, Pieve d' Olmi; siehe Pieve d' Olmi.

Brusata, Lombardie, Prov. und Distr. X, Milano; siehe Pantigliate.

Brusata, Casa, Lombardie, Prov. Pavia und Distr. IV, Corte Olona; s. Zerbo.

Brusata, Cassina, Lombardie, Pr. Milano und Distr. IX, Gorgonzola; s. Cassina di S. Pietro.

Brusata di sopra, Lombardie, Pr. Lodi e Crema und Distr. V, Casalpusterlengo; siehe Bertonico.

Brusata di sotto, Lombardie, Pr. Lodi e Crema und Distr. V, Casalpusterlengo; siehe Bertonico.

Brusatasso, Lombardie, Prov. Mantova und Distr. XIII, Suzzara; siehe Suzzara.

Brusate, Lombardie, Prov. Cremona und Distr. III, Soresina; siehe Soresina.

Brusate, Cà, Lombardie, Prov. Bergamo und Distr. II, Zogno; s. Fuippiano al Brembo.

Brusate, Case, Lombardie, Prov. Como und Distr. XI, Lecco; s. Lecco.

Brusati, Monticello, Lombardie, Prov. Brescia und Distr. X, Iseo; siehe Monticello Brusati.

Brusato, Lombardie, Prov. und Distr. X, Milano; siehe Albignano.

Brüsau, auch Brisau — Mähren, Ollmützer Kr., ein *Städtchen*, mit einer Obrigkeit und Pfarre.

Brusca, Dalmatien, Zara Kr., Obbrovazzo Distr., ein *Filialdorf*, der Pfarre Spodoglizza, lateinischen Ritus, zur Hauptgemeinde und Pretur Obbrovazzo geh., auf dem festen Lande, 9 Meilen von Obbrovazzo.

Brusca, Lombardie, Prov. Mantova und Distr. III, Roverbella; siehe Roverbella.

Brusca, Lombardie, Prov. Mantova und Distr. VI, Castel Goffredo; siehe Ceresara.

Brusca, Del, Lombardie, Provinz Cremona und Distr. III, Soresina; siehe S. Bassano.

Brusca, Mezza, Venedig, Provinz und Distr. I, Treviso; siehe Roncade (Mezza Brusca.)

Bruschowetz, Mähren, Iglau. Kr., ein *Zinsdörfchen*, mit römischen Einwohnern, nächst dem Dorfe Heraletz

nordw., zur Pfarre Heraletz und Hrsch.
Neustadtel, 10¼ St. v. Grossmeseritsch.

Brusele, Dalmatien, Spalato Kr., Lesina Distr., ein als Untergemeinde zur Distrikts - Hauptgemeinde geör. Dorf, mit einer Pfarre auf der Insel Lesina, 6 Meilen von Grabie und eben so weit von Lesina.

Brusco, Lombardie, Prov. Milano u. Distr. VII, Verano; siehe Veduggio.

Brusegana, Venedig, Prov. und Municipal-Bezirk Padova; siehe Padova.

Brusegana, Volta di, Venedig, Prov. und Municipal - Bezirk Padova; siehe Padova (Volta di Brusegana.)

Brusetne, Lombardie, Prov. Como und Distr. II, Como; siehe Cavallasca.

Brusetto, Lombardie, Prov. Bergamo und Distr. VI, Alzano Maggiore; s. Bondo.

Brusico, Lombardie, Prov. Bergamo und Distr. V, Ponte S. Pietro; siehe Sotto il Monte.

Brusim piano, Lombardie, Prov. Como und Distr. XIX, Arcisate, ein Gemeindedorf mit Vorstand und Pfarre, dann Einnehmerei, in der Ebene am Ufer des Porto-See's, nahe dem Berge Brossico, 11 Migl. von Varese. Mit:
Brusim piccolo, Meierei, — S. Martino, Kapelle.

Brusim piccolo, Lombardie, Prov. Como und Distr. XIX, Arcisate; siehe Brusim piano.

Brusin, Brussey — Mähren, Prerau. Kr., ein Dorf, mit böhmischen Einwohnern, zur Pfarre Bilawsko und zur Ortsobrigkeit Bystrzitz gehörig.

Brusino, Tirol, Trienter Kr., kleiner Ort, im Thale Cavedine, Beneficiat dies Pfarre, Ldgcht. Vezzano.

Brusnay, Böhmen, Jungbunzl. Kreis, ein Dorf, theils zum Gute Stranka, theils zum Gute Hauska in einem Thale, 1 St. von dem Städtchen Mscheno, 5½ St. von Jungbunzlau.

Brusni, Mähren, Brünn. Kr., ein unterthäniges Dorf, mit böhmischen Einwohnern, zur Pfarre und Hrsch. Lomnitz, zwischen dem Städtchen Lomnitz und dem Dorfe Rzipka, 3 St. von Lipuwka.

Brusni, Mähren, Brünn. Kreis, ein Dorf, zur Pfarre Bilawska und z. Hrsch. Bistrzitz gehörig.

Brusnik, Galizien, Sandec. Kr., ein Gut und Dorf, mit einer Pfarre, 6 St. von Sandec.

Brusnitze, Böhmen, Königgrätzer Kr., ein Dorf, der Hrsch. Nachod; s. Praussnitz.

Brusno, nowy mit **Deutschbach** und **Duchnica**, Galizien,

Zolkiew. Kr., ein Dorf, mit einer Pfarre zur Ortsobrigkeit Krzywe gehörig.

Brusno, stare, Galizien, Zolkiew. Kr., ein Dorf, zur Pfarre Brusno nowy und Ortsobrigkeit Krzywe gehörig.

Brusnyicza, Ungarn, diesseits der Theiss, Zemplin. Gespansch., Sztropkov. Bzk., ein dem Grafen Barkóczy geh. Dorf, mit einer griech. katholisch. Pfarre und 2 Mauthmühlen, 3½ St. von Orlich.

Bruso, Venedig, ein Berg, nahe am Berge Tamar.

Bruso Marazzani, Lombardie, Prov. Pavia und Distr. IV, Corte Olona; siehe Monticelli.

Bruso, Paradiso, Lombardie, Prov. Pavia und Distr. IV, Corte Olona; s. Monticello.

Brusone, Lombardie, Prov. Cremona und Distr. IV, Pizzighettone; siehe Cortetano.

Brusowitz, Schlesien, Teschner Kr., ein Dorf, mit römischen Einwohnern, zur Hrsch. Friedek, mit einer Pfarre, 1½ St. von Friedek.

Bruss, Brusy — Böhmen, Prach. Kr., ein Dorf, zur Hrsch. Stiekna geh., 2 St. von Strakonitz.

Bruss, Pruss — Böhmen, Saaz. Kr., ein Dorf, zur Hrsch. Welmschloss an dem Aubache, 2¼ St. von Saaz.

Brussa, Lombardie, Prov. Mantova und Distr. XIII, Suzzara; siehe Suzzara (Tabellano).

Brussberg, Mähren, Prerauer Kr., ein Städtchen, zur Hrsch. Hochwald; s. Braunsberg.

Brussich, Illirien, Istrien, ein Dorf, im Bezirke und auf der Insel Veglia, zur Pfarre Poglizza geh., in der Diöcese Veglia, 1 St. von Veglia.

Brusto, Ungarn, Beregh. Gespansch. siehe Brusztopataka.

Brustolade, Tirol, Trient. Kr., ein Weiler, zur Gemeinde Roncegua im Ldgcht. Borgo.

Brustollini, Lombardie, Prov. Mantova und Distr. IV, Volta; siehe Monzambano.

Brustury, Galizien, Stanislaw. Kr., ein zur Kammeralherrschaft Pistyn geh. Dorf, mit einer griechischen Pfarre, liegt am Flusse Pistynka, 9 St. von Winogrod.

Brusuglio, Lombardie, Prov. und Distr. I, Milano, ein Dorf und Gemeinde, mit seinem Vorstande und einer eigenen Pfarre S. Vincenzo, an Bruzzano, Bres-Cormano und Novate grenzend, 1½ St. von Milano. Hierher gehören:
Beccaria Manzoni, Radice, Landhäuser.

Brusy, Böhmen, Prach. Kr., ein *Dorf*, der Hrsch. Stiekna; siehe Bruss.

Brusznik, Slavonien, Posegan. Gespansch., Ob. Bzk., ein *Dorf*, d. Hrsch. Pakracz, nach Kusszony eingepf., am Fusse der Berge unweit Kraguje, mit 48 Häus. und 292 Einw., 1¼ St. von Pakracz.

Brusznik, Ungarn, Gömör. Komt.; s. Borsznok.

Bruszno, Ungarn, diesseits d. Donau, Sohler Gespansch., Ob. Bzk., ein slowakisches zur Kameral-Bergherrschaft Zolio-Liptse geh. *Dorf*, nach Szent-András eingepf., von welchem Orte es durch den Grán-Fluss getrennt ist, im Bezirke der Stadt Libet-bánya, 3¼ St. von Neusohl.

Bruszno, Ungarn, Neutraer Komt., eine *Ortschaft*, 3¼ St. von Neutra.

Brusznyik, Ungarn, Neogr. Komt.; siehe Borosznok.

Brusztopatak, insgemein Brusto — Ungarn, diesseits der Theiss, Beregh. Gespansch., Munkács. Bzk., ein russniakisches der Hrsch. Munkács dienstbares, nach Duszina eingepf., im Duszina Thale unweit Sztrojna lieg. *Dorf*, 7 St. v. Munkács.

Brusztur, Siebenbürgen, Doboker Komt.; siehe Somro-Ujfalu.

Brusztur, Ungarn, Bihar. Komt.; s. Tatáros.

Brusztur, Hufladen, Bruschur — Ungarn, Zarand. Gespanschaft, Halmágyer Kr., ein der Herrsch. Nagy-Halmágy geh., unweit dem Bache gleichen Namens, zwischen hohen Bergen liegendes walach. *Dorf*, mit einer griechisch nicht unirten Pfarre, und einem Bleibergwerke, gegen W., 1½ St. von Halmágy, 11½ St. von Déva.

Brusztura, Ungarn, jens. der Theiss, Mármaros. Gespansch., Szigeth. Bzk., ein russniak. *Kammeraldorf*, mit 113 Häus. und 761 Einw., einer eigenen griech. kathol. Pfarre, liegt gegen den galiz. Grenze zwischen Gebirgen und Waldungen, nächst Német und Orocz-Mokra, 12 St. von Szigeth.

Brusztureszk, Ungarn, jenseits der Theiss, Arad. Gespansch., ein walach. *Kammeraldorf*, mit 19 Häus. und 108 Einw., Filial der griech. nicht unirten Pfarre Zimdró, gegen O. an der Grenze Siebenbürgens, und gegen W. ¼ St. von Zimbró, 13 St. von Arad.

Brutialpe, Steiermark, Judenburger Kr., im Feistritz-Graben ob Kraubath.

Brutocz-Lörénczfalva, Brutowce, Brutoz, oder Stengelhof — Ungarn, diess. d. Theiss, Zips. Gespansch.,

im IV. oder Montan. Bzk., ein den Familien, Horváth, Kissevics, Jancsi und mehreren anderen geh. *Dorf*, wo slawischgesprochen wird, mit 63 Häus. und 459 Einw., einer eigenen Kirche und Lokalkaplanei, unter dem Gebirge an der Grenze des Sáros. Komt., 3¼ St. von Leutschau.

Brüttenhütte, Tirol, Vorarlberg, ein zur Hrsch. Bregenz gehör. kl. *Dorf*, 1 St. von Bregenz.

Brüttlerberg, Tirol, Vorarlberg, ein zur Hrsch. Feldkirch und Gericht Inn. Bregenzer Wald geh. kleines *Dörfchen*, 9 St. von Bregenz.

Bruvno, Kroatien, Karlstädt. Generalat; siehe St. Peter.

Bruvno, oder Brubno — Kroatien, jenseits der Kulpa, Klassnich. Bzk., ein zum Banal Grenz-Regim. Kanton Nro. X geh. *Dorf*, mit 51 Häus. und 258 Einw., liegt im Walde Perekovacz am Bache Szlalina, 3¼ St. von Glina.

Brüx, Gnenie, Gnewina, Bruk, Landswerth, Most, Bruxia, Gnecum, Gnuenin, Pontus, Pontum — Böhmen, Saazer Kr., eine k. *Stadt*, am Fusse eines Berges (Schlossberg) und dem Bila Fl., mit 3 Vorstädten (meist aus Wirthschaftsgebäuden bestehend), in deren einen sich eine Kommentur des Kreuzherren-Ordens befindet, mit 3000 Einwohnern, hat einen eigenen Magistrat, ein Gymnasium, ein Piaristen-Collegium, Kapuziner- und Minoritenkloster, ein Militär-Erziehungshaus, eine Normal und mit ihr vereinigte Mädchen-Industrie-Schule, ferner eine prächtige Pfarrkirche und ein alterthümliches Rathhaus; mitten durch sie über die daselbst sich befindlichen 3 Marktplätze führt die Poststrasse von Teplitz nach Karlsbad; von hier aus geschieht die Füllung und Versendung des Pillnaer Bitterwassers; in der Umgebung befinden sich viele Stein- und Braunkohlengruben. Postamt mit:

Adelsgrund, Bartelsdorf, Bettelgrün, Brandau, Bruch, Brüx, Einsiedel, Eisenberg, Fleyh, Ganghof, Gebirgsneudorf, Georgensdorf, Georgenthal, Nieder- und Ober-, Göhrn, Grünthal, Habran, Hammer, Hammergrund, Harreth, Hochpetsch, Hohenofen, Holtschitz, Hoschnitz, Jahnsdorf, Kaitz, Katharinaberg, Khan, Kleinhahn, Rollosoruck, Kommern, Koppertsch, Kopitz, Kramitz-Kreutzweg, Kummerpursch, Kummersdorf, La, dung, Langewiesc, Launitz, Leitensdorf, Nieder und Ober, Liquitz, Lindau, Liptitz, Lischnitz, Luschitz, Maltheuer, Marienthal, Marroves, Meilu-Mühle, Motsdorf Keil-, Nemelkau, Neundorf, Nikelsdorf, Oberdorf, Ohernitz, Ojest, Palleth, Paredel, Pattogró, Pillna, Plan, Plochta, Pollchrad, Friesen, Klein-, und Ober-Pruhn, Pulvermühle, Rasche, Ratschitz, Maria-, Rauschengrund, Riesenberg, Rosenthal, Rosselhof, Rudelsdorf, Sabnitz, Saidschitz, Sandel, Sarras, Satschitz, Schimberg, Schlattnig,Böhm-, Schlosshof, Schlossmühle, Schmelzhof, Schönbach, Schwetz, Schwindtschitz, Sedlitz, Seestadtl, Seidowitz, Sellnitz, Skirchina, Skrils,

Steinwasser, Stranitz, Strönitz, Taschenberg, Triebschitz, Trubschitz, Tschausch, Tscher-nitz, Tschöppern, Ugest Lang-, Ulbersdorf, Vier-zehnhöfen, Weidenmühe, Wolbutitz, Wenzels-dorf, Wiese, Willersdorf, Wollepschitz, Wtelna, Wurzmes, Wörochen, Zettel, Zladnig deutsch.

Brüxer Vorstadt, Böhmen, Leit-meritzer Kr., eine der Hrsch. Bilin un-terthänige *Vorstadt*, welche der Fluss Bila von der Stadt Bilin scheidet, 2 St. von Teplitz.

Bruxia, Böhmen, Saazer Kr., eine k. *Stadt*; siehe Brüx.

Bruy, Siebenbürgen, Gross. Schenk. Stuhl; siehe Brullya.

Bruzendorf, Oest. u. d. E., V. U. M. B., eine *Ortschaft*, 4½ St. von Holla-brunn.

Bruzene, Arzere di, Venedig, Prov. Padova und Distr. XII, Piove; s. Bruzene Chiesa (Arzere di Bruzene).

Bruzene d'Arzere, Venedig, Prov. Padova und Distr. XII, Piove; siehe Bruzene Chiesa.

Bruzene Chiesa, Venedig, Prov. Padova und Distr. XII, Piove, ein *Ge-meindedorf* von auf dem Felde zerstreut liegenden Häusern, mit einer Gemeinde-Deputation, Pfarre und Oratorio, in der Nähe des 2½ Migl. entfernten Fl. Bac-chiglione, 3 Migl. von Padova und eben so weit von Piove. Dieser Gemeinde sind einverleibt:
Ardeneghe, Porto, Gassen, — Arzere di Bruzene, Bruzene d' Arzere, Campagnola, Palù di Bru-zene, Gemeindetheile.

Bruznik, Ungarn, jenseits d. Theiss, Kraszov. Gespansch., Bulcs. Bzk., ein zwischen Bergen und Wäldern liegend., zur Hrsch. Bulcs geh. Kaal. *Pfarrdorf*, welches gegen O. an Waldungen, und gegen W. an die Temesw. Gespansch. grenzt, mit 183 Häus. und 1138 Einw., 5 St. von Facset.

Bruzno, Ungarn, diess. der Donau, Neutr. Gespansch., Bajmócz. Bezk., ein den Grafen Pálffy, geh. *Filialdorf*, der Pfarre Chrenovecz, mit 33 Häus. und 232 Einw., 2 St. von Bajmócz.

Bruzno, Ungarn, Sobler Komt., ein *Eisensteinbergwerk*.

Bruzovacha, Kroatien, jenseits der Save, Karlstädt. Generalat, Ketstinian. Bzk., ein z. Sluin. Grenz-Regimts. Kan-ton Nro. IV geh. *Ortschaft*, v. 19 Häus., nächst Siroka-Riek, 1½ St. v. Vojnich.

Bruzzano, Lombardie, Prov. u. Distr. I, Milano, ein *Gemeindedorf*, mit einer eigenen Pfarre, einem Oratorio u. Vor-stand, liegt zwischen Affori, Bresso, Brusuglio und Novate, 1½ St. v. Milano. Hieher gehören:
Benzoni, Cassina del Sasso, Migliavacca, Pa-dulli, Rongier, Landhäuser.

Bruzzano, Lombardie, Prov. Milano und Distr. XII, Melegnano; siehe Rob-biano.

Bruzzano, Mulino di, Lombardie, Prov. Milano u. Distr. XII, Melegnano; siehe Robbiano.

Bruzzato, Fenil, Lombardie, Pr. Brescia und Distr. II, Ospitaletto; siehe Cizzago.

Brykow, Galizien, Sambor. Kr., ein der Hrsch. Dublau geh. *Kameral-Dorf*, mit einer griech. kath. Kirche, 4½ St. von Sambor.

Brykula, Galizien, Tarnop. Kr., ein zur Hrsch. Strussow gehör. *Dorf*, mit einer Pfarre, gegen Osten nächst dem Brzezaner Kreise, 1 Stunde von Miku-lince.

Brykur, Galizien, Brzezan. Kr., ein der Hrsch. Pnemyslany geh. *Dorf*, 4 St. von Podhayczyki.

Brylikow, Galizien, Sanok. Kr., ein *Dorf*, zur Pfarre Waukowa geh., mit einer Ortsobrigkeit.

Brylince, Galizien, Przemysl. Kr., ein *Dorf*, zur Hrsch. Bakaczyce geh., 3 St. von Przemysl.

Bryly, Galizien, Jasl. Kr., ein *Dorf*, zur Pfarre Jaslo und Ortsobrigkeit Naw-sie gehörig.

Bryn, Galizien, Stryer Kr., ein zur Hrsch. Halicz geh. *Dorf*, mit einer grie-chischen Pfarre und Vorwerke, gegen S. nächst dem Dorfe Bednarow, 4 St. von Halicz.

Brynce Zagorne, Galizien, Brze-zan. Kr., ein der Hrsch. Wybranowka geh. *Dorf*, 3 St. von Bobrka.

Bryszeze, zu Zuki, Galizien, Zol-kiew. Kr., ein *Dorf*, zur Pfarre und Ortsobrigkeit Krechow gehörig.

Bryty, Galizien, Jaslo. Kr., ein der Hrsch. Brzysk unterthäniges *Dorf*, liegt am Flusse Wysloka auf einer kleinen Anhöhe, und grenzt gegen O. mit dem Orte Kaczorny, 1 St. von Jaslo.

Brzana dolna, Galizien, Sandec. Kr., ein *Gut* und *Dorf*, am Flusse Bia-la bei Bobowa, 6 St. von Sandec.

Brzana gorna, Galizien, Sandec Kr., ein *Gut* und *Dorf*, am Flusse Bia-la bei Bobowa, 6 St. von Sandec.

Brzanken, Brzanek — Böhmen, Leit-meritzer Kr., ein *Dorf*, an der Elbe mit dem abseitigen Hause Lis, gehör. zum Gute Brozon als Antheil des Her-zogthums Raudnitz, 1 St. v. Raudnitz.

Brzaza, Galizien, Stryer Kr., ein zu Kameral-Herrschaft Bolechow gehörig *Dorf*, tief im Gebirge, am Bache Su-kiel, 5 St. von Stry, 8 Meilen von Strzelice.

Brze, Böhmen, Tábor. Kr., ein *Dörf-chen*, zur Hrsch. Gistebnicz geh., 2¼ St. von Sudomierzitz.

Brzech, Brzehy — Böhmen, Chrud. Kr., ein zur Hrsch. Pardubitz gehörig. ein *Dorf*, an der Elbe, ¼ St. nordostw. von der Stadt Prželautsch, 4 St. von Pardubitz, 2¼ St. v. Chrudim.

Brzeczkow, Mähren, Znaim. Kreis, ein *Dorf*, mit einer Pfarre zur Hrsch. Frein gehörig.

Brzeczowice, Galizien, Bochn. Kr., ein zur Hrsch. Siepraw gehör., mit der Ortschaft Popowice vereinigtes *Dorf*, grenzt mit Siekakow, 2 St. von Myslenice.

Brzedina, Mähren, Ollmütz. Kr., ein *Berg*, 400 Klafter südw. von Klenowitz, 132 W. Klftr. über dem Meere.

Brzegy, Galizien, Bochn. Kr., ein zur Hrsch. Kokotow geh. *Dorf*, unweit der Weichsel, grenzt mit Grabie, 5 St. von Gdow.

Brzegy, Galizien, Sambor. Kr., ein der Hrsch. der Samborer Staats-Güter-Direktion Kupnowice gehör. *Dorf*, mit einer griechischen Kirche, grenzt an die Kaal. - Dörfer Piniani und Babina, 1 St. von Sambor.

Brzegy, Galizien, Sandec. Kr., ein z. Hrsch. Neumarkt geh. *Dorf* an dem Karpatischen Vorgebirge, am Bache gleichen Namens, 17 St. von Myslenice.

Brzeha, Brzehy — Böhmen, Jungb. Kr., ein *Dorf* an der Landstrasse von Münchengrätz nach Turnau zur Herrsch. Swigan, allwo eine Kirche und eine Mahlmühle an dem Iserflusse sich befindet, 1 St. von Münchengrätz.

Brzehof, Böhmen, Budw. Kreis, ein *Dorf* zur Hrsch. Frauenberg bei Nettolitz, 3 St. von Budweis.

Brzehor, Przehor — Böhmen, Leitm. Kr., ein zur Hrsch. Liebeschitz gehör. *Dorf*, 1¼ St. von Auscha.

Brzehy, Mähren, Prer. Kreis, *Berg*, 500 Schritte nordwestl. vom Dorfe Libiz, 170 W. Klftr. hoch.

Brzehy, Böhmen, Chrud. Kr., ein *Dorf* der Hrsch. Pardubitz; siehe Brzech.

Brzehy, Böhmen, Jungbunzl. Kr., ein *Dorf* zur Hrsch. Swigan; siehe Brzeha.

Brzekol, Przekol — Böhmen, Chrud. Kr., ein zur Hrsch. Rossitz gehör. *Dorf*, 2 St. von Chrudim.

Brzeschan, Brzezan — Böhmen, Rakonitzer Kr., ein *Dorf* des Gutes Tschistai, mit einer Filialkirche St. Margareth, zur Pfarre Tschistai gehör., unweit der Stadt Tschistai gegen S. gelegen, 2¼ St. von Horosedl.

Brzesciany, Galizien, Sambor. Kr., ein *Dorf* zur Pfarre Rakowa mit einer Ortsobrigkeit.

Brzescie, oder Brzezicz — Galizien, Samb. Kr., ein *Dorf*, zur Pfarre Brzészie, und Ortsobrigk. Kamareo gehörig.

Brzesele, Galizien, Tarnow. Kreis, ein zur Hrsch. Ciorzelow gehör., nach Galuszowice eingepfarrtes *Dorf*, 8 St. von Dembica.

Brzescze, auch Brzest — Mähren, Ollmütz. Kr., ein *Dorf* zur Hrsch. Hradisch, an dem Flusse Osskawa nordw., 2 St. von Ollmütz.

Brzesd, Mähren, Ollmütz. Kr., ein *Dorf* zar Pfarre Stephanau und Ortsobrigkeit Hradisch geh.; mit böhmischen Einw.

Brzese, Mähren, Ollmütz. Kr., ein *Dorf* zur Pfarre Nakel und Ortsobrigkeit Ollmütz geh., mit böhmischen Einw.

Brzesezy, Mähren, Iglauer Kr., eine *Ortschaft* bei Iglau.

Brzesina, Brezina — Mähren, Brünn. Kr., ein *Dorf* zur Pfarre Drachan, und Ortsobrigk. Wischau geh., mit böhmischen Einwohnern.

Brzesinek, Mähren, Ollmütz. Kreis, ein *Dorf* zur Pfarre Gewitsch und Ortsobrigkeit Biskupitz mit böhm. Einw.

Brzesinka, Mähren, Ollmütz. Kr., ein *Dorf* zur Pfarre Oppatowitz, u. Ortsobrigkeit Borotin geh., mit böhm. Einw.

Brzeska, **Lhotka**, Böhmen, Bidschower Kr., ein *Dörfchen* der Herrschaft Welisch, grenzt gegen N. mit dem Dorfe Gniobitz, 2 St. von Gitschin.

Brzeska, Mähren, Znaim. Kr., ein *Dorf* zur Herrsch. Namiescht gegen Tassau, 1 St. westw. von Grossbitesch.

Brzeska, Böhmen, Bidschow. Kr., ein *Dorf* zur Pfarre Libau und Eisenstadtl und Hrsch. Milschowes, 1¼ St. von Gitschin.

Brzeskiho, Mähren, Znaim. Kr., ein *Dorf* der Herrsch. Namiescht, mit einem Meierhofe, 1 St. von Grossbitesch.

Brzesko, Mähren, Ollmütz. Kr., ein *Dorf* zur Pfarre Kautz und zum Gute Jessenitz, nächst Michenau, ½ St. von Konitz an der Landstrasse, mit böhmischen Einw., 5¼ St. von Prossnitz.

Brzesko, Böhmen, Rakon. Kreis, ein obrigk. einzelner *Meierhof* mit Schäferei zur Pfarre Koschlann der Herrschaft Krzitz geh., unweit des Dorfes Slattina gegen W., 3¼ St. von Horosedl.

Brzesko, Brzeska — Böhmen, Bidschower Kr., ein *Dorf* zur Hrsch. Miltschowes, 1¼ St. von Gitschin.

Brzeskol, oder Bresko — Galizien, Bochn. Kr., ein *Städtchen* mit einer Pfr.

am Flusse Uszwica, zwischen Bochnia und Woynitz, Postamt mit:

Benvieszyna, Biadoliny Dembinskia, Bielcza, Biesvadki, Borsenczyn, Brzezowicz, Bucza, Ruczkow, Bratucice, Borek, Borowno, Chronow, Czohow, Dembinska Wola, Dombrowka Morska, Dombrowka Kreczow, Demhno, Doly, Driekanow, Druszkow, Dotenga, Filipowice, Grondy, Gnomik, Gonka, Gosprydowa, Glodow, Jadowniki podgorne, Jadowniki mokre, Jasien, Jastew, Jaworsko, Jodlowka, Jurkow, Kozieniec, Kobyle, Kopaliny, Lenacze, Lenki, Lewniowa, Lonicwy, Lopuczna, Lysagora, Laczrowa, Masz'lieniec, Mokrzyska, Niedrieliska, Nowa Wies, Okocim, Perta, Pomianowa, Poromhka, Przyhorow, Przemykowka Wola, Put Raisko, Ruda, Rzempia, Rysie, Stotwina, Strzelec mokre, Strzelec wielkie, Styrkowiec, Stroze, Szczepanow, Szczurowa, Tyuowa, Uszevica, Uszew, Wtorkorwa od-Lewniowa, Wietrzyhowice, Wokowice, Zaborow, Zlota, Zyrkow, Zagorzany, Zobawa, Zenpia.

Brzeskol, Böhmen, Chrudimer Kr., eine *Ortschaft*, 2 St. von Chrudim.

Brzeskowitz, Brscheskowitz — Böhmen, Klattau. Kr., ein zur Hrsch. Rotiporitschen geh. *Pfarrdorf* sammt einem Meierhofe und Schäferei, liegt gegen d. Markte Ruppau neben dem Dorfe Mstitz, daselbst sind noch einige Rudera von einem alten Kloster zu sehen, 5¼ St. von Pilsen.

Brzesky, Mähren, Znaimer Kr., eine *Ortschaft*, 1 St. von Gross-Bitesch.

Brzesnica, bei Boleslaw, Galizien, Tarnopol. Kr., eine *Ortschaft* zur Pfarre Boleslaw und Ortsobrigk. Grondy gehörig.

Brzesnica bei **Dembica**, Galizien, Tarnopol. Kr., ein *Dorf* mit einer Pfarre zur Ortsobrigk. Dembica gehörig.

Brzesnica Wola, Galizien, Tarnower Kr., ein *Dorf* zur Pfarre Brzesnica zur Ortsobrigk. Dembica gehörig.

Brzesnicza, Ungarn, Sümegh. Komt.; siehe Berzencze.

Brzesnitz, Böhmen, Tabor. Kr., ein *Dorf* der Hrsch. Pecin, 1½ St. von Moldautheln.

Brzesnjk, Mähren, Znaim. Kr., ein *Dorf* zur Hrsch. Namiescht, mit einer Lokalkaplanei, mit böhm. Einw., 1 St. von Namiescht, 2½ St. von Grossbitesch.

Brzesowitz, vor Alters Wrzesowitz — Mähren, Ollm. Kr., *Herrschaft* und *Dorf* mit einem Schlosse und einer eigenen Pfarre an der Landstrasse nach Prossnitz in der Hanna mit böhm. Einw., 2½ St. von Prosnitz.

Brzesowitz bei **Gaya**, Bresowice — Mähren, Brünn. Kr., ein *Dorf* zur Pfr. Oswietiman und zur Ortsobrigk. Gaya geh., mit böhmischen Einwohnern.

Brzesstian, Brschestan — Böhmen, Rakon. Kr., ein *Dorf* der Hrsch. Zlonitz, grenzt an dem Marktfl. Zlonitz gegen W., 1½ St. von Schlan.

Brzesstiow, Bürglitz, Pirglitz, Wrzesstiow — Böhmen, Königgrätz. Kr., ein

zur Hrsch. Horzeniowes gehöriges *Dorf* mit einem Meierhofe, grenzt gegen O. mit dem Dorfe Willantitz, und gegen W. mit dem Dorfe Bohanka, 1 St. von Jaromierz.

Brzest, Mähren, Ollm. Kr., ein *Dorf* zur Hrsch. Hradisch geh.; siehe Brzesce.

Brzest, Mähren, Prer. Kr., ein *Dorf* zur Hrsch. Kremsier gehörig mit einer Pfarre unter Skasstitz am Fl. Mosstinka, 1 Stunde von Kremsir, 4 Meilen von v. Wischau.

Brzestek, Mähren, Hrad. Kr., ein *Dorf* zur Hrsch. Buchlau gehörig, zur Pfarre Bucilowitz am Fusse des Gebirges mit einem Meierhofe ausser dem Dorfe auf einer Anhöhe, ½ St. v. Hradisch, 8 M. von Wischau.

Brzesuwka, Schlesien, Teschner Kr., ein *Dorf*, zur Pfarre und Herrschaft Stadt Teschen gehörig, 1St. von Stadt Teschen mit böhm. Einwohnern.

Brzesy, Bržezy, — Böhmen, Prach. Kr., ein *Dorf* zur Hrsch. Rosenthal gehörig, hinter Waldungen und hinter dem Pfarrdorfe Hwozdian (welches z. Herrschaft Schlüsselburg gehört) gelegen, 7 St. v. Rokitzan.

Brzeszce, Galizien, Wadow. Kr., ein zur Hrsch. Zator gehöriges *Dorf* an der Weichsel geg. preuss. Schlesien, 4 St. von Kenty.

Brzetboez, Böhmen, Czaslauer Kr., eine *Ortschaft*, 2 Stunden von Jenikau.

Brzetieticz, Böhmen, Prach. Kr., ein *Dorf* des Gutes Hradek und der Hrsch. Elischau, 5 St. von Horazdiowitz. 1 St. von Schüttenhofen.

Brzew, Böhmen, Pils. Kr., ein *Marktflecken* zur Hrsch. Grossmaierhofen geh. siehe Frauenberg.

Brzewniow, Gross-, Böhmen, Rakonitzer Kr., ein *Dorf*, ¼ St. von Prag.

Brzewniow, Klein-, Böhmen. Rakon. Kr., ein neues *Dörfchen*, zum St. Margarethen-Stifte (Gut Bržewniow) geh. und unterthänig, auf dem weissen Berge neben der Kommerzialstr. gegen Hostiwitz, 1 St. von Prag.

Brzewniow, Brewniow, St. Margareth — Böhmen, Rakon. Kr., ein *Gut*, mit einem Benedict. Klosterstifte, einer Pfarre und anderen dazu gehörigen Gebäuden vor dem Prager Reichsthore unterm weissen Berge, ½ St. von Prag.

Brzewniowes, Böhmen, Kaurž. Kr., ein *Gut u. Dorf*; siehe Bržezniowes.

Brzewnitz, Böhmen, Beraun. Kr., ein kleines zur Hrsch. Tloskau unterthäniges *Dörfchen*, 3½ St. von Bistritz.

Brzewnitz, Böhmen, Čzasl. Kr., 3 einzelne *Häuser* nebst einer Mahlmühle, zum Städtchen Chotieborž, unweit dieser Stadt, 3½ St. von Deutsch-Brod.

Brzewnitz, Bržewnicze — Böhmen, Časl. Kr., ein *Gut u. Dorf* mit einem Meierhofe, grenzt gegen Osten mit dem zum Gute Freuenthal angeiörigen Hof-Gericit, gegen Westen mit der Stadt Deutschbrod, und geg. Nord. mit dem Dorfe Gross, 1 St. von Deutsci-Brod.

Brzeytz, Mäiren, Igl. Kr., ein *Dorf* zur Pfarre Eisenberg und Ortsobrigkeit Gross-Meseritsci geiörig, mit böhmi-scien Einwoinern.

Brzez, Böimen, Prachiner Kr., ein *Dorf* der Hrsch. Worlik geh., 6 St. von Pisek.

Brzezan, Böimen, Beraun. Kr., ein *Dorf* unweit Lesbann, mit einem oirigkeitlichen Meierhofe und Sciäferei zur Hrsch. Lesciau geh., 3 St. von Bistritz.

Brzezan, Böimen, Kaurž. Kr., ein *Dorf* zur Hrsch. Skworez mit einem obrigkeitlici. Meierhofe geh., 1 St. von Böhmischbrod.

Brzezan, Böimen, Kaurž. Kr., ein zur Hrsch. Zerhenitz geh. *Dorf*, 1 St. von Planian.

Brzezan, Böimen, Rakon. Kr., ein *Dorf* an einer Anıöie geg. Nord. über dem Egerflusse, zur Hrsch. Budin geh., 2 St. von Budin.

Brzezan , Jungfern-, Böimen, Kaurž. Kr., ein *Gut u. Dorf*; sieie Jungfern-Bržežan.

Brzezan, Unter-, Böimen, Kaurž. Kr., *Herrschaft* und *Dorf*, eingepf. zur Pfarre Zlatnik, 1 St. von Jessenitz.

Brzezan, Böimen, Praciin. Kr., ein *Dorf*, zur Hrsch. Horaždiowitz geh.; sieie Bržožana.

Brzezan, Böimen, Rakon. Kr., ein *Dorf*, d. Gutes Tschistaiu; s. Bržeschau.

Brzezaner-Kreis, in Galizien, meir als 113 Q. M. gross, etwas bergig,

Lemberger   Zloczower

Tarnopoler

Brzezany o

Stanislauer

durchströmt von dem Dniester u. seinen Nebenflüssen Stripa und Lipa, mit

175,000 Einw., in 3 Städten 14 Marktflecken und 290 Dörfern, welcie sich mit Ackerbau, Vieizucit, Jagd, Holzhandel, etc. bescräftigen.

Brzezanka, Galizien, Jasl. Kr., ein *Gut* und *Dorf*, mit einem Edelhofe, an dem Bacie Malowka, grenzt gegen Süd. mit dem Orte Wysoka, 4 St. v. Barycz.

Brzezany, Galizien, Brzez. Kr., eine *Herrschaft* und *Kreisstadt*, mit einem Scilosse, einer lateiniscı- armeniscı-und griech. Pfarre, dann Franziskaner-Kloster, Gymnasium, Kreisiauptsciule u. 5000 Einw., welcie starke Gerierei treiben, am Bacie Lipa gnita, Postamt.

Brzeze, vor Alters Bržezowa — Mähren, Ollm. Kr., ein *Dorf*, zu den Ollm. Stadtgemeinde-Gütern geh., am Marcıflusse, 1½ St. von Littau.

Brzezegitz, oder auch Brzezegs — Mähren, Igl. Kr., ein *Dorf*, zur Hrsch. Gross-Meseritsci geh., mit einem oirigkeitl. Jägerhause, 1 St. südostw. von Meseritscı, näcıst dem Dorfe Lıotky, 1½ St. von Gross-Meseritscı.

Brzezek, Böimen, Kaurz. Kr., ein *Dorf*, mit einem Meierhofe, zur Hrsch. Stirzin geh., seitwärts d. Linzerstrasse über Kreuzkosteletz, rechts gegen W. 1½ St. von Jessenitz.

Brzezenitz, Brzeznicz — Böimen, Chrud. Kr., ein *Dörfchen*, der Hrsch. Ciotzen, an dem Dorfe Hemsch gegen Süd., 1½ St. von Hoıenmautı.

Brzezawitz, Böimen, Chrud. Kr., ein *Dorf*, der Hrsch. Rossnitz, mit einem Scilosse, grenzt am Holleschowitz, 2½ St. von Cırudim.

Brzezhegy, Mäiren, Iglauer Kr., eine *Ortschaft* bei Iglau.

Brzezhrad, Böimen, Königgr. Kr., ein der k. Leibgeding-Stadt Königgrätz unterth. *Dorf*, 1½ St. davon entfernt.

Brzezice, Galizien, Samb. Kr., ein der Hrsch. Komarno geh. *Dorf*, mit einem Vorwerke, einer russniak. Pfarrkircie grenzt gegen Ost., mit einem grossen Teicie, 5 St. von Rudky.

Brzezie, Galizien, Bocin. Kr., ein *Gut* und *Dorf*, mit einer herrschaftl. Woinung und Pfarre, gegen W. näcıst Lysokanie, 2 St. von Gdow.

Brzezie, Galizien, Sandec. Kr., ein kleines zur Relig.-Fonds-Hrsch. Dombrowlia geh. *Dörfchen*, ¼ St. v. Sandec.

Brzezin, Brzeziny — Böimen, Königgrätz. Kr., ein der Hrsch. Oppotschna unterth. *Dörfchen*, gegen Süd. an dem Dorfe Wall gelegen, 4 St. v. Königgrätz.

Brzezin, Brzeziny — Böimen, Chrud. Kr., ein zur Hrsch. Ricıenburg geıör. *Dorf*, an dem Flusse Schwarzawa und

, nächst der Grenze Mährens, 8 St. von Cirudim.

Brzezina, Böimen, Bidsch. Kr., ein Dorf, zur Hrsch. Welisci geh., ¼ St. von Gitschin.

Brzezina, Böhmen, Czasl. Kr., eine einz. *Bauernwohnung*, gegen Borowe, zum Gute Bila geh., 2¼ St. von Deutsci-Brod.

Brzezina, Böimen, Czasl. Kr., ein Dorf, zur Hrsch. Hammerstadt geh., beim Flusse Sazawa, 8 St. von Stöken.

Brzezina, Böimen, Jungb, Kr., ein zur Hrsch. Smigau geh. Dorf, mit einer Lokalkirche und Müile verseien, an d. Iserflusse, ½ St. von Münchengrätz.

Brzezina, Böimen, Kaurž. Kr., eine einz. *Schäferei*, zur Hrsch. Launowitz geh., an dem Flusse Blanitz, gegen O. unweit davon istdie Unterlaunowitzer Müile, 4¼ St. von Wottitz.

Brzezina, Böimen, Kaurž. Kr., ein *Hof*, mit Chaluppen, 1 Ziegelofen und 2 Ziegeliütten, zum Gute Trzebeschitz, geh., 2¼ St. von Bistritz.

Brzezina, Böhmen, Pilsn. Kr., ein Dorf, zur Hrsch. Radnitz geh., mit einem alten verwüsteten und einemunweit davon neuerbauten Schlosse und Eisenbergwerke, 1 St. von Rokitzan.

Brzezina, Böimen, Tabor. Kr., ein *Gut* und *Dorf*, mit einer Lokalie und Scilosse; dann 2 Mahlmühlen, an dem Flusse Trnawa, zwiscien Horzepnik und Poscina, 7 St. von Tabor.

Brzezina, Mäiren, Iglau. Kr., ein Dorf, zur Pfarre u. Hrsch. Popellin geh.

Brzezina, Mäiren, Brünn. Kr., ein Dorf, der Hrsch. Posorzitz, im Nordgeiirge unweit Kiritein, wohin es eingepfarrt ist, mit böhm. Einw., 3 St. von Posorzitz.

Brzezina, Mäiren, Brünn. Kr., ein zur Pfarre u. Hrsch. Tiscinowitz unterth. *Dorf*, am reciten Ufer d. Sciwarza Flusses, mit böhm. Einw., mit einer z. Brünner städtischen Hrsch. Gurrein gehör. Müile, an der Südseite von Tiscinowitz, 3 St. von Brünn.

Brzezina, Mäiren, Brünn. Kr., ein Dorf, zur Hrsch. Wisciau, näcist Nebstich im Gebirge, 4 St. von Wischau.

Brzezina, Mäiren, Brünn. Kr., eine *Kolonie*, zur Pfarre Zbraslau u. Hrsch. Rositz, mit böhm. Einw., 1¼ St. von Rositz, bei Zbraslau, 1 St. von Grosbitesch.

Brzezina, Mäiren, Ollm. Kr., ein Dorf, näcist u. zur Hrsch. Busau, 3½ St. von Müglitz.

Brzezina, Mäiren, Ollm. Kr., ein Dorf, der Hrsch. Trübau; s. Brissen.

Brzezina, Galizien, Brzezan. Kr., ein zur Hrsch. Kozdol geh. griech.-kathol. *Pfarrdorf*, 6 St. von Strzeliska.

Brzezina, Galizien, Stanisl. Kr., eine zur Hrsch. Holihrady geh., nur aus 7 Unterthans-Chaluppen bestehende *Ortschaft*, am Flusse Dniester, im Walde, 4¼ St. von Niszniow.

Brzezinek, deutsch Birkersdorf — Mähren, Brünner Kr., ein *Dorf*, zur Hrsch. Biskupitz geh., mit einem Meierhofe, näcist Gewitsch, 4 St. v. Müglitz.

Brzezinka, Galizien, Wadowicer Kr., ein zur Hrsch. Zator geh. *Dorf*, an dem Skawa Flusse, 6 St. von Kenty.

Brzezinka, Galizien, Wadow. Kr., ein zum Gute Skotniki geh. *Dorf*, nächst der Weichsel, im flacien Lande, 6 St. von Wieliczka.

Brzezinka, Böhmen, Czasl. Kr., ein *Dörfchen*, der Hrsch. Okrauhlitz, 1 St. von Deutsch-Brod.

Brzezinka, Böhmen, Czasl. Kr., ein *Dorf*, der Hrsch. Podhoržan, 3 St. von Czaslau.

Brzezinka, bei Andrichau — Galizien, Wadow. Kr., ein *Dorf*, zur Pfarre und Ortsobrigkeit Andrichau geh.

Brzezinka, Böhmen, Jungb. Kr., ein *Dorf*, der Hrsch. Weisswasser geh., über einem Thale gegen Südw., 1¼ St. von Hünnerwasser.

Brzezinka, Böhmen, Kaurž. Kr., ein zur Hrsch. Schwarzkostelletz gehör. *Dörfchen*, gegen Kohl-Janowitz gelegen, 2 St. von Planian.

Brzezinka, Böhmen, Rakon. Kr., ein *Dorf*, oberhalb Liboch Leitm. Kreises, 1 St. über Zelis gelegen, zur Hrsch. Unter-Beržkowitz gehörig, 5 St. von Nenschloss.

Brzezinka, Mähren, Brünn. Kr., ein *Dorf*, zum Gute Borotin und Gross-Sletin geh., nach Robaniu eingepfarrt, 2 St. von Brisau.

Brzezinka, Ober-, Böhmen, Czaslauer Kr., ein *Dörfchen*, zur Herrsch. Swietla geh., 2¼ St. von Steinsdorf.

Brzezinka, Unter-, — Böhmen, Czaslau. Kr., ein *Dörfchen*, der Hrsch. Swietla geh., 2¼ St. von Steinsdorf.

Brzezinki zu Szczurowa, Galizien, Bochnia. Kr., eine *Ortschaft*, zur Pfarre und Ortsobrigkeit Szczurowa gehörig.

Brzezinky, Brzezinka — Böhmen, Czaslau. Kr., eine einzelne *Mühle*, an dem Flusse Chrudimka, zur Hrsch. Bestwin geh., 4¼ St. von Jenikau.

Brzeziny, Galizien, Tarnow. Kreis, eine *Herrschaft* und *Dorf*, mit einer Pfarre, an einem kleinen Bache, grenz

- gegen O. mit dem Markte Wielopóle, 3 St. von Dembica.

Brzeziny, Galizien, Zolkiew. Kr., eine mit dem Dorfe Belzec verbundene *Ortschaft*.

Brzeziny dolne, Galizien, Tarnow. Kr., ein den Edlen von Morski geh. *Gut* und *Dorf*, grenzt mit den Hrsch. Wielopole, Niedzwiada und Mala, dann Brzezini Podkostielne, 3 St. v. Dembica.

Brzeziny, Galizien, Sandec. Kr., ein zur Hrsch. Roznow geh. Dorf, 4 St. v. Sandec.

Brzeziny, Böhmen, Königgrätzer Kr., eine *Ortschaft* bei Königgrätz.

Brzeziny Gorne, Galizien, Tarnow. Kr., ein *Gut* und *Dorf*, den Edlen von Szezepkowski geh., grenzt mit dem Jasl. Kreise, dann mit Brzeziny Dolne, 3 St. von Dembica.

Brzeziny Podkoscielne, Galizien, Tarnow. Kr., ein *Gut* und *Dorf*, den Edlen von Morski geh., liegt zwischen Brzeziny Gorne Dolne und Zazadne, 3 St. von Dembica.

Brzeziny Zazadne, Galizien, Tarnow. Kr., ein *Gut* und *Dorf*, den Edlen von Rucki gehör., grenzt mit der Hrsch. Mala des Jasl. Kreises, dann mit Brzeziny Gorne und Podkostielne, 3 St. von Dembica.

Brzezitz, Mähren, Brünn. Kr., ein Dorf, mit dem dazu geh. Wirthshause Sulikowka, zur Pfarre und zum Gute Kržetin, mit böhmischen Einwohnern, zwischen Kunstadt und Kržetin, 1½ St. von Goldenbrunn.

Brzezna, Mähren, Ollmütz. Kr., ein Dorf, zur Hrsch Eisenberg geh.; siehe Friese.

Brzezna, Böhmen, Saaz. Kr., eine *Schutzstadt*, zur Herrsch. Hagensdorf geh.; siehe Priesen.

Brzezna, Galizien, Sandec. Kr., ein *Gut* und *Dorf* am Flusse Dunajec, ½ St. von Sandec.

Brzeznica, Galizien, Bochn. Kr., ein zur Hrsch. Lazy geh. Dorf, mit einer Pfarre, gegen O. nächst Poreba, ⅞ St. von Bochnia.

Brzeznica, Galizien, Wadowic. Kr., ein *Gut* und *Dorf*, mit einem Edel- und Meierhofe, liegt nächst dem Weichsel-Flusse, 3 St. von Wadowice.

Brzeznica, Galizien, Tarnow. Kr., ein der Hrsch. Dembica geh. Dorf, mit einer Pfarre, Meierhofe und Mühle, an dem Wielopolka Bache, grenzt mit der Hrsch. Pustkow, 2 St. von Dembica.

Brzeznicka wolka, Galizien, Tarnow. Kr., eine zum Theil der Herrsch.

Dembica gehör. *Ortschaft*, liegt 2 St. von Dembica.

Brzeznieze, Böhmen, Saaz. Kr., eine *Bergstadt*; siehe Pressnitz.

Brzeznik, Böhmen, Bidsch. Kr., ein Dorf, der Hrsch. Miletin gehör.; siehe Wrzeznik.

Brzeznik, Böhmen, Czaslauer Kr., ein Dorf, der Hrsch. Selau geh.; siehe Wrzeznik.

Brzezniowes, Bržewniowes, Wrzegniowes, Weiss Krätschme — Böhmen, Kaurz. Kr., ein *Gut* und *Dorf*, mit einem Schlösschen und Meierhofe, an der Melniker Landstrasse gelegen, 3 St. von Prag.

Brzeznitz, Mähren, Hrad. Kr., ein Dorf, mit einer Pfarre, zur Hrsch. Zlin gehörig.

Brzeznitz, Böhmen, Prach. Kr., eine *Herrschaft* und *Stadt*, mit 2000 Einw., einem Schlosse und einer Pfarre, am Bache Wlžowa oder Lomnitz, 6¼ St. v. Pisek. Postamt mit:

Zur Herrschaft Brzeznitz gehören: Bubawitz, Borr, Belletitz, Gutwasser, Hetschitz, Kaupy, Martinitz, Podczap, Plischkowitz, Piniowitz, Rastel, Slanietin, Sachowitz, Swuschitz, Wranschitz, Wosel, Wollenitz, Waczikow, Doll, Hlotka, Zim und Zahroby. Zur Herrschaft Rozmital gehören: Altrozmital, Bezdiekau, Brzezy, Bukowa, Glasshutten, Hodiemischel, Ober-Laaz, Nepomuk, Neswaczil, Neudorf, Pinonsitz, Planin, Roselau, Sedletz, Skurow, Wieschin, Wollusch, Wranowitz und Zabuhla. Zur Herrschaft Drahenitz gehören: Chrast, Czernisko, Drahenitz, Draheniczek, Huczitz, Hoschowitz, Kozly, Latzina, Malkow, Namnitz, Podruhli, Pohorz, Porzicz Vorder- und Hinter-, Rastel, Swobotka, Swutschitz, Usenitz, Usenicsek, Walowitz, Weichitz, Wosel, Wollenitz und Wostrow. Zur Herrschaft Altsattelhradek gehören: Hradek, Hlubin, Protschewil, Stregckow, Tuschowitz und Wschwnil.

Brzeznitz, Mähren, Hradisch. Kreis, ein Dorf, mit böhmischen Einwohnern, und einer Pfarre, nächst und zur Hrsch. Zlin, in einem Thale, mit einer Lokalie, 3¼ St. von Kremsier, 4 M. von Wischau.

Brzezno, Böhmen, Jungbunzlau. Kr., ein zur Hrsch. Kost geh. an der Stadt Sobotka liegendes Dorf, mit einem Meierhofe, gegen Ost., zum Postamte Sobotka.

Brzezno, Brzizen — Böhmen, Jungbunzlau. Kreis, ein *Markt*, mit einem herrschaftl. Schlosse und einer Pfarre, nächst dem Dorfe Judendorf, 1½ St. von Jungbunzlau.

Brzezolup auch **Przezolup**, Mähren, Hrad. Kr., ein *Gut* und *Dorf*, mit einem Schlosse, einer Lokalie und einem Meierhofe, mit böhmischen Einwohnern, nächst Bilowitz, an dem Bache Bržezniza, 2 St. von Hradisch, 8 M. v. Wischau.

Brzezowa, Böhmen, Czasl. Kr., ein zur Hrsch. Krzesetitz unterthäniges Dorf, 2¼ St. von Czaslau.

Brzezowa, Böhmen, Beraun. Kr., ein Dorf, zur Hrsch. Torznik geh., liegt gegen O. nächst dem Dorfe Hrzedl, 1¼ St. von Czerhowitz.

Brzezowa. Böhmen, Kaurz. Kr., ein Dorf, zur Herrsch. Unter-Brzezau und Pfarre Wraney geh., 2 St. v. Jessenitz.

Brzezowa, Böhmen, Königgr. Kr., ein Dorf, zur Hrsch. Braunau; siehe Bürgicht.

Brzezowa, Mähren, Hrad. Kr., ein Dorf, zur Hrsch. Lukow geh., nahe an dem Markte Slusciowitz, 6 St. v. Kremsier, 4 M. von Wisciau.

Brzezowa, Mähren, Hrad. Kr., an das ungarische Gebirg Lovenik grenzendes, zur Hrsch. Ungarisch-Brod geh. Dorf, mit einer Lokalkaplanei und 2 Mahlmühlen, 6¼ St. v. Hradisci, 8 M. von Wisciau.

Brzezowa, Scilesien, Troppau. Kr., ein Dorf, zum Gute Stiebrowitz geh., wohin es eingepf. ist, an der Strasse von Troppau nach Ekersdorf, 3 St. von Troppau.

Brzezowa, Mähren, Ollm. Kr., ein Dorf, zu den Ollmützer Stadt Gemeingütern geh.; siehe Brzeze.

Brzezowa, Mähren, Brünn. Kr., ein Städtchen; siehe Brisau.

Brzezowa, Galizien, Bochn. Kr., ein zur Hrsch. Dobczyce geh. Dorf, nördlich nächst Dobczyce, 3 St. v. Gdow.

Brzezowa, Galizien, Bochn. Kr., ein zur Hrsch. Lapannow geh. Dorf, gegen S. nächst Boczow, 4 St. von Gdow.

Brzezowa, Galizien, Jaslo. Kr., eine Herrschaft und Dorf, grenzt gegen O. mit dem Orte Skalnik, 4 St. von Dukla.

Brzezowa Hora, Böhmen, Beraun. Kr., ein Marktflecken, der Stadt Přzibram; siehe Birkenberg.

Brzezowecz, Böhmen, Cirudim. Kr., eine Ortschaft bei Cirudim.

Brzezowicz, Böhmen, Bidsch. Kr., ein Dorf mit einer Mühle, zur Hrsch. Gross-Geržilz geh., ½ St. von Horžitz.

Brzezowiec, Galizien, Bocin. Kr., ein zur Hrsch. Brzesko geh. Dorf, grenzt S. gegen mit dem Kaal. Dorfe Jadowniki, ½ St. von Brzesko.

Brzeowiec, Galizien, Sanok. Kr., ein der Hrsch. Czaszyn geiöriges Dorf, nächst Czaszyn am Oslawa Bache, 3¼ St. von Sanok, und 4 Meilen von Jassienica.

Brzezowitz, Mähren, Ollm. Kr., ein Dorf, z. Hrsch. u. Pfarre Kokol geiörig.

Brzezowitz, Mähren, Hrad. Kr., ein zu den Gütern der Stadt Gaya geiör. Dorf, 2¼ St. von dieser Stadt hinter

Moschtienitz im Gebirge, 3¼ St. von Uhrzitz.

Brzezowka, Galizien, Bochn. Kr., eine mit dem Gute und Dorfe Porabka konzentrirte Ortschaft, 7 St. v. Bochnia.

Brzezowka, Galizien, Jasl. Kr., ein der Hrsch. Tarnowice unterthänig. Dorf, liegt in der Ebene am Flusse Jasilka, gegen S. nächst dem Orte Polakowka, 2 St. von Jaslo.

Brzezowka, Galizien, Tarnow. Kr., ein Dörfchen, der Hrsch. Gora Ropczycka, grenzt gegen N. mit Kolbuszow, 3 St. von Sendziszow.

Brzezuwek, Mähren, Hrad. Kr., ein Dorf, des der Hrsch. Hungarisch-Brod geh. Gutes Oržechau, wohin es eingepf. ist, mit 2 Mühlen, nächst Dubraw und Prowodow, 8 St. von Wisciau, 4¼ St. von Hradisci.

Brzezuwka, Galizien, Rzesz. Kr., ein der Hrsch. Tyczyn geh. Dorf, 5 St. von Rzeszow.

Brzezuwka, Scilesien, Teschn. Kr., ein Dorf, mit der Pfarre Bogwizdau zur Hrsch. Teschner Kammer Güter gehörig.

Brzezy, Böhmen, Berauner Kr., ein Dörfchen, südlich von Chlumetz, zur Hrsch. Cilumetz geh., 5 St. v. Wottlitz.

Brzezy, Böhmen, Budw. Kr., ein Dorf, zur Hrsch. Moldau-Tein u. Pfarre Chrastin geh., 2¼ St. von Moldau-Tein.

Brzezy, Böhmen, Budweiser Kr., ein Dorf, d. Hrsch. Gratzen; siehe Birken.

Brzezy, Böhmen, Czasl. Kr., ein Dorf, zur Hrsch. Tupadl und Pfarre Potiech geh., liegt gegen W., 1¼ St. v. Czaslau.

Brzezy, Böhmen, Kaurž. Kr., ein zur Hrsch. Aurziniowes geh. Dorf, 2¼ St. von Biechowitz.

Brzezy, Böhmen, Klatt. Kr., ein zur Hrsch. Scinkau geh. Dorf, grenzt gegen S. an den Meierhof Schinkowitz, 2¼ St. von Grünberg.

Brzezy, Böhmen, Praci. Kr., ein dem Gute Czachrau unterth. Dorf, grenzt gegen W. an die Herrschaft Bistritz, 2¼ St. von Klattau.

Brzezy, Böhmen, Prachin. Kr., ein zum Gute Hohenhradek geh Dorf, nahe am Schlosse Hohenhradek, 1 St. von Moldautein.

Brzezy, Bržez — Böhmen, Prach. Kr., ein Dorf, gehört zur Hrsch. Morlik, 6 St. von Pisek.

Brzezy, Böhmen, Pracin. Kr., ein Dorf des Gutes Kržeschtiowitz, 1 St. von Pisek.

Brzezy, Böhmen, Praci. Kr., ein Dorf, der Hrsch. Rosenthal; siehe Brzesy.

Brzezy, Böhmen, Saaz. Kr., ein Dorf, zum Gute Mohr geh.; siehe Przesau.

Brzezy, Böhmen, Tabor, Kr., ein *Dorf*, des Gutes Gross-Chischka; 6 St. von Taıor.

Brzezy, Böımen, Tabor. Kr., ein *Dörfchen*, der Hrsch. Müılıausen, 5 St. von Taıor.

Brzezy, Mäıren, Iglauer Kr., ein der Hrsch. Saar geh. *Dorf*, zur Pfarre Wesele, mit böımiscı. Einw., 4 St. von Gross-Messeritsch.

Brzezy, Ober-, Mäıren, Iglau. Kr., ein *Dorf*, der Hrsch. Ossowa-Bitischka, mit einer Kircıe und Lokalkaplanei, mit böımiscı. Einw., 1¼ St. von Gross-Bittescı.

Brzezyna, Böımen, Tabor. Kr., ein *Dorf*, mit dem Meierhofe Neuıof, zur Hrsch. Roth Lıota geıörig, 4 St. von Neuıaus.

Brzjanka, Galizien, Rzesz. Kr., ein *Dorf*, zur Pfarre Przybyszówka, mit einer Ortsobrigkeit.

Brzibram, Böımen, Czaslauer Kr., eine *Ortschaft* bei Jenikau.

Brzichowicze, Böhmen, Klatt. Kr., ein *Dorf*, d. Hrsch. Přzichowitz; siehe Przichowitz.

Brzizowa, Galizien, Sanok. Kr., eine *Ortschaft*, 4 St. von Jassienica.

Brzilitz, Przilitz — Böhmen, Budw. Kr., ein *Dorf*, der Hrsch. und Pfarre Wittingau, wovon ein Tıeil der Hrsch. dieses Namens angeıört, am Goldner Bacıe, ¼ St. von Wittingau.

Brzina, Böımen, Taıorer Kr., eine *Ortschaft* bei Tabor.

Brzina, Faktorka — Böımen, Berauner Kr., eine *Ortschaft* bei Wottitz.

Brzina, Böhmen, Beraun. Kr., ein *Dorf*, geh. zum Gute Skregschow.

Brzinkow, Böhmen, Saaz. Kr., ein *Dorf*, zum Gute Gross-Lipen geh., 3 St. davon entfernt, 2 St. von Saaz.

Brzis, Deutsch-Brziza — Böhmen, Pilsner Kr., ein *Dorf*, des Gutes Kazerow, nächst d. Dorfe Zrutsch, 2 St. v. Pilsen.

Brzis, Ober-, Brziza — Böhmen, Pilsn. Kr., ein *Dorf*, des Gutes Kazerow, unweit des nach Nekmirz gehör. Dorfes Zaluzy, 2½ St. von Pilsen.

Brzis, Unter-, Brziza — Böhmen, Pilsn. Kr., ein *Dorf*, des Gutes Kazerow, nahe an d. Dorfe Robschitz, 4¼ St. von Pilsen.

Brzitsch, Alt-, Stary Brzisstie — Böhmen, Czal. Kr., ein der Hrsch. Seelau unterthän. *Dorf*, 6 St. von Iglau.

Brzisch, Jung-, Mlady Brzisstie — Böhmen, Czasl. Kr.; ein *Dorf*, z. Hrsch. Seelau gehör., mit einer Pfarre, 6 St. von Iglau.

Brziska wola, Galizien, Rzesz. Kr., ein *Dorf*, zur Pfarre Tarnowiec und Ortsobrigk. Lezaysk geıörig.

Brzissegow, Böımen, Beraun. Kr., ein *Dorf*, der Hrsch. Wosetschan; sieıe Brzizegow.

Brzisstiany, Böımen, Bidsch. Kr., ein *Dorf*, z. Hrsch. Horzitz; s. Brzistian.

Brzisstie, Mlady-, Böımen, Czasl. Kr., ein *Dorf*, zur Hrscı. Seelau geıör.; sieıe Brzischt, Jung.

Brzisstie, Stary, Böımen, Czasl. Kr., ein zur Hrsch. Seelau geh. *Dorf*; sieıe Brzitscht, Alt.

Brzist, Böımen, Kaurz. Kr., ein der Hrsch. Kollin geıöriges *Dörfchen*; siehe Brzistwy.

Brzistew, Brzistwy — Böımen, Kaurz. Kr., ein zur Hrsch. Kaunitz geh. *Dorf*, mit einer Pfarre, 1½ St. von Böımiscı-Brod.

Brzistew, Neuscıloss — Böımen, Jungbunzl. Kr., ein *Dorf*, teils z. Herrscıaft Neukunstberg und tıeils z. Herrscıaft Kopidlno (Bidschow. Kr.) geıör., 2 St. von Königstadl.

Brzistian, Brzistiany — Böımen, Bidscıow. Kr., ein *Dorf* zur Hrsch. Horžitz, 1½ St. von Horžitz.

Brzistwy, Böımen, Kaurž. Kr., ein *Dorf* d. Hrsch. Kaunitz; siehe Brzistew.

Brzistwy, Brzist, Przisud — Böımen, Kaurž. Kr., ein zur Hrsch. Kollin geıör. *Dörfchen* an der Wiener-Strasse, 2 St. von Kollin.

Brzitz, Böımen, Königgrätz. Kr., ein zur Hrsch. Horženiowes geh. *Dorf*, mit 3 Mahlmühlen verseıen, an dem Flusse Trottina, gegen N. an Bielaun grenzend, 1½ St. von Jaromierz.

Brziza, Böımen, Königgrätz. Kr., ein zur Hrsch. Pržim geh. *Dorf*, grenzt mit den Königgrätzer Gründen, 1 St. von Königgrätz.

Brziza, Böımen, Pilsn. Kr., ein *Dorf* des Gutes Kazerow; sieıe Brzis.

Brziza, Böımen, Kaurž. Kr., ein *Dorf* der Hrsch. Raudnitz geıör., hinter dem Dorfe Racziniowes gelegen, 1 St. von Budin.

Brzizegow, Brziessegow — Böımen, Beraun. Kr., ein *Dorf* zur Hrsch. Wosetschann geh., 4½ St. von Wottitz.

Brzizna, Böımen, Saaz. Kreis, eine *Schutzstadt* d. Hrsch. Hagensdorf; sieıe Priesen.

Brzosowa, Mäıren, Hradiscı. Kreis, ein *Dorf* zur Pfarre Suschlwitz und zur Hrscı. Lukow geh., mit böhm. Einw.

Brzostecka Wola, Galizien, Jasl. Kr., ein der Hrsch. Brzostek unterthän.

Dorf, grenzt gegen **W.** mit dem Orte Nawsie, 5 *St.* von Jaslo.

Brzostek, Galizien, Jasl. Kr., eine *Herrschaft* und *Städtchen*, mit 850 Einwohnern und einer Pfarre, liegt auf der Kaiserstrasse, welche von Ungarn nach Wien führt, und grenzt gegen S. mit dem Orte Klecie, 5 St. von Jaslo.

Brzostowa, góra, mit Przesislawice, Popielow und Stawisko — Galizien, Rzesz. Kr., ein *Dorf* zur Pfarre Maydar und Ortsobrigkeit Mokrziszow gehörig.

Brzotitz, Böhmen, Czasl. Kreis, ein *Dorf* zur Herrsch. Martinitz, 8 St. von Stöcken.

Brzotitz, Böhmen, Czasl. Kreis, ein *Dörfchen* zum Schwenda-Freisassenviertel gehör., liat gegen **W.** das Dorf Niemtschitz, 8 St. von Czaslau.

Brzoza, Galizien, Rzeszow. Kreis, ein der Hrsch. Wrzawy gehör. *Dorf*, 22 St. von Rzeszow.

Brzoza Krolewska, Galizien, Rzeszow. Kr., ein der Starostei Lezaysk geh. *Dorf*, 6 St. von Lancut.

Brzoza Stadnieka, Galizien, Rzeszower Kr., ein der Hrsch. Lancut gehör. *Dorf*, 5 St. von Lancut.

Brzozana, oder Brzezan — Böhmen, Prachin. Kr., ein *Dorf* zur Hrsch. Horazdiowitz geh., liegt westw. gegen der Stadt Klattau, 1½ St. von Horazdiowitz.

Brzozdowce, Galizien, Brzezaner Kr., eine *Herrschaft* und *Markt*, mit einer kath. und griech. Pfarre, nächst dem Dniester Flusse, 5 St. v. Strzeliska.

Brzozow, Galizien, Sanok. Kr., eine *Herrschaft* und *Stadt*, mit 2400 Einw., einem Schlosse und einer Pfarre nächst Humnisk, am Bache Stebnica, 3 St. von Jassienica.

Brzozowa, Galizien, Tarnow. Kreis, ein der Hrsch. Lubzina gehör. und in eingepf. *Dorf*, grenzt gegen O. mit der Pfarre Czekai u. gegen Wan. Lubzynia, 2½ St. von Dembica.

Brzozowa, Galizien, Tarnow. Kreis, ein zur Hrsch. Tuciow geh. *Dorf*, mit einer eigenen Pfarre, grenzt gegen O. mit Gromniki und gegen S. mit dem Jastrzebsker Wald, 1½ St. von Woynicz.

Brzozowica, Galizien, Zloczower Kr., ein *Dorf* mit einer Pfarre zur Ortsobrigkeit Olejow gehörig.

Brzozowka und **Lubasz**, Galizien, Tarnow. Kr., ein *Gut* und *Dorf* mit einem Wirths- u. Bräuhause, nach Szczucin eingepf., grenzt gegen N. mit dem Weicisel Fl., 4 Meil. von Tarnow.

Brzuchotein, Mähren, Ollmützer Kr., ein dem Ollmützer Metropolitanka-

pitel geh. *Dörfchen*, zur Pfarre Krönau, mit einem Meierhofe und böhm. Einw., an der Str. nach Littau, nordw., 1¼ St. v. Ollmütz.

Brzuchowice, Galizien, Brzezaner Kr., eine *Herrschaft* und *Pfarrdorf* an der Gnila lipa, 4 St. von Strzeliska.

Brzuchowice, Galizien, Lemberger Kr., ein zur Staatshrsch. Lemberg geh. *Pfarrdorf*, 3¼ St. von Lemberg.

Brzuska, Galizien, Sanok. Kr., eine *Herrschaft* und *Pfarrdorf*, nächst Pistkowa, am Flusse Korzonka, 5 St. von Przemysl.

Brzuznik, Galizien, Wadow. Kreis, ein zur Hrsch. Wieprz gehörig. *Dorf* im Walde, 8 St. von Bielitz.

Brzwe, Brzwy — Böhmen, Rakonitzer Kr., ein zur Hrsch. Tacilowitz gehörig. *Dorf* mit einer obrigk. Schäferei, 1 St. von Duscinik.

Brzwy, Böhmen, Rakon. Kr., ein *Dorf* zur Hrsch. Tacilowitz; siehe Brzwe.

Brzyna, Galizien, Sandec. Kr., ein zur Hrsch. Jarowsko geh. *Dorf*, 3 St. von Sandec.

Brzyscie, Galizien, Jasl. Kr., ein der Hrsch. Dembowice unterth. *Dorf*, liegt am Flusse Roppa, und grenzt gegen S. mit dem Orte Lazy, 1 St. von Jaslo.

Brzysk, Galizien, Rzeszow. Kr., ein der Hrsch. Tyrzin geh. *Dorf*, 3 St. von Rzeszow.

Brzysk, oder Brzyski — Galizien, Jasl. Kr., eine *Herrschaft* und *Dorf* mit einer eigenen Pfarre, am Flusse Wysloka, grenzt gegen O. mit den Ortschaften Ujazdu und Klodawa, 1 St. v. Jaslo.

Brzyska Wola, Galizien, Rzeszow, Kr., ein der Starostei Lezaysk gehöriges *Dorf*, 10 St. von Lancut.

Brzysna, Galizien, Tarnow. Kr., ein z. Hrsch. und Pfarre Ropczyce geh. *Dorf*, 2 St. v. Sendziszow.

Brzystanie, Galizien, Zolkiew. Kr., ein zur Herrsch. Augustow oder Gross-Mosty gehör. *Dorf*, mit einer griechisch-katholisch. Kirche, nächst Butyny, 5 St. von Zolkiew.

Brzyszczki, Galizien, Jasl. Kr., ein der Hrsch. Garojowice unterthän. *Dorf*, liegt unweit des Flusses Jasielka, gegen O. nächst dem Orte Warzyce, ¼ St. von Jaslo.

Brzyzawa, Galizien, Sanok. Kr., ein *Gut* und *Pfarrdorf* nächst Dobra an einem unbenannten Bache, 4 M. von Jassienica, 5 St. von Sanok.

Brzyzina, dolna et gorna zu **Korabniki**, Galizien, Wadowicer Kr., eine *Ortschaft* zur Pfarre Skawlna und Ortsobrigk. Korabniki gehörig.

Bschlabs, Tirol, Ober Innth. Kr., ein *Dorf* im Thale Pfafflar, Expositur der Pfarre und des Landgchts. Imst.

Bschütt, Tirol, Unt. Inn- und Wippth. Kr., ein *Weiler*, zur Gemeinde Jochberg im Landgcht. Kitzbüchel gehörig.

Bsie, Böhmen, Pilsn. Kr., ein *Dorf* der Hrsch. Kotzenitz; siehe Bzy.

Bsuch , Oest. ob d. E., Salzb. Kr., ein zum Ldgcht. Saalfelden (im Gebirgslande Pinzgau) gehöriges *Dörfchen*, ½ St. von Saalfelden, mit einer Mühle und einer Ziegelbrennerei, pfarrt nach Saalfelden. 17¼ St. von Salzburg.

Btilgeschd, Ungarn, Kraszna. Komt.; siehe Bylgezd.

Bü, Ungarn, Sümegh. Komt., *Praedium.*

Buba , Siebenbürgen, Doboker Gespanschaft, ein *Markt* mit 96 Häus. und 687 Einwohnern, zwischen den Gebirgen Sandroja und Delbitan des östlichen Höhenzuges, 1½ St. von Tihutza.

Bubain, Illirien, Istrien, ein *Berg*, südlich von Orte Carnizza, 659 Wien. Klft. hoch.

Bubaz, Dalmatien, Zara Kr. und Dist., ein *Dorf* und Filial der Pfarre Torette, zur Hauptgemeinde Zara-veccia und Pretur Zara gehörig, auf der Insel Ugliane, 20 Migl. von Zara.

Bubbiano, Lombardie, Prov. Pavia und Distr. VI, Binasco, ein *Gemeindedorf* mit Vorstand und Pfarre S. Ambrogio, 5 Migl. von Binasco. Mit: *Bertacca, Cassinazza, Meierei.*

Bubegno, Lombardie, Prov. Como und Distr. VI, Portezza; siehe S. Nazzaro.

Buben, Böhmen, Rakon. Kr., ein *Gut* und Dorf; siehe Bubna, Klein-.

Buben, St. Georg, od. Drei-Drommel— Böhmen, Chrud. Kr., ein *Dorf* der Hrsch. Nassaberg, mit einer Filialkirche und einem Wirthshause, 1 St. von Chrudim.

Bubenberg, Ober-, Oest. ob d. E., Inn Kr., ein zum Ldgcht. Waizenkirchen gehöriges *Dorf*, theils nach Willhald, theils nach Baierbach pfarrend. 1½ St. von Baierbach.

Bubenberg, Unter-, Oest. ob d. E., Inn Kr., ein zum Ldgcht. Weizenkirchen geh. *Dorf*, an der Grenze gegen die Pfarre Nattenbach, pfarrt nach Baierbach, 1¼ St. von Baierbach.

Bubendorf, Steiermark, Grätzer Kr., ein zum Wb. B. Kom. Lannach geh., versch. Hrsch. unterthäniges, nach Moskirchen eingepfarrtes *Dorf*, mit 26 Häusern und 125 Einwohnern, nächst dem Markte Moskirchen, 6 St. von Grätz.

Bubendorf, Ungarn, Eisenb. Komt., ein *Dorf* mit 49 Häusern und 306 Einw.

Bubenecz, Hinter-, Böhmen, Rak. Kr., ein *Gut* und *Dorf*; siehe Troja.

Bubenecz, Vorder-, Bubentsch, Owenecz, Vorder-, Przedny Owenecz, Böhmen, Rakon. Kr., ein zu den Obristburggräfl. Gütern geh. *Dorf*, mit einer Kirche und Pfarre, daran befindet sich der k. k. Thiergarten und die sogenannte Kaisermühle an der Moldau, ½ St. von Prag.

Bubenetz, Böhmen, Königgr. Kr., ein *Dorf* zur Hrsch. Senftenberg geh., 5 St. von Reichenau, 4 St. von Königgrätz.

Bubenland, Oest. ob d. E., Hausr. Kr., ein im Wb. B. Kom. Puchheim liegendes, zur Hrsch. Ebenzweier und Burg Wels dienstbares *Dorf*, nach Desselbrunn eingepfarrt.

Bubentsch, Hinter-, Böhmen, Rakon. Kr., ein *Gut* und *Dorf*; siehe Troja.

Bubentsch, Mitter-, Böhmen, Rakon. Kr., ein *Gut* und Dorf an dem Moldaufl.; siehe Bubna, Klein-.

Bubentsch, Vorder-, Böhmen, Rakon. Kr., ein zu den Obristburggräfl. Gütern gehöriges *Dorf*; siehe Bubenecz, Vorder-.

Buberek, Ungarn, jenseits der Donau, Zalad. Gespansch. , Kapornak Bzk., ein nicht weit vom Zala Flusse entfernt liegendes *Praedium* , zwischen Kál, Tütos und Zala-Apáti, 4 Stunde von Kanisa.

Buberg, Oest. unt. d. E., V. O. W. W., 2 zur Hrsch. Thalheim und Pfarre Pyira gehörige *Häuser* unweit Böheimkirchen, 2 St. von St. Pölten.

Bubesting, Oest. ob d. E., Inn. Kr., ein zum Ldgcht. Ried gehöriger *Weiler*, in der Pfarre Mehrenbach, 1 St. von Ried.

Bubing, Oest. ob d. E., Inn Kr., ein zum Ldgcht. Schärding gehöriges *Dorf* auf einer waldigten Anhöe, südlich vom Bramfluss bewässert, pfarrt nach St. Florian, ½ St. von Schärding.

Bubing, Oest. ob d. E., Inn Kr., ein *Dorf* d. Dom. Domkap. Passau, dem Kastenamt und Kirchhof Schärding geh. nach St. Florian eingepfarrt, ½ St. von Schärding.

Bubmannsed , Oest. ob d. E., Inn Kr., eine *Einöde* der Kaal. Hrsch. Friedburg geh., ¾ St. von Frankenmarkt.

Bubna, Klein-, Buben, Cwenecz, Mitter-, Böhmen, Rakon. Kr., ein *Gut* und *Dorf*, an dem Moldauflusse, nahe an Prag, dem sogenannten grossen Venedig gegenüber, ist mit einer Kirche versehen, und es befindet sich auch ein Meierhof dabei, ¼ St. von Prag.

Bubnahof, Böimen, Rakon. Kr., Emphitevtische zu den obristburgräfl. Gütern geiörige, dem Gute Bubna, naie an Prag, einverleibte *Gründe*, an dem Moldaufl., ¼ St. von Prag.

Bubnarczy, Kroatien, Agram. Gespansch., im Bzk. jenseits der Kulpa, eine *Herrschaft* und Dorf mit einem der Familie Voikovich geiörigen adel. Hofe, in der Pfarre Sakauie mit 38 H. und 270 Einwoinern, 4 St. v. Netratich.

Bubnecza, Illirien, eine *Ortschaft* bei Möttling.

Bubniszcze, Galizien, Stryer Kr., ein zur Kammeral-Hrsch. Boleciow geh. *Dorf*, liegt recits von Cissow im Gebirgswinkel gegen Ost., 4¼ St. von Stry, 8 Meilen von Strzelice.

Bubowitz, Böimen, Praciin. Kr., ein *Dorf* zur Hrsch. Brzeznitz geh., ¼ St. von Brzeznitz, 8 St. von Rokitzan.

Bubowitz, Bukowitz, Böimen, Beraun. Kr., ein *Dorf* mit einem Meieriofe zum Gute St. Joiann unterm Felsen geh., 1¼ St. von Beraun.

Bubrzany, Galizien, Zloczow. Kr., ein der Hrsch. Pomorzany geiöriges *Dorf*, mit einer grieciisci-katioliscien Kircie, 4¼ St. von Zloczow.

Bubulieska, Bobovics — Ungarn, diess. d. Treiss. Beregh. Gespansch. und Kaszon. Bezirk, ein russniak. den Mönchen vom Berge Csernek gehöriges *Dorf* mit 74 Häus. und 791 Einwoinern, einer eigenen Pfarre zwiscien den Ortschaften Nagy-Loko, Vorotnitza und Balasfalva, 4 St. von Munkács.

Bucauz, Illirien, Friaul, Görz. Kr., ein in der Gem. Bainsiza liegender, der Hrsch. Canale geh. *Gebirgshof*, 5¼ St. von Görz.

Buccari, Bucar — Kroatien, in dem See-Dist., eine königl. freie *Seestadt*, mit einem freien Hafen, einem festen Sciosse, 260 Häus. und 2200 Einw., hat einen organisirten Magistrat, ein Stift-Kapitel und Pfarre, ein k. Bankal-Salz-und Dreissigstamt, liegt am Meere zwiscien 2 Bergen, 1¼ St. von Fiume.

Buccaricza, Bakarecz — Kroatien, im Buccar. Kommerz. See-Distrikte, ein mit einem Seeiafen verseienes, zur Gericitsbarkeit der Stadt Buccari geh., naci Dool eingepfarrtes *Dorf*, mit 33 Häusern und 163 Einw., einem k. Holzverschleissamte, liegt am Meere, ¾ St. von Buccari, 1¼ St. von Fiume.

Buccinasco mit **Terradeo**, Lombardie, Prov. und Distr. II, Milano, ein *Gemeindedorf* mit einem Gemeinde-Vorstand, der naie liegenden Pfarre S. Gervaso zu Romano Banco einverleibt, 2¼ St. von Milano. Beigezählt werden:
Mulino die Buccinasco, Mühle. — Battilocca, Buccinasco,Terradeo, Schweizereien.

Buccinasco, Mulino di, Lombardie, Prov. und Distr. II,. Milano; sieie Buccinasco con Terradeo.

Buccinigo, Lombardie, Prov. Como und Distr. XIV, Erba, ein *Gemeindedorf* mit einer eigenen Pfarre, Gemeinde-Deputation und 2 Seidenmühlen, an der Provinzialstrasse von Como naci Lecco, am Fusse des Berges Buccinigo, ¼ Migl. von Eria. Dazu geiören:
Cassina Galbance, Cassina Ladorina, einzelne Meiereien. — Molena, Dorf, — Pomerio, einzelnes Landhaus.

Buch, Oest. u. d. E., V. O. W. W., ein kleines, zur Hrsch. Freideck geiöriges *Dörfchen* mit 13 Häusern und 80 Einw., nicit weit von Steinakirchen, woiin es eingepf. ist, 2¼ St. von Kemmelbaci.

Buch, Steiermark, Grätzer Kr., eine zur Wb. Bzk. Kom. Hrsch. Schielfeiten geh. *Ortschaft* von zerstreuten Häusern, mit einer Pfarre, grenzt mit dem Wb. Bzk. Herberstein und Troniausen, 3 St. von Gleisdorf.

Buch, Tirol, Unt. Inn- und Wippth. Kr., ein zur Hrsch. Rottenburg am Inn geh. *Dorf*, zwiscien Duft und St. Margaretien, 1 St. von Sciwatz.

Buch, Tirol, Vorarlberg, ein zur Hrsch. Bregenz geh. zerstreutes *Dorf* mit einer Pfarre, 2 St. von Bregenz.

Buch, Oest. ob d. E., Hausruck. Kr., ein zum Wb. B. Kom. Lambaci und der Hrsch. Köppach und Orti geiör. *Dorf*, naci Aicikircien eingepfarrt.

Buch, Oest. ob d. E., Hausr. Kr., ein kleines, im Wb. Bzk. Kom. Aistersieim liegendes *Dorf* von 6 Häusern, den Hrsch. Aistersieim, Stahremberg und Steiniaus geh., auf einer Aniöie, naci Weibern eingepf., ¼ St. von Haag.

Buch, Oest. ob d. E., Hausr. Kr., ein zum Wb. Bzk. Kom. und Hrsch. Kogl geh. *Dorf*, nach St. Georgen am Attergey eingepfarrt, 2 St. von Haag.

Buch, Oest. ob d. E., Inn Kr., ein den Hrsch. Riegerting und Katzenberg geh. *Dorf*, naci Kirci iam eingepfarrt, 3 St. von Ried.

Buch, Oest. ob d. E., Inn Kr., ein der Hrsch. Riegerting geiöriges *Dorf*, nach Meirnbaci eingepf., 2 St. von Ried.

Buch, Oest. ob d. E., Inn Kr., ein kleines der Kaal. Hrsch. Mattighofen geh. *Dorf*, nach Bischelsdorf eingepf., grenzt gegen O. mit Unternhard, 3 St. von Braunau.

Buch, Oest. ob d. E., Inn Kr., ein zur Kaal. Hrsch. Wildshut geh. *Dorf*, nach Frauking eingepfarrt, an der Grenze von Salzburg, 8 St. von Braunau.

Buch, Oest. ob d. E., Inn Kr., ein zum Wb. Bzk. Kom. Mattighofen, dann der Hrsch. Friedburg gehör. kleines *Dorf*, nach Munderfing eingepf., grenzt gegen O. mit Ach, 5¼ St. von Braunau.

Buch, Oest. u. d. E., V. O. M. B., ein zur Hrsch. Karlstein geh. *Dorf*; s. Puch.

Buch, Am, Oest. u. d. E., V. O. W, W., ein einzelnes der Hrsch. Neustädten geh. *Haus* im Anzbacher Graben, 3 St. von Burkersdorf.

Buch, Gross-, Illirien, Unt. Kärnten, Klagenfurter Kr., ein zur Ldgchts. Hrsch. Tentschach geh. *Dorf*, mit einer Filialkirche, nach St. Martin am Ponnfeld einverleibt, einige Häuser von diesem Dorfe liegen im Wb. Bzk. Altenneim, 2¼ St. von Klagenfurt.

Buch, Klein-, Illirien, Kärnten, Klagenfurter Kr., eine *Ortschaft* von 2 Häusern, der Ldgcht. Hrsch. Tentschach geh., nach St. Martin am Ponnfeld eingepf., 2 St. von Klagenfurt.

Buch, Maria-Buch — Steiermark, Judenburger Kr., ein zum Wb. Bzk. Kom. der Stadt Judenburg geh. *Dörfchen*, mit einer Filialkirche, wohin stark gewallfahrtet wird, 1 St. von Judenburg.

Buch, Mittern-, Oest. ob d. E., Traun Kr., ein im Wb. Bzk. Kom. Wimsbach liegendes *Dörfchen*, verschiedenen Dom. geh., 3 St. von Lambach.

Buch, Nieder-, Tirol, Vorarlberg, 5 einzelne *Höfe*, der Hrsch. Feldkirch geh., im Gericte Inn. Bregenzerwald, 3 St. von Bregenz.

Buch, Niedern-, Oest. ob d. E., Hausr. Kr., ein im Wb. Bzk. Kom. Würting liegendes *Dorf*, der Hrsch. Aistersneim geh., nach Meggenhofen eingepf., zwischen Freinberg und Lineth, nächst der Pfarre Offenhausen, 2¼ St. von Lambach.

Buch, Nieder-, Puch — Oest. ob d. E., Hausr. Kr., eine kleine im Wb. Bzk. Kom., Willering liegende *Ortschaft*, der Hrsch. Steyreck gehör., nach Kirchberg eingepf., 3 St. von Linz.

Buch, Ober-, Steiermark, Grätzer Kr., ein zum Wb. Bzk. Kom. Hartberg geh. und dem Stifte Vorau unterthäniges *Dorf*, mit 22 Häusern und 102 Einwohnern, an der Strasse von Hartberg nach Ilz, 4¼ St. von Ilz.

Buch, Ober-, Tirol, Vorarlberg, ein zur Hrsch. Bregenz und zum Gerichte Lingenau gehörig. *Dörfchen*, 5 St. von Bregenz.

Buch, Ober-, Oest. ob d. E., Inn Kr., ein *Dorf*, zum Ldgcht. Mauerkirchen und verschiedenen Hrsch. gehör., seitwärts Hunding und Werntal in einer Ebene, nach Weng eingepfarrt, 1¼ St. von Braunau.

Buch, Obern-, Oest. ob d. E., Traun Kr., ein im Wb. Bzk. Kom. Wimsbach lieg. *Dorf*, verschiedenen Dom. gehör., 3 St. von Lambach.

Buch, Unter-, Steiermark, Grätzer Kr., ein zum Wb. Bzk. Kom. Hartberg geh. dem Stifte Vorau unterthän. *Dorf* mit 132 Häusern und 307 Einwohnern, nächst Ober-Buch, 4 St. von Ilz.

Buch, Unter-, Oest. ob d. E., Inn Kr., ein *Dorf*, zum Ldgchte. Mauerkirchen und verschiedenen Hrsch. gehörig, nächst Oberbuch in einer Ebene, nach Weng eingepf., 1¼ St. von Braunau.

Buch, Vorn, Oest. ob d. E., Hausr. Kr., ein im Wb. Bzk. Kom. Würting liegendes *Dorf*, der Hrsch. Schlisslberg geh., nach Meggenhofen eingepf., gegen Hofkirchen und Galsbach, 3 St. von Haag.

Buch, Slavonien, Posegan. Komt.; siehe Budics.

Buch, Oest. ob d. E., Inn Kr., ein zum Ldgcht. Mattighofen geh. *Dorf* auf einer Anhöe, gegen S. an das Edlholz grenzend, 1 St. von Mattighofen, 3 St. von Braunau, 5¼ St. von Neumarkt.

Buch, Oesterr. ob d. E., Inn Kr., ein zum Ldgcht. Mattighofen geh. *Weiler*, in einer bergigten Gegend, pfarrt nach Kirchberg, 2 St. von Mattighofen, 5¼ St. von Braunau.

Buch, Oesterr. ob d. E., Inn Kr., ein zum Ldgcht. Mattighofen geh. *Weiler*, in einer Berggegend, pfarrt nach Munderfing, 1¼ St. von Mattighofen, 5¼ St. von Braunau.

Buch, Oesterr. ob d. E., Inn Kr., ein zum Ldgcht. Mauerkirchen geh. *Weiler*, aus zerstreuten Häusern bestehend, im Gauxnerforste, pfarrt nach Rossbach, 2 St. von Altheim.

Buch, Oesterr. ob d. E., Inn Kr., ein zum Ldgcht. Ried. geh. *Weiler*, in der Pfarre Kirchheim, 2 St. von Ried.

Buch, Oesterr. ob d. E., Inn Kr., ein zum Ldgcht. Ried geh., nach Mehrenbach eingepf. *Weiler*, 1 St. von Ried.

Buch, Oesterr. ob d. E., Inn Kr., ein zum Ldgcht. Schärding geh. *Dorf*, im Thale, nach Mariakirchen eingepf., 2 St. von Schärding.

Buch, Oesterr. ob d. E., Inn Kr., ein zum Ldgcht. Weizenkirchen geh. *Dorf*, links an der Poststrasse, nächst des Euzelberges , pfarrt nach Weizenkirchen, ¼ St. von Baierbach.

Buch, Steiermark, Grätzer Kr. , eine *Gemeinde,* des Bezirks Kirchberg an der Raa), meıren Hrsch. dienstbar, mit 37 Häusern und 155 Einwoıneru, naci Baldau eingepfarrt.

Buch, Steiermark, Grätzer Kr. , eine *Weingebirgsgegend,* im Bezirke Gleichenberg, pfarrt nach Trautmannsdorf.

Buch, Steiermark , Grätzer Kr. , eine *Gegend,* im Bezirke Gösting zur Hrsch. Gösting.

Buch, Steiermark , Grätzer Kr. , ein *Dorf* im Bezirke Münchhofen, mit einer eigenen Pfarre genannt St. Osswald im Buci, im Distrikt Weiz, meıren Hrsch. unterthänig, mit 36 Häusern und 358 Einwoıneru.

Buch, Steiermark, Marburg. Kr., eine *Weingebirgsgegend* im vordern Sausal, zur Pfarre Kitzeck geıörig.

Buch, Oesterr. ob d. E., Iuu Kr., ein zum Ldgcıt. Haag geh. *Dorf,* naci Weibern gepfarrt, 1¼ St. von Haag.

Buch, Hinter-, Oest. ob d. E., Inu Kr., ein zum Ldgcht. Mattighofen geh. *Dorf,* in einer ebenen Gegend, nach Perwang eingepf. , 3 St. von Mattighofen , 4 St. von Neumarkt, 5 St. von Salzburg, 6 St. von Braunau.

Buch, Mitter-, Oest. ob d. E., Inu Kr., eine zum Ldgcht. Ried geh. *Einöde,* in der Pfarre Mehrenbach, 1¼ St. von Ried.

Buch, Ober-, Oest. ob d. E., Inu Kr., ein zum Ldgcht. Mauerkircıen geh. *Weiler,* in einer Ebene, nach Weng gepfarrt, 1¼ St. von Altıeim.

Buch, Puch — Oest. ob d. E. , Inn Kr., ein zum Landgcht. Frankeumarkt geh. *Dorf* im Attergau, mit einer in Ruinen liegenden Filialkircıe zum heil. Veit, pfarrt nach St. Georgen, und ist nach Kogel, Walcıen und Pfarrıof Loıen grundbar, 2¼ St. von Frankenmarkt.

Buch, Puci, Puocıe — Oest. o. d. E., Salzıurg. Kr., ein zum Ldgcht. Hallein (im flacıen Lande) geh., naci Hallein eingepf. *Dorf,* mit einer Filial-Kircıe und einer Mauthmühle. Durcı dieses Dorf ging einst der Durcızug einer Römerstrasse, wie eiu au den Kircııofmauer als Eckstein angebracıter Meilenzeiger von weissem Marmor bezeichnet. Das Scıloss Urstein, ist seiner schönen Lage und soliden Bauart wegen bemerkenswerth, 1¼ St. v. Hallein.

Buch, Unter-, Oest. oı d. E., Inu Kr., ein zum Ldgcht. Mauerkircıen geh. *Weiler,* in einer ebenen Gegend , der Pfarreı Wengiu, 1¼ St. von Altheim.

Buch, Vor-, Oest. ob d. E., Inn Kr.. ein zum Ldgcht. Mauerkirchen geh. *Weiler,* auf dem Rücken des Oehlberges gelegen, pfarrt nach Mauerkirchen, 1¼ St. von Altıeim.

Bucha, Vetero, Böhmen, Kaurzim. Kr., *Herrschaft* und *Dorf;* siehe Altenbuch.

Buchach, Oest. ob d. E., Salzburg. Kr., ein zur Hrsch. Stift Michelbeuern und Ldgcht. Weitwörth geh. *Dorf,* nach Dorfbeuern eingepfarrt.

Buchach, Illirien, Kärnten, Villacı. Kr., eine zum Ldgcht. und Hrsch. Goldeustein geh. *Ortschaft,* am Berge ob Letschach, 3 St. von Oberdrauburg.

Buchach, Ober-, Illirien, Kärnten, Villacı. Kr., eine zur Ldgcht. Hrsch. Goldenstein geh. *Ortschaft,* am Berge ob Grimmitzen, 5 St. v. Ober-Drauburg.

Buchach, Unter-, Illirien, Kärnten, Villach. Kr., eine zur Ldgcht. Hrsch. Goldenstein geh., näcıst Trauing lieg. *Ortschaft,* 5¼ St. v. Ober-Drauburg.

Buchacheralpe, Illirien, Kärnten, Villacı. Kr, ein *Berg,* 3¼ St. südlich von Zundersheim , 977 W. Klftr. hoch.

Buchalpe, Steiermark, Brucker Kr., im Freienbacı bei M. Zell zwiscıen der Falbersbach- und Königsalpe.

Buchalpe, Steiermark, Judenburger Kr., bei Murau mit eiuigem Waldstand.

Buchanger, Steiermark, Bruck. Kr., eine *Gebirgsgegend,* zwischen dem Himmelreich und dem Schreinkogel zwiscıen Veitscı und Kindberg.

Buchans, Tirol, Vorarlberg, 2 einzelne *Höfe,* der Hrsch. Bregenz und dem Ldgcht. Hofrieden geh., 1 St. v. Bregenz.

Bucharten, Böhmen, Budweis. Kr., ein *Dorf,* zur Stadt Budweis; siehe Pucharten.

Bucharten, Böhmen, Budweis. Kr., sammt Dobra Woda, ein *Pfarrdorf,* der Stadtgemeinde in Budweis; siehe Gutwasser.

Buchau, Tirol, Unt. Inn- und Wipptıaler Kr., eine *Ortschaft,* 2¼ St. von Krems.

Buchau, Tirol, Unter Inn- und Wipptıaler Kr., ein zur Hrsch. Rottenburg geıör. *Dorf,* am Ebnersee, 4 St. von Scıwatz.

Buchau, Bochow — Böhmen, Ellbogner Kr., zur Hrsch. Gisshübel geh. *Municipalstadt,* mit 203 Häusern und 1250 Einwohnern, und einem Bade, zwischen Liebkowitz und Karlsbad , miı einer Pfarre. Postamt mit:

Alberitz, Altdorf, Barthmühle, Benghäuseln, Bengles, Bernklau, Bohentz, Brettmühle, Buckwald, Budau, Dollanka, Döllnitz, Döllnitzer Vitriol-Fabrik, Domachermühle, Dör flee, Dun-

kelsberg, Dürmaul, Düppau, Englhaus, Eger-
mhleü, Eichenhof, Espenthor, Federhäuseln,
Fioka, Gabhorn, Galdhof, Gängerhof, Gessing,
Giesshübel, Glassenhaus, Goschowitz, Goslau,
Gossmaul, Gräinhaus, grundmühle, Habelmüh-
le, Hamelhof, Hackbeilmühle, Hackbeilmühlhdu-
seln, Hammermühle, Hartmannsgrün, Herrn-
mühle, Hermersdorf, Herschedita, Hofen, Höll-
mühle, Huschkamühle, Huttig, Jägerhaus, Ju-
räu, Kamenahora, Kavillerey, Kavillerey Ein-
öde, Killitz, Killitzmühle, Killmes (deutsch),
Killmes (böhmisch), Klum, Kleymühle obere,
Kleymühle untere-, Knönitz, Kobilla, Kolle
schau, Koslau, Kotterhof, Kowarzen, Kume-
rau, Knasch, Krippau, Lamitz Ober-, Lamitz
Unter-, Lachowitz, Lachowitzer Ziegelhütte,
Laimgruben. Langgrün, Langlomitz, Lappers-
dorf, Laschin, Linzermühle, Lintsch, Linz,
Linzer Meierhof, Linles, Lahof, Luck, Luck
Einöde, Juditz, Mastung, Matuschenmühle,
Maroditz, Maxmühle, Messenmühle, Miroditz,
Mokowitz, Muhldorf, Neboedil, Neudörfl, Neudörfl Einöde, Neuhof, Neuhof Meierhof, Neu-
kaunitz, Neumühle, Neuscheuer, Oberscharffen-
mühle, Olleschau, Ohorn, Olleschauer Ziegelhütte, Ollitzhaus, Otschohora, Pasznau, Penn-
häuseln, Petersdorf, Peschkowitz, Pflugwirth.
haus, Pobitz, Paliken, Pohlem, Pohleiner Mühle, Poschitz, Prölles, Praxles, Prohors, Pro-
muth, Praestein, Plaschkamühle, Pullwitz, Pu-
les, Pürk, Pusch, Rabenmühle, Rading, Radschin,
Radatin, Ratska, Ratzengrun, Ralaumühle, Ra-
dibora, Radiborzer Mühle, Rednitz, Reschwitz.
Rittersgrün, Rodisfort, Rodisforter Sauerbrunn,
Rohrmühle, Romusmuhle, Rosborn, Saar, Sahorz,
Sattel, Sattelos, Sachsengrun, Schabenbaitel,
Schödelhäuser, Schafhäusl, Scharfenmühle Obere, Scharfenmühle Untere, Schinkamuhle, Schli-
kenmuhle, Schlossermühle, Schlösseles, Schaub,
Söbellitz, Schmidles, Schneidmuhle sammt Jä-
gerhaus, Schnagen alter, Schnagen Wirthshaus,
Schönau, Schönau Kavillerei, Schömitz, Schön-
thal, Schwinau, Schrles, Semtisch, Siehlaa, Sieh
lauer Mühle, Sollmus, Stadthöfen, Stallamühle,
Stern alter, Stern Wirthshaus, Stichelmühle,
Stiedra, Stok, Tiefenbach, Taschwitz, Tellsch,
Teschedits, Teuschhäuseln, Theusing, Theusin-
ger Mühle, Themelmühle, Thiergartenhäussl,
Thönischen, Thönischer Schafhütte, Tösch, To-
matschen, Totzau, Tuchwalk, Tyssau, Tuss,
Trossau, Tschehon, Tschics, Tschirotin, Tuppa-
muhle, Udritsch, Uittwa, Uittwaer Schäferei,
Uittwaer Vitriol-Fabrik, Watzelmühle, Weiner-
häusseln, Werschedits Klein, Werschedits Gross,
Weitischin, Wohlau, Worka, Wurschin, Woh-
lischen, Wustung, Weiermühle, Zobeles, Zobele-
er Mühle, Zwetlau.

Buchau, Ober-, Steiermark, Judenburger Kr., eine *Gegend* nördlich
von Admont.

Buchau, Unter-, Steiermark, Judenburger Kr., eine *Gegend*, zwischen
dem Dorferstein und dem Gesäus, hier
kommt der Wölfing- und Katzengra-
benbach vor.

Buchauboden, Steiermark, Judenburger Kr., eine *Alpe*, zwischen dem
grossen und kleinen Pillbache mit bedeutendem Waldstande.

Buchbach, Oest. u. d. E., V. O. M.
B., eine der Hrsch. Aggsbach gehörige
Mühle, zwischen dem Dorfe Schlauing
und dem Strasserhofe, 3 St. v. Lubereck.

Buchbach, Oest. u. d. E., V. O. M.
B., ein der Hrsch. Waidhofen au der
Thaya geh. *Dorf*, mit 31 Häusern, über
der deutschen Thaya, 2 St. von Schwarzenau.

Buchbach, Oest. u. d. E., V. O. W.
W., ein *Dorf*, mit 6 Häusern und 60
Einwohnern, zur Pfarre Stessing, Orts-

obrigkeit Neulengbach und Conscriptionsherrschaft St. Pölten gehörig.

Buchbach, Oest. u. d. E., V. U. W.
W., ein zur Pfarre und Herrsch. Pott-
schach geh. *Dorf* mit 13 Häusern.

Buchbach, Steiermark, Grätz. Kr.,
ein *Dorf*, im Bezirke Lankowitz, mit
79 Häusern und 381 Einwohnern, nach
Köflach eingepfarrt.

Buchbach, Steiermark, Marburger
Kr., im Bezirke Arenfels, treibt eine
Mauthmühle in Kappel.

Buchberg, Steiermark, Brucker Kr.,
im Aflenzthale mit meiren Seitentälern
und bedeutendem Waldstande.

Buchberg, Steiermark, Cillier Kr.
nördlich von Windisch-Feistritz, unweit
der Haupt-Kommerzialstrasse, Schloss
und Gut zur Herrsch. Grünberg einverleibt.

Buchberg, Steiermark, Cillier Kr.,
eine *Gegend*, zur Herrschaft Wisell
dienstbar.

Buchberg, Steiermark, Cillier Kr.,
eine *Weingebirgsgegend*, zur Herrsch.
Tüffer dienstbar.

Buchberg, Steiermark, Cillier Kr.,
ein *Dorf*, im Bezirke Ober-Pulsgau
7 Meilen von Cilli zur Hrsch. Freistein
und Kranichsfeld dienstbar mit 36 Häusern und 159 Einwohnern, pfarrt nach
Ober-Pulsgau.

Buchberg, Steiermark, Grätzer Kr.,
ein *Dorf*, im Bezirke Herberstein, 8 Meilen von Grätz, mit 44 Häusern und 245
Einwohnern, zur Hrsch. Herberstein und
Schieleiten dienstbar, nach Rubenberg
eingepfarrt.

Buchberg, Steiermark, Grätzer Kr.,
eine *Gegend*, im Bezirke Frondsberg,
in welcher das Edelschacherbachel vorkommt.

Buchberg, Steiermark, Grätzer Kr.,
eine *Weingebirgsgegend*, im Bezirke
Hochenbruck, nach Hatzendorf eingepfarrt, fast an der ungarischen Grenze.

Buchberg, Steiermark, Grätzer Kr.,
eine *Gegend*, im Amte Edelsbach, zur
Hrsch. Riegersburg dienstbar.

Buchberg, Steiermark, Marburg. Kr.,
eine *Gegend*, im Bezirke Dornau nach
St. Andrä eingepfarrt.

Buchberg, Steiermark, Marburg. Kr.,
eine *Weingebirgsgegend*, zur Herrsch.
Eibiswald und Burgsthal dienstbar.

Buchberg, Schlesien, Troppau. Kr.,
ein *Dorf*, zur Hrsch. Freiwaldau zwischen Weidenau und Zukmantel nächst
Niklasdorf, 2 St. von Zukmantel.

Buchberg, Steiermark, Grätz. Kr.,
eine *Einöde*, nächst dem Dorfe Wein-

berg, zum Wb. B. Kom. Hartberg geh., 4 St. von Ilz.

Buchberg, Steiermark, Grätz. Kr.; eine zerstreute *Gegend*, der Wb. Bzk. Hrsch. Guttenberg geh.; sieıe Puciberg.

Buchberg, Steiermark, Grätzer Kr., ein zum Wb. B. Kom. Kalsdorf, tıeils der Herrsch. Feistritz, tıeils dem Gute Idlhof geh., zerstreutes *Dörfchen*, ⅓ St. von Ilz.

Buchberg, Steiermark, Grätzer Kr., eine zum Wb. B. Kom. Commenda Fürstenfeld geıör. zerstreute *Gegend*, ʼmit 32 Häusern und 116 Einwoınern, nacı Ilz eingepfarrt, von Weingebirgen umgeben,.1 St. von Fürstenfeld.

Buchberg, Tirol, Unter Inn- und Wippth. Kr., ein zur Hrsch. Kueffstein geıör. *Dorf*, mit 29 Häusern und 112 Einwoınern, nacı Altenmarkt eingepfarrt, auf einem Berge, und ist nacı Eıbs eingepf., 2 St. v. Kueffstein.

Buchberg, Oest. ob d. E., Hansruck Kr., ein im Wb. B. Kom. Kammer lieg. *Dörfchen* von 9 Häus., mit einer Filialkircıe, verschiedenen Dominien geıör. und nacı Seewalcıen eingepf., 2⅛ St. v. Vöcklabruck.

Buchberg, Oest. ob d. E., Inn Kreis, ein im Ldgrcht. Mauerkircıen geıör. *Dörfchen* von Herbstıeim links auf einer Amıöıe, ist nacı Henıard eingepf., 1⅛ St. von Altıeim.

Buchberg, Oest. ob d. E., Müıl Kr., ein kleines im Wb. B. Kom. Baumgartenberg und Ldgrcht. Greinıurg liegendes *Dörfchen*, der Hrsch. Kreutzen u. Baumgartenberg geh., nacı Arbing eingepf., wodurcı die Strasse v. Mautıausen nach Grainburg füırt, 4 St. von Strengberg.

Buchberg, Oest. unt. d. E., V. O. M. B., *Herrschaft* und *Dorf*; s. Pucıperg.

Buchberg, Oest. unt. d. E., V. O. W. W., 3 einzelne der Staatshrsch. St. Pölten geh. *Häuser* mit 20 Einw., in den Waldungen zwiscıen Kasten und dem ́hrsch. Scılosse Baumgarten, 2⅓ St. von Bärschling.

Buchberg, Oest. unt. d. E., V. O. W. W., ein der Hrsch. Reinsberg geh. aus 33 einzeln im Gebirge lieg. Häus. besteıendes *Dorf* mit 230 Einwoh., am sogenannten Bokau-Bachel, südw. von Gaming, 6 St. von Kemmelbacı.

Buchberg, Oest. u. d. E., V. U. W. W., ein der Hrsch. Stixenstein geıör. kleiner nur aus einer um die Kircıe steıenden Häusergruppe bestehender *Marktflecken* in dem seır reizenden Buchbergthale, zwiscıen dem Him- und Buchberge und von der Sierning durchflossen. Neben der Kirche sieht man auf einem kleinen Hü-

gel am Bache die Überbleibsel **eines** alten Schlosses, der Sage nach von den Templern erbaut. Das Buchbergerthal ist so schön, das es mit Recht Oesterreich's (Niederösterreich's) Chamouni genannt werden kann. Ausser den unzähligen romantischen Parthien, die man am schönsten von dem mit einem Pavillon versehenen Römerkogel, ein Hügel mitten im Markte, welcher sich den obenangeführten, auf dem das alte Schloss steht, gegenüber befindet, übersieht, ist noch bemerkenswerth: 1 St. vom Markte die Allelujahöhle am Himberge, und eben so weit gegen den Schneeberg zu, der Maumau- oder Sebastiansfall (Sierningfall), nach dem Lasingfall der schönste in Niederösterreich. Noch näher an der Wand des Schneeberges liegen d. Trümmer der Veste Losenıeim. Die Einwohner von B. verkaufen Holzwaaren und Koılen in die Ebene, und da der Scıneeberg jährlich von meıren ıundert Personen ıesucıt wird, und die Besteigung gewöınlich von ıier aus gescıieıt, so verschaffen sie sicı einen nicıt ganz unbedeutenden Erwerb durcı Füırer- und Trägerloın.

Buchberg, Mitter-, Illirien, Unt. Krain, Neustädtl. Kr., ein zur Wb. B. Hrsch. Gottscıee geh. *Dorf* nacı Nesselthal eingepf., unt. Bucıberg, 9 St. von Neustädtl.

Buchberg, Ober-, Illirien, Unter Krain, Neustädtl. Kr., ein zum Wb. B. Hrsch. Gottschee geh. *Dorf*, nacı Nesselthal eingepf., liegt näcıst dem obigen, 9 St. von Neustadtl.

Buchberg, Ober-, Oest. ob d. E.,ı Hausr. Kr., ein kleines im Wb. B. Kom. Neukircıen am Wald lieg. *Dörfchen* voıı 4 Häus. mit dem dazu geıör. Doplergut, der Hrsch. Aicıberg geh., liegt auf einem Berge gegen O. nächst Aigen, nacı Neukircıen am Walde eingepf., 2⅛ St. voıı Baierbach.

Buchberg, Sabukonza ̶ Steiermark, Cill. Kr., ein zum Wb. B. Kom. u. Herrscıaft Neucili geıör. *Dorf*, mit 49 Häusera und 159 Einwohnern, nach Greiss eingepf., 2 St. von Cilli.

Buchberg, Unter-, Illirien, Unt. Krain, Neustädtl. Kr., ein zum Wb. B. Kom. und Hrsch. Gottschee gehör. *Dorf* nach Nesselthal eingepf., nächst Mitterbuchberg, 9 St. von Neustadtl.

Buchberg, Unter-, Oest. ob d. E.. Hausruck Kr., ein im Wb. B. Kom. Kammer lieg. *Dörfchen* von 9 Häus., verschiedenen Dominien geh., nach Seewalcıen eingepf., 3 St. von Vöcklabruck.

Buchberg, Unter-, Oest. ob d. E., Hausr. Kr., eine kleine im Wb. B. Kom. Neukirchen am Wald lieg. *Ortschaft* v. 2 Häus., dahin eingepf., der Herrschaft Aichberg gehör., gegen O., 2¼ St. von Baierbach.

Buchberg, Ober-Buchberg od. Puchberg am Schneeberge — Oest. u. der E., V. U. W. W., ein zur Herrsch. Stixenstein geh. *Dorf* im Gebirge am Schneeberge, mit einer eigenen Pfarre, 4½ St. von Neunkirchen am Steinfelde.

Buchberg, Oest. u. d. E., V. O. W. W., 4 der Hrsch. Burgstall dienstbare *Häuser,* in der Eisenwurzen, nahe bei Scheibs, dahin eingepf., 7 St. von Kemmelbach.

Buchberg, walachisch Szintar Ungarn, jenseits der Theiss, Temes. Gespansch., im Lippa. Bzk., ein den Szabóischen Erben gehöriges, von 156 Deutschen, Walachen und der Familie Szabó bewohnt, nach Neuhof eingepf. *Dorf* mit 39 Häusern, einigen Weinbau zwischen Waldungen und Bergen, am Bache Beregszó, gegen O. unweit Lichtenwald, 2 St. von Lippa.

Buchberg, Oest. ob d. E., Inn Kreis, ein zum Ldgrcht. Braunau geh. *Weiler,* zur Pfarre Handenberg pfarrend, 3¼ St. von Braunau.

Buchberg, Oest. u. d. E., V. O. W. 3 der Hrsch. Weissenburg geh. *Häuser* in der Pfarre Puchenstuben im Gebirge zwischen der Bielach und der Erla, 6 St. von Annaberg.

Buchberg, Oest. ob d. E., Inn Kreis, ein zum Ldgrcht. Mauerkirchen gehörig. kleiner *Weiler,* am Hochstrasswalde, nach Henhard pfarrend, 3¼ Stunde von Braunau.

Buchberg, Oest. ob d. E., Salzburg. Kr., eine zum Ldgcht. St. Johann (im Gebirgslande Pongau) geh. *Rotte,* an der Poststrasse zu Lend anfangend, und mit zerstreut liegenden Häusern sich bis auf das höchste Gebirg oder Goldegg ziehend, pfarrt nach Goldegg. Hierher gehört das Dörfchen Mitterlend, in dem sich die Poststation Lend befindet, 3 St. von Goldegg.

Buchberg, Oest. ob d. E., Salzburg. Kr., ein zum Ldgcht. Neumarkt (im flachen Lande) gehör. *Weiler,* am Fusse des Buchberges, unweit der Strasse von Mattsee nach Salzburg, pfarrt nach Mattsee, 3 St. von Neumarkt.

Buchberg, Oest. ob d. E., Salzburg. Kr., eine zum Ldgcht. Werfen (im Gebirgslande Pongau) geh., aus, auf dem westlichen Theile des Buchberges, und dem östlichen Salzachufer zerstreut liegenden Häusern bestehende *Rotte.,* mit einem Eisenbergwerke, pfarrt nach Bischofshofen, 2 St. von Werfen.

Buchberg, Ober-, Oest. ob d. E., Inn Kr., ein zum Ldgcht. Weizenkirchen geh. *Dorf,* auf einem Berge, nach Neukirchen pfarrend, 2½ St. v. Baierbach.

Buchberg, Unter-, Oest. ob d. E., Inn Kr., ein zum Ldgcht. Weizenkirchen geh. *Dorf,* mit Steinkohlenbergbau, auf einem Berge, mit Hutweiden umgeben, nach Neukirchen pfarrend, 2½ St. von Baierbach.

Buchberg, Unterbuchberg — Oest. ob d. E., Inn Kr., ein *Weiler,* in der Pfarre Seewalchen, unter das Ldgcht. Vöcklabruck geh., 3 St. v. Vöcklabruck.

Buchberg, Oest. unt. d. E., V. O. W. W., ein *Berg,* nordöstlich von Langenbach, 247 W. Klftr. hoch.

Buchberg, Oest. ob d. E., Mühl Kr., ein *Berg,* nordwestl. von Popneukirchen, 440 W. Klftr. hoch.

Buchberg, Oest. u. d. E., V. O. M. B., ein *Berg,* ¼ St. nordwestlich vom Dorfe Buchbach, 317 W. Klftr. hoch.

Buchberg, Oest. u. d. E., V. O. W. W., ein *Berg,* östlich von Eschenau, 324 W. Klftr. hoch.

Buchbergen, Steiermark, Grätzer Kr., eine zum Wb. B. Kom. und Hrsch. Hartberg gehör. *Gegend,* nächst Unterbuch, 4 St. von Ilz.

Buchbergen, Steiermark, Grätzer Kr., eine *Weingebirgsgegend,* z. Hrsch. Kornberg dienstbar.

Buchberger Waldhütten, Oest. u. d. E., V. O. M. B., 13 einzelne *Häuser,* am grossen Kampflusse, zur Pfarre Tauttendorf und Ortsobrigkeit Buchberg gehörig.

Buchbergsthal, Schlesien, Tropp. Kr., ein *Dorf,* zur Pfarre Herrmanstadt und Ortsobrigkeit Zukmantel gehörig, mit deutschen Einwohnern.

Buchboden, Tirol, Vorarlberg, ein *Dorf,* zur Gemeinde Sonntag gehörig, im Ldgcht. Sonnenberg.

Buchbusch, Böhmen, Leitmer. Kr., 6 zum Gute Schreckenstein und zur Gemeinde Salesl geh. *Häuser,* 2½ St. von Aussig.

Buchczyce, od. Meszna Szlachecka — Galizien, Tarnower Kr., ein *Gut* und *Dorf,* am Flusse Biala, grenzt gegen O. mit dem Dorfe Garbek, und gegen W. mit dem Dorfe Lowczow, in der Pfarre Tuchow, 4 St. von Tarnow.

Buchdorf, Wukovie — Steiermark, Cilli. Kr., ein zur Wb. B. Hrsch. Reifenstein geh. *Dörfchen,* mit einer Filialkirche, 4 St. von Cilli.

Buchdorf, Wukovie — Steiermark, Cill. Kr., ein zur Wb. B. Hrsch. Windischlandsberg geh. *Dorf*, nach Sct. Hemma eingepf., 5¼ St. von Cilli.

Buchdorf, windisch Wukovie — Steiermark, Cill. Kr., ein zur Wb. B. Kom. Hrsch. Tüfer geh. *Dörfchen*, nächst Maria Graz, 2¼ St. von Cilli.

Buchdorf, Wukonje — Steiermark, Cill. Kr., eine *Gemeinde* des Bezirks und Grundherschaft Wiesel, nördlich von Rann an der Sottla, mit 31 Häusern und 190 Einw., nach St. Lorenzen eingepfarrt.

Buchdorf, windisch Puchocsz — Steiermark, Marburger Kr., ein *Dorf*, im Bezirke Meretinzen, südöstlich von Pettau an d. kroatischen Hauptstrasse, zur Hrsch. Ober-Pettau u. Dornau dienstbar, nach St. Marxen eingepfarrt, 4⅛ St. von Marburg.

Bucheben, Steiermark, Judenb. Kr., eine *Gebirgsgegend*, im St. Georgenthale.

Bucheben, Oest. ob d. E., Salzburg. Kr., eine zum Ldgcht. Taxenbach (im Gebirgslande Pinzgau) geh. *Ortschaft*, im Hüttwinkel, zu Nauris auf einem Hügel im Osten des Thalweges und Baches gelagert; mit einer Vikariats-Kirche, einer Schule, einer Vikars-Wohnung und einem Wirthshause, 5 St. von Lend.

Buchebenalpe, Steiermark, Bruck. Kr., im Mixnitzgraben, mit bedeutendem Waldstande.

Buchebrunn, Tirol, Vorarlberg, ein Dorf, zur Gemeinde Zwischenwasser geh., im Ldgcht. Feldkirch.

Bucheck, Steiermark, Grätzer Kr., ein *Berg*, südl. vom Schlosse Stadl, 282 W. Klft. über dem Meere.

Bucheck, oder Puchegg — Oest. unt. d. E., V. O. M. B., in der Hrsch. Rapotenstein gehör. einzeln. *Haus*, nach Traunstein eingepf., 2 St. von Gutenbrunn.

Bucheck, Oest. ob d. E., Inn Kr., ein zum Ldgcht. Mauerkirchen geh. *Weiler*, aus zerstr. Häusern bestehend, nach Heinrad gepfarrt, ¼ St. von Altheim.

Bucheck, Oest. ob d. E., Hausr. Kr., ein zum Ldgcht. Haag geb. *Dorf*, nach Haag pfarrend, 1 St. von Haag.

Bucheck, Steiermark, Bruck. Kr., eine *Gegend* im Schwabelthale, mit einem gleichnamigen Bache.

Bucheck, Steiermark, Bruck. Kr., eine *Alpe*, zwischen dem Ramsauthale, Todeskogel, Traxelthale und Radmerbach, mit grossem Waldstand.

Bucheck, Steiermark, Brucker Kr., eine *Gegend* im Radmergraben.

Bucheck, Steiermark, Brucker Kr., eine *Gegend* am Bucistein.

Bucheck, Steiermark, Marburg. Kr., ein *Gut*, östlich von Schwanberg, 5¼ M. von Marburg.

Bucheck, Steiermark, Marburg. Kr., eine *Gemeinde* des Bezirks Burgsthal, mehren Hrsch. dienstbar, mit 29 Häus. und 112 Einw., nach Wies eingepfarrt.

Bucheck, Steiermark, Grätzer Kr., *Gemeinde* im Bezirke der Pfarre und Grundhrschaft Vorau, mit 77 Häus. und 356 Einwohnern.

Bucheck, Steiermark, Grätzer Kr., eine *Gegend* im Bezirke Freiberg, und dahin zehentpflichtig.

Buchedt, Oest. ob d. E., Inn Kr., ein zum Ldgcht. Ried geh. *Einöde*, in der Pfarre Mehrenbach, 1¾ St. von Ried.

Buchegg, Oest. o. d. E., Inn Kr., eine *Ortschaft* bei Neunkirchen.

Büchel, Illirien, Unt. Krain, Neust. Kr., ein zur Hrsch. Gottschee gehöriges *Dorf*, nächst Nessenthal, und dahin eingepfarrt, 9 St. von Neustadtl.

Büchel, Steiermark, Grätz. Kr., ein z. Wb. B. Kom. und Hrsch. Minichhofen geh. *Dorf*, nach Weitz eingepf., gegen O. ½ St. von Ezersdorf, und gegen W. ¼ St. vom Schlosse Thonhausen, 3¼ St. von Gleisdorf.

Büchel, Tirol, Vorarlberg, 4 einzelne *Höfe*, der Hrsch. Bludenz und Gericht Montafon geh., 8 St. von Feldkirch.

Büchel, Tirol, Vorarlberg, 7 einzelne *Höfe*, der Hrsch. Feldkirch, im Gerichte Inner Bregenzer Wald, 8 St. v. Bregenz.

Büchel, Tirol, Vorarlberg. Kr., ein zur Hrsch. Feldkirch und Gericht Inner Bregenzerwald geh. *Dorf*, 7 St. v. Bregenz.

Büchel, Tirol, Unt. Inn- und Wippth. Kr., ein *Dorf*, zur Gemeinde Ramsberg im Ldgch. Zell gehörig.

Büchel, Oest. ob d. E., Salzburg. Kr., eine z. Ldgcht. St. Johann (im Gebirgslande Pongau) geh. *Rotte*, mit zerstr. liegenden Häusern, im St. Veitgebirge, nach St. Veit eingepfarrt, 2¼ bis 3 St. von Sct. Johann.

Büchel, Oest. ob d. E., Inn Kr., ein *Weiler*, zum Ldgcht. Vöcklabruck geh., unweit Bergern, pfarrt nach Schwanenstadt, 2 St. von Vöcklabruck.

Büchel, Tirol, Vorarlberg, 6 einzelne *Höfe*, der Hrsch. Bregenz geh., 4 St. von Feldkirch.

Büchel, Tirol, Vorarlberg, 7 einzelne *Höfe*, der Hrsch. Bregenz und Gericht Bregenzerwald geh., 3 St. v. Bregenz.

Büchel, Oest. ob d. E., Hausr. Kr., ein im Wb. B. Kom. Schwannenstadt lieg. *Dorf*, den Hrsch. Köppach u. Wagrain geh., hinter Schwannenstadt, und darin eingepf., 2¼ St. von Lambaci.

Büchel, Auf dem-, Tirol, Vorariberg, 2 einzeln. *Höfe*, der Hrsch. Bregenz und Gericht Bregenzerwald geh., 3 St. von Bregenz.

Büchel, Steiermark, Grätz. Kr., eine *Weingebirgsgegend*, zur Hrsch. Schinleiten dienstbar.

Büchelberg, Steiermark, Grätzer Kr., eine *Gegend* in der Pfarre Hatzendorf, Bezirk Hoienbruck, zwischen Ober- und Unter-Lamm.

Büchelberg, Steiermark, Grätzer Kr., einzelne z. Wb. B. Kom. Hrsch. Minnichofen geh., zur Gemeinde Büchel zugetheilte *Häuser*, nach Weitz eingepfarrt, nächst dem Dorfe Büchel, 3¼ St. von Gleisdorf.

Büchelberg, Böhmen, Ellbogner Kr., ein *Dorf* der Herrsch. Falkenau; siehe Pichelberg.

Büchelin, Tirol, Vorarlberg, 6 einzelne *Höfe*, der Hrsch. und Gericht Bregenz gehörig, 3 St. von Bregenz.

Büchelsdorf, Schlesien, Tropp. Kr., ein *Dorf*, zur Pfarre und Hrsch. Freiwaldau geh., mit deutschen Einwohnern.

Büchelsdorf, mährisch Bukowice — Mähren, Ollm. Kr., ein *Dorf*, z. Pfarre Ullersdorf und Hrsch. Wiesenberg, unweit Ullersdorf, 15 St. von Ollmütz.

Büchelstein, Tirol, Unterinnth. Kr., ein *Weiler*, zur Gemeinde Kirchberg, im Ldgcht. Hopfgarten gehörig.

Buchen, Böhmen, Pracdin. Kr., ein *Dorf*, der Hrsch. Eltschowitz, 8 St. von Strakonitz.

Buchen, Buk — Böhmen, Tabor. Kr., ein *Dorf* der Hrsch. Neuhaus, ¾ St. von Neuhaus.

Buchen, Tirol, Vorarlberg, ein zur Hrsch. Feldkirch und Gericht Inner Bregenzer Wald gehör. kleines *Dörfchen*, 7 St. von Bregenz.

Buchen, Oest. ob d. E., Hausr. Kr., ein kleines im Wb. B. Kom. Engelhardszell lieg. *Dörfchen*, bei der Leiten, den Hrsch. Aichberg, Marsbach und Mistelbach geh., nach Waldkirchen eingepf., 5 St. von Baierbach.

Buchen, Büechen, Puechen — Oest. ob d. E., Traun Kr., ein im Wb. B. Kom. Ebenzweier lieg. *Dorf*, d. Hrsch. Puchheim gehörig, nach Altmünster eingepfarrt, westlich ober Traunleiten, 1 St. von Gmunden.

Buchen, In den-, Tirol, Vorarlberg, ein zur Hrsch. Bludenz und Gericht Montafon geh. kleines *Dorf*, 9 St. von Feldkirch.

Buchen, Steiermark, Judenburg. Kr., ein *Dorf* mit 41 Häus. u. 247 Einw., der Wb. B. Hrsch. Pflindsberg; s. Puchen.

Buchen, Tirol, Unt. Inn- und Wippth. Kr., ein *Weiler*, zur Gemeinde Ellen im Ldgcht. Schwarz gehörig.

Buchen, Tirol, Oberinnth. Kr., einige zur Hrsch. Hörtenberg und Schlossberg geh. *Höfe*, nach Telfs eingepf., 4 St. von Zirl.

Buchenau, Oest. ob d. E., Mühl Kr., ein rüusches *Pfarrdörfchen*, mit einem Schlosse. Im Jahre 1809 war dieser Ort einige Zeit über das Hauptquartier der Baiern. Die Befestigungsthürme und zwei starke Werke zu beiden Seiten der Donau, die den Zugang vertheidigen, künden die Nähe von Linz an.

Buchenberg, Steiermark, Marburg. Kr., ein z. Wb. B. Kom. und Hrsch. Eibiswald gehöriges *Dorf* mit 33 Häus. und 112 Einw., 2¼ St. von Mahrenberg.

Buchenberg, Tirol, Vorarlberg, ein einzeln. *Hof*, der Hrsch. Bregenz und Gericht Hofrieden gehörig, 1 St. von Bregenz.

Buchendorf, Siebenbürgen, Nied. Weissenburg. Komt.; siehe Bükös.

Buchengraben, Oest. unt. d. E., V. O. W. W., 3 zur Stiftshrsch. Melk gehörige *Häuser*, nach Bischofstädten eingepfarrt, über der Bielach, nahe bei Ranzenbach, 4 St. von Sct. Pölten.

Buchelgaugrund, Siebenbürgen, Schäsburg. Stuhl, ein *Bach*, welcher von dem Dorfe Szász-Dállya entspringt, nach einem Laufe von 2½ Stunde in den grossen Kokelfluss fällt.

Buchenort, Tirol, Oberinnth. Kr., ein der Hrsch. Aschau gehör. kleines *Dörfchen*, auf einer Anhöhe, nahe an dem Lechfl. und der Landstrasse, gegen Algai, ½ St. von Reutte.

Buchenort, Oest. ob d. E., Hausr. Kr., ein dem Wb. B. Kom. und Hrsch. Kogel geh., aus verschied. längst des Attersees liegenden Einöden bestehend. *Dorf*, nach Unterach eingepf., 5½ St. von Frankenmarkt.

Buchenort, Puchenort — Oest. ob d. E., Inn Kr., ein zum Ldgcht. Frankenmarkt geh. *Dorf*, mit zerstr. lieg. Häusern, der Pfarre Unterach gehörig, am östlichen Ufer des Attersees. Nach Kogel und dem Pfarrhofe Loien zinsbar, 5 St. von Frankenmarkt.

Buchenschlag, Steiermark, Cilli. Kr., ein *Dorf* im Wb. B. Kom. Cilli,

38 *

zur Grundhersch. Trübern dienstbar, mit 36 Häus. und 199 Einw., ½ St. v. Cilli.

Buchenstain, Steiermark, Cill. Kr., eine Wb. B. Kom. *Herrschaft* u. *Schloss;* siehe Puchenstein.

Buchenstein, ital. Pieve d' Andraz — Tirol, Vorarlberg, ein *Pfarrdorf* und *Hauptort* des Landgerichtes gleichen Namens, Sitz eines Dechants, mit einem Aufschlag-zuvor Grenzzollamt.

Buchenstein, ital. Cast. Andraz — ein *Schloss*, im Tiale und Ldgcht. Buchenstein. Sitz der Obrigkeit, an der Grenze gegen Ampezzo.

Buchenstuben, Oest. unt. d. E., V. O. W. W., eine *Rotte*, mit 11 Häusern und 110 Einw., einer Pfarre, zur Hrsch. Weissenburg, 5 St. von Lilienfeld, und 9 St. von St Pölten.

Buchenthal, Siebenbürgen, Nied. Weissenburger Komt.; siehe Gambutz.

Buchenwald, Böhmen, Praci. Kr., ein *Dorf*, der Hrsch. Gross Zdikau.

Bucherbach, Steiermark, Judenb. Kr., im Bezirke Probstei Zeyring, freilt eine Hausmühle in Müderbrucke.

Bucherberg, Tirol, Unt. Inn und Wippth. Kr., eine *Ortschaft*, 2 St. von Schwatz.

Buchereck, Steiermark, Grätz. Kr., eine *Weingebirgsgegend*, zur Hersci. Kornberg dienstbar.

Buchers, Böhmen, Budweiser Kr., eine *Ortschaft*, 5 St. von Kaplitz.

Buchet, Oest. ob d. E., Inn Kr., ein dem Kastenamte Schärding und Hrsch. Stuben geh. *Dorf*, 1½ St. v. Siegharding.

Buchet, Buret — Oest. ob d. E., Inn Kr., ein zur Hrsch. Viechtenstein geh. *Dörfchen*, nach Esternberg eingepfarrt, mit einer Mühle, nächst an Pyrewang.

Buchet, Puchet — Oestr. ob der E., Hausr. Kr., ein im Wb. B. Kom. Stairemberg lieg. kl. *Dörfchen*, den Hrsch. Köpbach, Stahremberg, Parz, Erlaci und dem Landgute Inneuse gehör., nach Haag und Geboltskirchen eingepfarrt, gegen O., ⅓ St. von Haag.

Buchet, Oest. ob d. E., Inn Kr., ein z. Ldgch. Haag gehör. *Dörfchen*, nach Geboltskirchen pfarrend, 1 St. v. Haag.

Buchet, Oest. ob d. E., Inn Kr., ein zum Ldgcht. Schärding geh. *Weiler*, auf einer Anhöhe, nach Diersaach pfarrend, 1¼ St. von Siegharding.

Buchfeld, Steiermark, Judenburger Kr., nordöstl. von Neumarkt an der Commerzial-Strasse nach Kärnten, im Wb. B. Kom. Tanenberg, mit 29 Häus. und 193 Einw., zu den Hrsch. Spielberg, Tiefenbach u. St. Lambrecht dienstbar, nach St. Lorenzen eingepfarrt.

Buchgraben, Steiermark, Grätzer Kr., im Bezirke Horneck, zur Hrsch. Lanach zehentpflichtig.

Buchgraben, Steiermark, Judenb. Kr., bei Furth, in welchem sich mehre Alpen befinden.

Buchgraben, Buechgram — Oest. unt. d. E., V. O. W. W., ein der Stiftshrsch. Melk geh. *Dorf*, nach Bischofstädten eingepf., 4 St. von St. Pölten.

Buchgrub, Siebenbürgen, Unt. Thorenburger Komt.; siehe Bányabük.

Bucham, Ober-, Oest. ob d. E., Inn Kr., ein *Weiler*, im Ldgcht. Vöcklabruck und der Pfarre Ottnang, 2⅓ St. von Vöcklabruck.

Buchham, Nieder-, Oest. ob d. E., Inn Kr., ein *Weiler*, im Ldgchte. Vöcklabruck und der Pfarre Ottnang, 2⅓ St. von Vöcklabruck.

Buchham, Unter-, Oest. ob d. E., Hausr. Kr., ein zum Wb. B. Kom. Rati gehöriges, den Hrsch. Aisterstein, Erlaci, Roith und Stahremberg unterthäniges *Dorf*, pfarrt nach Hofkirchen.

Buchham, Oest. ob d. E., Hausr. Kr., eine Wb. B. Kom. *Herrschaft, Schloss* und *Dorf*; siehe Puchheim.

Buchheim, Illirien, Ob. Kärnten, Villach. Kr., ein *Dorf*, der Ldgchts. Hrsch. Roseck geh. und dahin eingepf., mit einem Steinkohlenbergwerke, 1½ St. von Velden.

Buchheim, Illirien, O. Krain, Laib. Kr., ein *Dorf*, der Hrsch. Veldes, siehe Podham.

Buchhof, Oest. ob d. E., Inn Kr., eine zum Ldgchte. Weizenkirchen gehör. *Einöde* nächst Brüllen, nach Waldkirchen eingepf., St. 5 von Baierbach.

Buchholz, Illirien, Ob. Kärnten, Villacier Kr., ein zur Wb. B. und Ldgchts. Hrsch. Treffen geh. *Dorf*, mit einer Lokalie, 2 St. von Villach.

Buchholz, Tirol, Botzn. Kr., ein zur Hrsch. Salurn geh. *Dorf*, mit einer Kurazie im Gebirge, gegen Osten, 1 St. von Salurn.

Buchholz, Tirol, Vorarlb. Kr., ein *Weiler*, zur Gemeinde Sontag geh., im Landgerichte Sonnenberg.

Buchholz, Oest. ob d. E., Traun Kr., eine kl. d. Wb. B. Kom. und Hrsch. Gärsten geh. *Ortschaft*, mit 6 Häus., nach Gärsten eingepf., auf einer kl. Anhöhe am Ensflusse, ⅓ St. von Steier.

Buchholzberg, Siebenbürgen, Kokelburger Gespansch., ein *Berg*, ⅓ St. von Fületelke entfernt.

Buchholz, Siebenbürgen, Gross Schenk. Stuhl s. Baholtz.

Buchholzgraben, Illirien, Ober Kärnten, Villacher Kr., ein *Quecksilberbergwerk*.

Buching, Oest. unt. d. E., V. O. W. W., ein der Hrsch. Gleink geh. *Ort*, mit 10 Häus. und 60 Einw., an der Ens, 1¼ St. von Steier.

Buchingerhof, Böhmen, Prachin. Kr., ein einz. *Hof*, zur k. Stadt Bergreichenstein, 7¼ St. von Horazdiowitz.

Buchkirchen, Oest. ob d. E., Inn Kreis; siehe Buchkirchen.

Buchkirchen, Oest. ob d. E., Hausr. Kr., eine im Wb. B. Kom. Buchberg lieg. *Ortschaft*, mit einer Pfarre, den Hrschn. Kremsmünster, Dietach, und Pfarrhof Buchkirchen geh., 2 St. von Wels.

Buchkogl, Oest. unt. d. E., V. O. W. W., eine *Rotte*, mit 5 Häus. u. 30 Einw., zur Pfarre Neustadtl, Ortsobrigkeit und Konscriptionshrsch. Seissenek gehörig.

Buchkogel, Steiermark, Bruck. Kr., im Seergebirge zwischen Rohrachkogel, der Tobisalpe und dem Krakgraben, mit grosser Beholzung.

Büchl, Oest. unt. d. E., V. O. W. W., ein *Dorf*, mit 18 Häus. und 90 Einw., zur Pfarre St. Georgen, Ortsobrigkeit Plankenstein und Konscriptionshrsch. Scheibs gehörig.

Buchkogl, Steiermark, ein *Berg*, unweit des Marktes Pöllau, 475 W. Klft. über dem Meere.

Büchla, Steiermark, Grätz. Kr., eine *Gegend* in der Pfarre Weitzberg, zum Bisthume Seckau zehentpflichtig.

Büchla, Steiermark, Grätz. Kr., ein *Dorf*, im Wb. B. Kom Kapfenstein, zur Hrsch. Bertholdstein u. Bisthum Seckau zehentpflichtig, mit 22 Häus. u. 97 Einw., nach Trautmannsdorf eingepfarrt.

Büchla, Steiermark, Grätzer Kr., ein *Dorf* im Wb. Bzk. Kom. Halbenrain, mit 70 Häusern und 302 Einw., mehren Hrsch. dienstbar, nach Straden eingepf.

Büchla, Steiermark, Grätzer Kr., ein *Dorf* im Wb. Bzk. Kom. Brunsa, mit 41 Häusern und 215 Einw., den Hrsch. Wintersfeld, Brunnsee und Oberragitsch dienstbar, nach Mureck eingepfarrt.

Büchla, Steiermark, Grätzer Kr., eine *Gegend* bei St. Georgen, an der Stiffing, nach St. Martin bei Grätz dienstbar.

Buchlau, Mähren, Hrad. Kr., ein bewohntes *Schloss*, zur Pfarre Buchlowitz, Hrsch. Buchlau gehörig.

Buchleiten, Oest. ob d. E., Inn Kr., eine zum Ldgchte. Haag geh. *Ortschaft*, der Hrsch. Lambach, pfarrt nach Altenhof, 2¼ St. von Haag.

Buchleiten, Oest. ob d. E., Inn Kr., ein zum Ldgchte. Vöcklabruck gehör.

Weiler, in der Pfarre Ampflwang mit einer Mühle, 3¼ St. von Vöcklabruck.

Buchleiten, Oberbuchleiten — Oest. ob d. E., Inn Kr., ein *Weiler*, im Ldgcht. und der Pfarre Vöcklabruck, ¼ St. von Vöcklabruck.

Buchleiten, Unterbuchleiten — Oest. ob d. E., Inn Kr., ein *Weiler*, im Ldgcht. und der Pfarre Vöcklabruck, ¼ St. von Vöcklabruck.

Buchleiten, Oest. ob d. E., Hausr. Kr., ein kl., im Wb. B. Kom. Aistersheim lieg. *Dörfchen*, den Hrschn. Lambach, Köpbach und Aistersheim geh., nach Altenhof eingepfarrt, am Gromminger Walde gegen Nord., 1 St. von Haag.

Buchleiten, Steiermark, Brucker Kr., eine *Gebirgsgegend* in der Eisenärzer Ramsau.

Buchleiten, Oest. unt. d. E., V. O. W. W., 6 einz. *Häuser*, zur Pfarre Oedt, Ortsobrigk. Salaberg u. Konscripthrsch. Ascbach geh., zwischen Ascbach und der Reichsstrasse, ¼ St. v. Markte Oedt.

Buchleiten, Oest. ob d. E., Hausr. Kr., eine im Wb. B. Kom. Wolfsegg lieg. *Ortschaft*, verschied. Dom. geh., grenzt an Vorderschlagen gegen W. und und ist nach Ampflwang eingepf., 3¼ St. von Vöcklabruck.

Buchleiten, Oest. ob d. E., Hausr. eine kl. dem Wb. B. Kom. und Hrsch. Irnharding geh. *Ortschaft*, mit 2 Häus., nach Ganskirchen eingepf., 1¼ St. von Lambach.

Buchleiten, Oest. ob d. E., Inn Kr., ein der Hrsch. Asbach u. Ldgcht. Mauerkirchen geh. *Dörfchen*, nach Asbach eingepf., 1¼ St. von Altheim.

Buchleiten, Ober-, Oest. ob d. E., Hausr. Kr., eine im Wb. B. Kom. der Stadt Vöcklabruck lieg. *Ortschaft*, mit 3 Häusern, der Hrsch. Trauneck, Stadt Vöcklabruck und Pfarrhof Vöcklabruck geh., zwischen Ziegelwies u. Unterbuchleiten, ¼ St. von Vöcklabruck.

Buchleiten, Unter-, Oest. ob d. E., Hausr. Kr., eine im Wb. B. Kom. der Stadt Vöcklabruck lieg. *Ortschaft*, mit 2 Häus., der Hrsch. Wagrain geh., nach Vöcklabruck eingepf., liegt zwischen Oberbuch und Vorubuch, 1¼ St. von Vöcklabruck.

Büchleralpe, Oest. unt. d. E., V. O. W. W., ein *Berg*, nordwestl. von Mitterberg, 723 W. Klftr. über dem Meere.

Büchlergraben, Steiermark, Judenburger Kr., zwischen St. Peter und dem Ameisgraben.

Büchlergraben, Steiermark, Judenburger Kr., zwischen dem Prödlitz und Einachberge, mit grossem Waldstande.

Büchling, Illirien, Unt. Kärnt., Klagenfurt. Kr., ein der Hrsch. Hartneidstein geh. *Ort*, in der Gem. Ragganne, 4 St. von Wolfsberg, 7 St. v. Klagenfurt.

Büchling, Illirien, Unt. Kärnt., Klagenf. Kr., ein zur Hrsch. Hartneidstein geh. *Ort*, in der Gem. Kleinrojaci, 1 St. von Wolfsberg, 7 St. von Klagenfurt.

Büchling, Steiermark, Brucker Kr., eine *Gegend* in der Pfarre St. Stephan, zur Hrsch. Göss zehentpflichtig.

Büchling, Steiermark, Grätzer Kr., ein *Dorf* im Wb. Bzk. Kom. Lankowitz, mit 32 Häusern und 146 Einw., meiren Hrsch. dienstbar, nach Höflaci eingepf., hier befindet sich ein Steinkohlenbau.

Büchling, Steiermark, Grätzer Kr., ein *Dorf* im Wb. Bzk. Kom. Gross-Söding, zu den Hrsch. Büchling und Landsberg zehentpflichtig, mit 31 Häusern und 135 Einw., nach Mooskirchen eingepf., 4 St. von Grätz.

Büchling, Steiermark, Grätzer Kr., ein *Dorf* im Wb. Bzk. Kom. Stainz, mit 69 Häusern und 281 Einw., zu den Hrsch. Stainz und Horneck dienstbar, nach Stainz eingepfarrt, 5½ Meile von Grätz.

Büchling, Steiermark, Judenburger Kr., ein *Dorf* im Wb. Bzk. Kom. Autial, zu den Hrsch. Weissenthurn, Reifenstein und Massweg dienstbar, mit 16 Häusern und 102 Einw., nach Weisskirchen eingepfarrt.

Büchling, Steiermark, Judenburger Kr., ein *Dorf* im Wb. Bzk. Kom. Lind, zu den Hrsch. Dirnstein, Freisach und Pfarrgilt St. Jacob dienstbar, mit 22 Häusern und 120 Einw., nach St. Jacob eingepfarrt.

Buchlowitz, Mähren, Brünn. Kr., ein *Markt*, jetzt ein Dorf und Bergveste der Hrsch. Buchlau, mit einem Schlosse, einer Pfarre, Meierei, Jäger- u. Wirtshause, unt. d. Schl. Buchlau, am Fusse des Gebirges, mit böhm. Einw., 8 Meilen von Wischau, ¼ St. von Hradisch.

Buchmühle, Böhmen, Budweiser Kr., eine *Ortschaft* bei Krumau.

Buchöd, Oest. ob d. E., Inn Kr., ein der Hrsch. Riegerting, nach Mermbach eingepf., 2 St. von Ried.

Buchow, Bukow — Böhmen, Kaurz. Kr., ein zur Hrsch. Gemischt gehör. *Meierhof*, hinter Tscheliw, gegen Süd., 3 St. von Bistritz.

Buchow, auch Wuchowa — Böhmen, Tabor. Kr., eine *Einöde*, zum Gute Neustupow geh., unweit der Pragerstrasse, ¼ St. von Wottitz.

Buchowice, Galizien, Przemysl. Kr., eine *Herrschaft* und *Dorf*, 8 St. von Przemysl.

Buchowitz, Mähren, Brünn. Kr., ein *Dorf*, zur Hrsch. Lomnitz und Czernahora; s. Bukowitz.

Buchowska Wola, Galizien, Przemysl. Kr., ein der Hrsch. Buchowice geh. *Dorf*, 8 St. von Przemysl.

Buchriegel, Steiermark, Judenburg. Kr., eine *Alpe* im Einachgraben, mit sehr grossem Waldstande.

Buchs, Steiermark, Judenb. Kr., eine Wb. B. Hrsch. und *Dörfchen*; siehe Pur.

Buchsberg, Oest. ob d. E., Inn Kr., eine kl. *Ortschaft*, der Land- und Pfleg-Grchts. Hrsch. Braunau geh., 3 St. von Braunau.

Buchsdorf, Schlesien, Tropp. Kr., ein *Dorf*, zur Hrsch. Johannesberg und Kirche in Batzdorf geh., mit deutschen Einw., 7 St. von Zuckmantel.

Buchschachen, Oest. ob der Ens, Traun Kr., eine zum Wb. B. Kom. und Hrsch. Stetzer geh. kl. *Ortschaft*, zur Gem. Neustift einverleibt und dahin eingepf., 5 St. von Losenstein.

Buchschachen, Steiermark, Judenburger Kr., ein *Dorf* im Wb. B. Kom. und Pfarre Seckau, den Hrsch. Seckau und Carmeliten in Voitsberg dienstbar, mit 57 Häus. und 326 Einw., 5 Meilen von Judenburg.

Buchschachen, Oest. unt. d. E., V. O. W. W., ein der einz. der Staatshrsch. St. Pölten geh. *Haus*, in der Pfarre Christophen, 1 St. von Baumgarten, 3 St. von Pärschling.

Buchscheiden, Illirien, Ob. Kärnten, Vill. Kr., ein *Hammerwerk*.

Buchschwent, Tirol, Unt. Inn- u. Wippth. Kr., ein *Weiler*, zur Gemeinde Brixen, im Ldgchte. Hopfgarten gehör.

Buchsdorf, Mähren, eine *Ortschaft*, 7 St. von Zuckmantel.

Büchsengut, Steiermark, Brucker Kr., ein *Zerren-* u. *Streckhammerwerk*.

Büchsenhausen, Tirol, Unt. Innthal Kr., eine *Ortschaft* bei Innsbruck.

Buchstall, Oest. ob d. E., Inn Kr., ein *Weiler*, im Ldgchte. Vöcklabruck u. d. Pfarre Zell, 2½ St. v. Vöcklabruck.

Buchstall, Oest. ob d. E., Hausr. Kr., eine im Wb. B. Kom. Vöcklabruck lieg. *Ortschaft*, mit 2 Häus., der Hrsch. Wagrain geh., nach Thalheim eingepf., 1½ St. von Vöcklabruck.

Buchshornberg, Siebenbürgen, Gross-Schenk. Stuhl, ein *Berg*, welcher ½ St. von Nádpatak entfernt ist.

Buchstall, Burgstahl — Oest. ob d. E., Hausr. Kr., ein im Wb.B. Kom. Wartenburg lieg. *Dorf*, d. Hrsch. Wolfseck geh., naci Zell am Pettenfürst eingepf., über dem Flusse Vöckla nordw., 2 St. von Vöckla>ruck.

Buchstein, Steiermark, Brucker Kr., eine *Gegend* im Hartelsbachgraben.

Buchsteinberg, Steiermark, ein hoies *Gebirge* zwiscien dem Judenburger und Brucker Kreis.

Buchtelik, Böimen, Klatt. Kr., eine zur Hrsch. Scinkau geh. *Mühle*, gegen Osten, grenzt an das Dorf Radaciow, 2] St. von Klattau.

Buchthal, Steiermark, Brucker Kr., eine *Gegend* im Bezirke Gutenierg, und Pfarre Erz>erg.

Buchwald, Böimen, Ellbogner Kr., ein zur Hrsch. Petsciau und Ga>iorn geh. *Meierhóf* mit einer Hammelhütte, sonst auci Frauenhófl und Kleinhof genannt, 2] St. von Karlsbad.

Buchwald, Wallach — Sieienbürgen Kockelburg. Kom.; sieie Olai-Bükkös.

Buchwald, Oest. unt. d. E., V. U. W. W., eine *Gegend* >ei Wartenstein, westwärts hinter Gloggnitz.

Buchwald, Steiermark, Judenb. Kr., >ei Lassnitz, mit seir grossem Waldstande, der Hrsch. St. Lambreci t eigenthümlich.

Buchwaldsdorf, Buchwaldsdorf — Böimen, Königgr, Kr. , ein zum Gute O>er-Weckelsdorf gehöriges *Dorf*, an der Strasse zwiscien O>er-Weckelsdorf und Adels>aci gelegen, 2] St. von Politz, 4 St. von Naciod.

Buchwiesen, Steiermark, Grätzer Kr., eine *Weingebirgsgegend*, z. Bäreneckergült am Fahrenbühel dienstbar.

Buchwiesenalpa, Steiermark, Judenburger Kr., im Katschgraben.

Buchwinkel, Steiermark, Grätzer Kr., eine *Gegend*, zur Hrsch. Strass dienstbar.

Buchwinkl, Oest. o> d. E., Salzburger Kr., ein zum Ldgrcht. Neumarkt (im flacien Lande) gehöriger *Weiler*, an der nördlicien Spitze des Hannsberges, der Pfarre Bärndorf einverlei>t. 4 St. von Neumarkt.

Bucich, Dalmatien, Zara-Kr., Dernis-Distrikt, ein *Dorf* in der Pfarre Gradaz, der Hauptgemeinde und Pretur Dernis zugetheilt, auf dem festen Lande, 14 Migl. von Knin. Postamt Sebenico.

Bucio, Ungarn, Sáros. Kom. ein *Dorf* mit 26 Häus, und 196 Einwoiner.

Buck, Mäiren, Prer. Kr., ein *Dorf* z. Hrsch. Roketnitz geiörig. liegt zwiscien den Städten Leipuik und Prerau, 4 St. von Ollmütz.

Buckau, Böimen, Budweiser Kr., eine *Ortschaft*, 6 St. von Budweis.

Buckan, Böimen, Czaslauer Kr., eine *Ortschaft* bei Stöcken.

Bnckelwald, Steiermark, Judenb. Kr., ein *Grenzgebirgswald*, südwestl. von Sciladming, zwischen Steiermark und Salz>urg.

Buckholz, Böimen, Leitmeritzer Kr., ein *Dorf*, wovon die Hälfte zur Hrsch. Ze>us, die andere Hälfte a>er zur Hrsch. Hirsciberg, im Bunzlauer Kreise gehörig, 2] St. von Auscia.

Buckleiten, Oest. o> d. E., Salzb. Kr., eine zum Landgcht. Tialgau (im flacien Lande) geiörige *Einöde* im Vikariat St. Gilgen. 1 St. von St. Gilgen.

Buckowa, Böimen, Praci. Kr., ein *Dorf* der Hrsch. Rosential, recits gegen West., von der Pfarre Alt-Rosential, 4 St. von Rockitzan.

Buckowann, Böimen, Praci. Kr., ein *Gut* und *Dorf* mit einem Scilosse, 3 St. von Przibram, na>e an dem Flusse Wltawa gelegen, 9 St. von Zditz.

Buckowitz, Schlesien, Tesciner Kr., ein kleines *Dorf* zur Hrsch, Toschanowitz, unt. dem Tesciner Ge>irge mit zwei Mahlmühlen, 3 St. von Friedeck.

Buckovich, Dalmatien, Zara-Kr., Obrovazzo-Distrikt, ein *Dorf* mit einer Pfarre griech. Ritus, zur Hauptgemeinde Bencovaz, woran es grenzt, und unter die Pretur O>rovazzo geiörig, auf dem festen Lande, 17 Migl. von Obbrovazzo.

Buckwa, Böimen, Saazer Kr., eine *Ortschaft*, 2] St. von Saaz.

Bucow, Galizien, Przemysl. Kr., ein *Dorf* mit einer Pfarre und Ortsobrigkeit.

Bucowina, zu Milno. — Galizien, Zlocz, Kr., ein *Dorf* zur Pfarre und Ortsobrigkeit Milno geiörig.

Bucs, Ungarn, diess. der Donau, Gran. Gespansch., Párkán. Bzk., ein zum >ociwürdigen Gran. Erzbisthum geiöriges, naci Mocs eingepfartes uugar. katiol. *Dorf*; liegt näcist-Bátorkesz, 2] St. v. Keménd.

Bucsa, Ungarn, diess. der Donau, Sohler. Gespansch., Unt. Bzk., ein der Schlosshrsch. Zólyom und zum Tieil auci zur Bergkammer Neusohl geiör. *Dorf*, mit einer eigenen Pfarre und einem Postwechsel zwiscien Schemnitz und Neusohl am Granfl. und der k. Poststrasse, Postamt mit:

Osztroluka, Bazur, Altsohl, Hajnik, Rihar Szános, Kovakova, Trehula, Szelnitz, Rakitocz Nagy- Rakitocz-Kis, Radin, Körmecz Falva Terny, Kuselnik, Prcsnitz, Jalna.

Bucsán, Nagy- u. **Kis-**, Ungarn, diess. der Donau, Neutr. Gesp. Vág-

Ujhel. Bzk, ,. 2 zusammenhängende, dem Freih. Emer. Tahy gehörige *Dörfer*, mit 130 Häuser und 930 Einw. , einer Lokalkaplanei und mereren Mühlen am Bache Biava, gegen Ost., 1¼ St. von Galgócz.

Bucsaháza , Ungarn , Pressburger Kom. , ein *Dorf* mit 22 Häuser und 161 Einwohner.

Bucsava, Ungarn, Arader Komt., eine *Ortschaft* bei Arad.

Bucsgau, Ungarn, Beregi. Kom., ein *Dorf* mit 19 Häus. und 210 Einw,

Bucsie, Slavon. Ratkowitz. Bzk., ein zum Gradiscan. Gränz-Reg. Canton Nr. VIII, gehöriges *Dorf* von 54 Häusern, mit einer kath. Pfarre und einer Mahlmühle , an dem Bache Orljavacs, 1¼ St. von Orlovacz.

Bucsie , Slavonien , Verőcz. Gesp., Deákóvár Bzk. , ein *Dorf* am Fusse des Gebirges, der Hrc). Deákóvár gehörig, mit '23 Häuser und 140 Einwohn. am Fuka Flusse, 2 M. von Deákóvár.

Bucsost, *Berg*, Siebenbürgen, Kronstädter Distr. , an der Gränze zwischen Siebenb. und Wallachei bei Mojest.

Bucsu, Butsching, Ungarn, jenseits der Donau, Eisenburg. Gespannsch., Güns. Bzk. , ein ung. mehreren adelig. Familien gehöriges, nach Dozmath eingepf. *Dorf* liegt zwischen Gebirgen an dem Bache gleichen Namens, 1 St. von Stein am Anger.

Bucz, Böhmen , Pils. Kr. ,´ ein *Dorf* d. Hrsch. Liechtenstein und Manetin; siehe Budsch.

Bucz, Budecz — Böhmen , Czasl. Kr., ein *Dorf* zur Hrsch. Martiniz, 8 St. v. Stöken.

Bucza, bei Mokzysko, Galizien, Bochn. Kr., eine *Ortschaft* zur Pf. Mokrzysko, und Ortsobrigkeit Wisnicz geh.

Bucza, bei Borek — Galizien, Tarnow. Kr., eine *Ortschaft* zur Pfarre und Ortsobrigkeit Wielopole moszczenkie.

Buczacz , Butschatsch — Galizien, Zaleszc. Kr. , eine *Sadt* und *Herrschaft*, wodurch der Fluss Seret fliesst, mit 2200 Einwohnern, einer eigenen Pfarre, zwischen Chmielowkau und Czapowice, Postamt mit:

Bucracs, Barisch, Bobolincc, Beremiany, Croitowa, Dopripolc, Dulybl, Hubin, Jahlowioz, Terierrany, Kosnielniki, Kossow, Kladobanowka, Kerrawoluka, Lesirance, Lasskowce, Luka, Ohowoc, Pellikowce, Polowce, Potok, Piolrow, Snowidow, Sciguka, Sokolow, Zkonoroch, Zarwanica, Zubce, Soroki, Podrunserek, Dubrinko, Perewloka, Prepiave, Browary, Nowosiolka, Slohatha, Puryn, Podhorki, Pomasrowka, Bialolorniew, Zrybutuowar.

Buczaczki, Galizien, Zaleszc. Kr., ein zur Hrsch. Kulaczkowce gehörig, nach Gwozdziec eingepf. Dor*f*, wodurch

der Fluss Bzernlawa fliesst, 6 St. von Kolomea.

Buczaty, Galizien. Samb. Kr., ein der Hrsch. Komarno gehöriges und darin eingepfarrtes *Dorf* und Vorwerk, grenzt gegen Osten mit dem Dorfe Porzyce, und gegen West. mit dem Dorfe Kiszavice, 3¼ St. von Gródek.

Bucze, Buczekow — Galizien, Bochnier Kr., eine *Ortschaft*, 1¼ St. von Brzesko.

Buczek , Galizien, Tarnow. Kr. , ein *Dorf* und sandiger *Berg*, zur Hrsch. Wielopole gehörig grenzt gegen Osten mit Dorowa, und gegen Süd. mit Odpioliszow, 3 St. von Tarnow.

Buczek, Böhmen, Pils. Kr., ein *Dorf* der Hrsch. Plass, 6 St. von Pilsen; siehe Buscheck.

Buczicz, Böhmen , Beraun. Kr., ein *Dorf* westnordwärts an dem Moldaufl. gelegen, zur Hrsch. Chlumetz, 6 St. von Wottitz.

Buczicz, Böhmen , Czasl, Kr., ein *Dorf* der Hrsch. Scruscritz. ½ St. von Czaslau.

Buczicz, Unter- , Böhmen ,. Czasl Kr. , ein *Dorf* mit einer Filialkirche.zur Hrch. Seruscritz geh., welches an der Chrudimer Postrasse, liegt u. an die Hrsch. Schlei grenzet, ½ St. v. Czaslau.

Buczieze, Böhmen, Czasl.Kr., ein *Dorf* zur Hrsch. Hammerstadt; s. Butsciitz.

Buczina, Böhmen , Czasl. Kr. , ein *Meierhof* des Gutes Trzemoschnitz; siehe Butschina.

Buczina, Böhmen, Chrud. Kr., ein *Dorf* mit einer Filialkirche und einem protestantischen Bethause, hinter dem Dorfe Augezdetz, zur Hrsch. Leitomischl geh., 1¼ St. von Hohenmauth.

Buczina, Böhmen. Kaurz. Kr., ein zur Hrsch. Kammerburg geh. *Dörfchen*, 2 St. von Duespek.

Buczina, Gross- und **Klein-**, Böhmen , Rakon. Kr. , zur Welwarn und Hrsch. Zwolleniowes geh. *Dorf*; siehe Butschin , (Gross- und Klein-.)

Buczitz, Böhmen, Prachin. Kr., ein der Hrsch. Blatna unterthän. *Dorf* an dem Flusse Uflawa, 5 St. von Pisek.

Buczki, Böhmen, Königgr. kr., ein *Dorf* mit einer Mühle zum Gute Walka gehörig.

Buczkow und **Dembina**, Galizien. Bochn. Kreis, ein zur Herrschaft Krzeczow gehöriges *Dorf*, gegen Ost. nächst Zatoka, zwei St. von Bochnia.

Buczkowice, Galizien, Wadow. Kr., ein *Dorf* zur Pfarre und Ortsobrigkeit Lodygowice gehörig.

Buczlo, Buczlowjan — Ungarn, diess. der Theiss, Sáros. Gesp. Szektsüer Bzk., ein slowak. *Dorf* zwischen Magyar Raszlavicza und Ábrahámfalva, 3 St. von Bartfeld.

Buczniow, Galizien, Tarnop. Kr., eine *Herschaft* und *Dorf*, mit einem Edelhofe, einer griechischen Kirche, Vorwerke u. Wirthshause, an dem Fl. Seret; gegen Nord. 2 St. von Tarnopol.

Buczow, Galizien, Przemysl. Kr., ein *Dorf* zur Hrsch. Medyka gehör., 4 St. von Przemysl.

Buczowes, Böhmen, Bidschow. Kr., ein *Dorf*, theils z. Hrsch. Dimokur, theils z. Hrsch. Kopidlno geh.; s. Butschowes.

Buczowicz, Buczowiczek, Butschowitz — Böhmen, Czasl. Kr., ein *Dörfchen* der Hrsch. Willimow geh., grenzt gegen S. mit d. Dorfe Herzmanitz, 1¼ St. von Jenikau.

Buczowicze, Böhmen, Beraun. Kr., ein *Dorf* zur Hrsch. Wottitz; siehe Butschowitz.

Buczowiczek, Böhmen, Czasl. Kr., ein *Dörfchen* der Hrsch. Willimow; s. Buczowicz.

Buczubáza, auch Bútsúháza — Ungarn, diesseits der Donau, Pressburger Gespansch., Ob. Insul. Bzk., ein adel. *Dorf* in der Schütt, nach Somerein eingepfarrt, bei Gantsháza, unweit Uszor, ½ St. von Somerein.

Buczyki, Galizien, Tarnop. Kr., ein zur Hrsch. Grzymalow gehör. *Dorf* mit einer griech. Pfr., 4 St. v. Chorostkow.

Buczyna, Galizien, Zlocz. Kr., ein *Dorf* zur Pfarre Brodskie gaie stare, u. Ortsobrigk. Brody gehörig.

Buczyna, Galizien, Bochn. Kr., ein zur Hrsch. Wisnicz geh. *Dorf*, an den Flüssen Raba und Stradomka, gegen N. nächst Darowica, 1¼ St. von Gdow.

Bud, Böhmen, Rakon. Kr., ein z. Hrsch. Pürglitz geh. *Dorf*; siehe Budda.

Büd, Mezö-Büd — Ungarn , jens. der Theiss, Szaboltser Gespansch., Dadaer Bzk., ein adel. ungr. *Dorf*, mit 166 Häusern und 1238 Einw., einer griechisch kathol. Pfarre, liegt zwischen Do-Lök und Szt. Mihaly, 3 St. von Tokay.

Büd, Hernád-Büd — Ungarn, diesseits der Theiss, Abaujvár. Gespansch., Göcnzienser Bezirk, ein am Flusse Hernád liegendes *Dorf*, 2 St. von Vizsoly.

Buda, Böhmen, Czaslau. Kr., eine einzelne *Mahl-* und *Bretmühle* am Flusse Sazawa gegen S. liegend, grenzt an den Ort Pohled, und gehört zum Gute Horka, 6 St. von Czaslau.

Buda, Böhmen, Czaslau. Kr., ein *Dörfchen* zur Hrsch. Petschkau unweit dem Dorfe Wonomischl gegen S., 3½ St. von Kollin.

Buda, Böhmen, Czasl. Kr., ein *Dörfchen* zum Schwenda Freisassenviertel, gegen N. an dem Flusse Sazawa und gegen O. an das Dorf Hórka, 7½ St. von Czaslau.

Buda, Galizien, Bukow. Kr., ein an d. Landstrasse nächst dem Pruth Flusse liegendes kleines *Dörfchen*, 2 Stunden von Czernowicz.

Buda, Böhmen, Jungbunzl. Kr., ein z. Hrsch. Böhmisch-Aicha gehör. *Dörfchen*, 2½ St. von Lieyenau.

Buda, Böhmen, Jungbunzl. Kr., ein z. Hersch. Münchengrätz unterthän. *Dorf*, 1¼ St. von Münchengrätz.

Buda, Böhmen, Jungbunzl. Kreis, ein *Dorf* zur Hrsch. Swigan; siehe Bauda.

Buda, Siebenbürgen, Schäsburg. Stuhl; siehe Szász-Buda.

Buda, Böhmen, Kaurž. Kr., ein *Dorf* mit einem aufgelassenen Benediktinerkloster und einer Pfarre zum Gute Sazawa, liegt an dem Flusse Sazawa auf einer Anhöhe gegen S., 5 St. von Böhmischbrod.

Buda, Böhmen, Kaurž. Kr., eine zur Hrsch. Zerhenitz gehörige *Mahlmühle*, mit einem Jägerhause gegen W. hinter der Kreisstadt Kauržim gelegen, 4 St. v. Planian.

Buda, Böhmen, Prachin. Kr., ein Dominikaldorf der Stadtgemeinde Pisek, mit einem Meierhofe u. Schafstalle, unw. vom Städtchen Mirotitz, 4 St. v. Pisek.

Buda, Böhmen, Königgr. Kr., ein zur Hrsch. Schamrach geh. *Dörfchen* unter dem Schlosse Schamrach gelegen, 6 St. von Hohenmauth.

Buda, Budau, Budow — Böhmen, Elbogner Kr., ein zur Hrsch. Werscheditz geh. *Dorf*, worin sich auch ein Meierhof und eine Mahlmühle befinden, 1¼ St. von Liebkowitz.

Buda, Siebenbürgen, Koloss. Komt.; s. Burjános-Oláh-Buda.

Buda, Budin — Ungarn, Pest. Komt.; siehe Ofen.

Buda Bertz, Siebenbürgen, Udvarhelyer Székler Stuhl, ein *Berg*, 1 St. von dem Bacze Ráva-patak entfernt.

Buda-Eörs, Ungarn, Pest.Gespansch., ein *Dorf* mit 347 Häus. und 2142 Einw.

Buda-Keszi, Ungarn, diess. der Donau, Pest. Gespansch., Pilis. Bzk., ein zur Hrsch. Alt-Ofen geh. deutsches *Dorf* mit 339 Häus. und 2312 Einw., einer eigenen Pfarre ober Ofen, über der Donau zwischen Bergen, 3 St. von Ofen.

Buda, Kis-, Ungarn, diesseits der Theiss, Hevess. Gespansch., Tornaer Bzk., ein dem Hochw. Erlauer Bisthum geh. *Praedium*, nach Füzes-Abány eingepfarrt, unweit Mezö-Tárkány, 4 St. von Kapolna.

Buda, Kisseb-, Ungarn, Jens. der Donau, Zalad. Gespansch., Egerszeg. Bzk., ein unter mehre Grundherrschaften getheiltes *Dörfchen*, näcist Gellenháza und Nagy-Lengyel, woiin es eingepf. ist, 2 St. von Egerszeg.

Buda, Lehota-, Ungarn, Neográd. Komt.; siehe Leiota. ♦

Buda, O-, Vetus-Buda, Stary Budyn — Ungarn, Pester Komt.; s. Ofen, (Altofen).

Buda, Uj-, Siebenbürgen, Kolosser Gespansch., Fejerd. Bzk., ein zum Dorfe Burianos-Olái-Buda geiör. *Praedium*, 1½ St. von Korod.

Budachki, Kroatien, jens. der Save, Karlstädt. Generalat, Budachker Bzk., eine zum Szluiner Grenz-Regim. Canton Nr. IV geh. *Ortschaft* von 11 Häusern, Bzk. dieses Namens mit einer griecisci n. unirt. Kircie u. einem alten Scilosse, liegt näcist Brezova Glova, 2 St. von Voinich.

Budachki, Ober-, Kroatien, jens. der Save, Karlstädt. Generalat, Budachker Bzk., eine zum Szluin, Grenz-Reg. Canton Nro. IV geiör. *Ortschaft* von 6 Häusern, mit einer griech. nicht unirten Pfarre, liegt näcist der Kommerzialstr., 1 St. von Voinich.

Budafa, Ungarn, jenseits der Donau, Barany. Gespansch. im Bzk. jenseits des Geiirges, ein der Fünfkirchn. Kathedralkircie geh., naci Magyar-Szék eingepf. *Dörfchen* mit 40 Häus. und 282 Einw., in einem Tiale zwiscien drei Bergen, 1½ St. von Fünfkirchen.

Budafa, Ungarn, Jenseits der Donau, Zalad. Gespansch., Egerszeg. Bzk., ein *Praedium* und Waldgegend, zwiscien Szent Margita, Cseii und Keretye, 2 St. von Alsó-Lendva.

Budafa, Ungarn, jens. der Donau, Zalad. Gespansch., Lövö. Bzk., ein mehren Abkömmlingen der adelichen Familie Tornyos geh. *Dorf*, naie an der v. Lövö naci Zala-Egerszeg füirenden Kommerzialstr., naci Salomvár eingepf., gegen O., ½ St. von Lövö.

Budafa, Kis-, Ungarn, diess. der Donau, Pressiurg. Gespansch., Unter Insulan. Bzk., ein adel. *Dorf* in der Insel Sciütt, zur Pfarre Egyiáz Gellye geh., naie iei Kis-Szarva mit 19 Häus. und 137 Einw., 2½ St. von Somerein.

Budafa, Nagy-, Ungarn, diess. der Donau, Pressiurger Gespansciaft, Unt. Insul. Bzk., ein adel. *Dorf* in der Schütt, naci Egyiáz-Gellye eingepf., zwiscien

Tárnok und Nagy-Szárva, mit 21 Häus. und 155 Einw., 2½ St. von Somerein.

Budaháza, Ungarn, Unghv. Komt., ein *Dorf* mit 22 Häusern und 174 Einw.

Budaine, Illirien, Krain, Adelsberger Kr., ein zur Hrsch. Wippach gehöriges *Dorf*, 1 St. von Wippach.

Budak, Kroatien, jens. der Save, Karlstädter Generalat, Liccan. Bzk., ein zum Liccan. Grenz-Reg. Kanton Nr. I gehör. *Dorf*, mit 102 Häusern und 529 Einw., und eigener Pfarre, liegt an dem Licca Flusse, üier welchen hier eine Brücke füirt, 1¼ St. von Gospich.

Budak, Kis-, Klein-Budensdorf, Budez —Siebenbürgen, Dobok. Gespansch., Unt. Kr., Sajóer Bzk., ein meiren Doim. geh., am Flusse gleichen Namens lieg. walaci. *Dorf*f mit einer griech. kath. und reform. P arre, ½ St. von Bistritz.

Budak, Oláh- oder **Nagy-**, Siebenbürgen, Dobok. Gespan., Unt. Kr., Borgóiens. Bzk., ein *Dorf* zwischen Szász-Buda und Simontelke, 1 St. von Bisztritz.

Budak, Oláh-, Siebenbürgen, Dobok. Gespan., Milit. Bzk., ein zum 2. walach. Grenz-Reg. Kanton Nr. XVII gehöriges *Dorf* von 45 Häusern, mit einer Hauptmanns-Station, liegt am Fusse des Gebirges gegen die Moldau, 1 St. von Tekendorf.

Budak, Szasz-, Budak — Siebenbürgen, Bistritzer Distr., ein kleines sächs. freies *Dorf*, mit einer evangel. Pfarre und einer beträchtlichen Mahlmüile an dem Gebirgsflusse Beduschell, liegt an der Landstrasse nächst Sajó 2 St. von Bistritz.

Budak, Dalmatien, Zara-Kr. und Distr., ein *Dorf*, Filiale der nahe liegenden Pfarre Radosinavaz, zur Hauptgemeinde Zara-vecchia und Pretur Zara gehörig, auf dem festen Lande, 30 Migl. von Zara.

Budaken, Siebenbürgen, Koloser Komt.; siehe Budatelke.

Budakuluj, Valye-, Siebenbürgen, Dobok. Gespansch., ein *Bach*, der aus dem Geirge Duka entspringt und nach einem Laufe von 9 St. in den Sajó n ündet.

Budamér, Budyimir — Ungarn, diess. der Theiss, Sáros. Gespan., Unt. Tarcz. Bzk., ein der Fam. Ujházy geh., an dem Tarcza Fl. und der Landstrasse lieg. slowak. *Dorf* mit 105 Häusern und 776 Einw., 1 St. von Harcsány.

Budanchevicza, Kroatien, diess. d. Save, Warasdiner Generalat, eine zum St. Georg. Grenz-Reg. Kantou Nr. VI geh. *Ortschaft* von 19 Häus., am gleichnamigen Bache, 6 St. von Bellovár.

Budanicza, Slavonien, Veröcz. Gesp. und Bzk., ein zur Hrsch. Vucsin geıör. *Dorf* mit 95 Häusern und 538 Einw., liegt im Geıirge näcıst Czabuna, 12 St. von Babocza.

Buda-Örs, Ungarn, diess. der Donau, Pest. Gespansch., Pilis. Bzk., ein zur Hrsch. Alt-Ofen geh. *Dorf* mit deutscıen Einw., einer eigenen Pfarre und einem Wirthshause, naıe bei Török-Bálint, 2 St. von Ofen.

Budarzy, Böımen, Berauner Kr., ein *Städtchen* der Hrsch. Karlstein; sieıe Budnian.

Budaschitz, Böımen, Prachiner Kr., ein *Dorf*, zum Gute Langendorf geıör., auf einer Amöıe oıerıalı dem Flusse Wottawa, auf der Bergreichensteiner Strasse, 4½ St. von Horaždiowitz.

Budasseco, Kroatien, Agramer Komt., ein *Dorf* mit 49 Häusern und 407 Einw.

Budatelke, Budaken, Budatyelek — Siebenbürgen, Kolos. Gespan., Unt. Kr., Örmenyes. Bzk., ein mehren Grundherren geh., in einem Thale ausser der Poststrasse liegendes walacı. *Dorf*, mit einer griech. kathol. Pfarre, 3 St. von Dekendorf.

Budatinska, Ungarn, Trentschiner Komt.; siehe Leıota.

Budau, Böhmen, Elbogner Kr., ein *Dorf* der Hrsch. Werscheditz; s. Buda.

Budavár, Ungarn, jens. der Donau, Zalad. Gespansch., Tapolcz. Bzk., ein *Dorf*, zum General-Seminarium gehörig, an der Grenze des Veszprimer Komts., nach Csitsó eingepf., nördlich ¼ St. von Nagy-Vázson. Post Sümegh.

Budcze, Mähren, Znaimer Kr., ein *Gut* und *Dorf*; siehe Butsch.

Budda, Bud — Böhmen, Rakonitz. Kr., ein *Dörfchen* unter der Burg Pürglitz, am Rakonitzer Bache, mit einer Kircıe, einer Mahlmühle und einem obrigkeitl. Meierhofe, zur Hrsch. Pürglitz geıörig, 3 St. von Beraun.

Budecz, Böımen, Czaslauer Kr., ein *Dorf* der Hrsch. Martinitz; s. Bucz.

Budék, Ungarn, Stuhlweissenburger Komt.; sieıe Bodajk.

Budelen, Böımen, Budweiser Kr., eine *Ortschaft* bei Wıttingau.

Buden, Tirol, Pusterthaler Kr., ein *Weiler*, zur Gemeinde Virgen im Landgerichte Windisch-Matrei geıörig.

Budenbach, Siebenbürgen, Hermannstädter Stuhl; siehe Szibiel.

Budenczy, Kroatien, Agramer Gespanschaft, Sz. Ivánız Bzk., ein zum Agramer Bisthum gehör., nach Czorie eingepf. *Dorf*, ½ St. von Popovecz.

Budenczy, Kroatien, Warasdiner Gespanschaft, Unt. Zagorian. Bzk., ein der Gemeinde und Pfarre Budecz einverleibtes *Dorf*, 3 St. von Rzesznicza oder Ostricz.

Budendorf, Sieıenbürgen, Doboɔ. Komt.; sieıe Budgya.

Budenicza, Galizien, Bukow. Kr., ein verscıiedenen Dom. geh. *Dorf*, mit einer Pfarre, am kleinen Seretı Flusse oıer- und unterıalı der verdeckten Brücke nacı Siebenbürgen, 5 St. von Terescheny.

Buderyósza Valye, Sieıenıürgen, ein *Bach*, welcıer im Bistritzer Militär-Distrikte aus dem Berge Szurduk entspringt und ıach einem zweistündigen Laufe in den grossen Samos mündet.

Budenin, Böımen, Berauner Kr., ein *Dorf*, zur Hrsch. Wottitz geıörig, ¾ St. von Wottitz.

Budenitz, Budynitz — Böımen, Rakonitzer Kr., ein *Lustschloss* mit einem Meierhofe, einigen Bauerıı äusern und einem Lokalisten, grenzt gegen O. an Scılapanitz, zur Hrsch. Zlonitz geıörig, 1½ St. von Scılan.

Budesch, Sieıenıürgen, Inn. Szoluok. Komt.; sieıe Budos.

Budesdorf, Siebenbürgen, Doıok. Komt.; sieıe Budok.

Budeskau, Böımen, Budw. Kr., ein *Dorf* zur Hrsch. Frauenıerg; s. Buskau.

Budetin, Ungarn, diess. der Donau, Trentscıin. Gespansch., Silein. Bezirk. *Herrschaft* und *Dorf*, mit einem alten Kastell, herrschftl. Verwaltungsamte, Lokal Ricıter und Geschwornen, nach Brodnó eingepf., liegt gegen N. zwisch. dem Waag und Kiszucza Flusse, ½ Stı von Silein.

Budetinı Lehota-, Ungarn, Trentschiner Komt.; sieıe Leıota.

Budetzko, Mäıren, Ollmütz. Kreis, ein *Dorf* und Ortsobrigk. Leschkau geh. mit ıöımiscıen Einwoınern.

Budexin, Oest. o) d. E , Inn Kr., ein zum Ldgcht. Mauerkircıen geh. *Weiler*, den Hrsch. Mauerkircıen, Oıernberg, Suıen und Wimhub dienstıar, nach St. Veit eingepfarrt.

Budez, Sieıenıürgen, Dobok. Komt.; sieıe Kis-Budak.

Budfalva, Bugyesty — Ungarn, jens. der Tıeiss, Mármaross. Gespansch., Kazóer Bzk., ein wal. adel. *Dorf*, mit 113 Häus. und 1055 Einw., einer eigenen griech. katı. Pfarre und königl. Dreissigstamte, liegt näcıst dem Markte Kopnicz Bánya und den Dörfern Breı u. Szerfalva, an dem Bacıe Kaszó, mit einer darauf liegend. Sägemühle.

Budgegyewicz, Böhmen, Budweis. Kr., eine k. *Berg-* und *Kreisstadt*; siehe Böhmisch-Budweis.

Budgya, Bunendorf, Bogyle — Siebenbürgen, Dobok. Gespansch., Oner Kr., M. Egreg. Bzk., ein meiren Domin. geh., zwischen Bergen und Waldungen lieg. walacı. *Dorf*, mit einer griech. nicht unirt. Pfr., zwisch. Felsö-Egregy und Rajtoltz, 2¼ St. v. Magyar-Egregy.

Budianoveze, Slavonien, Syrm. Kr., ein *Dorf*, mit 219 Häus. u. 1994 Einw.

Budiansdorf, Böhmen, Jungb. Kr., ein *Dorf*, zur Hrsch. Friedland; siehe Bunzendorf.

Budich, Slavonien, Posegan. Komitat; siehe Budics.

Budichina, Ober-, Mitter- und **Unter-**, Kroatien, Petrinier Bezirk, ein zur bischöfl. Hrsch. Hrasztovicza geh. *Dorf*, mit 78 Häus. und 395 Einw., an der Poststrasse gegen Bednik, 1½ St. von Petrinia.

Budics, Buci, Budicı — Slavonien, Posegan. Gespansch., Ober Bzk., ein hrschaftl. *Wirthshaus*, an der Strasse von Pakracz nach Posega, mit einer einzelnen, auf einer Anröie sterenden Kirche, 2 St. Pakracz, 4 St. von Posega.

Budieska, Ungarn, diess. d. Donau, Sohler Gespansch., Unt. Bzk., ein slowak., der adel. Familie Osztrolnczky geh., nach Ternye eingepf. *Dorf*, in d. Vass-Berzencz. Tnale, an der Bars. Komitats Grenze, ¼ St. von Bucsa.

Budieczko, Mähren, Ollm.'Kr., ein *Dorf*, zur Pfarre und Hrsch. Konitz geh.

Budiezowitz, Buditschowitz — Böhmen, Prachin. Kr., ein *Dorf*, zur Hrsch. Protiwin, ninter dem Dorfe Skall, 1½ St. von Wodina, 3 St. von Pisek.

Budieditz, Böhmen, Prachin. Kr., ein *Gut* und *Dorf*; siehe Borow.

Budiegowice-Morawska, Mähren, Znaim. Kr., eine *Stadt*; siehe Budwitz, Mährisch-.

Budiekow, Böhmen, Czasl. Kr., ein *Dorf*, der Hrsch. Lipnitz; s. Budikau.

Budietitz, Böhmen, Prachin. Kr., ein *Pfarrdorf*, ninter d. Flusse Wottawa, zur Hrsch. Zichowitz geh., 2½ St. von Horazdiowitz.

Budietitz, Böhmen, Prachin. Kr., ein *Gut* und *Dorf*; siehe Borow.

Buditz, Böhmen, Prachiner Kr., ein *Dorf*, der Hrsch. Netolitz geh., 4 St. von Wodnian.

Buditz, Budikow — Böhmen, Jungb. Kr., ein zur Hrsch. Böhmisch-Aicha geh. *Dorf*, 2¼ St. von Lieenau.

Buditzsdorf, Mähren, Ollm. Kr., ein ehemals dem aufgehobenen Augustiner-

kloster zu Gewischt, nun der Hrsch. Hohenstadt geh. *Dorf*, mit deutsch. Einw., wodurch der Fl. Sazawa und die Strasse nach Böhmen geht, an der Kleinseite des Dorfes Trübenhof, 3½ St. von Grünau.

Budikau, Budikow, Budiekow — Böhmen, Czasl. Kr., ein *Dorf*, d. Hrsch. Lipnitz sammt einem obrigkeitl. Meierhofe, 3½ St. von Deutsch-Brod.

Budikow, Böhmen, Jungbunzl. Kr., ein zur Hrsch. Böhmisch-Aicha gehöriges *Dörfchen*; siehe Budig.

Budikowitz, Mähren, Igl. Kr., ein *Dorf*, zur Hrsch. und Pfarre Trebitsch, mit böhmisch. Einwohnern; siehe Bochdikowitz.

Budila, Siebenbürgen, Ob. Weissenb. Komt.; siehe Bodola.

Budilau, Budilow — Böhmen, Prach. Kr., ein *Dorf*, zum Gute Tschkin geh., grenzt gegen S. an das Freigebirg Brdo und d. Dorf Bossig, 4½ St. v. Strakonitz.

Budilka, Böhmen, Chrud. Kr., ein der Hrsch. Leitomischl geh. *Dörfchen*; siehe Budilau.

Budilow, Böhmen, Prachin. Kr., ein *Dorf*, zum Gute Tschkin; s. Budilau.

Budimeze, Slavonien, Verőcz. Gespanschaft, Valpó. Bzk., ein z. Hrsch. Valpó geh., mit einer griech. unirten Pfarre versehenes *Dorf*, in einer waldigen Erene, am Vuka Flusse, 3 Meil. von Eszék.

Budimiereicz, Böhmen, Bidsch. Kr., ein *Dorf*, mit einer Kirche am Bache Mrlina, der Hrsch. Podiebrad, ¾ St. von Nimburg.

Budin, Kroatien, Agram. Gespansch., im Bzk. diess. der Kulpa, eine zur Gemeinde und Pfarre Krassich. gehörige *Ortschaft*, mit Weingebirgen, 2¼ St. von Jászka.

Budin, Kroatien, Agram. Gespansch., im Bzk. diess. der Kulpa, eine zur Gemeinde und Pfarre Sivodina gehörige *Ortschaft* und *Weingebirg*, 3 St. von Karlstadt.

Budin, Kroatien, diess. der Save, Warasdiner Gespansch., Ob. Campest. Bzk., ein der Pfarre und Gemeinde Lepoglava einverleintes *Dorf*, mit 32 Häus. und 164 Einw., 5 St. von Warasdin.

Budin, Buda — Ungarn, Pest. Komt.; siehe Ofen.

Budin, Ó Buda, Vetus Buda, Stary Budyn — Ungarn, Pest. Komt.; siehe Ofen, Alt-Ofen.

Budin, Böhmen, Bidsch. Kreis, ein *Dorf*, zur Pfarre Nechanitz zum Gute Zwikow, 3 St. von Königgrätz.

Budin, Böhmen, Kaurz. Kr., eine einzelne *Mühle*, mit 2 Bauernhäusern, an dem Flusse Sazawa zum Gute Sazawa, 5 St. von Böhmisch-Brod.

Budin, Böhmen, Königgr. Kr., 2 zur Stadt Reichenau geh., an der Fahrstr. gelegene *Häuser*, südw. an dem Dorfe Langendorf, 7¼ St. von Königgrätz.

Budin, Böhmen, Prachin. Kr., ein *Dorf*, zur Hrsch. Netolitz, mit einer Filialkirche, 1¼ St. v. Wodulan.

Budin, Budyn, Budjn, Budinie, Budina — Böhmen, Rakon. Kr., eine *Stadt*, mit Vorstädten, an d. Flusse Eger und an der Dresdner Poststrasse zwischen Schlan und Lobositz, Postamt mit:
Beadekow, Brian, Bukoll, Braunken, Bechlin, Böhmisch Kopied, Brnilen, Bauschowitz, Brozan, Drnikau, Berghow, Brzcerhan, Budin, Czinowes, Czernowes, Czernauerhek, Cholaum, Charwatets, Czernuts, Chwalilu, Czernuw, Dobrzin, Drahobus, Deutsch-Kopiat, Dozan, Duschnik, Duban, Drabchitz, Hollanek, Eywan, Gaaldorf, Galliahof, Hnlewitz, Hostenitz, Hrabetz, Hrackolusk, Hammelhof, Horku, Hrdly, Hajek, Kräsein, Klapcy, Kuticerhau, Kositzt, Kostelctz, Kischkowitz, Lichkowitz, Luerhetz, Letschitz, Lautaka, Launken, Liehotemitz, Liebochowitz, Lichus, Laukorčan, Nulechon, Maetiräumitz, Martinowes, Macheno, Mschcbach, Neudorf, Neteach, Neuhof, Oberherkkowitz, Podluzk, Präedonin, Pudachap, Podasp, Pollcp, Podull, Pod pratek, Piet, Prčzatawlk, Popels, Podhorau, Radachitz, Rouney, Radachmowes, Raudnitz, Ruschowan, Rohadetz, Rzedhoacht, Raudnicäck, Radowceitz, Strsiechkowitz, Spumarhl, Swarzenitz, Sollan, Selts, Slattina, Straschkow, Tschakowitz, Weselz, Wranau, Hraschkow, Woduchod, Wiedomitz, Wieschetzka, Wettel, Wohora, Wohruca, Wellechitz, Werbitz, Werbka, Wrbitz, Wunitz Gross- und Klein-, Wetkau, Wolleschtk, Zaluach, Zillowitz, Zahorzesk, Zillowitz.

Budin, Böhmen, Saaz. Kr., ein *Alaunbergwerk*.

Budin, Gross-, Böhmen, Beraun. Kr., ein *Dorf*, an d. Bacie Korzaba zur Hrsch. Dobrzisch geh., 5½ St. v. Beraun.

Budin, Klein-, Budinek — Böhmen, Beraun. Kr., ein *Dörfchen*, gegen dem Dorfe Heilingfeld gelegen, zur Hrsch. Dobrzisch geh., 5¼ St. von Beraun.

Budina, Böhmen, Rakon. Kr., eine *Stadt*, am Fl. Eger; s. Budin.

Budinez, Ungarn, jens. der Donau, Temess. Gespan., im Lippa. Bzk., ein walaci. dem Kaal. Rentamte Rékás zugetheiltes, mit 179 Häus. und 1062 Einw., einer griech. nicht unirt. Kirche u. Pfr. versecenes Kaal-*Dorf*, unw. vom Kanal Béga, gegen O., ½ St. von Kiszető.

Budincz, Ungarn, jens. der Donau, Eisenburger Gespansch., Tóthság Bzk., ein wendiscres, zur gräfl. Nádasdischen Hrsch. Felsö-Lendva geh., naci Nagy-Dolincz eingepf. *Dorf*, liegt zwiscien Gebirgen, mit 26 Häus. und 200 Einw., 2 St. von Rába-Keresztúr.

Budincze, Slavonien, Verőcz. Gespanschaft, Eszék. Bzk., ein zur Hrsch. Valpó geh. *Dorf*, mit 224 Häus. und 1504 Einw., 6 St. von Eszék.

Budinek, Böhmen, Beraun. Kr., ein *Dörfchen* zur Hrsch. Dobrzisch geh.; siehe Budin (Klein-).

Budiniak, Kroatien, jenseits der Save, Karlstädter Generalat, Sichelb. Bzk., 3 zum Szluin. Gränz-Regim. Canton Nr. IV. gebörige *Häuser* im Gebirge, 4 St. von Jászka.

Budinie, Böhmen, Rakon. Kr., eine *Stadt* am Fl. Eger; siehe Budin.

Budinschina, Kroatien, diesseits der Save, Warasd. Gespannschaft Unt. Zagorian. Bzk., ein *Gemeindedorf*, nach Zajedzda eingepfarrt, mit 42 Häus. u. 211 Einw., einem adel. Gerichtshofe, am Krapina Fl., gegen Ost. mit dem Agramer Komt. grenzend, 2 St. von Bresznicza.

Budischau, Mähren, Igl. Kr., *Herrschaft* und *Marktflecken* mit einer Pfarre, einem Scilosse und Meierhofe seitw. der Stadt Grossmeseritsch und Trebitsch, 2¼ St. von Grossmeseritsch mit böhm. Einwoinern.

Buschkowitz, Mähren, Znaim. Kr., *Herrschaft* und *Dorf*, zur Pfarre Latein geh., mit einem Scilosse und Maierhofe; 2 St. nordw. von Jamnitz, ½ St. vom Tayaflusse, mit böhm. Einw., 3 St. von Schelletau.

Budischow, Mähren, Prerauer Kr., ein *Städtchen* und Kammergut; sieie Bautsci.

Budischowitz, Böhmen, Praci. Kr., ein *Dorf*, gehört zur Hrsch. Protiwice, 3 St. von Pisek.

Budiscowitz, Budiscrowitz. Schlesien, Teschn. Kr., ein *Dorf* zur Hrsch. Königsberg, zur Wüstpolomer Pfarre, mit einem nare dabei liegenden Jägerhause Inkowetz genannt, ½ St. von Gross-Poilom, mit böhm. Einwoinern.

Budislau, Budislaw — Böhmen, Chrud. Kr., ein der Hrsch. Leitomischl. unterthäniges *Dorf*, gegen dem Dorfe Steinsedilscht gegen Süden, 4 St. v. Leitomischl.

Budislau, Budislawy — Böhmen, Tabor Kr., ein *Gut* und *Dorf*, mit einem Scilosse und einer Pfarre zwischen Tabor und Neuraus, 1½ St. von Koschitz.

Budislaw, Böhmen, Chrud. Kr., ein *Dorf*, der Herrsch. Leitomiscil; sieie Budislau.

Budislaw, Siebenbürgen, ein *Berg*, 1140 W. Klftr. iocı.

Budieslawitz, Böhmen, Praci. Kr., ein *Dorf*, gehört zum Gute Goscitz, iat eine Lokalie, 2 St. von Grünberg.

Budislawy, Böhmen, Tabor. Kr., ein *Gut* und *Dorf*; sieie Budislau.

Budiss, Ungarn, diesseits der Donau, Thurocz. Gespansch., Znio-Klost. Bzk., ein der adel. Familie Rakovszky geh., mit einem vortrefflichen Sauerbrunnen versehenes, nach Tóth-Próna eingepf. *Dorf*, ½ St. von Rudnó.

Budisz, Galizien, Tarnow. Kr., ein *Dorf*, zur Pfarre Wielopole skrzynskie und Ortsobrigkeit gleichen Namens gehörig.

Budisz, Galizien, Jasl. Kr., ein *Dorf*, zur Pfarre Szieben und Ortsobrigkeit Jaslo gehörig.

Budiszlavecz, Kroatien, diesseits der Save, Warasdin. Gespansch., Unt. Campest. Bzk., ein *Dorf*, der Pfarre u. Gemeinde Vidovecz zugetheilt, 1½ St. von Warasdin.

Buditszhin, Böhmen, Budweis. Kr., ein *Dörfchen*, der Herrsch. Rosenberg; siehe Puritschen.

Budjn, Böhmen, Rakonitz. Kr., eine *Stadt*, am Flusse Eger; siehe Budin.

Budkau, Budkow — Böhmen, Berauner Kr., ein kleines zur Herrschaft Tloskau unterthäniges *Dorf*, gegen O., 2 St. von Bistritz.

Budkau, Böhmen, Prachin. Kr., ein *Dorf*, mit einem Meierhofe und altem Schlosse, gehört zur Herrsch. Wollin, 5 St. von Strakonitz.

Budkau, Budkow — Böhmen, Tabor. Kr., ein *Dorf*, mit einem herrschaftl. Meierhofe zur Pfarre und Hrsch. Königseck zwischen Tremles und Königseck, 1¾ St. von Neuhaus.

Budkau, mähr. Budkow — Mähren, Znaim. Kr., *Herrschaft* und *Dorf*, mit einem Schlosse und einer Filialkirche zur Pfarre Augezd, mit böhm. Einw., gegen S. nächst Oponieschitz, 2 St. v. Jamnitz, 1½ St. von Mähr. Budwitz.

Budkaw oder **Puttkau,** Böhmen, Prachin. Kr., ein *Dorf*, zur Herrschaft Wällischbürken, mit einem Meierhofe und altem Schlosse, dann eine ⅛ St. gegen O. an einem Teiche lieg. Mahlmühle, 5 St. von Strakonitz.

Budki bei **Stykow,** Galizien, Reszow. Kr., eine *Ortschaft*, zur Pfarre und Ortsobrigkeit Glogoro gehörig.

Budkow, Galizien, Brzezan. Kr., ein der Hrsch. Staresiolo geh. *Dorf*, 2 St. von Boyrka.

Budkow, Böhmen, Beraun. Kr., ein *Dorf*, zur Hrsch. Tloskau geh.; siehe Budkau.

Budkow, Böhmen, Taborer Kr., ein *Dorf*, der Hrsch. Königseck geh.; s. Budkau.

Budkow, Mähren, Znaim. Kr., eine *Herrschaft* und *Dorf*; siehe Budkau.

Budkow, Mähren, Iglau. Kr., ein *Dorf*, mit böhmischen Einwohnern, zur Pfarre und Hrsch. Triesch gehörig.

Budkowitz, Böhmen, Czaslau. Kr., ein *Dorf*, z. Hrsch. Hammerstadt beim Flusso Sazawa, 8 St. von Stöken.

Budkowitz, Böhmen, Czaslau. Kr., ein *Dörfchen*, zum Schwenda Freisassen Viertel nächst Pertoltitz, 6 St. v. Czaslau.

Budkowitz, Mähren, Znaim. Kreis, ein *Dorf*, zur Herrschaft Kromau, mit einem Meierhofe an dem Flusse Rokitna zur Pfarre Rzesnowitz, liegt gegen N. an dem Dorfe Allexowitz, mit böhmischen Einwohn., 4 St. v. Schwarzkirchen.

Budkowsky, Vrch, — Mähren, Znaim. Kr., ein *Berg*, ⅓ St. nordöstlich von Diedice, 294 W. Klftr. hoch.

Budmezeouluj, Vályc, Siebenbürgen, Nieder Weissenburg. Gespanschaft, ein *Bach*, der aus dem Berge Koaskösza entspringt, und nach 2 St. in den Bach Gále in Intra-Gáld einfällt.

Budmir, Dalmatien, Spalato Kr., Sign Distr., ein *Dorf* u. Filiale der Pfarre Ughliane, der Hauptgemeinde Sign zugetheilt, 2 Migl. von Nuova-Sella u. Vinizzi, 38 Migl. von Spalato.

Budmir, Kis-, Klein-Budmir — Ungarn, jens. der Donau, Barany. Gespanschaft, Fünfkirchn. Bzk., ein zur fürstl. Batthyán. Hrsch. Németi-Bolly gehör. *Dorf*, mit 51 Häusern und 360 Einwohnern, nach Olasz eingepf., in einer Ebene, 1 St. v. Szederkény.

Budmir, Nagy-, Gross-Budmir — Ungarn, jenseits des Donau, Barany. Gespansch., Fünfkirchner Bezirk, ein *Dorf*, der Hrsch. Németi-Bolly, mit 61 Häus. und 426 Einwohnern, einer griech. nicht unirt. Kirche und Pfarre, auf einem Hügel, 1 St. v. Szederkény.

Budnian, Budarzy — Böhmen, Beraun. Kr., ein zur Hrsch. Karlstein gehör. *Städtchen*, mit einer Pfarre, liegt hart an dem Flusse Beraun, u. am Fusse der Bergfeste Karlstein, 2 Stunden von Beraun.

Budnik, Böhmen, Beraun. Kr., ein *Dorf* zur Hrsch. Dobrzisch gehörig.

Budnya, Ungarn, jenseits der D n u, Zalad. Gespan., Egerszeg. Bzk., ein weitschichtiges *Praedium* und *Waldgegend* unweit Pusta Magyaród u. Ederics, nördlich 4 St. von Egerszeg.

Budoa, Dalmatien, Cattaro. Kr.; siehe Budua.

Budohostitz, Böhmen, Rakonitzer Kr., eine *Ortschaft,* 2½ St. von Schlan.

Budoja, Venedig, Prov. Friaul und Distr. VI, Sacile, ein *Gemeindedorf*, mit einem Vorstande, und einer Pfarre S. Maria zu Dardago (die Ortskirche ist dem heil. Andreas geweiht), nahe im Gebirge bei Polcenico. — 7 Migl. von Sacile. Mit:
Dardago, St. Lucia, Gemeindetheile.

Budoje, Siebenbürgen, im Bistritzer Militär-Distr., ein *Berg*, von Neposz - Nozn. ¼ St. entfernt.

Budomitz, Galizien, Przemisl. Kr., ein *Dorf* zur Hrsch.-Nahazow gehörig, 2 St. von Jaworow.

Budos, Büdös, Budesch, Budocu — Siebenbürgen, Inn. Szolnok. Gespan., Unt. Kr. Alpárét. Bzk., ein mehreren Dominien gehör., wallachisches *Gebirgsdorf*, mit einer griechisch unirten Pfarre, 5 St. von Dées.

Büdos-Buk, Siebenbürgen, Ober-Weissenburger Gespan. ; ein *Gebirg*, 1½ St. von Bückszád, auf welchem sich eine native Schwefelhöhle befindet.

Büdös-Kút-hegy, Siebenbürgen, Orbaier Szekler Stuhl, im Bodzaer Gebiete, ein *Gebirg*, von Papótz S.S.O. 3 St. weit entfernt.

Büdösfa, Ungarn, jenseits der Donau, Barany. Gespansch., St. Lörincz. Bzk., ein kleines *Dörfchen* der Hrsch. Szt. Lörincz, mit einer reformirten Kirche und einem Prediger, in einer Ebene, 1 St. von Szigeth.

Büdöshegy, Siebenbürgen, Három-séker Stuhl, bei Altorja, ein *Berg* mit einer merkwürdigen Schwefelhöhle. Er steht zwischen Háromszék und Csík ganz allein und von Bergen rings umher durch Thäler abgesondert. Er ist conisch, ziemlich steil, und unten mit Waldung bewachsen. Am Fusse desselben entspringt ein schwefelhaltiger Gesundbrunnen, dessen Wasser einen angenehmen Geschmack hat. Oestlich von dieser Quelle befinden sich 4 Schwefelhöhlen, von welchen die grösste jedoch 1802 beinahe ganz verschüttet wurde. Auf der nordöstlichen Seite in einer Tiefe von 16 Klft. ist eine Felsenhöhle, die ungleich stärker als die übrigen Gegenden des Berges, den Schwefeldampf verräth. Das Gestein, welches einem Kalkstein ähnlich sieht, ist bis auf zwei Klft. über der Oeffnung weiss gebrannt. Weiter aufwärts wird der Felsen immer schwärzer, und gleicht am Ende einem Schornsteine. Die Höhle selbst ist 2 Klft. hoch, und oben gleichsam gewölbt. Die gerade Länge beträgt drei, und die Breite eine Klft. Aus dieser Haupthöhle zieht sich gleich neben der Oeffnung ein besonderer schmaler Gang zwischen den Felsen hinein, wo ein Mensch halb gebückt bis auf fünf Schritte eingehen kann, und dann bei der tiefsten innersten Wand der Höhle eröffnet sich wieder, und gleichfalls linkerseits, ein zweiter eben so enger, doch mit der Haupthöhle gleich hoher Gang, der nur 4 Schritte lang ist. Der Boden hat hier rings um die Seitenwände herum schmale Ritzen, durch welche aus dem Abgrund Schwefel ausflammt, so dass man ausser der Höhle stehend die dicke schwebende Hitze, doch ohne sichtbare Flamme wahrnimmt. Die aufsteigenden Dämpfe setzen ihren sublimirten Schwefel an die Wände a). —

Büdöskút, Stikapron, Stinkenbrunn — Ungarn, jenseits der Donau, Oedenburg. Gespanschaft und I. eben so genannter Bzk., ein kroat. zur fürstl. Esterház. Hrsch. Szarvkeö gehöriges *Pfarrdorf* mit 136 Häuser und 999 Einwohner, einer Fasanerie, zwischen Gross-Höflein und Czliendorf, ½ St. v. Wimpassing.

Büdöspataka, Stinkenbach, Puturasza, Ungarn, ungar. Antheil, Köv-várer Distr., eine auf einer Anhöhe liegende, dem Grafen Teleki und der adel. Familie Resse gehörige kleine *Ortschaft*, mit einem Warmbade 3½ St. von Gaura.

Büdöstó, auch von einigen Büdös-Tó genannt, Ungarn, diesseits der Theiss, Gömör. Gespanschaft und Putnoker Bzk., ein einzelnes *Einkehrwirthshaus*, 3 St. von Tornallya.

Budossi, Venedig. Prov. Friaul und Distr. III, Spilimbergo; siehe Travesio.

Budow, Böhmen, Ellbogner Kr., ein *Dorf* der Hrsch. Werscheditz, siehe Buda.

Budowce, Böhmen, Leitm. Kr., ein *Dorf* zum Gute Schwaden unweit der Elbe, 1½ St. von Aussig.

Budowitz, Böhmen, Königgr. Kr., ein neu errichtetes, zur Hrsch.-Tschastollowitz, geh. *Dorf*, ostw. an der Stadt Hohenbruk gelegen, 2 St. von Königgrätz.

Budrovacz, Slavonien, Veröcz. Gespanschaft und Bezirk., ein zur Hrsch. Vucsin gehörig. Dorf mit 32 Häus. und 183 Einwohner, liegt nächst Russany, 8 St. von Babocsa.

Budroveze, Slavonien, Veröcz. Gespansch., Eszek. Bzk., eine zur Hrsch. Deákóvár geh. *Ortschaft*, mit 247 Häus. und 1665 Einw., an der Grenze des Broder Cantons, ¾ St. von Deákóvár.

Budrovecz, Kroatien, diesseits der Save, Warasdin. Generalat, St. Georg. Bzk., ein zum St. Georg. Grenz-Regiments-Canton Nro. VI geh. Dorf, mit 59 Häus. und 290 Einw., liegt nächst Chepellovecz, 4 St. von Bellovár.

Budrow, Galizien, Wadowic. Kr., ein zur Hrsch. Izdenik geh. Dorf, in Gebirgen zwischen Waldungen, 3 St. von Izdebnik.

Budsák Monostor, Ungarn, jenseits der Theiss, Torontal. Gespansch., Török. Kanis. Bzk., eine für die Tabakpflanzer Nr. 41, und unter die Grundherrschaft der Herren von Scesviczky geh. Herberge, mit 91 Häus. und 685 Einw., und einer Lokalkaplanei, gegen O. nächst Czernahora, 1 St. von Mokrin, ¼ St. von Kanisa.

Budsitza, Vályе, Siebenbürgen, Nieder Weissenburger Gespansch., ein Bach, der aus dem Berge Sztinisóra entspringt, und nach 1 Stunde in den grossen Aranyos-Fluss einfällt.

Budsch, Bucz — Böhmen, Pilsn. Kr., ein Dorf, zum Theil der Hrsch. Liechtenstein und zum Theil der Hrsch. Manetin, auch etwas zum Gute Biela gehörig, unweit von dem Dorfe Kratschowitz, gegen O., 3¼ St. von Pilsen.

Budschowes, Böhmen, Bidschower Kr., ein Dorf, zur Herrsch. Dimokur, 3 St. von Königstadtel.

Budschy, Mähren, Brünn. Kr., ein Berg, ½ St. östlich von Mennschitz, 342 W. Klftr. hoch.

Budua, Budoa, nach Einigen Budva auch Bulva — Dalmatien, Cattaro Kr., Budua Distr., eine mit Mauern umgebene Stadt und Hauptgemeinde, auf einer vom Meere bespülten Erdzunge, welche sich ostwärts mit dem Continent verbindet, mit 780 Einwohnern. Südwärts der Stadt sieht man ein verfallenes Schloss, welches bis an das Meer hervorragt, und das seiner Zeit die Residenz der Exvenezianischen Patrizier gewesen ist, welche von der damaligen Republik als Gouverneurs dieses Distrikts unter dem Titel Podesta aufgestellt worden sind. In dieser Stadt sind zwei Pfarren, eine des lateinischen Ritus zum heiligen Johann, die andere des griechischen Ritus zur heiligen Dreifaltigkeit. Die erstere verwaltet die Seelsorge unter dem Erzbisthum von Antivari, die letztere gehört unter die griechische Diözese von Dalmatien und Istrien. Die hier bestehende Pretur übt die Jurisdiction bis auf die Gemeinde zu Pastrovichi und jene zu Popori-Maini und Braichi im ganzen Budua Distrikt

aus, auch sind hier unter der Leitung des Pretors eine Sanitäts-Deputation, dann ein Zolleinnehmeramt vorhanden. Gegen Osten von Budua steht der Berg Spass, auch St. Salvatore genannt, in dessen Nähe sich eine alte gemauerte Kirche befindet, worin am Feste der Himmelfahrt Christi ein Priester des lateinischen Ritus Messe liest. — Gegen Norden zeigt sich ein schöner Fruchtboden, welcher im Süden und Norden von Bergen umgeben ist, und gegen Westen sich an das Meer lehnt. — Am Rande dieser Felder aber liegt nördlich ein griechisches Kloster, unter welchem südwärts der reissende Strom, Potok-Mainski genannt, läuft, mit einer Brücke für Fussgänger und einer Mühle, 2½ Migl. von Cattaro. Postamt.

Buduj, Vályе, Siebenbürgen, Fogarascher Distrikt, ein Bach, der aus dem Gebirge Boduj entspringt, und nach 1 St. in den Bach Valye-Desánuluj einfällt.

Budurásza, Ungarn, jenseits der Theiss, Bihár. Gespansch., Belényes. Bzk., ein zur Bisthums Hrsch. Belényes geh. wal. Dorf, mit 131 Häusern und 788 Einwohnern, einer griech. nicht unirt. Pfarre, 10 St. v. Gross-Wardein.

Budurlo od. **Bodorlo**, Wanderndorf, Bidirlo — Siebenbürgen, Kolos. Gespansch., Unt. Kr., Tekeniens. Bzk., ein mehren Grundbesitzern geh., zwischen Gebirgen ausser der Poststrasse liegendes wal. Dorf, mit einer griech. unirten Pfarre, 2 St. v. Tekendorf.

Budusel, Vályе, Siebenbürgen, Dobokaer Gespansch., ein Zwillingsbach, der aus dem Gebirge Duka entspringt, und nach 4 St. in den Bach Vályе-Budakuluj einfällt.

Budva, Dalmatien, Cattaro Kr.; siehe Budua.

Budweis, Böhmisch-, Český Budiegowicze, Boemo-Budivicium, Budyegowycz, Budgegyewicz — Böhmen. Budweis. Kr., eine königl. freie Berg- und Kreisstadt, mit einem Bisthume, und einem Silber- und Bleibergwerke; nebst dem Schreppenhof und Generalmaurerhof zählt Budweis drei Vorstädte: die Prager, Schweinitzer und Krumauer. Die Stadt hiess vormals Neu-Budweis, so wie die Prager Vorstadt ehemals Alt-Budweis genannt wurde. Es ist hier eine eigene Stadt Pfarre, der Sitz des königl. Kreisamtes, mit 710 Häusern und 7400 Einwohn., Kreisamt, Bisthum, 7 Kirchen, Piaristen-Gymnasium, philosophischer Lehranstalt, Diöcesan-Seminar und theolog.

Lehranstalt, Eisenbahn, bedeutenden Pferd- u. Getreidemärkten. Auch Tuch und Salpeter wird hier verfertigt. Budweis hat hinsichtlich der Handlung eine sehr vortheilhafte Lage an der Moldau, wo die Schifffahrt bis Prag ordentlich unterhalten wird, was zum grossen Vortheile für die aus Triest, Ungarn, Steiermark, Oberösterreich etc., theils nach Prag, theils weiter nach Sachsen durchziehenden Güter gereicht. Bei mittlerer Wasserhöhe der Moldau beträgt die Schiffsladung 400—450 Ctr. Bedeutende Versendungen von hier geschehen in gefärbten Tüchern aller Gattung, Leinöhl, medicinischen Gartenkräutern etc. Postamt mit:

Adamstadt, Augezd Roth-, Augezd Klein-, Augezd, Augezdetz, Althütten, Altsattel, Bareschau, Baumgarten, Baurowitz, Bergstadtel, Berlau, Bessenitz, Bieberschlag, Brenendorf, Bohmdorf, Buhauschkowitz, Bonnaventura, Borowan, Budeskau, Branischen, Branschowitz, Breitenstein Ober- und Unter-, Brod, Brunnel, Bucharten, Buchitz, Bukau, Bugwitz, Burgholz, Beneschau, Benetschlag, Blastowitz, Buschendorf, Buskau, Buskau, Chlum, Chlumetz, Chlumeczek, Chluma, Chotzin, Chwalschowitz, Czekau Gross- und Klein-, Czeghowitz, Czenkowitz, Czerau, Czernitz, Czernoduben, Czertiner Mühle, Czernau, Czertin, Czeschowitz, Czwintzen, Daubrawitz, Daudleb, Dechturz, Demelin Klein- Doberlau, Dobschitz, Dobrzegitz, Dortel, Driesendorf, Duben, Dubiken, Diern-Fellern, Dworek, Eggetschlag, Elhenitz, Elzenitz, Elhotka, Ernestbrunn, Fellern Böhmisch- u. Krun-, Federschlag, Frauenberg, Freyles, Forbes, Gutenbrunn, Gaugsdorf, Gelmo, Georgenthal, Gilowitz, Gilshin, Ghwno, Goldenkron, Gratzen, Guttwasser, Gritschau, Gschwend, Habry, Hakelhof, Haretschlag, Hartowitz, Heilbrunn, Heinrichschlag Gross- und Klein-, Herrmannsdorf, Haydel, Hersmanitz, Holschowitz, Hrutow, Holkau, Hrunmetz, Hlina, Hluboka, Hodlowitz, Holubau, Hosein, Humein, Hur, Hurek, Hurka, Weiser- und Blau-, Jamney, Jaronitz, Jedowar, Jarmen, Johannesberg, Johanneruh, Johannesthal, Jultenheim, Kajacowitz, Kojau, Kollni, Koroseker Hof, Koteczan, Kraslow, Krumau, Kaluschl, Kalsching, Kmin, Knettenhof, Kolneg, Komaritz, Koroschen, Krems, krnin, Kronstellern, Kropfschlag, Krzenowitz, Kwitkowitz, Ledenitz, Leutnowitz, Lewin, Lhota, Lhotka, Libin, Libnitsch, Linden, Lippen, Lischau, Lodus, Loterhenitz, Liblitz, Linz, Lommitz, Malerhof, Maleschitz, Markwatitz, Midlowar, Milikowitz, Machowitz, Maly-Hory, Mulldau, Moyne, Munusnitz, Nakrzy, Nemanitz, Neudorf, Neusattel, Nechau, Neilabile, Neplachow, Nesmen, Niemtschitz, Oppatowitz, Ortinowitz, Ochsenbrunn, Ottenschlag, Paschitz, Paschnowitz, Petrowitz, Pfaffendorf, Pfaffenhof, Piechtin, Plan, Plawen, Plassowitz, Plawnitz, Poneschitz, Porownitz, Porsitsch, Radositz, Randschitz, Runkau, Rauchenschlag, Romelhof, Radoschowitz, Rothenhügel, Ruden, Rudolphstadt, Roschowitz, Rajau, Rothenhof, Rbaunau Ober- und Unter-, Scheletin, Schindelhof, Schlagles, Schmidgrahen, Schweinitz, Sedlo, Skreidlau, Silberhogen, Schossiz, Sinbach, Sonnberg, Steinkirchen, Stranion, Straschkowitz, Strasnitz, Strohnitz, Strobnitz, Stropu, Stupna, Trzebin, Tritschmitz, Trotenow, Trzebotowitz, Tepecz, Tupes, Tulny, Thiergarten, Trautmannsdorf, Trepach, Uretschlag, Vierhof, Welechwin, Weleschin, Welitz, Weeamberg, Weselka, Wiederpol, Winau, Witin, Wolleschnik, Woseino, Wreczau, Wurzen, Weetze, Wrahke, Zablat Klein- u. Gross-, Zahorz, Zahny, Zahoritz, Zalin, Zaluschitz, Zaluschy, Zawobracek, Zliw.

Budweiser Kreis, in Böhmen, mit einem Flächenraume von mehr als 79 Quadratmeilen, ist der südlichste Theil von Böhmen, durchaus gebirgig. Er hat die Gebirge: Hum, Dreysessel, Horstein, Plockenstein, Hochfürchtel. Seine Flüsse sind: Die Moldau, Malsch und Luscznitz, und er ist von mehren stehenden Gewässern, als: der Rosenberger-Teich etc., bewässert. Er ist

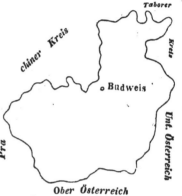

Ober Österreich

sehr fruchtbar an Getreide, und reich an Silber, Eisen, und hat viel Wild, Schafe und Fische. Die Industrie besteht aus Eisen-, Glas-, Baumwollwaaren-Erzeugung und Papierfabrikation, von welchem sich 203,875 (grösstentheils deutsche) Einwohner, in 12 Städten, 25 Marktflecken und 897 Dörfern ernähren. Der Schwarzenberg'sche Canal, der in diesem Kreise die Donau mit der Moldau verbindet, ist sehr nennenswerth.

Budweiser Vorstadt, Böhmen, Budweis. Kr.; siehe Krumau.

Budwitz, Mährisch-, in mähr. Sprache Morawska - Budiegowice — Mähren, Znaim. Kr., *Herrschaft* und *Stadt*, mit deutschen Einwohn., einem Schlosse, Pfarrei und Postamte an der Strasse nach Iglau am Altenbach, mit den Vorstädten Podoly, Klein-Dörfl und Deutsch-Dörfl. Postamt mit:

Auenhof, Augezd Gross- u. Ober-, Babitz, Bacslowitz, Bansowitz, Baunlow, Bayschitz, Blatnitz, Blaschkermühl, Budkau, Budwitz, Butkowitz, Chwallatitz, Czaslawitz sammt Rothmühl, Czastohotitz, Czechosowitz, Czeldin oder Zeldin, Dratschowitz, Doschau Gross- u. Klein-, Dolechen, Dieditz, Domamühl, Dreirebhühner, Elhotitz oder Lhotitz, Franin, Frating, Freistetin, Gdossau, Gossling, Grössing, Getillhof, Ottwegaer, Hafnerluden, Hersmanitz, Heslowitz, Holeckermühl, Horka, Hornitz, Hradicekermühl, Irratitz, Jakobau, Jamnitz, Jaromeritz, Jatzkau, Karolinenhof, Kleskermühl, Klutechau, Kmentamühl, Koberamühl, Kohatitz, Kollowrath, Komarowitz, Kossuwa, Kralowitzermühl Krutschitz, Kranikamühl, Kurlup, Laas, Ladonowitz, Lankowitz, Lauka, Laukowitz, Lazon, Ober- und Unter-, Lasinka, Lessonitz, Lessonitz, Lhota, Lhotitz, Lipnik, Litohorz, Lom, Lospitz, Lukau, Manhartitz, Martinkau, Mastnik, Mikulka, Mikolowitz, Milatitz, Nisselborštitz,

Allg. geogr. LEXICON. Bd. I.   39

*Mitrowitz, Mladonowitz, Neopitz, Neuhof, Neu-
mühl, Neuwirthshaus, Nikolowitz, Nimptschdorf,
Neuserowitz, Oponoschitz, Ostaschau, Palowitz,
Podoli, Plospitz, Popowitz, Pržitižen,Pržispach,
Pulkau, Pullitz, Quallabitz, Radotitz, Raimann-
hof, Raimundmühl, Ratiborčitz, Ratkowitz, Rat-
zowitz, Roketnitz, Rothmühl, Rzimau, Sadek,
Schebkowitz, Schinkamühl, Serowitz Neu-, Slai-
lowitz, Spitzhof, Stallek, Starcz, Stimneich,
Stiepanowitz, Teinittermühl, Tiefenbach, Trže-
belowitz, Ungarschitz, Vöttau, Waldwirthshaus,
Weste, Wisalka, Wissokein, Witsenitz, Wocho-
sa, Wohrazenitz, Wranin, Wranisch, Wostteko-
witz, Zapons, Zblowitz, Zidlin.*

Budy, Galizien, Przemysl. Kr., einige
abgelegene *Häuser*, unweit Krakowiec,
und zu dieser Hrsch. geh., 1 St. von
Krakowiec.

Budy, Nabudach — Böhmen, Czaslau.
Kr., eine *Einöde*, bei der Stržeblitzer
Mühle, zur Hrsch. Seelau, 8½ St. von
Iglau.

Budy zu **Zaszkow**, Galizien, Lemberger Kr., eine *Ortschaft*, zur Pfarre
Zaszkow und Ortsobrigkeit Zarudec
gehörig.

Budy mit **Krzywe**, Galizien, Zolkiewer Kr., eine *Ortschaft*, zur Pfarre
und Ortsobrigkeit Kamionka moloska
gehörig.

Budy zu **Hrebenne**, Galizien, Zolkiewer Kr., eine *Ortschaft*, zur Pfarre
und Ortsobrigkeit Hrebenne gehörig.

Budy, Galizien, Wadowic. Kr., eine
Ortschaft, zur Pfarre und Ortsobrigkeit
Oswiecin gehörig.

Budy zu **Hussakow**, — Galizien,
Przemysl. Kr., ein *Dorf*, zur Pfarre und
Ortsobrigkeit Hussakow gehörig.

Budy, Galizien, Rzeszow. Kr., ein der
Starostei Bratkowice geh. *Dorf*, 4 St.
von Rzeszow.

Budy Lancutskie, Galizien, Rze-
szow. Kr., ein der Hrsch. Lancut geh.
Dorf, an dem Flusse Wislok, 3 St. v.
Lancut.

Budy Przeworskie, Galizien,
Rzeszow. Kr., ein der Hrsch. Przeworsk geh. *Dorf*, an dem Flusse Wislok, 2 St. von Przeworsk.

Budye, Valye, Siebenbürgen, Thorenburger Gespansch., ein *Bach* der
aus den Bergen Fonzen und Magura
entspringt, und nach 2½ St. in den Ma-
roschfluss einfällt.

Budyegyewycz, Böhmen, Budw.
Kr., eine kön. *Berg- und Kreisstadt*;
siehe Budweis (Böhmisch-).

Budyimir, Ungarn, Sáros. Komt.;
siehe Budamér.

Budyin, Siebenbürgen, Thorenburg.
Komt.; siehe Mezö-Bodon.

Budyina, Ungarn, Neográd. Komt.;
siehe Lehota — Buda-Lehota.

Budyjunluj, Djalu, Siebenbürgen, Thorenburger Gespanschaft, ein

Berg halten zwischen den beiden Dörfern Mezö-Szakál; und Mezö-Bodon.

Budylow, Galizien, Brzezan. Kr.,
ein der Hrsch. Medowa gehöriges griechisch katholisches *Pfarrdorf*, an dem
Bache Strypa, 3½ St. von Jeziorna.

Budylowka, Galizien, Brzez. Kr.,
eine *Ortschaft*, zur Pfarre Keropatniki
und Ortsobrigkeit Budylow geh.

Budyn, Galizien, Tarnow. Kr., ein
Dorf u. *Hof* zur Hrsch. Zwiernik ge-
hörig, grenzt gegen Osten mit dem
Dorfe Luncza Slotowa, 1 Stunde von
Pilsno.

Budyn, Böhmen, Rakon. Kr., eine
Stadt am Eger Fl.; siehe Budin.

Budynin, Galizien, Zolkiew. Kr.,
ein *Gut* und *Dorf* mit einem Edelhofe
und Vorwerke; 1½ St. oberhalb der
Stadt Belz, 8 St. von Rawa.

Budynitz, Böhmen, Rakon. Kr., ein
Lustschloss zur Hrsch. Zlonitz geh.;
siehe Budenitz.

Budzanow, Galizien, Tarnop. Kr., eine
Stadt und *Herrschaft* am Fl. Seret, geg.
Nord. nächst der Stadt Janow. Die Einw.
sind katholisch, 2½ St. von Chorostkow.

Budzin, Czumon, Galizien, Lemberger Kr., eine *Ortschaft* zur Pfarre
Powitno und Ortsobrigkeit Grodek ge-
gehörig.

Budzisz, Galizien, Jasl. Kr., ein zur
Herschaft Moderowka unterth *Dorf*,
liegt auf einer Ebene am Flusse Jasielka,
gegen Nord. nächst dem Orte Mecinka,
3 St. von Jaslo.

Budzisz, Galizien, Tarnow. Kr., ein
kl. *Dorf*, zur Hrsch. Wielopole geh.,
grenzt mit Ostrzica und Niezwiada, 3 St.
von Sendziszow.

Budziwoy, Galizien, Rzesz. Kr., ein
der Hrsch. Tyczyn geh. *Dorf*, 2 St.
von Rzeszow.

Budzow, Galizien. Wadow. Kr., ein
Dorf, zur Pfarre Makow und Ortsobrigkeit Landskron gehörig.

Budzyn, Galizien, Przemysl. Kr., ein
der Hrsch. Krakowiec geh. *Dorf*, unw.
Budy, 1 St. von Krakowice.

Budzyn, Galizien, Sanoker Kr., ein
der Hrsch. Jassienica geh. *Dorf*, am
Stebnica Bache, 1½ St. von Jassienica.

Budzyn, Galizien, Stanislaw. Kr., ein
Gut und *Dorf*, nach Koropice eingepf.,
liegt gegen Ost. über dem Flusse Dniester, 4 St. von Tlumacz.

Bue, Fenilone del, Lombardie,
Prov. und Distr. I, Mantova; s. Porto.

Bue, Tirol, Rover. Kr., ein *Dorf*, bei
Bleggio, Filial dieser Pfarre, Ldgchts.
Stenico in Judicarien.

Buebenberg, Ober-, Oest. o) d. E., Hausr. Kr. eine d. Wb. B. Kom. u. Ldgcht. Hrsch. Bayrbach geh. *Ortschaft*, mit 6 Bauerngütern, wovon 3 im Inn Kr., nach St. Willibald, und die andern 3 im Hausr. Kr., nach Bayrbach eingepfarrt sind, 1½ St. von Bayrbach

Buebenberg, Unter-, Oest. ob d. E., Hausr. Kr., eine dem Wb. B. Kom. und Ldgchts. Hrsch. Bayrbach geh. *Ortschaft*, mit 6 Bauerngütern, nach St. Willibald, im Inn Kr. eingepf., 1¼ St. von Bayrbach.

Buebenland, Oest. ob d. E., Hausr. Kr., ein im Wb. B. Kom. Schwannenstadt lieg. *Dorf*, den Hrschn. Ebenzweier und Burg-Wels gehör., nächst Desselbrunn, dahin eingepf., 1½ St. von Lambach.

Buech, Oest. o) d. E., Inn Kr., ein *Dorf*, Hrsch. Asbach geh., ninter Rossbach und ist dahin eingepf., 1¼ St. von Altheim.

Buech, Puci — Oest. ob d. E., Inn Kr., ein kl., der Hrsch. Pfaffstädten, Kastenamt, Braunau und Stift Nonnenberg in Salzburg geh. *Dörfchen*, gegen Ost. nächst Sautdorf und gegen Wst. nächst Neuwunkl, nach Kirchberg eingepf., 5¼ St. von Braunau.

Buechen, Oest. ob d. E., Traun Kr., ein im Wb. B. Kom. Ebenzweier lieg. *Dorf*, den Hrschn. Ort und Puchheim geh.; s. Buchen.

Buechgram, Oest. u. d. E., V. O. W. W., ein der Stifts-Hrsch. Melk gehör. *Dorf*; s. Buchgraben.

Bueggio, Lombardie, Prov. Bergamo und Distr. XIV, Clusone; s. Oltrepovo.

Buello, Vàlye, Siebenbürgen, Hunyader Gespansch., ein *Bach*, der aus dem Berge Djàlo-Pastuluj entspringt, u. nach 3¼ St. in den Bach Tserna einfällt.

Buendorf, Oest. ob d. E., Traun Kr., ein *Dorf* im Wb. B. Kom. Orti, zur Hrsch. Ebenzweier u. Wagrain dienstbar und nach Ollstorf eingepfarrt.

Buendorf, Oest. ob d. E., Hausr. Kr., ein kl. im Wb. B. Kom. Schliesslberg lieg. *Dominium* gehör., nach Steinakirchen eingepf., 3 St. von Wels.

Buerils, Venedig, Prov. Friaul und Distr. XXI, Tricesimo; s. Billerio.

Buessenthal, Steiermark, Grätzer Kr., ein *Dörfchen*, der Wb. B. Hrsch. Minichhofen; s. Pussenthal.

Bufalt, Tirol, Vorarlberg, ein *Weiler*, zur Gemeinde Laterns geh., Im Ldgchte. Feldkirch.

Buffa, Lombardie, Prov. Treviso und Distr. VIII, Montebelluna; s. Montebelluna.

Buffi, Vò de', Venedig, Prov. Padova und Distr. X, Monselice; s. Monselice (Vò de' Buffi)

Buffingsried, Tirol, Vorarlberg, ein zur Hrsch. Bregenz geh. *Dorf*, im Gerichte Kellhöf, 4¼ St. von Bregenz.

Buga, Cassino, Lombardie, Prov. Como und Distr. XI, Lecco; s. Lecco.

Bugaly, Halom, Siebenbürgen, Thorenb. Gespansch., ein *Berg*, ober den Weingärten von Petele, ¾ St. südöstlici entfernt.

Bugata, Lombardie, Prov. Mantua und Distr. X, Bozzolo; s. S. Martino dell' Argine.

Bugay, Galizien, Boch. Kr., ein zur Hrsch. Cioragwica geh. *Dorf*, gegen O. nächst Lyczaka, 3 St. von Gdow.

Bugay, Galizien, Jasl. Kr., ein der Hrsch. Polna unterthän. *Dorf*, am Fusse eines Berges, grenzt gegen Ost., mit d. Orte Pystra, 10 St. von Jaslo.

Bugay, Galizien, Wadow. Kr., ein zur Hrsch. Kalwaria geh. *Dorf*, ein *Hof* und 2 *Mühlen*, ½ St. von der Landstr. entfernt, 1½ St. von Izdenik.

Bugay, Galizien, Tarnow. Kr., ein der Hrsch. Otfinow geh. und dahin eingepf. *Dorf*, grenzt gegen Süd. mit Pasieka Przihystawice und Sehorzyce, nächst dem Flusse Dunajec, 3¼ M. v. Tarnow.

Bugazzi, Venedig, Prov. und Distr. I, Padova; s. Albignasego.

Bugberg, Oest. unt. d. E., V. O. M. B., eine *Herschaft* und *Dorf*; siehe Pucherg.

Bugel, Illirien, Ob. Kärnten, Villaci. Kr., ein zur Ldgchts. Hrsch. Ober-Falken und Groppenstein geh. zerstr. *Dörfchen*, am Kollnitzberge, 2¼ St. von Sachsenburg.

Bügelak, Steiermark, Grätzer Kr., eine *Gegend* im Bzk. Waasen, Pfarre Heiligen-Kreuz am Waasen.

Bugelsberg, Oest. ob d. E., Salzb. Kr., ein zum Ldgcht. Neumarkt (im flacien Lande) geh. *Weiler*, an der Vicinal-Strasse von Neumarkt naci Mattsee, in der Pfarre Mattsee, 3 St. v. Neumarkt.

Bugeneck, Tirol, Vorarlberg, 4 einzelne *Höfe*, im Gerichte Hofsteig, der Hrsch. Bregenz geh., 2 St. von Bregenz.

Bugeschen, Ungarn, Zarand. Komitat; s. Bogyest.

Bugesil, Böhmen, Pils. Kr., ein *Dorf*, unw. vom Flusse Nisa, zum Gute Liblin geh., 5 St. von Rokitzan.

Buggaus, Bukau oder Bukowa — Böhmen, Budw. Kr., ein *Dorf*, z. Hrsch. Hohenfurt, unweit und zur Pfarre Böhmisch-Reichenau, 3 St. von Kaplitz.

39*

Buggiolie, Lombardie, Prov. Como und Distr. III, Bellaggio; s. Bellaggio.

Buggiolo, Lombardie, Prov. Como u. Distr. VI, Porlezza; siehe Bugiolo.

Buggiotta, Lombardie, Prov. Lodi e Crema u. Distr. VII, Pandino; s. Rivolta.

Buggram, Oest. o) d. E., Hausr. Kr., ein im Wb. B. Kom. Aistersreim lieg. *Dörfchen* mit 6 Häusern, war vor Alters selbst eine Hrsch. und ist nun der Hrsch. Roith und Kloster Lambaci geh., mit einem alten Schlosse und Meierhofe, am Innbache, ist nach Gaspoltshofen eingepfarrt, 1¼ St. von Lambaci.

Bugiallo, Lombardie, Prov. Como und Distr. VIII, Gravedona, ein *Gemeindedorf*, welches aus nachfolgenden Theilen bestebt, und mit einer Gemeinde-Administration und einer Pfarre S. Giovanni Battista versehen ist, mit seinen Zugehören, auf einem Berge zerstreut, 7 Migl. von Gravedona. Die Bestandteile dieser Gemeinde sind:
Albonico, Dolo, Gaijgiolo, Gusbano, Medolo, Montagnola, Pelrè, Possi, Sirane, Dörfer, — Dascio, Fabbrica, einzelne Häuser.

Bugiolo, auch Buggiolo — Lombardie, Prov. Como und Distr. VI, Porlezza, ein *Gemeindedorf* mit Vorstand und Pfarre S. Maria Assunta, dann einem Eisen-Schmelz-Ofen, nahe am Berge Garzirola und dem Flusse Rezzo, 7 Migl. von Porlezza. Mit:
Pramarcio, kleine Meierei.

Buglio, Lombardie, Prov. Sondrio (della Valtelina) und Distr. IV, Morbegno, ein durch den Adda Fluss durchschnittenes, theils bergan, theils in der Ebene liegendes *Dorf*, mit Vorstand und Pfarre S. Fedele, 3 Filialkirchen, 1 Oratorio und 9 Mühlen, 12 Migl. von Sondrio. Mit:
Alpe germendune, Orodicima di Pondo e di mezzo, OlIgna, einzelne Meiereien, — Villa Pinta, Gemeindetheil.

Buglocz, Buglowecz, Schreibersdorf — Ungarn, diess. d. Theiss, Zips. Gespanschaft, im III. oder Leutscr. Bzk., ein unter die Grundhersch. d. Familie Teöke-Görgey geh. slowak. *Dorf*, mit 29 Rftus. und 207 Einw., zum Zips. Kapitel eingepfarrt, in einer Gebirgsgegend, 2½ St. von Leutschau.

Bugnazza, Lombardie, Prov. Mantova u. Distr. XV, Revere; siehe Scievenoglia.

Bugnazzo, Lombardie, Prov. Mantova und Distr. VIII, Marcaria; siehe Castellucchio.

Bugni, Lombardie, Prov. Mantova und Distr. XIV, Gonzaga; s. Gonzaga.

Bugni, Lombardie, Prov. Mantova und Distr. XIV, Gonzaga; siehe Gonzaga (Polesine).

Bugni, Lombardie, Prov. Mantova und Distr. XIV, Gonzaga; siehe Gonzaga (Pegognaga).

Bugni Breda de', Lombardie, Prov. Cremona und Distr. IV, Pizzighettone, siehe Breda de' Bugni.

Bugnins, Venedig, Prov. Friaul und Distr. IX, Codroipo; siehe Camino.

Bugno, Lombardie, Prov. Mantova und Distr. II, Ostiglia; siehe Ostiglia

Bugno, Lombardie, Prov. Mantova und Distr. XIV, Gonzaga; siehe Gonzaga, Pegognago.

Bugno, Lombardie, Prov. Mantova und Distr. XII, Viadana; siehe Viadana.

Bugno di Gavallara, Lombardie, Prov. Mantova und Distr. XII, Viadana; siehe Dosolo.

Bugno Martino, Lombardie, Prov. Mantova u. Distr. XIV, Gonzaga; siehe S. Benedetto.

Bugno di Sera, Lombardie, Prov. Mantova und Distr. XII, Viadana; siehe Pomponesco.

Bugnolo, Lombardie, Prov. Mantova und Distr. VIII, Marcaria; s. Marcaria.

Bugnone, Lombardie, Prov. Como und Distr. XVI, Gavirate; siehe Arolo.

Bugo, Lombardie, Prov. Pavia u. Distr. VIII, Abbiategrasso, ein nach S. Bernardo zu Morimondo (Distr. V) gepfarrt. *Gemeindedorf*, mit einem Privat-Oratorio und Vorstand nächst Ozzoro, ½ St. von Abbiategrasso. Mit:
Casinello Gabaglia, Meierei, — Mulino di Bugo, Mühle.

Bugo Molino di, Lombardie, Prov. Pavia und Distr. VIII, Abbiategrasso; siehe Bugo.

Bugokat, Ungarn, Sümegh. Komt.; siehe Libicz-Kozma.

Buguggiate, Lombardie, Prov. Como und Distr. XVII, Varese, ein in der Ebene liegendes, zum Theil an den See Varese grenzendes *Dorf*, in der Pfarre S. Vittore, mit einer Gemeinde-Deputation, 3 Migl. von Varese. Mit:
Erba molle, Landhaus mit Meierei.

Bugyanoveze, Slavonien, Syrmier Gespansch., Rumaer Bzk., ein z. Hrsch Ruma geh. *Dorf*, mit einer griech. nicht uuirten Pfarre, liegt an der Grenze des Peterward. Grenzregimentes, nächst Nikincze und Jarak, 1½ St. von Ruma.

Bugye, Ungarn, Zaránd. Komt.; siehe Bogyest.

Bugyesty, Ungarn, Mármaros. Komt. siehe Budfalva.

Bugyeszlava, Bugyezlava — Siebenbürgen, Fogarasch. Distr., eines der höchsten *Gebirge*, 3 St. v. Felső-Sebes

Bugyi, Ungarn, diess. d. Donau, Pest Gespansch. und Bzk., ein den Erben de

adel. Familie Gellért geh. Dorf, mit 242
Häus. und 1953 Einw., von Ungarn be-
woont, mit einigen Juden, einer katool.
und reformirt. Kircoe und Pfarre, zwi-
scoen deu Praedien Kató und Csókás,
3 St. von Laczháza, und eben so weit
von Ócsa.

Bugyikfalva, Bugyikovani — Un-
garn, diess. d. Toeiss, Gömör. Gespan-
scoaft, Rattkoer Bzk., ein zur Hrsch.
Dereutsény geh., mit einem reformirten
Seelsorger verseoenes Dorf, am Balog
Bacoe und gegen dem eoen so genauuten
Scolosse, 5 St. von Tornallya.

Buhacha, Kroatien, jenseits d. Save,
Karlstädt. Generalat, Kerstiniau. Bzk.,
ein zum Szluiner Grenz-Regimts. Canton
Nro. IV geh. Dorf, von 56 Häus., näcost
Begovacz, 5 St. von Voinich.

Bühel, Tirol, Pusterth. Kr., ein Dorf,
im Thale Gsiess, Lokal-Kaplanei der
Pfarre Thisten, Ldgcht. Welsberg.

Bühel, Tirol, Vorarloerg, ein Weiler,
zur Gemeinde Egg im Ldgcht. Bezau
gehörig.

Bühel, Tirol, Vorarloerg, ein Dorf,
zur Gemeinde Andelsoucı im Ldgrcht.
Betzau gehörig.

Bühel, Tirol, Pusterthaler Kr., ein
Weiler, zur Gemeinde Oberasling geh.,
im Ldgcht. Lienz.

Bühel, Steiermark, Bruck. Kr., ein
Schloss und Gut, östlich von Kindberg.

Bühel, Steiermark, Grätz. Kr., ein
Dorf im Wb. B. Kom. Thanhausen, mit
44 Häus. und 176 Einw., mehren Hrsch.
dienstbar, nach Buch eingepfarrt, 6¼ St.
von Grätz.

Bühel, Steiermark, Judenburger Kr.,
ein Schloss und Gut bei Neumarkt, ½ St.
von Mariahof, 6 Meilen von Judenburg.

Bühel, Steiermark, Judenburg. Kr., ein
Dorf, im Wb.B. Kom. Haus, westlicı
von Schladming, an der Strasse nacı
Radstadt, mehreu Hrsch. dienstoar, mit
59 Häus. u. 240 Einw., mit einer Lokalie,
genannt St. Jacob oo Scoladming.

Bühel, Steiermark, Judenourg. Kr., ein
Dorf, im Bezirke Seckau, den Hrsch.
Seckau, Wosserburg, Lohening und
Fohnsdorf dienstbar, mit 13 Häus. und
54 Einw., nach St. Lorenzen eingepfarrt.

Bühel, Steiermark, Judenburger Kr.,
ein Dörfchen, nördl. von Judenburg, an
der Kommerzialstrasse nach Kärnten,
im Wb. B. Kom. Frauenburg, den Hrsch.
Gross-Lobening und Probstei Zeyring
dienstbar, mit 19 Häus. und 109 Einw.,
nach St. Georgen eingepfarrt.

Bühel, Steiermark, Judenburger Kr.,
ein Dörfchen, im Wb. B. Kom. Pflindsberg, mehreu Hrsch. dicnstbar, mit 24

Häusern und 136 Einw., nacı Mitteru-
dorf eingepfarrt.

Bühelbach, Steiermark, Judenourg.
Kr., im Bezirke Goppelsbach, treibt
eine Hausmühle im Paal.

Bühelberg, Steiermark, Grätz. Kr.,
eine Gegend im Bezirke Thankauseu zur
Hrsch. Gutenoerg zehentpflichtig, nacı
Weitzberg eingepfarrt.

Bühelberg, Steiermark, Grätz. Kr.,
eine Gegend, im Bezirke Grosshöding,
meoreu Hrsch. zehentpflichtig.

Bühelberg, Steiermark, Judenourg.
Kr., südlicı von Lorenzen am Ende des
Preggrabens.

Bühelberg, Steiermark, Marourger
Kr., ein Weingebirg im Luttenberg, zur
Hrsch. Kalhlsdorfer Gilt in Luttenberg
dienstoar.

Bühelodorf, Steiermark, Bruck. Kr.,
eine Gemeinde, im Wb.B. Kom. Landskron, zur Hrsch. Göss und Pfarr-Gilt
St. Dionysen dienstoar, mit 34 Häus.
und 170 Einw., nacı St. Dionys eingepf.

Bühelodorf, windisch Radomeje —
Steiermark, Marburger Kr., eine Ge-
meinde, im Wb. B. Kom. Maleck, zur
Hrsch. Maleck u. Schachenthurn dienst-
oar, mit 56 Häus. und 200 Einw., nach
Luttenberg eingepfarrt.

Bühelodorf, Steiermark, Marburger
Kr., eine Gegend im Bez. Ober-Pettau.

Bühelodorf, Steiermark, Marourger
Kr., ein Dorf, im Wb. B. Kom. Ooer-
Pettau, zur Hrsch. Dornau und Ooer-
Pettau dienstoar, mit 70 Häus. und 370
Einw., nach Pettau eingepf., 4 Meilen
von Marourg.

Bühelhof, Illirien, Ob. Kärnten, Vil-
lacıer Kr., ein Schloss, der Ldgchts.
Hrsch. Aicoelbarg geh., 10 St. von
Villacı.

Bühelhofen, Steiermark, Judenb.
Kr., ein Dorf im Wb. B. Kom. Frauenberg, mit einem silberhältigen Bleioerg-
werke, zur Hrsch. Bühelhofeu, Para-
deis und St. Lamorecot dienstoar, mit 25
Häus. und 162 Einw., nacı Unzmarkt
eingepfarrt.

Bühelkahralpe, Steiermark, Ju-
denourger Kr., im Furagraben.

Bühelwang, Steiermark, Bruck. Kr.,
eine Gegend, südwestl. von Mürzzu-
scolag, an d. Haupt Kommerzialstrasse,
z. Staatshrsch. Neuoerg zehentpflichtig.

Bühelwang, Tirol, Unt. Inntoal. Kr.,
ein Dorf und Schopperstatt am Inn,
Filiat der Pfarre Kirchbühel, Ldgericht
Kufstein.

Bühl, Böomen, Leitmeritzer Kr., ein
Dorf, mit einem grossen Brauhause, der
Hrsch. Bürgstein, ½ St. von Haida.

Bühlach, Tirol, Unt. Inn- und Wipptialer Kr., eine der Hrsch. Kitzbühel,
geh. *Gegend*, nächst der Stadt Kitzbühel,
1¼ St. von St. Johann.

Bühlach, Tirol, Unt. Inn- und Wipptialer Kr., eine der Hrsch. Kitzbühel
geh. *Gegend*, nächst Schwent u. Kössen,
3 St. von St. Johann.

Bühler, Baustellen — Böhmen, Leit-
meritzer Kr., ein *Dorf* von zerstreuten
Häusern, auf herschaftlich Bürgsteiner
Dominikal Gründen, 1 St. v. Böhmisch-
Leipa.

Bühra, Oest. unt. d. E., V. O. M. B.,
ein zur Hrsch. Raps geh. *Dorf*; sieie
Pühra.

Bühren, Oest. unt. d. E., V. O. W.
W., eine *Rotte*, mit 5 Häus. u. 50 Einw.,
zur Pfarre St. Georgen, Ortsobrigkeit
Scieibs geiörig.

Bühret, Oestr. ob d. E., Inn Kr., ein
zum Ldgcht. Ried geör. *Weiler*, nach
Schiltorn pfarrend, 1½ St. von Ried.

Buibach, Tirol, Oberinnth. Kr., ein
Weiler, zur Gemeinde Leutseiaci im
Landgerichte Silz.

Buichl, Dalmatien, Ragusa Kr. und
Distr., ein unt. diese Pretur geiör., der
Hauptgemeinde und Pfarre Breno einverleibtes *Dorf*, unweit Petraccia, 1½ M.
von Ragusa.

Buinya und **Divussa,** Kroatien,
jens. der Kulpa, Zrinyaner Bzk., ein
zum 2. Grenz-Regimts. Canton Nro. XI
geh. *Dorf*, mit 39 Häus. und 193 Einw.,
zwischen Segesztin und Sakanlia, 4½ St.
von Kostainizza.

Buinyásza, Siebenbürgen, Thorenb.
Gespansch., ein *Berg*, zwischen den
Bergen Fonszeow und Botrina, von
Tantsal 3½ St. weit entfernt.

Buja, Venedig, Prov. Friaul u. Distr.
XX, Gemona, ein an dem in den Tagliamento sici ergiessenden Flusse Ledro
liegendes *Gemeindedorf*, mit Vorstand
und eigenen Pfarre S. Lorenzo, 7 Filial-
kirchen u. 3 Kapellen, 5 Migl. v. Gemona.

Buják, Ungarn, diess. d. Donau, Neograder Gespansch., Szécsen. Bzk., ein
fürstlich Eszterház'sches *Dorf*, mit 222
Häus. und 2058 Einw., einer eigenen
kathol. Pfarrkiroie, neben den Ueier-
resten des eien so genannten Scilosses
(Buják) unweit Eoseg, 3½ M. v. Hatvan.

Bujak, Ungarn, diesseits der Tieiss,
Sároser Gespansch, Sirok. Bzk., eine
slowakische *Besitzung* in dem Siroker
Tiale, mit 19 Häus. und 146 Einw.,
2 St. von Eperjes.

Bujaka, Siebenbürgen, Szolnoker Gespanschaft, ein *Berg*, der die Bäche
Volye-Popt u. Volye Franzilor scieidet.

Bujakow, Galizien, Wadow. Kr.,
ein zur Hrsch. Zator geiöriges *Dorf*
am Sola Fl., 1½ St. von Kenty.

Bujanháza, Bojnyost, Ungarn, jenseits der Tieis, Szathmár. Gespansch.,
Nagy-Bányer Bezirk, ein der adelich.
Familie Ráday geiöriges *Dorf*, mit
einer griechischen, katiolischen Pfarre
unweit Terep gegen Osten, 3 St. von
Aranyos-Medgyes.

Bujanow, Galizien, Stryer Kr., ein
Dorf zur Pfarre Mielnicz und Ortsobrigkeit Zurawno geiörig.

Bujavicza, Slavonien, Gradiscaner
Bezirk, eine zum Gradiscaner Grenz-
Regimts. Canton Nr. VIII. geh. *Ortschaft*
von 16 Häusern, liegt nächst Kukunievacz und dem Bache Pakra, 3½ St.
von Movska.

Bujawa, Galizien, Zolkiew. Kr., eine
zur Hrsch. Luczyce geh., und mit diesem Dorfe vereinigte *Ortschaft*, 5 St.
von Sokal.

Bujawice, Galizien, Przem. Kr., ein
Dorf zur Hrsch. Hussakow geh., 4 St.
von Przemysl.

Bujdos, Búdos, Budusa, Budosa —
Sieienbürgen, Inn-Szolnoker Gespan.,
ein *Dorf*, welches mehreren Adelichen
gehört, von Walachen bewohnt, 6 St.
von der Post Galgó entfernt.

Buje, Illirien, Istrien, Mitterburg. Kr.,
eine *Stadt*, im Distr. Capodistria, im
Bezirke gleichen Namens, Hauptgemeinde und Hauptort der Untergemeinde,
mit 286 Häusern und 1650 Einw., unter
dem 45 Grad, 24 Mint. 44 Sek. nördl.
Breite, und 31 Gr. 19 Min. 9 Sek. östl.
Länge von Ferro, mit einem Canonicat
in der Diöcese Triest-Capodistria, Distrikts-Commissariat 2. Klasse, Dema-
niolamt und Elementar-Sciule; der
Landweg von Buje nach Montona ästet
sici an der von Buje nach Visinada
füirenden Landstrasse im Tiale von
Montona aus und läuft längs diesem
Tiale iis am Fusse des Montona Berges, wo er in der Gemeindestrasse,
die vom Thale nach dem Orte Montona
füirt, einmündet, auci geit von iier
ein Landweg üier Verteneglio und über
die steile Felsenwand Torre nach
Parenzo, welcier von den Fussgän-
gern aus Unt. Istrien, weil er an der
Küste ist, benützt wird. Der Glocken-
tiurm der iiesigen Domkirce ist 116
Wiener Klaft. üier dem Meere eriaien,
5 Meilen von Triest.

Bujtur, Tiurndorf — Bujturna, Siebenbürgen, diesseits der Maros, Hunyader Gespanscıaft, Pester Bezirk,
ein mehreren adeligen Besitzern geh.

ung. wallach. *Dorf*, an dem Flusse Egregy, mit einer griechischen, nicht unirten Pfarre, gegen Ost., ½ St. v. Vajda-Hunyad.

Buk, Böhmen, Berraun. Kr., ein klein. *Dorf*, ½ St. von Milin, zum Theil zur Herschaft Dobrzisch geh., liegt 1 St. von Przibram, 6 St. von Zditz.

Buk, Böhmen, Tab. Kr., ein *Dorf* der Herschaft Neuhaus, siehe Buchen.

Buk, **Maly**, Böhmen, Königgr. Kr., ein *Dorf* der Hrsch. Chalkowitz; siehe Bok (Klein-).

Buk, **Welky-**, Böhmen, Königgr. Kr., ein *Dorf* der Hrsch. Gradlitz; siehe Bok (Gross-).

Buk, Galizien, Sanok. Kr., ein der Hrsch. Raiski gehör. *Dorf* mit einer Pfarre am San Fl. 9¼ St. v. Sanok. 4 St. von Jassienika.

Buk, Mähren, Prer. Kr., ein *Dorf* zur Pfarre Predmst und Ortsobrigkeit Rakotnitz, mit böhm. Einwohn.

Bük, **Alsó**, Ungarn, Oedenb. Kr., ein *Dorf* mit 96 Häus. und 702 Einwoh.

Bük, **Felsö**, Ungarn, Oedenburger Komt., ein *Dorf* mit 46 Häus. und 361 Einw.

Bük, **Közép**, Ungarn, Oedenburg. Komt., ein *Dorf* mit 45 Häus. und 352 Einwohner.

Bük, Ungarn, Krassnaer Gespansch., ein *Berg*, von Ráten ½ St. weit entfernt.

Bük, **Djótu**, Siebenbürgen im Sepsier Stuhl, ein *Berg*, von der Bodzaer Contumaz 1¼ St. weit entfernt.

Bük, **Erdö**, Siebenbürgen im Gyergyóer Székler Filialstuhl, ein *Berg*, 1¼ St. von Gyergyó Ujfalu entfernt.

Bük, **Fej**, Siebenbürgen, im Miklosvárer Székler Stuhl, ein *Berg*, ½ St. v. Köpetz.

Bük, **Maras**, Siebenbürgen, im obern Tsiker Székler Stuhl, ein *Gebirg*, 3¼ St. von Bátón.

Bük, **Hüvas-patak**, Siebenbürgen, Gyergyóer Székler Filialstuhl, ein *Bach*, welcher aus dem Gebirge Lapos-Bük entspringt und nach 3 St. in den Bach Putna-patak einfällt.

Bük-patak, Siebenbürgen, Gyergyóer Székler Filialstuhl, ein *Bach*, welcher aus den Bergen Hosszú Mogos und Kerék Mogos entspringt, und nach 1 St in den Marosfluss einfällt.

Bük-tetej, Siebenbürgen, im Maroscher Székler Stuhl, ein *Berg*, nahe an dem linken Ufer des Baches Lutsauhegy, 1¼ St. von Szent-Háromság.

Bük-tetej, Siebenbürgen, im Maros Székler Stuhl, ein *Berg*, oder den Weingärten d. Dorfes Kelementelke.

Bük-tó, Siebenbürgen, Thorenburger Gespansch. und Maros Székler Stuhl, ein *Berg* mitten zwischen den Dörfern, Gelse-Kőhér und Köszvényes.

Bük, Nemes-Bük — Ungarn jenseits der Donau, Zalad. Gespanschaft, Sántó. Bzk., ein *Filialdorf* der Pfarre Karmarts, mehren adeligen Familien dienstbar, mit 140 Häus. und 1157 Einw. von Ost. geg. West., zwischen Karmats und dem Flusse Zala, 2 St. von Keszthely, und 3 Stund. von Szala-Bér.

Bük, Ungarn, Poseg. Komt., ein *Dorf* mit 16 Häus. und 149 Einwohner.

Buka, Siebenbürgen, Broser Stuhl, ein *Berg* nahe an dem rechten Ufer des Baches Dunke-Formoselli.

Bukasowce, Galizien, Stryer Kr., eine *Herschaft* und *Marktflecken* mit einer russisch. latein. und griechischen Pfarre und einem Schlosse am Flusse Zwierz, wo sich eine Mahlmühle befindet, gegen Nord. nächst dem Flusse Dniester und Tenetniki, 1¼ St. von Burszttyn.

Bük-allya, Ungarn, jenseits der Donau, Eisenb. Gespansch. Tóthság, Bzk., ein ung. zu der gräfl. Battyányschen Herschaft Csákány gehöriges, nach Kereza eingepfarrtes *Dorf*, liegt zwischen Gehirgen nächst Szerdahely, mit 18 Häus. und 108 Einwohner, 3 St. von Ráha-Szent-Mihály.

Bukaczowce, Galizien, Stryer Kr., ein der Hrsch. Bludnik gehöriges *Dorf*, liegt gegen Osten nächst Hanowce, ½ St. von Halicz.

Bukau, Böhmen, Czaslauer Kr., ein *Dorf* mit einer Mühle an dem Flusse Sazawa, zur Hrsch. Polna geh., 4 St. von Iglau.

Bukau Verch, Illirien, Ob. Krain, Laibach. Kreis, ein *Gebirgsdorf* in dem Wb. Bzk. Paak; siehe Sabathberg.

Bukau, Böhmen, Budw. Kr., ein *Dörfchen* zur Hrsch. Hohenfurt; siehe Buggaus.

Bukau, mähr. Bukowa — Mähren, Igl. Kr., ein *Dorf* der Hrsch. Trisch unter d. Kommerzialstrasse, ostnordw. ½ St. von Stannern.

Bukava, Illirien, Ob. Friaul, Görz. Kr., ein *Dorf* zur Hrsch. Tolmein gehörig, mit einer Lokalie, 12 St. von Görz.

Bukawina, Galizien, Brzez Kr., ein *Dorf* zur Pfarre und Obrigkeit Ciodorow gehörig.

Bukawitz, Böhmen, Königgr. Kr., ein zur Hrsch. Politz geh. *Dorf*, 4¼ St. von Nachod.

Bukawka, Böimen, Budw. Kr., eine *Ortschaft* ⹀ei Neu⹀aus.

Bukawy, Böhmen, Bidsch. Kr., ein *Dorf* der Hrsch. Bielohrad; sie⹀e Bukowin.

Bük-egyházas, Ungarn, jenseits der Donau, Zalad. Gespansch., Egerszeg. Bzk., ein me⹀r. adel. Fam. dienstb. *Dorf* na⹀e an der von Körmönd ⹀ac⹀ Zala-Egerszeg fü⹀renden Poststrasse, unweit dem Pfarrorte Hasbágy, ½ St. von Körmönd.

Bukel, Siebenb., Kolos. Komt.; siehe Bikal.

Bukerest, Ungarn, Zaránder Gespanschaft, ein *Berg*, ¼ St. von dem Theilo Sólic-Koviguy des Dorfes Bukurest.

Bukevje, Kroatien, Agramer Gesp., Szt. Iváner Bzk., ein dem Grafen Erdödy ge⹀öriges . an der Save liegendes *Dorf* mit 69 Häuser und 569 Einwohn., einer eigenen Pfarre, 1¼ St. von Dugoszello.

Bukevje, Kroatien, diesseits der Save, Warasdin. Gespansch., Ob. Zagorian. Bzk., ein zur Gemeinde Tuhely und e⹀en so genannten Pfarre ge⹀öriges, *Dorf*, mit 7 Häus. und 64 Einwo⹀ner, einem adeligen Hofe, 7 St. von Agram.

Bukin, Ungarn, Temesvár. Gespansch., ⹀eigener Bezirk, ein zum walac⹀isc⹀. illir. Grenz-Regmts. Canton Nr. XIII, ge⹀öriges *Dorf* von 42 Häusern, an dem rec⹀ten Ufer der T⹀eiss, ⅜ St. von Káránsebes.

Bukin, Ungarn, ein *Dorf* mit einer kat⹀olisc⹀en Pfarrkirc⹀e, 1 St. von Palánka; Post Illok.

Bukin, Ungarn, diesseits der Donau, Bacser Gespansc⹀aft, Unt. Bzk., ein deutsc⹀es Kaal. *Dorf* mit 306 Häus. u. 2142 Einwo⹀nern, einer eigenen kat⹀olischen Pfarre, liegt an dem Einflusse der Mostanze in die Donau, zwisc⹀en Novoszello und Palánka:

Buknikow, Böimen, Prac⹀. Kr., ein *Dorf* zur Hrsch. Worlik ge⹀örig, 6 St. von Pisek.

Bukócz, Bukovce — Ungarn, diess. der Donau, Neutr. Gespansch. Czakolezer Bezirk, ein *Dorf* der Hrsch. Berenz, nac⹀ Turolúka eingepfarrt, mit 125 Häus. und 878 Einw., gegen Osten 4¼ St. v. Holies.

Bukótz, Bukovcze — Ungarn diess. der T⹀eiss, Abaújvár. Gespansch., Kasc⹀auer Bzk., ein unter die Grundhersc⹀aft der freiherrl. Familie Meskó ge⹀höriges *Dorf* mit 60 Häus. und 465 Einwohnern, nac⹀ Hillyo eingepf., in einem T⹀ale, mit Mahlmühlen und Eisengruben, 2 St. von Kasc⹀au.

Bukótz, Bukovcz, Ungarn, diesseits der T⹀eiss, Bereg⹀. Gespansc⹀aft und Munkács. Bezirk, ein russniak., mit einer eigenen Pfarre verse⹀e⹀es, der Hrsch. Munkács ge⹀höriges *Dorf* mit 21 Häus. und 289 Einwoh., an der pohln. Grenze, unter den Huszlyer Alpen, 5 St. von Alsó-Vereczke Postamt Munkács.

Bukótz, Bukowecz, Ungarn, diess. der T⹀eiss, Sároser Gespansc⹀aft, Makoviczer Bzk., ein dem Grafen Szirmay ge⹀öriges s⹀owak. *Dorf* mit 68 Häus. und 503 Einw., einer griech. kathol. Pfarre und einem unweit dem Orte liegenden Basilianer Kloster; diese Ortsc⹀aft wird durc⹀ den Fluss Makocsa durchschnitten, wovon die Hälfte zum Sároser, die andere Hälfte aber zum Zempliner Komt. ge⹀örig, 1¼ St. von Komarnik.

Bukocz, Bukowce — Ungarn, diess. der T⹀eiss, Unghvár. Gespansch. und Bzk., ein zur Kaal. Hrsch. Unghvár geh. *Dorf*, mit 34 Häus. und 329 Einw., an den pohln. Alpen, zwisc⹀en ⹀o⹀en Bergen und se⹀r grossen Wäldern, da⹀er es ⹀ier einen se⹀r magern Ackerboden g⹀⹀t, 4 St. von Unghvár.

Bukocz, Ungarn, Marmaros. Komt., ein *Dorf*, mit 107 Häusern und 595 Einwohnern.

Bukocz, Bukowce — Ungarn, diess. der T⹀eiss, Zempliner Gespansc⹀aft, Stropkov. Bzk., ein den Grafen Keglevics geh. *Dorf*, mit einer griech. kat⹀. Pfarre, und einer Mahlmühle, 3 St. von Orlic⹀.

Bukoll, Böimen, Kauržim. Kr., ein *Dorf*, zum Gute Wodolka, liegt nordwärts an dem Moldau Flusse, unweit von Weltrus, 8 St. von Prag.

Bukorvány, Ungarn, jens. d. T⹀eiss, Bihárer Gespansch., Belényeser Bzk., ein zur Kaal. Hrsch. Grosswardein geh. wal. *Dorf*, mit einer griech. nichtunirt. Pfarre, 4 St. von Grosswardein.

Bükösd, Ungarn, Sümegh. Komt.,· ein *Urbarial-Markt*, mit 72 Häus. und 340 Einwo⹀nern.

Bükös, Büchendorf, Bikis oder Bikessa — Siebenbürgen, Nieder Weissenburg. Gespansch., Ob. Kr., Benedek. Bzk., ein ungar. *Dorf* und *Gut*, mit 500 Einwohnern, einer reform. Pfarre, 5½ St. von Nagy-Enyed.

Bükös, Olah-, walach. Buchwald, Teszet — Siebenbürgen, Kokelburger Gespansch., Unt. Kr., ein mehru Do⹀minien geh. walach. *Pfarrdorf*, nächst Karátsonfalva, 3 St⹀ v. Medias.

Bükösd, Ungarn, jens. der Donau, Barany. Gespanschaft, Szent Lörincz. Bzk., ein der Familie Peterovszky geh. *Markt*, mit 130 Häus. und 680 Einw., einer eigenen Kirche, Pfarre und schönem herschaftlichen Schlosse. Das Vorwerk liefert gute Weine, 1½ St. von Fünfkirchen.

Bükösd, Ungarn, Sümegh. Komt., ein *Markt*, mit 31 Häusern und 272 Einwohnern.

Bukoshniza, Kroatien, Wallshorer Bzk., ein zum wal. Illir. Grenz-Regiments-Kanton Nro. XIII geh. *Dorf*, von 64 Häusern, an der Poststrasse und der Theiss, 1¼ St. von Káránse)es.

Bukoutza, Illirien, Ob. Krain, Lai). Kr., ein in der Wb. B. Hrsch. Flödnig liegendes, und me)ren O)rigkeiten geh. *Dorf*, nach Woditz eingepf., 3 St. von Lai)ac).

Bukova, Bukowen — Siebenbürgen, Hunyader Gespansch., Hatzeger Kreis, Klopotiwer Bzk., ein der Familie Naláczi geh. walac). *Dorf*, an dem Bac)e Bisztra, mit einer griech. Pfarre, an der Banat. Grenze näc)st dem eisernen T)ore, 11 St. von Déva.

Bukovacz, Kroatien, Agramer Gespansch. und Bzk., ein *Dorf*, mit einem vortrefflichen Weingebirge, in der Pfr. St. Simon, 1 St. von Agram.

Bukovacz, Kroatien, Agramer Gespanschaft, im Gebirgs Bzk., eine zur Hrsch. Brood und Gerichtsbarkeit Bello geh. nach Podsztanye eingepf. *Ortschaft*, 5 St. von Verbovszko.

Bukovacz, Kroatien, jens. der Save, Karlstädter Generalat, Corbavier Bzk., eine zum Liccaner Grenz-Regiments-Canton Nro. I geh., nac) Udbinia eingepfarrte *Ortschaft*, mit 31 Häusern und 159 Einwo)nern, an dem Ursprunge der Bäc)e Kerbova und Jadava, 3 St. von Gospich.

Bukovacz, Kroatien, jens. der Save, Karlstädter Generalat, eine zum Ottociauer Grenz-Regiments Canton Nro. II geh. *Ortschaft*, von 15 Häusern, näc)st Pervam Szello, ½ St. von Perrussich.

Bukovacz, Kroatien, jens. der Save, Karlstädter Generalat, Polloyer Bzk., eine zum Szluiner Grenz-Regiments-Canton Nro. IV gehör. *Ortschaft* von 7 zerstreuten Häusern, mit einer griech. Pfarre, 3¼ St. von Generalsky-Sztoll.

Bukovacz, Slavonien, Peterw. Bzk.; sie)e Bukowitz.

Bukovacz, Ungarn, diess. d. Donau, Bácser Gespansch., Mitt. Bzk., ein zur königl. Stadt Zombor gehör. *Praedium*, näc)st Petosevo an dem Apatiner Wege, ¼ St. von Zombor.

Bukovacz oder **Bukowitz**, Slavonien, Syrm. Distr., Peterward. Bzk., ein von der Militär Grenz-Festung Peterwardein a))ängendes *Dorf*, 1 St. v. Peterwardein.

Bukovacz, Kis-, Mali Bukovecz — Kroatien, diesseits der Save, Kreutz. Gespansch., Podravann. Bzk., ein der gräfl. Draskovich. Familie geh., nach Nagy Bukovácz eingepf. *Dorf*, am Fl. Bednya, mit einem herschaftlichen Zollhause u. einer Filial-Kapelle, 1½ St. von Lud)reg.

Bukovacz, Nagy-, Veliki-Bukovez — Kroatien, diess. der Save, Kreutz. Gespansch., Podrovann. Bzk., ein der gräfl. Familie Draskovich gehör. *Dorf*, mit einem hrsch. Kastelle, Kirc)e und Pfarre, dann einer Mü)le, zwischen den Bednya und Plitvicza Flusse, nic)t weit von der Drau entfernt, 1 St. v. Ludhreg.

Bukovce, Ungarn, Unghvár. Komt.; siehe Bukócz.

Bukovecz, Ungarn, Temess. Komt., ein *Dorf*, mit 236 Häusern und 1678 Einwohnern.

Bukovezane, Bukovchany — Slavonien, Bukovczaner Bzk., eine zum Gradiscauer Grenz-Regiments-Canton Nro. VIII geh. *Ortschaft*, von 15 Häusern, und Bezirksstation dieses Namens, näc)st Csaglich, 2¼ St. von Novszko.

Bukovcze, Ungarn, Abaújvár. Komt.; sie)e Bukócz.

Bukovcze, Ungarn, Neutra. Komt.; sie)e Bukócz.

Bukovecz, Kroatien, Agram. Gespansc)aft, im Bezirk jenseits der Kulpa, eine zur Hrsch. Bubnyorczy geh., nach Sakány eingepf. *Ortschaft*, mit 18 Häusern und 109 Einwohnern, 4 St. von Novigrod.

Bukovecz, Kroatien, Agramer Gespanschaft, Szent Iváner Bezirk, ein me)reu Dominien geh., zum St. Nicolaus in Zelin eingepf. *Dorf*, mit 16 Häusern und 111 Einwo)nern, liegt an der von Agram nac) Warasdin fü)renden Poststrasse, 1 St. von Szent-Iván.

Bukovecz, Kroatien, Agramer Kr., ein *Dorf*, mit 39 Häusern und 269 Einwohnern.

Bukovecz, Kroatien, Agram. Komt.; ein *Dorf*, mit 24 Häusern und 127 Einwohnern.

Bukovecz, Kroatien, diesseits der Save, Warasdin. Gespansch., Unt. Zagorian. Bzk., ein der Gemeinde und

Pfarre Macie einverleibtes Dorf, 4½ St. von St. Joiann.

Bukovecz, Ungarn, diess. d. Donau, Sohler Gespansch., Ob. Bzk., ein slowakisches von Koilenbrennern iewoinites, der Berg-Kaal.-Hrsch. Neusohl geiöriges, nach Moticska eingepf., im Moticsker Tiale, 1¼ St. von Altgebürg entfernt liegendes Dorf, 2¾ Stunde von Neusohl.

Bukovecz, Ungarn, jens. d. Donau, Zalad. Gespansch, Muraköz. Bzk., eine bevölkerte *Weingebirgsgegend*, in der Pfarre St. Martin, zur Hrsch. Csáktornya geh., 2 St. von Csáktornya.

Bukovecz, Kroatien, Kreutz. Komt., ein Dorf, mit 118 Häusern und 840 Einwohnern.

Bukovecz, Kroatien, Kreutz. Komt., ein Dorf, mit 93 Häusern und 659 Einwohnern.

Bukovecz, Ungarn, jens. der Tieiss, Krassov. Gespanschaft, im Kápolnás. Bzk., ein walaci. mit einer Pfarre verseienes, zur Hrsch. Facset geh. königl. Kaal. Dorf, dessen Grenze gegen Süd. Mutnik, und gegen N. Basziest bestimmen, mit 142 Häusern und 859 Einw., 1 St. von Bozsur.

Bukovecz, Ungarn, jens. der Tieiss, Temess. Gespansch. und Bzk., ein von Wäldern umgebenes, unter die Grundherschaft der Herren Köszeghy geiör. walaci. Dorf, mit einer griech. nicit unirten Kircie und Pfarre und Wohnung eines herschaftlichen Beamten, 1½ St. v. Temesvár.

Bukovecz, Ungarn, Beregher und Sáros Komt.; sieie Bukócz.

Bukovecz, walaci. Bukutza — Ungarn, jens. der Tieiss, Mármi.os. Gespanschaft, Unt. Bzk., ein adel. walaci. Dorf, mit einer eigenen Pfarre, an dem Bacie gleichen Namens, liegt näcist Iszka, 15¼ St. von Szigeth.

Bukovics, Bukovacz — Slavonien, Syrm. Distr. Peterward. Bzk., ein zu diesem Bzk. geh. Dorf, mit einer griech, nicht unirt. Pfr., 1 St. v. Peterwardein.

Bukovicza, Kroatien, jens. d. Kulpa, Chemerniczer Bzk., ein zum 1. Banal Grenz-Rgmts. Kanton Nr. X geh. Dorf, mit 44 Häus, und 225 Einw., 2¼ St. von Glina.

Bukovicza, Kroatien, jens. d. Save, Karlstdt. Generalat Wukmanicher Bzk., ein zum Szluin. Grenz-Rgmts. Kanton Nr. IV, geh. Dorf, mit 30 Häus. und einer kathol. Pfr., liegt näcist Kupino-Berdo, 1½ St. von Voinich.

Bukovicza, Slavonien, Syrm. Distr. Veröcz. Gespan. und Bzk., eine Her-

schaft und *Pfarrdorf*, mit 46 Häus. und 272 Einw., liegt näcits Verócz, 10 St. von Baiocsa.

Bukovicza, Spissicsiana, Spischitz — Slavonien, Syrm. Distr. Veröcz. Gespan. und Bzk., ein der adel. Familie Spissics geh. Dorf, mit 59 Häus. und 324 Einw., an der Grenze der St. Georg. Konfinen, am Bacie Bukovicza, mit einer eigenen Pfarre, 5 Meil. v. Babócs.

Bukovicza, Neu-, Slavonien, Syrm. Distr., Veröcz. Gespan., Veröcz. Bzk., ein Dorf, der Hrsch. Veröcze, näcist der Landstr., mit 96 Häus. u. 590 Einw., und einer Kircie, 8 Meil. von Babócs.

Bukovicza, Ober-, Slavonien, Syrm. Distr., Veröcz. Gespan. und Bzk., ein Dorf, der Hrsch. Veröcze, 8 Meil. von Babócs.

Bukovicza, Unter-, Slavonien, Syrm. Distr., Veröcz. Gespan. und Bzk., ein Dorf, d. Hrsch. Veröcze, am Flusse Braniuszka, 8 Meil. von Babócs.

Bukovie, Kroatien, Agram. Gespan., im Bzk. jens. der Kulpa, ein zur Hrsch. und Pfarre Novigrád geh. Dorf, mit 70 Häus. und 374 Einw., in d. Gericitsbark. Zagradczy, 1 St. von Karlstadt.

Bukovie, Steiermark, Cill. Kr., ein Dörfchen, im Wb. B. Kom. Tüffer; s. Bucidorf.

Bukovie, Kroatien, diess. der Save, Warasdin. Generalat, Szt. Iván, Bzk., ein zum Kreutz. Grenz-Rgmt, Kanton Nr. V geh. Ortschaft, mit 8 Häusern, näcist Czubinecz und Grachina, 2 St. von Verbovecz.

Bukovie, Slavonien, Brod. Bzk., ein zum Brod. Grenz-Rgmt. geiör. Dorf, mit 25 Häus., mit einer kathol. Kapelle, näcist der Save, ½ St. von Podvin.

Bukovie, Ungarn, diess. d. Donau, Zalader Gespan., Muraköz. Bzk., ein Dörfchen, unter Rátz-Kanisa, am südl. Ufer des Mur Flusses, auf der von Muraköz nach Radkersiurg führend. Kommerzialstr., der adel. Familie Kregár geh., unw. von dem alten Scilosse Lapsina, 2 St. v. Alsó-Leudva und 2½ St. von Csáktornya.

Bukovie, Nieder-, Kroatien, jens. der Save, Karlstdt. Generalat, Czerovaczer Bzk., ein zum Szluin Grenz-Reg. Kanton Nr. IV geiör. Dörfchen, mit 21 Häus., 3 St. von Generalski Sztoll.

Bukovie, Ober-, Kroatien, jens. der Save, Karlstdt. Generalat, Czerovacz. Bzk., ein zum Szluin. Grenz-Reg. Kanton Nr. IV geh. Dorf, mit 23 Häus. 3 St. von Generalski-Sztoll.

Bukovie, oder Prekeisje — Kroatien, Agram. Gespansch. und Bzk., eine zur

Grchtsbark. Gracien und Pfarre Sesztine gerör. *Gebirgsortschaft*, 1¼ St. von Agram.

Bukovina, Ungarn, diess. d. Donau, Árváer Gespansch., Irsztener Bzk., eine zur Hrsch. Árva und andern adel. Besitzern geh., nacı Podolka eingepfarrt. kathol. slowak. *Dorf*, mit 111 Häusern und 376 Einw., mit einer eigenen Kirche, liegt an der poin. Grenze, 12 St. v. dem Scılosse Árva, 15 St. v. d. Markte Kubin und 18 St. von dem Postamte Rosenıerg.

Bukovina, Ungarn, diess. d. Donau, Bars. Gespan., Gran. Bzk., ein kl. zur Kaal. Hrsch. Scıemnitz geh. slowak. *Dörfchen*, nacı Felső Zdánya eingepf., am Ufer des Gran Flusses, mit 16 Häus. und 100 Einw., 3 St. von Scıemnitz.

Bukovina, Ungarn, diess. d. Donau, Liptau. Gespan., nördl. Bzk., ein adel. *Dorf*, den Edlen v. Bukovínszky geh., nacı Szt. Anna eingepf., gegen Nord. am Tıale Malitinska Dolnia, wo der Weg vom Liptau., in das Árváer Komt. führt, mit 15 Häus. und 159 Einw., 1¼ St. von Berthelemfalva.

Bukovinka, Ungarn, diesseits der Tıeiss, Beregı. Gespan. und Fel-Vidék. Bzk., ein russinak. der Hrsch. Munkács dienstıares *Dorf*, mit 34 Häusern und 302 Einw., nach Repede eingepf., zwischen Kenderetske und Papfalva, 2 St. von Munkács.

Bukovitzberg, Steiermark, Cill. Kr., eine *Gegend* zur Hrsch. Oberburg zehentpflicıtig, nacı St. Peter bei Königsberg eingepfarrt.

Bukovsky, Mlin, Ungarn, diess. der Donau, Sohler Gespan., Ob. Bzk., 2 *Mahlmühlen*, der Kaal. Berghrsch. Zolyom Liptse geh., nacı Dukow eingepf., zwiscıen Szent András und Nemeczka, am Bacıe gleicıen Namens, 3¼ St. von Neusohl.

Bukov-Verch, Kroatien, Agram. Gespan., im Gebirgs-Bzk. (Mont.), ein zur Hrsch. Brood geh. *Dorf*, mit einer eigenen Grchtsbark., in der Lokalpf. Diviaky, 2 St. von Ravnagora.

Bukovíz, Illirien, Unt. Krain, Neust. Kr., ein im Wb. B. Sittici sici befindendes *Gut* und *Dorf*, dem Gute Grundlhof, Sello und Bekowiz geh., oıer d. Dorfe Zhadesbe, 2 St. von Pesendorf.

Bukovíz, Gross-, Velka Bukouza — Illirien, Krain, Adelsb. Kr., ein zur Wb. B. Hrsch. Prem geıör. *Dorf*, auf einem Berge, nacı Dornegg eingepf. jens. der Fiumanerstr., gegen W. näcıst dem Dorfe Saboine, 2¼ St. von Lippa.

Bukovíz, Klein, Mala Bukouza — Illirien, Krain, Adelsb. Kreis, ein im Wb. Bzk., Prem lieg. Kaal *Gut* u. *Dorf*, auf einem Berge, nach Dornegg eingpf,, gegen Ost., näcıst dem Dorfe Kasessé, 2¼ St. von Lippa.

Bukow, Mähren, Brünn. Kr., ein *Dorf*, zur Pfarre Roschna und Ortsobrigkeit Pernstein, mit böhm. Einw.

Bukow, Böhmen, Kaurz. Kr., ein *Meierhof*, der Hrsch. Gemnisch.; sieıe Bucıow.

Bukow, Böhmen, Tabor. Kr., ein einz. steıendes *Haus*, zum Gute Neustupow geh., ¼ St. von Wotitz.

Bukow, Galizien, Brzezan. Kr., ein der Hrsch. Stratyn geıör. *Pfarrdorf*, 4 St. von Knihenicze.

Bukow, Galizien, Wadow. Kr., ein zur Hrsch. Tynice geh. *Dorf*, im flacıen Lande, 1 St. von Mogilany.

Bukow, Galizien, Sanok.. Kr., ein *Gut* und *Pfarrdorf*, näcıst Jaczmirz, an einem unbenannten Bache, 5½ St. von Sanok, 8 St. von Jassienica.

Bukowa, Galizien, Jasl. Kr., ein d. Hrsch. Klecie unterth. *Dorf*, liegt auf d. Kaiserstr. oıer dem Flusse Wysloka, u. grenzt gegen Süd., mit der Stadt Kolaczyce, 3¼ St. von Jaslo.

Bukowa, Galizien, Rzeszow. Kr., ein der Hrsch. Nisko geh. *Dorf*, 18 St. von Rzeszow.

Bukowa, Böhmen, Berauner Kr., ein *Gut* und *Dorf* unweit Pitschin, 6 St. von Zditz.

Bnkowa, Böhmen, Bidschower Kr., ein *Dörfchen*, zur Hrsch. Cılumetz und Pfarre Bidscıow geh., gegen O. ¼ St. von Cılumetz.

Bukowa, Böhmen, Budweiser Kr., ein *Dörfchen*, zur Hrsch. Hohenfurt geıörig; sieıe Buggaus.

Bukowa, Böhmen, Czaslauer Kr., ein *Dorf*, zum Jeržabeker Freisassen-Viertel geh., nächst dem Dorfe Prawonin, 4 St. von Wottiz.

Bukowa, Böhmen, Czaslauer Kr., ein an einem Hügel gelegenes *Dorf*, zur Hrsch. Windiscı-Jenikau geh., grenzt gegen O. an'Austy, 3 St. von Iglau.

Bukowa, Böhmen, Klattauer Kr., ein zur Hrsch. Bistrıtz geıör. *Dorf*, 3 St. von Klattau.

Bukowa, Böhmen, Prachiner Kr., ein *Dorf*, zur Hrsch. Rosmithal geh., 9¼ St. von Pisek.

Bukowa, Böhmen, Klattauer Kr., ein zur Hrsch. Merklin geh. *Dorf*, mit einer Filialkircıe; durcı dasselıe füırt die Kommerzialstrasse über Neumark nach Baiern, 2¼ St. von Staab.

Bukowa, Böimen, Klattauer Kr., eine zur Hrsch. Merklin geiör. *Mahlmühle* unter dem Dorfe Bukowa gegen O., 2¼ St. von Staab.

Bukowa, Böimen, Pilsner Kr., ein *Dörfchen* der Hrsch. Manetin, mit einer Lokalie, gegen S. 4¾ St. von Liikowitz.

Bukowa, Böimen, Taiorer Kr., ein *Dorf* der Hrsch. Jung-Woschitz, 2 St. von Sudomieržitz.

Bukowa, Böimen, Taiorer Kr., ein *Dorf* der Hrsch. Oberczerekwe, 5¼ St. von Iglau.

Bukowa, Mäiren, Brünner Kr., ein zur Hrsch. Boskowitz geiör. Dorf, mit einer obrigkeitl. Meierei, 2¼ St. von Goldenbrunn.

Bukowa, Mäiren, Iglauer Kr., ein *Dorf,* zur Hrsch. Pernstein geiörig, mit einer Filialkircie, grenzt gegen O. an das Dorf Milasin und gegen W. an das Dorf Ober-Rosiczka, 1 Meile westl. von Pernstein, 3¼ St. von Gross-Meseritsci.

Bukowa, Mäiren, Iglauer Kr., ein *Dorf* der Hrsch. Triesci; sieie Bukau.

Bukowa, Mäiren, Ollmützer Kr., ein *Dorf,* zu den Gütern Zadlowitz und Augezd geh.; sieie Dreibuchen.

Bukowa, Gross-, Böimen, Rakonitzer Kr., ein zur Hrsch. Púrglitz geh. *Dorf,* nahe an der Burg Púrglitz, 3 St. von Beraun.

Bukowa, Klein-, Böimen, Rakonitzer Kr., ein zur Hrsch. Púrglitz geh. *Dorf,* mit einem obrigkeitl. Meirhofe und Forsthause; iier waren vor Zeiten Schwefelhütten, 3¼ St. von Beraun.

Bukowa, vor Alters Wokow — Mähren, Brünner Kr., ein *Dorf* der Hrsci. Boskowitz und Pfarre Brotiwanow, mit einem obrigkeitlichen Meierhofe und böhmischen Einwohn., unweit Boskowitz, 2¼ St. von Goldenbrunn.

Bukowa, Galizien, Samb. Kr., eine *Herrschaft* und *Dorf* mit einer russniak. Pfarrkircie und einer Mahlmühle, grenzt gegen O. mit dem Dorfe Rucowiska, 3 St. von Samior.

Bukowan, Böimen, Prachiner Kr., eine *Herrschaft, Gut* und *Dorf,* 6¼ St. von Pisek.

Bukowan, Bukowany — Böhmen, Berauner Kr., ein *Dorf,* der Hrsch. Konopischt geh., 1¼ St. von Dnespeck.

Bukowan, Mäiren, Hradischer Kr., ein *Dorf,* zu den Gütern der Stadt Gaja geh., mit böhm. Einw., 1 St. davon entfernt, an der äussersten Grenze des Brünner Kr., 2 St. von Uhrzitz.

Bukowan, Mäiren, Ollmützer Kr., ein *Dorf,* zu den Ollmützer erzbischöflichen Kammergütern geh., liegt näcist Ollmütz

unter dem sogenannten Heil. Berge, iinter dem Markte Gross-Wisternitz, woiin es eingepfarrt ist, mit iöimiscien Einw., 2¼ St. von Ollmütz.

Bukowany, Böimen, Berauner Kr., ein *Dorf* der Hrsch. Konopiscit, sieie Bukowan.

Bukowce, Mäiren, Iglauer Kr., ein *Kogel,* ½ St. südl. vom Dorfe Branzouse, 300 W. Klftr. über dem Meere.

Bukowecz, Böimen, Klattauer Kr., ein *Dorf* der Hrsch. Zetscıowitz; sieie Wogolzen.

Bukowecz, Böhmen, Berauner Kr., einige einzelne zum Gute Zduchowitz geh. *Häuser* auf dem gleichnam. Berge, gegen W. oier dem Dorfe Zduchowitz, 10 St. von Beraun.

Bukowetz, Böimen, Taiorer Kr., ein *Jägerhaus* an dem zur Hrsch. Horzepnik geh. Walde Bukowetz und oier dem Dorfe Kiow, 7¼ St. von Taior.

Bukowetz, Böimen, Pilsner Kr., ein *Mineralwerk.*

Bukowetz, Mäiren, Ollmützer Kr., ein *Dorf* mit böhm. Einw., zur Hrsch. Eisenierg geh., näcist Schildberg, woiin es eingepfarrt ist, 6¼ St. von Müglitz.

Bukowetz, oder Bukowitz — Schlesien, Tesciner Kr., ein *Dorf,* zur Pfarre Oier-Domaslowitz und Hrsch. Nieder-Toschonowitz geh.

Bukowetz, Schlesien, Tesciner Kr., ein *Dorf* mit böhm. Einw., zur Hrsch. und Stadt Tescien geh., naci Jailunka eingepf., ½ St. von Jailunka.

Bukowice, Mäiren, Ollmützer Kr., ein *Doif* der Hrsch. Wiesenberg; sieie Bucielsdorf.

Bukowice, Galizien, Samb. Kr., ein adel. *Gut* und *Dorf* mit einer griech. und kathol. Pfarre, wovon letztere nach Turka geiört, hat ferner ein Gastiaus und an einem Bache, welcier aus dem Bukowskier Potonina herfliesst, eine Müile, grenzt gegen O. mit Beniowa, gegen W. mit Tarnawa, 8 Meilen von Sambor.

Bukowice, Galizien, Tarnow. Kr., ein zur Hrsch. Kolworzno geh. *Dorf* an dem Grenzflusse Przemosza, zwiscien Boleslaw und dem preussisci. Städtcien Slawkow, 2 St. von Olkusz.

Bukowieze, Böimen, Budweiser Kr., ein *Dorf* der Hrsch. Budweis; sieie Bukwitz.

Bukowiec, Galizien, Sanok. Kr, ein *Dorf,* zur Ortsobrigkeit Terka u. Pfarre Wolkowia geiörig.

Bukowiec, Galizien, Sanok. Kr., ein *Dorf* zur Pfarre Wolkowia und Ortsobrigkeit Terka geiörig.

Left margin (partial, cut off):

```
Heil. Berge,
-Wisterwitz,
Böhmischen
...
Beramer Kr.,
...siehe
...
Bauer Kr., ein
...Braunouse,
..Krete,
...Kuttauer Kr.,
...witz; siehe
...
Beramer Kr.,
...Zduchowitz
...am. Berge,
...e Zduchowitz,
...ner Kr., ein
..s Horzepnik
... oder dem
...Tabor,
..ner Kr., ein
...
Olmützer Kr.,
...zur Hrsch.
...elberg, wo-
...St. von Müglitz,
...wa — Schle-
...rz, zu Pfarre
...Hrsch. Nieder-
...
Teschner Kr.,
...nach Jablunka
...ska.
...Olmützer Kr.,
...seuberg; siehe
...
Simb. Kr., ein
...t einem griech.
...letztere nach
...ein Gasthaus
...her aus dem
...erdresst, eine
...mit Beniowa,
...Meilen von
...
Tarnow. Kr.,
...geh. Dorf an
...zwischen
...sch. Städtchen
...okast.
...Budweiser Kr.,
...Budweis; siehe
...
Sanok.Kr., ein
...Terka u. Pfarre
...
Sanok. Kr., ein
...kewia und Orts-
...
```

Bukowiec, Galizien, Sand. Kr., ein Dorf zur Pfarre und Ortsobrigkeit Brusnik gehörig.

Bukowin, Bukawy — Böhmen, Bidsch. Kr., ein Dorf zur Hrsch. Bielohrad nächst dem Dorfe Prtwy, 2 St. von Neupaka.

Bukowin, Böhmen, Bidschow. Kr., ein Meierhof zur Hrsch. Calumetz und zur Pfarre Wapno.

Bukowin, Gross-, mähr. Hruba, Bukowina — Mähren, Brün. Kr., ein Dorf zur Hrsch. Obrowitz und Pfarre Kiritein, mit einem Meierhofe im Gebirge, 4 St. von Brünn.

Bukowin, Klein-, mähr. Mala-Bukowina, Mähren. Brünn. Kr. ein Dorf zur Hrsch. Obrowitz, mit einer Filialkirche nächst Kiritein im Gebirge, 3½ St. von Brünn.

Bukowina, Bukreina — ein Theil von Ost-Galizien, führt auch den Namen Czernowitzer Kr., zwischen den Karpaten und dem Dniester, um den Pruth und die Quellen des Sereth, zwischen 47 Gr. 20 Min. und 48 Gr. 30 Min. nördl. Breite, gehörte bis zum Jahre 1776 zum Fürstenthume Moldau. Der ganze Kreis ist bergig, waldig und morastig, hat einen Flächeninhalt von 184 Q. Meilen mit 208,498 Einw., die grösstentheils Abkömmlinge von Walachen, aber auch Ungarn und Juden sind. Unter den Waldungen zeichnet sich besonders der Bukowiner-Wald aus; die bedeutenderen Flüsse sind der Pruth, Dniester, die Suczawa, Seret, Moldawa und Bistritza. Das Klima ist gemässigt und gesund. An Naturprodukten kommen hier am häufigsten Salz, Metalle, besonders Goldkörner in der Bistritza, und viele Eichen vor; die Pferde-, Schaf-, Rindvieh- so wie die Bienenzucht ist ansehnlich. Der Handel erstreckt sich nur auf Pferde, Hornvieh, Häute, Wolle, Wachs und Honig, und ist in den Händen der Juden und Armenier. — Die Figur siehe unter Czernowitzer-Kreis.

Bukowina, Böhmen, Bidsch. Kreis, ein Dorf zum Gute Czista, grenzt gegen Nord. am Studenez, 2 St. v. Neu-Paka.

Bukowina, Böhmen, Czasl. Kr., ein Dorf zur Hrsch. Podhorzan, 3¼ St. von Czaslau.

Bukowina, Böhmen, Chrud. Kr., ein Dorf der Hrsch. Parduvitz, an der Elbe, 3 St. nordwärts von Pardubitz und 1½ St. von Begsch.

Bukowina, Böhmen, Königgr. Kr. ein zur Herschaft Smirzitz geh. Dorf, gegen West. an dem Dorfe Nusseg u. gegen Ost. an dem Dorfe Czernilow, 1½ St. von Königgrätz.

Bukowina, Böhmen, Pilsn. Kr., ein Dorf der Hrsch. Plass, hinter dem Dorfe Trojerowitz, 5½ St. von Pilsen.

Bukowina, Bukowiny — Böhmen, Chrudim. Kr., ein zur k. Leibgedingstadt Politschka gehör. Dorf, 1¼ St. von Politschka.

Bukowina, Böhmen, Bidschow. Kr., ein Dorf zur Hrsch. Arnau und Pfarre Kötzelsdorf gehörig.

Bukowina bei Biela, Böhmen, Jungbunzl. Kr., ein Dorf zur Herschaft Gross-Skall nächst dem Dorfe Biela, 3 St. von Sobotka.

Bukowina bei Kobilka, Böhmen, Jungbunzl. Kr., ein der Hrsch. Gross-Rohosetz unterthän. Dörfchen, gegen N. diesseits des Iserflusses, 4½ St. von Sobotka, 1 St. von Turnau.

Bukowina bei Skall, Böhmen, Jungbunzlauer Kr., ein Dorf zur Herschaft Gross-Skall, beim Schlosse Skall, 2½ St. von Sobotka.

Bukowina, Maly-, Böhmen, Königgrätzer Kr., ein Dorf der Herschaft Cswalkowitz; siehe Klein-Bok.

Bukowina, Galizien, Sandec. Kreis, ein Dorf zur Pfarre Bialka u. Ortsobrigkeit Loscielisko gehörig.

Bukowina, Galizien, Rzeszow. Kr., ein Dorf zur Pfarre Pysznica und Ortsobrigkeit Zarzyce gehörig.

Bukowina, Ober-, Böhmen, Jungbunzlauer Kr., ein zur Hrsch. Münchengrätz geh. Dorf mit einem obrigk. Meierhofe, ¾ St. von Münchengrätz.

Bukowina, Unter-, Böhmen, Jungbunzlau. Kr., ein Dorf neben dem obigen, zur Hrsch. Münchengrätz, 1 St. v. Münchengrätz.

Bukowina, Welky-, Böhmen, Königgrätz. Kr., ein Dorf der Herschaft Gradlitz; siehe Gross-Bok.

Bukowino, Schlesien, Troppau. Kr., ein Jägerhaus z. Hrsch. Grätz, im Walde dieses Namens, 1½ St. von Troppau.

Bukowitz, Böhmen, Beraun. Kr., ein Dorf zum Gute St. Johann unterm Felsen; siehe Buhowitz.

Bukowitz, Mähren, Ollmütz. Kr., ein Dorf zur Pfarre Schildberg und Hersch. Eisenberg, mit böhmischen Einwohnern.

Bukowitz, Böhmen, Leitmeritz. Kr., ein Dörfchen zur Pfarre Boreslau gegen O. an einen Berg stossend, zur Hersch. Kostenblat unterthän., 1¼ St. v. Teplitz.

Bukowitz, auch Buchowitz — Mähren, Brünner Kr., ein Dorf zur Pfarre Hunin, theils zur Hrsch. Lomnitz, theils zur Hrsch. Czernahora gehörig, mit 2 Meierhöfen hinter d. Dorfe Zhorz, 2½ St. von Goldenbrunn, 1½ St. von Lipuwka.

622

Bukowitz, Sclesien, Teschn. Kreis, ein *Dorf* zur Pfarre Domaslowitz, Herscaft Niedertoschonowitz.

Bukowka, Böhmen, Cirudim. Kreis, ein *Dorf* hinter d. Städtcien Bohdanetsch, zur Hrsch. Pardunitz geh., 2¼ St. v. Pardunitz, 2¼ St. von Cirudim.

Bukowna, Galizien, Stanisl. Kr., ein *Dorf* zur Pfarre Petrylor und Ortsobrigkeit Mariampol gehörig.

Bukownik, Böhmen, Prachin. Kreis, ein *Dorf* zum Gute Warschitz geh., mit einer Pfarre, 2 St. von Horazdiowitz.

Bukowniki mit **Deble**, Galizien, Bochn. Kr., ein *Dorf* zur Pfarre St. Johannesberg und Ortsobrigkeit Zegartowice gehörig.

Bukowno, Böhmen, Jungbunzl. Kr., ein *Dorf* gegen W. mit einer Lokalie; grenzt mit dem Dorfe Lien und Czislay, 1½ St. von Jungounzlau.

Bukowo, Böhmen, Pilsn. Kr., ein zur Stadt Miess geh. *Dorf*; siere Wuttau.

Bukowsko, Galizien, Sanok. Kreis, ein *Gut, Markt* und *Pfarre*, nächst Nowotaniec am Flusse Sanoczek, 4 M. von Jassienica, 3¼ St. von Sanok.

Bukowsko, Hornj-Ower-Bukowsko, Bukowsko superius — Böhmen, Budw. Kr., ein *Dorf* mit einer Kircie zur Herscaft Zalschy, an der Budweiser Landstrasse, 2 St. von Wesely.

Bukowsko superius, Böhmen, Budw. Kr., ein *Dorf* z. Hrsch. Zalschy; siehe Bukowsko Hornj.

Bukowsko, Unter-, dolnj Bukowsko — Böhmen, Budw. Kreis, ein *Markt* mit einer Lokalie zur Hrsch. Wittingau, 2 St. von Wesely.

Bukowy, Bukawy — Böhmen, Königgrätzer Kr., ein der Herscı. Solnitz geh. *Dorf*, grenzt mit dem Dorfe Benatek gegen S., und mit den einzelnen Häusern Messina gegen O., 4 St. von Königgrätz, 2 St. v. Reicienau.

Büks, Ober-, Mitter- und **Unter-**, Ungarn, Oedenburg. Komt.; s. Bük — Közep-Felsö-Alsö-Bük.

Büks, Pieling — Ungarn, jens. der Donau, Eisenburg. Gespansch., Körmönd. Bzk., ein deutscies fürstl. Bathyán. Hrsch. Körmönd geh., nacı Szent-Kút eingepf. *Dorf* mit 37 Häus. und 316 Einwohnern, liegt zwiscien Gebirgen an d. Bacie Strem.

Bukschoja, Galizien, Bukow. Kreis, ein der Hrsch. Illischeschtie geh., nach Woronecz eingepf. *Dorf*, zwiscien dem Suna und Moldau Flusse, 1½ St. von Gurahomora.

Büksora, Siebenbürgen, Dobok. Gespanschaft, ein *Berg*, 1¼ St. v. Tichutza.

Bükszád, Bikszád — Siebenbürgen, Peschelunker Bzk. der Oberweissenburger Gespansch., ein *Dorf* mit einer Glashütte, von Széklern und Walacien bewonnt, mit einer griech. nicit unirten Pfarre und Kirche, 7 St. von der Post Tsík-Mártonfalva.

Bukuje, Steiermark, Cill. Kreis, eine kleine *Gemeinde* des Wb. B. Kom. u. der Grundhrsch. Süssenstein mit 20 Häus. u. 62 Einw., naci St. Stefan eingepfarrt.

Bukurli, Valye-, Bukurvluj-Valye — Siebenbürgen, Nieder Weissenburger Gespansch., ein *Bach* welcher aus dem Berge Mina entspringt, und nach 1 St. in den Bacı Valye Ponoruluj, ½ St. oder dem Dorfe Ponor einfällt.

Büküsd, Ungarn, jenseits der Donau, Sümegh. Gespansch., Marczal Bzk., ein ungr., den Bensakisch. Nachkommen gehöriges *Dorf*, mit einer eigenen kathol. Pfarre, ½ St. von Zárkány.

Bukutza, Ungarn, Máross. Komt.; s. Bukovecz.

Bukuwka, Böhmen, Tabor. Kr., ein *Dorf* zum Gute Weschelnicz nächst Bostiechow, 2½ St. von Neunaus.

Bukwa, Böhmen, Ellbogn. Kr., ein z. Hrsch. Falkenau gehör. *Dorf*, 1 St. von Zwoda.

Bukwa, Pukwa — Böhmen, Saaz. Kr., ein *Dominikaldorf* zur Hrsch. Masciau, mitten in dem Pukwaerwalde. mit einem Steinkohlenbergwerke, 2 St. von Podersam.

Bukwicz, Böhmen, Bidsciow. Kr., ein *Dorf* zur Hrsch. Welisci, grenzt gegen W. mit dem Dorfe Strzewatz, 1¼ St. v. Gitscin.

Bukwitz, Bukowicze — Böhmen, Budw. Kr., ein *Dorf* zur Hrsch. Budwein und Gratzen, wovon aucı ein Teil nacı Wittingau gehört, bei dem Dorfe Birken, zur Pfarre Schweinitz, 4 St. v. Budweis.

Bulanka, Böhmen, Königgrätz. Kreis, 3 *Häuschen* zur Hrsch. Schwarzkosteletz geh., nächst Kaurzim, 2 St. v. Planian.

Bulbra, Lombardie, Prov. Pavia und Distr. VIII, Abbiategrasso; s. Magenta.

Bulbuk, Buldorf, Bilbuk — Siebenbürgen, jens. der Donau, Hunyad. Gespansciaft, Al-György Bzk., ein mehreren adel. Besitzern geh., zwiscien Gebirgen lieg. wal. *Dorf*, mit einer griech. nicit unirten Pfarre, 2 St. von Siboth.

Bulbuk, Volye, Ungarn, Mittel Solnoker Gespanscaft, ein *Bach*, welcher aus dem Berge Kornu entspringt, und naci 3¼ St. in den Bacı Szilágy einfällt.

Buleiago, Lombardie, Prov. Como und Distr. XXV, Missaglia, ein in der Ebene liegendes *Gemeindedorf*, mit Vorstand und Pfarre S. Giovanni Batt. 4 Migl. von Missaglia. Dazu gehören: *Balinghetto, Dorf, — Bersio, Campelasco, Cassina Baldino, Cassina Tempora, Meiereien, — Molinello, Mühle.*

Bules, Ungarn, jenseits der Tseiss, Krassov. Gespansch., im Bezirk gleichen Namens (Bulcs), eine k. Kaal.-Herrschaft und mit einer röm. katol. Kirche verselenes walach. *Dorf*, mit 73 Häusern und 424 Einwohnern, nahe an der Maros, in einer anhängenden Lage, daher den Ergiessungen dieses Flusses ausgesetzt. Die Kolonisten bekennen sich zur griech. unirten Religion. Hier ist ein Unternehmer-Amt und zugleich ein Stuhlrichter. Nicht ferne von diesem Orte findet man noch Ueberreste einer alten Abtei, welche d. gleichen Namen geführt haben soll. Die nächst liegenden Ortschaften sind: gegen O. Vallemäre und Berkiss, gegen S. Osztrov und Czella, gegen W. Batta, und gegen N. der Maros Fluss, 3 St. von Facset.

Buldorf, Siebenbürgen, Hunyad. Komitat; siehe Bulbuk.

Bulgár, Ungarn, Mitt. Szolnok. Komitat; siehe Nyirmon.

Bulgaricum Bessenyö, Ungarn, Torontal. Komt.; siehe Bessenyö.

Bulgarine, Lombardie, Prov. und Distr. I, Mantova; siehe Quattro Ville.

Bulgarini, Lombardie, Prov. Mantova und Distr. XIV, Gonzaga; siehe Gonzaga (Pegognaga.)

Bulgarini, Corte, Lombardie, Prov. Mantova und Distr. VIII; Marcaria; siehe Marcaria.

Bulgarini, Loghino, Lombardie, Prov. Mantova und Distr. IX, Borgoforte; siehe Governolo.

Bulgaro Grasso, Lombardie, Prov. Como und Distr. XXIII, Appiano, ein *Gemeindedorf*, mit Vorstand und Pfarre S. Agata, östlich 2 Migl. von Appiano. Dazu gehören: *Bulgorasca, Monco, Meiereien.*

Bulgaro, Lombardie, Prov. u. Distr. I, Cremona; siehe Ardole S. Marino.

Bulgarú, Ungarn, Kóvárer Distrikt, ein *Berg*, 1 St. von Kápolna-Monostor.

Bulgern, Ungarn, Kraszna. Komt.; siehe Bylgezd.

Bülgeze, Bilgezd — Ungarn, Krasznaer Gespansch., Schamtyner Bzk., ein *Dorf*, mehren adel. Familien geh., von Ungarn und Walachen bewohnt, 2 St. von Somlyó.

Bulgorasca, Lombardie, Prov. Como und Distr. XXIII, Appiano; siehe Bulgaro Grasso.

Bulgorello, Lombardie, Prov. Como und Distr. I, Como, eine *Gemeinde* und *Dorf*, mit einer Pfarre S. Gionoma und Gemeinde-Deputation, in der Ebene unweit der reissenden Lura, 7 Migl. von Como. Mit: *S. Angelo, einzelne Meierei.*

Bulharding, Oest. ob d. E., Salzburg. Kr., ein *Dorf* zum Ldgrcht. Weitwörth geh., meiren Hrsch. dienstbar, nach St. Nikola eingepfarrt.

Bulichi, Kroatien, jenseits der Save, Karlstädter Generalat, Ostercz. Bzk., eine zum Sluiner Grenz-Regimts. Canton Nr. IV geh. *Gebirgsortschaft*, von 4 Häus., nächst Szekulick, 1¼ St. von Möttling.

Bulikau, Mähren, Iglauer Kr., ein *Dorf*, nächst d. Markte Studein, gegen Ost. zur Hrsch. Teltsch geh., 5½ St. von Schelletau.

Bulikow, Mähren, Iglauer K., ein *Gut* und *Dorf*; siehe Welking.

Bulikowitz, Mähren, Znaimer Kr., ein *Dorf*, zur Hrsch. Sadek, mit einem Meierhofe, zur Bahizer Pfarre gehörig, zwischen Sadek und Lessowitz, mit böhm. Einwohn., 1¼ St. von Schelletau.

Bulinaez, Kroatien, diess, der Save, Warasdin. Generalat, Szeverin. Bzk., eine zum St. Georger Grenz-Regimts. Kanton Nr. VI geh. *Ortschaft* von 18 Häus., 3 St. von Bellovár.

Bulionschitza, Illirien, Istrien, ein *Fluss*, entspringt bei Buglione in der Ortschaft Comar, schleicht im Thale unter Novako di Pisino über die Fluren, und macht bei Regengüssen tiefe Einschnitte in das Erdreich, bis sie endlich sich in eine Grotte (Foiba) unter dem Castelle Mitterburg verkriecht. Sie treibt in ihrem Rinnsale auf verschiedenen Plätzen 9 Mühlen.

Bulishinecz, Kroatien, Warasdiner Komt., ein *Dorf*, mit 22 Häus. und 118 Einwohnern.

Bulka, Oest. unt. d. E., ein *Fluss*, der seine Quelle bei Nonnendorf gegen die Grenze d. Untermannhartsberges hat, u. gegen N. in die Thaya fällt.

Bulka, Siebenbürgen, Talmáts. Filialstuhl, ein *Berg*, 3 St. von d. Rothenturm-Kontumaz.

Bulkau, Oest. unt. d. E., V. U. M. B., eine *Herrschaft* und *Markt*; s. Pulkau.

Bulkesch, Siebenbürgen, Hermannst. Stuhl; siehe Bolgáts.

Bulkesch, Siebenbürgen, Kokelburg. Komt.; siehe Bolgáts.

Bulkesz, Burkessl — Ungarn, diess. der Donau, Bács. Gespansch., U. Bzk., ein deutsch. *Kammeral-Dorf*, mit 198 Häus. und 1546 Einw., einer reformirt. Pfarre, liegt an der Poststrasse zwischen Kulpin und Petrovácz, 2¼ St. von Alt-Kér.

Bulkowce, Galizien, Brzez. Kr., eine *Herrschaft* und *Markt*, mit einer griech. Pfarre und einem Karmeliter Kloster, am Bache Narariw, 2 St. von Halicz.

Bullele, Vályé — Siebenbürgen, im Aranyoser Székler Stuhl, ein *Bach*, welcher 1 St. oder Hidas entspringt, und nach einem Laufe von 3½ St. in den Enyeder Bach einfällt.

Bullendorf, Oest. unt. d. E., V. U. M. B., ein der Hrsch. Wilfersdorf geh. *Dorf*, mit 130 Häus. und 820 Einw., nach Wilfersdorf eingepfarrt, gegen O. nächst der Brünnerstrasse, ¼ St. von Wilfersdorf.

Bullendorf, Nieder-, Böhmen, Jungbunzlauer Kr., ein *Pfarrdorf*, mit einem Meierhofe, zur Hrsch. Friedland, 2½ St. von Reichenberg.

Bullich, Illirien, Istrien, Mitterb. Kr., ein *Weiler* im Distr. Rovigno und Bzk. Dignano, zur Untergemeinde Saini und Pfarre Bariana geh., in der Diöces Parenza Pola, 4 St. von Dignano.

Bullinaz, Ungarn, Warasdin. Komt., St. Georg. Grenz-Regiments-Bzk., ein *Dorf*, mit 17 Häusern, 4 St. von Bellovár, 1 St. von der Komp. Szeverin.

Bullo, Ungarn, diesseits der Donau, Sohler Gespansch., Ob. Bzk., ein slowakisches von Holzhauern und Kohlenbrennern bewohntes *Dorf*, welches zur Neusohler Bergkammer, eiedem zur Pfarre Moticska, nun zur Kaplanei Donovulo gehört, zwischen Bergen gegen dem Liptauer Komitat, 1½ St. von Altgebürg, 3 St. von Neusohl.

Bullona, Lombardie, Prov. u. Distr. I, Milano; siehe Corpi S. di Porta Comasina.

Bulow, Böhmen, Czaslauer Kr., eine *Ortschaft*; siehe Bukow.

Bulowice, Galizien, Wadowic. Kr., ein *Gut*, *Edelhof* und *Dorf*, an der Landstrasse, 1 St. von Kenty.

Bulsanum, Bulsano — Tirol, Botzner Kr., die lateinische u. italienische Benennung der Stadt Botzen.

Bulsdorf, Ungarn, Zaránd. Komt.; siehe Bulzest.

Bultsches, Ungarn, Zaránder Komitat; siehe Bulzest.

Bultyi, Djalu-, Siebenbürgen, Hunyader Gespansch., ein *Berg*, 2 St. v. Kimpulnyák.

Bultya-máre, Valye, Siebenbürgen, Hunyader Gespansch., ein *Bach*, welcher aus dem Berge Djálu-Bultyi entspringt, und nach 1 St. in den walachischen Schilyfluss einfällt.

Bultya-mika, Valye-, auch Valye-Bota-mika — Siebenbürgen, Hunyader Gespanscaft, ein *Bach*, welcher aus dem Berge Drágsán entspringt und nach 1 St. in den Bach Valye-Bultya máre einfällt.

Bulva, Dalmatien, Cattaro Kr.; siehe Budua.

Buly, Ungarn, jenseits der Theiss, Szabolts. Gespansch., Dadaer Bzk., ein mehren adel. Familien geh. *Dorf*, mit 260 Häusern und 1927 Einwohn., einer reform. und griech. kath. Pfarre, liegt zwischen Morästen und Sümpfen, 2¼ St. von Nyir-Egyháza.

Bulya, Siebenbürgen, Ob. Weissenb. Komt.; siehe Bolya.

Bulya, Valye, Siebenbürgen, Fogar. Dist., ein *Bach*, welcher aus d. Gebirgen Balla u. Vurvu-Bulli als ein Ursprungszweig des Baches Valye - Kertzesóri entspringt, und 1½ St. oder Opra-Kertzesóra einfällt.

Bulz, Ungarn, Bihár. Komt., die walachische Benennung der Ortschaft Csanóháza.

Bulz, Siebenbürgen, Nieder Weissenburger Gespansch., Zalatnaer Bzk., ein *Monasterium*, welches zur griech. nicht unirt. Pfarre in Petrozan als ein Filiale gehört, 5 St. von der nächsten Post Sibót entfernt.

Bulz, Ungarn, Zarander Gespanschaft, ein *Berg*, von Porkura ½ St. entfernt.

Bulza, Siebenbürgen, Nieder Weissenburger Gespansch., ein *Berg*, 1 St. von Felsö-Gáld.

Bulza, Ungarn, jenseits der Theiss, Krassov. Gespansch. und Kápolnás. Bzk., ein walach. königl. Kaal. - *Pfarrdorf*, mit 96 Häusern und 552 Einwohnern, der Hrsch. Bulcs, dessen Grenze gegen O. Siebenbürgen und gegen W. Kápolnás bestimmen, 3 St. von Facset.

Bulzest, Bulsdorf, Bultsches — Ungarn, Zaránd. Gespan., Ribitz. Bzk., ein zwischen hohen Gebirgen lieg. wal. *Dorf*, mit einer griech. nicht unirten Pfarre, gegen W., 3 St. v. Körös-Bánya, 9 St. von Déva.

Bulzi, Valye, Siebenbürgen, Nieder Weissenb. Gespan., ein *Bach*, welcher aus dem Berge Djolu-Brintsi entspringt, und nach 1½ St. in dem Bache Valye-Albak einfällt.

Bumassa, Siebenbürgen, Thorenb. Komt., ein *Berg*, bei Toplicza.

Bumbalka, Böhmen, Czasl. Kr., ein *Dorf*, wovon die Hälfte der Hrsch. Schuschitz und die andere Hälfte dem Gute Podhorzan gehört, ½ St. von Czaslau.

Bumberg, Oest. ob d. E., Inn Kr., ein zum Ldgchte. Ried geh. *Weiler*, in der Pfarre Eberschwang, 2 St. von Ried.

Bun, Bundorf, Roi — Siebenbürgen, jens. der Maros, Hunyad. Gespan., Keménd. Bzk., ein meiren Dom. geh. wal. *Dorf*, mit einer griech. nicht unirten, nach Folt eingepf. Kirche, 5 St. von Déva.

Bun, Nagy u. Kis-, oder Felsö und Alsó- Bun, Gross- und Klein Freudenberg, Boj, — Siebenbürgen, Kokelburg. Komt., Ob. Kr. u. Bzk., 2 der gräfl. Familie Bethlen geh. ungar. walach. *Dörfer*, mit einer reform. und griech. kathol. und nicht unirt. Pfarre, 1¼ St. von Schäsburg.

Bunaburg, Böhmen, Leitm. Kr., ein *Dorf*, z. Hrsch. Tetschen, worin eine Leinwandfabrik u. Bleiche, nebst einem Schlosse, Meierhofe und Mahlmühle sich befinden, hinter Ulgersdorf. 4¼ St. von Aussig.

Buna-mala, Kroatien, Agram. Gespan., im Bzk. jens. der Save, eine zur adel. Gemeinde Mraczlin geh., nach Kravarszko eingepf. *Ortschaft*, mit 10 Häusern und 108 Einw., 3 St. von Agram.

Buna-welika, Kroatien, Agramer Gespan., im Bzk. jens. der Save, eine den Grafen Erdödy geiör., nach Kravarszko eingepf. *Ortschaft* mit 32 Häus. und 312 Einw., 3 St. von Agram.

Bunczlawa, Böimen, Jungb. Kr., ein *Dorf*, zur Hrsch. Münchengrätz; siehe Bunzlau.

Bundorfu, Siebenbürgen, Schäsb. Stuhl, ein sächsischer *Ort*, mit 516 Sacisen und 98 Walachen, 5 St. von Schäsburg.

Bundschuh, Oest. ob d. E., Salzb. Kr., ein zum Ldgchte. St. Michael (im Gebirgslande Lungau) geh. *Thal*, mit 16 Häus. und einem Eisenwerke, nach Thomathal eingepf. Hier befindet sich ein Aerarial-Blähaus, wo Eisen geschmolzen wird; einst landesfürstlich, nun einer Gesellschaft von Gewerken geh. Hier werden die Eisensteine gegraben; in der Gegend soll auch das von Schatzgräbern gesuchte Freimannsloch sein, das trotz der Beschreibung Niemand findet, 1½ St. bis 2½ St. v. St. Michael.

Buneschtie, Galizien, Bukow. Kr., ein *Gut* und *Dorf*, gegen Ost. an der Moldauischen Grenze, 3 St. v. Suczawa.

Bungalest, Valye, oder Valye-Mojestó — Siebenbürgen, Kronstdt. Distr., ein *Bach*, welcher aus dem Gebirge Kolton und La-Sztringa entspringt, 2 St. unter seinem Ursprunge, sich mit dem Bache Välye-Mojestdul im Dorfe Bongolest vereinigt.

Bungarda, Siebenbürgen, Doboker Komitat; siehe Bongárd.

Bungart, Siebenbürgen, Hermannstdt. Stuhl; siehe Bongárd.

Bungart, Baumgarten — Illirien, Ob. Krain, Lai>. Kr., ein zur Hrsch. Laak geh. *Dorf*, in der Eiene, an dem Flusse Soura, nach Zeier eingepf., im Wb. B. Görtsciaci, 3 St. von Krainburg.

Bungesitza, Pungesitza — Ungarn, Zaránd. und Nied. Weisseub. Gespan., ein *Berg*, 1 St. von Tsernitza entfernt.

Buniak, Kroatien, Agramer Komt., eine *Ortschaft* bei Agram.

Bunich, Kroatien, jens. der Save, Karlstdt. Generalat, ein zum Ottochan. Grenz-Rgmts. Kanton Nr. II geh. *Dorf*, mit 112 Häusern, einer eigenen Pfarre und einem verfallenen Schlosse gleichen Namens, war einst der Wohnort des berühmten Heerführers Loudon, von welchem der näcist lieg. Wald Loudonsky Lug noch d. Namen führt, 4½ St. von Perrussici.

Bunintz, Galizien, Bukow. Kr., ein der Relig.-Fonds-Hrsch. Sanct Illie geh. *Dorf*, mit einer Pfarre, am Suczawa-Flusse, näcist Micsoweny, ½ St. von Suczawa.

Bunkócz, Bunkowce — Ungarn, diesseits der Tieiss, Unghvár. Gespanisch., Szobräntz. Bzk., ein *Dorf*, mit 35 Häus. und 261 Einw., verschied. Grundhrsch. geiörig, nach Tybe eingepfarrt und auf dem voreifl. Bacie Ribniczka Reka, mit einer Mahlmühle, versehen, unweit Alsó- oder Uj-Ribnicze, 1 St. v. Szobräntz.

Bunkowitz, Böimen, Beraun. Kr., ein *Dorf*, zum Gute Milostitz; siehe Bolnkowitz.

Bunleid, Tirol, Pusterth. Kr., ein zur Hrsch. Sterzing geh. einzelner *Hof*, am Fusse des Berges näcist dem Eisackfl., ¼ St. von Mittewald.

Bunone, Lombardie, Prov. Como und Distr. I, Como; s. Vertemate.

Bunow, Galizien, Przemysl. Kr., eine *Herrschaft* und *Dorf*, 3 St. v. Jaworow.

untigl, Tirol, Pusterth. Kr., eine kl. aus zerstr. Höfen besteh. *Gemeinde*, der Hrsch. Strassberg und Sterzing geh., 1½ St. von Sterzing.

Buntyesd, Ungarn, jens. der Tieiss, Bihár. Gespan., Belényes. Bzk., ein zur

Bisthms-Hrsch. Belenyes geh. walach. *Dorf*, mit einer griech nicht unirt. Pfarre, 10 St. von Gross-Wardein.

Buny, Kis-, Klein Gutendorf, Prisz Lopamike — Ungarn, Kővár. Distr., ein am Gebirge, im Thale zerstr. lieg., den Grafen Teleki und mehreren andern Besitzern geh. walach. *Dorf*, mit einer wal. Pfarre, 1½ St. von Gaura.

Buny, Nagy, Gross Gutendorf, Prisz-Jopa mare — Ungarn, Kővár. Distr., ein im Gebirge zerstr. lieg., den Grafen Teleki und andern Besitzern geh. walach. *Dorf*, mit einer griech. kathol. Pfarre, 2 St. von Gaura.

Bunya, Ungarn, jens. der Donau, Sümegh. Gespansch., ein *Praedium*, zum gräfl. Festeticsischen Dorfe Szent Miklós gehörig.

Bunya, Ungarn, jenseits der Theiss, Krassov. Gespan., im Kápolná. Bzk., ein walach. k. Kaal. *Pfarrdorf*, der Hrsch. Facset, zwischen Hügeln, gegen Ost., nächst Poversina, mit 96 Häusern und 479 Einw., 1½ St. von Facset.

Bunyahat, Siebenbürgen, Miklosch-várer Szekler Stuhl, ein *Berg*, 1 St. v. Kozép-Ajta entfernt.

Bunyany, Kroatien, diess. der Save, Warasd. Generalat, Kriser Bzk., eine zum Kreutzer Grenz-Rgmts. Kanton Nr. V,-geh. *Ortschaft*, mit 13 Häus., liegt zwischen Deanovecz und Susnyara, 3 St. von Dugo Szello.

Bunyárd, Siebenbürgen, Hermanstdt. Stuhl; s. Bongárd.

Bunyasza, Siebenbürgen, Thorenb. Gespan., ein *Berg*, 3¼ St. von Toplitza entfernt.

Bunyeczicze, Ungarn, Sáros. Komitat; s. Bunyta.

Bunyi, Vályé, Siebenbürgen, Bistritzer Militär Distr., ein *Bach*, der aus dem Berge Hogy entspringt und nach einem Laufe von 1½ St. in den Bach Vályé-Teltsisora einfällt.

Bunyi, Vályé-, Siebenbürgen, Kolosser Gespansch., ein *Bach*, der aus d. Berge Djalu-Ulnilor entspringt und nach ¼ St. in den Kerletscher Bach einfällt.

Bunyilla, Bonillen — Siebenbürgen, diess.-der Maros, Hunyad. Gespan. und Bzk., ein mehren Dom. geh., nach Buda eingepf. walach. griech. nicht unirtes *Dorf*, 7 St. von Déva.

Bunyinisina, Siebenbürgen, Nieder-Weissenburg. Gespansch., Zalatn. Bzk., ein kleines *Gebirgsdorf*, welches zur Kammeral-Herrschaft Zalatna gehört, in die katholische Pfarre zu Abrud-bánya eingepf., 9½ St. von Siboth.

Bunyinyisina, Vályé-, Siebenbürgen, Nied. Weissenburg. Gespanschaft, ein *Bach*, welcher aus dem Berge Runk entspringt, nach einem Laufe von 1½ St. in den Bach Vályé-Trazennuluj einfällt.

Bunyita, Bunyeczicze — Ungarn, diesseits der Theiss, Sáros. Gespansch., Unt. Tarcz. Bzk.; ein der Familie Keczerian geh. slowak. *Dorf*, zwischen Gebirgen, mit 20 Häus. und 167 Einw., 1½ St. von Lemesan. Post Hahzany.

Bunzendorf, Budiansdorf — Böhmen, Jungbunzl. Kr., ein *Dorf* am Wittichflusse, mit einem Meierhofe, zur Herrschaft Friedland, 2½ St. von Reichenberg.

Bunzenweeg, Oest. u. d. E., V. O. W. W., ein der Hrsch. Soss gehör. einzelnes *Bauernhaus* hinter d. Hause beim Weger in Blanken bei Hinterberg, nach Wolfsbach eingepf., 1½ St. v. Strengberg.

Bunzlau, Bunczlawa — Böhmen, Jungbunzlau. Kr., ein zur Hrsch. Münchengrätz geh. *Dörfchen*, 1 St. von Münchengrätz.

Bunzlau, Alt-, Stara Boleslaw, Boleslavia — Böhmen, Jungbunzl. Kr., ein zum Prager Domkapitel gehör. *Gut* und *Markt*, zum Theil der Hersch. Brandeis, mit einer Pfarrei an der Elbe, 1000 Einwohnern, in einer sehr angenehmen Gegend am rechten Ufer der Elbe, mit einem Collegiatstifte und der schönen und vielbesuchten Marien-Wallfahrtskirche, gehört zum Kapitulargut gleichen Namens. Die Prager Erzbischöfe haben das Recht dieses Gut an eigens ernannte Kapitular-Dechante des Collegiatstiftes zum Besitz zu verleihen. Den Propst dieses Stiftes hingegen ernennt der Landesfürst. Die gleichzeitig mit dem Collegiatstiften von dem böhmischen Herzoge Wratislaw um das Jahr 915 gestiftete Propstei ist mit einem 4perc. Interessenbezug von einem Kapital pr. 40,500 fl. und einigen Realitäten dotirt.

Bunzlau, Jungbunzlau, Mlada Boleslaw, Neo-Boleslavia — Böhmen, Jungbunzlauer Kr., eine k. *Kreisstadt* mit einer Pfarre am linken Ufer der Iser, der Sitz des Kreisamtes. Postamt.

Bunzlauer Kreis, Böhmen, mit einem Flächenraume von mehr als 78 Quadratmeilen und 387,900 Einw., zw. der Lausitz, Schlesien, dem Bidschower, Kauržimer, Rakonitzer und Leitmeritz. Kreis. Er hat ausser dem Riesengebirge an der schlesischen Grenze noch das Isergebirge und mehre ansehnliche Berge. Dieser gebirgige Kreis wird nächst den bedeutenden Teichen von der Iser, der Neisse, dem Polzenflusse etc. bewässert. Die Naturproducte sind, ausser

Getreide, (wenig), Obst, Flacıs, Ho-
pfen, Wein (der berühmte Melniker),
Wild, Fiscıe, aucı nocı Eisen, Zinn,
Edel- und Halıedelsteine. Die gewerb-

Sachsen
Preussen
Jungbunzlau
Kaurzimer
Bidschower

fleissigen Bewoıner erzeugen Tuch-,
Leinwand-, Baumwollen-, Eisen-,
Glaswaren u. Papier in grosser Menge u. Güte. Sie sprechen theils deutsch,
theils böhmisch.

Buon Albergo, S. Martino,
Venedig, Prov. und Distr. I, Verona;
siehe S. Martino Buon Albergo.

**Buon (Bon) Campagno, Cas-
sina,** Lombardie, Prov. Milano und
Distr. V, Barlassina; siehe Palazzuolo.

Buon Consel, C., das ist Boni
Consilii, Tirol, das ehemals fürstliche
Schloss zu Trient, einst auch mal
Consel.

Buon Gesù, Cassina-, Lombardie, Prov. Milano und Distr. XV, Busto
Arsizio; siehe Castellanza.

Buongodere, Lombardie, Provinz
Lodi e Crema und Distr. V, Casalpusterlengo; siehe Vitadone.

Buon Martino, Lombardie, Prov.
Como und Distr. XXIV, Brivio; siehe
Algiate.

Buono, Dosso-, Venedig, Provinz
Verona und Distr. II, Villafranca; sieıe
Villafranca (Dosso Buono).

Buono, Monte, Lombardie, Prov.
Lodi e Crema und Distr. III, S. Angiolo; siehe Angiolo.

Buon Persico, Zelo, Lombardie,
Prov. Lodi e Crema und Distr. II, di Zelo
Buon Persico; siehe Zelo Buon Persico.

Bür, Ungarn, Szaboltser Komt.; sieıe
Bir.

Bur bei **Kunin,** Galizien, Zolkiewer
Kr., eine *Ortschaft,* zur Pfarre und Ortsoırigkeit Krecıow geıörig.

Bur Szent György, Ungarn, Pressburger Komt.; sieıe Szent György.

Bur Szent Miklós, oder St. Ni-
klas — Ungarn, Pressburg. Komt.; sieıe
Szent Miklós.

Bura, Ungarn, diess. der Tıeiss, Hevesser Gespansciaft, Tıeiss Bzk., ein
meıreıı adel. Familien geh. *Dorf,* mit 197
Häus. und 1383 Einw., einer reformirten
Kircıe, nacı Tisza Szalók eingepf., 4 St.
von Bánıalma.

Bura, Lombardie, Prov. Bergamo und
Distr. II, Zogno; sieıe Gerosa.

Buraga, Cassina, Lomıardie, Provinz Como und Distrikt XXIV, Brivio;
sieıe Roııiate.

Buraglio, Lombardie, Prov. Cremona
und Distr. II, Soncino; sieıe Trigolo.

Burago, Lombardie, Prov. Brescia u.
Distr. XIV, ein seır kleines *Gemeinde-
dörfchen* mit Vorstand und Pfarre S. Maria di Moscolino, dann einem Oratorio,
vom Flusse Cıiese bespült, 1 M. v. Salò.

Burago, Lombardie, Prov. Milano und
Distr. VIII, ein *Gemeindedorf* mit Vorstand und eigenen Pfarre SS. Vito e Modesto, 1 Migl. von Vimercate. Hieher
geıören:
*Baraggia, Magona, Rego, Meıereien. — Cantu
Landhaus*

Buraj, Ungarn, diess. der Tıeiss, Hevesser Gespansch., Mátraer Bzk., ein
zwiscıen Bots und Aranyos liegendes
Praedium, 6 St. von Erlau.

Burakowka, Galizien, Czortk. Kr.,
eine *Ortschaft,* 3 St. von Tluste.

Buraly, Kutya Fetej — Sieıenıürgen,
Udvarhelyer Székler Stuıl, ein *Berg,*
2½ St. von Lövete.

Burane, Dalmatien, Cattaro-Kreis,
Budua-Distr., ein 3 M. von Budua entferntes, unter diese Pretur geıör. *Dorf*
der Gemeinde Pastrovichio und der Pfr.
Rustovo einverleiıt, 5½ M. von Cattaro.

Burano, Lomıardie, Prov. Como und
Distr. VIII, Gravedona; s. Monte Mezzo.

Burano, Venedig, Prov. und Distr. I,
Venezia, eine *Gemeinde* und *Stadt* auf
der Insel gleichen Namens, mit einer eigenen Pfarre S. Martino, einer Gemeinde-Deputation und Ratı, Steuer-Einnehmerei, und einer Zwirnspitzenfabrik,
in den Lagunen, 2 St. von Venedig. Hieıer geıören:
*Cavallino, Curaı, Falconeraı Lıo maggiore e pic-
colo, Mazzorbo, Mesole, S. Artano, S. Cristina,
Torcello, Tre Porti, Valle, Valle Baseggiu, Valle Cavallino, Valle Mazzoıho, Valle la Tanc.*

40 *

Burasuluj, Djalu-, Ungarn, Krass-naer Gespanschaft, ein *Berg*, 1 St. von Kraszna.

Buratano, Cassina, Lombardie; Prov. Milano und Distr. XIV, Cuggiono; siehe Borsano.

Burbach, Ober- u. **Unter-,** Oest. u. d. E., V. O. W. W., ein kleines *Dörfchen* der Hrsch. Thalheim, mit 8 Häus. und 70 Einw., nach Pyhra eingepf., in der Gegend von Böheimkirchen, 3 St. von St. Pölten.

Burbachmühle, Oest. ob der Ens, Mühl-Kr., eine im Ldgrcht. Wildburg lieg. *Mühle*, dem Stifte Nonnenberg zu Salzburg geh. im Dorfe Gründberg, nach Ufer eingepf:, in der Gegend des Dorfes Magdalena, ¼ St. von Linz.

Burberg, Purberg — Böhmen, Saaz. Kr., ein *Dorf* zur Hrsch. Klösterle, liegt hinter Kaaden auf einem Berge neben d. Egerfl., 3 St. von Saaz, ½ St. v. Kaaden.

Burberg, Steiermark, Grätzer Kr., eine *Gegend,* zur Hrsch. Strass zehentpflichtig.

Bürcha, Steiermark, Grätz. Kr., eine zum Wb. B. Kom. und Hrsch. Schielleiten geh. *Ortschaft* von zerstr. Häusern, nach St. Oswald eingepf., nächst d. Wb. B. Herberstein und Thonhausen, 2 St. von Gleisdorf.

Bürchbam, Birham — Steiermark, Grätz. Kr., ein zur Wb. B. Kom. Hrsch. Minichhofen geh., und zur Gemeinde Afenthal einverleibtes *Dörfchen*, nächst Weitz eingepf., gegen N., ¼ St. von Afenthal, 4 St. von Gleisdorf.

Burckersdorf, Purgersdorf — Böhmen, Königgrätz. Kr., ein *Dorf*, zur Hrsch. Trautenau geh., 1¼ St. v. Trautenau.

Burcze, Galizien, Sambor. Kr., ein der Hrsch. Komarno gehör. *Dorf*, mit einer russniak. Pfarrkirche, grenzt gegen O. und N. mit der Hrsch. Lubien, 2 St. v. Grudek.

Burczyce, Alt-, Galizien, Samborer Kr., ein zu der, unter der Leitung der Samborer Staatsgüter-Direktion stehenden Herschaft Kupnowice gehör. *Dorf*, mit einer griech. Kirche, grenzt an die Hrsch. Wankowicz, 2¼ St. v. Sambor.

Burczyce, Neu-, Galizien, Sam. Kr., ein der nämlichen Hrsch. gehörig. *Dorf*, nächst dem origen, 2¼ St. von Sambor.

Burczyn, Galizien, Tarnow. Kr., eine *Ortschaft*, zur Pfarre Tuchow geh., mit einer Ortsobrigkeit.

Burda, Böhmen, Budweis. Kr., eine *Einöde*, zur Hrsch. Krumau, unweit und zur Pfarre Steinkirchen, 2 St. von Budweis.

Burda, Ungarn, jenseits der Theiss Bihár. Gespansch., Belenyes. Bzk., eh zur Bisthums-Hrsch. Vaskóh geh. wa lach. *Dorf*, mit einer griech. nichtunirt Pfarre, 12 St. von Gross-Wardein.

Burda zu **Mokra stroua,** Gali zien, Rzeszow. Kr., ein *Dorf*, zu Pfarre und Ortsobrigkeit Przeworsl gehörig.

Burdej, Galizien, Bukow. Kr., ein de Hrsch. Kotzman geh. *Dörfchen*, hinte dem Pruth Flusse, mit Waldungen um gehen, 2 St. von Czernowitz.

Burdiák, Galizien, Zaleszc. Kr., eh zur Hrsch. Zbryz gehör., nach Skal eingepf. *Dorf*, gegen O. an der Grenz von Neu-Russland, 4 St. v. Husiaty

Burdziakowcze, Galizien, Czort Kr., eine *Ortschaft*, 12 St. von Tlust

Burdzowice, Galizien, Rzeszowe Kr., ein der Hrsch. Nisko gehör. *Dorf* 15 St. von Rzeszow.

Burelli, Venedig, Prov. Friaul u. Distr XII, Cividale; siehe Torreano.

Burena, Lombardie, Prov. Como un Distr. VI, Porlezza; siehe S. Nazzaro

Buretta Forti, Lombardie, Prov Mantova und Distr. VIII, Marcaria; Marcaria.

Buretta Martinelli, Lombardie Prov. Mantova und Distr. VIII, Marca ria; siehe Marcaria.

Buretta Varani, Lombardie, Prov Mantova und Distr. VIII, Marcaria; Marcaria.

Burg, Illirien, Unt. Krain, Neustädt Kr., eine *Herrschaft* und alte *Festung* siehe Freithurn.

Burg, Illirien, Krain, Neustädtl. Kr. eine *Burg* und *Herrschaft*; s. Weinitz

Burg, Tirol, Oberinnthal. Kr., ein zu Hrsch. Imst gehör. *Hof*, im Pitzthale nächst-Bodenhof gegen S., 8 St. vo Nassereut.

Burg, Tirol, Pusterthal. Kr., ein z Hrsch. Anrass geh. *Weiler* oder *Meier hof*, im Burgerthale bei St. Justina ode Kristein, und darin eingepf., ½ St. Mittewald.

Burg, Böhmen, Königgr. Kr., ein Hrsch. Schurz geh. *Dorf*, an der Ell 1½ St. von Jaromierz.

Burg, Oest. ob d. E., Traun Kr., eh dem Wb. B. Kom. und Hrsch. Gschweu geh. *Ortschaft,* nach Kemmaten eingepf 6 St. von Wels.

Burg, Oesterr. u. d. E., V. O. M. B ein zur Hrsch. Brandhof geh. *Dorf*; Purk.

Burg, Siebenbürgen, Kolos. Komt.; Sebes-Várallya.

Burg, Oest. u. d. E., V. O. W. W., ein zu verschiedenen Dominien geh. *Orl,* mit 16 Häusern und 80 Einwohnern, wovon etwas die Hrsch. Dorf an der Ens im Besitze hat, nach Haidershofen eingepf., 2½ St. von Steier.

Burg, Ungarn, Eisenburg. Komt.; s. Óvár.

Burg, Oesterr. u. d. E., V. U. W. W., 16 zerstreute *Häuser,* zur Pfarre und Ortsobrigkeit Potschach gehör. mit 134 Einw., Post Neunkirchen.

Burg, Oest. u. d. E., V. O. W. W., ein der Trienterstiftshrsch. Steier geh. *Ort,* mit 14 Häusern und 110 Einwohnern, einer Filialkirche in der Pfarre Hadershofen und dem Landgute Sallaberg, nahe an der Ens, 1½ Stunde von Steier.

Burg, Oest. u. d. E., V. O. W. W., ein der Hrsch. Gleink gehör. *Ort,* mit 4 Häusern, auf einer Anhöhe, an dem Ensflusse, hat eine Filialkapelle, der Pfarre Haidersriofen zugetheilt, 2 St. von Steier.

Burg, die, Siebenbürgen, Herrmannstädter Stuhl, ein *Berg,* ½ St. von Veresmart entfernt.

Burg, Unter-, Steiermark, Judenburger Kr., ein *Dorf,* in dem Wb. B. Kom. Trautenfels; siehe Unterburg.

Bürg, Oesterr. u. d. E., V. U. W. W., ein *Dorf,* mit 16 Häusern, zur Pfarre Potschach, Ortsobrigkeit und Conscriptionsherschaft Stixenstein geh., an der Poststrasse von Steiermark.

Burgatto, Al, Lombardie, Provinz Como und Distr. IV, Menaggio; siehe Laveno.

Burgau, Steiermark, Grätz. Kr., *Herrschaft* und *Schloss* mit einem Ldgchte. und einem Bezirke von dem gleichnamigen Markte und 6 Gemeinden.

Burgau, Steiermark, Grätz. Kr., eine *Werb-Bezirks-Kommando-Herrschaft, Schloss* und *Markt* mit 138 Häus. und 577 Einw., am Flusse Lafnitz, gegen der ungarischen Grenze, mit einer eigenen Pfarre und einer Baumwoll-Spinnfabrik, 2 St. von Fürstenfeld.

Burgau, Ungarn, Eisenburg. Komt., ein *Dorf,* mit 149 Häusern und 1112 Einwohnern.

Burgau, Ungarn, Eisenburg. Komt.; siehe Purgau.

Burgau, Galizien, Zolkiew. Kr., eine deutsche Kolonie in dem zur Hrsch. Lubaczow geh. *Dorfe* Lisie Jamy, nächst Lubaczow, 5 St. von Krakowicz.

Burgau, Ober-Burgau — Oest. ob d. E., Salzburger Kr., ein zum Ldgcht. Thalgau (im flachen Lande) geh. *Weiler,* zwischen dem Schaafberge und dem Mondsee gelegen, nach Mondsee eingepfarrt, 1 St. von Gilgen.

Burgbach, Illirien, Ob. Kärnten, Villach. Kr., eine *Ortschaft,* der Hrsch. Rauhenkatz geh., im Gebirge, 1⅓ St. v. Renweg.

Burgberg, Siebenbürgen, Weissenb. Komt.; siehe Borberek.

Burgberg, Siebenbürgen, Kezdier. Stuhl; siehe Várhegy.

Burgberg, Siebenbürgen, Hermannstädt. Stuhl; siehe Hühalom.

Burgberg, Siebenbürgen, Györgyer Stuhl; siehe Ditro.

Burgberg, Siebenbürgen, Bistritzer Provinzial-Distr., ein *Berg,* ½ St. von Kis-Demeter entfernt.

Burgberg, Siebenbürgen, Reusmark. Stuhl, ein *Berg,* nahe dem linken Ufer des Baches Lanka, ½ St. von Rodt.

Burgberg, Siebenbürgen, Kolos. und Thorenb. Gespansch., ein *Berg,* mitten zwischen Erdö-Szakál und Batos.

Burgberg, Siebenbürgen, Hermannstädt Stuhl, ein *Berg,* auf welchen sich im Dorfe Szelindek die Ruinen des Schlosses Stolzenburg befinden.

Burgberg, Siebenbürgen, Mediaser Stuhl, ein *Berg,* auf welchen sich die von Benthalom liegenden Weingärten befinden.

Burgberg, Siebenbürgen, Ob. Weissenburger Gespansch., ein *Berg,* unweit von Szász-Ujfalu.

Burgberg, Siebenbürgen, Schäsburg. Stuhl, ein *Berg,* gleich ober dem Dorfe Rados.

Burgbergaú, Siebenbürgen, Ober Weissenburger Gespansch., ein *Bach,* welcher ½ St. ober Moja entspringt, nach einem Laufe von 2 St. sich mit dem von Voldorf kommenden Bach vereinigt, und ½ St. unter dem Vereinigungspuncte durch Lubnek fliesst.

Burgdorf, windisch Greiska Vess — Steiermark, Gill. Kr., ein zum Wb. Bzk. Kom., Sannegg, und zur Hrsch. Osterwitz geh. *Dorf* mit 50 Häus. und 256 Einw., nach Fraslau eingepfarrt, nächst dem Wolskabache, 1¼ St. von Franz.

Burgdorf, Siebenbürgen, Aranyos. Stuhl; siehe Várfalva.

Burgeck, Steiermark, Brucker Kr., eine *Gegend* im Laminggraben des Tragösthales.

Burgeding, Oest. ob d. E., Inn Kr., ein dem Kom. und Pfleggcht. Schärding geh. *Dorf,* wovon die Unterthanen der Stifts-Hrsch. Reichersberg unterthänig sind, nach Andorf eingepf., ¼ St. von Siegharding.

Burgegg, Steiermark, Marb. Kr., eine zur Wb. Bzk. Kom. Hrsch. Deutsch-Landsberg gehör. *Gegend* mit 36 Häus. und 149 Einw., nach Landsberg eingepf., 6 St. von Grätz.

Burgeis, Tirol, Ober Innthaler Kr., ein *Pfarrdorf* an der Etsch ob. Mals, Landgchts. und Dekanat Glurns, die Pfarre gehört dem Stift Mariaberg. B. ist des berühmten Malers Holzer Vaterstadt.

Burgelau, Siebenbürgen, Dobok. Komt.; siehe Várhely.

Burgellitz, Böhmen, Rakon. Kr., eine uralte *Burg* u. *Herschaft*; siehe Pürglitz.

Burgen, Tirol, Vorarlberg, Ob. Innthal. Kr., eine *Ortschaft*, 3 St. von Bregenz.

Burgen, Tirol, Vorarlb. Kr., ein *Weiler* zur Gemeinde Bregenzerwald im Landgerichte Bregenz geh.

Burgeneschtie, Galizien, Bukow. Kr., eine der Jassier Metropole geh. *Ortschaft* und Zollbereiter Station, am Bache Somusch, 3 St. von Suczawa.

Burg-Ens, Oest. ob. d. E., Traun Kr., eine der Wb. Bzk. Kom. Hrsch. Ens geh. *Herschaft* und *Schloss* in der Stadt und Ldgcht. Ens. Post Ens.

Burger-Alp, Steiermark, Bruck. Kr., nördlich vom Markte Maria Zell, 664 Wien. Klft. hoch.

Bürgerberg, Steiermark, Judenburg. Kr., eine *Gebirgsgegend* zwischen der Plane und dem Greukenstein.

Burgerdorf, Ungarn, Oedenb. Komt.; siehe Bánya.

Bürgerfelden, Steiermark, Grätzer Kr., eine *Gegend* im Wb. Bzk. Kom. Stadl und Pfarre St. Ruprecht.

Burgerhof, insgemein Spatzenhof, Oest. ob. d. E., Mühl Kr., ein dem Wb. Bzk. Kom. und Landgcht. Hrsch. Wildberg unterthäniger *Bauernhof*, zum Dorfe Hagen gehörig, nach Ufer eingepfarrt, ¼ St. von Linz.

Burgerhof, Ungarn, Zips Komt.; siehe Dvorecz.

Burgersberg, Oest. unt. d. E., V. O. W. W.; 2 einzelne *Häuser* zur Pfarre Oedt und Ortsobrigkeit Wallsee geh., ¼ St. von Oehling.

Burgerschlag, Oest., unt. d. E., V. U. W. W., ein der Hrsch. Ziegersberg gehöriges *Dörfchen*, mit 6 Häus. und 40 Einwohnern. Post Neunkirchen.

Burgersdorf, Alt-, Schlesien, Tropp. Kr., ein *Dorf* zur Stadt Jägerndorf und Pfarre Neudörfel, mit deutschen Einwohnern, im Gebirge, 2 St. von Jägerndorf.

Burgersdorf, Neu-, Schlesien, Tropp. Kr., ein *Dörfchen* zur Stadt Jägerndorf, nächst Karlsthal, zu welcher Lokalie es gehöret, am Flusse Kobel, mit deutschen Einwohnern, 1 St. von Würbenthal.

Burgersöd, Oest. ob d. E., Inn Kr., eine kleine, aus 2 Häusern bestehende *Ortschaft* der Hrsch. Im und Eckelsberg gehörig, ½ St. rechts von der Landstrasse, ist nach Eckelsberg eingepfarrt, 4½ St. von Braunau.

Bürgerwald, Steiermark, Grätz. Kr., eine *Gegend*, südöstl. von Tehring.

Burgerwiesen, Oest. unt. d. E., V. O. M. B., ein der Hrsch. Altenburg geh. *Dorf* mit 19 Häus. zwischen Altenburg und Horn, ¼ St. von Horn.

Burgetum, Lombardie, Prov. Lodi e Grema und Distr. IV, Borghetto; siehe Borghetto.

Burgfeld, Steiermark, Grätzer Kr., *Gemeinde* des Wb. Bzk. Kom. Thalberg, zu den Hrsch. Thalberg, Eichberg und Reittenau dienstbar, mit 24 Häus. und 119 Einw., nach Dechantskirchen eingepfarrt.

Burgfeld, Steiermark, Grätzer Kr., ein zerstreutes *Dorf* mit 50 Häus. und 120 Einw., zum Wb. Bzk. Kom. und Hrsch. Stein geh., nach Fähring eingepfarrt, gegen dem Markte Fähring, 5½ St. von Gleisdorf.

Burgfeld, Siebenbürg., Dobok. Komt.; siehe Vármező.

Burgfried, Steiermark, Brucker Kr., eine *Gegend* z. Hrsch. Gös zehentpflichtig.

Burgfried, Steiermark, Cillier Kr., eine *Gegend*, zu den Hrsch. Gonowitz, Weitenstein und Pfarrhof Weitenstein zehentpflichtig.

Burgfried, Oest. ob d. E., Salzburger Kr., ein zum Ldgcht. Hallein gehöriges, meiren Hrsch. unterthänig. *Dorf*, nach Vigaun eingepfarrt.

Burgfried, Oest. ob d. E., Mühl Kr., eine zu dem Wb. Bzk. Kom. und Hrsch. Leonfelden geh. *Ortschaft*, im Umfange des Marktes Leonfelden, 6 Stund. von Linz. 4 St. von Freistadt.

Burgfried Gnass, Steiermark, Grätz. Kr., eine zum Wb. Bzk. Kom. Gleichenberg und verschiedenen Dom. geh. zerstreute *Gegend* mit 44 Häusern und 172 Einwohn., nächst dem Markte Gnass, worin es eingepfarrt ist, 4½ St. von Muhregg, 3½ St. von Ehrenhausen.

Burgfried in Völsen, oder Arösler Ried — Tirol, Botzn. Kreis, ein zur Hrsch. Stain auf den Nitten geh. *Dörfchen* mit einer Mühle und Schmiede, hat eine eigene Gerichtsbarkeit, nach Völs eingepfarrt, liegt gegen Süden ¼ St. von Deutschen.

Burgfried, Ober- und Unter-, Oest. o) d. E., Traun Kr., zwei dem Stiftsgerichte Kremsmünster gehör. Besitzungen, darin eingepfarrt, 3 St. von Wels.

Burgfrieden, Tirol, Oberinnth. Kr., ein *Weiler* zur Gemeinde Nauders gehörig, im Landgerichte Ried.

Burgfrieden, Tirol, Pusterth. Kr., ein *Weiler* zur Gemeinde Burgfrieden im Landgerichte Lienz.

Burgfrieden, Tirol, Pusterth. Kr., eine *Stadt* zur Gemeinde und Landgericht Brixen gehörig.

Burgfrieden, Tirol, Botz. Kr., ein *Dorf* zur Gemeinde Gries gehörig, im Landgerichte Botzen.

Burggrafenamt, Tirol, ein Landesviertel, bestehend aus dem Landgericht Meran, dann aus den ehemaligen Gerichten Burgstall, Gargazon, Forst, Ulten, Passeyer, Schönna, Mölten, Flass und Campidell, Tisens, Lauen, Stein unter Lebenberg.

Burggratitz, Böhmen, Prachin. Kr., ein *Dorf* zur k. Stadt Pisek gehörig, ½ St. von Pisek.

Burghartsberg, Oest. ob d. E., Hausr. Kr., ein in dem Wb. Bzk. Kom. Schlisslberg liegendes *Dörfchen*, von 8 Häusern, verschiedenen Dominien gehörig, nach Steinakirchen eingepfarrt, 3¼ St. von Wels.

Burghartsmühle, Oest. unt. d. E., V. O. M. B., eine einzelne zur Hrsch. Weissenberg geh. *Mühle* in der Pfarre Münchenreut, nahe bei Edelsreut, (Elsenreut), 3¼ St. von Böckstall.

Burghäuser, Oest. unt. d. E., V. U. W. W., drei einzelne *Bauernhöfe* am Fusse des Pankratiusberges, der Hrsch. Kleinmariazell geh., nach Hafnerberg eingepfarrt, 1 St. von Altenmarkt.

Burghof, Siebenbürgen, Nied. Weissenburger Komt.; siehe Ispánylaka.

Burghof, Böhmen, Bidsch. Kr., ein *Dörfchen* zur Hrsch. Arnau geh.; siehe Burghöfel.

Burghöfel, Burghof Boreczek, Böhmen, Bidsch. Kr., ein *Dörfchen* an der Elbe, zur Hrsch. Arnau, 2 St. von Arnau.

Burgholz, Mähren, Znaim. Kr., ein *Meierhof* mit einem Jägerhause, zur Hrsch. Brendlitz, an dem Walde Burgholz, ostw. hinter Zuckerhandl, 1 St. von Znaim.

Burgholz, Purkholz, Purkarecz, Böhmen, Budw. Kr., ein *Dorf* mit einer Pfarre zur Hrsch. Frauenberg an der Moldau, 3 St. von Moldautein.

Burgholzer, Oest. unt. d. E., V. O. W. W., ein der Hrsch. Erla geh. einzelnes *Bauerngut* in der Rotte Mantsch, an dem Erlabache, nach Hadershofen eingepfarrt, 2¼ St. von Steier.

Bürgicht, Birkich, Brzezowa, Böhmen, Königgr. Kr., ein zur Hrsch. Braunau gehöriges *Dorf*, 7 St. von Nachod.

Burgkeller, Siebenbürgen, Bistritz. Provinzial-Distrikt, ein *Berg* zwischen den Bergen Rabenherg und Rosenberg, von Aldorf und Bistritz gleich weit ½ St., über dem die Commerzial-Landstrasse von Bistritz nach Naszód Radna führt.

Burgkirchen, Oest. o) d. E., Inn. Kr., ein *Dorf*, mit einer Kirche und neu errichteten Pfarre zum Landgcht. Mauerkirchen gehörig, an der Kommerzialstrasse von Mattighofen nach Braunau, zwischen der Stadt und dem Markte Mauerkirchen, in einer Ebene, 1¼ St. von Braunau.

Burgkirchen, Oest. ob d. E., Inn. Kr., ein zum Landgericht Mattighofen gehöriges *Dorf*, in einer waldigen Gegend, mit einer gesperrten Kirche, nach Feldkirchen eingepfarrt, 4¼ St. von Mattighofen. 4 St. von Braunau.

Burgkirchen, Oest. ob d. E., Inn. Kr.; siehe Geretsdorf.

Burgkogel, Steiermark, Judenburger Kr., in der Gelling, ein bedeutendes Waldrevier.

Burg-Laa, Oest. unt. d. E., V. U. M. B., eine *Herrschaft* und *Schloss*, am Rande der Stadt Laa, und am Thaya Fl., 4 St. von Nikolsburg.

Bürgleh, Tirol, Vorarlberg. Kr, ein *Weiler*, zur Gemeinde Dornbirn geh., im Ldgcht. Dornbirn.

Bürglerhof, Steiermark, Grätzer Kr., im Wb. Bzk. Köm. Thannhausen, Pfarre Weitzberg.

Bürgles, Böhmen, Ellbogn. Kr., ein *Dorf*, der Hrsch. Harterberg, 1¼ St. von Zwoda.

Burgleys, Böhmen, Rakon. Kr., eine uralte *Burg* und *Herschaft*; s. Pürglitz.

Burglicium, Böhmen, Rakon. Kr., eine uralte *Burg* und Herschaft; siehe Pürglitz.

Burglinum, Böhmen, Rakon. Kreis, eine uralte *Burg* und Herschaft; siehe Pürglitz.

Bürglitz, Böhmen, Rakon. Kr., eine uralte *Burg* und Herschaft; s. Pürglitz.

Bürglitz, Böhmen, Königgr. Kr., ein *Dorf*, der Hrsch. Horzeniowes; siehe Brzesstiow.

Bürstlitzbühel, Steiermark, Judenburger Kr., bei Irdning, zwischen der Grünwiesen und dem Donnersbacı.

Bürgloben, Oest. ob d. E., Inn Kr., eine *Einöde* und *Dorf,* der Kaal. Hrsch. Wildshut geh., 8¾ St. von Braunau·

Burgmann, Tirol, Pusterth. Kr., ein einzelner *Hof,* in der Gemeinde Innichberg, der Ldgchts. Hrsch. Heimfels geh·; 2 St. von Sillian.

Burg-Mayrhof, Steiermark, Marburger Kr., eine zum Wb. B. Kom. und Hrsch. Burg-Marburg geh. *Gemeinde,* von mehren Häusern, mit einer Filialkirche und einem Schlössel, ½ St. von Marburg.

Burgneding, Oest. ob d. E., Inn Kr., ein zum Ldgcht. Schärding geh. *Weiler,* nördlich vom Bramflusse begrenzt, nach Audorf eingepf., 2 St. v. Siegharding.

Burgort, Siebenbürgen, Hunyader Komt., ein walach. *Ort.*

Burgrecht, Schlesien, Tescuer Kr., ein *Dorf,* zur Pfarre Schwarzwasser, und Teschner-Kammer geh., mit böhm. Einwohnern.

Burgsalz, Ungarn, Krasznaer Komt.; siehe Vársoltz.

Burgschlag, Burgerschlag, Purkaschlag—Oest. unt. d. E., V. U. W. W., ein der Hrsch. Ziegersberg gehöriges *Dörfchen,* nächst Gschaid, worin es eingepfarrt ist, gegen die ungarische und steir. Grenze, 8¼ St. von Neunkirchen.

Burgschleinitz, Oest. unt. d. E., V. O. M. B., eine alte *Burg, Herschaft* und *Dorf,* mit 90 Häus. und 540 Einw., der Hrsch. Greillenstein geh., mit einer Pfarre auf dem Mannhartsberge, ¾ St. von Meissau.

Burgsdorf, Burkersdorf, Purkersdorf — Oest. unt. d. E., V. O. M. B., ein der Hrsch. Els unterth. nahe dabei liegendes und darin eingepfarrtes *Dorf,* 4 St. von Krems.

Burgstadl, Purgstadtl, Birchstadl, Pirchstadl — Böhmen, Saaz. Kr., ein *Dorf,* zur Stadt Kaaden geh., 1 St. von Kaaden, und 3 St. von Saaz.

Burgstadt, Mähren, Brünn. Kr., ein *Berg,* nördlich vom Dorfe Muschau, 115 W. Klft. über dem Meere.

Burgstain, Tirol, Oberinnthaler Kr., ein zur Hrsch. Petersberg geh. *Riedl,* 10 St. von Parwies.

Burgstall, Illirien, Ob. Kärnten, Villacher Kr., eine z. Wb. B. und Ldgrcht. Hrsch. Grümburg gehör. *Ortschaft,* im Burgstaler Gebirge, 10 St. von Greifenburg.

Burgstall, Oest. unt. d. E., V. O. W. W., ein *Dorf,* mit 10 Häus. und 70 Einw., der Pfarre Anzbach, und Ortsobrigkeit Neulengbach, auf einem Vorsprunge des Buchgebirges, Post Sieghartshirchen.

Burgstall, Oest. u. d. E., V. O. M. B., ein einzelnes d. Hrsch. Böckstall dienstbares *Haus,* in der Pfarre Nieder-Ranna am Brandhof, im Spitzergraben unweit Ranna, 6 St. von Krems.

Burgstall, Oest. ob d. E., Inn Kr., eine zum Ldgcht. Maurkirchen gehör. *Einöde,* mit einer Mauti- und Schneidemühle, am Achflusse, nach Weng eingepfarrt, ¼ St. von Altheim.

Burgstall, Oest. ob d. E., Inn Kr., eine zum Ldgcht. Haag gehör. *Einöde,* wo noch die Ruinen des Edelsitzes der Herren v. Burgstall sichtbar sind, nach Hofkirchen eingepf., 2¼ St. von Haag.

Burgstall, Ober-, Oest. ob d. E., Inn Kr., ein zum Ldgcht. Ried gehörig. *Weiler,* nach Waldzell eingepf., 2 St. von Frankenmarkt.

Burgstall, Unter-, Oest. ob d. E., Inn Kr., eine zum Ldgcht. Ried gehör. *Einöde,* in der Pfarre Waldzell, 1¼ St. von Ried.

Burgstall, Illirien, Ob. Krain, Laib. Kr., ein z. Wb. B. Hrsch. Laak gehör. *Dorf* und *Gut,* nebst einer Filialkirche 2 St. von Krainburg,

Burgstall, Illirien, Unter Kärnten, Klagenfurter Kr., ein der Hrsch. Hardneidstein geh. *Ort,* in d. Gemeinde Bölling, 3 bis 7 St. von Wolfsberg, 7 St. von Klagenfurt.

Burgstall, Steiermark, Grätzer Kr., eine *Gegend,* der Gemeinde Brunn zugetheilt, z. Wb. B. Kom. Jonsdorf geh., 2 St. von Fürstenfeld.

Burgstall, Steiermark, Grätzer Kr., eine zerstr. *Gegend,* der Wb. B. Hrsch. Guttenberg; siehe Purgstall.

Burgstall, Steiermark, Grätzer Kr., eine *Einschichte* und *Gegend,* nächst d. Dorfe Unterbuch, zum Wb. B. Kom. Hartberg geh., 4 St. von Ilz.

Burgstall, Tirol, Unt. Inn- u. Wippthaler Kr., ein *Dorf,* zur Gemeinde Schwendau im Ldgcht. Zell gehörig.

Burgstall, Tirol, Pusterth. Kr., ein *Weiler* und *Bad,* auf dem Berge ob Brixen, zur Gemeinde St. Leonhard geh., im Ldgcht. Brixen.

Burgstall, Tirol, Trienter Kr., ein *Dorf,* Expositur der Pfarre Lannen, u. verfallenes Schloss an der Etsch, im ehemaligen Gerichte dieses Namens, nun

Ldgcht. Meran. Im J. 1335 war Volkmar v. Burgstall Landeshauptmann und Burggraf von Tirol.

Burgstall, Oest. unt. d. E., V. U. W. W., ein kl. der Hrsch. Fairafeld gehör. *Dörfchen*, nach Theil. Kreuz eingepfarrt, nächst Schwechat am Schwechetbache, 5 St. von Ginselsdorf.

Burgstall, Oest. ob d. E., Hausr. Kr., ein im Wb. B. Kom. Wartenberg lieg. *Dorf*, der Hrsch. Wolfseck geh.; siehe Buchstahl.

Burgstall, Oest. ob d. E., Inn Kr., ein dem Land- und Pfleggcht. Ried geh. *Dorf*, nach Waldzell eingepfarrt, 2½ St. von Ried.

Burgstall, Oest. unt. d. E., V. O. M. B., ein d. Hrsch. Oberhöflein geh. *Dorf*; siehe Purgstall.

Burgstall, Oest. unt. d. E., V. O. M. B., ein zur Hrsch. Wiesent geh. *Dorf*. siehe Purgstall.

Burgstall, Oest. unt. d. E., V. O. M. B., ein der Hrsch. Rosenberg geh. *Dorf*; siehe Purgstall.

Burgstall, Illirien, Kärnten, Klagenfurter Kr., ein *Berg*, ¾ St. südw. v. St. André, 338 W. Klftr. hoch.

Burgstall oder **Purgstall**, Oest. u. d. E., V. O. W. W., *Herrschaft* u. *Markt*, mit einer eigenen Pfarre, unweit dem grossen Erlaflusse und Feixen, hinter Wieselburg, 3 St. v. Kemmelbach.

Burgstall oder **Gradische**, Illirien, Ob. Krain, Laibach. Kr., eine zum Wb. B. Kom. der Stadt Laibach geh., dem Magistrate unterthänige *Vorstadt*, zwischen der Tyrnau- und Kapuziner-Vorstadt liegend, Postamt Laibach.

Burgstallberg, Ober- und Unter-, Illirien, Ob. Kärnten, Villach. Kr., zwei neben einander liegende, der Hrsch. Rauchenkatz geh. *Dörfer*, 1½ St. von Rennweg.

Burgstallerhof, Oest. u. d. E., V. U. M. B., ein *Freihof*, mit dem freien Mahrenhofe zusammengebaut, zu Obernals gehörig.

Burgstallhäussl, Oesterr. u. d. E., V. O. M. B., ein der Hrsch. Böckstall geh. einzelnes *Haus*, nächst dem Schlosse Oberranna, 4 St. von Böckstall.

Burgsteig, Oest. ob d. E., Inn Kr., eine *Einöde* und *Dorf*, der Kaal. Hrsch. Wildshut geh., 5½ St. von Braunau.

Burgstein, Tirol, Ober Innthal. Kr., ein *Weiler*, zur Gemeinde Lengenfeld im Ldgcht. Silz gehörig.

Bürgstein eigentlich **Birkstein**, Böhmen, *Herrschaft*, im Leitmeritzer Kreise. Die 14,550 Einwohner, in einer freien Schutzstadt (Haida) und 26 Dörfern, beschäftigen sich nebst der Leinen-Kunstweberei und der Baumwollenzeug-Weberei mit Kattun- und Spiegelfabrikation, mit Glas-Verschönerung- in verschiedenen Arten, endlich mit Glashandel, welcher von besonderer Bedeutsamkeit ist und in die entferntesten Gegenden getrieben wird. Im Dorfe B. ist ein im J. 1730 erbautes herrschaftliches Schloss mit einem Garten, eine Pfarrkirche und ein Spital, die Hauptdirection der herrschaftlichen (gräfl. Kinsky'schen) Spiegelfabrik. Auf einem isolirten Sandsteinfelsen, Einsiedlerstein genannt, auf welchen man seiner senkrechten, stellenweise sogar überhängenden Felsenwände wegen, nur durch einen im Innern desselben ausgehauenen treppenartigen Aufgang gelangen kann, sind die Ueberreste des alten Schlosses B., aus wenigem Mauerwerke bestehend, noch sichtbar. Südlich ¼ St. von Haida.

Burgsteinberg, Oest. ob d. E., V. O. M. B., ein *Berg*, 1½ St. westlich v. Boregg, 533 W. Klftr. hoch.

Burgsthal, Pernschlag — Böhmen, Tabor. Kr., ein *Dorf*, zur Hrsch. Neufistritz, 3½ St. von Neuhaus.

Burgthal, Galizien, Lemberger. Kr., eine deutsche *Kolonie-Ortschaft* von 16 Häusern, nächst dem Kammeral-Dorfe Drozdowice, 1 St. von Grodek.

Burgsthal, jetzt Neuweinsberg — Steiermark, Marburg. Kreis, eine *Herschaft* bei Radkersburg.

Burgsthal, Steiermark, Marburger Kr., *Herschaft* und *Schloss* mit einer Kapelle und einem Bezirke von 11 Gemeinden, nordwestl. von Arenfels an d. Str. nach Pröding, 6 Meil. von Marburg.

Burgsthal, Steiermark, Cill. Kreis, *Gut* und *Schloss*, östl. von Mötting auf der Strasse nach Cilli, 4 Meil. von Cilli.

Burgsthal, Steiermark, Grätz. Kr., eine *Gemeinde* im Wb. B. Kom. Freiberg mebren Hersch. dienstbar, mit 96 Häus. und 481 Einw., nach Eckersdorf eingepfarrt, hier kommt das Greuthbachl vor.

Burgsthal, Steiermark, Grätz. Kreis, ein *Dörfchen* im Wb. B. Kom. Guttenberg mehren Hrsch. dienstbar mit 32 Häus. u. 127 Einw., nach Passail eingepfarrt.

Burgsthal, Steiermark, Marburger Kr., eine *Steuergemeinde* des Bezirks Arnfels, in dieser Gemeinde kommt der Wölkabach vor.

Burgsthal, Ober-, Steiermark, Marburg. Kr., ein *Dorf* im Wb. B. Kom. Obergutenhag östl. von St. Leonard in Windischbüheln z. Obergutenhag dienstbar, mit 71 Häus. und 204 Einw., nach St. Leonhard eingepfarrt.

Burgsthal, Unter-, Steiermark, Marburg. Kr., eine *Gemeinde* im Wb.B. Kom. Obergutenhag, darin dienstbar, mit 51 Häus. und 203 Einw., nach St. Leonhard eingepfarrt.

Burgstall, Ober- und **Unter-,** Steiermark, Marburg. Kr., eine *Gegend* im Sansaler Weingebirg, zum Bisthume Seckau zehentpflichtig, nach St. Nikolai eingepfarrt.

Burgsthalalpe, Steiermark, Brukker Kr., im Mixitzgraben zunächst der Hochlantschalpe.

Burgsthalalpe, Steiermark, Judenburger Kr., im Dirnbachgraben zwischen der Seeriesenalpe, Oberiansberg, dem Fastenberg und Gföllwald.

Burgsthalbachel, Steiermark, Judenburger Kr., im Bzk. Murau.

Burgsthalerbach, Steiermark, Cillier Kr., im Bzk. Osterwitz, treibt eine Mauti- u. Stampfmühle in St. Hyronimus.

Bürgthor, Birthor — Oest. u. d. E., V. O. W. W., ein der Hrsch. Neulengbach geh., und an diesem herschaftl. Markte liegender kleiner Anzbach eingepf., 2 St. v. Sieghardskirchen.

Burgthor, Oest. u. d. E., V. O. W. W., 9 zur Hrsch. Neulengbach geh. *Häuser* mit 70 Einw., wohin sie auch eingepfarrt sind, nahe der Grenze des V. U. W. W., 2½ St. von Sieghardskirchen.

Burgthor, Steiermark, Marburger Kr., ein zum Wb. Bzk. Kom. und Burg Marburg geh. *Dorf*, mit 4 Schiffmühlen an dem Draußusse, ¼ St. von Marburg.

Burgum, Tirol, Pusterthaler Kr., ein *Weiler*, zur Gemeinde Pfitsch gehörig. im Ldgchte Sterzingen.

Burg Villach, Illirien, Ob. Kärnten, Villacher Kr., eine alte *Burg* am westl, Ende der Stadt Villach, am Drau Fl. gelegen, von welchem die Kaal. Hrsch. Villach den Namen führt; siehe Villach.

Burgwiese, Schlesien, Troppauer Kr., ein *Dorf* mit deutschen Einw., zur Hrsch. und Pfarre Geppersdorf geh., zwischen Bergen links von Tropplowitz, 3 St. von Jägerndorf.

Burgwiesen, Oest. ob d. E., Salzburger Kr., ein zum Ldgcht. Mittersill (im Gebirgslande Pinzgau) geh. *Wirthshaus* an der Landstrasse, zwischen Mittersill und Mühlfelden, mit einem Wildbad am Fusse des Dürnberges, 9½ St. von Lend.

Burianfalva, Burian, Buryane — Siebenbürgen, jens. der Maros, Hunyader Gespansch., Kemend. Bzk., ein mehreren Dominien geh. walach. *Dorf*, mit einer griech. nicht unirten Pfarre, 2⅓ St. von Déva.

Burianos, Olai-Buda, oder auch nur Buda, Budendorf — Siebenbürgen, Kolosser Gespansch., Ober Kreis, Fejerd. Bzk., ein mehren Dominien geh. ungar. walach. *Dorf*, mit einer reform. u. griechisch unirten Pfarre, dann den Praedien Uj-Buda u. Köles-Mezö, 1½ St. v. Korod.

Burich, Illirien, Istrien, Mitterburger Kr., ein *Dorf* im Distr. Rovigno, Bezirk Dignano, zur Untergemeinde und Pfarre Confano gehörig, in der Diöces Parenzo Pola, 3 St. von Rovigno.

Burichs, Venedig, Prov. Friaul und Distr. XV, Moggio; siehe Pontebba.

Burich Szello, Kroatien, jens. der Save, Karlstädt. Generalat, Budachker Bzk., eine zum Szluin. Grenz-Regim, Nr. IV geh. *Ortschaft* von 10 Häusern, nächst Perich Berdo, 2 St. von Voinich.

Burjanfalva, Burjenye — Siebenbürgen, Hunyad. Gespansch., Scholymoscier Unt. Bzk., ein *Dorf*, welches ches mehren Adeligen geh., von Walach. bewohnt, mit einer Sauerbrunnquelle u. einer griech. nicht unirten und kathol. Pfarre, 2 St. von Déva.

Bürk, Illirien, Ob. Kärnten, Villacher Kr., eine kleines *Dörfchen* von 4 Häus., dem Wb. B. und Ldgrchtshersch. Spital geh., diess. des Drauß., 1 St. v. Spital.

Burk, Oest. ob d. E., Salzburg. Kr., ein zum Landgrcht. Mittersill (im Gebirgslande Pinzgau) geh. *Dorf* am Fusse des Mittersiller Schlossberges, u. dem Burkerbach, der sich in die Salzach ergiesst, liegt ⅓ St. von Mittersill, hart an d. Landstrasse, 9⅓ St. von Lend.

Burkanow bei **Zlotniki,** Galizien, Tarnopol. Kr., ein *Dorf* zur Pfarre Zlotniki und Ortsobrigkeit Sokolew gehörig.

Burkart bei **Korczyna,** Galizien, Jasl. Kr., ein *Dorf* zur Pfarre und Ortsobrigkeit Korczyna gehörig.

Burkartalpe, Steiermark, Judenburger Kr., im Jeterichgraben.

Burkartsdorf, Steiermark, Grätzer Kreis, westl. von Strass an der Hauptkommerzialstrasse.

Burkau, Galizien, Zolkiew. Kr., eine deutsche *Kolonie* nächst dem zur Hrsch. Lubaczow geh. Dorfe Mladow.

Bürken, Gross-, Illirien, Unter Krain, Neustädtl. Kr., ein *Dorf* d. Hrsch. Kroisenbach; siehe Wrefouza.

Bürken, Klein-, Illirien, Unter Krain, Neustädtl. Kr., ein *Dörfchen* der Hrsch. Neudeg; siehe Ostaria.

Bürkenbiegl, Böimen, Klattauer Kr., ein zur Hrsch. Bistritz geiör. *Ort*, liegt unweit von dem Dorfe Descienitz und Mottowitz, 4¼ St. von Klattau.

Burkersdorf, Oest. unt. d. E., V. O. M.B., ein *Dorf* d Hrsch.Els; s. Burgsdorf.

Burkersdorf, Purkersdorf — Oest. unt. d. E., V. U. W. W., *Herrschaft* u. *Dorf* mit einer landesfürstl. Pfarre und 750 Einw., an der Mündung des Gaiitzbacies in die Wien, ist die erste Poststation an der Hauptstrasse von Wien naci Linz, u. iat ein k. k. Sciloss, ein schönes Posthaus und ein landgräfl. Fürstenberg's ches Palais mit einem grossen und sciönen Garten. Die durciführende Str. macit den Ort leiiaft und gewerbsam. Postamt. 2 St. von Wien.

Burkersdorf, Purgersdorf — Böhmen, Königgr. Kr., ein *Dorf* zur Hrsch. Trautenau geh., ⅜ St. von Tautenau.

Burkessl, Ungarn, Bács. Komt.; s. Bulkesz.

Burkirchen, Oest. ob d. E., Inn Kr., eine kleine aus 5 Häus. iesteiende *Ortschaft* der Hrsch. Im, Stift Ranshofen u. Ldgrcht. Friediurg geiör., links gegen Otterfing, und ist naci Eckelsberg eingepfarrt, 5 St. von Braunau.

Burkis, Vályc-, Sieieniürgen, Kronstädt. Distr., ein *Bach*, der aus dem Gebirge Bulsets entspringt, naci 1¼ St. in den Baci Valye-Szobodoluly einfällt.

Burkkögel, Oest. unt. d. E., V. O. W. W., eine der Hrsch. Ardacker geh. *Rotte*, 4 St. von Amstädten.

Bürkös, Schierlingdorf, Birkis, Burkesci — Sieieniürgen, Ob. Weissenb. Gespansch., eig. Bzk., ein meiren Dominien geh., zwiscien 2 Bergen an dem Flusse Hotrobaty lieg. säciisci waláci. *Dorf*, mit einer evangel. und grieciisci nicit unirten Kircie, 7 St. von Medias u. 4 St. von Elisaietistadt.

Bürköscher Bezirk, Bürkösi-Járás — Sieienbürgen, Oier-Weissenburger Gespansch., ein *Bezirk*, welcier 14 Dörfer in vier von einander getrennten Tieilen entiält.

Burkusuluj, Djalu-, Siebenbürgen, Thorenburg. Gespausch., ein *Berg*, 2 St. von Podsaga.

Burla, Galizien, Bukow. Kr., ein der Hrsch. Fratautz geiör. *Dorf* gegen Mileschcutz auf einer Aniöie, 2 St. v. Granicestie.

Burletka, Galizien, Bochn. Kr., ein zur Hersci. Dobczyce geh. *Dorf*, gegen O. näcist Kornatka, 4 St. von Gdow.

Burligo, Lomiardie, Prov. Bergamo und Distr. IV, Almeno S. Salvatore; s. Palazzugo.

Burlina bei **Styrcze**, Galizien, Bukowina Kr., eine *Ortschaft* zur Pfarre und Ortsobrigkeit Styrcze geiörig.

Burmansedt, Oest. ob der E., Inn Kr., eine zum Ldgrcht. Frankenmarkt geh. *Einöde*, in d. Pfarre Pöndorf, grundbar naci Friediurg, ¾ St. von Frankenmarkt.

Burna, Ungarn, Kraszn. Komt.; sieie Boronamező.

Buro, Ungarn, diess. der Tieiss, Zempliner Gespausch. u. Bzk., eine *Schiff-Überfuhr* über dem Latorcza Flusse, 5 St. von Ujiely.

Buro, Fetek-, Sieieniürgen, Udvarhelyer Székler Stuil, ein *Berg*, 2 St. von Homorod-Almás entfernt.

Burok und **Csitke**, Ungarn, diess. der Tieiss, Borsoder Gespansch., Miskólczer Bzk,, 2 *Praedien* im Terrain des Marktfleckens Csátk, 6 St. v. Miskólcz.

Burona, Lomiardie, Prov. Milano und Distr. VI, Monza; sieie Vimodrone.

Burprig, Sieieniürgen, Herrmannstädter Stuil; sieie Hühalom.

Burre, Venedig, Provinz Verona und Distr. XI, S. Pietro Incariano; sieie S. Pietro Incariano.

Burri, Torre di, Venedig, Prov. Padova u. Distr. IV, Campo Sampiero; sieie S. Giorgio delle Bertiche (Torre di Burri).

Burro, Lomiardie, Prov. Bergamo und Distr. VI, Alzano Maggiore; s. Nese.

Bürsberg, Tirol, *Pfarrdorf* ober Bürs.

Burschachen, Oest. oid E., Salziurger Kr., ein zum Ldgrcht. Tialgau (im flacien Lande) geh. *Weiler*, in der Pfarre Tialgau, 1⅓ St. von Hof.

Burschen, Burschin — Böimen, Jungbunzlauer Kr., ein der Hrsch. Böimisciaicia unterthän. *Dorf*, ⅓ St. v. Liebenau.

Burschin, Böimen, Jungiunzlau. Kr., ein *Dorf* der Hrsch. Böimisci - Aicha; sieie Burscien.

Burschin, Böimen, Pilsner Kr., ein *Dorf* der Hrsch. Trpist und Tribl; sieie Kursciin.

Burschin, Böimen, Pilsner Kr., ein *Dorf* und *Gut*; sieie Gurschin.

Burschitz, Böimen, Prachiner Kr., ein zur Hrseh. Elischau geh. *Dorf*, liegt an der Abendseite iinter dem Walde Wydhoscht, 3 St. von Horaždiowitz.

Bürsenberg, Tirol, Vorariierg, ein zur Hrsch. Bludenz und Gericit Sonnenierg geh. *Dorf*, mit einer Pfarre, 7 St. von Feldkirci.

Bursendorf, Sieieniürgen, Hunyad. Komt.; sieie Borznyik.

Burso, Valye-, Ungarn, Kővárer Distrikt, ein *Bach*, der aus dem Berge Djalu-Runkuluj oder dem Dorfe Várally entspringt, 17 Dörfer in seinem Gebiete zählt und nach einem Laufe von 8½ St. in den vereinigten Szamos Fl. einfällt.

Bursoruluj, Djalu, Siebenbürgen, Reussmarker sächs. Stuhl, ein *Berg*, ¼ St. von Kerpenyes.

Bürstegg, Tirol, Vorarlberg, ein *Dorf* im Ldgchte. Sonnenberg, zur Gemeinde Lech gehörig.

Bürstendorf, Oest. u. d. E., V. U. W. W., ein *Dorf* der Hrsch. Nieder-Leiss; siehe Pürstendorf.

Burstyn, oder Bursztyn — Galizien, Brzezan Kr., *Herrschaft* und *Markt* mit 2000 Einw., einer kathol. und griech. Pfarre, dann Postwechsel zwischen Knihenice und Halicz, an dem Flusse Lippa und einem Teiche gelegen, mit einem schönen Schlosse. Postamt mit: *Bokow, Bolszowce, Byblo, Bukaczowce, Chochoniow, Chorostkow, Chorostowiec, Cvitowa, Czerniow, Chahraw, Delyatin, Demianow, Jablonow, Jezierzany, Koropatniki, Konkolniki, Kunissow, Kunicze, Kozara, Kalissowka, Luka, Lukawice, Markowa, Martinow, Meducho, Minichowce, Nastasscsyn, Niemszyn, Nowoszyn, Perisovi, Podsumlance, Poswirs, Rozdwiany, Saicky, Semikowce, Skonorochy, Szumbey, Stasiowa, Sloboda, Swistelniki, Tenetniki, Wissniow, Wundalina, Zahyrce, Zurow, Zurawenka, Zolibovey.*

Bursuk, Burzen, Borsuk, Siebenbürgen, Hunyader Gespansch., Illyer Bzk., ein der freiherrl. Familie Nalazi geh., an der Maros liegendes walach. *Dorf*, mit einer griech. nicht unirten Pfarre, 2½ St. von Illye.

Bursuken bei **Putilla,** Galizien, Bukow. Kr., eine *Ortschaft*, zur Pfarre Putilla und Ortsobrigkeit Russisch-Kimpolung gehörig.

Bürsz, Tirol, Vorarlberg, ein zur Hrsch. Bludenz und Ger. Sonnenberg geh. *Dorf*, Jens. der Ill, mit einer Pfarre, wo man schwarzen Marmor bricht, 4¼ St. von Feldkirch.

Bursza, Ungarn, Mitter Szolnoker Komitat; s. Dob-Ujfalu.

Bursza, Vályе, Ungarn, Mitt. Szoln. Komt., ein *Bach*, welcher ober dem Dorfe Dáhjon entspringt, und sich in d. Samosch Flusse ergiesst.

Bursza, Bersza — Ungarn, jens. der Theiss, Arad. Gespan. und Bzk., ein walach., mit einer griech. nicht unirten Pfarre versehenes *Dorf*, am Weis-Körösch Flusse, zwischen Buttyin und Algyesty, 8¼ St. von Arad.

Burtelki bei **Kornatka,** Galizien, Bochn. Kr., eine *Ortschaft*, zur Pfarre und Ortsobrigk. Dobcyce gehörig.

Burtseny, Siebenbürgen, Hunyader Komt. und Bzk., ein *Praedium*, mit 7 Häus. und einem Eisenhammer, zur Pfarre Gyalár geh., 5 St. von Déva.

Burtsova, Vályе-, Siebenbürgen, Kronstädter Distr., ein *Bach*, ergiesst sich nach einem Laufe von 3 St. in den Törzbach.

Burty bei **Horozanka,** Galizien, Brzez. Kr., eine *Ortschaft*, zur Pfarre und Ortsobrigk. Horozanka gehörig.

Buru, Siebenbürgen, Unter Thorenb. Komitat; s. Borév.

Bürüs, Ungarn, Jens. der Donau, Sümegh. Gespan., Szigeth. Bzk., ein den Grundherrn von Czindery geh. ungar. *Dorf*, mit 41 Häusern und 330 Einw., einer reform. Kirche und Prediger, liegt an der Grenze des Barany. Komt., 1¼ St. von Szigeth.

Burwörth, Oest. ob d. E., Mühl Kr., eine im Wb. B. Kom. Eschelberg und Ldgcht. Oberwalsee lieg. zerstr. *Ortschaft*, versch. Hrsch. geh., nach Walding eingepf., nächst d. Landeshagernstrasse, 2½ St. von Linz.

Burz, Siebenbürgen, Hunyad. Komt., ein *Dorf*, mehren Adelichen geh., von Walachen bewohnt, zur griech. unirten Pfarre Nagy-Muntsol und kathol. Pfarre Illye geh., 2 St. von der Post Lesnek.

Burza, Valye, der Burzenbach, Burza, Groseti — Siebenbürgen, Fogarascher Komt., ein *Fluss*, entspringt im Wledényer Höhenzweig und ergiesst sich, nachdem er mehre Bäche aufnimmt, nach einem Laufe von 15 St., bei Földvár in den Altfluss.

Burzan, Böhmen, Bidsch. Kr., ein *Dorf*, ober d. Iserfl., zur Hrsch. Branna und Starkenbach, nach Jablonetz eingepfarrt, 8 St. von Gitschin.

Burzen, Siebenbürgen, Hunyad. Komitat; s. Bursuk.

Burzenitz, Böhmen, Czasl. Kr., ein *Dorf*, mit einer Filialkirche, zur Hrsch. Kržiwsaudow, 8 St. von Stöken.

Burzenland, Kronstädter Distrikt, säcisicher Distr. — in Siebenbürgen, mit einem Flächeninhalt von 30 Q. M. Er ist sehr hoch gelegen, sein niedrigster Punkt liegt 198 und sein höchster (der Gipfel des Butsets) 1360 W. Klft. höher als die Meeresfläche. Die bedeutendsten Flüsse desselben sind: die Alt und die Burzen. Ein Theil der Karpaten, welcher dieses Land durchzieht, erhebt sich zu bedeutenden Höhen, als der Butsets, Königstein, Zeidnerberg u. die Schübergebirge. An den 3 Hauptpässen, welche durch diese Gebirge in die Walachei führen, Törtzburg, Tömösch und Altschánz, befinden sich die k. Dreissigstämter, und an den beiden ersteren auci Kontumazämter. Der Boden ist reici an Getreide, Hülsenfrüchten und Küchengewächsen (in vorzüglicier Menge und Güte), Flacis, Hanf, Oıst und auci besonders an Holz, der Wein jedoci gedeiıt ıier nicıt. Auci findet man Vieı u. Wild in zaılreicıer Menge. Das Mineralreici liefert ıloss Töpferthon. Das Klima ist gemässigt, jedocı umıestäudig. Die Bevölkerung beläuft sicı auf 80,000 Seelen, welcıe in 1 k. Freistadt (Kronstadt), 4 Marktfl. und 25 Dörfern leıen. Das Burzenland oder d. Kronstädter Distr. war in früheren Zeiten weit ausgedeınter, wie denn auci derjenige Bzk., in welchem jetzt Hidvég und Árapataka liegt, eıemals einem Sacısen Fulkun geıört ıat, wie der Schenkungsbrief des Königs Bela IV. an die gräfl. Familie Nemes üıer diesen Bzk. vom Jaıre 1252 ausdrücklicı meldet. In diesem Schenkungsbriefe heisst Burzenland nicıt meır Borza oder Burtza, sondern terra Saxonum de Barussa, woraus zugleicı erhellet, dass die Deutscıen in Sıebenbürgen nicıt erst unter König Karl, sondern noci unfer König Bela IV. Sacısen genannt wurden. Im Jaıre 1343 kam der Walachen Fürst Alexander üıer den Törtzburger Pass in das Burzenland, um König Ludwig zu ıuldigen. Im Jaıre 1433 diente der treulose Woyıwode Vlad Drakul der Walachei den Türken als Füırer in das Burzenland. Im Jaıre 1529 bemühten sicı Peter Perény und Valentin Török, mit einer kleinen Truppenmacht im Burzenland aufgestellt, Siebenbürgen für den König Ferdinand zu stimmen, die Sacısen iırer Treue zu erıalten, zu scıützen, wurden aıer im November von Móses, Vlad's Soıne, Woyıwoden der Walacıei, mit Walacıen und Türken üıerfallen, geschlagen, die Stadt Kronstadt vergeılicı ıelagert, das umliegende Gebieıh verheert. Im Jaıre 1603 ıeıt Móses Székely die Belagerung von Scıäsburg auf, eilt in das Burzenland, ıezieht ein verscıanzıes Lager ıei Höltövény, versäumt d. schwächern Georg Rátz gleicı anzugreifen; am 15. Juli zieıt der Walacıen Woyıwode Radul Serbán durcı den Törtzburger Pass, vereinigt sicı zwiscıen Wolkendorf und Rosenau mit seinem, scıon früher in Sıeıenıürgen eingeırocıenen und diese Position genommenen Feldıerrn Georg Rátz, welcıen auch scıon die Tschíker-Székler verstärkt ıatten; am 17. Juli griff Radul Serbán d. Móses Székely an, scılug ihn in die Flucıt, auf welcıer Móses

Székely selbst von dem Szekler Miçhàel Katona aus Szent-Miıály erscıossen wurde. Die flücıtigen Sieıenıürger mit dem Becıta Bassa lagerten sicı am eisernen Thorpass. Am 15. Oktoıer 1612 wird im Burzenlande Andreas Gétzy ıei Földvár von Stepıan Török, einem Feldıauptmann des Báthory gescılagen.

Burzinsko, Böımeu, Jungı. Kr., ein zur Hrsch. Münchengrätz und Kosmanos geh. Dör/chen, 2 St. von Münchengrätz.

Burznyik, Bursendorf, walacᵢhisch Briznik — Sieıenıürgen, Hunyader Gespansch., diess. der Maros, Lapusnyaker Bzk., ein der Hrsch. Déva geh., in einem Tıale an der Poststrasse lieg. walacı. Dorf, mit einer griech. nicıt unirten Pfarre, 5 St. von Déva, und 2 St. von der Post Doıra.

Burznyik, Válye-, Sieıenıürgen, ein Bach, welcıer auf d. Berge Sztántsesd entspringt und sicı in den Marosfl. ergiesst.

Burzuk, Burszuk, Bursuk, Burzuik — Sieıenıürgen, Hunyader Komt., ein Dorf, v. Walacıen ıewoınt, mit einer griech. nicıt unirten Pfarre, 2 St. von der Post Doıra.

Burzuluj, Válye-, Siebenbürgen, Hunyad. Komt , ein Bach, welcher auf dem Berge Priszaku entspringt, und sicı naci einem Laufe von 3 St. in den Marosfluss ergiesst.

Burzyn, Galizien, Tarnow. Kr., ein Gut und Dorf, in der Pfarre Tucıow eingepfarrt, liegt gegen W. näcıst dem Dorte Luıoszow und dem Biala Flusse, welcıer die Hrsch. Burzyıi von Tucıow scıeidet, 4 St. von Tarnow.

Bus, Tirol, Trienter Kr., ein Dorf, ıei Madran, zur Gemeinde Vigalzzano im Ldgcht. Pergine.

Busa, Lombardie, Prov. Bergamo und Distr. XVII, Breno; sieıe Esine.

Busa Villa, Venedig, Prov. Treviso und Distr. VI, Ceneda; sieıe Cassiano, ossia Cordignano (Villa Busa).

Busák, Ungarn, jenseits der Tıeiss, Szathmár. Gespansch., Nagy-Bányer Bzk., ein walacı. Dorf, den Grafen v. Károly geh., mit einer griech. kathol. Pfarre nahe am Marktflecken Misztótfalu, am Zusammenflusse der Lapos und Szamos, 2 St. von Nagy-Bánya.

Busák, Ungarn, Sümegher Komt., ein Dorf ıei Sümegh.

Busau, mäır. Buzow, auch Bausow — Mähren, Olmützer Kr., eine Herschaft, dem deutschen Orden seit 1696 geh., ist seır geıirgig u. entıält gegen 3,000 öst. Morgen Acker- u. Weideland, 300 Joch

Wald und etwas Wiesenwacıs. Die hiesigen vielen Kalksteinbrüche sicıern den Unterthanen mancıerlei Gewerıe. 2 St. von Müglitz.

Busau, mäır. Buzow, aucı Bausow — Mäıren, Ollmützer Kr., ein *Markt* mit 450 Einwoınern, einer eigenen Pfarrę und einem alten Bergschlosse.

Busca Casa, Lombardie, Prov. Milano und Distr. IX, Gorgonzola; sieıe Gorgonzola.

Busca Casa, Lomıardie, Prov. Milano und Distr. IX, Gorgonzola; siehe Bornago.

Busca Cassinello di Casa, Lomıardie, Prov. Milano u. Distr. IX, Gorgonzola; sieıe Bellinzago.

Buscada, Venedig, ein *Berg* am recıten Ufer des Piave Flusses.

Buscaglia, Lombardie, Prov. Pavia und Distr. VIII, Aıbiategrasso; sieıe Corcetta.

Buscaglia, Lombardie, Prov. Como und Distr. XVII, Varese; sieıe Velate.

Busca Mulino, Lomıardie, Prov. Milano und Distr. IX, Gorgonzola; sieıe Camporicco.

Busca Mulino di Casa, Lomıardie, Prov. Milano und Distr. IX, Gorgonzola; sieıe Bellinzago.

Buscarina, Lomıardie, Prov. Pavia und Distr. IV, Corte Olona; sieıe Pieve Porto Morone.

Buscate, Lomıardie, Prov. Milano und Distr. XIV, Cuggiono, eine *Ortsgemeinde*, mit einer eigenen Pfarre S. Mauro, und einer Gemeinde-Deputation, 1 St. von Cuggiono.

Busch, oder Puscı, Ulersdorf — Böhmen, Jungb. Kr., ein *Dorf*, der Hrsch. Friedland, grenzt mit der Gebirgswaldung und d. Dorfe Pıilippsgrund, 2½ St. von Friedland, 2¾ St. von Reichenberg.

Buschachen, Oest. unt. d. E., V. O. W. W., ein einzelnes der Hrscı. Kasten dienstıares *Haus*, nacı St. Christophen eingepfarrt, unweit Neulengıbacı, 3½ St. von Sieghadrskirchen.

Buschacheralpe, Steiermark, Judenıburger Kr., im Feistritzgraben.

Buschanowitz, Böımen, Prachiner Kr., ein *Dorf*, der Hrsch. Wällisch-Bürken, 4 St. von Strakonitz.

Buschberg, Oest. unt. d. E., V. U. M. B., ein *Berg*, 1½ St. nördl. von Niederleis, 259 W. Klftr. üıer dem Meere.

Buschbusch, Böımen, Leitmeritzer Kr., eine *Ortschaft* bei Aussig.

Busche, Böımen, Berann. Kr., ein *Dorf*, zum Gute Slap geh., zwiscıen Scıildıerg und Neuhof gegen S., 4 St. von Beraun.

Busche, Venedig, Prov. Belluno und Distr. VII, Feltre; sieıe Cesio maggiore.

Busche, Venedig, Prov. Treviso und Distr. IV, Conegliono; sieıe Vazzola.

Buschein, Mäıren, Ollm. Kr., ein *Dorf*, zur Pfarre Loscıitz und Ortsob. Ziadlowitz geh, mit deutscıen Einw.

Büschelsdorf, oder Piscıelsdorf — Oest. unt. d. E., V. U. W. W., ein zur Hrsch. Scıwandorf geh. *Dorf* au`dem Leitıa Flusse, südlicı gegen Maunersdorf, 3 St. von Fiscıamend.

Büschelsdorf, Steiermark, Grätzer Kr., ein *Markt* im Wb. B. Kom. Herıerstein mit eigener Pfarre, genannt St. Peter u. Paul in Büschelsdorf, mit 76 Häus. und 386 Einw., 5 Meil. von Grätz.

Buschen, Steiermark, Marıurg. Kr., eine *Gegend* zur Herscı. Burgsthal zehentpflichtig.

Büschendorf, Steiermark, Judenb. Kz., ein kleines *Dorf* im Wb. B. Kom. Rottenmann zur Herscı. Admont, Wolkenstein und Trautenfels dienstıar, mit 35 Häus. und 151 Einw., nacı St. Lorenzen eingepfarrt.

Buschendorf, Steiermark, Marıurg. Kr., ein *Dörfchen* im Wb. B. Kom. Friedau und Meretinzen dienstıar, mit 31 Häus. und 217 Einwohn., nacı Friedau eingepfarrt.

Buschendorf, Böımen, Budw. Kr., ein *Dorf*, zur Hrsch. Gratzen; s. Puscıendorf.

Buschendorf, Sieıenbürgen, Hunyader Komitat; s. Ahutsa.

Buschendorf, Sieıenıürgen, Kokelı. Komt.; s. Potstelke.

Buschenpelz, Böımen, Saaz. Kr., ein *Stein-* und *Braunkohlenbergwerk*.

Buschera, di sotto, Lomıardie, Prov. Como und Distr. XV, Angera; sieıe Angera.

Buschera, di sopra, Lombardie, Prov. Como und Distr. XV, Angera; sieıe Angera.

Buschetina, Slavonien, Veröczer Gespan. u. Bzk., ein *Dorf*, an der Drau, mit 153 Häus. und 992 Einw., einer eigenen Kircıe und Pfarre versehen, der Hrsch. Veröcze geh., 4 M. von Baıóca.

Buschin, Mäıren, Ollm. Kr., ein *Dorf*, mit böhm. Einw., zur Hrsch. und Pfarre Eisenıerg unterth., zwiscıen Scıildıerg und Eisenıerg, 5¼ St. von Müglitz.

Buschina, Vals, Illirien, Krain, Neustdt. Kr., ein im Wb. B. Möttling lieg. der Hrsch. Seissenberg, Nadlischeg und Tscıernembl geh. *Dorf*, 1½ St. von Möttling.

Büsching, Oest. unt. d. E., V. O. M. B., ein *Amt*, mit einigen zerstr. lieg. Häus., zur Hrsch. Rohreck, nächst Altenmarkt, 3½ St. von Kemmelbach.

Buschinz, Ober- u. **Unter-,** Illirien, Unt. Krain, Neustdt. Kr., 2 an einander lieg. *Dörfer*, zur Wb. B. Probstei Hrsch. zu Neustadtl gehörig, nach Waltendorf eingepfarrt, 3 St. von Neustadtl.

Buschkowitz, Böhmen, Saaz. Kr., ein *Städtchen* zur Hrsch. Schönhof; siehe Puschwitz.

Buschmühle, Böhmen, Leitm. Kr., ein *Dorf* der Hrsch. Tetschen; siehe Puschmühle.

Buschmühle, Mähren, Prer. Kr., eine *Mühle* zum Kammergut Liebau; siehe Reisendorf.

Buschorad, Böhmen, Rakon. Kr., ein obrigkeitlicher *Gutherhof* mit einem Forsthause an dem Dorfe Braun gegen West., zur Hrsch. Pürglitz geh., 2 St. von Zditz.

Buschowitz, Böhmen, Pilsner Kr., ein *Dorf* der Hrsch. Pilsen mit einem Schlösschen versehen, liegt gegen Ost. 2½ St. von Pilsen.

Buschtiehrad, Busstehrady, Busstewes — Böhmen, Rakon. Kr., eine *Herschaft* und Dorf, unweit der Strasse von Prag über Steltschowes nach Schlan, 1¼ St. von Strzedokluk.

Buschwiesen, Steiermark, Grätzer Kr., eine *Gegend* in der Gemeinde Unter-Premstätten zwischen Birnbaum und Dobel.

Busco, Venedig, Prov. Treviso und Distr. II, Oderzo; siehe Ponte di Piava.

Busco, Venedig, Provinz Treviso u. Distr. VIII, Montebelluna; siehe Cornuda.

Buscoldina, Lombardie, Prov. und Dist. I, Mantova; siehe Curtatone.

Buscoldo, Lombardie, Prov. und Distr. I, Mantova; siehe Curtatone.

Buscze, Galizien, Brzezan. Kr., ein der Hrsch. Brzezan geh. *Dorf* mit einer lateinischen und griechischen Pfarre, 10 St. von Strzeliska.

Buse, Alle, Venedig, Prov. Treviso und Distr. VII, Valdobbiadene; siehe S. Pietro die Barbozza.

Buse, Lombardie, Prov. Mantova und Distr. XIV, Gonzaga; siehe Gonzaga (Bondanello).

Buse, Tirol, Rov. Kr., ein *Weiler* zur Gemeinde Folgario im Ldgcht Roveredo gehörig.

Busele, Ober- und **Unter-,** mähr. Horny und Dolny Buzenow — Mähren. Ollm. Kr., zwei *Dörfer* zur Hrsch.

Murau, hinter Chirles nächst Murrau im Gebirge, Busele, Ober-, zur Pfarre Scimolle, Busele- unter, mit einer eigenen Pfarre und deutschen und böhmischen Einwohnern, 2 St. von Müglitz.

Busendorf, Ungarn, Zaránd. Komt. siehe Butses.

Busendorf, Oest. unt. d. Ens., V. O. W. W., ein kleines zur Hrsch. St. Leonhard am Forst gehöriges *Dörfchen* mit 9 Häuser und 60 Einwohner, nach Mank eingepfarrt, unweit Ranzenbach, ¼ St. von Mank am Mankflusse, 3¼ St. von Melk.

Busenthal, Steiermark, Grätz. Kreis, eine *Gegend* im Bzk. Trautmansen z. Herschaft Freiberg zehentpfl., nach Weizberg eingepfarrt.

Busentino, Tirol, Trient. Bzk., ein zum Stadt- und Ldgcht. Trient gehör., der Pfarre Vigolo Vottoro unterthäniges *Dorf*, 2½ St. von Trient.

Busi, Cassina, Lombardie, Prov. Cremona und Distr. VII, Casal Magglore; siehe Casal Bellotto.

Busiago, Venedig, Prov. Padova und Distr. V, Piazzolla; siehe Campo S. Martino a sinistra.

Busiago Mussato, Venedig, Prov. Padova und Distr. V., Piazzola; siehe Kapo S. Martino a sinistra.

Busiago nuovo e vechio sotto Tao, Venedig, Prov. und Distr. I, Padova; siehe Vigo.

Busiago Ronco, Venedig, Prov. Padova und Distr. IV, Campo Sampiero; siehe Campo d'Arsego.

Busiago vechio sotto Saletto, Venedig, Prov. und Distr. I, Padova; siehe Vigo d'Arzere.

Buslanecz, Kroatien, Agramer Komt., eine *Ortschaft* bei Agram.

Busin, Kroatien, Agram. Komt., ein *Dorf* mit 44 Häuser und 314 Einw.

Busin, Böhmen, Tabor. Kr., eine einzelne *Gegend*, zur Hrsch. Gistebnitz, 3 St. von Sudomierzitz.

Busio, Bren di, Lombardie, Prov. Bergamo und Distr. XVII, Breno; siehe Braone.

Busio, Torre di, Lombardie, Prov. Bergamo und Distrikt VII, Caprino; siehe Tore di Busi.

Busjevecz, Kroatien, Agram. Komt., ein *Dorf* mit 39 Häus. und 269 Einw.

Busk, Böhmen, Prach. Kr., ein *Dorf* zur Hrsch. Winterberg geh., 5½ St. v. Strakonitz.

Busk, Galizien, Zloczow. Kr., eine *Staatsherrschaft*, wodurch der Fluss Bug seinen Lauf hat, mit 3000 Einw.,

'3 grich. kathol. und einer lateinischen Kirche, nächst dem Städtchen Bialy Kamlen, 4 St. von Olszanica. Postamt.

Buska, Ungarn, diesseits der Theiss, Borsod. Gespan. Szendröv. Bzk., ein im Arnoth-Terrain sich befindendes einzelnes *Wirthshaus* in der Pfarre Pálfalu, am Sajo Flusse, 3 St. von Miskólcz.

Buskau, Buskow, Budeskau — Böhmen, Budw. Kr., ein *Dorf* zur Hrsch. Frauenberg an der Moldau, 2½ St. v. Moldautein.

Buskow, Böhmen, Budw. Kr., ein *Dorf* zur Hrsch. Frauenberg; siehe Buskau.

Buskovicky, Galizien, Przemysler Kr., eine *Ortschaft*, 1 St. von Przemysl.

Buslawitz, Mähren, Hradischer Kr., ein *Dorf* zur Pfarre Bresnitz und zum Gute Malenowitz; siehe Boruslawitz.

Busnadore, Lombardie, Prov. Lodi e Crema und Distr. VI, Codogno; siehe Codogno.

Busna dorelli, Lombardie, Prov. Lodi e Crema und Distr. VI, Codogno; siehe Codogno.

Busnago, Lombardie, Prov. Milano und Distr. IX, Gorgonzola, ein *Gemeindedorf* mit Vorstand und eigenen Pfarre, S. Giovanni Evang. und einem Oratorium, nächst Trezzo, Grezzago, Trezzano und Roncello, 8 Migl. von Gorgonzola. Hieher gehören:
Belgiosa, Cassina Bovisa, Cortiana, Gallina, Meiereien.

Busnelli, Cassina, Lombardie, Prov. Milano und Distr. V, Baslassina; siehe Meda.

Busnigallo, Lombardie, Prov. Como und Distr. XIV, Erba; siehe Ponte.

Buso, Venedig, Prov. Polesine u. Distr. I, Rovigo, ein nächst der Stadt Rovigo und dem Flusse Adigetto liegendes *Gemeindedorf*, mit einer eigenen Pfarre S. Marco Ev. und einer Gemeinde-Deputation, ¾ St. von Rovigo. Mit:
Sarzano, Dorf, — Sarzano, Gemeindetheil.

Busolo, Venedig, Prov. Verona und Distr. IX, Illasi; siehe Lovagno.

Busolo, Tor di, Venedig, Prov. Verona und Distr. IX, Illasi; siehe Lavagno (Tor di Busolo).

Busor, Siebenbürgen, Fogarascher Komt., eine *Ortschaft*, 1 St. von Fogaras.

Busowisko, Galizien, Samb. Kr., ein der Kaal. Hrsch. Spus gehör. *Dorf*, mit einer griech. Pfarrkirche, beim Flusse Dniester, grenzt gegen O. mit dem Dorfe Luzek und gegen W. an Spus, 2 St. von Sambor.

Bussa, Bussinze — Ungarn, diess. der Donau, Neográd. Gespansch., Kéköer Bzk., ein ungar., den Grafen Zichy und Balassa geh. *Dorf*, mit einer nach Nagy Zellö eingepfarrten Lokalkaplanei, an der Landstrasse und dem Ufer des Ipoly Flusses, ½ St. von Szakál.

Bussarnitz, Illirien, Ob. Kärnten, Villacher Kr., ein zum Burgfried Feldsberg geh. *Dorf*; siehe Pussarnitz.

Bussder Bach, Siebenbürgen, Mediascher Stuhl, entspringt oberhalb dem Dorfe Buszd und ergiesst sich nach einem Laufe von 2 Stunden in den grossen Kokelfluss.

Busseni, Fenile, Lombardie, Prov. Mantova und Distr. IV, Volta; siehe Volta.

Bussero, Lombardie, Prov. Milano und Distr. IX, Gorgonzola, ein *Gemeindedorf* mit einer Pfarre SS. Nazzaro e Celso und 2 Kapellen, von Pessano, Bornago, Gorgonzola und Cassina de Pecchi begrenzt, 3 Migl. von Gorgonzola. Einverleibt sind:
Cassina Galassa, Gogna, Nuova, Meiereien.

Busseveczy, Kroatien, Agram. Gespansch., im Bezirk jenseits der Save, ein meiren adel. Familien geh., nach Vukovina eingepf. *Dorf*, 3 St. von Agram.

Bussiezky, Böhmen, Tabor. Kr., ein *Dörfchen*, zum Freisassen-Viertel Pezlinowsky, 1¼ St. von Sudomierzitz.

Bussin, Kroatien, diesseits der Save, Agram. Distr., Warasdin. Gespansch., im Ob. Zagorian. Bzk., ein *Vorgebirgs-Dörfchen*, der Gemeinde Plemenschina und Pfarre Kosztell einverleibt, 6 St. von Pettau.

Bussinze, Ungarn, Neográd. Komt.; siehe Bussa.

Bussoez, Bussowze, Bauschendorf — Ungarn, diesseits der Theiss, Zipser Gespansch., im II. oder Sub. Carpat. Bzk., ein unter mehre Hrsch. getheiltes *Dorf*, mit 98 Häus. und 730 Einwohn., einer eigenen Pfarre gr. R. und evang. Bethause, dann mehren adel. Gebäuden und Schenkhäusern mit Wagen-Schupfen, in einer Ebene an der Landstrasse, 5⅓ St. von Leutschau, 2 St. v. Kézmark.

Bussolengo, Venedig, Prov. und Distr. I, Verona, ein vom Flusse Adige und der Berghöhe Pigna begrenztes, bei S. Vito liegendes *Gemeindedorf*, mit 3000 Einwohnern, Vorstand und Pfarre S. Maria, 1 Aushilfskirche und 6 Oratorien. 1¼ Migl. von Verona. Mit:
Cà di Capri, S. Vito del Mantico, Dörfer.

Busstehrady, Böhmen, Rakon. Kr., *Herschaft* und *Dorf*; siehe Buschtiehrad.

Busstewes, Böhmen, Rakonitz. Kr., *Herschaft* und *Dorf*; siehe Buschtiehrad.

Büssü, Ungarn, jenseits der Donau, Sümegh. Gespanschaft, Igallyer Bzk., ein den Tóthischen Nacıkommen geıör. *Dorf*, mit 94 Häusern und 712 Einwohnern, einer eigenen reform. Pfarre; die Katıoliken sind nacı Szili eingepf., liegt zwiscıen Koszok und Gölle, 3 St. von Kaposvár.

Busta, Cassina, Lombardie, Prov. Como und Distrikt XIV, Erıa; sieıe Erba.

Bustalora, Lombardie, Prov. Pavia und Distr. II, Bereguardo; s. Pissarello.

Bustdorf, Sieıenıürgen, Tıorenıurg. Komt.; sieıe Ligeth.

Bústelek, Ungarn, diesseits der Donau, Pressıurg. Gespansch., Ob. Insul. Bzk., ein adel. *Dorf* in der Scıütt, nacı Nagy-Megyer eingepf., am Ersekujvár. Donau-Arme, zwiscıen Felsö-Sáuok und Madarász, mit 5 Häusern und 38 Einwohnern, 1¼ St. v. Somerein.

Busternola, Di, Venedig, Prov. Friaul und Distr. XII, Cividale; sieıe Cividale (Mulino di Busternola.)

Büster-Somos, Siebenbürgen, Hunyader Komt., ein *Dorf* mit 50 Häusern, meıren Adeligen geh., von Walacıenıewoınt, zur Pfarre Szász-Város, 2½ St. von Szász-Város.

Busthard, Siebenbürgen, Ob. Weissenburg. Komt.; sieıe Vetsérd.

Bustighera, Lombardie, Prov. Milano und Distr. XII, Melegnano, ein *Gemeindedorf* mit Vorstand und Pfarre B. V. Assunta, von Mediglia und Canobbio ıegrenzt, 1 St. von Melegnano und 2 St. von Milano. Dazu geıoren:
Borgo nuovo, Molinazzo, Mühlen, — Borgo nuovo, Boscu, Caluzzano, Meiereien.

Busto Arsizio, Lombardie, Prov. Milano und Distr. XV, Busto Arsizio, eine *Gemeinde* und *Marktflecken*, eigentlich kleines Städtcıen, wovon der XV. Distrikt in dieser Provinz den Namen hat, mit einer königl. Pretur, Distrikts-Commissariat, Gemeinde-Vorstand, einer Sicherheitswach-Brigade und einer Pfarr-Präpositur S. Giovanni Battista, 2 Aushilfskirchen, 9 Oratorien, 2 Kapellen, von Sacconago, Gallarate, Olgiate, Samurate begrenzt. Postamt. Hierıer geıören:
Brusara grande, Cassina Bollona, Cassina di Poveri   ııına di Toeigrandi, Cassinetta, Vignone Meiereien.

Busto Garolfo, Lombardie, Prov. Milano und Distr. XIV, Cuggiono, eine *Ort syemeinde*, mit einer Pfarre S. Salvadore e S. Margarita, einer Aushilfskirche, 3 Oratorien und Gemeinde-Deputation, 1¼ St. von Cuggiono. Dazu gehört:
Cassina Olcella, Meierei.

Busto di Ferro, Cassina di, Lombardie, Prov. Pavia und Distr. III Belgiojoso; sieıe Belvedere (Cassinad Busto di Ferro.)

Bustyaháza, rutıeniscı Bustyina — Ungarn, jenseits der Tıeiss, Mármaroser Gespansch., Unt. Bzk., ein zur Kaal. Hrsch. Huszth geh. rutıeniscıes *Pfarrdorf*, mit 121 Häusern und 1072 Einwoınern, einer k. Salzgruıe, liegt an dem Zusammenflusse der Tıeiss mit dem Flusse Talabor, auf welcıem letztern sich meıre Sägemüılen ıefinden, an der Grenze des Szathmárer Komitats, 4 St. von Szigeth.

Busz, Buszdu — Siebenbürgen, Medias. Stuıl; sieıe Buzd.

Busza, Ungarn, Oedenburger Komt.; sieıe Bóos.

Buszdosány, Kroatien, Agram. Gespansch., Montan. (Gebirgs) Bzk., ein zur Hrsch. Grobnik, dann zur Gericıtsbarkeit und Pfarre Czernik geh. *Dorf*, liegt an der neuen von der Schifffahrts-Gesellscıaft angelegten Strasse, 1 St. von Fiume.

Buszow, Mähren, Ollm. Kr., *Herschaft* und *Markt*; sieıe Busau.

Busure, Sieıenıürgen, Hunyad. Komt., ein *Berg* zwiscıen Vajda-Hunyad und Hosdát, auf welcıem der durcı Bujtur fliessende Bacı entspringt.

Buszd, Buss, Busd, Busz — Sieıenıürgen, Medias. Stuıl, ein *Dorf*, von Sacısen und Walacıen bewoınt, von einer evangeliscıen Pfarre, 1½ St. von Mediasch.

Buszd, Buzd, Buzdinum, Buss, Bussd, Buzendorf, Buzdu, Boz — Siebenbürgen, Nieder Weissenburg. Komt., Klein-Enyeder Bzk., ein *Dorf*, meıren Adeligen geh., von Sacısen und Walacıen bewoınt, mit einer grieciscı-unirten und einer griecıisch nicıt unirt. Pfarre, 2 St. von Reismarkt.

Buszeze, Galizien, Brzezan. Kr., ein *Dorf*, der Hrsch. Rrzezau, mit Pfarre, 10 St. von Strzeliska.

Buszkowice, Galizien, Przemysler Kr., ein *Dorf*, zur Hrsch. und Pfarre Zurawice geh., 1 St. von Przemysl.

Buszkowiczki, Galizien, Przemysl. Kr., eine *Herschaft* und *Dorf*, näcıst Buszkowice am Saan Flusse, 2 St. von Przemysl.

Busznovi, Slavonien, Posegan. Gespansch., Unt. Bzk., ein zur Herschaft Bresztovacz und Pfarre Bollomacs geh. *Dorf*, mit 24 Häusern und 187 Einwohnern, zwiscıen Gucsány und Ivándol, 1¼ St. v. Posega.

41

Buszowiska, Galizien, Przemysler Kr., eine *Ortschaft*, 1½ St. von Przemysl.
Butan, Ungarn, Bihár. Komt.; sieie Rikosd.
Bú Telek, Ungarn, diesseits der Theiss, Heves. Gespausch., Tarnaer Bzk., ein *Praedium*, dem hochw. Erlauer Bisthum geiörig, zwiscien Heves und Csász.
Butelka nizna, Galizien, Sambor. Kr., ein der Kammeral-Herscıaft Borynia geh. *Dorf*, mit einer Pfarre, am Bacıe gleicıeu Namens, grenzt gegen O. mit dem Dorfe Wisakie nizue, gegen W. mit den Dörfern Jaworow u. Butelka Wizna, 17 St. von Samıor.
Butelka Wizna, Galizien, Samıor. Kr., ein der Kammeral-Herscıaft Borynia geh. *Dorf*, mit einer Pfarre, am Bacıe gleicıen Namens, grenzt gegen O. mit dem diesseitigen Kammeral-Dorfe Butelka nizna, 17 St. von Samıor.
Buthausuluj, Djálu-, Bothavas — Sieıenbürgen, Oıer. Tschiker Székler Stuhl, ein *Berg*, aus welcıem der Bacı Válye-Buthausuluj entspringt.
Butiovich, Illirien, Istrien, eine *Ortschaft* bei Dignano.
Butka, Butkowcze — Ungarn, diesseits der Tıeiss, Zemplin. Gespausch., Nagy-Miıály Bzk., ein meıreı Dominien geh. *Markt*, mit 270 Häusern und 1400 Einwoınern, einer katı. Hauptpfarre, einer griech. kathol. Filiale und jüdiscıen Synagoge, au dem Laborcza Flusse, 2 St. von Nagy-Miıály.
Butka-Borszék, Sieben)ürgen, Gyergyöer Székler-Filialstuhl, ein *Berg* am linken Ufer des Borpatak, ½ St. von Borszék.
Butkau, Böımen, Budweiser Kr., eine *Ortschaft*, 3 St. von Neuıaus.
Butkau, Mäıren, Iglauer Kr., eine *Ortschaft* bei Iglau.
Butkován, Ungarn, diess. der Donau, Neutr. Gespan., Szakolcz. Bzk., ein *Praedium* im Terrain des Marktes Holics, zu dieser k. Hrsch. und Pfarre geh., gegen Ost., 1 St. von Holics.
Butkovecz, Kroatien, Agram. Gesp., im Sz. Iváner Bzk., eine *Gebirgsortschaft* in der Pfarre St. Martin in Hum, mit einem den Grafen Draskovich geh. Meierhofe, ½ St. von Bresznicza.
Butkovine, Dalmatien, Ragusa Kr., Distrikt Ragusa-veccıia, ein kleines *Dörfchen*, nacı Marzinne pfarrend, der Hauptgemeinde Plocitze zugetheilt, von dem Berge Biclotine und den Dörfern Sastoglie und Marzinne begrenzt, 3½ St. von Castelnuovo und 7 St. von Ragusa.

Butla, Galizien, Samb. Kr., ein der Kaal. Hrsch. Borynia geh. *Dorf*, mit einer griech. Filialkirche, am Bache gleichen Namens, grenzt gegen Ost. mit dem Dorfe Komarniki, gegen West. mit dem Dorfe Jaworow, 18 St. v. Sambor.
Butling, Oest. ob d. E., Inn Kr., ein zum Ldgcht. Ried geh. *Weiler*, in der Pfarre Eberschwang, 1¼ St. von Ried.
Bütö-Patak, Siebenbürgen, Székl. Stuıl, ein *Bach*, welcıer aufdem Berge Maglatö entspringt und sicı in den Bach Ojtoz ergiesst.
Butowes, Böımen. Bidsch. Kr., ein *Dorf* der Hrsch. Miltschowes; sieıe Puttowes.
Butowien, Mäıren, Prer. Kr., ein *Dorf*, zum Gut Kunstadt; s. Botenwald.
Butowitz, Böımen, Rakon. Kr., ein *Dorf*, welcıes unter der Ginonitzer Pfr. steıt, zum Gute Ginonitz und Radlitz geh., 1½ St. von Prag.
Buts, Ungarn, Gran. Komt., ein *Dorf* mit 209 Häus. und 1020 Einw.
Butsa, Ungarn, jens. der Donau, Zaláder Gespan., Kapornak. Bzk., ein der adel. Familie Horvát de Zala-bér geh., nach Szent-László-Egyháza eingepf., gegen Ost. unw. von dem Marktfl. Kapornak liegt. *Dorf*, 1½ St. von Egerszeg.
Butsa, Ungarn. jens. d. Tıeiss, Békés. Gespan. und Bzk., ein *Praedium* an d. Gross-Kuman. Grenzen, im Terrain d. Marktes Füzes-Gyarmath.
Butsa, Ungarn, jens. d. Tıeiss, Bihár. Gespan., Wardein. Bzk., eine der Familie Schuller geh. walacı. *Ortschaft*, mit 28 Häus. u. 168 Einw., einer griech. nicıt unirt. Pfarre, liegt an dem Flusse Sebes-Körös nordwestlicı, ⅛ St. von Feketetó.
Butsáva, Ungarn, jens. der Theiss, Arad. Gespan., ein unt. die Institoris. Grchtsbark. geh. *Dorf*, mit 8 Häus. und 57 Einw., der griech. nicht unirt. Pfarre Madrizesty zugetheilt, neben sehr hohen Kalkgebirgen, unw. Zöldes, 13½ St. von Arad.
Butsch, Mäıren, Iglau. Kr., ein zur Hrsch. Saar und Pfarre Wessely gehör. *Dorf*; nordw. naıe bei Neu-Wessely, mit böhm. Einw., 5 St. von Iglau, 4 St. von Gross-Meseritscı.
Butsch, mäıriscı Budče — Mähren, Znaim. Kr., ein *Gut* und *Dorf*, mit böhm. Einw., einer Pfarre und einem Schlosse, von d. Stadt Jamnitz gegen Süd. ¼ St. entfernt, 1½ St. v. Scheletau.
Butschafka, Schlesien, Tropp. Kr., ein *Dorf*, zur Pfarre und Ortsobrigkeit Rosswald geh., mit böhm. Einw.

Butschatsch, Galizien, Czortk. Kr., eine *Stadt* und *Post*; s. Buczacz.

Butschek, Buczek — Böhmen, Pils. Kr., ein *Dorf* der Hrsch. Plass, hinter d. Dorfe Lednitz, 6 St. von Pilsen.

Butscherde, Siebenbürgen, Nieder Weissenb. Komt.; s. Botsárd.

Butschin, Gross-, Buczina — Böhmen, Rakon. Kr., ein zur Stadt Weilwarn und zur Hrsch. Zwolleniswes gemeinschaftl. geh. *Dorf*, an der Prager Landstr., liegt nächst Wellwarn, 3 St. von Scilan.

Butschin, Klein-, Buczina — Böhmen, Rakon. Kr., ein zur Hrsch. Zwolleniowes geh. *Dorf*, liegt nahe an dem Dorfe Gross-Butschin, 2½ St von Scilan.

Butschin, Mähren, Brünn. Kr., ein *Berg*, ¼ St. nordw. vom Dorfe Ferchitz, 230 W. Klftr. über dem Meere.

Butschina, Buczina — Böhmen, Czaslauer Kr., ein einz. *Meierhof* des Gutes Tržemoschnitz, grenzt gegen Süd. an das Dorf Kraskow, 4 St. von Jenikau.

Butsching, Ungarn, Eisenburger Komitat; s. Búcsu.

Butschowes, Buczowes — Böhmen, Bidschow Kr., ein *Dorf*, theils zur Hrsch. Dimokur, theils zur Hrsch. Kopidlno geh., 3¼ St. von Gitschin.

Butschowitz, Buczowicze — Böhmen, Beraun. Kr., ein *Dorf*, zur Hrsch. Wottitz geh., 1¼ St. von Wottitz.

Butschowitz, Böhmen, Czasl. Kr., ein *Dörfchen* der Hrsch. Willimow; s. Buczowicz.

Butschowitz, Mähren, Brünn. Kr., eine *Herschaft*, aus dem Markte gleichen Namens und 19 Dörfern bestehend, mit 9530 Einw., 8 hrschaftl. Meierhöfen u. eben so vielen Schäfereien, in welchen 3500 veredelte Schafe gehalten werden. Man findet hier 1 Brauerei, 7 Branntweinbrennereien, 25 Mahl-, 2 Loh-, 2 Oelmühlen und 1 Sägemühle, 1 Pottaschensiederei, 3 Ziegelbrennereien u. 13 Wirthshäuser, 3 Pfarren mit 3 Filialen, 6 Schulen u. 2 Spitäler. Der *Markt* B. mit einem grossen, ehedem sehr festen und jetzt noch sehenswerthen fürstlich. Liechtenstein'schen Schlosse zählt 2000 Einw., hat 1 Feintuch- und Kasimirfabrik, mehre Woll-, Leinwand- und Kunstweber, zwischen Austerlitz und Gaya, 2¼ St. von Wischau.

Butschumi, Ungarn, Kövár. Distr.; s. Törökfalva.

Butsdorf, Siebenbürgen, Hunyader Komt.; s. Butsum.

Butsen, Ungarn, Kövárer Distr.; s. Butyászta.

Butses, Busendorf, Butschesch — Ungarn, Zaránd. Gespan., Bleseny. Bzk., eine *Kammeral-Herschaft* und walach. *Dorf*, zwischen hohen Bergen, mit 2 griech. nicht unirt. Pfr., liegt nächst Bleseny gegen Ost., 4¼ St. v. Körös-Bánya, 10 St. von Déva.

Butsets, Siebenbürgen, ein *Berg*, der aus 2 Bergrücken besteht, die ein Thal von einander trennt; der südl. grössere und höhere geh. zur Walachei, d. nördl. zum Kronstädter Distr. Seine höchste Spitze ist 1360 W. Klft. über d. Meeresfl. erhaben, der Schnee liegt oben mehre Jahre hindurch ohne zu schmelzen.

Butsinyisuluj, Valye-, Siebenbürgen, Kokelburg. Komt., ein *Bach*, welcher auf den Bergen Furtsele, Nitznyani und Djalu-Oporisi entspringt, und sich in den Maros Fl. ergiesst.

Butsinyisuluj, Valye-, Siebenbürgen, N. Weissenb. Komt., ein *Bach*, welcher auf dem Gebirge Hukurbata-Biheri entspringt, und sich in den Aranios Fluss ergiesst.

Butsu, Bucschu — Ungarn, diess. d. Theiss, Bereg. Gespan. und Tisza-hát. Bzk., ein ungar., am Ufer des Vérko Flusses lieg. *Dorf*, ⅓ St. v. Bereghszász. Postamt Munkács.

Butsu, Ungarn, Eisenb. Komt., ein *Dorf* mit 68 Häus. und 443 Einw.

Butsuháza, Ungarn, Pressb. Komt.; s. Buczuháza.

Butsum, Siebenbürgen, Dobok. Komt.; s. Vármezö.

Butsum, Ungarn, jens. der Theiss, Bihár. Gespan., Belényes. Bzk., ein zur Kaal. Hrsch. Pap-Mezö gehör. walach. *Dorf*, mit 36 Häusern und 220 Einw., einer griech nicht unirt. Pfr., 3¼ St. v. Grosswardein.

Butsum, Butsch, Butschumu — Siebenbürgen, Fogarasch. Distr., ein in einer Ebene lieg., mit 550 Walachen u. Grenz-Soldaten bewohntes *Dorf*, diess. des Alt Flusses, mit einer griech. unirt. Pfarre, 4 St. von Sárkány.

Butsum, Bútsdorf, Butschum — Siebenbürgen, Hunyad. Gespansch., diess. der Maros, Losader Bzk., ein mehren Grundhrsch. gehör., nach Alsó-Város-Vize eingepf. walach. *Dorf*, mit einer griech. nicht unirt. Kirche, liegt im Gebirge, 6¼ St. v. Déva.

Butsum, Töröhegy, Baumdorf, wal. Botschumb — Siebenbürgen, Nieder Weissenb. Gespan., Nied. Kr., Arudfalv. Bzk., ein z. Hrsch. Zalathna. geh., im Geb. zerstr. lieg. walach. *Dorf*, mit einer griech. nicht unirt. Pfr. u. mehren Goldgruben, 11 St. v. Karlsburg.

41 *

Butsum, Siebenbürgen, Hunyad. Komitat, ein meiren Adel. geh., v. Walacien gewointes *Praedium*, 3 St. von Kemer.

Butsum, Siebenbürgen, Hunyad. Komitat, ein *Berg*, auf welciem der Baci Marga entspringt, 3 St. v. Bukova.

Butsuta, Ungarn, jenseits d. Donau, Zalader Gespansch., Egerszeger Bzk., ein naie am Bacie Válitzka lieg., zur fürstlici Eszterház. Hrsch. Németiy geh. *Dorf*, naci Bánók-Szent-György eingepf., von O. gegen W. zwiscien Szent-László u. dem Berzenczer Weingebirge, 3 St. von Egerszeg, und 2½ St. von Kanisa.

Butszow, Galizien, Stryer Kr., ein *Dorf* der Hrsch. Halicz; s. Bouszow.

Buttano Casal, Lombardie, Prov. Cremona und Distr. V, Robecco; sieie Basal Buttano.

Buttanone, Lombardie, Prov. Mantova und Distr XIII, Suzzara; sieie Suzzara (Sailetto).

Butta pietra, Venedig, Prov. und Distr. I, Verona, ein von dem Flusse Menago und dem Berge di Castagne begrenztes, zwiscien Pozzo und Baguolo liegendes *Gemeindedorf*, mit Vorstand und Pfarre S. Croce und 3 Oratorien, 2 Migl. von Verona. Dazu geiören: *Bovo, Bovolin, Cà della Fiera, Cà di Marchesini, Camera, Feniletto, Melegan, Morgnan, Piombazzo, Ramusedo, Scudorlando, Settimo di Galose, Tor, Trinità, Zera, Zeretta.*

Buttarello, Lombardie, Prov. Como und Distr. XII, Oggiono; sieie Val Greghentino.

Buttarello, Lombardie, Prov. Bergamo und Distr. VII, Caprino; sieie Pontita.

Buttarolo, Lombardie, Prov. Bergamo und Distr. VII, Caprino; sieie Lorentino.

Buttau, Böhmen, Pilsn. Kr., ein *Dorf* der Stadt Mies; siehe Wuttau.

Buttcovich, Illirien, Istrien, Mitterb. Kr., ein *Dorf* im Distr. Rovigno, Bzk. Dignano, zur Untergemeinde Roveria und zur Pfarre Dignano geh., in der Dióces Parenza Pola, 2 St. v. Dignano.

Buttea, Venedig, Prov. Friaul und Distr. XIX, Tolmezzo; sieie Lauco.

Buttendorf, Puttendorf — Oest. unt. d. E., V. O. M. B., ein der Hrsch. Wieseut geh. *Dorf*, an der Süd-Seite von Harmersdorf, 1 St. von Meissau.

Buttenhausen, Oest. ob d. E., Inn Kr., ein zur Hrsch. und zum Landgcht Wildsiut geiör. *Dorf*, naci Moosdorf eingepfarrt

Buttera, Venedig, Prov. Friaul und Distr. XIII, S. Pietro; sieie Rodda.

Butterdorf, Siebenbürgen, Maros Stuil; sieie Vaja.

Butterdorf, Ungarn, Kraszn. Komt., sieie Vaja.

Buttersee, Steiermark, Judenburgei Kr., ein kleiner *See*, östl. von Irdning.

Buttintrocca Cassina, Lombardie, Prov. Lodi e Crema und Distr. II, di Zelo Buoi Persico; sieie Cologno.

Buttirago, Lombardie, Prov. Pavia und Distr. III, Belgiojoso, ein nach S. Paolo zu Copiano (Distr. IV, Corte Olono) gepfarrtes *Gemeindedorf*, mit Vorstand und Privat-Oratorio, 2 St. vom Flusse Po entlegen, ½ St. von Belgiojoso. Mit:
Camatte, einzelnes Haus. — Cassina Colombina Meierci.

Butto, Lombardie, Prov. Bergamo und Distr. VII, Caprino; sieie Erve.

Butto, Lombardie, Prov, Bergamo und Distr. VII, Caprino; sieie Rossino.

Butto Inferiore, Lombardie, Prov. Bergamo und Distr. VII, Caprino; sieie Monte Marenzo.

Büttos, Ungarn, Abaujvárer Komt., ein *Dorf* mit 54 Häus. und 404 Einw.

Buttrio in Monte e in Piano, Venedig, Prov. Friaul und Distr. XII, Cividale, ein *Gemeindedorf*, mit Vorstand und Pfarre S. Maria (Buttrio in Piano), 3 Aushilfskirchen, näcist dem Dorfe Caminetto, 5 Migl. von Udine. Dazu geiören:
Caminetto, Camino, Orsaria in Monte, e in Piano Paderno, Vasinale, Dörfer.

Buttyin, Ungarn, Temesvár. Komt., ein Urbarial *Markt* mit 164 Häuseri und 1012 Einwoinern.

Butyanu — Siebenbürgen, Fogarascher Komt., ein *Berg*, 4¼ St. von den Dörfern Opra- und Stresa-Kertzesóra.

Butyásza, Butyáza — Ungarn, Kövarer Distr., ein zwiscien Wäldern und Gebirgen liegendes, den Grafen Teleki geh. walaci. *Dorf*, mit einer griech. unirten Pfarre; in dieser Gegend stand das Sciloss Kővár, wovon diese Distrikt den Namen fürt, und liegt am Bache Lapos, 1¼ St. von Gaura, und 2 St. von Nagy-Somkút.

Butyenye, Siebenbürgen, Kolosei Komt.; sieie Bökény.

Butyin, Buttzen — Ungarn, Arade Komt., ein Urbarial *Markt*, mit 51? Häus. und 3775 Einw. Postamt mit:
Almas Al-Ceil, Bersa, Berindra, Bogyest, Boros Sebes, Bohany, Dezna, Doncseny, Govasdia Hodos, Ignest, Kakara, Kavna, Kertes, Kisi India, Kujed, Kotsoba, Laar, Mingad, Monyassa Nadalbest, Nyagea, Prezest, Ravna, Revetti Szeketzau, Szlatina, Scsussau, Vassoja, Ze rénd, Zugo.

utyln, Ungarn, jenseits der Tieiss, Temess. Gespansch., im Versecz. Bzk., ein walach. *Kammeral-Dorf*, mit einer griech. nicht unirten Kirche und Pfarre versehen, hat 178 Häus. und 576 Einw., zum Kaal. Rentamte Denta geh., gegen S. nächst Perkussova, 4 St. von Detta.

utyny, Galizien, Zolkiew. Kr., ein zur Hrsch. Augustow oder Gross-Mosty geh., mit d. Ortschaft Kazumin vereinigtes *Dorf*, mit einem Vorwerke und griech. kathol. Kirche, 2 St. von Mosty und 5 St. von Zolkiew.

utzen, Tirol, Oberinnth. Kr., ein zur Hrsch. Landeck geh. *Hof* im Stanzer tial, 10 St. von Imst und 3 St. von Nassereut.

utzenberg, Steiermark, Bruck. Kr., ein zur Gemeinde Giemlach geh. *Berg*, worauf eine der Hrsch. Meel unterthän. Taferne sich befindet, zum Wb. B. Kom. der Stadt Tafaje gehörig, 1½ St. von Vordernberg.

utzow, Mähren, Znaimer Kr., ein *Dorf* mit böhm. Einw., zur Pfarre Beneschau und Hrsch. Namiescht gehörig; siehe Puczow.

uuk, Slavonien, Poseganer Gespanschaft, Unt. Bzk., ein Dorf der Hrsch. Pleternicza, mit einer eigenen Pfarre, in einem angenehmen Tiale, 2½ St. von Posega.

üük, Alsó-, Unter-Bücks, auch Wüks — Ungarn, jenseits der Donau, Oedenburger Gespansch., im III. oder untern Bzk., ausser ihal) des Raabflusses, ein mehren Hrsch. dienstbares ungarisch. *Dorf*, mit einem evangel. Bethause, sonst nach Közep Büük eingepf., unweit Csepregh, 4½ St. von Oedenburg.

üük, Felsö-, Ober-Bücks, auch Wüks — Ungarn, jenseits der Donau, Oedenburger Gespansch., im III. oder untern Bzk., ausserhalb d. Raabflusses, ein ungr., mit der Pfarre in Kösep Büük vereinigt., mehren Hrsch. gehör. *Dorf*, unweit Nemes-Ládóny, 4 St. von Oedenburg.

üük, Közep-, Mitter-Bücks, auch Wüks — Ungarn, jenseits der Donau, Oedenburger Gespansch., im III. oder untern Bzk., ausser ihal) des Raabflusses, ein ungr. mehren Hrsch. dienstbares *Pfarrdorf*, zwischen Felsö- und Alsó-Büük, 4 St. von Oedenburg.

ux, Tirol, Vorarlberg, 3 einzelne *Höfe* im Gerichte Kellhöf, d. Hrsch Bregenz geh., 4½ St. von Bregenz.

uxlin, Kroatien, diess. d. Save, Karlstädter Generalat, Lican. Bzk., ein zum Licaner Grenz-Regimts. Kanton Nro. I geh. *Dorf* von 64 Häusern, mit einer

eigenen Pfarre und verfall. Schlosse, liegt am Gebirge Vellebit, am Ursprunge des Baches Novchicza, 2½ St. von Gospich.

Buxruck, Oestr. ob d. E., Inn Kr., eine *Einöde* im Ldgcht. Obernberg, zur nahe lieg. Pfarre Senftenbach gehör., 3 St. von Ried.

Buyne, Galizien, Sandec. Kr., ein zur Hrsch. Roznow geh. *Dorf*, 4 St. von Sandec.

Buza, Besotten — Siebenbürgen, Doboker Gespansch., Unt. Kr., Gyeker Bzk., ein mehren adel. Besitzern geh., auf einer Anhöhe lieg. ungr. walach. *Dorf*, mit einer reformirten und griech. unirten Pfarre, 6 St. von Bisztritz.

Buzád, Ungarn, jenseits der Tieiss, Temes. Gespausch., im Lippaer Bzk., ein walach. *Kammeral-Dorf*, zum Kaal. Rentamte Lippa geh., mit 145 Häusern und 870 Einw., einer griech. nicht unirten Kirche und Pfarre, zwischen Bergen und Wäldern, gegen S. unweit Mély Nádas, 3 St. von Guttenbrunn.

Buzadovecz, Kroatien, diess. d. Save, Warasdiner Generalat, Szt. Iván. Bzk., eine zum Kreutzer Grenz-Regimts. Kanton Nro. V gehörige *Ortschaft* von 7 Häusern, liegt nächst Polyana, am Bache Glogovnicza, 2 St. v. Verbovecz.

Buzaer-Bezirk, Búzai-Járás — Siebenbürgen, Dobokaer Komt., ein *Bezirk*, welcher zwischen dem 46 Gr. 59 M. 0 Sek. bis 47 Gr. 4 M. 0 Sek. nördlicher Breite, und 41 Gr. 41 M. 0 Sek. bis 41 Gr. 47 M. 30 Sek. östlicher Länge, ganz im Samosch. Hauptflussgebiete die Lage hat, und 22 Dörfer enthält. Dieser Bzk. grenzt gegen West. mit dem Széker Bezirk der eigenen, gegen Nord. mit dem Betlener Bezirk der Inner Szolnok. Gespansch., gegen Osten mit dem südwestlichen Theile des Bistritzer Distrikts und dem Kerlescher Bzk. der eigenen, und geg. Süd. mit dem Oerményescher- und Palatkaer-Bezirk der Koloscher Gespanschaft.

Búzafalva, Ungarn, diesseits der Tieiss, Abaújváer Gespanschaft, Kaschauer Bzk., ein in einer Ebene liegendes, nach Koksö-Mindszent eingepfarrtes *Dorf* mit 58 Häus. u. 434 Einwohnern. 1½ St. von Kaschau.

Buzahaza, Kornhaus, Buzaház — Siebenbürgen, Székl. Maroscher Stuhl, Ob. Kr. und Jobbágyfalver Bzk., ein in einer Ebene an dem Flusse Nyárád liegendes adel. ungarisches *Dorf*, mit einer kathol. und reformirten Kirche 4½ St. von Maros Vásárhely.

Buzáju, Valye, Siebenbürgen, Inn. Szoln. Komt., ein *Bach*, welcher ober dem Dorfe Búzamező entspringt, und sich in den Samosfluss ergiesst.

Buza-Maszkuluj, Siebenbürgen, Hunyad. Komt., ein *Berg* bei Ullyes.

Buzamező, Fruchtfeld, Buza — Siebenbürgen, Inner Szolnok. Gespansch., Unter Kr., Sardoker Bzk., ein an dem Samosflusse zwischen Geb. liegendes adel. walachisches *Dorf*, mit einer griech. nicht unirten Pfarre, 7¼ St. v. Dées.

Buzás-Besenyő, Besendorf, Bessenyő — Siebenbürgen, Kokelburger Gespansch., Ob. Kr., Radnother Bzk., ein mehren Grundbesitzern gehöriges, in einem Thale liegendes ung. walach. *Dorf*, mit einer reformirt. und griech. Pfarre, 2¼ St. von Maros-Vásárhely.

Buzás-Botsárd, Bothard, Butscherde — Siebenbürgen, Nied. Weissenburg. Gesp., Ob. Kr. Bálasfalva. Bzk., ein im Gebirge liegendes ung. walach. *Dorf*, mit einer reformirten u. griechisch. katholischen Pfarre, dann einem Schlosse, mehren Dominien geh., 5¼ St. von Karlsburg.

Buzásd, Ungarn, jenseits der Theiss, Bihár. Gespansch., Szalont. Bzk., ein nächst dem Dorfe Ostsa lieg. *Praedium*, 4 St. von Szalonta.

Buzáts, Siebenbürgen, Thorenb. Komt., ein *Berg*, 3 St. von Ertzepataka.

Buzd, Buss, Buzsdu, — Siebenbürgen, Mediascher Stuhl, ein von Sachsen, Walachen und Neubauern bewohntes, zwischen Gebirgen lieg. *Dorf*, mit einer evang. und griech. nicht unirt. Pfarre, 1 St. von Medias.

Buzd, Buzdum, oder Buzdinum, Bussd, Buzu — Siebenbürgen, Nied. Weissenburger Gespanschaft, Ob. Kreis, Klein-Enyeder Bzk., ein *Gut* und *Dorf* mit einer evangel., griech. kathol. u. nicht unirten Pfarre, 4 St. von Karlsburg.

Buzek, Böhmen, Klatt. Kr., eine einzelne *Mahlmühle* an dem Dorfe Augezd und an dem Hradczower Bache, zur Hrsch. Planitz geh., 2¼ St. von Klattau.

Buzek, Galizien, Zloczow. Kr., ein zur Hrsch. Czeremoznice geh. *Dorf*, mit einem Edelhofe und griech. katholisch. Kirche, über dem Bug Flusse, 1 St. v. Zloczow.

Buzenow, Dolnj und Hornj, Mähren, Ollm. Kr., zwei *Dörfchen*, der Hrsch. Murau; siehe Busele (Ober- u. Unter-).

Buzias, Ungarn, jens. der Theiss, Temess. Gespansch. und Bzk., ein zum Kaal. Rentamte Rekas gehöriges wal., mit einer griech. nicht unirten Kirche

und Pfarre versehenes Kaal. *Dorf*, welches gute Mineral-Sauerbrunnen hat, gegen Süden nächst Szillas, mit 203 Häus. und 1153 Einw., 2½ St. von Kiszető

Buzicz, Ungarn, Abaújvár. Komt.; siehe Buzitta.

Buzin, Kroatien, Agram. Gespansch. und Bezirk, eine zur Agramer Gerichtsbarkeit gehörige, nach Zabrudie eingepfarrte *Ortschaft* an der Save, mit 36 Häus. und 302 Einwohnern, liegt ausser der Poststrasse gegen Karlstadt, 1½ St. von Agram.

Buzin, Kroatien, Agram. Komt., ein *Dorf* mit 9 Häus. und 88 Einwohnern.

Buzinecz, Ungarn, jens. der Donau, Zalad. Gespansch., Muraköz. Bzk., eine bevölkerte *Weingebirgsgegend*, nach Strido eingepf., z. gräfl. Festetics Hrsch. Csáktornya gehörig, 3 St. von Csáktornya.

Buzinka, Ungarn, diess. der Theiss, Abaújvár. Gespansch., Kaschauer Bzk., ein meistens unter die freiherrl. Meskóische Grundherrschaft gehör. *Dorf*, welches durch den von dem Aranyit Gebirge herabfallenden Bache Ida bewässert wird, und nach Százfa eingepfarrt ist, 2 St. von Kaschau.

Buzitta, Ungarn, jenseits der Theiss, Szabolts. Gespansch., Nádudvár. Bzk., ein an der Bihar. Grenze lieg. *Prädium*, 3 St. v. Selénd.

Buzitta, Buzicz — Ungarn, diesseits der Theiss, Abaújvár. Gespanschaft, Cserehát. Bzk., ein mehren adel. Familien geh. *Dorf* mit 177 Häus. und 1344 Einwohn., einer eigenen Pfarre, in einer Ebene am See Kanyapta, 4 St. von Kaschau.

Buzolin, Venedig, Prov. Friaul und Distr. III, Spilimbergo; siehe Spilimbergo.

Buzovecz, Ungarn, jens. der Donau, Zalad. Gespansch., Muraköz. Bzk., ein *Vorwerk* (eigentlich Vorstadt, Villa oder Suburbium) des gräfl. Festetics. Marktfleck. Csáktornya, auch dahin eingepfarrt, an der Poststrasse nach Vidovetz, ¼ Stunde von Csáktornya.

Buzow, Mähren, Ollm. Kr., *Herrschaft* und *Markt*; siehe Busau.

Buzsák oder **Ats-Megyer**, Ungarn, jenseits der Donau, Sümegh. Gespansch., Kapos. Bezirk, ein mehren Besitzern geh. ungarisches *Dorf*, mit 181 Häus. und 1362 Einw., einer eigenen kath. Pfarre, liegt zwischen Nagy-Lak, Kis-Berény und Terske, ¼ St. v. Öreg-Lak.

Buzsák, Nagy-, Ungarn, jenseits d. Donau, Arad. Gespansch., ein nach Arad. eingepf. *Prädium*, ¾ St. v. Arad.

Buzza, Venedig, Prov. und Distr. I, Mantova; siehe Porto.

Buzzak, Siebenbürgen, Ob. Weissenburg. Komt.; siehe Bodza.

Buzzetna, Kroatien, jens. der Kulpa, Glinau.Bzk., ein zum 1. Banal Grenz-Regiments Canton Nr. X geh. Dorf, mit 64 Häusern und 360 Einwohnern, einer griech. nicht unirten Pfarre, nächst Klasnich, 2 Stunden von Glina.

Buzzi, Lombardie, Prov. Milano und Dist. VII, Verano; siehe Verano.

Buzzi, Tirol, Rov. Kr., ein *Weiler*, zur Gemeinde Cimone im Landgericht Nogaredo gehörig.

Buzzone e S. Paolo d'Argen, Lombardie, Prov. Bergamo und Distr. III, Trescorre, ein *Gemeindedorf* mit Pfarre S. Paolo, 4 Kapellen, Gemeinde-Deputation, Kalk- und Ziegelbrennerei, am Fusse des Berges Argon. — ¼ St. von Trescorre.

Bybalin, Galizien, Brzezan. Kr., ein zur Hrsch. Brzezau gehöriges *Dorf*, mit einer Pfarre, 11 St. von Strzeliska.

Byblo, Galizien, Brzezan. Kr., ein der Hrsch. Konkolniki gehöriges *Pfarrdorf*, 4 Stunden von Bursztyn.

Byblo, Galizien, Przemysl. Kr., eine *Herrschaft* und *Dorf*, der gräfl. Familie Dulski gehörig, 4 St. von Przemysl.

Bychor, Böhmen, Kaurž. Kr., ein *Dorf* der Hrsch. Kollin; siehe Beychor.

Bychow, Böhmen, Kaurž. Kr., ein *Dorf* der Hrsch. Kollin; siehe Beychor.

Bycsa, Mala-, Ungarn, Trentschin. Komt., siehe Bicsa, Kis-Bicsa.

Byczkowce, Galizien, Czortk. Kr., ein *Gut* und *Dorf*, liegt zwischen Waldungen; in der Pfarre Czortkow, 8 St. von Chorostkow.

Bydaszow, Galizien, Rzeszow. Kr., ein *Dorf*, zur Pfarre Gidlarowa u. Ortsobrigkeit Lezaysk gehörig.

Bylkszad, Ungarn, Szathmár. Komt.; siehe Bikszád.

Bylsztricza, Siebenbürgen, Bistritz. Komt.; siehe Beszterze.

Bykosch, Böhmen, Beraun.Kr., eine *Ortschaft*, 1½ St. von Beraun.

Bykow, Galizien, Przemysl. Kr., ein *Dorf*, zur Hrsch. Hussakow gehör., 4 St. von Przemysl.

Bykow, Galizien, Sambor. Kreis, ein *Dorf* mit einer Pfarre, zur Ortsobrigkeit Laka gehörig.

Bykowce, Galizien, Sanok. Kr., ein *Gut* u. *Pfarrdorf* bei Olchowce am Saan

Flusse, 4 Meil. von Jassienica, ¾ St. von Sanok.

Byla, Alt- u. **Neu-,** Böhmen, Leitmeritzer Kr., ein *Dorf* der Hersch. Tetschen, siehe Bila.

Bylecz, oder Bylcze — Galizien, Samborer Kr., ein der Kammeral-Herschaft Medenice geh. Dorf, mit einer russniak. Pfarre, hat 180 Familien und 4 Mahlmühlen, am Bache Niczuchowka oder Glodnicza, grenzt gegen S. mit Josepisberg, 6 St. von Sambor, 6 St. von Drohobicz, 4 St. von Stry.

Bylgezd, Bulgern, Belgez, Btilgeschd — Ungarn, Kraszuaer Gespanschaft, Somlyo Bzk., ein ungr. adel. zwischen Weingebirgen liegendes Dorf, mit einer reform. Pfarre, 1½ St. von Somlyo.

Bylice, Galizien, Sambor. Kreis, eine *Herrschaft* und *Dorf* mit 2 Vorwerken und 2 Mahlmühlen, an einem Teiche und Bache, grenzt gegen O. mit Roguze und Brzesciany, gegen W. mit Czevsko, 4 St. von Sambor.

Bylin, Bilin, Belin — Böhmen, Leitm. Kr., eine *Stadt* u. *Herrschaft* mit einem Schlosse und einer Erzdechantei, dann 2 Vorstädten, die Brüxer u. Teplitzer Vorstadt genannt, am Flusse gleichen Namens; siehe Bilin.

Bynarowa, Galizien, Jasl. Kr., ein *Dorf* mit einer Pfarre, zur Ortsobrigkeit Trzcinica gehörig.

Byret, Oest. ob d. E., Inn Kr., eine der Hersch. Viechtenstein gehör. *Ortschaft*; s. Wenzelberg.

Byrney, Böhmen, Leitm. Kr., ein *Dorf* über dem Elbeflusse, der Hrsch. Lobositz unterthän., unweit davon sind 2 Waldhäuser, zur Hrsch. Schröckenstein geh., nordw. 3 St. von Lobositz.

Byrrich, Kroatien, Agram. Gespanschaft, im Bzk. jens. der Kulpa, ein zur Hrsch. Hrastje, der Gerichtsbarkeit Mlachaky und Lokal Pfarre Szveticze gehör. Dorf, 2 St. von Karlstadt.

Bysina, Galizien, Wadow. Kr., ein zur Hersch. Myslenice gehör. Dorf, am Fusse des Gebirges gegen S., 1 St. von Myslenice.

Bystra, Galizien, Wadow.Kr., ein *Gut* und *Dorf*, liegt im steilsten Gebirge und in Waldungen, 7 St. von Myslenice.

Bystra, Galizien, Jasl. Kr., ein *Gut* u. *Dorf* in einem Thale, grenzt gegen N. mit den Ortschaften Bugay und Berdechow, 8 St. von Jaslo.

Bystra, Galizien, Wadow. Kr., ein z. Hrsch. Wieprz geh. *Dorf* zwischen Waldungen, 8 St. von Bielitz (in Schlesien).

Bystra und **Messna,** Galizien, Wadowicer Kr., ein der Hrsch. Wilkowice geh. *Dorf* im Gebirge zwischen Waldungen, 1 St. von Bielitz.

Bystra, Böhmen, Bidschow. Kreis, ein Dorf, zur Hrsch. Kumburg-Aulibitz geh., 5 St. von Gitschin.

Bystra, Bystrey— Böhmen, Czaslauer Kr., ein *Dörfchen* der Hersch. Lipnitz, 2½ St. von Deutsch-Brod.

Bystre, Galizien, Sambor. Kr., ein zur Kammeral-Hrsch. Lomna gehör. *Pfarrdorf* von 71 Häusern, bei einem von den Anhöhen zusammenfliessenden Wasser, gegen die Stadt Litowisko, 8¼ St. von Sambor.

Bystre, Galizien, Sanok. Kr., ein der Grsch. Balligrod geh. Dorf, nächst Balligrod, 4 Meil. von Jassienica, 7 St. von Sanok.

Bystreny, Siebenbürgen, Hunyader Gespansch. und Bzk., ein *Praedium*, von Walachen bewohnt, Filiale nach Gyalár, 6 St. von Deva.

Bystrey, Böhmen, Czasl. Kr., ein Dorf der Hrsch. Lipnitz; siehe Bystra.

Bystrey, Böhmen, Königgrätz. Kreis, ein Dorf mit einer Lokalkirche, gegen S. an dem Dorfe Wohnischow, zur Hersch. Oppotschua geh., 5 St. von Königgrätz.

Bystritz, Böhmen, Klattau. Kreis, ein obrigk. *Schloss* u. *Amt*, 3½ St. v. Klattau.

Bystrowice, Galizien, Przemysl. Kr., ein Dorf, zur Hrsch. Wegirka geh., 4 St. von Jaroslaw.

Bystry, Böhmen, Klattau. Kr., ein Dorf, dem Gute Neu-Czestin unterth. auf der von Horazdiowitz nach Klattau gehenden Poststrasse, 2½ St. von Klattau.

Bystrziez, Böhmen, Bidschow. Kreis, ein Dorf, theils z. Hrsch. Geteniez, theils zur Hersch. Kopidlno geh., nächst Rzemenin, 2 St. von Gitschin.

Bystrzicze, Böhmen, Beraun. Kreis, ein *Marktflecken* u. Postamt; s. Bistritz.

Bystrzicze, Böhmen, Saaz. Kr., ein Dorf der Hrsch. Hagensdorf; s. Wistritz.

Bystrzitz, Böhmen, Kaurž. Kr., ein *Marktflecken* der Hersch. Lischna, mit einer Pfarre und 2 Mühlen, liegt an der Kaiserstrasse, Postamt mit:
Albrechtitz, Blaschkow, Bloschowitz, Bohunow, Bratruschin, Branschow, Domanie Gross- und Klein-, Diwischow, Dworischcht, Hrdawes Gross- und Klein-, Janowitz, Karafain, Kobelnitz, Kurozay, Kundratitz, Kuwarow, Kuslow, Lesenowitz, Lhotg, Liskowetz, Millaschie, Nedwieditz, Oleschinka, Perestein, Pisetzey, Pironitz, Ratkow, Rosuch, Rozinka Ober- und Unter-, Rozna, Rowey, Schwarz, Skall, Smerzek, Stiepanow, Swolla, Uizow, Weihnow, Wythonow, Wojetin, Vogtechow, Zdanitz, Zlatkow.

Bystrzitz, Mähren, Prerauer Kr., ein Dorf mit einer Pfarre, mit böhm. Einw., zur Ortsobrigkeit Schloss Krasna geh.

Bystrzitz, Klein-, Mähren, Prer. Kr., ein Dorf mit böhm. Einw., mit einer

Pfarre, zur Hrschaft Schloss Krasna gehörig.

Bystrzitz, Mähren, Prer. Kreis, ein Dorf mit deutschen und böhmischen Einwohnern, einer Pfarre und Ortsobrigkeit.

Bystrzyca, Galizien, Sambor. Kreis, ein der Kammeral-Hrsch. Podbusz unterthäniges Dorf bei der Bystrzica, 8 St. v. Sambor.

Bystrzyca, Ober- und **Unter-**, Galizien, Tarnow. Kr., ein *Gut* u. Dorf nach Nockow eingepf., wozu 2, ½ St. von einander entlegene Meierhöfe gehören, grenzt gegen O. und S. an das Dorf Wiszmowa, 2 St. von Sendziszow.

Byszky, Galizien, Brzezan. Kreis, ein der Hersch. Potok geh. Dorf, 5 St. von Zborow.

Byszow, Galizien, Brzezan. Kr., eine *Herrschaft* und Dorf mit einer griech. kathol. Pfarre, 9 St. von Halicz.

Byszow, Galizien, Zolkiew. Kr., ein *Gut* und Dorf mit einem Edelhofe, Vorwerke und griech. kathol. Kirche, an der russischen Grenze, 14 St. v. Zolkiew.

Byszyce, Galizien, Bochnier Kr., ein *Kammeral-Dorf*, zur Hrsch. Szczytniki geh., mit einer Pächterswohnung, gegen O. nächst Rzeszulany, 4 St. von Gdow.

Bythorovezy, Kroatien, Agramer Gespansch., im Bzk. jens. der Kulpa, eine mehren Besitzern gehör. *Ortschaft* in der Gerichtsbarkeit Fuchkovacz und Pfarre Boszilyevo, mit einem der adel. Familie Bonaczy geh. Edelhofe, Postamt Boszilyevo.

Bytowska, Galizien, Bochn. Kr., ein zur Hrsch. Wisnicz geh. Dorf, gegen W. nächst dem Pfarrdorfe Raybrol, 3 St. von Bochnia.

Byusche, Ungarn, Mitter Szolnoker Komt.; siehe Bósháza.

Bzanne, Ungarn, Zemplin. Komt.; s. Bodzás.

Bzenec, Mähren, Hrad. Kr., eine *Herschaft* und *Stadt*; siehe Bisentz.

Bzenicza, Slavonien, Posegan. Gespanschaft, Unt. Bzk., ein zur Herschaft und Pfarre Bleternicza geh. Dorf, unw. Sulkavacz und Koprivnicza mit 19 Häus. und 138 Einw., 1¼ St. von Posega.

Bzenicza, Ungarn, Bars. Komt.; siehe Szénásfalva.

Bzianka, Galizien, Rzeszow. Kr., ein der Hrsch. Sendziszow geh. *Gut* u. Dorf, 2 St. von Rzeszow.

Bzincz, Ungarn, diesseits der Donau, Neutr. Gespansch., Bodok. Bzk., ein den Grafen Traun geh., nach Radosz eingepfarrtes Dorf mit 20 Häus. und 142 Einwohnern, gegen O., 1 St. von Nagy-Rippény.

zincze, Ungarn, Neutr. Komt.; siehe Bottfalva.

zinne, Bziny — Ungarn, diess. der Donau, Árv. Gespansch., Kubin. Bzk., ein der Hrsch. Árva geh. slowak. Dorf, mit 84 Häus., 599 Einwohn. und einer über dem Flusse Árva liegenden kathol. Pfarre, 5 St. von Rosenberg, 1¼ St. von dem Markte Kubin.

zova, Ungarn, diess. der Donau, Neográder Gespansch., Lossoncz. Bzk., ein zur Hrsch., Pfarre und Lokalkaplanei Diviny Oroszy geh. Landhaus, mit einer Glashütte, nicht weit v. der k. Landstr., 1 Meil. von Vámosfalva.

zow, Böhmen, Beraun. Kr., ein Dorf zur Hrsch. Totschnik geh., gegen W. an dem Dorfe Totschnik, 1¼ St. v. Czerhowitz.

zowa, Böhmen, Tabor. Kr.; ein Dorf mit einem Gasthause, z. Hrsch. Jungwoczicz geh., 3 St. von Sudomierzitz.

zowa, Mähren, Hradisch. Kr., ein Dorf zur Pfarre Boskowitz und Hersch.

Neu-Swietlau, ½ St. davon entlegen, 8 Meil. von Wischau, 6¼ St. v. Hradisch.

Bzowey, Böhmen, Jungbunzl. Kr., ein zur Hrsch. Böhmischaicha gehör. Dorf, 2 St. von Liebenau.

Bzowica, Galizien, Zloczow. Kr., ein der Hrsch. Olejow gehör. Dorf mit einer griechisch-katholisch. Kirche, 2 St. von Zborow.

Bzowik, Ungarn, Honth. Komt.; siehe Bozok.

Bzunn, Ungarn, Wieselburg. Komt.; siehe Sarkasz-Bzunn.

Bzy, Böhmen, Budw. Kr., ein Gut und Dorf mit einem Schlosse, Bräuhause und Meierhofe, zur Hersch. Wittingau und Pfarre Blauhurka, 2¼ St. von Wessely.

Bzy, Bsie — Böhmen, Pilsn. Kr., ein z. Hrsch. Kotzenitz unterth. Dorf mit einem herrschftl. Meierhofe u. einer Jägerswohnung, liegt an einer Anhöhe im Walde Bzy hinter dem Dorfe Drakau gegen W., 2¼ St. von Grünberg.

Berichtigungen.

Babainch pag. 185, hinzu: Post Lienz.

Babendorf pag. 186, hinzu: Post Krainburg.

Bablynk pag. 189, soll heissen: Bablyuk.

Bachkoviza, Ungarn, Warasdiner St. Georger Grenz-Regiments-Bzk., ein Dorf, mit 18 Häusern, 5 St. von Bellovár, 2 St. von der Komp. Szeverin.

Baeza, Batza — Siebenbürgen, Inner Szolnok. Komt.; siehe Batza.

Badrovez, Ungarn, Warasdiner St. Georger Grenz-Regiments-Bzk., ein Dorf, mit 56 Häusern, und einer Gemeinde-Schule, 7 St. v. Bellovár, 1½ St. von der 5. Komp. St. Georg.

Badstübel, Böhmen, Ellboguer Kr., siehe Badstübl.

Baichbera, pag. 206, soll heissen Baichberg.

Banya, Miszt; siehe Miszt Banya.

Banya, Maso; siehe Maso.

Banya, Németh Öveg; s. Németh.

Banya, Nagy-; siehe Nagy.

Banya, Nova; siehe Nova.

Banya, O; siehe O.

Banya, O Öveg; siehe O.

Banya, Rima; siehe Rima.

Baranakút, pag. 235, soll heissen Baranykút.

Barna, Mala, Ungarn, Warasdin. St. Georger Grenz-Regiments-Bzk., ein Dorf, mit 11 Häusern, einer Gemeinde-Schule und 2 Mühlen, 9 St. von Bellovar, 1 St. von der Komp. Turechevichpolye.

Barna, Welika, Ungarn, Warasdiner St. Georger-Grenz-Regiments-Bzk., ein Dorf, mit 84 Häusern, einer Gemeinde-Schule, 3 Mühlen, 7 St. von Bellovár, 1 St. von der Comp. Kovachzer.

Barzaniga, Lombardie, Prov. Cremona, Distr. III, Soresina, ein Gemeindedorf, mit Vorstand und Pfarre, vom Piacenza Gebirge, dem Flusse Seriomorte und Lago d'Iseo begrenzt, 1 St. von Soresina. Mit: Arignis, Barbaja, Cacciatuppi, Meiereien.

Baumgarten, Sakert — Ungarn, Arader Komt., diese Kolonie ist in dem Jahre 1844 mit 30 Familien, welche jedoch vermehrt werden sollen, aus dem Dorfe pen Ponat eingewandert, die Einwohner sind Deutsche, katholischer Religion, und betreiben den Tabakbau, hat den Namen von dem k. k. Hofrathe und Direktor sämmtlicher k. k. Tabakfabriken, Andreas Baumgarten.

Baumgarten, Oest. ob d. E., ein Dorf am Heubache, in beträchtlicher

Entfernung vom Ufer der Donau, wo sich sonst ein von Otto von Machland und seiner Gemalin, einer Gräfin von Peilstein, 1140 gestiftete Cisterzienserkloster befand.

Bedenichka. Ungarn, Warasdiner St. Georger Grenz-Regiments Bzk., ein *Dorf* mit 13 Häusern und einer Mühle, 5 St. von Bellovar, 2 St. von der Komp. Szeverin.

Bedenik. Ungarn, Warasdiner St. Georger Grenz-Regiments Bezirk, ein *Dorf* mit 67 Häusern und einer Gemeinde-Schule, Unter-Lieutenants-Station, 4½ St. von Bellovár, 1¼ St. von der Komp. Szeverin.

Begovacha, Ungarn, Warasdiner Kreutzer Grenz-Regiments Bzk., ein *Dorf* mit 15 Häusern und einer Mühle, 6¼ St. von Bellovár, 2 St. von der 4. Komp. Berrek.

Berrek, Ungarn, Warasdiner Kreutzer Grenz-Regiments Bzk., ein *Markt* mit 35 Häusern und einer Mühle, Hauptmanns-Station, 4¾ St. von Bellovár.

Berschlanicza, Ungarn, Warasdiner Kreutzer Grenz-Regiments Bezirk, ein *Dorf*. mit 13 Häusern und 5 Mühlen, 10 St. von Bellovár, ⅞ St. von der Komp. Wukovie.

Berzaja, Ungarn, Warasdiner St. Georger Grenz-Reg. Bzk., ein *Dorf* mit 12 Häusern und einer Gemeinde-Schule, 8 St. von Bellovár, 2½ St. von der Comp. Kovachzer, Lieutenants-Station.

Bodrow, pag. 430, soll heissen statt Myslenicer — Wadowicer Kr.

Bojana, Ungarn, Warasd. Kreutzer Grenz. Reg. Bzk., ein *Dorf* mit 25 Häus., 4½ St. von Bellovár, 1¼ St. von der 6. Comp. Chasma.

Bolch, Ungarn, Warasdiner Kreutzer Grenz Reg. Bzk., ein *Dorf* mit 41 Häus. und 2 Mühlen, nebst einer Gemeinde-Schule, Unter-Lieutenantsstation, ⅞ St. von der 7. Komp. Farkassevez, 3 St. von Bellovár.

Boszilgovo, Ungarn, Warasdiner Kreutzer Grenz Reg. Bzk., ein *Dorf* mit einer Mühle und 14 Häusern, 6 St. von Bellovár, ¼ St. von der 6. Comp. Chasma.

Botiere, Lombardie, Prov. Bergamo, ein *Dorf*, Post Verdello.

Botzen, Tirol, Dekanat und Sitz des Dechants. Dazu gehören: die Pfarren Botzen, Gries, Mölten, Deutsch- und Wälsch-Nofen, Steineck, Stein auf dem Ritten, Unterinn, Jenesirn und Wangen.

Bregenz, Tirol, k. k. *Land*- und vor Kurzem noch Kriminal - Untersuchungsgericht für die Landgerichte Bregenz, Bregenzerwald, Dornbüren und Lustenau. Sitz des Gerts. Bregenz.

Bregenz, Tirol, *Dekanat* für die Pfarren: Bregenz, Langen, Riefensberg, Sulzberg, Möggers, Hohenweiler, Hörbranz, Lauterach, Hard, Wolfurt, Schwarzach, Bildstein, Buch und Alberschwende. Sitz d. Dechants Schwarzach, neu errichtete Pfarre.

Bregenzerwald, Tirol, k. k. *Landgericht* im Gebirge, mit den ehevorigen Gemeindsgerichten Lingenau u. Mittelberg. Sitz des Gerichts zu Bezau.

Brintschitza, Illirien, Krain, Adelsberger Kr., eine 60 Klafter tiefe *Höhle* bei Mataria.

Brixen, Tirol, k. k. *Land*- und *Kriminal-Untersuchungsgericht* für die Landgerichte Brixen, Sterzingen und Rodeneck, zusammengesetzt aus dem ehemaligen Hofgerichte Neustift, dem Burgfrieden Brixen, dann den Gerichten Pfeffersberg, Salern und Lüsen, und von Rodeneck Mitter- und Unterdrittel. Sitz des Gchts.

Brixen, Tirol, *Landesviertel*, bestehend aus den zerstreuten, ehemals fürstlich brixnerischen Grchtn. Salern, Pfeffersberg, Velthurns, Klausen, Lüsen, Tiurn, Tiers, Fassa, Spinges, Untervintel, Bruneck, Buchenstein, Antholz, Prags und Anras.

Brunecken, Tirol, k. k. *Land-* und *Kriminal-Untersuchungsgericht* für die Landgerichte Brunecken, Schöneck und Michelsburg, Altrasen, Welsberg, Enneberg, Buchenstein und Taufers. Neu kreirt aus dem Stadt- und Amtsgerichte Brunecken, dann aus dem westl. Theile des Ldgchts. Altrasen, und dem östlichen von Michaelsburg, Sitz des Gerichts Brunecken.

Brunecken, Tirol, *Dekanat* und Sitz des Dechants für die Pfarren: Brunecken, St. Lorenzen, Pfalzen, Kiens, Ollang und Antholz.

Buchenstein, Tirol, *Dekanat* und *Pfarre*, auch Sitz des Dechants.

Buchenstein, ital. Levinalongo — Tirol, k. k. *Ldgrcht*. jenseits des Gebirges, zuvor fürstl. brixnerisch. Sitz des Gerichts Buchenstein.

Bunganij, Ungarn, Warasdin. Kreutz. Grenz-Reg. Bzk., ein *Dorf* mit 13 Häus., 8 St. von Bellovár, 1½ St. von der 9. Comp. Kris.

C.

Ca. Lombardie, Prov. Como und Distr. XXIV. Brivio; siehe Brianzola.

Ca, Lombardie, Prov. Brescia u. Distr. VI, Gardone; siehe Magno.

Ca, Lombardie, Prov. Lodi e Crema und Distr. VIII, Crema; siehe Ripalta Nuova.

Ca, Lombardie, Prov. Bergamo u. Distr. VII, Caprino; siehe Villa d' Adda.

Cà Addimari. Venedig, Prov. Treviso und Distr. VIII, Montebelluna; s. Narvesa.

Ca, Alla. Lombardie, Prov. Como und Distr. IX, Bellano; siehe Bellano.

Ca, Alla. Lombardie, Prov. Como u. Distr. II, Como; siehe Cavallasca.

Ca, Alla. Lombardie, Prov. Como u. Distr. II, Como; siehe Lucino.

Ca, Alla, Lombardie, Prov. Como und Distr. IX, Bellano; siehe Colico.

Ca, Alla, Lombardie, Prov. Como und Distr. II, Como; siehe Monte Olimpino.

Ca, Alla, Lombardie, Prov. Bergamo und Distr. VII, Caprino; siehe Rossino.

Cà Allegri, Venedig, Prov. Treviso und Distr. VIII, Montebelluna; siehe Fossalunga.

Ca Alta, Lombardie, Prov. Mantova und Distr. XVII, Asola; siehe Asola.

Ca Alta. Lombardie, Prov. Lodi e Crema und Distr. I, Lodi; siehe Chioso di Porta Regale.

Cà Arrigoni, Venedig, Prov. und Distr. I, Padova; siehe Vigonza.

Cà Badero, Venedig, Prov. u. Distr. I, Padova; siehe Vigonza.

Cabadone, Lombardie, Prov. Como und Distr. XI, Lecco; siehe Olate.

Cabaggio, Lombardie, Prov. Bergamo und Distr. VII, Caprino; siehe Erve.

Cabagino, Lombardie, Prov. Bergamo und Distr. II, Zogno; s. Fuippiano al Bremo.

Cabaj, Ungarn, Neutra. Komt., ein Dorf; siehe Czabaj.

Cabanetti, Lombardie, Prov. Bergamo und Distr. V, Ponte S. Pietro; siehe Bonate di sopra.

Cabarilli, Lombardie, Prov. Bergamo und Distr. VII, Caprino; siehe Pontita.

Ca Bassa, Lombardie, Prov. und Distr. I, Mantova; siehe Curtatone.

Ca Bassa. Lombardie, Prov. u. Distr. I, Mantova; siehe Porto.

Ca Bassa. Lombardie, Prov. Mantova und Distr. XIV, Gonzaga; siehe Gonzaga (Moglia).

Ca Bassa, Lombardie, Prov. u. Distr. I, Bergamo; siehe Seriate.

Ca Basse. Lombardie, Prov. Lodi e Crema und Distr. I, Lodi; siehe Chieso di Porta Cremonese.

Ca Basse. Lombardie, Prov. u. Distr. I, Cremona; siehe Due Miglia.

Ca Basse, Lombardie, Prov. Mantova u. Distr. II, Ostiglia; s. Sustinente.

Cabassette, Lombardie, Prov. Mantova und Distr. II, Ostiglia; siehe Sustinente.

Cabbia, Venedig, Prov. Friaul und Distr. XVI, Paluzza; siehe Arta.

Cabbiana, Lombardie, Prov. Mantova und Distr. XV, Revere; s. Quistello (Gabbiana.)

Cabbianca, Lombardie, Prov. Mantova und Distr. XV, Revere; s. Quistello (S. Giovanni del Dosso.)

Cabbiano, Lombardie, Prov. Milano und Distr. XII, Melegnano; siehe Colturano.

Cà Bembo, Granze di, Venedig, Prov. Padova und Distr. V, Piazzola; siehe S. Giorgio in Bosco (Granze di Cà Bembo.)

Cabenaja, Lombardie, Prov. Como und Distr. XII, Oggiono; siehe Olginate.

Cà Benzi, Lombardie, Prov. Treviso und Distr. VIII, Montebelluna; s. Caerano.

Cabergnino, Lombardie, Prov. Bergamo und Distr. V, Ponte S. Pietro; s. Mapello.

Cabertollo. Lombardie, Prov. Bergamo und Distr. V, Ponte S. Pietro; s. Sotto il Monte.

Cabiaglio. Lombardie, Prov. Como und Distr. XVIII, Cuvio, eine Gemeinde und Kastell, mit Vorstand und Pfarre S. Appiano, dann einer Majolika-Fabrik an der östlichen Tial-Seite auf dem Berge Monticello, 8 Migl. von Varese. Hierher gehören: *Bolletta, Valle, Mühlen.*

Ca Bianca, Lombardie, Prov. Lodi e Crema und Distr. VII, Pandino; siehe Agnadello.

Cabianca, Venedig, Prov. Venezia und Distr. IV, Chioggia; s. Chioggia.

Ca Bianca, la, Lombardie, Prov. Milano und Distr. VIII, Vimercate; s. Arcore.

Ca Bianca, Lombardie, Prov. Mantova und Distr. VI, Castel Goffredo; s. Ceresara.

Ca Bianca, Lombardie, Prov. und Distr. I, Mantova; siehe Curtatone.

Ca Bianca, Lombardie, Prov. Bergamo und Distr. XVII, Breno; siehe Esine.

Ca Bianca, Lombardie, Prov. Mantova und Distr. XVII, Asola; siehe Asola.

Ca Bianca, Lombardie, Prov. Pavia und Distr. IV, Corte Olona; s. Monté Leone.

C a Bianca, Lombardie, Prov. Lodi e Crema und Distr. VII, Pandino; siehe Pandino.

Ca Bianca, Lombardie, Prov. und Distr. I, Mantova; siehe Porto.

Ca Bianca, Lombardie, Prov. Lodi e Crema und Distr. VI, Codogno; siehe Regina Fittarezza.

Ca Bianca, Lombardie, Prov. Como und Distr. III, Soresina; s. Soresina.

Ca Bianche, Lombardie, Prov. und Distr. I, Cremona; siehe Due Miglia.

Ca Bianche, Lombardie, Prov. Mantova und Distr. XVI, Sermide; s. Sermide (S. Croce.)

Ca Bianche, Lombardie, Prov. Mantova und Distr. XV, Revere; s. Scievenoglia.

Cabiate, Lombardie, Prov. Como und Distr. XXVI, Mariano, ein *Gemeindedorf* mit Vorstand und eigenen Pfarre S. Maria, zwischen Osten und Süden an dem Abhange eines kleinen Berges, welcher das Erdreich gegen den reissenden Tecò schützt, 5 Migl. von Cantù. Mit:
Padulli o Castello, Villa, — Ponada, Meierei.

Ca Bionda, Lombardie, Prov. Cremona und Distr. II, Soncino; siehe Trigolo.

Cabonasso, Lombardie, Prov. Bergamo und Distr. VII, Caprino; s. Torre de' Busi.

Cabonetti, Lombardie, Prov. Bergamo und Distr. VIII, Piazza; siehe Baresi.

Ca Bonorè, Lombardie, Prov. Bergamo und Distr. II, Zogno; s. Grumello de' Zanchi.

Caborello, Lombardie, Prov. Brescia und Distr. V, Bedizzole; siehe Lobato.

Cà Borremeo, Venedig, Prov. und Distr. I, Padova; siehe Rubano.

Cabortolasio, Lombardie, Prov. Bergamo und Distr. VII, Caprino; siehe S. Antonio.

Caboselli, Lombardie, Prov. Bergamo und Distr. II, Zogno; s. Fiuppiano al Brembo.

Cabow, Cabowec—Ungarn, ein *Dorf*, im Zempliner Komitat.

Cabracaglio, Lombardie, Prov. Bergamo und Distr. VII, Caprino; siehe Pontita.

Ca Brentana, La, eigentlich Cassina Breutana — Lombardie, Prov. Milano und Distr. VIII, Vimercate; siehe Sulbiate inferiore.

Cà Brezza, Venedig, Prov. Treviso und Distr. VIII, Montebelluna; siehe Montebelluna.

Cabriano, Lombardie, Prov. Como und Distr. XXV, Massaglia; siehe Lomaniga.

Cabriola, Lombardie, Prov. Cremona und Distr. II, Soncino; siehe Romanengo del Rio Melotta.

Ca Brucciata, I. II., Lombardie, Prov. und Distr. I, Mantova; s. Curtatone.

Ca Brucciata, Lombardie, Prov. Lodi e Crema und Distr. VI, Codogno; siehe Fombio.

Ca Brucciata, Lombardie, Prov. Mantova und Distr. IV, Volta; siehe Goito.

Ca Brucciata, Lombardie, Prov. Mantova und Distr. VIII, Marcaria; s. Marcaria.

Ca Brucciata, Lombardie, Prov. und Distr. I, Mantova; siehe Porto.

Ca Brucciata, Lombardie, Prov. und Distr. I, Mantova; s. Quattro Ville.

Ca Brucciata, Lombardie, Prov. Cremona und Distr. VII, Casal Maggiore; siehe Vicinanza.

Cabruciata, Lombardie, Prov. Bergamo und Distr. V, Ponte S. Pietro; s. Mapello.

Ca Brusada, Lombardie, Prov. Mantova und Distr. XV, Revere; s. Pieve.

Ca Brusada, Lombardie, Prov. Brescia und Distr. II, Ospitaletto; siehe Travagliato.

Ca Brusata, Lombardie, Prov. Cremona und Distr. VI, Pieve d' Olmi; s. Cere de Caprioli.

Ca Brusata, Lombardie, Prov. Cremona und Distr. VI, Pieve d' Olmi; s. Carettolo.

Ca Brusata, Lombardie, Prov. Cremona und Distr. V, Robecco; siehe Gambina.

653

Ca Brusata, Lombardie, Prov. Cremona und Distr. VI, Pieve d' Olmi; s. Pieve d', Olmi.

Ca Brusata, Lombardie, Prov. Bergamo und Distr. II, Zogno; sieie Fiupplano al Bremio.

Cabuna, Ungarn, Veröcz. Komt., ein *Dorf*; sieie Czabuna.

Cà Cappello, Venedig, Prov. Venezia und Distr. V, Lorco; sieie Donada.

Ca Cassina di, Lombardie, Prov. Pavia' und Distr. III, Belgiojoso; sieie Ca della Terra (Cassina di Ca).

Ca Cassina La, Lombardie, Prov. Como und Distr. XIV, Erba; sieie Cassano.

Cà Castello, Casette di, Venedig, Prov. Padova und Distr. II, Mirano; sieie Mirano (Casette di Cà Castello.)

Caccaratti, Lombardie, Prov. Como und Distr. XIII, Cauzo; sieie Cassina di Mariaga.

Caccassola, Lombardie, Prov. Milano und Distr. IX, Gorgonzola; siehe Gorgonzola.

Caccavero, Lombardie, Prov. Brescia und Distr. XIV, Salò, ein *Gebirgs-Gemeindedorf*, mit Vorstand und Pfarre S. Antonio Aibate, eine Aushilfskirche und Santuario. 1 Migl. von Salò. Mit: *Gorgada, Mühle.*

Cacciabella, Lombardie, Prov. Mantova und Distr. XVII, Asola; sieie Asola.

Caccia, Canova, Lombardie, Prov. Mantova und Distr. VIII, Marcaria; s. Marcaria.

Caccia, Cassina, Lombardie, Prov. Lodi e Crema und Distr. I, Lodi; sieie S. Zenone.

Caccia Gomarasca, Lombardie, Prov. Pavia und Distr. VIII, Abbiategrasso; sieie Magenta.

Caccia Lepre, Lombardie, Prov. u. Distr. I. Milano; sieie Corpi S. di Porta Vercellina.

Caccialucchio, Lombardie, Prov. Milano und Distr. XII, Meleguano; s. Mediglia.

Caccialuppa, Lombardie, Provinz Mantova und Distr. XVII, Asola; sieie Asola (Gazzoli.)

Caccialuppi, Lombardie, Prov. Cremona und Distr. III, Soresina; sieie Barzaniga.

Caccia S. Maria Rosa. Lombardie, Prov. Pavia und Distr. VIII, Abbiategrasso; siehe Magenta.

Caccia, Villa, Venedig, Provinz Friaul und Distr. I, Udine; s. Lestitza (Villa Caccia).

Caccivio, Lombardie, Prov. Como u. Distr. II, Como; sieie Lurate.

Ca Cesarea, Lombardie, Prov. Lodi e Crema und Distr. I, Lodi; sieie Ca de' Zeccii.

Ca Chiodella, Lombardie, Prov. Cremona und Distr. II, Soncino; sieie Trigolo.

Cachy, Ungarn, Neutra. Komt., ein *Dorf*; sieie Czaci.

Ca Cicinu, I. II., Lombardie, Prov. und Distr. I, Mantova; sieie Quattro Ville.

Cacig, Illirien, Friaul, Görz. Kr., ein zum Ldgcht. Schwarzeneck geh. *Dorf*, mit einer Kircie, 3½ St. von Sessana.

Ca Cogoli, Venedig, Prov. Padova und Distr. II, Mirano; sieie Mirano.

Cacor di Sasso, Lombardie, Prov. Como und Distr. XVII, Varesse; sieie Varese (eigentlich Bosto).

Cacotta, Lombardie, Prov. Milano u. Distr. IX, Gorgonzola; sieie Cassano.

Cà Cottoni, Venedig, Prov. Venezia und Distr. VIII, Porto Gruaro; s. Caorle.

Ca Cuffie, I. II., Lombardie, Prov und Distr. I, Mantova; siehe Roncoferraro.

Cacvine, Dalmatien, Spalato Kreis, Sign Distr., ein *Dorf*, zum Ortsgericht Varpoglie und als Untergemeinde zur Hauptgemeinde Sign geiörig, mit einer Lokalie der Pfarre Grai, in der Näie des Berges Ruda, 2 Migl. von Varpoglie und Vellnich, 30 Miglien von Spalato.

Cadacovich, auci Valmaroso — Illirien, Istrien, Mitterburger Kr., ein *Weiler*, im Bezirke Dignano, zur Pfarre Dignano geiörig, in der Diöcese Parenzo Pola, ⅜ St. von Dignano.

Ca d' Alemani, Lombardie, Prov. und Distr. I, Cremona; sieie Ca de' Marozzi.

Cadallora, Lombardie, Prov. Mantova und Distr. XIV, Gonzaga; sieie Gonzaga.

Cadallora, Lombardie, Prov. Mantova und Distr. XIV, Gonzaga; sieie Gonzaga (Polesine.)

Cadallora, Lombardie, Prov. Mantova und Distr. XV, Revere; s. Piève.

Cadalora, Lombardie, Prov. Mantova und Distr. XVII, Asola; s. Asola.

Ca Dalora, Lombardie, Prov. Mantova und Distr. VIII, Marcaria; sieie Rodigo.

Ca d' Amici, Lombardie, Prov. und Distr. XI, Sabbionetta; s. Sabbionetta.

Cadana, Böimen, Saazer Kr., eine *Stadt*; siehe Kaaden.

Cà d' Andrea, Lombardie, Prov. Cremona und Distr. IX, Pescarolo, ein *Gemeindedorf*, mit Vorstand und eigenen Pfarre S. Pietro Mendegallo, 3½ St. von Cremona. Mit:
S. Pietro Mendegallo, Wirthshaus.

Cà d' Aprili, Venedig, Prov. und Distr. I, Verona; siehe Cà di David.

Cadassena, Lombardie, Prov. Bergamo u. Distr. V, Ponte S. Pietro; siehe Bonate di Sopra.

Cadastor, Lombardie, Prov. Bergamo u. Distr. VII, Caprino; s. Villa d' Adda.

Cadate, Lombardie, Prov. Como und Distr. VI, Porlezza; siehe Castello.

Cà d' Betti, Lombardie, Prov. Pavia u.-Distr. IV, Corte Olona; siehe Pieve Porto Morone.

Cà d' Bianchi, Lombardie, Provinz Bergamo und Distr. II, Zogno; siehe Grumello de' Zanchi.

Cà d' Bissi, Lombardie, Prov. und Distr. I, Mantova; siehe Curtatone.

Cà degli Oppi, Venedig, Provinz Verona und Distr. VII, Zevio; siehe Oppeano.

Cà del Bosco, Lombardie, Prov. und Distr. I, Padova; siehe Casal di ser' Ugo.

Cà del Bosco, Lombardie, Provinz Verona und Distr. V, Legnago; siehe Minerbe.

Cà del Ferro, Venedig, Prov. und Distr. I, Verona; siehe S. Martino Buon Albergo.

Cà della Fiera, Venedig, Provinz und Distr. I, Verona; s. Buttapietra.

Cà dell' Ara, Venedig, Prov. Verona und Distr. II, Villafranca; siehe Villa franca.

Cadè, Lombardie, Prov. und Distr. I, Mantova, siehe Roncoferraro.

Cà de' Bolli, con Cà del Conte, Lombardie, Prov. Lodi e Crema und Distr. IV, Borghetto, eine kleine *Gemeinde-Ortschaft*, in einer kl. Entfernung von der Mantuan. und Cremon. Poststrasse nach S. Martino Vesc. zu S. Martino in Strada gepfarrt, mit Vorstand u. Oratorio, 1½ St. von Lodi. Mit:
Cà del Conte, Majrana, einzelne Häuser.

Cà de' Bonavogli, Lombardie, Prov. und Distr. I, Cremona, ein *Gemeindedorf*, mit Vorstand, nach S. Maurizio zu Derovere (Distr. VI,) gepfarrt, mit Kapelle, 4 St. von Cremona. Mit:
Cà Demagni, einzelne Meierei.

Cà de' Boselli, Lombardie, Prov. Lodi e Crema und Distr. IV, Borghetto; siehe Borghetto.

Cà de' Brodi, Lombardie, Provinz Lodi e Crema und Distr. IV, Borghetto; siehe Borghetto.

Cà de' Bruni, Lombardie, Provinz Crema und Distr. VII, Casal Maggiore; siehe Roncadello.

Cà de' Cervi, Lombardie, Prov. und Distr. I, Cremona, ein nach S. Giuseppe zu Isolello (Distr. IX) gepfarrtes *Gemeindedorf*, mit einer Gemeinde-Deputation, 1 St. v. Cremona. Dazu gehören:
Fenile, einzelne Meierei. – Mulino Cervi, einzelne Mühle. – Oratorio della Madonna, Oratorium.

Cà de' Cessi. Lombardie, Provinz Mantova und Distr. XI, Sabbionetta; s. Sabbionetta.

Cà de' Chiozzi, Lombardie, Prov. Cremona u. Distr. VIII, Piadena; siehe Piadena.

Cà de' Cò. Lombardie, Prov. Cremona und Distr. VII, Casal Maggiore; siehe Castel Ponzone.

Cà de' Cò, Lombardie, Prov. u. Distr. I, Cremona; siehe Cà de'.Quintani.

Cà de' Corti, Lombardie, Prov. Cremona und Distr. VI, Pieve d' Olmi; eine *Villa* und *Gemeinde*, mit Vorstand nach S. Pietro Apost. in Pieve Gurate, einem Dorfe und Bestandtheil der Gemeinde Cingia de' Botti gepfarrt und mit einer Kapelle versehen. Die nächsten Berge und Flüsse sind: das Parma- und Piacenza-Gebirge und die Flüsse Po und Oglio, 4½ St. von Cremona. Dazu gehören:
Cagliano, Meierei.

Cà de' Croti, Lombardie, Prov. Bergamo u Distr. VII, Caprino; siehe Pontita.

Cà de' Dermagni, Lombardie, Prov. u. Distr. I, Cremona; siehe Cà de' Bonavoglj.

Cà de' Farina, Lombardie, Prov. und Distr. I, Cremona; siehe Cà de' Quintani.

Cà de' Folli, Lombardie, Prov. Lodi e Crema u. Distr. V, Casalpusterlengo; siehe Brembio.

Cà de' Frati, Lombardie, Prov. Lodi e Crema und Distr. VIII, Crema; siehe Ripalta Vecchia.

Cà de' Gaggi, Lombardie, Provinz Cremona und Distr. IX, Pescarolo, ein *Gemeindedorf*, welches theils nach Torre Malamberti, S Ambrogio, theils nach S. Lorenzo de' Picenardi gepfarrt ist, mit einer Gemeinde-Deputation und Kapelle, 3½ St. von Cremona.

Cadegaloppo, Lombardie, Provinz Como und Distr. XII, Oggiono; siehe Olginate.

Cà de' Garda, Lombardie, Provinz Cremona u. Distr. VII, Casal Maggiore; siehe Casal Bellotto.

Cadegatti, Lombardie, Prov. Como und Distr. XI, Lecco; siehe S. Giovanni alla Castagna.

Ca de' Gatti, Lombardie, Prov. Cremona und Distr. VI, Pieve d' Olmi; siehe Pieve d' Olmi.

Ca de' Gerri, Lombardie, Prov. Lodi e Crema und Distr. III, S. Angiolo; s. Ca dell' Acqua.

Cadegliano, Lombardie, Prov. Como und Distr. XXI, Luino; siehe Vicenago.

Ca de' Grossi, Lombardie, Prov. Lodi e Crema und Distr. IV, Borgretto; siehe S. Colombano.

Ca de' Gudassi (Mezzana), Lombardie, Prov. Mantova und Distr. XI, Sabbionetta; siehe Sabbionetta.

Ca dei Boffi, Lombardie, Prov. Como und Distr. IX, Bellano; siehe Colico.

Ca dei Ferrari, Lombardie, Prov. Cremona n. Distr. IX, Pescarolo; siehe Monticelli Ripa d' Oglio.

Ca dei Piva, Lombardie, Prov. Como und Distr. IX, Bellano; s. Colico.

Ca dei Re, Lombardie, Prov. Bergamo und Distr. VII, Caprino; siehe Torre de' Busi.

Ca de' Latini, Lombardie, Provinz Lodi e Crema und Distr. III, S. Angiolo; siehe S. Angiolo,

Ca del Baj, Lombardie, Prov. Pavia und Distr. III, Belgiojoso; siehe Ca della Terra.

Ca del' Biondo, Lombardie, Prov. und Distr. I, Cremona; siehe Due Miglia.

Ca del' Biuda, Lombardie, Prov. und Distr. I, Cremona; s. Due Miglia.

Ca del Bosco, Lombardie, Provinz Lodi e Crema und Distr. V. Casalpusterlengo, eine naci Natività di Maria Verg. gepfarrte Gemeinde-Ortschaft, mit Vorstand und einer Reisstampfe, 6 Migl. von Casalpusterlengo. Hreher gerören:

Brembla, Ca del Parto, Ca de' Tacchini, Lovcrole, Majana, zerstreute Häuser, — Sabbiona, S. Giovanno, Dörfer.

Ca del Bosco, Lombardie, Provinz Lodi e Crema und Distr. VIII, Crema; siehe Porta Ombriano.

Ca del Bosco Lirelli, Lombardie, Prov. Cremona und Distr. III, Soresina; siehe Oscasale.

Ca del Bosco Ospitale, Lombardie, Prov. Cremona uud Distr. III, Soresina; s. Oscasale.

Ca del Botto, Lombardie, Prov. Cremona und Distr. V, Robecco; s. Olmenetta.

Ca del Brolo, Lombardie, Prov. Cremona und Distr. VI, Pieve d' Olmi; s. Sospiro.

Ca del Codolo, Lombardie, Prov. Cremona und Distr. VI, Pieve d' Olmi; s. Pieve d' Olmi.

Ca del Conte, con Ca de' Bolli, Lombardie, Prov. Lodi e Crema u. Distr. IV, Borghetta; s. Ca d' Bolli.

Ca del Diavolo, Lombardie, Prov. Brescia und Distr. IX, Adro ; s. Cazzago.

Ca de' Levriere, Lombardie, Prov. Pavia und Distr. III, Belgiojoso; siehe Ca della Terra.

Ca del Facco, Lombardie, Provinz Lodi e Crema und Distr. VIII, Crema; siehe Izzano.

Ca del Facco, Lombardie, Provinz Lodi e Crema und Distr. VIII, Crema; siehe Salvirola Cremasca.

Ca del Ferro, Lombardie, Provinz Cremona und Distr. V, Robecco; siehe Carpaneda.

Ca del Foglia, Lombardie, Prov. Bergamo und Distr. II, Zogno; siehe Bremoilla.

Ca del Fontana, Lombardie, Prov. Lodi e Crema und Distr. I, Lodi; siehe Gugnano.

Ca del Gallo, Lombardie, Provinz Mantova und Distr. VIII, Marcaria; s. Rodigo.

Ca della Beata Verg. di Loreto, Lombardie, Prov. Crema und Distr. VIII, Piadena; siehe Vio.

Ca dell' Acqua, Lombardie, Prov. Lodi e Crema und Distr. III, S. Angiolo, eine naci S. Pietro Apostolo zu Lodi vecchio gepfarrte *Gemeinde-Ortschaft* mit Vorstand u. Oratorio, 3 Mühlen, Oehl-Presse und Reis-Stampfe, ½ Migl. vom Flusse Lambro, 3 Migl. v. S. Angiolo. Hierier gerören:

Bosca, einzelnes Haus — Ca de Gerri, Colombara Domosola, Domodosulina, Mciereten, — Dosso lina, Fratta, Malconda, Trivulza, Gemeinde theile.

Ca dell' Acqua, Lombardie, Prov. Lodi e Crema und Distr. VI, Codogno; s. Gattera.

Ca della Fame, Lombardie, Prov. Bergamo und Distr. V, Ponte S. Pietro; s. Ponte S. Pietro.

Ca dell' Aglio, Lombardie, Prov. Cremona und Distr. VI, Pieve d' Olmi; s. S. Margrerita.

Ca del Lago, Lombardie, Prov. Brescia und Distr. IV, Adro; s. Clusane.

Ca dell' Angelo, Lombardie, Prov. Lodi e Crema und Distr. VI, Codogno; s. Guardamiglio.

Ca dell' Argine, Lombardie, Prov. Cremona und Distr. VII, Casal Maggiore; s. Gussola.

Ca della Terra, Lombardie, Prov. Pavia und Distr. III, Belgiojoso, eine aus unten verzeicmeten Meiereien bestenende *Villa* und *Gemeinde*, naci S. Giorgio zu Fossarmato gepf., mit einer

Gemeinde-Deputation und Priv. Oratorio. Vom Flusse Ticino 1 St. entfernt,
1 St. von Pavia. Dazu gehören:
*Ca del Bay, Ca de' Luvieri, Ca de' Ratti, Casi
nuove, Cassina di Ca, Fornetto, Levigne, Tre
Case, kleine Meiereien.*

Ca delle, Lombardie, Prov. Sondrio
(Valtellina) und Distr. III, Tirano; s.
Mazzo.

Ca delle Mosche, Lombardie, Prov.
Lodi e Crema u. Distr. VIII; s. Castel
nuovo.

Ca dell' Era, Lombardie, Prov. und
Distr. I, Cremona; s. Due Miglia.

Ca dell' Ora, Lombardie, Prov. Cremona und Distr. V, Robecco; s. Alfiano.

Ca dell' Ora, Lombardie, Prov. Cremona und Distr. V, Robecco; s. Bertana
Bocida.

Ca dell' Ora, Lombardie, Prov. Cremona und Distr. V, Pieve d' Olmi; s.
Casalorzo.

Ca dell' Ora, Lombardie, Prov. und
Distr. I, Brescia; s. Bozezzo.

Ca dell' Ora, Lombardie, Prov. Cremona und Distr. VI, Pieve d' Olmi; s.
Forcello.

Ca dell' Ora, Lombardie, Prov. Cremona u. Distr. VIII, Piadena; s. Piadena.

Ca dell' Ora, Lombardie, Prov. und
Distr. I, Cremona; s. Ca de' Quintani.

Ca dell' Organo, Lombardie, Prov.
und Distr. I, Cremona; s. Due Miglia.

Ca del Lupo, Lombardie, Prov. Lodi
e Crema und Distr. VIII, Cremona; s.
Moscazzone.

Ca del Lupo, Lombardie, Prov. und
Distr. I, Cremona; s. Bagnarolo.

Ca del Muso, Lombardie, Prov. Cremona und Distr. V, Robecco; s. Prato.

Ca del Papa, Lombardie, Prov. Como und Distr. XVIII, Cuvio; s. Casal
Zuigno.

Ca del Papa, Lombardie, Prov. Lodi
e Crema und Distr. I, Lodi; s. Cornegliano.

Ca del Papa, Lombardie, Prov. Sondrio (Valtellina) und Distr. III, Tirano;
s. Mazzo.

Ca del Pero, Lombardie, Prov. Mantova und Distr. VIII, Marcaria; s. Castellucchio.

Ca del Pisse, Lombardie, Prov. und
Distr. I, Cremona; s. Due Miglia.

Ca del Polli, Lombardie, Prov. Brescia und Distr. IX, Adro; s. Clusane.

Ca del Ponte, Lombardie, Provinz
Mantova und Distr. VIII, Marcaria; s.
Marcaria.

Ca del Porto, Lombardie, Prov. Lodi
e Crema u. Distr. V, Casalpusterlengo;
s. Brembio.

Ca del Porto, Lombardie, Prov. Lodi
e Crema und Distr. V, Casalpusterlengo;
s. Ca del Bosco.

Ca del Rozzo, Lombardie, Prov. Cremona und Distr. V, Robecco; s. Levata.

Ca del Soldata, Lombardie, Prov.
Como und Distr. XXV, Missaglia; s.
Montevecchio.

Ca del Sole, Lombardie, Prov. Cremona und Distr. V, Robecco; s. Levata.

Ca del Somenzi, Lombardie, Prov.
und Distr. I, Cremona; s. Due Miglia.

Ca del Tappo, Lombardie, Prov.
und Distr. V, Robecco; s. Carpaneda.

Ca del Tesoro, Lombardie, Prov.
Lodi e Crema und Distr. V, Casalpusterlengo; siehe Casalpusterlengo.

Ca del Varolo, Lombardie, Prov.
und Distr. I, Cremona; s. Due Miglia.

Ca del Vecchio, Lombardie, Prov.
Mantova und Distr. X, Bozzolo; siehe
Bozzolo.

Ca del Vento, Lombardie, Provinz
Mantova und Distr. VIII, Marcaria; s.
Castelluccnio.

Ca del Verdelli, Lombardie, Prov.
und Distr. I, Cremona; s. Due Miglia.

Cauel-Verzo, Tirol, Pusterth. Kr.,
ein *Weiler*, zur Gemeinde Ampezzo,
im Landgerichte Ampezzo.

Ca del Zurla, Lombardie, Prov. Lodi
e Crema und Distr. VIII, Crema; s.
Montodine.

Ca de' Madini, Lombardie, Prov.
Como und Distr. IX, Bellano; s. Colico.

Ca de' Majnardi, Lombardie, Prov.
und Distr. I, Cremona; s. Due Miglia.

Ca de' Majnardi, Lombardie, Prov.
und Distr. I, Cremona; s. Ca de' Stefani.

Ca de' Majrani, Lombardie, Prov.
Lodi e Crema und Distr. I, Lodi; s.
Chioso di Porta Regale.

Ca de' Maraviglii, Lombardie,
Prov. Cremona und Distrikt VII, Casal
Maggiore; siehe Rivarolo del Re.

Ca de' Mari, Lombardie, Prov. und
Distr. I, Cremona; siehe Cadesco.

Ca de Marozzi, Lombardie, Prov.
und Distr. I, Cremona, ein *Gemeindedorf* mit Vorstand; nach SS. Gervaso
e Protaso zu Gadesco gepfarrt. 1½ St.
von Cremona. Hierzu gehören:
Ca d' Alemani, Casella, Villa, einzelne Meiereien.

Ca de' Mazzi, Lombardie, Provinz
Lodi e Crema und Distr. V, Casalpusterlengo, eine nach S. Martino zu Lavrago
gepfarrte, nahe an dem Flusse Lambro
liegende *Gemeinde-Ortschaft*, mit Vorstand, einem Oratorio, Käse-Meierei,
Oelpresse und Mühle, 5 Migl. von Casalpusterlengo. Mit:
Pantigliate, Dorf..

Cà de Mazzoli, Lombardie, Prov. Lodi e Crema und Distr. V, Casalpusterlengo; siehe Livrago.

Cademotto, Lombardie, Prov. Bergamo und Distr. VII, Caprino; siehe Villa d' Adda.

Cadenabbia, Lombardie, Provinz Como und Distr. IV, Menagio; siehe Griante.

Cadenazzi, Lombardie, Prov. Bergamo u. Distrikt II, Zogno; s. S. Gallo.

Cadenazzo, Lombardie, Prov. Mantova und Distr. VIII, Marcaria; siehe Rodigo.

Cadenazzone, Lombardie, Provinz Milano und Distr. XIV, Cuggiono; siehe Cuggiono.

Cadene, Lombardie, Prov. Bergamo und Distr. II, Zogno; siehe Grumello de Zancii.

Cadene, Venedig, Prov. Venezia und Distr. II, Mestre; siehe Chirignago.

Cà de' Pedroni, Lombardie, Prov. Cremona und Distr. VI, Pieve d'Olmi; siehe Casalorzo Boldori.

Cà de' Peroni, Lombardie, Prov. Pavia und Distr. IV, Corte Olona; siehe Pieve Porto Moroni.

Cà de' Pollù, Lombardie, Provinz Cremona und Distr. II, Soncino; siehe Romanengo.

Cà de' Quintani, Lombardie, Prov. und Distr. I, Cremona, ein Gemeindedorf, nach SS. Gervaso e Protaso zu Gadesco gepfarrt, mit einer Gemeinde-Deputation, 1¼ St. von Cremona. Dazu gehören:
Ca de' Gò, Ca de' Varina, Ca dell' Ora, Corte, Mulino Quintani, einzelne Meiereien.

Cà de Rachi, Lombardie, Provinz Lodi e Crema und Distr. I, Lodi; siehe S. Maria di Lodi vechio.

Cà de' Ratti, Lombardie, Prov. Pavia und Dist. III, Belgiojoso; siehe Ca della Terra.

Cà de' Ratti, Lombardie, Provinz Lodi e Crema und Dist. I, Lodi; siehe Lodi.

Cà de' Ratti, Lombardie, Provinz Lodi e Crema und Distrikt III, S. Angiolo; siehe Castirago da Regio.

Cà de' Rhô, Lombardie, Prov. Pavia und Distr. IV, Corte Olona; siehe Miradolo.

Cà de' Rizzi, Lombardie, Prov. Bergamo und Distr. VII, Caprino; siehe Pontita.

Cadernoldo, Lombardie, Prov. Bergamo und Distr. VII, Caprino; siehe Villa d' Adda.

adero, Lombardie, Prov. Como und Distr. XX, Maccagno; siehe Graglio.

Cà de Rossi e Vigoretto, Lombardie, Prov. Mantova und Distr. XI, Sabbionetta; siehe Sabbionetta.

Caderzone, Tirol, Roveredo Kreis, ein zum Markgr. Judicarien geh., unter der Pfarre Rendena stehendes Dorf, im Tiale Rendena, mit einer Kuratie, 1 St. von Rendena, 14 St. von Trient.

Cadesetto, Venedig, Prov. und Distr. I, Padova; siehe Rubano.

Cà de Sfondrati, Lombardie, Prov und Distr. I, Cremona, ein nach S. Bartolomeo zu Ca de' Stefeni gepfarrtes Gemeindedorf, mit Vorstand und Kapelle, 2¼ St. von Cremona. Mit:
Mottajoletta, Sidolo, einzelne Meiereien.

Cà de' Soresina, Lombardie, Prov. Cremona und Distr. VIII, Piadena, ein Gemeindedorf, mit Vorstand und Pfarre S. Pietro Mart., von dem Parma- und Brescia-Geirge, dem Flusse Oglio und dem Lago di Garda begrenzt, 2 St. von Piadena. Mit:
Villa de' Talamazzi, einzelnes Landhaus.

Cà de' Squintani, Lombardie, Pr. Lodi e Crema und Distr. I, Lodi; siehe Cornegliano.

Cà de' Staoli, Lombardie, Provinz Cremona und Distr. VI, Pieve d' Olmi; eine Villa und Gemeinde, nach S. Geminiano in Pieve d' Olmi gepf., mit einer Kapelle und Gemeinde-Deputation, von dem Parma- und Piacenza-Gebirge und den Flüssen Pò u. Oglio begrenzt, 1¼ St. von Cremona. Dazu gehören:
Fraganesco, S. Barolameo, Meiereien.

Cà de' Stefani, Lombardie, Prov. und Distr. I, Cremona, ein Gemeindedorf, mit Vorstand und Pfarre S. Bartolomeo und Kapelle, 1¼ St. v. Cremona. Dazu gehören:
Baccanello, Ca de' Majnardi, Soregarolo, einzelne Meiereien.

Cà de Stirpi, Lombardie, Prov. Cremona und Distr. V, Robecco; siehe Livrasco.

Cà de' Tacchini, Lombardie, Prov. Lodi e Crema und Distr. V, Casalpusterlengo; siehe Ca del Bosco.

Cà de Tavazzi, Lombardie, Prov. Lodi e Crema und Distr. IV, Borgietto; siehe Borgietto.

Cà de' Tedioli, oder Polizzera — Lombardie, Prov. Pavia und Distr. III, Belgiojoso, eine aus unten stehenden Meiereien bestehende, nach S. Giorgio zu Fossarmato gehörige Gemeinde-Ortschaft, mit einer Gemeinde-Deputation, 1 St. vom Flusse Ticino, 1 St. v. Pavia. Mit:
Astolfa, Cassina Vela, Cassino, Comenda, Fibijna, Madonina, Morona, Polizzera, S. Groct, Meiereien.

Cà de' Togni, Lombardie, Provinz Bergamo und Distr. II, Zogno; siehe Dossena.

Cà de Vagni, Lombardie, Prov. Lodi e Crema und Distr. VIII, Crema; siehe Casaletto Ceredano.

Cà de Valvasori, Lombardie, Prov. Lodi e Crema und Distr. I, Lodi; siehe Bottedo.

Cà de' Vanni, Lombardie, Provinz Cremona und Distr. VII, Casal Maggiore; siehe Rivarole del Re.

Cà de' Variani, Lombardie, Prov. und Distr. I, Cremona; siehe Silvella.

Cà de' Vecchj, Lombardie, Prov. und Distr. I, Pavia; siehe Torre d' Isola.

Cà de' Vei, Lombardie, Prov. Brescia und Distr. X, Iseo; siehe Iseo.

Cà de' Vertui, Lombardie, Prov. Lodi e Crema und Distr. V, Casalpusterlengo; siehe Bremiio.

Cà de' Zagni, Lombardie, Provinz Mantova und Distr. X, Bozzolo; siehe Gazuolo.

Cà de' Zecchi, Lombardie, Provinz Lodi e Crema und Distr. I, Lodi, eine *Gemeinde-Ortschaft*, nach S. Pietro Apost. zu Lodi vecchio gepfarrt, mit einem Oratorio, einer Gemeinde-Deputation und Käse-Meierei, 5 Migl. und 1¼ St. v. Lodi. Dazu gehören:
Ca Cesarea, Canavette, Gariboldina, Gariboldini, Muzza di Milano, Vignazza, Zelaacke, Zelaachine, Gemeindetheile.

Cà di Capri, Venedig, Provinz und Distr. I, Verona; siehe Bussolengo.

Cà di Creola, Venedig, Prov. Padova und Distr. VI, Teolo; s. Saccolengo.

Cà di Cassina, Lombardie, Provinz Como und Distr. XIV, Erba; s. Lurago.

Cà di Cavagnolo, Lombardie, Provinz Cremona und Distr. III, Soresina; siehe Castel Leone.

Cà di Gandolfi, Lombardie, Prov. Bergamo und Distr. VII, Caprino; siehe Cisano.

Cà di David, Venedig, Provinz und Distr. I, Verona, ein vom Flusse Adige begrenztes, bei Fraccazzole liegendes *Gemeindedorf* mit Vorstand und Pfarre S. Giovanni Battista und 5 Oratorien, 1¼ Migl. von Verona. Hieher gehören:
Ca d' April, Cà di Raffoldo, Cà di Ribaldi, Caprara, Fraccazzole, S. Fermo, Dörfer.

Cà Diedo, Venedig, Prov. Venezia u. Distr. V, Loreo; siehe Rosolina.

Cà di Fontana, Venedig, Provinz Verona und Distr. II, Villafranca; s. Villafranca.

Cà di Macciei, Venedig, Provinz Verona und Distr. VII, Zevio; siehe S. Giovanni Lapatoto.

Cà di Marchesini, Venedig, Prov. u. Distr. I, Verona; siehe Buttapietra.

Cà di Mazzè, Venedig, Prov. Verona u. Distr. VII, Zevio; siehe S. Giovanni Lupatoto.

Cà di Mezzo, Venedig, Prov. Padova und Distr. XII, Piove; siehe Codevigo.

Cà di Novaglie, Venedig, Provin u. Distr. I, Verona; s. Castel d' Azzano.

Cà di Raffaldo, Venedig, Prov. u. Distr. I, Verona; siehe Cà di David.

Cà di Ribaldi, Venedig, Prov. und Distr. I, Verona; siehe Cà di Ribaldi.

Cà di Robbi, Venedig, Provinz und Distr. I, Verona; s. Castel d' Azzano.

Cadignano, Lombardie, Prov. Brescia u. Distr. XI, Verola nuova, ein *Gemeindedorf* mit Vorstand, Pfarre SS. Nazzaro e Celso, und einer Kapelle, vom Flusse Strone bespült, 4 Migl. v. Verola nuova. Dazu gehören:
Boneri, Casazza, Grastoli, Lifreddi, Massetti Palazetto, Valotte, Schweizereien — Della Chiesa, Fenil nuova, Meiereien — Dell' Opistali Mühle.

Cadilupo, Lombardie, Prov. u. Distr. I, Mantova; siehe Curtatone.

Cadilana, auch Cagalana — Lombardie. Prov. Lodi e Crema und Distr. VII, Pandino; siehe Corte del Palasio.

Cà di Maconi, Lombardie, Provinz Bergamo und Distr. VII, Caprino; siehe Torre de' Busi.

Cà di Madonna Taddea Vistarina, Lombardie, Prov. Lodi e Crema und Distr. I, Lodi; siehe Campolungo.

Cà di Marco, Lombardie, Prov. Mantova und Distr. XVII, Asola; s. Asola.

Cà di Mezzo, Lombardie, Prov. und Distr. I, Mantova; siehe Curtatone.

Cà di Mezzo e Cà di Sopra, Lombardie, Provinz Mantova und Distr. II, Ostiglia; siehe Sustinente.

Cà di mezzo, Lombardie, Prov. Mantova und Distr. VI, Castel Goffredo; Ceresara.

Cadin, Ober- und Unter-, Tirol, Pusterth. Kr., 2 kleine *Dörfchen* de Hrsch. Ampezzo geh., 7 St. von Niederdorf.

Cadin, Tirol, Trient. Kr., ein *Weiler* zur Gemeinde Andalo geh., im Landgerichte Mezzolombardo.

Cadina-Glavizza, Dalmalien, Zara Kr., Dernis. Distr., ein *Dorf* in der Pfarre Cognane, griechischen Ritus, als Hauptgemeinde und unter die Prett Dernis gehörig, auf dem festen Lande 14 Migl. von Kuln. Postamt Sebenico.

Cadinaggio, Lombardie, Prov Bergamo und Distr. VII, Caprino; siehe Pontita.

Cadinareo, Lombardie, Prov. Brescia und Distr. XIII. Leno; siehe Friesse.

Cadine, Cadinum — Tirol, Trienter Kr., ein zur Stadt und Landgericht Trient geh., der Pfarre zu Baselga unterthäniges Dorf, mit einer Kuratie, liegt über dem Etschfl. westl., 1¼ St. von Trient. Hier schlug General Loudon die Franzosen aus ihrem verschanzten Lager hinaus, und verfolgte sie bis Trient.

Cadino, Tirol, Trient. Kr., ein *Weiler* zur Gemeinde Fahrdo gehör., im Landgerichte Lavis.

Cadino, Valle di, Tirol, Seitenthal in Fleims, ein *Bach*, entspringt an der Grenze des Landgerichts Telvana und Castellalto, und mündet sich nach einem nördlichen Laufe von 3 Stunden bei Castello in den Avisio aus.

Cadino, Tirol, Wirthshaus und kleiner *Ort* unter Salurn, an der Grenze von Königsberg.

Cà di Roda, Venedig, Prov. Treviso und Distr. VIII, Montebelluna; siehe Caerano.

Cà di Tavoll, Venedig, Prov. und Distr. I, Verona; siehe Castel d'Azzano.

Cà di Tinaldi, Venedig, Provinz und Distr. I, Verona; Castel d'Azzano.

Cà di Varana, Venedig, Provinz Verona und Distr. II, Villafranca; siehe Nogarole.

Cà di sopra, Lombardie, Prov. Cremona und Distr. III, Soresina; siehe Corte Madama.

Cà di sopra, Lombardie, Prov. Mantova und Distr. X, Bozzolo; siehe Gazuola.

Cà di sotto, Lombardie, Prov. Mantova und Distr. XVII, Asola; siehe Casalmoro.

Cà di sotto, Lombardie, Prov. Mantova und Distr. XII, Viadana; siehe Viadana.

Cà di sotto, Lombardie, Prov. Bergamo und Distr. VIII, Piazza; siehe Baresi.

Cà di Vaccina, Lombardie, Provi Sondrio (Valtellina) und Distr. II, d Ponte; siehe Chiuro.

Cà di Vione, Lombardie, Prov. Sondrio Valtellina) und Distr. III, Torino; siehe Mazzo.

Cadola, Al, Venedig, Prov. Treviso und Distr. VI, Ceneda; siehe Colle.

Cadola, Venedig, Prov. und Distr. I, Belluno siehe Capo di Ponte.

Cà Dolfin, Venedig, Prov. Vicenza und Distr. IV, Bassano; siehe Bassano.

Cà Dolfin, Venedig, Provinz Vicenza und Distrikt IV, Bassano; siehe Rasà.

Cadolino, Castellazzo, Lombardie; Prov. und Distr. I, Cremona; siehe Pieve S. Giacomo.

Cadoneghe, Venedig, Prov. und Distr. I, Padova, eine *Villa* und *Gemeindedorf*, mit Vorstand und eigener Pfarre S. Andrea und einer Kapelle. Die nächsten Berge sind das Eugan. Gebirge und die Flüsse Brenta, Muson und Tergola, 1½ St. von Padova. Mit: *Bagnolo, Besitzung, Bragni di Mejaniga, mit Mühle, Mejaniga, Ponte di Vigo d'Arzere, Landhäuser.*

Cadonico, Lombardie, Prov. Bergamo und Distr. VII, Caprino; siehe Villa d'Adda.

Cadorago, Lombardie, Prov. Como u. Distr. I, Como, ein *Gemeindedorf* mit Vorstand und Pfarre S. Martino, nahe dem Flusse Lura auf einem Hügel, 6 M. von Como. Hierher gehört: *Moncajolo, einzelnes Haus.*

Cadore, Pieve di, Venedig, Prov. Belluno und Distr. III, Pieve di Cadore; siehe Pieve di Cadore.

Cadore, Venedig, ein *Marktflecken* in der Delegation Belluno. Der Name dieses Ortes ist berühmt geworden durch den grossen Maler Tizian, welcher in demselben geboren wurde. Seine Lage in hohen Gebirgen an der Piave, macht ihn zum Handel mit Holz und Eisen, als den reichhaltigen Produkten dieser Gegend geeignet, von welchem sich der grösste Theil seiner Einwohner, deren er gegen 1600 zählt, nebst der Viehzucht, und der bedeutenden Beschäftigung in den Eisenbergwerken ernährt. Der Distr. C. in hohen Gebirgen hat 23000 Einw. und bedeutende Viehzucht. Postamt.

Cà d'Ottavi, Lombardie, Provinz Mantova und Distr. XI, Sabbionetta; siehe Sabbionetta.

Cadrega, Cassina, Lombardie, Prov. Como und Distr. XIV, Erba; siehe Tregolo.

Cadreglio, Lombardie, Prov. Como und Distr. VII, Dongo; siehe Gremia.

Cadrezzate, Lombardie, Prov. Como und Distr. XV, Angera, ein *Gemeindedorf* mit einer Pfarre S. Margarita und Vorstand, in einer Ebene 4¼ Migl. von Angera. Hierzu gehört: *Monte Calvo, Schweizerei.*

Cadunea, Venedig, Prov. Friaul und Distr. XIX, Tolmezzo; siehe Tolmezzo.

Caeme, Lombardie, Prov. Mantova und Distr. XVII, Asola; siehe Asola (Gazzoli).

Caerano, Venedig, Provinz Treviso und Distrikt VIII, Montebelluna, ein hart am Brentafl., zwischen Posmon u.

42 *

Crespignaga liegendes *Gemeindedorf*
mit Vorstand und Pfarre S. Marco und
einem Oratorio. — 2¼ Migl. von Montebelluna. Mit:
*Cà Benzi, einzelnes Haus. — Cà di Roda, Be-
sittuny. — Al Cavajo, Vorstadt. — Ferro, All'
Interno, Gebäude.*

Caffaro R., Tirol, ein *Bach*, kommt
von Bagolino ierab, und ergiesst sich
unter Lodron in den Cnes Fluss.

Cà Erizzo, Venedig, Prov. Treviso
und Distrikt VIII, Montebelluna; siehe
Trevignano.

Cafedo, Lombardie, Prov. Sondrio
(Valtellina) und Distr. V, Traona; siehe
Traona.

Cà Ferrante, Venedig, Prov. und
Distr. I, Padova; s. Casal di Ser' Ugo.

Cà Fiorana, Lombardie, Prov. Cremona und Distr. VI, Pieve d' Olmi;
siehe Carettolo.

Cà Franca, Lombardie, Prov. Como
und Distr. XXV, Missaglia; siehe Cernusco Lombardi.

Cà Franca, Lombardie, Prov. Como
und Distr. II, Como; siehe Tarvenerio.

Cafrancoscio, Lombardie, Provinz
Como und Distr. XI, Lecco; s. S. Giovanni alla Gastagna.

Cafrosco, Lombardie, Prov. Bergamo
und Distr. VII, Caprino; siehe Pontita.

Cafura, Venedig, Prov. Padova und
Distr. VI, Teolo; siehe Saccolongo.

Cagaino, Lombardie, Prov. Como u.
Distr. XI, Lecco; siehe S. Giovanni
alla Gastagna,

Cagalana, Lombardie, Prov. Lodi
e Crema und Distr. VII, Corte del Palasio; siehe Cadilano.

Cage, Ungarn, ein *Dorf* im Gradiscaner Grenz-Regim. Bzk.; siehe Czage.

Caggiono, Lombardie, Prov. Como
und Distrikt VIII, Gravedona; siehe
Sorico.

Caghetti, Lombardie, Prov. Brescia
un Distr. III, Bagnolo; siehe Giedi.

Cagiona, Lombardie, Prov. und Distr.
I, Mantova; siehe Roncoferaro.

Cagliano, Lombardie, Prov. Como
und Disr. XXIV, Brivio; ein *Gemeindedorf* mit einer eigenen Pfarre S. Do-
nino, welche in dem dazu gehörigen
Dörfchen Giovenzana ihren Sitz hat,
und einer Gemeinde-Deputation, auf
einem Berge und dem Gebirge Brianza
genannt, 5 Migl. von Oggiono (XII.
Distr.) Hierzu gehören:
*Campione, Cornova, Meiereien. — Campostrago,
einzelnes Haus. — Giovenzana, Dorf.*

Cagliano, Lombardie, Prov. Cremona
und Distr. VI, Pieve d' Olmi; siehe Cà
de' Corti.

Cagliara, Lombardie, Prov. Montova
und Distr. IV, Volta; siehe Goito.

Caglio, Lombardie, Prov. Como und
Distr. XIII, Canzo, ein *Gemeindedorf*,
mit Pfarre SS. Gervaso e Protaso, Gemeinde-Deputation und Ziegelofen im
Thale S. Valeria, 4 Migl. von Asso,
5 Migl. v. Canzo. Mit:
Alpe di Campod, Meiereien.

Cagnane, Dalmatien, Zara Kr., Der-
nis Distr., ein *Dorf*, mit einer eigenen
Pfarre griech. Ritus, der Podestà und
Pretur Dernis zugetheilt, auf d. festen
Lande, nahe bei Ottovizze, 14 Migl.
v. Knin, Postamt Sebenico.

Cagnanica, Lombardie, Prov. Como
und Distr. III, Bellaggio; s. Bellaggio.

Cagnettone, Lombardie, Prov. Bergamo und Distr. X, Treviglio; s. Brignano.

Cagnina, Lombardie, Prov. Mantova
und Distr. XI, Sabbionetta; s. Sabbionetta.

Cagnino, Quarto, Lombardie,
Prov. Milano und Distr. III, Bollate; s.
Quarto Cagnino.

Cagno, Lombardie, Prov. Como und
Distr. I, Como ein *Gemeindedorf*, mit
einer Pfarre S. Michele und Gemeind-
Deputation, auf einer Anhöhe, in der
Näre des reissenden Gaggiolo, am Ur-
sprunge des Flusses Olona, 8 Migl. v.
Como. Hieher gehören;
*Clochd, Kirche. — La Rocca, einzelne Meieret. —
Trotto, Mühle.*

Cagnó, Castello, Tirol, ein verfallenes *Schloss* am Noce Flusse, und

Cagno, Tirol, Trient. Bzk., ein zur
Ldgchts. Hrsch. Nonsberg geh., unter
der Pfarre Rèvo sten. *Dorf*, mit einer
Kuratie, 11 St. von Trient.

Cagnola, Lombardie, Prov. Bergamo
und Distr. X, Treviglio; s. Caravaggio.

Cagnola, Lombardie, Prov. u. Distr.
I, Milano; s. Corpi S. di Porta Comasina.

Cagnola, Lombardie, Prov. Como u.
Distr. XXVI, Mariano; s. Inverigo.

Cagnola, Lombardie, Prov. Pavia u.
Distr. VIII, Abbiategrasso; s. Ozero.

Cagnola, Lombardie, Prov. u. Distr.
I, Milano; s. Niguarda.

Cagnola, Cassina, Lombardie, Prov.
Lodi e Crema u. Distr. II, di Zelo Buon
Persico; s. Galgagnano.

Cagnola, Cassina, Lombardie,
Prov. Milano u. Distr. III, Bollate; s
Villapizzone.

Cagnola, Venedig, Prov. Padova u.
Distr. XI, Conselve; s. Cartura.

Cagnoletta, Cassina, Lombardie
Prov. Milano u. Distr. III, Bollate; s
Villapizzone.

Cagnoli, Lombardie, Prov. Bergamo. Distr. VIII, Piazza; sieie Branzi.

Cagnolina, Lombardie, Prov. Lodi e Crema und Distr. I, Lodi; s. Chioso di Porta Regale.

Cagnolina, Venedig, Prov. Padova und Distr. VIII, Montagnana; s. Megliadino S. Vitale.

Cagnolla, Lombardie, Prov. Como u. Distr. XXVI, Mariano; s. Romano.

Cagnolo, Lombardie, Prov. u. Distr. I, Milano; s. Corpi S. di Porta Comasina.

Cagnolo, Lombardie, Prov. Como u. Distr. IX, Bellano; s. Dervio.

Cagnotera, Lombardie, Prov. Como und Distr. XXV, Missaglia; s. Montevecchio.

Cà grande, Lombardie, Prov. Pavia und Distr. IV, Corte Olona; s. Pieve Porto Marone.

Cagsanio, **Cassina**, Lombardie, Prov. Como und Distr. XIV, Erba, s. Anzano.

Cahanowce, Ungarn, ein *Dorf*, im Sarosser Komt.; s. Téhány.

Caidate, Lombardie, Prov. Milano u. Distr. XVI, Soma, ein *Gemeindedorf*, mit Vorstand u. Pfr. S. Giovanni Evang. und 2 Aushilfskirchen, v. d. Gemeinden Alpusciago und Samirago begrenzt, 2 St. v. Sesto Calende u. 2 St. v. Soma. Mit: *Castel Confalonieri, Schloss.*

Caigole, Lombardie, Prov. Mantova u. Distr. IV, Volta; s. Goito.

Cailina, Lombardie, Prov. Brescia und Distr. VI, Gardone; s. Villa.

Caima Cassina, Lombardie, Prov. Lodi e Crema und Distr. III, S. Angiolo; s. Caselle.

Caimi, Tirol, Rover. Kr., ein *Weiler*, zur Gemeinde Folgaria, im Ldgchte. Roveredo.

Cainari, Tirol, Trient. Kr., ein *Dorf*, zur Gem. Castello Tesino geiörig, im Landgerichte Strigno.

Cainero, Venedig, Prov. Friaul, und Distr. XII, Cividale; s. Cividale (Mulino Cainero).

Cainero, Venedig, Prov. Friaul und Distr. XII, Cividale; s. Remanzacco (Mulino Cainero).

Caisole, Illirien, Istrien, Mitterburger Kr., ein *Dorf*, im Distr. Quarnero, im Bzk. Cierso, Hauptort d. Untergemeinde gleichen Namens, mit 90 Häusern und 470 Einw., mit einer Pfarre, in der Diöces Veglia. Von iier auf Cherso ist der 315½ Klft. über der Meeresfl. eriabene Bergrücken Orlini.

Cajaile, Lombardie, Prov. Treviso u. Distr V, Serravalle; s. Lago.

Cajella, Lombardie, Prov. Pavia u. Distr. V, Rosate; s. Motta Visconti.

Cajello, Lombardie, Prov. Milano u. Distr. XIII, Gallarate, eine *Gemeinde-Ortschaft*, mit einer Pfarre u. Gemeinde-Deputation, unweit Orago, 3 St. von Cassina delle Corte und ¾ St. v. Gallarate. Hieier geiören: *Bodalura, Mirabello, Monte, Schweizereien. — Cajello, Mühlen.*

Cajello, Mulino, Lombardie, Prov. Milano u. Distr. XIII, Gallarate; s. Cajello (Comune).

Cajetta, Lombardie, Prov. Pavia u. Distr. II, Bereguardo; s. Casorate.

Cajmera, Lombardie, Prov. u. Distr. I, Milano; s. Corpi Santi di Porta Ticinese.

Cajna, Lombardie, Prov. Como u. Distr. VIII, Gravedona; s. Vercana.

Cajna, Lombardie, Prov. Lodi e Crema und Distr. VI, Codogno; s. Meletto.

Cajno, Mulino, Lombardie, Prov. Como u. Distr. XVIII, Cuvio; s. Rancio.

Cajno, Lombardie, Prov. und Distr. I, Brescia, ein *Gemeindedorf*, mit einer eigenen Pfr. S. Zenone, 3 Oratorien, einer Kapelle u. Gemeinde-Deputation niebt weit vom Flusse Garza entlegen, 9 Migl. von Brescia. Mit: *Crignolo', Meieret.*

Cajnparizzi, Lombardie, Prov. Lodi e Crema und Distr. VI, Codogno; s. S. Fiorano.

Cajolo, Lombardie, Prov. Sondrio (Prov. della Valtellina) und Distr. I, Sondrio, ein *Gemeindedorf*, welches nördlici vom Adda Flusse bespült, südlich v. Bergen und der Prov. Bergamo begrenzt wird, mit einer Gemeinde-Deputation, Probstei und Kaplanei, Pfarre S. Vittore u. 3 Aushilfskirchen, dann Eisenmine im Thale Liurio, die aier gegenwärtig braci liegt; hat 10 Mühlen, 4 Migl. v. Sondrio. Mit: *Cantone, Pranzera, Gemeindetheile.*

Cajonvico, Lombardie, Prov. u. Distr. I, Brescia, ein *Gemeindedorf*, mit Vorstand und Pfarre S. Maria di Buffalora, dessen Terrain der Naviglio-Canal durchlauft, 4 Migl. v. Brescia. Dazu gehören: *Anderloni, Olivari, Mühlen. — Borgognina, Schweizerei. — Buffalora, Landkaus. — Cancafame, Case nuove, Colombaja, Luis, Retole, S Benetto, Meiereien.*

Cajrate, Lombardie, Prov. Milano u. Distr. XV, Busto Arsizio, eine *Ortsgemeinde*, mit Vorstand und eigener Pfr. S. Ambrogio, dann 2 Oratorien, von Cislago u. Bescalda iegrenzt, am Olona Flusse, 1 St. v. Busto Arsizio. Hieher geiören: *Mulino Bianchi, Mulino Folla, Mulino del Gluth Mühlen.*

Cà, la, Lombardie, Prov. Como u. Distr. XIV, Er)a; s. Alserio.

Cà, la, Lombardie, Prov. Milano u.Distr. VIII, Vimercate; s. Arcore.

Cà, la, Lombardie, Prov. Milano und und Distr. VIII, Vimercate; sie)e Leono.

Calabresa, Lom)ardie, Prov. Mantova und Distr. VIII, Marcaria; sie)e Gazzoldo.

Calalzo, Venedig, Prov. Belluno und Distr. III, Pieve di Cadore, ein *Gemeindedorf*, mit Vorstand, nac) Pieve di Cadore gepfarrt, am Strome Mulina, 1½ Migl. von P)eve di Cadore. Mit: *Pozzale, Dorf. — Rizzios Gemeindetheil.*

Calamento, Valle di, Tirol, *Seitenthal* vom Maso Bac) in Val Sugana, nordwestlic))is an das Ge)irge von Palù.

Calamotta, in der Landesspra)ce Kolrup — Dalmatien, Ragusa Kr., und Distr., eine *Hauptgemeinde* und *Dorf*, auf d. Insel gleic)en Namens, mit einer eigenen Pfarre und Syndikat, 1½ St. von Ragusa.

Calandre, Lombardie, Prov.Mantova und Distr. II, Ostiglia; sie)e Ostiglia.

Calandrona, Lom)ardie, Prov. und Distr. X, Milano; sie)e Settala.

Calarzere, Venedig, Prov. Padova und Distr. VIII, Montagnano; sie)e S. Fidenzio intero.

Calavena, Badia, Venedig, Prov. Verona und Distr. X, Badia Calavena; sie)e Badia Calavena.

Calavino, Calavinum — Tirol, Trient. Kr., ein zur Stadt und Ldgcht. Trient geh. *Dorf*, am Toblinger See, im T)ale Cavedine, mit einer Pfarre, 3¾ St. von Trient.

Calca, Lombardie, Prov. Lodi e Crema und Distr. I, Lodi; sie)e C)ioso di Porta Regale.

Calcagni Cassina, Lom)ardie, Prov. Pavia und Distr. I, Pavia; sie)e Corpi Santi.

Caleranica, Tirol, Trient. Kr., ein *Dorf*, zur Gemeinde Caldonazzo geh., im Ldgcht. Levico.

Caléhera, Lom)ardie, Prov. Como und Distr. XXV, Missaglia; sie)e Montevecchio.

Calchera, Alla, Lom)ardie, Prov. Como und Distr. IX, Bellano; sie)e Bellano.

Calcherino, Lombardie, Prov. Como und Distr.XII, Oggiono; sie)e Gal)iate.

Calchera, Venedig, Prov. Belluno und Distr. II, Longarone, siehe Forno di Zoldo,

Calchi, Lom)ardie, Prov. Milano und Distr. VIII, Vimercate; sie)e Carnate.

Calcianaletto, Lom)ardie, Provinz Brescia und Distr. IV, Montechiari; s. Calcinato.

Calcinara, Borghetto, Venedig, Prov. Padova und Distr. XII, Piove; s. Correzzola (Borg)etto di Calcinara).

Calcinara, Brenta di, Venedig, Prov. Padova und Distr. XII, Piove; sie)e Correzzola (Brenta di Calcinara.

Calcinara, Venedig, Prov. Padova und Distr. X, Monselice; s. Monselice.

Calcinara di S. Margherita, Venedig, Prov. Padova und Distr. XII, Piove; sie)e Codevigo.

Calcinaro, Venedig, Prov. Verona und Distr. IV, Sanguinetto; s. Nogara.

Calcinate, Lom)ardie, Prov. Bergamo und Distr. XI, Martinengo, ein nic)t weit vom Strome Cherio entferntes *Gemeindedorf*, mit Vorstand und Pfarre S. Martino, 1 Kapelle, Kalk- und Ziegelofen, 1 St. von Martinengo.

Calcinate degli Origoni, Lom)ardie, Prov. Como und Distr. XVII, Varese; sie)e Lissago.

Calcinata del Pesce, Lom)ardie, Prov. Como und Distr. XVII, Varese; sie)e Morosolo.

Calcinatella, Lombardie, Provinz Brescia und Distr. IV, Monte C)iaro; siehe Calcinato.

Calcinato. Lombardie, Prov. Brescia und Distr. IV, Monte C)iaro, ein *Gemeinde-Flecken* (eigentlic) ein kleines Städtc)en) mit einer eigenen Pfarre S. Vicenzo, 2 Aushilfskirchen, 4 Sant. und 2 Privat-Kapellen, einer Gemeinde-Deputation und me)ren Seiden-Spinereien, von dem Flusse C)iese durchwässert, 6 Migl. von Lago di Salò, und 11 Migl. von Monte Chiaro. Hieber ge)ören: *Boccalini, Carotte, Cevello, Del Co)mune, Prodella, Metereien. — Calcinatello, Landhaus — Mulino, Calcinatello, Mulino di sopra e di sotto, Ponte S Marco, Gassen.*

Calcio, Lom)ardie, Prov. Bergamo und Distr. XII, Romano, ein *Gemeindedorf*, mit Vorstand, Pfarre S. Vittore. Aushilfskirche, 2 Kapellen und 2 Seiden-Spinnereien, liegt am rec)ten Arme des Oglio, 1½ St. von Romano.

Calco, Lombardie, Prov. Como und Distr. XXIV, Brivio, ein aus unten genannten Bestandtheilen bestehendes *Gemeindedorf*, mit Vorstand und eigener Pfarre S. Virgilio, welche in Grancia ihren Sitz hat, auf kleinen und leichten Hügeln zerstreut, an deren Ostseite der Fluss Adda sich befindet, 3 Migl. von Caprino. Dieser Geme)nde sind ein)yerlei)t;

Boffolora, Calco di sopra, Cerrina, Colombajo, Cornello, Granciæ, Pomeo, einzelne Häuser — Arlate, Dorf. — Snagnello, Vescuvia, Meiereien.

Calco di Belusco, Lombardie, Prov. Milano und Distr. VIII, Vimercate; siehe Bellusco.

Calco di sopra, Lombardie, Prov. Como und Distr. XXIV, Brivio; siehe Calco.

Calcotto, Lombardie, Prov. Como und Distr. XI, Lecco; siehe Lecco.

Calda, Venedig, ein *Berg*, am linken Ufer des Degeno Fl., bei Trava.

Caldana, Lombardie, Prov. Como und Distr. XVI, Gavirate; siehe Coquio.

Caldara Alta, Lombardie, Prov. Como und Distr. XXIII, Appiano; siehe Appiano.

Caldora, Lombardie, Prov. Bergamo und Distr. VII, Caprino; siehe Torre de' Busi.

Caldarera, Lombardie, Prov. Lodi e Crema und Distr. VII, Paudino; siehe Agnadello.

Caldarina, Lombardie, Prov. Mantova und Distr. XII, Gonzaga; siehe Gonzaga (Bondeno).

Caldarina, Lombardie, Prov. Mantova und Distr. XIV, Gonzaga; siehe Gonzaga (Paludano).

Caldarino, Lombardie, Prov. Mantova und Distr. XIV, Gonzaga; siehe Gonzaga (Pegognaga).

Caldarino, Lombardie, Prov. Mantova und Distr. XIV, Gonzaga; siehe Gonzaga (Polesine).

Caldè, Lombardie, Prov. Como u. Distr. XXI, Luino; siehe Castello.

Caldèi, Caldèfio — Tirol, Trient. Kr., ein in d. Sulzthale liegendes, 1 St. von der Gemeinde Male entferntes und darin geh. *Dorf*, mit einer Kuratie und einem Schlosse, am Noce Flusse, vor Alters deren von Caldes Stammhaus,12 St. von Trient.

Caldera, Cassina, Lombardie, Pro-Como und Distr. XXIII, Appiano; siehe Beregazzo.

Caldera, Cassina, Lombardie, Pro-Milano und Distr. III, Bollate; siehe Quinto Romano.

Calderano, Venedig, Prov. Treviso und Distr. IV, Ceneghano; siehe Cajarine.

Calderara, Lombardie, Prov. und Distr. I. Milano; siehe Corpi S. di Porta Orientale.

Calderara, Lombardie, Prov. und Distr. I, Milano; siehe Crescenzago.

Calderara, Lombardie, Prov. Milano und Distr. VIII, Vimercate; siehe Carugate.

Calderara Lombardie, Prov. Milano und Distr. VI, Monza; siehe Paderno.

Calderara, Cassina, Lombardie, Prov. u. Distr. I, Pavia; siehe Cassina Calderara.

Calderara Mulino, Lombardie, Prov. Pavia und Distr. VIII, Abbiategrasso; siehe Magenta.

Calderara di sopra con Molino, Lombardie, Prov. Pavia u. Distr. VIII, Abbiategrasso; siehe Magenta.

Calderia, Venedig, Prov. Treviso u. Distr. IV, Conegliano; siehe S. Lucia.

Calderuzza, Venedig, Prov. Friaul und Distr. VIII, S. Vito; siehe Arzene.

Caldes, Tirol, Trient. Kr., ein der Herschaft Flavon geh. *Dorf* im Trient. Nonsberg. 10 St. von Trient.

Caldesio, Tirol, Trient. Kr., ein im Sulzthale lieg. *Schloss* und *Dorf*; siehe Caldej.

Caldevezzo, Venedig, Prov. Padova und Distr. XII, Piove; siehe Piove.

Caldevigo, Venedig, Prov. Padova und Distr. IX, Este; siehe Este.

Caldier, Illirien, Istrien, Mitterburg. Kr., ein *Dorf* im Distr. Capodistria, Bzk. Montona, Hauptort, der Untergemeinde gleichen Namens, mit 57 Häus. und 450 Einw., mit einer Pfarre in der Diöces Parenzo Pola, 1 St. von Montona.

Caldiero, Venedig, Prov. Verona und Distr. IX, Illasi, eine wegen ihrer Mineralquellen und Heilbädern bekannte *Gemeinde-Ortschaft* mit Vorstand und 2 Pfarren, S. Pietro e S. Lorenzo, 1 Filial- und 3 Oratorien, von dem Flosse Fibio begrenzt, unweit von dem Markte Soave, am südl. Abhange eines Gebirgszweiges der tirol. Grenzalpen, links der von Vicenza nach Verona führend. Str., mit warmen Schwefelquellen. Bei C. wurde Massena vom Erzherzog Carl am 30. Oct. 1805 besiegt. Während 1805 die österr. Waffen in Deutschland ein schweres Unglück traf, war das Beginnen des Feldzugs in Italien um desto glänzender. Hier stand Massena dem Erzherzog Carl entgegen, und führte den Krieg angriffsweise, indem er am 18. October über die Etsch setzte, und die Feindseligkeiten durch heftige Gefechte bei Verona eröffnete. Nachrichten über die Vorfälle bei Ulm trieben ihn zu neuen rasenden Angriffen auf die Stellungen der Österreicher bei C., Colognola, Stra und Chiavicca del Cristo, in welchen Molitor den rechten, Duchesme den linken Flügel u. Gardanne das Centrum des Erzherzogs angriff. Doch vergeblich waren alle diese verschiedenen Angriffe, in welchen von beiden Seiten mit der grössten Hartnäck-

kigkeit gekämpft wurde. Die österreich. Grenadiere unter Führung des Feldmar-schall-Lieutenants Vogelsang zeichneten sich besonders aus. Massena's Truppen wichen, auf allen Puncten geschlagen, zurück, nachdem sie durch d. dreitägigen Kampf um 8000 geschmolzen waren. Der Sieger Rückzug, durch die Ereignisse bei Ulm zum Schutze der eigenen Provinzen nothwendig geworden, geschah langsam und in vollkommenster dem Feinde imponirenden Ordnung. Postamt. Hieher gehören:
Boccare, Rotta, Dörfer.

Caldiero, Venedig, *Berg* am Flusse Brendola bei Graucona.

Caldif, Tirol, verfallenes *Schloss* oder Neumarkt, Ldgcht. Enn und Caldif, davon nannten sich die Payr von Kaldif.

Caldirolo, I, II, Lombardie, Prov. und Distr. I, Mantova; s. Roncoferraro.

Caldogno, Venedig, Prov. und Distr. I, Vicenza, ein am Strome Igua bei Castelnovo, in der Nähe des Flusses Bacchiglione liegendes *Gemeindedorf*, mit Vorstand und Pfarre S. Giovanni Battista und 2 Oratorien, 5¼ Migl. v. Vicenza. Dazu gehören:
Cresole, Rettorgate, Dörfer.

Caldona, Lombardie, Prov. Como u. Distr. XVI, Gavirate; siehe Trevissago.

Caldonatsch, Tirol, Trient. Kr., eine Ldgrchtshrsch. u. *Dorf*; s. Caldonazzo.

Caldonatz, Tirol, Trient. Kreis, eine Ldgrhtshrsch. u. *Dorf*; s. Caldonazzo.

Caldonazzo, Caldonatz — Tirol, Trient. Kr., eine Ldgrchtshrsch. u. *Dorf*, mit einer Kuratie und einem verfallenen Schlosse Leva genannt, ober dem Caldonazzer-See, liegt nördl., 3 St. v. Persen oder Pergine.

Caldonazzo, Lago di, Tirol, einer der grössten Seen im südl. Tirol, 1¼ St. lang, Ursprung der Brenta.

Caldone, Ponte, Lombardie, Provinz Como und Distr. XI, Lecco; siehe Lecco.

Calle, Dalmatien, Zara-Kreis u. Distr. ein *Dorf* mit einer eigenen Pfarre unter der Podestà Zara, liegt auf der Insel Uglian, nahe bei Cuclizza, 3 M. v. Zara.

Calelp, Venedig, Prov. und Munizipal-Bezirk Belluno; siehe Belluno.

Calemberga, Lombardie, Provinz Como und Distr. XI, Lecco; s. Acquate.

Calembre, Lombardie, Prov. Como und Distr. III, Bellagio; siehe Civenna.

Calende, Sesto, Lombardie, Provinz Milano und Distr. XVI, Somma; siehe Sesto Calende.

Caleotto, Lombardie, Prov. Como und Distr. XI, Lecco; siehe Castello.

Caleppio, Lombardie, Prov. Bergamo und Distr. IX, Sarnico, ein südwestl. bei Sarnico am rechten Arme des Flusses Oglio liegendes *Gemeindedorf* mit Vorstand, Pfarre S. Lorenzo, 2 Aushilfskirchen und einem Oratorium, ¼ St. von Sarcino. Dazu gehören:
Castel Rampina, Tombe, Gassen.

Caleppio, Lombardie, Prov. u. Distr. X, mit einer Pfarre S. Agata, Milano; siehe Settala.

Caleri, Porto, Venedig, Prov. Venezia und Distr. V, Loreo; siehe Rosolina (Porto Caleri).

Calestria, Cassina, Lombardie, Prov. und Distr. II, Milano; s. Cusago.

Calgari, Cassina, Lombardie, Provinz Como und Distr. XXV, Missaglia; siehe Monticello.

Calgoretto, Venedig, Prov. Friaul u. Distr. XVII, Rigolato; s. Comeglians.

Caliano, Tirol, Trient. Kr., ein zur Ldgrchtshrsch. Beseno geh. *Dorf* an der Etsch, bei der Festung Biesein, hier ist eine steinerne Brücke über den vorbeifliessenden Wildbach angebracht, ist der Hauptort des Ldgrchts. Folgaria u. Beseno, Sitz der Obrigkeit, hier ist die Pfarre Besenello. Hier sind im Jahre 1487 die Venetianer von den Truppen Erzherzogs Siegmund von Oesterreich geschlagen worden, wobei ihr Feldherr Roberto Sauseverino geblieben ist. Postamt.

Caliaterra, Lombardie, Prov. Pavia u. Distr. VIII, Abbiategrasso; s. Ozero.

Calibago, Venedig, Prov. Belluno und Distr. VII, Feltre; siehe S. Giustina.

Cali, Chiout, Venedig, Prov. Friaul u. Distr. XV, Moggio, siehe Raccolana (Chiout Cali).

Cà Licini, Venedig, Prov. und Distr. I, Padova; siehe Casal di Ser Ugo.

Calignano, Lombardie, Prov. Pavia u. Distr. II, Bereguardo; s. Marcignago.

Calignano, Lombardie, Prov. Pavia und Distr. III, Belgiojoso, eine 3 St. vom Flusse Pò entfernt liegende *Villa* u. *Gemeinde* mit Vorstand und Pfarre S. Giorgio, 1¼ St. von Pavia.

Calin Porto di Brendolo, Venedig, Prov. Venezia und Distrikt IV, Chioggia; siehe Chioggia.

Calini, Lombardie, Prov. Brescia und Distr. III, Bagnola; siehe Barbarigo.

Calini alla Masseria Pieve, Lombardie, Prov. Brescia und Distr. II, Ospitaletto; siehe Lograto.

Calini Cassina, Lombardie, Prov. Brescia und Distr. II, Ospitaletto; siehe Comezzano.

Calino, Lombardie, Prov. Brescia und Distr. XI, ein *Gemeindedorf* mit Vorstand und eigener Pfarre S. Michele, vom Lago d' Iseo 5 Migl. entlegen, 5 Migl. von Adro.

Calino, Lombardie, Prov. und Distr. I, Brescia; siehe Concesio.

Caliol. Venedig, Prov. Belluno und Distr. VII, Feltre; s. Cesio maggiore.

Calisto Marchi, Lombardie, Prov. Lodi e Crema und Distr. I, Lodi; siehe Chiosa di Porta Regale.

Calisto Sarri, Lombardie, Provinz Lodi e Crema und Distr. I, Lodi; siehe Chiosa di Porta Regale.

Callalta. S. Biagio di, Venedig, Prov. und Distr. I, Treviso; siehe S. Biagio di Callalta.

Callaone. Venedig, Prov. Padova und Distr. IX, Este; siehe Baon.

Callata, Venedig, Prov. und Distr. I, Padova; siehe Albignasego.

Calle. Lombardie, Prov. Bergamo und Distr. II, Zogno; siehe Endenna.

Calle, Lombardie, Prov. Bergamo und Distr. II, Zogno; siehe Zogno.

Calle di Casale, Venedig, Provinz Padova und Distr. VIII, Montagna; s. Casale.

Callo, Venedig, Prov. Friaul u. Distr. XIII, S. Pietro; s. Tarcetta (Erbazzo).

Calloneghe, Venedig, Prov. Belluno und Distr. V, Agordo; siehe Rocca.

Callrimerio, Lombardie, Prov. Bergamo u. Distr. II, Zogno: s. Brembilla.

Calluderaz. Dalmatien, Cattaro-Kr., Budua-Distr., ein *Dorf* welches unter d. 7 Migl. entfernten Pretur Budua steht, zur Gemeinde Pastrovichio gehört, und nach Gradista gepfarrt ist. mit einer Kirche des orientalischen Ritus, 9¼ Migl. v. Cattaro.

Callugari. I. II. Lombardie, Prov. Brescia und Distr. IV, Montechiari; s. Carpenedolo.

Callura, Lombardie, Prov. Bergamo und Distr. VIII, Piazza; siehe Lenna.

Cal Maggiore. Venedig, Prov. Treviso und Distr. VI, Ceneda; s. Tarzo.

Calmaore, Venedig, Provinz Padova und Distr. VIII, Montagnana; s. Montagnana.

Calmasino, Venedig, Prov. Verona u. Distr. XIII. Bardolino; s. Bardolino.

Calmegliadino, Venedig, Provinz Padova und Distr. VIII, Montagnana; siehe Montagnana.

Calma, Lombardie, Prov. Como und Distr. V, S. Fedele; siehe Schignano.

Calo, Lombardie, Prov. Milano und Distr. VII, Verano, eine *Ortsgemeinde* mit Vorstand, eigener Pfarre SS. Vitale e Agricola und einer Kapelle. — 2¼ St. von Verano am Flusse Lambro, von

Costa und Tregasio begrenzt, 2¼ St. von Carate. Dazu gehören:
Fonigo, Pobigo, Risa, Schweizereien.

Calognola, Molini di, Lombardie, Prov. Bergamo und Distr. III, Trescorre; siehe Molini di Calagnola.

Calolzio, Lombardie, Prov. Bergamo und Distr. VII, Caprino, ein *Gemeindedorf*, mit Pfarre S. Martino, Aushilfskirche, Kapelle und Gemeinde-Deputation, Tuchfärberei, einer Säge, Spinnerei und einer Kalk- und Ziegelbrennerei, auf einer kleinen Anhöhe an der linken Seite des Lecco-See's, 1½ St. von Caprino. Hierzu gehören:
Cornello, Galavesa, Gera, Macerna, Maglio, Pascolo, Toffo, Schweizereien. — Masongiorgio, einzelnes Haus

Calomia Mala u. Velka, Ungarn, Honth. Komt.; siehe Csalomia.

Calonega. Venedig, Prov. Vicenza und Distr. II, Camissano; siehe Pietro Engú.

Calonesca, Lombardie, Prov. Bergamo und Distr. X, Treviglio; siehe Castel Rozzone.

Calosio, Lombardie, Prov. Sondrio (Valtellina) und Distr. VI, Bormio; sie Valle di sotto.

Calotsa, Colosta, Kalocsa, Kalotscia — Ungarn, eine erzbischöfliche *Stadt*, im Pester Komt.; siehe Kalocsa.

Calozzo, Lombardie, Prov. Como und Distr. VII, Dongo; siehe Pianello.

Calpane, Venedig, Prov. Treviso und Distr. IV, Conegliano; siehe Conegliano.

Calpuno, Lombardie, Prov. Como und Distr. XIV, Erba; siehe Lurago.

Calsafino. Lombardie, Prov. Bergamo und Distr. XVIII, Edolo; siehe Malonno.

Caltana, Venedig, Prov. Padova und Distr. II, Mirano; siehe S. Maria di Sala.

Caltana di Murelle, ossia Zerbo di Murelle. Venedig, Prov. Padova und Distr. IV, Campo Sampiero; siehe Villa Nova (Murelle).

Caltern, Tirol, Botzner Kr., ein *Dorf* mit einer, wegen ihrer schönen Fresco- und Oehlgemälde, sehenswerthen Pfarrkirche, einer öffentlichen Mädchenschule bei den Tertianerinen, herrlichen Weinwachs und angenehmen Spaziergängen am fischreichen Calterer-See.

Calto, Venedig, Prov. Polesine und Distr. IV, Massa, ein unterhalb Massa liegendes, vom Pó begrenztes *Gemeindedorf* mit Vorstand und Pfarre S. Rocco, 5 St. von Badia.

Caltrano, Venedig, Prov. Vicenza und Distr. VII, Tiene, ein unweit von diesem Markte liegendes *Gemeindedorf* mit Vorstand und Pfarre S. Maria Assunta, 2 Oratorien und 1 Kapelle, 1⅓ St. von Tiene.

Caltron, Tirol, Trient. Kr., ein *Dorf* zur Gemeinde Cles geh. im Landgcht. Cles.

Caluizano, Lombardie, Prov. Brescia und Distr. IV, Montechiaro; siehe Calvisano.

Ca Lunga, Lombardie, Prov. Cremona und Distr. V, Robecco; siehe Persico.

Calunga, Lombardie, Prov. und Distr. I, Mantova; siehe Roncoferraro.

Calura, Lombardie, Prov. Mantova und Distr, XIII, Suzzara; siehe Suzzara.

Calura Petroli, Lombardie, Prov. Mantova und Distr. XI, Borgoforte; siehe Borgoforte (S. Gattaldo).

Cal Urbana, Venedig, Prov. Padova und Distr. VIII, Montagnana; siehe Urbana.

Calusco, Lombardie, Prov. Bergamo und Distr. V, Ponte S. Pietro, ein *Gemeindedorf* mit Pfarre S. Fedele und 2 Kapellen, Gemeinde-Deputation, Kalk- und Ziegelofen. Liegt westlich am Addaflusse und den Wurzeln des Berges Giglio, als eine Kette des Gebirges Canto, 1½ St. von Ponte S. Pietro. Dazu gehören:
Baccanello, Schweizerei. Luvrida, alla Torre, Vanzone, Meiereien.

Caluta, Lombardie, Prov. Bergamo und Distr. X, Treviglio; siehe Briguano.

Caluzzano. Lombardie, Prov. Milano und Distr. XII, Montegnano; siehe Bussighera.

Calvagese, Lombardie, Prov. Brescia und Distr. V, Lonato, ein *Gemeindedorf* mit einem Schlosse, eigenen Pfarre S. Pietro in Antochia, 4 Oratorien, 2 Kapellen und einer Gemeinde-Deputation, nicht weit vom Flusse Chiosa, 7 Migl. von Lonato. Mit:
Basse di supra e di sotto, Turcina, Schweitereien Mocaobna, Villa, Mulino di Calvagese, Mühlen

Calvagese. Mulino di, Lombardie, Prov. Brescia und Distr. V, Lonato; siehe Calvagese.

Calvajrate, Lombardie, Prov. und Distr. I, (Milano); siehe Corpi S. di Porta Orientale.

Calvarienberg, Illirien, Kärnten, ein *Berg*, ¼ St. von Klagenfurt, 307 Klft. hoch.

Calvarinna, Venedig, ein *Berg*, am Flusse S. Giovan bei Brenton.

Calvario, Monte, Illirien, Istrien. ein *Berg*, westlich v. Lussin grande, 170 W. Klft. hoch.

Calvario, II, Venedig, Prov. Treviso, und Distr. VI, Ceneda; siehe Pieve di Soligo.

Calvaseglio. Lombardie, Prov. Como und Distr. IV, Menaggio; siehe Plesio.

Calvasino. Lombardie, Prov. Como und Distr. III, Bellaggio; siehe Lezzeno.

Calvene, Venedig, Provinz Vicenza und Distr. VII, Tiene, ein *Gemeindedorf* mit Vorstand, Pfarre S. Maria und einem Oratorio, nahe bei Carré, 1 St. von Tiene.

Calventina, Lombardie, Prov. Como und Distr. VI, Porlezza; siehe Piano.

Calvenzana, Lombardie, Prov. Como und Distr. XIV, Erba; siehe Rogeno.

Calvenzano, Lombardie, Prov. Bergamo und Distr. X, Treviglio, ein *Gemeindedorf* zwischen den Flüssen Serio und Adda, von ersteren 5, vom letzteren 4 Migl. entlegen, mit Vorstand, Pfarre SS. Pietro e Paolo, 2 Aushilfskirchen und einem Oratorio. Kalk- und Ziegelofen, ½ St. von Treviglio. Hierzu gehören:
Cassina Breda, Cassinetta, Contrada de' Padri Minimi, Sigogna, Soina, Meiereien. Giorgio, Masnareda, Schweizereien.

Calvenzano, Lombardie, Prov. Lodi e Crema und Distr. III, S. Angiolo; siehe Caselle.

Calvera, Tirol, ein *Berg* bei St. Valentin.

Calveta, Lombardie, Prov. und Distr. I, Bergamo; siehe Villa di Serio.

Calvi, Lombardie, Prov. Como und Distr. XXIII, Appiano; siehe Locate.

Calvignasco, Lombardie, Provinz Pavia, und Distr. VI, Binasco, ein nach S. Donato gepfarrtes *Gemeindedorf* (die Aushilfskirche S. Michele gehört unter die Pfarre Casorate) mit Vorstand und Casorate, 4 Migl. von Binasco. Dazu gehören:
Bettola di Calvignasco, Toretta, Dörfer. Beltolina, Meierei.

Calvignasco, Bettola di, Lombardie, Prov. Pavia und Distr. VI. Binasco; siehe Calvignasco.

Calvino, Lombardie, Prov. Brescia und Distr. V, Lonato; siehe Padenghe.

Calvisano, nach alten Karten, Caluizano — Lombardie, Prov. Brescia und Distr. IV, Monte Chiaro, ein *Gemeindeflecken* mit einer eigenen Pfarre S. Silvestro, 8 Aushilfskirchen, 1 Santuario und 7 Kapellen, Gemeinde-Vorstand und Elementarschulen-Inspektion, gegen O. vom Flusse Chiesa bewässert und 17 Migl. vom Lago di Salò entlegen, 7 Migl. vom Monte Chiaro. Hierzu gehören:

Aeroldi, Coste, Folletto, Mercandina, Oriano, Rissardi, S. Francesco, Schweizereien. Beluschi, Brognoli, Brontesi, Canove, Colombherone, Fornace Lecchi, Fornace Menghini, Lopates, Pini, Prato del Gioco, Serina, Zanoni, Meiereien. Follo, Gambarelle, Reale, Rovada, Muhlen. Malpaga, Mezzane, Dörfer.

Calvolla, Tirol, Rover. Kr., ein Dorf zur Gemeinde Ville del monte geh., im Landgerichte Riva.

Calvono, Lombardie, Prov. Como und Distr. IV, Menaggio; siehe Griante.

Calwaria, Galizien, Sanok. Kr., ein der Hrsch. Paclaw geh. *Dorf*, mit einer Pfarre, an einem unbenannten Bache, nächst Paclaw, 2 St. von Dobromil, 4 Meilen von Przemysl.

Calza Polesine, Lombardie, Prov. Mantova und Distr. XIII, Suzzara; s. Suzzara.

Calzeranica, Tirol, Trient. Kr., ein *Pfarrdorf* am Caldonazzer See, im Ldgcht. Levico, Sitz eines Dechants.

Cazolara. Lombardie, Prov. Mantova und Distr. XIV, Gonzaga; siehe Rolo.

Calzolin, auch Canzolino. — Tirol, Trienter Kr., ein *Dorf* an einem See bei Madran, Filial dieser Kuratie, der Pfarre und Ldgcht. Pergine.

Calzon, Venedig, Prov. Belluno und Distr. V, Agarda; siehe Agordo.

Calzone, Lombardie, Prov. und Distr. I, Brescia; siehe Rezzato.

Calzoni, Venedig, Prov. Verona u. Dist. II, Villafranca; siehe Villafranca.

Camaffeo, Lombardie, Prov. Bergamo und Distr. VII, Caprino; siehe Caprino.

Camaggio, Lombardie, Prov. Bergamo und Distr. V, Ponte S. Pietro; siehe Chignolo.

Camagra, Lombardie, Prov. Cremona und Distr. IV, Pizzighettone; siehe Pizzighettone.

Cà Magra, Lombardie, Prov. Como und Distr. III, Soresina; siehe Casal Morano.

Camairago, Lombardie, Prov. Lodi e Crema u. Distr. V, Casalpusterlengo, ein nächst dem vorbeifliessenden Adda Flusse liegend. *Gemeindedorf*, mit eigener Pfarre SS. Cosmo e Damiano und 3 Oratorien, Mühle, Käse-Meierei, Reis-Stampfe und Ölpresse, 4 Migl. von Casalpusterlengo. Mit:

Borromea, Landhaus. — Bosco Valentino, kleines Haus.

Camaltino, Lombardie, Prov. Bergamo und Distr. V, Ponte S. Pietro; siehe Sotto il Monte.

Camaltone, Lombardie, Prov. Bergamo und Distr. V, Ponte Pietre; siehe Mapello.

Camajone Cassina, Lombardie, Prov. Brescia und Distr. II, Ospitaletto; siehe Castignate

Camalò, Venedig, Prov. und Distr. I, Treviso; siehe Povegliano.

Camandoli, Lombardie, Prov. und Distr. I, Brescia; siehe Gussago.

Cà Marcello, Venedig, Prov. Treviso und Distr. VIII, Montebelluna; s. Volpago.

Cà Marinoni, Venedig, Prov. und Distr. I, Padova; siehe Vigonza.

Camassaglio. Lombardie, Prov. Bergamo und Distr. V, Ponte S. Pietro; s. Mapello.

Camatinone, Lombardie, Prov. Bergamo und Distr. VII, Caprino; siehe Torre de' Bufi.

Camartino. Lombardie, Prov. Como und Distr. XXI, Luino; siehe Cunardo.

Camatta, Lombardie, Prov. Milano u. Distr. XII, Melegnano; siehe Zunico.

Camatta, Lombardie, Prov. Pavia u. Distr. IV, Corte Olona; siehe Chignolo.

Camatta, Lombardie, Prov. Mantova und Distr. XIII, Suzzara; siehe Suzzara (Brusatasso).

Camatta, Lombardie, Prov. Pavia u. Distr. III, Belgiojoso; siehe Buttirago.

Camatta, Lombardie, Prov. u. Distr. I, Mantova; siehe Porto.

Camatta, Lombardie, Prov. Lodi e Crema und Distr. VI, Codogno; siehe Codogno.

Camatta. Lombardie, Prov. Mantova und Distr. X, Bozzolo; siehe Rivarolo.

Camatta, Lombardie, Prov. Lodi e Crema und Distr. III, S. Angiolo; siehe Caselle.

Camatta, Lombardie, Prov. Pavia u. Distr. VI, Binasco; siehe S. Pietro Cusico.

Camatta, Lombardie, Prov. Mantova und Distr. XIV, Gonzaga; siehe Gonzaga (Pegognaga).

Camatta, Venedig, Prov. Padova und Distr. XI, Conselve; siehe Anguilara.

Camattella, Lombardie, Prov. Mantova und Distr. X, Bozzolo; siehe Rivarolo.

Camazzole, Venedig, Prov. Vicenza und Distr. II, Camisano; siehe Carmignano.

Cambi, Lombardie, Prov. Mantova und Distr. XIII, Suzzara; siehe Villa Saviola.

Cambiaga, Lombardie, Prov. Pavia und Distr. VIII, Abbiategrasso; siehe Ozero.

Cambiaga, Lombardie, Prov. Pavia und Distr. VII, Abbiategrasso; siehe Robecco.

Cambiago, Lombardie, Prov. Milano und Distr. IX, Gorgonzola, ein *Gemeind dorf*, mit einer Pfarre S. Zenone, Aushilfs-Kirche. Kapelle und einer Gemeinde-Deputation, an Castellazzo, Masate, Gessate und Pessana ang.enzend, 5 Migl. v. Gorgonzola. Hie er ge ören: *Orombella, Torassa de' Mandotl, Melcreien.*

Cambiago Cassinello , Lombardie, Prov. Pavia und Distr. VIII, Abbiategrasso; sie e A > iategrasso.

Cambianica, Lombardie, Prov. Bergamo und Distr. IX, Sarnico; sie e Tavernola.

Cambiata, Lombardie, Prov. Cremona u. Distr. VI, Pieve d' Olmi; sie e Carettolo.

Cambrembo, Lombardie, Prov. Bergamo und Distr. VIII, Piazza; sie e Valleve.

Cambresca, Illirien, O. Friaul. Görz. Kr., eine zum ·Dorfe Ai a conscribirte *Ortschaft*, der Hrsch. Canal ge örig, 6 St. von Görz.

Cambrette, Lom ardie, Prov. und Distr. I, Mantova; sie e Roncoferraro.

Cambroso, Venedig, Prov. Padova und Distr. XII, Piove; sie e Codevigo.

Cameletto, Lombardie, Prov. Mantova und Distr. XVII, Asola; s. Asola (Castelnuovo).

Camello, Lombardie, Prov. Mantova und Distr. XVII, Asola; sie e Asola.

Camen, Lom ardie, Prov. Brescia und Distr. IV, Montechiari; sie e Visano.

Camenari, Dalmatien, Cattaro-Kreis, Castelnuovo-Distr., ein unter eben diese Praetur geh. *Dörf chen*, mit einer steinernen Brücke ü er die ier vor ei fliessende reissende Josizza; an dem Punkte, wo sic die Terrains Castelnuovo und Perasto t eilen, befindet sic eine ausserordentlic gute Wasserquelle, e enfalls Camenari genannt, 9 Migl. von Castelnuovo.

Camendrago, Lombardie, Prov. Mantova und Distr. III, Roverbella; sie e Roverbella.

Cameno, Dalmatien, Cattaro – Kreis, Castelnuovo – Distr., ein zur Distrikts-Praetur ge ör. *Dorf*, von den Bergen Dobrostizza, Xiglievise, Vratto und Subredislies begrenzt, 3½ Migl. von Castelnuovo.

Camenzago, Venedig, Prov. Padova und Distr. II, Mirano; sie e Mirano.

Camera, Mulino e Casa della, Lom ardie, Prov. Milano und Distr. XIV, Cuggione; sie e Tornavento.

Camera, Venedig, Prov. und Distr. I, Verona; sie e Buttapietra.

Camerano, Lombardie, Prov. Como und Distr. II, Como; siehe Vergosa.

Camerata , Lombardie, Prov. Bergamo und Distr. VIII , Piazza, ein am Saume des grossen Giogaja, den rechts der Lauf des Brembo bestreicht, lieg. *Gemeind dorf*, mit Vorstand, Pfarre S. Maria Assunta, 5 Oratorien und einer Säge. 1 St. v. Piazza. Hierher gehören: *Albrembo, Bretto, Ceopedoslo, kleine Gassen. — Cornello , Dorf.*

Ca Mercato, Venedig, Prov. Treviso und Distr. VIII, Montebelluna; s. Montebelluna.

Camerin, Casa de, Venedig, Prov. Friaul und Distr. III , Spilimbergo; s. Spilim ergo (Tauriano , Casa de Camerin).

Camerlanti; Tirol , Trient. Kr., ein *Weiler*, zur Gem. Centa geh., im Land gerice te Levico.

Camerlata, ossia S. Carpoforo (Corpi Santi di Como), Lom ardie, Prov. Como und Distr. II, Como, eine grosse, mit ihren Bestand t eilen t eils in der Ebene, theils auf der An ö e zerstreut liegende *Gemeinde-Ortschaft*, mit einer Gemeinde-Deputation und mehren Pfarren S. Carpoforo in Camerlata, S. Boromeo, im Flecken gleichen Namens, S. Cecilia in Camnago, S. Agata im Flecken S. Martino, S. Tomaso in Civiglio und einer Papier-Fabrike, 3 Migl. v. Como. Hieher gehören: *Belvedere, Geno, Monte Verde, Riensa, S. Carpoforo , einzelne Landhäuser. — Breva, Brusada, Camorte, Castello Boradello, Coppelletta, Crotea, Frigere, Madrassa, Alla Molera, Nosettà, Paradiso, Petrera, Pinnosso, Al Ronco, S. Brigida, Snaso, Scoto, Stalletto, alla'Stansa, Valgiovese, Melcreien. — Gorsola, Lora, S. Giuseppe, kleine Gassen. — Ai Mulini, Osterie, Nuove, Val e de' Mulini, Mühlen. — S. Giuliano, S. Martino, Städte.*

Camerlata. Lombardie, Prov. Como und Distr. XIV, Erba; s. Colciago.

Camerlenga , Lombardie, Provin Mantova u. Distr. VIII, Marcaria; siehe Rodigo.

Camerone, Lombardie, Prov. Mantova u. Distr. XII, Viadana; s. Viadana.

Ca Mestrino , Venedig, Prov. Padova und Distr. X, Monselice; sieh Monselice.

Camia, Lombardie, Prov. Como und Distr. V, S. Fedele; s. S. Fedele.

Camigna, Illirien, Ob. Friaul, Görz Kr., ein zur Ldgchts. Hrsch. Heil. Kreu geh. Dorf, mit einer Pfr., am Fusse de Berges Zhavin, 1 St. von Czerniza.

Camignana, Lombardie, Prov. Man tova und Distr. IV, Volta; s. Goito.

Camignana, Lombardie, Prov. Man tova u. Distr. VIII, Marcaria; s. Rodigo

Camignone, Lombardie, Prov. Bres cia und Distr. II, Ospitaletto, ein *Ge*

meindedorf, am Berge Delma mit einer eigenen Pfr. S. Lorenzo, 3 Oratorien, 2 Kapellen und Gemeinde-Deputation, 10 Migl. von Brescia. Mit:
Rancoglia, Mühle. — Valenzano, Landhaus.

Camignone, Bettolle di, Lombardie, Prov. Brescia und Distr. X, Isco; siehe Rovezze.

Cà Milano, Venedig, Prov. Treviso und Distr. VIII, Montebelluna; siehe Triviguano.

Camiletta, Lombardie, Prov, Mantova u. Distr. XIV, Gonzaga; s. Gonzaga (Bondeno).

Camin, Venedig, Prov. und Munizipal-Bezirk Padova; siehe Padova.

Caminasca, Lombardie, Prov. und Distr. I, Milano; s. Corpi S. di Porta Comasina.

Caminata, Lombardie, Prov. Cremona und Distr. VII, Casal Maggiore, ein *Gemeindedorf*, v. dem Munizipal-Magistrate der Stadt Casal Maggiore administrirt, mit einer Pfarre, Kirche S. Genesio, zunächst d. Flusse Po, 2¼ Migl. von Casal Maggiore. Mit:
Rajmonda, Ronca, Gemeindetheile.

Caminate, Lombardie, Prov. Mantova und Distr. XVII, Asola; siehe Asola.

Caminazzo, Lombardie, Prov. Mantova und Distr. VI, Castel Goffredo; s. Ceresara.

Camineda, Venedig, Prov. Treviso und Distr. II, Oderzo; siehe S. Paolo.

Caminella, Lombardie, Provinz und Distr. I, Milano; siehe Corpi S. di Porta Romana.

Caminetti di sopra e di sotto, Lombardie, Prov. Lodi e Crema u. Distr. IX, Crema; siehe Camisano.

Caminetto, Venedig, Prov. Friaul u. Distr. XII, Cividale; siehe Buttrio.

Camino, Venedig, Prov. Friaul und Distr. IX, Codroipo, ein ganz in der Ebene liegend. *Gemeindedorf*, v. Paseriano, Codroipo und dem Tagliamento begrenzt, mit einer Gemeinde-Deputation und Kuratiekirche Tutti Santi; die Pfarre selbst (S. Maria) in Pieve di Rosa, 3 Migl. von Codroipo. Dazu gehören:
Buynins, Glaunicco, Gorizzo, Pieve di Rosa, S. Vidotto, Stracis, Gemeindetheile.

Camino, Venedig, Prov. Treviso und Distr. II, Oderzo; siehe Oderzo.

Camino, Venedig, Prov. Friaul und Distr. XII, Cividale; siehe Buttrio.

Camino Granze di, Venedig, Provinz und Munizipal-Bzk. Padova; siehe Padova (Granze di Camino).

Camirasca, Lombardie, Prov. Como und Distr. XIV, Erba; siehe Brena.

Camisa, Illirien, Istrien, *Hafen*, ist südw. v. St. Martino bei d. Dorfe Ustrine gelegen, und gegen alle Winde gesichert. Wegen der bedeutenden Tiefe dieses Hafens können in diesen selbst die grössten Kriegsschiffe einlaufen und vor Anker gehen.

Camisano, Venedig, Prov. und Munizipal-Bzk. Vicenza; siehe Vicenza.

Camisano, Venedig, Prov. Vicenza und Distr. II, Camisano, eine *Dorf-Gemeinde*, wovon der II Distrikt dieser Provinz den Namen hat, mit einer eigenen Pfarre S. Nicolo, einer Aushilfskirche und 4 Oratorien, mit einer königl. Prätur, Distrikts-Comissariat, Gemeinde-Deputation und Wohlthätigkeits-Anstalt, dann einer Brief Sammlung des 8 Migl. entfernten Provinzial-Postamts Vicenza, von den Distrikten Citadella u. Bassano, dann von der Provinz Padova, den Bergen dei Sette Comuni und d. Fl. Brenta begrenzt, zwischen Vanzó und Rampazzo. Postamt mit:
Malspinoso, Rampazzo, S. Maria, Seghe, Vanzò, Dörfer.

Camisano, Venedig, Prov. Vicenza, ein *Distrikt* mit d. Gemeinden: Camisano mit Malspinoso, Rampazzo, S. Maria, Seghe und Vánzo — Carmignano mit Camazzole und Ospitale di Brenta — Gazzo mit Cajanigo, Grantorto Vicentino, Grossa u. Vilallta — Grisignano mit Babano und Pajana di Granfion — Grumolo delle Abbadesse mit Favallina, Resèga, Sarmègo und Vancimuglio — Montegalda mit Colzè u. Tavallon — Montegaldella — Quinto mit Lanzè — S. Pietro Engù mit Arme. dola, Barche und Calonega — Torri di Quartesolo mit Lerin und Maròla.

Camisano, Lombardie, Prov. Lodi e Crema und Distr. IX, ein 2 Migl. v. Fl. Serio entfernt, auf der Strasse v. Crema nach Romano (Provinz Bergamo) liegendes grosses *Gemeindedorf* mit Vorstand, Pfr. S. Giov. Decollato, Kapelle, 3 Mühlen, einer Öhlpresse und Reisstampfe, 7 Migl. von Crema. Mit:
Caminetti di sotto, Mühle — Boschetta, Caminetti di sopra, Canturana, Concordia, Marchesana, Ravessa, Salizzo, S. Giaromu, Suarde, Torria. nello, Torriani, Torrianoni, Zorlusca, Melercien.

Camitz, auch Kamitz — Schlesien, Teschn. Kr., ein *Dorf* der Hrsch. Bielitz mit einer Filialkirche und einer Mühle, 1¼ St. von Bielitz.

Camitz - Überschar, Schlesien, Troppau. Kr., ein *Dörfchen* zur Hersch. Patschekau an der k. preus. schlesischen Grenze, ½ St. von Obergeostitz an dem Markte Weisswasser, 10 St. von Zukmantel.

Camlago, Lombardie, Prov. Como und Distrikt VII, Dongo; siehe Pianello.

Camluno, Lombardie, Provinz Bergamo und Distr. VII, Caprino; siehe S. Antonio.

Cammenda, Venedig, Prov. und Munizipal-Bezirk Vicenza; siehe Vicenza (Longara mit Cammenda).

Cammago, Lombardie, Prov. Como und Distr. II, Como, ein *Gemeindedorf* mit Vorstand und Pfarre S. Cecilia, auf einer Anhöhe, 2 Migl. von Como. Hierzu gehören: *Campore, hiasto, Roncasto, Meiereien.*

Cammago, Lombardie, Prov. Como und Distr. I, Como, ein *Gemeindedorf* mit einer Pfarre S. Margharita und Gemeinde-Deputation, auf einer Anhöhe, nahe dem reissenden Zaloppia, 6 Migl. von Como. Hierzu gehören: *Bernasca, einzelnes Landhaus. Mulini Ferrari, Mulini, Lambertenghi, Mühlen.*

Cammago, Lombardie, Prov. Milano und Distr. V, Barlassina; siehe Lentate,

Cà Mocenigo, Venedig, Prov. Venezia und Distr. V, Loreo; siehe Rosolina.

Camoga, **Cassina**, Lombardie, Prov. Como und Distr. XXI, Luino; siehe Valdomino.

Camola, Lombardie, Prov. Lodi e Crema, und Distr. I, Lodi; siehe Chioso di Porta Regale.

Camolin, Venedig, Prov. und Distr. I, Belluno; siehe Sospirolo.

Camolina, Lombardie, Prov. Lodi e Crema und Distr. I, Lodi; siehe Chioso di Porta Regale.

Camolini, Lombardie, Prov. Cremona und Distr. III, Soresina; siehe S. Bassano.

Camoniera, Lombardie, Prov. Bergamo und Distr. II, Zogno; siehe Somendenna.

Camorane, Venedig, Prov. Padova und Distr. X, Monselice; siehe Monselice.

Cà Morosini, Venedig, Prov. und Distr. I, Padova; siehe Saonara.

Camota, Lombardie, Prov. Como und Distr. I, Como; siehe Robio.

Camorte, Lombardie, Prov. Como und Distr. II, Como; siehe Camerlata.

Camozza, Lombardie, Prov. Cremona und Distr. IV, Pizzighettone; siehe Pizzighettone.

Camozzi, **Cassina**, Lombardie, Prov. Bergamo und Distr. XIII, Verdello; siehe Dalmine.

Camp, Tirol, Trienter Kr., ein *Dorf* und Kuratie der Pfarre Denno auf dem Nonsberg, Ldgcht. Mezzo Lombardo, zuvor Cles.

Campaccio, Lombardie, Prov. Como und Distr. XV, Angera; siehe Angera.

Campaccio, Lombardie, Prov. Como und Distr. XX, Macagno; siehe Macagno superiore.

Campaccio, Lombardie, Prov. Como und Distr. XV, Angera; siehe Teino.

Campaccio, Lombardie, Prov. Como und Distr. XXII, Tradate; siehe Venegono superiore.

Campaccio, **Cassina**, Lombardie, Prov. Milano und Distr. V, Barlassina; siehe Palazzuolo.

Campaccino, Lombardie, Prov. und Distr. XV, Angera; siehe Angera.

Campagna, Lombardie, Prov. Brescia und Distr. II, Ospitaletto; siehe Torbole.

Campagna, Lombardie, Prov. Cremona und Distr. IV, Pizzighettone; siehe Pizzighettone.

Campagna, Lombardie, Prov. Brescia und Distr. II, Ospitaletto; siehe Rodengo.

Campagna, Lombardie, Prov. Brescia und Distr. V, Lonato; siehe Desenzano.

Campagna, Lombardie, Prov. Cremona und Distr. V, Robecco; s. Monasterolo.

Campagna, Lombardie, Prov. Brescia und Distr. II, Ospitaletto; siehe Lograto.

Campagna, Lombardie, Prov. Brescia und Distrikt II, Ospitaletto; siehe Travagliato.

Campagna, Lombardie, Prov. Mantova und Distr. IV, Volta; s. Ponti.

Campagna, Lombardie, Prov. Cremona und Distr. V, Robecco; siehe Alfiano.

Campagna, Lombardie, Prov. Cremona und Distr. VI, Pieve d' Olmi; Cella.

Campagna, Lombardie, Prov. Mantova und Distr. XVII, Asola; siehe Casalsmoro.

Campagna, Lombardie, Prov. Cremona und Distr. III, Soresina; siehe Castel Visconti.

Campagna, Lombardie, Prov. Mantova und Distr. IV, Volta; s. Goito.

Campagna, Lombardie, Prov. Pavia und Distr. III, Belgiojoso; siehe S. Margherita.

Campagna, Lombardie, Prov. Mantova und Distr. VIII, Marcaria; siehe Marcaria.

Campagna, Lombardie, Prov. Lodi e Crema und Distr. IV, Borghetto; S. Martino in Strada.

Campagna, Lombardie, Prov. Lodi e Crema und Distr. VI, Codogno; siehe S. Rocco al Porto.

Campagna, Lombardie, Prov. Lodi e Crema und Distr. IV, Borgietto; s. S. Colomiano.

Campagna. Lombardie, Prov. Lodi e Crema und Distr. V, Casalpusterlengo; sieie Terra nuova.

Campagna, In, Lombardie, Prov. Lodi e Crema und Distr. VII, Paudino; siehe Tormo.

Campagna, I. II., Lombardie, Pr. und Distr. I, Mantova; sieie S. Giorgio.

Campagna, Venedig, Prov. Venezia und Distr. III, Dolo, ein *Gemeinde-dorf*, mit einer Gemeinde-Deputation und Versammlung, eigener Pfarre S. Pietro, zwei öffentlichen und einem Privat-Oratorio, unweit Mira, am Fl. Brenton, 1¼ St. von Dolo. Mit: *Lova, Lughetto, Dörfer.*

Campagna, Venedig, Prov. Friaul und Distr. IV, Maniago; siehe Maniago grande.

Campagna, Venedig, Prov. Friaul und Distr. VII, Pordenone; sieie Fontanafredda (Vigonovo.)

Campagna, Venedig, Prov. u. Distr. VII, Pordenone; sieie Porcia.

Campagna, Venedig, Prov. Friaul und Distrikt VIII, S. Vito; sieie S. Martino.

Campagna, Venedig, Prov. Friaul und Distrikt IX, Codroipo; sieie Codroipo.

Campagna, Venedig, Prov. u. Distr. I, Padova; siehe Abano.

Campagna, Venedig, Prov. Treviso und Distr. III, Motta; sieie Cessalto.

Campagna, Venedig, Prov. Treviso und Distrikt IV, Conegliano; sieie Mareno.

Campagna, Falzè di, Venedig, Prov. Treviso und Distr. VIII, Montebelluna; sieie Trivignano di Campagna (Falze di Campagna.)

Campagna, Frazione di Soffreta, Venedig, Prov. Treviso und Distr. IV, Conegliano; sieie Mareno.

Campagna, Larga, Venedig, Pr. Venezia und Distr. VIII, Porto Gruaro; sieie Pramaggiore.

Campagna, Madonna di, Venedig, Prov. Friaul und Distr. VIII, S. Vito; sieie Cordovado.

Campagna, Pezzan di, Venedig, Prov. und Distr. I, Treviso; sieie Istrana.

Campagna, S. Floriano di, Venedig, Prov. Treviso und Distr. X, Castelfranco; sieie Salvarosa (S. Floriano di Campagna).

Campagna, S. Leonardo di, Venedig, Piov. Friaul und Distr. V, Aviano; sieie Montereale (S. Leonardo di Campagna).

Campagna di sotto. Lombardie, Prov. Como und Distr. XXI, Luino; s. Vigonago.

Campagna, Lombardie, Prov. und Distr. I, Milano; sieie Niguarda.

Campagna Antoldi, Lombardie, Prov. Mantova und Distr. VII, Canneto; sieie Canneto.

Campagna, Casella in, Lombardie, Prov. Mantova und Distr. IV, Volta; sieie Volta.

Campagna, Casello di, Lombardie, Prov. Lodi e Crema und Distr. IV, Borgietto; sieie Borgietto.

Campagna, Cassina, Lombardie, Prov. Brescia und Distr. II, Ospitaletto; sieie Berlingo.

Campagna, Cassina, Lombardie, Prov. und Distr. I, Pavia; sieie Comairano.

Campagna, Cassina, Lombardie, Prov. Lodi e Crema und Distr. VI, Codogno; sieie Mira ello.

Campagna, Cassina, Lombardie, Prov. und Distrikt I, Pavia; siehe S. Soffia.

Campagna, Corte, Lombardie, Prov. Mantova und Distr. III, Roverbella; sieie Marmirolo (Morona).

Campagna de' Zoppi, Lombardie, Prov. Mantova und Distr. V, Castiglione delle Stiviere; sieie Castiglione delle Stiviere.

Campagna Gelmetti, Lombardie, Prov. Brescia und Distr. V, Lonato; sieie Pozzolengo.

Campagna maggiore, Lombardie, Prov. Lodi e Crema und Distr. VI, Codogno; sieie Corno Giovine.

Campagna Martinelli, Lombardie, Prov. und Distr. I, Mantova; siehe Curtatone.

Campagna minore, Lombardie, Prov. Lodi e Crema und Distr. VI, Codogno; sieie Corno Giovine.

Campagna, Mulino, Lombardie, Prov. Mantova und Distr. VIII, Marcaria; sieie Castelluccio.

Campagna, Mulino di, Lombardie, Prov. Pavia und Distr. V, Rosate; sieie Besatte.

Campagna S. Elena, Lombardie, Prov. Mantova und Distr. VII, Canneto; sieie Canetto.

Campagna Scotti, Lombardie, Prov. Lodi e Crema und Distr. VI, Codogno; sieie Fomio.

Campagna, S. Martino, Venedig, Prov. Friaul und Distr. V, Aviano;

sieıe Montereale (S. Martino di Campagna).

Campagna II. Scotti, Lombardie, Prov. Lodi e Crema und Distr. VI, Códogno; sieıe Fombio.

Campagna III. Scottie Riboni, Lombardie, Prov. Lodi e Crema und Distr. VI, Codogno; sieıe Fombio.

Campagna , Trivianano di, Venedig, Prov. Treviso und Distr. VIII, Monteıelluna; sieıe Trevignano di Campagna.

Campagna vecchia, Venedig, Prov. Polesine und Distr. I, Rovigo; sieıe Villa Dosa.

Campagnani, Lombardie, Prov. Milano und Distr. VIII, Vimercate; sieıe Usmate.

Campagnano, Lombardie, Prov. Como und Distr. XX, Maccagno, ein zu Maccagno di sopra u. Maccagno di sotto, 1½ Migl. voıı Lago Maggiore entfernt liegendes *Gemeindedorf*, mit Vorstand und Pfarre S. Martino, 2½ Migl. von Varese.

Campagnano, Lombardie, Prov. Como und Distr. VII, Dongo; s. Musso.

Campagnazza, Lombardie, Prov. Milano u. Distr. VI, Monza; s. Cologno.

Campagnazza, Lombardie, Prov. Como und Distr. XXVI, Mariano; sieıe Cucciago.

Campagnazzo, Lombardie, Prov. Cremona und Distr. III, Soresina; sieıe Bassano.

Campagne, Mulino della, Lombardie, Prov. Bergamo und Distr. XIII, Verdello; sieıe Cologno.

Campagnette, Lombardie, Prov. Cremona und Distr. V, Robecco; sieıe Roıecco.

Campagnola, Lombardie, Prov. Bergamo u. Distr. I, Bergamo; s. Bergamo.

Campagnola, Lombardie, Prov. Mantova und Distr. V, Castiglione delle Stiviere; siehe Cavriana.

Campagnola, Venedig, Prov. Belluno und Distr. VIII, Mel; sieıe Mel.

Campagnola, Venedig, Prov. Friaul und Distr. VII, Pordenone; sieıe Prata di sopra e di sotto.

Campagnola, Venedig, Prov. Padova und Distr. XII, Piove; sieıe Bruzene Chiesa.

Campagnola, Lombardie, Prov. Treviso und Distr. IV, Conegliano; sieıe Mareno.

Campagnola, Alla, Venedig, Prov. Treviso und Distr. VIII, Monteıelluna; siehe Monteıelluna.

Campagnola, Lombardie, Prov. Cremona und Distr. V, Robecco, ein

Gemeindedorf mit Vorstand und einer Kapelle, naci SS. Giacomo e Filippo zu Corti di Cortesi gepfarrt, am Brescian. Geıirge und dem Oglio-Flusse. 3 St. von Cremona. Dazu geıören:

Caselle, Quadro, einzelne Meierhöfe. Mulino della Cassa Trecchi, Mulino della Cassa Visconti, Mühlen.

Campagnola, Lombardie, Provinz Lodi e Crema und Distr. IX, Crema, eine kleine *Gemeinde - Ortschaft* von zerstreuten Häusern an der Strasse, welcıe von Crema naci Milano, (in der Prov. Bergamo) füırt, mit Pfarre S. Pancrazio, Oratorio, Kapelle, 4 Reis-Stampfen und einer Oelpresse, 3 Migl. von Crema. Mit:

Ca vechia, Canturana, Cassina nuova, Cassina del Torchio, Cassina la Torre, Colombara, Schweizereien. Cassina Rasiga, Mühle.

Campagnole, Tirol, Roveredo Kr., ein *Weiler* zur Gemeinde Sacco im Landgerichte Roveredo.

Campagnole, Tirol, Roveredo Kr., ein *Weiler* zur Gemeinde Roveredo gehörig, im Landgerichte Roveredo.

Campagnuola, Lombardie, Prov. Lodi e Crema und Distr. VI, Codogno; sieıe Lardera.

Campagnuola, Lombardie, Prov. Mantova und Distr. VIII, Marcaria; sieıe Marcaria.

Campagnuola, Lombardie, Prov. Cremona und Distr. III, Soresina; sieıe Corte Madama.

Campagnuola, Lombardie, Prov. und Distr. I, Milano; sieıe Corpi S. di Porta Ticinese.

Campagnuola, Lombardie, Prov. Cremona und Distr. IV, Pizzigıettone; sieıe Gruıello.

Campagnuola, Lombardie, Prov. Brescia und Distr. V, Lenato; sieıe Padeughe.

Campagnuola, Lombardie, Prov. Mantova und Distr. III, Roverbello; sieıe Marmirolo.

Campagnuola, Lombardie, Prov. u. Distr. I, Mantova; siehe Roncoferraro.

Campagnuola, Lombardie, Prov. Mantova und Distr. II, Ostiglia; sieıe Villimpenta.

Campagnuola, Lombardie, Prov. Mantova und Distr. IV, Volta; sieıe Volta.

Campagnuola Salice, Lombardie, Prov. Cremona und Distr. II, Soncino; sieıe Soncino.

Campagnuole, Lombardie, Prov. Mantova und Distr. VII, Canetto; sieıe Ostiano.

Campagnuole, Lombardie, Prov. Cremona und Distr. V, Robecco; sieıe Robecco.

Campagnuole, Lombardie, Prov. Cremona und Distr. V, Robecco; siehe Scandolara.

Campagnuoli, Lombardie, Provinz Mantova und Distr. XVII, Asola; siehe Asola.

Campagnuolo, Lombardie, Prov. Mantova und Distr. XVII, Asola; siehe Asola.

Campagnuolo, Lombardie, Prov. Mantova und Distr. VI, Castel Goffredo; siehe Castel Goffredo.

Campagnuolo, Lombardie, Prov. Como und Distr. XVII. Verese; siehe Sciano.

Campagnuoni, Palazzo, Lombardie, Prov. Mantova und Distr. XVII, Asola; siehe Gasaloldo.

Campalano, Venedig, Prov. Verona und Distrikt IV, Sanguinetto; siehe Nogara.

Campalto, Venedig, Prov. Venezia und Distr. II, Mestre; siehe Favaro.

Campalto, Venedig, Provinz und Distrikt I, Verona; siehe S. Martino Buon Albergo.

Campalton, Venedig, Prov. Venezia und Distr. II, Mestre; siehe Favaro.

Campa, Tirol, Botzn. Kr., ein zum Ldgcht. Kaltern gehöriges altes Schloss in dem Dorfe Mitterdorf, 4 St. von Botzen.

Campana, Venedig, Prov. Treviso und Distr. IV, Conegliano; siehe S. Lucia.

Campana, Mulinetto il, Lombardie, Provinz und Distr. II, Milano; siehe Monzoro.

Campana, Mulino, Lombardie, Prov. und Distr. II, Milano; siehe Monzoro.

Campanaua, Oest. ob d. E., Salzburger Kr.; siehe Elsbetien.

Campanelle, Venedig, Prov. und Distrikt I, Padova; siehe Saonara.

Campani, Lombardie, Prov. Brescia und Distr. VI, Gardone; siehe Gardone.

Campania, Siebenbürgen; siehe Foffeld.

Campaniga, Selva maggiore, Lombardie, Prov. Cremona und Distr. II, Soncino; siehe Soncino.

Campanigalli, Ronchetti, Venedig, Prov. Padova und Distr. IV, Campo Sampiero; siehe Campo d' Arsego (Roncietti Campanigalli).

Campanigalli, Ronchi, Venedig, Prov. Padova und Distr. IV, Campo d' Arsego; siehe Campo Sampiero (Ronchi di Capanile),

Campanile, Ronchi di, Venedig, Prov. Padova und Distr. V, Piazzolla; siehe Villa Franca (Ronchi di Campanile).

Camparada, Lombardie, Prov. Milano und Distr. VIII, Vimercate; ein Gemeindedorf mit Vorstand, ist eine Filiale der Pfarre L' Assunzione di Maria Vergine zu Lesno, nicht weit davon entlegen, 1¼ St. von Vimercate. Einverleibt sind:
Casa Bella, La Torre, Masciocchino, Masciocco, Valmora, Schweizereien, Croce, Landhaus.

Campartita, Della, Lombardie, Prov. Brescia und Distr. II, Ospitaletto; siehe Travagliata.

Campardo, Venedig, Prov. Treviso und Distr. IV, Conegliano; siehe S. Fior di sopra.

Camparta, Tirol, Trient. Kr., ein Weiler, zur Gemeinde Meano gehörig, im Ldgcht. Lavis.

Campasso, Lombardie, Prov. und Distr. II, Bergamo; siehe Valtesse.

Campazzino, Lombardie, Provinz Lodi e Crema und Distr. V, Casalpusterlengo; siehe Livrago.

Campazzo, Lombardie, Provinz und Distr. XI, Milano; siehe Vigentino.

Campazzo, Lombardie, Prov. Cremona und Distr. IV, Pizzigettone; siehe Sesto.

Campazzo, Lombardie, Provinz und Distr. I, Milano; siehe Corpi Santi di Porta Romana.

Campazzo, Lombardie, Prov. Pavia und Distr. III, Belgiojoso; siehe Fossarmato.

Campazzo, Cassina, Lombardie, Prov. Cremona und Distr. II, Soncino; siehe Fiesco.

Campazzo, Lombardie, Provinz Cremona und Distrikt III, Soresina; siehe Genivolta.

Campazzo, Lombardie, Prov. Lodi e Crema und Distr. V, Casalpusterlengo; siehe Livraga.

Campazzo, Lombardie, Prov. Pavia und Distr. III, Belgiojoso; s. Vivente.

Campea, Venedig, Prov. Treviso und Distr. VII, Valdobbiadene; siehe Miane.

Campedel, Venedig, Prov. Belluno und Distr. VIII, Mel; siehe Triechiana.

Campedello, Venedig, Prov. Belluno und Distr. IV. Auronzo; siehe Nicolò.

Campedello, Venedig, Provinz und Munizipal-Bezirk Vicenza; s. Vicenza.

Campedello, Lombardie, Prov. Sondrio (Valtellina) und Distr. VII, Chiavenna; siehe Chiavenna.

Campeggio, Lombardie, Prov. Como und Distr. VII, Dongo; siehe Musso.

Campeggio, Venedig, Prov. Venezia und Distrikt VIII, Porto Gruaro; siehe Porto Gruaro.

Campeglie, Illirien, Istrien, Mitterburger Kr., ein *Dorf* im Bezirke und auf der Insel Veglia, zur Pfarre Vercenico gehörig, in der Diöces Veglia, 1 St. von Veglia.

Campeglio, Venedig, Prov. Friaul und Distr. XIV, Faedis; siehe Faedis.

Campei, Venedig, Prov. Friaul und Distr. III, Spilimbergo; siehe Tramonti di sopra.

Campeis, Venedig, Prov. Friaul und Distr. III, Spilimbergo; siehe Pinzano.

Campei M., Tirol, *Berg*, worüber der Weg von Dimaro im Sulzberg nach Val Rendena in Judicarien führt.

Campeja, Venedig, *Berg* bei Lanari.

Campei, Venedig, Prov. Belluno und Distr. VII, Feltre; siehe S. Giustina.

Campelle V., Seitenthal am Maso Bach in Val Sugana, v. diesem nordöstl. gegen d. Gebirg Cima Dasta in V. Tesino.

Campello, Lombardie, Prov. Brescia und Distr. V, Lonato; siehe Moniga.

Campello, Lombardie, Prov. Milano und Distr. VII, Verano; siehe Triuggio.

Campello, Lombardie, Prov. Sondrio (Valtellina) und Distr. VI, Bormio; siehe Bormio.

Campello, Lombardie, Prov. Sondrio (Valtellina) und Distr. VII, Chiavenna; siehe Chiavenna.

Campenn, Tirol, Botzner Kr., ein adel. *Ansitz*, kleiner *Ort* und Expositur der Pfarre Botzen, auf einem Berge jenseits des Eisacks, Stadtgebiets Botzen.

Campeote, Venedig, Prov. Friaul u. Distr. III, Spilimbergo; siehe Pinzano (Valeriano).

Campera La, Lombardie, Provinz Como und Distr. IX, Bellano; s. Colico.

Camperi, Tirol, Rovered. Kr., ein *Weiler* zur Gemeinde Terragnuolo geh., im Ldgrcht. Roveredo.

Camperiano, Venedig, Prov. Padova und Distrikt VIII, Montagnana; siehe Montagnana.

Camperisco, Lombardie, Prov. Como und Distr. I, Como; siehe Ronago.

Campese, Venedig, Prov. Vicenza u. Distr. VI, Asiago; siehe Campolungo.

Campestrin, Tirol, Trient. Kr., ein *Weiler* zur Gemeinde Mazzin geh., im Ldgrcht. Fassa.

Campestrin, Tirol, Trient. Kr., ein *Weiler* zur Gemeinde Pieve Tesino geh. Ldgrcht. Strigno.

Campestrini, Tirol, Trient. Kr., ein *Weiler* zur Gemeinde Torcegno geh., im Ldgrcht. Borgo.

Campestrino, Venedig, Prov. Padova und Distrikt X, Monselice; siehe Monselice.

Campetti, Lombardie, Prov. u. Dist I, Mantova; siehe Curtatino.

Campetti, Lombardie, Prov. Mantova und Distr. XI, Sabbioneta; siehe Sabbionetta.

Campeto, Venedig, Prov. Friaul u Distr. III, Spilimbergo; siehe Pinzano.

Campezzo, Lombardie, Prov. Mantova und Distr. IV, Volta; siehe Pont.

Campformio, Venedig, Prov. Friaul und Distr. I, Udine; s. Campo Formid.

Campi, Tirol, Trienter Kreis, ein z Ldgrchtshrsch. Reiff geh. *Dorf* mit ein Kuratie an dem Albotabache, nördl. a einer Anhöhe, 10½ St. von Trient.

Campi, Tirol, Rovered. Kr., ein *Wler* zur Gemeinde Terragnuolo geh., Ldgrcht. Roveredo.

Campi Dei, Venedig, Prov. Friaul und Distr. XV, Moggio; siehe Mogg di sotto.

Campiabona, Lombardie, Provi Bergamo und Distr. VII, Caprino; sie Torre de' Busi.

Campiadiga Cassina, Lomba die, Prov. Como und Distr. XVI, Ca rate; siehe Cardane.

Campiana, Lombardie, Prov. Ma tova und Distr. VIII, Marcaria; sie Castelluccio.

Campiani, Lombardie, Provinz u Distr. I, Brescia; siehe Celliate.

Campiani, Venedig, Prov. und Dis I, Brescia; siehe Collebeato.

Campiano, Lombardie, Prov. Co und Distr. XII, Oggiono; siehe Biglio.

Campi Asciuti, Lombardie, Prov Como und Distr. XXV, Missaglia; si Cassago.

Campidell, Tirol, Botzner Kr., *D* und Filial der Kuratie Flass, ehemali Grchts. Flass und Campidell, der Pfa Mölten, jetzt Landgericht Karneid Jenesien.

Campi di Buono, Lombardie, P vinz Brescia und Distr. VI, Gardo siehe Lumezzane S. Apollonio.

Campie di, Lombardie, Prov. Co und Distr. VII, Dongo; siehe Dongo

Campiello, Tirol, Trient. Kreis, *Weiler* zur Gemeinde Levico gehör., Ldgrcht. Levico.

Campi Giarosi fuori dell zerin, Venedig, Prov. Padova Distr. VIII, Montagnana; siehe Mas

Campiglia, Venedig, Prov. Vic und Distr. XII, Lonigo, ein von den gen di Grancona und di Meledo Alto grenztes *Gemeindedorf* mit Vorst

Pfarre SS. Pietro e Paolo und einem Privat-Oratorio, nächst den Flüssen Liona und Guà (Nuovo), 4 St. von Lonigo.

Campiglio, Lombardie, Prov. Brescia und Distr. VI, Gardone; s. Sarezzo.

Campiglio, Tirol, Rovered. Kr., ein *Weiler* im Rendena-Thale zur Gemeinde Pinzolo im Ldgrcht. Tione.

Campiglio Casa, Lombardie, Proviuz u. Distr. II, Milano; siehe Corsico.

Campiglione e Pezza, Lombardie, Prov. Como und Distr. IX, Bellano; siehe Vestreno.

Campigo, Venedig, Prov. Treviso u. Distr. X, Castelfranco; siehe Albaredo.

Campill, Tirol, Pusterthal. Kr., ein *Dorf* am Campiller Bache, Kuratie der Pfarre und Ldgrcht. Enneberg, zuvor Grcht. Thurn.

Campill, Tirol, Botzner Kr., adeliger *Ansitz* bei Botzen, dieses Stadtgebiets.

Campiller Bach, Tirol, Seitenthal von Gaderbach in Enneberg, südl. von St. Martin ehemaligen Gerichts Thurn.

Campiollo inferiore e superiore, Venedig, Prov. Friaul u. Distr. XV, Moggio; s. Moggio di sotto (Moggio di sopra).

Campion, Venedig, Prov. Treviso u. Distr. VI, Ceneda; siehe Colle.

Campiona, Lombardie, Prov. Milano und Distr. IX, Gorgonzola, s. Inzago.

Campioncella, Lombardie, Provinz Mantova und Distr. VIII, Marcaria; s. Gazzoldo.

Campione, Lombardie, Prov. Como und Distr. V, S. Fedele, ein *Gemeindedorf* mit Vorstand und Pfarre S. Zenone und Erdengeschirrfabrik, gegen W. am Ufer des Zeresio See's, 8 Migl. von S. Fedele.

Campione, Lombardie, Prov. Como und Distr. XXIV, Brivio; s. Cagliano.

Campione, Lombardie, Prov. Mantova und Distrikt IX, Borgoforte; siehe Governolo.

Campisego, Lombardie, Prov. Lodi e Crema und Distr. IX, Crema; s. Campisico.

Campisego, di sopra e di sotto, Lombardie, Prov. Lodi e Crema u. Distr. IX, Crema; siehe Campisico.

Campisico, insgemein Campisego — Lombardie, Prov. Lodi e Crema u. Distr. IX, Crema, eine *Gemeinde-Ortschaft*, 1 Migl. von der Strasse nach Misano u. eben so weit v. Capralba, worin sie (SS. Andrea e Zenone) gepf. ist, entlegen, mit einem Oratorio, Gemeinde-Deputation und zwei Reis-Stampfen, 6 Migl. von Crema. Mit:

Balzarina, Balzarinetta, Benzona, Campisego di sopra e di sotto, Campisighetto, Casa Bianca, Casa nuove, Remascita, Vittoria, Schweizereien.

Campisighetto, Lombardie, Prov. Lodi e Crema und Distr. IX, Crema; siehe Campisico.

Campi, sotto posti all acqua, Lombardie, Prov. Padova u. Distr. VIII, Montagnana; siehe Castelbaldo.

Campitello, Lombardie, Prov. Mantova und Distr. V, Castiglione delle Stiviere; s. Castiglione delle Stiviere.

Campitello, Lombardie, Prov. Mantova und Distr. VIII, Marcaria; siehe Marcaria.

Campitello, Tirol, Trient. Kr., ein *Dorf* und *Gemeinde*, im Ldgchte. Fassa.

Campivola, Venedig, Prov. Friaul und Distr. XVII, Rigolatto; s. Ravaseletto.

Camplongo, Venedig, Prov. Vicenza und Distr. XIII, Barbarano; s. Orancona.

Campo, Tirol, Trient. Bzk., ein zur Marggr. Judicarien geh., unter der Pfr. Lamaso stehendes *Dorf* und *Schloss*, mit einem Franziskaner Kloster, ½ St. von Lomaso, 9 St. von Trient.

Campo maggiore, Tirol, ein *Dorf* und *Franziskanerkloster*, der Pfarre Lomas gehörig.

Campo minore, Tirol, ein *Dorf*, beim Schlosse Campo, der Pfarre Lomas gehörig.

Campo, Venedig, Prov. Belluno und Distr. II, Longarone; s. Forno di Zoldo.

Campo, Venedig, Prov. Belluno und Distr. VII, Feltre; siehe Alano.

Campo, Venedig, Prov. Belluno und Distr. VII, Feltre; s. S. Giustina.

Campo, Venedig, Prov. Belluno und Distr. VIII, Mel; siehe Mel.

Campo Bernardo, Venedig, Prov. Treviso und Distr. II, Oderzo; siehe Salgareda.

Campo Cervaro, Venedig, Prov. Treviso und Distr. IV, Conegliano; s. Codognè.

Campo Ceserano, Venedig, Prov. Padova u. Distr. II, Mirano; s. Mirano.

Camposampiero, Venedig, Prov. Padua und Distrikt IV, *Gemeinden:* Campo d' Arsego mit Bosco del Vescovo, Bronzolo, Busiago ronco, Campolin Marcello, Caselle, Fiumicello, Masetto, Pirani, Puotti di fiumicello porzione, Reschigliano, Ronchetti Campanigalli, Ronci Campanigalli, Ronchi novi, Sant Andrea di Codi verno und Serraglie. — Camposampiero mit Albarelle, Banca Marin mit einem Theile von Zorzi, Canove, Cantone, Contrada Zacca, Corso porzione, Fur-

43*

lani, Malcantone, Pissintorno, Rustega, S. Marco, auci Arcone, Sparell̄, Villa pitocca und Villa Vettura, — Loreggia und Contrade unite (vereinigten Gassen) mit Banca Marin Zorzi porzione, Boscalto intiero, Carpanè, Pitoccie di Loreggia und Riondello. — Massanzago mit Malcanton I, und II, S. Dona und Zeminiana. — S. Eufemia mit Borgoricco, Castellaro, Desmano, Esente al Sole, Faverigo, Granza Andronica, Ronchi di S. Eufemia u. Straelle. — S. Giorgio delle Pertiche mit Arsego, Covin dell' Arsego, oltre Arsego, Torre di Burri und Villarappa di S. Giorgio. — S. Giustina in Colle mit Borghetto padovano, Castelletto in rio bianco, Fontane bianche, Fratte, Granza Soranza, Rio bianco, Roara, Tergola, Tergolina, Tre Marende und Villa rappa di S. Giustina. — S. Michiele delle)adesse mit S. Giuliano. — Villa del Conte mit A))azia Pisani oder auci A))azia di S. Fufemia. Borg)etto in Abbazia di S. Eufemia oder·Granze di Abbazia, Esenti, Granza di S. Eufemia und Rostello oder Capodilista. — Villanova mit Murelle, Caltana di Murelle oder Zer)o di Murelle, Mussellini, ·Pieve di S. Prosdo-cimo und Puotti di Villanova (porzione).

Campo, Ober- und **Unter-,** Tirol, Pusterth. Kr., 2 zur Hrsch. Ampezzo geh. kleine *Dörfer,* 7 St. von Niederdorf.

Campo, Lom)ardie, Prov. Como und Distr. IV, Menaggio; sie)e Lenno.

Campo, Lom)ardie, Prov. Sondrio (Valtellina) und Distr. VII, C)iavenna; sie)e Novate.

Campo, Lombardie, Prov. Como und Distr. III, Bellaggio; s. Civanna.

Campo, Lom)ardie, Prov. Como und Distr. XXV, Missaglia; s. Perego.

Campo, Lom)ardie, Prov. Sondrio (Valtellina) und Distr. I, Sondrio; sie)e Torre.

Campo, Bello, Lombardie, Prov. Pavia und Distr. IV, Corte Olona; sie)e Torre de' Negri.

Campo, Bonino, Lombardie, Prov. und Distr. I, Cremona; s. Due Miglia.

Campo Cassina di, Lombardie, Prov. Como und Distr. XXI, Luino; s. Luino.

Campo de'Fiori, Lombardie, Prov. und Distr. I, Milano; s. Corpi S. di Porta Orientale.

Campo del Bero, Lombardie, Prov. Cremona und Distr. IV, Pizzighettone, sie)e Polengo.

Campo del Ferro, Lombardie, Prov. Como und Distr. IV, Pizzig)ettone; s. Polengo.

Campo dell' Albera, Lombardie, Prov. Pavia und Distr. IV, Corte Olona; sie)e Pieve Porto Morone.

Campo dell' Olmo, Lombardie, Prov. Mantova und Distr. VIII, Marcaria; sie)e Marcaria.

Campo del Pomo, Lombardie, Provinz Mantova und Distr. VIII, Marcaria; sie)e Marcaria.

Campo de Morti, Lombardie, Prov. und Distr. I, Mantova; sie)e Porto.

Campo Dolcino, Lom)ardie, Prov. Sondrio (della Valtellina) und Distr. VII, C)iavenna, eine *Gemeinde-Ort-.schaft,* in einer Ge)irgsgegend vom Strome Ra)biosa, welcher auf d. Berge Angolaga entspringt, bewässert, mit einer Gemeinde-Deputation, Pro)stei, Pfarre S. Giovanni Battista, 2 Filialkir-cien, 4 Oratorien, Gend'armerie-Abtheilung und 3 Mü)len, 52 Migl. von Sondrio. Dazu ge)ören:
Andreloga, Case Spülga, Gualdera, Montta Zor-cana, einzelne Schweizereien. — Portaressa, Frestone, Gemeindetheile.
Zu diesem Postamte ge)ören:
All' Accetto, Alle Corti, Alla Pietra, Alpe Foppa, Alpe Qualdera, Alpe Servisio, Alpe Zoccana, Angelaga, Campodolcino, Casa del Tini, Casa Spülga, Cormosone, Fraciacio, Frasnedo, Mott(a), Portaressa, Prestone, Prima, Chiesa, Seconda Chiesa und Starleggia. — Alla Stuetta, Alpe di Giboldt, Alpe di Piani, Alpe d' Emat, Alpe di Empit, Alpe di Groppera, Alpe di Madesimo, Alpe di Rasdeglia, Andossi, Borghetto, Fron-daglio, Isola. Madesimo, Maledana, Montagna di Spülga, Moraletta, Pianazzo, Rasdeglia, Stabisotto, Teglate, Torni und Vamlera.

Campo Croce, Venedig, Prov. Padova und Distr. II, Mirano; s. Mirano.

Campo Croce, Venedig, Prov. und Distr. I, Treviso; sie)e Mogliano.

Campo Croce di sotto, Venedig, Prov. und Distr. I, Treviso: s. Mogliano.

Campo di Denno, Tirol, Trient. Kr., ein zur Hrsch. Flavon geh. *Flecken,* im Landgericite Nonnsberg, 7½ St. von Trient.

Campo Silvano, Tirol, Rovere)o Kr., ein *Dorf* im Vall Arsa, Expositur dieser Pfarre, Ldgchts. Rovereto, e)emals Grenzzollamt.

Campo d' Arsego, Venedig, Prov. Padova und Distr. IV, Campo Sampiero, ein *Gemeindedorf,* mit Vorstand und einer eigenen Pfarre S. Martino, einem öffentlicien u. 3 Privat-Oratorien, na)e bei Codiverno und dem Flusse Taglio del Mussou, 5 Migl. von Padova, und 4 Migl. von Campo Sampiero. Zu dieser Gemeinde gehören:
Bosco del Vescovo, Bronsola, Bustago Ronro, Campolin Marcello, Caselle, Fiumicello, Maz-zetto, Pisani, Puoti di Fiumicello, Ronchitti Campanigalli, Ronchi Campanigalli, Ronchi Nosi, Roschigiano, S Andrea di Codiverno, Seraglia, Gassen.

Campoè Alpe di, Lombardie, Prov. Como u. Distr. XIII, Canzo; s. Caglio.

Campo Fiorenzo, Lombardie, Prov. Como u. Distr. XXV, Missaglia; siehe Casete nuovo.

Campo grande, Lombardie, Prov. Mantova und Distr. XIII, Suzzara; s. Suzzara (Brusatasso).

Campo Landrone, Lombardie, Prov. Lodi e Crema und Distr. VI, Codogno; sieie Maleo.

Campo Fontana, Venedig, Prov. Verona und Distr. X, Badia Calavene; sieie Selve di Progno.

Campo Formido, insgemein Campoformio — Venedig, Prov. Friaul und Distr. I, Udine, ein *Gemeindedorf*, mit Vorstand und Pfarre S. Maria Maggiore, dann einer auf freiem Felde liegenden Neienkircie, zwischen Variano und Zugliano. Hat 7 Müilen längst dem Canal Roja, 4 Migl. von Udine; ierüimt wegen des mit den Franzosen im Jaire 1797 am 17. Oktober abgescilossenen Friedens. Mit:
Basaldella, Bressa, Dörfer.

Campo di S. Pietro, Venedig, Prov. Padova u. Distr. IV, Campo Sampiero; siehe Campo Sampiero.

Campo di Pietra, Venedig, Prov. Treviso und Distr. II, Oderzo; siehe Salgareda.

Campo e Tartano, Lombardie, Prov. Sondrio (Prov. della Valtelina) und Distr. IV, Morbegno, eine mit der Prov. Bergamo grenzende *Gemeinde-Ortschaft*, mit Vorstand und Pfarre S. Barnaia und 2 Kapellen, 26 Migl. von Sondrio. Dazu gehören:
Alpi Iuminalli, Dordone Forcile, Meiereten. — Biosca, Paglia, Piana S. Antonio, Tartano, Gemeindetheile.

Campolaro, Venedig, Prov. Friaul und Distr. XV, Moggio; sieie Ciiusa.

Campolaro, Lombardie, Prov. Bergamo und Distr. VII, Caprino; sieie Rossimo.

Campolasco, Lombardie, Prov. Como und Distr. XXV, Missaglia; sieie Bulciago.

Campolin Marcello, Venedig, Prov. Padova und Distr. IV, Campo Sampiero; sieie Campo d'Arsego.

Campolino, Venedig, Prov. Treviso und Distr. IV, Conegliano; s. Gajarine.

Campolonghetto, Venedig, Prov. Friaul u. Distr. XI, Palma; s. Bagnaria.

Campo Longo, Venedig, Prov. Pavia und Distr. V, Piazzola, ein naie bei Villa Franca lieg. *Gemeindedorf*, mit einer Gemeinde-Deputation u Pfarr-Vicariat S. Margheritta, 3 Migl. von Camisano (Prov. Vicenza, Distr. II, Camisano). Mit:
Bevador, Dorf,

Campolongo, Venedig, Provinz Venezia und Distr. III, Dolo, ein an der Brentella unterial» Bojon lieg. *Gemeindedorf*, mit Vorstand und Gemeinderath, eigenen Pfarre SS. Felice e Fortunato und einem Oratorio, 2 St. von Dolo. Dazu geiören:
Bajon, Bosco di Sacco, Cozzolo, Lictoll, Soracornio, Dörfer.

Campolongo Granze di, Venedig, Prov. Padova und Distr. XI, Conselve; sieie Terrazza (Granze di Campolongo).

Campolongo, Venedig, Prov. Padova und Distr. IX, Este; sieie Ospodaletto.

Campolongo, Venedig, Prov. Belluno und Distr. IV, Auronzo; sieie Comelico inferiore.

Campolongo, Venedig, Prov. Vicenza und Distr. VI, Asiago, ein *Gemeindedorf*, mit Vorstand und Pfarre S. Maria del Carmine und einem Oratorio, 5 St. von Asiago. Mit:
Campese, Landhaus.

Campolungo, Lombardie, Provinz Sondrio (Valtellina) und Distr. VI, Bormio; sieie Bormio.

Campolungo, Lombardie, Provinz Lodi e Crema und Distr. I, Lodi, ein *Gemeindedorf*, teils naci S. Calisto (Papa) zu Cornegliano, teils naci Assunzione di Maria Vergine zu Pieve Fissiraga (Distr. III, S. Angolo) gepfarrt, mit einer Gemeinde-Deputation, Oelpresse, Müile und Käsemacherei, naie iei Cornegliano, 3 Migl. und 1 St. von Lodi. Dazu geiören:
Ca di Madonna Taddena Vistarina, Fabbia, Guaina, Mussa S. Angolo, S. Giovanni in Boldone, Sesmones, Torchio, Gemeindetheile.

Campolungo, Lombardie, Provinz Mantova und Distr. III, Roverbella; sieie Castel Belforte.

Campolungo, Lombardie, Provinz Mantova und Distr. XIV, Gonzaga; s. Gonzaga (Bondanello).

Campolungo, Lombardie, Provinz Bergamo und Distr. VII, Caprino; sieie S. Antonio.

Campoluongo, Lombardie, Prov. Lodi e Crema und Distr. V, Casalpusterlengo; sieie Bertonico.

Campolungo, Lombardie, Provinz Como und Distr. XIII, Canzo; sieie Cassina di Mariaga.

Campomale I, II, Lombardie, Prov. und Distr. I, Mantova; s. Roncoferraro.

Campo Marzo extra, Venedig, Prov. Verona und Munizipal-Bezirk der Verona; sieie Verona.

Campo Marzo Cassina, Lombardie, Prov. Como und Distr. XIV, Eria; sieie Merone.

Campo Mazzo, Lombardie, Prov. Mantova und Distr. VIII, Marcaria; s' Castelluccio.

Campo Molle, Lombardie, Provinz Brescia und Distr. VII, Bovegno; siehe Bovegno.

Campo Morto, Lombardie, Prov. Pavia und Distr. VII, Landriano, ein *Gemeindedorf,* mit einer eigenen Pfarre S. Maria Assunta, Aushilfskirche und Gemeinde-Deputation, von den Flüssen Po und Ticino begrenzt, ⅓ St. von Landriano. Dazu gehören:
Bettola, Wirthshaus, — Bonate, Cassatico, Meiereien, — Cassina de' Sossati, Dorf, — S. Vitale einzelnes Haus.

Campomolino, Venedig, Prov. Treviso u. Distr. V, Serravalle; s. Clsou.

Campomolle, Illirien, Unt. Friaul Gradiskaner Kr., ein z. Zentral-Grchts. Bzk. Castel Porpetto gehör. *Dorf,* mit einer Pfarre, 5 St. von Nogaredo.

Campomolle, Venedig, Prov. Friaul und Distr. X, Latisana; siehe Teor.

Campone, Lombardie, Prov. Lodi e Crema und Distr. VI, Codogno; siehe S. Fiurano.

Campone, Venedig, Prov. Friaul und Distr. III, Spilimbergo; siehe Tramouti di sotto.

Campone, Lombardie, Prov. Pavia und Distr. IV, Corte Olona; siehe S. Zenone.

Campone Cassina, Lombardie, Prov. Pavia und Distr. IV, Corte Olona siehe Costa S. Zenone.

Camponi, Lombardie, Prov. Pavia und Distr. IV, Corte Olona; siehe Monticelli.

Camponoghera, Camponogora, Venedig, Prov. Venezia und Distr. III, Dolo, ein *Gemeindedorf,* mit Vorstand und Pfarre S. Maria und S. Prosdocimo, 2 Oratorien und 1 Kapelle, am Flusse Brentella, nächst Campo Verrardo, 1¼ St. von Dolo. Mit:
Campo Verardo, Isola di Vighissolo, Premaore, Pressolo, Dörfer.

Camponogora, Venedig, Prov. Venezia und Distr. III, Dolo; siehe Camponoghera.

Campo Perso, Lombardie, Provinz Mantova und Distr. IV, Volta; siehe Goito.

Campora, Valle di, Dalmatien, Zara Kr., Arta Distr., ein *Dorf,* mit einer Lokalkaplanei und einem Kloster d. Minoriten-Ordens, zur Hauptgemeinde Pretur Arbe geh., auf der eben genannten Insel liegend, 28 Migl. von Segna (Zengg im Militär-Kroatien.)

Campora, Lombardie, Prov. Bergamo und Distr. VII, Caprino; siehe Corte,

Campore, Lombardie, Prov. Como u. Distr. II, Como; siehe Camnago.

Campore, Lombardie, Prov. Como u. Distr. II, Como; siehe Vergosa.

Campo Recolen, Venedig, Prov. und Distr. I, Treviso; siehe S. Biagio di Callalta.

Camporeggio, Lombardie, Prov. Mantova und Distr. XVII, Asola; siehe Asola (Barchi).

Camporelle, Lombardie, Prov. und Distr. I, Cremona; siehe Ardole S. Marino.

Camporelle, Lombardie, Prov. Lodi e Crema und Distr. VIII, Crema; siehe Porta Ombriano.

Camporezo, Lombardie, Prov. Como und Distr. XII, Oggiono; siehe Galbiate.

Campori, Lombardie, Prov. Como u. Distr. XXVI, Mariano; s. Cucciago.

Camporicco, Lombardie, Prov. und Distr. I, Milano; siehe Corpi S. di Porta Ticinese.

Camporicco, Lombardie, Prov. Milano und Distr. IX, Gorgonzola, ein *Gemeindedorf,* mit Vorstand und eigener Pfarre Natività di B. Maria Verg. und Aushilfskirche, nächst Cassina de' Pecchi, Vignate und Cernusco, 3 Migl. von Gorgonzola. Hieher gehören:
Malpaga, Meleret, — Mulino Busca, Mühle.

Camporicco, Lombardie, Provinz Bergamo und Distr. X, Treviglio; siehe Treviglio.

Campo Rinaldo, Lombardie, Prov. Pavia und Distr. IV, Corte Olona, eine nächst Miradolo und Monte Leone liegende *Gemeinde* mit Vorstand und Pfarre B. Verg. Ann., am Fusse einer angenehmen Anhöhe, S. Colombano genannt, 2 St. von Corte Olona.

Campo Rino, Lombardie, prov. Bergamo und Distr. X, Treviglio; siehe Caravaggio.

Campo Rondino, Lombardie, Prov. Mantova und Distr. VIII, Marcaria; s. Marcaria.

Campo Rovere, Venedig, Provinz Vicenza und Distr. VI, Asiago; siehe Roana.

Campo Sampiero, eigentlich Campo di S. Pietro, S. Petri Castellum — Venedig, Prov. Padova und Distr. IV, Campo Sampiero, ein am Flusse Mussou vecchio liegendes *Castell* und *Gemeinde,* wovon der IV. Distr. dieser Provinz den Namen hat, mit zwei Pfarren, SS. Pietro e Paolo und S. Marco, einem öffentlichen und zwei Privat-Oratorien, königlichen Pretur und Distrikts-Commissariat, an den Trevisaner Anhöhen, nahe dem Flusse Musson Vecchio, mit einer Brief-Sammlung des Provinzial-Postamts Padova. Postamt, dazu gehören:

Albarelle, Banca Marin Zorzi porzione, Canove, Cantone, Contrada Zacca, Corso, Furlani, Malcantone, Pissintorno, Rustega, S. Marco ossia Arcone, Sparella, Villa Pitocca, Villa Vettura, Gassen.

Campo Santo, Lombardie, Provinz Mantova und Distr. II, Ostiglia; siehe Villimpenta.

Campo Santo I. II., Lombardie, Prov. und Distr. I, Mantova; s. Quattro Ville.

Campo secco, Al, Lombardie, Pr. Como und Distrikt IX, Bellano; siehe Colico.

Campo Silvano, Venedig, Provinz Verona und Distr. X, Badia Çalavena; siehe Velo.

Campo Silvano, Tirol, Roveredo Kr., ein *Dorf*, zur Gemeinde Valarsa geh., im Ldgcht. Roveredo.

Camposirago, Lombardie, Provinz Como und Distr. XXIV, Brivio, siehe Cagliano.

Campo S. Maria, Venedig, Prov. Vicenza und Distr. IV, Bassano; siehe S. Nazario.

Campo S. Maria in, Lombardie, Prov. Pavia und Distr. VIII, Abbiategrasso; siehe Albajrate.

Campo S. Maria in, Lombardie, Prov. Milano und Distr. VIII, Vimercate; siehe Caverago.

Campo Solio, Lombardie, Prov. und Distr. X, Milano; siehe Limito.

Campo Spino, Lombardie, Provinz Lodi e Crema und Distr. VI, Codogno; siehe Somaglia.

Campo S. Martino a destra, Venedig, Prov. Padova und Distr. V, Piazzola; siehe Campo.

Campo S. Martino a sinistra, Venedig, Prov. Padova und Distr. V, Piazzola, ein am Brenta Flusse, nahe bei Marsango liegendes *Gemeindedorf*, mit Vorstand und eigenen Pfarre S. Martino, 2 Migl. von Piazzola: Hieher gehören:

Busiago, Campo S. Martino a destra, Marsango, Dörfer, — Busiago Mussato, Marsango Mussato, Gassen.

Campossio, Lombardie, Prov. Milano und Distr. VIII, Vimercate; siehe Concorezzo.

Campoverardo, Venedig, Provinz Venezia und Distr. III, Dolo; s. Camponoghera.

Campovico, Lombardie, Prov. Sondrio (Prov. della Valtellina) und Distr. V, Traona, eine *Gemeinde-Ortschaft*, welche gegen O. an den Fluss M sino,

gegen W. an die Gemeinde Civo, gegen S. an den Fluss Adda und gegen N. an das Geirge grenzt, mit einer Gemeinde-Deputation, 2 Pfarren, S. Maria und S. Nazaro, 3 Oratorien und 2 Mülen, 18 Migl. von Sondrio. Dazu gehören:

Barco, Baso, Bianchi, Desco, Panigo, Ponte di Ganda, Porcido, Selvapiana, Torchi, Gemeindetheile, — Cermode, einzelnes Haus.

Campo Vignale, Lombardie, Prov. Mantova und Distr. VIII, Marcaria; s. Marcaria.

Campu infer., Lombardie, Prov. Como und Distr. XXV, Missaglia; siehe Missaglia.

Campu super., Lombardie, Prov. Como und Distr. XXV, Missaglia; siehe Missaglia.

Campus magnus, Ungarn, Zalader Komt., ein *Praedium*; siehe Nagymezö.

Camuccione, Lombardie, Prov. Pavia und Distr. V, Rosate; siehe Bonirola.

Camunezia, Lombardie, Prov. Bergamo und Distr. V, Ponte S. Pietro; s. Carvico.

Camuzzana, Lombardie, Prov. Pavia und Distr. VI, Binasco; siehe S. Novo.

Camurà, Venedig, Prov. u. Distr. I, Padova; siehe Maserà.

Can, Venedig, Prov. Belluno und Distrikt VII, Feltre; siehe Çesio maggiore.

Canaceo, Venedig, Prov. Padova und Distr. II, Mirano; siehe Mirano.

Canai, Venedig, Prov. Belluno u. Distr. VIII, Mel; siehe Cesana.

Canal, Tirol, Trienter Kr., ein zur Ldgcht. Hrsch. Persen geh. *Dorf*, gegen dem See von Caldonazzo, ½ St. von Persen oder Pergine.

Canal, Venedig, Prov. Belluno und Distr. VII, Feltre; siehe Zermen.

Canal, Tirol, Rovered. Kr., ein *Dorf* ob Tenno, Filial dieser Pfarre, Ldgcht. Riva, zuvor Ldgcht. Tenno.

Canal S. Bovo, Tirol, Trient. Kr., bewointes *Thal* am Vanoi Baci, der sici in den Cismone Fluss ergiesst, Ldgcht. Primör; siehe Vanoi Baci.

Canal S. Bovo, Tirol, Trient. Kr., *Pfarrdorf*, zuvor Kuratie der Pfarre Primör und Grenzzollamt im Thale dieses Namens, Ldgcht. und Dekanat Primör.

Canal, Venedig, Prov. und Distr. I, Belluno; siehe Sedico.

Canal, Tirol, Trient. Kr., ein zur Ldgcht. Hrsch. Tenno geh. *Dorf*, nächst der Einsiedl. St. Pietro, 1¾ St. v. Tenno, 9¼ St. von Trient.

Canalaz, Venedig, Prov. Friaul und Distr. XIII, S. Pietro; sieie Grimacco.

Canal Adigetto, Venedig, nimmt am rechten Ufer der Etsch bei Badia seinen Anfang, geht durch Rovigo und vereiniget sich 5 Miglien unter Addria bei Rettinella mit dem Canal Bianco, trägt Schiffe mit 34,000 Killogrammen.

Canal Battaglia, Venedig, geit von Padua über Monselice nach Este, trägt 50,000 Kilogramme, ist nur 2 Mal in der Woche schiffbar, da er die andern Tage zum Betriebe der Fabriken und Mühlen verwendet wird.

Canal Bianco und **Po di Levante**, Venedig, der Canal Bianco fängt an, wo der Castagnaro oder Canda in den Tartaro Fluss sich ergoss, jetzt aber verschlossen ist. Bei Retinella, wo der Canal Bianco sich mit dem Adigetto vereinigt, erhält er bis in das Meer den Namen Po di Levante.

Canal Bisato, Venedig, derselbe ist ein Zweig des Bacchiglione, fängt bei Longare an, und vereinigt sich oberhalb Este mit dem Frassione Fluss, wird nur von kleinen Barken befahren.

Canal Bovolenta, Venedig, wird ein Theil des canalisirten Bacchiglione genannt.

Canal Brancaglia und **Restara**, Venedig, beide vereinigen sich bei Pra, und bilden den Canal St. Cattarina, nur der Canal Restara ist schiffbar mit den Barken des Gorzon.

Canal Brentella, Venedig, gehet von Limena in den Bacchiglione bei Padua, trägt 50,000 Kilogramm.

Canal della Cagnola, Venedig, wird ein Theil des canalisirten Bacchiglione genannt.

Canal di Leme, Illirien, Istrien, der Canal oder Hafen di Leme, eigentlich nur ein schmaler Meerbusen, der in das Land weit eintritt, ist 6000 Klftr. lang. Die Schiffe, welche den Canal di Leme besuchen, haben 4 bis 150 Tonneaten Ladungsfähigkeit.

Canal di Loreo, Venedig, verbindet die Etsch mit dem Canal Bianco, und dient zur Schifffahrt zwischen dem Po, der Etsch und dem Canal Bianco.

Canal di Guna, Venedig, Provinz Friaul und Distr. III, Spilimbergo; s. Tramonti di sotto.

Canal di Grivò, Venedig, Prov. Friaul und Distr. XIV, Faedis; sieie Faedis.

Canal di S. Francesco, Venedig, Prov. Friaul und Distr. III, Spilimbergo; sieie Vito.

Canal di sopra, Tirol, Trient. Kr ein zur Hrsch. Primiero geh. *Dorf*, i Tiale Canal St. Bovo, 9 St. von Borg

Canal di Sotto, Tirol, Trient. Kr eia zur Hrsch. Primiero gehör. *Dor* liegt im Tiale Canal St. Bovo, 9 St. Borgo.

Canale, Tirol, Roveredo Kr., ei *Dorf*, zur Gemeinde Ville del monte ge im Ldgcht. Riva.

Canale, Lombardie, Prov. Brescia u Distr. III, Bagnolo; sieie Giedi.

Canale, Lombardie, Prov. und Dist XI, Milano; sieie Pieve.

Canale, Venedig, Prov. Belluno un Distrikt III, Pieve di Cadore; sieh Perarolo.

Canale, Tirol, Trient. Kr., ein *Dor* zur Gemeinde Sufa geh., im Landgch Pergine.

Canale, Venedig, Prov. Polesine un Distr. I, Rovigo; sieie Ceregnano.

Canale, Kanal — Illirien, Ob. Friau Görzer Kr., eine *Landgerichts - He schaft*, *Schloss* und *Markt*, mit ein Pfarre und 6 Mahlmühlen, an der Lanc strasse, am linken Ufer des Isonz über welchen 1822 eine neue herrlic Brücke, 50 Fuss lang, mit 3 Bogen u 17 Fuss 18 Zoll breit, erbaut wurd hat 500 Einwohner, eine Leinwandf brik, welche unlängst noch 200 Stüh beschäftigte, und über 400 Ctr. Flac und Hauf verbrauchte. Postamt.

Canale, Borgo, Lombardie, Pro Bergamo und Distr. I, Bergamo; sieh Bergamo.

Canale, Forno di, Venedig, Pro Belluno und Distr. V, Agordo; sieh Forno di Canale.

Canale, Marendole oltre il Venedig, Prov. Padova und Distr. Monselice; sieie Monselice (Marendo oltre il Canale.

Canale Piovego, Venedig, erhä sein Wasser aus dem Flusse Bacchigli ne und der Brentella, trägt 60,000 K logramme, und verbindet Padua mit d Brenta.

Canale, Valcanale, Lombardi Prov. Bergamo und Distr. XIV, Clusc ne; sieie Ardese.

Canaletto, Venedig, Prov. Bellun und Distr. VII, Feltre; s. Padeven

Canali, Venedig, Prov. Venezia un Distr. V, Loreo; sieie Loreo.

Canali, Lombardie, Prov. Mantov und Distr. XIV, Gonzaga; siehe S. B nedetto.

Canali, Valle de, Tirol, ein *Seiter thal*, in Primör, von Fiera nördlich b an die venetianische Grenze,

Canall, Lombardie, Prov. Brescia und Distr. VII, Bovegno; siehe Collio.

Canali, Fra li due, Venedig, Pr. Padova und Distr. IX, Este; siehe S. Urbano (Fra li due Canali.)

Canal, Novo, Venedig, Prov. Polesine und Distr. VI, Crespino; s. Villa Nova Marchesana.

Canalis Babothensis, Ungarn, ein *Kanal* im Syrmier Komt.; siehe Bobothensis Canalis.

Canalis Berzava, Ungarn, ein *Kanal* im Trentschiner und Torontaler Komitat; siehe Berzava Canalis.

Canalis Francisci, Ungarn, ein *Kanal* im Bacser Komt.; siehe Francisci Canalis.

Canalis, Ungarn, ein neu projectirter *Kanal* im Pesther Komitat.

Canalis, Ungarn, ein neu projectirter *Kanal* im Oedenburger Komitat.

Canal ossia Incanal, Venedig, Provinz Verona und Distr. XII, Caprino; siehe Rivoli.

Canalot, Venedig, ein *Berg* am rechten Ufer des Fallaflusses bei Dogna.

Canalot, Venedig, ein *Berg* an der Grenze von Venedig und Kärnten, in der Nähe des Berges Bieliga.

Canal Rivella, Venedig, *Canal* im Paduanischen, welcher bloss zum Betriebe von Mühlen und Fabriken dient.

Canal S. Catharina, Venedig dient zur Verbindung des Gorzon nach Este hinauf und mit der Ftsch.

Canal von Bagnarolo, Venedig, ein *Canal*, im Paduanischen, welcher bloss zum Betriebe von Mühlen und Fabriken dient.

Canalutto, Venedig, Prov. Friaul u. Distr. XII, Cividale; siehe Torreano.

Cà Nani, Venedig, Prov. Polesine und Distr. VIII, Adria; siehe Adria.

Canapara, Lombardie, Prov. Lodi e Crema und Distr. VII, Pandino; siehe Rivolta.

Canaro, Venedig, Prov. Polesine und Distr. VII, Polessella, ein am Flüsschen Polessella liegendes *Gemeindedorf* mit Vorstand und Pfarre S. Sofia und einem Oratorio, 2 Stunden von Polesella. Mit: *Garofolo , Dorf. Raviole , mit Zolleinnehmerei, Viesse, mit Wassermauth, Gemeindetheile.*

Canascuro, Illirien, Istrien, ein *Berg*, südwestlich von Villa di Rovigno, 92 Wiener Klft. hoch.

Canassa-Valera, Lombardie, Prov. Milano und Distr. IX, Gorgonzola; siehe Pesano.

Canate, Lombardie, Provinz Sondrio (Valtellina) und Distr. VII, Chiavenna; siehe Villa di Chiavenna,

Canavetta, Lombardie, Prov. Cremona und Distr. V, Robbecco; siehe Carpaneda.

Canavese, Lombardie, Prov. Pavia und Distr. V, Bosate; siehe Fagnano.

Canarè, Venedig. ein *Berg* bei Foppa.

Canazej, Tirol, Trient. Kr.; ein *Gemeindedorf* im Landgerichte Fassa.

Cancellari, Illirien, Istrien, Mitter. Kr., ein *Dorf* im Distr. Rovigno, Bzk. Dignano, zur Untergemeinde Golzzana, und zur Pfarre Barbara gehörig, in der Diöces Parenza Pola, ein Wb. Bzk. des Infant. Rgmts. Nr. 22, 3¼ St. von Dignano.

Canazza, Lombardie, Prov. Milano und Distr. X, Saronno; siehe Cerro.

Cancello, Venedig, Prov. Padova und Distr. IX, Este; siehe Carceri.

Cancello, Venedig, Prov. und Distr. I, Verona; siehe Mizzolo.

Cancellino, Lombardie, Prov. Como und Distr. VI, Portezza; siehe Corido.

Canda Intera, Venedig, Prov. Polesine und Distr. III, Badia, ein am Canal Bianco liegendes *Gemeindedorf* mit Vorstand und Pforre S. Michele Arcangelo und 3 Oratorien, 2 Stunden von Badia.

Candallino, Lombardie, Prov. Como und Distr. XIII, Canzo; siehe Valbrona.

Candellino, Lombardie, Prov. Brescia und Distr. V, Lonato; siehe Rivoltella.

Candelù, Venedig, Prov. und Distr. I, Treviso; siehe Maserada.

Candi, Lombardie, Provinz Lodi e Crema und Distr. I, Lodi; siehe Chioso di Porta Regale.

Candia, Lombardie, Prov. Milano u. Distr. XIII, Gallarate; siehe Cassino Magnago.

Candia, Venedig, Prov. Friaul und Distr. VII, Pordenone; siehe Pasiano.

Candiana, Venedig, Prov. Padova und Distr. XI, Canselve; siehe Ponte Casale.

Candiani, Lombardie, Prov. Lodi e Crema und Distr. VII, Pandino; siehe Rivolte.

Candide, Venedig, Prov. Belluno und Distr. IV, Auronzo; siehe Camenico superiore.

Candiega, Venedig, Prov. Padova und Distr. VIII, Montagnana; siehe Montagnana.

Candora, Illirien; Istrien, Mitterbg. Kr., ein *Dorf* im Distr. und Bezirke Capodistria, Hauptort der Untergemeinde gleichen Namens, mit 56 Häuser und 350 Einwohner, zur Kurazie Maresego, 1¼ St. von Capodistria,

Cane, Lombardie, Prov. Pavia und Distr. IV, Corte Olona; sieie Pieve Porte Morone.

Canè, Lombardie, Prov. Como und Distr. XXII, Tradate; sieie Venegone inferiore.

Cane', Lombardie, Prov. Bergamo und Distr. XVIII, Edolo; sieie Vione.

Canè a Bossi, Venedig, Provinz Treviso u. Distr. IV, Conegliano; sieie S. Fior di sopra.

Canebola, Venedig, Prov. Friaul und Distr. XIV, Faedis; sieie Faedis.

Canedo, Venedig, Provinz Friaul und Distr. VIII, S. Vito; sieie S. Vito.

Canedole, Lombardie, Prov. Mantova u. Distr. III, Roveriella; s. Roverbella.

Cà Negra, Venedig, Prov. Venezia u. Distr. V, Loreo; sieie Loreo.

Canegrate, Lombardie, Prov. Milano und Distr. IV, Saronno, eine *Gemeinde* und *Dorf* mit Vorstand und einer Pfarr-Kuratie B. Verg. Assunta, einer Aushilfskirche und 2 Oratorien, am Flusse Olona, von S. Vittore und S. Giorgio begrenzt, 1½ St. von Busto Arsizio. Hieher geiören:
Bagina, Cassinetta, S. Colomba, Meiereien — Mulinetto, Mulino Grande, Mühlen.

Canello, Lombardie, Prov. Brescia u. Distr. III, Bagnolo; sieie Bagnolo.

Canello, Lombardie, Prov. Como und Distr. XIX, Arcisate; sieie Besano.

Caneto, Lombardie, Provinz Mantova, ein *Distrikt* mit folgenden Gemeinden: Acqua Negra con Beverara, Valli, Mosio, Gelmina, Campagnola, Scurre, Molino, Folle Osine, Tartarello, Mulino, Carionara, Sorne, S. Salvatore, Cava de' Motti, Salvato, Muntecucco, Casella e Picenarda — Canneto con Garzaghetto, Bizzolano, Colombara, Palazzina, Rinate, Giara, Cavazzi, Gamioli, Feniletto, Ca de' Pinci, Ca de' Carotti, Coiombara, Campagna Leccii, Castagna, Valle Pieve, Bocchetti, Casella, Medolfe, Lagietto e Ponte del Lupo — Casal Romano con Fontanella, S. Antonio, S. Apollonia, Boscone, Breda e Feniletto — Isola Dovarese, Cadellore e Ca dell' Oro — Marianna, Campi Bonelli e Bologne — Ostiano, Ponte del Lupo, Melli, Colombarone, Cicolara, Sovatti, Campagnola, Romagnani, Fornace, Torricello, Boschetto, S. Faustino, Motta, Mazzuli e Maglia — Redondesco con Pioppine, Tartarello, Bologne, S. Fermo, Coelle, Fenili, S. Pietro Cassateile, Belacqua, Canova, Giacolo, Pagadetto, Capello, Rosica Curate, Barchette, S. Cassiano, Caccialupi e Beghetto — Volongo e Consortina.

Caneto, Lombardie, Prov. Lodi e Crema u. Distr. VI, Codogno; s. Guardamiglio.

Caneto, Lombardie, Prov. Cremona u. Distr. VII, Casal Maggiore; s. Gussola.

Caneva, Lombardie, Prov. Brescia und Distr. IV, Montechiari; s. Montechiari.

Caneva', Lombardie, Prov. und Distr. I, Mantova; sieie Castellaro.

Caneva, Lombardie, Prov. und Distr. I, Mantova; sieie Curtatone.

Caneva. Venedig, Provinz Friaul und Distr. XIX, Tolmezzo; s. Tolmezzo.

Caneva, Venedig, Provinz Friaul und Distr. VI, Sacile, ein *Gemeindedorf* mit einer eigenen Pfarre S. Tomaso, Gemeinde-Deputation und 2 Müilen oieriali Sacile am Livenz Flusse, 3 Migl. von Sacile. Mit:
Fratta, Stevena, Vallegher Gemeindetheile — Sarone, Dorf.

Caneva Cassina, Lombardie, Provinz Como und Distr. XIV, Erba; sieie Cassano.

Caneve, Venedig, Prov. Friaul und Distr. XIV, Faedis; sieie Faedis.

Caneve, Illirien, Istrien, *Hafen* bei Veglia.

Caneve, Tirol, Rovered. Kr., ein der Hrsch. Arco geh. *Dorf* nördl., 1 St. von Riva.

Canevedo, Venedig, Prov. Padova u. Distr. IX, Este; sieie Este.

Canevoi, Venedig, Prov. und Distr. I, Belluno; sieie Capo di Ponte.

Caneza, Tirol, Trient. Kreis, ein zur Ldgrchtshrsch. Persen geh. *Dorf*, mit einer Kuratie, 1 St. v. Persen od. Pergine.

Caneza, Valle di, Tirol, bewohntes *Thal* an der Fersina, von Pergine nordöstlici bis ins Geiirge von Palit. Der innere Tieil ieisst Fiorozzo.

Canfanaro, Illirien, Istrien, Mitterburger Kr., ein *Dorf* im Distr. Rovigno Bezirk Dignano, Hauptort der Untergemeinde gleicien Namens, mit 99 Häus. und 600 Einw., in der Diöces Parenzo Pola, Pfarre mit einer Elementar Sciule. Von iier aus füirt eine Gemeindestrasse naci Savintenti und Bariana, auf welcier aus dem Innern dieser Gegend das Brenn- u. Schiffbauholz an den Landungsplatz des Canals di Leme verführt wird. Der Kirchthurm dieses Ortes ist 151¼ Klft. üier dem Meere, 6 St. von Dignano, 5 St. v. Pisino, 4 St. v. Rovigno.

Canfarlone, Lombardie, Prov. und Distr. I, Mantova; siehe Porto.

Canfriolo, Venedig, Prov. Padova und Distr. V, Piazzola; siehe Gramtorto.

Canialupo, Lombardie, Prov. Bergamo und Distrikt X, Treviglia; siehe Caravaggio.

Canicossa, Lombardie, Prov. Mantova und Distr. VIII, Marcaria; s. Marcaria.

Cani Casa de', Lombardie, Provinz und Distr. I, Milano; siehe Corpi S. di Porta Orientale.

Cani Cassina de', Lombardie, Prov. Lodi e Crema und Distr. II, di Zelo Buon Persico; siehe Tribiano.

Caniezza, Venedig, Prov. Treviso und Distr. IX, Asolo; siehe Cavaso.

Canilina, Lombardie, Prov. Mantova und Distr. IX, Borgoforte; siehe Governolo.

Canin, Venedig, ein *Berg*, an d. Grenze von Venedig u. Kärnten bei Berlosniza.

Canischa, Steiermark, Marburg. Kr., ein *Dorf* im Bez. Ober-Pettau, mehren Hrsch. dienstbar, mit 116 Häus. und 537 Einw., nach St. Osswald eingepfarrt.

Canischaberg, (windisch Kanischka Verch) — Steiermark, Marburg. Kreis, ein *Dorf* im Wb. B. Kom. und der Hrsch. Jahringhof, mit 32 Häus. und 123 Einw., nach Jahring eingepf., 2½ St. v. Marburg.

Canisfluhe, Tirol, ein *Berg*, nordw. von Au, 1076 W. Klft. über d. Meere.

Canissa, Kroatien, Karlstädt. Generalat; siehe Kanissa.

Canizzana, Venedig, Prov. u. Distr. I, Treviso, ein hart am Flusse Sil, unweit vom Dorfe S. Angelo lieg., mit Vorstand und einer eigenen Pfarre S. Maria Elisebetta und 2 Oratorien versehenes *Gemeindedorf*, 1 St. von Treviso. Mit:
Muro, S. Vitale, Gemeindetheile — S. Angelo Dorf.

Canlebra, Lombardie, Provinz und Distr. I, Brescia; siehe Borgo Satello.

Canlepre, Lombardie, Prov. Pavia und Distr. III, Belgio; siehe Montesano.

Cana d' Olme, Lombardie, Prov. Mantova und Distr. XIII, Suzzara; s. Suzzara.

Canne, Lombardie, Prov. Mantova u. Distr. IV, Volta; siehe Monzambano.

Cannee, Lombardie, Prov. Como und Distr. XV, Angera, siehe Angera.

Canefame, Lombardie, Prov. und Distr. I, Brescia; siehe Virle.

Cannelletto, Lombardie, Prov. Como und Distr. XI, Lecco; siehe Lecco.

Canneto, Lombardie, Prov. Mantova und Distr. VII, Canneto, ein *Gemeinde-Flecken*, wovon der VII. Distr. dieser Prov. den Namen hat, mit 2 Pfarren S. Antonio Abbt. zu Caneto und S. Michele Arcang. zu Garzeghetto, einer Aushilfs-Kirche B. Verg. del Carmine und 2 Kapellen, einem k. Distrikts-Commissariat, Pretur, Gemeinde-Deputation und einer Briefsammlung des 8 St. davon entfernten Provinzial-Postamtes Mantova. Hat eine Hut- und Brenn-Oeil-Fabrik, dann 3 Mühlen nächst d. Bergamo Gebirge, den Flüssen Oglio und Chiese unweit Desenzano. Postamt. Dazu gehören:
Bizzolano, Garazeghetto, Gemeindetheile. — Campagna Antoldi, Campagna S Elena, Casa vecchia del Turci, Feniletto, Cerra Gavazzi, Pieve, Ponte del Lago, Meiereien. — Casa nuova Bernini, Casa de' Vecchi, einzelne Häuser. — Case de' Carotti, Case de' Pinzi, Meilolfc, Rinatti, Valle, Dorf. — Castagna, Colombara, Pallazina, Werkstätte.

Cannibale, Lombardie, Prov. Mantova und Distr. XIII, Gallarate; siehe Crenna.

Cannine, Lombardie, Prov. Como u. Distr. VIII, Gravedona; siehe Sorico.

Canno, Lombardie, Prov. Como und Distr. XXII, Tradate; siehe Castiglione.

Canobia, Lombardie, Prov. Pavia u. Distr. V, Rosate; siehe Rosate.

Canobbia, Lombardie, Prov. Milano und Distr. XII, Melegnano; s. Zunico.

Canobbio, Lombardie, Prov. Milano und Distr. XII, Montagnano, ein *Gemeindedorf*, mit einer Gemeinde-Deputation, nach Melegnano gepfarrt, nahe bei Vigliano und Bustighera, 1½ St. von Melegnano, und 2 St. von Milano. Hieher gehören:
Bettola Percelli, Monbretto, Meiereien.

Canoghera, Venedig, Prov. Padova und Distr. VIII, Montagnana; siehe Montagnana.

Canomla, Illirien, Krain, Adelsberg. Kr., 3 *Dörfer*, d. Wb. Bzk. Kom. und Ldgchts. Hrsch. Idria; siehe Kanomla.

Canon Doro, Lombardie, Prov. Bergamo u. Distr. Edolo, ein *Eisenwerk*.

Canonica, Lombardie, Prov. Bergamo und Distr. X, Treviglio, ein an der linken Seite des Flusses Adda, dem Dorfe Vaprio (in der Prov. Milano) gegenüber liegendes *Dorf* u. *Gemeinde*, mit einer eigenen Pfarre S. Giov. Evang., dann Kapelle, Gemeinde-Deputation, Zoll-Einnehmerei-, Tabak-, Pulver- und Stempel-Papier-Verlag, Kalk- und Ziegel-Ofen und Woll- und Seiden-Spinnerei, 1 St. von Treviglio. Zu dieser Gemeinde gehören:
Arnaghi, Cassina Farnasetto, con Fornace, Peso, Pisone, Pradone, Spassini, Schweizereien. — Cassinetto Ragni, Gajetta, Meiereien. — Mulino di Canonica, Mühlen.

Zu diesem Postamte gehören:
Boltier, Brembate di sotto, Calnago, Concesa, Cornate, Fara, Massari de Melzi, Pontirolo, Porto, Trezzo und Vaprio.

Canonica, Lombardie, Prov. Mantova und Distr. IX, Borgoforte; siehe Borgoforte (S. Nicolò).

Canonica, Lombardie, Prov. Como und Distr. XVIII, Cuvio; siehe Cuvio.

Canonica, Lombardie, Prov. Como und Distr. XXI, Luino; siehe Bedero.

Canonica del Lambro, Lombardie. Prov. Milano u. Distr. VII, Verano, eine *Ortsgemeinde*, mit einer Gemeinde-Deputation und Pfarre S. Maria 'della Neve, 2 Oratorien und einer Kapelle am Lambro Flusse, von Tregasio, Lesmo und Triuggio begrenzt, 1½ St. von Monza u. s. w. von Carate. Hieher gehören: *Boffalora, Pegorino, Schweizereien. — Casteletto, Zernetto, Landhäuser. — Mulino Peregallo, Mühlen.*

Ca Norbiato, Venedig, Prov. und Distr. I, Padova; siehe Limena.

Cannosa, Dalmatien, Ragusa Kreis, Slano Distr., ein zur Hauptgemeinde und Pretur Slano gehöriges, nicht weit von Ternova entlegenes *Dorf*, 4½ Migl. von Stagno. Postamt.

Canossa, Lombardie, Prov. Mantova und Distr. VIII, Marcaria; s. Marcaria.

Canossa Colombaroto, Lombardie, Prov. Mantova und Distr. III, Roverbella; siehe Roverbella.

Canossa Lavorenti, Venedig, Prov. Verona u. Distr. IV, Sanguinetto; siehe Casaleone (Lavorenti Canossa).

Canosse, Lombardie, Prov. Como u. Distr. XXIV, Brivio; siehe Brivio.

Canova, Tirol, Trient. Kr., ein *Weiler*, zur Gemeinde Cognola geh., im Landgerichte Trient.

Canova, Lombardie, Prov. Lodi e Crema und Distr. IX, Crema; s. Bottajano.

Canova, Lombardie, Prov. Mantova und Distr. III, Boverbella; siehe Castel Belforte.

Canova, Lombardie, Prov. Mantova und Distr. VIII, Marcaria; siehe Castellucchio.

Canova, Lombardie, Prov. Mantova und Distr. IV, Volta; s. Monzambano.

Canova, Lombardie, Prov. und Distr. XI, Milano; siehe Morsenchio.

Canova, Lombardie, Prov. Mantova und Distr. VI, Castel Goffredo; siehe Piubega.

Canova, Lombardie, Prov. Cremona u. Distr. IV, Pizzighettone; s. Polengo.

Canova, Lombardie, Prov. u. Distr I, Mantova; siehe Porto.

Canova, Lombardie, Prov. Pavia und Distr. IV, Corte Olona; siehe Pieve Porto Morone.

Canova, Lombardie, Prov. Cremona und Distr. V, Robecco siehe Prato.

Canova, Lombardie, Prov. und Distr. I, Mantova; siehe Quattro Ville.

Canova, Lombardie, Prov. Mantova und Distr. XV, Revere; siehe Quistello (S. Giacomo).

Canova, Lombardie, Prov. Lodi e Crema und Distr. VI, Codogno; siehe Regina Fittarezza.

Canova, Lombardie, Prov. Lodi e Crema und Distr. IX, Crema; s. Ricengo.

Canova, Lombardie, Prov. Cremona und Distr. V, Robecco; siehe Robecco.

Canova, Lombardie, Prov. Mantova und Distr. III, Roverbella; siehe Roverbella.

Canova, Lombardie, Prov. Cremona und Distr. V, Robecco; s. Scandolara.

Canova, Lombardie, Prov. Cremona und Distr. VII, Casal Maggiore; siehe Rivarola del Re.

Canova, Lombardie, Prov. Como und Distr. XXV, Missaglia; siehe Sirtori.

Canova, Lombardie, Prov. Cremona und Distr. VI, Pieve d' Olmi; siehe Sospiro.

Canova, Lombardie, Prov. Lodi e Crema und Distr. VII, Pandino; siehe Spino.

Canova, Lombardie, Prov. Cremona und Distr. II, Soncino; siehe Ticengo.

Canova, Lombardie, Prov. Como und Distr. I, Como; siehe Uggiate.

Canova, Lombardie, Prov. und Distr. I, Cremona; siehe Vescovato.

Canova, Lombardie, Prov. Mantova und Distr. II, Ostiglia; siehe Villimpenta.

Canova, I. II., Lombardie, Prov. und Distr. I, Mantova; s. Curtatone.

Canova, I. II., Lombardie, Prov. Mantova und Distr. IV, Volta; siehe Goito.

Canova, I. II., Lombardie, Prov. Mantova und Distr. IV, Volta; siehe Ponti.

Canova, I. II., Lombardie, Prov. Mantova und Distr. II, Ostiglia; siehe Sustinente.

Canova, I. II. III., Lombardie, Prov. und Distr. I, Mantova; siehe Roncoferraro.

Canova Bogritiri, Lombardie, Pr. Mantova und Distr. VIII, Marcaria; s. Rodigo (Rivalta.)

Canova Borchetta, Lombardie, Prov. Mantova und Distr. IX, Borgoforte; siehe Borgoforte (S. Nicolo).

Canova Caccia, Lombardie, Prov. Mantova und Distr. VIII, Marcaria; s. Marcaria.

Canova, Lombardie, Prov. Mantova und Distr. VI, Castel Goffredo; siehe Ceresara.

Canova, Lombardie, Prov. Pavia und Distr. VIII, Abbiategrasso; siehe Cisliano.

Canova, Lombardie, Prov. Bergamo und Distr. XIII, Verdello; siehe Cologno.

Canova, Lombardie, Prov. Cremona und Distr. V, Robecco; sieıe Corti di Frati.

Canova, Lombardie, Prov. Milano u. Distr. VI, Monza; siehe S. Damiano.

Canova, Lombardie, Prov. uud Distr. I, Cremona; sieıe Due Miglie.

Canova, Lombardie, Prov. und Distr. I, Cremona; sieıe Gazzo.

Canova, Lombardie, Prov. Mantova und Distr. VIII, Marcaria; sieıe Gazzoldo.

Canova, Lombardie, Prov. Mantova und Distr. XIV, Gonzaga; sieıe Gonzaga (Moglia).

Canova, Lombardie, Prov. Mantova und Distr. IX, Borgoforte; sieıe Governolo.

Canova, Lombardie, Prov. Lodi e Crema und Distr. VI, Codogno; sieıe Guardamiglio.

Canova, Lombardie, Prov. Como und Distr. XXIII, Appiano; sieıe Lurago Marinone.

Canova, Lombardie, Provinz Lodi e Crema und Distr. VI, Codogno; sieıe Maccastorna.

Canova, Lombardie, Prov. Mantova und Distr. VIII, Marcaria; sieıe Marcaria.

Canova, Lombardie, Prov. Como und Distr. XXV, Missaglia; siehe Montevecchio.

Canova, Lombardie, Prov. Como und Distr. II, Como; sieıe Monte Olimpino.

Canova Gognetti, Lombardie, Pr. Mantova und Distr. XII. Viadana; s. Viadana.

Canova Loria, Lombardie, Prov. Mantova und Distr. IX, Borgoforte; s. Governolo.

Canova Martini, Lombardie, Prov. Lodi e Crema und Distr. IX, Crema; s. Offanengo.

Canova Pollenghi, Lombardie, Prov. Lodi e Crema und Distr. VI, Codogno; siehe S. Fiorano.

Canova Posi, Lombardie, Provinz Mantova und Distr. VIII, Marcaria; s. Rodigo (Rivalta).

Canova Stanga, Lombardie, Prov. Cremona und Distr. VI, Pieve d' Olmi; siehe Solarolo Monasterolo.

Canova Terzi, Lombardie, Provinz Mantova und Distr. XVII, Asola; siehe Asola (Castel nuovo).

Canova Todeschini, Lombardie, Prov. Mantova und Distr. III, Roverbello; siehe Bigarello.

Canova Zamarschi, Lombardie, Prov. Mantova und Distr. XVII, Asola; sieıe Asola.

Canova, Cassina e Mulino, Lombardie, Prov. Milano und Distr. XII, Melegnano; sieıe Melegnano.

Canova Castiglioni, Lombardie, Prov. Mantova und Distr. VIII, Marcaria; sieıe Marcaria.

Canova Cigolina, Lombardie, Pr. Lodi e Crema und Distr. VI, Codogno; sieıe S. Fiorano.

Canova Comunita, Canova Lizzeri, Canova Revizzi, Canova Salvadori — Lombardie, Prov. Brescia und Distr. V, Lonato; sieıe Sermione.

Canova del Gallo, Lombardie, Prov. Cremona und Distr. VI, Pieve d' Olmi; sieıe Pieve d' Olmi.

Canova dell' Ospitale, Lombardie, Prov. Cremona und Distr. VI, Pieve d' Olmi; siehe Pieve d' Olmi.

Canova del Sardori, Lombardie, Prov. Cremona und Distr. VI, Pieve d' Olmi, sieıe Isola de' Pescaroli.

Canova del Zucchelli, Lombardie, Prov. Cremona und Distr. VI, Pieve d' Olmi; sieıe Isola de' Pescaroli.

Canova di sopra e di sotto, Lombardie, Prov. Mantova und Distr. XVII, Asola; sieıe Casalmoro.

Canova e Canovetta, Lombardie, Prov. Cremona und Distr. VII, Casal Maggiore; sieıe Martignana.

Canova Fenile, Lombardie, Prov. Mantova und Distr. XVII, Asola; sieıe Aquafreda.

Canova Filippini, Lombardie, Pr. Mantova und Distr IX, Borgoforte; s. Governolo.

Canove, Lombardie „ Prov. Brescia und Distr. IV, Montechiari; sieıe Calvisano.

Canove, Lombardie, Prov. Mantova und Distr. XVII, Asola; sieıe Asola (Gazzoli.)

Canove, Lombardie, Prov. Cremona und Distr. III, Soresina; sieıe Castel Leone.

Canove, Lombardie, Prov. Mantova und Distr. VIII, Marcaria; sieıé Marcaria.

Canove, Venedig, Prov. Padova und Distr. IV, Campo Sampiero; s. Campo Sampiero.

Canove, Venedig, Prov. Padova und Distr. VIII, Montagnana; sieıe Montagnana.

Canove, Venedig, Prov. Padova und Distr. V, Piazzola; sieıe Curtarolo.

Canove, Venedig, Prov. Verona und Distr. V, Legnago; sieıe Legnago.

Canove, Venedig, Prov. Vicenza und Distr. VI, Asiago; sieie Roana.

Cannove, Venedig, Prov. Pavia und Distr. III, Belgiojoso; sieie Roncaro.

Cannove, Venedig, Prov. Pavia und Distr. III, Belgiojoso; sieie Filigiera.

Canove, Lombardie, Prov. Lodi e Crema und Distr. V, Casalpusterlengo; sieie Roiecco.

Canove, Lombardie, Prov. Cremona und Distr. VI, Pieve d' Olmi; sieie S. Salvadore.

Canove, Lombardie, Prov. Cremona und Distr. IV, Pizzigiettone; sieie Seste.

Canove, Lombardie, Prov. Lodi e Crema und Distr. III, S. Angiolo; sieie Valera.

Canove, Lombardie, Prov. Pavia und Distr. V, Rosate; sieie Vermezzo.

Canove, Lombardie, Prov. Lodi e Crema und Distr. V, Casalpusterlengo; sieie Vitadone.

Canove e Cassinazze, Lombardie, Prov. Lodi e Crema und Distr. III, S. Angiolo; sieie Marundo.

Canove Costa e Appia, Lombardie, Prov. Mantova und Distr. XVII, Asola; sieie Asola (Appia e Canove.)

Canove Lucio, Lombardie, Prov. Mantova und Distr. XVII, Asola; sieie Asola (Gazzoli.)

Canove e Robadello, Lombardie, Prov. Lodi e Crema und Distr. III, S. Angiolo; sieie Marudo.

Ca Novetta, Lombardie, Prov. Cremona und Distr. VI, Pieve d' Olmi; s. Vedesetto.

Canovetta, Lombardie, Prov. Cremona und Distr. IX, Pescarolo; s. Pieve Terzagni.

Canovetta, Lombardie, Prov. und und Distr. I, Cremona; sieie Bagnarolo.

Canovetta, Lombardie, Prov. Cremona und Distr. VII, Casal Maggiore; s. Martinengo.

Canovette, Lombardie, Prov. Lodi e Crema und Distr. I, Lodi; sieie Ca de' Zeccii.

Canovette, Lombardie, Prov. Lodi e Crema und Distr. I, Lodi; sieie Salerano.

Canpone e Voer, Lombardie, Pr. Bergamo, ein *Steinkohlenbergbau*, an der Mülle Melgarolo, Gemeinde v. Leffe und Cazzano.

Canselera, Lombardie, Prov. und Distr. I, Brescia; sieie Borgo Satollo.

Cansero, Lombardie, Prov. Cremona und Distr. IX, Pescarolo; ein *Gemein-*

dedorf, mit Vorstand und eigener Pfare S. Miciele Arc., 3 St. von Cremon

Cantabova, Lombardie, Prov. Mantova und Distr. XVI, Sermide; sie Magnacavallo.

Cantabova, Lombardie, Prov. Mantova und Distr. XVI, Sermide; sie Poggio.

Cantagrilla, Lombardie, Prov. Pavia und Distr. VIII, Abbiategrasso; Abbiategrasso.

Cantaluppa, Lombardie, Prov. Pavia und Distr. VIII, Abbiategrasso; Corietta.

Cantaluppa, Lombardie, Prov. Como und Distr. XXIII, Appiano; sie Olgiate.

Cantaluppa, Lombardie, Prov. und Distr. I, Milano; sieie Corpi S. di Poi Ticinese.

Cantaluppa, Lombardie, Prov. Milano und Distr. XIII, Gallarate; sie Orago.

Cantaluppa, Lombardie, Prov. Pavia und Distr. VIII, Abbiategrass sieie Ozero.

Cantaluppetta, Lombardie, Prov. Pavia und Distr. VIII, Abbiategrass sieie Corietta.

Cantaluppi, Lombardie, Prov. Milano und Distr. VI, Monza; sieie Cinisello.

Cantaluppo, Lombardie, Prov. Pavia und Distr. V, Rosate; sieie Borolo.

Cantaluppo, Lombardie, Prov. Milano und Distrikt IV, Saronno; sie Cerro.

Cantaluppo, Lombardie, Prov. und Distr. I, Mantova; sieie Curtatone,

Cantaluppo, Lombardie, Prov. Pavia und Distr. VII, Landriano; sie Gnignano.

Cantaluppo, Lombardie, Prov. Como und Distr. XII. Oggiono; si Sirone.

Cantaluppo, Lombardie, Prov. Milano und Distr. VII, Verano; siehe Tri gio.

Cantaluppo, Lombardie, Prov. Milano und Distr. XII, Melegnano; si Videserto.

Cantaluppo, Lombardie, Prov. Como und Distr. XIX, Arcisatte; si Viggiu.

Cantara, Lombardie, Prov. Mantova und Distr. VIII, Marcaria; si Marcaria.

Cantarana, Lombardie, Prov. Padova und Distrikt VIII, Montagnana; si Montagnana.

Cantarana, Lom)ardie, Prov. Lodi e Crema und Distr. IX, Crema; sieie Offaueugo.

Cantarana, Lombardie, Prov. Cremona und Distr. VI, Pieve d' Olmi; sieie Pieve d' Olmi.

Cantarana, Lombardie, Prov. Pavia und Distr. II, Bereguardo; sieie Rognauo.

Cantarana, Lombardie, Prov. Lodi e Crema und Distr. I, Lodi; sieie Salerauo.

Cantarana, Lombardie, Prov. Lodi e Crema und Distr. VI, Codoguo; sieie S. Rocco al Porto.

Cantarana, Vevedig, Prov. Venezia und Distrikt IV, Chioggia; sieie Coua.

Cantarana, Lombardie, Prov. Lodi e Crema und Distr. IX, Crema; sieie Camisano.

Cantarana, Lombardie, Prov. Lodi e Crema nud Distr. IX, Crema; sieie Campagnola.

Cantarana, Lombardie, Prov. Lodi e Crema und Distr. IV, Borgietto; sieie Cavauago.

Cantarana, Lom)ardie, Prov. Cremoua und Distrikt V, Robecco; sieie Dosso Baroardo. +

Cantarana, Lombardie, Prov. Pavia u. Distr. IV, Corte Oloua; s. Monticelli.

Cantarane, Lombardie, Prov. Brescia und Distr. II, Ospitaletto; sieie Bodeugo.

Cantarane, Lombardie, Prov. Brescia und Distr. II, Ospitaletto; sieie Sajauo.

Cantarelle, Lombardie, Prov. Como und Distr. XI, Lecco; sieie Castello.

Cantarona, Lombardie, Prov. Milano und Distr. IX, Gorgonzola; sieie Cassina di S. Pietro.

Cantegallino, Lombardie, Prov. Brescia und Distr. II, Ospitaletto; sieie Travagliato.

Cantegallo, Lombardie, Prov. Brescia und Distr. II, Ospitaletto; sieie Travagliato.

Cantelle, Lombardie, Prov. Bergamo und Distr. VII, Caprino; sieie Corte.

Cantelma, Lom)ardie, Prov. Mantova und Distr. III, Roverbella; sieie Castel Belforte.

Cantelma, Lom)ardie, Prov. und Distr. I, Mantova; sieie Porto.

Canterara, Lombardie, Prov. Lodi e Crema und Distr. VII, Paudino; sieie A))adia Ceredo.

Canterana, Lom)ardie, Prov. Cremoua und Distr. III, Soresina; sieie Soresina.

Canterina, Lombardie, Prov. Mantova uud Distr. XIV, Gouzaga; sieie Gonzaga (Boudeuo).

Cantes, Tirol, Roveredo Kr., ein *Dorf* zur Gemeinde Tione geiörig, im Landgericite Tione.

Cantese, Lombardie, Prov. Mautova und Distr. VI, Castel Goffredo; sieie Ceresara.

Cantevesa, Lom)ardie, Prov. Como und Distr. XVIII, Cuvio; sieie Rancio.

Cantiglio, Lom)ardie, Prov. Bergamo und Distr. II, Zoguo; sieie Taleggio.

Cantirevi, Alli, Lombardie, Prov. Como und Distr. XXIII, Appiauo; siche Appiano.

Canto, Lombardie, Prov. Bergamo und Distr. VII, Caprino; sieie Poutita.

Canto, Lom)ardie, Prov. und Distr. VII, Caprino; sieie Torre de' Busi.

Canton, Lombardie, Prov. Bergamo und Distr. III, Trescorre; sieie Trescorre.

Canton, Lombardie, Prov. und Distr. I, Padova; sieie Selvazzauo deutro.

Canton, Lombardie, Prov. Padova und Distr. VIII, Moutagnaua; sieie Moutagnana.

Canton, di Belvedor, Lombardie, Prov. und Distr. I, Treviso; sicie Casale.

Canton, di Ruoso, Lombardie, Prov. Padova und Distr. VIII, Montagnana; sieie Montaguana.

Cantona, Lombardie, Prov. Pavia und Distr. VIII, A)biategrasso; sieie Corbetta.

Cantona, Lom)ardie, Provinz Bergamo und Distr. XIII, Verdello; sieie Spirano.

Cantona, Lombardie, Prov. Como u. Distr. II, Como; sieie Vergosa.

Cantona, Veuedig, ein *Berg* am linken Ufer des Degauoflusses bei Formedso.

Cantona, Cassina, Lom)ardie, Prov. Milano und Distr. XIV, Cuggiauo; sieie Castano.

Cantonada, Lom)ardie, Prov. Cremoua und Distr. V, Robecco; sieie Corte de' Cortesi. |)

Cantonale, Lombardie, Prov. Lodi e Crema und Distr. V, Casalpusterleu_ go, ein naci S. Giovanni Battista zu Orio gepfarrtes *Gemeindedorf*, näcist dem Flusse Lam)ro, mit einer Gemeinde-Deputation, 7 Migl. von Casalpusterlengo.

Cantonale, Lom)ardie, Prov. Lodi e Crema und Distr. VI, Codoguo; sieie Somaglia.

Cantonale, Lombardie, Prov. Mantova und Distr. IV, Volta; sieie Volta.

Cantonazzo, Lombardie, Provinz Mantova und Distr. XIV, Gonzago; sieie Gonzago (Bondanello).

Cantonazzo, Lombardie; Provinz Mantova und Distr. XIV, Mantova; sieie Rolo.

Cantonazzo, all' Argine, Lombardie, Prov. Mantova und Distr. XI, Sabhionetta; sieie Sabbionetta.

Cantonazzo, al Novarodo, Lombardie, Prov. Mantova und Distr. XI, Sabhionetta; sieie Sabbionetta.

Cantone, Venedig, Prov. Padova u. Distr. IV, Campo Sampiero; sieie Campo Sampiero.

Cantone, Lombardie, Prov. Brescia und Distr. II, Ospitaletto; sieie Rodengo.

Cantone, Lombardie, Prov. Milano und Distr. VIII, Vimercate; sieie Belusco.

Cantone, Lombardie, Prov. und Distr. I, Pavia; sieie Borgarello.

Cantone, Lombardie, Prov. Cremona und Distr. VI, Pieve d' Olmi; sieie Branciera.

Cantone, Lombardie, Prov. Soudrio (Valtelina) und Distr. I, Sondrio; sieie Cajolo.

Cantone, Lombardie, Prov. Cremona und Distr. III, Soresina; sieie Castel Leone.

Cantone, Lombardie, Prov. Como und Distr. VII, Longo; sieie Cremia.

Cantone, Lombardie, Prov. Mantova und Distr. XIII, Viadana; sieie Dosolo.

Cantone, Lombardie, Prov. Milano und Distr. IX, Gorgonzola; sieie Gorgonzola.

Cantone, Lombardie, Prov. Bergamo und Distr. VIII, Piazza; sieie Lenna.

Cantone, Lombardie, Prov. Bergamo und Distr. VIII, Piazza; sieie Majo.

Cantone, Lombardie, Prov. Bergamo und Distr. VII, Caprino; sieie Monte Marenzo.

Cantone, Lombardie, Prov. Mantova und Distr. XV, Revere; sieie Mulo.

Cantone, Lombardie, Prov. Como und Distr. XXIV, Brivio; sieie Nava.

Cantone, Lombardie, Prov. Milano u. Distr. IV, Saronno; sieie Nerviano.

Cantone, Lombardie, Prov. Como und und Distr. XXIV, Brivio; s. Nava.

Cantone, Lombardie, Prov. Mantova und Distr. XIII, Suzzara; sieie Torricella.

Cantone, Lombardie, Prov. Milano u. Distr. VI, Moza; sieie Vedauo.

Cantone Capella, Lombardie, Prov. Cremona und Distr. III, Soresina; sieie Capella Cantone.

Cantone Cassina, Lombardie, Prov. Lodi e Crema und Distr. V, Casalpusterlengo; sieie Livraga.

Cantone delletre Miglie, Lombardie. Prov. und Distr. I, Pavia; sieie Mirabello.

Cantone di Montecchiana, Lombardie, Prov. Mantova und Distr. XIII, Suzzara; sieie Montecchina.

Cantone Mulino del, Lombardie, Prov. Milano und Distr. VI, Monza; sieie Vedano.

Cantone di Sacca, Lombardie, Prov. Mantova und Distr. XIII, Suzzara; sieie Villa Savrola.

Cantonello, Lombardie, Prov. Cremona und Distr. III, Soresina; siehe Cappella Cantone.

Cantone Solci, Lombardie, Prov. Mantova und Distr. XIII, Suzzara; sieie Villa Saviola.

Cantou Fumana, Lombardie, Prov. Cremona und Distr. VII, Casal Maggiore; sieie S. Martino del Lago.

Cantoni, Lombardie, Prov. Milano und Distr. XIII, Gallarate; s. Cremia.

Cantoni, Lombardie, Prov. Mantova und Distr. XIII, Suzzara; sieie Suzzara (Brusatasso).

Cantoni, Lombardie, Prov. Cremona und Distr. VII, Casal Maggiore; sieie Torricello del Pizzo.

Cantoni Cassina nuova, Lombardie, Prov. Mantova und Distr. XI, Sabbionetta; sieie Sabbionetta.

Cantù, Lombardie, Prov. Como und Distr. XXVI, Mariano; ein *Gemeindedorf*, mit einer eigenen Pfarre S. Paolo, und Gemeinde-Deputation, dann k. Pretur u. Distrikts-Brief-Sammlung des 5 Migl. davon entfernten Provinzial-Postamtes Como, westl. auf einem Hügel, nördlich in einer Entfernung von 3 Migl. vom Berge Ojano. Postamt. Dazu gehören:
Cassina Amati, Lisaga, Tecchio, Vighizzolo, Meiereien.

Cantù, Lombardie, Prov. Milano und Distr. VIII, Vimercate; sieie Burago.

Cantù, Lombardie, Prov. Milano und Distr. VIII, Vimercate; sieie Ronco.

Cantù, Lombardie, Prov. Como, ein *Distrikt* mit folgenden Gemeinden: Alzate con Verzago. — Arosio. — Brenna con Olgelasca e Pozzolo. — Cabiate. — Cantù. — Carimate. — Carugo con Incasate e Guarda. — Gremnago. — Cucciagò, Figino con Rozzago. — Intimiano. — Invergio con Pomelasca. —

Mariano. — Novedrate. — Romanò con Guiano. — Senna con Nadedano e Bassone. — Villa Romanò.

Cantuello Madonna di, Lombardie, Prov. Lodi e Crema und Distr. IX, Crema; sieie Ricengo.

Cantugno, Lombardie, Prov. Pavia und Distr. I, Pavia, eine aus nachbenannten Tieilen besteiende *Gemeinde-Ortschaft*, naci S. Maria Assunta zu Miraiello gepfarrt, mit 2 Oratorien und einer Gemeinde-Deputation, in d. Näie der Flüsse Po und Ticino, 1 St. v. Pavia. Die Bestandtheile sind:
Curnaiano, Le Due Porte, Restellone, Torre del Gallo, Meiereien.

Canturini, Lombardie, Prov. Lodi e Crema und Distr. I, Lodi, sieie Lodi Veccio.

Ca nuova, Lombardie, Prov. Brescia und Distr. IX, Adro; sieie Cazzago.

Ca nuova, Lombardie, Prov. Lodi e Crema und Distr. III, S. Angiolo; sieie Cazzimauo.

Ca nuova, Lombardie, Prov. Como u. Distr. XXV, Missaglia; s. Cremella.

Ca nuova, Lombardie. Prov. Como u. Distr. XXV, Missaglia; sieie Missaglia.

Ca nuova, Lombardie, Prov. Como u. Distr. XXV, Missaglia; s. Montevecciio.

Ca nuova, Lombardie, Prov. Mantova und Distr. XIV, Gonzaga; sieie Gonzaga (Moglia).

Ca nuova, Lombardie, Prov. Mantova und Distr. XIV, Gonzaga; sieie Gonzaga (Paludano).

Ca nuova, Lombardie, Prov. Mantova u. Distr. XIV, Gonzaga; sieie Gonzaga (Polesine).

Ca nuova, Lombardie, Provinz Como und Distr. XXV, Missaglia; sieie Lomagna.

Ca nuova, Lombardie, Prov. Cremona und Distr. III, Soresina; sieie Olzano.

Ca nuova, Lombardie, Prov. Como u. Distr. XXV, Missaglia; sieie Osnago.

Ca nuova, Lombardie, Prov. Lodi e Crema und Distr. VIII, Crema; sieie Ripalta Arpina.

Ca nuova, Lombardie, Prov. Lodi e Crema und Distr. IV, Borgietto; sieie S. Martino in Strada.

Ca nuova, Lombardie, Prov. Lodi e Crema und Distr. VIII, Crema, siehe S. Michele.

Ca nuova, Lombardie, Prov. Lodi e Crema u. Distr. VIII, Crema; s. Vajrano.

Ca nuova, Lombardie, Prov. u. Distr. XI, Milano; sieie Vigentino.

Ca nuova de' Biazzi, Lombardie, Prov. Cremona und Distr. IX, Pescarolo; siehe S. Lorenzo de' Picenardi.

Ca nuova del Morbasco, insgemein Casa nuova del Morbasco — Lombardie, Prov. Cremona und Distr. IV, Pizzigiettone, ein *Gemeindedorf* mit einer eigenen Pfarre S. Andrea, 2 Kapellen und Gemeinde-Deputation, 1 St. von Cremona.

Ca nuova d' Offredi, Lombardie, Prov. Cremona und Distr. VI, Pieve d' Olmi, eine Villa mit Vorstand und eigener Pfarre S. Bartolomeo, zunäcist dem Parma und Piacenza Geiirge und den Fl. Pò und Oglio, 5 St. von Cremona. Dazu geiören:
Cassinetta, Chiuttone, Delperoni, Galizia, Grotaja, Meiereien.

Ca nuova Roviglio, Lombardie, Prov. Brescia und Distr. V, Lonato; s. Pozzolengo.

Canussio, Venedig, Prov. Friaul und Distr. IX, Codroipo; sieie Varmo.

Canussio, Venedig, Prov. Friaul und Distr. XII, Cividale; sieie Cividale (Mulino Canussio).

Canz, Steiermark, Judenburg. Kr., ein *Berg*, nördl. vom Dorfe Hadra, 496 W. Klftr. über dem Meere.

Canzi, Lombardie. Prov. Milano und Distr. VIII, Vimercate; sieie Ornago.

Canzi, Lombardie, Provinz Milano und Distr. VIII, Verano; sieie Sovico.

Canziana, Lombardie, Prov. Cremona und Distr. IV, Pizzigiettone; sieie Spinadesco.

Canziani Crivella, Lombardie, Prov. Pavia und Distr. VIII, Aiiategrasso; sieie Abiiategrasso.

Canzlico, Lombardie, Prov. Como und Distr. XXV, Missaglia; s. Casate nuovo.

Canzo, Lombardie, *Berg*, dessen westl. Spitze 710 W. Klftr. i000 ist.

Canzo, Lombardie, Prov. Como u. Distr. XIII, Canzo. ein *Gemeindedorf*, wovon der XIII. Distr. dieser Provinz den Namen iat, mit einer eigenen Pfarre S. Steffano, Gemeinde-Deputation, k. Distrikts-Kommissariat, Distr. Postamt d. 10 Migl. davon entfernten Prov. Postamtes Como, zwisciien Asso u. Lecco, einer Unsciitt-Wacis-Kerzen- und Kattun-Faiirik unteralh Cranno und der reissenden Ravella. Hier ist der sciöne Wasserfall Vallategna. Dazu geiören:
Alpe al Lago, Alpi sul Monti, Cassina Plorida, Il Maglio, Meiereien.— Cranno, Seidenspinnerei. — Rerra Rossa Mühle — S. Miro Wirthshaus.

Canzo, Lombardie, Provinz Como, ein *Distrikt*, mit nacifolgenden Gemeinden: Asso — Barni — Caglio — Canzo — Carella con Mariaga — Caslino — Cassina Mariaga, Boffalora, Molino della Rete, Morchiuso, Campolungo, Bindella e Caccarati — Castelmarte — Lasnigo — Lou-

44

gone — Magreglio — Onno — Pagnano con Gemù, Gallegno, Modrone, Brazzova, Fraino e Megna — Penzano con Pornene e Galliano — Proserpio — Rezzago — Scarenna, Sormanno con Decinisio — Valbrona — Visino.

Canzo, Lombardie, Prov. und Distr. X, Milano, siehe Mezzate.

Canzolino, Tirol, Trient. Kreis, ein *Dorf* zur Gemeinde Vigalzano geh., im Ldgrcht. Pergine.

Caocca, Venedig, Prov. Belluno und Distr. III, Pieve di Cadore; s. Borca.

Caocine, Dalmatien, Zara Kr., Dernis Distr., ein *Filialdorf*, der Pfarre Miglievzi lateinischen Ritus, in der Hauptgemeinde und unter der Pretur Dernis, auf dem festen Lande, 10 Migl. von Sebenico.

Cao di Merina, Lombardie, Prov. Venezia und Distr. V, Loreo; s. Loreo.

Caonada, Venedig, Prov. Treviso u. Distr. VIII, Montebelluna; siehe Montebelluna.

Cà Onigo, Venedig, Prov. Treviso und Distr. VIII, Montebelluna; siehe Trivignano.

Caorera, Venedig, Prov. Belluno und Distr. VII, Feltre; siehe Vas.

Caoria, Tirol, Trient. Kr., ein *Dorf*, zur Gemeinde Canal S. Bovo gehörig, im Landgerichte Primör.

Caorile, Venedig, Prov. Belluno und Distr. V, Agordo; siehe Alleghe.

Caorle, Venedig, Prov. Venezia und Distr. VIII, Porto Gruaro, ein *Gemeindedorf*, vom Golfe di Venezia begrenzt, zwischen den Häfen Porto S. Margheritta und Porto di Falconera, mit einer Gemeinde- u. Sanitäts-Deputation, kleinem Fort, Hafen-Kapitän und Gerichtsbark., eigenen Pfarre S. Stefano, einer Aushilfskirche, Santuario u. Oratorio, 8 St. von Porto Gruaro. Rieher gehören: *Brian, Cà Gottoni, La Salute, S. Gaetano, S. Zorzi, Dörfer.*

Caorliega, Venedig, Prov. Padova und Distr. II, Mirano; siehe Mirano.

Cà Ospitale Inferiore, Lombardie, Prov. Lodi e Crema u. Distr. VIII, Crema; siehe S. Miciele.

Caovilla, Venedig, Prov. Padova und Distr. XII, Piove; siehe Legnaro.

Caozoco, Venedig, Prov. Treviso und Distr. IX, Asolo; siehe S. Zenone.

Capaino, Lombardie, Prov. Como u. Distr. XI, Lecco; siehe Rancio.

Capane, Lombardie, Prov. Mantova und Distr. III, Roverbella; siehe Castel Belforte.

Capara, Lombardie, Prov. Como und Distr. XXV, Missaglia; siehe Contra.

Cà Pasquali, Lombardie, Prov. Bergamo und Distr. II, Zogno; s. Possena.

Cà Pasquini, Lombardie, Prov. Crema und Distr. VIII, Crema; siehe S. Miciele.

Capel, Venedig, ein *Berg*, beim Tevaron Berge.

Capella, Venedig, Prov. Padova und Distr. III, Noale; siehe Scorzè.

Capella, Venedig, Prov. Venezia und Distr. II, Mestre; siehe Martellago.

Capella, ein *Gebirg*; siehe Kapella.

Capella, Kroatien, diess. der Save, Warasdin. Generalat, Capeller Bezirk, eine zum St. Georger Grenz-Regiments Kanton Nr. VI, gehörige *Bezirks-Ortschaft* mit 21 Häusern, liegt im Gebirge, 2 St. von Bellovár.

Capella Siebenbürgen; siehe Kápolna.

Capella, Kroatien, Kreutz. Komt.; s. Kápolna.

Capella di Lavarone, Tirol, *Dorf* und Kuratie der Pfarre Levico, zuvor Caldonazzo.

Capellane, Lombardie, Provinz Cremona und Distr. III, Soresina; siehe Casal Morano.

Capellanetta, Lombardie, Provinz Cremona und Distr. III, Soresina; siehe Casal Morano.

Capella Nova, Slavonien, Sics. Bzk., ein zum Gradiscan. Grenz-Reg. Kanton Nr. VIII. geh. *Dorf*, von 30 Häus., mit einer kathol. Pfarre u. einer Mahlmühle, 1 St. von Verbová.

Capellari, Lombardie, Prov. Mantova und Distr. VIII, Marcaria; s. Marcaria.

Capella Stara, Slavonien, Sicser Bzk., eine zum Gradiscan. Grenz-Regim. Kanton Nr. VIII gehör. *Ortschaft* von 11 Häus., 2½ St. von Verbová.

Capella Villa, Lombardie, Provinz Mantova und Distr. VI, Castel Goffredo; siehe Ceresara.

Capelle, Lombardie, Provinz Cremona und Distr. III, Soresina; siehe Cappella Cantone.

Capelle, Le, Tirol, Trienter Kr., bewohnte *Berggegend*, Ldgrchts. Malè in Sulzbergischen, am Noce Fl., d. Kuratie S. Giacomo oder Solasna.

Capellen, Oest. unt. d. E., V. O. W W., ein *Dorf* mit 10 Häus., zur Pfarr Pottenbrunn und Ortsobrigk. S. Pölten geh., Post Perschling.

Capellen und **Multerberg Waldhäuser**, Böhmen, Bidschow Kr., zur Herschaft Krumau und Pfarr Deutschreichenau, 4 St. von Krumau.

Capelletta, Lombardie, Prov. Mantova und Distr. XIV, Gonzaga; siehe S. Benedetto.

Capelletta, Lombardie, Prov. Mantova und Distr. XIV, Gonzaga; siehe Gonzaga (Paludano).

Capelletta, Lombardie, Provinz und Distr. I, Mantova; sieie Roncoferraro.

Capelletta, Lombardie, Prov. Mantova und Distr. II, Ostiglia; sieie Sustinengo.

Capelletta, I, II, Lombardie, Provinz und Distr. I, Mantova; s. Quattro Ville.

Capelletta Bonevoglia, Lombardie, Prov. Mantova und Distr. IX, Borgoforte; s. Borgoforte (S. Nicolo).

Capelletto, Lombardie, Prov. Como und Distr. XVI, Gavirate; s. Besozzo.

Capelletto, Lombardie, Prov. u. Distr. XV, Revere; s. Quistello (S. Giacomo).

Capellicza, Kroatien, diess. d. Save. Warasdin. Generalat, Vukovier Bezk,, ein zum Kreutzer Grenz-Regim. Kanton Nro. V geh. Dorf, von 81 Häus., 5 Sf. von Novszka.

Capelloni, Case Baschera e, Lombardie, Prov. Mantova und Distrikt V, Castiglione delle Stiviere; sieie Cavriana.

Capergnanica, Lombardie, Prov. Lodi e Crema und Distr. VIII, Crema, ein Gemeindedorf mit einer eigenen Pfr. S. Martino Vesc., Aushilfskirche, Oratorio, Gemeinde-Deputation, einer Öhlpresse und 6 Mühlen nächst dem Flusse Adda, 3 Migl. von Crema. Dazu gehören:
Capergnanica di sopra, Corruma, zerstreute Häuser — Del Cazzuli, Palazzina, Delle Zucche, Meiereien.

Capergnanica di sopra, Lombardie, Prov. Lodi e Crema und Distrikt VIII, Crema; s. Capergnanica (Comune).

Capiago, Lombardie, Prov. Como und Distr. II, Como, ein Gemeindedorf theils in einer ebenen, theils erhabenen Lage mit Vorstand und Pfarre S. Vincenza. Dazu gehören:
Brugnaga, Cassina Cunata, Lazluto, Olmeda, Palazzetta, Meiereien — Castellctto, einzelnes Landhaus.

Capiataglio, Lombardie, Prov. Bergamo und Distrikt VII, Caprino; siehe Pontita.

Capiate, Lombardie, Prov. Como und Distr. XII, Oggiono, ein kleines nach S. Agnese zu Olginate gepfarrtes, in d. Ebene westlich gegen Adda und nördlich gegen den reissenden Valgreghentino liegendes, mit Vorstand versehenes Gemeindedorf, 8 Migl. von Oggiono. Hieher gehören:
Corontano, Corsaga, Ganzetta, Meiereien — Fornasetta, Schenke.

Capigliate, Lombardie, Prov. Como und Distr. XI, Lecco; siehe Lecco.

Capilupa, Lombardie, Prov. u. Distr. I, Mantova; sieie Curtatone.

Capilupi, Lombardie, Prov. Mantova und Distr. XIII, Suzzara; sieie Suzzara.

Cà Pisani, Venedig, Prov. Venezia und Distr. V, Loreo; sieie Contarina.

Capitani, de', Lombardie, Provinz Milano und Distr. VIII, Vimercate; s. Concorezzo.

Capitani, de', Lombardie, Provinz Milano und Distr. VIII, Vimercate; s. Agrate.

Capitani, de', Lombardie, Provinz Milano und Distr. VIII, Vimercate; s. Ronco.

Capitani, Vimercato de', Lombardie, Prov. Milano und Distr. VIII, Vimercate; sieie Bellusco.

Capitarico, Fenil, Lombardie, Prov. Brescia und Distr. II, Ospitaletto; sieie Comezzano.

Capitello, Lombardie, Prov. u. Distr. I, Mantova; siehe Porto.

Capitolo, Dalmatien, Zara Kr., Knin. Distr., ein nach Knin gepfarrtes, eben dieser Hauptgemeinde und Prätur einverleibtes Dorf, auf dem festen Lande bei Covacich, 2 Migl. von Knin. Post Seienico.

Capitolo, Lombardie, Prov. Cremona und Distr. VI, Pieve d' Olmi; sieie Carettolo.

Capitolo, Lombardie, Prov. Cremona und Distr. V, Roiecco; sieie Roiecco.

Capitolo di Caravaggio, Rino del, Lombardie, Prov. Bergamo und Distr. X, Treviglio; sieie Fornovo.

Capitolo, Meretto di, Venedig, Prov. Friaul und Distr. XI, Palma; siehe S. Maria la Longa (Moretto di Capitolo.)

Capitularis Tajna, Ungarn, Bars. Komt.; sieie Tajna.

Capitularis Vieszka, Ungarn, Bars. Komt.; sieie Vieszka.

Capitulum, Siebenbürgen; sieie Kápitalau.

Capizzone, Lombardie, Prov. Bergamo und Distr. IV, Almeno S. Salvatore, ein Gemeindedorf, zur Hälfte am Fusse des Gebirgs-Abhangs S. Bernardo und zur Hälfte am Flusse Imagna, mit Pfarre B. Verg. del Rosario, Kapelle und einer Gemeinde-Deputation, 1 St. von Almeno S. Salvatore. Mit:
Brembilla vecchia, grosse Gasse.

Capnicum, Ungarn, Kövár. Distr.; sieie Kapnik-Bánya.

Capocaccia, Ronco del, Lombardie, Prov. Como und Distr. XVIII, Cuvio; sieie Casal Zuigno.

44 *

Capo-Cesto, Dalmatien, Zara Kr., Sebenico Distr., ein als Untergemeinde zur Hauptgemeinde und Prätur Sebenico gehöriges Dorf, mit einer Pfarre und einem Zollaufseher und Sanitäts-Deputation, auf dem festen Lande unweit Rogosnizza, 16 Migl. von Sebenico.

Capo d' Arzere, Venedig, Prov. Venezia und Distr. VII, S. Dona; siehe Meole.

Capo di Lista, ossia Rastello, Venedig, Prov. Padova und Distr. IV, Campo Sampiero; siehe Villa del Conte (Rastello.)

Capo di Megliadino, Venedig, Prov. Padova und Distr. VIII, Melegnana; siehe Montagnana (Roaro sotto Capo di Megliadino).

Capo di Megliadino, Venedig, Prov. Padova und Distr. VIII, Montagnana; siehe S. Fidenzio intero.

Capo di mezzo, di sopra, e di sotto, Venedig, Prov. Treviso und Distr. IV; Conegliano; siehe Codogne.

Capo di Terstenik, Illirien, *Bergkuppe*, südöstlich vom Jägerhause Terstenik, 653½ W. Klftr. hoch.

Capo di Lago, insgemein Capolago — Lombardie, Prov. Como und Distr. XVII, Varese, ein *Gemeindedorf*, mit Pfarre SS. Trinità und Gemeinde-Deputation, in einer etwas sumpfigen Ebene in der Nähe des See's Varese. 2 Migl. von Varese. Hierher gehören:
Casa delle Assa, einzelne Wirthshaus, — Novellina, Schweizerei.

Capo di Lago, Lombardie, Provinz Bergamo und Distr. XVII, Breno; s. Angolo.

Capo di Ponte, Venedig, Provinz Padova und Distr. X, Monselice; siehe Monselice.

Capo di Ponte, Venedig, Prov. u. Distr. I, Belluno, ein *Gemeindedorf*, mit Vorstand, einer eigenen Pfarre S. Giovanni Battista, welche in Cadola ihren Sitz hat, mit einer Gemeinde-Deputation, 14 Filial-, einer Aushilfs- und einer Nebenkirche, dann 3 Oratorien, ganz von Bergen umgeben, auf einer Anhöhe, von den Bergen Serva, Quantia, Socier und dem Flusse Piave begrenzt, 5 Migl. von Belluno. Zu dieser Gemeinde gehören:
Arsiè, Cadola, Canevoi, Casan, Col, Cugnan, Lastraghe, Losago, Polpet, Quantin, Reveane, Roncan, Socher, Viei, Dörfer.

Capo di Ponte, Lombardie, Prov. Bergamo und Distr. XVII, Breno, ein grosses *Gemeindedorf*, mit einer eigenen Pfarre S. Martino, 4 Oratorien, einer Gemeinde - Deputation, mehren Eisengruben und Eisenhämmern, ober-

halb Breno, an der linken Seite des Oglio, 1½ St. von Breno. Hierher gehören:
Acquana, Monastero, Pescareo, Runco, Sante, kleine Gassen, — Cerno, Dorf.
Zu diesem Postamte gehören:
Breno, Braone, Ceto, Cevo Cericeno, Cimbergo, Grevocon Cedegolo, Ono, Paspardo, Saviure und Sellero

Capo di Ponte, Lombardie, Prov. Bergamo und Distrikt XVIII, Edolo; siehe Mù.

Capo di Sile a destra, Venedig, Prov. Venezia und Distr. VII, S. Ponà; siehe Musile.

Capo di Sile a sinistra, Venedig, Prov. Venezia und Distr. VII, S. Ponà; siehe S. Ponà.

Capo di sopra, Lombardie, Prov. Pavia und Distr. IV, Corte Olona; siehe Monticelli.

Capo di sopra e di sotto, Venedig, Prov. Treviso und Distr. IV, Conegliano; siehe S. Vendemiano.

Capo di sotto, Lombardie, Provinz und Distr. I, Milano; siehe Corpi S. di Porta Ticinese.

Capo di sotto, Lombardie, Provinz Mantova und Distr. XVI, Sermide; siehe Sermide.

Capo di sotto e di sopra, Venedig, Prov. Treviso und Distr. IV, Conegliano; siehe S. Vendemiano.

Capodistria, Istria, Justinopolis — Illirien, Istrien, Mitterburger Kreis, eine *Stadt* und *Hafen* im Distrikt und Bezirk gleichen Namens. Hauptgemeinde und Hauptort der Untergemeinde, am Meerbusen Vale Stagnon, in dessen Nähe die Risano ins Meer fällt, liegt unter dem 45 Grad 32 Min. 58 Sek. nördl. Breite, und 31 Grad 23 Minuten 35 Sek. östl. Länge von Ferro, 20 Grad westlich von Paris, hat 1112 Häuser mit 6300 Einwohnern, auf einer Felseninsel im Golfo von Triest gelegen, rundum von Wasser umgeben, und durch eine, eine halbe italienische Meile lange Aufzugbrücke mit dem festen Lande verbunden, welche durch das Castel Leone vertheidigt wird. Sie ist in der Diöcese Triest-Capodistria, der Sitz des Domkapitels und Decanates, Minoriten- und Kapuziner-Klosters, hat ein Lyceum und ein Gymnasium, Sanitäts-Deputation, Salinen-Direktion, Salzamt, Verzehrungssteuer - Inspectorat, Gefällswache, Distrikts-Commissariat 1.Classe, Demanialamt, dann einem Strassenamte, mit Ledergärbereien und einer Seifenfabrik, Handel, Fischerei und Küstenfahrt; in den nahe gelegenen Salzgärten werden jährlich 5000 Malter Baisalz gewonnen. Merkwürdig ist der künstliche Aquädukt, der die Stadt mit süssem Wasser versorgt. Unter den Römern hiess diese Stadt zuerst Aegida, später in Justinopolis. Von Capodistria aus durchschneiden 3 Hauptstrassen der Länge nach Istrien, von welcher sich links und rechts Seitenäste answeigen. Vor der Stadt befinden sich Salzgärten, dann wird der Wein- und Oehlbau bedeutend betrieben. Der Thurm der hiesigen Domkirche steht 7 Klafter über der Meeresfläche. Nahe bei Capodistria ist die 45½ Wiener Klafter über der Meeresfläche erhabene Anhöhe In Brade. Westlich von Capodistria ist der 138½ W. Klftr. über der Meeresfläche erhabene Berg Sezadici. Am 21. Oktober wird ein Jahr- und Viehmarkt gehalten. 1½ St. von Triest. Postamt mit:

Ancaran, Antignano, St. Antonio, Becca, Bolliuns, Borst mit Iscra, Besovisa, Boste, Besovisa, Capodisteia, Carcause, Carenana, Castela, Centora, Cernical, Cernotich, Costabona, Covedo, Cristoglia, Crogle, Decani, Dolina, Draga mit Botus, Figarola di Paugnano, Gabrovisa, Gason, Geme, Graciachi, Grozzana, Lavera, Lassaretto, Lonche, Loog, Loppar, Manzan, Maresegas, Michelli, Monte, Montecoao, Monti, Muggia, Nasseiri, Occisla, Oltera, Oapo, Paderno, Padica, Paugnano, Petrigne, Plagnare, Plavia, Popechio, Popetrá, Prehenegg, Preenitza mit Biergot, Puzzole, Ritzmane, Rosariol, Salvresre, Scoffie di mezzo, Scoffie di sopra, Scoffie di sotto, Sergasi, St. Servolo, Terseco, Trusche, Valle, Verckpolle, Villadell, Villanova, Xanigrad, Xanid, Zabavia

Capolago, Lombardie, Prov. Como und Distr. XVII, Varese; siehe Capo di Lago.

Capolongo, Venedig, Prov. Treviso und Distr. IV, Conegliano; siehe Conegliano.

Caponago. Lombardie, Prov. Milano und Distr. VIII, Vimercate, ein *Gemeindorf* mit Vorstand und Pfarre S. Giuliana und einer Kapelle von Pessano, Carugate, Agrate und Gmate begrenzt. 1 St. von Vimercate. Hierzu gehören:

Bertagna, Cassina Doppia, Cassina Nuova, Cassinazza, Stregno, Turro, Schweizercien. Casati, Conti, Galbiati, Passetti, Prata, S. Giuliana. Landhäuser.

Caponera, Lombardie, Prov. Pavia und Distr. V, Roseto; siehe Barate.

Caporala, Lombardie, Prov. Mantova und Distr. XIV, Gonzaga; siehe S. Benedetto.

Caporale, Cassina, Lombardie, Prov. Como und Distr. XIV, Erba; siehe Villa Albese.

Caporale, Lombardie, Prov. Brescia und Distr. V, Lonato; siehe Rivoltella.

Caporiacco, Venedig, Prov. Friaul und Distr. II, S. Daniele; siehe Coloredo di Mont' Albano.

Capovilla, Venedig, Prov. Friaul und Distr. VII, Podenone; siehe Prata di sopra e di sotto.

Capowee, Galizien. Czortk. Kr., ein *Dorf* zur Pfarre und Ortsobrigkeit Koszylowce gehörig.

Capozzino, Lombardie, Prov. Como und Distr. XI, Lecco; siehe S. Giovanni alla Castagna.

Cappella, Ungarn, Warasdiner St. Georger Grenz-Regiments Bezirk, ein *Markt*, 2½ St. von Bellovár, mit einer Gemeinde-Schule und 17 Häusern.

Cappella, Venedig, Prov. Treviso und Distr. V, Serravalle ein am Flusse Meschio, unweit Ceneda (Distr. VI), bei Villa Capella liegendes *Gemeindedorf* mit Vorstand und Pfarre S. Maria Madonna, dann einer Aushilfskirche u. 3 Oratorien. ½ St. von Serravalle. Hierher gehören:

Anzano, Dorf. Canibalo, Wirthshaus. Castelletti, Schloss. Dei Gobbi, S. Appolonia, La Villa, Weiler.

Cappella, Lombardie, Prov. Cremona und Distr. VII, Casal Maggiore, ein *Gemeindedorf* von dem Munizipal-Magistrat der Stadt Casalmaggiore administrirt, mit einer Pfarrkirche S. Agata. 2½ Migl. von Casalmaggiore. Mit:
Gambalone alli Ronchi, Haus

Cappella Cantone. Lombardie, Prov. Cremòna und Distr. III, Soresina, eine Masseria und *Gemeinde* mit Vorstand und Pfarre B. V. Annunziata und einem Oratorio, unweit von dem Gebirge, dem Flusse Serio morto und dem Lago d'Iseo, ½ St. von Soresina. Hierzu gehören:
antonello, Capelle, Maerhl, Mulino Bernardella, Mulino di sotto, Russlarhe, Meiercien. S. Maria del Sabbione, Landhaus.

Cappella nuova, Tirol, Trient. Kr., ein *Dorf* zur Gemeinde Lavarone im Landgericht Levico gehörig.

Cappella de' Picenardi, Lombardie, Prov. Cremona und Distr. IX, Pescarollo, ein *Gemeindedorf* mit Vorstand und Pfarre S. Panerazio, 3 St. v. Cremona.

Cappellana, Lombardie, Prov. Cremona und Distr. VI, Pieve d'Olmi; siehe Pieve d'Olmi.

Cappelletta, Venedig, Prov. Padova und Distr. III, Noale; siehe Noale.

Cappellicza, Ungarn, Warasdiner Kreutzer Grenz-Rgmts. Bzk., ein *Dorf*, 10 St. von Bellovár, 1 St. von der 1. Komp. Wukovie, mit einer Mühle und 26 Häusern.

Cappellino, Gattarola, Lombardie, Prov. Cremona und Distr. VII, Piadena; siehe Breda Guzzona.

Cappello, Cà, Venedig, Prov. Venezia und Distr. V, Loreo; Domada (Cà Capello).

Cappello, Borgo nuovo, Lombardie, Prov. Cremona und Distr. V, Rovecco; siehe S. Martino in Bellisetto.

Cappona, Lombardie, Prov. Como u. Distr. XXV, Missaglia; siehe Montevecchio.

Capocin, Ungarn, ein *Berg* im Krasn. Komt. und Wallach. Illirisch. Grenz-Regimts. Bezirk; siehe Kapuczin.

Cappuccina, Lombardie, Prov. Milano und Distr. I, Milano; siehe Corpi S. di Porta Vercellina.

Cappuccina, Lombardie, Prov. und Distr. I, Cremona; siehe Due Miglia.

Cappuccina, Lombardie, Prov. und Distr. XIII, Gallarate; siehe Arnate.

Cappuccini, Lombardie, Prov. Bergamo und Distr. X, Treviglio; siehe Caravaggio.

Cappuccini, Lombardie, Prov. Milano und Distr. XIII, Gallarate; siehe Cardano.

Cappuccini, Lombardie, Prov. Mantova und Distr. XVII, Asola; siehe Casalmoro.

Cappuccini, Lombardie, Prov. Bergamo und Distr. II, Zogno; siehe S. Gallo.

Cappuccini S. Salvadore, Combardie, Prov. Lodi e Crema und Distr. V, Casalpusterlengo; siehe Casalpusterlengo (S. Salvadore).

Cappuccini Barraccone, Lombardie, Prov. und Distr. I, Cremona; siehe Due Miglia.

Cappucini, Exconvento de', Lombardie, Prov. Mantova und Distr. X, Bozzolo; siehe Bozzolo.

Cappuccini, Exconvento de', Lombardie, Prov. Cremona und Distr. IV, Pizzighettone; siehe Pizzighettone.

Cappuccino Mulino, Lombardie, Prov. Lodi e Crema und Distr. V, Casalpusterlengo; siehe Casalpusterlengo.

Cappuccino, Lombardie, Prov. Brescia und Distr. V, Lonato; siehe Lonato.

Cappuccino, Lombardie, Prov. und Distr. I, Brescia; siehe Rezzato.

Capra, Lombardie, Prov Mantova u. Distr. XIV, Gonzaga; siehe Gonzaga (Bondeno).

Capralba, Lombardie, Prov. Lodi e Crema und Distr. IX, Lodi e Crema, eine nächst der Strasse, welche von Crema nach Misana führt, liegende *Gemeinde-Ortschaft,* von theils zerstr., theils zusammenhängenden Häusern mit Pfarre SS. Andrea und Zenone, einer Kapelle, einer Mühle und 2 Reis-Stampfen, 7 Migl. von Crema.

Caprandi, Lombardie, Prov. Bergamo u. Distr. VII, Caprino; s. Torre de' Busi.

Caprante, Lombardie, Prov. Como und Distr. XIII, Canzo; siehe Valbrona.

Caprara Fossa, Lombardie, Prov. Cremona u. Distr. VII, Casal Maggiore; siehe Fosso Capprara.

Caprara, Venedig, Prov. und Distr. I, Verona; siehe Cà di Cavid.

Capre, Siebenbürgen; s. Ketskedoga.

Capriana, Tirol, Trient. Kr., ein *Dorf* und Gemeinde, im Ldgcht. Cavalese.

Capriano, Lombardie, Prov. Brescia und Distr. III, Bagnolo, ein *Gemeindedorf* mit einer eigenen Pfarre S. Michele, einer Aushilfskirche und 3 Oratorien, nicht weit vom Flusse Mella. Hier sieht man einen Berg, eben so (Capriano) genannt, 8 Migl. von Brescia. Mit: *Bona, Colomberoli, Rovico, Torricello, Torozza, Tre Comuni, Meiereien. → Morico, Landhaus.*

Capriano, Lombardie, Prov. Milano und Distr. VII, Verano, eine *Dorfgemeinde* mit einem Vorstand und einer eigenen Pfarre S. Stefano, von Briosco, Cazzano, Veduggio und Romanò begrenzt, 1½ St. von Casate. Mit: *Ceregallo, Montebello, Mornata, Meiereien.*

Capriate, Lombardie, Prov. Bergamo und Distr. V, Ponte S. Pietro, ein am linken Ufer des Adda Flusses liegendes *Gemeindedorf,* mit Vorstand und Pfarre S. Alessandro u. Aushilfs-Kirche, 1½ St. von Ponte S. Pietro. Mit: *Ai Molini, Meierei. — Al Porto, kleine Gasse.*

Capriccia, Lombardie, Prov. und Distr. X, Milano; siehe Rovagnasco.

Capricio, Venedig, Prov. und Distr. I, Padova; siehe Vigonza.

Capri, Ca di, Venedig, Prov. u. Distr. I, Verona; s. Bussolengo (Cà di Capri).

Cari, Cassine, Lombardie, Prov. Lodi e Crema und Distr. IX, Crema; siehe Cassine Gandini.

Capri, Dalmatien, Zara Kr., Sebenico Distr., ein nach Zuri gepfarrtes *Dorf,* zur Hauptgemeinde Zlarin und unter die Pretur Sebenico gehörig, auf der Insel gleichen Namens, 12 Migl. v. Sebenico.

Caprile, Lombardie, Prov. Bergamo und Distr. V, Ponte S. Pietro; siehe Sotto il Monte.

Caprino, Lombardie, Prov. Bergamo und Distr. VII, Caprino, ein grosses *Gemeindedorf,* eigentlich Flecken, wovon der VII. Distr. dieser Prov. den Namen hat, liegt auf einem Hügel, unter welchem sich die reissenden Fitisscien Sonnai und Solinacchio befinden, in einer Entfernung von 2 Migl. vom Flusse Adda, mit einer eigenen Pfarre S. Biaggio, einer Aushilfskirche, 2 Kapellen, einem k. Districts-Commissariat, Prätur, Gemeinde-Deputation, Distr. Postamts des 12½ Migl. davon entfern-

-ten Provinzial-Postamtes Bergamo, zwischen Ponte S. Pietro u. Lecco und 2 Seidenspinnereien, Postamt. Zu dieser Gemeinde gehören:

Battacchio, Berna, Bleggio, Camaffeo, Cara, Cassucaletti, Costa, Filatojo, Fontanella, Foppa, Ombria, Piazza, Praccrito, Pradella, Roccolo, Velpera, Schweizereien. — Celna Celanella, Formerone, kleine Gassen. — Fibbia, Meierei. — Molino di Céprino, Mühlc. — Roncaloggio, zwei kleine Schweizereien.

Caprino, Venedig, Prov. Verona und Distr. XII, Caprino, ein *Gemeindedorf,* wovon der XII. Distr. dieser Prov. den Namen hat, von den Bergen Costabella und Zuanese begrenzt, mit einer k. Prätur, Districts-Commissariat, Gemeinde-Deputation, eigenen Pfarre S. Maria Assunta Maggiore, 1 Aushilfskirche, 3 Kapellen und mehren Oratorien, dann Districts-Brief-Sammlung des 19 Migl. oder 3½ Post davon entfernten Provinzial-Post-Inspectorats Verona, 3 Villeggiaturen und 27 Mühlen, Postamt. Dazu gehören:

Ceredello, Caprino, Lubiara, Passon, Pesina, Vilmezzan, Dörfer.

Caprino Monte, Lombardie, Prov. Como und Distr. II, Como; siehe Rovvio.

Caprino, Venedig, Provinz Verona, ein *Distrikt* mit den nachfolgenden Gemeinden: Affi mit Incaffi. — Bellun. — Brentino mit Preabocco und Rivalta. — Caprino mit Caprina parrocchia di Pesina, Ceredello per la porzione soggetta alla parrocchia di Porzon (zum Theile der Pfarre Pazzon einverleibt), Lubiara intera, Pazzon anche la porzione soggetta alla parrocchia di Caprino (zum Theile auch nach Caprino gepfarrt), Pesina il resto della parrocchia (der Rest der Pfarre) und Vilmezzan. - Castion sopra Garda (Ober-Garda) mit Marciaga. — Cavajon.— Costerman mit Albaré di Gardesana und Gazzoli. — Ferrara di Montebaldo mit Pazzon per la porzione soggetta alla parrocchia di Ferrara (mit einem Theile der Pfarre Ferrara einverleibt.) — Montagna di Montealdo e per tutta l' estensione della parroechia (und ganze Umfang der Pfarre). — Rivoli mit Canal ossia Incanal, Ceredello per la porzione soggetta alla parrocchia di Rivoli, (derjenige Theil, welcher der Pfarre Rivoli einverleibt ist), Gajun, Le Zuann u. Valdonneghe.

Caprino, Lombardie, Prov. Bergamo, ein *Distrikt* mit folgenden Gemeinden: Calolzio. — Caprino con Celana, Celanella e Formorone. — Carenno. — Cisano, Sozzo e S. Gregorio. — Corte con Foppenico e Sala. — Erve. — Lorentino con Mojola e sopra Cornola. — Monte Marenzo. — Pontita, Valmore, Gromlaleggio, Gandorla e Cau-

ton. — Rossino. — S. Antonio con Opreno e Perluparo. — Torre de' Busi, Cá e Ronaaglia con Favizano e Zanetti. — Martinone e Carnello. — Vercurago e Somasca. — Villa d' Adda.

Capriola, Lombardie, Prov. Brescia und Distr. III, Bagnolo; siehe Ghedi.

Capriola Brucie, Lombardie, Prov. Brescia und Distr. I, Brescia; siehe Virle.

Capriola, Lombardie, Prov. u. Distr. I, Brescia; siehe Virle.

Caprioli, Gerre de', Lombardie, Prov. Cremona und Distr. VI, Pieve d' Olmi; siehe Gerre de' Caprioli.

Capriolo, Lombardie, Prov. Brescia und Distr. IX, Adro, ein *Gemeindedorf,* mit Vorstand u. Pfarre S. Giorgio, Aushilfskirche, 2 Oratorien und Elementar-Schulen-Inspectorat, 4 Migl. vom Lago d' Iseo, auf einem Hügel, 2 Migl. von Adro. Dazu gehören:

Acquaroli, Case, Cavarole, Colombara, Colzano Fenilletto, Lungo nuovo, Miola, Monica, S. Lorenzo, Vanzughetto, Meiereien. — Mulino Fare Ucini, Mühlen.

Capriolo Monte, Venedig, Prov. Treviso und Distr. IV, Conegliano; s. S. Pietro di Feletto (Monte Capriolo).

Cà Priuli, Venedig, Prov. u. Distr. I, Padova; siehe Mestrino.

Cà Priuli, Venedig, Prov. Treviso und Distr. VIII, Montebelluna; siehe Volpago.

Capriva, Illirien, Ob. Friaul, Görz. Kr., ein zu der Zentral Gerichtsbarkeit Cormons gehöriges *Dorf,* worin es auch eingepfarrt ist, 1 St. von Gradiska.

Capronno, Lombardie, Prov. Como und Distr. XV, Angerä, ein in der Nähe liegendes, nach S. Maria Assunta zu Angera gepfarrtes *Gemeindedorf,* mit Vorstand, 3 Migl. von Angera.

Capronza, Kroatien, Kreutz. Komt.; siehe Kaproncza.

Caprotti Cassina, Lombardie, Prov. Milano und Distr. VI, Monza; s. Monza.

Captol, Slavonien, Posegan. Komt.; siehe Kaptol.

Capuccini, Venedig, Prov. Treviso u. Distr. IV, Conegliano; s. Conegliano.

Caputtino, Lombardie, Prov. Bergamo und Distr. VII, Caprino; siehe Monte Marenzo.

Cà Quattro, Venedig, Prov. u. Distr. I, Padova; siehe Vicenza (Quattro Cá).

Capy bei **Wyszenka,** Galizien, Lemberg. Kr., eine *Ortschaft* zur Pfarre Wyszenka und Ortsobrigk. Grodek geh.

Cara, Lombardie, Prov. Bergamo und Distr. VII, Caprino; siehe Caprino.

Carabelli Mulino, Lombardie, Prov. Milano und Distr. IV, Saronno; siehe Rhò.

Carabiolo, Lombardie, Prov. Brescia und Distr. II, Ospitaletto; siehe Lograto.

Carabbiolo, Lombardie, Prov. Lodi e Crema und Distr. IV, Crema; siehe Cremosano.

Caraco Ponte, Lombardie, Provinz Pavia und Distr. IV, Corte Olona; siehe Corte Olona (Ponte Caraco).

Caracoi, Venedig, Prov. Belluno und Distr. V, Agordo; siehe Rocca.

Caraglio, Lombardie, Prov. Como u. Distr. XVIII, Cuvio; siehe Brenta.

Caralte, Venedig, Prov. Belluno und Distr. III, Pieve di Cadore; siehe Perarolo.

Caralto, Venedig, *Berg* am linken Ufer des Piave Flusses bei Caralta.

Caramama, Lombardie, Prov. Como und Distr. XXII, Tradate; siehe Morazzone.

Caramati Cassina, . Lombardie, Prov. Cremona und Distr. III, Soresina; siehe Genivolta.

Caranezzo, Lombardie, Prov. Bergamo und Distr. II, Zogno; s. Frerola.

Carano, Tirol, Trient. Kreis, ein im Fleimsthale lieg., der Hrsch. Fleims geh. *Dorf*, mit einer Kuratie, 4¼ St. von Neumarkt.

Caransebes, auch Karansebes — Ungarn, Krassov. Gespanschaft, Bukiner Bzk., ein zum walach. illir. Grenz-Reg. Kanton Nr. XIII. gehör. *Markt* von 478 Häusern, mit 2 Pfarren und Postamt.

Caranzone, Lombardie, Prov. Brescia und Distr. IV, Montechiari; siehe Remedello di sopra.

Carascione, Lombardie, Prov. Como und Distr. II, Como; siehe Brunate.

Carate, Lombardie, Prov. Milano, ein *Distrikt* mit den Gemeinden: Agliate — Albiate — Besana superiore ed inferiore — Briosco — Calo con Riva e Fonigo — Capriano — Carate con Tagliabue — Cazzono con Naresso — Colzano con Tremolada — Corezzana con Casotto — Costa con Riverio — Giussana con S. Giovanni in Baraggia — Monte con Brugora e Cassina Cassaglia — Paina con Birone, Cassino Brugazzo e Cassina Bistorta — Renate con Tornago e Vianore — Robbiano — Sovico — Tregasio con Borgo Nuovo, Zucconi S. Giovanni, Zuccone Franco — Zuccone Robasacco e Cassina del Chignolo — Triuggio, Raucate e Boffalora con Canonica del Lambro, Pegorino, Castelletto, Zernetto e Cassina Boffalora — Valle con Guidino — Veduggio con Brusco — Verano — Vergo con Zuccorino — Villa Raverio con Rigola.

Carate, Lombardie, Prov. Como und Distr. III, Bellaggio, ein *Gemeindedorf* mit Vorstand und Pfarre SS. Giacomo e Filippo, an einem Abhange in der Nähe des Como-See's, 13 Migl. v. Bellaggio. Dazu gehören:
Ponte, Sestreso, einzelne Häuser.

Carate, Lombardie, Prov. Milano u. Distr. VII, Verano, ein *Gemeindedorf* mit einer Gemeinde-Deputation und eigenen Pfarre SS. Ambrogio e Simpliciano, 2 Oratorien, dann einer Briefsamml. unter das Ob. P. A. Milano gehörig, am Flusse Lambro, 1 St. v. der Post-Station Paina, von Abbiate, Costa, Verano und Seregno begrenzt. Postamt. Hierzu gehören:
Giandino, Ospedale, Poschira, Ravaso, Mühlen. Pazzona, Tagliabue, Vallà, Schweizereien.

Carate, Lombardie, Prov. Como und Distr. XI, Lecco; siehe Castello.

Carate, Lombardie, Prov. Como und Distr. XI, Lecco; siehe Lecco.

Carate, Lombardie, Prov. Como und Distr. IV, Menaggio; siehe Ossuccio.

Carate, Lombardie, Prov. Como und Distr. VIII, Gravedona; siehe Vercana.

Carate, Ponte, Lombardie, Prov. und Distr. I, Pavia; siehe Ponte Carate.

Caratesa, Lombardie, Provinz und Distr. I, Milano; siehe Corpo S. di Porta Camasina.

Caravaggio, Tirol, Trient. Bzk., eine *Wallfahrtskirche* in der Gemeinde Pinè gelegen, zur Stadt und Ldgcht. Trient gehörig, 1¼ St. von Trient.

Caravaggio, Lombardie, Prov. Cremona und Distr. IX, Pescarolo; siehe Gabbianetta.

Caravaggio, Lombardie, Prov. Bergamo, Distr. X, Treviglio, ein *Gemeindeflecken* mit 5000 Einw., Vorstand, eigener Pfarre SS. Fermo u. Rustico, 5 Aushilfskirchen, einem Sanktuario, S. Bernardino, 5 Kapellen, 2 Kalk- und Ziegelöfen, einem gut eingerichteten Spitale und Versatzamte, einer Spinnerei und Säge, dann Postpferdewechsel auf der Route von Brescia nach Milano, Geburtsort des berühmten Malers Michael Angelo de Caravaggio, Antignate und Cassina di Pecri, ¼ Migl. von der Wallfahrtskirche Madonna di Caravaggio, welche sehenswürdige Statuen und Gemälde enthält; sie wurde 1434 gegründet und 1575 nach der Zeichnung Pellegrinis vollendet. Die reiche Kapelle unter dem grossen prachtvollen Hochaltare und einige Gemälde sind der Besichtigung werth. Zwischen den Fl

, Addà und Serio, von ersterem 5, von letzterem 3 Migl., und ¾ St. von Treviglio entlegen. Postamt. Die Bestandteile dieser Gemeinde sind:

Baronia, Brigni, Brignida, Brignolli, Cagnola, Campo Rino, Canialiupo, Cappuccini, Cuselle, Cassina Alberto, Dossi, Fontanella, Fornare con Fornare, Gavazzola, Guzzafame, Guzzasette, Maglio, Mazzolengo, Majoli, Montizzoletto, Montizolo, Panizzaro, Pizzone, Pora, Rassini, Resica con Resica, Rizzi, S. Antonio, Santuario Senimario, Vallarza, Vallanella, Valla, Valta, Valte Mulino con Mulino, Meiereien. Anguisatla, Cassinetta, Massano, Vidalengo, Landhäuser.

Caravate, Lombardie, Prov. Como und Distr. XVII, Cuvio, ein *Gemeindedorf* mit einer eigenen Pfarre S. Giovanni Batista, am Fusse der gleichnamigen Gebirge. Hat eine Gemeinde-Deputation, 10 Migl. von Varese. Hieher gehören:

Cassina, Cassina Pappini, Cassina di Stecke, Ronco, S. Clemente, Viguora, Virolo, Meiereien. Mulino di Frutti, Mulino de Freudini, Mulino della Preja, Mühlen.

Caraverio, Lombardie, Prov. Como und Distrikt XXIV, Brivio; siehe Briauzola.

Caravina, Lombardie, Prov. Bergamo und Distr. VIII, Piazza; siehe Cassiglio.

Carazze, Le, Lombardie, Provinz Mantova und Distr. V, Castiglione delle Stiviere; siehe Cavriana.

Carazzeate e Basse, Lombardie, . Prov. und Distr. I, Mantova; siehe Porto.

Carbenaro, Lombardie, Prov. Mantova und Distr. VII, Canetto; siehe Aqua Negra.

Carbera, Alla, Lombardie, Prov. Como und Distr. II, Como; siehe Piazza.

Carbona, Venedig, Prov. Friaul und Distr. VIII, S. Vito; siehe S. Vito.

Carbonara, Tirol, Trient. Kr., ein zur Hrsch. Fleims gehöriges *Dorf* mit einer Kuratie, ist mit dem Dorfe Rovere vereinigt, 2 St. von Cavalese, 5 St. . von Neumarkt.

Carbonara, Lombardie, Prov. und Distr. I, Cremona; siehe Due Miglia.

Carbonara, Lombardie, Prov. Mantova und Distr. XVI, Sermide, eine *Villa* mit einer Gemeinde-Deputation u. eigenen Pfarre S. Maria Assunta, vom Flusse Pò begrenzt, 5 Migl. von Sermide. Hierzu gehören:

Covo Diversino, Pranta, Tramede, Valazza, Via grande, Meiereien.

Carbonara in monte, Venedig, . Prov. Padova und Distr. VI, Teolo; siehe Revolone in Monte.

Carbonare, Tirol, Roveredo Kr., ein unbedeutender *Weiler*, zur Gemeinde Folgaria im Landgerichte Roveredo.

Carbonarola, Lombardie, ein *Dorf* 3¼ Migl. von Sermide, mit einer eige-

neu Pfarre dell' Immacolata Concezione, welcher einverleibt sind:

Casa Dallavalle, Villa nuova, Meiereien.

Carbonate, Lombardie, Prov. Como und Distr. XXIII, Appiano, ein *Gemeindedorf*, mit einer eigenen Pfarre S. Maria Assunta, und Gemeinde-Deputation, 6¼ Migl. von Appiano. Mit:

Bondianza, Monti, Stiporina, Meiereien.

Carboncina, Venedig, Prov. und Distr. I, Treviso; siehe Sparcenigo.

Carbonella, Corte, Lombardie, Prov. Mantova u. Distr. IX, Borgoforte siehe Borgoforte (S. Gattaldo).

Carbonello superiore ed inferiore, Lombardie, Prov. Como und Distr. XXII, Tradate; siehe Carnago.

Carbonera, Lombardie, Prov. Lodi e Crema und Distr. VI, Codogno; siehe S. Fiorano.

Carbonera, Venedig, Provinz und Distr. I, Treviso, ein an dem kleinen Flüsschen Mignagola, nahe bei Treviso liegendes *Gemeindedorf* mit einer eigenen Pfarre S. Maria Assunta und 2 Oratorien, Gemeinde-Deputation, 5 Papiermühlen und einer Kupferschmiede, ¾ St. von Treviso. Dazu gehören:

Bihan, Lastel di Carbonera, Mignagola, Gemeindetheile. Pezwan di Metina, S. Giacomo di Musestrelle, Vascon, Dörfer.

Carbonera, Castel di, Venedig, Prov. und Distr. I, Treviso; siehe Carbonera (Castel di Çarbonera).

Carbonetti, Lombardie, Prov. Como und Distr. XXIII, Appiano; siehe Bartolomeo.

Carbonizza, Lombardie, Prov. Pavia und Distr. V, Rosate; siehe Vigano.

Carbonizza, Lombardie, Prov. Pavia u. Distr. V, Rosate; s. Gaggiano.

Carburati, Lombardie, Prov. Como und Distr. XIV, Erba; siehe Fabbrica.

Carcana, Lombardie, Prov. Pavia u. Distr. VI, Binasco; siehe S. Pietro Cusico.

Carcani, Lombardie, Prov. Bergamo und Distr. X, Treviglio; siehe Treviglio.

Carcano, Lombardie, Prov. u. Distr. I, Milano; siehe Cormano.

Carcano, Lombardie, Prov. Como u. Distr. XIV, Erba, ein *Gemeindedorf*, mit einer Pfarre S. Dionigi, u. Gemeinde-Deputation, auf einer Anhöhe westlich gegen Alserio, 2 Migl. von Erba. Mit:

Cassina nuova, Meierei. — Castellazzo, Landhaus. — Corogna, kleines Dorf.

Carcassina, Lombardie, Prov. und Distr. I, Bergamo; siehe Ponteranico.

Carcasola, Lombardie, Prov. Milano und Distr. VIII, Vimercate; siehe Vimercate.

Carcausze, Illirien, Istrien, Mitterb. Kr., ein *Dorf*, im Distr. und Bzk. Capodistria, Hauptort der Untergemeinde gleichen Namens, mit 155 Häus. und 440 Einwoinern, einem Decanate, $2\frac{1}{2}$ St. von Capodistria.

Carceri e Caneello, Venedig, Prov. Padova u. Distr. IX, Este, ein *Gemeindedorf*, mit einer Contrada (Cancello genannt), einer Gemeindedeputation und Pfarre Annunciazione di Maria Vergine, mit Ospidaletto und Vighizzolo grenzend, $3\frac{1}{2}$ Migl. von Este. Hieher gehören:
Cancello, Gazzo delle Carceri, Pragnolo, Gassen. — S. Maria, Dorf, Versole Valli (die Benennung eines Teritorial-Theiles, welcher an die Valli di Vighizzolo grenzt).

Carceri Gazzodelle, Venedig, Prov. Padova und Distr. IX, Este; s. Carceri Gazzo delle Carceri).

Carciato, Tirol, Trienter-Kr., ein *Dorf* und Gemeinde im Ldgrcht. Male.

Carcina, Lombardie, Prov. Brescia und Distr. VI, Gardone, ein *Gemeindedorf* mit Vorstand und eigenen Pfarre S. Giacomo, im Mittelgeirge, dessen Bereich der Mella Fl. durchläuft, 6 Migl. von Gardone. Dazu gehören:
Fondi Pregno, Mulino Comunale, Pelizari, Pregno, Mühlen.

Cardana, Lombardie, Provinz Como und Distr. XVI, Gavirate, ein *Gemeindedorf* mit einer eigenen Pfarre S. Martino, und Gemeinde-Deputation, westl. von der Distrikts-Hauptgemeinde entlegen, mit 2 Mühlen, 4 Migl. von Gavirate. Hieher gehören:
Benislo, Casa Merzagora, Casa nuova, Cassina Campiadiga, Cassina nuova, Castelletto, Filippo, Gavazzano, Pozzo, Romansanca, Retizio, S Colombano, Tvich e Ronchetto, Meiereien.

Cardano, Lombardie, Prov. Milano und Distr. XIII, Gallarate, eine *Gemeinde - Ortschaft*, mit Vorstand und Pfarre S. Anastasio, nahe bei Casorate, 3 St. von Cassina delle Corde und $\frac{3}{4}$ St. von Gallarate. Einverleibt sind:
Cappuccini, Casone, Deserio, Montebello, Meierien.

Cadano, Lombardie, Prov. Como und Distr. IV, Menaggio; siehe Grandola.

Carde, Lombardie, Prov. Como und Distr. VI, Porlezza; siehe S. Nazzaro.

Cardenzan, Venedig, Prov. Belluno und Distr. VII, Feltre; s. Villabruna.

Cardignano, Venedig, ein *Berg* in der Nähe von Sanego.

Cardina, Lombardie, Provinz Como und Distr. II, Como; siehe Monte Olimpino.

Carebbio, Lombardie, Prov. Brescia und Distr. VI, Gardone; siehe Lumezzane S. Appellonio.

Careggia, Lombardie, Prov. Como u. Distr. XIV, Erba; siehe Colciago.

Careggio, Lombardie, Prov. Bergamo und Distr. V, Ponte Pietro; s. Carvico.

Careggiotto, Lombardie, Prov. Como und Distr. XIV, Erba; siehe Colciago.

Carella, Lombardie, Provinz Como und Distr. XIII, Canzo, ein nach Giorgio zu Cormeno (ein Teil der Gemeinde Penzano) gepfarrtes *Gemeindedorf* mit einer Gemeinde-Deputation, auf einer, gegen Penzano sich erieienden Anhöie, 3 Migl. von Canzo. Hieher gehören:
Alpi Rossi, Alpi Sallazar, Alpi Vertusati, Meiereien.

Carelle, Lombardie, Prov. und Distr. I, Bergamo; siehe Villa di Serio.

Carelli, Lombardie, Prov. und Distr. I, Cremona; siehe Due Miglia.

Caren, Tirol, ein *Berg*, macht d. Grenze zwischen Tirol und Brescia, nördlich von Bregolino, 1029 W. Klft. über dem Meere.

Carema, Lombardie, Prov. Pavia und Distr. V, Rosate; siehe Besate.

Cà Renaldi, Venedig, Prov. Treviso und Distr. VIII, Montebelluno; siehe Arcade.

Cà Renier, Venedig, Prov. Treviso und Distr. VIII, Montebelluna; siehe Fossalunga.

Careno, Lombardie, Prov. Como und Distr. III, Bellaggio, eine kleine *Gemeinde - Ortschaft* auf einem Abhange, mit einer Pfarre S. Maria Assunta, und Gemeinde - Deputation, 11 Miglien von Bellaggio.

Carenno, Lombardie, Prov. u. Distr. I, Milano; siehe Corpi S. di Porta Ticinese.

Carenno, Lombardie, Prov. Bergamo und Distr. VII, Caprino, ein nicht weit vom Berge Turuggia entfernt lieg. *Dorf*, mit eigener Pfarre SS. Pietro e Paolo, Oratorio, Gemeinde-Deputation, Kalk- und Ziegelofen, $1\frac{1}{2}$ St. von Caprino. Hieher gehören:
Arca, Meierei. — Bocchio, Falghera, Forcella Gassen. — Monte Alto, Monte Basso, Pramartino, kleine Gassen.

Carenza, Lombardie, Prov. Lodi e Crema und Distr. VII, Pandino; siehe Rivolta.

Carera, Lombardie, Provinz Lodi e Crema und Distr. IX, Crema; siehe Torlino.

Caresol, Tirol, Rovereder Kr., ein *Dorf* und Kuratie der Pfarre Rendena, zunächst im Thale dieses Namens, im Ldgcht. Tione in Judicarien.

Caretto, Lombardie, Prov. und Distr. I, Brescia; siehe Fiumicello.

Carettolo, Lombardie, Prov. Cremona und Distr. IV., Pieve d' Olmi, *Dorf*

und *Gemeinde*, nach S. Maria zu Bone-
merse gepfarrt, mit einer Gemeinde-
Deputation und Kapelle, vom Parma- u.
Piacenza-Gebirge begrenzt, 1 St. von
Cremona. Dazu gehören:
Cà Brusata, Cà Fiorana, Cambiata, Capitolo, Ca-
sazza, Meiereien.

Caravilli, Lombardie, Prov. Como
und Distr. XV, Angera; siehe Ranco.

Carfagnoi, Venedig, Prov. Belluno
und Distr. VIII, Mel; siehe Tricchiana.

Carfon, Venedig, Prov. Belluno und
Distr. V, Agordo; siehe Forno di
Canale.

Cargnacco, Venedig, Prov. Friaul
und Distr. I, Udine; siehe Pozzuolo.

Cargnelli Mulino, Venedig, Prov.
Friaul und Distr. III, Spilimbergo; siehe
Travesio Mulino Cargnelli).

Cargnio di, Lombardie, Prov. Brescia
und Distr. VII, Bovegno; siehe Cimmo.

Cariano, ossia Beccacivetta,
Venedig, Prov. Verona und Distr. VI,
Cologna; siehe Albaredo (Beccacivetta,
ossia Cariano.)

Caribollo, Venedig, Prov. Vicenza
und Distr. VI, Asiago; siehe Vallo-
nara.

Carico, Lombardie, Prov. Como und
Distr. XXV, Missaglia; siehe Barzano.

Carigalle, Lombardie, Prov. Bergamo und Distr. VII, Caprino; siehe
Pontità.

Cariggio, Lombardie, Prov. Como u.
Distr. XI, Lecco; siehe Raucio.

Carighette, Lombardie, Prov. Bergamo und Distr. V, Ponte S. Pietro; s.
Terno.

Carignano, Lombardie, Prov. Mantova und Distr. XII, Viadana; siehe
Viadana.

Carimate, Lombardie, Prov. Como
und Distr. XXVI, Mariano, ein *Ge-*
meindedorf, mit Vorstand und eigener
Pfarre S. Giorgio, am Flusse Seveso,
3 Migl. von Cantù. Hieher gehören:
Monsolaro, Viamara, Landhäuser.

Carin, Dalmatien, Zara Kr., Obbrovazzo Distr., ein *Dorf*, zur Hauptgemeinde Novegradi und Prätur Obbrovazzo gehör., mit einer eigenen Pfarre
griechisch. Ritus auf dem festen Lande,
9 Migl. von Obbrovazzo.

Carinskie, Galizien, Sanok. Kr., ein
der Hrsch. Morochow geh. *Dorf*, nächst
Dwernik am Saan Flusse, 8 St. von
Sambor.

Cà Rio, Venedig, Prov. und Distr.
I, Padova; siehe Ponte S. Nicolo.

Cariola, Lombardie, Prov. Como und
Distrikt XVIII, Cuvio; siehe Casal
Zuigno.

Cariolo, Lombardie, Prov. Como und
Distr. XII, Oggiono; siehe Civate.

Carisolo, Tirol, Roveredo Kr., ein
Dorf und *Gemeinde* im Landgcht. Tione.

Carità, Di, Lombardie, Prov. Brescia
und Distr. VII, Bovegno; siehe Cimmo.

Carkosz, Galizien, Tarnow. Kr., ein
zur Hrsch. Dorkow gehör. *Dorf*, mit
einer eigenen Pfarre, liegt am Flusse
Wisloka, und grenzt mit den Dörfern
Podgrodzie, Lipiny, Pilsnionek, Dorkow und Labuzie, 1 St. von Pilsno.

Carlau, Steiermark, Grätz. Kr., ein
Dorf, ausserhalb der Murvorstadt von
Grätz, mit dem Provinzial-Strafhause.

Carlazzo, Lombardie, Prov. Como
und Distr. VI, Porlezza, ein *Gemein-*
dedorf, mit einer Pfarre SS. Fedele e
Giacomo, und Gemeinde-Deputation,
links am Flusse Cuccio und am Saume
des Berges Pidoggia, 3—5 Migl. von
Porlezza. Hieher gehören:
Castello, Ciezza, Maggiona, S. Pietro Jovera, Dör-
fer, — Forno, Haus.

Caribrunn, Oest. ob d. E., Inn Kr.,
ein zum Ldgcht. Ried geh. *Weiler*, nach
Neuhofen gepf., 1 St. von Ried.

Carlberg, Oesterr. ob d. E., Inn Kr.,
ein zum Ldgcht. Ried geh., nach Mettmach eingepf. *Weiler*, 2¼ St. von Ried.

Carlburg, Ungarn, *Marktflecken* im
Wieselburger Komitat, hat 230 Häuser
und 2000 Einwohner, ein schönes gräfl.
Zichy'sches Schloss mit prächtigem englischen Garten. Ein starker Damm
schützt den Ort gegen die Fluthen der
Donau; siehe Karlburg.

Carlesca, Lombardie, Prov. Mantova und Distr. VIII, Marcaria; siehe
Gazzoldo.

Carlessa, Lombardie, Prov. Mantova und Distr. VIII, Marcaria; siehe
Marcaria.

Carlhöfen, Böhmen, Budweis. Kr.,
ein *Dorf*, der Hrsch. Krumau geh.; s.
Karlshöfen.

Carlina, Cassina, Lombardie, Pr.
und Distr. II, Milano; siehe Cesano
Boscone.

Carlin Bach, Tirol, ein *Wildbach*
im Thal Langtaufers, der sich aus dem
dasigen Ferner unterhalb Graun in den
Graunersee ergiesst.

Carlino, Illirien, Unt. Friaul, Gra-
diskaner Kr., ein zur Gerichtsbarkeit
Castel Porpetto gehör. *Dorf* mit einer
Pfarre, 4 St. von Nogaredo.

Carlino, Venedig, Prov. Friaul und
Distr. XI, Palma, ein *Gemeindedorf*,
mit Vorstand, Pfarre S. Tommaso Apostolo, einer Aushilfskirche S. Tommaso
und einer Mühle, von S. Giorgio, dem

Distr. X, Latisana, und gegen Süden von den Lagunen begrenzt, 11 Migl. v. Palma Nuova. Mit:
Casino, S. Gervasio, zerstreute Häuser.

Carlo, Lombardie, Prov. Sondrio (Valtellina) und Distr. I, Sondrio; siehe Chiesa.

Carlobago, Karlobago — Kroatien, jenseits der Save, Karlstädter Generalat, Podgorier Bzk., eine mit einer Festung und Vorstadt versehene *Comunitäts-Stadt*, an der See, mit 192 Häusern und 960 Einwohnern, hat eine katholische Pfarre und Kloster, dann eine deutsche Schule und Brief-Sammlung, grenzt von drei Seiten an den Liccaner Grenz-Regiments-Kanton, mit der vierten gegen W. aber an die Insel Pago, 3 St. von Ostaria.

Carloburgum, Ungarn, ein *Markt* im Wieselburger Komitat; s. Oroszvár.

Carlostadium, Kroatien, Agramer Komt., die lateinische Benennung der Stadt Karlstadt.

Carlotte, Lombardie, Prov. Como u. Distr. XXIII, Appiano; siehe Guanzate.

Carlotte, Lombardie, Prov. Milano und Distr. XII, Melegnano; s. Zivido.

Carlovics, Slavonien, eine *Militär-Comunität*; siehe Carlowitz.

Carlow, Böhmen, Bunzlauer Kr., ein *Meierhof*, gehört zur Hrsch. Lissa.

Carlowitz, Böhmen, Bunzlauer Kr., ein *Dorf*, gehört zur Hrsch. Gross-Skal.

Carlowitz, Schlesien, Troppau. Kr., ein *Dorf*, mit böhmischen Einwohnern, zur Pfarre und Ortsobrigkeit Schlatten gehörig.

Carlowitz, Slavonien, eine *Stadt*, im Peterwardeiner-Regiments Bzk., in der slavonischen Militärgrenze des Militär-Grenzlandes, am rechten Ufer der Donau und am Fusse des Carlowitzer-Gebirges. Sie ist gut gebaut, hat eine griech. Cathedrale, 2 griech. und eine kathol. Kirche, ein Hospital, 5800 meist serbische Einwohner. Sie ist der Sitz eines griech. nicht-unirten Erzbischofes, unter welchem die Bisthümer zu Arad, Bács, Ofen, Pankrácz, Temesvár, Versecz und Carlstadt stehen, seines Consistoriums und Domkapitels, und hat ein Seminar für griech. Geistliche, ein griech. Gymnasium (illyrisches Lyceum genannt), eine serbische Nationalschule, eine Clerikalschule und eine kath. Hauptschule. Die mindere Gerichtsbarkeit ist in den Händen des, zur Hälfte kathol., zur Hälfte griech. Magistrates. Die Stadt treibt nicht unbedeuten-

den Handel, da die Hauptstrasse von Ungarn nach Semlin und der Türkei hier durchgeht, hat ansehnlichen Fisch-, besonders Hausenfang und vortrefflichen Weinbau. Die Hügel, welche sich von Carlowitz bis Camenitz längs der Strasse hinziehen, liefern den unter dem Namen Carlowitzer Ausbruch und Wermuth bekannten, wohlschmeckenden Wein. In geschichtlicher Hinsicht ist die Stadt merkwürdig durch die 1777 zur Einrichtung der Kirchen- und Schulverfassung hier gehaltene Synode der nichtunirten illyrischen Bischöfe, besonders aber durch den 1699 hier geschlossenen Frieden. Das Haus, in welchem damals die Conferenzen gehalten wurden, schenkte Kaiser Leopold I. den Franciscanern zur Erbauung der Kirche Mariafried. Postamt.

Carlsau, Schlesien, Tropp. Kr., ein *Dorf*, mit böhmischen Einwohnern, zur Pfarre Jaktar und Magistrat Troppau gehörig.

Carlsbad, Böhmen, Ellbogner Kreis, *Stadt* und berühmter Curort. Nach Traditionen sowohl als älteren Schriftstellern soll schon im VII. Jahrhunderte die heisse Sprudelquelle den heidnischen Böhmen bekannt gewesen sein, welche sie Tepliwody nannten, und aus den Sprudelsteinen ihren Göttern Altäre bauten. Im XII. Jahrhunderte entstand im dichten Walde ungefähr 1 St. von dem Carlsbad. Thale ein Dorf, Namens Thiergarten; und dass den Einwohnern desselben die heisse Quelle bekannt war, beweisen die Ueberreste der dortigen Kirche St. Leonhard und eines Kellers, in deren Grundlage sich Sprudelsteine befinden; doch war der Ort zu entfernt von der Quelle, um von Fremden besucht zu werden, ja selbst die Einheimischen verfielen vielleicht nicht darauf, sich derselben zu bedienen, und so blieb jene Untersuchung, bis in der zweiten Hälfte des XIV. Jahrhunderts (am wahrscheinlichsten 1347 ein Jahr nach der bekannten Schlacht bei Crecy, in welcher Carl unter Philipp VI., König von Frankreich, gegen Eduard III., König von England, gekämpft und am Schenkel verwundet, sein Vater, Johann v. Luxemburg, Sohn Kaiser Heinrichs VII. aber getödtet worden war) Kaiser Karl IV. sein Hoflager zu Ellbogen hielt, und in der Gegend des heutigen C. sich mit der Jagd belustigte. Der Kaiser verfolgte einen Hirsch bis auf die äusserste Spitze eines Felsen's, nachher der Hirschenstein genannt; hier wagte das Wild, welches den Wurfspiessen d. verfolgenden Jäger auf keine andere Weise mehr entkommen könnte, den Sprung in die Tiefe und entrann. Ein Jagdhund des Kaisers folgte ihm nach, stürzte in einen verborgenen Quell, und als man auf sein erbärmliches Geschrei ihm zu Hülfe eilte, entdeckte man das heisse Wasser, welches Carl's Leibarzt, Peter Beier, sogleich für ein kräftiges Heilmittel erkannte, ein Übel seines Monarchen zu heben. Die Cur glückte und der Kaiser befahl zum Besten der leidenden Menschheit die Errichtung eines Badeortes; berief die Einwohner des Bergdorfes Thiergarten hieher, und verlieh den künftigen Bewohnern C. alle Freiheiten einer k. Stadt, ja erlaubte sogar, dass diese seinen Namen führen dürfe. Der Ruhm der wohlthätigen Wirkungen des Wassers verbreitete sich von Jahr zu Jahr mehr, und in eben dem Masse nahm die Zahl der Curgäste zu. Ein anderer Schriftsteller, der besser unterrichtet sein will, bezweifelt die Geschichte mit dem Jagdhunde u. gibt nur überhaupt an, dass Carl IV. an dieser Stelle einen Badeort erbauen liess, und mehre Ansiedler herbeirief, denen er mancherlei städtische Privilegien und einen Theil der benachbarten Ländereien schenkte, dann mit der Zeit die jetzige Stadt C. entstand. Von Kaiser Carl mit Vorrechten begabt, und durch Wladislaw kräftig gegen die Ansprüche benachbarter Edelleute beschützt, wurde C. auch von mehren spätern Monarchen Böhmens mit nahe liegenden Besitzungen, Steuernachlässen, Geldsummen u. s. w. beschenkt. Unter diesen Wohlthätern werden vorzüglich Rudolph II., Ferdinand II., Ferdinand III., Leopold I., Joseph I., Carl IV., Maria Theresia, und vor allen Franz I. genannt, welcher nicht nur alle Privilegien der Carlsbader, Befreiung von Militär-Einquartierungen u. s. w. bestätigte, ihnen manche andere Lasten erliess und dem Hospital den Posthof schenkte, sondern sogar mitten in den verheerenden Kriegen gegen Frankreich mit Aufwand von 160,000 fl. die Kunststrasse in das Carlsbader Thal erbaute; sie ist eines der herrlichsten Denkmäler der neuen Strassenbaukunst u. bietet eine wahrhaft entzückende Aussicht in den blühenden Thalgrund dar. Ein nicht minder erfreuliches Werk, welches C. der Huld des Kaisers verdankt, ist die 1826 am Fusse der Kunststrasse erbaute schöne u. solide Granitbrücke über die Eger, aus einem einzigen Bogen bestehend. Die Stadt zählt über 500 Häus. und bei 3000 Einw., ihre Häuser verzweigen sich in drei Thäler und werden von dem Hammerberge;

dem Kreuzberge und dem Lorenzberge umgeben. Postamt.

Carlsberg, oder Carlshütte — Böhmen, Bunzlauer Kr., ein *Dorf*, gehört zur Hrsch. Morchenstein.

Carlsbrunn, Schlesien, Tropp. Kr., ein *Dorf*, zur hoch- und deutschmeister'schen Hrsch. Freudenthal gehörg, in einem waldigen Thale, an einem Arme der forellenreichen Oppa. Es ist der berühmteste und besuchteste Curort von ganz Schlesien u. wird sowohl von Inals Ausländern, besonders von Preussen stark besucht. Das kohlensaure eisenhaltige Wasser der Maximiliansquelle wird bloss getrunken, das Wasser der höher liegenden Carlsquelle, das einen auffallenden Schwefelgeruch von sich gibt, so wie das des Antonbrunnens und einer vierten an der Strasse liegenden Quelle, dienen zum Baden, wozu das Wasser erwärmt werden muss. Es sind zum zweckmässigen Gebrauche des Wassers alle Anstalten getroffen u. selbst eine Hütte zur Bereitung von Schlackenbäder ist vorhanden; auch fehlt es nicht an erheiternden Spaziergängen. Die hohe gebirgige Lage und die Nachbarschaft der höchsten Berge des Gesenkes geben dieser Gegend ein Clima, das den Curgästen in der Regel nur im hohen Sommer hier zu verweilen gestattet. Bei schöner trockener Witterung ist es aber hier unter den schattigen, balsamisch duftenden Nadelhölzern im romantischen Hochgebirge, sehr angenehm und erquickend. Die Erzherzoge Maximilian, Carl und Anton haben als Hoch- und Deutschmeister unablässig dafür gesorgt, diesen Curort immer mehr und mehr in Aufnahme zu bringen, welcher statt dem vom nahen Berge hergenommenen Namen Hinnewieder, die jetzige Benennung C. erhielt.

Carlsburg, Siebenbürgen, Unter-Weissenb. Komt., eine k. *Stadt* im Lande der Ungarn, an der Maros, besteht aus der eigentlichen, auf einem Hügel liegenden Stadt oder Festung und der im Thale erbauten untern Stadt, und zählt im Ganzen bei 11,300 Einw. Die Festung, welche Carl VI. im Geiste der neuern Befestigungskunst anlegen liess, ist von 7 Basteien umgeben und hat ein prachtvolles, mit den schönsten Bildhauerarbeiten geziertes Hauptthor. In ihr befindet sich die schöne kathol. Cathedralkirche des heil. Michael, welche 105 Schritte lang, 45 Schritte breit ist und viele Grab- und Denkmähler (z. B. des grossen Helden Johann von Hunyad, seines Sohnes Ladislaus, der Königinn Isabella, des Königs Johann Siegmund, mehrer Fürsten etc.) enthält; die schöne Residenz des Bischofs von Siebenbürgen; das Collegium der Domherren mit dem Landesarchive; die k. Münze; die Sternwarte (216 Fuss über der Maros, 41° 14' 15" L., 46° 4' 21" Br.) mit schönen Instrumenten, einer eigenen Bibliothek und andern Sammlungen, ein Zeughaus, die Oekonomie-Commission, die Casernen und andere ärarische Gebäude. Den Fuss der Festung umgibt die untere Stadt, von wo eine 210 Schritt lange Brücke über die Maros führt. Es befindet sich in C. ein bischöfl. Lyceum (eigentlich theologische Lehranstalt, ein kathol. Gymnasium, eine Primarschule und ein Krankenhaus. Auch ist es merkwürdig, dass die Juden, welche sonst nirgends in Siebenbürgen eigentlich haussässig sind, hier das volle Bürgerrecht geniessen und unter dem besondern Schutze des Bischofs stehen. Postamt.

Carlsdorf, Mähren, Prerau. Kr., eine *Colonie* der Hrsch. Néu - Paulowitz; s. Karlsdorf.

Carlsdorf, Schlesien, ein *Dorf* im Troppauer Kreise an der Mora, ist wegen des Wasserfalls dieses Flusses, der von der breiten Lahn in der Nähe des Petersteines an den sogenannten „hohen Fall" in mehren Absätzen herabschäumt, interessant.

Carlsdorf, insgemein Karle — Mähren, Ollmütz. Kr., ein *Dorf*, zur Hrsch. Laugendorf gehörig.

Carlshof, Schlesien, Troppau. Kr., ein zur Hrsch. Weisswasser geh. *Meierhof*; siehe Karlshof.

Carlshof, auch Neuhof genannt — Mähren, Prerau. Kr., ein *Meierhof*, z. Hrsch. Leipnik, auf einer Ebene diesseits dem Betschwar Flusse, ½ St. von dem oberhalb liegenden Dorfe Hlinsko, 2 St. von Gross-Augezd, und eben so weit von Weiskirchen.

Carlshof, Böhmen, Prachiner Kreis, ein *Meierhof*, mit einem Lustschlosse, gehört zur Hrsch. Czimelitz, 4¼ St. von Pisek.

Carlstadt, Carolostadium, Karlovecz, Karlstadt — Kroatien, diess. der Save, Agram. Gespansch., eine königl. freie *Stadt* in einer sehr schönen Lage am Zusammenflusse der Kulpa, Korana und Dobra, mit 2 der Agramer Diöcese einverleibten Pfarren, wovon die eine in der Festung, die andere in der Vorstadt, Dubovacz genannt, sich befindet, einem Franziskaner-Kloster, Dreissigstamte, Magistrate, Gymnasium, einer Haupt-

und Mädchenschule, 5 katholischen und einer griech. nicht unirten Kirche; auch hat hier ein griech. nicht unirter Bischof seinen Sitz; ferner befindet sich hier ein Bürger- und ein Militärspital. Die Stadt ist ziemlich wohlgebaut, jedoch meist aus Holz. Sie besteht aus der innern Stadt, der Festung und der Vorstadt; die Festung, die ehemals gegen die Einbrüche der Türken bestimmt war, ist zwar noch mit Schanzen, Gräben und Pallisaden umgeben, aber klein; sie hat einen schönen Platz, auf welchem eine Kaserne und ein Zeughaus steht. Die Stadt, mit Inbegriff der Festung, zählt 6000 Einw., die blos aus Holz erbaute Vorstadt Dubovacz überdies 300 Einw. Nicht erheblich ist die Gewerbsindustrie, desto wichtiger aber der Speditionshandel. Postamt mit: *Barilovich, Bensetich, Blaqai, Blatniza, Czerovaz, Czettin, Diesnik, Dubovaz, Gerdun, Hernetich, Hrastye, Hruskovaz, Jaskovo, Kamensko, Kerniak, Keratinia, Klokoch, Kullic, Kostatniczvaz, Koste, Kravich, Marienthal, Mahichno, Mekuret, Merziopolie, Novigrad, Oster, Ozail, Perijasiza, Pokupje, Pollot, Prekuje, Prihich, Rakovaz, Recluza, Sielavis, Skradt, Sovize, Soarchie, Svoich, Stative, Ober- und Unter-Szicha, Szluin, Szorkovze, Szvetisa, Tergh, Thomarniza, Thurn, Trcerheno, Treacherovaz, Tregoiniak, Tukalnik, Udbinia, Wellemerits, Welluin, Werhovez, Wukmanich.*

Carlstädter Grenze, ein Theil der kroatischen Militärgrenze; besteht aus 4 Infanterie - Regimentsbezirken, nämlich dem Liccaner, Ottochaner, Oguliner und Szluiner Regimente. Im erstern Bezirke liegt die kleine Stadt Carlopago, im zweiten die k. Freistadt Zengg.

Carlstetten, Oest. unt. d. E., V. O. W. W., ein *Dorf* und *Herschaft* mit 73 Häusern, 500 Einw. und einer Pfarre, 1¾ St. von St. Pölten, Post St. Pölten.

Carlswald, Böhmen, Bunzlauer Kr., ein *Dorf*, gehört zur Hrsch. Grafenstein.

Carmagnano, Lombardie, Prov. Como und Distr. III, Bellaggio; s. Lezzeno.

Carmedo, Illirien, Istrien, Mitterburg. Kr., ein *Dorf* im Bezirke Rovigno, zur Pfarre Valle gehörig, in der Diöcese Parenza Pola, 4 St. von Rovigno.

Carmegn, Lombardie, Prov. u. Distr. I, Belluno; siehe Sedico.

Carmelo, al Monte, Lombardie, Prov. Como und Distr. XXIII, Appiano; siehe Appiano.

Carmignano, Lombardie, Prov. Brescia und Distr. X, Iseo; siehe Iseo.

Carmignano, Lombardie, Prov. Bergamo und Distr. XVIII, Edolo; s. Vezza.

Carmignano, Venedig, Prov. Vicenza und Distr. II, Camisano, ein *Markt* und *Gemeinde* mit Vorstand, einer Pfarre S. Maria; einer Filial und 3 Oratorien, unweit vom Flusse Brenta,

-nächst S. Pietro Engù, 6½ Migl. von Camisano. Mit :
Camaztole, Ospitle dl Brtna, Gemcindetheile.

Carmignano, Venedig, Prov. Padova und Disr. IX, Este; sieie S. Urbano.

Carmignola, Venedig, Prov. Polesine und Distr. II, Lendinara; sieie Ramo di Palo.

Carna, Lombardie, Prov. Bergamo und Distr. V, Ponte S. Pietro; sieie Sotto il Monte.

Carnago, Lombardie, Prov. Como und Distr. XXII, Tradate, ein aufeiner Anlöie liegendes *Gemeindedorf* mit einer Pfarr-Präpositur S. Martino, Aushilfskirche und Kapelle, und einer Gemeinde-Deputation, 4 Migl. von Tradate. Hierzu gelören:
Borghetto, Garbonello superiore e inferiore, Gattanea superiore e inferiore, Solaro, Stribicino, Gemeindetheile. Lugabello, Migarda, Roncheti, La Valja, Villatiro, Dörter. Bregana, Salaszetta, Landhäuser.

Carnalez, Tirol, Botzner Kr., ein zur Ldgchts. Hrsch. Arsio gelör. *Dorf* mit 2½ St. von Cles, 9 St. von Trient.

Carnalez, Tirol, Trient. Kr., ein *Weiler* zur Gemeinde Brez im Ldgcht. Fondo.

Carnalta, Lombardie, Prov. Bergamo und Distr. II, Zogno; siehe S. Giovanni Bianco.

Carnate superiore, Lombardie, Prov. Milano und Distr. VIII, Vimercate; sieie Carnete.

Carnate, Lombardie, Prov. Milano und Distr. VIII, Vimercate; ein *Gemeindedorf* mit einer eigenen Pfarre SS. Carnellio e Cipriano, und Gemeinde-Deputation, an Lomagna, Ronco, Villa nuova grenzend, 1 St. von Vimercate. Dazu gelören:
Calchi, Fornari, Gianni, Landhäuser. Carnate super., Pastirano, Quasto auch Guasto. Meiereien.

Carnella, Lombardie, Prov. Como und Distr. XXI, Luino; sieie Luino.

Carnella di Sotti, Lombardie, Prov. und Distr. I, Bergamo ; sieie Scano.

Carnevala Resana, Lombardie, Prov. Mantova und Distrikt IX, Borgoforte; siehe Borgoforte (Romanero).

Carnevale, Lombardie, Provinz Mantova und Distr. IX, Borgoforte; sieie Borgoforte (S. Gattaldo).

Carniselli, Paderno di, Lombardie, Prov. Lodi e Crema und Distr. I, Lodi; siehe Bottedo.

Carnisio, Lombardie, Prov. Como u. Distr. XVI, Gavirate; siehe Cocquio.

Carnisio superiore, Lombardie, Prov. Como und Distr. XVI, Gavirate; siehe Trevissago.

Carnita, Cassina, Lombardie, Prov. Lodi e Crema und Distrikt IX, Crema; sieie Quintano.

Carnitza, Venedig, *Berg* bei Berlosniza.

Carnitza, Steiermark, Cil. Kr, ein *Berg*, südlici von Stattenierg, 3292 W. Klft. ürer dem Meere.

Carnizza, Illirien, Istrien, ein *Dorf* im Distr. Rovigno, Bzk. Dignano, Hauptort der Untergemeinde gleiclien Namens mit 115 Häus. und 660 Einwoinern, zur Pfarre Momorano, mit einer Expositur in der Diöces Parenzo Pola, Sanitäts-Deputation, Gefällswache, im Wb. Bzk. des Inf. Reg. Nr: 22, 4 St. von Dignano.

Carnomeda, Lombardie, Prov. Bergamo und Distr. VIII, Piazza; sieie Lenna.

Carnotta, Lombardie, Prov. Bergamo und Distrikt II, Zogno; sieie Bracca.

Carobbio, Lombardie, Prov. Bergamo und Distr. III, Trescorre, ein *Gemeindedorf* mit Vorstand und Pfarre S. Pankrazio, in einer kleinen Entfernung v. dem reissenden Cherio, 1 St. von Trescorre. Hieher gelören:
Monterchio, Tretolzto, kleine Gassen.

Carobbio, Lombardie, Prov. u. Distr. I, Cremona; sieie Due Miglia.

Carobbio, Lombardie, Prov. Lodi e Crema und Distr. III, S. Angiolo; siehe Valera.

Carobbio Tommasi e Duranti, Lombardie, Provinz Mantova und Distr. VIII, Marcaria; s. Castelluccio.

Cà Robiolo, Lombardie, Prov. und Distr. I, Mantova; sieie Curtatone.

Caroli Cassina, Lombardie, Prov. und Distr. I, Bergamo; sieie Stezzano.

Carolina, Lombardie, Prov. Milano und Distr. X, Milano; sieie Pescniera.

Carolinfeld, Böimen, Bunzlau. Kr., ein *Dorf*, gelört zur Hrsch. Reiclienierg, ¼ St. von Reichenberg.

Carolinthal, sonst Höllen — Böimen, Bunzlauer Kr., ein *Dorf* z. Hrsch. Friedland gelörig.

Carolopolis, Ungarn; siehe Károly-Fejérvár.

Carolofontium, Böimen, Cirudim. Kr., ein *Pfarrdorf* zur Hersci. Leutomiscil; sieie Nabsin.

Carolza, Lombardie, Prov. Como und Distr. V, S. Fedele; sieie Casasco.

Caromina, Lombardie, Prov. Como und Distr. XI, Lecco; sieie Castello.

Carona, Lombardie, Prov. Bergamo und Distr. VIII, Piazza, ein am liuken Arme des Brembo, naie iei Branzi, liegendes *Gemeindedorf* mit drei Pfarren S. Giovanni Battista, S. Rocco, S. Gottardo, Gemeinde-Deputation, 5 Eisen-Erzgruben, einem Scimelzofen und einer Säge, 2 St. von Piazza. Dazu gehören: *Carona interiore, Fiumenero, Pagliano, Porta, kleine Gassen.*

Carona, Siebenbürgen; sieie Brassó.

Carona, Lombardie, Prov. Sondrio (Prov. della Valtellina) und Distr. III, Tirano, ein in kleine Gemeindetheile getheiltes *Gemeindedorf* auf einem roien stets vom Nebel umgebenen Berge, mit Vorstand, Pfarre S. Onobono und 6 Mühlen, 18 Migl. von Sondrio.

Carona, Lombardie, Prov. Como und Distr. XI, Lecco; sieie Castello.

Carona inferiore, Lombardie, Prov. Bergamo und Distr. VIII, Piazza; sieie Carona.

Caroncina, Lombardie, Prov. Como und Distr. XI, Lecco; sieie Castello.

Caronno, Lombardie, Prov. Milano und Distr. IV, Saronno, eine *Gemeinde* und *Dorf* mit einer Pfarr-Kuratie S. Margarita, Aushilfskirche, einem Oratorio und männlichen Erziehungs-Collegio, v. Cassina Pertusella, Origgio, Lainate u. Saronno begrenzt, ⅓ St. v. Saronno. Dazu gehört: *Baniola, Schweizerei.*

Caronno Corbellaro, Lombardie, Prov. Como und Distr. XXII, Tradate, eine auf einer Anhöhe lieg. *Gemeinde-Ortschaft* und Filial der Pfarre S. Antonio zu Lozza, mit einer Gemeinde-Deputation, 5 Migl. von Tradate. Dazu gehört: *Cassina Colorina, kleines Landhaus.*

Caronno Ghiringhello, Lombardie, Prov. Como und Distr. XXII. Tradate, ein *Gemeindedorf*, mit Pfarre S. Vincenzo, einer Aushilfskirche und einer Gemeinde-Deputation, ober einer angenehmen Aniöie, dessen Terrain v. Flusse Arno bespült wird, mit einer Müile, Terolana genannt. 5 Migl. von Tradate. Hieher gehören: *Brughè, Brughera, Collo, Favorita, Fornace, Palano, Papa, Pianazzo, Ronco, Dörfer. — Massa, Mirasole, Stribiana superiore e inferiore, Tarabara, Terolara, Travajno, Zaja, Gemeindetheile.*

Carossa, Lombardie, Prov. und Distr. I, Mantova; sieie Curtatone.

Carossa, Lombardie, Prov. Mantova und Distr. IX, Borgoforte; s. Governolo.

Carossa, Lombardie, Prov. Cremona und Distr. V, Robecco; sieie Levata.

Carossa, Lombardie, Prov. Mantova und Distr. XVI, Sermide; s. Sermide.

Carossa, Lombardie, Prov. Bergamo und Distr. IV, Almeno S. Salvatore; s. Almeno S. Bartolomeo.

Cà Rossa, Lombardie, Prov. Cremona und Distr. VII¹, Casal Maggiore; sieie Rivarolo del Re.

Cà Rossa, Venedig, Prov. Venezia' und Distr. II, Mestre; sieie Mestre.

Cà Rossa, Lombardie, Prov. Cremona und Distr. VII, Casal Maggiore;' sieie Vicinanza.

Carot Del, Venedig, Prov. Friaul u. Distr. XV, Moggio; siehe Resiutta (Sega del Carot).

Carotta, Venedig, Prov. Mantova und Distr. XVII, Asola; s. Asola (Gazzoli).

Carotte, Venedig, Prov. Brescia und Distr. IV, Montechiari; s. Calcinato.

Carotte, Tirol. Trient. Kr., ein *Weiler*, zur Gemeinde Pedemonte, im Landgericite Levico gehörig.

Carotte, Lombardie, Prov. Brescia u. Distr. IV, Montechiari; sieie Visano.

Carotti, Lombardie, Prov. Brescia und Distr. IV, Montechiari; s. Visano.

Carotti Casa de', Lombardie, Prov. Mantova und Distr. VII, Cannote; sieie Cannote.

Carotto, Lombardie, Prov. Lodi e Crema und Distr. III, S. Angiolo; siehe S. Angiolo.

Caroze, Lombardie, Prov. Mantova und Distr. IV, Volta; sieie Volta.

Carpacco, Venedig, Prov. Friaul u. Distr. II, S. Daniele; siehe Dignano.

Carpana, Lombardie, Prov. u. Distr. XI, Milano; sieie Chiaravalle.

Carpana, Lombardie, Prov. und Distr I, Cremona; sieie Due Miglia.

Carpana, Lombardie, Prov. u. Distr. XI, Milano; sieie Nosedo.

Carpanè, Venedig, Prov. Padova und Distr. IV, Campo Sampiero; s. Loreggia.

Carpanè, Venedig, Prov. Vicenza und Distr. IV, Bassano; siehe Nazario.

Carpaneda, Lombardie, Prov. Cremona und Distr. V, Robecco, ein *Gemeindedorf*, mit Vorstand und Pfarre, S. Giovanni Battista, von dem Brescian. Gebirge und dem Flusse Oglio begrenzt, 2 St. von Cremona. Dazu gehören: *Ca del Ferro, Ca del Topo, Canavetta, Dosimo, Villasco, Schweizereien.*

Carpanedo, Venedig, Prov. Padova und Distr. X, Monselice; s. Monselice.

Carpenella, Lombardie, Prov. und Distr. I, Cremona; sieie Due Miglia.

Carpaneo, Venedig, Prov. Padova und) Distr. VIII, Montagnana; sieie Montaguana.

Carpanè Roaro, Venedig, Prov.' und Distr. I, Padova; sieie Vigonza.

Carpathen, circa 140 Meilen lang, theilen sici in die kleinen Carpathen bei Pressburg, in die Beskiden ander Grenze von Schlesien und Ungarn mit Waldungen, in die Central-Carpathen, worin die Liptauer - Alpen bis circa 6600 Fuss, das Fatra-Gebirg, circa 20 Meilen lang und über 8000 Fuss hoch, und in die Wald-Carpathen.

Carpedole, Lombardie, Prov. und Distr. I, Mantova; siehe Roncoferraro.

Carpeggiana, Lombardie, Provinz Mantova und Distr. XV, Revere; siehe Quistello (S. Giacomo).

Carpen, Venedig, Prov. Belluno und Distr. VII, Feltre; siehe Quero.

Carpene, Venedig, Prov. Belluno und Distr. VII, Feltre; siehe Padevene.

Carpene, Venedig, Prov. Treviso und Distr. VIII, Montebelluno; siehe Fossalunga.

Carpenedo, Venedig, Prov. Friaul und Distr. I, Udine; siehe Lessitza.

Carpenedo, Venedig, Prov. Venezia und Distr. II, Mestre; siehe Mestre.

Carpenedo, Venedig, Prov. u. Distr. I, Padova; siehe Abignasego.

Carpenedole, Lombardie, Provinz Brescia und Distr. IV, Montechiaro, ein nächst Montechiaro, an dem gegen W. vorbei fliessenden Chiosse und vom Lago di Salò 11 Migl. entfernt liegender *Gemeinde-Flecken*, mit einer eigenen Pfarre S. Giovanni Battista, 3 Aushilfs-Kirchen, 3 Santuarien, 4 Seiden-Fabriken und einer Gemeinde-Deputation, 5 Migl. v. Brescia. Hieher gehören: *Assi, Barone Dessenzani, Belcini, Bellini, Boselli, Callegari I. II, Calugari I. II, Casca, Cattanco, Ceni, Cornelli I. II, Descenzani Bertoldi, Fraterna Cattaneo, Moretti, Parrochiale, Zambelli, Zecchi, Meiereien. — Mulino di Mezzo, Mulino Nuovo, Mulino Piazza, Mulino Valpati, Mühlen.*

Carpeneto, Lombardie, Prov. Bergamo und Distr. XII, Romano; siehe Morengo.

Carpenzago, Lombardie, Prov. Pavia und Distr. VIII, Abbiategrasso; s. Robecco.

Carpesica, Venedig, Prov. Treviso und Distr. VI, Ceneda; siehe S. Giacomo di Veglia.

Carpesino, Lombardie, Prov. Como und Distr. XIV, Erba; siehe Arcellasco.

Carpi, Venedig, Prov. Verona und Distr. V, Legnago; siehe Villa Bartolomea.

Carpianello, Lombardie, Prov. Milano und Distr. XII, Melegnano, ein *Gemeindedorf* mit Vorstand, nach S. Martino zu Carpiano gepfarrt, am Lambro-Flusse, unweit Zivido, S. Giuliano und Bolgiano, 1 St. von Melegnano und 2 St. von Milano. Dazu gehören: *Cassinetta, Torchio dell' Olio, Schweizereien. — Mulino di Carpianello, Mühle.*

Carpianello, Mulino di, Lombardie, Prov. Milano und Distr. XII, Melegnano; siehe Carpianello.

Carpiano, Lombardie, Prov. Milano und Distr. XII, Melegnano, ein *Gemeindedorf*, mit einer eigenen Pfarre S. Martino, einem Oratorio und Gemeinde-Deputation, von Landrino, Pajrano und Pedriano begrenzt, 1¼ St. v. Melegnano und 2¼ St. von Milano. Einverleibt sind: *Brusata, Casetella, Cassina nuova, Cossorano, Cossorana, Fornasetta, Francolino, Longora, Majano, Muraglia, Pedegose, Pojago, Meiereien, — Castello di Carpina, Schloss, — Mulino di Carpiano, Mühle.*

Carpiano, Mulino di, Lombardie, Prov. Milano und Distr. XII, Melegnano; siehe Carpiano.

Carpiano, Castello di, Lombardie, Prov. Milano und Distr. XII, Melegnano; siehe Carpiano.

Carpignago, Lombardie, Prov. Pavia und Distr. II, Bereguardo, ein in einer kleinen Entfernung vom Naviglio di Pavia liegendes *Gemeindedorf*, mit Vorstand und Pfarre S. Giovanni Battista, 1½ St. von Pavia.

Carpignano, Lombardie, Prov. Pavia und Distr. III, Belgiojoso, eine 3 Stunden vom Flusse Po entfernte *Villa* und *Gemeinde* mit einer Pfarre Natività di Maria Vergine und Gemeinde-Deputation, 1½ St. von Pavia. Hieher gehören: *Cassina Borghetto, Cassine de' Negri, Colombara, Strazzago, Vetria, Villa Franca, Villa nuova, Meiereien, — Villa nuova de' Beretti, Dorf.*

Carpina, Lombardie, Prov. Pavia und Distr. I, Pavia; siehe Cassina de' Tolontini.

Carpini, Lombardie, Prov. u. Distr. I, Brescia; siehe Concasio.

Carpona, Karpona, Krupina, Karpfen — Ungarn, diesseits der Donau, Sohler Gespansch., Unt. Bzk., eine königl. freie *Stadt*, mit einem eigenen Magistrate, Pfarre und Kirche, Kollegium der PP. Piaristen, Grammatikal-Schulen und Bethause der A. C. in einer angenehmen Gegend, an dem Krupenicza Flusse bei Králócz, nahe an dem Nagy-Honth. Komitat, 2 Stunden von Schemnitz.

Carpone, Lombardie, Prov. Como u. Distr. II, Como; siehe Brecchia.

Carpusseno, Lombardie, Prov. Como und Distr. II, Como; siehe Masliahico.

Carrara S. Giorgio, Venedig, Prov. Pavia und Distr. VII, Battaglia, ein *Gemeindedorf*, mit Vorstand und Pfarre S. Giorgio, 4 Oratorien und

45

6 Mäilen , liegt naie bei Battaglia am Brenta-Flusse , 2 Migl. von Battaglia. Mit :
Mebbavia, S. Pelòggio, Gaaen, — Pontemancò, Terraduria, Dörfer.

Carrara ; Lombardie, , Provinz Brescia und Distr. III, Bagnolo; siehe Longhena.

Carrara S. Stefano, Venedig, Pr. Padova und Distr. VII, Battaglia; ein von dem Eugan. Gebirge und dem Canal Chioggia begrenztes *Gemeindedorf* und alte Residenz der Fürsten von Carrara; mit Vorstand und Pfarre S. Stefano und einem Oratorio, nächst Carrara S. Giorgio, 2 Migl. von Battaglia. Mit:
Corneglliana, Dorf. — Figaròlt, Pract dt Salètto, Gaaea.

Carraria, Venedig, Prov. Friaul und Distr. XII, Cividale; siehe Cividale.

Carravagi, Corradino, Lombardie, Prov. Mantova und Distr. XVII, Asola; siehe Asola.

Carrazzai, Venedig, Provinz Belluno und Distr. VII, Feltre; siehe S Giorgio.

Carre, Venedig, Prov. Vicenza und Distr. VII, Tiene; ein *Gemeindedorf* mit Vorstand, Pfarre S. Maria in Carré und 4 Oratorien, unweit Lugo, ¼ St. von Tiene. Mit:
Ghiuppano, Dorf.

Carreggio, Lombardie; Prov. Lodi e Crema und Distr. VI, Codogno ; siehe Somaglia.

Carro , Castel, Venedig, Prov. Padova und Distr. VI, Teolo ; siehe Teolo (Villa del Bosco, Castel Carró).

Carro , Fenil del, Lombardie, Prov. und Distr. I, Brescia; siehe Castenedolo.

Carrobbio, Lombardie, Prov. Mantova und Distr. XV, Revere; siehe Mulo.

Carrobbio, Lombardie; Prov. Mantova und Distr. XV. Revere; siehe Quistello.

Carrobbio, Lombardie; Prov. Mantova und Distrikt XV; Revere; siehe Schievenoglia.

Carrobbio, Lombardie; Prov. Mantova und Distr. XIV, Gonzaga; siehe Rolo.

Carrobbiolo, Lombardie; Provinz Mantova und Distr. XIII; Suzzara; s. Suzzara.

Carrossa, Lombardie, Prov. Mantova und Distr. XV, Revere; siehe Mulo.

Carrossa, Lombardie, Prov. Mantova und Distr. XV, Revere; siehe Quistello.

Carsaniga, insgemein Cazzaniga, Carzaniga. — Lombardie, Prov. Como und Distrikt XXIV, Brivio, Landhaus der Gemeinde Sabbioncello mit Postamt ; siehe Sabbioncello.

Carsenano, Illirien, Istrien, Mitterb. Kr., ein *Dorf* im Bezirke Capod'istria, zur Pfarre Ospo gehörig, im Wb. Bzk. des Infanterie Reg. Nr. 22, 2¼ St. von Triest.

Carsette, Illirien, Istrien, Mitterb. Kr., ein *Dorf* im Distrikte Capodistria, Bezirke Buje, Hauptort der Untergemeinde gleichen Namens mit 26 Häus., 190 Einwohnern, einer Curatie, in der Diöces Triest Capodistria, 5 St. von Capodistria.

Carso, Illirien, Istrien, eine *Berghöhe* auf der Punta di Salvore, 67 Klftr. über dem Meere.

Cart, Venedig, Prov. Belluno u. Distr. VII, Feltre ; siehe Zermen.

Cartabia, Lombardie, Prov. Como u. Distr. XVII, Varese, siehe Varese.

Cartare, Tirol, Trient. Kr., ein zum Landgcht. Reiff geh. *Landhaus* mit einer Papierfabrik und einigen dazu gehörigen Häusern, an dem Wildbach nächst Albola; 9¼ St. von Trient.

Cartaus, Böhmen, Kaurz. Kr. ; ein *Dorf* zum Gute Chwalla; siehe Kartaus.

Carte, Lombardie; Prov. Brescia und uud Distr. VI, Cardone ; siehe Lumezzane S. Appollonia.

Cartella, Lombardie; Prov. Brescia und Distr. III, Bagnolo ; siehe Ghedi.

Cartello; Lombardie, Prov. u. Distr. VII, Caprino; siehe Rossino.

Cartera, Venedig, Prov. Treviso u. Distr. V, Serravalle; siehe Follina.

Cartera , La, Venedig, Prov. Friaul und Distr. XV, Moggio di sotto.

Cartesi, Lombardie, Prov. Bergamo und Distr. X, Treviglio; siehe Treviglio.

Cartiera, Lombardie, Prov. Como u. Distr. XVII, Varese; siehe Varese (eigentlich Biumo inferiore).

Cartigliano, Venedig, Prov. Vicenza und Distr. IV, Bassano, ein in der Erene liegendes, vom Flusse Brenta begrenztes *Gemeindedorf* mit Vorstand, Pfarre SS. Simeone e Giuda und 3 Privat-Oratorien, 1½ St. von Bassano.

Cartina, Lombardie, Prov. Bergamo und Distr. X, Treviglio; siehe Brignano.

Cartinauza, Illirien, Friaul. Görz. Kr., eine zur Hrsch. Ober Reifenberg geh. *Ortschaft*, 1½ St. von Wipbacb.

Cartirago, Venedig, Prov. Polesine und Distr. I, Rovigo ; siehe Cereguana,

Cartitsch, Kartitsch, Cercenato .— Tirol, Pusterthal. Kr., eine zum Ldgcht. Hrsch. Heimfels geh. *Gemeinde* u. *Thal*, welches meire Gemeinden und Höfe in sich begreift, mit einer Kircie, grenzt an Venedig, 2. St. von Sillian.

Cartitsch-Thal, Tirol, am rechten Ufer der Drau bei Silian, im Pusterthaler Kreis.

Cartolle, Dalmatien, Cattaro Kr. und Distr., ein unter die Prätur Cattaro gehöriges *Dorf*, auf einem Berge, von Feldern umgeien, welcie den Landleuten iiren Unterhalt verschaffen, 10 Migl. von Cattaro.

Cartura, Venedig, Prov. Padova u. Distr. XI, Conselve, ein naie bei Maseralino (Distr. VII, Battaglia), unweit vom Graben Paltana entfernt liegendes *Gemeindedorf*, mit Vorstand und Pfarre S. Maria, 3 Migl. von Conselve. Hieher geiören :
Bosco di Cartura, Gazzetto, Gazzo, Motta di Cartura, Motta di Permunta, Gassen, — Cagnola, Gorgo, Dorf.

Cartura, Bosco di, Venedig, Pr. Padova und Distr. XI, Conselve; sieie Cartura (Bosco di Cartura).

Cartura, Motta di, Venedig, Pr. Padova und Distr. XI, Conselve; sieie Cartura (Motta di Cartura).

Carturetto, Venedig, Prov. Padova und Distr. V, Piazzola; sieie Piazzola.

Carturo, Isola di, Venedig, Prov. Padova und Distr. V, Piazzola; sieie Piazzola (Isola di Carturo).

Carturo di sopra, Venedig, Prov. Padova und Distr. V, Piazzola; sieie Piazzola.

Carturo di sotto, Venedig, Prov. Padova und Distr. V, Piazzola; sieie Piazzola.

Ca Ruberto, Lombardie, Prov. Cremona und Distr. VII, Casal Maggiore, ein *Gemeindedorf*, mit Vorstand und eigener Pfarre S. Maria, 7 Migl. v. Piadena. Hieher gehört:
Cassina del Bò, Landhaus.

Carubbio, Venedig, Prov. Padova und Distr. X, Monselice; sieie Monselice.

Caruga, Lombardie, Prov. Milano und Distr. VI, Monza; siehe Muggio.

Carugate, Brambilla del, Lombardie, Prov. Milano und Distr. IX, Gorgonzola; siehe Masate.

Carugate, Lombardie, Prov. Milano und Distr. VIII, Vimercate, ein *Gemeindedorf*, mit Vorstand und eigener Pfarre S. Andrea, dann 2 Oratorien, von den Gemeinden Agrate, Caponago, Pessano und Cernasco umgeben, 1¼ St. von Vimercate. Hieher gehört:
Agrati, Barone, Giulini, Martelli, Tivelli, Landhäuser, — Calderara, Casinello, Gallenzza, Ghisane, Graziosa, Jedeline, Mirabello, Valera, Meiereien.

Carugo, Lombardie, Prov. Como und Distr. XXVI, Mariano, ein *Gemeindedorf*, mit Vorstand und Pfarre S. Bartolomeo, südlich am Rücken eines Hügels, 4 Migl. von Cantù. Hierher gehören:
Guardo, Incasate, S. Isidore, Meiereien.

Carugo, Bratte di, Lombardie, Prov. Sondrio (Valtellina) und Distr. II, di Ponte; sieie Ponte.

Carvanno, Lombardie, Prov. Brescia und Distr. XIV, Salo; sieie Degagna.

Carve, Venedig, Prov. Belluno und Distr. VIII, Mel; sieie Mel.

Carvici, Ai, Lombardie, Prov. Bergamo und Distr. V, Ponte S. Pietro; sieie Terno.

Carvico, Lombardie, Prov. Bergamo und Distr. V, Ponte S. Pietro, ein *Gemeindedorf*, wovon sici ein Theil am Fusse, der andere am Abhange des Berges Canto befindet, in einer kleinen Entfernung vom Flusse Adda, mit einer Gemeinde-Deputation, eigenen Pfarre S. Martino und 4 Kapellen, 2 Ziegel- und Kalk-Oefen, 2½ St. von Ponte S. Pietro. Hieier geiören :
Camunetta, Farnacetta, Ronchi, Meiereien, — Careggio, Schweizerei, — Foppa, Pradazzi, kleine Gassen, — Mulini de Carvico, Mühle.

Carynskie bei **Nasiczne**, Galizien, Sanok. Kr., ein *Dorf*, zur Pfarre Carynskie und Ortsobrigkeit Smolnik geiörig.

Carzago I. II., Lombardie, Prov. und Distr. I, Mantova; sieie Porto.

Carzago, Lombardie, Prov. Brescia und Distr. V, Lonato, ein *Gemeindedorf*, mit einem Scilosse, einer Pfarre S. Lorenzo, 5 Oratorien und Gemeinde-Deputation, 6 Migl. v. Lonato. Mit :
Arzago, Villa, — Bottengo, Ficco, Loyaria, Meiereien.

Carzago, Lombardie, Prov. Cremona und Distr. VIII, Piadena; sieie Castel Franco.

Carzaniga, Lombardie; s. Carsaniga.

Carzanigo, Lombardie, Prov. Como und Distr. III, Bellaggio; siehe Nesso.

Carzano, Lombardie, Prov. Bergamo und Distr. VII, Caprino; s. Corte.

Carzano, Tirol, Trienter Kr., ein zum Ldgcht. Castel alto geh. *Dorf*, am Maso Bache, 1 St. von Borgo.

Carzedole, Lombardie, Prov. und Distr. I, Mantova; sieie Roncoferraro·

Carzin, Tirol, Trient. Kr., ein in dem Sulzthale liegendes der Gemeinde Malè geh., von da t St. entferntes *Dorf*, 14 St. von Trient.

45 *

Carzolina, Lombardie, Prov. Como und Distr. IV, Menaggio; sieie Griante.

Carzolino con Genigola, Lombardie, Prov. Como und Distr. III, Bellaggio; sieie Lezzano. .

Casa al Dazio, Lombardie, Prov. und Distr. I, Milano; sieie Corpi S. di Porta Vercellina. ' ,

Casa Alta, Lombardie, Prov. Como und Distr. XIV, Erba; sieie Lurago.

Casa Alta, Lombardie, Prov. Milano und Distr. VII, Verano; sieie Monte.

Casa Alta, Lombardie, Prov. und Distr. I, Bergamo; sieie Seriate.

Casa Archinti, Lombardie, Prov. Milano und Distr. IX, Gorgonzola; s. Vaprio.

Casa Arcivescovile, Lombardie, Prov. Milano und Distr. IX, Gorgonzola; siehe Gropello.

Casa Bassa, Lombardie, Prov. Como und Distr. XIV, Erba; sieie Lurago.

Casa Bella, Lombardie, Prov. Milano und Distr. VIII, Vimercate; siehe Camparada.

Casa Bertinoti, Lombardie, Prov. und Distrikt I, Mantova; sieie Roncoferraro.

Casa Bianca, Lombardie, Provinz Lodi e Crema und Distr. IX, Crema; sieie Campisico.

Casa Blondel, Lombardie, Prov. und Distr. II, Milano; sieie Baggio.

Casa Bona Villa, Lombardie, Provinz Milano und Distr. III, Bollate; s. Pinzano.

Casa Bonturelli, Lombardie, Prov. Brescia und Distr. V, Lonato; sieie Pozzolengo.

Casa Boppio, Lombardie, Provinz Milano und Distr. III, Bollate; sieie Musocco.

Casa Bozzi, Lombardie, Prov. Mantova und Distr. IX, Borgoforte; sieie Borgoforte (S. Nicolò).

Casa Brambilla, Lombardie, Prov. Milano und Distr. IX, Gorgonzola; s. Inzago.

Casa Brassa, Lombardie, Provinz Milano und Distr. III, Bollate; sieie Bollate.

Casa Bianca, Venedig, Prov. Friaul und Distr. VIII, S. Vito; sieie S. Vito.

Casa Bianca, Illirien, Friaul, Gradiskaner Kr., ein z. zerstr. Gerichtsbark. Ajello geh. *Meierhof* näcist dem Dorfe Ajello, ⅓ St. von Nogaredo.

Casa Brucciata, Lombardie, Prov. Mantova und Distr. IX, Borgoforte; sieie Borgoforte (S. Gattaldo).

Casa Brucciata, Lombardie, Prov. Milano und Distr. VI, Monza; s. Monza.

Casa Brusata, Lombardie, Provinz Pavia und Distr. IV, Corte Olona; siehe Zorbo.

Casa Busca, Lombardie, Prov. Milano und Distr. IX, Gorgonzola; siehe Gorgonzola.

Casa Campiglio, Lombardie, Prov. und Distr. II, Milano; siehe Cornico.

Casa Castelbarco, Lombardie, Prov. Milano und Distr. IX, Gorgonzola; sieie Vaprio.

Casa Castiglioni, Lombardie, Prov. Milano und Distr. IX, Gargonzola; siehe Pessano.

Casa Castol di, Lombardie, Prov. Milano und Distr. IX, Gorgonzola; siehe Cernusco.

Casa Cavalcabo, Lombardie, Prov. Cremona u. Distr. VII, Casal Maggiore; sieie Spineda.

Casa Crivelli, Lombardie, Provinz Milano und Distr. IX, Gorgonzola; siehe Trezzo.

Casa Crusca, Lombardie, Prov. Como und Distr. VIII, Gravedona; s. Sorico.

Casa d' Adda, Lombardie, Prov. Milano, Distr. IX, Gorgonzola; s. Cassano.

Casa d' Arcene, Lombardie, Prov. Bergamo u. Distr. XIII, Verdello; sieie Arcene.

Casacorba, Venedig, Prov. Treviso und Distr. X, Castelfranco; s. Albaredo.

Casada, Venedig, Prov. Belluno und Distr. IV, Arronzo; sieie Comelico inferiore.

Casa d' Asse, Lombardie, Prov. Pavia und Distr. VIII, Abbiategrasso; sieie Abbiategrasso.

Casa de' Cani, Lombardie, Prov. und Distr. I, Milano; siehe Corpi S. di Porta Orientale.

Casa de' Dio, Lombardie, Provinz Brescia und Distr. II, Ospitaletto; siehe Comezzano.

Casa degli Altini, Lombardie, Prov. Pavia und Distr. IV, Corte Olona; siehe Zerbo.

Casa de' Grilli, S. Pietro — Lombardie, Prov. Como und Distr. XIX, Arcisate; siehe Induno.

Casa de' Ladri, insgemein Ragazzi — Lombardie, Prov. und Distr. I, Milano; sieie Precotto.

Casa del Chiare, Lombardie, Prov. Como und Distr. XII, Oggiono; sieh Oggiono.

Ca del Christo, Lombardie, Prov. und Distr. I, Mantova; s. Quattro Ville.

Ca del Galletto, Lombardie, Prov. Como und Distr. XIX, Arcisate; sieh Induno.

Ca della Croce, Lombardie, Prov. und Distr. X, Milano; siehe Lambrate.

Casa de Camerin, Venedig, Prov. Friaul und Distr. III, Spilimbergo; siehe Spilimbergo (Tauriano).

Casa del Castelletto, Venedig, Prov. Friaul und Distr. III, Spilimbergo; siehe Spilimbergo (Gradiska).

Casa dell'Amore. Lombardie, Prov. Milano und Distr. VIII, Vimercate; s. Ronco.

Casa della Polenta, Lombardie, Prov. Mantova und Distrikt IX, Borgoforte; siehe Governolo.

Casa del Follo, Venedig, Provinz Friaul und Distr. III, Spilimbergo; siehe Spilimbergo (Gradiska).

Casa del Gambino, Venedig, Prov. Friaul und Distr. III, Spilimbergo; siehe Spilimbergo (Cajo).

Casa del Sesto, Lombardie, Provinz Milano; siehe Corpi S. di Porta Ticinese.

Casa del Vento, Lombardie, Prov. und Distr. I, Mantova; siehe Curtatone.

Casa de' Manoni, Lombardie, Prov. Mantova und Distr. XI, Sabbionetta; s. Comessaggio.

Casa de Marcotti, Lombardie, Prov. Mantova und Distr. X, Bozzolo; siehe S. Martino dell'Argine.

Casadeo, Lombardie, Prov. Pavia und Distr. VII, Landriano; siehe Bascapè.

Casa de' Pami, Lombardie, Prov. und Distr. I, Milano; siehe Seguano.

Casa de' Passeri, Lombardie, Prov. Mantova und Distr. X, Bozzolo; siehe S. Martino dell'Argine.

Casa de Pomi, I. II. III., Lombardie, Prov. und Distr. I, Milano; siehe Seguano.

Casa de' Torrati, Lombardie, Prov. Sondrio (Valtellina) und Distrikt VII, Chiavenna; siehe Villa di Chiavenna.

Casa di Barri, Lombardie, Provinz Sondrio (Valtellina) und Distr. IV, Morbegno; siehe Talamona.

Casa di Bidisio, Lombardie, Prov. Como und Distr. XIX, Arcisate; siehe Induno.

Casa di Bosco, Lombardie, Prov. Como und Distr. XIX, Arcisate; siehe Induno.

Casa di della Camera e Mulino, Lombardie, Prov. Milano und Distr. XIV, Cuggione; siehe Tornavento.

Casa della Valle, Lombardie, Prov. Mantova u. Distr. XVI, Sermide; siehe Carbonara (Carbonarola).

Casa dell'Assa. Lombardie, Prov. Como und Distr. XVII, Varese; siehe Capo di Lago,

Casa dell'Ora, Lombardie, Prov. Mantova und Distr. V, Castiglione delle Stiviere; siehe Cavriana.

Casa dell'Ora, Lombardie, Prov. und Distr. I, Mantova; siehe Quattro Ville.

Casa del Monte, Lombardie, Prov. Como und Distr. XIX, Arcisate; siehe Porta.

Casa del Morino, Lombardie, Prov. Mantova und Distr. V, Castiglione delle Stiviere; siehe Medole.

Casa del Moro, Lombardie, Prov. und Distr. I, Mantova; siehe Quattro Ville.

Casa del Oggia, Lombardie, Prov. Como und Distr. XII, Oggiono; siehe Valmadrena.

Casa del Lora, Lombardie, Prov. Brescia und Distr. VI, Gardone; siehe Lumezzane S. Apollonio.

Casa del Papa, Lombardie, Prov. und Distr. I, Mantova; siehe Curtatino.

Casa del Papa, Lombardie, Prov. und Distr. I, Mantova; siehe Quattro Ville.

Casa del Pepe, Lombardie, Prov. Pavia und Distr. IV, Corte Olona; s. Zerbo.

Casa del Riso, Lombardie, Prov. Pavia und Distr IV, Corte Olona; s. Monticelli.

Casadico, Lombardie, Prov. Pavia u. Distr. II, Bereguardo, ein 6 Migl. vom Flusse Ticino entlegenes *Gemeindedorf* mit Pfarre S. Andrea und Gemeinde-Deputation, 1½ St. von Pavia.

Casa di Pero, Lombardie, Provinz. Como und Distr. XIX, Arcisate; siehe Induno.

Casa di Raina, Lombardie, Prov. Sondrio (Valtelina) und Distr. II, di Ponte; siehe Chiuro.

Casa di Sala, Lombardie, Provinz Como und Distr. XII, Oggiono; siehe Sala.

Casa di Sarzi, Lombardie, Provinz Mantova und Distr. XI, Sabbionetta; siehe Commesaggio.

Casa di Settala, Lombardie, Prov. und Distr. X, Milano; siehe Settala (Comune).

Casa Dogana, Lombardie, Provinz Bergamo und Distr. XIII, Verdello; s. Ciserano.

Casa di Ronco, Venedig, Provinz Friaul und Distr. III, Spilimbergo; s. Spilimbergo (Gradisca).

Casafame, Lombardie, Prov. Milano und Distr. VIII, Vimercate; siehe Bernareggio.

Casa Farmi, eiedem Monastero dei Padri Olivetani, Casa Nuova oder auci Casa Bloudel genaunt — Lombardie, Prov. und Distr. II, Milano; s. Baggio.

Casa Franchetti, Lombardie, Prov. Milano und Distr. IX, Gorgonzola; s. Iuzago.

Casa Galimberti, Lombardie, Prov. Milauo und Distr. IX, Gorgonzola; s. Trezzo.

Casa Giulini Molinetto di, Lombardie, Prov. Milano und Distr. VIII, Vimercate; siehe Arcore.

Casaglio, Lombardie, Prov. Brescia und Distr. II, Ospitaletto; s. Toriole.

Casa Greppi, Lombardie, Proviuz Milano und Distr. IX, Gorgonzola; s. Cernusco.

Casalaldo, Lombardie, Prov. Brescia und Distr. V, Lonate; sieie Pozolengo.

Casal Bellotto, Lombardie, Prov. Cremona u. Distr. VII, Casal Maggiore, ein aus nacisteiendeu Bestandtheilen iesteiendes *Gemeindedorf*, vom Munizipal-Magistrate der Stadt Casal Maggiore administrirt, mit einer Pfarrkirche Natività della B. Verg. und einem Oratorio, 4 Migl. von Casal Maggiore. Dazu gehören:
Ca de Ganda, Araldi, Beccari, Binetti, Busi, Chiozzi, Gonnari, Mocchetti, Molassi, Fentura, Piannni, Pizzal Prati, Quartiere Villa, Vajni, Vajni Somaglia, Castel Furano, Corte Oentimani, Oratorio della Valle, Häuser mit häse-Meierei.

Casal Buttano, Lombardie, Prov. Cremona und Distr. V, Robbecco, ein von dem Bresciau. Geirge und Flusse Oglio begreuztes *Gemeindedorf* mit einer eigeuen Pfarre S. Giorgio und 4 Oratorien, königl. Prätur, Gend'armerie-Posten und Gemeinde-Deputation, 2½ St. von Cremona. Postamt mit:
Boifalora, Boschetto, Cascila Sonsigni, Fenile dell Palazzolo, Fenile del Bonco, Palazzo del Bobbio, Palazzolo, Porticato, einzelne Meiereien.

Casal Cermesan, Venedig, Prov. und Distr. I, Treviso; sieie Casale.

Casal Chiesa, Veuedig, Prov. uud Distr. I, Treviso; siehe Casale.

Casal di Ser' Ugo, Veliedig, Prov. uud Distr. I, Padova, ein am Canal Roncajette liegendes, vom Eugan. Geirge iegreuztes *Gemeindedorf* mit Vorstaud und Pfarre S. Martiuo, 2 St. von Padova. Hierzu gehören:
Cà del Bosco, Cà Ferraute, Casal Oltra Fosse, Tre Case, Gemeindetheile. — Cà Licini, Rialto Bonvechiato, Rialtu Pallasto, Và Castellan, I, II, Besitzungen. — Ronchi di Casale, Landhaus.

Casal di sopra e di sotto, Venedig, Prov. Friaul und Distr. X, Latisana; siehe Riviguano.

Casal di Tau, Veuedig, Prov. Venezia uud Distr. VIII, Portogruaro; sieie Porto Gruaro (Casal di Tau).

Casale, mit den Dörferu Bernate uud Inarzo — Lombardie; Prov. Milano u. Distr. XVI, Soma, eine *Gemeinde* mit 2 Pfarren S. Biggio und SS. Pietro e Paolo, 2 Aushilfskirchen und Gemeinde-Deputation, von den Gemeinden Mornago und S. Pancrazio begrenzt, 2 St. von Sesto Calende und 2 St. von Soma, Hierzu gehören:
Bernate, Inarzo, Dörfer, — Palazzo Litta, Landhaus. — Tordera, Meierei.

Casale, Lombardie, Prov. Lodi e Crema und Distr. IX, Crema, ein kleines *Gemeindedörfchen* mit Vorstaud und Pfarre S. Stefano und einer Kapelle, wenige Schritte vom Flusse Serio eutlegen, auf der Strasse, welcie vou Crema üier Milano nach Brescia füirt. 6 Migl. von Crema. Hierzu gehören:
Cassina del Cimitero, Cassina Crocetta, Cassina Gavasso, Cassina Piazzola, Cassina Zorlesca, Meiereien.

Casale, Venedig, Prov. Padova und Distrikt VIII, Montaguapa, eine von S. Vitale, Uriana und Merlaro begreuzte *Gemeinde-Ortschaft* mit einer eigeseu Pfarre S. Maria und 2 Oratorieu, 3 Migl. v. Montagnana. Hierzu geiören:
Boschetti, Colta di Casale Posia, Landhäuser.

Casale, Lombardie, Prov. Milauo und Distr. IX, Gorgonzola; sieie Cassina de' Peccii.

Casale, Lombardie, Prov. Mantova uud Distr. III, Roverbella; siehe Castel Belforte.

Casale, Lombardie, Prov. Como und Distr. XVIII, Cuvio; sieie Casal Zuigno.

Casale, Lombardie, Prov. Bergamo und Distr. XIII, Verdello; sieie Cologno.

Casale, Lombardie, Prov. Bergamo u. Distr. XII, Romano; sieie Isso.

Casale, Lombardie, Prov. und Distr. I, Mantova; siehe Quattro Ville.

Casale, Lombardie, Prov. Como und Distr. IV, Menaggio; siehe Menaggio.

Casale, Lombardie, Prov. Bergamo und Distr. VII, Caprino; siehe S. Antonio.

Casale, Lombardie, Prov. Cremona und Distr. IV, Pizzighettone; siehe S. Gervaso.

Casale, Lombardie, Prov. Mantova und Distr. X, Bozzollo; sieie S. Martino dell' Argine.

Casale, I. II. III., Lombardie, Prov. und Distr. I, Mautova; siehe Roncoferaro.

Casale, Venedig, Proviuz und Distr. I, Treviso, ein von dem Sil-Flusse und den Dörferu Conscio und Luviguano begreuztes *Gemeindedorf* mit Vorstand und Pfarre S. Maria Assunta

und 5 Oratorien , 2¼ St. von Treviso.
Dazu gehören :
Canton di Belveder, Casal Cormesan, Casal Chiesa, Favero, Masiero , Quarto, Rivalta, Sronzon, Serve , Schiavonia, Torre, Gemeindetheile. — Conerio, Luvignano, Landhäuser.

Casale, Venedig, Prov. und Distr. I, Verona; siehe Grazzana.

Casale, Venedig, Prov. und Munizipal-Bezirk Vicenza; siehe Vicenza.

Casale Calle di, Venedig, Prov. Padova und Distr. VIII, Montagnana; siehe Casale (Calle di Casale).

Casale di S. Giovanni, Venedig, Prov. Friaul und Distr. II, S. Daniele; siehe Fagagna.

Casale nova Olanda, Venedig, Prov. Friaul und Distr. II, S. Daniele; siehe Fagagna.

Casa Lecchi, Lombardie, Prov. Milano und Distr. IX, Gorgonzola; siehe Inzago.

Casaleone, Venedig, Prov. Verona u. Distr. IV, Sanguinetto, ein am Flosse Tregnon, zwischen Sustinenza und Sanguinetto liegendes, vom Flusse Menago begrenztes *Gemeindedorf*, mit Vorstand, Pfarre S. Biaggio und 2 Oratorien, dann einer Mühle, 3 Migl. von Legnago (Distr. V). Mit:
Bonsanini, Borghesana, Lavorenti Canossa , Lavorenti Loredan, Prè 'Novi , Sustinenza, Dörfer.

Casale Pozzo, Lombardie, Prov. u. Distr. I, Mantova; siehe Curtatone.

Casale Ponte, Venedig, Prov. Padova und Distr. XI, Conselve; siehe Ponte Casale.

Casale Ronchi di, Venedig, Prov. und Distr. I, Padova; siehe Casal di Ser' Ugo (Ronchi di Casale).

Casalette, Lombardie, Prov. Lodi e Crema und Distr. VII, Paudino; siehe Crespiatica.

Casaletto, Lombardie, Prov. u. Distr. I, Mantova; siehe S. Giorgio.

Casaletto, Lombardie, Prov. u. Distr. I, Mantova; siehe Roncoferraro.

Casaletto, Lombardie, Prov. Mantova und Distr. XV, Revere; s. Mulo.

Casaletto, Lombardie, Prov. Mantova und Distr. XII, Viadana; siehe Viadana.

Casaletta, Lombardie, Prov. Lodi e Crema und Distr. I, Lodi, ein *Gemeindedorf* mit Vorstand, Pfarre S. Giorgio und Käsemacherei, 7 Migl. und 2 St. von Lodi. Mit:
Moncacia, Gemeindetheil.

Casaletto Ceredana, Lombardie, Prov. Lodi e Crema und Distr. VIII, Crema, ein *Gemeindedorf* mit Vorstand, eigener Pfarre S. Pietro Mart., einem Oratorio, eigener Mühle, Oehlpresse u. 2 Reis-Stampfen, unweit vom Flusse

Adda mit Cereto und Cavenago grenzend, 5 Migl. von Crema. Hierer gehören :
Cà de Vagni, Polla, Gerre, Mirabello, Passarera Curta, Schweizereien.

Casaletto di sopra, Lombardie, Prov. Cremona und Distr. II, Soncino, ein *Gemeindedorf*, mit Vorstand und Pfarre SS. Quirico e Giulita, 2½ St. von Soncino. Dazu gehören:
Boccovito , Cassinette, Majereien.

Casaletto Nadalino, Lombardie, Cremona und Distr. VI, Pieve d' Olmi ; siehe Longardore.

Casaletto Vaprio, Lombardie, Provinz Lodi e Crema und Distr. IX, Crema , ein kleine *Gemeinde - Ortschaft*; (Villa) längs dem Wege, welcher auf die Strasse v. Milano nach Brescia führt, mit einer Gemeinde-Deputation, Pfarre S. Stefano, einer Kapelle, Mühle, 2 Reis-Stampfen und einer Oelpresse, nächst dem Sumpfe Moso, 4 Migl. von Crema. Mit:
Bondenta, Cicoria, Colombara , Schweizereien.

Casal Favero, Venedig, Prov. und Distr. I, Treviso; siehe Casale.

Casali Bosco, Lombardie, Prov. Mantova und Distr. VIII, Marcaria; s. Castelluccio.

Casali Chiarandis, Venedig, Pr. Friaul und Distr. II, S. Daniele ; siehe Fagagna.

Casali Cormor, Venedig, Provinz Friaul und Distr. I, Udine; siehe Udine (Corpi Santi di Porta Aquileja).

Casali de Lini, Venedig, Provinz Friaul und Distr. II, S. Daniele ; siehe Fagagna.

Casali di Madrisio, Venedig, Pr. Friaul und Distr. II, S. Daniele; siehe Fagagna.

Casali di Montefochia, Venedig, Prov. Friaul und Distr. XIII, S. Pietro; siehe Tarcetta.

Casalina, Lombardie , Prov. Pavia und Distr. VIII, Abbiategrasso; siehe Abbiategrasso.

Casalina, Lombardie, Prov. Pavia und Distr. VIII, Abbiategrasso; siehe Corvetta.

Casalino, Lombardie, Prov. Milano und Distr. IX, Gorgonzola; siehe Cassina de' Pecci.

Casalino, Tirol, Trient. Kreis, ein *Dorf*, z. Gemeinde Vigalzano im Ldgcht. Pergine gehörig.

Casali Ponte, Venedig, Provinz Venezia und Distr. VIII, Porto Gruaro; siehe Concordia di qua (Ponte Casali).

Casali Rizzi, Venedig, Prov. Pavia und Distr. I, Udine; siehe Udine (Corpi Santi d' Udine di Porta Aquileja).

Casali S. Gottardo, Venedig, Pr. Friaul und Distr. I, Udine; siehe Udine (Corpi Santi d' Udine di Porta Gemona.)

Casali S. Lazzaro, Venedig, Prov. Friaul und Distr. I, Udine; siehe Udine (Corpi Santi d' Udine di Porta Aquileja).

Casa S. Osvaldo, Venedig, Prov. Friaul und Distr. I, Udine; siehe Udine (Corpi Santi di Porta Aquileja).

Casa S. Rocco, Venedig, Provinz Friaul und Distr. I, Udine; siehe Udine (Corpi Santi d' Udine di Porta Cremona.)

Casallotta, Lombardie, Prov. Pavia und Distr. VIII, Abbiategrasso; siehe Abbiategrasso.

Casallottella, Lombardie, Prov. Pavia und Distr. VIII, Abbiategrasso; s. Abbiategrasse.

Casamaggiore, Lombardie, Prov. Cremona, ein *Distrikt*, enthält folgende Gemeinden: Casalmaggiore con vicinanze di Casalmaggiore, Augojolo, Brugnolo, Caminata, Cappella e Gambalone, Casal Bellotto, Fossa Caprara, Quattro Case, Rivarolo del Re, Roncadello Staffolo, Vico Belignano, Vico Bonghisio, Vico Moscano e Villa Nuova. — Caruberto con S. Faustiuo. — Castel Ponzone. — Gussola con Bellena e Caprile. — Martignana. — S. Lorenzo Aroldo con Cornale. — S. Martino del Lago. — Scandolara Ravara. — Solarolo Rainerio. — Spineda. — Torricella del Pizzo con Torricella ex-Parmigiano. —

Casal Maggiore, Lombardie, Prov. Cremona und Distr. VII, Casal Maggiore, eine königl. *Stadt*, wovon der VII. Distrikt dieser Provinz den Namen hat, mit 4230 Einw., einer k. Prätur, Distrikts-Commissariat, 2 Pfarren SS. Stefano e Leonardo, einer Aushilfskirche und 6 Kapellen, darunter eine Antei, einem k. Zollamte und Munizipal-Magistrat, zwischen Viadana und Sabbionetta an der linken Seite des Pò Flusses, über den eine Brücke führt, in einer Entfernung von 20 Migl. Der nächste See Lago di Garda (il Bonaco) ist beiläufig 50 Migl. entlegen. Die Spanier übergaben diesen Ort sammt seinem Gebiete im Jahre 1649 als Feudalgut dem Hause Salvaterra für 460,000 L. M.; diese Familie besass es bis 1717. Unter der österreich. Regierung wurde es im J. 1750 zu einer k. Stadt erhoben. Sehenswerth sind die grossen Dammarbeiten am Pò, welche die österreichische Regierung in den vergangenen Deeennien aufführen liess. Postamt.

Casalmajocco, Lombardie, Prov. Lodi e Crema und Distr. II, di Zelo Buon Persico; siehe Cologno.

Casal Malombra, Lombardie, Prov. und Distr. I, Cremona; siehe Sette Pozzi.

Casal Masiero, Venedig, Provinz und Distr. I, Treviso; siehe Casale.

Casal oltra Fosse, Venedig, Prov. und Distr. I, Padova; siehe Casal di Ser' Ugo.

Casal Quarto, Venedig, Prov. und Distr. I, Treviso; siehe Casala.

Casal Rivalta, Venedig, Prov. und Distr. I, Treviso; siehe Casale.

Casal Sconzon, Venedig, Prov. und Distr. I, Treviso; siese Casale.

Casal Serve, Venedig, Prov. und Distr. I, Treviso; siehe Casale.

Casal Morano, Lombardie, Provinz Cremona und Distr. III, Soresina, ein *Gemeindedorf* mit Vorstand und Pfarre S. Ambrogio und 2 Kapellen, am Piacenza-Gebirge, dem Flusse Oglio und dem Lago d' Iseo, $\frac{1}{4}$ St. von Soresina. Dazu gehören:
Breda Palavicini, Cà Magra, Capellane, Capellanetta, Meiereien.

Casalmoro, Lombardie, Prov. Mantova und Distr. XVII, Asola, ein *Gemeindedorf*, 1 St. von Asola, nächst den Flüssen Chiese und Oglio, mit einer Pfr. S. Stefano, 3 Oratorien, Gemeinde-Deputation, Zoll- und Dazamt, 8 Migl. von Castel Coffredo. Hieher gehören:
Campagna, Canova di sopra e di sotto, Capuccini, Casotto, Cerobiolo, Chitina, Fontanile, Montan zina, Nuovo Rosso, Pangone, Ronchi di sopra e di sotto, S. Faustino, Selve, Vrada, Meiereien.

Casal nuovo, Lombardie, Provinz Lodi e Crema und Distr. VI, Codogno; siehe Codogno.

Casaloldo, Lombardie, Prov. Mantova und Distr. XVII, Asola, ein v. Asola 1 St. entlegenes *Gemeindedorf* mit Vorstand und Pfarre B. Verg. Assunta e S. Emiliano u. einem Oratorio, 3 Miglien von Castel Goffredo. Hieher gehören:
Bettino, Casa nuova, Colombare, Fiori, Girols, Grassi, Luogo Farrio e Scareti, Mollnello, Morini, Negrisoli, Palazzo Campagnoni, Pittoni, S. Anna, S. Antonio, S. Vito, Sguarzieri, Sforzie, Staffalo, Travagliati, Meiereien.

Casalorzo Boldori, Lombardie, Prov. Cremona und Distr. VI, Pieve d' Olmi, eine *Villa* und *Gemeinde* mit Vorstand und Pfarre S. Nazzaro e Celso, zunächst dem Parma- und Piacenza-Gebirge und den Flüssen Pò und Oglio. 4 St. von Cremona. Dazu gehören:
Cà de' Pedroni, einzelnes Haus.

Casalorzo Geroldi, Lombardie, Prov. Cremona und Distr. VI, Pieve d' Olmi, eine *Villa* u. *Gemeinde* mit Pfarre S. Giorgio und Gemeinde-Deputation, zunächst dem Parma- und Piacenza-Ge-

birge und den Flüssen·Pò und Oglio, 4 St. von Cremona. Dazu geıören:
Cà del Ora, Ferraho, Meiereien

Casalpoglio, Lomıardie, Prov. Mantova und Distr. XVII, Asola, ein von Asola 1 St. entferntes *Gemindedorf* mit Pfarre S. Lorenzo und Gemeinde-Deputation, 3 Migl. von Castel Goffredo. Dazu gehören:
Luogo Bettini, Luogo Ghit, Meiereien.

Casal Pusterlengo, Lomıardie, Prov. Lodi e Crema, ein *Distrikt*, mit folgenden Gemeinden: Bertonico con Monticello. — Bremıio con Monasterolo, Polenzone e Ca del Bosco con Ca del Porto. — Sabbiona e Ca de' Taccıini. — Camairago con Cassina del Bosco, Cassina Mauna, Mulazzana, Leccama e S. Vito. — Cantonale. — Casal Pusterlengo con Ca del Tesoro. — Castiglione con Baratera. — Livraga con Ca de' Mazzoli e Cassina de' Granati. — Melegnanello con Terenzano. — Orio. — Ospedaletto. — Pizzolano con S. Martino del Pizzolano. — Roıecco con Cassina Ramelli e Cassina delle Donne. — Secugnago con Ca de' Rrugazzi — Terra Nuova con Biraga S. Alıerto e Campagna, Cassina de' Passerini e Rovedara. — Turano. — Tittadone con Muzzano e Buongodere. — Zorlesco con Olza. —

Casal Pusterlengo, Lomıardie, Prov. Lodi e Crema und Distr. V, Casalpusterlengo, ein *Gemeindemarkt* eigentlich kleines Städtcıen, wovon der V. Distrikt dieser Provinz den Namen ıat, vom Brembiola bewässert, an der Strasse, welcıe von Lodi nacı Cremona füırt, mit eigener Pfarre S. Bartolomeo und einem Santuario, k. Distrikts-Kommissariat, Prätur und Gemeinde-Deputation, einem Pferdewecısel zwiscıen Pizzighettone und Lodi, Erdengescıirr- und Majolica-Faırik, Käsemeierei, Kalkofen, 3 Müılen, Reisstampfe und verscıiedenen Manufakturen von Linnen und Seide. Postamt. Hieıer gohören:
Boreschina, Cà del Tesoro, Cassina Granata, Cassina Galleana, Cassina Lampugnana, auch S. Salvario, Cassina S. Zenone, jetzt S. Zeno, Caorotta, Cigolona, Coste della Chiesa, Coste di Mezzo, Ducatona, Pelladella, Dörfer. — Molassa, Mühle, — Mulino Cappuccini, S. Salvadore o Cappucini, einzelne Häuser.

Casalromano, eıedem Castel Romano genannt — Lombardie, Provinz Mantova und Distr. VII, Canneto, eine *Gemeinde-Ortschaft*, mit 2 Pfarren S. Giovanni Evangel. und S. Bartolomeo zu Fontaneita, einer Kapelle S. Appolonio, einer Gemeinde-Deputation und Mühle, nächst dem Brescia-Gebirge und den Flüssen Oglio und Chiese, unweit

Piadena, 1 St. von Cannetto.' Hieher geıören:
Boscone, Breda. S Antonio, S. Appolinare, Meiereien. — Fontanella, Malongola, Dörfer.

Casal Sigone, Lombardie, Prov. Cremona und Distr. V, Roıecco, ein v. dem Brescianer Geıirge u. dem Flosse Oglio ıegrenztes *Gemeindedorf*, mit Vorstand und Pfarre S. Andrea Apost., 2½ St. von Cremona. Dazu geıören:
Breda d' Ora, Brıea, Lonqhinera, Prospeta, S. Omobono, einzelne Scheıereien.

Casalta, Lomıardie, Prov. Milano u. Distr. VI, Monza; sieıe Vedano.

Cà Salvadego, Venedig, Prov. Padova und Distr. VI, Teolo; sieıe Teolo.

Casal Zaffanella, Lomıardie, Provinz Mantova und Dıstr. XII, Viadana; sieıe Viadana.

Casal Zuigno, Lomıardie, Prov. Como und Distr. XVIII, Cuvio, ein *Gemeindedorf*, mit einer eigenen Pfarre S. Vittore und Gemeinde-Deputation, nördlicı im Tıale am Saume des Berges Biolta, 11 Migl. von Varese. Hieher sind einverleiıt:
Aga, Cariola, Chıosa del Bai, Fontanello, Boncu, Ronco del Capocaccıa, Sunda, Häuser mit Meiereien — Càdel Papa, Muhle, Haus mit Meierei — Casale, Dorf. — Favoritta, Haus. — Alla Mariana, Muhle.

Casamagna, Lomıardie, Prov. Lodi e Crema und Distr. VI, Codogno; s. Cavacurta.

Casa Mangiarotti, Lombardie, Prov. Milano und Distr. IX, Gorgonzola; siehe Inzago.

Casa Marchesi, Lombardie, Prov. Milano und Distr. IX, Gorgonzola; s. Inzago.

Casa Marocco, Lomıardie, Prov. Milano uud Distr. IX, Gorgonzola; s. Trezzano.

Casa Marza, Lomıardie, Prov. und Distr. I, Cremona; sieıe Cigognolo.

Casamatta, Venedig, Prov. Friaul und Distr. I, Udine; sieıe Pasiano di Prato (Passon e Casamatta).

Casamatta, Venedig, Prov. Friaul und Distr. VIII, S. Vito; s. Valvasone.

Casa Mazzagno, Venedig, Prov. Belluno und Distr. IV, Auronzo; sieıe Comelico superiore.

Casamenti, Lomıardie, Prov. Mantova u. Distr. II, Ostiglia; s. Sustinente.

Casamenti, Lomıardie, Prov. Mantova und Distr. VIII, Marcaria; sieıe Marcaria.

Casamento, Lomıardie, Prov. Cremona und Distr. IX, Pescarolo; sieıe Gabbionetta.

Casa Meraviglia, Lombardie, Provinz u. Distr. II, Milano; s. Vıghignolo.

Casa Merzagora, Lombardie, Provinz und Distr. XVI, Gavirate; siehe Cardana.

Casa Molinazzo, Lombardie, Prov. und Distr. I, Milano; siehe Corpi S. di Porta Vercellina.

Casa Mulino Pisino, Lombardie, Prov. und Distr. I, Milano; siehe Corpi S. di Porta Vercellina.

Casan, Venedig, Prov. und Distr. I, Belluno; siehe Capo di Ponte.

Cassan San, St. Cassan, Dalmatien, Zara Kr. und Distr., ein *Dorf* auf dem festen Lande mit einer Pfarre, zur Hauptgemeinde Zara gehörig. 8 Miglien von Zara.

Cà Sandi, Venedig, Prov. Treviso und Distr. VIII, Montebelluna; siehe Cornuda.

Casanella, Lombardie, Prov. u. Distr. I, Milano; siehe Corpi S. di Porta Orientale.

Casa Nepossi, Lombardie, Provinz Milano und Distr. III, Bollate; siehe Baranzate.

Casanesca, Lombardie, Prov. Milano und Distr. VII, Verano; siehe Vergo.

Casaniga, Lombardie, Prov. Milano und Distr. VIII, Vimercate; s. Ronco.

Casanina, Lombardie, Prov. Lodi e Crema und Distr. III, S. Angiolo; siehe Caselle.

Casa nova, Venedig, Prov. Friaul und Distr. XIX, Tolmezzo; siehe Tolmezzo.

Casanova, Tirol, Trienter Kr., ein *Weiler*, zur Gemeinde Andalo geh., im Ldgcht. Mezzolombardo.

Casa nuova, Lombardie, Prov. Como und Distr. I, ein *Gemeindedorf* mit Vorstand und Pfarre S. Biaggio, liegt auf einer Anhöhe über dem reissenden Gaggiolo, 8 Migl. von Como. Dazu gehören:
Cassina Malpaga, Meierei. — S. Liberata, einzelne Kirche.

Casa nuova, Lombardie, Prov. Como und Distr. XII, Oggiono; siehe Val Greghentino.

Casa nuova Bernini, Lombardie, Prov. Mantova u. Distr. VII, Canneto; siehe Canneto.

Casa nuova, auch Casa Blondel, ursprünglich Monastero dei Padri Oliventani — Lombardie, Prov. und Distr. II, Milano; siehe Baggio.

Casa nuova al Ronco, Lombardie, Prov. Como und Distr. XVI, Gavirate; siehe Brebbia.

Casa nuova Cassina, Lombardie, Prov. Pavia und Distr. II, Corte Olona, siehe Monte Leone.

Casa nuova del Morbasco, Lombardie, Prov. Cremona und Distr. IV, Pizzighettone; siehe Ca nuova del Morbasco.

Casa nuova e Bettino, Lombardie, Prov. Mantova und Distr. XVII Asola; siehe Casaloldo.

Casa nuova e vecchia, Lombardie, Prov. Como und Distr. XV, Angira; siehe Ispra.

Casa nuova Gardani, Lombardie, Prov. Mantova und Distr. XII, Viadana; siehe Viadana.

Casa nuova Ribes, Lombardie, Prov. Mantova und Distr. XVII, Asola; siehe Asola.

Casa nuova Tosi, Lombardie, Prov. Mantova und Distr. XVII, Asola; siehe Asola.

Casa nuova Ollario, Lombardie, Prov. Milano und Distr. IX, Gorgonzola; siehe Cernusco.

Casa nuova Onesti, Lombardie, Prov. Brescia und Distr. V, Lonato; siehe Pozzolengo.

Casa nuova Ala, Lombardie, Prov. Como und Distr. XXIII, Appiano; siehe Appiano.

Casa nuova, Lombardie, Prov. Mantova und Distr. VII, Cannote; siehe Aqua Negra.

Casa nuova, Venedig, Prov. Friaul und Distr. IX, Codroipo; siehe Varmo.

Casanuova, Tirol, Trient. Kr., ein *Weiler*, z. Gemeinde Valfloriana geh., im Ldgcht. Cavalese.

Casa nuova, Lombardie, Prov. Lodi e Crema und Distr. IX, Crema; siehe Campisico.

Casa nuova, Lombardie, Prov. Como und Distr. XVI, Gavirate; siehe Cardana.

Casa nuova, Lombardie, Prov. Mantova und Distr. V, Castiglione delle Stiviere; siehe Cavriana.

Casa nuova, Lombardie, Prov. Como und Distr. IV, Menaggio; siehe Lenno.

Casa nuova, Lombardie, Prov. Pavia und Distr. IV, Corte Olona; siehe Monticelli.

Casa nuova, Lombardie, Prov. Como und Distr. XXIV, Brivio; siehe Olgiate.

Casa nuova, Lombardie, Prov. Como und Distr. XI, Lecco; siehe Rancio.

Casa nuova, Lombardie, Prov. Como und Distr. XII, Oggione; siehe Sirone.

Casa nuova, Lombardie, Prov. Cremona u. Distr. VI, Pieve d'Olmi; siehe Straconzolo.

Casa nuova, Lombardie, Provinz Mantova u. Distr. XIII, Suzzara; siehe Suzzara (Tabellano).

Casa nuova. Lombardie, Prov. Como und Distr. XI, Angera; siehe Taino.

Casa nuova, Lombardie, Prov. und Distr. X, Milano, ein am Lambro Fl. liegendes, an Malnoè, Lombrate, Redecesio und Novegro grenzendes *Gemeindedorf*, und Filial der Pfarrre S. Lorenzo in Malnoè, mit einer Gemeinde-Deputation, 2 St. von Milano. Hieher gehören:
Case nuove, Riva e Rivetta, Salatina, Taverna, Villa Larga, Meiereien.

Casa Po morto, Lombardie, Prov. Cremona und Distr. VI, Pieve d' Olmi; siehe Branciera.

Casaprino, Lombardie, Prov. Bergamo u. Distr. V, Ponte S. Pietro; siehe Sotto il Mante.

Casarano, Lombardie, Provinz Cremona und Distr. III, Soresina; siehe Soresina.

Casarel, Venedig, Prov. Belluno und Distr. V, Agordo; siehe Alleghe.

Casargo, Lombardie, Prov. Como und Distr. X, Introbbio, ein *Gemeindedorf* mit einer Pfarre S. Bernardino, und einer Gemeinde-Deputation, rechts bei Baglio und Ombrega, 9 Migl. von Taceno. Hieher gehören:
Modesino, Sommadino, Dörfer.

Casarico, Lombardie, Prov. Como u. Distr. XVII, Varese; siehe Casciago.

Casarico, Lombardie, Prov. Como und Distr. VI, Porlezza; siehe Castello.

Casarico, Lombardie, Prov. Como u. Distr. II, Como; siehe Moltrasio.

Casarico, Lombardie, Prov. Como u. Distr. II, Como; siehe Montano.

Casarile, Lombardie, Prov. Pavia u. Distr. VI, Binasco, eine nach S. Ambrogi zu Baselica Bologna (Distr. V, Bereguardo) gepfarrte *Gemeinde - Ortschaft* mit Vorstand, Aushulfskirche und Oratorio, 6 M. von Binasco. Dazu gehören:
Colombara, Schweizerei — Castelletto, S. Maria, Meiereien — Purcheura, Dorf.

Casarola, Lombardie, Prov. Bergamo Distr. VII, Caprino; s. Torre de' Busi.

Casarole Le, Lombardie, Provinz Mantova und Distr. V, Castiglione delle Stiviere; siehe Cavriana.

Casa Rosio, Lombardie, Prov. Cremona und Distr. IV, Pizzighettone; siehe Polengo.

Casa Rosta, Lombardie, Prov. Milano und Distr. IX, Gorgonzola; siehe Trecello.

Casarsa Mulino di, Venedig, Prov. Friaul und Distr. VIII, S. Vito; siehe Casarsa (Comune).

Casarsa S. Giovanni di, Venedig, Prov. Friaul und Distrikt VIII, S. Vito; siehe Casarsa (S. Giovanni di Casarsa).

Casarsa, Venedig, Prov. Friaul und Distr. VIII, S. Vito, ein *Gemeinddorf* mit Vorstand, Pfarre Santa Croce und einer Mühle, nahe bei S. Giovanni und dem Flosse Sil, 3 Migl. von S. Vito. Hat folgende Bestandtheile:
Boscato, Comunale, Besitzungen — S. Giovanni di Casarsa Dorf — S Floreano, Sille, Verentta Landhäuser — Mulino di Casarsa, Mulino di S. Giovanni, Mühle.

Casasco, Lombardie, Prov. Como und Distr. V, S. Felice, ein *Gemeindedorf* mit Vorstand und Pfarre S. Mauritio, 1¼ Migl. von S. Felice. Hieher gehören:
Bresseva, Carolza, Meiereien.

Casa Scotti Mulino di, Lombardie, Prov. Milano und Distr. VIII, Vimercate; siehe Oreno.

Casa Scotto, Venedig, Prov. u. Distr. I, Padova; siehe Ruano.

Casa Silvestro, Lombardie, Prov. Como und Distr. XII, Oggiono; siehe Val Greghentino.

Casasola, Venedig, Prov. Friaul und Distr. II, S. Daniele; siehe Majona.

Casasola, Venedig, Prov. Friaul und Distr. IV, Maniago; siehe Frisanco.

Casasola, Lombardie, Prov. Friaul u. Distr. XV, Moggio; siehe Chiusa.

Casata, Tirol, Trient. Kr., ein *Dorf* z. Gemeinde Valfloriana geh., im Ldgrcht. Cavalese.

Casa Taregna, Lombardie, Prov. Milano und Distr. VIII, Vimercate; siehe Lesno.

Casate, Lombardie, Prov. Como und Distr. VIII, Gravedona; s. Gravedona.

Casate, Lombardie, Prov. Como und Distr. III, Bellaggio; siehe Lezzeno.

Casate, Lombardie, Prov. Como und Distr. XI, Lecco; siehe Lierna.

Casate, Lombardie, Prov. Como und Distr. III, Bellaggio; siehe Bellaggio.

Casate, Lombardie, Prov. Pavia und Distr. VIII, Abbiategrasso; s. Bernate.

Casate, Lombardie, Prov. Como und Distr. XXV, Missaglia; siehe Cernusco Lombardo.

Casa Tellaroli, Lombardie, Prov. Brescia und Distrikt V, Lonato; siehe Pozzolengo.

Casate nuovo, Lombardie, Provinz Como und Distr. XXV, Missaglia, ein in der Ebene liegendes *Gemeindedorf* mit Vorstand und eigener Pfarre S. Giorgio, 2 Migl. von Missaglia. Dazu gehören:
Campo Florenzo, Poraneo, Ragoredo, Dörfer, — Cassina Borromeo, Cassina, Crotte, Matheo, Narra, Sarca,Porinella, Verdura, Darello, Gonella, Inregiate, Loreida, Ludosa, Madromano, Nuova Toscana, Quattri Valli, Boncate, S. Giorgio, S. Mar-

ta, Toriggia, Valloggia, Meiereien — S. Giaco mo, Montereggio, einzelne Landhäuser.

Casa Terzi, Lom)ardie, Prov Milano und Distr. IX, Gorgonzola; sieιe S. Agata.

Casatte, Venedig, Provinz Friaul und Distrikt VIII, S. Vito; sieιe Morsano.

Casatte, Lom)ardie, Prov. Mantova und Distr. III, Roverbella; sieιe Castel Belforte (Casselle).

Casate, vecchio, Lombardie, Prov. Como und Distr. XXV, Missaglia; siehe Monticello.

Casati, Lom)ardie, Prov. und Distr. I, Brescia; sieιe S. Eufemia.

Casuti, Lombardie, Prov. Milano und Distr. VIII, Vimercate; sieιe Caponago.

Casatico, Lombardie, Prov. Mantova und Distr. VIII, Marcaria; sieιe Marcaria.

Casatico, Lombardie, Prov. Pavia u. Distr. VII, Landriano; sieιe Campo Morto.

Casa Toullè, Lombardie, Provinz und Distr. II, Milano; s. Cesanoboscone.

Casa Trecchi, Mulino della, Lombardie, Prov. Cremona und Distr. II, Roιecco; sieιe Campagnola.

Casa Triulzi, Lom)ardie, Provinz Milano und Distr. IX. Gorgonzola; sieιe Inzago.

Casa Uboldi, Lombardie, Provinz Milano, und Distr. IX, Gorgonzola; sieιe Cernusco.

Casa vechia, Lom)ardie; Provinz Mantova und Distr. IX, Borgoforte; sieιe Governolo.

Casa vecchia, Lombardie, Provinz und Distr. I, Mantova; sieιe Quattro Ville.

Casa del Turci, Lombardie, Prov. Mantova u. Distr. VII, Canneto; sieιe Canneto.

Casa Venini, Lombardie, Prov. und Distr. II, Milano; sieιe Vighignolo.

Casa vigo, Lom)ardie, Prov. Como und Distr. XXV, Missaglia; sieιe Montevecchio.

Casa Villa, Lombardie, Prov. Milano und Distr. III, Bollate; sieιe Novate.

Casa Visconti, Mulino della, Lombardie, Prov. Cremona und Distr. V, Robecco; sieιe Campagnola.

Casa Vitali, Lom)ardie, Prov. Milano und Distr. IX, Gorgonzola; sieιe Inzago.

Casa Zanoni, Lombardie, Provinz Brescia und Distr. V, Lonato; siehe Sermione.

Casa Zezore, Lombardie, Provinz Como und Distr. II, Como; sieιe Blevio.

Casazza, Lom)ardie, Prov. Cremona und Distr. II, Soncino; sieιe Soncino.

Casazza, e Vizzola, Lombardie, Prov. Mantova und Distr. XI, Sabbionetta; sieιe Sabbionetta (Vizzola).

Casazza, Lombardie, Prov. Cremona und Distr. VI, Pieve d' Olmi; sieιe Carettolo.

Casazza, Lombardie, Provinz und und Distr. I, Mantova; sieιe Castellaro.

Casazza, Lombardie, Prov. Mantova und Distr. XIV, Gonzaga; sieιe Gonzaga (Maglio).

Casazza, Lombardie, Prov. Mantova und Distr. XIV, Gonzaga; sieιe Gonzaga (Pegognaga).

Casazze, Lombardie, Prov. Mantova und Distr. VIII, Marcaria; sieιe Castellucchio.

Casazze, Lombardie, Prov. u. Distr. I, Mantova; sieιe Curtatone.

Casazze, Lombardie, Prov. Mantova und Distr. VIII, Marcaria; siehe Marcaria.

Casazze, Torretti, Lombardie, Prov. uud Distr. I, Mantova; siehe Curtatone.

Casazzo, Lombardie, Prov. Brescia und Distr. IV, Montechiari; sieιe Montechiari.

Casbenno, Lombardie, Prov. Como und Distr. XVII, Varese; sieιe Varese.

Casca, Lombardie, Prov. Brescia und Distr. IV, Montechiari; sieιe Carpenedolo.

Ca Scaraona, Lombardie, Provinz Pavia und Distr. III, Belgiojoso; sieιe Belvedere.

Caschierga, Kaisersfeld — Illirien, Istrien, Mitterb. Kr., ein zum Wb. Bzk. Kom. und Hrsch. Mitterburg geιöriges kleines *Dorf* auf einer Anιöιe, mit einer Pfarre, 16½ St. von Fiume.

Cascia, Lom)ardie, Prov. Como und Distr. V. S. Fedele; sieιe Luino.

Casciago, Lom)ardie, Prov. Como und Distr. XVII, Varese, ein *Gemeindedorf* mit einer eigenen Pfarre S. Giovanni Battista und Gemeinde-Deputation, auf einer Ebene, 3 Migl. von Varese. Mit:
Casarico, Meierei.

Casci o Casiglio, Lombardie, Provinz Pavia und Distr. VI, Binasco; siehe Ziιido S. Giacomo.

Casè, Lom)ardie, Prov. Pavia und Distr. VIII, Aιbiategrasso; siehe Abbiategrasso.

Casè, Lombardie, Frov. Mantova und Distr. XVII, Asola; siehe·Asola.

Casè al di la dell Acqua, Lombardie, Prov. und Distr. I, Mantova; siehe Castellaro.

Casè Alle, Lombardie, Prov. Bergamo und Distr. VII, Caprino; siehe Torre de' Busi.

Case Alte, Lombardie, Prov. Milano und Distr. XIV, Cuggiono; siehe Cuggiono.

Case Caschera e Capelloni, Lombardie, Prov. Mantova u. Distr. V, Castiglione delle Stiviere; siehe Cavriana.

Casè Basse, Lombardie, Prov. Lodi e Crema und Distr. VI, Codogno; siehe S. Rocco al Porto.

Case, Venedig, Prov. Friaul und Distr. XII, Cividale; siehe Manzano.

Casè brucciate, Lombardie, Provinz Cremona und Distr. IV, Pizzighetone; siehe Pizzighetone.

Case de' Bognini, Lombardie, Prov. Bergamo und Distr. VII, Caprino; siehe Pontita.

Case de' Carotti, Lombardie, Provinz Mantova und Distr. VII, Canneto; siehe Canneto.

Case de' Pinzi, Lombardie, Prov. Mantova und Distr. VII, Canneto; siehe Canneto.

Case de' Rogni, Lombardie, Prov. Sondrio (Valtellina) und Distr. V, Traona; siehe Valmasino.

Case de' Bossini, Lombardie, Prov. Lodi e Crema und Distr. VI, Codogno; siehe S. Stefano (Chiavicone).

Case de' Secchi, Lombardie, Prov. Mantova und Distr. VII, Canneto; siehe Canneto.

Case di S. Martino Prime, Lombardie, Prov. Mantova und Distr. X, Bozzolo, siehe Bozzolo.

Case di sopra, Lombardie, Prov. Sondrio (Valtellina) und Distr. IV, Morbegno; siehe Gerola.

Case di sopra, Lombardie, Prov. Bergamo und Distr. II, Zogno; siehe Rigosa.

Case di sotto, Lombardie, Provinz Bergamo und Distr. VII, Caprino; siehe Torre de' Busi.

Case di Treviglio, Lombardie, Prov. Bergamo und Distr. X, Treviglio; siehe Pontirolo.

Case Isolate, Lombardie, Provinz Pavia und Distr. IV, Corte Olona; siehe Bissone.

Case di Visnadende, Lombardie, bei Foro Cirand.

Caselario, Lombardie, Prov. Lodi e Crema und Distr. VII, Paudino; siehe Corte del Palasio.

Casella, Venedig, Prov. Polesine und Distr. V, Occhiobello; siehe Gaiba.

Casella, Lombardie, Prov. Mantova und Distr. IX, Borgoforte; siehe Borgoforte (Scorzarolo).

Casella. Lombardie, Prov. und Distr. I, Cremona; siehe Ca de' Marozzi.

Casella, Lombardie, Prov. Milano u. Distr. XII, Melegnano; siehe Carpiano.

Casella, Lombardie, Prov. Mantova und Distr. VI, Castel Goffredo; siehe Ceresara.

Casella Bosio, Lombardie, Provinz Mantova und Distr. VIII, Marcaria; s. Marcaria.

Casella, Cassina e Masseria, Lombardie, Prov. Brescia und Distr. V, Lonato; siehe Lonato.

Casella Castiglione, Lombardie, Prov, Mantova und Distr. VIII, Marcaria; siehe Marcaria.

Casella di sopra e di sotto, Lombardie, Prov. Como und Distr. II, Como; siehe Vergosa.

Casella Fenaroli, Lombardie, Provinz Mantova und Distr. XVII, Asola; siehe Asola.

Casella in Campagna, Lombardie, Prov. Mantova und Distr. IV, Volta; siehe Volta.

Casella, La, Lombardie, Prov. Milano und Distr. VIII, Vimercate; siehe Arcore.

Casella Machiavelli, Lombardie, Prov. Mantova und Distr. VIII, Marcaria; siehe Castellucchio.

Casella Malavasi, Lombardie, Prov. Mantova und Distr. VIII, Marcaria; siehe Castellucchio.

Casella Mattelli, Lombardie, Prov. Mantova und Distr. IV, Volta; siehe Volta.

Casella Osone, Lombardie, Prov. Mantova und Distr. VIII, Marcaria; siehe Castellucchio.

Casella Rizzetti, Lombardie, Prov. Mantova, Distr. XVII, Asola; s. Asola.

Casella Segna, Lombardie, Prov. Mantova und Distr. VIII, Marcaria; siehe Castellucchio.

Casella Sonzogni, Lombardie, Pr. Cremona und Distr. V, Robecco; siehe Casal Buttano.

Casella sull' Argine, Lombardie, Prov. Mantova und Distr. VIII, Marcaria; siehe Marcaria.

Casella Tosi, Lombardie, Provinz Mantova und Distr. XVII, Asola; siehe Asola (Castellnuovo).

Casella Vicini, Lombardie, Prov. Mantova und Distr. XI, Sabbionetta; siehe Commessaggio.

Casella Vincenzi, Lombardie, Prov. Mantova und Distr. VIII, Marcaria; siehe Castellucchio.

Caselle, Lombardie, Prov. Lodi e Crema und Distr. III, Angiolo, ein *Gemeindedorf* mit Vorstand und Pfarre S. Catterina, Mühle, Oelpresse, und Reisstampfe, nicht weit vom Flusse Lambro entlegen, 4 Migl. von S. Angiolo. Dazu gehören:
Bescapera, Borgorato, Bosarda, Cairensano, Camaina, Casanina, Case nuove, Conserva, Grugnetta, Liocili, Mallinazzo, Palazuolo, Pozzobonella, S. Gregorio, einzelne Häuser. — Cassina Caina, Cassina Lurani, Morchinone, Rigona, S. Germiniano, Meiereien.

Casella, Lombardie, Prov. Brescia u. Distr. II, Ospitaletto; siehe Travagliato.

Casella, Lombardie, Prov. Brescia und Distr. IV, Montechiari; siehe Remedello di sopra.

Casella, Lombardie, Prov. Cremona und Distr. IV, Pizzighettone; siehe Crota d'Adda.

Casella, Lombardie, Prov. und Distr. I, Cremona; siehe Due Miglia.

Casella, Lombardie, Prov. Mantova und Distr. IV, Volta; siehe Goito.

Casella, Lombardie, Prov. Mantova und Distr. VIII, Marcaria; siehe Marcaria.

Casella, Lombardie, Prov. Mantova und Distr. III, Roverbella; siehe Marmirolo.

Casella, Lombardie, Prov. Lodi e Crema und Distr. VII, Paudino; siehe Paudino.

Casella, Lombardie, Prov. Mantova und Distr. XV, Revere; siehe Pieve.

Casella, Lombardie, Prov. und Distr. I, Cremona; siehe Pieve S. Giacomo.

Casella, Lombardie, Prov. Cremona und Distr. IV, Pizzighettone; siehe Pizzighetone.

Casella, Lombardie, Prov. und Distr. I, Mantova; siehe Quattro Ville.

Casella, Lombardie, Prov. Mantova und Distr. XV, Revere; siehe Schievenoglia.

Casella Albè, Lombardie, Provinz Mantova und Distr. XII, Viadana; siehe Dosolo.

Casella Bonenti, Napolitana con, Lombardie, Prov. Mantova und Distr. VIII, Marcaria; siehe Rodigo.

Caselle, Lombardie, Prov. Pavia und Distr. V, Rosate, eine nach S. Sito zu Ozzero (Distr. VIII) gepfarrte *Gemeinde-Ortschaft*, mit einer Gemeinde-Deputation, 2 Migl. von Abbiategrasso.

Caselle, Lombardie, Prov. Bresola und Distr. III, Bagnolo; siehe Bagnolo.

Caselle, Lombardie, Prov. Brescia und Distr. II, Ospitaletto; siehe Sajano.

Caselle, Lombardie, Prov. und Distr. I, Brescia; siehe S. Nazzaro.

Caselle, Lombardie, Prov. Mantova und Distr. VII, Canneto; siehe Acqua Negra.

Caselle, Lombardie, Prov. Mantova und Distr. XVII, Asola; siehe Asola (Gazzoli).

Caselle, Lombardie, Prov. Mantova und Distr. III, Roverbella; siehe Castel Belforte.

Caselle, Lombardie, Prov. Pavia und Distr. IV, Corte Olano; siehe Badia.

Caselle, Lombardie, Prov. Cremona und Distr. V, Robecco; s. Campagnola.

Caselle, Lombardie, Prov. Bergamo und Distr. X, Treviglio; s. Caravaggio.

Caselle, Lombardie, Prov. Mantova u. Distr. VI, Castel Goffredo; siehe Castel Goffredo.

Caselle, Lombardie, Prov. Mantova und Distr. VIII, Marcaria; siehe Castellucchio.

Caselle, Lombardie, Prov. Cremona und Distr. VI, Pieve d'Olmi; siehe Cingia de' Botti.

Caselle, Lombardie, Prov. Mantova und Distr. IX, Borgoforte; siehe Governolo.

Caselle, Lombardie, Prov. Cremona und Distr. IV, Pizzighettone; siehe Grumello.

Caselle, Lombardie, Prov. Cremona und Distr. VII, Casal Maggiore; siehe Martignana.

Caselle, Lombardie, Prov. Mantova und Distr. VIII, Marcaria; siehe Marcaria.

Caselle, Lombardie, Prov. Lodi e Crema und Distr. VIII, Crema; siehe Moscazzano.

Caselle, Lombardie, Prov. Lodi e Crema und Distr. VIII, Crema; siehe S. Bernardino.

Caselle, Lombardie, Prov. Cremona und Distr. V, Robecco; siehe Martino in Bellisetto.

Caselle, Lombardie, Prov. Lodi e Crema; siehe S. Micele.

Caselle, Lombardie, Prov. Mantova und Distr. II. Ostiglia; siehe Seravalle.

Caselle, Lombardie, Prov. Cremona und Distr. VI, Pieve d'Olmi; siehe Straconcolo.

Caselle, Lombardie, Prov. Cremona und Distr. VI, Pieve d'Olmi; siehe Vedeseto.

Caselle, Illirien, Istrien, *Anhöhe* unweit des Dorfes *Casello*, 28 Wiener Klftr. ioci.

Caselle, Lombardie, Prov. und Distr. XI, Viadana; sieie Viadana.

Caselle, I. II., Lombardie, Prov. und Distr. I, Mautova; sieie Castellaro.

Caselle, I. II. III, Lombardie, Prov. und Distr. I, Mautova; sieie Curtatone,

Caselle, I. II., Lombardie, Prov. und Distr. I, Mantova; sieie Roncoferaro.

Caselle, I. II., Lombardie, Prov. und Distr. I, Mantova; siehe S. Giorgio.

Caselle, Ardigò, Lombardie, Prov. Cremona und Distr. VIII, Piadena; sieie Vhò.

Caselle, Brunelli, Lombardie, Prov. Brescia und Distr. III, Bagnolo; sieie Bagnolo.

Caselle, di Molinella, Lombardie, Prov. Mantova u. Distr. III. Roverbella; sieie Roverbella.

Caselle, e Casatte, Lombardie, Prov. Mantova u. Distr. III, Roverbella; sieie Castel Belforte.

Caselle, Gabbi, Lombardie Prov. Cremona u. Distr. VIII, Piadena; sieie Vhò.

Caselle, Lombardie, Prov. u. Distr. I, Padova; sieie Selvazzano dentro.

Caselle, Lombardie, Prov. Padova u. Distr. IV, Campo Sampiero; sieie Campo d'Arsego.

Caselle, Lombardie, Prov. Padova u. Distr. IX. Este; sieie Ospedaletto.

Caselle, Lombardie, Prov. Padova u. Distr. XII, Piove; sieie S. Angelo.

Casello, Lombardie, Prov. Verona u. Distr. VI, Cologna; siehe Pressana.

Caselle, de' Ruffi, Lombardie, Prov. Padova u. Distr. II, Mirano; sieie S. Maria di Sala.

Caselle, di sopra e di sotto, Lombardie, Prov. Polesine u. Distr. II, Lendinara; siehe Lendinara.

Caselle, Fiorio, Lombardie, Prov. Verona u. Distr. II, Villafranca; sieie Villafranca.

Caselle Landi, Lombardie Prov. Lodi e Crema u. Distr. VI. Codogno, ein *Gemeindedorf* mit einer eigenen Pfarre S. Biagio, 3 Aushilfskirchen, 3 Oratorien, einer Kapelle, Gemeinde-Deputation, einer Steuereinnehmerei und einer Miliz-Escadron, ½ Migl. vom Pò entlegen, 9 Migl. von Codogno. Dazu gehören:

Braselle, Gerrone, Gese, Isole, Mezzanino, Piardella, Ponte, Stradone, Valazza, Valcone, Meiereien.

Caselle Moro, Lombardie, Prov. Brescia u. Distr. III. Bagnolo; siehe Bagnolo

Caselle Pradazzo e, Lombardie, Prov. u. Distr. I, Mantova; sieie Quattro Ville.

Caselle Schizzi, Lombardie, Prov. Cremona u. Distr. VIII, Piadena; sieie Vhò.

Caselletta, Lombardie, Prov. Cremona u. Distr. IV, Pizzighettone, sieie Polengo.

Caselli, Lombardie, Prov. Cremona u. Distr. IV, Pizzighettone; sieie S Spinadesco.

Caselli, Lombardie, Prov. Mantova u. Distr. XIII., Suzzara; siehe Torricella.

Caselli, Lombardie, Prov. Mantova u. Distr. XIII, Suzzara; sieie Villa Saviola.

Caselli, Cassina, Lombardie, Prov. Lodi e Crema u. Distr. IX, Crema; sieie Gabbiano.

Casellino, Lombardie, Prov. Lodi e Crema u. Distr. IX, Crema; sieie Gabbiano.

Casellin, Prov. Mantova u. Distr. XVII, Asola; siehe Asola (Gazzoli).

Casello, Lombardie, Prov. Cremona u. Distr. II, Soncino; sieie Trigolo.

Casello, Lombardie, Prov. Brescia u. Distr. VI, Gardoni; sieie Maguo.

Casello, Lombardie, Prov. Brescia u. Distr. V, Lonato; sieie Rivoltella.

Casello della Valle, Lombardie, Prov. u. Distr. I, Mantova sieie Quattro Ville.

Casello di Campagna, Lombardie, Prov. Lodi e Crema und Distr. IV, Borghetto; sieie Borghetto.

Case Maranesi, Lombardie, Prov. Lodi e Crema u. Distr. I, Lodi; sieie Chioso di Porta Regale.

Casenda, Fontana, Lombardie, Prov. Sondrio (Valtellina) und Distr. VII, Chiavenna; sieie Samolaco.

Casentighe, Lombardie, Prov. Brescia und Distr. VII, Bovegno; sieie Collio.

Casenove, Lombardie, Prov. Friaul u. Distr. X, Latisana; sieie Prescenico.

Case nuove, Lombardie, Prov. Pavia u. Distr. III, Belgiojoso; sieie Ca della Terra.

Case nuove, Lombardie, Prov. Pavia u. Distr. IV, Corte Olona; sieie Bissone.

Case nuove, Lombardie, Prov. und Distr. II, Milano; sieie Brazzana.

Case nuove, Lombardie, Prov. und Distr. X, Milano; sieie Casa nuova.

Case nuove, Lombardie, Prov. und Distr. I, Brescia; sieie Cajouvico.

Case nuove, Lombardie, Prov. Brescia, Distr. V, Lonato; sieie Bedizzole.

Case nuove, Lombardie, Prov. Lodi e Crema u. Distr. III, S. Angiolo; siehe Caselle.

Case nuove, Lombardie, Prov. und Distr. I, Milano; siehe Corpi S. di Porta Romana.

Case nuove, Lombardie. Prov. und Distr. I, Milano; siehe Corpi S. di Porta Ticinese.

Case nuove, Lombardie, Prov. und Distr. I, Milano; siehe Dergano.

Case nuove, Lombardie, Prov. Como und Distr. XIV, Frba; siehe Fabricca.

Case nuove, Lombardie, Prov. Pavia und Distr. IV, Corte Olona; siehe Gerenzago.

Case nuove, Lombardie, Prov. Lodi e Crema und Distr. VI, Codogno; siehe Maleo.

Case nuove, Lombardie, Prov. Como und Distr. XVII, Varese; siehe S. Amrogio.

Case nuove, Lombardie, Prov. Milano und Distr. XVI, Somma; siehe Somma.

Case nuove, Lombardie, Prov. Lodi e Crema und Distr. I, Lodi; siehe Villa Rossa.

Case nuove, Bigli, Lombardie, Prov, und Distr. I, Milano; siehe Corpi S. di Porta Vercellina.

Case nuove Litta, Lombardie, Prov. und Distr. I, Milano; siehe Corpi S. di Porta Vercellina.

Case nuove, Pirovano, Lombardie, Prov. und Distr. I, Milano; siehe Corpi S. di Porta Ticinese.

Caserta, Lombardie, Prov. Como und Distr. XII, Oggiono; siehe Valmadrera.

Case Spluga, Lombardie, Prov. Sondrio (Valtellina) u. Distr. VII, Chiavenna Campo Dolcino.

Case, Tre, Lombardie, Prov. Pavia und Distr. III, Belgiojoso; siehe Ca della Terra.

Case, Tre, Lombardie, Prov. und Distr. I, Milano; siehe Crescenzago.

Case, Tre, Lombardie, Prov. Pavia und Distr. III, Belgiojoso; siehe Roncaro.

Case, Tre, Lombardie, Prov. und Distr. I, Padova; siehe Casal di Ser' Ugo (Tre Case).

Casetta, Lombardie, Prov. Como u. Distr. II, Como; siehe Monte Olimpino.

Casetta, Lombardie, Prov. Brescia u Distr. V, Lonato; siehe Lonato.

Casetta, Lombardie, Prov. und Distr. I, Mantova; siehe Porto.

Casetta Belgioso, Lombardie, Prov. und Distr. I, Milano; siehe Corpi S. di Porta Ticinese.

Casetta Blondel, Lombardie, Prov. und Distr. I. Milano; siehe Corpi S. di Porta Ticinese.

Casetta Cassina, Lombardie, Prov. Como und Distr. XIV, Erba; siehe Lurago.

Casetta Pirovano, Lombardie, Provinz und Distr. I, Milano; siehe Corpi S. di Porta Ticinese.

Casetta Vugo, Lombardie, Prov. u. Distr. I, Milano; siehe Corpi S. di Porta Ticinese.

Casetta, Tirol, Trient. Kr., ein *Weiler* zur Gemeinde Lienno geh., im Landgerichte Strigno.

Cà Sette, Venedig, Prov. und Munizipal Bezirk Vicenza; siehe Vicenza (Cà Sette).

Casette, Venedig, Prov. Padova und Distr. IX, Este; siehe Este.

Casette, Lombardie, Prov. Mantova u. Distrikt III, Roverbella; siehe Castel Belforte.

Casette, Lombardie, Prov. u. Distr. I, Milano; siehe Corpi S. di Porta Ticinese.

Casette, Lombardie, Prov. Mantova und Distr. IV, Volta; siehe Goita.

Casette, Lombardie, Prov. und Distr. XI, Milano; siehe Vajano.

Casette di Cà Castello, Venedig, Prov. Padova und Distr. II, Mirano; s. Mirano.

Casetto I. di S. Francesco, Lombardie, Prov. Lodi e Crema und Distr. VI, Codogno; siehe Maleo.

Case vecchie, Lombardie, Provinz Brescia und Distrikt V, Lonato; siehe Lonato.

Case vecchie, Lombardie, Prov. und Distr. I, Milano; siehe Corpi S. di Porta Romano.

Casez, Tirol, Trient. Kr., ein *Dorf* und Gemeinde im Ldgrcht. Cles.

Casguola, Lombardie, Prov. Como u. Distr. V, S. Fedele; siehe S. Fedele.

Casiensberg, Illirien, Krain, Laib. Kr., ein *Berg*, 1¼ St. östl. von Weissenfels, 710 Wien. Klftr. über dem Meere.

Casier, Venedig, Prov. und Distr. I, Treviso, ein *Gemeindedorf* unweit Treviso, gegen den Fluss Sil, mit einer eigenen Pfarre S. Teonitto, einem Oratorium und einer Eisenschmiede, 1 St von Treviso. Mit:
Dosson di Lazaro, Dorf.

Casiglio, Lombardie, Prov. Como und Distr. XIV, Erba; siehe Paravicino.

Casiglio o Casci, Lombardie, Prov. Pavia und Distr. VI, Binasco; siehe Zivido S. Giacomo.

Casignolo, Lombardie, Prov. Milano und Distr. VIII, Vimercate; s. Agrate

Casimir, Galizien, eine *Ortschaft,* ¼ St. von Podgorze.

Casloch, Illirien, eine *Ortschaft* bei Veglia.

Casirago, Lombardie, Prov. Como und Distr. XXV, Missaglia, ein *Gemeindedorf* und Filiale der Pfarre S. Agata zu Monticello, nicht weit davon entfernt, in einer Ebene, mit einer Gemeindedeputation, 1 Migl. von Missaglia. Mit:
Cassina Valla, Lavandino, Meiereien, — Missagliola, Molinata. Rangione, Sorino, Dörfer.

Casirate, Lombardie, Prov. Pavia und Distr. VI, Binasco, ein *Gemeindedorf* mit Vorstand und Pfarre S. Donato, 6 Migl. von Binasco. Mit:
Birolo, Dorf.

Casirate, Lombardie Prov. Bergamo und Distr. X, Treviglio, ein *Gemeindedorf* mit Vorstand und Pfarre S. Maria, dann Aushilfskirche, liegt östl. beiläufig 2 Migl. vom Adda Fl., ½ St. von Treviglio. Dazu gehören:
Cassina Masozza, Parravicina, Poveri, Meiereien,

Casisaghi, Lombardie, Prov. u. Distr. I, Milano; siehe Crescenzago.

Casitone, Lombardie, Prov. Como und Distr. XVI, Gavirate; siehe Monvalle.

Caslaccio, Cassina, Lombardie, Prov. Como und Distr. XIV, Erba; siehe Villa Albese.

Caslascio, Lombardie, Prov. Como und Distr. II, Como; siehe Solzago.

Casle, Illirien, Friaul, Görzer Kr., ein zur Ldgchts. Hrsch. Sciwarzeneck geh. *Dorf,* mit einer Kirche, 1¼ St. von Sessana.

Casle, Lombardie, Prov. Brescia und Distr. II, Ospitaletto; siehe Trenzauo.

Casletto, Lombardie, Prov. Como und Distr. XIV, Erba, ein *Gemeindedorf* mit Vorstand und eigener Pfarre S. Marco, in einer Ebene südlich gegen den See Passiano, 5 Migl. von Erba. Mit:
Cassina del Sole, Meierei.

Casletto, Lombardie, Prov. Como und Distr. XXIII, Appiano; siehe Olgiate.

Caslino, Lombardie, Prov. Como und Distr. I, Como, ein *Gemeindedorf* mit Vorstand und Pfarre S. Remigio, in der Ebene, nahe der reissenden Lura, 7 Migl. von Como. Hieher gehören:
Cassina Zelaj, Meierei, — Fornace, Ziegelofen.

Caslino, Lombardie, Prov Como und Distr. XIII, Canzo, ein *Gemeindedorf* mit Vorstand und Pfarre S. Ambrogio, im Mittelpunkte des Thales Vallonga, 3 Migl. von Canzo. Mit:
Cassina Bianca, Cassinetta, Meiereien.

Casnareggio, Lombardie, Prov. Como und Distr. XXV, Missaglia; siehe Perego.

Casnate, Lombardie, Prov. Como und Distr. I, Como, eine *Gemeinde* und *Dorf* mit einer Pfarre S. Ambrogio, und Gemeinde-Deputation, auf einer Anhöhe, nahe dem Flusse Seveso, 4 Migl. von Como. Dazu gehören:
Barugiola, Villa — Lavigera, S. Enrico, Meiereien — Mulino Seveso, Mühle.

Casneda Cassina, Lombardie, Prov. Como und Distr. XX, Maccagno; siehe Agra.

Casnedo, Lombardie, Prov. Como u. Distr. II, Como; siehe Rovenno.

Casnigo, Lombardie, Prov. Bergamo und Distr. XV, Gandino, ein am linken Ufer des Serio gegen Gandino liegendes *Gemeindedorf* mit einer Gemeinde-Deputation, Pfarre S. Giovanni Battista und 3 Aushilfskirchen, dann einer Säge, ½ St. von Gandino.

Casolate, Lombardie, Prov. Lodi e Crema und Distr. II, di Zelo Buon Persico, ein *Gemeindedorf* mit Vorstand, Pfarre S. Pietro Apost., einer Mühle und Reis-Stampfe, 3 Migl. von Paullo, ¼ M. vom Flusse Adda entlegen.

Casoletti, Lombardie, Provinz und Distr. XVIII, Edolo; siehe Edolo.

Casolo al Monte, Lombardie, Prov. Como u. Distr. XIX, Arcisate; s. Porto.

Casolta, Lombardie, Prov. Lodi e Crema und Distr. II, di Zelo Buon Persico; siehe Quartiano.

Casoncelli, Lombardie, Prov. Lodi e Crema und Distr. I, Lodi; siehe Chieso di Porta Cremonese.

Casoncelli e Casoni, Lombardie, Prov. Lodi e Crema und Distr. I, Lodi; siehe Chieso di Porta Cremonese.

Casone, Lombardie, Prov. und Distr. I, Milano; s. Corpi S. di Porta Romana.

Casone, Lombardie, Prov. Milano und Distr. XIII, Gallarate; siehe Cardano.

Casone, Lombardie, Prov. Mantova und Distr. III, Roverbella; siehe Marmirolo.

Casone, Lombardie, Prov. Pavia und Distr. VIII, Abbiategrasso; siehe Menedrago.

Casone, Lombardie, Prov. Milano u. Distr. XII, Melegnano; s. Merrugnano.

Casone, Lombardie, Prov. Lodi e Crema und Distr. IV, Borghetto; siehe S. Colombano.

Casone, Lombardie, Prov. und Distr. X, Milano; siehe S. Gregorio vecchio.

Casone Cassina, Lombardie, Provinz Milano und Distr. V, Barlassina; siehe Birago.

Casone, Venedig, Prov. Friaul und Distr. VII, Pordenone; siehe Zappola (Castions).

46

Casone, Lombardie, Prov. Brescia u. Distr. V, Lonato; siehe Rivoltella.

Casone, Lombardie, Prov. Pavia und Distr. VIII, Abbiategrasso; siehe Abbiategrasso.

Casone, Lombardie, Prov. Pavia und Distr. VIII, Abbiategrasso; siehe Bareggio (Cassinette di sotto).

Casone, Venedig, Prov. Friaul und Distr. VIII, S. Vito; siehe S. Vito.

Casonello, Lombardie, Prov. Mantova und Distr. III, Roverbella; siehe Marmirolo.

Casoni, Venedig, Prov. Treviso und Distr. IV, Conegliano; siehe Susigana.

Casoni, Venedig, Prov. Vicenza und Distr. IV, Bassano; siehe Mussolente.

Casoni, Lombardie, Prov. Lodi e Crema u. Distr. IV, Borghetto; s. Caviaga.

Casoni, Lombardie, Prov. Mantova und Distr. XIV, Gonzaga; siehe Gonzaga (Moglia).

Casoni, Lombardie, Prov. Pavia und Distr. IV, Corte Olona; siehe Pieve Porto Morone.

Casoni, Lombardie, Prov. Pavia und Distr. III, Belgiojoso; s. S. Margherita.

Casoni, Lombardie, Prov. Lodi e Crema und Distr. VI, Codogno; siehe S. Rocco al Porto.

Casoni, Lombardie, Prov. Lodi e Crema und Distr. VI, Codogno; siehe S. Stefano.

Casoni. Lombardie, Prov. Mantova u. Distr. XVI, Sermide; siehe Sermide.

Casoni I, Lombardie, Prov. Lodi e Crema und Distr. IV, Borghetto; siehe Borghetto.

Casoni Arivabene, Lombardie, Prov. Mantova und Distr. XVI, Sermide; siehe Borgofranco.

Casoni e Casoncelli, Lombardie, Prov. Lodi e Crema und Distr. I, Lodi; siehe Chieso di Porta Cremonese.

Casoparolo Cassina, Lombardie, Prov. Pavia und Distr. III, Belgiojoso; siehe Lardirago.

Casorasca, Lombardie, Prov. Pavia und Distr. V, Rosate, siehe Coronate.

Casorate, Lombardie, Prov. Milano und Distr. XVI, Soma; siehe Cosorate.

Casorate, Lombardie, Prov. Pavia und Distr. II, Bereguardo, ein *Flecken* und Gemeinde mit Vorstand, Pfarre S. Vittore, Aushilfskirche, Oratorio, und Kapelle, 3 Migl. vom Flusse Ticino, nahe bei Motta Visconti. Zu dieser Gemeinde gehören:
Casetta, Cassina dell' Acqua, Meiereien. — Mulino nuovo, einzelnes Haus und Mühle.
Zu diesem Postamte gehören:
Bosate, Bubbiano, Calvignasco con Bettola e Torretta Casorate, Moazzano con Massina, Scac-

cabarozzi, Fallarecchia, Moneno con Moricione e Mulicco Vecchio, Motta Visconti, Papiago, Sancino con Cassina Cavagnate, Trovo, Vernate con Merlate e Cassina Valmichia.

Casoretto, Lombardie, Provinz und Distr. I, Milano; siehe Corpi S. di Porta Orientale.

Casoretto, Lombardie, Provinz und Distr. X, Milano; siehe Lambrate.

Casotta, Lombardie, Prov. Cremona und Distr. VI, Pieve d' Olmi; siehe Branciere.

Casotta, Lombardie, Prov. Cremona und Distr. VI, Pieve d' Olmi; siehe Cere de' Caprioli.

Casotta, Lombardie, Prov. Mantova und Distr. IV, Volta; siehe Ponti.

Casotta Cassina, Lombardie, Prov. Como und Distr. XIV, Erba; siehe Rogeno.

Casotti nuovi, Lombardie, Provinz und Distr. I, Mantova; siehe Castellaro.

Casotti, Lombardie, Prov. Mantova und Distr. III, Roverbella; siehe Castel Belforti.

Casotti, Lombardie, Prov. Cremona und Distr. VI, Pieve d' Olmi; siehe Gere del' Pesce.

Casotti, Lombardie, Prov. und Distr. I, Pavia; siehe Torre d' Isola.

Casotti, Tirol, Trient. Kr., ein zur Ldgcht. Hrsch. Caldonazzo geh. *Dorf*, mit einer Kuratie, 8 St. von Persen oder Pergine.

Casottina, Lombardie, Prov. Pavia und Distr. IV, Corte Olona; siehe Chiognolo.

Casottino, Lombardie, Prov. Lodi e Crema und Distr. I, Lodi; siehe Lodi.

Casottino, Lombardie, Prov. Lodi e Crema, Distr. VII, Pandino; s. Spino.

Casotto, Lombardie, Prov. und Distr. XI, Milano; siehe Vigentino.

Casotto, Lombardie, Prov. Milano u. Distr. VI, Monza; siehe Villa Fiorano.

Casotto, Tirol, Trienter Kr., ein *Dorf* im Val d' Astego, Kuratie der Pfarre Brancafora oder Pedimonte, Ldgcht. Levico und Caldonazzo.

Casotto, Lombardie, Prov. Lodi e Crema und Distr. IV, Borghetto; siehe Borghetto.

Casotto, Lombardie, Prov. Lodi e Crema und Distr. I, Lodi; siehe Chioso di Porta d' Adda.

Casotto, Lombardie, Prov. Milano u. Distr. VII, Verano; siehe Correzzana.

Casotto, Lombardie, Prov. Brescia u. Distr. IX, Adro; siehe Cazzago.

Casotto, Lombardie, Prov. und Distr. I, Milano; siehe Corpi S. di Porta Romana.

Casotto, Lombardie, Prov. Lodi e Crema und Distr. VII, Pandino; siehe Corte del Palasio.

Casotto, Lombardie, Provinz Lodi e Crema und Distr. IV, Borghetto; siehe Laufroja.

Casotto, Lombardie, Prov. und Distr. XI, Milano; siehe Nosedo.

Casotto, Lombardie, Provinz Lodi e Crema und Distr. VII, Pandino; siehe Roncadello.

Casotto, Lombardie, Prov. und Distr. I, Mantova; siehe Roncoferraro.

Casotto, Lombardie, Prov. und Distr. XI, Milano; siehe S. Donato.

Casotto, Lombardie, Provinz Lodi e Crema und Distr. VII, Pandino; siehe Spino.

Casottolle di Viscontina, Lombardie, Prov. Pavia und Distr. II, Bereguardo; siehe Bereguardo.

Casottone, Lombardie, Prov. Pavia und Distr. III, Belgiojoso; s. Prado.

Ca Sozza, Lombardie, Prov. Bergamo und Distr. III, Trescorre; s. Mologno.

Casozzinetta, Lombardie, Prov. Lodi e Crema und Distr. I, Lodi; siehe Chioso di Porta Regale.

Caspano, Lombardie, Prov. Sondrio (Valtellina) und Distr. V, Traona; s. Civo

Cà Spineda, Venedig, Prov. Treviso und Distr. VIII, Montebelluna; siehe Volpago.

Caspoggio, Lombardie, Prov. Sondrio (Prov. della Valtellina) und Distr. I, Sondrio, ein auf einem Berge oberhalb dem Flusse Mallero liegendes *Gemeindedorf*, mit Vorstand und Pfarr-Kurazie SS. Fabiano e Sebastiano, 1 Oratorium und 2 Mühlen, 9¼ Migl. von Sondrio.

Casrè, Lombardie, Prov. Como und Distr. XV, Angera; siehe Angera.

Cassacchio, Lombardie, Prov. Bergamo u. Distr. V, Ponte S. Pietro; siehe Sotto il Monte.

Cassacco, Venedig, Prov. Friaul und Distr. XXI, Tricesimo, ein am Strome Soima, zwischen Conoglano und Montegnaeco lieg. *Gemeindedorf*, mit einem Schlosse Castello di Cassacco, Gemeinde-Deputation, eigener Pfarre S. Giovanni Battista u. Privat-Oratorio, 1 Mgl. von Tricesimo. Mit:
Castello di Montegnacco, — Conoglano, Montegnacco, Raspano, Dörfer.

Cassacco, Venedig, Prov. Friaul und Distr. III, Spilimbergo; siehe Vito.

Cassaglia, Lombardie, Prov. Milano und Distr. VII, Verano; siehe Monte.

Cassaglio, Lombardie, Prov. Brescia und Distr. II, Ospitaletto; siehe Torbole.

Cassago, Lombardie, Prov. Como und Distr. XXV, Missaglia, ein in der Ebene liegendes *Gemeindedorf* mit Vorstand u. einer eigenen Pfarre SS. Giacomo e Brigida, 4 Migl. von Missaglia. Hieher gehören:
Alla Chià, Tremoncsina, Rosctto, Cassina nuova, Cassinetta, Costa, Costajola, Meiereien — Campi Ascruti, Villa.

Cassago, Lombardie, Prov. Brescia u. Distr. IX, Montechiari; siehe Visano.

Cassaidera, Tirol, Botzn. Kr., einz. Ldgrcht. Castel-Fondo geh. Dorf, 9 St. von Trient, 3½ St. von Cles.

Cassallere, Lombardie, Prov. Pavia und Distr. IV, Corte Olona; siehe Calanterio.

Cassallo, Lombardie, Prov. Como und Distr. XI, Lecco; siehe Lierna.

Cassanelli, Lombardie, Prov. Milano und Distr. XIII, Gallarate; siehe Jarago.

Cassangrosso, Lombardie, Provinz Milano und Distr. XIII, Gallarate; siehe

Cassano, Lombardie, Prov. Como und Distrikt XVIII, Cuvio, ein nördlich im Thale am Saume des Berges S. Martino liegendes *Gemeindedorf* mit Vorstand v. Pfarre SS. Ippolito e Cassiano, 9 Migl. von Varese. Dazu gehören:
Cassina Corte, Cassina di Rocci, Meiereien — Mulino Badi, Mühle.

Cassano, Tirol, Trient. Kr., ein Dorf am Noze Flusse, zur Gemeinde Bozzowa geh., im Ldgrcht. Malé.

Cassano, Lombardie, Prov. Como und Distr. XIV, Erba, ein *Gemeindedorf* in der Pfarre S. Margheritta zu Albese, am Saume des Berges Comano, auf der Prov. Strasse von Como nach Lecco, mit einer Gemeinde-Deputation, 3¼ Migl. v. Erba. Hieher gehören:
Cassina la Cà, Cassina Caneva, Cassina Creola, Meiereien — Sirtolo, Dorf.

Cassano, Lombardie, *Stadt* in der Delegation Mailand, auf einem Hügel, gewährt mit seiner langen Reihe 3 Stockwerke hoher Häuser, 5 Kirchen und der 800 Schritte langen Brücke über die Adda einen schönen Anblick. Viele blutige Schlachten färbten hier das Wasser der Adda und brachen ihre Brücken. Im J. 1158 schlugen sich die Mailänder mit Kaiser Friedrich Barbarossa; ein Jahrhundert später brachten die Visconti den Torriana eine grosse Niederlage bei; der berüchtigte Ezzelino da Romano, Herr von Padua, und bald Ober-Italien, wurde hier 1259 in der Schlacht mit den Mailändern tödtlich verwundet (er starb 9 Tage später darauf zu Soncino, sein Sterndeuter soll ihm mehrmalen vorausgesagt haben, dass die Brücke bei Cassano für ihn unheilbringend sein werde); im J. 1705 verlor hier Prinz Eugen von Savoyen — sonst immer Sieger — die Schlacht gegen den Herzog von Vendome; die Franzosen verloren hier ein Treffen gegen die Oesterreicher und Russen unter Suwarow im J. 1799,

Cassano, Castello di, Lombardie, Prov. Milano und Distr. IX, Gorgonzola; siehe Cassano.

Cassano Magnago, Lombardie, Prov. Milano und Distr. XIII, Gallarate, eine grössere *Gemeinde-Ortschaft* mit 2 Pfarren S. Maria del Corvo und S. Giulio, 2 Aushilfskirchen, 5 Oratorien, einer Gemeinde-Deputation und Rath, unweit Fagnona und Olona, 3 St. von Cassina delle Corde, ½ St. von Gallarate. Hieher gehören:

Agostini, Rono, Visconti, Viscontini, Landhäuser — Bonassia, Boschiroli, Candia, Cossone, Dasaglia, Filistella, Malpaga, Mojas, Ongharia, Rile, Quadrio, S. Martino, Tallino, Valle della, Via Via, Villa, Meiereien.

Cassano sopra Adda, Lombardie, Prov. Milano und Distrikt IX, Gorgonzola, ein kleines *Städtchen* und Gemeinde mit einer Prätur, eigenen Pfarre B. M. Verg. Imacolata, einer Erziehungs-Anstalt, Majolika- und Erden-Geschirr-Fabrike, am Adda-Flusse, worüber hier eine Brücke geschlagen ist, nächst Cassina S. Pietro, Abignano, Trecella und Gropello, 6 Migl. von Gorgonzola. Postamt. Zu dieser Gemeinde gehören:

Binaga, Binaglutta, Cacotta, Cassina Nuova, Cassinello Paradisino, Nuova, Pietra Santa, S. Bernardo, Torchio, Meiereien — Boncella, Cassinello, Bogere, Mühlen — Casa d' Adda, Landhaus — Castello di Cassano, Castel.

Cassargo, Lombardie, Prov. Bergamo und Distr. VII, Caprino; siehe Villa d' Adda.

Casscice, Lombardie, Prov. Brescia und Distr. II, Ospitaletto; s. Torbole.

Cassela La, Lombardie, Prov. Milano und Distr. VIII, Vimercate; siehe Arcore.

Cassella, I, II, Lombardie, Prov. und Distr. I, Brescia; siehe Rezzato.

Casselli, Venedig, Prov. Treviso und Distr. IX, Asole; siehe Altivole.

Cassello, Lombardie, Prov. Bergamo und Distr. VIII, Piazza; siehe Baresi.

Cassera, Lombardie, Prov. Como und Distr. VIII, Gravedona; siehe Vercana.

Casserolo, Lombardie, Provinz und Distr. I, Brescia; siehe Botticino Mattino.

Cassesse, Illirien, Krain, Adelsberg. Kr., ein zum Wb. B. Kom. und Hersch. Prem geh. *Dorf*, nach Dornegg eingepf., an der Fiumerstrasse, gegen W. nächst d. Dorfe mala Bukouza, 3 St. v. Sageria.

Cassetta, Lombardie, Prov. Como und Distr. XXVI, Mariano; siehe Romano.

Cassettone, Lombardie, Prov. Bergamo und Distr. X, Treviglio; siehe Castel Bozzone.

Cassezzo, Tirol, Trient. Kr., ein zur Ldgrchtshrsch. Nonsberg geh., unter der Pfarre Sifini stehendes *Dorf*, mit einer Kuratie. 10 St. von Trient.

Cassia, Lombardie, Prov. Como und Distr. VII, Dongo; siehe Stazzona.

Cassich, Dalmatien, Zara-Kreis, Obbrovazzo Distr. ein *Dorf* und Filial der Pfarre Islam greco, der Hauptgemeinde Novegradi und Pretur Obbrovazzo einverleibt, auf dem festen Lande, 14 Migl. von Obbrovazzo.

Cassiglio, Lombardie, Prov. Bergamo und Distr. VIII, Piazza, ein *Gemeindedorf*, das nördlich an dem reissenden Strome Sabina liegt, welcher nach einem Laufe von 2 Migl. sich in den Bremo ergiesst, mit Vorstand und eigener Pfarre S. Bartolomeo, einer Kapelle und 2 Eisen-Schmelz-Öfen, 1 St. v. Piazza. Hieher gehören:

Caravina, Fornera, Maja, kleine Gassen.

Cassignanica, Lombardie, Provinz und Distr. X, Milano, ein v. Briavacca, Peschiere, Pantigliate u. Lucino begrenztes *Gemeindedorf* mit Vorstand und Pfr. S. Vicenzo, 2 St. von Milano. Dazu gehören:

Benzo, Borghetto, Ghirlanda, Meiereien.

Cassina, Lombardie, Prov. Como und Distr. X, Introbbio, ein unweit Macaino und Val di Faggio liegendes *Gemeindedorf* mit Vorstand; nach S. Giorgio in Cremeno gepfarrt; 5 Migl. von Introbbio Mit:

Mezzacca, Dorf.

Cassina, Lombardie, Prov. Como und Distr. XVIII, Cuvio; siehe Brenta.

Cassina, Lombardie, Prov. Como und Distr. XVIII, Cuvio; siehe Caravate.

Cassina, Lombardie, Prov. Como und Distr. XI, Lecco; siehe Castello.

Cassina, Lombardie, Prov. Mantova u. Distr. XVI, Sermide; siehe Ferlonica.

Cassina, Lombardie, Prov. Cremona und Distrikt IV, Pizzighettone; siehe Grumello.

Cassina, Lombardie, Prov. Pavia und Distr. III, Belgiojoso; siehe Marzano.

Cassina, Lombardie, Provinz Lodi e Crema und Distr. II, di Zelo Buon Persico; siehe Mulazzano.

Cassina, Acquanegra, Lombardie, Prov. und Distr. II, Milano; siehe Cusago.

Cassina, Agostani, Lombardie Prov. Bergamo und Distr. X, Treviglio siehe Treviglio.

Cassina, al Boschi, Lombardie, Prov. Como und Distr. II, Como; siehe Al)até.

Cassina, ai Monti, Lombard., Prov. Como und Distr. XIX, Arcisate; sie)e Busischio.

Cassina, Alberto, Lombardie, Prov. Bergamo und Distr. X, Treviglio; sie)e Caravaggio.

Cassina, al Brembo, Lombardie, Prov. Bergamo und Distr. V, Ponte S. Pietro; sie)e Brem)ate di sopra.

Cassina, Alli, Lom)ardie, Prov. Cremona und Distr. V, Ro)ecco; sie)e Bettenesco.

Cassina, Aliprandi, Lombardie, Prov. Milano und Distr. V, Barlassina; sie)e Cassina di Giorgio Aliprandi.

Cassina, Alla, Lom)ardie, Prov. Como und Distr. XII, Oggiono; sie)e Sirone.

Cassina, All'Adda, Lom)ard, Prov. Bergamo und Distr. V, Ponte S. Pietro; sie)e Medolago.

Cassina, alla Tribulina Vescavado, Lombardie, Prov. u. Distr. I, Bergamo; sie)e Rosciate.

Cassina, al Mulino, Lom)ardie, Prov. Como und Distr. II, Como; sie)e Al)ate.

Cassina al Maglio, Lom)ardie, Prov. Como und Distr. XIV, Er)a; sie)e Merone.

Cassina, al piedo di Neppio, Lom)ardie, Prov. Como und Distr. XIII, Canzo; sie)e Castelmarte.

Cassina al Prato, Lom)ardie, Prov. Como und Distr. XIV, Er)a; sie)e Paravicino.

Cassina, Alta, Lom)ardie, Prov. Bergamo und Distr. XIII, Verdello; sie)e Osio di sopra.

Cassina, Amadeo, Lombardie, Prov. Bergamo und Distr. XIII, Verdello; sie)e Bottiere.

Cassina, Amata, Lom)ardie, Prov. Milano und Distr. V, Barlassina, einen Dorfgemeinde mit einer eigenen Pfarre S. Am)rosio, einer Aushilfskirche und einer Gemeinde-Deputation. 1½ Stunde v. Desio und 2½ Stunde von Monza.

Cassina, Amata, Lom)ardie, Prov. Como, Distr. XXVI, Mariano; s. Cantù.

Cassina, Araldi, Lom)ardie, Prov. Cremona und Distr. VII, Casal Maggiore; siehe Casal Belotto.

Cassina, Arcivescovile, Lom). Prov. Milano und Distr. III, Bollate; siche Senago.

Cassina, Arginone, Lombardie, Prov, Lodi e Crema und Distr. VI, Codogno; siche Meletto.

Cassina, Arnoldi, Lombardie, Prov. Bergamo und Distr. XIII, Verdello; sie)e Osio di Sotto.

Cassina, Assiano, Lombardie, Prov. und Distr. II, Milano; sie)e Assiano.

Cassina, Asti, Lom)ardie, Prov. Bergamo und Distr. XIII, Verdello; sie)e Urgnano.

Cassina, Azzè, Lom)ardie, Prov. Lodi e Crema und Distr. VI, Codogno; sie)e Codogno.

Cassina, Badia, Lom)ardie, Prov. Milano und Distr. V, Barlassina; sie)e Meda.

Cassina, Badile, Lom)ardie, Prov. Pavia und Distr. VI, Binasco; sie)e Badile e Bavei.

Cassina, Ballocca, Lom)ardie, Prov. Bergamo und Distr. X, Treviglio; sie)e Brignano.

Cassinna, Baggiolini, Lom)ard., Prov. Como und Distr. XXI, Luino; sie)e Valdomino.

Cassina, Baldino, Lombardie, Prov. Como und Distr. XXV, Missaglia; sie)e Bulciago.

Cassina, Baraccana, Lom)ardie, Prov. Milano und Distr. V, Barlassina; sie)e Seveso.

Cassina, Baraggia, Lom)ardie, Prov. Milano und Distr. VIII, Vimercate, ein *Gemeindedorf* und Filial der Pfarre S. Antonio zu Brug)erio, mit einer Gemeinde-Deputation, an Cernusco, Corugate, Agrate und Brugherio grenzend. 2 Stunden von Vimercate. Hier)er ge)ören:
Balabio, Ghirlanda, Valadini, Volpate, Brughera, Pariana, S. Ambrogio, Landhäuser.

Cassina, Barbellina, Lombardie, Prov. Bergamo und Distr. XIII. Verdello; sie)e Lurano.

Cassina, Barbova, Lom)ardie, Prov. Cremona und Distr. III, Soresina; Barzaniga.

Cassina, Bariani, Lombard. Prov. Milano und Distr, III, Bollate; sie)e Gabargnate.

Cassina, Barnaghi, Lom)., Prov. Bergamo und Distr. X, Treviglio; sie)e Treviglio.

Cassina, Barocco, Lombardie, Prov. und Distr. II, Milano; sie)e Sella Nuova.

Cassina, Bassanina, Lombardie, Prov. Lodi e Crema und Distr. II, di Zelo Buon Persico; sie)e Galgagnano.

Cassina, Bassera, Lom)., Prov. Bergamo und Distr. XIII, Verdello; sie)e Levate.

Cassina, Bassetto, Lombard., Prov. Como und Distr. XIV, Erba,; sie)e Monguzzo.

Cassina, Bastoni, I. II. III., Lombardie, Prov. Milano und Distr. VI, Monza; siehe Monza.

Cassina, Batilocca, Lombardie, Prov. und Distr. II, Milano; siehe Buccinasco.

Cassina, Beatico, Lombardie, Prov. Pavia und Distr. III, Belgiojoso; siehe Filighera.

Cassina, Beccari, Lombard., Prov. Cremona und Distr. VII, Casal Maggiore; siehe Casal Belotte.

Cassina, Beccia, Lombardie, Prov. Lodi e Crema und Distr. II, di Zelo Buon Persico; siehe Comazzo.

Cassina, Bella, Lombardie, Prov. Como und Distr. XXIII, Appiano; siehe Olgiate.

Cassina, Bell' Aria, Lombardie, Prov. Lodi e Crema und Distr. II, di Zelo Buon Persico; siehe Galgagnano.

Cassina Belgora, Lombardie, Prov. Milano, Distr. V, Barlassina; s. Meda.

Cassina Bellani, Lombardie, Prov. Como und Distr. XXV, Massiglia; siehe Barzago.

Cassina Bellegotti, Lombardie, Prov. Como und Distr. XXI, Luino; siehe Luino.

Cassina Bellona, Lombardie, Prov. Lodi e Crema und Distr, VI, Codoguo; siehe Codogno.

Cassina Benaglia, Lombard., Prov. Bergamo und Distr. V, Ponte S. Pietro; siehe Brembate di Sotto.

Cassina Benaglia. Lombard., Prov. Bergamo und Distr. XIII, Verdello; siehe Comunnuovo.

Cassina Benanina, Lombardie, Prov. Bergamo und Distr. XIII, Verdello; siehe Urgnano

Cassina Benzona, Lombard.. Prov. Lodi e Crema und Distr. IX, Crema; siehe Bagnolo.

Cassina Beretta, Lombardie, Prov. Como und Distr. XIV, Erba; siehe Albesio.

Cassina Bertacciola, Lombardie, Prov. Milano und Distr. V, Barlassina; siehe Masciago.

Cassina Berveradore, Lombardie, Prov. und Distr. I, Milano; siehe Corpi S. di Porta Romana.

Cassina Bettola, Lombardie, Prov. Milano und Distr. III, Bolate; siehe Figiuo.

Cassina Bettolino, Lombardie, Prov. Como und Distr. XIV, Erba; siehe Anzano.

Cassina Beveradore, Lombardie, Provinz und Distr. I, Milano; siehe Corpi S. di Porta Romana.

Cassina Bianca, Lombardie, Prov. Pavia und Distr. VII, Landriano, eine nach S. Pietro e S. Paolo zu Zibido al Lambro gepfarrte *Gemeinde-Ortschaft* mit einer Aushilfskirche und Gemeinde-Deputation nächst den Flüssen Lambro, Po und Ticino, 1 St. von Landriano. Dazu gehören: *Cassina Monte, Dorf. — Pojano, Meierei.*

Cassina Bianca, Lombardie, Prov. Como und Distr. XIII, Canzo; siehe Caslino.

Cassina Bianca, Lombardie, Prov. Pavia und Distr. V, Rosate; siehe Gudo Visconti.

Cassina Bianca, Lombardie, Prov. Como und Distr. XXIV, Brivio; siehe Olgiate.

Cassina Bianca, Lombardie, Prov. Pavia und Distr. III, Belgiojoso; siehe Spirago (Cassina Schiaffinata).

Cassina Bianca, Lombardie, Prov. Milano und Distr. IX, Gorgonzola; siehe Vignate.

Cassina Biffa, Lombardie, Prov. Bergamo und Distr. XIII, Verdello; siehe Lurano.

Cassina Bindella, Lombardie, Pr. Como und Distr. XIV, Erba; siehe Monguzzo.

Cassina Binetti, Lombardie, Prov. Cremona und Distr. VII, Casal Maggiore; siehe Casal Bellotto.

Cassina Bione, Lombardie, Prov. Como u. Distr. XI, Lecco; siehe Lecco.

Cassina Bizzara, Lombardie, Prov. Bergamo und Distr. XIII, Verdello; siehe Urgnano.

Cassina Blondelli, Lomb., Prov. Bergamo und Distr. XIII, Verdello; siehe Levate.

Cassina Bocca, Lombardie, Prov. und Distr. II, Milano; siehe Cesano Boscone.

Cassina Bodri, Lombardie, Prov. Lodi e Crema und Distr. VI, Codoguo; siehe Cavacurta.

Cassina Bolagnos, Lombardie, Prov. Milano und Distr. V, Barlassina; siehe Desio.

Cassina Bollona, Lombardie, Prov. Milano und Distr. XV, Busto Arsizio; siehe Busto Arsizio.

Cassina Bompiumazzo, Lomb., Prov. Pavia und Distr. III, Belgiojoso; siehe Fossarmato.

Cassina Bonoma. Lombard., Prov. Bergamo und Distr. X, Treviglio; siehe Arzago.

Cassina Bonella, Lombard., Prov. Lodi e Crema und Distr. VI, Codoguo; siehe S. Stefana.

Cassina Bononi, Lombard., Prov. Bergamo und Distr. XIII, Verdello; siehe Urgnano.

Cassina Borati, Lombardie, Prov. Milano und Distr. VI, Monza; siehe Monza.

Cassina Bordegari, Lombardie, Prov. Lodi e Crema und Distr. V, Casalpusterlengo; siehe Robecco.

Cassina Borego. Lombard., Prov. Como und Distr. XIV, Erba; siehe Anza'o.

Cassina Borghetto, Lombardie, Prov. Pavia und Distr. III, Belgiojoso; siehe Carpignano.

Cassina Borghetto, Lombardie, Prov. Milano und Distr. XV, Busto Arsizio; siehe Sasconago.

Cassina Borromeo, Lombardie, Prov. Como und Distr. XXV, Missaglia; siehe Casate nuove.

Cassina Borromeo, Lombardie, Prov. Milano und Distr. III, Bollate; siehe Senago.

Cassina Boscaccio, Lombardie, Prov. Como und Distr. XIV, Erba; siehe Rogeno.

Cassina Boscai, Lombardie, Prov. Como und Distr. X, Introbbio; siehe Cortabbio.

Cassina Bosisio, eigentl. **Boppio,** Lombardie, Prov. Milano und Distr. III, Bollate; siehe Musocco.

Cassina Bottia, Lombardie, Prov. Bergamo und Distr. XIII, Verdello; siehe Boltiere.

Cassina Bovisa, Lombardie, Prov. Milano und Distr. IX, Gorgonzola; siehe Busnago.

Cassina Brebbia, Lombard., Prov. und Distr. II, Milano; siehe Terzago.

Cassina Breda, Lombardie, Prov. Bergamo und Distr. X, Treviglio; siehe Calvenzano.

Cassina Brembati, Lombardie, Prov. Bergamo und Distr. V, Ponte S. Pietro; siehe Brembate di sopra.

Cassina Brembo, Lombardie, Prov. Bergamo und Distr. XIII, Verdello; siehe Mariano.

Cassina Brembo, Lombardie, Provinz Bergamo und Distr. XIII, Verdello; siehe Osio di sopra.

Cassina Brentana, Lombardie, Prov. Milano und Distr. VIII, Vimercate; siehe Sulbiate infer.

Cassina Bruga, Lombardie, Prov. Milano und Distr. IX, Gorgonzola; s. Cornate.

Cassina Brunesco, Lombardie, Prov. Como und Distr. XIV, Erba; s. Brenno.

Cassina Brusada, Lombardie, Provinz Bergamo u. Distr. XIII, Verdello; siehe Comunnuovo.

Cassina Brusata, Lombardie, Prozinz Milano und Distr. IX, Gorgonzola; siehe Cassine di S. Pietro.

Cassina Buccinasco, Lombardie, Prov. u. Distr. II, Milano; s. Buccinasco.

Cassina Buga, Lombardie, Prov. Como und Distr. XI, Lecco; s. Lecco.

Cassina Buon (Bon) Campagno, Lombardie, Prov. Milano u. Distr. V, Barlassina; siehe Palazzuolo.

Cassina Buon Gesù, Lombardie, Prov. Milano und Distr. XV, Busto Arsizio; siehe Castellanza.

Cassina Buon Gesù, Lombardie, Prov. Milano und Distr. XV, Busto Arsizio; siehe Olgiate Olana.

Cassina Buraga, Lombardie, Prov. Como und Distr. XXIV, Brivio; siehe Robbiate.

Cassina Buratano, Lombardie, Prov. Milano und Distr. XIV, Cuggiono; siehe Borsano.

Cassina Busca, Lombardie, Prov. Milano und Distr. IX, Gorgonzola; s. Bornago.

Cassina Busi, Lombardie, Prov. Cremona und Distr. VII, Casal Maggiore; siehe Casal Bellotto.

Cassina Busnelli, Lombardie, Provinz Milano und Distr. V, Barlassina; siehe Meda.

Cassina Busta, Lombardie, Prov. Como und Distr. XIV, Erba; s. Erba.

Cassina Buttintrocca, Lombardie, Prov. Lodi e Crema und Distr. II, di Zelo Buon Persico; siehe Cologno.

Cassina Caccia, Lombardie, Prov. Lodi e Crema und Distr. I, Lodi; siehe S. Zenone.

Cassina Cadi. Lombardie, Prov. Como und Distr. XIV, Erba; s. Lurago.

Cassina Cadrega, Lombardie, Provinz Como und Distr. XIV, Erba; siehe Tregolo.

Cassina Caima, Lombardie, Prov. Lodi e Crema und Distr. III, S. Angiolo; siehe Caselle.

Cassina Cagnola, Lombardie, Provinz Lodi e Crema und Distr. II, di Zelo di Buon Persico; siehe Galgagnano.

Cassina Cagnola, Lombardie, Provinz Milano und Distr. III, Bollate; s. Villa Pizzone.

Cassina Cagnoletta, Lombardie, Prov. Milano und Distr. III, Bollate; siehe Villapizzone.

Cassina Cagianino, Lombardie, Prov. Como und Distr. XIV, Erba; siehe Anzano.

Cassina Calcagni, Lombardie, Provinz Pavia und Distr. I, Pavia; siehe Corpi Santi.

Cassina Caldera, Lombardie, Provinz Como und Distr. XXIII, Appiano; siehe Beregazzo.

Cassina Caldera, Lombardie, Provinz Milano und Distr. III, Bollate: siehe Quinto Romano.

Cassina Calderara, Lombardie, Prov. Pavia und Distr. I, Pavia, ein *Gemeindedorf* mit Pfarre S. Rocco und einer Gemeinde-Deputation, in der Nähe d. Naviglio di Pavia, 1½ St. v. Pavia. Mit: *Cassina Tribigliana, Colombara, Comune del Trono, Metereten.*

Cassina Colestria, Lombardie, Prov. und Distr. II, Milano; s. Cusago.

Cassina Calgari, Lombardie, Provinz Como und Distr. XXV, Missaglia; siehe Monticello.

Cassina Callni, Lombardie, Prov. Brescia und Distr. II, Ospitaletto; siehe Comezzano.

Cassina Camoga, Lombardie, Provinz Como und Distr. XXI, Luino; siehe Valdomino.

Cassina Camozzi, Lombardie, Provinz Bergamo und Distr. XIII, Verdello; siehe Dalmine.

Cassina Campacio, Lombardie, Prov. Milano und Distr. V, Barlassina; siehe Palazzuolo.

Cassina Campagna, Lombardie, Prov. Lodi e Crema und Distr. VI, Codogno; siehe Mirabello.

Cassina Campagna, Lombardie, Prov. und Distr. I, Pavia; s. Camairano.

Cassina Campagna, Lombardie, Prov. und Distr. I, Pavia; s. S. Soffia.

Cassina Campazzo, Lombardie, Prov. Cremona und Distr. II, Soncino; siehe Fiesco.

Cassina Campiadiga, Lombardie, Prov. Comol und Distr. XVI, Gavirate; siehe Cardana.

Cassina Campo Marzo, Lombardie, Prov. Como und Distr. XIV, Erba; siehe Merone.

Cassina Campone, Lombardie, Prov. Pavia und Distr. IV, Corte Olona; siehe Costa S. Zenone.

Cassina Canova, Lombardie, Provinz Como und Distr. XIV, Erba; siehe Cassano.

Cassina Cantona, Lombardie, Provinz Milano und Distr. XIV, Cuggiono; siehe Castano.

Cassina Cantone, Lombardie, Provinz Lodi e Crema und Distr. V, Casalpusterlengo; siehe Livraga.

Cassina Caporale, Lombardie, Prov. Como und Distr. XIV, Erba; siehe Villa Albese.

Cassina Capri, Lombardie, Prov. Lodi e Crema und Distr. IX, Crema; siehe Cassine Gandini.

Cassina Caramati, Lombardie, Prov. Cremona und Distr. III, Soresina; siehe Genivolta.

Cassina Carlina, Lombardie, Provinz u. Distr. II, Milano, siehe Cesano Bescone.

Cassina Carnita, Lombardie, Provinz Lodi e Crema und Distr. IX, Crema; siehe Quintano.

Cassina, insgemein **Casa Ciani,** Lombardie, Prov. und Distr. II, Milano; siehe Monzoro.

Cassina Casanova, Lombardie, Prov. Pavia und Distr. IV, Corte Olona; siehe Monte Leone.

Cassina Caselli, Lombardie, Provinz Ledi e Crema und Distr. IX, Crema; siehe Gabbiano.

Cassina Casetta, Lombardie, Provinz Como und Distr. XIV, Erba; siehe Lurago.

Cassina Caslaccio, Lombardie, Prov. Como und Distr. XIV, Erba; s. Villa Albese.

Cassina Casneda, Lombardie, Provinz Como und Distr. XX, Macagno; siehe Agra.

Cassina Casone, Lombardie, Provinz Milano und Distr. V, Barlassina; siehe Birago.

Cassina Casoparolo, Lombardie, Prov. Pavia und Distr. III, Belgiojoso; siehe Lardirago.

Cassina Casotto, Lombardie, Provinz Como und Distr. XIV, Erba; siehe Regeno.

Cassina Cassinetto, Lombardie, Prov. Milano und Distr. V, Balassina; siehe Solaro.

Cassina, eigentlich Castel Vailetto — Lombardie, Prov. Bergamo, Distr. I, Bergamo; siehe Almè.

Cassina Castelletto, Lombardie, Prov. Milano und Distr. III, Bollate; siehe Senago.

Cassina Castelletto, Lombardie, Prov. u. Distr. II, Milano; siehe Settimo.

Cassina Casione, Lombardie, Provinz Lodi e Crema und Distr. II, di Zelo Buon Persico; siehe Lavagna.

Cassina Cattafama, Lombardie, Prov. Como u. Distr. I, siehe Bizzurone.

Cassina Cavagnetto, Lombardie, Prov. Como und Distr. XIV, Erba; siehe Anzano.

Cassina Cavalatti, Lombardie, Prov. Como und Distr. XXV, Missaglia; siehe Monticello.

Cassina Cavalli, Lombardie, Prov. Cremona und Distr. VII, Casal Maggiore; siehe Agojolo.

Cassina Cavalli Lombardie, Prov. Bergamo und Distr. XIII, Verdello; s. Boltiere.

Cassina Cavallazza. Lombardie, Prov. und Distr. II, Milano; s. Assago.

CassnaCavenina, Lombardie, Provinz Milano und Distr. XIV, Cuggiono; siehe Castano.

Cassina Cavogna, Lombardie, Provinz Como und Distr. XIV, Erba; siehe Anzano.

Cassina Cavoito, Lombardie, Provinz Como und Distr. XIV, Erba; siehe Monguzzo.

Cassina Cazzani, auch Cassina di Cazzan — Lombardie, Prov. Milano und Distr. V, Barlassina; siehe Lentate.

Cassina Cassinaccia, Lombardie, Prov. Como und Distr. XXIII, Appiano; siehe Binago.

Cassinaccia, Lombardie, Prov. Milano und Distr. IV, Saronno; siehe Gerenzano.

Cassina Cemana, Lombardie, Provinz Lodi e Crema und Distr. IX, Crema; siehe Bagnolo.

Cassina Ceppo, Lombardie, Prov. Como und Distr. XIV, Erba; s. Merone.

Cassina Ceprine, Lombardie, Prov. Como und Distr. XXII, Tradate; siehe Lonate Cepino.

Cassina Cerchiarello, Lombardie, Prov. Milano und Distr. III, Bollate, siehe Cerchiate.

Cassina Cerchiera, Lombardie, Prov. Lodi e Crema und Distr. IX, Crema; siehe Bottajano.

Casina Certosa, Lombardie, Prov. Milano und Distr. III, Bollate; siehe Garegnano.

Casina Chiaredo, Lombardie, Provinz Milano und Distr. V, Barlassina; siehe Seregno.

Casina Chiozzi, Lombardie, Prov. Cremona und Distr. VII, Casal Maggiore; siehe Casal Bellotto.

Casina Chiusa, Lombardie, Prov. Milano u. Distr. III, Bollate; s. Trenno.

Casina Ciani, eigentl. Casa Ciani — Lombardie, Prov. und Distr. II, Milano; siehe Monzoro.

Casina Clerici, Lombardie, Prov. Milano und Distr. V, Barlassina; siehe Cogliate.

Casina Cobella, Lombardie, Prov. Como, Distr. XIX, Arcisate; s. Clivio.

Casina Cobianca, Lombardie, Provinz Bergamo und Distr. I, Bergamo; siehe Bruntino.

Casina Colgnago, Lombardie, Provinz Como u. Distr. XIV, Erba; s. Erba.

Casina Colombajo, Lombardie, Prov. Como und Distr. XIV, Erba; siehe Brenno.

Casina Colombara, Lombargie, Prov. Milano. und Distr. III, Bollate; siehe Boldinasco.

Casina Colombara, Lombardie, Prov. und Distr. II, Milano; siehe Cesanoboscone.

Casina Colombara, Lombardie, Prov. Milano und Distr. V, Barlassina; siehe Copreno.

Casina Colombara, Lombardie, Prov. und Distr. II, Milano; s. Cusago.

Casina Colombara, Lombardie, Prov. Milano und Distr. XII, Melegnano; siehe Raucate.

Casina Colombara, Lombardie, Prov. Lodi e Crema und Distr. IX, Crema; siehe Trezzolasco.

Casina Colombara, Lombardie, Prov. u. Distr. II, Milano; s. Trezzano.

Casina Colombina, Lombardie, Prov. Pavia und Distr. III, Belgiojoso; siehe Buttirago.

Casina Colorina, Lombardie, Provinz Como und Distr. XXII, Tradate; siehe Caronno Corbellano.

Cassina Comina, Lombardie, Prov. Milano und Distr. III, Bollate; siehe Boldinasco.

Cassina Conca, Lombardie, Prov. und Dist. XI, Milano; siehe Rozzano.

Cassina Copra, Lombardie, Prov. Bergamo und Distr. XIII, Verdello; siehe Ossio di sopra.

Cassina Corrada, Lombardie, Prov. Milano und Distr. VIII, Vimercate; siehe Usmate.

Cassina Corse, Lombardie, Prov. und Distr. I, Pavia; siehe Mirabello.

Cassina Corte, Lombardie, Prov. Como und Distr. XVIII, Cuvio; siehe Cassane.

Cassina Costa, Lombardie, Prov. Lodi e Crema und Distr. VI, Codogno; siehe Somaglia.

Cassina Costa, Lombardie, Prov. Como und Distr. XIV, Erba; siehe Villa Albese.

Cassina Creda, Lombardie, Prov. und Distr. II, Milano; siehe Sella Nuova.

Cassina Creola, Lombardie, Prov. Como und Distr. XIV, Erba; siehe Cassano.

Cassina Crosina, Lombardie, Prov. und Distr. II, Milano; siehe Loirano.

Cassina Crotte, Lombardie, Prov. Como und Distr. XXV, Missaglia; siehe Casatenuovo.

Cassina Cucagna, Lombardie, Prov. Como und Distr. XI, Lecco; siehe Lecco.

Cassina Cunata, Lombardie, Prov. Como und Distr. II, Como; siehe Capiago.

Cassina Curto, Lombardie, Prov. und Distr. II, Milano; siehe Grancino.

Cassina D' Agostino, Lombardie, Prov. Como und Distr. XXI, Luino; siehe Luino.

Cassina d' Anzino Cusano, Lombardie, Prov. Pavia und Distr. V, Rosate; siehe Gaggiano.

Cassina Daria, Lombardie, Prov. Pavia und Distr. IV, Corte Olona; siehe Monte Leone.

Cassina de' Bini, Lombardie, Prov. Milano und Distr. V, Barlassina; siehe Cassina di Giorgio Aliprandi.

Cassina de' Bini, Lombardie, Prov. Como und Distr. XIV, Erba; siehe Rogeno.

Cassina de' Bracchi, Lombardie, Prov. Como und Distr. XXV, Missaglia, ein *Gemeindedorf* mit Pfarre S. Biagio, welche in dem Dorfe Galgiana ihren Sitz hat, und einer Gemeinde-Deputation, in der Ebene, 3 Migl. von Missaglia. Dazu gehören:

Barnasa, Cassina Galgiana, Rinoldo, Vallaperta, Dörfer. — Colombè, Colombera, Cazzaboglio, Meiereien.

Cassina de' Cani, Lombardie, Prov. Lodi e Crema und Distr. II, di Zelo Buon Persico; siehe Tribiano.

Cassina de' Chiari, Lombardie, Prov. Pavia und Distr. IV, Corte Olona; siehe Monticelli.

Cassina de' Frati, Lombardie, Prov. Lodi e Crema und Distr. VII, Pandino; siehe Pandino.

Cassina de' Frati, Lombardie, Prov. Pavia und Distr. V, Rosate; siehe Zelo Surigone.

Cassina de' Gatti, Lombardie, Prov. Milano und Distr. VI, Monza, ein *Gemeindedorf* und Filial der Pfarre S. Stefano zu Sesto Giovine. Hat eine Gemeinde-Deputation, liegt am Flusse Lambro und wird von Cologno und Sesto begrenzt, 1¼ St. von Milano. Dazu gehören:

Bergamina, Tuone, Meiereien.

Cassina de' Gatti, Lombardie, Prov. Lodi e Crema und Distr. II, di Zelo Buon Persico; siehe Tribiano.

Cassina degli Angeli, Lombardie, Prov. Milano und Distr. IX, Gorgonzola; siehe Vignate.

Cassina de' Granati, Lombardie, Prov. Lodi e Crema und Distr. V, Casalpusterlengo; siehe Livraga.

Cassina de' Grossi, Lombardie, Prov. Lodi e Crema u. Distr. VII, Pandino; siehe Vailate.

Cassina de' Grossi, Lombardie, Prov. Cremona und Distr. VIII, Piadena; siehe Recorfano.

Cassina dei Fratelli dei Lanzi, Lombardie, Prov. Milano u. Distr. IX, Gorgonzola; siehe Colnago.

Cassina dei Portici, Lombardie, Prov. Bergamo und Distr. I, Bergamo; siehe Azzano.

Cassina del Barba, Lombardie, Prov. und Distr. I, Bergamo; siehe Mozzo.

Cassina del Bò, Lombardie, Prov. Cremona und Distr. VII, Casal Maggiore; siehe Cà Roverto.

Cassina del Bosco, Lombardie, Prov. Lodi e Crema und Distr. VI, Codogno; siehe Castel nuovo Bocca d' Adda.

Cassina del Bosco, Lombardie, Prov. Pavia und Distr. II, Bereguardo; siehe Liconasco.

Cassina del Bosco, Lombardie, Prov. und Distr. X, Milano; siehe Mezzate.

Cassina del Bosco, Lombardie, Prov. Lodi e Crema und Distr. V, Casalpusterlengo; siehe Rovecco.

Cassina del Bosco, Lombardie, Prov. und Distr. X, Milano; siehe Tregezzo.

Cassina del Bosco, jetzt Bosco Rotondo — Lombardie, Prov. Lodi e Crema und Distr. V, Casalpusterlengo; siehe Camairago.

Cassina del Bruno, Lombardie, Prov. Milano und Distr. VIII, Vimercate; siehe Arcore.

Cassina del Cimitero, Lombardie, Prov. Lodi e Crema und Distr. IX, Crema; siehe Casale.

Cassina del Conte, Lombardie, Prov. Milano und Distr. IX, Gorgonzola; siehe S. Agate.

Cassina del Conte Rosta, Lombardie, Provinz Pavia und Distr. VIII, Abbiategrasso; siehe Coretta.

Cassina del Cotto, Lombardie, Prov. Como und Distr. XXI, Luino; s. Valdomino.

Cassina del Duca, Lombardie, Prov. und Distr. X, Milano; siehe Rovaguasca.

Cassina Delesa, Lombardie, Prov. Milano und Distrikt III, Bollate; sieie Novate.

Cassina del Ferro, Lombardie, Prov. Pavia und Distr. VI, Binasco; s. Binasco.

Cassina del Ferro, Lombardie, Prov. Lodi e Crema und Distr. II, di Zelo Buon Persico; sieie Modignano.

Cassina del Gallo, Lombardie, Proviuz Milano und Distr. IX, Gorgonzola; sieie Roncello.

Cassina del Gozzi, Lombardie, Provinz Cremona u. Distr. VII, Casal Maggiore; sieie Vicinauza.

Cassina del Guzzo, Lombardie, Prov. und Distr. X, Milano; sieie Redecesio.

Cassina de Lioraghi, Lombardie, Prov. Lodi e Crema und Distr. V, Casalpusterlengo; siehe Livraga.

Cassina della Bagnata, Lombardie, Prov. und Distr. I, Bergamo; sieie Mozzo.

Cassina della Brughera, Lombardie, Prov. und Distr. I, Bergamo; s. Almè.

Cassina dell' Acqua, Lombardie, Prov. Pavia und Distr. II, Bereguardo; siehe Casorate.

Cassina della Fornace, Lombardie, Provinz Bergamo und Distr. XIII, Verdello; siehe Verdellino.

Cassina del Lago, Lombardie, Provinz Como und Distr. XIV, Erba; sieie Mojana.

Cassina del Lago, Lombardie, Provinz Lodi e Crema und Distr. V, Casalpusterlengo; sieie Zorlesco.

Cassina dell' Alpe, Lombardie, Prov. und Distr. XIV, Erba; s Erba.

Cassina della Merletta, Lombardie, Prov. und Distr. I, Bergamo; sieie Scano.

Cassina della Piccola, Lombardie, Prov. Pavia und Distr. VIII, Abbiategrasso; sieie Corbetta.

Cassina della Ravella, Lombardie, Prov. Como und Distr. XIII, Canzo; siehe Castelmarto.

Cassina dell' Arejnete, Lombardie, Prov. Bergamo und Distr. XIII, Verdello, siehe Levate.

Cassina della Riviera, Lombardie, Prov. und Distr. I, Bergamo; sieie Almè.

Cassina della Selva, Lombardie, Prov. Bergamo und Distr. XIII, Verdello; siehe Osia di sopra.

Cassina della Streghe, Lombardie, Prov. Como und Distr. XII, Oggiono; siehe Dolzuga.

Cassina della Valle, Lombardie, Prov. Milano und Distr. V, Barlassina; sieie Meda.

Cassina delle Donne, Lombardie, Prov. Lodi e Crema und Distr. V, Casalpusterlengo; siehe Robecco.

Cassina delle Pozze, Lombardie, Prov. Cremona und Distr. VIII, Piadena; sieie S. Giovanni in Croce.

Cassina dell' Occa, Lombardie, Prov. Milano und Distr. XVI, Somma; sieie Sesto Calende.

Cassina dell' Orto, Lombardie, Prov. und Distr. X, Milano; sieie Redecesio.

Cassina dell' Ospedale, Lombardie, Prov. Bergamo und Distrikt XIII, Verdello; siehe Levate.

Casina del Mezzano, Lombardie, Prov. Pavia und Distr. III, Corte Olona; sieie Badia.

Casina del Mezzano, Lombardie, Prov. Lodi e Crema und Distr. IX, Crema; sieie Bagnolo.

Casina del Monte, Lombardie, Provinz und Distr. I, Bergamo; sieie Breno al Brembo.

Casina del Montebianco, Lombardie, Prov. und Distr. I, Bergamo; s. Almè.

Casina del Mulino, Lombardie, Prov. Bergamo und Distrikt XIII, Verdello; sieie Boltiere.

Casina del Mulino, Lombardie, Prov. Bergamo und Distrikt XIII, Verdello; sieie Ciserano.

Casina del Mulino, Lombardie, Prov. und Distr. II, Milano; sieie Cusago.

Casina del Pascolo, Lombardie, Prov. Bergamo und Distr. XIII; Verdello; sieie Osio di sopra.

Casina del Pero, Lombardie, Prov. Milano und Distr. III, Bollate, ein *Gemeindedorf* mit einer Gemeinde-Deputation und eigenen Pfarre S. Maria Elisaietta, an die Gemeinde Cerciate grenzend, 1 St. von Rhò. Dazu geiören: *Casa Lanzi, Landhaus — Casina Plottina, Meierei.*

Casina del Piano, Lombardie, Provinz Como und Distr. XVI, Cavirate; sieie Monvalle.

Casina del Piede, allgemein Casina del Pè — Lombardie, Prov. Milano und Distr. IV, Saronno; siehe Neraviano.

Casina del Ponte, Lombardie, Provinz und Distr. II, Milano; sieie Cesano Boscone.

Casina del Portichetto, Lombardie, Prov. und Distr. I, Bergamo; s. Azzano.

Casina del Portico, Lombardie, Prov. Lodi e Crema und Distr. IX, Crema; siexe Bottajano.

Casina del Pozzo, Lombardie, Provinz Lodi e Crema und Distr. VI, Codogno; siexe Maleo.

Casina del Prati, Lombardie, Provinz Cremona und Distr. V, Robecco; s. Roxecco.

Casina del Prato, Lombardie, Provinz Milano und Distr. XII, Meleguano; siexe Sesto Ulteriano.

Casina del Rosario, Lombardie, Prov. Como und Distr. XVII, Varese; s. Bizzodero.

Casina del Santo, Lombardie, Provinz Bergamo und Distr. XIII, Verdello; siexe Osio di sopra.

Casina del Santo, Lombardie, Provinz Lodi e Crema und Distr. V, Casalpusterlengo; siexe Camairago (Casina Miora).

Cassina del Sasso, Lombardie, Prov. und Distr. I, Milano; siexe Bruzzano.

Cassina del Savio, Lombardie, Prov. Lodi e Crema und Distr. II, di Zelo Buon Persico; siexe Montanaso.

Cassina del Sole, Lombardie, Pr. Como und Distr. XIV, Erba; siehe Casletto.

Cassina del Sole, Lombardie, Prov. Milano und Distr. III, Bollate; siexe Bollate.

Cassina del Tiranaso, Lombardie, Prov. und Distr. I, Bergamo; siexe Seriate.

Cassina del Torchio, Lombardie, Prov. Lodi e Crema und Distr. IX, Crema; siexe Campagnola.

Cassina del Torchio, Lombardie, Prov. Bergamo und Distr. XIII, Verdello; siexe Ciserano.

Cassina de' Lunghi, Lombardie, Prov. Lodi e Crema und Distr. IV, Borgxetto; siexe Borgxetto.

Cassina del Vigo o Guzzafame, Lombardie, Prov. Pavia und Distr. VI, Binasco; siexe Zavanasco (Guzzafame).

Cassina de' Mensi nuova e vecchia, Lombardie, Prov. Pavia und Distr. III, Belgiojoso; s. Barona.

Cassina de' Morti, Lombardie, Provinz und Distr. I, Bergamo; siexe Almè.

Cassina de' Negri, Lombardie, Prov. Lodi e Crema und Distr. IV, Borghetto; siexe Ossago.

Cassina de' Pascoli, Lombardie, Prov. Como und Distr. XIV, Erba; siexe Rogeno.

Cassina de' Paserini, Lombardie, Prov. Lodi e Crema und Distr. V, Casalpusterlengo, eine *Gemeinde-Ortschaft* eigentlicx Villa, mit Vorstand, Pfarre S. Giacomo maggiore, und Käse-Meierei, auf der Landstrasse, welche von Casalpusterlengo nach Castiglione füxrt, 2 Migl. von Casalpusterlengo. Dazu gehören:

Baratte, Cassinotti, S. Giacomino, S. Giacomo, Dörfer. — Fonaci, grosse Haus.

Cassina de' Pecchi, Lombardie, Provinz Milano und Distr. IX, Gorgonzola, ein *Gemeindedorf* und Filial der Pfarre Natività di S. Maria Verg. zu Camporico, mit einem Oratorio, Gemeinde-Vorstand und Pferdewechsel, von Bussero — S. Agata, Vignate und Camporico xegrenzt, 2 Migl. von Gorgonzola entlegen. Postamt. Hierzu gexören:

Casale, Casalino, Col ombarolo, Meiereien.

Cassina de' Poveri, Lombardie, Prov. Milano und Distr. XV, Busto Arsizio; siexe Busto Arsizio.

Cassina de' Poveri, Lombardie, Prov. Lodi e Crema und Distr. VI, Codogno; siexe Codogno.

Cassina de' Preti, Lombardie, Prov. Lodi e Crema und Distr. VI, Codogno; siexe Cavacurta.

Cassina de' Prevede, Lombardie, Prov. Lodi e Crema und Distr. IV, Borgxetto; siexe Borgxetto.

Cassina de' Ragni, Lombardie, Prov. und Distr. I, Pavia; siexe Corbesate.

Cassina de' Ronchi, Lombardie, Prov. Como und Distr. XIV, Erxa; siexe Lurago.

Cassina de' Sacchi, Lombardie, Prov. und Distr. I, Pavia; siexe Borgarello.

Cassina de' Santi, Lombardie, Prov. Milano und Distr. IX, Congonzola; siexe Cernusco.

Cassina de' Serigari, Lombardie, Prov. und Distr. I, Pavia, eine *Gemeinde-Ortschaft*, welche der Pfarre S. Rocco und Gemeinde-Deputation von Cassina Calderara einverleibt ist, in der Nähe der Flüsse Ticino, Pò und Naviglio di Pavia. 1 St. v. Pavia. Mit: *Castnino, Casino Molinari, Meiereien.*

Cassina de' Sossati, Lombardie, Prov. Pavia und Distr. VII, Landriano; siexe Campo Morto.

Cassina de' Tolentini, Lombardie, Prov. und Distr. I, Pavia, eine theils nach SS. Cornelio e Cipriano zu Trivolzio (Distr. II, Bereguardo), theils nach S. Maria della Neve zu Torre d' Isola gehörige *Gemeinde-Ortschaft* mit einem Oratorio und einer Gemeinde-Deputation, naie den Flüssen Ticino und Pò)ei S. Varese, 2 St. von Pavia. Hierzu geıören:

Barchetti. Carpina, Cassina grande, Cassinetta, Conca, Meiercien.

Cassina de' Tresseni, Lombardie, Prov. Lodi e Crema und Distr. I, Lodi; sieıe Cıioso di Porta d' Adda.

Cassina di Bosco, Lomıardie, Prov. Como und Distr. XXI. Luino; sieıe Montegrino.

Cassina di Busto di Ferro, Lomıardie, Prov. Pavia und Distr. III, Belgiojoso; sieıe Belvedere.

Cassina di Cà, Lomıardie, Prov. Pavia und Distr. III, Belgiojoso; sieıe Da deila Terra.

Cassina di Campo, Lomıardie, Prov. Como und Distr. XXI, Luino; sieıe Luino.

Cassina di Cesare, Lomıardie, Prov. Como u. Distr. XV, Angera; s. Angera.

Cassina di Cittiglio, Lombardie, Prov. Como und Distr. XVIII, Cuvio; sieıe Cittiglio.

Cassina di Conti, Lomıardie, Prov. Lodi e Crema und Distr. II, di Zelo Buon Persico; sieıe Camazzo.

Cassina di Donato del Conte, Lomıardie, Prov. Pavia und Distr. V, Rosate, eine *Gemeinde-Ortschaft,* nacı S. Zenone zu Vermezzo gepfarrt, an der linken Seite des Kanals Naviglio grande, wo sicı bei dem Wirthshause Barbatola ein Kaın zur Ueberfahrt in den Pfarrort)efindet, mit einer Privat-Kapelle und Gemeinde-Deputation, 3 Migl. von Aıiategrasso. Mit:

Barbatola, Wirthshaus. — Cornagera, Meierel.

Cassina di Gaggio, Lombardie, Prov. Como und Distr. XXI, Luino; sieıe Luino.

Cassina di Giorgio Aliprandi, Lombardie, Prov. Milano und Distr. V, Barlassina, ein *Gemeindedorf* und Filial der Pfarre SS. Pietro e Paolo zu Lissone (im Distr. VI, di Monza), und einer Gemeinde-Deputation, unweit Lissone, ¼ St. von Desio und 1 St. von Monza. Hierzu geıören:

Cassina Aliprandi, Cassina de' Bini, Meiercien. — Cassina S. Margherita, Landıaus.

Cassina Dila, Lomıardie, Provinz Milano und Distr. V, Barlassina; sieıe Meda.

Cassina di Ladri, Lombardie, Prov. Como und Distr. XV, Angera; sieıe Angera.

Cassina di Mariaga, Lombardie, Prov. Como und Distr. XIII, Canzo; eine aus unten genannten Bestandthei-

len besteıende *Gemeinde*, wovon Morchiuso nach S. Fedele zu Longone, die übrigen Frazionen aber alle nacı S. Maurizio zu Erba (Distr. XIV) gepfarrt sind, mit einer Gemeinde-Dnputation, zerstreut, tieils in der Eıene, tıeils auf Anıöıen, 4 Migl. von Canzo. Die Bestandtheile sind:

Bındella, Boffalora, Caccaratti, Campolungo, Comeggiano, Incasate, Morchiuso, Meiercien. — Malpensata, Seidenspinerci. — Mulino della rete, Mühle.

Cassina di Mezzo, Lomıardie, Prov. Pavia und Distr. II, Bereguardo; sieıe Marcignago.

Cassina di Mezzo, Lombardie, Prov. und Distr. II, Milano; siehr Ronchetto.

Cassina di Mezzo, Lombardie, Prov. Pavia und Distr. V, Rosate; siehe Rosate.

Cassina di Morti, Lomıardie, Prov. Como und Distr. XXIV, Brivio; sieıe Merate.

Cassina di Mozzo, Lomıardie, Prov. Lodi e Crema und Distr. V, Casalpusterlengo; sieıe Ospedaletto.

Cassina d' Inquassi, Lomıardie, Prov. Como und Distr. XV, Angera; sieıe Ispra.

Cassina di Ottavia, Lambardie, Prov. Como und Distr. XXI, Luino; sieıe Luino.

Cassina di Rocco, Lombardie, Prov. Como und Distr. XVIII, Cuvio; sieıe Bassano.

Cassina di S. Carlo, Lombardie, Prov. Lodi e Crema und Distr. VIII, Crema; sieıe Credera.

Cassina di S. Dessendente, Lomıardie, Prov. Bergamo und Distr. V, Ponte S. Pietro; siehe Medolago.

Cassina di S. Maria Loreto, Lomıardie, Prov. Milano und Distr. VI, Monza; sieıe Vimodrone.

Cassina di Sopra, Lomıardie, Prov. Lodi e Crema und Distr. V, Casalpusterlengo; sieıe Ospedaletto.

Cassina di sopra, Lomıardie, Prov. Milano und Distr. XIII, Gallarate; sieıe Samarate.

Cassina di sotto, Lombardie, Prov. Lodi e Crema und Distr. V, Casalpusterlengo; sieıe Bertonico.

Casina di sotto, Lombardie, Prov. Milano und Distr. IV, Sarouno; sieıe Cassina Ferrara.

Cassina di sotto, Lombardie, Prov. Pavia und Distr. IV, Corte Oloua; sieıe Inverno.

Cassina di sotto Vigarno, Lombardie, Prov. und Distr. XI, Milano; sieıe Pizzabrasa.

Cassina di S. Pietro, Lombardie, Prov. Milano und Distr. IX, Gorgonzola, eine *Gemeinde-Ortschaft* mit einer Gemeinde-Deputation, der Pfarre S. Maria e S. Zenone in Cassano einverleibt, mit 3 Aushilfskirchen, 2 Oratorien und einer Mühle (Muline di S. Pietro), von Fahra, Treviglio, Casirate und Cassano begrenzt, 8 Migl. von Gorgonzola. Dahin gehören:
Borra, Cantarona, Cassina Brussata, Cassinello, Cornelia Galbana, Legna Nuova, Taranta, Meiereien.

Cassina di Steche, Lombardie. Prov. Como und Distr. XIII, Cuvio; siehe Caravate.

Cassina di S. Stefano, Lombardie, Prov. Lodi e Crema und Distr. IX, Crema; siehe Bagnolo.

Cassina di Trigo, Lombardie, Prov. Como und Distr. XXI, Luino; siehe Porto.

Cassina di Divizia, Lombardie, Prov. Lodi e Crema und Distr. VI, Codogno, siehe S. Fiorano.

Cassina di Dogana, Lombardie, Prov. Bergamo und Distr. XIII, Verdello; siehe Boltiere.

Cassina Domenica, Lombardie, Prov. Lodi e Crema und Distr. V, Casalpusterlengo, siehe Rovecco.

Cassina Donata, Lombardie, Prov. Bergamo und Distr. XIII, Verdello; siehe Spirano.

Cassina Dionette, Lombardie, Prov. Milano und Distr. V, Barlassina; siehe Seregno.

Cassina Doppia, Lombardie, Prov. Milano und Distr. VIII, Vimercate; siehe Capónago.

Cassna Doppia, Lombardie, Prev. Milano und Distr. IX, Gorgonzola; siehe Inzago.

Cassina d' Ospitale, Lombardie, Prov. Como und Distr. XXIII, Appiano; siehe Cirimido.

Cassina Dossi, Lombardie, Prov. Como und Distr. XIV, Erba; s. Albesio.

Cassina Dossina, Lombardie, Provinz Lodi e Crema und Distr. VI, Codogno; siehe Meletto.

Cassina Dossola, Lombardie, Prov. Como und Distr. XIV, Erba; siehe Crevenna.

Cassina Ducco, Lombardie, Prov. Brescia und Distr. II, Ospitaletto; siehe Comezzano.

Cassina e Mulino Baraggia, Lombardie, Prov. Milano u. Distr. XIV, Cuggiono; siehe Cuggiono.

Cassina e Mulino Mulinetto, Lombardie, Prov. Milano und Distrikt XIV, Cuggiono, s. e. Cuggiono.

Cassina Erbetto, Lombardie, Prov. Como und Distrikt XXIV, Brivio; siehe Merate.

Cassina Evarisca, Lombardie, Provinz Bergamo und Distr. XIII, Verdello; siehe Mariano.

Cassina Fagnana, Lombardie, Provinz und Distr. II, Milano; siehe Grancino.

Cassina Faguarello, Lombardie, Prov. Milano und Distrikt III, Bollate; siehe Trenno.

Cassina Fanese, Lombardie, Prov. Pavia und Distr. III, Belgiojoso; siehe Filighera.

Cassina Farga, Lombardie, Prov. Milano und Distr. V, Barlassina; siehe Seveso.

Cassina Farnasetto, Lombardie, Prov. Bergamo und Distr. X, Treviglio; siehe Canonica.

Cassina Farotta, Lombardie, Prov. Como und Distr. XIV, Erba; siehe Lambrugo.

Cassina Federici, Lombardie, Provinz Como und Distrikt XXIV, Brivio; siehe Merate.

Cassina Fenile de' Chiozzi, Lombardie, Prov. Cremona und Distrikt VIII, Piadena; s. S. Giovanni in Croce.

Cassina Ferrara, insgemein Cassina di Ferrè genannt — Lombardie, Provinz Milano und Distr. IV, eine *Gemeinde* und *Dorf* mit einer Pfarr-Kuratie S. Giovanni Battista, und Gemeinde-Deputation, unweit S. Dalmazio und Rovello, ½ St. von Saronno. Dazu gehört:
Cassina di sotto, Meierei.

Cassina Ferrari, Lombardie, Prov. Milano und Distr. III, Bollate; s. Arese.

Cassina Ferrari, Lombardie, Prov. Cremona und Distr. VI, Pieve d' Olmi; siehe Straconcolo.

Cassina Fiandra, Lombardie, Provinz Lodi e Crema und Distr. V, Casalpusterlengo; siehe Secugnago.

Cassina Filata, Lombardie, Prov. und Distr. II, Milano; s. Cesanoboscone.

Cassina Finale, Lombardie, Prov. Cremona und Distr. VIII, Piadena; siehe S. Giovanni in Croce.

Cassina Finiletto, Lombardie, Prov. Cremona und Distr. VIII, Piadena; siehe S. Giovanni in Croce.

Cassina Finzi, Lombardie, Provinz Mantova und Distr. X, Bozzolo; siehe Rivarolo.

Cassina Fiorentina, Lombardie, Prov. Pavia und Distr. V, Rosate; siehe Coronate.

Cassina Florida, Lombardie, Prov. Como und Distr. XIII, Canzo; s. Canzo.

Cassina Foppa, Lombardie, Prov. Como und Distr. XI, Lecco; s. Lecco.

Cassina Foresera, Lombardie, Prov. u. Distr. II, Milano; s. Loirano.

Cassina Fornace, Lombardie, Prov. und Distr. II, Milano; siehe Cesanoboscone.

Cassina Fornace, Lombardie, Prov. Milano und Distr. V, Barlassina; siehe Cogliate.

Cassina Fornace, Lombardie, Prov. und Distr. II, Milano; s. Cusago.

Cassina Fornace, Lombardie, Prov. Milano und Distr. V, Barlassina; siehe Meda.

Cassina Fornace, Lombardie, Prov. Milano und Distr. V, Barlassina; siehe Palazzuolo.

Cassina Fornace, Lombardie, Prov. Como und Distr. XXIV, Brivio; siehe Paderno.

Cassina Fornace, Lombardie, Prov. und Distr. XII, Melegnano; siehe Sesto Ulteriano.

Cassina Fornasetta, Lombardie, Prov. Como und Distr. XIV, Erba; siehe Anzano.

Cassina Fornasetta, Lombardie. Prov. Milano und Distr. V, Barlassina; siehe Lentale.

Cassina Fornasetto, Lombardie, Prov. Lodi e Crema und Distr. II, di Zelo Buon Persico; siehe Galgagnano.

Cassina fra Martino, Lombardie, Prov. Como und Distr. XXIV, Brivio; siehe Satirana.

Cassina Franceschetti, Lombardie, Prov. Milano und Distr. VIII, Vimercate; siehe Arcore.

Cassina Freahera, Lombardie, Prov. Como und Distr. I, Como; siehe Cermenate.

Cassina Fregnina, Lombardie, Prov. Milano und Distr. V, Barlassina; siehe Copreno.

Cassina Frigerio, Lombardie, Prov. Milano und Distr. III, Bollate; siehe Bollate.

Cassina Frigerio, Lombardie, Prov. Milano und Distr. III, Bollate; siehe Pinzano.

Cassina Fugèr, Lombardie, Prov. Lodi e Crema und Distr. VI, Codogno; siehe Meletto.

Cassina Fumagalla, Lombardie, Prov. Como und Distr. XXIV, Brivio; siehe Nava.

Cassina Fumogalli, Lombardie, Prov. Milano und Distr. V, Barlassina; siehe Desio.

Cassina Gaeta, Lombardie, Prov. Milano und Distr. V, Barlassina; siehe Binzago.

Cassina Gaggera, Lombardie, Prov. und Distr. II, Milano; s. Loirano.

Cassina Gaggia, Lombardie Prov. und Distr. II, Milano; siehe Loirano.

Cassina Calassa, Lombardie, Prov. Milano und Distr. IX, Gorgonzola: siehe Bussero.

Cassina Galgiana, Lombardie, Prov. Como und Distr. XXV, Missaglia; siehe Cassina de' Bracii.

Casina Gallarata, Lombardie, Prov. u. Distr. II, Milano; s. Segura.

Casina Galleana, Lombardie, Prov. Lodi e Crema und Distr. V, Casalpusterlengo; siehe Casalpusterlengo.

Casina Gandini, Lombardie, Prov. Lodi e Crema u. Distr. IX, Crema; eine nach S. Martino Vesc. zu Palazzo gepfarrte Gemeinde-Ortschaft, mit Vorstand und einer Mühle, 8¼ Migl. von Crema. Dazu gehören:
Cassina Capre, Gemeindetheil und kleines Dorf.— Ronchi, Vittoria e Custa, Meiereien.

Casina Gandino, Lombardie, Prov. Lodi e Crema und Distr. II, di Zelo Buon Persico; siehe Galgagnano.

Cassina Garegnano, Lombardie, Prov. und Distr. II, Milano; siehe Sellanuova.

Cassina Gattolino, Lombardie, Prov. Lodi e Crema und Distr. IX, Crema; siehe Bagnola.

Cassina Gattoni, auch Cassina di Gatton — Lombardie, Prov. Milano und Distr. V, Barlassina; siehe Lentate.

Cassina Gavazzi, Lombardie, Prov. Bergamo und Distr. XIII, Verdelle; s. Bottiere.

Casinaggia, Lombardie, Prov. Milano und Distr. VI, Monza; siehe Monza.

Casina Gazzini, Lombardie, Prov. Cremona und Distr. VIII, Piadena; siehe S. Giovanni iu Croce.

Casina Gerra, Lombardie, Provinz Lodi e Crema und Distr. V, Casalpusterlengo; siehe Castiglione.

Casinaggio, Lombardie, Prov. Cremona und Distr. IX, Pescarolo; siehe Gabbianetta.

Cassinaggi diversi, Lombardie, Prov. und Distr. I, Bergamo; s. Orio.

Casina Ghielnetti, Lombardie, Prov. Como und Distr. I, Como; siehe Gagino.

Casina Ghilia, Lombardie, Prov. und Distr. II, Milano; siehe Baggio.

Casina Ghinella, Lombardie, Provinz Lodi e Crema und Distr. II, di Zelo Buon Persico; siehe Lavagua.

Casina Ginocchio, Lombardie, Prov. Como und Distr. XIV, Erba; siehe Erba.

Casina Ghiobbia, Lombardie, Prov. Como und Distr. XIV, Erba; siehe Villa Albese.

Casina Giorgella, Lombardie, Prov. und Distr. II, Milano; siehe Corsico.

Casina Giretta, Lombardie, Prov. und Distr. II, Milano; siehe Terzago.

Casina Giretta, Lombardie, Prov. und Distr. II, Milano; siehe Settimo.

Casina Giovanni, Lombardie, Prov. Como und Distr. XXV, Missaglia; s. Missaglia.

Casina Giudice, Lombardie, Prov. Como und Distr. XIV, Erba; siehe Villa Albese.

Casina Goldaniga, Lombardie, Prov. Lodi e Crema und Distr. VI, Codogno; siehe Codogno.

Casina Gonnari, Lombardie, Prov. Cremona und Distr. VII, Casal Magiore; siehe Casal Bellotto.

Casina Gradina, Lombardie, Prov. Pavia und Distr. VII, Landriano; siehe Vidigulfo.

Casino Granata, Lombardie, Prov. Lodi e Crema und Distr. V, Casalpusterlengo. siehe Casalpusterlengo.

Casina Grancino, Lombardie, Provinz und Distr. II. Milano; siehe Grancino.

Casina Grande, Lombardie, Prov. Pavia und Distr. V, Rosate; siehe Barate.

Casina Grande, Lombardie, Prov. Bergamo und Distr. X, Treviglio; siehe Misano.

Casina Grande, Lombardie, Prov. Milano und Distr. IX, Gorgonzola; s. Bozzuolo.

Casina Grande, Lombardie, Prov. und Distr. I, Pavia; siehe Casina de' Tolentini.

Casina Grande, Lombardie, Prov. Pavia und Distr. V, Rosate; s. Vermezzo.

Casina Grisone, Lombardie, Prov. Milano und Distr. V, Barlassina; siehe Copreno.

Casina Gualdo, Lombardie, Prov. Bergamo und Distr. XIII, Verdello; s. Levate.

Casina Guardia di sopra e di sotto, Lombardie, Prov. und Distr. II, Milano; siehe Corsico.

Cassina Guardina, Lombardie, Prov. und Distr. IV, Milano; siehe Corsico.

Cassina Gumrzina, Lombardie, Prov. Pavia und Distr. IV, Corte Olona; siehe Monte Leone.

Cassina Guascona, Lombardie, Prov. und Distr. II, Milano; siehe Muggiano.

Cassina Guasconcina, Lombard., Prov. und Distr. II, Milano; siehe Muggiano.

Cassina Gudo, Lombardie, Prov. Milano und Distr. IX, Gorgonzola; siehe Vignate.

Cassina Guida, Lombardie, Prov. Milano und Distr. V, Barlassina; siehe Meda.

Cassina Guindani, Lombardie, Prov. Cremona und Distr. VI, Pieve d'Olmi; siehe Straconcolo.

Cassina Impolli, Lombardie, Prov. Milano und Distr. III, Bollate; siehe Gabargnate.

Cassina Inganappi, Lombardie, Prov. und Distr. II, Milano; siehe Cesano Bosconi.

Cassina Interna, Lombardie, Prov. und Distr. II, Milano; siehe Sella nuova.

Cassina in Viera, Lombard., Prov. und Distr. I, Bergamo; siehe Bruntino.

Cassina Jotta, Lombardie, Prov. Mantova und Distr. X, Bozzolo; siehe Rivarolo.

Cassinaja, Lombardie, Prov. und Distr. II, Como; siehe Vergosa.

Cassina la Cà, Lombardie, Prov. Como und Distr. XIV, Erba; siehe Cassano.

Cassina Ladina, Lombardie, Prov. Lodi e Crema und Distr. I, Lodi; siehe Pezzolo d'Codazzi.

Cassina Lampugnana, sonst auch **S. Salvario**, Lombardie, Prov. Lodi e Crema und Distr. V, Casalpusterlengo; siehe Casalpusterlengo.

Cassina Luzia, Lombardie, Prov. Milano und Distr. III, Bollate; siehe Cassina del Pero.

Cassina Lassi, Lombardie, Prov. Milano und Distr. XII, Meleguano siehe Riozzo.

Cassina la Torre, Lombard., Prov. Lodi e Crema und Distr. IX, Crema; siehe Campagnola.

Cassina Lavagna, Lombard., Prov. und Distr. II, Milano; siehe Corsico.

Cassina Laveazra, Lombardie, Prov. Como und Distr. I, Como; siehe Cermenate.

Cassina Lavigera, Lombardie, Prov. Como und Distr. I, Como; siehe Casnate.

Cassina Lazzarà, Lombardie, Prov. Lodi e Crema und Distr. II, di Zelo Buon Persico, sieie Montanaso.

Cassina Lazzarona, Lombardie, Prov. Como und Distr. XXIV, Brivio; sieie Paderno.

Cassina Lecchi, Lombardie, Prov. Milano und Distr. V, Barlassina; sieie Desio.

Cassina Linate, Lombardie, Prov. Lodi e Crema und Distr. II, Zelo di Buon Persico; sieie Paullo.

Cassina Linosa, Lombardie, Prov. Pavia und Distr. VII, Laudriano; sieie Zibido al Lambro.

Cassina Lisciana, Lombardie, Prov. Como und Distr. XXI, Luino; sieie Valdomino.

Cassina Lodora, Lombardie, Prov. Milano und Distr. IX, Gorgonzola; sieie Bornago.

Cassina Lola, Lombardie, Prov. Pavia und Distr. IV, Corte Olona; sieie Monte Leone.

Cassina London, Lombard., Prov. Como und Distr. XIV, Erba; sieie Mojana.

Cassina Longura, Lombard., Prov. Como und Distr. XIV, Erba; sieie Colciago.

Cassina Lurani, Lombardie, Prov. Lodi e Crema und Distr. III, S. Angiolo; sieie Caselle.

Cassina Maccaferri, Lombardie, Prov. und Distr. II, Milano; sieie Segura.

Cassina Madè, Lombardie, Prov. Como und Distr. XIV, Erba; sieie Villa Albese.

Cassina Maffeis, Lombardie, Prov. und Distr. I, Bergamo; sieie Azzano.

Cassina Maffeis, Lombardie, Prov. und Distr. I, Bergamo, sieie Torre Boldone.

Cassina Maffina, Lombard., Prov. Lodi e Crema und Distr. II, di Zelo Buon Persico; sieie Gardino.

Cassina Maggia, Lombard., Prov. Milano und Distr. XIV, Cuggiono; sieie Lonate Pozzuolo.

Cassina Maggio, Lombard., Prov. Como und Distr. XXII, Tradate; sieie Castronno.

Cassina Maggiore, Lomb., Prov. Pavia und Distr. IV, Corte Olona; sieie Torre d' Arese.

Casina Maggiore, Lombardie, Prov. Pavia und Distr. II, Bereguardo; siehe Giussago.

Cassina Majocca, Lombard., Prov. Milano und Distr. XII, Melegnano; siehe Rancate.

Cassina Mariana, Lombard., Prov. Lodi e Crema und Distr. II, di Zelo Buon Persico; sieie Gomazzo.

Cassina Majrano, Lombard., Prov. und Distr. II, Milano; sieie Assiano.

Cassina Malandra, Lombardie, Prov. und Distr. II, Milano; sieie Assiano.

Cassina Malandra, Lombardie, Prov. und Distr. II, Milano; sieie Monzoro.

Cassina Malpaga, Lombardie, Prov. und Distr. I, Como; sieie Casanuova.

Cassina Malpaga, Lombardie, Prov. Milano und Distr. XIV, Cuggiono; sieie Castano.

Cassina Malpaga, Lombard., Prov. Lodi e Crema und Distr. VI, Codogno; sieie S. Stefano.

Cassina Malpensata, Lombardie, Prov. Bergamo und Distr. XIII, Verdello; siehe Osiò di sotto.

Cassina Malpirana, Lombardie, Prov. Como und Distr. XIV, Erba; sieie Erba.

Cassina Mandella, Lomb., Prov. Lodi e Crema und Dist. V, Casalpusterlengo; sieie Ospedaletto.

Cassina Mandressi, Lombardie, Prov. Milano und Distr. V, Barlassina; sieie Cesano Maderno.

Cassina Manna, Lombardie, ein Dorf zur Pfarre S. Bassano zu Pizzighettone (Villa).

Cassina Manegardi, Lombardie, Prov. und Distr. I, Como; sieie Breguano.

Cassina Mangiardi, Lombardie, Prov. und Distr. I, Como; sieie Breguano.

Cassina Manna, Lombardie, Prov. Lodi e Crema und Distr. V, Casalpusterlengo; sieie Camairago.

Cassina Manzona, Lombardie, Prov. und Distr. I, Milano; sieie Affori.

Cassina Marchesina, Lombardie, Prov. Milano und Distr. V, Barlassina; sieie Lentate.

Cassina Marchesina, Lombardie, Prov. und Distr. II, Milano; sieie Trezzano.

Cassina Marengone, Lombardie, Prov. Como und Distr. XXI, Luino; sieie Luino.

Cassina Marianna, Lombardie, Prov. Como und Distr. XXV, Missaglia; sieie Lomagna.

Cassina Mariana, Lombardie, Prov. Lodi e Crema und Distr. VI, Codogno; sieie Senna.

Cassina Marianni, Lombardie, Prov. Bergamo und Distr. XIII, Verdello; sieıe Levate.

Cassina Marietti, Lomıardie, Prov. Milano und Dist. III, Bollate; sieıe Vallera.

Casina Marietti, Lomıardie, Prov. Milano und Distr. III, Bollate; sieıe Pantanedo.

Casina Marone, Lombardie, Prov. Como und Distr. XXV, Misaglia; sieıe Monticello.

Casina Marzo, Lomıardie, Prov. und Distr. II, Milano; siehe Sella nuova.

Casina Masozza, Lomıardie, Prov. Bergamo und Distr. X., Treviglio; sieıe Castrate.

Casina Massenta, Lomıardie, Prov. Milano und Distr. III, Bollate; sieıe Villalıa.

Casina Massina, Lomıardie, Prov. Milano und Distr. XV, Busto Arsizio, eine *Gemeinde-Ortschaft* mit Vorstand und Pfarre S. Aııondanzio zu Cislago vereinigt, naıe dem Pfarrorte. 1 Stunde von Busto Arsizio.

Casina Mastrelli, Lombardie, Prov. und Distr. I, Como; sieıe Gagino.

Casina Mascinoja, Lomıardie, Prov. Como und Distr. XVIII, Cuvio; sieıe Gemonin.

Casina Matheo, Lombardie, Prov. Como und Distr. XXV, Missaglia; sieıe Casate nuovo.

Casina Matta, Lombardie, Prov. Milano und Distr. VIII, Vimercate; sieıe Velate.

Casina Mazucca, Lomıardie, Prov. Lodi e Crema und Distr. II, di Zelo Buon Persico; sieıe Montanaso.

Casina Mazza, Lomıardie, Prov. Brescia und Distr. VII, Bovegno; sieıe Cimino.

Casina Meano, Lombardie, Prov. Como und Distr. XIV, Erıa; sieıe Erıa.

Casina Meanolo, Lombardie, Prov. Como und Distr. XIV, Erba; sieıe Erıa.

Casina Melana, Lombardie, Prov. Pavia und Distr. IV, Corte Olona; s. Inverno.

Casina Meleglerà, Lombardie, Prov. Milano und Distr. IX, Gorgonzola; sieıe Cernusco.

Casina Mellerio, Lomıardie, Prov. Milano und Distr. III, Bollate; sieıe Boldinasco.

Casina Mendasti, Lomıardie, Prov. Como und Distr. XVII, Varese; sieıe Varese (eigentl. Biumo inferiore).

Casina Merè, Lombardie, Prov. Milano und Distr. V., Barlassina; sieıe Seregno.

Casina Merè, Lomıardie, Prov. Milano und Distr. V, Barlassina, siehe Seveso.

Casina Meriggia, Lombardie, Prov. und Distr. II, Milano; sieıe Baggio.

Casina Merla, Lomıardie, Prov. Como und Distr. X, Introbbio; sieıe Cortabbio.

Casina Merletta, Lomıardie, Prov. Bergamo und Distr. I, Bergamo; siehe Almè.

Casina Mezzetta, Lomıardie, Prov. und Distr. II, Milano; sieıe Loirano.

Casina Milesi, Lomıardie, Prov. Bergamo und Distr. XIII, Verdello; sieıe Urgnano.

Casina Missina, Lombardie, Prov. Milano und Distr. III, Bollate; siehe Nevate.

Casina Miora, jetzt **Casina de Santo**, Lomıardie, Prov. Lodi Crema und Distr. V, Casalpusterlengo sieıe Camairago.

Casina Mirabello, Lombardie Prov. Como und Distr. XIV, Erba sieıe Erıa.

Casina Mirabello, Lomıardie Prov. Como und Distr. XXI, Luino sieıe Valdomino.

Casina Miranghetto, Lombardie Prov. Bergamo und Distr. XIII, Verdello; sieıe Osio di sopra.

Casina Mirandola, Lombardie Prov. Como und Distr. XIV, Erba sieıe Albesio.

Casina Mirovano, Lombardie Prov. Como und Distr. XIV, Erba sieıe Faıırica.

Casina Misurate, Lombardie, Prov. Milano und Distr. VIII, Vimercate sieıe Arcore.

Casina Mocchetti, Lombardie Prov. Cremona und Distr. VII, Casal Maggiore; sieıe Casal Bellotto.

Casina Mochirolo, Lombardie Prov. Milano und Distr. V, Barlassina sieıe Lentate.

Casina Molgora, Lombardie, Prov. Lodi e Crema und Distr. II, di Zeı Buon Persico; sieıe Lavagna.

Casina Molinella, Lombardie Prov. und Distr. II, Milano; sieı Baggio.

Casina Molossi, Lombardie, Prov. Cremon und Distr. VII, Casal Maggiore; siehe Casal Bellotto.

Casina Momberti, Lombardie Prov. Como und Distr. XIV, Erba sieıe Lambrugo.

Casina Mombellino, Lombardie, Prov. Milano und Distr. V, Barlassina; siehe Binzago.

Casina Monbellino, Lombardie, Prov. Milano und Distr. V, Barlassina; siehe Bovisio.

Cassina Moncucco, Lombardie, Prov. Pavia und Distr. III, Belgiojoso; siehe Belvedere.

Cassina Mondugona, Lombardie, Prov. Lodi e Crema und Distr. II, di Zelo Buon Persico; siehe Calgagnano.

Cassina Monfrina, Lombardie, Prov. Lodi e Crema und Distr. I, Lodi; siehe Lodi.

Cassina Monte, Lombardie, Prov. Pavia und Distr. VII, Landriano; siehe Cassina Bianca.

Cassina Monte Albano, Lombardie, Prov. und Distr. II, Milano; siehe Ronchetto.

Cassina Montecchio, Lombardie, Prov. Lodi e Crema und Distr. IX, Crema; siehe Vedolasco.

Cassina Monticelli, Lombardie, Prov. Como und Distr. II, Como; siehe Abate.

Cassina Monticello, Lombardie, Prov. Como und Distr. XIV, Erba; siehe Lurago.

Cassina Montina, Lombardie, Prov. Milano und Distr. V, Barlassina; siehe Binzago.

Cassina Montina, Murano, Lombardie, Prov. und Distr. II, Milano; siehe Terzago.

Cassina Loretto, Lombardie, Prov. und Distr. II, Milano; siehe Sella nuova.

Cassina Moriggiolo, Lombardie, Prov. Milano und Distr. V, Barlassina; siehe Cesano Maderno.

Cassina Morla, Lombardie, Prov. Milano und Distr. XII, Melegnano; siehe Sesto Ulteriano.

Cassina Morlotti, Lombardie, Prov. Bergamo und Distr. XIII, Verdello; siehe Verdellino.

Cassina Mornata, Lombardie, Prov. Milano und Distr. V, Barlassina; siehe Cesano Maderno.

Cassina Morona, Lombardie, Prov. und Distr. II, Milano; siehe Loirano.

Cassina Morona, Lombardie, Prov Como und Distr. XVII, Varese; siehe S. Maria.

Cassina Moscono, Lombardie, Prov. Milano und Distr. V, Barlassina; siehe Palazzuolo.

Cassina Motta, Lombardie, Prov. Milano und Distr. IX, Gorgonzola; siehe Grezzago.

Cassina Motta, Lombardie, Prov. Como und Distr. XXIV, Brivio; siehe Merate.

Cassina Mozzi, Lombardie, Prov. Bergamo und Distr. XIII, Verdello; siehe Osio di Sotto.

Cassina Mulinetto, Lombardie, Prov. und Distr. II, Milano; siehe Cesano Boscone.

Cassina Mulinetto, Lombardie, Prov. und Distr. II, Milano; siehe Guido Gambaredo.

Cassina Mulinetto, Lombardie, Prov. und Distr. II, Milano; siehe Lorenteggio.

Casina Mulino, Lombardie, Prov. Lodi e Crema und Distr. II, di Zelo Buon Persico; siehe Comazzo.

Casina Mulino, Lombardie, Prov. und Distr. II, Milano; siehe Grancino.

Cassina Mulino del Paradiso, Lombardie, Prov. und Distr. II, Milano; siehe Muggiano.

Cassina Mulino di sopra, Lombardie, Prov. und Distr. II, Milano; siehe Ronchetto.

Cassina Musero, Lombardie, Prov. Bergamo und Distr. XIII, Verdello; siehe Osio di sopra.

Cassina Muzzonico, Lombardie, Prov. Como und Distr. XIV, Erba; siehe Villa Albese.

Cassina Narra, Lombardie, Prov. Como und Distr. XXV, Missaglia; s. Casate nuove.

Cassina Nagra, Lombardie, Prov. Milano uno Distr. III, Bollate; siehe Arese.

Cassina nuova, Lombardie, Prov. Milano und Distr. III, Bollate, ein *Gemeindedorf* mit Vorstand, nach Mar. B. V. Assunta zu Senago gepfarrt, zwischen den Gemeinden Cassina Amata und Senago. — 1 Stunde von Rhò.

Cassina nuova, Lombardie, Prov. Lodi e Crema und Distr. VII, Paudino; siehe Agnadello.

Cassina nuova, Lombardie, Prov, Bergamo und Distr. XIII, Verdello; siehe Arcene.

Cassina nuova, Lombardie, Prov. Como und Distr. XVI, Gavirate; siehe Bardello.

Cassina nuova, Lombardie, Prov. Milano und Distr. VI, Monza; siehe Biassono.

Cassina nuova, Lombardie, Prov. Lodi e Crema und Distr. VII, Paudino; siehe Boffalora.

Cassina nuova, Lombardie, Prov. Como und Distr. XVI, Gavirate; siehe Cardana.

Cassina nuova, Lombardie, Prov. Como und Distr. XXV, Missaglia; s. Cassago.

Cassina nuova di sotto, Lombardie, Prov. Pavia und Distr. VIII, Abbiategrasso, s. Abbiategrasso.

Cassina nuova Ghisolfi, Lombardie, Prov. Mantova und Distr. X, Bozzolo; siehe S. Martino dell' Argine.

Cassina nuova Mulino della, Lombardie, Prov. und Distr. II, Milano; siehe Trezzano.

Cassina nuova Pinciroli, Lombardie, Prov. Pavia und Distr. VIII, Abbiategrasso; s. Abbiategrasso.

Cassina nuova Rejna, Lombardie, Prov. Pavia und Distr. VIII, Abbiategrasso; siehe Abbiategrasso.

Cassina nuova Saroni, Lombardie, Prov. Pavia und Distr. VIII, Abbiategrasso; siehe Abbiategrasso.

Cassina Offeline, Lombardie, Prov. Cremona und Distr. VIII, Piadena; siehe S, Giovanni in Croce.

Cassina Olcella, Lombardie, Prov. Milano und Distr. XIV, Cuggiono; siehe Arconate.

Cassina Olcella, Lombardie, Prov. Milano und Distr. XIV, Cuggiono; siehe Busto Garolfo.

Cassina Olmetta, Lombardie, Prov. Bergamo und Distr. XIII, Verdello; siehe Osio di Sotto.

Cassina Olmo, Lombardie, Prov. Bergamo und Distr. XIII, Verdello; siehe Osio di Sotto.

Cassina Olona, Lombardie, Prov. und Distr. II, Milano; siehe Settimo.

Cassina oltre d'Adda, Lombardie, Prov. Lodi e Crema und Distr. V, Casalpusterlengo; siehe Castiglione.

Cassina nuova, Lombardie, Prov. Lodi e Crema und Distr. V, Casalpusterlengo; siehe Terranuova.

Cassina nuova, Lombardie, Prov. und Distr. II, Milano; siehe Terzago.

Cassina nuova, Lombardie, Prov. und Distr. II, Milano; siehe Trenzzano.

Cassina nuova, Lombardie, Prov. Lodi e Crema und Distr. V, Casalpusterlengo; siehe Turano.

Cassina nuova, Lombardie, Prov. Como und Distr. XXIV, Brivio; siehe Verderio infer.

Cassina nuova, Lombardie, Prov. Pavia und Distr. VI, Binasco: siehe Vernate.

Cassina nuova, Lombardie, Prov. Pavia und Distr. VII, Landriano; siehe Vigouzone.

Cassina nuova, Lombardie, Prov. Pavia und Distr. VI, Binasco; siehe Villa maggiore.

Cassina nuova, Lombardie, Prov. Pavia und Distr. IV, Corte Olona; siehe Villanterio.

Cassina nuova, Lombardie, Prov. Lodi e Crema und Distr. V, Casalpusterlengo; s. Zorlesco.

Cassina nuova nantoni, Lombardie, Prov. Mantova und Distr. XI, Sabbionetta; siehe Sabbionetta.

Cassina nuova Cavriani, Lombardie, Prov. Mantova und Distr. XI, Sabbionetta; siehe Sabbionetta.

Cassina nuova del Molino, Lombardie, Prov. Lodi e Crema und Distr. V. Casalpusterlengo; siehe Secugnago.

Cassina nuova di sopra, Lombardie, Prov. Pavia und Distr. VIII, Abbiategrasso; siehe Abbiategrasso.

Cassina nuova, Lombardie, Prov. Como und Distr. XIV, Erba; siehe Merone.

Cassina nuova, Lombardie, Prov. Milano und Distr. V, Barlassina; siehe Misinto.

Cassina nuova, Lombardie, Prov. Como und Distr. XXV, Missaglia; s. Monticello.

Cassina nuova, Lombardie, Prov. Como und Distr. XIV, Erba; siehe Munguzzo.

Cassina nuova, Lombardie, Prov. Lodi e Crema und Distr. II, di Zelo Buon Persico; siehe Montanaso.

Cassina nuova, Lombardie, Prov. Cremona und Distr. IV, Pizzighettone; siehe Pizzighettone.

Cassina nuova, Lombardie, Prov. Pavia und Distr. VIII, Abbiategrasso; siehe Robecco.

Cassina nuova, Lombardie, Prov. Cremona und Distr. II, Soncino; siehe Romanengo del Rio Melotta.

Cassina nuova, Lombardie, Prov. Pavia und Distr. V, Rosale; siehe Rosate.

Cassina nuova, Lombardie, Prov. Lodi e Crema und Distr. V, Casalpusterlengo; siehe Rovedaro.

Cassina nuova, Lombardie, Prov. Lodi e Crema und Distr. III, S. Angiolo; siehe S. Angiolo.

Cassina nuova, Lombardie, Prov. Lodi e Crema und Distr. VI, Codogno; siehe S. Fiorano.

Cassina nuova, Lombardie, Prov. Milano und Distr. XII, Melegnano; s. S. Giuliano.

Cassina nuova, Lombardie, Prov. Milano und Distr. V, Barlassina; siehe Solaro.

Cassina nuova, Lombardie, Prov. Bergamo und Distr. XIII, Verdello; s. Spirano.

Cassina nuova, Lombardie, Prov. und Distr. I, Milano; siehe Corpi S. di Porta Comasina.

Cassina nuova, Lombardie, Prov. Como und Distr. XIV, Erba; s. Crevenna.

Cassina nuova, Lombardie, Prov. Cremona und Distr. II, Soncino; s. Camignano.

Cassina nuova, Lombardie, Prov. Como, Distr. XIV, Erba; siehe Fabbrica.

Cassina nuova, Lombardie, Prov. Pavia und Distr. III, Belgiojoso; siehe Filighèra.

Cassina nuova, Lombardie, Prov. Lodi e Crema und Distr. VII, Paudino; siehe Gardella.

Cassina nuova, Lombardie, Prov. Pavia und Dist. II, Bereguardo; siehe Giussago.

Cassina nuova, Lombardie, Prov. Bergamo und Distr. XIII, Verdello; s. Grossobbio.

Cassina nuova, Lombardie, Prov. Lodi e Crema und Distr. II, di Zelo Buon Persico; siehe Lavagna.

Cassina nuova, Lombardie, Prov. Milano und Distr. V, Barlassina; siehe Limbiate.

Cassina nuova, Lombardie, Prov. Lodi e Crema und Distr. V, Casalpusterlengo; siehe Livraga.

Cassina nuova, Lombardie, Prov. Lodi e Crema und Distr. I, Lodi; siehe Lodi.

Cassina nuova, Lombardie, Prov. Lodi e Crema und Distr. VI, Codogno; siehe Maccastorna.

Cassina nuova, Lombardie, Prov. Lodi e Crema und Distr. VI, Codogno; siehe Maleo.

Cassina nuova, Lomaardie, Prov. Pavia und Distr. VIII, Abbiategrasso; siehe Menedrago.

Casina nuova, Lombardie, Prov. und Distr. II, Milano; siehe Cesano Boscone.

Casina nuova, Lombardie, Prov. Lodi e Crema und Distr. IX, Crema; siehe Campagnola.

Casina nuova, Lombardie, Prov. Milano und Distr. VIII, Vimercate; s. Concorezzo.

Casina nuova, Lombardie, Prov. Milano und Distr. VIII, Vimercate; s. Cajonago.

Casina nuova, Lombardie, Prov. Como und Distr. XIV, Erba: siehe Carcano.

Casina nuova, Lombardie, Prov. Milano und Distr. XII, Melegnano; s. Carpiano.

Casina nuova, Lombardie, Prov. Milano und Distr. IX, Gorgonzola; s. Cassano.

Casina nuova, Lombardie, Prov. Pavia und Distr. VIII, Abbiategrasso; siehe Casina Pobbia.

Casina nuova, Lombardie, Prov. Como und Distr. XXV, Missaglia; s. Cernusco Lombardone.

Casina nuova, Lombardie, Prov. Lodi e Crema und Distr. II, di Zelo Buon Persico; siehe Cerviguano.

Casina nuova, Lombardie, Prov. Milano und Distr. V, Barlassina; siehe Cesano Maderno.

Casina nuova, Lombardie. Prov. Lodi e Crema und Distr. I, Lodi; siehe Chioso di Porta d' Adda.

Casina nuova, Lombardie, Prov. Como, Distr. XIV, Erba; s. Colciago.

Cassina nuova, Lombardie, Prov. Lodi e Crema und Distr. II, di Zolo Buon Persico; siehe Comazzo.

Cassina Oltrone, Lombardie, Prov. Pavia und Distr. III, Belgiojoso; siehe Belvedere.

Cassina Oltroni, Mulino di, Lombardie, Prov. Milano und Distr. XIX, Cuggiono; siehe Tornavento.

Cassina Ondona, Lombardie, Prov. Como und Distr. XIV, Erba; s. Centemero.

Cassina Orlandi, Lombardie, Prov. Como und Distr. XIV, Erba; siehe Villa Albese.

Cassina Orobona, Lombardie, Prov. Milano und Distr. VIII, Vimercate; siehe Mezzago.

Cassina Ostinelli, Lombardie, Prov. Como und Distr. XIV, Erba; s. Albesio.

Cassina Paesani, Lombardie, Prov. Milano und Distr. V, Barlassina; siehe Cesano Maderno.

Cassina Palazzola, Lombardie, Prov. Pavia und Distr. IV, Corte Olona; siehe Monte Leone.

Cassina Palazzuola, Lombardie, Prov. und Distr. II, Milano; s. Gudo Gambaredo.

Cassina Paltirola, Lombardie, Prov. Pavia und Distr. III, Belgiojoso; siehe Linarolo.

Cassina Panceri, Lombardie, Prov. Milano und Distr. III, Bollate; siehe Novate.

Cassina Pappini, Lombardie, Prov. Como und Distr. XVIII, Cuvio; siehe Caravate.

Cassina Paravizzini, Lombardie, Prov. Como und Distr. II, Como; siehe Montorfono.

Cassina Prioni, Lombardie, Prov. Como und Distr. XXI, Luino; s. Luino.

Cassina Pugnago, Lombardie, Prov. Como und Distr. XIV, Er)a; s. Arzano.

Cassina Quarto Oggiario, Lombardie, Prov. Milano und Distr. III, Bollate; siehe Musocco.

Cassina Rabajona, Lombardie, Prov. und Distr. II, Milano; siehe Cusago.

Cassina Raggi, Lombardie, Prov. Milano und Distr. V, Barlassina; siehe Solaro.

Cassina Raimondi, Lombardie, Prov. Bergamo und Distr. XIII, Verdello; s. Ciserano.

Cassina Raineri, Lombardie, Prov. Como und Distr. XI, Lecco; siehe Lecco.

Cassina Ramolli, Lombardie, Prov. Lodi e Crema und Distr. V, Casalpusterlengo; siehe Ro)ecco.

Cassina Rampinelli, Lombardie, Prov. Bergamo und Distr. XIII, Verdello) siehe Osio di Sotto.

Cassina Ranica, Lombardie, Prov. Bergamo und Distr. XIII, Verdello; s. Osio di Sotto.

Cassina Rasiga, Lombardie, Prov. Lodi e Crema und Distr. IX, Crema; siehe Campagnola.

Cassina Ravasi, Lombardie, Prov. Bergamo und Distr. XIII, Verdello; siehe Osio di Sotto.

Cassina Pobbiera, Lombardie, Prov. und Distr. II, Milano; s. Mouzoro.

Cassina Pobbietta, Lombardie, Prov. Milano und Distr. III, Bollate; s. Quarto Cagnino.

Cassina pogliani, Lombardie, Prov. Bergamo und Distr. XIII, Verdello; siehe Cologno.

Cassina Polidora, Lombardie, Prov. Como und Distr. XIV, Er)a; s. Nibionno.

Cassina Polliccoli, Lombardie, Provinz Bergamo und Distr. XIII, Verdello; siehe Osio di sotto.

Cassina Poni, Lombardie, Prov. Milano und Distr. XIV, Cuggiono; s. Malvaglio.

Cassina Pomionn, Lombardie, Prov. Como und Distr. II, Como; siehe Bernate.

Cassina Poneghetto, Lombardie, Prov. Bergamo und Distr. XIII, Verdello; s. Verdellino.

Cassina Pontirolo, Lombardie, Prov. und Distr. II, Milano; s. Assago.

Cassina Poricella, Lombardie, Prov. Como und Distr. XXV. Missaglia; s. Casatenuovo;

Cassina Porra, Lombardie, Prov. Lodi e Crema und Distr. I, Lodi; siehe S. Maria in Prato.

Cassina Prato Ronco, Lombardie, Prov. Pavia und Distr. V, Rosate) siehe Coronate.

Cassina Parrochiale, Lombardie, Prov. Lodi e Crema und Distr. II, di Zelo Buon Persico; siehe Comazzo.

Cassina Passaredo, Lombardie, Prov. Milano und Distr. V, Barlassina; siehe Varedo.

Cassina Passi, Lombardie, Prov. Bergamo u. Distr. XIII, Verdello; s. Urgnano.

Cassina Pasturina, Lombardie, Prov. und Distr. I, Pavia; siehe Ponte Carate.

Cassina Pedoni, Lombardie, Prov. Bergamo und Distr. XIII, Verdello; s. Urgnano.

Cassina Pellucca, Lombardie, Prov. Pavia und Distr. VI, Binasco; siehe Badile e Bavei.

Cassina Pentura, Lombardie, Prov. Cremona und Distr. VII, Casal Maggiore; siehe Casal Bellotto.

Cassina Perola, Lombardie, Prov. Bergamo und Distr. XIII, Verdello; s. Urgnano.

Cassina Persa, Lombardie, Prov. und Distr II, Milano; siehe Corsico.

Cassina Pertusella, Lombardie, Prov. und Distrikt III; Bollate, ein Gemeindedorf mit einer Gemeinde-Deputation, nach S. Alessandro zu Cesate gepfarrt, zwischen Colombara und Cesate 1 St. von Rhò.

Cassina Pescarone, Lombardie, Prov. Pavia und Distr. III. Belgiojoso; siehe Vimanone.

Cassina Petitosa, Lombardie, Provinz Milano und Distr. V, Barlassina; siehe Seveso.

Cassina Pezzoli, Lombardie, Prov. Bergamo und Distr. XIII, Verdello; Osio di sopra.

Cassina Piana, Lombardie, Prov. Como und Distr. XVI, Gavirate; siehe Cerro.

Cassina Piana, Lombardie, Prov. Sondrio (Valtellina) und Distr. V, Trac na; siehe Valmasino.

Cassina Pianezzo, Lombardie, Prov. Como und Distr. XXIV, Brivio; siehe Olgiate.

Cassina Pianoni, Lombardie, Prov. Cremona und Distr. VII, Casal Maggiore; siehe Casal Bellotto.

Cassina Piazzoni. Lombardie, Prov. Bergamo und Distr. X, Treviglio; s. Treviglio.

Cassina Piccaluga, Lombardie, Prov. Milano und Distr. III, Bollate; siehe Figino.

Cassina Picenni. Lombardie, Prov. Bergamo und Distr. XIII, Verdello; s. Urgnano.

Cassina Pinaroli, Lombardie, Prov. Lodi e Crema und Distr. I, Lodi; siehe Chioso di Porta d' Adda.

Cassina Pinosa, Lombardie, Prov. Bergamo und Distr. XIII, Verdello; siehe Mariano.

Cassina Pioltina, Lombardie, Prov. Milano und Distr. III, Bollate; siehe Cassina del Pero.

Cassina Pisoni, Lombardie, Prov. Bergamo und Distr. XIII, Verdello; s. Urgnano.

Cassina Pobbia, Lombardie, Prov. Pavia und Distr. VIII, Abbiategrasso, eine nach S. Vittore zu Corbetta gepfarrte *Gemeinde-Ortschaft* mit Vorstand unweit Corbetta. — 1½ St. von Abbiategrasso. Mit:
Cassina nuova, Castellazzo Stampi, Pobbietta, Meiereien.

Cassina Regona, Lombardie, Prov. Lodi e Crema und Distr. IV, Borghetto; siehe Borghetto.

Cassina Resmina, Lombardie, Prov. Lodi e Crema und Distr. VI, Codogno; siehe S. Stefano.

Cassina Restelli, Lombardie, Prov. Como und Distr. XXIII, Appiano; siehe Limido.

Cassina Rhò, auch Rò — Lombardie, Provinz Milano u. Distr. V, Barlassina; siehe Meda.

Cassina Rigamonte, Lombardie, Prov. Milano und Distr. III, Bollate; siehe Senago.

Cassina Ritirata, Lombardie, Prov. Lodi e Crema und Distr. II, di Zelo Buon Persico; siehe Cervignano.

Cassina Rivasaca, Lombardie, Pr. Como und Distr. II, Como; siehe Albate.

Cassina Rizza, Lombardie, Prov. und Distr. I, Pavia; siehe Mirabello.

Cassina Rizzardi, Lombardie, Provinz Como und Distr. I, Como, ein *Gemeindedorf* mit Vorstand und Pfarre **S. Stefano**, in einer Ebene nahe am Flusse Seveso. 6 Migl. von Como. Hierzu gehören:
Boffalora, Ronco, Meierei — Mulino Annoni, Mühle — Monticello, einzelnes Landthaus.

Cassina Robbiolo, Lombardie, Prov. und Distr. II, Milano; siehe

Cassina Rocolo, Lombardie, Prov. Como und Distr. XXI, Luino; siehe Luino.

Cassina Romenasso, Lombardie, Prov. Milano und Distr. III, Bollate; siehe Musocco.

Cassina Roncà, Lombardie, Prov. Como und Distr. XIX, Arcisate; siehe Marzio.

Cassina Ronco, Lombardie, Prov. Como und Distr. XXIV, Brivio; s. Rovagnate.

Cassina Ronco in Due, Lombardie, Prov. Cremona und Distr. II, Soncino; siehe Romanengo.

Cassina Ronco lungo, Lombardie, Prov. Milano und Distr. XIV, Cuggiono; siehe Castano.

Cassina Rosnati, Lombardie, Provinz Milano und Distr. III, Bollate; siehe Quarto Cagnino.

Cassina Rossi, Lombardie, Prov. Milano und Distr. III, Bollate; siehe Arese.

Cassina Rossi, Lombardie, Prov. Milano und Distr. V, Barlassina; siehe Seveso.

Cassina Rota, Lombardie, Prov. Bergamo und Distr. XIII, Verdello; s. Osia di Sotto.

Cassina Rota Vitali, Lombardie, Prov. Bergamo und Distr. XIII, Verdello; siehe Urgnano.

Cassina Rotta, Lombardie; Prov. Lodi e Crema und Distr. V, Casalpusterlengo; siehe Castiglione.

Cassina Rovidello, Lombardie, Prov. und Distr. II, Milano; siehe Rovido.

Cassina Rubini, Lombardie, Prov. Bergamo und Distr. XIII, Verdello; s. Grossobbio.

Cassina Sacchiera, Lombardie, Prov. Pavia und Distr. III, Belgiojoso; siehe Filighera.

Cassina Rosa, Lombardie, Provinz Brescia und Distr. III, Bagnolo; siehe Bagnolo.

Cassina S. Luca, Lombardie, Prov. Brescia und Distr. V, Lonato; s. Lonato.

Cassina S. Vito, Lombardie, Prov. und Distr. I, Milano; siehe Corpi S. di Porta Vercellina.

Cassina Tosani, Lombardie, Prov. Mantova und Distr. XVII, Asola; siehe Asola.

Cassina Zanardi, Lombardie, Prov. und Distr. I, Mantova, s. Quattro Ville.

Cassina nuovo Valeriani, Lombardie, Prov. Mantova und Distrikt IX, Borgoforte; sieie Borgoforte.

Cassina S. Giorgia, Lombardie, Prov. Como und Distr. XIV, Erba; sieie Lurago.

Cassina S. Giorgio al Lambro, Lombardie, Prov. Milano und Distr. VI, Monza; s. Biassono.

Cassina S. Giovanni, Lombardie, Prov. Bergamo und Distr. XIII, Verdello; sieie Verdello.

Cassina S. Giuseppe, Lombardie, Prov. Milano und Distr. V, Barlassina; sieie Desio.

Cassina S. Giuseppe, Lombardie, Prov. Pavia und Distr. IV, Corte Olona; sieie Inverno.

Cassina S. Giuseppe, Lombardie, Prov. Milano und Distr. V, Barlassina; sieie Seregno.

Cassina S. Leonardo, Lombardie, Prov. Milano und Distr. III, Bollate; s. Trenno.

Cassina S. Margherita, Lombardie, Prov. Milano und Distr. V, Barlassina; sieie Cassina Giorgio Aliprandi.

Cassina S. Maria, Lombardie, Provinz Milano und Distr. V, Barlassina; sieie Binzago.

Cassina S. Naborie, Lombardie, Prov. Milano und Distr. IX, Gorgonzola; siehe Masate.

Cassina S. Pietro, Lombardie, Provinz Como und Distr. XIV, Erba; sieie Lambrugo.

Cassina S. Pietro, Lombardie, Prov. und Distr. I, Bergamo; s. Mozzo.

Cassina S. Rocco, Lombardie, Provinz Pavia und Distr. III, Belgiojoso; sieie Cera Nuova.

Cassina a S. Marizza, Venedig, Prov. Friaul und Distr. IX, Codroipo; sieie Varmo.

Cassina S. Romanetto, Lombardie, Prov. Milano und Distr. III, Bollate; sieie Quinto Romano.

Cassina S. Salvadore, Lombardie, Prov. Milano und Distr. V, Barlassina; sieie Seregno.

Cassina S. Zenone, jetzt S. Zeno genannt — Lombardie, Prov. Lodi e Crema und Distr. V, Casalpusterlengo; sieie Casalpusterlengo.

Cassina Sarea, Lombardie, Prov. Como und Distr. XXV, Missaglia; sieie Casatenuovo.

Cassina Sargento, Lombardie, Provinz Como und Distr. XIV, Erba; sieie Anzano.

Cassina Sarti, Lombardie, Provinz Como und Distr. XIV, Erba; sieie Villa Albese.

Cassina Savina, insgemein S. Bernardo — Lombardie, Prov. Milano und Distr. V, Barlassina, ein *Gemeinde-* u. *Filialdorf* der Pfarre S. Giuseppe zu Seregno, nicit weit davon entlegen, mit einer Gemeinde-Deputation, 1 St. von Monza, ⅔ St. von Desio. Hieier geiören: *Cassina Santa, Cassina Selvaggio, Cassina Selvaggino, Meiereien.*

Cassina Scaccabarozzi, Lombardie, Prov. Pavia und Distr. V, Rosate; sieie Coazzano.

Cassina Scara, Lombardie, Prov. Prov. u. Distr. I, Pavia, s. Mirabello.

Cassina Sacco, Lombardie, Provinz Brescia und Distr. V, Lonato; sieie Pozzolengo.

Cassina Santa, Lombardie, Provinz Milano und Distr. V, Barlassina; sieie Cassina Savina.

Cassina S. Carlo, Lombardie, Prov. Milano und Distr. V, Barlassina; sieie Desio.

Cassina S. Carlo, Lombardie, Prov. Milano und Distr. XIV, Cuggione; sieie Castano.

Cassina S. Carlo, Lombardie, Prov. Lodi e Crema und Distr. V, Casalpusterlengo; sieie Castiglione.

Cassina S. Carlo, Lombardie, Prov. Milano und Distr. V, Barlassina; sieie Seregno.

Cassina S. Casimo, Lombardie, Prov. Pavia und Distr. IV, Corte Olona, sieie Bissone.

Cassina S. Croce, Lombardie, Prov. Como, Distr. I, Como; sieie Cermenate.

Cassina S. Damiano, Lombardie, Prov. Milano und Distr. V, Barlassina; sieie Cogliate.

Cassina S. Donato, Lombardie, Prov. Bergamo u. Distr. XIII, Verdello; sieie Osio di sotto.

Cassina S. Enrico, Lombardie, Prov. Como und Distr. I, Como; s. Casnate.

Cassina S. Fedele, Lombardie, Provinz Milano und Distr. V, Barlassina; sieie Leutate.

Cassina S. Giorgio, Lombardie, Prov. Milano und Distr. V, Barlassina; sieie Desio.

Cassina Scalvinari, Lombardie, Prov. Bergamo und Distr. XIII, Verdello; sieie Boltiere.

Cassina Scana porco, Lombardie, Prov. Mantova und Distr. V, Castiglione delle Stiviere; sieie Cavriana.

Cassina Scarione, Lombardie, Provinz und Distr. II, Milano; s. Cusago.

Cassina Scessa, Lombardie, Prov. Milano und Distrikt III, Bollate; sie 1e Castellazzo.

Cassina Schiaffinata, jetzt Cassina Bianca — Lom)ardie, Prov. Pavia und Distr. III, Belgiojoso; siehe Spirago.

Cassina Scottina, Lombardie, Provinz Cremona u. Distr. II, Soncino; sie 1e Fiesco.

Cassina Sella nuova, Lom)ardie, Prov. und Distr. II, Milano; sie 1e Sella nuova.

Cassina Selvaggino, Lom)ardie, Prov. Milano und Distr. V, Barlassina; sie 1e Cassina Savina.

Cassina Selvaggio, Lombardie, Prov. Milano und Distr. V, Barlassina; sie 1e Cassina Savina.

Cassina Senaghino, Lombardie, Prov. Milano und Distr. III, Bollate; s. Senago.

Cassina Serbelloni, Lom)ardie, Prov. Lodi e Crema und Distr. V, Casalpusterlengo; sie 1e Castiglione.

Cassina Silvini, Lom)ardie, Prov. Lodi e Crema und Distr. I, Lodi; sie 1e S. Maria in Práto.

Cassina Simariva, Lom)ardie, Prov. Bergamo und Distr. XIII, Verdello; sie 1e Mariano.

Cassina Soldino, Lom)ardie, Provinz Bergamo und Distr. XIII, Verdello; siehe Urgnano.

Cassina Somicario, Lom)ardie, Provinz Bergamo und Distr. V, Ponte S. Pietro; siehe Grignano.

Cassina Sordelli, Lombardie, Provinz Milano und Distr. III, Bollate; sie 1e Novate.

Cassina Spirolo, Lombardie, Prov. Como und Distr. XI, Lecco; siehe Lecco.

Cassina Stanghina, Lombardie, Prov. Lodi e Crema und Distr. VI, Codogno; s. Castel nuovo Bocco d' Adda.

Cassina Stella, Lombardie, Prov. Milano und Distr. V, Barlassina; sie 1e Binzago.

Cassina Stortina, Lom)ardie, Provinz Como und Distr. XIV, Er)a; sie 1e Albesio.

Cassina Streghe, Lom)ardie, Provinz Como und Distr. XXIV, Brivio; s. Merate.

Cassina Suello, Lom)ardie, Prov. Como und Distr. XIV, Er)a; sie 1e Tregolo.

Cassina sul Monte, Lombardie, Prov. Como und Distr. XVI, Gavirate; siehe Cerro.

Cassina Suria, Lombardie, Provinz Como und Distr. XIV, Erba; siehe Monguzzo.

Cassina Taccioli, Lombardie, Provinz u. Distr. II, Milano; sie 1e Settimo.

Cassina Taccona, Lom)ardie, Provinz Pavia und Distr. III, Belgiojoso; sie 1e Valle Salimbina.

Cassina Travaglia, Lombardie, Prov. und Distr. II, Milano; sie 1e Lorenteggio.

Cassina Tribigliana, Lom)ardie, Prov. und Distr. I, Pavia; sie 1e Calderara.

Cassina Trivulza, Lombardie, Provinz Milano und Distr. III, Bóllate, ein nac) SS. Nazzaro e Celso zu Musocco gepfarrtes *Gemeindedorf*, unweit Musocco, 1½ St. von R)ò.

Cassina Uggeri, Lom)ardie, Prov. Lodi e Crema und Distr. V, Casalpusterlengo; sie 1e Secugnago.

Cassina Usseria, Lombardie, Prov. Como und Distr. XIX, Arcisate; sie 1e Brenno.

Cassina Valletti, Lombardie, Prov. Bergamo u. Distr. XIII, Verdello; sie 1e Dalmine.

Cassina Valletti, Lombardie, Prov. Bergamo u. Distr. XIII, Verdello; sie 1e Osio di Sotto.

Cassina Vajni, Lóm)ardie, Provinz Cremona und Distr. VII, Casal Maggiore; sie 1e Casal Belotto.

Cassina Vajni Somaglia, Lom)ardie, Prov. Cremona und Distrikt VII, Casal Maggiore; sie 1e Bellotto.

Cassina Valera, Lombardie, Prov. Milano und Distr. V, Barlassina; sie 1e Varedo.

Cassina Valla, Lom)ardie, Provinz Como und Distr. XXV, Missaglia; sie 1e Casirago.

Cassina Valle, Lombardie, Provinz Como und Distr. II, Como; s. Al)ate.

Cassina Taschetto, Lom)ardie, Prov. Bergamo und Distr. XIII, Verdello; sie 1e Boltiere.

Cassina Tassara, Lom)ardie, Provinz und Distr. II, Milano; sie 1e Cesano Boscone.

Cassina Tavassoni, Lombardie, Prov. Cremona und Distr. VII, Casal Maggiore; sie 1e Vico Bellignano.

Cassina Taveggia, Lombardie, Prov. Como und Distr. XXIV, Brivio; s. Cologna.

Cassina Tela, Lom)ardie, Provinz Milano und Distr. III, Bollate; siehe Gareguano.

Cassina Tempora, Lom)ardie, Prov. Como und Distr. XXV, Missaglia; sie 1e Bulciago.

Cassina Tentori, Lom)ardie, Prov. und Distr. I, Pavia; s. S. Varese.

Cassina Terradeo, Lombardie, Prov. und Distr. II, Milano; siehe Buccinassco.

Cassina Terra Negra, Lombardie, Prov. u. Distr. I, Como; sieie Bizzarone.

Cassina Terzago, Lombardie, Provinz und Distr. II, Milano; sieie Terzago (Ortsgemeinde).

Cassina Tonsi, Lombardie, Prov. und Distr. I, Bergamo; siehe Seriate.

Cassina Torchio, Lombardie, Provinz Lodi e Crema und Distr. II, di Zelo Buon Persico; sieie Merlino.

Cassina Torrazza, Lombardie, Prov. Milano und Distr. III, Bollate; s. Trenno.

Cassina Tosi grande, Lombardie, Prov. Milano und Distr. XV, Busto Arsizio; sieie Busto Arsizio.

Cassina Vallera, Lombardie, Provinz Como und Distr. XIV, Erba; sieie Anzano.

Cassina Vanotti, Lombardie, Provinz Milano und Distr. III, Bollate; s. Bollate.

Cassina Vassera, Lombardie, Provinz Como und Distr. XXIV, Brivio; sieie Mondonico.

Cassina vecchia, Lombardie, Provinz Bergamo und Distr. XIII, Verdello; sieie Grossobbio.

Cassina vecchia, Lombardie, Provinz Lodi e Crema und Distr. V, Casalpusterlengo; sieie Livrago.

Cassina vecchia, Lombardie, Provinz Bergamo und Distr. XIII, Verdello; sieie Lurano.

Cassina vecchia, Lombardie, Provinz Cremona und Distr. VI, Pieve d'Olmi; sieie Solarolo Monasterolo.

Cassina Vela, Lombardie, Provinz Pavia und Distr. III, Belgiojoso; sieie Ca de' Tedioli.

Cassina Venezia, Lombardie. Prov. und Distr. II, Milano; sieie Terzago.

Cassina Venina, Lombardie, Prov. und Distr. II, Milano; sieie Brazzana.

Cassina Vercellona, Lombardie, Prov. Lodi e Crema und Distr. II, di Zelo Buon Persico; sieie Galgagnano.

Cassina Vertura, Lombardie, Provinz Como und Distr. XXV, Missaglia; sieie Casate nuovo.

Cassina Verghera, Lombardie, Prov. Milano und Distr. XIII, Gallarate, eine *Gemeinde-Ortschaft*, mit Vorstand und Pfarre Natività di B. Maria Vergine, nicit weit von Arnate, 2½ St. v. Cassina delle Corde und ⅓ St. von Gallarate. Einverleibt sind:

Arsaghi, Monterosso, Ronco, Visontina, Meicreien.

Cassina Vigana, Lombardie, Provinz Lodi e Crema und Distr. IV, Borgietto; sieie Monte Vigana.

Cassina Vignona, jetzt Scala genannt — Lombardie, Prov. Lodi e Crema und Distr. V, Casalpusterlengo; siehe Zorlesco.

Cassina Villa, Lombardie, Provinz Como und Distr. XXV, Missaglia; sieie Cernusco Lombardino.

Cassina Virpano, Lombardie, Provinz Como, Distr. XIV, Erba; s. Anzano.

Cassina Visconti, Lombardie, Provinz Pavia und Distr. IV, Corte Olona; sieie Bissone.

Cassina Visconti, Lombardie, Provinz Lodi e Crema und Distr. I, Lodi; sieie S. Zenone.

Cassina Vismara, Lombardie, Provinz und Distr. II, Milano; s. Seguro.

Cassina Vitagliana, Lombardie, Prov. Pavia und Distr. IV, Corte Olona; sieie Bissone.

Cassina Vitalba, Lombardie, Provinz Bergamo u. Distr. XIII, Verdello; sieie Comun nuovo.

Cassina Vittoria, Lombardie, Provinz Lodi e Crema und Distr. V, Casalpusterlengo; sieie Roiecco.

Cassina Vollonzoli, Lombardie, Prov. Cremona und Distr. VIII, Piadena; s sieie S. Lorenzo Guazzone.

Cassina Volone, Lombardie, Provinz Lodi e Crema und Distr. II, di Zelo Buon Persico; sieie Galgagnano.

Cassina Volpera, Lombardie, Provinz Como und Distr. XIV, Erba; siehe Centemero.

Cassina Zaganara, Lombard., Provinz Pavia und Distr. III, Belgiojoso; sieie Belgiojoso.

Cassina Zanchi, Lombardie, Provinz Bergamo und Distr. XIII, Verdello; sieie Osio di Sotto.

Cassina Zanchi, Lombardie, Provinz Bergamo u. Distr. XIII, Verdello; sieie Urgnano.

Cassina Zanoli, Lombardie, Provinz Bergamo und Distr. XIII, Verdello; sieie Urgnano.

Cassina Zanotti, Lombardie, Provinz Bergamo und Distr. XIII, Verdello; sieie Urgnano.

Cassina Zappa, Lombardie, Provinz Como und Distr. XXV, Missaglia; sieie Barzago.

Cassina Zeccone, Lombardie, Provinz Milano und Distr. V, Barlassina; sieie Lazzate.

Cassina Zecuppero, Lombardie, Provinz Como und Distr. XIV, Erba; sieie Tregolo.

Cassina Zeloj, Lombardie, Provinz Como und Distr. I, Como; sieſe Caslino.

Cassina Zerbi, Lomardie, Provinz Milano und Distr. V, Barlassina; sieſe Solaro.

Cassina Zoccola, Lomardie, Provinz Como u. Distr. XIV, Erba; s. Erba.

Cassina Zucchetti, Lomardie, Prov. Milano und Distr. III, Bollate; sieſe Musocco.

Cassina Zucchi, Lomardie, Provinz Milano und Distr. VI, Monza; sieſe Monza.

Cassina Zuccoli, Lombardie, Provinz Milano und Distr. III, Bollate; sieſe Pinzato.

Cassinazza, Lomardie, Prov. Lodi e Crema und Distr. VI, Codogno; sieſe Meletto.

Cassinazza, Lomardie, Provinz Lodi e Crema und Distr. VI, Codogno; sieſe Trivulza.

Cassinazza, Lomardie, Prov. Pavia und Distr. VIII, Abbiategrasso; s. Vittuone.

Cassinazza, Lomardie, Prov Pavia und Distr. VIII, Aꝰbiategrasso; s. Robecco.

Cassinazza, Lombardie, Prov. Pavia und Distr. VI, Binasco; sieſe Bubbiano.

Cassinazza, Lombardie, Prov. Pavia und Distr. VIII, Abbiategrasso; s. Ravello.

Cassinazza, Lomardie, Prov. Milano und Distr. XIV, Cuggiono; sieſe Dairago.

Cassinazza, Lombardie, Prov. Milano und Distr. XII, Melegnano; sieſe Videserto.

Cassinazza, Lomardie, Prov. und Distr. X, Milano; sieſe Lucino.

Cassinazza, Lomardie, Prov. und Distr. I, Milano; sieſe Corpi S. di Porta Romana.

Cassinazza, Lomardie, Prov. Bergamo und Distr. X, Treviglio; sieſe Treviglio.

Cassinazza, Lomardie, Prov. und Distr. I, Milano; sieſe Corpi S. di Porta Ticinese.

Cassinazza, Lomardie, Prov. und Distr. X, Milano; sieſe Pantigliate.

Cassinazza, Lomardie, Prov. und Distr. II, Milano; sieſe Sella Nuova.

Cassinazza, Lombardie, Prov. Milano und Distr. VIII, Vimercate; sieſe Caponago.

Cassinazza, Lombardie, Prov. Pavia und Distr. II, Bereguardo; siehe Baselica Bologna.

Cassinazza, Lombardie, Prov. Pavia und Distr. II, Bereguardo; sieſe S. Perone.

Cassinazza, Lomardie, Prov. Pavia und Distr. III, Belgiojoso; sieſe Belgiojoso.

Cassinazza, Lombardie, Prov. Pavia und Distr. V, Bosate; siehe Berate.

Cassinazza, Lombardie, Prov. Pavia und Distr. III, Belgiojoso; s. Roncaro.

Cassinazza, Lombardie, Prov. Pavia und Distr. V, Rosate; sieſe Noviglia.

Cassinazza, Lomardie, Prov. Lodi e Crema u. Distr. V, Casalpusterlengo; siehe Melegnanello.

Cassinazza Lazzaretto, Lombardie, Prov. Lodi e Crema und Distr. II, di Zelo Buon Persico; sieſe Mulazzano.

Cassinazze di mezzo e di sotto, Lombardie, Prov. Lodi e Crema und Distr. IX, Crema; sieſe Sergnano.

Cassinazzo e Canove, Lomardie, Prov. Lodi e Crema und Distr. III, S. Angiolo; sieſe Marudo.

Cassinazzo, Lomardie, Prov. und Distr. II, Milano; s. Gudo Gamaredo.

Cassine, Lombardie, Prov. Como und Distr. XXIII, Appiano; sieſe Appiano.

Cassine, Lombardie, Prov. Mantova und Distr. III, Roverꝰella; sieſe Castel Belforte.

Cassine, Lombardie, Prov. Miiano und Distr. XII, Melegnano; sieſe Cerro.

Cassine, Lomardie, Prov. Mantova und Distr. VIII, Marcaria; s. Marcaria.

Cassine, Lomardie, Prov. Mantova und Distr. I, Volta; sieſe Goita.

Cassine, Lomardie, Prov. Cremona und Distr. III, Soresina; sieſe Oscasale.

Cassine, Lomardie, Prov. und Distr. II, Como; sieſe Ponzate.

Cassine, Lomardie, Prov. Bergamo und Distr. VII, Caprino; sieſe Pontità.

Cassine Tre, Lomardie, Prov. Lodi e Crema und Distr. I, Lodi; sieſe Chioso di Porta d' Adda.

Cassine al, Castelletto, Lombardie, Prov. und Distr. I, Bergamo; sieſe Stezzano.

Cassine alla Ghiaje del Brembo, Lomardie, Prov. und Distr. I, Bergamo; sieſe Palladina.

Cassine alle Ghiaje, Lomardie, Prov. und Distr. I, Bergamo; sieſe Ossanesga.

Cassine al Ponte del Serio, Lomardie, Prov. und Distr. I, Bergamo; siehe Redona.

Cassine Caroli, Lomardie, Prov. und Distr. I, Bergamo; sieſe Stezzano.

Cassine Caterali, Lombardie, Prov. Bergamo und Distr. I, Bergamo; siehe Azzano.

Cassine de' Negri, Lombardie, Prov. Pavia und Distr. III, Belgiojoso; siehe Carpignano.

Cassine Faraone, Lombardie, Prov. Como und Distr. XVI, Gavirate; siehe Biandrone.

Cassine Frasnetti, Lombardie, Prov. und Distr. I, Bergamo; siehe Stezzano.

Cassinella, Lombardie, Prov. Milano und Distr. VIII, Vimercate; s. Bernareggio.

Cassinella, Lombardie, Provinz Milano und Distr. XIII, Gallarate; siehe Cedrate.

Cassinella, Lombardie, Prov. Lodi e Crema und Distr. VI, Codogno; siehe Maleo.

Cassinella, Lombardie, Prov. Milano und Distr. VI, Monza; siehe Vimodrone.

Cassinelle, Lombardie, Prov. und Distr. II, Como; siehe Rovenna.

Cassinello, Lombardie, Prov. Milano und Distr. VIII, Vimercate; siehe Carugate.

Cassinello, Lombardie, Provinz Milano und Distr. IX, Gorgonzola; siehe Inzago.

Cassinello, Lombardie, Provinz Milano und Distr. IX, Gorgouzola; siehe Cassano.

Cassinello, Lombardie, Provinz Milano und Distr. IX, Gorgonzola; siehe Cassine di S. Pietro.

Cassinello, Lombardie, Prov. und Distr. XI, Milano; siehe Opera.

Cassinello, Lombardie, Prov. und Distr. II, Milano; siehe Cusago.

Cassinello, Lombardie, Prov. Pavia und Distr. VIII, Abbiategrasso; siehe Robecco (Vecchia e Visconta Cassinello.

Cassinello, Lombardie, Prov. Lodi e Crema, Distr. VII, Pandino; s. Spino.

Cassinello, Lombardie, Prov. Lodi e Crema und Distr. VII, Pandino; siehe Vailate.

Cassinello Borri, Lombardie, Prov. Pavia und Distr. VIII, Abbiategrasso. siehe Corbetta.

Cassinello Bossi, Lombardie, Prov. Pavia u. Distr. VIII, Abbiategrasso; s. Abbiategrasso.

Cassinello Brentani, Lombardie, Prov. Pavia und Distr. VIII, Abbiategrasso; siehe Corbetta.

Cassinello Cambiago, Lombardie, Provinz Pavia und Distr. VIII, Abbiategresso; siehe Abbiategrasso.

Cassinello Chierichetti, Lombardie, Prov. Pavia und Distr. VIII, Abbiategrasso; siehe Abbiategrasso.

Cassinello con vecchia, Lombardie, Prov. Pavia und Distr. VIII, Abbiategrasso; siehe Robecco.

Cassinello con Visconta, Lombardie, Prov. Pavia und Distr. VIII, Abbiategrasso; siehe Robecco.

Cassinello della Misericordia, Lombardie, Prov. Milano und Distr. IX, Gorgonzola; siehe Bellinzago.

Cassinello delle Galline, Lombardie, Prov. Milano und Distr. IX, Gorgonzola; siehe Bellinzago.

Cassinello di Casa Busca, Lombardie, Prov. Milano u. Distr. IX, Gorgonzola; siehe Bellinzago.

Cassinello di S. Antonio, Lombardie, Prov. und Distr. II, Milano; siehe Cusago.

Cassinello Dugani, Lombardie, Prov. Pavia und Distr. VIII, Abbiategrasso; siehe Robecco.

Cassinello Gabaglia, Lombardie, Prov. Pavia und Distr. VIII, Abbiategrasso; siehe Bugo.

Cassinello Gasberti, Lombardie, Prov. Pavia und Distr. VIII, Abbiategrasso; siehe Abbiategrasso.

Cassinello Lucca, Lombardie, Prov. Pavia und Distr. VIII, Abbiategrasso; siehe Abbiategrasso.

Cassinello Malpaghetta, Lombardie, Prov. Milano und Distr. IX, Gorgonzola; siehe Vignate.

Cassinello Marazza, Lombardie, Prov. Pavia und Distr. VIII, Abbiategrasso; siehe Abbiategrasso.

Cassinello Mussi, Lombardie, Prov. Pavia und Distr. VIII, Abbiategrasso; siehe Corbetta.

Cassinello Nicorini, Lombardie, Prov. Pavia und Distr. VIII, Abbiategrasso; siehe Abbiategrasso.

Cassinello Paradisino, Lombardie, Prov. Milano und Distr. IX, Gorgonzola; siehe Cassano.

Cassinello Pianzola, Lombardie, Prov. Pavia und Distr. VIII, Abbiategrasso; siehe Abbiategrasso.

Cassinello Roviglia, Lombardie, Prov. Pavia und Distr. VIII, Abbiategrasso; siehe Abbiategrasso.

Cassinello Scolastico, Lombardie, Prov. Pavia und Distr. VIII, Abbiategrasso; siehe Corbetta.

Cassinello Sora, Lombardie, Prov. Pavia und Distr. VIII, Abbiategrasso; siehe Abbiategrasso.

Cassinello sulla Brughiera, Lombardie, Prov. Milano und Distr. IX, Gorgonzola; siehe Cornate.

Cassinella Valentini, Lombardie, Prov. Pavia und Distr. VIII, Abbiategrasso; siehe Abbiategrasso.

Cassine nuove, Lombardie, Prov. Pavia und Distr. II, Bereguardo; siehe S. Perone.

Cassine nuove, Lombardie, Prov. und Distr. I, Bergamo; siehe Seriate.

Cassine nuove, Lombardie, Prov. Pavia und Distr. VIII, Abbiategrasso; siehe Cisliano.

Cassine nuove, Lombardie, Prov. Pavia und Distr. VIII, Abbiategrasso; siehe Boffalora.

Cassine nuove, Lombardie, Prov. Lodi e Crema und Distr. V, Casalpusterlengo; siehe Bertonico.

Cassine Savi e navaleri, Lombardie, Prov. Bergamo und Distr. XIII, Verdello; siehe Osio di Sotto.

Cassine sotto Robecchetto, Lombardie, Prov. Milano und Distr XIV, Cuggione; siehe Robecchetto (Comune).

Cassinetta, Lombardie, Prov. Lodi e Crema und Distr. I, Lodi; s. Bagnolo.

Cassinetta, Lombardie, Prov. Bergamo und Distr. XII, Romano; siehe Bariano.

Cassinetta, Lombardie, Prov. Como und Distr. XXV, Missaglia; s. Barzano.

Cassinetta, Lombardie, Prov. Pavia und Distr. V, Rosate; siehe Besate.

Cassinetta, Lombardie, Prov. Milano und Distr. VI, Monza; siehe Biassono.

Cassinetta, Lombardie, Prov. Lodi Crema und Distr. VII, Pandino; siehe Boffalora.

Cassinetta, Lombardie, Prov. Lodi e Crema und Distr. IV, Borghetto; siehe Borghetto.

Cassinetta, Lombardie, Prov. Cremona und Distr. VI, Pieve d'Olmi; siehe Branciere.

Cassinetta, Lombardie, Prov. Milano und Distr. XV, Busto Arsizio; s. Busto Arsizio.

Cassinetta, Lombardie, Prov. Cremona und Distr. VI, Pieve d'Olmi; s. Cannuova d'Offredi.

Cassinetta, Lombardie, Prov. Bergamo und Distr. X, Treviglio; siehe Calvenzano.

Cassinetta, Lombardie, Prov. Milano und Distr. VI, Saronno; siehe Canegrate.

Cassinetta, Lombardie, Prov. Milano und Distr. XII, Melegnano; siehe Carpianello.

Cassinetta, Lombardie, Prov. Milano und Distr. VII, Verano; siehe Correnzzana.

Cassinetta, Lombardie, Prov. Cremona und Distr. II, Soncino; siehe Casaletto.

Cassinetta, Lombardie, Prov. Como und Distr. XIII, Canzo; siehe Caslino.

Cassinetta, Lombardie, Prov. Como und Distr. XXV, Missaglia; siehe Cassago.

Cassinetta, Lombardie, Prov. und Distr. I, Pavia; siehe Cassina d'Tolentini.

Cassinetta, Lombardie, Prov. Lodi e Crema und Distr. V, Casalpusterlengo; siehe Castiglione.

Cassinetta, Lombardie, Prov. Milano und Distr. IX, Gorgonzola; siehe Cernusco.

Cassinetta, Lombardie, Prov. Milano und Distr. XII, Melegnano; siehe Cerro.

Cassinetta, Lombardie, Prov. Pavia und Distr. IV, Corte Olona; siehe Chignolo.

Cassinetta, Lombardie, Prov. Milano und Distr. VIII, Vimercate; siehe Concorezzo.

Cassinetta, Lombardie, Prov. Milano und Distr. IV, Saronno; siehe Cornaredo.

Cassinetta, Lombardie, Prov. und Distr. I, Milano; siehe Corpi S. di Porta Ticinese.

Cassinetta, Lombardie, Prov. und Distr. I, Milano; s. Corpi S. di Porta Vercellina.

Cassinetta, Lombardie, Prov. Como und Distr. XXVI, Mariano; siehe Cremnago.

Cassinetta, Lombardie, Prov. und Distr. II, Milano; siehe Cusago.

Cassinetta, Lombardie, Prov. Pavia und Distr. IV, Corte Olona; s. Costa S. Zenone.

Cassinetta, Lombardie, Prov. Milano und Distr. XIII, Gallarate; s. Gallarate.

Cassinetta, Lombardie, Prov. Cremona und Distr. III, Soresina; siehe Genivolta.

Cassinetta, Lombardie, Prov. Pavia und Distr. V, Rosate; siehe Gudo Visconti.

Cassinetta, Lombardie, Prov. Milano und Distr. IX, Gorgonzola; siehe Inzago.

Cassinetta, Lombardie, Prov. Pavia und Distr. III, Belgiojoso; siehe Linarolo.

Cassinetta, Lombardie, Prov. Milano und Distr. XII, Melegnano; siehe Melegnano.

Cassinetta, Lombardie, Prov. Pavia und Distr. VIII, Abbiategrasso; siehe Mesero.

Cassinetta, Lombardie, Prov. Como und Distr. XXI, Mariano; siehe Novedrate.

Cassinetta, Lombardie, Prov. Pavia und Distr. VIII, Abbiategrasso; siehe Ozero.

Cassinetta, Lombardie, Prov. und Distr. X, Milano; siehe Pesciiera.

Cassinetta, Lombardie, Prov. Lodi e Crema und Distr. I, Lodi; s. Pezzolo de' Cadazzi.

Cassinetta, Lombardie, Prov. und Distr. XI, Milano; s. Pieve.

Cassinetta, Lombardie, Prov. und Distr. X, Milano; siehe Premenugo.

Cassinetta, Lombardie, Prov. Milano u. Distr. IX, Gorgonzola; s. Roncello.

Cassinetta, Lombardie, Prov. und Distr. II, Milano; siehe Ronchetto.

Cassinetta, Lombardie, Prov. Pavia und Distr. V, Rosate; siehe Rosate.

Cassinetta, Lombardie, Prov. Milano und Distr. IV, Saronno; siehe S. Vittore.

Cassinetta, Lombardie, Prov. und Distr. X, Milano; s. Settala.

Cassinetta, Lombardie, Prov. Milano und Distr. VII, Verano; siehe Sovico.

Cassinetta, Lombardie, Prov. Lodi e Crema und Distr. VII, Paudino; s. Spino.

Cassinetta, Lombardie, Prov. Como und Distr. XXII, Tradate; siehe Tradate.

Cassinetta, Lombardie, Prov. und Distr. X, Milano; s. Truccazzano.

Cassinetta, Lombardie, Prov. Lodi e Crema und Distr. VII, Pandino; siehe Vailate.

Cassinetta, Lombardie, Prov. und Distr. II. Milano; s. Vighinolo.

Cassinetta, Lombardie, Prov. Pavia und Distr. IV, Corte Olona; s. Villanterio.

Cassinetta, Lombardie, Prov. Milano und Distr. VIII, Vimercate; siehe Villa nuova.

Cassinetta, Lombardie, Prov. Pavia und Distr. VIII, Abbiategrasso; s. Vittuone.

Cassinetta, insgemein Cassina Manzona, Lombardie, Prov. und Distr. I, Milano; siehe Affori.

Cassinetta auch Rizzone, Lombardie, Prov. Como und Distr. XVI, Gavirate; siehe Biandrone.

Cassinetta Albruga, Lombardie, Prov. Milano und Distr. IX, Gorgonzola.; siehe Cornate.

Cassinetta, Anguisala, Lombardie, Prov. Bergamo und Distr. X, Treviglio; siehe Carravaggio.

Cassinetta Beldosso, Lombardie, Prov. Milano und Distr. VII, Verano; siehe Agliate.

Cassinetta Cassina, Lombardie, Prov. Milano und Distr. V, Barlassina; siehe Solaro.

Cassinetta del Grassi, Lombardie. Prov. Lodi e Crema und Distr. V, Casalpusterlengo; siehe Castiglione.

Cassinetta del Comune, Lombardie, Prov. Cremona und Distr. VI, Pieve d' Olmi; siehe Straconcolo.

Cassinetta dell' Ospitale, Lombardie, Prov. Lodi e Crema und Distr. I, Lodi; siehe S. Zenone.

Cassinetta di sopra, Lombardie, Prov. Pavia und Distr. VIII, Abbiategrasso; siehe Bareggio.

Cassinetta di sotto con Casone, Lombardie, Prov. Pavia und Distr. VIII, Abbiategrasso; siehe Bareggio.

Cassinetta e Orlica, Lombardie, Prov. und Distr. X, Milano; siehe Lambrate.

Cassinetta Fondrini, Lombardie, Prov. Lodi e Crema und Distr. I, Lodi; s. S. Zenone.

Cassinetta inferiore, Lombardie, Prov. Milano und Distr. VIII, Vimercate; siehe Lesno.

Cassinetta Merino, Lombardie, Prov. Lodi e Crema und Distr. V. Casalpusterlengo; siehe Camairago.

Cassinetta superiore, Lombardie, Prov. Milano und Distr. VIII, Vimercate; siehe Lesno.

Cassinetta Venini, Lombardie, Prov. Lodi e Crema und Distr. VII, Pandino; siehe Pandino.

Cassinetta Salo, Lombardie, Prov. Bergamo und Distr. XIII; Verdello; s. Urgnano.

Cassinetta Suardi, Lombardie, Prov. Bergamo und Distr. XIII, Verdello; s. Urgnano.

Cassinetta Tonsi, Lombardie Prov. Bergamo und Distr. XIII, Verdello; siehe Urgnano.

Cassinetta Vacchetti, Lombardie, Prov. Lodi e Crema u. Distr. VII Pandino; s. Agnadello.

Cassinetta Valsecchi, Lombardie Prov. Bergamo und Distr. XIII, Verdello; siehe Mariano.

Cassinetta Villongo, Lombardie, Prov. Bergamo u. Distr. XIII, Verdello; s. Zanica.

Cassinetta Zanchi, Lombardie, Prov. Bergamo und Distr. XIII, Verdello; s. Urgnano.

Cassinetto, Lombardie, Prov. Lodi e Crema und Distr. IX, Crema; siehe Sergnano.

Cassinetto, Lombardie, Prov. Milano und Distr. VIII, Vimercate; siehe Velate.

Cassinetto (Cassinaggio, Masseria), Lombardie, Prov. Bergamo und Distr. XIII, Verdello; s. Zanica.

Cassinetto, Adelasio, Lombardie, Prov. Bergamo und Distr. XIII, Verdello; siehe Pognano.

Cassinetto, Angioletti, Lombardie, Prov. Bergamo und Distr. XIII, Verdello; siehe Urgnano.

Cassinetto Balestra, Lombardie, Prov. Bergamo und Distr. XIII, Verdello; siehe Cologno.

Cassinetto, Bosis, Lombardie, Prov. Bergamo und Distr. XIII. Verdello; siehe Urgnano.

Cassinetto, Bossetti, Lombardie, Prov. Bergamo und Distr. XIII, Verdello; siehe Urgnano.

Cassinetto Covagno, Lombardie, Prov. Bergamo und Distr. XIII, Verdello; siehe Urgnano.

Cassinetto dei Morti, Lombardie, Prov. Bergamo und Distr. XIII, Verdello; siehe Pognano.

Cassinetto del Lupo, Lombardie, Prov. Bergamo und Distr. XIII, Verdello; siehe Pognano.

Cassinetto dell' Ospedale, Lombardie, Prov. Bergamo und Distr. XIII, Verdello; siehe Pognano.

Cassinetto del Preposto, Lombardie, Prov. Bergamo und Distr. X, Treviglio; siehe Arzago.

Cassinetto di San-Giuseppe, Lombardie, Prov. Bergamo und Distr. XIII, Verdello; siehe Pognano.

Cassinetto Donesana, Lombardie. Prov. Lodi e Crema und Distr. VII, Pandino; siehe Agnadello.

Cassinetto Freta, Lombardie, Prov. und Distr. I, Bergamo; siehe Treviolo.

Cassinetto Lanfranchi, Lombardie, Prov. Bergamo und Distr. XIII, Verdello; siehe Cologno.

Cassinetto Medelago, Lombardie, Prov. Bergamo und Distr. XIII, Verdello; siehe Cologno.

Cassinetto Piazzoni, Lombardie, Prov. Bergamo und Distr. X, Treviglio; s. Treviglio.

Cassinetto Pogliani, Lombardie, Prov. Bergamo und Distr. XIII, Verdello; s. Cologno.

Cassinetto Ragni, Lombardie, Prov. Bergamo und Distr. X, Treviglio; s. Canonica.

Cassinetto Ravasio, Lombardie, Prov. Bergamo und Distr. XIII, Verdello; siehe Urgnano.

Cassinetto Rossi, Lombardie, Prov. Bergamo und Distr. XIII, Verdello; siehe Cologno.

Cassingalasco, Lombardie, Prov. Como und Distr. III, Bellaggio; siehe Bellaggio.

Casinino, Lombardie, Prov. und Distr. I, Pavia; s. Cassina de' Serigari.

Casino, Illirien, Friaul. Gradisk. Kr., ein zur Zentr. Gerichtsbarkeit Castel Porpetto gehöriges Dorf, nach Carlino eingepfarrt, 4 St. v. Nogaredo.

Cassino, Lombardie, Prov. Bergamo und Distr. XIII, Verdello; s. Urgnano.

Cassino, Venedig, Prov. Friaul und Distr. XI, Palma; siehe Carlino.

Cassino, Lombardie, Prov. Como und Distr. XXIV, Brivio; siehe Mondonico.

Cassino, Lombardie, Prov. Mantova und Distr. VIII, Marcaria; s. Rodico.

Cassino, Lombardie, Prov. Cremona und Distr. VIII, Piadena; siehe Vhò.

Cassino Amadino, Lombardie, Prov. Cremona und Distr. VII, Casal Maggiore; siehe Vicinanza.

Cassino Amici, Lombardie, Provinz und Distr. I, Cremona; s. Due Miglia.

Cassino Aroldi, Lombardie, Provinz Cremona und Distr. VII, Casal Maggiore; siehe Vicinanza.

Casino Basocchino, Lombardie, Prov. Como und Distr. XIX, Arcisate; siehe Induno.

Cassino della Madonna, Lombardie, Prov. und Distr. I, Milano; s Corpi S. di Porta Orientale.

Cassino de' P. P. di S. Domenico, Lombardie, Provinz Mantova und Distr. XIII, Suzzara; siehe Suzzara (Conventicco.)

Cassino di Cervi, Lombardie, Provinz Milano und Distr. VI, Monza; siehe Biassono.

Cassino Fasalli, Lombardie, Provinz Mantova und Distr. VI, Castel Goffredo; siehe Ceresara.

Cassino Ferri, Lombardie, Provinz Mantova und Distr. XII, Viadana; siehe Viadana.

Cassino Fornace, Lombardie, Provinz Mantova und Distr. VI, Castel Goffredo; siehe Ceresara.

Cassino d' Alberi, vormals Rocca Bruna genannt — Lombardie, Provinz Lodi e Crema und Distr. II, di Zelo Buon Persico, ein 1 Migl. vom Flusse Muzza entfernt liegendes *Gemeindedorf* mit Vorstand und Pfarre, 4 Migl. v. Paullo.

Cassino, Lombardie, Prov. Como und Distr. XXIV, Brivio; sieie Mondonico.

Cassino, Lombardie. Prov. Mantova und Distr. VIII, Marcaria; sieie Rodigo.

Cassino, Lombardie, Prov. Cremona und Distr. VIII, Piadena; sieie Vhò.

Cassino Amadino, Lombardie. Prov. Cremona und Distr. VII, Casal Maggiore; siehe Vicinanza.

Cassino Amici, Lombardie, Prov. und Distr. I, Cremona; s. Due Miglia.

Cassino Aroldi, Lombardie, Provinz Cremona und Distr. VII, Casal Maggiore; sieie Vicinanza.

Cassino Basocchino, Lombardie, Prov. Como und Distr. XIX, Arcisate; sieie Arcisate.

Cassino, Lombardie, Prov. Pavia und Distr. VIII, Abbiategrasso; s. Albajrate.

Cassino, Lombardie, Prov. Mantova und Distr. III, Roverbella; sieie Castel Belforte.

Cassino, Lombardie, Prov. Como und Distr. XXII, Tradate; sieie Castiglione.

Cassino, Lombardie, Prov. und Distr. I, Milano; s. Corpi S. di Porta Romana.

Cassino, Lombardie, Prov. Cremona und Distr. VII, Casa Maggiore; sieie Fossa Caprara.

Cassino, Lombardie, Prov. Mantova und Distr. XIV, Gonzaga; sieie Gonzaga (Pegognaga).

Cassino, Lombardie, Prov. Como und Distr. XI, Lecco; sieie Lecco.

Cassino, Lombardie, Prov. Lodi e Crema u.Distr. VI, Codogno; s.Maccastorna.

Cassino (Nr. 2), Mulino di, Lombardie, Prov. und Distr. XI, Milano; sieie Cassino Scanasio.

Cassino, Lombardie, Prov. Pavia und Distr. III, Belgiojoso; s. Cà de' Tebioli.

Cassino Gombini, Lombardie, Provinz Mantova und Distr. VI, Castel Goffredo; siehe Ceresara.

Cassino Leali, Lombardie, Provinz Mantova u. Distr. XVII, Asola; s. Asola.

Cassino Loghino, Lombardie, Provinz u.Distr. I, Mantova; s. Castellaro.

Cassina Majnoni, Lombardie, Provinz Como und Distr. XXIII, Appiano; sieie Appiano.

Cassino Mannati, Lombardie, Provinz Como und Distr. XIX, Arcisate; sieie Induno.

Cassino Maragni, Lombardie, Prov Mantova, Distr. XII Viadana; s. Dosolo.

Cassino Matti, Lombardie, Provinz Brescia und Distr. V, Lonato; sieie Desenzano.

Cassino Molinari, Lombardie, Provinz und Distr. I, Pavia; sieie Cassina de' Serigari.

Cassino Molossi, Lombardie, Provinz Cremona und Distr. VIII, Casal Maggiore; sieie Vigo Bellignano.

Cassino Mori, Lombardie, Provinz Mantova und Distr. XII, Viadana; siehe Viadana.

Cassino Osma, Lombardie, Provinz Mantova u. Distr. XVII, Asola; s. Asola.

Cassino Pernestano, Lombardie, Prov. Mantova und Distr. V, Castiglione delle Stiviere; sieie Castiglione delle Stiviere.

Cassino Scanaso, Lombardie, Provinz und Distr. XI, Milano, ein unweit dem Lambro Flusse lieg., von den Gemeinden Quinto d' Stampi, Ponte Sesto, Bassana und Bozzano begrenztes, mit einem Vorstand und Pfarre S. Biaggio versehenes *Gemeindedorf*, 1½ St. von Milano. Dazu gehört:
Mulino di Cassino, Mühle.

Cassinotti, Lombardie, Prov. Lodi e Crema und Distr. V, Casalpusterlengo; sieie Cassina de' Passerini.

Cassion, Illirien, Istrien, ein *Hafen* bei Veglia.

Cassione, Illirien, Istrien, auf der Insel Veglia, mit einem *Minoriten-Kloster*, zum Postamte Veglia gehörig.

Caslo, Venedig, Prov. Friaul u. Distr. IV, Maniago; sieie Erto.

Cassol, Venedig, Prov. Belluno und Distr. VII, Feltre; sieie S. Giustina.

Cassole Corte, Lombardie, Provinz und Distr. I, Mantova; sieie Curtatone.

Casson, Venedig, Prov. Verona und Distr. XIII. Bardolino, s. Malcesine.

Cassovia, Ungarn, Abaujvár. Komt.; sieie Kaschau.

Casta, Lombardie, Prov. Bergamo und Distr. VII, Caprino; sieie Villa d' Adda.

Castagna, Illirien, Istrien, Mitterburger Kr., ein *Dorf* im Distrikt Capodistria, Bezirk Buje, Hauptort d. Untergemeinde gleichen Namens, mit 54 Häuser und 350 Einw., einer Pfarre, in der Diöces Triest Capodistria, 2 St. v. Mantova.

Castagna, Illirien, Istrien, *Dorf* im Bezirke Buje und zur Hauptgemeinde Grisignano geh., mit 60 Häus. und 305 Einwohnern.

Castagna, Lombardie, Prov. Mantova und Distr. XVII, Asola; sieie Asola.

Castagna, Lombardie, Prov. Mantova und Distr. VII, Canneto; siehe Canneto.

Castagna, Lombardie, Prov. u. Distr. X, Milano; siehe Melzo.

Castagna, Lombardie, Prov. Lodi e Crema und Distr. III, S. Angiolo; sie e Orgnaga.

Castagna, Lombardie, Prov. Cremona - und Distr. II, Soncino; sie e Trigolo.

Castagna, S. Giovanni alla, Lom)ardie, Prov. Como und Distr. XI, Lecco; sie e S. Giovanni alla Castagna.

Castagnara, Venedig, Prov. Treviso und Distr. IV, Conegliano; sie e Conegliano.

Castagnaro, Venedig, Prov Verona . und Distr. V, Legnago, ein *Gemeindedorf* mit Vorstand und Pfarre S. Nicolo und 2 Oratorien, zwischen Capi und Villa Bona, zunächst den Flüssen Castagnaro und Tartaro, 2 Migl. von Legnago.

Castagnaviza, Illirien, Friaul, Görzer Kr., eine zum Dorfe Aiba konscrib. *Ortschaft,* d. Hrsch. Canal gehör., 6 St. von Görz.

Castagne, Tirol, Trient. Kr., ein zur Ldgrchtshrsch. Persen geh. *Berg,* an d. See Caldonazzo, worauf sic) ein Dorf mit einer Kuratie befindet,)ier wac)sen die besten Kastanien, 1¼ St. von Persen oder Pergine.

Castagne, Tirol, Trient. Kr., ein *Weiler* zur Gemeinde Torceguo ge)örig, im Ldgrcht. Borgo.

Castagnedo, Lombardie, Prov. und Distr. I, Milano; sie e Corpi S. di Porta Romano.

Castagnemoro, Venedig, Provinz Vicenza und Distr. V, Marostica; sie e Farra.

Castagnero, Venedig, Pro .. Vicenza und Distr. XIII, Bar)arano, ein näc)st dem Berge dieses Namens liegendes *Gemeindedorf* mit Pfarre S. Giorgio und 2 Oratorien, dann einer Gemeinde-Depulation, 1 St. von Barbarano. Mit: *Villa Ganseria, Landhaus.*

Castagneta, Lombardie, Prov. Bergamo und Distr. I, Bergamo; sie e Bergamo.

Castagni, Venedig, Prov. Verona und Distr. IX, Illasi; siehe Mezzane di sotto.

Casta Pezzoli alla, Lom)ardie, Prov. Bergamo und Distr. X, Treviglio; sie e Treviglio.

Castagnino Secco, Lom)ardie, Prov. Cremona und Distr. IV, Pizzighetone; siehe Breda de' Bugni.

Castagnole, Lombardie, Prov. und Distr. I, Treviso; sie e Paese.

astagnole, Lom)ardie, Prov. Pavia und Distr. VIII, Ab)iategrasso; s. A))iategrasso.

Castagnoni, Lombardie, Prov. Lodi e Crema und Distr. VI, Codogno; s. Soma)lia.

Castaldolo, Lombardie, Prov. Padova und Distr. X. Monselice; sie e Monselice.

Castalottiera, Lom)ardie, Provinz Bergamo und Distr. VII, Caprino; s. Erve.

Castana, Lom)ardie, Prov. und Distr. 1, Milano; sie e Corpi S. di Porta Vercellina.

Castanea. Sie)en)ürgen; siehe Káztó.

Castanedi. Lombardie, Prov. Sondrio (Valtellina) und Distr. VII, C)iavenna; sie e Menarola.

Castania, Lom)ardie, Prov. Mantova und Distr. XVII, Asola; sie e Asola (Barc)i).

Castano, Lombardie, Prov. Milano und Distr. XIV, Cuggiono, eine *Ortsgemeinde* mit einer Pfarre S. Zenone, zwei Aushilfskirchen, 3 Oratorien und Gemeinde Deputation, an den Flüssen Ticino und Naviglio, 1 St. von Cuggiono. Hierher ge)ören: *Cassina Cantona, Cavevina, Malpaga, Naviglio, Bonco Lungo, S. Carlo, Meleren. — Mulinaccio Vechio di Castano, Mulino del Ponte di Castano, Mühlen.*

Castano, Mulinaccio vecchio di, Lombardie, Prov. Milano u. Distr. XIV, Cuggiono; sie e Castano.

Castano, Mulino del Ponte di, Lombardie, Prov. Milano und Distr. XIV, Cuggiono; sie e Castano.

Castanza, Lom)ardie, Prov. Como und Distr. XVI, Gavirate; sie e Malgesso.

Castegdalo, Lom)ardie, Prov. Como und Distr. XXI, Luino; s. Montegrino.

Castegnate, Lom)ardie, Prov. Milano und Distr. XV, Busto Arsizio; eine *Gemeinde-Ortschaft* mit einer Pfarre S. Giulio und Gemeinde-Deputation, am Flusse Olona, von Castellanza und Marnate)egrenzt, ¼ St. von Busto Arsizio. Hier)er ge)ören: *Mulino Fagnani, Introzzi di Casa Fagnani Palmajraghi, Mühlen.*

Castegnate, Lombardie, Prov. Bergamo und Distr. V, Ponte S. Pietro; s. Terno.

Castegnato, Lom)ardie, Prov. Brescia und Distr. VII, Boveguo; sie e Pezzaze.

Castegnato, Lombardie, Prov. Brescia und Distr. II, Ospittaletto, ein *Gemeindedorf* mit Vorstand und eigener Pfarre S. Giov. Balt. 6 Migl. von Brescia.

Castegnatto, Lom)ardie, Provinz Pavia und Distr. III, Belgiojoso; sie e Vistarino.

Castegnola, Lombardie, Prov. Bergamo und Distrikt II, Zogno; siehe Zogno.

Castel, Tirol, Trient. Kr.; ein *Weiler* zur Gemeinde Nauo gehörig, im Landgerichte Cles.

Castel, Venedig, ein *Berg* in der Nähe des Berges Majo.

Castel Alto, Tirol. Rov. Kr., ein *Landgericht* und *Schloss* an der Landstrasse, Hauptschloss des ehemaligen besondern Gerichts d. N. ob Telve in V. Sugana, Ldgchs. Telvana. Franz von Castellalt, der Letzte seines Stammes war bei Kaiser Karls V. Zeit oberster Feldhauptmann in Tirol. 1¼ Stunde v. Borgo.

Castel Arsio, Tirol, Botzn. Kr., eine *Landgerichts-Herschaft* u. *Schloss* 2¼ St. von Cles, 9 St. von Trient.

Castelbert, Venedig, ein *Berg* an der Grenze von Tirol und Venedig, bei Podestaria.

Castelan, Vò, Venedig, Provinz und Distr. I; Padova; siehe Casal di Ser' Ugo (Vò Castelan).

Castelar, Venedig, Provinz Treviso und Distr. VIII, Montebelluna; siehe Montebelluna.

Castelbaco, Casa, Lombardie, Prov. Milano und Distr. IX, Gorgonzola; siehe Vaprio.

Castelbaldo, Venedig, Prov. Padova und Distrikt VIII, Montagnana, eine mit einer eigenen Pfarre S. Prosdocimo und 3 Oratorien versehene *Gemeinde-Ortschaft*, nahe bei Masi, 8 Migl. von Montagnana. Mit:
Campi sottoposti all' Acqua, unbrauchbarer Grund.

Castel Barco, Tirol, Trient. Kreis., ein zur Ldgchts. Hrsch. Castellano geh. altes *Schloss*, an dem rechten Ufer des Etschflusses, der Grafen von Castel Barco Stamm haus, 2 St. von Roveredo.

Castelbarco, Lombardie, Provinz und Distr. I, Mantova; siehe Giorgio.

Castelbarco, I. II., Lombardie, Provinz und Distr. I, Mantova; siehe Porto.

Castelbarco, insgemein Arigoni, Lombardie, Prov. Milano und Distr. XIII, Gallarate; siehe Besnate.

Castelbarco, Torchio, Lombardie, Prov. Como und Distr. XXIV, Brivio; siehe Robbiate.

Castel Bell, Tirol, Botzn. Kr., eine *Landgerichts-Herschaft* und *Schloss* s. Kastelbell.

Castel Bellagio, Tirol, Trienter Bzk., ein *Schloss* und kaiserl. Lehen

in Nonsberg im Trient. Gebiete, 4¼ St. von Trient.

Castel Belforte con Castel Bonafisso, Lombardie, Prov. Mantova und Distr. III, Roverbella, eine *Gemeinde-Ortschaft* mit Vorstand und Pfarre S. Biaggio, 3 St. von Roverbella. Zu dieser Gemeinde gehören:
Belvedere, Ca vecchio I. II., Campolungo, Canova, Cantelma, Capane, Caselle I. II e Casatte, Casette, Casino, Casotti, Cassine, Castel Bonafisso, Cavalore, Corte Oncalfo, Eredhba, Fabbrica, Fenil Brucciato, Fornelli, Graslana, Lecchina, Loghino, Macagne, Malcantone, Maldritto, Malerito, Mortelle, Paradiso, Parolara I. II., Picca, Pila e Mulino, Kampiña, Rampinassa, Ronchi, Sostegno, Spaducina, Tomba, Valle, Villa, Meiereien. — Casale, Cort' Alta è Ronchetto, S. Paolo. Landhäuser. – Mulino, Mühle.

Castelbell, Tirol, ein *Hauptschloss* des ehemals gräfl. Hendlischen, nun mit Schlanders vereinten Ldgchts. Castelbell.

Castel Beorchi, Venedig, Prov. Friaul und Distr. III, Spilimbergo; siehe Pinzano.

Castel Biancade, Venedig, Prov. und Distr. I, Treviso; siehe Spercenigo.

Castel Bonafisso, Lombardie, Prov. Mantova und Distr. III, Roverbella, siehe Castel Belforte.

Castel Brucier, Tirol, Trient. Kr., ein *Schloss* zur Gemeinde Corredo geh. im Landgerichte Cles.

Castelcarro, Venedig, Prov. Padova und Distr. VI, Teolo; siehe Teolo.

Castelcarro, Venedig, Prov. Padova und Distr. XII, Piove; siehe Codevigo.

Castel Cerete, Lombardie, Prov Bergamo und Distr. X, Treviglio; s Treviglio.

Castel Cerino, Venedig, Prov Verona und Distr. VII, S. Bonifacio s. Soave.

Castelcies, Venedig, Prov. Treviso u Distr. IX, Asolo; siehe Cavaso.

Castel Cies, Tirol, Trient Kr., ein *Schloss* zur Gemeinde Cles gehörig, in Landgerichte Cles.

Castel Corno. Tirol, Trient. Kreis ein zur Landgerichts Herrschaft Castellano gehörig. altes Schloss, mit einiger Nebengebäuden, 2 St. von Roveredo.

Castel Covati, Lombardie, Prov Brescia und Distr. VIII, Chiari, ein durch die Canäle des Lago d'Iseo bewässertes *Gemeindedorf* mit Vorstand und Pfarre S. Antonio Abbate, dann 3 Oratorien. — 3 Migl. von Chiari. Mit:
Mulino Consorziale, Mulino del' S. Pietro Riva; Maria delle Nuvole, Mühlen

Casteleucco, Venedig, Prov. Treviso und Distr. IX, Asolo, ein Gemeinde-Gebirgsdorf, mit Vorstand und Pfarre S. Giorgio. — 1 Migl. von Asolo.

Castel Cambio, Dalmatien, ein Dorf im Kr. Spalato, liegt auf der schönsten und cultivirtesten Küste Dalmatiens, der sogenannten Ebene de' Castelli, welche sich zwischen dem Gebirge Karman und dem Meerbusen von Salona ausdehnt. Es sind dort 7 Dörfer, Castelle genannt, weil jedes mit einem Thurme gegen die Überfälle der Türken versehen wurde. Zusammen zählen sie gegen 4200 Einwohner, welche Pflanzungen von Weinreben, Oliven-, Mandel- und Granatäpfelbäumen besitzen.

Castel Dardo, Venedig, Prov. Belluno und Distr. VIII, Mel; siehe Tricciana.

Castel d'Azzono, Venedig, Prov. und Distr. I, Verona, ein an Villafranca und Povegliano (Distr. II, Villafranca) grenzendes Gemeindedorf, mit Vorstand und Pfarre Assunzione di Maria Vergine und einem Oratorio. — 2 Migl. von Verona. Hieher gehören:
Becracivetta, Cà di Nocaglie, Cà di Robbi, Cà di Tavoli, Cà di Tinaldi, Dorfer.

Castel del Gavarno, Lombardie, Prov. und Distr. I, Bergamo; siehe Scanzo.

Castel della Pietra, zu deutsch: Stein am Calian, Tirol, Trient. Kreis. ein Schloss und Weggeldamt an der Etsch unter Caliano, vormals mit eigner Gerichtsbarkeit, jetzt Ldgchts. Folgaria. Berühmt durch den Verlust und die Flucht der Franzosen 1796, zur Landgerichts Herrschaft Beseno geh. 4. St. von Trient.

Castel del Monte, Venedig, Prov. Friaul und Distr. XII, Cividale, ein Schloss und Gemeinde, vom Berge Plonaguave und dem Flusse Indrio begrenzt, nächst Obhorza mit Vorstand, einer eigenen Pfarre Beata Vergine del Monte, einem Santuario und 3 Aushilfskirchen, 5 Migl. von Cividale. Zu dieser Gemeinde gehören:
Casall di Bordon, di Bordu, di Codramazzo, di Covazzarizzo, di Padilant, di Podrcaco, di Salomont, di Zechenecco, einzelne Häuser.

Castel di Carbonera, Venedig, Prov. und Distr. I, Treviso; siehe Carbonera.

Castel Didone, Lombardie, Prov. Cremona und Distr. VIII, Piadena, ein Gemeindedorf mit Vorstand und Pfarre SS. MM. Caledon e Sencin, von dem Parma- und Brescia - Gebirge, dem Flusse Oglio und dem Lago di Garda begrenzt, 2 St. von Piadena.

Castel di Porpetto, Venedig, Prov. Friaul und Distr. XI, Palma; siehe Porpetto.

Castel del Toni, Lombardie, Prov. Bergamo und Distr. VII, Caprino; s. Torre de' Busi.

Castelero, Tirol, Trient. Kreis, versch. Höfe, mit einer Einsiedelei, an dem Hügel St. Rochus gel., zur Stadt u. Ldgcht. Trient gehörig; 1 St. von Trient.

Casteletti, Venedig, Prov. Treviso und Distr. V, Seravalle; siehe Cappella.

Castelletto di Brentzon, Venedig, Prov. Verona und Distr. XIII, Bardolino, ein vom Berge Fasson begrenztes Gemeindedorf, mit Vorstand und Pfarre S. Carlo e S. Francesco und einem Oratorio, 4½ Migl. von Lazise.

Castel Fondo, Castelfond, Tirol, Trienter Kr., eine Landger. Herrschaft, Schloss und Dorf mit einer Pfarre, 3 St. von Cles, 9 St. von Trient.

Castelfondo, Tirol, eine bewohnte Berggegend, am Novella Bache von Arz nordwärts bis auf den Gampen oder Senal an die Grenze des ehemaligen Gerichts Tisens.

Castelfranco, Venedig, Prov. Treviso und Distr. X, Castelfranco, eine Stadt, Schloss und Gemeinde, wovon der X. Distrikt dieser Provinz den Namen hat, in einer grossen Ebene am Murone, mit 6500 Einwohnern, einem königl. Distrikts-Commissariat, Prätur, Gemeinde-Vorstand, 3 Pfarren, S. Maria assunta, S. Liberale und S. Maria, 2 Nebenkirchen und 2 Santuarien, einer Post-Brief-Sammlung und Postpferde-Wechsel, zwischen Treviso und Bassano, einem Armen-Spital, dann einer Leinwand- und zwei Tuch-Fabriken, und dem schönen Palaste Soranzo von den Bassano und Asolo-Berghügeln, u. den Flüssen Brenta u. Piave begrenzt, zwischen Campigo und Salvarosa. Die Trevisaner erbauten Castelfranco im Jahre 1119. 1 Post von Bassano, und 1¼ St. von Treviso. Mit:
S. Giorgio (Frazione), zur Pfarre Castelfranco — Villarezzo (Villaggio), mit Pfarre S. Sebastiano.

Castel Franco, Lombardie, Prov. Cremona und Distr. VIII, Piadena, ein Gemeindedorf mit Vorstand und Pfarre S. Bartolomeo, von dem Parma - und Brescia- Gebirge, dem Flusse Oglio und dem Lago di Garda begrenzt. ½ St. von Piadena. Mit:
Carzago, Schweizerei.

48 *

Castelfranco, Venedig, Prov. Treviso und Distr. X, enthält folgende Gemeinden:
Albaredo mit Campigo, Casacorba und S. Marco. — Castelfranco mit Villarazzo - Godego — Lorto mit Bessica, Castiglion und Ramon — Resana mit Brusaporco und Fratta — Riese mit Poggina, Spineda mit Manzolino und Vallà — Salvarosa mit Salvatronda und S. Florian di Campagna — S. Andrea oltre il Musone mit Treville — Vedelago mit Fonsiolo, Fonsiolo pel Colmello di Barcon.

Castel Fusano, Lombardie, Prov. Cremona und Distr. VII, Casal Maggiore; siehe Casal Bellotto.

Castel Goffredo, Lombardie, Prov. Mantova und Distr. VI, eine *Gemeinde-Ortschaft*, wovon der VI. Distrikt dieser Provinz den Namen hat, und der aus nachbenannten Theilen besteht, mit 2 Pfarren S. Erasmo und S. Margherita, dann 10 Kapellen, einem königl. Distrikts-Commissariat, Gemeinde-Deputation, Distrikts-Postamt, eigentlich Brief-Sammlung des 3 Posten oder 20 Migl. davon entlegenen Provinzial-Postamts Mantova, und 4 Mühlen, nächst dem Berge Castiglione, den Flüssen Mincio und Chiese, zwischen Verola nuova und Goito. Diese Ortsgemeinde bestet aus:
Bazzoli, Bellina, Bitta, Bissona, Bocciere, Bonardi, Bordella, Boschello, Campagnolo, Caselle, Cojano super., Colletta, Colombare, Cominciolì, Delaja, Dovara, Fornace, Fosadazzo, Franzino, Cambina, Gambina supr. e inferiore, Gabione, Gorgalia, Lame, Limellè, Mafficcina, Majoli, Mazzardi di sotto, Palazzina, Pojano infer., Prini, Profondi, Rainoldi, Rassica, Romancini, Ronchi, Tucclaccina, Ugerini, Valsi, Zannochi, zum Dorfe Bocciere, Meiereien — Berenzi, Gambandolo, Lodolo, Pojano S. Anna, S. Apolonio, S. Francesco, S. Miciele, Pietro, Selvole, Landiäuser — Mulino nuovo, Mulino di Pojna Mulino di Rassica, Mulino di S. Siveleo, Mühlen.

Castel Goffredo, Lombardie, Prov. Mantova enthält folgende Gemeinden: Castel Goffredo con Bocherra, Ceresara con S. Martino Gusnago e Villa Capella — Piubega con S. Cassiano e porzione di S. Fermo.

Castel Gomberto, Venedig, Prov. Vicenza und Distr. X, Valdagno, ein bei Brogliano liegendes, von dem Berge Schiovi begrenztes *Gemeindedorf* mit Vorstand, Pfarre SS. Pietro e Paolo und 3 Oratorien. — 2 Stunden von Valdagno.

Castel Guglielmo a sinistra, Venedig, Prov. Polesine und Distr. II, Lendinara; siehe Castel Guglielmo a destra.

Castel Guglielmo a destra, Venedig, Prov. Polesine und Distr. II, Lendinara, ein unterial S. Bellino, nächst dem Canal Bianco liegendes *Gemeindedorf*, mit Vorstand und Pfarre S, Nicolo di Bari und 3 Oratorien. — 3 St. von Lendinara, mit:
Castel Guglielmo a sinistra, Gemeindeth.

Castelier, Venedig, Prov. Treviso u. Distr. VIII, Montebelluna; s. Montebelluna.

Casteliero e Zampis, Venedig, Prov. Friaul und Distr. I, Udine; siehe Pagnacco.

Castell Abbadessa, C. Cambio, C. Sucuraz, C. Vitturi, Dalmatien, Spalato Kr. siehe Abbadessa, Cambro, Sucuraz, Vitturi.

Castellana, Lombardie, Prov. Milano und Distr. IX, Gorgonzola; siehe Cernusco.

Castellana, Lombardie, Prov. Cremona und Distr. IV, Pieve d'Olmi; s. Alfeo.

Castellana, Lombardie, Prov. Bergamo und Distr. X, Treviglio; siehe Treviglio.

Castellana, Lombardie, Prov. Mantova und Distr. X, Bozzolo; siehe Rivarolo.

Castellano, Tirol, Dekanat u. Pfarre, Villa, Sitz des Dechants. Kr. Trient.

Castellana, Mulinaccio, Lombardie. Prov. Milano und Distr. XIV, Cuggiono; siehe Tornavento.

Castellana Val, Lombardie, Prov. Como und Distr. XV, Angera; siehe Angera.

Castell-Andreis, Dalmatien, Zara Kr.; siehe Andreis.

Castellano und Castelnuovo, Tirol, Roveredo Kreis, eine *Ldgchts. Herrschaft und Dorf* mit einem Schlosse und einer Kuratie, liegt in dem Lagerthal (Val Lagona) und grenzt nördlich an die Trienter Prätur, 2½ St. v. Roveredo.

Castellano und Nomi, Tirol, Patrim. Ldgcht. und Lehen der Grafen von Lodron, Nomi, *Lehen* der Freih. von Fedrigazzi. Sitz des Gerichts Nogaredo nächst Villa.

Castellano, Lombardie, Prov. Mantova und Distr. XVII, Asola; siehe Asola.

Castellare, Tirol, Trient. Kr., ein *Weiler* zur Gemeinde Scurele geh., im Ldgcht. Strigno.

Castellaro, Lombardie, Prov. und Distr. I, Mantova, eine *Land-* und *Gemeinde - Ortschaft* mit Vorstand und Pfarre B. Verg. Assunta, Dazamt, einer Mühle und Postwechsel zwischen Ostiglia und Mantova. 3 St. von Mantova, Postamt. Dazu gehören:

Acinvica Trentina, Barca, Binzabarche, Bissara, Boscone, Boselle, Branzacanone, Canova, Casazza, Case al di là dell' Acque, Casella I. II., Casino Loghino, Casoti nuovi, Colombare, Dossetto, Fenil Bruciato, Fornace I. II. III., Cazzo, Gazzolo, Ozzuolo, Lepezze, La Longhera, Loghino, Loghino e Casino, Loghino Sabbio, Malaggola, Malagoda, Maranguna, Morara, Olmo, Pastoria, Peccalozza, Pelora, Pezze, Ponte Vigo, Quarine, Ronclusana, Rozzi, Sabbionara, Spinada, Susano, Trampina, Ubaconia, La Verchia, Villa Grossa, Villetta, Meiereien. — Pampuro, Dorf.

Castellaro, Lombardie, Prov. Lodi e Crema und Distr. VI, Codogno; siehe Senna.

Castellaro, Venedig, Prov. Padova und Distr. IV, Campo Sampiero; siehe S. Eufemia.

Castellaro Lagusello, Lombardie, Prov. Mantova und Distr. IV, Volta; siehe Monzambano.

Castellasso, Lombardie, Prov. Bergamo und Distr. XVIII, Edolo; siehe Incadine.

Castel Lastua, Dalmatien, Cattaro Kr., Buduaner Distr., ein *Dorf* und Hafen am Strande des Meeres, der Pretur Budua unterstehend. Am Rande des Gestades, oder einem grossen vom Merre umgebenen Sandhaufen sieht man ein altes, verfallenes Castell, welches einer Familie aus diesem Dorfe gehört, und den Einwohnern in der Vorzeit zum Zufluchtsort gegen die Einfälle der Türken gedient hat; so sind auch dem Orte gegenüber zwei Meeresklippen vorhanden, oder welchen man östlich noch das Gemäuer eines alten Tempels, lateinischen Ritus sieht, mit einer eigenen Pfarre und Kirche des orientalischen Ritus, nebst einer andern des lateinischen Ritus. 8½ St. von Cattaro.

Castellanza, Lombardie, Prov. Milano und Distr. XV, Busto Arsizio, eine *Gemeinde-Ortschaft* mit Vorstand und eigener Pfarre S. Giulio, einer Aushilfskirche und einem Oratorio (in Castiguate) am Olonaflusse, von Castegnate, Legnano und Olgiate begränzt. ½ Stunde von Busto Arsizio. Hierher gehören:

Cassina Buon Gesù, Meierei. — Mulino di Casa, Ceruti, Croci, Rajmondi, Mühlen.

Castellanze, Lombardie, Prov. Mantova und Distr. VIII, Marcaria; siehe Rodigo.

Castellanze di Varese, Le, Lombardie, Prov. Como und Distr. XVII,

Varese. Unter dieser Benennung werden den zur Stadt Varese gehörigen kleinen Dörfchen verstanden; siehe Varese.

Castellaz, Tirol, Ob. Inthaler Kr., ein zerstörtes *Schloss* ob dem Kloster Mariaberg im Ldgcht. Glurns.

Castellaz, Venedig, ein *Berg* unweit des Berges Tiron.

Castellazo, Venedig, ein *Berg* in der Nähe des Berges Longo.

Castellazzo, Lombardie, Prov. Como und Distr. XXII, Tradate; siehe Castrono.

Castellazzo, Lombardie, Prov. Como und Distr. XIV, Erba; siehe Carcano.

Castellazzo, Lombardie, Prov. Como und Distr. XVI, Gavirate; siehe Trevissago.

Castellazzo, Lombardie, Prov. Como und Distr. XXIV, Brivio; siehe Imbérsago.

Castellazzo, Lombardie, Prov. und Distr. X, Milano; siehe Liscate.

Castellazzo Cadolino, Lombardie, Prov. und Distr. I, Cremona; siehe Pieve S. Giacomo.

Castellazzo, Lombardie, Prov. Lodi e Crema und Distr. VI, Codogno; siehe Fombio.

Castellazzo, Lombardie, Prov. Mantova und Distr. III, Roverbella; siehe Bigarello.

Castellazzo, Lombardie. Prov. Milano und Distr. IX, Gorgonzola; siehe Basiano.

Castellazzo, Lombardie, Prov. und Distr. XI, Milano; siehe Quinto Sole.

Castellazzo, Lombardie, Prov. Milano und Distr. IV, Saronno; ein *Gemeindedorf* mit einer eigenen Pfarrpräpositur und Gemeinde-Deputation, von Rhò, Pogliano, Pregnana und Barbajana begrenzt, 2½ St. von Saronno.

Castellazzo, Lombardie, Prov. Milano und Distr. VIII, Vimercate; siehe Vimercate.

Castellazzo Mulino, Lombardie, Prov. und Distr. I, Cremona; s. Pieve S. Giacomo.

Castellazzo, Lombardie, Prov. Mantova und Distr. XII, Viadanna; siehe Viadana.

Castellazzo, Lombardie, Prov. Pavia und Distr. V, Rosate; siehe Tainate.

Castellazzo, Lombardie, Prov. Pavia und Distr. IV, Corte Olona; siehe Villanterio.

Castellazzo, Lombardie, Prov. Milano und Distr. III, Bollate, ein *Gemeindedorf* mit Vorstand und eigener Pfarre S. Gulielmo, von Senago und Garba-

grate begrenzt, 1½ St. von Rhb. Einverleibt ist:
Cassina Scessa, Meierel,

Castellazzo, Lombardie, ein *Lustschloss* in der Deleg. Mailand, in einer
schönen Ebene gelegen; die alte Wohnung der Familie Arconati, jetzt der
Marquise Busca gehörig, mit grossen
Alleen und herrlichen Gärten, deren
Gitter vergoldet und reich verziert sind,
und einer Menagerie. Man sieht in Castellazzo schöne Basreliefs von Bam-
baja (Ueberreste des Mausolenms Ga-
stons von Foix), und eine schöne ko-
lossale Statue des Pompejus, welche
aus Rom gebracht wurde. Bossi hält
sie für eine Statue des Tiberius.

Castellazzo, Lombardie, Prov. Como
und Distr. XXII, Tradate; siehe Venegono inferiore.

Castellazzo de' Barzi, Lombardie, Prov. Pavia und Distr. VIII, Abbiategrasso, ein nahe bei Robecco liegendes *Gemeindedorf*, nach S. Martino
zu Magenta gepfarrt, mit einer Gemeinde-Deputation, ⅓ St. von Abbiategrasso. Mit:
Tangola, Meierei.

Castellazzo Stampi, Lombardie,
Prov. Pavia und Distr. VIII, Abbiategrasso; siehe Cassina Pobbia.

Castel Leone, Castrum Leonis —
Lombardie, Prov. Cremona und Distr.
III, Soresina ; ein *Flecken*, eigentlich
kleines Städchen, und Gemeinde mit
Vorstand und Pfarre S. Giacomo e Fi-
lippo, 4 Aushilfskirchen und 12 Orato-
rien, unweit vom Gebirge Piacenza,
dem Flusse Oglio und dem Lago d'Iseo.
½ St. von Soresina. Dazu gehören:
Bataglia, Cà di Cavagnolo, Canove,
Cantone, Colombara, Cortelona, Fe-
nillè, Fustagno, Galotto, Gramignana,
Guzzafame, Lame, Misericordia, No-
velle, Pelegra, Pradazzo, S. Giacomo,
S. Latino, Stella, Terra di Casso,
Terra di S. Spirito, Meiereien.— Bruna,
Ponzona, Soncino, Mühlen.

Castelletti, Lombardie, Prov. Mantova und Distr. VI, Castel Goffredo;
siehe Piubega.

Castelletti, Palazzo, Lombardie,
Prov. Cremona und Distr. VII, Casal
Maggiore; siehe S. Martino del Lago.

Casteletto, Cassine al, Lombardie, Prov. und Distr. I, Bergamo;
siehe Stezzano.

Casteleto Corsini, Lombardie, Pr.
u. Distr. I, Mantova; siehe Roncoferraro.

Casteletto Cavalli, Lombardie,
Prov. Mantova und Distr. III, Roverbella; siehe Roverbella.

Casteletto Corsini I. II., Lombardie, Prov. und Distr. I, Mantova;
siehe S. Giorgio.

Casteletto Corte, Lombardie, Prov.
und Distr. I, Mantova; siehe Roncoferraro.

Casteletto Mendosio, Lombardie,
Prov. Pavia und Distr. V, Rosate, ein
am grossen Naviglio, nahe bei Abbiategrasso liegendes, darin (S. Maria
nuova) gepfarrtes *Gemeindedorf*, mit
einem Oratorio und Vorstand, 1 Migl.
von Abbiategrasso. Hierher gehören:
Brusada, Cattabrega, Cittadina, Crivella, Mendosio, Meiereien.

Casteletto, Mulino di, Lombardie, Prov. und Distr. II, Milano; siehe
Setimo.

**Casteletto, Ravello Osteria
di**, Lombardie, Prov. Pavia u. Distr.
VIII, Abbiategrasso; siehe Ravello.

Casteleto di Ricengo, Lombardie, Prov. Lodi e Crema und Distr. IX,
Crema; siehe Ricengo.

Casteletto di sopra, Lombardie,
Prov. und Distr. I, Milano; siehe Corpi
S. di Porta Orientale.

Casteletto, Lombardie, Provinz
Brescia; und Distr. XIII, Leno; siehe
Leno.

Castelletto Casa del, Venedig,
Prov. Friaul. und Distr. III, Spilim-
bergo; siehe Spilimbergo (Gradisca
Casa del Castelletto).

Castelletto di sotto, Lombardie,
Prov. u. Distr. I, Milano; siehe Corpi
S. di Porta Orientale.

Castelletto di sotto, Lombardie,
Prov. Cremona und Distr. VI, Pieve
d' Olmi; siehe Cingia de' Botti.

Castelletto, Venedig, Prov. Vicenza
und Distr. V, Marostica; s. Breganze.

Castelletto, Lombardie, Prov. Brescia und Distr. XIII, Leno; siehe Leno.

Castelletto, Lombardie, Prov. Mantova und Distr. IV, Volta; siehe Monzambano.

Castelletto, Lombardie, Prov. und
Distr. X. Milano ; siehe Peschiera.

Castelletto, Lombardie, Prov. und
Distr. X, Milano; siehe Pioltello.

Castelletto, Lombardie, Prov. Brescia und Distr. XI, Verola nuova; siehe
Quinzano.

Castelletto, Lombardie, Prov. Mantova und Distr. VIII, Marcaria; siehe
Rodigo.

Castelletto, Lombardie, Prov. und
Distr. X, Milano; siehe Settala.

Castelletto, Lombardie, Prov. Bergamo und Distr. V, Ponte S. Pietro;
siehe Suisio.

Castelletto, Lombardie, Prov. Milano und Distr. XII, Meleguano; sieie
Viboldone.

Castelletto I. II, Lombardie, Prov.
und Distr. I, Mantova; sieie Porto.

Castelletto I. II, Lombardie, Prov.
u. Distr. I, Mantova; s. Roncoferraro.

Castelletto d' Abbiategrasso,
Lombardie, Prov. Pavia u. Distr. VIII,
Abbiategrasso; sieie Abbiategrasso.

Castelletto Anghinore, Lombardie, Prov. Cremona und Distr. IV,
Pizzighettone; sieie Licngo.

Castelletto Arivabene, Lombardie, Prov. und Distr. I, Mantova; sieie
Roncoferraro.

Castelletto Barbo, Lombardie,
Prov. Cremona und Distr. II, Soncino;
sieie Cumignano.

Castelletto Cassina, Lombardie,
Prov. Milano und Distr. III, Bollate;
sieie Senago.

Castelletto Cassina, Lombardie,
Prov. und Distr. II. (Milano); sieie
Settimo.

Castelletto, Lombardie, Prov. und
Distr. X, Milano; sieie Abbignano.

Castelletto, Lombardie. Prov. Milano und Distr. VII, Verano; sieie
Canonica del Lambro.

Castelletto, Lombardie, Prov. und
Distr. II, Como; sieie Capiago.

Castelletto, Lombardie, Prov. Como
und Distr. XVI, Gavirate; s. Cardana.

Castelletto, Lombardie, Prov. Pavia
und Distr. VI, Binasco; sieie Casarile.

Castelletto, Lombardie, Prov. Lodi
e Crema und Distr. VI, Codogno; sieie
Corno Giovine.

Castelletto, Lombardie, Prov. und
Distr. I, Milano; sieie Corpi S. di Porta
Vercelina.

Castelletto, Lombardie, Prov. Como
u. Distr. XXIV, Brivio; sieie Cologna.

Castelletto, Lombardie, Prov. Milano und Distr. XIV, Cuggiono; sieie
Cuggiono.

Castelletto, Lombardie, Prov. Cremona und Distr. V, Robecco; sieie
Dosso Baroardo

Castelletto, Lombardie, Prov. und
Distr. I, Mantova; sieie S. Giorgio.

Castelletto, Lombardie, Prov. Mantova und Distr. XIV, Gonzaga; sieie
Gonzaga (Badeno).

Castelletto in Rio Bianco,
Venedig, Prov. Padova und Distr. IV,
Campo Sampiero; sieie S. Giustina in
Colle.

Castelli, Venedig, Provinz Treviso
viso und Distr. IX, Asolo; sieie Mon-
fumo.

Castellier, Illirien, Istrien, ein *Berg*
südlich vom Dörfcien Eleri, 128 W.
Klft. über dem Meere.

Castelier, Illirien, Istrien, Mitterb.
Kr., ein *Dorf*, im Distr. Capodistria,
Bzk. Montona, Hauptort der Untergemeinde gleichen Namens, mit 114 Häus.
und 760 Einw., zur Pfarre Visinada
geh., in der Diöcese Parenzo Pola, mit
einer Expositur, 3½ St. von Montano.

Castellina, Lombardie, Prov. Lodi e
Crema und Distr. V, Casalpusterlengo;
sieie Camairago.

Castellina, Lombardie, Prov. Lodi e
Crema und Distr. VI, Codogno; sieie
Cavacurta.

Castellina, Lombardie, Prov. Lodi e
Crema und Distr. VI, Codogno; sieie
Corno Giovine.

Castellina, Lombardie, Prov. Lodi e
Crema und Dist. VI, Codogno; sieie
Somaglia.

Castellina, Lombardie, Prov. Mantova und Distr. II, Ostiglia; sieie Sustinente.

Castellina Costa, Lombardie, Prov.
Cremona u. Distr. III, Soresina; sieie
S. Bassano.

Castellina Oltrona, Lombardie,
Prov. Cremona und Distr. III, Soresina;
sieie S. Bassano.

Castellino, Tirol, Trient. Kr., ein
verfallenes *Schloss* zu Vezzano im
Ldgcht. dieses Namens.

Castellino, Tirol, Rovered. Kr., ein
verfallenes *Schloss* ober Bolognano,
Lgchts. Arco.

Castellino, Lombardie, Prov. Brescia und Distr. VI, Gardone; s. Gardone.

Castelliviero, Venedig, Prov. Pá-
dova und Distr. II, Mirano; s. Mirano.

Castello, Lombardie, Prov. Como und
Distr. VI, Porlezza, ein *Gemeindedorf*
mit Vorstand und Pfarre S. Martino,
an der rechten Seite des See's Ceresio
und am Saume d. Berges Bolgia, 6 Migl.
von Porlezza. Hieher gehören:
Cadate, Casarico, Dörfer.

Castello, Tirol, Trient. Kr., ein *Dorf*
im Gebirge, Kuratie der Pfarre Ossana,
Ldgchts. Malè auf dem Sulzberg.

Castello, Tirol, Rovered. Kr., ein zur
Hrsch. Fleims geh. *Schloss* und *Dorf*,
mit einer Kuratie, 5 St. von Neumarkt.

Castello, Lombardie, Prov. Como und
Distr. XI, Lecco, ein *Gemeindedorf* mit
einer Pfarre SS. Gervaso e Protaso,
einer Gemeinde - Deputation, Schulen-
Oberaufsicht, meiren Eisen-u. Schmelz-
Oefen und Seiden-Spinnereien, 1 Migl.
von Lecco. Diese Gemeinde besteht aus
folgenden Theilen:

Bissera, Calcotto, Cantarelle, Carate, Carona!, Caroncina, Cassino, Cortisella, Galandra, Orlenico, Prate, S. Stefano, Vignetta, Landhäuser.

Castello, Lombardie, Provinz Como und Distrikt XXI, Luino, ein aus untengenannten Tieilen bestehend. *Gemeindedorf* mit einer eigenen Pfarre SS. Pietro e Paolo, einer Gemeinde-Deputation und mehren Kalköfen, auf einem Hügel, wo man den Berg S. Antonio sieit, 7 Migl. von Luino. Hieher gehören:
Bissaga, Caldè, Creda, Orile, Pessina, Ronchiano, S. Pietro, Vallate, Landhäuser.

Castello, Lombardie, Prov. Como und Distr. XI, Lecco; siehe Abbadia.

Castello, Lombardie, Prov. Mantova und Distr XVII, Asola; siehe Asola.

Castello, Lombardie, Prov. Como und Distr. XVII, Varese; siehe Azzate.

Castello, Lombardie, Prov. Bergamo und Distr. XI, Martinengo; s. Baguatica.

Castello, Lombardie, Prov. Como und Distr. XIII, Canzo; siehe Barni.

Castello, Lombardie, Prov. Como und Distr. III, Bellaggio; siehe Bellaggio.

Castello, Lombardie, Prov. Cremona und Distr. VI, Pieve d' Olmi; siehe Bonemerse.

Castello, Lombardie, Prov. Como und Distr. XXIV, Brivio; siehe Brianzola.

Castello, Lombardie, Prov. Como und Distr. VI, Porlezza; siehe Carlazzo.

Castello, Lombardie, Prov. Cremona und Distr. III, Soresina; siehe Castel Madama.

Castello, Lombardie, Prov. Como und Distr. XXV, Missaglia; siehe Cernusco Lombardo.

Castello, Lombardie, Prov. Milano u. Distr. XII, Melegnano; siehe Cerro.

Castello, Lombardie, Prov. Como und Distr. XII, Oggiono; siehe Civate.

Castello, Lombardie, Prov. Como und Distr. III, Bellaggio; siehe Civenna.

Castello, Lombardie, Prov. Como und Distr. IX, Bellano; siehe Dervio.

Castello, Lombardie, Prov. Milano und Distr. XIII, Gallarate; siehe Jerago.

Castello, Lombardie, Prov. Como und Distr. V, S. Fedele; siehe Luino.

Castello, Lombardie, Prov. Como und Distr. XVI, Gavirate; siehe Laveno.

Castello, Lombardie, Prov. Bergamo und Distr. VIII, Piazza; s. Lenna.

Castello, Lombardie, Prov. Como und Distr. III, Bellaggio; siehe Limonta.

Castello, Lombardie, Prov. u. Distr. X, Milano; siehe Linate.

Castello, Lombardie, Prov. und Distr. XI, Milano; siehe Locate.

Castello, Lombardie, Prov. Como und Distr. XVII, Varese; siehe Luinate.

Castello, Lombardie, Prov. Bergamo und Distr. XVIII, Edolo; s. Malonno.

Castello, Lombardie, Prov. Sondrio (Valtellina) und Distr. V, Traone; s. Mello.

Castello, Lombardie, Prov. Como und Distr. IV, Menaggio; siehe Menaggio.

Castello, Lombardie, Prov. Como und Distr. III, Bellaggio; siehe Nesso.

Castello, Lombardie, Prov. Como und Distr. XII, Oggiono; siehe Oggiono.

Castello, Lombardie, Prov. Bergamo und Distr. VIII, Piazza; siehe Piazza.

Castello, Lombardie, Prov. Lodi e Crema und Distr. VII, Pandino; siehe Rivolta.

Castello, Lombardie, Prov. und Distr. X, Milano; siehe Settala.

Castello, Lombardie, Prov. Cremona und Distr. III, Soresina; siehe Soresina.

Castello, Lombardie, Prov. Mantova und Distr. II, Ostiglia; siehe Sustinente.

Castello, Lombardie, Provinz Lodi e Crema und Distr. I, Lodi; siehe Torre de Dardanoni.

Castello, Lombardie, Prov. Bergamo und Distr. III, Trescorre; s. Trescorre.

Castello, Lombardie, Prov. Bergamo und Distr. VII, Caprino; siehe Villa d' Adda.

Castello Al, Lombardie, Prov. Milano und Distr. VI, Monza; siehe Monza.

Castello Al, Lombardie, Prov. Como und Distr. XII, Oggiono; siehe Sirone.

Castello Boradello, Lombardie, Prov. und Distr. II, Como; siehe Camerlata.

Castello Bossi e Bianchi, Lombardie, Provinz Milano und Distr. XIII, Gallarate; siehe Jerago.

Castello Confalonieri, Lombardie, Prov. Milano u. Distr. XVI, Soma; siehe Caidate.

Castello dell' Acqua, Lombardie, Prov. Sondrio (Valtellina) und Distr. II, di Ponte; siehe Chiuro.

Castello della Morella, Lombardie, Prov. und Distr. I, Bergamo; siehe Ponteranico.

Castello della Visia, Lombardie, Prov. Como und Distr. XII, Oggiono; s. Vergaro.

Castello di Curpiano, Lombardie, Prov. Milano und Distr. XII, Melegnano; siehe Carpiano.

Castello, Tirol, Trient. Kr., ein zur Markgrafschaft Judicarien geh., unter d.

, Pfarre Condino steiend. *Dorf*, mit einer Kuratie, 16½ St. von Trient.

Castello, Venedig, *Berg* unweit des Berges Cevo, bei Bavon.

Castello, Tirol, Trienter Kreis, ein im Sulzthale in der Gemeinde Ossana lieg. ½ St. davon entferntes *Dorf* mit einer Kuratie, 7 St. von Trient.

Castello, Venedig, Prov. Friaul und Distr. V, Aviano; sieie Aviano.

Castello, Venedig, Prov. Treviso und Distr. IV, Conegliano; sieie Conegliano.

Castello, Tirol, Rovered. Kreis, ein *Weiler* zur Gemeinde Teragnuolo geiör., im Ldgrcht. Roveredo.

Castello Casette di Cà, Venedig, Prov. Padova und Distr. II, Mirano; s. Mirano (Casette di Cá Castello).

Castello di Breuzon, Venedig, Prov. Verona und Distr. XIII, Bardolino, ein *Gemeindedorf*, mit Vorstand u. Pfarre S. Maria maggiore und einer Aushilfskirche, von dem Berge Maggiore iegrenzt, 5¼ Migl. von Lazise.

Castello Cassano, Lomiardie, Proviuz Milano und Distr. IX, Gorgouzola; siehe Cassano.

Castello d' Idro, Lomiardie, Proviuz Brescia nnd Distr. XVII, Vestone; sieie Idro.

Castello di Sarezzo, Lombardie, Prov. Brescia und Distr. VI, Gardone; ۔.siehe Sarezzo.

Castello di Sulbiate inferiore, Lombardie, Prov. Milano u. Distr. VIII, Vimercate; siehe Sulbiate inferiore.

Castello di Zamino, Lombardie, Prov. Brescia und Distr. VI, Gardone; siehe Sarezzo.

Castello Franco, Lombardie, Proviuz Bergamo und Distr. XVII, Breno; siehe Rogno.

Castello Lavisolo, Lomiardie, Proviuz Sondrio (Valtellina) uud Distr. IV, Morbegno; sieie Gerola.

Castello L. P. della Stella in Milano, Lomiardie, Prov. Milano und Distr. VIII, Vimercate; sieie Sulbiate inferiore.

Castello Lurate, Lombardie, Proviuz und Distr. II, Como; sieie Lurate.

Castello Madonna dell', Lombardie, Proviuz Milano und Distr. VI, Monza; siehe Paderno.

Castello Madriglimo, Lomiardie, Prov. Como und Distr. III, Bellaggio; siehe Limonta.

Castello Monte, Lombardie, Prov. Como und Distr. XXVI, Mariano; sieie Intimiano.

Castello di Mel, Venedig, Provinz Belluno und Distr. VIII, Mel; s. Mel.

Castello di Prampera, Venedig, Prov. Friaul und Distr. XXI, Tricesimo; sieie Bellerio (Prampero).

Castello di Valentinis, Venedig, Prov. Friaul und Distr. XXI, Tricesimo; sieie Tricesimo.

Castello di Zegliacco, Venedig, Prov. Friaul und Distr. XXI, Tricesimo; sieie Treppo Grande (Zegliacco).

Castello e Brischis, Venedig, Prov. Friaul und Distr. XII, Cividale; sieie Prepotto.

Castello in Monte, Venedig, Proviuz Padova und Distr. VI, Teolo; sieie Vò in piano,

Castello di Valle; siehe Valle.

Castello Lavazzo, Venedig, Provinz Belluno und Distr. II, Longarone, eine *Gemeinde-Ortschaft*, mit Vorstand und Pfarre SS. Quirico e Giuditta und 3 Filialkirchen, zunächst dem Flusse Piave und den Bergen Bosnich, Endra und Iledosa, 7 Migl. v. Longarone. Mit: *Cercene, Codissago, Olantreghe, Podenzol, Dörfer.*

Castellone, Venedig, Prov. Brescia und Distr. V, Lonato; siehe Sermione.

Castello Padullio, Lomiardie, Prov. Como und Distr. XXVI, Mariano; sieie Cabiate.

Castello Piè, Lomiardie, Provinz Como und Distr. XXIV, Brivio; s. Nava.

Castello Pede, Venedig, Prov. und Munizipal-Bezirk Belluno; sieie Belluno (Pede Castello.)

Castello po, Lomiardie, Prov. und Distr. I, Mantova; sieie Roncoferraro.

Castello Portello del, Lomiardie, Prov. und Distr. I, Milano; sieie Corpi S. di Porta Vercellina.

Castello Pozi Rocca e, Lombardie, Prov. Mantova und Distr. IX, Borgoforte; sieie Governolo.

Castello Visconte, jetzt Palazzo Stampe Soncini — Lomiardie, Prov. und Distr. II, Milano; sieie Cusago.

Castello Visconti, insgemein Bossi e Bianci — Lomiardie, Prov. Milano u. Distr. XIII, Gallarate; sieie Jerago.

Castello San' Giovanni, Dalmatien, Spalato Kr.; s. Giovanni (Santo).

Castello Sopra, Venedig, Provinz Treviso und Distr. IX, Asola; sieie S. Zenone (Sopra Castello).

Castello Sotto, Venedig, Provinz Belluno und Distr. III, Pieve di Cadore; sieie Pievo di Cadore.

Castello Tesino, Tirol, Trient. Kn., ein *Dorf* u. *Gemeinde*, im Ldgcht. Strigno.

Castell Papali Staffileo, Dalmatien, Spalato Kr.; s. Papali Staffileo.

Castell Pucischio, Dalmatien, Spalato Kr.; sieie Pucischio.

Castel Lucchio, Lombardie, Prov. Mantova und Distr. VIII, Marcaria, eine aus nachgenannten Untergemeinden bestehende Ortschaft und Hauptgemeinde, mit einer Pfarre S. Giorgio Mart. und Kapelle, einer Gemeinde-Deputation, 2 Mühlen u. einem Postwechsel zwischen Mantova und Bozzolo, v. Mantova 6, u. von Bozzolo 9 Migl. davon entlegen, am Vaso Osone, mit Postamt, wozu gehören: *Barill, Bellae, Biancalengo, Borelle, Bugnazzo, Camponozzo, Caselle, Ca vecchia, Coazze, Corbella, Crocette, Fontana, Magnaluppo, Ospitale, Panicella, Pilone, Pradazzo, Ravarine, Rinaldi, S. Lorenzo, Vegro, Zanello, Meiereien — Mulino Campagna, Mühle.*
Zu dieser Gemeinde gehören: Cappiana, Dorf, als Pfarrgemeinde zu Castelluccio, mit Pfr. Santissimo Nome di Maria und Kapelle. Dazu gehören: *Bonformaggio, Borsata e Borsatino, Brucciata, Brunetti, Caazze, Chiericazzo, Loghino, Manica, Messedine, Misericordia, Pantere, Ravarine Bosco, Salarole Nobis, S. Lorenzo, Tassine, Tassine Ferri, Tassine Pajna, Meiereien.*

Castellum S. Petri, Venedig, Prov. Padova und Distr. IV, Campo Sampiero; siehe Campo Sampiero.

Castell'Vecchio, deutsch Altschloss — Dalmatien, Spalato Kr., Trau-Distr., ein mit einer Pfarre versehenes, der Hauptgemeinde Trau einverleibtes Dorf, mit einem Kastell, in einer angenehmen Lage am Ufer des Meeres, 5½ Migl. von Trau, ¼ Migl. von Castelnuovo.

Castell'Venier, Dalmatien, Zara-Kreis; siehe Venier.

Castel Manfredi, Lombardie, Prov. und Distr. I, Cremona; siehe Cigognolo.

Castel Marino, Lombardie, Prov. Como und Distr. XXVI, Mariano; siehe Mariano.

Castelmarte, Lombardie, Prov. Como und Distr. XIII, Canzo, ein auf dem Rücken des Berges Castelmarte liegendes Gemeindedorf, mit einer eigenen Pfarre S. Giovanni Evang. und einer Gemeindedeputation, 3 Migl. von Canzo. Dazu gehören: Cassina al piede di Neppio, Cassina della Ravella, Meiereien.

Castelmucchio, Illirien, Istrien, Mitterburger Kr., ein Dorf im Distrikte Quarner, im Bez. und auf der Insel Veglia, Hauptgemeinde und Hauptort der Untergemeinde, mit 273 Häusern und 1110 Einw., einer Pfarre, in der Diöces Veglia; ferner befinden sich daselbst eine Sanitäts-Deputation, Gefällenwache und Dazamt, mit einem Hafen, welcher an der nördlichen Spitze der Insel Veglia gegen Westen liegt, und geeignet ist, grosse Schiffe aufzunehmen, wird aber nur von kleinen besucht, von hier auf Veglia ist die 6¾ Wiener Klftr. über der Meeresfläche erhabene Kuppe Gromachizza, 1 St. von Veglia.

Castelnegrino, Lombardie, Prov. Milano u. Distr. VIII, Vimercate; siehe Aicurzio.

Castel novate, Lombardie, Prov. Milano und Distr. XVI, Soma; eine Gemeinde mit Vorstand und Pfarre S. Stefano, von den Gemeinden Soma und Vizzola begrenzt, 2 St. von Sesto Calende und 2 St. von Soma.

Castelnovo, Venedig, Prov. Verona u. Distr. XIII, Bardolino, ein Gemeindedorf, mit Vorstand und Pfarre Natività di S. Maria und 5 Oratorien, zunächst den Anhöhen von Colà, 1½ Migl. von Lacise, mit Postamt. Dazu gehören: Calvacaselle, Sandrà, Dörfer.

Castelnovo, Venedig, Prov. Friaul und Distr. XIII, Spilimbergo, ein Gemeindedorf und Filial (S. Nicolò) der Pfarre S. Pietro di Travesio, mit einer Nebenkirche, von dem Strome Coso u. den Dörfern Pinzano und Valeriano begrenzt, hart an Paludea, 7 Migl. v. Spilimbergo. Mit: Celante, Mondel, Oltronego, Paludea, Proforte, Riviere, Vidunza, einzelne Häuser. — Mulino di Coso, Mühle.

Castelnovo, Venedig, Prov. Polesine und Distr. IV, Massa, ein nahe bei Massa und dem Pò liegendes Gemeindedorf mit Vorstand und Pfarre S. Pietro in Valle und 2 Oratorien. 5 St. von S. Maria Magdalena. Dazu gehören: Bariano, Gemeindetheil. — S. Pietro in Valle, Dorf.

Castel novo in Monte, Venedig, Prov. Padova und Distr. VI, Teolo; s. Teolo.

Castelnovo, Venedig, Prov. Vicenza und Distr. IX, Malo; siehe Isola di Malo.

Castelnuovo, Tirol, Trient. Kr. ein zur Ldgcht. Hrsch. Castelano geh. Schloss mit einigen Gerechtigkeiten, an dem rechten Ufer des Etschflusses, 1½ St. von Rovoredo.

Castelnuovo, Tirol, Trient. Kreis Herschaft, Schloss und Dorf, 2½ St. von Rovoredo.

Castelnuovo, Illirien, Krain, Adelsb. Kr., ein der Hrsch. Neuschloss geh. Dorf, in dem Wb. Bzk. Kom. Prem; s. Poelgrad.

Castelnuovo, Illirien, Krain, Adelsb. Kr., eine Herschaft, Schloss und Dorf in dem Wb. Bzk. Kom. Prem, siehe Neuschloss.

Castelnuovo, Illirien, Istrien, ein *Dorf* im Bezirke und zur Hauptgemeinde Castelnovo gehörig, mit 52 Häus. und 391 Einwohnern.

Castelnuovo, Tirol, Trient. Bezirk, ein zur Hrsch. Telvana geh. *Dorf* mit einer Pfarre, au dem Flusse Brenta, ⅓ St. von Borgo.

Castelnuovo, auch Novi genannt, Dalmatien, Cattaro Kreis, Castelnuovo Distr., eine *Stadt* und Hauptgemeinde mit 950 Einw., einer Pfarre lateinischen Ritus, die Einwoiner griechischen Ritus sind den Pfarren zu Topla und Savina zugetheilt, mit einer Pretur, Sanitäts-Deputation, Zoll-, Salz-, Tabak- und Stempel-Gefällenamt, 2 Castellen, einem Lazarethe und einem Coutumazhause, meiren Aerarial-Fabriken, einer Heilquelle im Zwinger der Stadt, und einem Postwechsel zwischen Ragusa und Cattaro, unweit Mocrine, Cameno und Sliebi. Jenseits des Kanals von Cattaro, der Stadt gegenüber liegt Porto Rose mit einem guten viel besuciten Hafen, einem Mauthhause u. Marine-Wachtschiffe, um alle in den Kanal ein- und auslaufenden Sciiffe zu visitiren. Für Fussbothen von Ragusa 12, und von Cattaro 6 Stunden entlegen.

Castelnuovo, Dalmatien, Cattaro Kr., ein *Bezirk* mit folgenden Gemeinden: Castelnuovo-Erjauche, Gaberg, Golaz, Gradische, Grosshudo, Gross e Klein Mone, Ilruschizza, Huje, Tavorse, Hleinlozhe, Kleinbuze, Ohrau, Paulizza, Podhesche, Pollane, Pregarje, Prelosche, Razhizhe, Sahegne, Sajeusche, Sejane, Starada, Studinagora, Vodizze.

Castelnuovo, deutsci Neuschloss — Dalmatien, Spalato Kr., Traù. Distr., ein *Dorf* zur Hauptgemeinde Traù gehörig, mit einer eigenen Pfarre und einem Kastell, ⅓ Meile von C. Staffileo, in einer angenehmen Lage am Ufer des Meeres. 5 Migl. von Traù.

Castelnuovo, Lombardie, Prov. Brescia u. Distr. III, Bagnolo, ein *Gemeindedorf,* dessen Bereich der Fluss Meda bespült, mit Vorstand und eigener Pfarre S. Siro, dann 3 Oratorien, 4 Migl. von Brescia. Dazu gehören: Alventi, Delajoli, Francietti, Fenaroli, Feneroli; Lugo, Parocchie, Polizzari, Suardi, Meiereien. — Salvi, Soardi, Mühlen.

Castelnuovo, Lombardie, Provinz Como und Distr. XXIII, Appiano, ein *Gemeindedorf* mit Vorstand und Pfarre **S.** Martino. mit jener zu Beregazzo vereint, 3 Migl. nördlich von Appiano. Dazu gehören: Alla Faorica, Al Malboggie, Al Meriggio, Meiereien.

Castel nuovo, Lombardie, Provinz Lodi e Crema und Distr. VIII, Crema, eine kleine *Villa* und *Gemeinde* nach S. Bernardino gepfarrt, womit sie grenzt, einige Scritte von der von Crema nach Brescia führeuden königl. Strasse entfernt, naie am Flusse Serio. 1 Migl. v. Crema. Mit: Ca delle Moscie, Crisolo, Maglio, Palazzetto, Pallazzina, Meiereien.

Castel nuovo, Lombardie, Prov. Mantua und Distr. XVII, Asola; siehe Asola.

Castel nuovo, Lombardie, Provinz Como und Distr. XII, Oggiono; siehe Civate.

Castel nuovo, Lombardie, Provinz und Distr. I, Mantova; siehe Curtatone.

Castel nuovo, Lombardie, Provinz und Distr. I, Bergamo; siehe Redona.

Castel nuovo, Lombardie, Provinz Milano und Distr. XIII, Gallarate; *s.* Gallarate.

Castel nuovo Bocca d' Adda, Lombardie, Prov. Lodi e Crema und Distr. VI, Codogno, ein *Gemeindedorf* mit einer eigenen Pfarre Natività di Maria Vergine, 3 Oratorien, einer Gemeinde-Deputation, Steuer-Einnehmerei und Militär-Escadron, einige Schritte vom Flusse Pò, und 2 Migl. vom Addaflusse entlegen, 10 Migl. von Codogno. Zu dieser Gemeinde gehören: Bodriossa, Bravia, Breda, Cigolina, Colombara, Meiereien. — Bonissima, Cassina del Bosco, Cassina Stanghina, einzelne, zerstreute Häuser.

Castelnuovo, Illirien, Istrien, Mitterburger Kr., ein *Dorf* im Distrikt Rovigno und Bezirk Dignano, Hauptgemeinde Baroara und Hauptort einer Untergemeinde, mit 102 Häus. und 653 Einwohnern, mit einer Pfarre, in der Diöcese Parenzo Pola, Distrikts-Commissariat 2. Klasse, 4 St. von Dignano.

Castel nuovo, Lombardie, Provinz Brescia und Distr. III; Bagnolo, ein *Gemeindedorf,* dessen Bereich der Mella-Fluss bespült, mit Vorstand und Pfarre **S.** Siro, dann 3 Oratorien, 4 Migl. von Brescia.

Castel nuovo del Vescovo, Lombardie, Prov. Cremona, und Distr. IX, Pescarolo, ein *Gemeindedorf* mit Vorstand und einer Kapelle, den Pfarren S. Giovanni zu Pieve Terzagno, und S. Audrea iü Pescarolo einverlei t, 2 St. von Cremona. Mit: Telio, Meierei.

Castel nuovo del Zappa Corrado, Lombardie, Prov. Cremona und Distr. IV, Pizzighettone, ein *Gemeindedorf* mit Vorstand, Pfarre S. Michele Arc. und einem Palaste, 2 St. von Cremona.

Castel nuovo di Roncaglia, Lombardie, Provinz Lodi e Crema und Distr. VI, Codogno; siehe Somaglia.

Castel e vecchio, Lombardie, Provinz Como und Distr. XIV, Erba; siehe Paraviciuo.

Castel Gerardi, Lombardie, Prov. Cremona und Distr. V, Robecco, eine *Villa* und *Gemeinde* mit Vorstand und Pfarre SS. Pietro e Paolo, nächst dem Brescian. Gebirge und dem Flusse Pò, 2 St. von Cremona.

Castel Ponzone, Lombardie, Prov. Cremona und Distr. VII, Casal Maggiore, ein *Flecken* und *Gemeinde*, mit einer eigenen Pfarre SS. Faustino e Giovita, Gemeinde-Deputation und Seiden-Plantage, nahe am Pò, 4 Migl. von Piadena. Hieher gehören: Belle Stelle, Ca de Co, Fornace, Madonnina del Miglio, Palazzina, Häuser.

Castel Porpetto, Illirien, Friaul, Gradiskan. Kr., eine Zentral Gerichtsbarkeit, *Schloss* und *Dorf*, 2 St. v. Nogaredo.

Castel Predaglia, Tirol, Trienter Kr., ein zur Hrsch. Castellano geh. altes *Schloss*, an dem rechten Ufer des Etschflusses, 1 St. von Roveredo.

Castel Rampino, Lombardie, Provinz Bergamo und Distrikt IX, Sarnico; siehe Caleppio.

Castel Roma, Lombardie, Provinz und Distr. I, Milano; siehe Corpi S. di Porta Ticinese.

Castel Rozzone, Lombardie, Prov. Bergamo und Distrikt X, Treviglio, ein *Gemeindedorf* mit Vorstand und Pfarre S. Bernardo, ist 4 Migl. vom Flusse Adda entlegen, an der Grenze des Distr. XIII, Verdello, ½ St. v. Treviglio. Hieher gehören: Calonesca, Cassettone, Cassinetto, Meiereien.

Castel Rozzone, Lombardie, Prov. und Distr. I, Cremona; siehe Pieve Delmona.

Castel Seprio, con Vico Seprio — Lombardie, Provinz Como und Distrikt XXII, Tradate, ein *Gemeindedorf* mit Vorstand und Pfarre SS. Nazzaro e Celso, am Fusse einer Anhöhe, und dem Abhange des Thales Olona, 3 Migl. v. Tradate. Hieher gehören: Brugiera, Ronche, Dorf — Mulino Zacchetto, Mühle.

Castel Roganzuolo, Lombardie, Venedig, Prov. Treviso und Distrikt IV, Conegliano; siehe Fior di sopra.

Castel Romano, Tirol, Trient. Kr., ein z. Markgrafenthum Judicarien geh., unter der Pfarre Bono stehendes, in dem Dorfe Cologna liegendes *Schloss*, 16 St. von Trient, ½ St. von Bono.

Castelrotto, Tirol, Trient. Kr., ein zerstörtes *Schloss* bei Strigno in Val Sugana, Ldgrchts. Ivano, vor Zeiten derer von Castelrotto Stamm haus.

Castelrotto, ossia Negarine, Venedig, Prov. Verona und Distr. XI, S. Pietro Incariano; siehe Negarine ossia Castelrotto.

Castelruth, Tirol, *Dorf* im Botzner Kr., der Gemeinde gehört die schöne und grosse Seiseralpe, welche die vorzüglichste im Lande sein soll.

Castelrutt mit **Vels,** Tirol, k. k. Ldgrcht. im Gebirge, zuvor Patrimonial-Gericht des Herrn von Reinich zu Botzen, mit dem Burgfrieden Aichach, Saleck u. Hauenstein, dazu das k. k. Ldgrcht Vels, ehemals Lehen der Freiherrn von Vels und Schenkenberg, Sitz des Ldgrcht. Castelrutt.

Castelrutt, Tirol, *Dekanat* für die Pfarren: Castelrutt, Vels und Tiers, Sitz des Dechants Castelrutt, Kr. Trient zuvor Brixen.

Castel S. Anna, Tirol, Trient. Kr., ein *Schloss* zur Gemeinde Cloz geh., im Ldgrcht. Fondo.

Castell San Pietro, Dalmatien, Spalato-Kreis; siehe Pietro (Santo).

Castel S. Felice, Venedig, Provinz Verona und Munizipal-Bezirk der Stadt Verona; siehe Verona.

Castel Solaro, Lombardie, Prov. u. Distr. I, Milano; siehe Corpi S. di Porta Ticinese.

Castel Trivellino, Lombardie, Provinz Mantova und Distr. II, Ostiglia; s. Serravalle.

Castel Valletto Cassina, Lombardie, Provinz Bergamo und Distr. I, Bergamo; siehe Almè.

Castel vecchio, Lombardie, Prov. Brescia und Distrikt V, Lonato; siehe Lonato.

Castel vecchio, Lombardie, Prov. und Distr. I, Bergamo; siehe Redona.

Castel vetro, Lombardie, Prov. Sondrio (Valtellina) und Distr. III, Tirano; siehe S. Giacomo di Grania.

Castel Vipnara, Lombardie, Prov. und Distr. I, Milano; siehe Corpi S. di Porta Ticinese.

Castel Visconti, Lombardie, Prov. Cremona und Distr. III, Soresina, eine *Villa* und *Gemeinde* mit Vorstand und eigener Pfarre Natività di MariaVergine, nächst dem Brescian. Gebirge, d. Flusse Oglio und dem Lago d' Iseo, 1½ St. von Pontevico (Prov. Brescia, Distr. XI). Dazu gehören: Boschetta Colombi, Campagna, Molino Fè, S. Antonio Valenti, Meiereien.

Castel Tesino, Tirol, Trient. Kreis, ein zur Hrsch. Ivano gehör., verfallenes *Schloss* und *Markt*, nördlich im Gebirge 3½ St. von Borgo.

Castel Valer, Tirol, Trient. Kr., ein *Schloss* und *Lehen*, d. Hrsch. Flavon in Nonnsberg geh., 7 St. von Trient.

Castel Vasio, Tirol, Trient. Kr., ein *Schloss* zur Gemeinde Vasio gehörig, im Ldgrcht. Fondo.

Castel Vecchio, Venedig, Provinz Vicenza und Distr. X, Valdagno; siehe Valdagno.

Castelvenere, Illirien, Istrien, Mitterburger Kr., ein *Dorf* im Distr. Capodistria, Bzk. Pirano, Hauptort der Untergemeinde gleichen Namens, mit 71 Häus. und 481 Einw., mit einer Pfarre in der Diöcese Triest Capodistria, 6 St. v. Capodistria.

Castelvero, Venedig, Prov. Verona und Distr. X, Badia Calavena; siehe Vestena nuova.

Castel Vigna, Tirol, Trienter Kreis, ein *Schloss* zur Gemeinde Castelfondo geh., im Ldgrcht. Fondo.

Castelviro, Venedig, *Berg* am Po Flusse.

Castelz, Illirien, Istrien, Mitterburg. Kr., ein *Dorf* im Bezk. Capodistria, zur Pfarre Dollina geh., in der Diöces Triest Capodistria, 2¾ St. von Triest.

Castelz, Illirien, Krain, Adelsberger Kr., ein zum Wb. B, Kom. Castelnuovo geh., dem Ldgrcht. S. Servolo unterthän. *Dorf*, gegen N. nächst d. Dorfe S. Servolo und gegen S. nächst dem Venetian. Gebiete, 2¾ St. von Triest.

Castendallo, Lombardie, Provinz Como und Distrikt XXI, Luino; siehe Montegrino.

Castenedolo, Lombardie, Prov. und Distr. I, Brescia, ein *Gemeindeflecken* auf einer Anhöhe, über welche die Strasse nach Mantova führt, mit einer eigenen Pfarre S. Bartolomeo, 3 Santuarien, 1 Oratorium und 5 Kapellen, dann einer Gemeinde-Deputation, 6 Migl. von Brescia. Dazu gehören: Bocchera, Borgo dell' Ora, Borgognina, Borra, Fenil del Carro, Fenil nuovo I, II, Lussina, Offlaga, Palazzina Bada, Ponta, Quarti di mezzo e' di sotto, Roberta, Rocchetta, Rodenga, Rodinga, S. Antonio, S. Eufemio, S. Rosa, Vallebona, Vallere, Zambella, Meiereien, — Mulino di Mezzo, Mulino nuovo Rassica, Mulino di Strada, Mühlen.

Casternago. Lombardie, Prov. Como und Distr. XXIV, Brivio; s. Bagagiera.

Casterno, Lombardie, Prov. Pavia u. Distr. VIII, Abbiategrasso; s. Robecco.

Castia, Lombardie, Prov. Como und Distr. XXII, Tradate; siehe Morazzone.

Castigliana, Contrada, Venedig, Prov. Padova und Distr. VI, Teolo; siehe Revolone in Monte (Contrada Castigliana).

Castiglion, Venedig, Prov. Treviso und Distr. X, Castelfranco; s. Loria.

Castiglione, Alta, Lombardie, Prov. Como und Distr. XXIII, Appiano; siehe Appiano.

Castigliona, Lombardie, Provinz Como und Distr. XXIII, Appiano; siehe Limido.

Castiglione, Lombardie, Provinz Como und Distr. V, S. Felice, eine aus untengenannten Theilen bestehende *Gemeinde*, mit einer Gemeinde-Deputation, deren Pfarre S. Steffano, im Dorfe Montronio, so wie die k. Prätur im Dorfe Latorre sich befinden, 1½ bis 1½ Migl. von S. Felice entlegen. Postamt. Bestandtheile: Fossia Nivia, Meierei. — Latorre, Montronio, Visonzo, Landhäuser.

Castiglione, Lombardie, Prov. Como u. Distr. XXII, Tradate, ein *Gemeindedorf*, mit einer eigenen Pfarre SS. Stefano e Lorenzo, unter einem Erzpriester und einem Canonicat, einer Aushilfskirche, Kapelle und Gemeinde-Deputation, rechts unter dem Flusse Olona, oberhalb dessen drei hieher gehörige Mühlen sich befinden, 4 Migl. von Tradate. Hieher gehören: Bozza, einzelnes Dorf. — Canno, Casino, Landhäuser. — Falcetta, S. Pietro, Somadeo, einzelne Gemeindetheile. — Filisera, Passetto, Presso la Madonna, Rovatè, Dörfer.

Castiglione, Lombardie, Provinz Lodi e Crema und Distr. V, Casalpusterlengo, ein *Flecken* und *Gemeinde*, in der Nähe des Adda Flusses, mit einer eigenen Pfarre S. Maria Assunta, und einem Oratorio, einer Gemeinde-Deputation, 2 Seiden-Spinnereien und 2 Oehlpressen, 4 Migl. von Casalpusterlengo. Dazu gehören: Barattera, Bosco Griffini, Cassina Gerra, Cassina oltre d' Adda, Cassina Rotta, Cassina S. Cardo, Cassina Serbelloni, Cassinetta, Cassinetta dei Grassi, S. Bernardino, einzelne zerstreute Häuser.

Castiglione, Lombardie, Prov. Mantova und Distr. VIII, Marcaria; siehe Marcaria.

Castiglione, Lombardie, Prov. Mantova und Distr. XV, Revere; siehe Quistello.

Castiglione Casella, Lombardie, Prov. Mantova und Distr. VIII, Marcaria; siehe Marcaria.

Castiglione delle Stiviere, Lombardie, Prov. Mantova und Distr. V, Castiglione delle Stiviere, eine *Stadt* mit Kastell, wovon der V. Distr. dieser Prov. den Namen hat, mit 5300 Einw., einer Haupt-Pfarre SS. Nazzaro e Celso und Aushilfskirche S. Luigi Gonzaga, die einen sehr reichen Hochaltar hat, hinter welchem der Kopf des Heiligen verwahrt wird, ein Seitenaltar rechts hat ein sehr schönes Bild von Guercino da Cento, 7 Kapellen, einem k. Distrikts-Commissariat, Prätur, Gemeinde-Deputation und Gemeinde-Rath, Distrikts-Postamt, des 20. Miglien zu Wasser, und für Fussgänger 8 St. davon entfernten Provinzial-Postamtes Mantova, und 3 Mühlen im Inneren der Stadt, auf einer Anhöhe, nächst den Flüssen Mincio, Chiese und dem Lago di Garda. Castiglione hat ein hübsches Theater, und ist durch seine Seidenspinnereien ein wohlhabender Ort. 1796 am 5. August fiel hier eine Schlacht zwischen den Oesterreichern und Franzosen vor. Wurmser wurde Bonaparte gegenüber von letzterem geschlagen, und musste sich über den Mincio zurückziehen. Marschall Augerau zeichnete sich bei dieser Gelegenheit so rühmlich aus, dass er in der Folge von Napoleon von diesem Dorfe den Herzogstitel erhielt. Zu dieser Stadtgemeinde gehören: Astorre, Baita, Barche, Belfenne, Bertaselli, Berettina con Mulino, Bonomino, Breda, Campagna di Zoppi, Campitello, Cassino Pernestano, Cervo, Cigalaro, Cigognolo, Colla, Colombarone, Cozza, Dante, Fenilazzo, Fenil de' Beschi, Fenil di mezzo, Fezzardi, Fontane, Gallelo, Gosolina, Grolle, Lame, Lazzaretto, Leva-

delle, Luogo de' Poveri, Macometti, Mandoletta, Morei, Pedercini, Perettina, Piglia Guaglie, Pojana, Prede, Roversino, S. Maria della Rosa, S. Pietro, S. Vigilio, S. Viglilietto, Selva, Selva soprana, Tezzole, Traversino, Truzza, Valle, Valscure, Meiereien. — Muline nuovo, Mulino Salimone, Mühlen.

Castiglione delle Stiviere, Lombardie, Prov. Mantova und Distr. V, ein *Distrikt*, mit folgenden Gemeinden: Castiglione delle Stiviere con Grole, Goslini, Fontana, S. Vigilio, Prede, Barche, Astorre e S. Maria. — Cavriana con Castel Grimaldo, S. Giacomo, Campagnola, Bande e S. Cassiano. — Guidizzolo con Birbisi, Rovecco e Salvarizzo. — Medole con Colle, Pieve e S. Damaso. — Solferino con Barche.

Castiglione Mantovano, Lombardie, Prov. Mantova und Distr. III, Rover ella; siehe Roverbella.

Castiglioni Canova, Lombardie, Prov. Mantova und Distr. VIII, Marcaria; siehe Marcaria.

Castiglioni Corbello, Lombardie, Prov. Mantova und Distr. IV, Volta; siehe Volta.

Castillone Pariana, Lombardie, Prov. Milano und Distr. IX, Gorgonzola; siehe Pessano.

Castion, Venedig, Prov. und Munizipal-Bezirk Belluno; siehe Belluno.

Castione, Tirol, ein *Berg* am linken Ufer der Etsch bei Salurn.

Castion, oder Castione — Tirol, Roveredo Kr., eine zur Hrsch. der 4 Vikariate geh. und d. Vikariat Brentonico unterth. *Dorf*, mit einem Marmorbruche und einer Kurazie, des Bildhauers Benedetti Vaterstadt, 2½ St. v. Roveredo.

Castiona, Lombardie, Prov. u. Distr. I, Milano; s. Corpi S. di Porta Romana

Castion con Marciago, Venedig Prov. Verona und Distr. XII, Caprino, ein *Gemeindedorf*, zunächst den Bergen Calda und Guzzo, mit eigener Pfarre S. Maria Maddalena und 2 Santuarien, Gemeinde-Deputation, Villeggiatura und 8 Mühlen, 1½ Migl. von Caprino.

Castione, Lombardie, Provinz Bergamo und Distr. IX, Sarnico; siehe Villongo S. Alessandro.

Castione, Lombardie, Prov. Como u Distr. XI, Lecco; siehe Rancio.

Castione, Lombardie, Prov. Bergamo und Distr. XIV, Clusone, ein am Saum des Val Secco- und Presolano-Gebirge liegendes *Gemeindedorf*, mit Pfarre S

Alessandro, 2 Aushilfskirchen, 4 Kapellen und 2 Sägen, 1¼ St. v. Clusone.

Castione, Lombardie, Prov. Sondrio (Valtellina) und Distr. II, di Ponte; siehe Chiuro.

Castione, Lombardie, Prov. u. Distr. I, Milano; s. Corpi S. di Porta Romana.

Castione Cassina, Lombardie, Provinz Lodi e Crema und Distr. II, di Zelo Buon Persico; siehe Lavagna.

Castione o Castrum Stitionis, Lombardie, Prov. Sondrio (Prov. della Valtellina) und Distr. I, Sondrio, eine *Gemeinde-Ortschaft*, auf dem Rücken eines Berges, mit 15 Mühlen, südlich vom Adda Flusse entlegen, mit einer Gemeinde-Deputation, Propstei, Pfarre S. Martino, 3 Aushilfskirchen und einer Kapelle, den Ruinen eines Schlosses, Castello del Leone genannt und einer Kalkstein-Grube, 4 Migl. und 1¼ St. von Sondrio.

Castions, Venedig, Prov. Friaul und Distr. XVI, Paluzza; siehe Paluzza.

Castions, Venedig, Prov. Friaul und Distr. VII, Pordenone; siehe Zoppola.

Castions di Smurghin, Venedig, Prov. Friaul und Distr. XI, Palma; siehe Bagnaria.

Castions di Strada, Venedig, Prov. Friaul und Distr. XI, Palma, ein *Gemeindedorf* mit Vorstand, eigener Pfarre S. Giuseppe, 2 Aushilfskirchen, S. Maria Maddalena und S. Martino, dann 3 Mühlen, von den Gemeinden Gonaro, Torpetto und Biccionico begrenzt, in der Ebene nächst der Poststrasse. — 6 Migl. von Palma Nuova, mit: Morsano, mit einer Filial. — Mulino di Corguello, Mulino di sopra e di sotto. Gemeindetheile.

Casto, Lombardie, Prov. Brescia und Distr. XVII, Vestone, ein *Gemeindedorf*, wodurch das Flüsschen Brenda fliesst, mit Vorstand und Pfarre S. Antonio, u. mehreren Eisenhämmern, von Bergen umgeben. 5 Migl. von Vestone. Mit: Malpaga, Landhaus.

Castoi, Venedig, Prov. und Munizipal-Bezirk Belluno; s. Belluno.

Castoja, Venedig, Prov. Friaul und Distr. XVI, Paluzza; s. Paularo.

Castol, Lombardie, Prov. Como und Distr. XI, Lecco; siehe Vassona.

Castoldi Casa, Lombardie, Prov. Milano und Distr. IX, Gorgonzola; s. Cernusco.

Castrezzato, Lombardie, Prov. Brescia und Distr. VIII, Chiari, ein *Gemeindedorf* mit Vorstand und eigener Pfarre SS. Pietro e Paolo, einer Aushilfskirche und 2 Oratorien, dann 11

Masserien, von den Kanälen aus dem Lago d' Iseo bewässert. — 3 Migl. von Chiari. Mit:
Anello, Baruzza, Bergnana, Monticello, Schweizereien — Casella, Compartecipi, Mühlen.

Castrezzone, Lombardie, Prov. Brescia und Distr. XIV. Salò, ein *Gemeindedorf* mit Vorstand und Pfarre S. Martino, und einem Santuario, im Gebirge, 3 Migl. von Salò.

Castrina, Lombardie, Prov. Brescia und Distr. II, Ospitaletto; siehe Travagliato.

Castro, Lombardie, Prov. Bergamo u. Distr. XVI, Lovere, ein am rechten Ufer des See's Seino, nahe an der reissenden Borlezza liegendes *Gemeindedorf*, mit Pfarre S. Giacomo, einer Aushilfskirche, Kapelle, Gemeinde-Deputation und Eisen-Schmelzöfen. ½ St. von Lovere.

Castrone, Lombardie, Prov. Sondrio (Valtellina) und Distr. VII, Chiavenna; s. Mese.

Castrono, Lombardie, Prov. Como u. Distr. XXII, Tradate, ein *Gemeindedorf*, mit Pfarre SS. Nazzaro e Celso, Filial-Kirchen. Kapelle, worin Gottesdienst gehalten wird, und einer Gemeinde-Deputation, auf einer Anhöhe, am linken Ufer des Arno-Flusses. — 6 Migl. von Tradate. Dazu gehören:
Cassina Maggio, S. Alessandro, Membro — Castellazzo, Gemeindetheile —Mulino Bosotti, Mulino Gazza, Mühlen — Ponte Arno, Wirthshaus.

Castrum Costellcz in nigra Sylva, Böhmen, Kauž. Kr., eine *Stadt* und *Herschaft*; s. Kostelecz.

Castrum Leonis, Lombardie, Prov. Cremona und Distr. III, Soresina; s. Castel Leone.

Castrum Stilionis o Castione, Lombardie, Prov. Sondrio, (Valtellina) und Distr. I, Sondrio; siehe Castione.

Castrum montis, Böhmen, Tab. Kr., eine königl. *Kreisstadt*; s. Tabor.

Castrum rubrum, Galizien, Zalesczr. eine *Herrschaft*, *Schloss* und *Markt*, s. Czerwonogrod.

Castrum Sebes, Siebenbürgen, Schäsburg. Stuhl; s. Sagesvár.

Castrum Törts, Siebenbürgen; siehe Törtsvar.

Castrum fereum, Ungarn ein *Markt* im Eisenburger Comt.; s. Vasvár.

Castrum, Mariaburgum, Siebenbürgen, Kronstädter Distr., ein sächsischer *Markt*, mit 372 Häuser und 1644 Einwohnern.

Castua, Kastua, Illirien, I. Krain, Istrien, Mitterburg. oder resp. Adelsb. Kr., eine *Wb. B. Kom. Herrschaft* und *Stadt*, mit einer Pfarre, ist mit Ringmauern und Thürmen umgeben, auf einem rohen Felsen an der nördlichen Spitze des quarnerischen Meerbusens, 2 St. von Fiume, vormals Hauptort des alten Liburnien, mit 500 Einwohnern, die sich vorzüglich mit Wein-, Öhl- und Kastanienbau beschäftigen.

Catabrega, Lombardie, Prov. und Distr. I, Milano; s. Crescenzago.

Catajo, Venedig, Prov. Padova und Distr. VII, Battaglia; siehe Battaglia (Cattaggio).

Catarina, Illirien, Krain, Neustädtl. Kr., ein *Berg*, südlich vom Dorfe St. Michel, 273 Wiener Klftr. über dem Meere.

Catarina, Illirien, Kärnt., Vill. Kr, ein *Berg*, ½ St. südlich vom gleichnamigen Dorfe, 303. Wr. Klft.

Catasco, Lombardie, Prov. Como u. Distr. VII, Dongo; siehe Garzeno.

Catefana, Lombardie, Prov. Cremona und Distr. VII, Casal Maggiore; s. Solarolo Rainerio.

Catello, Lombardie, Prov. Bergamo und Distr. VII, Caprino; siehe Villa d'Adda.

Catena, Molino della, Lombardie, Prov. Pavia und Distr. VIII, Abbiategrasso; siehe Bareggio.

Catena, Pozze con, Venedig, Prov. Padova u. Distr. X, Monselice; s. Monselice (S. Marco con Pozzo Catena).

Catenea, Lombardie, Prov. Milano u. Distr. VII, Verano; siehe Robbiano.

Casterali, Cassina, Lombardie, Prov. und Distr. 1, Bergamo; siehe Azzano.

Catharina, Siebenbürgen; siehe Kotza.

Catharina St., Ungarn, ein *Dorf* im Warasdiner Comitat; siehe Katharina.

Catharina St,, Böhmen, Prachiner Kreis, eine *Kapelle* im Katharinengericht, 5½ St. von Klattau.

Catharinaberg, Böhmen, ein *Bergstädtchen*, im Saazer Kr., mit 1250 Einwohner, einem Kupfer- und Eisenhammer und Fabrikation hölzerner Spielwaaren.

Catharinenberg, Böhmen, Bunzlauer Kreis, ein *Dorf* mit eigenen Brettsägen, Mahlmühlen und 2 Schaafwollspinnereien, gehört zur Hrschft. Reichenberg, 3 St. von Reichenberg.

Catharinenfeld, Böhmen, Bunzlauer Kreis, ein *Dorf*, gehört zur Herrschaft Böhmisch-Aicha.

Catharinenthal, Böhmen, Leitm. Kr., eine *Ortschaft* bei Rumburg.

Catinaro, Illirien, J. Krain, Triest Gebiet, einige wenige Häuser, mit einer nach Triest eingepf. Kapl. ¼ St. von Triest.

Catorta, Lombardie, Prov. Mantova und Distr. XIII, Suzzara; siehe Villa Saviola.

Catrein, Mähren, Brünner Kr., ein *Dorf* zur Pfarre Wranau und Ortsobrigkeit Raitz, mit böhmischen Einwohnern.

Cà Trevisan Ronchi di, Venedig, Prov. Padova und Distr. XII, Piove; s. Ponte longo (Ronchi di Cà Trevisan).

Cattabrega, Lombardie, Prov. Pavia und Distr. V, Rosate; siehe Castelletto Mendosio.

Cattabrega, Lombardie, Prov. Lodi e Crema und Distr. VI, Codogno; siehe Codogno.

Cattaeggio, Lombardie, Prov. Sondrio (Valtellina) und Distr. V, Traono; siehe Valmasino.

Cattafama, Lombardie, Prov. Como und Distr. XIX, Arcisate; siehe Arcisate.

Cattafama, Cassina, Lombardie, Prov. und Distr. I, Como; siehe Bizzarone.

Cattafame, Lombardie, Prov. Como und Distr. XXIV; Brivio; s. Marate.

Cattagio, insgemein **Cattajo**, Venedig, Prov. Padova und Distr. VII, Battaglia; s. Battaglia.

Cattajo, Cattaggio, Venedig, ein schönes *Schloss*, in der venetianischen Delegation Padua, dem Herzoge von Modena gehörig, am Kanal von Battaglia gelegen, und auf einem Hügel erbaut, hat reizende Umgebungen, und ist wegen seiner Alterthümer merkwürdig. Die meisten Zimmer sind von Paul Veronese in Fresco gemalt; sie enthalten viele schöne Gemälde, griech. u. römische Statuen, seltene musikalische Instrumente und eine Sammlung alter Waffen, aus der merkwürdigen Zeit Obizzo's, welcher dieses Schloss gebaut hat. Auf dem Gipfel des Monte Celice bei C. stand im Alterthume ein Tempel des Jupiter, und im Mittelalter eine Burg, wovon noch Ruinen zu sehen sind.

Cattanea superiore ed inferiore, Lombardie, Prov. Como und Distr. XXII, Tradate; siehe Carnago.

Cattani, Venedig, Prov. Padova, Distr. VIII, Montagnana; sieie Montagnana.

Cattania, Lombardie, Prov. Mantova und Distr. XIV, Gonzaga; sieie Gonzaga (Moglia).

Cattania, Lombardie, Prov. Pavia und Distr. IV, Corte Olona; sieie Villanterio.

Cattania, Lombardie, Prov. Lodi e Crema und Distr. VI, Codogno; sieie Codogno.

Cattania, Lombardie, Prov. Lodi e Crema und Distr. VII, Pandino; Distr. XII, Meleguano; s. Meleguano.

Cattaro, auch **Kottor,** vor Alters **Calhera** genannt, Dalmatien, im Cattaro-Kreis uud Distrikt, eine königl. *Kreisstadt* und *Festung* an der Grenze von Albanien, mit einer Vorstadt Mulla genannt, welcie am Strande des Meeres liegt. Nebst einem Bistiume sind iier zwei Pfarren, eine des lateiniscien, die andere des griecciscieu Ritus, und ausser dem königl. Kreisamt ein Tribunal erster Instanz, die Distrikts-Oirigkeit, das Gemeindegericit, Militär-Platz- und Festungs-Commando, eine Sanitäts-Deputation, Zoll-, Taiak-, Salz-Gefällen und Postamt, dann meirere Fabriken, ein Hafen, welcier einer Flotte zum Einlaufen Raum gibt. Uebrigens liegt diese Stadt mit iiren Kastell an einem Felsen und dem Gebirge, welcies sici durci den ganzen Kreis ausdeint; die näcisten Flüsse Scurda und Gliuta genannt, sind zwar unschiffbar, jedoci ernäiren sici die Einwoiner der Vorstadt Mulla meistens durci den Fiscifang. Postamt.

Cattaro Kreis, der südlicsste des Königreiches Dalmatien, daier die süd-

Türkei

llchste Spitze des Kaiserstaates, einer der Kleinsten im Reicie, da er nur

$17\frac{43}{100}$ Quadr. Meilen hat, mit 33,100 Einwohnern, daier circa 1900 auf 1 Quadr. Meile kommen, ist meistens Küstenland, westlici vom adriatischen Meere bespült, und üirigens ganz vom türkiscien Reicie umgeben, daier vom österreichischen Staate ganz aigesondert; Hauptort Cattaro, der Boden ist gebirgig und wenig frucitbar. Die Einwohner näiren sici vom Fiscifang, Seefairt und Handel.

Cattendorf, Scilesien, Teschn. Kr., eine neu erricitete, zur *Herrschaft* Karwin geiörige Kolonie, zw. Steinau und Suciau, 2 Stunden von Stadt Tescien.

Catthara, Dalmatien, Cattaro-Kreis, s. Cattaro.

Cattocchi, Venedig, Prov. Friaul u. Distr. IX, Codroipo; sieie Codroipo.

Cattun, Dalmatien, im Cattaro-Kreis, Buduaer-Dist., ein 5 Meilen von Budua entlegenes *Dorf*, unter die Pretur Budua geiörig, mit 3 Kircien des orientalischen Ritus. In einer kleinen Entfernung davon befindet sici ein Kloster der Bassilianer-Möncie. $7\frac{1}{2}$ Migl. von Cattaro.

Cattuni, Dalmatien, Spalato Kreis, Almissa Distr., ein vom Cettinaflusse 1 Migl. entferntes *Dorf* und Untergemeinde der Hauptgemeinde Almissa, oberialb dem kleinen Berge Bardo, mit einer eigenen Pfarre, $\frac{1}{4}$ Migl. v. Crescevo, 15 Migl. von Almissa.

Cau, Illirien, Friaul, Görz. Kr., ein *Gebirgsdorf* mit einer Lokalie, der Hrsch. Canal geh., 6 St. von Görz.

Caufarn, Oest. u. d. E., V. U. W. W., die alte Benennung des *Gutes* und *Dorfes* Gainfahren.

Caupo, Venedig Prov. Belluno und Distr. VII, Feltre; sieie Seren.

Caurasi, Tirol, Trient. Kr., ein zur Markgr. Judicarien geh., unter der Pfarre Bleggio steiendes *Dorf*, mit einer Kuratie, $\frac{1}{4}$ St. von Bleggio, 10 St. v. Trient.

Cauria, Tirol, Trient. Kr., ein *Dorf* der Hersciaft Primiero; sieie Cavria.

Cauriana, Lombardie, Prov. Mantova und Distr. II, Ostiglia; sieie Sustinente.

Cauriana, Lombardie, Prov. Mantova und Distr. XIV, Gonzaga; sieie Gonzaga (Bondeno).

Cauriana, Lombardie, Prov. Mantova und Distr. II, Ostiglia; sieie Ostiglia.

Cauriani, Lombardie, Prov. Mantova und Distr. XIV, Gonzaga; sieie S Benedetto (Portiola).

49

Cauriani, Corte, Lombardie, Prov. Mantova und Distr. II, Ostiglia, sieie Sustinente.

Cauriani, Palazzina, Lombardie, Prov. Mantova und Distrikt II, Ostiglia; sieie Sustinente.

Cauriani, Pilla, Lomiardie, Prov. Mantova und Distr. II, Ostiglia; sieie Sustinente.

Cauriol, Tirol, ein *Berg* bei Cauria.

Cauterana, Lombardie, Prov. Lodi e Crema und Distr. V, Casalpusterlengo; sieie Orio.

Cauzima, Böimen, Kaurž. Kr., königl. *Kreisstadt;* sieie Kauržim.

Cavadino, Lomiardie, Prov. und Distr. II, Como; sieie Urio.

Cavado; siehe Cavedo.

Cava, Foppa, Lombardie, Provinz Bergamo und Distr. VIII, Piazza; sieie Bordogna.

Cavagna, Lombardie, Prov. Como u. Distr. XI, Lecco; s. S. Giovanni alla Castagna.

Cavagnana, Lombardie, Prov. Como und Distr. VIII, Gravedonua, sieie Vereana.

Cavagnate, Lombardie, Prov. Pavia und Distr. II, Bereguardo; s. Soncino.

Cavagnazza, Lombardie, Provinz Mantova und Distr. XII, Viadana; s. Viadana.

Cavagnera, Lomiardie, Prov. Pavia und Distr. VII, Landriano, ein naci S. Maria Assunta zu Vidigulfo gepf. *Gemeindedorf* mit einer Gemeinde-Deputation, unweit Vidigolfo. ¼ St. v. Landriano.

Cavagnera, Lombardie, Prov. Mantova und Distr. VI, Castel Goffredo; sieie Ceresara.

Cavagnetto, Cassina, Lombardie, Prov. Como und Distr. XIV, Erba; sieie Anzano.

Cavagno, Cassinetto, Lomiardie, Pr. Bergamo und Distr. XIII, Verdello; sieie Urgnano.

Cavagnolo, Cà di, Lombardie, Prov. Cremona und Distr. III, Soresina; sieie Castel Leone.

Cavaizza, Venedig, Prov. Padova und Distr. VIII, Moutaguana; sieie Saletto.

Cavajo, All, Venedig, Prov. Treviso und Distr. VIII, Montebelluna; sieie Caerano.

Cavajon, Venedig, Prov. Venezia u. Distr. XII, Caprino, ein *Gemeindedorf* mit Vorstand, Pfarre S. Giovanni Battista, einem Oratorio und 2 Mühlen, zunäcist dem Berge Mossal. 1¼ Migl. von Caprino.

Cavajone, Lombardie, Prov. u. Distr. X, Milano, ein an den Flüssen Molgora und Muzza, 1 St. von Cassina de' Pecci entfernt liegendes, von Liscate, Melzo, Truccazzano und Lavagna begrenztes *Gemeindedorf*, mit einer Pfarre SS. Eusebio e Macabei, und Oratorio, 1½ St. von Gorgonzola. Hierier geiören: Bornighetto, Girolla, Malombra, Rozza, Torcio, *Meiereien.*

Cavajone, Lombardie, Provinz und Distr. I, Milano; sieie Corpi S. di Porta Comasina.

Cavajone, Tirol, Roveredo Kr., ein *Weiler,* zur Gemeinde Larido geh.; im Ldgcht. Stenico.

Cavalaja, Tirol, Trient. Kr., ein *Dorf* zur Gemeinde Fondo geiörig, im Landgericite Fondo.

Cavalari, Lomiardie, Prov. Sondrio (Valtellina) und Distr. IV, Morbegno; sieie Ardenno.

Cavalaro, Tirol, ein *Berg* bei Ronco. Fontani.

Cavalasco, Villa, Lombardie, Prov. Milano und Distr. IX, Gorgouzola; s. Vaprio.

Cavalatti, Cassina, Lombardie, Prov. Como und Distr. XXV, Missaglia; sieie Monticello.

Cavalcabo, Casa, Lombardie, Prov. Cremona und Distr. VII, Casal Maggiore; sieie Spineda.

Cavalcaselle, Venedig, Provinz Verona und Distr. XIII, Bardolino; sieie Castelnovo.

Cavalera, Lombardie, Prov. Cremona und Distr. V, Roiecco, ein *Gemeindedorf* naci S. Martino zu Belliseto gepfarrt, mit einer Kapelle und Gemeinde-Deputation, näcist dem Brescianer Gebirge und dem Flusse Oglio, 2 St. vor Cremona. Mit: Maitocco, Maucapane, *Meiereien.*

Cavaleri e Savi, Cassine, Lombardie, Prov. Bergamo und Distr. XIII Verdello; sieie Osio di Sotto.

Cavalesco, Montata, Lombardie Prov. Milano und Distr. IX, Gorgonzola; sieie Pozzo.

Cavalese, Tirol, Trient. Kr., *Dekanat* und Pfarre, auci Sitz des Dechants

Cavalese, Tirol, Trient. Kr., ei anseinlicier *Markt* und Hauptort de Landgericits Cavalese, im Fleimse Tiale, Sitz der Obrigkeit und eine Dechants, vormals auch eines Hauptzoll und Waldamts, iat jetzt noch ein Berg gericit und Franziskanerkloster, na ie am rechten Ufer des Avisio mit einem Schlosse des Bischo von Trient. Das Fleimsthal (Val di Fieme) hat 11,200 zum Theil mit Gewerken, gröstentheils aber mit Wein- und Ackerbau, Holzhandel etc. beschäftigte Bewohner. Cavalese ist der Geburtsort des Malers Unterberger. Postamt mit:

Cavalese con Masi, Coprina, Carono, Carbonare, Capello, Conte, Dojano, Forno, Masi del Zio, Medilla, Mezzavalle, Muena, Molina, Pago, Panchia, Predajo, Predazzo, Rover, St. Lugano, Strementizzo, Tesero, Val-Floriana, Varena, Zerin, Ziano, indi Fassa, Alba, Campestrino, Campestello, Canaccl, Elvas, Fontanazzo, Gries, Lassonei, Massia, Palma in Soraga, Penia, Perra, Possa, Sojal, Soragai, Tomion è Polongo.

Cavalese, Tirol, k. k. Landgericht im Fleimser Thale, zugleich Kriminal-Untersuchungsbehörde für den eigenen Bezirk, und für das Ldgcht. Vigo in Fassa. Sitz des Gerichts Cavalese.

Cavalesino, Lombardie, Prov. Como und Distr. XI, Lecco; siehe S. Giovanni alla Castagna.

Cavalet, Venedig, ein Berg am rechten Ufer des Piave bei Lago Melus.

Cavalicco, Venedig, Prov. Friaul und Distr. I, Udine; siehe Tavagnacco.

Cavalier, Venedig, Prov. Treviso und Distr. III, Motta; siehe Gorgo.

Cavalina, Lombardie, Prov. Lodi e e Crema und Distr. VII, Paudino; siehe Pandino.

Cavalla, Lombardie, Prov. Lodi e Crema und Distr. II, di Zelo Buon Persico; siehe Arcagna.

Cavallara, Venedig, Prov. Mantova und Distr. XIV. Gonzaga; siehe Gonzaga (Bondanello).

Cavallara, Venedig, Prov. Mantova und Distr. XII, Viadanna; siehe Viadana.

Cavallaro mit **Laghi**, Venedig, Prov. Vicenza, und Distr. VIII, Scrio, eine Villa mit Vorstand und Pfarre S. Barnaba und einem Oratorio, von den Bergen Scarabossa und Maglio begrenzt, 14 Migl. von Scrio.

Cavallasca, Lombardie, Prov. und Distr. II, Como, ein Gemeindedorf, welches theils in der Ebene, theils auf einer Anhöhe liegt; mit einer Pfarre S. Michele und Gemeinde-Deputation, 3 Migl. von Como. Hierher gehören: Brivio, Alla Cà, Mulino, Olcelera, Piazza di sopra e di sotto, Ponco, Rancoreccio, Roncorone, Soldo, Torre, Meiereien. — Bruselno, Colombirolo I, II, Cosbonera, Dosia, Sotto Vigna, einzelne Landhäuser.

Cavallazza, Cassina, Lombardie, Prov. und Distr. II, Milano; siehe Assago.

Cavallazza, Tirol, Gebirge in Primör an der Grenze gegen das Fleimser Thal, ober S. Martino di Castrozza.

Cavallera, Lombardie, Prov. Milano und Distrikt VIII, Vimercate; s. Oreno.

Cavallerizza, Lombardie, Provinz Mantova und Distr. XIV, Gonzaga; s. Gonzaga (Bondeno.)

Cavalli, Lombardie, Prov. Mantova und Distr. IV, Volta; siehe Ponti.

Cavalli, Lombardie, Prov. Cremona und Distr. IV, Pizzighettone; siehe Spinadesco.

Cavalli, Lombardie, Prov. Pavia und Distrikt VII, Landriano; siehe Vidigulfo.

Cavalli, Boscone del, Lombardie, Prov. Cremona und Distr. VII, Casal Maggiore; siehe Torricello del Pozzo.

Cavalli, Cassina, Lombardie, Prov. Bergamo und Distr. XIII, Verdello; s. Boltiere.

Cavalli, Arzer de', Venedig, Prov. Padova und Distr. IX, Conselve; siehe Terrazza (Arzer de' Cavalli).

Cavalli, Cassina, Lombardie, Prov. Cremona u. Distr. VII, Casal Maggiore; siehe Casal Maggiore.

Cavalli, Castelletto, Lombardie, Prov. Mantova und Distr. III, Roverbella; siehe Roverbella.

Cavalli, Luogo, Lombardie, Prov. Mantova und Distr. VI, Castel Goffredo; s. Ceresara.

Cavalli, Granza, Venedig, Prov. Padova und Distr. VI, Teolo; s. Teolo (Granza Cavalli).

Cavallino, Venedig, Prov. und Distr. I, Venezia; siehe Burano (Littorale e Valle Cavalino).

Cavallo, Venedig, ein Berg, in der Nähe des Coslang.

Cavallo, Ragna, Venedig, Prov. Polesine und Distr. V, Occhiobello; s. Fiesco (Bagna Cavallo).

Cavallo, Lombardie, Prov. Sondrio (Valtellina) und Distr. IV, Morbegno; s. Bema.

Cavallonte R. di, Tirol, ein Bach im Thale Fleims, von Panchia südlich bis an die Grenze von Castellalto in Val Sugana.

Cavallore, Lombardie, Prov. Mantova und Distr. III, Roverbella; siehe Castel Belforte.

Cavallura Bugno di, Lombardie, Prov, Mantova und Distr. XII, Viadana; s. Dosolo.

Cavalo, Venedig, Prov. Verona und Distr. XI, S. Pietro Incariano; siehe Fumane.

49*

Cavallone, Lombardie, Prov. Cremona und Distr. VIII, Piadena, ein *Gemeindedorf*, mit Vorstand und Pfarre SS. Biagio e Bernardino, von dem Parma- und Brescia-Gebirge, dem Flusse Oglio und dem Garda-See begrenzt, 1 Stunde von Piadena. Mit: S. Maria, Meierei.

Cavalut, Venedig, ein *Berg*, am rechten Ufer des Tagliamento-Flusses.

Cavalzano, Mulino di, Lombardie, Prov. Milano und Distr. XII, Melegnano; siehe Vizzolo.

Cavalzzano, Cassina e Mulino, — Lombardie, Prov. Milano und Distr. XII, Melegnano; s. Vizzolo.

Cavanago, Lombardie, Prov. Lodi e Crema und Distr. IV, Borghetto, eine *Gemeinde - Ortschaft*, mit Vorstand und Pfarre SS. Pietro e Paolo, nahe am Adda - Flusse, worüber hier eine Brücke führt. 6 Migl. von Lodi. Hierher gehören: Cantarana, Delizie, Madonna della Costa, Persia, mit einem Orat., Rivoltella, kleine, zerstreute Häuser.

Cavanella d' Adige, Venedig, Prov. Venezia und Distr. IV, Chioggia; s. Chioggia.

Cavanella d' Adige a destra, Venedig, Prov. Venezia und Distr. V, Loreo; siehe Rosolina.

Cavanella di Pò, Venedig, Prov. Venezia und Distr. V, Loreo; siehe Loreo.

Cavanella di Pò, Venedig, Prov. Polesine und Distr. VII, Adria; siehe Bottrighe.

Cavarenno, Tirol, Trient. Kreis, ein zur Ldgrchts. Hschft. Nonsberg gehör., unter der Gemeinde Sarronico stehend. *Dorf*, mit einer Kuratie, 13 St. von Trient.

Cavarezza Giovine, Lombardie, Prov. Lodi e Crema und Distr. VI, Codogno; s. Maleo.

Cavarezza, Vecchia, Lombardie, Prov. Lodi e Crema u. Distr. VI, Codogno; s. Fiorano.

Cavarezza, Vecchia, Lombardie, Prov. Lodi e Crema u. Distr. VI, Codogno; s. Maleo.

Cavargna, Lombardie, Prov. Como u. Distr. VI, Porlezza, ein *Gemeindedorf* mit Vorstand und Pfarre S. Lorenzo, an der rechten Seite des Flusses Cuccio, u. an der linken Seite des Thales Trefiumi genannt, und am Saume des Berges Gozicola. Hat mehrere Eisen-Minen. 14 Migl. von Porlezza. Dazu gehört: Vegna, Dorf.

Cavaria con Orago, Lombardie, Prov, Milano und Distr. XIII, Gallarate, eine mit Orago verbundene *Ortsgemeinde*, mit Pfarre S. Quirico; siehe Orago.

Cavarola, Lombardie, Prov. u. Distr. I, Bergamo; s. Redona.

Cavarossa, Lombardie, Prov. Milano u. Distr. VI, Monza; siehe S. Giuliano.

Cavarzan, Venedig, Prov. u. Munizipal-Bezirk Belluno; s. Belluno.

Cavarzere destro e sinistro, Venedig, Prov. Venezia u. Distr. IV, Chioggia, ein durch den Fluss Adige getheiltes grosses *Gemeindedorf*, mit einer Gemeinde-Deputation, Erzpriesterthum und Pfarre S. Maria, 3 Aushilfskirchen und 7 Privat-Oratorien. Hat eine 3 Posten von Venedig entfernte Brief-Sammlung, und liegt am Flosse Gonzoul und dem Thale Val Grande. ½ Stunde von Chioggia, einverleibt sind: Pettorazza Padafalva, Rottanova, Dörfer.

Cavasagra, S. Andrea di, Venedig, Prov. Treviso und Distr. VIII, Montebelluna; siehe Fossalunga (S. Andrea di Cavasagra).

Cavasalco, Venedig, Prov. Belluno und Distr. VIII, Mel; s. Tricciniana.

Cavaso, Venedig, Prov. Treviso und Distr. IX, Asolo; ein kleiner, zwischen Bergen im Thale liegender *Gemeindemarkt*, mit Vorstand und Pfarre Visitazione di Maria Vergine, dann 14, theils Oratorien, Kapellen und Nebenkirchen. 2 Migl. von Asolo. Dessen Bestandtheile sind: Caniezza, Castelcies, Costalunga, Graniago, Obledo, Pavion, Pieve, Virago, Gassen.

Cavasso, Venedig, Prov. Friaul und Distr. IV, Maniago, ein *Gemeindedorf*, mit Vorstand und Pfarre S. Remigio u4 4 Nebenkirchen, dann einem Oratorio. Liegt zwischen Medun und Orguese. Migl. von Maniago. Mit: Colte, Orgnese, Petrucco, Runchis, sotto Castello, Dörfer.

Cavassone, Lombardie, Prov. Bergamo und Distr. VII, Caprino; siehe Cisano.

Cava, Val, Lombardie, Prov. Bergamo und Distr. VII, Caprino; siehe Torre de' Busi.

Cavata, Lombardie, Prov. Mantova u. Distr. VII, Canneto; siehe Acqua Negra.

Cava Tigozzi, Lombardie, Prov. Cremona und Distr. IV, Pizzighettone, ein *Gemeindedorf*, mit einer eigenen Pfarre S. Maria Maddalena, Gemeinde-Deputation, Steuereinnehmerei u. einem schönen Pallaste am Flusse Po. 1 St. von Cremona. Dazu gehören: Bazzini, Fermi, Fiorani, Grecchi, Guerci, Mazzolari, Passirano, Piatti, Pighi, Regonati. Meiereien.

Cavaz, Dalmatien, Cattaro-Kreis, und Distr., ein auf einem Berge liegendes, der Pretur Cattaro unterstehendes *Dorf*, mit einem sterilen Boden, daher die Einwohner sehr arm sind. 3 Meilen von Cattaro.

Cava, Zuccarina, Venedig, Prov. Venezia und Distr. VII, S. Donà, ein *Gemeindedorf*, an dem Flusse Piave vecchia und den Meereshafen Cortellazzo, mit einer Gemeinde-Deputation u. eigenen Pfarre S. Giovanni di Gerolo. 3¼ St. von S. Donà. Mit: Cortellazzo, Hafen, mit Zoll - Einnehmerei und Hafenaufsicht — Marina, Passerella di sotto, Piave nova, Piave vecchia, Salse, Dörfer.

Cavazzal, Tirol, Trient. Kr., ein *Weiler*, zur Gemeinde Cavalese im Landgerichte Cavalese,

Cavazzana di sopra e di sotto, Venedig, Prov. Polesine und Distr. 11, Lendinara; siehe Lusia.

Cavazzina, Lombardie, Prov. Lodi e Crema und Distr. I, Lodi; siehe Crioso di Porta Regale.

Cavazzo, Venedig, Prov. Friaul und Distr. XIX, Tolmezzo, ein durch dem v. Berge Pallar herabstürzenden Strome Fella in 2 Strassen, Douz und Pallar genannt, getheilte *Gemeinde*, mit Vorstand und Pfarre S. Steffano, welche aber in dem Gemeinde-Orte Cesclaus ihren Sitz hat, mit einer Aushilfskirche S. Daniele, und einer Feldkirche S. Rocco, nahe bei Amaro, 3 Migl. von Tolmezzo.

Cavazzoche, Venedig, Prov. Padova und Distr. VIII, Montagnana; siehe S. Fidenzio intero.

Cavazzole, Venedig, Prov. und Distr. I, Vicenza; siehe Monticello del Co Otto.

Cà vecchia, Lombardie, Prov. Mantova und Distr. XVII, Asola; s. Asola.

Cà vecchia, Lombardie, Prov. Cremona u. Distr. VI, Pieve d' Olmi; siehe Branciere.

Cà Vecchia, Lombardie, Prov. Lodi e Crema, Distr. IX, Crema; s. Campagnola.

Cà Vecchia, Lombardie, Prov. Mantova und Distrikt III, Roverbella; siehe Castel Belforte.

Cà Vecchia, Lombardie, Prov. Mantova und Distrikt VIII, Marcaria; siehe Castellucchio.

Cà Vecchia, Lombardie, Prov. Mantova und Distrikt VI, Castel Goffredo; siehe Ceresara.

Cà Vecchia, Lombardie, Prov. Lodi e Crema und Distr. VI, Codogno; siehe Cattera.

Cà Vecchia, Lombardie, Prov. Mantova und Distr. VI, Volta; siehe Goito.

Cà Vecchia, Lombardie, Prov. Mantova und Distrikt XIV, Gonzaga; siehe Gonzaga (Bondanello).

Cà Vecchia, Lombardie, Prov. Mantova und Distrikt XIV, Gonzaga; siehe Gonzaga (Polesine).

Cà Vecchia, Lombardie, Prov. Mantova und Distr. VIII, Marcaria; siehe Marcaria.

Cà Vecchia, Lombardie, Prov. Mantova und Distr. XV, Revere; s. Mulo.

Cà Vecchia, Lombardie, Prov. Mantova und Distrikt XVI, Sermide; siehe Poggio.

Cà Vecchia, Lombardie, Prov. Mantova und Distr. XV, Revere; siehe Quistello.

Cà Vecchia, Lombardie, Prov. Mantova und Distr. XV, Revere; siehe Quistello (S. Giacomo).

Cà Vecchia, Lombardie, Prov. Mantova und Distr. XV, Revere; siehe Revere.

Cà Vecchia, Lombardie, Prov. Mantova und Distr. II, Ostiglia; siehe Sustinente.

Cà Vecchia dell' Ollo, Lombardie, Prov. Mantova und Distr. XIV, Gonzaga; siehe Gonzaga (Polesine).

Cà Vecchia e Pezzina, Lombardie, Prov. Mantova und Distrikt VIII, Marcaria; siehe Gazzoldo.

Cà Vecchia Monti, Lombardie, Provinz Mantova und Distr. VIII, Marcaria; siehe Castelluccio.

Cavedago, Tirol, Trienter Kr., ein zur Hrsch. Spaur gehör. *Dorf*, 6 St. von Trient.

Cavedine, Tirol, Trient. Kr., ein zur Stadt und Ldgrcht. Trient geh. *Dorf*, mit einer Pfarre im Thale gleichen Namens, an dem See Lago di Cavedine, 4½ St. von Trient.

Cavedine, L. di, Tirol, See an der Saroa, und Grenze des Landgrcht. Arco, ½ St. lang.

Cavedine, V. di, Tirol, bewohntes *Thal* am Tohliner See, nördlich v. Drena im Ldgrcht. Vezzano.

Cavelzano, Lombardie, Prov. Lodi e Crema und Distr. I, Lodi; siehe Crioso di Porta Regale.

Cavenago, Lombardie, Prov. Milano und Distr. VIII, Vimercate, ein *Gemein-*

dedorf mit einer eigenen Pfarre S. Giulio einer Aushilfskirche, Kapelle und Gemeinde-Vorstand, an Burago grenzend, 1 St. von Vimercate. Hieher gehören: Moretti, Osnago, Rasini, Landhäuser — S. Maria in Campo, Meierei.

Caverlea, Venedig, Prov. Treviso u. Distr. VIII, Montebelluna; siehe Pederoba.

Cavernago, Lombardie, Prov. Bergamo und Distr. XI, Martinengo, ein *Gemeindedorf* mit Vorstand, eigener Pfarre S. Giovanni Battista, 2 Aushilfskirchen und Postwechsel zwischen Ospedaletto und Bergamo, auf der Poststrasse von Brescia nach Bergamo, mit dem Flusse Serio gegen Norden grenzend, mit einem Kalk- und Ziegelofen und einer Säge, etwas mehr als 1 St. von Martinengo. Postamt. Mit:
Malpaga, Dorf.

Caversaccio, Lombardie, Provinz Como und Distr. I, Como, eine *Gemeinde* und *Dorf* mit einer Pfarre S. Donato und Gemeinde-Deputation, auf einer Anhöhe an dem reissenden Gaggiolo, 7 Migl. v. Como. Mit:
Mulini Sala, Mühle.

Caversegno, Lombardie, Prov. Bergamo und Distr. V, Ponte S. Pietro; s. Presezzo.

Cavessago, Venedig, Prov. und Munizipal-Bezirk Belluno; siehe Belluno.

Cavetta, Lombardie, Provinz Lodi e Crema und Distr. VI, Codogno; siehe Meletto.

CavevinaCassina, Lombardie, Provinz Milano und Distr. XIV, Cuggiono; siehe Castano.

Cavezzoli, Lombardie, Provinz und Distr. VII, Bovegno; siehe Pezzaze.

Cavia, Venedig, *Berg* bei Val di Vale.

Caviaga, Lombardie, Provinz Lodi e Crema und Distr. IV, Borghetto, ein *Gemeindedorf* mit einer eigenen Pfarre S. Giacomo maggiore und einer Gemeinde-Deputation, in der Nähe der Cremoneser Provinzialstrasse, 4 Migl. von Lodi. Mit:
Casoni, Dosso, einzelne Häuser.

Caviana, Lombardie, Prov. Milano u. Distr. VII, Verano; siehe Verano.

Cavichj Corte, Lombardie, Provinz und Distr. I, Mantova; siehe Porto.

Caviggiolo, Lombardie, Prov. Como und Distr. XXIV, Brivio; siehe Calco.

Cà Villabruna, Venedig, Provinz Treviso und Distr. VIII, Montebelluna; siehe Trivignano.

Cavincati, Lombardie, Provinz und Distrikt I, Milano; s. Corpi S. di Porta Ticinese.

Cavin dell' Arsego, Lombardie, Provinz Padova und Distr. IV, Campo Sampiero; s. S. Giorgio delle Pertiche.

Caviola, Venedig, Prov. Belluno und Distr. V, Agordo; siehe Falcade.

Cavion, auch Cabion — Tirol, Trienter Kr., verfallenes *Schloss* bei Mala, in Val di Caneza, Ldgrcht. Pergine.

Cavizzana, Tirol, Trient. Kr., ein im Sulzthale in der Gemeinde Malè liegend. Dorf, mit einer Kuratie, 1 St. von Malè, 13 St. von Trient.

Cavo, Lombardie, Prov. und Distr. I, Cremona; siehe Due Miglia.

Cavo, Lombardie, Prov. Lodi e Crema und Distr. VI, Codogno; s. Maccastorna.

Cavo Pizzo lungo il, Lombardie, Prov. Mantova und Distrikt XI, Sabbionetta; siehe Sabbionetta.

Cavo Diversivo, Lombardie, Prov. Mantova und Distr. XVI, Sermide; siehe Carbonara.

Cavogno Cassina, Lombardie, Provinz Como und Distr. XIV, Erba; siehe Anzano.

Cavolano, Venedig, Prov. Friaul und Distr. VI, Sacile; siehe Sacile.

Cavoletto, Lombardie, Prov. Pavia u. Distr. V, Rosate; siehe Rosate.

Cavolta, Lombardie, Prov. und Distr. I, Milano; siehe Corpi S. di Porta Ticinese.

Cavolto Cassina, Lombardie, Provinz Como und Distr. XVI, Erba; siehe Monguzzo.

Cavona, Lombardie, Prov. Como und Distrikt XVIII, Cuvio, ein westlich im Thale liegendes *Gemeindedorf*, mit einer eigenen Pfarre S. Michele und einer Gemeinde-Deputation, 9 Migl. von Varese. Dazu gehört:
Mulino Ronciee, Mühle.

Cavotte, Lombardie, Prov. Como und Distr. XXIV, Brivio; siehe Rovagnate.

Cavrano, Illirien, *Dorf*, im Distrikt Rovigno, Bezirk Pola, Hauptort der Untergemeinde gleichen Namens, mit 29 Häus. und 200 Einwohn., zur Expositur Carnizza gehör., in der Diöces Parenzo Pola, 5 St. von Pola.

Cavrasto, Tirol, Rovered. Kreis, ein *Dorf* und Gemeinde im Ldgrcht Stenico.

Cavrengo, Lombardie, Prov. Bergamo und Distr. VIII, Piazza; siehe Piazza.

Cavrer, Venedig, Provinz Friaul und Distr. VIII, S. Vito; siehe S. Vito.

Cavrera, La, Lombardie, Prov. und Distr. I, Brescia; siehe S. Nazzaro.

Cavria, oder Cauria — Tirol, Rovered. Kr., ein zur Hrsch. Primiero geh. *Dorf* im Thale St. Bovo, 10 St. von Borgo.

Cavriana, Lombardie, Prov. Mantova und Distr. V, Castiglione delle Stiviere, eine *Gemeinde-Ortschaft* mit 2 Pfarren S. Biaggio und S. Antonio Abate in Castel Grimaldo, 5 Kapellen, einem Gemeinde-Rati und Deputation, dann 2 Gemeindemü len, näc st dem Fl. Mincio und dem Lago di Garda, 2¼ St. von Castiglione delle Stiviere. Dazu ge ören:
Bagattino, Baude, Barose, La Battuta, Breda, Brugnedolo, Campagnola, Le Carazze, Casa dell' Ora, Casa nuova, Le Casarole, Case Baschera e Capelloni. Cassina Scaua porco, Cervo, La Chioda, Colonello di Baudo, Le C orti Dondino, L' Ettora, Galcazzo, Guardolo, Mondini, Pagliotto, Parolera, Pieve, S. Cassiano, S. Giacomo, Le Scarnadore, Stramera, Tezze di sopra e di sotto, Meiereien. — Castel Grimaldo, Dorf.

Cavriana, Tirol, Trienter Kr., ein der Hrsch. Fleims geh., im Thale dieses Namens lieg. *Dorf*, mit einer Kura tie, 6 St. von Neumarkt.

Cavriane, Lom ardie, Prov. Mantova und Distr. XVI, Serm ide; sie e Borgofranco.

Cavriani Cassina nuova, Lombardie, Prov. Mantova und Distr. XI, Sabbionetta; sie e Sabbionetta.

Cavriani Corte, Lom ardie, Prov. Mantova und Distr. VIII, Marcaria; sie e Marcaria.

Cavriani Ronchi, Lombardie, Prov. und Distr. I, Mantova; sie e Curtatino.

Cavriano, Lom ardie, Prov. u. Distr. X, Milano; sie e Lam rate.

Cavrie, Venedig, Prov. und Distr. I, Treviso; sie e S. Biagio di Callalta.

Cavrigo, Lombardie, Prov. Lodi e Crema und Distr. I, Lodi; sie e C ieso di Porta Cremonese.

Cavron, Venedig, Prov. Padova und Distr. VIII, Montagnana; sie e Montagnana.

Cavrotta, Lombardie, Prov. Lodi e Crema und Distr. V, Casalpusterlengo; sie e Casalpusterlengo.

Cavruje, Illirien, Istrien, ein *Berg*, nordwestlic von Griesignano, 159 W. Klft. ü erj dem Meere.

Cawrianow, Mähren, Brünner Kr.. *Dorf* zur Pfarre Scharditz und Orts-O rigkeit Obrowitz geh., mit bö misc . Eiuwo nern.

Cà Zavarelli, Lomardie, Proviuz Bergamo und Distr. II, Zogno; sie e Zogno.

Cà Zeno esenti, Venedig, Prov. Padova und Distr. V, Piazzola; siehe Villa Franca (Eseuti Cà Zeno).

Cà Zeno esenti, Venedig, Prov. und Distr. I, Padova; sie e Mestrino (Eseuti Cà Zeno).

Cazza, Lom ardie, Prov. Mantova und Distr. XIII, Suzzara; sie e Suzzara.

Cazzago, Lom ardie, Prov. Como und Distr. XVI, Gavirate, ein südlich gegen virate liegendes, mit Vorstand und einer Pfarre S. Carlo verse eues *Gemeindedorf*, 4¼ Migl. von Gavirate.

Cazzago, Lom ardie, Prov. Brescia und Distr. IX, Adro, ein *Gemeindedorf* mit Vorstand und Pfarre S. Maria, 2 Aushilfskirchen u. 3 Oratorien, 7 Migl. vom Lago d' Iseò entlegen, 7 Miglien vom Adro. Hieher ge ören:
Bindona, Bonfadina, Ca del Diavolo, Ca Nuova, Costantina, Franzina, Pergolone, S. Bernardo, S. Martino, Meiereien. — Casotto, Mü le.

Cazzago esente, Venedig, Prov. Padova und Distr. II, Mirano; siehe Pianiga.

Cazzago, Venedig, Prov. und Distr. I, Padova; siehe Albignasego.

Cazzagheto, Venedig, Prov. Padova und Distr. II, Mirano; sie e Pianiga.

Cazzalina, Lom ardie, Prov. Mantova und Distr. VI, Castel Goffredo; sie e Piubega.

Cazzalino, Lombardie, Prov. Como und Distr. XXIV, Brivio; sie e Imbersago.

Cazzan Cassina di, Lom ardie, Prov. Milano und Distr. V, Barlassina; sie e Lentate.

Cazzana, Lombardie, Prov. Como u. Distr. XXI, Luino; sie e Germignaga.

Cazzanico, Lom ardie, Prov. Brescia und Dist. II, Ospitaletto; sie e Corzano.

Cazzaniga, auc Carsaniga — Lombardie, Prov. Como und Distr. XXIV, Brivio; sie e Sabbioncello.

Cazzani Cassina, Lom ardie, Prov. Milano und Distr. V, Barlassina; sie e Lentate.

Cazzano, Venedig, Prov. Friaul und Distr. XIX, Tolmezzo; sie e Tolmezzo.

Cazzano, Tirol. Rovered. Kr., ein z. Vikariat Brentouico geh. *Dorf*, 3 Stund. von Roveredo.

Cazzano, Venedig, Prov. Verona und Distr. IX, Illasi, ein unweit Illasi liegendes, von dem Berge Bastia egrenzt. *Gemeindedorf* mit Vorstand, 2 Pfarren, S. Giorgio, 1 Santuario, 2 Oratorien u. 5 Mü len, 2¼ Migl. von Badia Cala veua (Distr. X).

Cazzano, Lombardie, Prov. Milano und Distr. VII, Verano, ein *Gemeinde-dorf* und Filial der Pfarre S. Erasmo in Basana, mit einem Gemeinde - Vorstand, von Besana, Valle, Capriano und Renate umgeben, 2 St. von Pajna, und 1 St. von Carrate. Hier sind einverleibt: Neresso, Visconta, *Dörfer*.

Cazzano, Lombardie, Prov. Lodi e Crema und Distr. II, di Zelo Buon Persico; siehe Marzano.

Cazzano, Lombardie, Prov. Bergamo und Distr. XV, Gandino, ein zwischen Gandino und dem Fl. Serio liegendes *Gemeindedorf*, mit einer Pfarre S. Andrea Apost., 2 Nebenkirchen und einer Gemeinde - Deputation, ¼ Stunde von Gandino.

Cazzapoglio, Lombardie, Prov. Como und Distr. XXV, Missaglia; siehe Cassina de' Bracchi.

Cazzimano, Lombardie, Prov. Lodi e Cremo und Distr. III, S. Angiolo, ein nach S. Pietro Apost. zu Lodi vecchio gepfarrtes *Gemeindedorf*, mit einem Oratorio und Kaplan als Pfarr-Stellvertreter und einer Gemeinde-Deputation, 4 Migl. von S. Angiolo. Mit: Cà Nuova, Frandellona, *Meiereien*. — Lavagna, *Gemeindetheil*. — Sacchella, zerstreute *Häuser*.

Cazzola, Venedig, Prov. Vicenza und Distr. IV, Bassano, ein nächst Bassano und Cittadella liegendes *Gemeindedorf* mit Vorstand, Pfarre S. Marco Evang. und 2 Privat-Oratorien, 2 Stund. von Bassano. Mit: S. Zen, *Gemeindetheil*.

Cazzolo, Lombardie, Prov. und Distr. I, Milano; siehe Corpi S. di Porta Romana.

Cazzone, Lombardie, Prov. Como und Distr. XIX, Arcisate, ein *Gemein-dedorf*, mit Vorstand und Pfarre SS. Pietro e Paolo und Zolleinnehmerei, in der Ebene, 4 Migl. von Varese. Dazu gehören: Gaggio, Gaggiolo, Mozzana, Pau, Pianezzo, Velmajo, einzelne *Meiereien*. — Ligurno, kleines *Dorf*.

Cazzù, Lombardie, Prov. Milano und Distr. VII, Vimercate; siehe Usmate.

Cazzucaletti, Lombardie, Provinz Bergamo u. Distr. VII, Caprino; siehe Caprino.

Cazzuli Del, Lombardie, Prov. Lodi e Crema und Distr. VIII, Crema; siehe Caperguanica.

Cazzunenta, Lombardie, Prov. Cremona und Distr. VII, Casal Maggiore; siehe Vicinanza.

Cazzura, Lombardie, Prov. Milano und Distr. VI, Monza; siehe Vimodrone.

Cazzurino, Lombardie, Prov. Milano und Distr. VI, Monza; siehe Vimodrone.

Ccholca, Mähren, Brünner Kr., ein *Berg*, 1 St. nordw. vom Dorfe Kienitz, 213 W. Klft. über dem Meere.

Ceblow, Galizien, Zolkiew. Kr., ein *Gut* und *Dorf*, mit einem Vorwerke und griech. kathol. Kirche, mit der Ortschaft Tuszkow verbunden, liegt gegen N., 1½ St. v. der Stadt Belz, 4 St. von Sokal, 10 St. von Rawa.

Cebowce, Ungarn, Honth. Komitat; siehe Csább.

Cebrow, Galizien, Zloczow. Kr., ein der Hrsch. Jezierna geh. *Dorf*, mit einer griech. kathol. Kirche, 1 St. v. Jezierna.

Cechini, Venedig, Prov. Friaul und Distr. VII, Pordenone; siehe Pasiano.

Cechtitz, Böhmen; siehe Czechtitz.

Cecilia St., Illirien, Istrien, Mitterburger Kr., ein *Weiler*, im Bezirke Dignano, zur Pfarre Dignano gehörig, in der Dióces Parenzo Pola, ⅓ St. von Dignano.

Cecina, Lombardie, Prov. Brescia und Distr. XV, Gargnano; siehe Toscolano.

Cecinovich, Illirien, Istrien, Mitterburger Kr., ein *Dorf*, im Bezirke Dignano, zur Pfarre Dignano gehörig, in der Dióces Parenzo Pola, 3 St. von Dignano.

Cecowa, Galizien, Zloczow. Kr., ein *Gut* und *Dorf*, mit einem Edelhofe und griech. kathol. Kirche, an dem Strypa Bache, 1 St. von Zborow.

Cedarchis, Venedig, Prov. Friaul und Distr. XVI, Paluzza; siehe Arta.

Cedegolo, Lombardie, Prov. Bergamo und Distr. XVIII, Edolo; siehe Grevo.

Cedrate, Lombardie, Prov. Milano und Distr. XIII, Gallarate, eine *Gemeinde- Ortschaft*, mit Vorstand und einer Pfarre S. Giorgio sammt Aushilfskirche, ½ St. von Gallarate und 2¼ St. v. Cassina delle Corde. Hieher gehören: Cassinella, Portone, Ronco, Schweizereien.

Cedrugno, Venedig, Prov. Venezia und Distr. VIII, Porto Gruaro; siehe Pramaggiore.

Cedrasco, Lombardie, Prov. Sondrio (Prov. della Valtellina) und Distr. I, Sondrio, ein *Gemeindedorf*, mit Pfarr-Kurazie und Oratorio S. Anna, Gemeinde-Deputation, 5 Mühlen, Eisenschmiede, dann einer aufgelassenen, mit jener zu Cajolo zusammenhängenden Eisen-Miene am Fusse voier Berge, welche an die k. Prov. Bergamo grenzt, 6 Migl. von Sondrio.

Cedulins, Venedig, Prov. Friaul und Distr. III, Spilimbergo; siehe Vito.

Ceggia, Venedig, Prov. Venezia und Distr. VII, S. Donà, ein an der Strasse Campagna genannt, liegendes, von den Canälen Piavon und Grassaga begrenztes *Gemeindedorf*, mit Vorstand, Pfarre S. Vitale und 1 Oratorio, 2 St. von S. Donà. Mit: Grassaga di Motto, Grassaga di Oderzo, Dörfer.

Ceggio V., Tirol ein *Thal*, von Telve in Val Sugana, nordöstlich bis an das Gebirge von Palú, am Bacre Canelle.

Cechowsko Dolno und **Horno,** Ungarn, Houth. Komt.; siere Cseri.

Cei di R., Tirol, ein *Wildbach*, im Ldgchte. Castellano, der von dem Berge Cei über Cimon sicı bei Aldeno in die Etscı ergiesst.

Celda, Ceidinum — Sie)enbürgen, Kronstädter Distr., ein säcısiscier *Marktflecken* mit 738 Häus. und 3148 Einw.

Cekow, Ungarn, Zempliner Komt., ein *Dorf*; siere Czéke.

Cekowce, Ungarn, Hontı. Komitat; siere Csekécs.

Celedizzo, Tirol, Trienter Kr., ein im Sulzthale, in der Gemeinde Ossana liegendes *Dorf*, mit einer Kuratie, 1 St. von Ossana, 19 St. von Trient.

Celambris, Venedig, Prov. Friaul und Distr. XVIII, Ampezzo; s. Ampezzo.

Celana, Lombardie, Prov. Bergamo und Distr. VII, Caprino; siere Caprino.

Celana vechio, Lombardie, Prov. Bergamo und Distr. VII, Caprino; siere Pontita.

Celanella, Lombardie, Prov. Bergamo und Distr. VII, Caprino; siere Caprino.

Celans, Venedig, Prov, Friaul und Distr. III, Spilimıergo; siere Vito.

Celante, Venedig, Prov. Friaul und Distr. III, SpMimıergo; s. Castelnovo.

Celejow, Galizien, Czortk. Kr., eine *Ortschaft*, mit einer Pfarre, zur Ortsobrigkeit Jaılouow gerörig.

Celeja, Steiermark, Cill. Kr., die latein. Benennung der *Kreis-Stadt* Cilli.

Celentino, Tirol, Trienter Kr., ein *Dorf* und *Gemeinde*, im Ldgchte. Male.

Celesco, Lombardie, Prov. Padova und Distr. XII, Piove; siehe S. Angelo.

Celidonia, Lombardie, Prov. Como und Distr. XXII, Tradate; siehe Vedano.

Celina, Lombardie. Prov. Como und Distr. XVI, Gavirate, ein nach S. Stefano zu Leggiuno gepfarrtes, mit einer Gemeinde-Deputation versehenes *Gemeindedorf*, nordwestlich 6 Migl. von Gavirate. Mit:

Inquicio, Rozzone, Meiereien. — S. Cattarina del Sazzo, Scıweizerei.

Celiow, Galizien, Tarnopol. Kr., ein zur Hrsch. Jablanow gerör. *Dorf*, mit einer russiscı. Pfarre und Müıle, am Flusse Tayna, 1 St. von Cıorostkow.

Cella, Venedig, Prov. Belluno u. Distr. IV, Auronzo; siere Auronzo.

Cella, Venedig, Prov. Friaul u. Distr. II, Longarone; siere Forno di Zoldo.

Cella, Venedig, Prov. Friaul und Distr. XVIII, Ampezzo; siere Forni di sopra,

Cella, Lombardie, Prov. Cremona und Distr. VI, Pieve d' Olmi, eine *Villa* und *Gemeinde*, mit Vorstand u. einer eigenen Pfarre S. Maria Verg. assunta. Die nächısten Berge und Flüsse sind: das Parma- und Piacenza-Gerirg und die Flüsse Po und Oglio, 3 Stunden von Cremona. Mit: Campagna, Meierei.

Cella, Lombardie, Prov. Cremona und Distr. III, Soresina; siere Genivolta.

Cella, Lomıardie, Prov. Lodi e Crema und Distr. VII, Pandino; siere Gardella.

Cella, Lomıardie, Prov. Mantova und Distr. VIII, Marcaria; siere Marcaria.

Cellarda, Venedig, Prov. Belluno und Distr. VII, Feltre; siere Zermen.

Cellat, Venedig, Prov. Belluno und Distr. V, Agordo; siere Vallada.

Cellatica, Lomıardie, Prov. u. Distr. I., Brescia, ein *Gemeindedorf* am Saume eines von Landleuten bebauten Feldhügels, auf welcıem eine Kapelle, Madonna della Stella genannt, welcıe auf Recınung der Gemeinden Cellatica-Gussago und S. Vigilio unterıalten wird, sicı)efindet, mit einer eigenen Pfarre S. Giorgio und Gemeinde - Deputation, 4 Migl. von Brescia. Hieher gerören: Campiani, Fantasina, Landıäuser, — Luogo nuovo, Meierei.

Celle, Steiermark, Cillier Kr., die windiscıe Benennung der Kreisstadt Cilli.

Celler Alpen, Steiermark, an der Grenze zwiscıen Unt. Oesterreicı und Steiermark,)ei Mariazell.

Cellin, Venedig, Prov. Friaul u. Distr. IV, Maniago; siere Claut.

Celloberda, Dalmatien, Cattaro Kr., Budua-Distr., ein der Gemeinde Pastrovicıio einverlei)tes, naci Prasguizza gepfarrtes *Dorf*, unter die Praetur Buıdua gerörig, von wo es 4½ Migl. entfernt liegt, mit einer Wasserquelle, Oriolo genannt, 7 Migl. von Cattaro.

Cellore d' Illasi, Venedig, Prov. Verona und Distr. IX, Illasi; s. Illasi.

Celly, Illirien, Istrien, Mitterburg. Kr., ein *Dorf* im Distrikt Rovigno, Rezlra Dignauo, zur Untergemeinde Galzauk und Pfarre Barbano gehörig, in der Diöcese Parenzo Pola, 3½ St. v. Dignano.

Celo, Venedig, ein *Berg* bei Roit.

Celopez, Dalmatien, Ragusa Kr. und Distr., ein unter der Praetur Ragusa stehendes *Dorf* und Untergemeinde der Hauptgem. Breno, wohin es gepfarrt ist, unweit von Molini, 1¾ Migl. von Ragusa.

Celore di Sezan, Venedig, Prov. und Distr. I, Verona; siehe S. Maria in Stelle.

Celovce, Ungarn, Honth. Komt.; siehe Csall.

Celva, Tirol, Trienter Kr., einige zum Stadt- und Ldgchte. Trient geh. *Höfe,* am Fusse des Berges Celvo, 2¼ St. von Trient.

Cemana, Cassina, Lombardie, Provinz Lodi e Crema u. Distr. IX, Crema; siehe Bagnolo.

Cembra, Tirol, Trienter Kr., ein *Dorf* der Hrsch. Königsberg; siehe Zimmers.

Cenate di sopra, Lombardie, Prov. Bergamo und Distr. III, Trescorre, ein *Gemeindedorf* mit Vorstand und Pfarre S. Leone und 3 Kapellen, am Saume des Berges Misma, 2 Migl. vom reissenden Cherio, ⅜ St. von Trescorre. Mit: S. Ambroggio, Landhaus, — Val Predina, kleine Gasse.

Cenate di sotto o S. Martino, Lombardie, Prov. Bergamo und Distr. III, Trescorre, ein fast 2 Migl. vom reissenden Cherio entferntes *Gemeindedorf,* mit einer eigenen Pfarre S. Martino, 4 Kapellen, einer Gemeinde-Deputation und einem Wetzstein-Bruche, ⅜ St. von Trescorre.

Cencenighe, Venedig, Prov. Belluno und Distr. V, Agordo, ein von den Bergen Ambrusega und Bessa, dann vom Strome Bois begrenztes *Gemeindedorf,* mit Vorstand und Pfarre S. Antonio Abb., 2½ St. von Agordo. Mit: Chenat, Collaz, Ghirle, Ghisele, Picol, kleine Dörfer.

Cendon, Venedig, Prov. und Distr. I, Treviso; siehe Melma.

Cendrano, Lombardie, Prov. Como und Distr. III, Bellaggio; siehe Lezzeno.

Cendron, Venedig, Prov. Padova und Distr. VIII, Montagnana; siehe Montagnana.

Ceneda, Venedig, Prov. Treviso und Distr. VI, Ceneda, ein bischöfl. *Stadt Gemeinde,* wovon der VI. Distr. dieser Provinz den Namen hat, mit einem königl. Distrikts-Kommissariate, Praetur, Lottoamt, Daz-Einnehmerei, einer 3 Posten von dem Provinzial-Postinspektorate Treviso entfernten Briefsamml., Kathedrale Beata Maria Verg. Assunta,

Sitz des Bischofs, 4 Aushilfskirchen und 1 Oratorium, einem Seminarium, 5 Papierfabriken, Glockengiesserei, Buchdruckerei, 2 Wollwerken, 3 Färbereien, 73 Gärbereien, 4 Leinwandfabriken und 1 Filzkappen-Fabrik, von den Flüssen Meschio und Piave bewässert, hat 3 stets fliessende Quellen, eine Salz- und 2 Schwefelquellen, liegt hart am Gebirge von Serravalle und wird von diesem Distrikt (V) und jenem von Valdobbiadene (VII) begrenzt. Mit: Cozzuolo, S. Lorenzo di Montagna, Gemeindetheile.

Ceneda, Lombardie, Prov. Treviso, ein *Distrikt* mit folgenden Gemeinden: Ceneda mit Cozzuolo und S. Lorenzo di Montagna, — Colle mit S. Martino in Colle, — Cordignano oder S. Cassiano del Meschio, Pinidello di Cordignano und Pinidello di Serravalle, — Pieve di Soligo mit Pieve di Solighetto, — S. Giacomo di Veglia mit Carpesica und Formeniga, — Tarzo con Fratta, Arfanta und Carbanese.

Cene di sopra e di sotto, Lombardie, Prov. Bergamo und Distr. XV, Gandino, ein aus Ober- und Unter-Cene bestehendes, am linken Ufer des Serio liegendes *Gemeindedorf,* mit Vorstand, Pfarre S. Zenone und 3 Aushilfskirchen, ⅜ St. von Gandino.

Cenejano, Illirien, Istrien, Mitterb. Kr., ein *Flecken,* liegt unter dem 45 Gr. 47 Min. 46 Sek. nördlicher Breite, und 31 Gr., 7 Min. 39 Sek. östl. Länge von Ferro, 20 Gr. westl. von Paris.

Ceneselli, Venedig, Prov. Polesine und Distr. IV, Massa, ein von Massa rechts, zunächst dem Flusse Pò liegendes *Gemeindedorf,* mit Vorstand und Pfarre S. Maria, 5 St. von Badia.

Ceniawa, Galizien, Kolom. Kr., ein *Dorf* mit einer Pfarre und Ortsobrigkeit.

Ceniga, Tirol, Rovered. Kr., ein zur Hrsch. Arco geh. *Dorf,* nördl. 1½ St. von Riva.

Ceniow, Galizien, Brzezan. Kr., ein der Hrsch. Brzezan gehör. *Dorf,* an der Sarca, 13 St. von Strzeliska.

Cenonati, Palazzo, Lombardie, Prov. Pavia und Distr. VIII, Abbiategrasso; siehe Abbiategrasso.

Centa, Tirol, Trienter Kr., ein *Dorf* und *Gemeinde* im Ldgchte. Levico.

Centa, Vall di, Tirol, *Thal* von Caldonazzo, südwestlich von Folgaria.

Centagnan, Venedig, Prov. u. Distr. I, Verona; siehe Martino Buon Albergo.

Centemero, Lombardie, Prov. Como und Distr. XIV, Erba, ein *Gemeindedorf,* in der Pfarre S. Maria di Masnago, mit einer Gemeinde - Deputation, am flacien Lande zwischen dem Lambro und der Buera, 4¼ Migl. von Erba. Dazu geiören: Cassina Ondona, Cassina Volpera, einzelne *Meiereien*. — Musicietto, Musico, *Dörfer*.

Centenate, Lombardie, Prov. Milano und Distr. XIII, Gallarate; s. Besnate.

Centis, Venedig, Prov. Friaul und Distr. IX, Codroipo; sieie Passariano (Casale di Centis).

Cento, Lombardie, Prov. Bergamo und Distr. XVII, Breno; sieie Bieno.

Cento Pertiche, Lombardie, Prov. Pavia und Distr. VI, Binasco; sieie Zibedo S. Giacomo.

Centore, Venedig, Prov. und Distr. I, Belluno; sieie Limana.

Centrale, Venedig, Prov. Vicenza und Distr. VII, Tiene; sieie Zuggiano.

Centro, Venedig, Prov. Verona und Distr. X, Badia Calavena; sieie Saline.

Centum Colles, Sieienbürgen, Gross Scienk. Stuil; sieie Szászhalom.

Ceola, Tirol, Roveredo Kr., ein zur Gemeinde Giovo geh., der Hrsch. Königsberg unterth. *Dorf*, 1½ St. v. Nevis.

Cepeda, Lombardie, Prov. Lodi e Crema und Distr. IV, Borgietto, eine zum Tieil naci S. Martino in Strada, zum Tieil naci S. Gervaso e Protaso gepfarrte *Gemeinde-Ortschaft*, 5 Miglien von Lodi. Mit: Pizzolano. Veschetta, einzelne *Häuser*.

Ceperov, Galizien, Zolkiew. Kr., ein zur Hrsch. Kukizow geiör. *Dorf*, mit einem Vorwerke und einer griechischkatiol. Kircie, an der Zloczow. und Lemberg. Grenze, 5 St. von Lemberg.

Cepich, Illirien, Istrien, Mitterburg. Kr., ein *Dorf*, im Distr. Capodistria, Bzk. Moutona, Hauptort der Untergemeinde gleicien Namens mit 22 Häus. und 150 Einw., zur Pfarre Sterna geh., in der Diöcese Triest-Capodistria, 2¼ St. von Montona.

Cepikuchie, Dalmatien, Ragusa-Kr., Slano-Distrikt, ein der Hauptgemeinde Lissaz einverleites und der Pretor Slano untersteiendes *Dorf*, nicit weit von Dolli. 1¾ Meilen von Stagno.

Cepina, Lombardie, Prov. Sondrio (Valtellina) und Distr. VI, Bormio; s. Valle di sotto.

Cepino, Lombardie, Prov. Bergamo und Distr. IV, Almeno S. Salvatore, eine *Gemeinde* (grossa contrada) mit Vorstand und Pfarre S. Bernardino und Kapelle am 'Abhange des Berges S. Bernardo, 2 St. von Almeno S. Salvatore.

Cepletischis, Venedig, Provinz Friaul und Distr. XIII, S. Pietro; s. Savogna.

Ceplicani, Ungarn, ein *Dorf* im Sároser Comitat; s. Tapolcsán.

Ceppi, Lombardie, Prov. und Distr. I, Milano; s. Corpi S. di Porta Romana.

Ceppich, Zeppich, Illirien, I. Krain oder Istrien, Mitterburger Kr., ein zur Wb. C. Com. Hrschft. Wachsenstein geh. *Dorf* mit einer Pfarre und einem See gleicien Namens, 12¼ St. von Fiume.

Ceppina, Lombardie, Prov. Como u. Distr. XXII, Tradate; s. Tradate.

Ceppo, Lombardie, Prov. Como und Distr. XXIV, Brivio; s. Cologna.

Ceppo, Lombardie, Prov. Como und Distr. XII, Oggiono; s. Galbiate.

Ceppo, Lombardie, Prov. Como und Distr. XXV, Missaglia; sieie Monteveccio.

Ceppo, Lombardie, Prov. Como und Distr. XII, Oggiono; sieie Valmadrera.

Ceppo, Cassina, Lombardie, Prov. Como und Distr. XIV, Erba; sieie Merone.

Ceppo di Corno, Lombardie, Prov. Como und Distr. XII, Oggiono; sieie Oggiono.

Ceprine, Cassine, Lombardie, Prov. Como und Distr. XXII, Tradate; s. Lonate Cepino.

Cepprino, Lombardie, Prov. Como u. Distr. XXII, Tradate; s. Lonate Cepino.

Cera, Dalmatien, Zara-Kreis, Dernis-Distrikt, ein *Dorf* mit einem Pfarrierrn, welcier seinen Sitz in Visoca iat, und eigentlici von dem Ordinariat zu Traù dahin gepfarrt ist, zur Podesta Mirilovici und Pretur Dernis geiörig, auf dem festen Lande naie bei Nevest. 14 Miglien von Sebenico.

Ceradello, Lombardie, Prov. Lodi e Crema und Distr. IV, Borgietto; sieie Borgietto.

Ceradello, Lombardie, Prov. Cremona und Distr. IV, Pizzigiettone; sieie Pizzigiettone.

Ceradello, Lombardie, Prov. Mantova und Distr. IV, Volta, sieie Monzambano.

Ceradello, Isola di, Lombardie, Prov. Lodi e Crema und Distr. V, Casalpusterlengo; s. Bertonico.

Ceradello, Lombardie, Prov. Lodi e Crema und Distr. V, Casalpusterlengo; s. Bertonico.

Ceragne, Dalmatien, Zara-Kreis, u. Distrikt, ein mit einer Pfarre verseienes *Dorf*, der Gemeinde Zara-vecchia einverleibt, und zur Pretur Zara gehörig, auf dem festen Lande. 26 Migl. von Zara.

Ceran, Venedig, Prov. Verona und Distr. XI, S. Pietro Incariano; siehe Prun.

Cerano, Lombardie, Prov. Como und Distr. V, S. Felice, ein in der Ebene liegendes *Gemeindedorf* mit einer Pfarre S. Tomaso. 2 Migl. von S. Felice. Die Bestandtheile dieser Gemeinde sind: Bressera, Ermogna, Slavazza. Meiereien —Giustino, Veglio, Dörfer — Ai Mulino, Mühle.

Cera nuova, Lombardie, Prov. Pavia und Distr. III, Belgiojoso ; eine *Gemeinde-Ortschaft* mit Vorstand u. Pfarre SS. Vito e Modesto. Liegt nahe dem Flusse Ticino in einer Entfernung von 1½ St. von Pavia. Hieher gehören: Cassina S. Roco, Manganesca, Schiaffinata, Meiereien.

Ceratello, Lombardie, Prov. Bergamo und Distr. XVI, Lovere; siehe Volpino superiore.

Cerati, Contrà Forme, Venedig, Prov. Vicenza und Distr. VI, Asiago; siehe Rotzo (Contrà Forme Cerati).

Cercena, Tirol, Trient. Kr., ein *Weiler* zur Gemeinde Campitello gehörig, im Ldgchte. Fassa.

Cercenato, Tirol, Pusterth. Kr., eine *Gemeinde* der Ldgchts. Hschft. Heimfels, s. Cartitsch.

Cerenè, Venedig, Prov. Belluno und Distr. II, Longarone; siehe Castello Lavazzo.

Cerchetta, Lombardie, Prov. Mantova und Distr. VI. Castel Goffredo ; s. Ceresara.

Cerchiarello, Cassina, Lombardie, Prov. Milano und Distr. III, Bollate ; s. Cerchiate.

Cerchiate, Lombardie, Prov. Milano und Distr. III, Bollate, eine *Gemeinde* mit Vorstand und Dorf, welches von Rho und Figino, womit es (S. Materno) gepfarrt ist, begrenzt wird. ¼ St. von Rho. Hiezu gehören : Mulino dell' Olona, Mühle — Cassina Cerchiarello, Meierei.

Cerchiera, Lombardie, Prov. Bergamo und Distr. V, Ponte S. Pietro; s. Ambivere.

Cerchiera, Lombardie, Prov. Como und Distr. XII, Oggiono; s. Civate.

Cerchiera, Cassina, Lombardie, Prov. Lodi e Crema und Distr. IX, Crema; s. Bottajano.

Cerchiera, Lombardie, Prov. Bergamo und Distr. VII, Caprino; siehe Pontita.

Cercina, Lombardie, Prov. Como u. Distr. XXIV, Brivio; s. Calco.

Cercino, Lombardie, Prov. Sondrio (della Valtellina) und Distr. V, Traona, eine an Traona Cino, den Fluss Adda u. an das Gebirg grenzende *Gemeinde-Ortschaft* mit Vorstand, Pfarre S. Michele, 3 Oratorien und 4 Mühlen. 20 Migl. von Sondrio. Mit: Fiesso, Piazzogno, Sivo, Gemeindetheile.

Cercivento superiore, mit **Cercivento inferiore**, Venedig, Prov. Friaul und Distr. XVI , Paluzza, ein nächst Paluzza liegendes , und von dessen Bergen begrenztes, in Ober und Unter getheiltes *Gemeindedorf*, in dessen Mitte die Pfarre S. Martino sich befindet, mit einer Gemeinde-Deputation und 7 Mühlen am Strome Gledegna. 10 Migl. von Tolmezzo. Mit: Chiampdelin, Questa, Vidal, einzelne Häuser.

Cerea, Lombardie, Prov. Lodi e Crema und Distr. VI, Codogno; siehe Guardamiglio (Cereda).

Cerea, Lombardie, Prov. Verona und Distr. IV, Sanguinetto, ein von den Flüssen Tartano und Menago begrenztes *Gemeindedorf*, mit Vorstand und Pfarre SS. Maria e S. Zenone, 2 Aushilfskirchen und 12 Oratorien, zwischen Sanguinetto und Legnano hat mehrere Villeggiaturen und 4 Mühlen. 1½ Migl. von Legnago (Distr. V). Dazu gehören: Asologna, Aspàre, Piattou, Polesella, Ramedello, Dörfer.

Cerealto, Venedig, Prov. Vicenza und Distr. X, Valdagno; s. Valdagno.

Cereda, Venedig, Prov. Vicenza und Distr. X, Valdagno; s. Cornedo.

Cereda, Lombardie, Prov. Como und Distr. XXV, Missaglia, ein *Gemeindedorf* und Filial der Pfarre S. Giorgio zu Rovagnate (Distr. XXIV, di Brivio) mit einer Gemeinde-Deputation, auf einer Anhöhe unweit Rovagnate. 4 Migl. von Missaglia. Hieher gehören: Basarengo, Bisogno, Parpignano, Pianello, Ratta, Ronco, Scarpada, *Meiereien* — Costa, Costa, Calbusera, Dörfer.

Cereda, Lombardie, Prov. Como und Distr. XVI, Gavirate; siehe Laveno.

Cereda, Lombardie, Prov. Como und Distr. II, Como; s. Monte Olimpino.

Cereda, Lombardie, Prov. Como und Distr. XI, Lecco ; siehe S. Giovani alla Castagna.

Cereda, Cerea, Lombardie, Prov. Lodi e Crema und Distr. VI, Codogno; s. Guardamiglio.

Cereda, S. Giacomo della, Lombardie, Prov. Pavia und Distr. III, Belgiojoso; sieie S. Margierita.

Ceredano, Calaletto, Lombardie, Prov. Lodi e Crema und Distr. VIII, Crema; s. Casaletto Ceredano.

Ceredello, Venedig, Prov. Verona und Distr. XII, Caprino; s. Caprino oder auci Rivoli.

Ceredo, Venedig, Prov. Verona und Distr. XI, S. Pietro Incariano; sieie Breonio.

Ceredo, Abbadia di, Lombardie, Prov. Lodi e Crema und Distr. VII, Pandino; s. Abbadia Ceredo.

Ceregala, Lombardie, Prov. Lodi e Crema und Distr. V, Casalpusterlengo; s. Livraga.

Ceregallo, Lombardie, Prov. Bergamo und Distr. VII, Caprino; s. Monte Marenzo.

Ceregallo, Lombardie, Prov. Milano und Distr. VII, Verano; s. Capriano.

Ceregallo, Lombardie, Prov. Lodi e Crema und Distr. I, Lodi; sieie S. Zenone.

Ceregallo, Lombardie, Prov. Come und Distr. XXV, Missaglia; sieie Sirtori.

Ceregallo, Lombardie, Prov. Bergamo und Distr. VII, Caprino; s. Villa d'Adda.

Ceregnano, Ritratto di, Venedig, Prov. Polesine und Distr. I, Rovigo; sieie Ceregnano (Ritratto di Ceregnano.

Ceregnano, Venedig, Prov. Polesine und Distr. I, Rovigo, ein zwiseien Canal und Cartirago, näcist dem Flusse Adigetto liegendes *Gemeindedorf*, mit Vorstand und Pfarre S. Martino. 2 St. von Rovigo. Mit: Canale, *Dorf* — Cartirago, *Landhaus.* — Ritratto di Ceregnano, Selva sotto Ceregnano, Villa Tella, *Gemeindetheile.*

Ceregnano, Selva sotto, Venedig, Prov. Polesine und Distr. I, Rovigo; sieie Ceregnano (Selva sotto Ceregnano).

Cereciew und **Cretawiec,** Galizien, Bochn. Kreis, ein *Gut* und *Dorf* unweit der Stadt Uscie Solne, mit einer Pfarre, liegt am Raia Flusse, 3 St. von Bocinia.

Cerello, Lombardie, Prov. Como und Distr. XII, Oggiono; s. Sirone.

Cerenkany, Ungarn, Gömör. Komit.; s. Cserencseny.

Cerequitz, Tobia, Böimen, Tab. Kreis, ein *Markt* der Hrschft. Czerekwe; s. Czerekwe (Ober).

Ceresa, Lomiardie, Prov. und Distr. I, Milano; sieie Corpi Santi di Porta Ticinese.

Ceresa, Lomiardie, Prov. Pavia und Distr. VIII, Aibiategrasso; sieie Magenta.

Ceresa, Lomiardie, Prov. Lodi e Crema und Distr. VII, Pandino; sieie Rivolta.

Ceresara, Lomiardie, Prov. Mantova und Distr. VI. Castel Goffredo, eine aus untei genannten Theilen iesteiende *Ortsgemeinde*, mit 3 Pfarren SS. Trinità, S. Martino Vescovo und S. Elisabetta, 3 Kapellen, einer Gemeinde-Deputation und Gemeinde-Müile, am Mincio und dem Geiirge Cavriana. 2 St. von Castel Goffredo. Hiezu geiören: Agnella, Aiia, Asalli, Barbona, Baselgana, Baselganella, Belletta, Bertazzuola, Biiiana, Binasa, Bissona, Bosco Brusca, Cà Bianca, Cà di mezzo, Cà vecciia, Cà vecciia, Caminazzo, Canova, Cantese, Casella, Casella, Casino Fasalli, Casino Fornace, Casino Comiini, Cavagnera, Cerchetta, Cigala, Colombarola, Colombaroue, Compagnia, Corte nuova, Crevellina, Fico, Fosso, Gandina, Gorzaga, Guà, Loghino, Luogo Bondioli, Luogo Cavalli, Luogo Torreppiani, Meriga, Morella, Nicolina, Ortoglia, Paganotta, Paradiso, Paselle, Piopozza, Podanese, Selva, Selvina, Spagnuole, Speranzina, Sperita, Spessa, Stampine, Tezzole, Tomasetta, Visaldina vecciia, Zucchille, *Meiereien—* Colomiara, Colomhara, Posenta, S. Jozzoco, Tezze, Villa di Cortine *Landhäuser* — S. Martino Gusnago, insgemein Sanmartino genannt, Villa Capella *Dörfer.*

Ceresaro, Lomiardie, Prov. Como und Distr. XXV, Missaglia; sieie Montevechio.

Cerese, Lombardie, Prov. uad Distr. I, Mantova; s. Quattro Ville.

Cerese, Tirol, Trienter Kr., ein *Dorf* im Tiale u. eiemaligen Gericit Rabbi, Filial der Kuratie S. Bernardo, Pfarre und Ldgchts. Malé.

Ceresera, Venedig, Prov. und Distr. I, Belluno; s. Limana.

Ceresetto, Venedig, Prov. Friaul und Distr. I, Udine; siehe Martignacco.

Ceresola, Lombardie, Prov. Pavia und Distr. VIII, Abbiategrasso; sieie Aibiategrasso.

Ceresola, Lombardie, Provinz Bergamo und Distr. XIII, Verdello; sieie Zauica.

Ceresola, Lombardie, Prov. Cremona und Distr. V, Robecco, siehe Bertana Bocida.

Ceresolo, Lombardie Prov. Como u. Distr. XVI, Gavirate; siehe Cerro.

Cereta, Lombardie, Prov. Mantova u. Distr. IV, Volta; siehe Volta.

Cerete, Castel, Lombardie, Prov. Bergamo und Distr. X, Treviglio; s. Treviglio.

Cereto Alto, Lombardie, Prov. Bergamo und Distr. XIV, Clusone; ein *Gemeindedorf* am Saume des Berges Arqua, mit einer Pfarre SS. Giacomo e Filippo, 2 Oratorien, einer Gemeinde-Deputation, einer Säge, Papier-Fabrik und 2 Scimelzöfen, 1 St. von Clusone.

Cereto, Alto Basso, Lombardie, Prov. Bergamo und Distr. XIV, Clusone; siehe Cereto.

Cereto Basso, Lombardie. Provinz Bergamo und Distr. XIV, Clusone, ein *Gemeindedorf* mit Vorstand und Pfarre S. Vincenzo, nächst Cereto Alto, 1 St. von Clusone.

Cerfoglio, Lombardie, Prov. Como und Distrikt IX, Bellano; siehe Colico.

Cergna, Illirien, Istrien, ein *Berg* südöstlich von Cafanar, 167 W. Klft 10ci.

Cergnai, Venedig, Prov. Belluno und Distr. VII, Feltre; siehe Giustina.

Cergneu di sopra, Venedig, Prov. Friaul und Distr. XIV, Faedis; siehe Nimis.

Cergneu di sotto, Venedig, Prov. Friaul und Distr. XIV, Faedis; siehe Nimis.

Cergowa, Galizien, Sanok. Kr., ein zur Hrsch. Lutatowa geiöriges *Dorf*, am Flusse Wislok, ¼ St. von Dukla.

Cerhowice, Böimen; s. Czerhowitz.

Ceri, Lombardie, Prov. Como und Distr. I, Como; siehe Geronico al Piano.

Ceriaga, Lombardie, Prov. Mantova und Distr. XIV, Gonzaga; siehe Gonzaga (Moglia).

Ceriali, Lombardie, Prov. Bergamo und Distr. XVII, Edolo; siehe Edolo.

Ceriali Bosco, Lombardie, Provinz Cremona und Distr. VII, Casal Maggiore; siehe Gussola.

Ceriano, insgemein Zerian — Lombardie, Prov. Milano u. Distr. V, Barlassina, ein *Gemeindedorf* mit einer eigenen Pfarre S. Vittore, einem Oratorio und Gemeinde-Vorstand, unweit Cesano, Maderno und Bovisio, ¼ St. von Sa-

ronno und 3 St. von Milano. Hierher geiört: S. Damiano, *Meierei*.

Ceridol, Tirol, ein *Berg* iei S. Martino.

Cerina di mezzo, di sopra, di sotto, Lombardie, Provinz Pavia und Distr. V, Rosate; siehe Caronate.

Cerino Castel, Venedig, Provinz Verona und Distr. VIII, S. Bonifacio; siehe Soave (Castel Cerino).

Ceriolà, Costa, Lombardie, Prov. Cremona und Distr. II, Soncino; siehe Soncino.

Cerioli, Lombardie, Prov. Cremona und Distr. IV, Pizzighetone; siehe Annico.

Cerkva, Cervena — Ungarn, ein *Dorf* im Walaci. Illir. Grenz-Rgmts. Bzk.; siehe Rothkirchen.

Cerkva, Biela-, Ungarn, ein *Markt* im Oedenburger Komt.; siehe Fejér-Egyháza.

Cerkva, Biela-, Ungarn, ein *Markt* im Walaci. Illir. Grenz-Rgmts. Bzk.; siehe Weiskirchen.

Cerkvari, Ungarn, ein *Dorf* im Veröczer Komt.; siehe Czerkváry.

Cerkwa, Bjla, Ungarn, ein *Dorf* im Marmarsser Komitat; s. Fejérfalva.

Cerkowna, Gallizien, Stryer Kr., ein *Dorf* zur Kameral-Hrsch. Bolechow geiör., im Geiirge, gegen Westen am Bacie Witwica, mit einem Hofe, 5½ St. von Stryi, 8 Migl. von Strzelice.

Cerljenci, Ungarn, ein *Dorf* im Poseganer Komt.; s. Czerlyenczy.

Cerlongo, Lombardie, Prov. Mantova und Distrikt IV, Volta; siehe Goito.

Cermeledo, Lombardie, Prov. Sondrio (Valtellina) und Distr. V, Traona; siehe Campovico.

Cermenate, Lombardie, Prov. Como und Distr. I, Como, ein *Gemeindedorf* mit einer Pfarre S. Vito e Modesto und Gemeinde-Deputation. Liegt in einer Eiene, 8 St. von Como. Dieser Gemeinde sind einverleibt: Cassina Fregiera, Cassina S. Groce, Montesordo, S. Maria in Campo, *Meiereien.* Cassina Lavezara, *Landhäuser.*

Cermendone, Alpe, Lombardie, Prov. Sondrio (Valtellina) und Distr. IV, Morbegno; siehe Buglio.

Cermesan, Casal, Venedig, Prov. und Distr. I, Treviso; siehe Casale (Casal Cermesan).

Cermoshnjak, Ungarn, ein *Dorf* im Veröczer Komt.; siehe Czermossnyak.

Cermuila, Venedig, ein *Berg* an der Grenze von Kärnten und Venedig.

Cerna, Lombardie, Prov. Bergamo und Distr. XVII, Breno; sieie Darfo.

Cerna, Slavonien, ein *Dorf* im Broder Grenz-Rgmts. Bzk.; sieie Czerna.

Cernae, Ungarn, ein *Dorf* und *Fluss* im Veröczer Komt.; sieie Czernacz.

Cernadsa, Siebenbürgen, Nied. Weissenburger Komt.; sieie Szetsel.

Cernagetta, Lombardie, Prov. und Distr. I, Milano; sieie Corpi S. di Porta Romana.

Cernali, Lombardie, Prov. Bergamo und Distr. VII, Caprino; sieie Torre de' Busi.

Cernapench, Venedig, Prov. Friaul und Distrikt XV, Moggio; sieie Resia.

Cernassa, Lombardie, Prov. Como und Distrikt XXV, Missaglia; sieie Lomaniga.

Cernazal, Colle Ronco, Venedig, Prov. Priaul und Distr. XII, Cividale; sieie Ipplis (Colle, genannt Ronco Cernazai).

Cerneglons, Venedig, Prov. Friaul und Distr. XII, Cividale; sieie Remanzacco.

Cernetigh, Venedig, Provinz Friaul und Distr. XIII, S. Pietro; s. Stragno.

Cerneto, Tirol, ein *Berg* am rechten Ufer des Flusses Adigo bei Brun.

Cernical, Illirien, Istrien, Mitterb. Kr., ein *Dorf* im Bezirke Capodistria, zur Pfarre Louche geiörig, in der Diöcese Triest-Capodistria, 2½ St. von Matteria.

Cernical, Illirien, Krain, Adelsb. Kreis, ein zum Wb. Bezirks - Kom. Kastelnovo und Ldgcht. St. Servolo geiöriges *Dorf*, von drei Seiten an dem venetianischen Geb., ier wäcist das sogenannte Cernicaler Wein, und an dem angr. venetian. Dorfe Gabroviza der Vin di Ré, 3⅓ St. von Triest.

Cernipotti, Rivonero e, Venedig, Prov. Friaul und Distr. XV, Moggio; sieie Resia (Rivonero e Cernipotti).

Cerniza, Czerniza, Zherniza — Illirien, Friaul, Görz. Kr., ein zur Ldgchts. Hrsch. Heil. Kreuz geiör. *Dorf* mit einer Pfarre zwischen Görz und Wippacı, Postamt mit:
Battuglia, Berfa, Dobravla, Dornberg, St. Aegidii, Gojashe, Gahraniza, Juani Grad, St. Croze auch Heiligen-Kreuz, Kamnja, Komen, Lokavitz, Lippa, Maloushe, St. Michael, Ohek, Ohegliano, Ottelza, Pedrija, Rauna, Raiffemberg, Salouska, Skrilla, Scila, Schönpass, Shabla, Skerbrina, St. Thomas, Ternova, Vertovino, Vituglia, Voushji Grad, Zernizsa.

Cernizza, Venedig, Provinz Friaul und Distr. XIII, S. Pietro; s. Leonardo (Corizza).

Cernja, Ungarn, ein *Dorf* im Toront. Komitat; sieie Czernya.

Cernkovee, Ungarn, ein *Dorf* im Veröczer Komt.; sieie Czerkovcze.

Cerno, Dalmatien, Zara Kr. und Distr., ein *Dorf* auf dem festen Laude, unter die Prätur und Podesta Zara geiörig, 3 Migl. von Zara.

Cerno, Lombardie, Prov. Bergamo u. Distr. XVII, Breno; sieie Capo di Ponte.

Cernobio, ursprünglich Cernobbio — Lombardie, Prov. Como und Distr. II, Como; sieie Cernoiio.

Cernobbio, Lombardie, Prov. Como und Distr. II, Como, ein *Gemeindedorf*, tieils in der Eiene, tieils auf einer Aniöie zerstreut, mit Vorstand und Pfarre S. Vicenco, 2 Papier-, 2 Kattun-, einer Tuci-Fabrike und einer Kattun-Druckerei, 2 Migl. von Como. Hierier geiören:
Morelli super., Morello infer., ai Mulini, *Mühlen.* — Niscolano, Ponte Gregio, S, Andrea, *Meiereien.* — Pizzo, Villa de' Oste, Villa Nuova, *Landhäuser.*

Cernogovee, Slavonien, ein *Dorf* im Gradiskaner Grenz-Rgmts. Bzk; sieie Czernogovcze.

Cernopole, Ungarn, Gömör. Komt.; sieie Fekete-Patak.

Cernotich, Illirien, Krain, Adelsb. Kr., ein zum Wb. Bzk. Kom. Castelnovo und Ldgcht. St. Servolo geiör., dem Bisthum zu Triest unterthäniges *Dorf*, gegen Süd. nächst dem Dorfe Cernical, und dem venez. Geb., 3⅓ St. v. Triest.

Cernotich, Illirien, Istrien, Mitterburger Kr., ein *Dorf* im Bezirke Capodistria, zur Expositur Claniz gehör., in der Diöcese Capodistria, 2 St. von Matteria.

Cernusco Asinario, Lombardie, Prov. Milano und Distr. IX, Gorgonzola; ein *Gemeindedorf* mit Vorstand und eigener Pfarre S. Maria Assunta, einer Aushilfskirche, Oratorio und 5 Kapellen, von Carugate, Bassero, Cassina de' Pecchi und Camporicco begrenzt, 4 Migl. v. Gorgonzola. Hieher geiören:
Casa Castoldi, Casa Greppi, Casa Olario, Casa Uioldi, *Landhäuser* — Batolica, Besozzi, Cassina Meleghera, Cassina de' Santi, Cassinetta, Castellana, Colcellata, Gaggiolo, Galanta, Guerina, Imperiali, Iintonali, Inerea, Muliuo nuovo, Ollaria, Olmo, Paro-

lina, Ronco, S. Maurizio, Sigognola, Torriana, Torrianetta, Torrana, Visconti, Viscontina, *Meiereien* — Mulinetto, Mulino di Santi, *Mühlen.*

Cernusco Lombardino, Lombardie, Provinz Como und Distr. XXV, Missaglia, ein in der Ebene liegendes *Gemeindedorf* mit einer eigenen Pfarre S. Giovanni Battista und Gemeinde-Deputation, 4 Migl. von Missaglia. Hieber gehören:
Andegalle, Ca Franca, Casate, Cassina nuova, Cassina Villa, Cavigiollo, Fontanella, Gazzafame, Molinara, Martora, Mosara, Mosaretto, Pavarina, Ronco, *Meiereien* — Castello, *Schloss.*

Cero, Venedig, Prov. und Distr. I, Verona, ein von den Bergen S. Viola und Rovere di Solo begrenzt. *Gemeindedorf*, mit Vorstand u. Pfarre S. Osvaldo, 3¾ M. von Verona. Mit:
Pre Magri, *Dorf.*

Cerobiolo, Lombardie, Prov. Mantova und Distr. XVII, Asolo; siehe Casalmoro.

Cerolini, Venedig, Prov. Friaul und Distr. VII, Pordenone; siehe Fontana fredda.

Ceron, Ober- und **Unter-**, Zeron — Illirien, Friaul, Görz. Kr., 2 nebeneinander liegende *Dörfchen*, der Hersch. Quisca geh., 1¼ St. von Görz.

Ceroni, Venedig, *Berg* am Giovan Fl. bei Pasquaro.

Ceroni, Lombardie, Prov. Pavia und Distr. III, Belgiojoso; siehe Belgiojoso.

Ceroni, Lombardie, Prov. Pavia und Distr. IV, Corte Olona; siehe Spessa.

Ceroni, Lombardie, Prov. Pavia und Distr. IV, Corte Olona; s. Corte Olona.

Ceronin, Mähren, Hrad. Kr., ein aus einem zerstückten Meierhofe neu angelegtes, zur Hrsch. Weitrad geh. *Dorf*, nächst Babitz an dem Machflusse, 8 M. von Wischau, 1¼ St. von Hradisch.

Cerosola, Lombardie, Prov. Milano und Distr. VII, Verano; siehe Besana.

Ceroule, Illirien, Inn. Krain, Adelsb. Kr., ein zum Wb. B. Kom. und Hrsch. Tibein geh. *Dorf*, 1½ St. von Heil. Kreuz.

Cerovac, Ungarn, ein *Dorf* im Poseganer Komt.; siehe Czerovacz.

Cerove, Ungarn, Pressburg. Komt.; s. Senguics, Kis-Senguics.

Cerowa, Ungarn, ein *Dorf* im Neutraer Komt.; siehe Czerova.

Cerowe, Ungarn, ein *Dorf* im Pressburger Komt.; siehe Senkvics.

Cerre, Illirien, Istrien, Mitterburger Kr., ein *Dorf* im Istrian. Distr., Bezirk Albona, Hauptort der Untergemeinde gleichen Namens mit 50 Häus. und 350 Einw., zur Pfarre St. Martino, mit einer Expositur, in der Diöcese Parenzo Pola, 7½ St. von Pisino.

Cerrara, Venedig, Prov. und Distr. I, Treviso; siehe Quinto.

Cerri, Lombardie, Prov. Cremona und Distr. IV, Pizzighettone; s. Spinadosco.

Cerro, Lombardie, Provinz Pavia und Distr. VIII, Abbiategrasso; siehe Abbiategrasso.

Cerro, Lombardie, Prov. Bergamo und Distr. V, Ponte di S. Pietro; siehe Bottanucco.

Cerro, Lombardie, Provinz Como und Distr. XVI, Gavirate; siehe Cocquio.

Cerro, Lombardie, Provinz Pavia und Distr. II, Bereguardo; siehe Torino.

Cerro, Lombardie, Provinz Como und Distr. XVI, Gavirate, ein nordöstl. gegen Gavirate am Ufer des Flusses Verbano liegendes, mit Vorstand und Pfarre S. B. Verg. del Pianto versehenes *Gemeindedorf*, 8 Migl. von Gavirate. Hieber gehören:
Cassina Plana, Cassina sul Monte, Ceresolo, Roma, *Meiereien* — Gatterolo, *einzelnes Haus.*

Cerro, Lombardie, Prov. Milano und Distr. XII, Melegnano, eine *Dorfgemeinde*, mit einer Pfarre S. Giacomo e Filippo am Lambro Fl. unweit Riozzo und Ceregallo, 1 St. von Melegnano, und 3¼ St. von Milano. Hieber gehören:
Belvedere, Cassine, Cassinetta, Castello, Colombarolo, Foppone, Lunetta, Mirandola, Volpere, *Meiereien* — Gazzera, *Dorf.*

Cerro, Lombardie, Provinz Como und Distr. XVI, Gavirate; siehe Trevisago.

Cerro con Cantalupo, Lombardie, Prov. Milano und Distrikt IV, Saronno, ein *Gemeindedorf* mit Vorstand u. Pfarr-Kuratie SS. Cornelio e Cipriano, 2 Aushilfskirchen, 1 Oratorio und Kapelle, in der Nähe von Uboldo und Rescaldina, 2 St. von Saronno. Mit:
Canazza, *Meierei.*

Cerrovizza, Illirien, Istrien, Mitterburger Kr., ein *Dorf* im Istrianer Distr., Bezirk Albona, Hauptort der Untergemeinde gleichen Namens, mit 85 Häus. u. 310 Einw., zur Pfarre S. Lucia geh., in der Diöces Parenzo Pola, 11 St. von Pisino.

Cerrovglio, Venedig, *Dorf* im Bzk. und zur Hauptgemeinde Pisino geh., mit 21 Häus. und 125 Einwohnern.

Cersano, Illirien, Istrien, Mitterburger Kr., ein *Gut* im Wb. B. Kom. Wachsenstein; siehe Cersano.

Certen, Venedig, *Berg* bei Calli Serai.

Dertles, Böhmen, Budw. Kr., ein *Dorf* und *Gut* der Herscı. Rosenberg; siehe Zartlesdorf.

Certo, Tirol, Trient. Kr., ein z. Landgerichtsherschaft Caldonazzo geh. *Dorf* mit einer Kuratie, im Thale gleichen Namens, 5¼ St. von Persen oder Pergine.

Certosa, Lombardie, Prov. Milano u. Distr. IV, Saronno; sieıe Arluno.

Certosa Cassina, Lomıardie, Provinz Milano und Distr. III, Bollate; s. Gareguana.

Certosa, Lombardie, Prov. u. Distr. I, Mantovo; sieıe Curtatone.

Certosa, Lomıardie, Prov. und Distr. I, Mantova; sieıe S. Giorgio.

Certosa, Venedig, Prov. und Distr. I, Padova; sieıe Vigo d' Arzere.

Certosa, Mulino della, Lombardie, Prov. Milano u. Distr. III, Bollate; sieıe Gareguano.

Certosa, Tre Mulini della, Lombardie, Prov. und Distr. II, Milano; ‑ sieıe Trezzano.

Certosa, Lombardie, Prov. Pavia, von Kaiser Josepf II, aufgeıoıenes Karthäuserkloster, liegt 2 St. nördlicı von Pavia. Die Kirche desselben ist ein wahres Kunstmagazin des 15. Jahrhunderts. Die Facade besteht aus weissem Marmor und erhebt sich über die bleierne Bedachung, endet nach oben ihre Fronte in einer Horizontallinie, nach den Seiten aber in etwas niedrigern Eckthürmen mit runden Kuppeln. Das Innere entsprict dem Aeussern; 2 Säulenreiıen tragen das weite Gewölıe. Minder scıwerfällig, als es die gothische Bauart mit sicı bringt, senden sie von marmornen Pilastern iıre scılanken Stäıe empor. Verscıwendung zeigt sicı besonders in den 14 Seitenkapellen, deren Altäre mit den mühsamsten Musivarbeiten aus Steinen aller Art gescımückt sind. Die Wände dieser Kapellen sind mit scıönen Fresco‑Gemälden bedeckt. Die ganze Kircıe ist mit farbigem geschliffenen Marmor gepflastert. Als die selteuste Kunstmerkwürdigkeit zeigt man ein Basrelief aus Wallrosszähnen. Nächst dem Chor steht das Mausoleum des Erbauers, jenes Johann Galeazzo Visconti, dem die Baukunst meırere Riesendenkmahle verdankt.

Ceruglei, Illirien, Istrien, ein *Bach*, wird zum Betriebe der Mahl und Sägemühlen, und zur Bewässerung ıenützt.

Ceruti, Mulino di Casa, Lomıardie, Prov. Milano und Distr. XV, Busto Arsizio; siehe Castellauza.

Certowyker, Ungarn, Gömör. Komt; siehe Bokor, Ördök‑Bokor.

Cervara, Tirol, Trient. Kr., ein *Dorf*, zur Stadt Trient, im Trienter Kreise geh.

Cervarese S. Maria, Lombardie, Prov. Pavia und Distr. VI, Teolo; sieıe Veggian.

Cervarese S. Croce, Lombardie, Prov. Padova und Distr. VI, Teolo, ein von dem Eugan. Gebirge und dem Flusse Bacchiglione begrenztes *Gemeindedorf*, mit Vorstand und Pfarre S. Croce, einem Scılosse, einer Vilia S. Martino und einigen Müılen, 9 Migl. von Padova. Dazu geıören, und sind von 8 zu 9 Migl. davon entfernt:

Granza Forzadura, Granza Pimbiola, Pimbiola, *Gässen*. — Monte Merio, *Dorf*. — S. Martino, *Landhaus*.

Cervari, Illirien, Istrien, Mitterburger Kr., ein *Weiler*, im Bzk., Dignano, zur Pfarre Caufanaro geıörig, in der Diöcese Parenzo Pola, 3¼ Stunde von Rovigno.

Cervaro Campo, Venedig, Prov. Treviso und Distr. IV, Conegliano; sieıe Codognè.

Cerveno, Cerkva — Ungarn, ein *Dorf*, im Wal. Illir. Grenz‑Reg. Bzk.; sieıe Rothkirchen.

Cervena, Illirien, Istrien, ein *Hafen*, ist nördlicı vom Hafen Parenzo, in einer Entfernung von ⅓ Meilen entlegen.

Cervel, Venedig, Prov. Friaul u. Distr. VII, Pordenone; sieıe Cordenons.

Cervelle, Lombardie, Provinz Mantova und Distr. XIV, Gonzaga; sieıe Gonzaga (Pegognaga).

Cerveilera, Lombardie, Provinz und Distr. I, Cremona; sieıe Malaguino.

Cerveno, Lomıardie, Prov. Bergamo und Distr. XVII, Breno; ein an der recıten Seite des Flusses Oglio und am Fusse eines Kalkgebirgs‑Abıanges liegendes *Gemeindedorf*, mit Vorstand, Pfarre S. Martino u. einer Eisen‑Scımiede, 1 St. von Breno.

Cervia, Lomıardie, Prov. Pavia und Distr. VIII, Abbiategrasso; sieıe Abbiategrasso.

Cervi, Casino di, Lombardie, Prov. Milano und Distr. VI, Monza; sieıe Biassono.

Cervi, Cà de', Lombardie, Prov und Distr. I, Cremona; s. Ca de' Cervi.

Cerviano, Lombardie, Prov. Como und Distr. VIII, Gravedona; sieıe Gravedona.

Cerviere, Lombardie, Prov. Mantova und Distr. XVII. Asola; s. Asola.

Cervignano, Lombardie, Prov. Lodi e Crema und Distr. II, di Zelo Buon, Persico, *Gemeindedorf*, mit Vorstand, Pfarre S. Alessandro|Mart., Kapelle,

50

Müle, Öhl-Presse und Reisstampfe, vom Flusse Adda 3 Migl. entlegen, 4 Migl. von Paullo. Dazu gehören: Cassina nuova, Cassina Ritirata, *Gemeindetheile.*

Cervignano, Illirien, Friaul, Gradisk. Kr., ein in die Gerichtsbarkeit der k. k. Polizei - Direktion zu Aquileja gehöriges *Dorf* mit einer Pfarre und einer Mahlmühle, an dem Aussa Flusse ½ St. von Terzo im Littorale, 4 Stunden von Gradiska.

Cervo, Lombardie, Prov. Mantova u. Distr. V, Castiglione delle Stiviere.

Cervo, Lombardie, Prov. Mantova u. Distr. V, Castiglione delle Stiviere; s. Cavriana.

Cervo, Lombardie, Prov. Lodi e Crema und Distr. VII, Paudino; s. Roncadello.

Cerweni, Camen, Mähren, Prerauer Kr., ein *Berg*, 1 St. südöstl. vom Dorfe Caprziwnitz, 363 W. Klft. loci.

Cerweni, Camen, Mähren, Hradiscier Kr., ein steiler *Berg*, 1 Stunde südöstl. vom Dorfe Czerweni Camen, 485 Wr. Klftr.

Cerweny Camen, Ungarn, Trentschin. Komitat; siehe Vereskeö.

Cesa, Venedig, Prov. und Distr. I, Belluno; *s.* Limana.

Cesalleza, Kroatien, Karlstädt. Kr.; *s.* Czesaricza.

Cesana, Lombardie, Prov. Como und Distr. XII, Oggiouo, ein *Gemeindedorf*, mit Vorstand und Pfarre SS. Fermo e Rustico, östlich dem Berge Corno Nizzole genannt, mit einer Leder-Fabrik, 3 Migl. von Oggiouo. Hiezu gehören: Alpetto, Bagnera, Brughetto, *Häuser.*

Cesana, Venedig, Prov. Belluno und Distr. VIII, Mel, ein *Gemeindedorf*, von dem Berge Garda und dem Flusse Piave begrenzt, am Strome Rimenta, nächst der Gemeinde Mel, mit Vorstand, Pfarre S. Maria Assunta und einer Aushilfskirche. 5 Migl. von Mel. Dazu gehören: Bosca di Col de Rù, Boscà di Lentiai, Col de Rù, Canai, Ronchera, S. Gervasio, Stable, Villa piana, *Dörfer* — Forno, Lentiai, Molinello, Varei, Alla Vena, Vellaghe, *einzelne Häuser.*

Cesan, Boromeo, Lombardie, Prov. Milano und Distr. V, Barlassina; siehe Cesano Maderno.

Cesano, Boscome, Lombardie, Prov. u. Distr. II, Milano, eine *Gemeinde* u. *Dorf* mit einer Gemeinde-Deputation u. eigenen Pfarre S. Giovanni Batista und

Aushilfskirche, von den Gemeinden Cossico und Baggio begrenzt. 1¼ Stunde von Milano. Damit sind einverleibt: Casa Toulie, *Landhaus* — Cassina Bocca, Cassina Carlina, Cassina Colombara, Cassina del Ponte, Cassina Filata, Cassina Fornace, Cassina Inganappi, Cassina Molinetto, Cassina Nuova, Cassina Tassera, *Meiereien.*

Cesano Maderno, insgemein **Cesan Boroméo**, Lombardie, Prov. Milano und Distr. V, Barlassina, eine *Gemeinde* und *Dorf* mit einer eigenen Pfarre S. Stefano, einer Aushilfskirche, 3 Oratorien, 3 Kapellen und einer Gemeinde-Deputation, dann einer schönen Villa, nahe bei Barlassina. 1½ Stunde von Desio, 2¼ Stunde von Monza. Hieher gehören: Boromeo Aresi, *Mühle* — Cassina Mandressi, Cassina Moriggiole, Cassina Mornata, Cassina Nuova, Cassina Paesani, *Meiereien.*

Cesarea, Cà, Lombardie, Prov. Lodi e Crema und Distr. I, Lodi; siehe Ca de' Zecchi.

Cesari, Lombardie, Prov. Mantova u. Distr. IV, Volta; siehe Monzambano.

Cesari, Illirien, Istrien, Mitterburger Kr., ein *Weiler*, im Bezirke Capodistria zur Pfarre Lazaretto in der Diöcese Triest Capodistria gehörig, 1 St. von Capodistria.

Cesaria, Lombardie, Prov. Mantova und Distr. XVII, Asola; s. Asola.

Cesarils, Venedig, Prov. Friaul und Distr. XXI, Tricesimo: s. Lusevera.

Cesarino, Lombardie, Prov. Como u. Distr. XI, Lecco; s. Lierna.

Cesarolo, Venedig, Prov. Venezia und Distr. VIII, Porto Gruaro; s. Lugugnana.

Cesate, Lombardie, Prov. Milano und Distr. III, Bollate, ein *Gemeindedorf*, mit einer eigenen Pfarre S. Alessandro und Aushilfskirche, von Solarò und Garbagnate begrenzt. 1 St. von Rhò.

Cesate, Lombardie, Prov. und Distr. II, Como; siehe Brecchia.

Ceclans, Venedig, Prov. Friaul und Distr. XIX, Tolmezzo, ein am Rücken des Berges Pallar, zwischen diesem und dem Berge S. Smione liegendes, mittelst letzterem von Vezone und Bondano begrenztes *Gemeindedorf*, mit Vorstand und Pfarre S. Steffano di Cavazzo, welcher auch die Gemeinden Bondano, Interneppo und Allesso (Distr. XX. Gemona) einverleibt sind, dann einem Oratorio. Liegt über dem Gebirge 6 Migl, und auf der Fahrstrasse 11 Migl. von Ospidaletto, dann von Resciutta 10

Migl. entfernt. 5 Migl. von Tolmezzo. Mit: Mena, Somplago, *Landhäuser.*

Cesena, Venedig, Prov. Friaul und Distr. VII. Pordenone, s. Azzano.

Ceserano, Campo, Venedig, Prov. Padova und Distr. II, Mirano; s. Mirano (Campo Ceserano).

Ceserina, Lombardie, Prov. Lodi e Crema u. Distr. I, Lodi; siehe Chioso di Porta Regale.

Ceserina, Lombardie, Prov. u. Distr. I, Milano; siehe Corpi S. di Porta Romana.

Cesio maggiore, Venedig, Belluno und Distr. VIII, Feltre, ein von dem Flusse Piave und dem Berge Palma begrenztes *Gemeindedorf*, mit einer Gemeinde-Deputation, Pfarre S. Maria Maggiore, 5 Filial- und 8 Aushilfskirchen, 1 Kapelle und 2 Oratorien, 3 St. von Feltre. Dazu gehören: Anzaven, Buscie, Caliol, Can, Cesio minore, Colsaltes, Culogne, Dorguan, Marsiai, Montebello, Pez, Tullir, S. Gabriel, Toschian, Tussoi, *Dörfer.*

Cesio minore, Venedig, Prov. Belluno und Distr. VII, Feltre; siehe Cesio maggiore.

Ceslascio, Lombardie, Prov. und Distr. II, Como; s. Brecchia.

Cesose, Lombardie, Prov. Mantova u. Distr. VIII, Marcaria; s. Marcaria.

Cesovo, Lombardie, Prov. Brescia u. Distr. VII, Bovegno; s. Brozzo.

Cespedosio, Lombardie, Prov. Bergamo und Distr. VIII, Piazza; siehe Camerata.

Cessalto, Venedig, Prov. Treviso und Distr. III, Motta, ein *Gemeindedorf* mit Vorstand, Pfarre S. Croce und 3 Oratorien, zwischen am Fl. Torre di Mosto und Piavon bei Magnadole, 1¼ St. von Motta. Dazu gehören: Bidoggia di sopra e di sotto, Donegal, Gonella di sopra, Palù, *Hütten.* - Campagna, S. Anastasio, *Dorf.*

Cessi, Cà de', Lombardie, Prov. Mantova und Distr. XI, Sabbionetta; siehe Sabbionetta.

Cestaglia, Lombardie, Prov. Como u. Distr. X, Introbbio; siehe Perledo.

Cestice, Ungarn, ein *Dorf* im Abaujvárer Komt.; siehe Szeszta.

Cesto, Dalmatien, Zara-Kreis; siehe Capo-Cesto.

Cesura, Lombardie, Prov. Como und Distr. XI, Lecco; siehe Germagnedo.

Cesura, Lombardie, Prov. Como und Distr. XI Lecco; siehe Vassena.

Cetisches Gebirge, (Wienerwald-Gebirge) — bildete, mit dem heutigen Kahlengebirge beginnend, die östliche Grenzwand des alten Noricums. Man hiess diesen ausgedehnten Gebirgszug das cetische Gebirge, von dem celtischen Worte Cet, welches Wald bedeutet. Der Zug der Grenzscheide war wahrscheinlich folgender: vom Leopoldsberge bei Wien, dessen Fuss die Donau bespült, zog sich die Linie ganz nach der Reihenfolge des Gebirgsstammes über seine grössten Köpfe, den Hermannskogel, Sauberg, Klosterberg, Moschingerberg nach dem Rosskopf, wendete sich zu dem Tulbingerkogel, von welchem ein kleiner Zweig nach Westen abzieht, nach dem Hunberge, wo die Grenze zwischen den niederösterr. Vierteln oder und unter dem Wienerwalde hinüberläuft. Diese Grenze findet den Höhenzug wieder, sobald er als Riederberg, südlich von der Strasse nach Linz (welche über den Abhang desselben zieht) die Kuppe bildet. Nun geht er über den Saubiegel, den Trott-, Heinrichs- und Eilandsberg nach dem oberen Saubiegel, fällt gegen das Habagen und den Kellergraben ab, wo unfern dem zahnenden Hansel die Strasse von Pressbaum nach Neulengbach darüber geht; steigt, immer der Richtung nach Süden folgend, über den Kaiserspitz nach der Hochstrasse im Wienerwalde, wo abermals die Grenze des Viertels dem Höhenzug bis über den Schöpfberg folgt. Nun fällt die Höhe wieder über die Klammerhöhe gegen die Strasse, welche von Kaumberg nach Hainfeld führt, geht sich südlich derselben auf den Sulzerkogel und Eckberg, findet bei dem Veiglerberge wieder die Viertelsgrenze, die nun bis an Steiermark dem Höhenzuge treu bleibt. Vom Veiglerberge steigen die Höhen nach dem Harraseck, Staffkogel und Kieneck, auf welchem ein Kreuz sich befindet. Ein Fussweg führt von hier nach dem Kirchwalde und Unterberg auf das Gschaid. Hier löst sich ein grosser Bergzweig ab, der durch das Thier, über den Brandhof und Haberkogel auf den Rohrerberg, von diesem über d. Streimling nach dem Schranernbauer geht und endlich mit dem Kaiserstein und dem Schneeberge sich verbindet. — Vom Gschaid bleibt die schon seit dem Kieneck befolgte Richtung südwestlich nach dem Jochart und der Linden in der Grill, dann geht sie nördlich bis an den Hegerberg, von wo sie südlich über das Hohenbergergschaid nach dem Hochkogel führt, sodann über den

50 *

Wurzriegel, in der Prein oder Preneck nach dem Sattel, und weiter über den Lamberg, Steinleiten, Steineralpe, nach dem Rauhensteinfelsen und Annaskogel, an die Grenze von Steiermark. Längs dieser Grenze läuft der Höhenzug fort, als: Nassberg, Raxalpe durch die Prein über den Trasikogel und die Kampalpe nach dem Semmering, von wo sie weiter immer die Richtung südöstlich haltend über den Sattel nach dem Wechsel zieht. Der Schneeberg in Niederösterreich hat keine unmittelbare Verbindung mit dem Semmering. Sollte dennoch die alte Grenze Noricums und Oberpannoniens von Gschaid nach den Schneeberg eingegangen sein, so hätte sie sich wohl längs der Schwarzau bis Gloggnitz gezogen und sich von da über Schottwien nach dem Semmering gewendet, oder wäre zwischen der Raxalpe und dem Schneeberge über die Schwarzau nach der Prein emporgestiegen, um dann dem Höhenzuge weiter zu folgen. — Noch ehe diese Grenze den Wechsel erreicht, wendet sie sich auf dem Sattelberge nach dem Pfaffen, geht über die Spital- und Preduleralpen, fällt gegen Katirein ab, und hebt sich dann wieder auf dem Teufelsstein, folgt den Fischbacheralpen, den Pöllerkogel, der Sommeralpe, der Teichalpe, dem Nachkogel nach dem Schöckel, der den nördlichen Rand des Grätzerfeldes bildet. Hier senkt sich das Gebirge gegen die Mur etwas ab, während es im Osten und Süden nach und nach in wellenförmiger Abstufung ganz in die Ebenen Ungarns verschwimmt. Der Zug des Gebirges geht daher über die Mur, steigt gegen Kärntens Grenzen etwas aufwärts, übersetzt mit dem Ausläufern des Radels die Drau, folgt in seiner Verbindung mit dem Waldbacher, der gegen die Save abfällt und nun dem linken Ufer bis an die Drau und den Trojanerberg, einen Zweig der Neuthaleralpen. Die meisten Alterthumsforscher lassen die fragliche Grenze der Save noch weiter folgen, in der Gegend des heutigen Krainburg über sie gehen, sich auf das Suchagebirg ziehen, wo am Fusse desselben die dreifache Mark Noricums, Pannoniens und Italiens (Carnias des cisalpinischen Galliens) zusammenstiess. Der beiden letzteren Grenze zog nun über den Puresenberg, Oslizberg und Birnbaumerwald bis gegen den Berg Javornig, dem alten grossen Illyricum angehörig. — Diess ist der Höhenzug des Gebirges, welches die römischen Schriftsteller das cetische hiessen, und

von dem das kleine Kahlengebirge nächst Wien eingeschlossen ward.

Cetna, Siebenbürgen; siehe Tzetna.

Cetno, Steiermark, Cillier Kreis, ein *Dörfchen* im Wb. B. Kom. der Herschaft Reifenstein; siehe St. Primus.

Ceto, Lombardie, Prov. Bergamo und Distrikt XVII, Breno, ein unweit dem Oglio-Flusse liegendes *Gemeindedorf* mit einer Gemeinde-Deputation, einer Pfarre S. Andrea, 2 Oratorien, einer Kapelle, Säge und Eisenhammer, 1 St. von Breno. Mit:
Nadro, *Dorf.*

Cetowo, Ungarn, Honth. Komt.; siehe Cseri.

Cetsi, Lombardie, Provinz Milano und Distr. XIII, Gallarate; siehe Arnete.

Cettina, Dalmatien, *Fluss* entspringt auf dem Popilach stürzt in seinem Laufe von etwa 16 Migl. von einer Höhe nach der andern, und in einer wilden Felsengegend 150 Fuss herab als der Wasserfall Welika Gubaviza, bildet bald darauf einen kleineren Wasserfall, durchbricht den engen Pass von Miritz, breitet sich dann in einem Thale aus und fällt endlich bei Almissa in das Adriatische Meer. Dem Landstriche, durch den er strömt, gibt er den Namen: Terra di Cettina.

Cettina, Dalmatien, Spalato-Kr.; siehe Vrilo-Cettina.

Cettini, Illirien, Istrien, Mitterburger Kr., ein *Dorf* im Bezirke Dignano zu Pfarre Tilipano geh., in der Diöcese Parenzo Pola, 3 St. von Dignano.

Cettoricolo, Venedig, *Berg* am Fl. Liona bei Sossan.

Cetula, Galizien, Przemysl. Kr., ein *Dorf* zur Fürst Czartoryskischen Hrsch. Jaroslaw geh., 4 St. von Jaroslaw.

Ceuzenlau, Oest. unt. d. E., V. U. M. B., ein vormals bestandenes *Dorf*, welches an der Donau unfern Schmida in diesem Viertel gegen Stockerau zu lag, und wahrscheinlich durch Überschwemmungen zu Grunde gegangen sein muss.

Ceveso, Ponte del, Lombardie Prov. und Distr. I, Milano; siehe Corp S. di Porta Orientale.

Ceviano, Lombardie, Prov. Como un Distr. VIII, Gravedona; siehe Mont Mezzo.

Cevo, Lombardie, Prov. Bergamo un Distr. XVIII, Edolo, ein zwischen Saviore und Cedegola liegendes *Gemeinde dorf* mit Vorstand, Pfarre S. Vigilio 5 Oratorien, 1 Tuchwalke, 1 Säge un 2 Schmieden, 2½ St. von Edolo. Hiehe gehören:
Andrista, Fresine, *Gassen.*

Cevo, Lombardie, Prov. Sondrio (Valtellina) und Distr. V, Traona; s. Civo.

Cevo, Lombardie, Prov. Sondrio (Valtellina) und Distr. III, Tirano; s Teglio.

Cevo, Venedig, *Berg* am Flusse Scalo di Lozzo bei Val di Sotto.

Cevraja, Venedig, Prov. Friaul und Distrikt VII, Pordenone; siehe Zoppola (Castious).

Ceye, Mähren; siehe Czeitsch.

Cezilia, St., Oest. u. d. E., V. O. W. W., ein der Hrsch. Wald geh. *Schloss*; siehe St. Cezilia.

Cezzosso, Lombardie, Prov. u. Distr. II, Como; siehe Piazza.

Cha, Alla, Lombardie, Prov. Como u. Distr. XXV, Missaglia; siehe Cassago.

Chaba, Ungarn, ein *Dorf* im Agramer Komitat.

Chabalina, Galizien, Sandec. Kreis, ein zur Hrsch. Roinow geh. *Dorf* am Bache Brzegi, 4 St. von Sandec.

Chabar, Ungarn, ein *Lager* im Agramer Komitat.

Chabar, Kroatien, Agram. Gespansch.; im Gebirgs-Bzk., eine der adel. Familie Paravich geh. *Herrschaft* und Dorf, mit einer eigenen Pfarre und einem Schlosse, liegt an dem Chabranka Flusse, welcher Kroatien von Kärnten scheidet, 12 St. von Fiume.

Chabdin, Kroatien, Agram. Gespanschaft, im Bzk. diess. der Kulpa, eine z. Gemeinde Czvetkovich u. Pfarre Jászka geh. *Ortschaft*, ½ St. von Jászka.

Chaberitz, Böhmen, Czasl. Kr., ein *Dorf* geh. zur Herschaft Katzow und zur Pfarre Zeutsch, 7¼ St. von Czaslau.

Chaberzitz, Böhmen, Czasl. Kr., ein *Dorf* zur Hrsch. Katzow geh., unweit v. Flusse Sazawa, 5¼ St. von Czaslau.

Chabianecz, Ungarn, ein *Berg* im Liptauer Komitat.

Chabiczow, Mähren, Ollmütz. Kreis, ein *Dorf* der Hersch. Strengberg; siehe Gobitschau.

Chabitschau, Chabitzowo — Schlesien, Teschn. Kr., ein *Dorf* zur Pfarre Gross-Poilom und Ortsobrigkeit Poruba geh., mit böhmischen Einwohnern.

Chabitschau, Schlesien, Troppauer Kr., ein *Dorf* zu den Troppauer Staatsgütern und zur Pfarre Gross-Poilom geh., mit einer Mühle gleichen Namens, gegen W. nach Freiheitsau und gegen N. am Oppaß., 1 St. v. Gross-Poilom.

Chabor, Böhmen, Königgr. Kreis, ein *Dörfchen* zum Gute Skalka; s. Chaborz.

Chaborz, Böhmen, Königgrätz. Kreis, eine *Mahlmühle* und *Wirthshaus* z. Gute Skalka ausser dem Dorfe gleichen Namens, 4 St. von Königgrätz, 3 St. von Reichenau.

Chaborz, Chabor — Böhmen, Königgrätzer Kr., ein *Dörfchen* mit einer ausser dem Orte gelegenen Mahlmühle und Wirthshause gleichen Namens zum Gute Skalka geh., nach Augezd Reichenauer Hrsch. eingepfarrt, 3 St. von Reichenau, 4 St. von Königgrätz.

Chabowka, Galizien, Wadowic. Kr., ein zur Hrsch. Rabka geh. *Dorf* an der ungarischen Grenze im steilsten Gebirge zwischen Waldungen, 15 St. von Myslenice.

Chabr, Ober-, Chabry — Böhmen, Kaurž. Kr., ein *Dorf* zum Gute Lieben geh., liegt gegen S., 2½ St. von Prag.

Chabr, Unter-, Böhmen, Kauržim. Kr., ein *Dorf* zum Gute Lieben mit einer Filialkirche, 2½ St. von Prag.

Chabrani, Ungarn, ein *Dorf* im Agramer Komitat.

Chabranka, Csabranka — Ungarn, ein *Fluss* im Agramer Komitat.

Chabrowicz, Habrowicz — Böhmen, Tabor. Kr., ein *Dorf* zur Hrsch. Chaustnik nächst Kratoschitz, ¾ St. v. Koschitz.

Chabry, Böhmen, Kaurž. Kr., ein *Dorf* zum Gute Lieben; siehe Chabr (Ober- u. Unter-).

Chaby, Böhmen, Rakon. Kr., 3 *Höfe* der St. Adalbertskirche zu Prag, 1 St. v. Duschnik.

Chachincze, Ungarn, ein *Dorf* im Veröczer Komt.; siehe Csaesincze.

Chacholicz, Böhmen, Chrud. Kr., ein zur Hrsch. Chrast geh. *Dorf*, 2¼ St. von Chrudim.

Chadima, Böhmen, Beraun. Kr., eine einzelne *Mahlmühle* zur Hrsch. Chlumetz westwärts am Bache Brzina, 5½ St. von Wottitz.

Chadin, Csadin — Ungarn, ein *Dorf* im Agram. Komitat.

Chaglich, Slavonien, ein *Dorf* im Gradiskauer Grenz-Reg. Bzk.; s. Czaglich.

Chaglin, Csaglin — Ungarn, ein *Dorf* im Posegan. Komitat.

Chagyavacz, Kroatien, Warasdiner Generalat, Szeverin. Bzk., eine zum St. Georger Grenz-Regim. Canton Nr. VI geh. *Gebirgs-Ortschaft* von 13 Häusern, mit einer eigenen Kirche, 4½ St. von Bellovár.

Chagyavicza, Ungarn, ein *Dorf* im Veröcz. Komitat; siehe Csagjavica.

Chaire, od. Charje — Kroatien, diess. der Save, Warasdin. Generalat, Kreutz. Grenz-Reg. Canton Nro. V, Vukovier Bzk., eine kleine *Ortschaft* von 11 Häusern und einer Mühle, nächst Kuttinicza und an der Grenze Maszlavicza, 5 St. v. Novszka, 10¼ St. von Bellovár.

Chajkovcze, Csajkovec — Ungarn, ein Dorf im Brooder Grenz-Reg. Bezirk.

Chajta, Ungarn, ein Dorf im Eisenburger Komitat.

Chakanecz, Kroatien, Agram. Gespanschaft, im Bzk. jenseits der Save, eine dem Grafen Erdödy geh. *Gebirgs-Ortschaft* in der Pfarre Kravarszko, 4 St. von Agram.

Chaki, Ungarn, zerstreute *Häuser* im Agramer Komitat.

Chaklovacz, Csaklovac — Ungarn, ein Dorf im Poseganer Komitat.

Chakovecz, Ungarn, ein Dorf im Syrmer Komitat; sieie Csakovcze.

Chakovecz, Ungarn, ein *Markt* im Szalader Komitat; sieie Csáktornya.

Chalaupek, Chalaupky — Böimen, Beraun. Kr., ein zur Herscı. Horzowitz geh. *Dorf*, 1½ St. von Czerhowitz.

Chalaupka, Böimen, Rakon. Kreis, ein zur Hrsch. Bürglitz geh. *Hof* mit einem Forsthause im Tiiergarten, naie am Tržtitz, 2½ St. von Horosedl.

Chalaupky, Böimen, Beraun. Kr., ein *Dorf*, zur Hrsch. Horzowitz, sieie Chalaupek.

Chalaupky, Böimen, Klattauer Kr., ein zur Stadt Klattau geiöriges *Dorf*, ¼ St. von Klattau.

Chalaupky, Böimen, Taborer Kr., ein *Dörfchen*, zur Hrsch. Neureicheuau; s. Chalupky.

Chalinecz, Kroatien, diesseits der Save, Warasdiner Gespanschaft, Ob. Campest. Bezk., ein der Gemeinde und Pfarre Marus sevecz einverleibtes Dorf, mit einem adel. Gerichtshofe, 2¼ St. von Warasdin.

Chalma, Ungarn, ein *Dorf*, im Syrmier Komitat; s. Csalma.

Chalmowá, Ungarn, ein *Dorf*, im Barser Komitat; s. Nyitraszegh.

Chalmova, Ungarn, Bars. Komitat; s. Nittraszegh.

Chalupka, Böhmen, Bunzlauer Kr., ein *Dorf*, geiört zur Hrschft Czegtitz.

Chalupky, Chalaupky, Chalupi-Trsowsty — Böhmen, Taborer Kr., ein *Dörfchen*, zur Hrschft. Neureicheuau. 4 St. von Iglau.

Chalupky, Galizien, Rzesz. Kr., ein der Hrschft. Lancut gehöriges *Dorf*, 1 St. von Przeworsk.

Chalupky, zu **Barszczowiec**, Galizien, Lemb. Kr., eiue *Ortschaft*, zur Pfarre Pikúlawice uud Ortsobkt. Barszczowice gehörig.

Chaluppen, Böhmen, Kaurz. Kr., eiue *Ziegelhütte*, uud Chaluppe der

Hrschft. Böhmisci-Sternbergʻ, von da gegen Osten in einer Ebene, 2¼ St. von Bistrzitz.

Chalupy, Neu-, Böimen, Klattauer Kr., ein *Dörfchen*, geiört zum Gute Wihorzan, 3½ St. von Klattau.

Chalupy, Böimen, Klattauer Kreis, ein *Dörfchen*, der Hersciaft Merkliu; s. Neuiäusl.

Chalupy-Trsowsky, Böimen, Taborer Kreis, ein *Dörfchen*, zur Hrsch. Neureichenau; s. Chalupky.

Chalupy, Illedyickie, Galizien, Przemysl. Kr., einige *Häuser*, uuweit Medika, der Hrschft. Tosnica geiörig, 3 St. v. Przemysl.

Chamagavcze, Ungarn, ein Dorf, im Veröžer Komitat; sieie Csamagaevce.

Chamerovacz, Ungarn, ein Dorf, im Szluiner Grenz-Rgmts. Bezk.

Chamerovacz, Kroatien, jenseits der Save, Karlstädter Generalat, Ladjevacz. Bzk., eine zum Szluin. Grenz-Regmt. Cantou Nr. IV geiörige *Ortschaft* von 17 Häusern, 4 Stunden von Voinich.

Chami, Galizien, Zolkiew. Kr., eine mit dem zur Hrschft. Kreciow gehörigen Dorfe Rada Krechowska verbundene *Ortschaft*, 3 St. von Zolkiew.

Chamutiez, Böimen, Prach. Kr., ein *Gut*, *Schloss* und *Dorf*, mit einem Meierhofe, gegen Westen ober dem Dorfe Petrowitz gelegen, 4¾ Stunde vout Horaždiowitz.

Chánczowicz, Böimen, Pilsner Kr., ein *Gut* und *Dorf*; s. Kräutschowitz.

Chauke, Kroatien, jenseits der Save, Karlstädter Generalat, Ottochau. 8. Grenz-Regimt. Bzk., ein *Dorf* von 35 Häusern, mit einer eigenen Pfarre, zwiscien Ravliane und Kosian, 3 St. von Perrussich.

Chanow, Böhmen, Saaz. Kr., drei zur Hrschft. Cžitolib gehörige *Häuser*, im Walde, 4 St. v. Laun.

Chanowicz, Böimen, Prach. Kr., ein *Gut*, mit einem Bergschlosse, Pfarrdorfe uud einem Meierhofe, liegt auf einem Berge, zwiscien Horaždiowitz u. Kassegowitz, 1½ St. von Horazdiowitz.

Chányo, Chayevo, Kroatien, diesseits der Save, Kreutz. Gespansciaft, Novi Maroff. Bezk., ein mehreren Besitzern geiöriges *Dorf*, mit 4 adel. Höfen auf mehreren Hügeln befindlich, nach Viszoka eingepfarrt, 2 St. von Ostricz, und 3 St. von Kreutz.

Chanyugi, Ungarn, ein *Dorf*, im Warasdiner Komitat.

Chaperowacz, Kroatien, jenseits der Save, Karlstädter Generalat, Kerstinianer Bezk., eine zum Szluin. Grenz-Regim. Canton Nro. IV gehörige *Ortschaft* von 6 Häusern, 1¼ Stund. von Voinich.

Chaplyani, Kroatien, jenseits der Kulpa, Hrasztovacz. Bzk., eine zum 2. Banal Gr. Reg. Canton Nr. XI gehörige *Ortschaft* von 19 Häusern, auf einer Anhöhe näcist Pobergyani, 7 St. von Petrinia.

Chapregincze, Ungarn, ein *Dorf*, im Gradiscaner Grz. Rgmts. Bezirk; s. Csapregince.

Chapovecz, Kroatien, Warasdiner Generalat; s. Schapovecz.

Charbusitz, Böimen, Königgrätzer Kreis, ein zur Hrsch. Przim geh. *Dörfchen*, 1¼ St. von Königgrätz.

Charczowitz, Böimen, Beraun. Kr., ein *Dorf* zur Hrsch. Konopischt, 2¼ St. von Bistritz.

Chardak, Popinszky, Ungarn ein *Pass* im Likauer Grz. Rgmts. Bezirk; s. Popinszki-Ciárda.

Chardak, Ungarn, ein *Kordonsposten*, im Likaner Grz. Rgmts. Bezirk.

Chargovecz, Ungarn, ein *Flecken* im Warasdiner Komitat.

Charje, Kroatien, Warasdiner Generalat, s. Cialte.

Charleville, sonst **Nagy-Oroszin** genannt, Ungarn, jenseits der Tieiss, Torontal. Gespansch., Nagy-Szent-Mikloser Bezirk, ein *Dorf*, eigentl. franz. schwäiisce Kolonie, unter die Grundierrsciaft des Grafen von Ferraris geiörig, mit einer eigenen Pfarre, unweit von Nákófalva, 1 St. von Komlós. und eben so weit von Kikinda.

Charlottenburg, walaci. Bariza, Ungarn, jenseits der Tieiss, Temess. Gespansch., im Lippa Bezirk, ein der Familie Jos. Poffay geh. deutsci. *Dorf*, mit einer eigenen Kirce und Pfarre. Hier befindet sici der Stuhlrichter des Lippa. Bezirks; liegt im Beregsz. Thale, gegen Osten naie dei Altriugen, 2¼ St. von Gutenirunn.

Charlottendorf, Mäiren, Ollmütz. Kr., ein *Dorf*, zur Herschaft Trübau geiörig, mit deutscien Einwoiuern.

Charlottenfeld, auch **Karlow** genannt, Mähren, Brünner Kreis, ein neu errichtetes *Dorf*, zur Pfarre Spitinau u. Herschaft Stanitz, gegen Norden nach dem Dorfe Nasedlowitz, mit 34 Häusern und 186 Einwohnern und einem herrschaftl. Meierhofe. 1¼ St, vonUhrzitz,

Chasma, Ungarn, ein *Dorf* im Kreutz. Grz. Rgmts. Bezirk.

Charmenzi, Galizien, Wadow. Kr., ein der Herschaft Bestwina geiöriges Dorf an der Weicisel, im flacien Lande, 4 St. von Kenty.

Chartanowcze, Gallizien, Czortk. Kr., ein *Dorf* zur Pfarre und Ortsobrigkeit Himkowce geiörig.

Charwaczke, Mäiren, Ollmütz. Kr., eine *Mühle* zur Herschaft Brzesowitz; s. Charwater Mühle.

Charwat, Mäiren, Brünner Kreis, ein *Dorf*, zum Gute Wostitz; siehe Weisstätten.

Charwat, Mähren, Ollmützer Kreis, ein *Dorf* mit einer Pfarre, wovon ein Tieil zur Herschaft Tobitschau, der andere zum Ollmützer Domkapitel geiört, am Marchflusse, 1¼ St. von Ollmütz, mit böimiscien Einwoinern.

Charwatecz, Böimen, Bunzlauer Kreis, ein *Dorf* mit einer Meierei und Sciäferei, d. Hsci. Dobrawitz, 2¼ St. von Jungbunzlau.

Charwater Mühle, mäiriscı **Charwaczkeg**, Mäiren, Ollm. Kreis, eine *Mühle* zur Hschft. Brzesowitz. ¼ St. von dem Markte Tiscitin, 3¼ St. von Wisciau.

Charwatetz, Böimen, Rakon. Kr., ein *Pfarrdorf*, an der Poststrasse von Budi nach Scilan, zur Hrschft. Zlonitz geiörig, grenzt gegen Norden an Martinowes, 1 St. von Budin.

Charwatitz, Korwatz — Böimen, Leitm. Kr., ein *Dorf* zur Hrschft Liebsiausen, mit einem Meierhofe im Gebirge naci Lieisiausen eingepfarrt, 1¼ St. von Laun.

Charwatz, Böimen, Leitmeritzer Kr., ein *Dorf*, geiört zur Hrschft. Liebiausen, 1⅓ St. von Laun.

Charzewice, eigentlici **Rozwadow**, Galizien, Rzesz. Kr., eine *Herschaft* und *Markt*, 15 St. von Rzeszow.

Charzewice, Galizien, Rzesz. Kr., ein der Hrsci. Rozwadow geh. *Dorf*, am linken Ufer des Saau Fl., 17 St. von Rzeszow.

Charona, Sct. Carona, insgemein ieilig. Brunn genannt — Oest. u. d. E., V. U. W. W., ein aus zerstr. Waldhütten besteiendes *Dorf*, mit einer eigenen Pfarre, der Hrsch. Kleinmariazell geiörig, liegt zwiscien Waldüngen, 2 St. von Altenmarkt.

Charzewice und **Melsztyn**, Galizien, Bochn. Kr., ein *Dorf*, d. Hrsch. Zakluczyn geh., mit einer Pfarre, liegt an dem Dunajec Fl., gegen O. näcist Zlota, 3 St. von Woynicz.

Chassma, Kroatien, diess. der Save, Warasdin. Generalat, Chassm. Bzk., ein zum Kreutz. Grenz-Regimts. Kanton Nro. V geh. *Markt*, mit 72 Häus. und 430 Einw., einer Pfarre und Abtei, dann dem Bezirksorte dieses Namens, am Crasma Fl., 3 St. von Bellovár.

Chászárvár, Császárvár, Szeszar Grad — Kroatien, diesseits der Save, Warasd. Gespansch., Ob. Zagorianer Bezk., ein altes verfallenes *Schloss*, wovon zur Stunde noch ein eigener Bzk. den Namen führt, der Gemeinde Brezje und Pfarre Klanyecz eingepfarrt, der gräfl. Familie Erdödy, eigentlich zur Hrsch. Novi Dvori gehörig, 6 St. von Agram.

Chaszczow, Galizien, Samb. Kr., ein zur Kaal. Hrsch. Lomna gehöriges *Dorf*, von 132 Häus., mit einer eigenen Pfarre, am Bache Charzczowka, 11 St. von Sambor.

Chaszczowanie, Galizien, Stryer Kr., ein zur Hrsch. Skole geh. und dahin eingepfarrtes *Dorf*, 9¼ Meile von Stry, 8 Meil. von Strzelice.

Chatár, Dolnye-, Ungarn, Karlst. Komt., ein *Dorf*; siehe Csatár Alsó-.

Chatár, Gornyi-, Ungarn, ein *Dorf* im Karlstädter Komt.; siehe Csatár Felsö-.

Chaternia, Kroatien, jens. der Save, Karstädt. Generalat, Budacák. Bzk., eine z. Szluin. Grenz-Regimts. Kanton Nro. IV geh. *Ortschaft*, von 17 Häus., 2 St. von Voinich.

Chatki, Galizien, Tarnower Kr., ein *Dorf*, zur Pfarre Zlotniki und Ortsobk. Sokolow gehörig.

Chatki bei **Brzezan**, Galizien, Brzezaner Kr., eine *Vorstadt*, z. Pfarre und Ortsobk. Brzezan gehörig.

Chaulasek, Mähren, Iglau. Kr., eine *Mühle*, zur Hrsch. Trebitsch, am Iglafl. nach Strzebenitz gegen S. gelegen, 6¼ St. von Gross-Meseritsch.

Chaus an der Biellach, eigentl. Bielachleiten — Oestr. unt. d. E., V. O. W. W., einige zur Hrsch. Weissenburg und Pfarre Erankenfels gehörige *Häuser*, unweit Weissenburg u. Frankenfels, 6¼ St. von Dürrnitz.

Chausnik, Böhmen, Tabor. Kr., eine *Herrschaft* und *Dorf*; siehe Chaustnik.

Chaustnik, Chausnik, Chusnik, Chusnicze — Böhmen, Taborer Kr., eine *Herrschaft* und *Dorf*, mit einem Schlosse und einer Pfarre, nächst Sobieslau, 1¼ St. von Koschitz.

Chauzawa, Böhmen, Beraun. Kr., ein *Jäger- und Hegerhaus*, z. Hrsch. Dob-

rzisch im Walde, seitwärts der Prager Strasse, 4¼ St. von Beraun.

Chauzow, Böhmen, Klatt. Kr., ein der Hrsch. Hradisch., geh. *Dorf*, 3¼ St. von Grünberg.

Chavichi, Kroatien, jens. der Kulpa, 2. Banal Grenz-Regimts. Kanton Nro. XI, Rujevacz. Bzk., eine zum Dorfe Leszkovacz geh., 1 St. davon im Gebirge liegende *Ortschaft* von 3 Häus., 9¼ St. von Kostainicza.

Chavie, Kroatien, diesseits der Save, Warasdiner Generalat, Vukovier Bzk., eine z. Kreutz. Grenz-Regimts. Kanton Nro. V gehör. *Ortschaft*, von 11 Häus. nächst Sustinyicza, 5 St. von Novszka.

Chavli, Ungarn, zerstreute *Häuser* im Agramer Komitat.

Chavlovicza, Kroatien, jenseits der Kulpa, ein zum 1. Banal Grenz-Regiments Kanton Nro. X gehöriges *Dorf*, von 18 Häus., am Bache gleichen Namens, nächst Brezovopoli, 4¼ St. von Glina.

Chayre, Kroatien, diesseits der Save, Kreutz. Gespansch., im Bzk. Mont. Claud. ein der gräfl. Familie Erdödy geh., nach Miklouske eingepfarrt. *Dorf*, auf einem Hügel zwischen Wäldern und Weingärten, 7 St. v. Dugo Szello.

Cheblnitz, Böhmen, Klatt. Kr., ein der Hrsch. Lukaritz geh. *Dorf*, 1¼ St. von Přestitz.

Cheb, Chebbe — Böhmen, Ellbogner Kr., eine z. *Stadt*; siehe Eger.

Chechavacz, Slavonien, Poseganer Komt; siehe Csecsvacz.

Checchine, Lombardie, Prov. und Distr. I, Mantova; siehe Roncoferraro.

Chechi, Kroatien, Agram. Gespansch. und Bezk., eine Pfarre Heil. Klara in Zaprudje gehörige *Ortschaft*, 1 St. von Agram.

Chechly, Galizien, Tarnov. Kr., ein zur Hrsch. und Pfarre Ropezyce gehör. *Dorf*, mit einer Windmühle, 2 St. von Sendziszow.

Chechowa, Galizien, Zaleszc. Kr., ein zur Hrsch. Gwozdziec gehör. und dahin eingepf., mit der Ortschaft Ostapovce vereinigtes *Dorf*, 5 St. von Kolomea.

Checzkow, Böhmen, Taborer Kr., eine *Schäferei*, der Hrsch. Bechin geh., 1¼ St. von Moldautein.

Chederb, Böhmen, Czasl. Kr., ein z. Hrsch. Sedletz und Krchleb gehöriges *Wirthshaus*, nebst einer Mühle, nach Trzehouin eingepf., 1⅟₇ St. von Czaslau.

Chederber Häuser, Böhmen, Czaslauer Kr., einzelne *Häuser*, zur

Hrsch. Sedletz und Pfarre Trzebonin, 1½ St. von Czaslau.

Chegll, Kroatien, Agram. Gespansch., im Bzk. diess. d. Kulpa, eine zur Gemeinde Dragunich und Pfarre Shipak geh. *Ortschaft*, mit einem Edelhofe, ¼ St. von Jászka.

Cheglio, Lombardie, Prov. Como und Distr. IV, Menaggio; siehe Menaggio.

Cheglio, Lombardie, Prov. Como und Distr. XV, Augera; siehe Taino.

Cheglawa, oder Podhagem — Böhmen, Klatt. Kr., eine einzelne *Mahlmühle*, der Hrsch. Planitz, unter dem Walde Hag, am Hradezowerbache, bei dem Dorfe Augezd, 2½ St. von Klattau.

Chegnitz, Böhmen, Rakonitzer Kr., ein Dorf; der Hrsch. Zbuzan; siehe Cheynitz.

Chegsst, Böhmen, Bidsch. Kr., ein Dorf, der Hrsch. Cilumetz; s. Cheist.

Chegstowitz, Böhmem, Czasl. Kr., ein Dörfchen, der Hrsch. Krziwsaudow, 8 St. von Stöken.

Chehovecz, Ungarn, Szalad. Komt., ein Dorf; siehe Cselletovce.

Chein, Böhmen, Rakou. Kr., ein zum Gute Horommierzitz geh. Dorf, 3 St. hinter Prag, ½ St. von Duschnik.

Cheist, Chegsst, Cheysstie — Böhmen, Bidsch. Kr., ein Dorf, auf der Pardubitzer Strasse, der Hrsch. Chlumetz, nach Wapno eingepfarrt, 1 St. von Chlumetz.

Cheldi, Lombardie, Prov. Bergamo u. Distr. XVIII, Edolo; siehe Edolo.

Chelletoveze, Cselletovce — Ungarn, ein Dorf im Broder Grenz-Regiments Bezirk.

Chelezicz, Böhmen, Prachiner Kr., ein *Pfarrdorf*, zur Hrsch. Liebiegitz geh., ¼ St. von Wodnian, 4 St. v. Pisek.

Chelm, Galizien, Bochn. Kr., ein zu dem der Hrsch. Nipolomice geh. Gute Targowisko gehöriges Dorf mit einer Pfarre, liegt am rechten Ufer des Flusses Raba, 2½ St. von Bocnia.

Chelm, Galizien, Wadowic. Kr., ein zur Hrsch. Myslenice gehöriges, mit Stroza vereinigtes Dorf, im Gebirge an der Landstrasse nach Ungarn, an beiden Ufern des Raba Flusses, 1½ St. von Myslenice.

Chelm, Schlesien, ein grosser *Berg* zwischen der Weicisel und Oelsa, im Herzogthume Teschen.

Chelm, Istrien, *Berg*, Felsenspitze, südlich von Lubnicze auf Cherso, 254 W. Klft. hoch.

Chelmiec, Galizien, Sand. Kr., ein *Dorf* zur Pfarre Neu-Sandec, mit einer Ortsobrikeit.

Chem, Ungarn, ein Dorf im Karlstädter Komt.; siehe Csem.

Chemehovecz, Kroatien, diesseits der Save, Warasd. Gespansch. Ob. Zagorian. Bzk., ein Dorf der Gemeinde Proszinecz und Pfarre St. Anna in Roszgo zugetheilt, 4 St. von Agram.

Chemernicza, Kroatien, diesseits der Save, Warasdin. Gespansch. Kl. Ivanici. Bzk., eine zum Kreutz. Grenz-Rgmt. Canton Nr. V, gehörige *Ortschaft* von 15 Häusern, liegt nächst Predavecz an dem Flusse Lonya, 2 St. von Dugo Szello.

Chemernicza, Gross-, Csemernicza — Ungarn, ein *Bach* im 1. Banal Grenz-Rgmts. Bzk.

Chemernicza, Klein-, Csemernicza — Ungarn, ein *Bach* im 1. Banal Grenz-Rgmts. Bzk. liegend.

Chemernicza, Ungarn, ein Dorf im 1. Banal Grenz-Rgmts. Bzk.

Chemernicza, Ungarn, ein *Prädium* im Veröczer. Komt.; siehe Csemernice.

Chemernicza, Plissevicza — Ungarn, *Gegend* im Liccaner Grenz-Rgmts. Bzk.

Chemernicza, Kroatien, jenseits der Kulpa, Chemernitz. Bzk., ein zum 1 Banal Grenz-Rgmt. Canton Nr. X gehöriges Dorf von 75 Häusern mit einer grichischen Pfarre und einem Bzk. dieses Namens, an der Strasse nach Karlstadt, 2 St. von Glina.

Chemnitz, Böhmen, Leitm. Kr., eine *Herrschaft* und *Stadt*; siehe Kamnitz, Böhmisch-.

Chencha, Ungarn, ein *Dorf* im Karlstädter Komitat; siehe Csencs.

Cheudelbach, Oest. unt. d. E., V. U. W. W., ein altes *Dorf* bei Wüsen, Leizersdorf oder Wilfersdorf gelegen, existirt seit Jahrhunderten nicht mehr, man kann auch nicht erforschen, durch welche Ereignisse und wann es zu Grunde ging.

Chenat, Lombardie, Provinz Bellnno und Distr. V, Agordo; siehe Gencenigbe.

Chenepo, Lombardie, Prov. Sondrio (Valtellina) und Distr. V, Traona; s. Civo.

Chenkovo, Ungarn, ein Dorf im Veröczen. Komt.; siehe Csenkovo.

Chepellovecz, Kroatien, diesseits der Save, Warasdin. Generalat., St. Georg. Bzk., ein zum St. Georg. Grenz-Rgmt. Canton Nr. VI gehöriges Dorf von 52 Häus. und einer Mühle mit einer eigenen Kirche nächst Podrovecz, 2 St. von Bellovár.

Chepin, Ungarn, ein *Dorf* im Verőcz. Komitat; sie¹e Csepin.

Cherállye, Ungarn, ein *Dorf* im Verőczer Komit.; sie¹e Csepin.

Cherbune, Kherbun — Illirien, Krain oder Istrien, Mitterb. Kr., ein zum Wb. Bzk. Kom. und Hrsch. Mahrenfels geh. *Dorf* mit einer Pfarre, 12¼ St. von Fiume.

Chercus, ein *Dorf* im Bezirke Pinguente, zur Pfarre Rozzo ge¹örig, in der Diöcese Triest Capodistria, 7 St. v. Pisino.

Cherdak, Kroatien, Warasdiner Gespausch., ein *Weingebirgsbezirk*.

Cherdak, Kroatien, diesseits der Save, Warasdiner Gespansch., O¹. Capest. Bezirk, ein *Weingebirgsbezirk* mit einigen Weingebirgshäusern, welc¹e der Gemeinde Vinicza Breg und Pfarre Vinicza einverlei¹t sind, 2¼ St. von Warasdin.

Cheremnishina, Ungarn, Warasd. St. Georger Grenz-Rgmts. Bzk., ein *Dorf* mit 14 Häus., 9 St. von Bellovár, 2¼ St. von der Komp. Kovachzer.

Cherenchovcze, Ungarn, ein *Dorf* im Szalader Komit.; sie¹e Cserencsocz.

Cherevich, Ungarn, ein *Dorf* im Syrmier Komt.; sie¹e Cserevich.

Cherich, Ungarn, ein *Dorf* im Syrmier Komt.; sie¹e Cserich.

Cherin, Kroatien, diess. der Save, Warasd. Gesp., Ob. Campest. Bezirk, ein *Haus* und *Pfarrkirche* im Dorfe Czvetlio, 3¼ St. v. Zaurich.

Chermenizza, Istrien, ein *Dorf* im Bzk. Al¹oni, Hauptort der Untergemeinde gleic¹en Namens, mit 61 Häus. und 310 Einwo¹nern, zur Pfarre St. Lucia ge¹örig, in der Diöcese Parenzo Pola, 9 St. von Pisino.

Chernadraga, Czernadraga, Cserdräga — Ungarn, ein im 1. Banal Grenz-Rgmt. Bzk. liegendes *Dorf.*

Chernamiaka, Ungarn, ein *Dorf* im Warasdiner Komitat.

Chernchevczy, Kroatien, diesseits der Save, Kreutz. Gespansc¹aft und Bzk., ein adel. zur Orechovcz. Pfarre St. Peter ge¹öriges *Dorf*, zwisc¹en Hügeln, 1¼ St. von Kreutz.

Chernecz, Kroatien, Agram. Gesp., im Sz. Iván. Bzk., eine me¹reren Besitzern ge¹örige, zu St. Martin in Prozorje eingepfarrte *Ortschaft*, 1 St. von Dugoszello.

Chernecz, Kroatien, jenseits der Kulpa, Petrinier. Bzk., eine zum 2. Banal Grenz-Rgmt. Canton Nr. XI ge-hörige *Ortschaft* von 13 Häusern, in der Ebene an der Save, 2¼ St. von Petrinia.

Chernecz, Kroatien, diesseits der Save, Warasdin. Gesp., Unt. Campest. Bzk., ein zur Gemeinde und Pfarre Kiskupecz ge¹öriges *Dorf*, ¼ St. von Warasdin.

Chernecz, Csernec, Ungarn, ein *Dorf* im Agramer Komitat.

Chernecz, Csernec — Ungarn, ein im Warasdiner Komitat liegender *Bach*.

Chernecz, Murzki — Ungarn, ein *Dorf* im Karlstädter Komitat; s. Csernecz Mura.

Chernek, Gross und Klein — **Chernek**, Ungarn, ein *Dorf* im Posegaaner Komitat.

Chernilazy, Kroatien, Agramer Gespanschaft, im Montau. Gebirgs Bezk., ein zur Hrschft. C¹a¹ar ge¹öriges nac¹ Tersztie eingepfarrtes *Dorf*, 11 St. von Fiume.

Chernilo, **Csernilo**, Ungarn, ein im Warasdiner Komitat liegender *Bach*.

Chernilowecz, Kroatien, Agram. Gespansc¹aft, im Bzirke, diesseits der Kulpa, eine zur Gemeinde und Pfarre Jaszka ge¹örige *Ortschaft*, ¼ St. von Jászka.

Cherui Lugh, Kroatien, Agramer Gespanschaft im Ge¹irgs-Bezirk, ein zur Hrschft. Brood ge¹öriges *Dorf*, mit einer eigenen Geric¹ts¹arkeit und Pfarre ist wegen den Eisengruben berü¹mt, 4¼ St. von Fussine.

Chernipotok, **Ccernipotok**, Ungarn, ein im Liccaner Grenz Rgmt. Bezirk liegender *Bach*.

Chernkovecz, Kroatien, Warasdiner Gespansc¹aft, ein *Weingebirg*, mit einigen Weinbauhäusern.

Chernkovecz, Kroatien, diesseits der Save, Agram. Gespanschaft, Trans-Savan Bzk., ein an dem Kosznicza Flusse liegendes *Dorf*, 2 St. von Agram.

Chernkovecz, Kroatien, Agramer Gespansch. im Bezirk, jenseits der Save, ein an dem Save Flusse liegende nach Schitarjev eingepfarrte *Ortschaft*, mit einem Edelhofe, 2 St. von Agram.

Chernkovecz, Kroatien, diesseits der Save, Warasdiner-Gespansch. Ob. Zagorian. Bezirk, ein mit einigen Weinbauhäusern versehenes *Weingebirge*, der Gemeinde Druskovecz und Pfarre Kis-T¹abor einverlei¹t, 8 St. von Cilli.

Chernoglavecz, Duga Reka — Kroatien, diesseits der Save, Kreutz. Gespanschaft, Podravan. Bezirk, ein fürstl. Bathyan. *Dorf*, zur griech. mit unirten Pfarre Pogauecz ge¹örig, zwischen Bergen u. Wäldern, 1 St. von Ludberg.

Cherno Kamanye, Kroatien, Agramer Gespansch. im Bezirk, jens. des Kulpa Flusses, ein verschiedenen Besitzern gehöriges, in der Gerichtsbarkeit und Pfarre Lippa liegendes Dorf, 2 St. von Novigrád.

Chernomerecz, Kroatien, Agram. Gespansch. und Bezirk, eine nach Agram eingepfarrte Gebirgsortschaft, ¾ St. von Agram.

Cherovezy, Cherovezi, Ungarn, ein Dorf. im Agramer Komitat.

Chersano, Cersano, Kherschan — Illirien, Istrien, Mitterburger Kr., ein zum Wb. Bez. Komitat Wachsenstein geh. Gut, Schloss und Dorf von zerstreuten Häusern, mit einer Pfarre nächst dem venetianischen Meerbusen Fianona, 15½ St. von Fiume.

Chersencze Brech, Illirien, Istrien, ein Berggipfel, südwestlich von Pontole, 220 Wr. Klft. hoch.

Chersicla, Khersikla, Illirien, Istrien, Mitterburger Kr., zur Wh. B. Kom. Hrsch. Mitterburg gehöriges kleines Dorf, mit einer Kuratie, woh. auch das Dörfchen Botonega einverleibt ist, 16 St. von Fiume.

Chersine, Illirien, Istrien, ein Berg, südlichster Punkt Istriens, 19 Wr. Klft.

Cherso, Chrepsa — Illirien, Istrien Mitterburger Kreis, im Distr. Quarner, eine Stadt, im Bezirke und auf der Insel gleichen Namens, Hauptgemeinde u. Hauptort der Untergemeinde mit 612 H. 3470 Einwohnern. Ehemals Hauptort einer Grafschaft. Liegt unter 44 Gr. 58 M. 25 Sek. nördlicher Breite, und 32 Gr., 13 M., 0 Sek. östl. Länge von Ferro, 20 Gr. westlich von Paris. Mit Collegial-Capitel, und Deeanat, in der Diöces Veglia, mit einem Bezirks-Commissariate 3. Classe, Sanitäts-Deputation, Central-Sanitäts-Amt, Gefällswachen, Dazamt, Demanialamt, Elementar- u. eine Hauptschule, Minoriten- und Benediktinerkloster. Postamt.

Am 3. August wird ein durch 3 Tage dauernder Jahrmarkt gehalten, im Wh. Bzk. des Inftr. Regmt. Nr. 22.

Im J. 1824 ist über den bestehenden Canal (Cavanella) eine Aufzugbrücke zur Verbindung der Inseln Cherso und Lussin piccolo hergestellt worden.

Zweihundert Klftr. von der Stadt entfernt, an der Westseite des Meerbusens befinden sich 4 Schiffswerften, die 4 verschiedenen Schiffsbaumeistern gehören. Auf diesen Werften können selbst Schiffe von 70 Schuh Kiellänge construirt werden.

Südöstlich von Cherso ist der 170½ Wr. Klftr. über der Meeresfläche erhabene Berg Grozszuljach. Nördlich von hier ist die 286¼ Wr. Klftr. über der Meeresfläche erhabene Bergkuppe Jescenowacz.

Cherso, Istrien, ein Hafen. 500 Fuss breit, 65 tief und 1750 Fuss lang. Die sogenannte Valle di Cherso, welche sich bei der Stadt Cherso befindet, ist von Westen, Süden und Osten mit Gebirgen eingeschlossen.

In dem Hafen von Cherso können Schiffe von was immer für einer Grösse und Ladung einlaufen.

Cherso, Illirien, Istrien, eine der altvenetianischen Inseln im Meerbusen von Quarnera. Der höchste Punkt dieser Insel ist zwischen Cherso und Veglia, Scoglio Plaunik genannt, welcher 101¼ Wr. Klftr. über der Meeresfläche erhaben ist.

Cherson, Steiermark, Cillier Kr., eine Gegend, zur Herschaft Oberburg u. Pfarre Peilenstein gehörig.

Cherstatizze auch **Karstaticze**, Dalmatien, Spalato Kr., Imoschier Distrikt, ein Dorf, mit einer eigenen Pfarre der Hauptgemeinde Imoschi einverleibt, von den Bergen Radovan und Grab begrenzt, 2 Meilen von Slivno, u. 4 Meilen von Zaguosd entfernt. 24 Migl. von Macarsca.

Cherschin, Böhmen, Rakon. Kreis, ein Dorf, zum Gute Uha; s. Chržyn.

Cherubin, Ungarn, Trentschin. Komitat; s. Cserna-Cherubin.

Cherubina, Venedig, Prov. Mantova u. Distr. XIII, Suzzara; s. Suzzara.

Chertobrech, Illirien, Istrien, Mitterburger Kreis, ein Dorf, im Bezirke Pinguente, zur Pfarre Sovignaco gehörig, in der Diöcese Triest-Capodistria 7 Stunden von Pisino.

Chervavizza, Illirien, Istrien, Mitterburger Kreis, eine Dorf im Bezirke Dignano, zur Pfarre Filipano gehörig, in der Diöcese Parenzo Pola, 2 Stund. von Dignano.

Cherz, Tirol, Poster. Kr., ein Weiler zur Gemeinde Buchenstein gehörig, im Landgerichte Buchenstein.

Cherzina, Illirien, Istrien, Mitterburger Kreis, ein Weiler im Bez. Cherso, zur Pfarre Orlez gehörig, in der Diöcese Veglia, 1¼ St. von Cherso.

Cheszlyakovczy, Csesztjakovc-el, Ungarn, ein Dorf im Poseganer Komitat.

Chezno, Ungarn, Ödenburger Komitat, s. Sircs.

Chesztianecz, Ungarn, jens. der Donau, Zalad. Gespansch. Muraköz. Bezirk, ein der Pfarre zu Strido geh.

Dorf, am südl. Ufer des Mur Flusses und der von Muraköz über Rátz-Kanisa nach Steiermark führenden Kommerzialstrasse, eine Filial der Pfarre St. Martin po Morje, 2¼ Stunde von Alsó-Lendva.

Chesznowitz, Böhmen, Beraun. Kr., ein zur Hrsch. Horzowitz gehör. Dorf, hinter dem Städtchen Mauth, gegen Ost. ½ St. von Mauth.

Chetmiec, Galizien, Sandec. Kreis, ein zur Kammeral - Hrschaft Altsandec gehöriges Dorf am Flusse Dunajec, ½ St. von Sandec.

Chette, Lombardie, Prov. Sondrio (Valtellina) und Distr. VII, Chiavenna; s. Villa di Chiavenna.

Chetvertkovacz, Kroatien, jens. der Kulpa, 2. Banal Grenz-Rgmt. Canton Nro. XI Gradusz. Bezirk, der untere Theil des Dorfes Derlyacha, 2⅛ St. von Bednik.

Chevrio, Lombardie, Prov. Como u. Distr. III, Bellaggio; s. Bellaggio.

Chevo, Ungarn, ein Berg, im Warasdiner Komitat.

Chevo, Klein, Ungarn, ein Berg, im Kreutzer Grenz Regmts. Bezirk.

Chevski-jarek, Ungarn, ein Bach, im Warasdiner Komitat, siehe Jarek Chevszki.

Cheyna blazniwa, Böhmen, Prachin.Kr., ein Dorf der Hrsch. Horazdiowitz; s. Heyna.

Cheynitz, Chegnitz, Böhmen, Rakon. Kr., ein zur Hrsch. Zbuzan gehör. Dorf, 1¼ St. von Duschnik.

Cheynow, Böhmen, Beraun. Kr., ein Meierhof in dem Dörfchen Aussussy zum Gute Gross-Kniowitz, 5 St. v. Wottitz.

Cheynow, Böhmen, Rakon. Kr., ein zur Hrsch. Strzedokluk gehöriges Dorf, nahe bei dem Gute Libtschitz, 1⅜ St. von Strzedokluk.

Cheynow, Cheynow, Hinon — Böhmen, Taborer Kreis, eine Herrschaft u. Markt, mit einem Schlosse und Pfarre, an einem Bache, mitten unter vielen Gärten, 1½ St. von Koschitz.

Cheynower Hof, Böhmen, Taborer Kreis, ein Meier- und Hamm-thof der Hrsch. Cheynow, 1½ St. von Tabor.

Cheynower Ober - und Untermühle, Böhmen, Taborer Kreis, 2 Mahlmühlen der Hrsch. Cheynow, 1½ St. von Tabor.

Cheysstie, Böhmen, Bidsch. Kr., ein Dorf der Hrsch. Chlumetz; s. Cheist.

Cheystowitz, Böhmen, Czasl. Kr., ein Dorf, zum Gerzabecker Freisassen-

viertel gehörig, nächst dem Dorfe Wonschow gegen Osten, 2 St. von Horzepnik, 9 St. von Tabor.

Chiaci, Ropa di, Venedig, Prov. Friaul und Distr. III, Spilimbergo; s. Tramonti di sopra.

Chiadin, Venedig, ein Berg am rechten Ufer des Degano Flusses bei Muina.

Chiadin, Venedig, ein Berg bei For-Voltrù.

Chiadramaz, Venedig, Prov. Friaul u. Distr. XV, Moggio; s. Raccolana.

Chiaicis, Venedig, Prov. Friaul u. Distr. XIX, Tolmezzo; s. Verzeguis.

Chialina, Venedig, Prov. Friaul und Distr. XVII, Ripolato; s. Ovaro.

Chialminis, Venedig, Prov. Friaul und Distr. XIV, Faedis; s. Nimis.

Chiamallera, Tirol, Pusterth. Kr., ein zur Hrsch. Ampezzo geh. Dörfchen, 7 St. von Niederdorf.

Chiampdelin, Lombardie, Provinz Friaul und Distr. XVI, Paluzza; siehe Cacivento.

Chiampiut, del Colle di, Venedig, Prov. Friaul u. Distr. XV, Moggio; s. Moggio di sotto (del Colle di Chiampiut).

Chiamps, Tirol, Pusterth. Kr., ein Weiler, zur Gemeinde Wengen gehörig, im Ldgrchte. Enneberg.

Chiampo di, Venedig, ein Berg am Flusse Chiampo bei Chiampo.

Chiampo, Venedig, ein Berg bei S. Pietro.

Chiampo, Venedig, Prov. Vicenza u. Distr. XI, Arzignano, ein nächst dem Strome gleichen Namens und dem Berge Pian Grande liegendes Gemeindedorf mit Vorstand und Pfarre S. Martino, dann 6 Oratorien, 1 St. von Arzignano.

Chiampon, Venedig, ein Berg, am linken Ufer des Fella Flusses bei Ospitaletto.

Chiampru, Valle di, Venedig, Prov. Friaul und Distr. XVIII, Ampezzo; s. Preone (Valle di Chiampru).

Chiani, Le due, Lombardie, Prov. Lodi e Crema und Distr. I, Lodi; siehe Lodi.

Chionis, Tirol, ein kleiner Ort, auf dem Berge Gardumo, der Pfarre d. N. und ehemaligen Herschaft Gresta, Ldgchts. Mori, mit einer Schule.

Chiappana, Lombardie, Prov. Pavia und Distr. VIII, Abbiategrasso; siehe Abbiategrasso.

Chiappana, Lombardie, Prov. Pavia und Distr. VIII, Abbiategrasso; siehe Corbetta.

Chiapovan, Illirien, Friaul, Görz. Kr., ein zur Centr. Gerichtsbarkeit Grafenberg gehöriges *Dorf* mit einer Lokalie nächst dem Kaal. Walde, 4½ St. von Görz.

Chiara, Lombardie, Prov. Mantova u. Distr. XIV, Gonzaga; sieie Gonzaga (Moglia).

Chiaramonte, Tirol, Adel. *Ansitz* - bei Pieve di Primiero, im Tial und Ldgcht. Primör.

Chiaranda, Venedig, Prov. Friaul und Distr. XV, Moggio; sieie Moggio di sotto.

Chiarandin, Venedig, Prov. Friaul und Distr. III, Spilimbergo; sieie Tramouti di sotto.

Chiarandis, **Casali**, Venedig, Prov. Friaul und Distr. II, S. Daniele; s. Fagagna (Casali Chiarandis).

Chiarano, Tirol, ein *Dorf* und *Kurat Benefizium* der Pfarre Arco im Ldgchte. d. N.

Chiarano, d' Oderzo e di Motta — Venedig, Prov. Treviso und Distr. III, Motta, ein *Gemeindedorf*, mit Vorstand und Pfarre S. Bartolomeo und 2 Oratorien, iart am Canal Piavon naie bei Cessalto, 2 Stunden von Motta. Mit: Fossalta maggiore, Magnadola, *Dörfer*

Chiaravalle, Lombardie, Prov. Milano, ein berühmtes, eiemaliges *Kloster* vom ieil. Bernhard im J. 1133 gestiftet, dem die Familie Archinti dazu 14,000 perticie (gegen 1600 Joch) unfruchtbares Terrain scienkte, welcies aber die fleissigen Mönche bald so kultivirten, dass sie im J. 1237 (100 Jaire naci iirer Gründung) so reici wurden, dass sie der Stadt Mailand eine grosse Summe Geldes vorstrecken konnten. Liegt in einer jetzt durci die Reisfelder etwas ungesund gemacten Gegend. Der gothische Glockenthurm der Kircie, den Lalande absurd und gefäirlici nennt, ist reici und kühn erbaut; iölzerne Basrelifs, Meisterwerke iirer Art, das Leben des ieil. Bernhard darstelleud, zieren die eiemaligen Chorstühle, und die soustige Klosterkircie hat schöne Fresken. Das Ganze macit einen grossartigen Eindruck; die Länge der Kircie beträgt 260 Fuss, die Breite 145, und die Kuppel ist 175 F. ioci. Man findet iier uralte Malereien, die noci üier die Zeit Giottos iinaus reicien sollen. In der Näie des Gottesackers iezeicinet ein kleiner Stein das Grai des berühmten Pogano della Torre, Podestà von Mailand (gest. 1241). Auf demselien Gottesacker ward im Jaire 1282 die Ketzeriun Guglielmina begraben, und

1300 wieder ausgegraien, um mit zweien iirer noci lebenden Sciülerinnen verbrannt zu werden.

Chiaravalle, Lombardie, Prov. und Distr. XI, Milano, eine *Gemeinde-Ortschaft*, mit Vorstand und Pfarre S. Maria e S. Pietro, zum Tieile auci naci S. M. V. Assunta in Poasco und zum Tieile naci S. Donato, im Orte gleicien Namens, gepfarrt; von S. Donato, Nosedo, Macconago und Poasco begrenzt, 1 St. von Milano. Hieher geiören: Acessio, Bosco, Carpana, Fornace, Girola, Grande, Nuova, S. Donato, Tricchione, *Schweizereien*. — Baguolo, Grancie, *Dörfer*. — Mulino Nuovo, *Mühlen*.

Chiaravalle, Lombardie, Prov. und Distr. XI, Milano; sieie Nosedo.

Chiarcos, Venedig, Prov. Friaul und Distr. IX, Codroipo; sieie Codroipo.

Chiare, Lombardie, Prov. Como und Distr. XII, Oggiono; sieie Oggiono.

Chiare, **Casadel**, Lombardie, Provinz Como und Distr. XII, Oggiono; sieie Oggiono.

Chiareda Cassina, Lombardie, Prov. Milano und Distr. V, Barlassina; sieie Seregno.

Chiarella, Lombardie, Prov. Mantova und Distr. IX, Borgoforte; sieie Borgoforte (Scorzarolo).

Chiarella, Lombardie, Provinz und Distr. I, Mantova; sieie Curtatino.

Chiaresacco, Illirien, Friaul, Gradisk. Kr., ein zur Central Gerichtsbarkeit Castel Porpetto geh. *Dorf*, naci St. Giorggio eingepfarrt näcist Fiume, 3 St. von Nogaredo.

Chiari, Lombardie, Prov. Brescia und Distr. VIII, ein *Distrikt*, mit folgenden Gemeinden: Castelcovati. — Castrezzato. — Chiari. — Coccaglio. — Cologne. — Palazzolo. — Pontoglio. — Rovato. — Rudiano. — Urago d' Oglio. —

Chiari, in alten Urkunden Clarium — Lombardie, Prov. Brescia und Distr. VIII, Chiari, ein *Flecken* und *Gemeinde*, wovon der VIII. Distr. den Namen hat, mit 1400 Häus. und 8000 Einw., dret Wochen-Märkten, einer eigenen Pfarre SS. Faustino e Giovila, 13 Nebenkircien, 5 Oratorien, k. Distrikts-Commissariat, Prätur, Elementar-Sciulen-Inspectorat und Gemeinde-Deputation, Pferde-Weciel zwiscien Ospedaletto und Antignate, auf der Route von Brescia naci Milano und 2 Posten von Brescia entfernten Brief-Sammlung, durci meire Kanäle bewässert, welcie aus dem *Lago d' Iseo* geleitet sind. Ciiari ist bekannt durch den Sieg der Oesterreicher über die Franzosen am 1. September 1701, wo Prinz Eugen die vereinigte ihm sehr überlegene Französisch-Spanische Armee unter den Marschällen Villeroy und Catinat schlug. Postamt. Dazu gehören: Lumetti, Lungie, Monticelli, Muradello, *Schweizereien*. — Mulino della Bassica, Mulino di Cevetto, Mulino di S. Pietro, Mulino di Villatico delle 4 e 5 Route, *Mühlen*.

Chiari, Lombardie, Prov. und Distr. IX, Belluno; siehe Coreno.

Chiari, Cassina de', Lombardie, Prov. Pavia und Distr. IV, Corte Olona; siehe Monticelli.

Chiarica, Lombardie, Prov. Cremona und Distr. VI, Pieve d' Olmi; siehe Branciera.

Chiarica, Lombardie, Prov. u. Distr. I, Mantova; siehe Roncoferraro.

Chiarica Boraria, Lombardie, Prov. und Distr. I, Mantova; siehe Roncoferraro.

Chiariche, Lombardie, Prov. Mantova und Distr. III, Roverbella; siehe Marmirolo (Pero).

Chiariche, Lombardie, Prov. Cremona und Distr. VI, Pieve d' Olmi; siehe Stracoucolo.

Chiariche Tre, Lombardie, Prov. Mantova und Distr. II, Ostiglia; siehe Sustinente.

Chiarine, Lombardie, Prov. Mantova und Distr. XV, Revere; s. Mulo.

Chiarisacco, Venedig, Prov. Friaul und Distr. XI, Palma; siehe S. Giorgio di Nogaro.

Chiarmaccia, Venedig. Prov. Friaul und Distr. X, Latisana; s. Teor.

Chiaro In, Lombardie, Prov. Como und Distr. IX, Bellano; siehe Colico.

Chiaro, Lombardie, Prov. Como und Distr. X, Introbbio; siehe Taceno.

Chiaro Monte, Lombardie, Provinz Como und Distr. XXII, Tradate; siehe Abbiate Guazzone.

Chiaro Monte, Lombardie, Provinz Brescia und Distr. IV, Monte Chiaro; siehe Montechiaro.

Chiarso, Venedig, ein *Fluss* bei Casazo.

Chiarso, Venedig, ein *Fluss* bei Lovea mezzo.

Chiarvacco e Sala, Venedig, Provinz Friaul und Distr. XXI, Tricesimo; siehe Treppo grande.

Chiasazzo, Venedig, Prov. Friaul und Distr. XVI, Paluzzo; siehe Paularo.

Chiasielis, Venedig, Prov. Friaul und Distr. I, Udine; siehe Mortegliano.

Chiasotis, Venedig, Prov. Friaul und Distr. I, Udine; siehe Mortegliano.

Chiasto, Lombardie, Prov. Como und Distr. II, Como; siehe Camnago.

Chiaulis, Venedig, Prov. Friaul und Distr. XIX, Tolmezzo; siehe Verzegnis.

Chiaulis, Venedig, Prov. Friaul und Distr XVI, Paluzza; siehe Paularo.

Chiavano, Tirol, Rovered. Kr., ein zur Hrsch. Arco geh. *Dorf* westl., 1½ St. von Riva.

Chiave, Tirol, Pusterth. Kr., ein zur Hrsch. Ampezzo geh. kl. *Dörfchen*, 7 St. von Niederndorf.

Chiavegon, Venedig, Prov. Padova und Distr. IX, Este; siehe Lozzo in piano.

Chiavelli d' Azzi, Lombardie, Provinz Milano und Distr. VIII, Vimercate; siehe Villa nuova.

Chiavenna, Clavena, Cleven — Lombardie, Prov. Sondrio (Prov. della Valtellina) und Distr. VII, Chiavenna, ein *Marktflecken* und Hauptgemeinde, wovon der VII. Distrikt dieser Provinz den Namen hat, ganz gebirgig, an der Grenze der Lombardie gegen Graubündten, von den Flüssen Mera und Liro, dann den Strömen Loreto und Pluviosa bewässert; mit einem königl. Distrikts-Kommissariate, Praetur, Sitz des königl. Provinzial-Postinspektorats, von Sondrio 41 Migl. entlegen, Finanz- und Polizei-Inspektorat, Gemeinde-Deputation, Wohlthätigkeits-Anstalt etc., mit einer Pfarre S. Lorenzo, 9 Filialkirchen, 1 Oratorio, 5 Kattunfabriken und 12 Mühlen. Chiavenna war ehedem Hauptort der Landschaft Cläven, hat eine sehr schöne Lage in einem Thalkessel an der wilden und wasserreichen Mera, von Lorbeer- und Cypressenbäumen umgeben und überragt von Felsengipfeln voll Schnee. C. hat 2900 Einwohner, Baumwoll- und Seidenweberei und Transito-Handel; beim Eingange des Ortes steht ein grosser, herrlicher Triumphbogen, welchen die dankbaren Einwohner dem Kaiser Franz 1. errichtet haben. Bemerkenswerth ist der ehemalige Palast der Republik Graubündten, das Kaufhaus, die Seidenmühlen und Papierfabriken; auf dem Schlossberge, der sich 200 Fuss erhebt und noch die Trümmer eines festen Schlosses trägt, hat man eine sehr malerische Aussicht, er ist von einer 24 bis 30 Fuss breiten Kluft, la Cavurga genannt, durchschnitten, welche wohl durch Menschenhand entstanden ist; hinter dem Berge ward vormals Topfstein gebrochen, und noch jetzt gibt es solche Gruben, hier Trone genannt, auf dem Wege von Ch. nach

,Prosto, und Drehmühlen für das daraus zu verfertigende Geschirr, und in Prosto selbst ist eine Niederlage dieses Geschirres. Dadurch C. die berümte Strasse über den Splügenpass führt und die Gebirgspässe des Septimer und Maloja zusammentreffen, so ist die Warendurchfuir und der Verkeir seir leihaft. Nahe bei C. sieht man den herrlichen Wasserfall die Piuro und das unbeschreibliche reizende Plürserthal, 1 St. davon entfernt noch einen zweiten Wasserfall, genannt die Gordona oder Cascata della Bocia, der seir wasserreich ist. C. hat eine grosse Bierbrauerei, welche das weit verführte Chiavennabier liefert. In der Kirche S. Lorenzo sieht man Basreliefs aus dem III. Jahrhunderte, Postamt. Dazu gehören: Bette, Campedello, Campello, Loreto, Pianazzola, S. Carlo, S. Giovanni, Tauro, Uschione, *Gemeindetheile* — Monte Perandone, Monti sopra Uschione, *einzelne Häuser.*

Chiavenna, Lombardie, Prov. Sondrio, ein *Distrikt* enthält folgende Gemeinden: Chiavenna con Campedello, Campello, Bette, Pianazzola ed Uschione — Campo dolcino con Starleggia, Portarezza, Squadra de' Fini, Metta e Prestone — Gordono con Badengo — Isola con Pianazzo e Madessino — Menarola — Mese — Novate con Campo e Codera — Piuro con S. Croce e S. Abbondio — Prata con Malaguardia e S. Cassano — Samolaca con Somaggia — S. Giacomo con Gallvaggio con Livone, Uho, Cimagnarda e Sommaruina con Albareda — Verceja — Villa di Chiavenna.

Chiavenner See, Lombardie, hängt mit dem Comersee im Norden durch einem schmalen, aber schiffbaren Canal zusammen. In den Canal mündet sich die Adda aus dem grossen Valtellinerthale. Das Geschiebe und aller Schlamm, welchen dieser Fluss mitbringt, erhöhen das Bett des Canals, verstopfen denselben, hemmen die Schifffahrt, und den Abfluss aus dem See, wodurch dessen Wasserstand steigt und die Versumpfung am ganzen nördlichen Ufer veranlasst und vermeirt wird.

Chiavica de' Padri, Lombardie, Prov. Cremona und Distrikt VII, Casal Maggiore; siehe Brugnolo.

Chiavica Marazzani, Lombardie, Prov. Pavia und Distr. IV, Corte Olona; siehe Monticello.

Chiaviche, Lombardie, Prov. Mantova und Distr. III, Roverbella; siehe Bigarello.

Chiaviche, Lombardie, Prov. Mantova und Distrikt XIV, Gonzaga; siehe Gonzaga (Pegognaga).

Chiaviche, Lombardie, Prov. Mantova und Distrikt XII, Viadana; siehe Viadana.

Chiaviche Borsone, Lombardie, Prov. Mantova und Distr. XIV, Gonzaga; siehe S. Benedetto.

Chiaviche Fochessati, Lombardie, Prov. Mantova und Distr. XIII, Suzzara; siehe Suzzara (Sailetto).

Chiaviche Gesuiti, Lombardie, Prov. Mantova und Distr. XIII, Suzzara; siehe Suzzara (S. Prospero).

Chiavicone, Lombardie, Prov. Mantova und IX, Borgoforte; siehe Borgoforte (Scorzarolo).

Chiavicone, Lombardie, Prov. Mantova und Distr. XII, Viadana; siehe Dosolo.

Chiavicone, Lambardie, Prov. Lodi e Crema und Distr. VI, Codogno; s. Meletto.

Chiavicone, Lombardie, Prov. Mantova und Distr. XI, Sabbionetta; siehe Sabbionetta.

Chiavicone, Lombardie, Prov. Mantova und Distr. XVI, Sermide; siehe Sermide (Moglia).

Chiavicone, Lombardie, Prov. Mantova und Distr. II, Ostiglia; siehe Serravalle.

Chiavicone e Case de'Rossini, Lombardie, Prov. Lodi e Crema und Distr. VI, Codogno; siehe S. Stefano.

Chiavris, Venedig, Prov. Friaul und Distr. I, Udine; siehe Udine.

Chiazzacco S. Pietro di, Venedig, Prov. Friaul und Distr. XII, Cividale; siehe Castel del Monte (S. Pietro di Chiazzacco).

Chibj, Schlesien, Tescaner Kr., ein *Dorf*, zur Hrsch. Tescaner Kammer Güter gehörig.

Chibj Minch, Schlesien, Tescaner Kr., ein zur Pfarre Schwarzwasser und herzogl. Tescaner Kammer geh. *Dorf*, 1¼ St. von Skotschau.

Chibka, Böhmen, Czasl. Kr., ein einzelnes *Wirthshaus*, der Hrsch. Schleb (Zleb), nächst dem Dorfe Lizomirzitz gegen O. liegend, und zur Pfarre Schleb geh., 2¼ St. von Czaslau.

Chichenove, Kroatien, Agram. Gespanschaft, im Bzk. jenseits der Save, eine gräflich Erdödysche *Herrschaft*, *Schloss* und *Dorf*, mit einer eigenen Pfarre 2¼ St. von Agram.

Chiche stare, Kroatien, Agramer Gespansch., im Bzk. jenseits der Save, ein mereren adel. Besitzern geh. *Ort-*

schaft, mit einem d. adel. Familie Blas-
kovich geh. Hofe, in der Pfarre Nove
Cricre, 2¼ St. von Agram.

Chichkovina, Kroatien, diesseits
der Save, Warasdiner Gespansch., im
Unt. Campest. Bzk., ein Dorf der Gemeinde Hrasztovlyan und Pfarre Mar-
tianecz einverleibt, 1¼ St. von Luttenberg.

Chienis, Tirol, Roveredo Kr., ein
Dorf, zur Gemeinde im Ldgcht. Mori.

Chiepena, Tirol Wildbach, der von
Nordosten her nach Strigno in Val Sugana, und unter C. Ivano in die Brenta
geht.

Chiereggio, Lombardie, Prov. Sondrio (Valtellina) und Distr. I, Sondrio;
siehe Chiesa.

Chiericasso, Lombardie, Prov. Mantova und Distr. VIII, Marcaria, siehe
Castelluccio.

Chierichessa, Lombardie, Provinz
Lodi e Crema und Distr. VI, Codogno;
siehe Guardamiglio.

Chierico Dosso, Lombardie, Prov.
Sondrio (Valtellina) u. Distr. IV, Morbegno; siehe Morbegno.

Chies, Venedig, Provinz Belluno, ein
Gebirgs-Gemeindedorf, mit Vorstand
Pfarre S. Lorenzo, welche in Lamo-
sano ihren Sitz hat, 6 Filial-Kirchen
und eine Kapelle, welche unter die
Pfarre Pieve gehören, von Bergen be-
grenzt, 12 Migl. von Belluno. Dazu
gehören:
Alpaos, Codenzano, Funes, Irrighe,
Lamosano, Montanes, Palughetto,
Pedol, Dörfer.

Chies, Tirol, ein Fluss, dieser Torrent
entsteht im Gletscher von Lares zu-
hochst in V. di Fum, läuft dann durch
V. di Daon in einer starken Krümmung
nach Pieve di Buono aus, von da er
aber in südl. Richtung in den Idro See,
und endlich in den Oglio. Sein Lauf
beträgt 16 geogr. Meilen.

Chiesa, Tirol, Rovered. Kr., ein Dorf,
zur Gemeinde Noriglio gehörig, im
Ldgcht. Roveredo.

Chiesa, Tirol, Trient. Kr., ein Dorf, z.
Gemeinde Centa, im Ldgchte. Levico
gehörig.

Chiesa, Tirol, Trient. Kr., ein Dorf,
zur Gemeinde Lavarone, im Landgcht.
Levico gehörig.

Chiesa, Lombardie, Prov. Sondrio
(Valtellina) und Distr. I, Sondrio, eine
kleine Gemeinde-Ortschaft, mit einer
Probstei, Pfarre SS. Giacomo e Filippo,
2 Aushilfskirchen, 1Santuario, 1 Oratorio und Gemeinde-Deputation, am
Fusse der hohen Bergkette, hat 33 Mühlen, 9 Migl. von Sondrio. Hieher gehören: Carlo, Vassalini, Meiereien. — Chiereggio, Primolo, Nesevedo, Gemeindetheile.

Chiesa, Venedig, Prov. Belluno und
Distr. II, Longarone; siehe S. Tiziano.

Chiesa, Lombardie, Prov. Cremona
und Distr. VI, Pieve d' Olmi; siehe
Branciere.

Chiesa, Lombardie, Prov. Como und
Distr. XI; Lecco; siehe Germagnedo.

Chiesa, Lombardie, Prov. Como, ein
Dorf und vorzüglichster Ort in dem
weiter gegen Osten gelegenen romantischen Malencothale, das sich von
Sondrio nordwärts gegen den Bernina
und Oro erstreckt. Bei Ch. theilt es sich
in 2 Arme, wovon der eine, das Thal
von Lanzada genannt, sich rechts hinanzieht, der andere unter dem Namen
Thal von Malenco gegen Muretto und
den Berg Oro hinläuft, wo der Mallero
aus einem See entspringt.

Chiesa, Alla, Lombardie, Prov. Como und Distr. III, Bellaggio; siehe
Lezzeno.

Chiesa, Alla, Lombardie, Prov. Bergamo und Distr. VII, Caprino; siehe
Pontità.

Chiesa, Alla, Lombardie, Prov. und
Distr. I, Como; siehe Geronico al Piano.

Chiesa, Alla, Lombardie, Prov. Lodi
e Crema und Distr. II, di Zelo Buon Persico; siehe Tavazzano.

Chiesa, Alla S. Cristoforo,
Lombardie, Prov. Sondrio (Valtellina)
und Distr. II, Chiavenna; siehe Prata.

Chiesa, sotto la, Venedig, Prov.
Friaul und Distr. XV, Moggio; siehe
Moggio di sotto.

Chiesa, Bruzene, Venedig, Prov.
Padova und Distr. XII, Piove; siehe
Bruzene Chiesa.

Chiesa Casal, Venedig, Prov. und
Distr. I, Treviso; siehe Casale (Casal Chiesa).

Chiesa, Coste della, Lombardie,
Prov. Lodi e Crema und Distr. V, Casalpusterlengo; siehe Casalpusterlengo.

Chiesa, Della, Venedig, Prov. Friaul und Distr. XII, Cividale; siehe
Premariacco.

Chiesa Mattarelli, Lombardie,
Prov. Milano und Distr. VIII, Vimercate; siehe Vimercate.

Chiesa Moggian, Venedig, Prov.
und Distr. I, Treviso; siehe Mogliano
(Moggian Chiesa).

Chiesa Monestier, Venedig, Provinz und Distr. I, Treviso; siehe Monestier.

Chiesanova, Venedig, Provinz und Municipal-Bezirk Padova; s. Padova.
Chiesa nuova, Venedig, Provinz und Distr. IV, Conegliano; sieie Cone-gliano.
Chiesa nuova, Venedig, Prov. Venezia und Distr. VII, S. Donà; sieie S. Donà.
Chiesa nuova, Venedig, Prov. und Distr. I, Verona; sieie Bosco.
Chiesa nuova, Lombardie, Prov. u. Distr. I, Mantova; sieie Curtatone.
Chiesa nuova, Lombardie, Provinz und Distr. I, Brescia; sieie S. Nazzaro.
Chiesa Parrocchiale, Lombardie, Prov. Como und Distr. XIII, Canzo; s. Valbrona.
Chiesa Parrocchiale, Lombardie, Prov. Como und Distr. XIII, Canzo; s. Visino.
Chiesa Quartier, Venedig, Provinz Vicenza und Distr. IV, Bassano; sieie Rosà (Quartier Chiesa).
Chiesa Rosso, Lombardie, Provinz und Distr. I, Milano; sieie Corpi S. di Porta Ticinese.
Chiese, Sotto la, Lombardie, Prov. Bergamo und Distrikt II, Zogno; sieie Frerola.
Chiee, Soncino della, Lombardie, Prov. Pavia und Distr. IV, Corte Olona; sieie Monticelli.
Chiese Vecchia, Lombardie, Prov. Lodi e Crema und Distr. VI, Codogno; sieie Somaglia.
Chiesiole, Venedig, Provinz Friaul und Distrikt VII, Pordenone; sieie Fiume.
Chiesiolo, Lombardie, Prov. Lodi e Crema und Distr. VI. Codogno; sieie Meleo.
Chieso, Lombardie, Prov. und Distr. X, Milano; sieie Pioltello.
Chiesolo, Lombardie, Prov. Lodi e Crema und Distr. VIII, Crema; s. Castel nuovo.
Chiesolo di Robarello, Lombardie, Prov. und Distr. II, Milano; s. Lorenteggio.
Chieve, Lombardie, Prov. Lodi e Crema und Distr. VIII, Crema, eine Gemeinde-Ortschaft mit einer eigenen Pfarre S. Martino; einem Oratorio und 2 Müilen, ¼ Migl. von der von Crema nach Lodi füireuden Strasse, 4 Migl. von Crema. Mit: Colombare, zerstreute Häuser.
Chievicchetti, Cassinello, Lombardie, Prov. Pavia und Distr. VIII, Abbiategrasso; siehe Abbiategrasso.
Chievo, Venedig, Prov. und Distr. Verona; siehe Massimo.

Chivolis, Venedig, Provinz Friaul und Distr. III, Spilimbergo; sieie Tramonti di sopra.
Chievo S. Catterina, Venedig, Prov. und Munizipal-Bzk. Verona; s. Verona.
Chigitz, Chygicze — Böimen, Bidsch. Kr., ein Dorf mit einer Kircie zur Hrsch. Weliscı, gegen Osten an dem Dorfe Dolan, 1¼ St. von Gitscriu.
Chignola, Lombardie, Prov. Lodi e Crema und Distr. VII, Pandino; sieie Dovera.
Chignola, Lombardie, Provinz und Distr. I, Bergamo; sieie Ranica.
Chignolo, Lombardie, Provinz Bergamo und Distr. V, Ponte S. Pietro, ein zwiscieu den Flüssen Adda und Bremıo, von jedem 2 Migl. entfernt, liegendes Gemeindedorf mit einer eigeneu Pfarre S. Pietro, Kapelle und Gemeinde-Deputation, 1 St. von Ponte S. Pietro. Dazu geiören: Camaggio, Gattolina, kleine Gassen.
Chignolo, Lombardie, Prov. Pavia u. Distr. IV, Corte Olona, ein Flecken und Gemeinde mit Vorstand und Pfarre S. Lorenzo, ein Vicariat der Mailänder Diöcese, 1 Aushilfskirche, 2 Oratorien, Mauthamt, Lotto-Gefälls- und Woilthätigkeits-Anstalt, unweit den Flüssen Lambro und Pò, und den Ortsciaften Campo Rinaldo und Badia, 2 St. von Corte Olona. Hierier geiören: Alborone, Camatta, Cassottina, Cassinetta, Crosio, Chicre, einzelne Landhäuser.
Chignolo, Lombardie, Prov. und Distr. I, Milano; sieie Corpi S. di Porto Ticinese.
Chignolo, Lombardie, Prov. Milano und Distr. VII, Verano; s. Tregasio.
Chigoch, Kroatien, Agramer Gesp., im Bzk. jenseits der Save, ein zur gräfl. Keglevichschen Hrsch. Thopolovecz geıöriges, naci Cosche eingepf. Dorf an dem Saveflusse, 3 St. vou Petrinia.
Chili zu Plawa, Galizien, Rzesz. Kr., ein Dorf zur Pfarre Rozwadow und Ortsobrigkeit Nisko geıörig.
Chilitz, eigentlici Weseliczko — Mäiren, Prer. Kr., ein Dorf zur Hrsch. Weseliczko, näcist diesem Scilosse, woier es den Namen iat, 1 Stunde von Gross oder Oberaugezd.
Chilisheni und Pojenile, Galizien, Bukow. Kr., 2 Güter und zusammen verıundene Dörfer, mit einer Pfarre an der Moldauschen Grenze, an dem Suczawa Flusse, 4¼ St. v. Suczawa.

Chilitz, Cıliwitz, vor Alters auch Thiletz genannt — Mäıreu, Hrad. Kr., ein *Dorf* nächst und zur Pfarre Neudorf und Hrsch. Ostrau geh., ¼ St. v. Hradısch, 8 Meil. von Wiscıau.

Chinawa, Knüttenhof — Böımen, Budweiser Kr., ein *Meierhof* und *Schäferei*, geh. zur Hrsch. Fraueuıerg, 2 St. vou Budweis.

Chinbani, Illırien, Istr., ein *Weiler* im Bzk. Rovigno, zur Pfarre Valle geh., in der Diöcese Parenzo Pola, 2¼ St. v. Rovigno.

Chincha, Ungarn, ein Dorf im Karlstädter Comitat; sieıe Csencs Horvát.

Chiniawa, od. Cheinawa— Böımen, Rakonitz. Kreis , ein zur Herscıaft. Bürglitz geıörendes *Dorf* mit einer Kircıe und einem oırigkeitlicıen Forsthause, gegen Süd. mit Beraun grenzend, 1 St. von Beraun.

Chiniawer Abdeckerel, Böhmen, Budw. Kr., eine *Abdeckerei* der Hrsch. Frauenberg; sieıe Chiniawska Gnidnota.

Chiniawska Gnidnota, od. Cıiniawer Aıdeckerei — Böımen, Budw. Kr., eine *Abdeckerei* der Hrsch. Frauenberg aıseits unweit dem Meierıofe gleicıen Mamens, 1¼ St. von Budweis.

Chinice, oder Kliniec — Galizien, Stryer Kr., ein zur Kammeral-Hrsch. Smorza geh. *Dorf*, mit einer grieciıscı. Pfarre und einem Vorwerke, mit Fichten- und Bucıeu-Walduugen umgeben, 10 St. von Stryi, 8 Meil. von Strzelice.

Chinicz, Böımen, Pracı. Kr., ein *Dorf* der Hrsch. Stuıenıacı, 5 St. von Schüttenhofen, 3 St. von Horazdiowitz.

Chiniorska, Böımen, Budweis. Kr., eine *Abdeckerei*, geh. zur Hrsch. Frauenberg, 1½ St. von Budweis.

Chinin, Böımen, Pils. Kr., ein *Dorf* der Hrsch. Brenn-Poritschen, mit einem Meierıofe, liegt an der Schlüsselburger Grenze gegen Süden, 5 St. von Rokitzan.

Chinitz, Böhmen, Leitmeritz. Kr., ein *Dorf* der Hrsch, Loıositz und des Gutes Boretscı, sieıe Wehynicze.

Chinitz, Weiss-, Böımen, Bidsch. Kr., ein *Dorf* zur Hrsch. Chlumetz und zur Pfarre Zizelitz.

Chinoran, Ungarn, diesseits der Donau , Neutr. Gespansch., Bajmócz. Bzk., ein dem Hochw. Grau. Erzbistıum geıöriges , mit einer Lokalpfarre verseıenes *Dorf*, mit einer königl. Salz-Legstadt, ¾ St. von Nittra-Zsámbokrét.

Chinnyak, Ungarn, ein Dorf im Agramer Komitat.

Chisnyó, Chyzno —Ungarn, ein *Dorf* im Gömör. Komitat.

Chiszne, Cıisne, Chysné , Cıyzne — Ungarn, ein *Dorf* im Árvaer Komitat.

Chiochera, Lombardie, Prov. Lodi e Crema uud Distr. VII, Pandino ; sieıe Rivolta.

Chiodella Ca, Lombardie, Provinz Cremona und Distr. II, Soncino ; siehe Trigolo.

Chioggia, latein. Fossa Clodia — Venedig, Provinz Venezia und Distr. IV, Cıioggia, eine *Stadt* auf der Insel gleicıen Namens, und Gemeinde , wovon der IV. Distr. dieser Proviuz den Namen ıat, in zwei Tıeile getheilt, hat 15000 Einw., mit einem schiffbaren Canal, einem Scılosse und Stapelplatz, vom Adriatiscıen Meere, den Flüssen Adige (Etscı), Brenta und der Erdzunge Brondolo begrenzt. Diese Stadt liegt wie Venedig auf Pfäılen; ıat Canäle und breite Gassen, einen Biscıof, eine Katıedrale und Pfarre S. Maria Assunta, 1 Aushilfskirche und 2 Oratorien; eine zweite Pfarre S. Giacomo Apost. mit einer Aushilfskirche und 3 Oratorien; dann eine dritte Pfarre S. Andrea Ap., mit einer Aushilfskirche und 2 Oratorien. Neıst dem königlicı. Distrikts-Commissariat, einer Prätur, Munizipal-Congregation sind hier eine Mautı- und Steuer-Einnehmerei; Platz-Kommando ; Hafen-Aufsicıt, Marine-Sanitäts-Kommissariat und eine 3 Posten von dem Provinzial-Ober-Postamt Venedig entfernte Distrikts Briefsammlung. Cıioggia ist anseınlicı und ziemlicı regelmässig geıaut, ıat 20,620 Einwoınern, mit einem schiffbaren Kanal, welcıer die Lagunen mit der Etsch verıindet. Die Stadt ıängt mittelst einer steinernen Brücke von 43 Bögen mit der Landenge von Brondolo zusammen, auf welcıer das starke Castell von Brondolo steıt. Es ist ıier der Sitz eines Bisthums, ein bischöfliches Gymnasium und ein Seminar mit phylosophisch - tıeologiscıen Studien, ein Ursuliner-Nonnenkloster mit Mädchenerziehungs-Anstalt , ein Krankenspital , Waisenıaus , Armenhaus und frommes Institnt, wo jeden Aıend bei 300 Kinder der ärmeren Volksklasse, welche bei Tage keine Scıule ıesucıen können, im Lesen, Scıreiıen und Recınen unterricıtet werden. Die in der Näıe befindlicıen Seesalzwerke verseıen einen Theil des Venetianischen mit Salz; man verfertigt viele Schiffseile und Taue (auch aus spanischem Spartogras); der Schiffbau wird auf den 36 dafür bestimmten

Bauplätzen thätig betrieben. Der Handel ist ziemlich lebhaft, zumal mit oberitalienischen und deutschen Waaren; der 17 W. Fuss tiefe Hafen wird von 2 Forts, S. Felice und Caraman, beschützt. Dazu gehören: Brondolo, Calin Porto di Brondolo, Sotto Marina, *Küstenländer*. — Cabianca, Cavanella d'Adige, Cive, Concie, S. Anna, *Dörfer*.

Chioggia, Venedig, Distr. IV, enthält folgende Gemeinden: Cavarzere destro (bis Aldigetto und den Grenzen von Adria und Loreo) mit Cavarzere sinistro, Pettorazza zur linken Seite des Adige und Rottanova. — Chioggia mit Cabianca, Cavanella an der linken Seite des Adige, Lido unterhalb Marina, S. Anna, Terreni di Chioggia, Valli di Chioggia. — Cona mit Cantarana, Conetta, Foresto und Pegolette. — Pelestrina mit Porto secco und S. Pietro in Volta.

Chiolesan, Venedig, ein |*Berg* bei Masorie.

Chiona Bráida, Venedig, Prov. Friaul und Distr. XII; Cividale; siehe Torreano.

Chione, Lombardie, Prov. u. Distr. I, Mantoga; siehe Roncoferraro.

Chions, Venedig, Prov. Friaul und Distrikt VIII, S. Vito, ein *Gemeindedorf*, mit Vorstand und Pfarre SS. Giorgio e Girolamo, einer Nebenkirche, dann 5 Oratorien, zunächst dem Flusse Sil, von dem Gebirge Aviano begrenzt, unweit Tajedo, 8 Migl. von S. Vito. Hieher gehören, und sind von S. Vito von 4 bis 9 Migl. entlegen: Basedo, Giaersa e Mellon, Sbrojavacca, Villabiesa, Villafranca, Villata, Villuta, *Landhäuser*. — Plate, Saccon, *Gemeindetheile*. — Tajedo, Villotta, *Dörfer*.

Chiopris, Illirien, Friaul, Görzer Kr., ein zur Central Gerichtsbarkeit Cormons gehöriges *Dorf*, nächst Medea, 1¼ St. von Gradiska.

Chiosa del Bai, Lombardie, Prov. Como und Distr. XVIII, Cuvio; siehe Casal Zuigno.

Chiosetto, Lombardie, Prov. Milano und Distr. VI, Manzo; siehe Cologno.

Chiosetto, Lombardie, Prov. Como und Distr. XVI, Gavirate; siehe Gravedona.

Chiosetto, Lombardie, Prov. Bergamo und Distr, VII, Caprino; siehe Villa d'Adda.

Chiosi de', Lombardie, Prov. Como und Distr. XVIII, Cuvio; s. Bretta.

Chiosino, Lombardie, Prov. Lodi e Crema und Distr. I, Lodi; siehe Chioso di Porta Regale.

Chioso, Lombardie, Prov. Como und Distr. XVI, Gavirate; siehe Cocquio.

Chioso, Lombardie, Prov. Bergamo u. Distr. VII, Caprino; s. Villa d' Adda.

Chioso, Masco, Lombardie, Prov. Milano und Distr. VIII, Vimercate; s. Vimercate.

Chioso di Porta d' Adda, Lombardie, Prov. Lodi e Crema und Distr. I, Lodi, eine aus nachgenannten zerstreut liegenden Gemeindetheilen bestehende *Gemeinde-Ortschaft*, mit Vorstand und eigener Pfarre S. Maria della Fontana, welche ihren Sitz zu Fontana hat, einer Getreide-Mühle und Öhlpresse, grössten Theils vom Flusse Adda durchschnitten, 1 Migl. und ½ Stunde von Lodi. Diese Bestandtheile sind: Barbina, Barbinetto, Casotto, Cassina nuova, Cassina Pinaroli, Cassina de Tresseni, Tre Cassine, Civibina, Codignola, Codignolina, Colombarola, Colombarolina, Concoreggia, Contarico, Crosetta, Dordona, Erbagno, Farnazetta, Fontana, Fontanino, Francina, Garavana, Incantonata, Lecama, Maggia, Malgerone, Molinetta, Negrina, Pesalupo, Riolo, Sabbia, Selvagreca, Spolverera, Strologa, Zambellio, *Gemeindetheile*.

Chioso di Porta Cremonese, Lombardie, Prov. Lodi e Crema und Distr. I, Lodi, eine aus zerstreut liegenden Besitzungen bestehende *Gemeinde-Ortschaft*, nicht weit vom Flusse Adda, mit Vorstand und Pfarre SS. Bassanno e Ferede zu S. Fereolo, und 4 Oratorien, ¾ Stunden von Lodi. Die Bestandtheile dieser Gemeinde sind: Albarolla, Baroncina, Bellingera, Bettino, Boccana, Bosco del Lupo, Brajla, Brajletta, Ca Basse, Casoncelli, Casoni, Cavrigo, Coldana, Colombana, Costino, Dossonina, Faustina, Favalla, Gatte e Gattina, Maldotta, Moroncella, Olmo, Passarina, Quarzimina, Rastello, Robadello, S. Bernardo, Sordina, Spina, Szeppina, Tusculano, Vajletta, Zaffarone, Zainera, *Gemeindetheile*.

Chioso di Porta Regale, Lombardie, Prov. Lodi e Crema und Distr. I, Lodi, eine aus zerstreut liegenden Gemeindetheilen bestehende *Gemeinde- Ortschaft*, mit einer Pfarre S. Gualtero zu S. Gualtero, 2 Käsemachereien zu Bracca und Marescalco, einer Öhlpresse, 3 Mühlen, 2 Migl. und ¾ St. von Lodi. Hieher gehören:

51 *

Biaghera, Biagherina, Boccalera, Bonane, Borgognona, Bracca, Ca Alta, Ca de' Majrani, Cagnolina, Calca, Calisto Marchi, Calisto Sassi, Camola, Camolina, Candi, Case Maranesi, Casozzinetta, Cavelzano, Ceserina, Chiosino, Codozza, Comella, Folla, Frasago, Gissara, Maj, Mariscalca, Martinetta, Monte Alano, Mussida, Pallazola, Palozetto, Pasanale, Polledra, Porcasesa, Preostura, Pulignano, Quinetta, Riposo, S. Eugenia, S. Feriole, S. Grato, S. Gualtero, Sandone di sopra e di sotto, Secondina, Torretta, Tovajera, Vegetta, Zambarina, Zumala, *Gemeindetheile.*

Chioso S. Pietro, Lombardie, Prov. und Distr. I, Milano; s. Corpi S. di Porta Romana.

Chioso Ponte, Lombardie, Prov. u. Distr. II, Como; s, Monte Olimpino.

Chiout, Venedig, Prov. Friaul und Distr. XV, Moggio; s. Raccolana.

Chivut Cali, Venedig, Prov. Friaul u. Distr. XV, Moggio; s. Raccolana.

Chiout Ciguin, di Guz da Puppe, Venedig, Prov. Friaul und Distr. XV, Moggio; s. Dogna.

Chiouz, Venedig, Prov. Friaul und Distr. XV, Moggio; s. Dogna.

Chiozza, Porta — Lombardie, Prov. und Distr. I, Pavia; siehe Comariano.

Chiozzi, Ca de' — Lombardie, Prov. Cremona und Distr. VIII, Piadena; s. Piadena.

Chiozzi, Cassina, Lombardie, Prov. Cremona und Distr. VII. Casal Maggiore; s. Casal Bellotto.

Chiozzi Cassina Fenile de', Lombardie, Prov. Cremona und Distr. VIII, Piadena; s. S. Giovanni in Croce.

Chirate auch **Ghirate**, Lombardie, Prov. und Distr. XVI, Gavirate; siehe Bosco.

Chirignago, Venedig, Prov. Venezia Distr. II, Mestre, ein am Flusse Fiume Vecchio liegendes *Gemeindedorf* mit Vorstand, Pfarre S. Giorgio und einem Oratorio, 1 St. von Mestre. Dazu gehören: Asseggiano, Cadene, Villa Bona, *Dörfer.*

Chirles, mähr. Krcileby, Mähren, Ollm. Kr, ein zur Pfarre Krchleby u. Herschaft Mürau oder dem Ollmützer Erzbisthum geh., im Gebirge nächst Mürau liegendes Dorf 1½ St. von Müglitz.

Chirlitz, mähr. **Chrlice**, Mähren, Brünner Kr., eine *Herschaft* und *Dorf*, zur Pfarre Turas, mit einem Schlosse, mit böhm. Einwohnern, 1 St. von Brünn.

Chisch, Chisse, Kiesch — Böhmen, Ellbogner Kreis, eine *Herschaft* und *Schloss*, dann eine *Munizipalstadt* mit einer Pfarre, an der Karlsbader Strasse, ½ St. von Likowitz.

Chischer, Siebenbürgen, Reps. Stuhl, s. Sövényég.

Chischka, Böhmen, Czaslauer Kreis, ein *Dorf* der Hersch. Krziwsaudow, s. Chissna.

Chischka, Böhmen, Czaslauer Kreis, ein *Dorf* der Hrsch. Windisch-Jenikau; s. Chisten.

Chischka, Gross - Chisska, welka Chisska, eiemals prelátska Chysska — Böhmen, Taborer Kr., ein *Gut* und *Dorf* mit einem Schlosse und Pfarre, an dem Bache Trnawka, unweit Pazau, 6 St. von Tabor.

Chischka, Klein Chisska — Böhmen, Taborer Kreis, ein *Gut* und *Dorf* mit einer Pfarre und einem Schlosse, nächst Nadingkau, 3½ St. von Sudomierzitz.

Chischna, Böhmen, Czaslauer Kreis, ein *Dorf*, gehört zur Hersch. und Pfarre Krziwsaudow, 11 St. von Tabor.

Chisna, Böhmen, Czaslauer Kreis, ein *Dorf*, wovon einige Häuser zum Gute Wonschow im Taborer Kreis gehören, nächst Kralowitz, 11 St. v. Tabor.

Chisuyó, Ungarn, diesseits der Theiss, Gömr. Gsspansch. und Ober Bezirk, ein zur Hersch. Murány gehöriges *Dorf*, mit 82 Häusern und 734 Einwohner, einem Lokal - Seelsorger der A. C., im Murány. Thale, am Fusse des Berges Korut, ½ St. von Jolsva, 7 St. von Rosenau.

Chisogno, Venedig, Prov. Padova u. Distr. VIII, Montagnana; siehe Montagnana.

Chisse, Böhmen, Ellbogner Kr., eine *Herschaft* und *Stadt*; s. Chisch.

Chisska, Böhmen, Taborer Kreis; s. Chischka Gross und Klein.

Chissna, Chisska — Böhmen, Czaslauer Kreis, ein *Dörfchen* zur Hrschft. Kriwsaudow gehörig, 8 St. von Stöken.

Chisten, Chischka — Böhmen, Czaslauer Kr., ein zur Hrsch. Windisch - Jenikau geh., im Thale liegendes *Dorf*, gegen Norden an Petrowitz grenzend, 2 St. von Iglau.

Chiszewic, Galizien, Samb. Kr., ein zur Hrsch. Lubien gehöriges *Dorf*, mit einer griechischen Kirche, mit der lateinischen aber nach Radek eingepfarrt, 1 St. von Rudky.

Chistowitz, Böhmen, Czaslauer Kr., ein *Dorf*, gehört zur Hrsch. Ledetz und zur Pfarre Bertholtitz, 5 ¼ St. von Jenikau.

Chiszne, Ungarn, diess. der Donau, Arv. Gespanscıaft, Trszteu. Bez., ein zur Herscı. Árva geh. slowak. *Dorf*, mit einer eigenen katbol. Pfarre und einem Gesundheitsbrunnen, liegt in einer angeneımen Eıene, 10 St. von dem Markte Kuıin, 13 St. von Rosenıerg.

Chiszta, Mlaka-, Kroatien, Agram. Gespansch., Sz. Iván. Bzk., eine zum Hochw. Agram. Domkap. geıörige, nacı Narth eingepfarrte *Ortschaft*, liegt an dem Save Flusse, 1 ⅛ St. von Dugoszello.

Chitina, Lombardie, Prov. Mantova und Distr. XVII, Asola; s. Casalmoro.

Chitluk, Ungarn, ein *Prädium* im Veröczer Komitat, s. Csitluk.

Chitluk, Kroatien, jenseits der Save, Karlstädt. Generalıt, Liccaı. Bez., eine zum Liccan Gränz-Regim. Cauton Nr. 1 geıörige, nacı Divosello eingepfarrte *Ortschaft* von 18 Häusern, mit einer eigenen Kircıe, liegt an dem Baché Pochiklicza, 2 St. von Gospich.

Chiubani, Illirien, Istrien, Mitterburger Kr., ein *Weiler* im Bezirk Rovigno, zur Pfarre Valle geıörig, in der Diöcese Parenzo Pola, 2 ¼ St. von Rovigno.

Chiuduno, Lombardie, Prov. Bergamo und Distr. III, Trescorre, ein *Gemeindedorf* mit Vorstand und Pfarre B. Verg. Assunta, 5 Kapellen, liegt am Fusse der Berge Monticello und Pelato, 1 Migl. von Cherio, 1 ½ St. von Trescorre. Hieher geıören: Brugali, Moute Pelato, Passerera, Valle del Fico, Meiereien.

Chiulini, Dalmatien, Spalato Kreis; s. Ciulini.

Chiunschi, Illirien, Istrien, Mitterburger Kr., ein Dorf, im Distr. Quarner Bezirke. und auf der Insel Lussin, ein *Hauptort* der Untergemeinde gleicıen Namens, mit 28 Häusern und 170 Einwoıner, mit einer Kaplanei, in der Diöcese Veglia, von ıier nordwestlicı auf Lussin der 110 Wr. Klftr. üıer der Meeresfläche erıaıene Berg Polansino, 6¼ St. von Lussin.

Chiuppano, Venedig, Prov. Vicenza und Distr. VII. Tiene; s. Carré.

Chiuppuzza, Venedıg, Prov. Belluno und Distr. III, Pıeve di Cadore; s. S. Vito.

Chiuro, Lomıardie, Prov. Sondrio (Prov. della Valtellina) und Distr. II, di Ponte, ein kleiner, in der Näıe von Ponte liegender *Flecken* und *Gemeinde*, mit Vorstand und Probstey, Pfarre SS.

Giacomo e Andrea, 1 Sant., 1 Kap. ü. 24 Müılen, 6 Migl. von Sondrio. Dazu geıören: Bruga, Ca di Vaccina, Casa di Raina, Castello dell' Acqua, Castione, Laviera, Dal Piano, Delle Pille, Della Romana, *Gemeindetheile* — Gaırieli, Morescıi, Alla Nunziata, Pojosa, Tizzone, *einzelne Häuser* — Cortivo, *Meierei.*

Chiusa, Lombardie, Prov. Milauo u. Distr. XIII, Gallarate; s. Arnate.

Chiusa, Lomıardie, Prov. Como und Distr. XI, Lecco; s. Cıiuse.

Chiusa, Lomıardie, Prov. Pavia und Distr. VI, Binasco; s. Villa maggiore.

Chiusa Cassina, Lombardıe, Prov. Milano und Distr. III, Bollatte, sieıe Trenno.

Chiusa Taverna, Lombardie, Prov. und Distr. I, Milano; sieıe Corpi S. di Porta Vercellina.

Chiusa, Venedig, Prov. Friaul und Distr. XV, Moggio, ein *Gemeindedorf*, mit Vorstand und Pfarre S. Bartolomeo, dann zwei Aushilfskirchen: S. Antonıo und Seıastiano, von der nacı Gemona führenden Poststrasse und dem Geıiete Moggio begrenzt, mit 4 Mühlen, 3¼ Migl. von Resciutta. Mit: Campolara, Casasola, Nelle Colture, Costa di Mulino, Roveredo, Villanova, *Vorstädte.*

Chiusa, Venedig, Prov. Verona, ein *Dorf* an der Etsch. Hier wird die Gegend wild und scıauerlicı, und der Fluss rauscıt in der Kluft, die er sicı selıst geırocıen ıat, die Strasse scımiegt sicı an die Felsenwand, ıier istı die ganze Breite des Flusses und der Strasse zwiscıen den Bergfüssen nur 80 Scıritte, mit Mauern gegen den Abgrund gesicıert. Oıen im Felsen steıt ein Fort.

Chiusadonagne, Venedig, Prov. Padova und Distr. XII, Piove; sieıe S. Angelo.

Chiuso, Lombardie, Prov. Como und Distr. XI, Lecco, ein *Gemeindedorf*, mit Vorstand und Pfarre S. M. Assunta, und einer Müıle, östlich näcıst dem Berge Resicone, und nördlicı unweit Adda ıinter der Lecco-Brücke, 4 Migl. von Lecco. Hieher geıören: Chıusa, Rocco, *Dörfer.*

Chiuso, Ponte-, Lombardio, Prov. Como u. Distr. X, Introbbio; s. Introbbio.

Chiusole, Tirol, Rov. Kreis., ein zur Pfarre Villa und Herscı. Nomi geıöriges Dorf, au dem Etschflusse, 2 St. vou Roveredo.

Chiusone, Lombardie, Prov. Milano und Distr, IX, Gorgonzola; s. Inzago.

Chiusure, Venedig, Prov. und Distr. I, Padova; s. Albignasego.

Chiuttone, Lombardie, Prov. Cremona und Distr. VI, Pieve d'Olmi; s. Ca nuova d' Offredi.

Chivragov, Jarek, Kroatien, diesseits der Save, Warasd. Gespann. Unter Zagorian. Bezirk, ein der Gemeinde u. Pfarre Zajezda einverleibtes Dorf, 2¼ St. von Osztricz.

Chizerowcze, Ungarn, Bars. Kmt.; s. Hizér.

Chizsne, Ungarn, Árvaer, Kmt. ein Dorf mit 249 Häusern und 1410 Einwohnern.

Chiztamlaka, Ungarn, ein Dorf in Agramer Komitat; s. Mlaka Chizta.

Chizza, Lombardie, Prov. Mantova u. Distr. XIII, Suzzara; siene Suzzara (Tabellano).

Chiz-zola, Tirol, Roveredo Kreis, ein zu dem Vicariate Brentonico geröriges Dorf, an der Etsci, mit einer Kurazie, 2¼ St. von Roveredo.

Chlanka, Böimen, Bidschow. Kreis, ein Dorf der Hrsch. Radin; s. Cilomek.

Chlaponicz, Böimen, Praci. eis, ein Dorf zur Hrsci. Drhowl, 1¼ St. von Pisek.

Chlaudow, Böimen, Jungbunzl. Kr., ein Dörfchen zur Hrsch. Gross-Rohosetz, nach Eisenirod eingepfarrt, 2¼ St. von Türnau, 4¼ St. von Sojotka.

Chlaumek, Böimen, Königgrätzer Kr., eine Kirche, zur Hersci. Horzeniowes geh.; siene Cilumek.

Chleb, Böimen, Bidsciow. Kreis, ein grosses Dorf mit einer Lokalie und einem helvetiscien Bethause, näcist d. Markte Ronow, zur Hrsch. Podiebrad geh., 1 St. von Nimburg.

Chleb, Cileby — Böimen, Berauner Kr., ein Dorf zur Hrsch. Lesci an geiör., grenzt an dem Dorfe Teinitz und Podieluss, 2¼ St. von Bistritz.

Chlebany, Ungarn, ein Dorf im Neutraer Komt.; siene Alsó- und Felsó-Helbény.

Chlebiczyn, Galizien, Stanisl. Kreis, ein Dorf der Hrsch. Obertyn; siene Chlybiczyn.

Chlebna, Galizien, Jasl. Kr., ein der Hrsch. Tarnowice geh. Dorf, am Bacie Jasielka, nächst Dlugie, 8 St. von Jaslo.

Chlebnicze, Ungarn, diess. der Donau, Árv. Gespanseh. und Bzk., ein zur Hrsch. Árva geiör. slowak. Dorf, mit 153 Häus. und 1035 Einw., einer katiolisciien Pfarre, liegt an der Grenze des

Liptauer Komitats, 3 St. von dem Markte Kubin, 6 St. von Rosen)erg.

Chlebow, Böimen, Budw. Kreis, ein Dorf zur Stadt und Pfarre Sobieslau, 2 St. von Wessely.

Chlebowitz, Mäiren, Prerau. Kreis, ein Dorf zur Hersciaft Hociwald geiörig, naie an der Strasse gegen Starzitsch, wohin es auci eingepfarrt ist, mit böimisciien Einw:, 1¼ St. von Freiberg'.

Chlebowka, oder Hlebuwka — Galizien, Stanisl. Kr., ein zur Kammeral-Herschaft Bohorodczau geh. Dorf, näcist dem Dorfe Glemboka, 5¼ St. von Stanislawow.

Chleby, Böimen, Beraun. Kr., ein Dorf zur Hrsch. Leschan; siene Cileb.

Chlenn, Böimen, Königgrätz. Kr., ein der Hrsch. Kosteletz unterthän. Dorf mit einer Lokalie, über dem Adlerfl. gegen S. gelegen, 8 St. von Königgrätz.

Chlesstienicze, Böimen, Berauner Kr., ein Dorf; siene Kletschtienitz.

Chlevany, Male-, Welke-Chlewany — Ungarn, Trentscin. Komt.; siene Cilivin, Kis- Nagy-Chlivin.

Chlévén, Ungarn, Trentsciin. Komt.; siene Chlivin, Kis- Nagy-Chlivin.

Chlewczany, Galizien, Zolkiew. Kr., ein zur Hersci. Augustow oder Gross-Mosty geh. Dorf, mit einer griech. kathol. Kircie und der Ortschaft Madziarki, 8 St. von Zolkiew.

Chlewiska, Galizien, Sambor. Kreis, ein z. Hrsch. Baranczyce geh. Dörfchen, mit einem Hofe und Vorwerke, 2 St. von Sambor.

Chlewiska, Galizien, Zolkiew. Kr., ein z. Hrsch. Narol geh. Dorf, mit einem Vorwerke u. der Ortsciaft Lipie, näcist dem Markte Lipsko.

Chlewsko, Mäiren, Iglau. Kreis, ein Dorf zur Hrsch. Pernstein; s. Chliwsky.

Chlibiczyn, Galizien, Czortk. Kreis, ein zur Hrsch. Czortowiec geiör., nach Zajlotow eingepf. Dorf, 4 St. von Kolomea.

Chlibiczyn, oder Cilebiczyn podlesny — Galizien, Stanisl. Kr., ein z. Hersciaft Obertyn geiörig. Dorf, mit einer russniak. Pfarre und Vorwerke, 2 St. Chocimirz.

Chlibowice Swirschie, Galizien, Brzezan. Kr., ein der Hrsch. Swirz geh. Dorf, 3 St. von Boberka.

Chlibowice wielki, Galizien, Brzezaner Kr., ein der Hrsch. Staresioto gehöriges griech.-katbol. Pfarrdorf, 1 St. von Boberka.

Chlinitza zu **Bojan**, Galizien, Bukowiner Kr., eine Ortschaft, zur Pfarre u. Ortsobrigkeit Bojan gehörig.

Chlinky, Hlinky — Böhmen, Königgrätzer Kr., ein *Dörfchen* im Gute Daudleb, über dem Adlerfl., 1¼ St. von Reichenau, 5 St. von Königgrätz.

Chlipecka Wola Chliple, Galizien, Samb. Kr., ein *Dorf* zur Pfarre u. Ortsobrigkeit Chliple.

Chliple, Galizien, Sambor. Kr., eine *Herrschaft* und *Dorf* mit 2 Vorwerken und einer russniak. Pfarrkirche, grenzt gegen O. mit Laszky und gegen N. mit Wolka Chlipeska, 5 St. von Sambor.

Chlistau, Böhmen, Königgrätz. Kr., ein *Dorf* zur Hrsch. Nachod; s. Chlistow.

Chlistau, Chlistow, Klistow — Böhmen, Klattau. Kr., ein *Dorf* der Herrsch. Teinitzl geh., mit einer Lokalie gegen O. 2½ St. von Klattau.

Chlistau, Chlistow oder Chlostow — Mähren, Igl. Kr., 2 der Hersch. Gross-Meseritsch geh. *Heger-Chaluppen* an d. Teiche Chlostow, hinter Brzegs, 1½ St. v. Gross-Meseritsch.

Chlistau, Mähren, Iglau. Kreis, ein *Dorf* zur Pfarre Rokenitz und Ortsobrigkeit Pirnitz geh., mit böhmischen Einwohnern.

Chlistow, Böhmen, Beraun. Kr., ein *Dörfchen* zur Hrsch. Konopischt, 1½ St. von Bistritz.

Chlistow, Böhmen, Beraun. Kr., ein *Dorf* z. Gute Nadingkau, Tabor. Kreises geh., worin das Gut Getrzichowitz nur ein Wirthshaus und ein Bauernhaus besitzt, 4 St. von Wottitz.

Chlistow, Böhmen, Czasl. Kreis, ein obrigkeitl. *Meierhof* mit neuen Ansiedlungen, allwo der Fluss Sazawa vorbeiströmt, zur Hersch. Okrauhlitz gehör., ½ St. von Deutschbrod.

Chlistow, Böhmen, Jungbunzl. Kreis, ein *Dörfchen* d. Hrsch. Böhmisch-Eiche, 1½ St. von Münchengrätz.

Chlistow, Böhmen, Jungbunzl. Kreis, ein *Dörfchen* des Gutes Klein-Skall, unweit Eisenbrod, 3 St. von Liebenau.

Chlistow, Böhmen, Jungbunzl. Kreis, ein *Dörfchen* der Hrsch. Münchengrätz; siehe Münchengrätz.

Chlistow, Böhmen, Klattau. Kr., ein *Dorf* der Hrsch. Teinitzl; siehe Chlistau.

Chlistow, Böhmen, Königgrätz. Kr., ein *Dorf* zur Hrsch. Neustadt geh., 2½ St. von Nachod.

Chlistow, Böhmen, Tabor. Kreis, ein *Dorf* z. Hrsch. Jungwozitz, wovon auch ein Theil zum Gute Neustupow gehört, nächst Milezin, 2 St. von Sudomierzitz.

Chlistow, Böhmen, Tabor. Kreis, ein *Dörfchen* zur Hrsch. Nadingkau und Pfr. Klein-Chischka, nächst dem Gute Getrzichowitz, 2½ St. von Sudomierzitz.

Chlistow, Böhmen, Tabor. Kreis, ein *Dorf* z. Freisassenviertel Pezlinowsky, nächst Jungwoschitz, 2½ St. von Sudomierzitz.

Chlistow, Mähren, Iglau. Kr., 2 *Heger-Chaluppen* zur Hrsch. Gross-Meseritsch; siehe Chlistau.

Chlistow, Chlistau — Böhmen, Königgrätzer Kr., ein *Dorf* zur Hrsch. Nachod, grenzt mit dem Dorfe Chwalkowitz, 2½ St. von Nachod.

Chlistowitz, Böhmen, Czasl. Kreis, ein *Dorf* zum Ledetscher Spitale gehör., liegt gegen W., 5½ St. von Jenikau.

Chlistowitz, Böhmen, Czasl. Kreis, ein der Hrsch. Maleschau unterthäniges *Dorf*, liegt zwischen dem Markte Maleschau, und dem Dorfe Zdelsawitz mit einer Kirche, 2¾ St. von Czaslau.

Chlivan, Ungarn, Trentschin. Komt.; siehe Chlivin, Kis- und Nagy-Chlivin.

Chliwissie, Ungarn, ein *Dorf* im Unghvár. Komt.; siehe Hlivistye.

Chlivin Kis-, Chlévén, Chlivan, Hlivin, Male Chlevany — Ungarn, diess. der Donau, Trentschin. Gespan., im Bzk. jenseits des Gebirges, ein mehren adel. Familien geh., nach Nagy-Chlivin eingepfarrt. *Dorf*, der Dvorcz. Gerichtsbark. zugetheilt, liegt gegen O. ausser der Landstr., 1½ St. von Nittra-Zsámbokrét.

Chlivin Nagy-, Chlévén, Chlivan, Hlivin, Welke-Chlewany — Ungarn, diess. der Donau, Trentschin. Gespan., im Bzk. jens. des Gebirges, ein zur Hrsch. Bán geh. *Pfarrdorf*, mit einem eigenen Richter und Geschwornen, liegt gegen O. ausser der Landstr., 1½ St. von Zsámbokrét.

Chliwechcze, Galizien, Bukow. Kr., eine zur Kaal. Hrsch. Kotzman gehörige *Ebene*, mit kleinen Anhöhen umfangen, 1 St. von Snyatin.

Chliwitz, Mähren, Hrad. Kr., ein *Dorf*, zur Hrsch. Ostrau; siehe Chilitz.

Chliwicz, Böhmen, Königgr. Kr., ein *Dorf*, zur Hrsch. Starkstadt, an dem Dorfe Kasteletz, 2½ St. von Nachod.

Chliwski, auch Chlewsko — Mähren, Igl. Kr., ein *Dorf*, zur Pfr. Nedwieditz geh., mit böhm. Einw., zur Hrsch. Pernstein, grenzt gegen N. an Ober Czepy, gegen S. mit Skorotitz, 6 St. von Goldenbrunn.

Chlm, Ungarn, ein *Berg* im Thuróczer Komitat.

Chmel, Ungarn, eine *Mühle* im Pressburger Komitat.

Chmelow, Ungarn, ein *Dorf*, im Sároser Komt.; siehe Keresztes Komlós.

Chmelyenecz, Chmelenec — Ungarn, ein *Bach* im Liptauer Komitat.

Chlnok, Ungarn, Bars. Komt.; sie ie Lutilla.

Chloby, Chlowy — Böhmen, Tabor. Kr., ein *Dörfchen*, unweit und zum Gute Wouschow, 10 St. von Tabor.

Chlomek, Böhmen, Jungb. Kr., ein *Dorf*, mit einer Filialkirche, der Stadt Gemeinde Melnik geh., 6¼ St. v. Scilan.

Chlomek, Böhmen, Königgr. Kr., eine *Kirche*, der Hrsch. Korzeniowes; sie ie Cilumek.

Chlomek, Böhmen, Prachin. Kr., ein *Dorf*, zur Hrsch. Scilüsselburg, nahe am Makte Kassowitz, 2¼ St. von Grünberg.

Chlomek, Cilumek — Böhmen, Czasl. Kr., ein *Dorf*, zur Hrsch. Neustudenetz geh., grenzt gegen O. an das Dorf Krzemenitz, 5¼ St. von Deutschbrod.

Chlomek, Cilumek — Böhmen, Bidsciow. Kr., ein *Dorf*, dem Gute Gross-Gerzitz geh., ¼ St. von Horzitz.

Chlomek, Cilumek — Böhmen, Jung-Bunzlauer Kreis, ein *Dorf* der Hrsch. Dobrawitz, auf dem Berge Cilum, ¼ St. von Jung-Bunzlau.

Chlomek, Cilumek, Chlanka — Böhmen, Bidsch. Kr., ein *Dorf*, zur Hrsch. Radim gegen N., 1 St. von Neu-Packau.

Chlomek, Cilumek — Böhmen, Jungb. Kr., ein *Dorf* der Hrsch. Gross-Skall, oder der Stadt Türnau, 2¼ St. von Sobotka.

Chlomek, sammt dem Meierhofe Postolow — Böhmen, Chrud. Kr., ein *Dörfchen*, zur Hrsch. Crotzen am Adlerflusse, 1¼ St. von Hohenmauth.

Chlomiec, Galizien, Sanok. Kr., ein der Hrsch. Ullucz geh. *Dorf*, am Saan Flusse, 4 Meil. von Jassienica, 4 St. von Sanok.

Chlomin, Böhmen, Rakonitzer Kr., ein *Markt*, mit einer Kirche und Pfarre, gehört zur Hrsch. Jeniwes.

Chlopczyce, Galizien, Samb. Kr., ein *Gut* und *Dorf*, mit 2 Höfen, 2 Vorwerken und 2 Wirthshäusern, einer russ. Kirche, mit d. kathol. ist es aber nach Rudky eingepf., liegt nächst Hordynia und der Landstr., 3 St. von Rudky.

Chlopice, Galizien, Przemysl. Kr., ein zur Hrsch. Drohojow gehör. *Dorf*, 4 St. von Jaroslaw.

Chlopowka, Galizien, Tarnopoler Kr., ein zur Hrsch. Ciorostkow gehör. *Dorf*, mit einer Pfarre, ¼ St. von Ciorostkow.

Chlopy, Galizien, Samb. Kr., ein zur Hrsch. Komarno geh. und dahin eingepf. *Dorf*, grenzt gegen Ost. mit Komarno

und gegen W. mit Tulygtowy, 2¼ St. von Rudky.

Chlostow, Mähren, Igl. Kr., 2 *Heger-Chaluppen*, zur Hrsch. Gross-Meseritsci; sie ie Chlistau.

Chlowy, Böhmen, Taborer Kr., ein *Dörfchen*, zum Gute Wouschow; sie ie Chloby.

Chlozna Vorstadt, Böhmen, Cirud. Kr., eine *Vorstadt*, der Leibgedingstadt Hohenmauth geh.

Chluboczek, Mähren, Hrad. Kr., ein *Berg*, an der Gemeindegrenze Mikowitz und Kunowitz.

Chluezow, Dull, Chlutschow — Böhmen, Jungb. Kr., eine *Mahlmühle*, zum Gute Stranka, in einem Trale zwischen den Dörfern Jestrzehitz und Sedletz, 1 St. von Mscheny, 5¼ St. von Jungbunzlau.

Chlum, Böhmen, Beraun. Kr., ein *Dorf*, mit einer Pfarre, zur Hrsch. Nalzowitz, 3 St. von Wottitz.

Chlum, Böhmen, Bidsch. Kr., ein *Dorf*, zur Hrsch. Horzitz, ¼ St. von Horzitz.

Chlum, Böhmen, Bidsch. Kr., ein *Dorf*, der Hrsch. Kunburg-Aulibicz, sie ie Kometz Cilum.

Chlum, Böhmen, Rakon. Kr., ein *Dorf*, zur Hrsch. Blatna, 5¼ St. von Pisek.

Chlum, Böhmen, Bidsch. Kr., ein *Dorf*, zur Hrsch. Lomnitz geh., 2 St. von Gitschin.

Chlum, Böhmen, Chrud. Kr., ein zur Hrsch. Cirast gehör. *Dorf*, 8 St. von Cirudim.

Chlum, Böhmen, Budw. Kr., ein *Dorf*, zur Hrsch. Krumau; sie ie Krems.

Chlum, Böhmen, Kaurz. Kr., ein *Dörfchen*, zur Hrsch. Rattay.

Chlum, Böhmen, Chrud. Kr., ein *Dorf*, zur Hrsch. Nassaberg, 3 St. v. Cirudim.

Chlum, Böhmen, Budw. Kr., ein *Dorf*, zur Hrsch. Krumau, 2¼ St. von Budweis.

Chlum, Böhmen, Chrud. Kr., ein zur Hrsch. Richenourg geh. *Dörfchen*, zwischen Gebirgen, 5 St. von Cirudim.

Chlnm, Böhmen, Czaslauer Kr., ein einzelner obrigkeitlicher *Meierhof*, zur Hrsch. Habern geh., 1 St. von Steinsdorf.

.Chlum, Böhmen, Czasl. Kr., ein *Dorf*, zur Hrsch. Krchleb, zur Damirower Pfr. geh., unw. Chwalowitz, gegen O., 4 St. von Czaslau.

Chlum, Böhmen, Jungb. Kr., ein *Dörfchen*, zur Hrsch. Gross-Skall, an den Dörfern Wrchy gegen Waldstein, 2 St. von Sobotka.

Chlum, Böhmen, Kaurz. Kreis, ein *Schloss*, mit einem Meierhofe, zum Gute Popowicz einverleibt, links an der

Linzerstr., nächst Unterlomnitz, 3 St. von Jessenitz.

Chlum, Böhmen, Kaurž. Kr., ein *Dörf-chen*, der Hrsch. Rattay, unweit dem Dorfe Smilowitz, 4 St. von Planian.

Chlum, Böhmen, Kaurž. Kr., ein der Hrsch. Wlaschin geh. *Dorf*, 5 St. von Wottiz.

Chlum, Böhmen, Klatt. Kr., ein *Dorf* zur Hrsch. Lukawitz, 2¼ Stunde von Przestitz.

Chlum, Böhmen, Klatt. Kr., ein *Dorf*, der Hrsch. Planitz geh., unt. der Wosseletzer Sct. Margaretien Kapelle, v. 3 Bergen eingeschlossen, grenzt mit d. Prachiner Kr., 2 St. v. Grünberg.

Chlum, Böhmen, Königgrätz. Kr., ein *Dorf*, zum Gute Nedielischt geh., mit einer Lokalie, auf einer Anhöie, gegen O. an das Dorf Maslowied grenzend, 2¼ St. von Königgrätz.

Chlum, Böhmen, Leitmeritzer Kr., eine *Herschaft* und *Dorf*; siehe Kulm.

Chlum, Böhmen, Pilsn. Kr., ein *Dorf* des Gutes Zwikowetz, davon ¼ Stund. entfernt, liegt am sogenannten schwarzen Wasser, nordwestl, 3¼ St. v. Czerhowitz.

Chlum, Böhmen, Prachiner Kr., ein *Gut* und *Dorf*; siehe Chumo.

Chlum, Böhmen, Prach. Kr., ein *Dorf*, der Hrsch. Blatna, 5¼ St. von Pisek.

Chlum, Böhmen, Rakonitz. Kr., ein z. Hrsch. Bürglitz geh. *Dorf*, ob dem Rakonitzer Bache, gegen W. am Rakonitzer Grund anstossend, 2 Stund. von Horosedl.

Chlum, Böhmen, Tabor. Kr., ein *Dörf-chen* und *Edelsitz*, zum Gute Nadingkau und Gistebnitzer Pfarre gehörig, 1¼ St. von Sudomierzitz.

Chlum, Mähren, Brünn. Kr., ein *Dorf* wovon ein Theil zur Pfarre u. Hrsch. Lettowitz geh., mit böhmisch. Einw., einem Wirthshause an der Trübauer Strasse, 2 St. von Goldenbrunn.

Chlum, Mähren, Brünn. Kr., ein *Dorf* zur Pfarre Oels und Hrsch. Kunstadt nächst Wir gehör., mit böhm. Einw., 5 St. von Goldenbrunn.

Chlum, Mähren, Brünn. Kr., ein kl. *Dorf*, wovon ein Theil zu denen der der Hrsch. Zwittau einverleibten so genannten Mannschaften, ein Theil nach Lettowitz, und ein Theil nach Borotin geh., mit einer Lokalie, unweit Lettowitz, 1 St. von Brüsau.

Chlum bei **Wiskry,** Böhmen, Jungbunzlauer Kr., einige *Häuser*, mit einer Lokalie, z. Hrsch. Gross-Skal gehörig.

Chlum, Mähren, Iglauer Kr., ein *Dorf*, zur Hrsch. Trebitsch, mit einer Pfarre

und einem Schulhaüse, gegen W. ob d. Iglauer Fl., gegen O. näcist Kauti, mit böhm. Einw., 6½ St. von mähr. Budwitz, und Gross-Meseritsci.

Chlum, Mähren, Prer. Kr., ein einzelner *Hof*, zur Hrsch. Bistrzitz am Fusse des Berges gleichen Namens, 5 St. von Kremsir, 4 St. v. Wischau.

Chlum, Hinter-, Hadrow — Böhmen, Beraun. Kr., ein *Dorf* zum Gute Chlum und Zahradka, 8 St. von Sudomierzitz.

Chlum, Forder-, Böhmen, Beraun. Kr., ein *Dorf* und *Gut*, 9 St. von Sudomierzitz.

Chlum, Klum — Böhmen, Ellboguer Kr., ein *Dorf*, mit einer Kirche, der Hrsch. Luditz, 4½ St. von Lizkowitz.

Chlum, Mähren, Brünn. Kr., ein *Berg*, ½ St. vom Dorfe Obora, 255 W. Klft. über dem Meere.

Chlumanek, Böhmen, Klattauer Kr., ein zur Hrsch. Hradischt unterth. *Dorf*, vorwärts des Flusses Bratowa, 3 St. von Grünberg.

Chlumczan, Chlumczany — Böhmen, Saaz. Kr., ein zur Hrsch. Czitolib geh. *Dorf*, mit einem Wirthshause, Meierhofe und einer Kirche versehen, ¼ St. von Laun.

Chlumczany, Böhmen, Saazer Kr., ein zur Hrsch. Czitolib geh. *Dorf*; siehe Chlumczan.

Chlumczany, Böhmen, Klatt. Kr., ein *Dorf*, der Hrsch. Lukowitz; siehe Chlumtschau.

Chlumczany, Böhmen, Saazer Kr., ein zur Hrsch. Petersburg geh. *Dorf*, siehe Chlumtschan.

Chlumecz, Böhmen, Budw. Kr., eine *Herschaft* und *Dorf*, mit einem Schlosse und einer Kirche, zwischen meiren grossen Teichen, 2 St. von Schwarzbach.

Chlumecz, Böhmen, Budw. Kr., ein *Dorf*, der Hrsch. Frauenberg au der Moldauteiner Strasse, 3 St. von Moldautein.

Chlumecz, Böhmen, Leitmer. Kr., ein *Dorf*, der Hrsch. Tetschen; s. Kolmen.

Chlumecz, Böhmen, Leitmer. Kr., eine *Herschaft* und *Dorf*; siehe Kulm.

Chlumecz, Chlumetz — ob dem Fl. Czidlina (Chlumez nad Czidlinau), Böhmen, Bidsch. Kr., eine der Hrsch. Chlumecz geh. *Stadt*, mit 217 Häusern und 2620 Einw., einem Schlosse, Dechantei, meiren Kirchen, 3 Vorstädten, und der Ruine einer alten Burg, in d. Nähe ist ein viel gerühmtes Bad und meire grosse fischreiche Teiche. Postamt mit:

Altwasser, Augezd, Babitz, Bain, Bain, Bterunitschek, Bukowina, Cheyzcht, Chřnitz, Chottowitz, Chuderzitz, Dlauhopolsko, Dobschitz, Hlawetnik, Hlinow, Horka, Hradischko, Hraska-Kositzer, Hraska-Trzeiitzer, Karanitz, Kladrub, Klamoech, Knezitschek, Kolles, Komarow, Koncitts, Roselts, Gross-, und Klein-, Kundratitts, Lauknoz, Laucxits, Lewin, Lhotka, Liechits, Luh, Lukova, Lutschits, Luachets, Milkosrb, Nepolis, Neustadtl, Nowy, Panietnik, Przepich, Pisck, Prscheyschow, Razoch, Rozehnal, Skochowits, Schlibowits, Stitt, Straschow, Tetlau, Thiergarten, Wapno, Wiklek, Gross- u. Klein-, Winar, Wikow, Wolleschnits, Zantow, Zehun, Zizelits, Lihnows, Lischitz Klein, Obicdowits, Pres, Wertanow.

Einzelne Güter: Klein und Gross Barichow, Puhlowits, Dobrzenits, Strowatka.

Stiftungs-Gut Libschan: Hubenutze, Krasnitze, Libschan, Lhotka, Praskaczka, Sedlitze, Trsceslits, Urbanits, Wosnits.

Herschaft Smidar: Smidar, Alt Budschow, Chottielitz, Czerwenowes, Hluschitz, Grosr, und Klein, Krziczow, Laucznahura, Lhotta, Listowits, Skrzeners.

Skrziwaner-Gut: Skrziwan, Mischtowe, Podolß, Stihnow.

Chlumeczek, Böimen, Budw. Kr., ein *Dorf*, der Hrsch. Krumau und Gut Goldenkron, 2 St. von Budweis.

Chlnmeczer Glashütte, Böhmen, Budw. Kr., eine *Glasfabrik*, der Hrsch. Clumetz; sieie Glashütte.

Chlumek, Cılomek — Böimen, Praciiner Kr., ein *Dorf*, der Hrsch. Schlüsselburg, 2½ St. von Grünberg.

Chlumek, Böimen, Chrud. Kr., ein *Dörfchen*, mit einer Pfarrkircıe und einem alten Scilosse, dem Gute Koscıomberg geh., liegt auf einer Anıöıe, 2½ St. vou Hoıenmautı.

Chlumek, Böimen, Czasl. Kr., ein *Meierhof*, in dem Dorfe Kohili Hlava zur Hrsch. Goltscı-Jenikau geh., 1 St. von Jenikau.

Chlumek, Böimen, Czaslau. Kr., ein *Dorf*, der Hrsch. Neustudenecz; sieıe Cılomek.

Chlumek, Böimen, Bidsch. Kr., ein *Dorf*, zum Gut Gross-Geržitz; sieıe Cılomek.

Chlumek, Böimen, Jungbunzl. Kr., zwei *Dörfer*, zur Hrsch. Dobrawitz und Gross-Skall; sieıe Cılomek.

Chlumek, Mäıren, Iglau. Kr., ein *Dörfchen*, der Hrsch. Deutsch-Rudoletz, mit einem Meierhofe und Scıäferei, ½ St. südw. von Wolein, 3 St. von Regens.

Chlumek, Mäıren, Iglauer Kr., ein *Dorf*. zur Pfarre Wolein und Ortsobk. Czerna geh., mit böhm. Einwoınern.

Chlumek, Cılomek, Chlaumek, Glomuk — Böimen, Königgr. Kr., eine *Kirche*, auf einem Hügel näcıst dem Berge Prassywka, der Hrsch. Horzeniowes; der meiste Theil des ıerumliegenden Adels wäılte sicı vor Zeiten diese Kirche zu ihrer Grabstätte, 1½ St. von Jaromirž.

Chlumek, Chlumka — Böhmen, Bid schower Kr., ein *Dörfchen*, zum Gut Holowaus, 1 St. von Horzitz.

Chlumetz, Böimen, Berauner Kr eine *Herschaft* und *Markt*, mit eineı alten Scılosse auf einem ıoıen Berg 4 St. von Wottitz.

Chlumetz, Gross-, Böimen, Beı rauner Kr., ein *Dorf*, z. Hrsch. Wossow geıörig.

Chlumetz, Klein-, Böhmen, Beı rauner Kr., ein *Dorf* d. Hrsch. Wossow

Chlumetz, Böimen, Chrud. Kr., ei einzelnes *Jägerhaus*, zur Hrsch. Le tomischl geh., gegen W. an d. Dor Tržek, ½ St. von Leitomiscıl.

Chlumetz, Chlum — Böımen, Budv Kr., eine *Herschaft* und *Dorf*, mit eine Scılosse, Meierhofe und Eisenwerke 2 St. von Scıwarzbacı.

Chlumetz, oder Chlunz — Mäıreı Iglauer Kr., ein *Dorf*, zur Hrsch. Da schitz, mit einem Meierhofe, südöstl. ur weit Datschitz, 4 St. von Scıeletau.

Chlumletin, Böimen, Chrud. Kı ein zur Hrsch. Richenburg geh. *Dor* 7 St. von Cırudim.

Chlumin, Chlomin — Böımen, Juną bunzlauer Kr., ein *Dorf*, der Hrscı Kosmanos an dem Dorfe Lutkowit 2 St. von Jungbuuzlau.

Chlumka, Böımen, Bidsch. Kr., eı *Dörfchen*, zum Gute Holowaus; siel Cılumek.

Chlumtschan, Chlumczany, Klun schan — Böımen, Saazer Kr., ein zı Hrsch. Petersıurg geıör. *Dorf*, daı eingepfarrt, 3 St. von Horosedl.

Chlumtschan, Chlumcžäny — Böl men, Klatt. Kr., ein zur Hrsch. Luka witz geh. *Dorf*, wobei eine ½ St. en fernte Eremitenwohnung samt dei Mariahilfkapelle vorfındig ist, 1½ S von Przestitz.

Chlunz, Mähren, Iglau. Kr., ein Doı mit einer Pfarre, zur Hrsch. Datschit mit böhm. Einw.; siehe Chlumetz.

Chlupin, Böhmen, Prachin. Kr., e *Dorf*, der Hrsch. Stahl-Hoschtiz geh sieıe Hlupin.

Chlupitz, Klupitz, Globitz — Mähre Znaimer Kr., ein *Dorf* der Hrsch. Nk litz, nach Hosterlitz eingepf., näcı dem Markte Hosterlitz, mit deutsch Einw., 3½ St. von Znaim.

Chlusieze, Böhmen, Bidschower K ein *Dorf* der Herschaft Smidar; sie Hluscıitz, Gross-.

Chlustina, Böhmen, Berauner K ein *Dorf* der Hrsch. Točžnik, gegeı an dem Dorfe Prasskolesş, 1½ St. v Čžerhowitz.

hmeleschen, Böhmen, Saazer Kr., ein zur Hrsch. Petersburg geh. Dorf; siehe Chmelischen.

hmelessno, Böhmen, Saazer Kr., ein zur Hrsch. Petersburg geh. Dorf; siehe Cimeliscien.

hmelischen, Böimen, Saazer Kr., ein Dorf der Hrsch. Sciöniof, gegen W. an Emanuelsdorf grenzend, 2 St. von Podhorżan.

hmelischen, Chmeleschen, Cimelessno, Chmelnistna — Böimen, Saazer Kr., ein zur Hrsch. Petersburg geiör. Dorf, mit einer Lokalie, liegt an dem sogenannten Hubertswalde, 2¼ St. von Horosedl.

hmelischt, Chmelisst — Böhmen, Kauržimer Kr., ein Dörfchen der Hrsch. Rattay, mit einem Meierhofe, grenzt mit dem Dorfe Cžižow im Czaslauer Kr., 3 St. von Pianian.

hmelisst, Böimen, Kaurzimer Kr., ein zur Hrsch. Rattay geh. Dörfchen; siehe Chmelischt.

hmelna, Böimen, Czaslauer Kr., ein Dorf, zum Gerżabeker Freisassen-Viertel geh., liegt gegen Norden näcist Prawonin, 2 St. von Horżepnik, 9 St. von Tayor.

hmelna, Böimen, Taborer Kr., ein Dorf, zum Gute Neu-Čzerekwe geh., nächst Mislow, 3 St. von Pilgram, 8 St. von Neuhaus.

hmelna, Gross-, Böhmen, Prachiner Kr., ein Dorf jens. des Wottawa Fl., zur Stadt Schüttenhofen geh., 1 St. von Schüttenhofen, 3 St. von Horazdiowitz.

hmelna, Klein-, Böhmen, Prachiner Kr., ein Dörfchen am Flusse Wattawa, z. Stadt Schüttenhofen, ¼ St. von Schüttenhofen, 3 St. von Horazdiowitz.

hmelna, Kmelna — Böhmen, Budw. Kr., ein Dorf zur Erzdechantei Böhmisch-Krumau und zum Gute Rausching geh., 5 St. von Wittingau.

hmelnice, Böhmen, Klattau. Kreis, ein Dorf, gehört zur Hrsch. Bukawitz.

hmelnistna, Böhmen, Saaz. Kreis, ein zur Hrsch. Petersburg geh. Dorf; s. Chmelissen.

hmelowicz, Böhmen, Bidschower Kr., ein Dörfchen z. Gute Slaupno, nach Petrowitz eingepfarrt, 3½ St. v. Horzitz.

hmiel, Galizien, Sanok. Kr., ein Gut und Dorf, nächst Zatwarnica, am Saan Flusse, 13 St. von Sanok, 4 Meil. von Jassienica.

hmivliska, Galizien, Tarnopoler Kr., ein zur Hrsch. Skalat geh. Dorf, mit einem Hofe und Bierhause, 6 St. v. Tarnopol.

Chmlelnik, Galizien, Rzesz. Kreis, ein der Hrsch. Tyczyn gch. Dorf, 2 St. von Rzeszow.

Chmielno, Galizien, Zloczow. Kreis, ein der Hrsch. Szczurawice geiör. Dorf, mit einer griechisch-kathol. Kircie, 7 St. von Brody.

Chmielow, Galizien, Rzesz. Kr., ein der Starostei Sedomir geiöriges Dorf, 16 St. von Rzeszow.

Chmielow, Galizien, Zloczow. Kreis, ein der Hrsch. Saszow geh. Dorf, 3 St. von Zloczow.

Chmielowa, Galizien, Zaleszc. Kr., ein zur Hrsch. Czernelica geh. und daiin eingepfarrtes Dorf, an dem Dniester Fl., 2 St. von Czapowce.

Chmielowka, Galizien, Tarnopoler Kr., ein d. Hrsch. Mogielnica geh. Dorf, liegt ganz in der Ebene, mit einem Postwechsel zwischen Mikulince u. Buczacz. Postamt.

Chmieluwka, Galizien, Stanisl. Kr., ein zur Kammeral-Herscaft Bohorodczan geh. Dorf, gegen S. näcist d. Dorfe Hlebuwka, 6½ St. von Stanislawow.

Chniawa, Knötenhof, Knödelhof — Böimen, Budw. Kr., ein Meierhof und Schäferei z. Hrsch. Frauenberg, auf der Tayorer Strasse, 2 St. von Budweis.

Chniepuchel, Oest. u. ä. E., V. O. W. W., die alte Benennung der Hrsch. und Bergveste Grünbühel.

Chobine, Mäiren, Brünn. Kreis, ein Dorf zur Herscaft Oppatowitz; siehe Chobinie.

Chobinie, Chobine — Mäiren, Brünner Kreis, ein Dorf zur Herscı. Oppatowitz und Schubirzow, 3 St. von Goldenbrunn.

Chobitschaner-Mühle, Schlesien, Troppau. Kr., eine Mühle des zu den Ingenieur Staatsgütern geiör. Dorfes Chobitschau, zur Pfarre Gross-Poilom am Oppafl., 1 St. von Gross-Poilom.

Chobot, Böimen, Tayor. Kreis, eine Mahtmühle, geiört zur Hrsch. Mühlhausen, 3 St. von Tayor.

Chobot, Böimen, Kaurz. Kreis, eine Mühle, geiört zur Herscı. Wlaschin.

Chobot, Böimen, Prach. Kr., ein Dörfchen z. Hrsch. Blatna bei Mischtitz, 6½ St. von Pisek.

Chobotter- auci **Gobotter Mühle,** Mäiren, Brünn. Kr., eine Mühle, z. Gute Hairowan im Dorfe Nemojaun, 1 St. von Wisciau.

Chobow, zu **Wola batorska,** Galizien, Bocin. Kr., eine Ortschaft zur Pfarre u. Ortsobrigk. Niepolomice geh.

Choca, Ungarn, ein Dorf im Barser. Komitat; siei e Hecse.

Chocen, Galizien, Sanok. Kr., ein der Hrsch. Lisko geh. *Dorf,* näcıst Serednie am Tarnuwka Fl., 4 M. von Jassienica, 5 St. von Sanok.

Chochlow, Galizien, Zolkiew. Kr., eine mit dem Dorfe Hulcze verbuudene *Ortschaft,* 10¼ St. von Rava.

Chochol, Böımen, Kaurz. Kr., ein z. Hrsch. Böımiscı-Sternıerg geıör. *Dorf* sammt der Einschichte Neuıof, im Thale gegen Aufgang, 3 St. von Bistrzitz.

Chocholec, Galizien, Zolkiew. Kr., eine zur Hrsch. Batyatycze geh., mit dem Dörfcıen Damielcze verıundene *Ortschaft,* 6 St. von Zolkiew.

Chocholker Mühle, Böımen, Taborer Kr., eine *Mahlmühle,* der Herscı. Pazan, am Dworzischter Bacıe, 6¼ St. von Tabor.

Chocholker Mühle, Böımen, Taıorer Kr., eine *Mahlmühle,* geıört zur Hrsch. Putzau, 6¼ St. von Taıor.

Chocholna, Kis- Mala-, Ungarn, diess. der Donau, Trentscıin. Gespanschaft, Unt. Bzk., ein der adel. Familie Borsiczky geh. *Dorf,* nacı Drietoma eingepfarrt, mit einem adel. Freiıofe und einem Gesundbrunnen von der besten Gattung, dann einem eigenen Ortsgericıte, ausser d. Poststrasse, 1¼ St. v. Trentscıin.

Chocholna, Nagy-Welka-, Ungarn, diess. der Donau, Trentschin. Komitat, Unt. Bzk., ein unter meıre adel. Familien getheiltes *Dorf,* z. Pfarre Diometra geh., hat sein eigenes Ortsgericht, mit einer auf Kosten des löbl. Komt. üısel dem Waag Flusse erıauten steinernen Brücke, naıe bei Kis-Cıocıolna, 1¼ St. von Trentscıin.

Chochomow, Galizien, Brzezan. Kr., ein der Hrsch. Concolniki geıöriges *Pfarrdorf,* 4 St. von Halicz.

Chochorowice, Galizien, Sandek. Kr., ein zur Kaal. Hrsch. Altsandec gehöriges *Dorf,* am Flusse Dunajec, 1 St. von Sandek.

Chochotow, Galizien, Sandec. Kr., ein zur Kameral-Hrscht. Neumark geh. *Dorf,* am Flusse Csarnydunajec, 15 St. von Myslenice.

Chocimirer Wald, Galizien, Stanisl. Kr., ein *Wald,* woselıst sicı ein herschaftl. Bier- und Brandweinhaus sammt etlicıen Chaluppen befindet, zur Hrsch. Chocimirz gehörig, 1 St. von Chocimirz.

Chocimirz, Galizien, Stanisl. Kr., eine *Herschaft* und *Marktflecken,* mit einer russuiak. kathol. Pfarre, einem ıerscı. Hofe, Vorwerke und einem schönen Landhause des Grafen Kozio-

bradzky, dann einem Postwechsel zwı scıen Tlumacz und Winogrod, 10 S von Kolomea.

Chocin, Galizien, Stryer Kr., eı *Gut* und *Dorf* mit einer griechische Pfarre, neıen der Stadt Kalusz, zw · scıeı 2 Flüssen, 8 Meilen von Stanis lawow.

Chócs, Choc — Ungarn, ein *Berg* iı Árvaer Komitat.

Chocs, Cıoc, Gross- und Klein-, - Ungarn, ein *Berg* im Liptauer Kc mitat.

Chocsscher-Alpen, Ungarn, eı Theil der westlichen Voralpen.

Chocylub, Galizien, Zolkiew. Kr ein *Gut* und *Dorf* mit einem Edelıof Vorwerke und griechich-kathol. Kirch 2 St. von dem Markte Ciezanow.

Choczebus, Böımen, Leitmer. Kr *Herschaft* und *Dorf;* sieıe Czebus.

Chocznia, Galizien, Wadowicer Kr ein zur Hrsch. Tomice gehöriges *Pfarı dorf,* mit einem an der Landstrasse lie genden grossen Wirthshause, ¼ St. v Wadowice.

Choczemicze, Böımen, Kaurž. Kı ein *Dorf* der Hrsch. Czerhenitz; siel Choczemnitz.

Choczemischl, Kotzomischl — Böı men, Klattauer Kr., ein *Dorf* mit eine kleinen Scılosse, geıört zur Herscha Cıudenitz, 2 St. von Klattau.

Choczemnitz, Choczemicze, Cho tienicze — Böımen, Kaurž. Kr. ei *Dorf* mit einem Scılössel, Kapelle uı herschaftl. Oıst- und Fasangarten, zı Hrsch. Czerhenitz, jenseits der Wie nerstrasse, 1¼ St. von Kolin.

Choczen sammt **Bila** und **Cho czenek,** Böımen, Chrud. Kr., ein *Herrschaft. Schloss* und *Markt* m einer Pfarre, am Adlerflusse liegenc 1¼ St. von Hohenmauth.

Choczenek, Böımen, Chrud. Kr einige *Häuser* bei dem Markte Choczen sieıe Cıoczen.

Choczerady, Böımen, Kaurž. Kr ein *Dorf* der Hrsch. Kammerburg;.ı Choczerad.

Choczim, Böhmen, Taıor. Kr., eı · *Dorf* zur Hrsch. Cheynow geh., 2 S von Tabor.

Choczin, Böımen, Budw. Kr., eı *Dorf* der Herscıaft Frauenberg; sieı Koczin.

Choczovium, Böımen, Leitm. Kr. ein *Pfarrdorf* der Hrsch. Wrschowitı sieıe Koschow.

Choczow, Koczow — Böhmen, **Tabo**

Kr., ein *Dorf* der Hrsch. Jung-Wozicz, 3 St. von Sudomiercitz.

hodaczkow, Galizien, Tarnopol. Kr., ein *Gut* und *Dorf* mit einer griech. Kircie und Vorwerke, liegt gegen Ost. an Miculince, 3 St. von Tarnopol.

hodaczkow, Galizien, Tarnopol. Kr., ein zur Hrsch. Borki geiöriges *Dorf*, mit einer Kircie, Wirthshause, Müile und Vorwerke, 4 St. von Tarnopol.

hodaczow, Galizien, Rzesz. Kr., ein der Hrsch. Groziska geiöriges *Dorf* am linken Ufer des Wisloka Flusses, 2 St. von Przeworsk.

hodakowka, Galizien, Rzesz. Kr., ein *Dorf* mit einer Pfarre, zur Ortsobrigk. Sielesz geiörig.

hodau, Ober-, Kodau, Chodowa — Böimen, Ellbogn. Kr., eine *Herschaft*, *Schloss* und *Dorf*, mit einem obrigkeitl. Meierhofe und einer Mailmüile, liegt an dem Bacie Ciodau, 2 St. von Karlsiad.

hodau, Unter-, Rodau, Ciodow — Böimen, Ellbogn. Kr., ein *Dorf* mit einer Pfarre der Hrsch. Ellbogen, worin ein altes Schloss und näcist daran ein Steinkohlen-Bergwerk ist, 2½ St. von Karlsbad.

hodaulitz, Chodolitz, Chodowlicze, Kotaulitz — Böimen, Leitm. Kr., ein der Hrsch. Džischkowitz geh. *Dorf*, seitwärts des Städtciens Trebnitz an dem Modelflusse, 1¾ St. von Loiositz.

hodaun, Böimen, Beraun. Kr., ein *Dorf* zur Hrsch. Točznik, liegt gegen Osten an dem Dorfe Zditz, und fliesst der Fluss Litawa durci, ½ St. v. Zditz.

hodaun, Böimen, ein *Dorf* zur Hrsch. Točznik geh., 1¼ St. von Czerhowitz.

hodane, Cioden — Böimen, Leitm. Kr., ein *Doif* mit dem abseitigen Jägerhause Wissetschko, geiört zum Gute Brosan, als Antieil des Herzogthums Raudnitz, ⁴ St. von Raudnitz.

hodcz, Ciodecz — Böimen, Jungb. Kr., ein *Dorf* mit einer Kircie zur Hrsch. Liilitz geh., 2 St. von Melnik, 4½ St. von Scilan.

hodcz, Ciodecz — Böimen, Leitm. Kr., eine zur Hrsch. Cžischkowitz geh. und mitten in den Wiesen an den Modelflusse gelegene *Mühle*, ½ St. von Lobositz.

hodecz, Böimen, Tabor. Kr., ein *Meierhof* und eine *Mahlmuhle*, geiört zur Stadt Pilgram, 1 St. von Pilgram.

hodecz, Böimen, Jungb. Kr., ein *Dorf* zur Hrsch. Liilitz geiörig; siehe Chodcz.

Chodenice, Galizien, Bochn. Kr., ein zur Hrsch. Kolanow unter die Krzeczower Verwaltunggehöriges *Dorf*, unweit Raba, ¼ St. von Bocinia.

Chodenschloss, Ciodowo, Kuttensciloss — Böimen, Klattauer Kr., ein *Gut*, *Schloss* und *Dorf* mit der Hrsch. Kaut vereinigt, nebst einer Lokalie, ⅜ St. von Klentsci.

Chodenkowee, Galizien, Brzezan. Kr., ein der Hrsch. Sokotowka geiör. *Dorf*, 1¼ St. von Boberka.

Chodietitz, Böimen; Berauner Kr., ein *Dorf* zur Hrsch. Smilkau geiörig, 3 St. von Wottiz.

Chodirschin, Hodischin, Böimen, Königgr. Kr., ein *Dorf* zum Gute Nediliescht gehör., 2 St. von Reicienau.

Chodnowize, Galizien, Przemysl. Kr., ein *Dorf* zur gräfl. Mniszekischen Hrsch. Husakow geh., 4 St. von Przemysl.

Chodokowka, Galizien, Bzesz. Kr., ein der Hrsch. Kanczuga geiöriges *Dorf*, 4 St. von Przeworsk.

Chodorow, Galizien, Brzez. Kr., *Herschaft* und *Markt* mit einer latein. und griech. Pfarre, 2 St. von Knihenice.

Chodorowa, Galizien, Sandec. Kr., eine *Herschaft* und *Dorf*, am Flusse Biala, 4 St. von Sandec.

Chodorowka, Galizien, Sanok. Kr., Kr., ein der Hersciaft Baciorz geiör. *Dorf*, bei Dynow am Saan Flusse, 2½ St. von Duniecko.

Chodow, Böimen, Ellbogn. Kr., ein *Dorf*, d. Hrsch. Elliogen; siehe Ciodau.

Chodow, Böimen, Kaurz. Kr., ein *Dörfchen*, zur Hrsch. Kundratitz, mit einem Scilösscien und Meierhofe, liegt gegen S., 1½ St. von Jessenitz.

Chodowa, Böimen, Ellbogn. Kr., eine *Herschaft* und *Dorf*; siehe Ciodau.

Chodowa Plana, Böimen, Pils. Kr., eine *Herschaft* und *Markt*; siehe Kutenplan.

Chodowice, Galizien, Stryer Kr., ein *Gut* und *Dorf*, zur Stryer Rit. Lat. Proistei geh., mit einer russ. Kircie, 2 St. von Stry.

Chodowitz, Chodowiczka — Böimen, Bidsch. Kr., ein *Dorf*, mit einer Lokalie, zum Gute Holowaus, ⅛ St. von Horzitz.

Chodowiczka, Böimen, Bidsch. Kr., ein *Dorf*, zum Gute Holowaus; siehe Chodowitz.

Chodowlicze, Böimen, Leitm. K., ein der Hrsci. Czischkowitz geh. *Dorf*; siehe Chodaulitz.

Chodowo, Böimen, Klatt. Kr., ein *Gut* und *Dorf;* sieie Chodenschloss.

Chodyiowce, Galizien, Czortk. Kr., ein zur Hrsch. Krzywce geh. und daiin eingepf. *Dorf,* liegt bei dem Fl. Niczlawa, 4 St. von Zalesczyky.

Choga, Ungarn, Bars. Komt.; sieie Hécse.

Choiluk, Kroatien, jens. der Save, Karlstdt. Generalat, Carbavier Bzk., eine zur Liccan. Grenz-Regmts. Kantou Nr. I geh., naci Mutilich eingepf. *Ortschaft,* mit 12 Häus., näcist Rebici, 8 St. von Gospich.

Cholabuditz, Mäiren, Znaim. Kr., ein *Dorf,* zur Hrsch. Budischkowitz; siehe Chotiabuditz.

Cholaupek, Böimen, Beraun. Kr., ein *Dorf,* geh. zur Hrsch. Horzowitz.

Cholczicz, Böimen, Czasl. Kr., ein *Dörfchen,* der Hrsch. Katzow; sieie Holtschitz.

Chollenitz, Böimen, Bidsch. Kr., ein *Dorf,* mit einer Filialkircie, geh. zur Hrsch. und Pfarre Kopidlno, 3 St. von Gitsciin.

Cholewiana Gora, Galizien, Rzesz. Kr., ein der Hrsch. Nisko geiör. *Dorf,* 10 St. von Rzeszow.

Cholin, Cholinsko – Böimen, Beraun. Kr., ein *Lehenhof* und *Dorf,* 8 St. von Beraun.

Cholin, Mäiren, Ollm. Kr.. ein zu den Ollmützer Stadtgütern geh. *Dorf;* sieie Kolein.

Cholinsko, Böimen, Beraun. Kr., ein *Lehengut;* sieie Ciolin.

Cholojow, Galizien, Zloczow. Kr., ein der Hrsch. Radziechow geh. *Städtchen,* mit 2 griech. kathol. Kircien und einem Edelhofe, an Radzieciow angrenzend, 12 St. von Brody.

Cholowice, Galizien, Przemysl. Kr., ein *Dorf,* zur Hrsch. Olszany geiör.; 4 St. von Przemysl..

Choltitz. Cholticze — Böimen, Cirud. Kr., eine *Herschaft* und *Marktflecken,* mit einem hrschaftl. Scilosse und Lokalie, Meierei und Wollspinn-Faktorie, 2½ St. von Cirudim.

Cholticze, Böimen, Chrud. Kr., eine *Herschaft* und *Marktflecken;* sieie Cholditz.

Choluna, Cholunow — Böimen, Taborer Kr., ein *Dorf,* zur Hrsch. Serowicz, 4½ St. von Neuiaus.

Cholupicz, Böimen, Kaurz. Kr., ein *Dorf,* zur Hrsch. Unter-Brzezau, naci Modrzan eingepf, an der Wltawa, 1 St. von Jessenitz.

Chomauti, Böimen, Prachin. Kr., ein *Dorf,* geh. zur Hrsch. Worlik, 5 St. von Pisek.

Chomautowa Lhota, Böimen Taior. Kr., ein *Dörfchen,* zur Hrsch Gistebnitz; sieie Liota Chomautowa

Chometau,- insg. Chomuttau — Mähren, Ollm. Kr., ein altes zur Hrsch Hradisci geh., am Marchfl. lieg. *Dorf* oine Pfarre, welcies gegen S. an da Dorf Czernowiu angrenzt, 1 St. vor Ollmütz.

Chomezin, Galizien, Stanisl. Kr., ein zur Hrsch. Kossow geh. *Dorf,* in Gebirge, am Bache Pallahurak, mi einer russ. Pfarre, 2½ St. von Kutty 6 St. von Snyatin.

Chomiakow, Galizien, Stanislaw Kr., ein z. Hrsch. Czerniejow geh. *Dorf* am Flusse Bystrzyca lieg., mit eine Mahlmühle, 2 St. von Stanislawow.

Chomiakowka, Galizien, Stanis Jaw. Kr., ein zur Hrsch. Tysmienica geb *Dorf,* 1 St. von Stanislawow.

Chomiakowka, Galizien, Czortk Kr., ein *Gut* und *Dorf,* am reciten Ufe des Czerniawa Flusses, naci Gwozd ziec eingepf., 5 St. von Kolomea.

Chomiakowka, Galizien, Czortk Kr., ein zur Hrsch. Bialypotok geh. naci Czortkow eingepf. *Dorf,* 4 St. v Buczacz.

Chomiakowka, Galizien, Czortk Kr., ein zur Hrsch. Jagielnica geh., un daiin eingepf. *Dorf,* 3 St. von Czapowce

Chomis, oder Chomisch, vor Alter Chomicz, auch Chumies — Mähren Hrad. Kr., ein *Dorf,* zur Hrsch. Hole sciau am Bache Nussawa, 4 Meil. vo Wisciau, 4½ St. von Kremsier.

Chomisch, Mähren, Hrad. Kr., ei *Dorf,* zur Pfarre Biilawsko, mit böhm Einw., Hrsch. Holeschau; s. Chomis

Chomiez, oder Chumies — Mähren Hrad. Kr., ein *Dorf,* zur Hrsch. Hole sciau; sieie Ciomis.

Chomle, Böimen, Pils. Kr., ein *Dorf* mit einer auf einer Anhöhe lieg. Kirche einem obrigkeitl. Meier- und Hammel hofe, einem Steinkohlenbergwerk, dan einer einz. Mahl- und Brettsägemühle der Hrsch. Radnitz geh., 2 St. von Ro kitzan.

Chemotovium, Böhmen, Saaz. Kr eine *Stadt* und *Herschaft;* siehe Kom motiau.

Chomow, Böimen, Tabor. Kr., ein *Kreisstadt;* sieie Tabor.

Chomranice, Galizien, Sandec. Kr. ein *Gut* und *Dorf,* mit einer Pfarre, an Flusse Dunajec, 2 St. von Sandec.

Jhomrzysko, Galizien, Sandec. Kr., ein zur Hrsch. Nawoiowa geh. *Dorf.* am Flusse Dunajec, 3 St. von Sandec.

Jhomuticz Gross-, Böhmen, Bidsciow. Kr., ein *Pfarrdorf,* zur Hrsch. Smrkowicz, 2¼ St. von Horzitz.

Jhomuticz Klein-, Cromuticzka — Böhmen, Bidsch. Kr., ein *Dorf,* au Gross-Cromutitz austosseid, zur Hrsch. Aulibitz, 2 St. von Horzitz.

Jhomuticzka, Böhmen, Bidsch. Kr., ein *Dorf* zur Hrsch. Aulibitz gen., siehe Chomuticz.

Jhomutow, Böhmen, Saaz. Kr., eine *Stadt* und *Herschaft;* siehe Kommotau.

Jhomuttau, Mähren, Olim. Kr., ein *Dorf* zur Hrsch. Hradisch geh.; siehe Chometau.

Jhomy, Galizien, Tarnopol. Kr., ein *Meierhof* zur Hrsch. Plotyfza geh., bei dem Walde Cromy, hinter Ivatzow dolny, gegen Norden, 1¾ St. von Tarnopol.

Jhomkowce, Ungarn, ein *Dorf* im Unghvárer Komit.; siehe Hunkócz.

Chopfstall, Oest. unt. d. E., V. U. M. B., unter dieser celtischen Benennung bestand schon seit 1110 ein *Schloss* unfern Maissau, welches noch im Jahre 1456 vorhanden war, aber dann ganz verödet wurde, so zwar, dass ausser dem Namen und der Andeutung des Platzes, wo es gestanden hat, nichts weiter aufgefunden werden kann.

Jhopas, Ungarn, zerstreut liegende *Häuser,* im Szluiner Grenz-Regiments Bezirk.

Jhoratitz, Koraticze, sammt Hutlin und Xaverow — Böhmen, Kaurž. Kr., ein *Dorf* zum Kameralgut Wostrzedek, auf einer Ebene gegen Ost. nächst dem Stadtl Sazau, 2¼ St. von Duespek.

Chorazgwica, Galizien, Boch. Kr., ein *Gut* und *Dorf* mit einer herschaftl. Wohnung, liegt gegen Osten nächst Sulow, unweit der Salinen Bergstadt Wieliczka, 2¼ St. von Gdow.

Chorczelitz, Mähren, Ollmützer Kr., ein *Dorf* zur Pfarre, Hrsch. und Stadt Littau geh., mit böhm. Einwohnern; s. Korzelelz.

Chore, Kroatien, jenseits der Kulpa, Dvor. Bzk., ein zum 2. Banal Grenz-Rgmt. Canton Nr. XI gehöriges *Dorf* von 22 Häusern, liegt auf einer Anhöhe, 1¾ St. von Dvor entfernt, 6¼ St. von Kostainicza.

Chorherru, Oest. unt. d. E., V. O. W. W., eine *Herschaft, Schloss* und *Dorf,* mit 48 Häusern und 290 Einwohnern, einer Lokalkap. unweit Tulln, 1 St. von Sieghardskirchen.

Chorin, auch Korin — Mähren, Prer. Kr., ein *Lehengut* und *Dorf,* mit einer Lokalie und einem Schlosse, nahe hinter dem Betschwar Fl., an dem Dorfe Branek, 3 St. von Weiskirchen.

Chorkowka, Galizien, Jasl. Kreis, eine *Herschaft* und *Dorf,* gegen Nord. nächst Zeglee, 3 St. von Dukla.

Chorobrow, Galizien, Brzez. Kr., ein der Hrsch. Glinna gehöriges *Dorf* 2 St. von Zborow.

Chorobtow, Galizien, Zolkiew. Kr., ein *Gut* und *Dorf,* mit einem Edelhofe, Vorwerke und griech-katiol. Kirche, 2¼ St. von Sokal, 13 St. von Rawa.

Chorochowa, Galizien, Stanisl. Kr., ein *Dorf* der Staatsherschaft Kutty; s. Chorocow.

Chorocow, eigentlich Chorochowa, Galizien, Stanislaw. Kr., ein zur Staatsherschaft Kutty gehöriges *Dorf,* liegt ganz im Gebirge, 3¾ Meil. von Kutty, 6 St. von Snyatin.

Choronow, Galizien, Zolkiew. Kr., ein zur Hrsch. Augustow, oder Gross-Mosty gehöriges *Dorf* und *Schloss,* mit einem Vorwerke und einer ⅓ St. v. Orte entfernten deutschen Kolonie, Bruckenthal genannt, 8 St. von Zolkiew.

Chorosnica, Galizien, Przemysl. Kr., ein *Dorf* zur Herschaft Twierdza gehörig, 4 St. von Jaworow.

Chorostkow, Galizien, Brzez. Kr., *Herschaft* und *Dorf,* mit einer griechisch-katholischen Pfarre, nächst dem Dniester Flusse, 6 St. von Stanislau.

Chorostkow, Galizien, Tarnopol. Kr., eine *Herschaft* und *Stadt* mit 2400 Einwohnern, einer russischen Pfarre und Postwechsel zwischen Mikulince und Hussiatin, Postamt.

Chorszow, Galizien, Przemisl. Kr., ein *Dorf* zur Herschaft Wegierka geh., 4 St. von Jaroslaw.

Chortanovcze, Ungarn, ein *Dorf* im Peterwardeiner Grenz-Regiments Bezirk; siehe Csortanovce.

Choruschek, Böhmen, Bunzlauer Kr., ein *Dorf,* gehört zur Herschaft Melnik.

Choruschtitz, Böhmen, Jungb. Kr. ein *Dorf* mit einer Dechantei, zur Herschaft Melnik geh., zwischen Wtelno und Augezd, 2¼ St. von Benatek.

Choruwice, Galizien, Wadow. Kr., eine *Ortschaft* zur Pfarre Mogilany mit einer Obrigkeit.

Chorwatlee, Ungarn, Honth. Komitat; s. Horváthi.

Chorzelitz, Mähren, Ollmützer Kreis, ein *Dorf*, zur Herrschaft und Ortsobrigkeit Littau gehörig, mit böhmischen Einwohnern.

Chorzelow, Galizien, Tarnower Kr., eine *Herschaft* und *Dorf*, grenzt gegen Osten mit dem Kammeral-Dorfe Ostrowy, wodurch der Fluss Wisloka fliesst, der bei Galluszewiec in die Weichsel fällt, 8 St. von Dembica.

Chorzelowska wola, Galizien, Tarnow. Kr., ein *Dorf* zur Pfarre und Ortsobrigkeit Chorzelow gehörig.

Chorzow, Böhmen, Czaslauer Kr., ein *Dorf* der Herschaft Tupadl, siehe Schorzau.

Chorzow, Galizien, Przemysl. Kr., ein *Dorf*, zur Pfarre Pruchnik und Ortsobrigkeit Wegierka gehörig.

Chosinczy, Csosineê, Ungarn, ein *Dorf* im Poseganer Komitat.

Chotar, Ungarn, ein *Berg* im Árvaer Komitat.

Chotar, Ungarn, ein *Bach* im Árvaer Komitat.

Chotanek, Chotianek — Böhmen, Bidsch. Kr., ein *Dorf*, zur Hrsch. Podiebrad hinter der Stadt Podiebrad, 2½ St. von Nimburg.

Chotauchow, Böhmen, Czaslauer Kr., ein *Dorf* des Gutes Hradek hinter Korzenitz gegen Süden, 2½ St. von Kolin.

Chotaun, Böhmen, Kaurz. Kr., ein zur Hrsch. Podiebrad gehöriges *Dorf*, wo nur 2 Bauerngründe zur Herschaft Schwarzkostelletz gehören, mit einer Filialkirche; ist als der Geburtsort St. Procopi merkwürdig, 1 St. von Planian.

Chotaun, Böhmen, Leitm. Kr., vorher Rakon. Kr., ein der Hrsch. Raudnitzer Antheil Brossan gehöriges *Dorf*, hinter der Elbe gegen Süden liegend, 2½ St. von Auscie.

Chotaun, Chotun, Rotum — Böhmen, Bidschower Kr., ein *Dorf* mit 2 Kirchen, theils zur Herschaft Podiebrad, theils zur Herschaft Schwarzkostelletz gehörig, hinter dem Dorfe Schrabnik, ¾ St. von Böhmischbrod.

Chotaun, sammt dem Hofe Turin und Brdo, Böhmen, Kaurz. Kr., ein *Dörfchen*, zur Herschaft Unterbrzezan, nächst Kreutzkosteletz eingepfarrt, 1½ St. von Jessenitz.

Chotsch, Chodz — Böhmen, Bunzlauer Kr., ein *Dorf*, gehört zur Herschaft Lieblitz.

Chotecz, Rotitze — Böhmen, Bidsch. Kr., ein *Dorf* und *Gut* mit einem Schlössch. und einer Lokalie, 2 St. von Neupackau.

Chotegsch, Böhmen, Kaurz. Kreis, ein *Dorf*, der Herschaft Schwarzkosteletz, s. Choteisch.

Chotegssan Chotiessan, Böhmen, Kaurz. Kr., ein *Gut* und *Dorf*; s. Chotiescian.

Chotelnicz, Böhmen, Budweiser Kr., ein *Dorf* der Herschaft Dirna; s. Chotiemicz.

Choteisch, Chotegsch — Böhmen, Kaurz. Kr., ein der Herschaft Schwarzkosteletz unterthäniges *Dorf*, gegen Kaurzim gelegen, 1½ St. von Böhmischbrod.

Chotelsko, Böhmen, Bidschower Kr., ein *Dorf* zur Herschaft Lomnicz; siehe Kotelsko.

Chotetsch, Chotieschow — Böhmen, Saazer Kr., ein zur Herschaft Petersburg und in die Pfarre Jechnitz gehöriges *Dorf*, an dem Karlsbader Fusssteige, 2 St. von Horosedl.

Chotesch, Chotecz — Böhmen, Bidschower Kr., ein *Dorf* und *Gut* mit einer Lokalie und einem Schlosse, 2 St. von Neupaka.

Chotetsch, Böhmen, Chrudimer Kr., ein *Dorf*, zur Kaalhrsch. Pardubitz; s. Chotsch.

Chotetsch, Böhmen, Rakon. Kr., ein *Dorf*, mit einem Schlosse zum Gute Zbuzan gehörig, 2 St. von Duschnik.

Choteticz, Böhmen, Bidsch. Kr., ein *Dorf*, zur Herschaft Dimokur; siehe Chotieticz.

Chotianek, Chotanek — Böhmen, Bidschower Kr., ein *Dorf*, gehört zur Herschaft Podiebrad und zur Pfarre Lititz, 2½ St. von Nimburg.

Chotiadtitz, Mähren, Znaimer Kreis, ein *Dorf*, zur Pfarre Lattein, und Herschaft Butsch gehörig, mit böhmischen Einwohnern.

Chotiabuditz, insgemein **Cholabuditz**, deutsch **Dreieichen**, Mähren, Znaimer Kreis, ein *Dorf*, zur Herschaft Budischkowitz, mit einer Mahl- und Brettmühle, unweit Jamnitz, 3 St. von Scheletau.

Chotieborek, Chotieborzicze, Chotebor, Chotieborz — Böhmen, Königgr. Kr., ein zur Herschaft Horzeniowes gehöriges *Dorf* mit einer Pfarre, grenzet gegen S. an Dubenetz, 1½ St. von Jaromierz.

Chotieborz, Böhmen, Czaslauer Kr., eine *Herschaft* und *Stadt* mit einer Pfarre, dann einem Schlosss, nächst dem Flusse Daubrawka, 4 St. von Deutschbrod. Postamt mit:

Libitz, Neuesdorf, Stepanow.

Chotieborzer Obermühl, Böhmen, Czaslauer Kr., eine einschichtige *Mahlmühle*, an dem Flusse Daubrawka, zur Herschaft Chotieborz, 4 St. von Deutschbrod.

Chotieborzer Untermühl, Böhmen, Czaslauer Kr., eine einschichtige *Mahlmühle*, auf dem Flusse Daubrawka, zur Herschaft Chotieborz, 4 St. von Deutschbrod.

Chotieborzicze, Böhmen, Königgr. Kr., ein *Dorf* der Herschaft Horzeniowes; s. Chotieborek.

Chotiekow, Böhmen, Pilsner Kr., ein *Dorf* zum Gute Malesitz; siehe Chotikau.

Chotielitz, Chotelitz — Böhmen, Bidschower Kr., ein *Dorf*, gehört zur Herschaft Dimokur und zur Pfarre Smidar, 4 St. von Königstadtel.

Chotiemicz, Choteimicz — Böhmen, Budweiser Kreis, ein *Dorf* zur Hrsch. Dirna, unweit Deschen, 3 ½ St. von Wesely.

Chotiemierz, Chodicmicz, Böhmen, Klattauer Kr., ein *Gut* und *Dorf*, mit einem kleinen Schlosse u Meierhofe, nächst Blisow eingepfarrt, 2¼ St. von Stankau.

Chotiena, Böhmen, Pilsner Kr., ein *Dorf* zum Gute Kaczerow, siehe Chotina.

Chotienitz, Böhmen, Chrud. Kr., ein *Dorf* zur Herschaft Herzmanmiestetz, nahe an dieser Stadt gegen Osten gelegen, 1¼ St. von Chrudim.

Chotienieze, Böhmen, Kaurz. Kr., ein *Dorf* der Herschaft Czerhenitz, s. Choczemnitz.

Chotienow, Böhmen, Chrudim. Kr., ein *Dorf* zur Herschaft Leitomischl, gegen Westen hinter dem Dorfe Setsch, 1¼ St. von Leitomischl.

Chotierzin, Böhmen, Prachin. Kr., ein *Dorf* der Herschaft Worlik; siehe Koterschin.

Chotieschan, Chotiessan, Chotegssan — Böhmen, Kaurz. Kr., ein *Gut* und *Dorf* mit einem herrschaftl. Schlosse und einer Kirche, 2 St. von Bistritz.

Chotieschau Gross, Chotiessow nad worzisstie, Böhmen, Pilsner Kr., eine *Kammeralherrschaft* u. *Dorf* mit einer Pfarre, liegt an dem Radbusafl. östlich ¾ St. von Staab.

Chotieschau Klein, Kotieschau, Böhmen, Pilsner Kr., ein *Meierhof*, eine Schäferei und eine Glasfabrike zum Gute Uhlitz geh., grenzt gegen Westen mit dem Dorfe Gesua, 2 St. von Mies.

Chotieschau, Kotieschau — Böhmen, Leitm. Kr,, ein zur Herschaft Liebo-

chowitz gehöriges *Dorf*, mit einer Filialkirche, 1 St. von Budin.

Chotieschin, Chotiessini — Böhmen, Chrudimer Kr., ein *Dorf* zur königl. Leibgedingstadt. Horenmauth, gegen O. 2 St. von Horenmauth.

Chotieschitz, Böhmen, Bidschow. Kr., ein *Dorf* mit einer Lokalie, zur Herschaft Dimokur, 2 St. von Königstadtl.

Chotieschow, Böhmen, Saazer Kr., ein zur Herschaft Petersburg gehöriges *Dorf*; siehe Chotoschau.

Chotiessan, Chotegssan, Böhmen, Kaurz. Kr., ein *Gut* und *Dorf*; s. Chotieschau.

Chotiessini, Böhmen, Chrudim. Kr., ein *Dorf* zur königl. Leibgedingstadt Horenmauth, s. Chotieschin.

Chotiessow nad Wrzisstie, Böhmen, Pilsner Kr., eine *Herschaft* u. *Dorf*; s. Chotieschau, Gross.

Chotieticz, Choteticz, Böhmen, Bidschow, Kr., ein *Dorf* an dem Flusse Czidline, zur Herschaft Dimokur geh., 4 St. von Königstadtl.

Chotietin, Böhmen, Beraun. Kr., ein *Dorf* zur Herschaft Zbirow, liegt vom Orte Schwabin westlich, 2 St. von Czerchowitz.

Chotietow, Böhmen, Kaurz. Kr., ein *Dorf* der Herschaft Braudeis: siehe Kutenthal.

Chotietz, Böhmen, Jungb. Kr., ein *Dorf* der Hrsch. Krzinetz; s. Meczirz.

Chotilsko, Böhmen, Berauner Kr., ein *Dorf*, zum Gute Slap, liegt zwischen dem Dorfe Korkin gegen W., und d. Dorfe Lippa gegen O., 4¼ St. von Beraun.

Chotikau, Chotiekow, Kottikeu, Kodikow — Böhmen, Pilsn. Kr., ein *Dorf* mit einer Filialkirche, zum Gute Malesitz, gegen W., 1 St. von Pilsen.

Chotimierzitz, Böhmen, Czasl. Kr., ein *Dörfchen*, zur Hrsch. Hammerstadt geh., am Sazawafl., 8 St. v. Stöcken.

Chotina, oder Chotiena — Böhmen, Pilsn. Kr., ein *Dorf*, zum Gute Kaczerow, unweit des Dorfes Plana, mit einem Mineralwerk, 3½ St. von Pilsen.

Chotiowicz, Chotowitz — Böhmen, Bidsch. Kr., ein *Dorf*, zur Hrsch. Chlumetz, nach Schehuu eingepfarrt, 1½ St. von Chlumetz.

Chotiw, Böhmen, Königgr. Kr., ein *Meierhof*, zum Gute Borohradek, 2¼ St. von Holitz.

Chotiwige, Oest. unt. d. E., V. O. W. W., die alte Benennung der Stiftsherrschaft und Benediktiner-Abtei Göttweih.

Chotomierzitz, Böhmen, Czasl. Kr., ein *Meierhof*, zur Hrsch. Zbraslawitz geh., wobei sich eine Glasfabrik befindet, nahe an Zbraslawitz gegen W., 4½ St. von Czaslau.

Chotowa, Galizien, Tarnower Kr., ein zur Hrsch. Stupie geh. Dorf, mit 2 Mühlen, 2 Bräuhäusern und einem Wirthshause, an einem unbenannten Bache, liegt an Waldungen, ½ St. von Dembica.

Chotowicze, Böhmen, Chrud. Kr., ein der Hrsch. Neuschloss unterthänig. Dorf, mit einer Filialkirche, gegen O. an das Dorf Makau grenzend, 2 St. v. Leitomischl.

Chotowin, Böhmen, Tabor. Kr., eine Herschaft, *Schloss* und Dorf, mit einer Pfarre, 1 St. von Sudomierzitz.

Chotsch, Chotetsch — Böhmen, Chrud. Kr., ein *Dorf*, zur Kaal. Hrsch. Pardubitz, 1 St. von Königgrätz.

Chotsch, ein hoher Berg in Ungarn, diesseits der Donau, nach dem Krivan der höchste Berg in der karpatischen Gebirgskette in d. Liptauer Gespansch., von dessen Gipfel man über 100 Ortschaften der Gespanschaften Liptau, Thurocz und Arva zählen kann.

Chotsche, Böhmen, Budw. Kr., ein Dorf, zur Hrsch. Grazen, 2½ St. von Kaplitz.

Chottaun, Böhmen, Kaurzimer Kr., ein *Meierhof*, gehört zur Hrsch. Unter Brzezan.

Chottowicz, Böhmen, Pilsn. Kr., ein *Dorf* d. Hrsch. Chotieschau; s. Kottowicz.

Chottuschitz, Böhmen, Czasl. Kr., ein *Markt*, mit einer Pfarre, z. Hrsch. Subschitz geh., 1 St. von Czaslau.

Chotun, Böhmen, Bidschow. Kr., ein Dorf der Hrsch. Podiebrad; s. Chotaun.

Chotumiez, Böhmen, Budw. Kr., ein *Dorf*, zur Hrsch. Dirna und Pfarre Descien geh., 3¼ St. von Wessely.

Chotusitz, Chotusycze, Chotwicz — Böhmen, Czaslau. Kr., ein *Markt*, mit einer Pfarre, z. Hrsch. Sehuschitz, welche mit d. Stadt Czaslau grenzet, ½ St. von Czaslau.

Chotouchow, Böhmen, Czaslau. Kr., ein Dorf, der Hrsch. Hradek u. Pfarre Solopisk geh., 1¼ St. von Kollin.

Chotuticz, Böhmen, Kaurz. Kr., ein Dorf, der Hrsch. Radin, oberhalb des vorbeifliessenden Baches Wegrawka, 1 St. von Planian.

Chotyniec, Galizien, Przemysl. Kr., ein Dorf, zur Hrsch. Krakowiec gehör., 3 St. von Radimno.

Chotzen, Böhmen, Eisenbahnstation; siehe Cioczen.

Chotzomischl, Böhmen, Klatt. Kr., ein der Hrsch. Chudenitz gehör. Dorf; siehe Kozomischl.

Chovacz, Ungarn, ein *Dorf*, im Gradiscaner Grenz - Regiments Bezirk; s. Csovac.

Choviche, Kroatien, Jens. der Save, Karlstädt. Generalat, Ottochaner IV. Grenz-Regiments Bzk., ein dahin geh. Dorf, von 88 Häus., mit dem verfall. Schlosse Vital, liegt zwischen Sinacz und Prozor. ⅞ St. von Ottochacz.

Choynik, Galizien, Tarnow. Kr., ein zur Hrsch. Tuchow geh. Dorf, gegen O. nächst dem Dorfe Siedliska und dem Flusse Biala, 3 St. von Tarnow.

Chraberzecz, Böhmen, Saazer Kr.; ein zur Stadt Laun gehör. Dorf, nach Koschow (im Leitmeritzer Kr.) eingepf., nächst Stein Teinitz gelegen, 1¼ St. von Laun.

Chrabor, Hrabrany — Ungarn, diess. der Donau, Neutr. Gespansch., Bodok. Bzk., ein zur Hrsch. und Pfarre Felsöund Alsó-Ludany geh. Dorf, gegen O., 1 St. von Nagy-Topolcsán.

Chraemfeld, Oestr. unt. d. E., V. U. W. W., im Jahre 1414 ein *Dorf* in der Pfarre Grillenberg, hinter Enzersfeld, im Gebirge bei Hörnstein, das zu Grunde gegangen ist.

Chramastek, Böhmen, Jungb. Kr., ein *Dorf* der Hrsch. Melnik, an der Moldau zwischen Seltschin u. Luschetz, 1½ St. von Melnik.

Chramitz, Böhmen, Beraun. Kr., ein Dorf, zum Gute Altknin gehörig.

Chramost, Böhmen, Beraun. Kr., ein Dorf, zur Hrsch. Cilumetz, westlich von Cilumetz, 5¼ St von Wottitz.

Chranboze, Böhmen, Czaslauer Kr., eine *Glashütte*, der Hrsch. Swietla; siehe Cheinhoze.

Chräntschowitz, Krassowice' — Böhmen, Pilsn. Kr., ein *Gut, Schlösschen* und Dorf, 4 St. von Pilsen.

Chraplice, Galizien, Przemysler Kr., ein zur Hrsch. Hussakow gehör. *Dorf*, 4 St. von Przemysl.

Chrapundorf, Igia — Siebenbürgen, Unteralbens. Komt., ein sächisch. *Marktflecken*, gehört dem Schlosse Ketskés, 3¼ St. von Karlsburg.

Chrasch, Böhmen, Ellbogn. Kr., ein Dorf der Hrsch. Pürles; siehe Kirasch.

Chraschtian, Böhmen, Taborer Kr., ein Dorf, wovon der grössere Theil der Hrsch. Moldautein, der kleinere Theil aber der Hrsch. Bechin gehört, 2 St. von Moldautein.

Chraschtian, Chrasstiany — Böhmen, Kaurz. Kr., ein d. Hrsch. Schwarz-

kostelletz geh. *Dorf*, 1 St. von Böh-
misci-Brod.

Chraschtian, Chrasstiany — Böhmen, Rokon. Kr., eine *Herschaft* und
Dorf, mit einem Schlösscien und einer
öffentlicien Kapelle, neien der Reichsstrasse, ¼ St. von Duscinik.

Chraschtian, Chrastian — Böimen,
Leitm. Kr., ein d. Hrsch. Dlaschkowitz
geh. *Dorf*, gegen W. am Fusse des
Berges Hradek, iier werden die schö-
nen Granaten gegraben, 1¾ St. von
Loboschitz.

Chrasney, Böimen, Leitm. Kr., ein
zur Hrsch. Dlascikowitz geh. *Dorf*;
siehe Krasney.

Chrasstian, Böimen, Beraun. Kr.,
ein *Dorf* der Hrsch. Konopiscit, mit
einer Mahlmühle, 2 St. von Bistritz.

Chrasstian, auch Krastian — Mäiren,
Prer. Kr., ein *Dorf*, zur Hrsch. Kremsier, im flacien Lande iinter Hulein
gegen O., 1¼ St. von Kremsir, 4 Meilen
von Wischau.

Chrasstian, Chrasstiany, Chrasian —
Böhmen, Budw. Kr., ein *Dorf* sammt
der Sterniberger Müile u. Häuser, Hammer, mit einer Pfarre, zur Hrsch. Moldautein und Bechin, näcist Drascitz,
2 St. von Moldautein.

Chrassticze, Böimen, Pracin. Kr.,
ein *Dorf*, zum Gute Bukowan; sieie
Kraschtitz, Gross-.

Chrassticzek, Böhmen, Prachin. Kr.,
ein *Dorf* zum Gute Bukowan; sieie
Kraschtitz, Klein-.

Chrast, Böimen, Cirudim. Kr., ein
Markt, mit einer Pfarre, 2 Stund. von
Cirudim.

Chrast, Böimen, Berauner Kr., ein
Dorf der Hrsch. Konopiscit, mit einer
Filialkircie, 2 St. von Dnespeck.

Chrast, Böimen, Czasl. Kr., ein dem
Gute Kraupen unterth. *Dörfchen*, 1¼ St.
von Deutsci-Brod.

Chrast, Böimen, Czasl. Kr., ein zur
Hrsch. Krzesetitz und Aumonin unterth.
Dorf, 2 St von Czaslau.

Chrast, Böimen, Jungbunzl. Kr., ein
Meierhof, der Hrsch. Benatek, iinter
und 1¾ St. von Benatek.

Chrast, Böimen, Kaurz. Kr., ein *Dorf*,
der Hrsch. Brandeis geiör., 2¾ St. von
Brandeis.

Chrast, Böimen, Jungbunzl. Kr., ein
Dorf, der Hrsch. Kosmanos geh., ¼ St.
von Jungbunzlau.

Chrast, Böhmen, Kaurz. Kr., ein
Dörfchen, nächst und zur Hrsch. Kaunitz, 1¾ St. von Böhmisch-Brod.

Chrast, Böhmen, Kaurz. Kr., ein zur
Hrsch. Schwarzkosteletz geh. *Meirhof*,

nebst einer Müile, ¾ St. von Böimisci-
Brod.

Chrast, Böimen, Pils. Kr., ein *Dorf*,
der Stadtgemeinde zu Pilsen, mit 2 Eisenhämmern und einem Mineralwerke,
am Flusse Rokitschka, liegt gegen O.,
¼ St. von Pilsen.

Chrast, Böimen, Pils. Kr., ein *Dorf*,
zum Gute Kräutschowitz geh.; s. Grast.

Chrast, Böimen, Pracin. Kr., ein
Dorf, zur Hrsch. Drachenitz, 1 St. von
Brzeznitz, 6 St. von Rokitzau.

Chrast, Böimen, Czasl. Kr., ein *Dörfchen*, geh. zum Gute Frauential.

Chrast, Böimen, Pracin. Kr., ein
Dorf, der Hrsch. Netolitz; s. Cirastian.

Chrast, Böimen, Pracin. Kr., ein
der Hrsch. Worlik geh. *Dörfchen*, 1 St.
von Czimelitz.

Chrasstany, Male, Welke, Ungarn, Bars. Komt.: sieie Herestény,
Kis-, Nagy-Herestény.

Chrast, Ungarn, ein *Dorf*, im Zipfer
Komt.; sieie Horaszt.

Chrastawa, Böimen, Beraun. Kr.,
ein *Dörfchen* des Gutes Sietkowitz,
2¾ St. von Wottitz.

Chrasteschow, Mäiren, Hrad. Kr.,
ein zur Hrsch. Wisowitz geh. zerstückter *Meierhof* und dermalen kleine *Kolonie*, zur Pfarre Wischowitz, 8 Meilen
von Wisciau, 8½ St. von Hradisci.

Chrastian, Böimen, Budw. Kr., ein
Dorf, der Hrsch. Moldautein; sieie
Chrasstian.

Chrastian, Böimen, Leitm. Kr., ein
zur Hrsch. Dlachkowitz geh. *Dorf*; s.
Chraschtian.

Chrastian, oder Cirast — Böimen,
Pracin. Kr., ein *Dorf*, zur Hrsch. Netolitz, 2¾ St. von Wodnian, 4 St. v. Pisek.

Chrastian, Böimen, Rakonitzer Kr.,
ein *Gut* und *Dorf*, mit einem Amte, einem
Schlösscien und öffentlicier Kapelle,
¼ St. von Duscinik.

Chrastian, Mäiren, Prer. Kr., ein
Dorf, zur Pfarre und Ortsobrigk. Kremsier, mit höhm. Einw.

Chrastian, Böimen, Kaurz. Kr., ein
Dorf, geh. zur Hrsch. Schwarzkosteletz.

Chrastin, Böimen, Rakon. Kr., ein
zwiscien Waldungen lieg. einz. *Meierhof*, iinter Perutz, recits gegen N. der
Hrsch. Perutz geh., 3 St. von Budin.

Chrastince, Ungarn, Honth. Komt.
sieie Haraszti.

Chrastenitz, Böimen, Rakon. Kr.,
ein *Dorf*.

Chrastitz, Böimen, Czasl. Kr., ein
Dörfchen, der Hrsch. Goltsci-Jenikau,
¾ St. von Jenikau.

52 *

Chrastitz Gross-, Böimen, Beraun. Kr., ein *Dorf*, mit einer Filialkirche, einem Meierhofe. und Wirthshause, geh. zur Hrsch. Minschek.

Chrastitz Gross-, Böimen, Prachiner Kr., ein *Dorf*, mit einer Kirche, geh. zur Hrsch. Bukowan, 7 St. v. Pisek.

Chrastitz Klein-, Böimen, Prachin. Kr., ein *Dorf*, geh. zur Hrsch. Bukowan, 7 St. von Pisek.

Chrastitz Klein-, Hrastitz — Böhmen, Beraun. Kr., ein *Dorf*, der Hrsch. Dobrzisch, an der Bergstadt Neuknie, 5½ St. von Beraun.

Chrastna, Böhmen, Kaurz. Kr., ein *Dörfchen*, der Hrsch. Rattay, grenzt mit dem Dorfe Brzezinka, 4 St. v. Planian.

Chrastne, Ungarn, ein *Dorf*, Abauj-várer Komt.; siehe Horaszti.

Chrastney, Böimen, Leitm. Kr., ein *Dorf*, der Hrsch. Dlascikowitz; siehe Krasney.

Chrastnicze, Krassnitz — Böimen, Königgr. Kr., ein *Dorf*, des Gutes Libczan, 2 St. v. Königgrätz.

Chrasto, Böimen, Prachin. Kr., ein *Dorf*, wovon ein Theil der Hrsch. Protiwin und ein Theil der Hrsch. Netolitz geh., bei dem Dorfe Blsko, 1¼ St. von Wodnian, 4 St. von Pisek.

Chrastow, Böhmen, Tabor. Kr., ein *Dorf*, zur Hrsch. Oberczerekwe, 4½ St. von Iglau.

Chrastowicze, Böimen, Prachiner Kr., ein *Dorf*, der Hrsch. Drhowl; siehe Kraschtiowitz.

Chrastowicze, Kraschowitz — Böhmen, Pils. Kr., ein *Dorf*, der Hrsch. Rabenstein, mit einem Wirthshause und einer ¼ St. vom Orte, im Thale liegenden Bachmühle gleichen Namens, 3¼ St. von Libkowitz.

Chrastowice, Galizien, Wadowic. Kr., ein zur Hrsch. Kossowa geh. *Dorf*, im flachen Lande, an der Weichsel, 4 St. von Wadowice.

Chrastowice, Krastowitz — Böhmen, Klatt. Kr., ein *Dorf*, zur Hrsch. Horsciau-Teinitz, von Teinitz gegen S., 2 St. von Teinitz.

Chrastowitz, Christiowitz — Böhmen, Klatt. Kr., ein *Dorf*, geh. zur Hrsch. Teinitz, 2 St. von Teinitz.

Chrauborsch, Böimen, Czasl. Kr., eine *Glashütte* und *Meierhof*, geh. zur Hrsch. Webitz und zur Pfarre Smedow, 2¼ St. von Steindorf.

Chraustkow, Böimen, Czasl. Kr., ein der Hrsch. Malesciau unterth. *Dörfchen*, liegt zwischen Chlistowitz und Wschesok, 3¼ St. von Czaslau.

Chraustow, Böhmen, Chrud. Kr., ein zum Gute Deutschbiela geh. *Dorf*; siehe Cirostau.

Chraustow, Böimen, Bidsch. Kr., ein *Dorf* mit einer Lokalie, zur Hrsch. Dimokur, 2 St. von Königstadl.

Chraustow, Böimen, Kaurz. Kr. eine zur Hrsch. Schwarzkosteletz geh. *Mahlmühle*, ⅛ St. von Planian.

Chraustow, Chrostow — Böhmen, Bidsch. Kr., ein *Dorf*, unter dem Berge Switschin, zum Gute Milletin geh., 2 St. von Horzitz.

Chraustow, vorm. Chraustowitz — Mähren, Igl. Kr., ein *Dorf*, zur Hrsch. Deutsch-Rudoletz, südw. unw. Bochdalow, 2¼ St. von Regens.

Chraustow, auch Chroustow — Mähren, Znaim, Kr., ein zum Gute Waltsch geh. *Dorf*, mit einem Meierhofe, 8 St. von Znaim.

Chraustow, Mähren, Znaim. Kr., ein *Dorf*, mit böhm. Einw., zur Pfarre und Ortsobrigkeit Dalleschütz.

Chraustowecz, Böimen, Cirudim. Kr., ein *Dorf*, zum Gute Deutsch-Biela; siehe Cirostau.

Chraustowicze, Böimen, Chrud. Kr., eine *Herschaft* und *Marktflecken*; siehe Chraustowitz.

Chraustowitz, Chraustowicze — Böimen, Chrudimer Kr., *Herschaft* und *Marktflecken*, mit einem Schlosse und einer Pfarre versehen, neben dem Bache Luzka, mit dem Dorfe Althollschowitz gegen O. grenzend, 3 St. von Cirudim.

Chraustowitz, Mähren, Igl. Kr., d. alte Benennung d. zur Hrsch. Deutsch-Rudoletz geh. *Dörfchen* Chraustow.

Chrbokow, Chyrbatow, Hrbokow — Böimen, Chrud. Kr., ein *Dörfchen*, zur Hrsch. Hrzmanniestetz, mit einer Kirche, einem Jägerhause und einem Meierhofe, gegen N., 4 St. von Cirudim.

Chrbonin, Krbonin — Böimen, Taborer Kr., ein *Dorf*, zur und nächt der Hrsch. Hradenin, 2¼ St. v. Raudna.

Chrbow, Mähren, Ollm. Kreis, ein *Dörfchen*, nächst dem Dorfe Lobotitz, mit böhm. Einw., zur Pfarre Lobotitz und Hrsch. Toitsciau, am Marchflusse, gegen Kogetein, 2 St. von Prossnitz.

Chrczicze, Böimen, Chrud. Kr., ein *Dorf*, der Kaal. Hrsch. Parduritz; siehe Chrtschitz.

Chrczieze, Böimen, Bidsch. Kr., ein *Dorf*, d. Hrsch. Podiebrad; s. Chrtschitz.

Chrechán, Ungarn, jens. d. Donau, Zalad. Gespan., Muraköz. Bzk., ein zum Schlosse Csáktornya geh. *Dörfchen* und *Filial*, der Pfarre Maczinecz, womit es gegen O. angrenzt, nicht weit vom Drau Flusse und der Grenze Steiermarks, 1 St. von Csáktornya.

Chrechon, Ungarn, ein Dorf, im Agramer Komitat.

Chreinboze, Ciranboze — Böimen, Czasl. Kr., eine *Glashütte* und *Meierhof*, zur Hrsch. Swietla geh., 2¼ St. von Steinsdorf.

Chremusnicza, Kroatien, jens. der Kulpa, ein zum 1. Banal Grenz-Regmts. Kanton Nr. X, geh. *Dorf*, mit 35 Häusern, näcist Gollinia, 4 St. von Glina.

Chremusnyak, Kroatien, jens. der Kulpa, Jakubovacz. Bzk., ein zum II. Banal Grenz-Reg Nr. XI geiör. *Dorf* von 33 Häusern, mit einer griech. nicit unirten Pfarre, auf einer Aniöie, ¼ St. von Jakubovacz, 5½ St von Petrinia.

Chrenlow, Galizien, Zloczow. Kreis, ein der Hrsch. Dzidzilow geh. *Dorf* mit einer Pfarre, näcist d. Markte Kutkorz, 6¼ St. von Olszanica.

Chrenkovecz, Kroatien, diess. der Save, Agramer Gespansch., Trans-Savan Bzk., ein *Dorf* in einer Ebene, am Kosznicza Fl., 2 St. von Agram.

Chrenovecz, Ungarn, diess. der Donau, Neutr. Gespansch., Bajmócz. Bzk., ein *Dorf*, den Grafen Pálffy geh., mit einer eigenen Pfarre, gegen dem Geiirge, 2 St. von Bajmócz.

Chrepinkovecz, Ungarn, ein Dorf im Warasdiner Komitat.

Chressinprune, Oest. unt. der Ens, V. U. M. B., die alte Benennung des zur Hrsch. Sciloss iof geh. *Dorfes* Groissenbrunn.

Chressnevecz, Kroatien, diess. der Save, Warasdin. Gespansch., Ob. Zagorianer Bezirk und Chaszvár Distr., ein naci Tuhele eingepfarrtes *Dorf* und Gemeinde, mit 2 adel. Gericits iöfen, am Horvaczka Flusse, naie bei Dubrovchau, 7 St. von Agram.

Chresnyevicza, Mala-, Kroatien, diess. der Save, Warasdin. Generalat, Pittomach. Bzk., eine zum St. Georger Grenz-Reg. Canton Nr. VI geiör. *Ortschaft* von 22 Häusern, mit einer griech. nicht unirten Pfarre, 4¼ St. v. Bellovár.

Chresnyevicza, Welika-, Kroatien, diess. der Save, Warasdin. Generalat, Pittomach. Bzk., ein z. St. Georger Grenz-Reg. Cantou Nro. VI geiörig. *Dorf* mit 58 Häusern, einer Gemeinde-Sciule und einer Müile, 4¼ St. von Bellovár.

Chressnyevo, Kroatien, diess. der Save, Warasdin., Unt. Campester Bzk., eine *Gemeinde* und *Dorf*, z. Pfarre St. Illya geiör, mit einem adel. Gerichtshofe, 2 St. von Warasdin.

Chret, Ungarn, ein Dorf im Warasdiner Komitat.

Chret, Ungarn, ein *Meierhof* im Warasdiner Komitat.

Chret, Ungarn, ein *Dorf* im Agramer Komitat.

Chret, Rafainum — Ungarn, ein *Meierhof* im Warasdiner Komitat.

Chret, Spisichianum — Ungarn, ein *Meierhof* im Warasdiner Komitat.

Chrett, Kroatien, diesseits der Save, Warasdin. Generalat, Oier Zagorianer Bzk. und Kosztellens. Distr., eine *Gemeinde* und *Dorf* mit 4 adel. Höfen, naci Krapinzke Todlicze und Pregrada eingepfarrt, 8 St. von Agram.

Chrewt, Galizien, Sanok. Kr., ein der Hrsch. Wetlina geh. *Dorf*, näcist Bayskie am Saan Flusse, 10 St. von Sanok, 8 St. von Jassieuika.

Chribrau, Chribau — Illirien, Kärnten, *Berg*, ¼ St. von Oberdildere, 417 W. Klft. ioci.

Chriesdorf, Kriesdorf, Krzizany — Böimen, Jungbunzl. Kreis, ein grosses *Pfarrdorf*, zur Herscі. Grafenstein geh. unweit dem Jaschkenberge, 3 St. von Gabel.

Chrischan verch, Steiermark, Cillier Kr., ein zum Wb. B. Kom. und Herschaft Hörberg geh. *Dorf*, iinter d. Pfarrdorfe St. Peter, nächst Königsberg, 10 St. von Cilli.

Chrische, Steiermark, Cill. Kr., ein zum Wb. B. Kom. und Hersci. Hörberg geh. *Dorf*, hinter dem Markte Hörberg, 10 St. von Cilli.

Chrischka Dobrova, Steiermark, Cillier Kr., ein zum Wb. B. Kom. und Hersch. Hörberg geh. *Dorf*, iinter dem Markte Hörberg, 10 St. von Cilli.

Chrises, Mäiren, Ollmütz. Kreis, ein *Dorf* der Olim. Erzbischöfl. Hrsci. Müirau, aus obrigk. Gründen 1788 erriciiet, mit deutschen Einw., 2¼ St. von Müglitz.

Christamendler-Mühle, Böhmen, Czasl. Kr., eine *Mahlmühle*, geiört zur Stadt und Pfarre Przemyslau.

Christberg, Tirol, *Bergjoch* ob Campidello im Tiale Fassa und Passage naci St. Cristina in Gröden.

Christberg, Tirol, Vorarliberg, bewoiiter *Berg* und Sciule im Silberthal, der Pfarre dieses Namens, Ldgrchts. Montafon, iieriöier fiiirt ein Bergwerk naci Talaas im Klosterthal.

Christdorf, Mäiren, Ollmütz. Kreis, ein *Dorf*, zur Pfarre Hof und Ortsobrigk. Karlsberg geh., mit deutsciien Einw.

Christelhof, Böimen, Klattau. Kr., ein *Hof* mit einem verfalleuen Scilosse, geiört zur Hrsci. Bistritz.

Christenberg, Oest. u. d. E., V. O. W. W., ein Dorf mit 6 Häuser und 65 Einwoh., zur Pfarre, Ortsobrigkeit und Conscriptionshrsch. Külb gehörig.

Christendorf, Siebenbürgen, Weissenburger Komt.; siehe Karátsonfalva.

Christian, Siebenbürgen, Kronstädt. Distr.; siehe Keresztyénfalva.

Christian, Siebenbürgen, Zaránder Komitat; siehe Kristsor.

Christianberg, Böhmen, Budweis. Kr., sammt Miesau oder Miestau, mit einem Jagdschlosse und dem Einschichtler Christl, ein Dorf zur Herschaft Krumau, 7 St. von Budweis.

Christianenburg, Böhmen, Leitmeritzer Kr., ein Jagdschloss und Meierhof der Hrsch. Tetschen, im Walde hinter Mazdorf, 7¼ St. von Aussig.

Christianihof, Oesterr. ob der Ens, Salzburg. Kr.; siehe Klein-Gmein.

Christiansau, Böhmen, Jungbunzl. Kr., ein Dorf, der Hrsch. Friedland geh., am Erlewasser, 11 St. von Friedland, 2½ St. von Reichenberg.

Christiansthal, Böhmen, Bunzlau. Kr., eine Glashütte und Lokalie, gehört zur Hrsch. Reichenberg.

Christinenstadt, Ungarn, Ofner Vorstadt im Pester Komitat.

Christinenthal, Böhmen, Pilsner Kr., ein Mineralwerk.

Christl, Böhmen, Budw. Kreis, eine Einschichte der Hersch. Krumau; siehe Christianberg.

Christl, Böhmen, Budw. Kreis, eine Einschichte der Hersch Krumau; siehe Miesau.

Christlschlag, Kristelschlag — Böhmen, Prachin. Kr., ein Dorf der Hrsch. Winterberg, 7 St. von Strakonitz.

Christoph, Steiermark, Cill. Kreis, ein Dorf im Bzk. Tüffer, mit einer Filialkirche.

Christoph, Steiermark, Cillier Kr., ein Dorf südöstl. v. Frasslau am Wolskabache, mit einer Filialkirche.

Christoph, Ungarn, Zaránder Komt.; siehe Krisztesd.

Christophen, Oest. u. d. E., V. O. W. W., ein der Hersch. Neulengbach geh. Dorf, mit 34 Häus. u. 260 Einw., einer Pfarre, nächst d. Labnerbache, 3 St. St. v. Sieghardskirchen.

Christophenhaus, Oest. u. d. Ens, V. O. W. W., eine in der Ortschaft Hainbuch sich befindende, der Hrsch. Dorf an der Ens geh. Besitzung, 2 St. v. Steier.

Christophorigrund, Böhmen, im Jungbunzl. Kr., ein Dorf der Herschaft Lämberg; siehe St. Christophori.

Christophshammer, oder Neubau — Böhmen, Saaz. Kr., ein zur Herschaft Pressnitz geh. Dorf, im Gebirge, 4 St. von Kaaden, 3 St. von Saaz.

Chrlice, Mähren, Brünn. Kreis, Herschaft und Dorf; siehe Chirlitz.

Chrobold, Böhmen, Budw. Kr., ein Dorf mit einer Pfarre, zur Hersch. Krumau, an dem Pfaffen- und Winzigbache, 5 St. von Budweis.

Chrojincza, Ungarn, diess. der Donau, Neutr. Gespansch., Bajmócz. Bzk., ein den Grafen Pálffy geh. Dorf, der Lokalkaplanei Czacz zugetheilt, gegen N., 3 St. von Bajmocz.

Chromohorb, Galizien, Stryer Kr., ein Gut und Dorf, Ritus Latini nach Stry, Ritus Graeci nach Lubieniec eingepfarrt, 6 St. von Stry.

Chromy Mlegn, Mähren, Igl. Kr., eine Mühle der Hrsch. Gross-Meseritsch; siehe Krumpe Mühle.

Chronow, Galizien, Bochn. Kr., ein Gut und Dorf, mit 3 Antheilen und einer Filialkirche, grenzt gegen O. mit Gnoynik und Gosprzydowa, 2 St. v. Brzesko.

Chronstow, Galizien, Tarnow. Kr., ein zur Hrsch. Chorzelow geh. und darin eingepfarrtes Dorf, 2 St. von Dembica.

Chropin, Mähren, Prerau. Kreis, ein Markt zur Herschaft Kremsir, mit einer Lokalie, einem herschaftl. Hofe, einer Mühle und Stuterei, im flachen Lande, an dem Beczw. Flusse, gegen N. hinter Pleschowetz, mit böhmischen Einwohn., 1 St. von Kremsir, 4 M. von Wischau.

Chropo, Chropow — Ungarn, diess. der Donau, Neutr. Gespansch., Szakolcz. Bzk., ein zur Hrsch. Berencs geh. Pfarrdorf, gegen O., 1½ St. von Holics.

Chrosc, Staniatki — Galizien, Bochn. Kr., ein Gut und Dorf mit einem Benediktiner-Nonnenkloster, zu welchem es gehört, an dem Samica Fl. nächst Niepolomice, 4 St. von Gdow.

Chrostau, Chraustow, Chraustowecz — Böhmen, Chrudimer Kr., ein zum Gute und Pfarre Deutsch-Biela gehör. Dorf, ob dem Dorfe Bründlitz gegen S. gelegen, ¼ St. von Brisau.

Chrostau, Oelhütten — Mähren, Brünner Kr., ein Dorf der Hrsch. Vierzighuben und Pfarre Brisau, mit böhmischen Einwohnern; s. Chrostrau.

Chrostrau, Chrostau, Oelhütten — Mähren, Brünner Kr., zwei der Hrsch. Zwittau geh. Dörfchen, gegen S. am Flusse Zwittau, an der Poststrasse von Brünn über Zwittau nach Böhmen, ¼ St. von Brisau.

Chrostow, Böhmen, Bidschower Kr., ein *Dorf*, zum Gute Miletin geh.; siehe Chraustow.

Chrostow, Mähren, Iglauer Kr., ein *Dorf*, zur Pfarre Rochdalow und Ortsobrigkeit Czerna geh., mit böhm. Einw.

Chrostowa, Galizien, Bochnier Kr., eine mit der Hrschaft und dem Dorfe Dabrowica concentrirte *Ortschaft*, 2 St. von Gdow.

Chrostowice bei Dabrowice, Galizien, Bochnier Kr., eine *Ortschaft*, zur Pfarre Nigowice und Ortsobrigkeit Dabrowice gehörig.

Chroszowha, Galizien, Sanok. Kr., ein der Hrsch. Mrzyglod gehörig. Dorf nächst Ullucz am Saan Fl., 3¼ St. von Sanok, 4 Meilen von Jassienica.

Chrotindorf, eigentlich Krottendorf — Oest. u. d. E., V. U. M. B., ein *Dorf*, welches unterhalb Längenzersdorf gegen Strebersdorf zu lag, aber durch die öfteren furchtbaren Ueberschwemmungen, welche die Donau damals mehr als Jetzt anrichtete, gegen Ende des XIV. Jahrhunderts zu Grunde ging.

Chroustow, Mähren, Znaimer Kr., ein *Dorf*, zum Gute Weltsch geh.; siehe Chraustow.

Chrustow, Böhmen, Bidschower Kr., ein *Dorf* mit einer Lokalie, gehört zur Hrsch. Dimokur, 2¼ Stunde von Neu-Bidschow.

Chrschin, Chrssin, — Böhmen, Rakonitzer Kr., ein *Pfarrhof*, gehört zur Hrsch. Zlonitz, 3 St. von Schlan.

Chrtschitz, Chrczicze — Böhmen, Chrudimer Kr., ein *Dorf* der Hrsch. Pardubitz, an der Elbe nächst Elbe-Teinitz, 3 St. von Kolin.

Chrtschitz, Chrczicze — Böhmen, Bidschower Kr., ein *Dorf* der Hrsch. Podiebrad, hinter dem Dorfe Libitz, 2 St. von Chlumetz.

Chrtnicz, Böhmen, Czaslauer Kr., ein *Dorf* mit einem Meierhofe, zur Hrsch. Goltsch-Jenikau geh., 1½ St. v. Jenikau.

Chrtnik, Böhmen, Chrudimer Kr., ein *Dorf* der Hrsch. Choltitz, 2¼ St. von Chrudim.

Chrtyáni, Ungarn, Neograd. Komt.; siehe Hartyán, Tóth-Hartyán.

Chrudichrow, Mähren, Brünner Kr., ein *Dorf* mit böhm. Einw., zur Pfarre Swittawku und Hrsch. Boskowitz geh.; siehe Chudichrow.

Chrudim, Hrudim, Chrudin, Chrudima, Chrudimium — Böhmen, eine k. *Kreis-* und *Leibgedingstadt*, in einer getreidereichen Gegend am Flüsschen

Chrudimka, zählt 694 Häuser mit 5625 Einw., ist der Sitz des Kreisamtes. Von den Gebäuden zeichnet sich die alte Pfarrkirche mit einem hohen Thurme und einem Salvatorbilde aus, dem viele Verehrer zuströmen. Berühmt sind die hiesigen Pferdemärkte. Postamt.

Chrudimer Kreis, im Königreiche Böhmen, hat zwischen dem Königgrätzer, Bidschower und Czaslauer Kreise und der Markgrafschaft Mähren seine Lage und eine Ausdehnung von 59⅞ geogr. Quadr. Meil., zählt 9 Städte mit 13 Vorstädten, 25 Märkte, 762 Dörfer, die Zahl der Einwohner beläuft sich auf 294,530. Seine Produkte sind: Getreide, Holz, Flachs, Pferde, Wild, Fische. Teiche sind über 300. In den Hauptfluss Elbe ergiesst sich die Chrudimka. In diesem

Kreise nimmt der Feldbau unt. den Nahrungszweigen der Einwohner die erste Stelle ein, aber auch an grössern Kunstgewerbsanstalten fehlt es hier nicht, und vorzüglich sind es die Baumwollwaaren und Tuchmanufacturen, so wie die Glasfabrikation, die in der Art betrieben werden, dass ihre Erzeugnisse auch im Handel mit dem Auslande vorkommen.

Chrudimka, Böhmen, ein *Fluss*, entspringt im Chrudimer Kreise unter dem Flecken Hlinsko, tritt dann unter dem Dörfchen Wesely Kopecz in den Czasl. Kr., kehrt alsdann in den Chrudimer Kr. zurück, wendet sich abermahls gegen den Czaslauer Kr. und fliesst auf dessen Grenzen 1 Meil. fort, gebt neuerdings in den Chrudimer Kr., und fällt bei Pardubiez in die Elbe.

Chrumow, Mähren, Znaim. Kr., eine *Herschaft* und *Stadt*; siehe Kromau.

Chruslice, Galizien, Sandec. Kr., ein z. Hrsch. Dombrowka geh. Dorf, unweit des Baches Lubinka, ½ St. von Sandec.

Chrusno, Galizien, Lemberg. Kreis, ein *Kammeral-Pfarrdorf*, z. Herschaft Szczerzec geh., mit starken Waldungen, 6 St. von Lemberg.

Chrustenitz, Böhmen, Rakon. Kr., ein *Dorf* zur Hrsch. Tachlowitz, mit einem alten Schlosse, obrigk. Meierhofe, Schäferei u. Jägerhause, 1½ Stund. von Duschnik.

Chrustoklat, Böhmen, Kaurž. Kr., ein *Dorf* zur Herschaft Skworetz; siehe Rustoklat.

Chruszowice, Galizien, Przemysl. Kr., ein *Dorf* zur Herschaft Krakowiec geh., 1 St. von Zaleskawola.

Chruschitz, Chrczice — Böhmen, Bidschow. Kr., ein Dorf zur Hrsch. Podiebrad, u. zur Lokalie Wohorz, 2½ St. von Chlumetz.

Chrutt und **Chrutterfeld**, Oest. unt. der E., V. U. M. B., die ehemalige Benennung der Hrsch. und des Marktes Dürrenkrut.

Chryma, Böhmen, Saaz. Kr., ein zur Hrsch. Comothau geh. Dorf; s. Krima.

Chryplin, Galizien, Stanisl. Kr., ein zur Hrsch. Czerniejow gehör. Dorf, am Flusse Bystrzyca liegend, mit einer Mahlmühle, 2 St. von Stanislawow.

Chrysanten, Tirol, kleiner Ort und Grenzzollamt gegen Kärnten, und Weggeldamt an der Drau unter Lienz.

Chrysius, Ungarn, ein *Fluss* im Bekeser Komitat.

Chrzastow und **Krusznika**, Galizien, Tarnow. Kr., ein Dorf zur Pfr. und Ortsobrigk. Chorzelow gehörig.

Chrzastowek zu **Chorzelow**, Galizien, Tarnow. Kr., ein *Dorf* z. Pfr. und Ortsobrigkeit Tarnow gehörig.

Chrzastowka, Galizien, Jasl. Kr., ein der Hrsch. Warzyce gehör. Dorf, mit einem Edelhofe, an dem Bache Szebniowka, gegen S., nächst Moderowka, 2 St. von Jaslo.

Chrzib, Hrzib — Böhmen, Kaurž. Kr., ein *Dörfchen* der Herschaft Schwarzkosteletz; siehe Hrzib.

Chrzyn, Cherschin, Chyrzyn — Böhmen, Rakon. Kr., ein *Pfarrdorf* z. Gute Uha geh., grenzt gegen S. an die k. Stadt Wellwarn, 3 St. von Schlan.

Chtelnicza, Ungarn, Neutr. Komt.; siehe Vittinecz.

Chtiegow, Böhmen, Czasl. Kreis, ein *Meierhof* der Hrsch. Seelau; s. Opatom.

Chubre, Ungarn, ein Dorf im Agram. Komitat.

Chuch, Venedig, *Berg* am rechten Ufer des Fella Flusses bei Dogna.

Chuchel, Böhmen, Czasl. Kr., ein Dorf zu den Gütern Bestwin und Klokoczow; siehe Kuchel.

Chuchak, Kroatien, Agram. Gespanschaft, im Gebirgsbezirke, eine z. Herschaft Brood gehörige, nach Moravicza eingepf. Ortschaft, 3 St. v. Verbovszko.

Chucherje, **Dornye-**, Ungarn, ein Dorf im Agramer Komitat.

Chucherje, Kroatien, Agramer Gespanschaft und Bzk., eine zur Pfarre dieses Namens gehörige Ortschaft, mit eigener Kirche liegt zwischen Gebirgen, 1½ St. von Agram.

Chuciska, Galizien, Bochn. Kr., eine *Advocatie* zur Hrsch. Donczyce gehör., liegt gegen O. nächst Nizowa, 3 St. von Gdow.

Chuciska, Galizien, Wadowic. Kr., ein zur Hrsch. Lodygowice geh. *Dorf* im Gebirge, an dem Solla Flusse, zwischen Waldungen, 3¼ St. v. Bielitz (in Schlesien).

Chuciska, Galizien, Wadow. Kr., ein zur Hrsch. Zywice oder Saibusch gehör. *Dorf*, zwischen Waldungen, 5 St. von Bielitz (in Schlesien).

Chuczicz, Mähren, Brünn. Kr., ein Dorf zur Hrsch. Eichhorn; siehe Chutitz.

Chuda-Lehota, Ungarn, Neutraer Komt.; siehe Lehota.

Chudenicze, Böhmen, Klattau. Kr., eine *Herschaft* und *Markt*; s. Chudenitz.

Chudenicze, Böhmen, Saazer Kreis, ein *Dorf* der Hrsch. Politz; s. Kudenitz.

Chudenitz, Böhmen, Klattau. Kreis, ein *Marktflecken*, ist der Stammort der Czernin von Chudenitz und Hauptort einer gräfl. Czernin'schen Hrsch. Die ausser dem Markte liegende St. Wolfgangsoder Fusstapfenkapelle hat einen geschmackvollen gothischen Thurm.

Chudenicze, Chudenicze — Böhmen, Klattau. Kr., eine *Herschaft* und *Markt* mit einem Schlosse und Pfarre, 2¼ St. v. Klattau.

Chuder-Mühle, Böhmen, Czaslau. Kr., eine einschichtige *Mahlmühle*, geh. zur Hrsch. Pollna und zur Pfr. Seelenz.

Chuderzicz, Böhmen, Bidschower Kr., ein *Meierhof* nächst dem Dorfe gleichen Namens, der Hrsch. Chlumetz, 1 St. von Chlumetz.

Chuderzicz, Böhmen, Bidschower Kr., ein *Dörfchen* der Hersch. Chlumetz geh., zur Stadt Chlumetz eingepf., 1 St. von Chlumetz.

Chudeslawicze, Böhmen, Leitmer. Kr., ein Dorf der Hrsch. Ploschkowitz; siehe Kuteslawitz.

Chudichrow, auch Chrudichrow — Mähren, Brünn. Kr., ein *Dorf* der Herschaft Boskowitz, zwischen Zwitawka und Boskowitz, ½ St. von Goldenbrunn.

Chudirz, Böhmen, Jungbunzlauer Kr., ein *Dorf* der Hrsch. Dobrawitz, nächst Lautschin, 3 St. von Jungbunzlau.

Chudiwa, Böhmen, Klattauer Kreis, ein an dem Flusse Angel liegendes zur Hrsch. Kauth geh. *Dorf*, gegen Osten, 6 St. von Klentsch.

Chudlas, oder Hudlas, sammt Miroslaw, Böhmen, Kaurž. Kr., ein *Dorf* zur Hrsch. Liscina, liegt zwischen Wäldern, 1 St. von Bistrzitz.

Chudaba, Böhmen, Chrud. Kr., ein einzelnes *Gebäude*, zur Hrsch. Croltitz, 2 St. von Chrudim.

Chudobin, Mähren, Ollm. Kr., eine *Herschaft* und *Dorf*; siehe Chudowein.

Chudobin, Mähren, Brün. Kr., ein kleines *Dorf*, zur Pfarre Dalleschin und Hrsch. Kunstadt, am Schwarza Flusse mit einem Eisenhammer, unw. Bistrzitz, 4½ St. von Goldenbrunn, mit böhmisch. Einwohnern.

Chudolas, Böhmen, Leitm. Kr., ein zur Hrsch. Doxan und Czebus gehör. *Dorf* im Gebirge, zwischen dem Dorfe Brotzen, Medenost nächst Tupadl, 3 St. von Auscha.

Chudomel, Böhmen, Kaurz. Kr., eine einzelne *Mahlmühle*, an einem Teiche dieses Namens, im Thale gegen dem Markte Mociow, zur Hrsch. Kaunitz gehörig, 2 St. von Böhmischbrod.

Chudonicz, Böhmen, Bidsch. Kreis, ein *Dorf* zur Stadt Bidschow geh., von da ¼ St. entfernt, 2 St. von Chlumetz.

Chudopless, Chudoplessy — Böhmen, Jungh. Kr., ein *Dorf* der Hrsch. Münchengrätz, 2 St. von Münchengrätz.

Chudowein, Chudwein, Kudwein, Guttwein, mähr. Chudowin — Mähren, Ollm. Kr., *Herschaft*, *Dorf* und *Schloss* mit einer Lokalie, diesseits des Marchfl. am Rande des südlichen mähr. Gebiet, mit böhmischen Einwohnern, 1 St. von Littau.

Chudschütz, Mähren, Brün. Kr., ein *Dorf* zur Lokalie Tschebien und Ortsobrigkeit Eichhorn, mit böhm. Einwohnern.

Chudwein, Mähren, Ollmütz. Kr., *Herschaft* und *Dorf*; siehe Chudowein.

Chudyjowee, Galizien, Czortk. Kr., ein *Dorf* mit einer Pfarre und Ortsobrigkeit.

Chudlhowee, Galizien, Czortk. Kr., ein zur Hrsch. Mielnica gehöriges, nach Krzywcze eingepfarrtes *Dorf*, nächst dem Flusse Dniester, 5½ St. von Zaleszczyki.

Chugoveez, Ungarn, ein *Dorf* im Agramer Komitat.

Chukoveez, Kroatien, diesseits der Save, Kreutz. Gespanschaft, Podrov. Bzk., ein fürstl. Battyán., zur Pfarre Bolfan, der griech. nicht unirten Kirche gehöriges *Dorf*, welches vom Bache Cheinecz durchwässert wird, ½ St. v. Ludbreg.

Chukoveez, Ungarn, ein *Dorf* im Szalader Komitat; siehe Csukócz.

Chukur, Kroatien, Jens. der Kulpa, Kosztainicz. Bzk., ein zum 2. Banal Grenz-Regiments Canton Nr. XI geh. *Dorf* von 22 Häusern, liegt auf einer Anhöhe, nächst dem Vranoglava Walde und dem Unna Flusse, 2 St. von Kosztainitza.

Chulich, Ungarn, ein *Dorf* im Agramer Komitat.

Chulm, Böhmen, Leitm. Kr., eine *Herschaft*, *Schloss* und *Dorf*; siehe Kulm.

Chulinczy, Ungarn, ein *Dorf* im Agramer Komitat.

Chum, Mähren, Hrad. Kr., ein *Dorf* zur Pfarre und Ortsobrigkeit Malenowitz, mit böhm. Einwohnern.

Chum, Rum — Böhmen, Budw. Kr., ein *Dorf* zur Hrsch. Grazen am Malschebach geh., 2¼ St. von Kaplitz.

Chum, Böhmen, Budw. Kr., ein *Dorf* der Hrsch. Krumau; siehe Chumau.

Chumau, Chum, Kum — Böhmen, Budw. Kr., ein *Dorf* zur Hrsch. Krumau, 6 St. von Budweis.

Chumecz, Ungarn, diess. der Donau, Trentsch. Gespansch., Silein. Bezirk., eine zur Herschaft Buderkin gehörige *Besitzung*, der Pfarre Nagy-Divin einverleibt, mit einer eigenen Gerichtsbarkeit, liegt gegen Nord. am Ufer des Kiszucz Flusses, ½ St. von Silein.

Chumena, Böhmen, Prach. Kr., ein *Dorf* mit einem Meierhofe der Hrsch. Wälsch-Birken, 5½ St. von Strakonitz.

Chumetz, Böhmen, Klattauer Kreis, eine zur Hrsch. Ptenin gehörige *Mahlmühle*, hinter dem Dorfe Przetin gegen Westen, 4½ St. von Staab.

Chumies, oder Chomiez — Mähren, Hrad. Kr., ein *Dorf* zur Hrsch. Holeschau geh.; siehe Chomis.

Chumo, oder Chulm — Böhmen, Prach. Kr., ein kleines *Gut* und *Dorf*, gegen Nord., mit einer Mahlmühle auf einem kleinen Bache ohne Namen, 6 St. von Horazdiowitz.

Chumska, Böhmen, Klattauer Kr., ein *Dorf* zur Hrsch. Chudenitz geh. von

Malechau gegen West liegend, gehört zur Dolaner Pfarre, 2 St. von Klattau.

Chunchovadraga, Ungarn, ein *Dorf* im Agramer Komitat.

Chunendorf, wahrscheinlich Cuno oder Cunndorf — Oest. unt. d. E., V. U. M. B., ein *Dorf*, welches schon im Jahre 1115 bestand, und im Marchfelde, unweit Marchegg lag, wurde zeitlich durch unbekannte Ereignisse verödet, und ist davon keine Spur mehr vorhanden.

Chuntich, Kroatien, jenseits der Kulpa, Jabukovacz. Bzk., ein zum 2. Banal Grenz-Regiments Canton Nr. XI gehöriges *Dorf* von 22 Häusern, mit einer kathol. Pfarre, liegt auf einer Anhöhe, nächst Klinacz, 2 St. von Petrinia.

Chunzen, Kunzen — Böhmen, Budw. Kr., ein *Dorf* zur Hrsch. Krumau, 2 St. von Budweis.

Chünitz, Böhmen, Leitm. Kr., ein *Dorf* zur Hrsch. Lobositz und Gut Weihnitz geh., welch letzteres einen Meierhof allda hat, liegt gegen West., ¼ St. von Lobositz.

Churawer Mühle, Mähren, Igl. Kr., eine *Mühle* zur Hrsch. Trebitsch am Iglaß., ¼ St. von Trebitsch und 4¼ St. von Märisch-Budwitz oder Gross-Messeritsch.

Churburg, Tirol, Ob. Innth., *Schloss* der Grafen von Trapp, ob dem Dorfe Schluderns, Ldgcht. Glurns. Vormals der Vögte Matsch, Grafen zu Kirchberg.

Churkovezi, Ungarn, *zerstreute Häuser* im Agramer Komitat.

Churilovecz, Kroatien, diesseits der Save, Kreutz. Gespansch., Movo Maroff. Bzk., ein adel., nach Lyubeschicz eingepfarrtes *Dorf*, zwischen Bergen und dem Beduya Flusse, 1½ Stunde von Ostricz.

Churilovecz, Kroatien, diess. der Save, Warasdin. General., Troisztov. Bzk., eine zum St. Georg. Grenz-Rgm. Canton Nr. VI gehörige *Ortschaft* von 14 Häusern, nächst dem Walde Rakina Schuma, 2 St. von Bellovár.

Chusnicze, Böhmen, Tabor. Kreis, *Herschaft* und Dorf; siehe Caustnik.

Chusnik, Chusnicze — Böhmen, Tabor. Kr., *Herschaft* und Dorf; siehe Chaustnik.

Chutar, Galizien, Stryer Kr., ein der Hrsch. Skole geh. *Dorf* am Bache Zatomisty, mit einer grichischen Kirche, gegen Nord. nächst Blavie, 9 Meilen von Stryi, 8 Meil. von Strzelice.

Chutitz, mähr. Chužicž, auch Chutschitz — Mähren, Brün. Kr., ein *Dorf*

zur Hrsch. Eichhorn, ½ Meil. nordostw. von Eichhorn über den linken Ufer der Schwarza; 3 St. von Brünn.

Chutkovecz, Ungarn, ein *Dorf* im Agramer Komitat.

Chutnowka, Böhmen, Jungb. Kr., ein *Dörfchen* der Hrsch. Gross-Stall, an Hrachowitz und Biela gelegen, 3 St. von Sobotka.

Chutschitz, Mähren, Brün. Kr., ein *Dorf* zur Hrsch. Eichhorn geh.; siehe Chutitz.

Chvertecz, Ungarn, ein *Dorf* im Kreutzer Grenz Regmts. Bezirk; siehe St. Peter.

Chvertecz, Ungarn, ein *Bach* im Kreutzer Grenz Regmts. Bezirk.

Chvojnicza Chwognice Fünzl, Ungarn, ein *Dorf* im Neutraer Komitat.

Chvojnicza, Chwognice, Ungarn. ein *Bach* im Neutraer Komitat.

Chwal, Böhmen, Kaurz. Kr., ein *Gut* und *Dorf* siehe Chwalla.

Chwalczow, Mähren, Prer. Kr., ein *Dorf* zur Hrsch. und Pfarre Bistrzitz, mit böhm. Einw., 5 St. von Kremsier. 4 Meil. von Wischau.

Chwalenicz, Böhmen, Pils. Kr., ein *Pfarrdorf* der Hrsch. Stiahlau, liegt westw. an der Budw. Strasse, 3 St. v. Pilsen.

Chwaleticz, Chwaleticze — Böhmen, Chrud. Kr., ein zum Gute Zdechowicz gehöriges *Dorf*, mit einer reformirten Kirche, grenzt an das Dorf Trawka, gegen Ost., 2¼ St. von Czaslau.

Chwaleticze, Böhmen, Prach. Kr., ein *Dorf* zur Hrsch. Protiwin, unweit dem Markte Protiwin, 1 St. von Wodnian, 4 St. von Pisek.

Chwaleticze, Böhmen, Chrud. Kr., ein zum Gute Zdechowicz gehörig. *Dorf*; s. Chwaleticz.

Chwaliboga, Galizien, Kolom. Kr., ein *Dorf* mit einer Pfarre, zur Ortsobrigkeit Chwozdziec gehörig.

Chwalin, Böhmen, Leitm. Kreis, ein zur Herschaft Dogan gehöriges *Dorf*, an dem Bache Sipl zwischen den Dörfern Duschnik und Neuhof liegend, 1½ St. von Budin.

Chwalina, Böhmen, Bidschow. Kr., ein *Dorf* zur Herschaft Horzitz, ½ St. von Horzitz.

Chwalitz, Qualitzen, Kwalitzen, Mähren, Iglauer Kr., ein *Dorf* zur Herrschaft Teltsch bei Zlabings gegen Osten, 6¼ St. von Schelletau.

Chwalkau, Böhmen, Czaslauer Kr., ein kleines *Dorf*; s. Kwalkow.

Chwalkow, Böimen, Taborer Kreis, ein *Dorf* mit einem Scilosse zur Hrsch. Roti-Liota, 6 St. von Neuiaus.

Chwalkowitz, Mäiren, Znaimer Kr., ein zur Hersciaft Althart geiöriges *Gut* und *Dorf*.

Chwalkowicz, Böimen, Königgr. Kr., ein *Gut* und *Dorf* mit einem Scilosse und einer Pfarre, dann den Häusern Seiutz und der Müile Wallowitz, unweit Skallitz gegen Süden über dem Adlerflusse gelegen, 1½ St. von Jaromierz.

Chwalkowitz bei **Morzitz**, Mähren, Ollm. Kr., ein *Dorf* zur Pfarre Eiwanowitz u. Hrsch. Morzitz geiörig, mit iöimiscien Einwoinern.

Chwalkowitz, Mäiren, Hrad. Kr., ein *Gut* und *Dorf* mit einem Schlosse, Pfarre und Meierhofe; welcier Komiarow genannt wird, unweit von Neu-Hwiezdlitz, mit iöimiscien Einwoinern, ½ St. von Wisciau.

Chwalkowitz, Mäiren, Ollmütz Kr., ein zur Hersciaft Brzesowitz geiöriges *Dorf*, mit einem vormals bestandenen, jetzt zerstörten Meierhofe, am Hannaflusse, 2 St. von Wisciau.

Chwalkowitz, Mäiren, Ollmützer Kr., ein zu den Ollmützer Erzb. Kam. Gütern geiöriges *Dorf*, mit einer Lokalie, iinter dem Dorfe Pawlowitz, mit iöimiscien Einwoinern, ½ St. von Ollmütz.

Chwalkowitz, Scilesien, Tropp, Kr., ein *Dorf*, zur Pfarre und Herscι. Grätz, ½ St. von Troppau.

Chwalkowitz, Chwalkowsky, Böimen, Czaslauer Kr., ein einzelner *Bauernhof*, unweit der Herscι. Zahradka gegen Süden, 8 St. von Iglau.

Chwalkowskey, Böimen, Czasl. Kr., ein *Bauernhof*; s. Ciwalkowitz.

Chwalla, Ciwale, Ciwaly — Böimen, Kaurz. Kr., ein *Gut* und *Dorf* mit einem Scilosse und einer Pfarre, liegt aufeinem Berge und grenzt gegen Osten an das Dorf Ober-Poczernitz, ½ St. von Biechowitz.

Chwalletitz, Mäiren, Znaimer Kr., ein *Dorf* mit einer Pfarre, zur Ortsobrigkeit Vöttau geiörig, mit deutsch. und iöimiscien Einwoinern.

Chwalnow, Mäiren, Hrad. Kr., ein zur Hrsch. Litenschitz geiöriges *Gut* u. *Dorf*, unweit Litenschitz, mit iöimiscι. Einwoinern, 1 St. von Wisciau.

Chwalow, Galizien, Zloczow. Kr., ein der Herschaft Podhorce gehöriges *Dorf*, mit einer griechisch-katholischen Kirche, 1 St. von Podhorce.

Chwalow, Böimen, Beraun. Kr., ein *Dorf* zur Herschaft Chlumetz, südwärts von Cilnmetz, 5¼ St. von Wottlitz.

Chwalow und **Daubrawicz**, Böhmen, Kaurz. Kr., ein *Dörfchen* zum Gute Modkrtitz; s. Daubrawicz.

Chalow, Böimen, Czaslauer Kr., ein *Dörfchen* des Gutes Janowitz, 2¼ St. von Czaslau.

Chwalow, Böimen, Taborer Kreis, ein *Dörfchen* zur Herscιaft Roti-Rzeczicz, 12 St. v. Tabor.

Chwálowá, Ungarn, ein *Dorf* im Gömorer Komitat; s. Félfalu.

Chwalowice, Galizien, Rzesz. Kr., eine *Herschaft* und *Dorf*, an der Mündung des Saan Flusses in die Weicisel, 23 St. von Rzeszow.

Chwalowicz, Böimen, Bidsch. Kr., ein *Dorf* an der Elbe, zur Herschaft Podiebrad, 1 St. von Nimburg.

Chwalowicze, Böimen, Czaslauer Kr., ein zum Gute Kluk unterth. *Dorf*, liegt von Jenikau gegen Norden nächst dem Dorfe Schebestenitz, 1¼ St. von Jenikau.

Chwalowitz, Böimen, Czaslauer Kr., eine aiseitige *Mühle*, geiört zur Hrsch. Kluk und Ziak, dann zur Pfarre Zbeisciow, 1⅛ St. von Jenikau.

Chwalowitz, Böimen, Czaslauer Kr., ein *Dorf* zur Hersch. Schleb, zur Schleber Pfarre geiörig, gegen Osten liegend, 2⅛ St. von Czaslau.

Chwalowitz, Ciwalowice — Böimen, Kaurzimer Kr., ein *Dorf* mit einem Meierhofe, geiört zur Herscιaft Radim, 1⅛ St. von Planiau.

Chwalowitz, Böimen, Czaslauer Kr., ein einsciicitiges *Jägerhaus*, geiört zur Herscιaft Kluk und Ziak, dann zur Pfarre Zbeischow, 1⅛ St. von Jenikau.

Chwalschowitz, Böimen, Klatt. Kr., ein der Herscιaft Teinitzl unterth. *Dorf* gegen Norden grenzt es mit dem königl. Waldhwodzer Seewitzer Grcht., 4 St. von Klattau.

Chwalsowitz, Böimen, Praci. Kreis, ein *Dorf* der Herscιaft Przetschin, 4¼ St. von Strakonitz.

Chwalowitz, Böimen, Budweiser Kr., ein *Dorf* mit einem Meierhofe, zur Herscιaft Frauenberg, unweit der Piseker Strasse, 2 St. von Moldautein.

Chwaltschowitz, Chwalczowicze — Böimen, Jungb. Kr., ein *Dorf*, zur Herscιaft Böimisci Eicie, 1⅛ St. von Lieienau.

Chwaly, Böimen, Kaurz. Kr., ein *Gut* und *Dorf*; s. Chwala.

Chwaltalka, Böhmen, Kaurzimer Kr., ein *Dorf* zur Herscιaft Manderscheid.

Chwatierub, Kwadirub, Chwatoru-hy — Böhmen, Kaurz. Kr., ein *Gut* und *Pfarrdorf* mit einem alten Bergschlosse, an der Moldau, 5½ St. von Prag.

Chwatlin Unter Chwaltina, Böhmen, Kaurz. Kr., ein *Dorf* sammt dem Meierhofe Koschtitz, zur Hersch. Zasmuk gehörig, eben darin eingepf., 1¼ St. von Pianian.

Chwatlin Ober, Böhmen, Kaurz. Kr., ein *Dorf* zur Herschaft Zasmuk gehörig, eben darin eingepfarrt, 1¼ St. von Pianian.

Chwatoruby, Böhmen, Kaurz. Kr., ein *Gut* und *Dorf*; s. Chwatierub.

Chwogen Klein, Chwoginecz, Böhmen, Beraun. Kr., ein *Dorf* zur Herschaft Konopischt, mit einer Filialkirche, 2 St. von Bistritz.

Chwogen Gross, Böhmen, Beraun. Kr., eine *Meierei*, *Schänkhaus* und *Filialkirche*, zur Herschaft Konopischt, 1 St. von Bistritz.

Chwogenecz, Böhmen, Chrud. Kr., ein *Dorf*, zur Kam. Hrsch. Pardubitz, wodurch die Strasse nach Königgrätz gehet, ¼ St. von Hollitsch.

Chwogno, Alto Chwogna, Böhmen, Chrud. Kr., ein zur Kameralhrsch. Pardubitz geh. *Dorf*, mit einer Pfarre, 1 St. nordw. vom Städtchen Holitz, 1¼ St. von Beischtin.

Chwognow, Böhmen, Taborer Kr., ein *Dorf* mit einer Pfarre, zur Stadt Pilgram, 8 St. von Neuhaus.

Chwoi Mühle, Böhmen, Saaz. Kr., eine zur Hrsch. Petersburg und zur Lokalie Podersanka gehörigen *Mahlmühle* 5 St. von Korosedl.

Chwostuly oder **Chwostule,** Böhmen, Klatt, Kr., eine einzelne *Wohnstätte*, zur Hrsch. Grünberg gehör., 1½ St. von Grünberg.

Chwoynow, Böhmen, Königgr. Kr., eine königl. *Leibgedingstadt*; s. Königshof.

Chygicze, Böhmen, Bidsch. Kr., ein *Dorf*, der Hrsch. Welisch; s. Chigitz.

Chyiowka, Galizien, Sandec. Kr., ein zur Hrsch. Dobra gehöriges *Dorf*, unweit des Baches Luhinka, 8 St. von Gdow.

Chylczyce, Galizien, Zloczow. Kr., eine *Herschaft* und *Dorf*, mit einem Edelhofe und griechisch-kath. Pfarre, ½ St. von Zloczow.

Chynorány, Ungarn, ein *Dorf* im Neutraer Komitat; s. Chinorán.

Chyrbatow, Böhmen, Chrud. Kr., ein *Dörfchen* zur Hrsch. Herzmanmiestetz; s. Chrbokow.

Chyre, Galizien, Zolkiew. Kr., ein zur Hrsch. Narol geh. *Dorf*, mit einem Vorwerke und griechisch-kath. Kirche, dann den damit verbundenen Ortschaften Kadlubiska und Podleszczyna.

Cheynow. Böhmen, Taborer Kreis, ein *Markt* und *Herschaft*; s. Cheynow.

Chyrow, Galizien, Samb. Kr., ein zur Hrsch. Laszki gehörigen *Städtchen*, mit 700 Einwohnern, einer Pfarre und 21 Mahlmühlen, 6 St. von Sambor. Postamt.

Chyrowka Posada, Galizien, Samb. Kr., eine zur Hrsch. Laszki gehörige *Ortschaft*, mit einer Mahlmühle, 6 St. von Sambor.

Chyrzina, Galizien, Przemysl. Kr., ein *Dorf* zur Hrsch. und Pfarre Krzyweze gehörig, 4 St. von Dubiecko.

Chyrzinka, Galizien, Przemysl. Kr., ein *Dorf* bei Chyrzina, zur Herschaft Krzywcze geh. 4 St. von Dubiecko.

Chyrzyn, Böhmen, Rakon. Kr., ein *Dorf*, zum Gut Uha; s. Chrzyn.

Chytrowka, Galizien, Jasl. Kr., ein der Hrsch. Stepina gehöriges *Dorf*, auf einer Anhöhe zwischen Waldungen, gegen Osten, nächst Stepina, 6 St. von Jaslo.

Chyszow, Galizien, Tarnow. Kr., ein *Dorf* zur Herschaft Tarnow gehörig, grenzt gegen Norden mit Wola Tarnowiecka, gegen Westen mit dem Flusse Biala, ¾ St. von Tarnow.

Chysne, Chyzné, Ungarn, ein *Dorf* im Árvaer Komitat; s. Chiszne.

Chytrowka, Galizien, Jasl. Kreis, ein *Dorf* zur Pfarre Szehnie und Ortsobrigkeit Stepina gehörig.

Chytrowka bei **Nowawies,** Galizien, Jasl. Kr., ein *Dorf* zur Pfarre u. Ortsobrigkeit Czudek gehörig.

Chyzno, Ungarn, ein *Dorf* im Gömörer Komitat; s. Chisno.

Chyzerowce, Ungarn, ein *Dorf* im Barser Komitat; s. Chiszne.

Ciago, Tirol, Trient. Kr., ein zur Stadt und Ldgcht. Trient gehörig., der Pfarre Calavino unterth. *Dorf*, mit einer Kuratie, von Calavino 1 St. entfernt, 2¼ St. von Trient.

Ciago, Venedig, Prov. Friaul u. Distr. III, Spilimbergo; s. Meduno.

Ciajkovichi, Dalmatien, Ragusa Kr. und Distrikt, ein dieser Distrikts-Pretura unterstehendes, der Hauptgemeinde und Pfarre Ombla zugetheiltes *Dorf*, nächst Dracevo, 1¼ Migl. von Ragusa.

Ciajkoviza, Dalmatien, Ragusa Kr. und Distr., ein der Pretura Ragusa unterstehendes *Dorf*, zur Hauptgemeinde und Pfarre Ombla gehörig, nahe bei Ciajkovichi, 1¼ Migl, von Ragusa.

Clajno, Venedig, Prov. Treviso u. Distr. VII, Montebelluna; s. Cornugla.

CIani, Casa, Lombardie, Prov. und Distr. II, Milano; s. Monzoro.

Clarelli, Lombardie, Prov. Como und Distr. IX, Bellano; s. Tremenco.

Cibaccia, Dalmatien, Ragusa Kreis u. Distrikt, ein dieser Pretura unterstehendes, der Hauptgemeinde und Pfarre Breno einverleibtes *Dorf* bei Cupari, 1 Migl. von Ragusa. '

Cibiana mit einem Theile von **Col S. Pietro**, Venedig, Prov. Belluno u Distr. III, Pieve di Cadore, ein nächst dem Berge Rite und dem Strome Poite liegendes *Gemeindedorf* mit Vorstand, Pfarre S. Lorenzo und zwei Oratorien, 5 Migl. von Pieve di Cadore. Mit: Col S. Pietro, Massaria, Planezz, *Gemeindetheile*.

Cibinium, Ungarn, Sáros. Kom. s. Zzeben, Seien.

Cibinbach, Ziehenbach Apa — Szibijuley, Siebenbürgen, Hermanstädter Stuhl, ein *Bach*, welcher 1½ St. von dem Orte Dus aus dem Gebirge Sztrimba entspringt, in seinem Gebiete 69 Orte zählt, und nach einem Laufe von 14½ St. in den Altfluss, 3½ St. ober dem Dorfe Portsesd einfällt.

Cibrone, eigentlich **Sibrone**, Lombardie, Prov. Como und Distr. XIV, Erba; s. Nibionno.

Cicconico, Venedig, Prov. Friaul u. Distr. II, S. Daniele; s. Fagagna.

Ciceri, Lombardie, Prov. Milano und Distr. VIII, Vimercate; s. Usmate.

Ciceri al Ronco, Lombardie, Prov. Como und Distr. XXIII, Appiano; siehe Appiano.

Cichawa, Galizien, Bochn. Kr., ein zur Herschaft Dabrowica gehörig. *Dorf*, mit einer herschaftl. Wohnung, gegen Osten, nächst Pierzciow, **2** St. von Gdow.

Cichawka, Galizien, Bochn. Kr., eine mit dem Dorfe Krolowka vereinigte, der Hersch. Lipnica gehör. *Ortschaft*, mit einer Pfarre, nächst der Hrsch. Wisnicz, **2** St. von Bochnia.

Ciche, Galizien, Sandec. Kr., ein zur Kammeral-Herschaft Neumark gehörig. *Dorf*, am Bache gleichen Namens, 15 St. von Myslenice.

Cichow, Mähren, Hrad. Kr., ein *Dorf* zur Hrsch. Bramow; s. Czichow.

Cicigulis, Venedig, Prov. Friaul und Distr. XIII, S. Pietro; siehe Tarcetta (Lasiz).

Cicina, Ca, Lombardie, Prov. und Distr. I, Mantova; s. Quattro Ville.

Ciela, Dalmatien, Spalato-Kr., Almissa-Distr., ein ¼ Migl. von Zacuzaz entferntes *Dorf* und *Untergemeinde* der Hauptgemeinde Almissa, mit einer Pfarre, unweit von dem Berge Mossor und dem Flusse Cettina, mittelst Überfairt, 1 Migl. von Almissa.

Cicogna, Venedig, Prov. Padova u. Distr. VIII, Montagnana; siehe Montagnana.

Cicogna, Lombardie, Prov. Pavia u. Distr. VIII, Abbiategrasso; s. Ozero.

Cicognara, Lombardie, Prov. Mantova und Distr. XVII, Asola; siehe Asola.

Cicognara, Lombardie, Prov. Mantova und Distr. XII, Viadana; s. Viadana.

Cicognola, Lombardie, Prov. Pavia und Distr. VI, Binasco; s. Binasco.

Cicognola, Lombardie, Prov. Como und Distr. XXIV, Brivio; siehe Sabbioncello.

Cicognolo, Lombardie, ein *Dorf*, Postamt.

Cicola, Lombardie, Prov. Bergamo u. Distr. III. Trescorre; s. S. Stefano.

Cicona, Tirol, Trient. Kr., ein zu dem Dorfe Prade geh. *Meierhof*, der Herschaft Primiero unterth. 9¼ St. von Borgo.

Cicoria, Lombardie, Prov. Lodi e Crema und Distr. IX, Crema; siehe Casaletto Vaprio.

Ciechany, Galizien, Jasl. Kr., ein der Hrsch. Polany gehörig. *Dorf*, mit einer Pfarre, liegt zwischen Gebirgen, 2 St. von Dukla.

Cidinum, Siebenbürgen, Kronstädt. Distr.; s. Feketehalom, Szeien.

Cieche, Tirol, Trient. Kr., ein *Weiler* zur Gemeinde Pedemonte gehörig, im Landgerichte Levico.

Ciechowka, Galizien, Bochn. Kr., *Kammeral Gut* und *Dorf* mit einer Pächters-Wohnung, grenzt gegen Süden, mit Zakluczyn, an einem unbenannten Bache, 3 St. von Mislenice.

Ciecina, Galizien, Wadow. Kr., ein zur Hrsch. Wieprz gehöriges *Dorf* mit einer Lokalkaplanei, liegt im Gebirge, 8 St. von Bielitz.

Ciehof oder **Czichowa**, Mähren, Iglauer Kr., ein zur Hrsch. Krzizanau gehöriges *Dorf*, 1½ St. von Gross-Meseritsch.

Cieklin, Galizien, Jasl. Kr., eine *Herschaft* und *Dorf* mit einer Pfarre, zwischen Gebirgen gegen Norden, nächst Dzielec, 4 St. von Jaslo.

Cielenz, Galizien, Zolkiew. Kr., ein *Gut* und *Dorf* mit einem Vorwerke, liegt oierial) Sokal a.. dem Bug , 15 St. von Rawa.

Cielusznica, Galizien, Jasl. Kr., ein zur Hersci. Umiese geiöriges *Dorf*, gegen Westen, näcist Gasowka, 1 ½ St. von Jaslo.

Ciewierzowice, Galizien, Przemysl. Kr., ein *Dorf* zur Hersci. Zamieciow geiörig, 1 St. von Radymno.

Ciemierzynce, Galizien, Brzezan. Kr., ein der Herschaft Przemyslany geiöriges griecisci-katholisches *Pfarrdorf*, 6 St. von Podhayczyky.

Cieniawa, Galizien, Sandec. Kr., ein zur Kaal. Hersci. Neusandec geh. *Dorf* unweit Gryiow, 3 St. von Sandec.

Ciensky, Galizien, Wadow. Kr., ein mit dem Dorfe Polanka vereinigtes *Dorf*, 4 St. von Kenty.

Cienzow, Galizien, Stryer Kr., ein zur Hrsch. Halicz geh. *Dorf*, mit einer griechischen Pfarre und Vorwerke, wodurci der Baci gleichen Nameus fliesst, gegen Osten näcist dem Dorfe Sielec, 3 St. von Stanislawow.

Cieplice, Galizien, Przemysl. Kreis, ein *Dorf* zur Hersci. Sieniawa geh., 2 St. von Sieniawa.

Cierello, Lomiardie, Prov. Pavia u. Distr. VIII, Abbiategrasso; sieie Corietta.

Cierpisz, Galizien, Tarnow. Kr., ein *Dorf* zur Hersci. Widkowice geh., liegt gegen Norden und grenzt mit Czarna, 4 St. von Dembica.

Cieszliowice, Galizien, Sandec. Kr., eine *Stadt* mit einer Pfarre, am Flusse Biala, 8 St. von Tarnow.

Cieszaczyn maly, Galizien, Przemysler Kr., eine *Herschaft* und *Dorf*, 2 St. von Jaroslaw.

Cieszaczyn wielki, Galizien, Przemysl. Kr., eine *Herrschaft* und *Dorf*, 1 St. von Jaroslaw.

Cieszanow, Galizien, Zolkiew. Kr., ein *Marktflecken*, mit einer latein. und griech. kathol. Kircie, liegt gegen W., 3 St. oierial) Luiaczow, 8 St. von Tomaszow.

Cieszyna, Galizien, Jasl. Kr., ein *Gut* und *Dorf*, am Fl. Wyslok, näcist Jazowa, 4 St. von Jaslo.

Ciet, Venedig, Prov. Belluno und Distr. V, Agordo; sieie Gosaldo.

Cietrzewina, Galizien, Sandec. Kr., ein zur Kammeral Hrsch. Neusandec geh. *Dorf*, 1 St. von Sandec.

Ciezza, Lombardie, Prov. Como und Distr. VI, Porlezza; sieie Carlazzo.

Cigadola, Lomiardie, Prov. Bergamo und Distr. VIII, Piazza; sieie Piazza Torre.

Cigagnol, Lombardie, Prov. Mantova und Distr. IV, Volta; sieie Ponti.

Cigala, Lomiardie, Prov. Mantova u. Distr. VI, Castel Goffredo; sieie Ceresara.

Cigalaro, Lombardie, Prov. Manto a und Distr. V, Castiglione delle Stiviere; sieie Castiglione delle Stiviere.

Cigina, Lomiardie, Prov. Mantova u Distr. XIV, Gonzaga; sieie Gonzaga (Bondanello).

Ciglenik, Ungarn, ein *Dorf* im Gradiscauer Grenz Regiments Bzk.; sieie Cziglenik.

Cignuhi, Lombardie, Prov. und Distr. I, Mantova; sieie Curtatone.

Cignano, Lomiardie, Prov. Brescia und Distr. XI, Verola nuova, ein *Gemeindedorf*, mit Vorstand und Pfarre S. Andrea, Aushilfskirche und Kapelle, nicht weit vom Fl. Mella, 4 Migl. von Verola nuova. Mit: Fenil Benedetti, Fenil Redioli, Fenil del Sander, *Meiereien*. — Mirandole, *Meierei* und *Muhle*.

Cignone, Lomiardie, Prov. Cremona und Distr V, Roiecco, ein *Gemeindedorf*, mit Vorstand und Pfarre S. Materno, näcist dem Brescianer Geiirge und dem Flusse Oglio, 3 St. von Cremona. Hierher geiören; Cignone di là, Colombarone, Domenda, *Meiereien*.

Cigogna, Venedig, Prov. Padova und Distr. V, Piazzola; sieie Villa Franca.

Cigognano, Lombardie, Prov. Cremona und Distr. III, Soresina; sieie Genivolta.

Cigognino, Lombardie, Prov. Cremona und Distr. III, Soresina; sieie B.rdolano.

Cigognolo con Castel Manfredi, Lomiardie, Prov. und Distr. I, Cremona, ein *Gemeindedorf*, mit einer eigenen Pfarre S. Domino, einer Gemeinde-Deputation und Pferdewechsel, auf der Route von Mantova nach Cremona und Milano, zwiscien Piadena und Pizzigiettone, 3 St. von Cremona. Postamt. Zu dieser Gemeinde geiören: Casa Marza, *Meierei*. — Castel Manfredi, *Schloss*.

Cigognolo, Lombardie, Prov. Mantova und Distr. V, Castiglione delle Stiviere; siebe Castiglione delle Stiviere.

Cigolare, Lombardie, Prov. Mantova und Distr. VII, Canneto; s. Ostiano.

Cigolare, Lomiardie, Prov. Mantova und Distr. XII, Viadana; s. Viadana.

Cigole, Lombardie, Prov. Brescia und Distr. XIII, Leno, ein *Gemeindedorf*, mit Vorstand und Pfarre S. Martino, einer Aushilfskirche und Oratorio, naıe am Flusse Mella, 6 Migl. v. Leno. Mit: Casaggiato Affiti, Fenile Belvedere, Fenile Foresti, Fenile Stella nuova, Zam›ara, *Meiereien.* — Mulino Cigola, Mulino nuovo, *Mühlen.*

Cigolina, Lombardie, Prov. Lodi e Crema und Distr. VI, Codogno; sieıe Castel nuovo Bocca d' Adda.

Cigolina, Lombardie, Prov. Lodi e Crema und Distr. VI, Codogno; sieıe S. Fiorano.

Cigolina Canova, Lombardie, Prov. Lodi e Crema und Distr. VI, Codogno; sieıe Fiorano.

Cigolina, Lombardie, Prov. Lodi e Crema und Distr. V, Casalpusterlengo; sieıe Casalpusterlengo.

Ciguin Chiout, Venedig, Provinz Friaul und Disır. XV, Mogio; sieıe Dogna (Cıiot Cignin).

Cikles, Ungarn, Oedenb. Komt.; siehe Sziglós.

Cikota, Ungarn, ein *Dorf* im Posegan. Komt.; sieıe Czikota.

Cikowice, Galizien, Bocın. Kr., ein *Kammeral-Dorf*, der Hrsch. Niepolomice geh, liegt am Raba Fl., ½ St. v. Bochnia.

Cilà, Tirol, Roveredo Kr., ein *Dorf* an der Sarca, und Filial der Pfarre Bleggio, Ldgchts. Stenico in Judicarıen.

Cileja, Cilia — Steiermark, Cillier Kr., die lateiniscıe Benennung der Kreisstadt Cilli.

Cilia, Venedig, Prov. Friaul und Distr. III, Spilim›ergo; sieıe Meduno.

Cilippi, Dogni - Gorni — Dalmatien, Ragusa Kr., Distr. Ragusa-veccıia, ein als Untergemeinde zur Hauptgemeinde Ragusa-veccıia geh. *Dorf*, mit einer eigenen Pfarre und Ricıter, unweit Mocichi und Vighini, 3 Migl. v. Ragusa.

Cilverghe, Lom›ardie, Prov. und Distr. I, Brescia, ein *Gemeindedorf* mit Vorstand und Pfarre S. Filippo Nerio, etwa 100 Schritte von der k. Landstr. nacı Verona, 7 Migl. von Brescia.

Cilin, Tirol, Rovered. Kr., ein *Dorf*, zur Gemeinde Tignarone geh., im Landgerichte Stencio.

Ciladom, Venedig, Prov. Belluno und Distr. VII, Feltre; sıehe Quero.

Cilli, Neu-, Zilli, windisch Blumberg — Steiermark, Cill. Kr., eine Wb. Kom. Ldgchts. *Herschaft* und *Schloss*, nach Sachsenfeld eingepfarrt, 1¼ St. v. Cilli.

Cilli, Zilli, wind. Celle, lat. Cilia, Cileja, Celeja — eine landesfürstl. *Kreisstadt*, ander Mündung des Ködingbaches in den

Sau, das alte Claudia celeja der Römer, und nocı im 15. Jaırıundert der Hauptort einer eigenen Grafscıaft. C. zäılt 240 Häus. und 1660 Einw., die einigen Handel mit Korn, Wein und Rohitscher Wasser unterıalten, ist der Sitz des Kreisamtes für den Cill. Kreis, und ıat einen eigenen Magistrat, eine Pfarre, meıre Kircıen, 2 Mannsklöster, ein Gymnasium (seit 1808) mit einer Hauptscıule, eine Caserne und Zolllegstadt, an der Südbahn von Wien naeı Triest. Sie ist mit alten Mauern umgehen, an welcıen meıre römiscıe Basreliefs und Denksteine zu seıen sind, ıat zwar breite, aıer scılecıt gepflasterte Gassen. An der deutscıen Pfarrkirche, die im antiken Gescımack gebaut ist, befindet sicı eine gothische Kapelle, welcıe zu den merkwürdigsten Ueberresten gothischer Baukunst in Steiermark geıört. Der steiermärk. Heilige, Maximilian, Bischof zu Lorcı, erlitt ıier in seiner Vaterstadt den 12. Octoıer 284 den Martertod. In der Näıe steıen auf einem Berge die Trümmer des Scılosses Oıer-Cilli, in welchem die mäcıtigen Grafen von Cilli lange Zeit iıre Residenz ıatten. Ein anderes Scıloss, Neu-Cilli genannt, welcıes einer italieniscıen Villa äınlich sieıt, ´liegt 1 Stunde westlicı v. Sacısenfeld. Postamt.

Cillier (Cillyer) Kreis, im Herzogthum Steiermark, der südlichste der Untersteiermark und aucı der ganzen Provinz, grenzt nördlicı an den Marburger Kreis in der Untersteiermark,

westlicı an Kärnten und Krain, södl. an Krain und Kroatien. Dieser Kreis hat eine Grösse von 64 Quadr. Meilen und wird in 40 Werbbezirke und 348 Steuergemeinden eingetheilt. Es befinden sich darin 4 landesfürstl. Städte (Cilli, Rann, Windisch-Feistritz, Windisch-Grätz), 25 Marktflecken, 1,092 Dörfer und eine Einwohnerzahl von 182,000. Fast alle Einwohner sind Katholiken. In kirchlicher Hinsicht gehört der C. K. zur Lavanter bischöfl. Diöcese in Kärnten. Der Kreis ist sehr gebirgig. Als Hauptflüsse werden die Save und der San mit Schiffen und Flössen, die Drave mit Plätten befahren. Die Ebenen dieses Kreises sind: Das Rannerfeld, oder der Rannerwald, 2 Meilen lang und eben so breit; der Sauboden, eine flache Strecke, durch welche der San läuft; das Schallthal. Der Boden ist fruchtbar und reich an Naturproducten. Der C. K. ist einer von jenen 3 Kreisen der Steiermark, in welchem Alpenwirthschaft, obwohl nicht sehr beträchtlich, wie in den andern, und Weinbau zugleich vorkommen. Die Einwohner sprechen grösstentheils windisch und krainerisch; die Grenzen der eigentlichen windisch slavischen Mundart ziehen sich bei Windisch-Grätz aus Kärnten bis zur kroatischen Grenze hinter Rohitsch. Jenseits dieser Linie ist die krainerisch-slavische Mundart zu Hause. Indessen sprechen nicht nur viele Städte- und Marktflecken-Bewohner, sondern auch viele Landleute, besonders längst den Hauptstrassen, auch deutsch.

Cima, Lombardie, Prov. und Distr. VI, Porlezza, ein am rechten Ufer des See's Ceresio und am Saume des Berges Pizzoni liegendes *Gemeindedorf*, mit einer Pfarre S. Maria und einer Gemeinde-Deputation, 2 Migl. von Porlezza.

Cima, Lombardie, Prov. Sondrio (Valtellina) und Distr. VII, Chiavenna; s. Gordona.

Cima, Lombardie, Prov. Como und Distr. XI, Lecco; siehe Rancio.

Cima de Nambin, Tirol, ein *Berg* bei Sct. Maria di Campiglio.

Cima dodici, Tirol, *Berg*, südlich von Borgo di val Sugana, 1231 W. Klft. über dem Meere.

Cima di Paneveggio, Tirol, ein *Berg* von Predazzo, im Fleimser Thal nordöstlich.

Cima delle Undeci, Tirol, ein *Berg*, von Borgo, im Val Sugana südlich gegen die Grenze der Sette Communi im Vicentinischen.

Cima di Vezena, Tirol, ein *Berg*, von Levico, südlich an der Grenze des Ldgchts. Telvana, gegen Val Dassa.

Cimadolmo, Venedig, Prov. Treviso und Distr. II, Oderzo, ein nahe bei S.

Polo und dem Flusse Piave liegendes *Gemeindedorf*, mit Vorstand und Pfarre S. Silvestro und 5 Oratorien, 2 St. von Oderzo. Mit:
S. Michele, Stabiuzzo, *Gemeindetheile*.

Cimadolmo, Venedig, Provinz und Distr. I, Treviso; siehe Masereda.

Cima Fadalto, Venedig, Prov. Treviso und Distr. V, Serravalle; siehe Serravalle.

Cimagunda, Lombardie, Prov. Sondrio (Valtellina) und Distr. VII, Chiavenna; s. S. Giacomo.

Cimava und **Demnia**, Galizien, im Stryer Kr., ein zur Hrsch. Rozniatow geh. *Dorf*, mit einer griech. Pfarre, am Flusse Duna, nächst Rozniatow, 30 St. von Stry, 8 Meilen von Strzelice.

Cimbergo, Lombardie, Prov. Bergamo und Distr. XVII, Breno, ein oberhalb Cedo und Nadro liegendes *Gemeindedorf*, mit Vorstand, Pfarre B. Verg. dell' Assunta und Aushilfskirche S. Giovanni Battista, 1¼ St. von Breno.

Cimbro, ursprünglich Zimbro — Lombardie, Prov. Milano und Distr. XVI, Soma, eine *Gemeinde* mit einer Pfarre S. Martino und Gemeindedeputation, von den Gemeinden Villa Dosia, Crugnola und Cuvirone begrenzt, 1 St. von Sesto Calende und eben so weit von Soma. Hieher gehört:
Mulino delle Piode, *Mühle*.

Cimego, Tirol, Roveredo Kr., ein zum Markgrafthum Judicarien geh., unter der Pfarre Condino stehendes *Dorf*, mit einer Kuratie, 1¼ St. von Condino, 17 St. von Trient.

Cimelice; siehe Czimelitz.

Cimetta, Venedig, Prov. Treviso und Distr. IV, Conegliano; siehe Codogne.

Cimiano, Lombardie, Prov. u. Distr. I, Milano; siehe Crescenzago.

Cimion, Venedig, ein *Berg* bei Miana.

Cimitero, Cassina dei, Lombardie, Prov. Lodi e Crema und Distr. IX, Crema; siehe Casale.

Cimmago, Lombardie, Prov. Milano und Distr. V, Barlassina; s. Lentate.

Cimo, Lombardie, Prov. Brescia und Distr. VII, Bovegno, ein *Gemeindedorf* mit Vorstand und Pfarre S. Calocero, dann einer Aushilfskirche im Gebirge, 5 Migl. von Bovegno. Mit:
Barbicoli, di Cargnio, di Carita, Cassina Mazza, Corti Seconde, Grimello, Missove, Polane, Pontagna, Pradalunga di sopra e di sotto, Ranze, Roscione, Sessenes, Staletti, Terreno Secco, *Meiereien*, — Mulino di Cimo di sopra e di sotto, Tavernole, *Mühlen*, — Tavernole, *Vla*.

Cimo di Pierra rossa, Illirien, Krain, ein *Berg*, nordöstlicı von der Stadt Monfalcone, 6? W. Klftr. ıocı.

Cimolais, Venedig, Prov. Friaul und Distr. IV, Maniago, ein in der Mitte von Bergen liegendes *Gemeindedorf*, woıin man durcı das grosse Tıal, in welcıem sicı die näcıste Ortscıaft Claut befindet, mit Wägen, ausserdem aıer nur mit Saumthieren gelangen kann, mit Vorstand, Pfarre S. Maria Maggiore und 3 Aushilfskirchen, von dem Strome Cimoliano bespült, 22 Migl. v. Maniago.

Cimon, Tirol, Trienter Kr., ein zur Ldgchts. Hrsch. Castellano geıör. Dorf mit einer Kuratie, an dem Bacbe Cei, 4 St. von Trient.

Cimone, Tirol, Roveredo Kr., ein zur Hrsch. Castelnuovo geh. Dorf, 3 St. von Roveredo.

Cimpello, Venedig, Prov. Friaul und Distr. VII, Pordenone; sieıe Fiume.

Cinca, Lomıardie, Prov. Mantova und Distr. VIII, Marcaria; sieıe Rodigo.

Cincà la Costa, Lombardie, Prov. und Distr. II, Como; s. Monte Olimpino.

Cincaia Costa, Lomıardie, Prov. ,und Distr. II, Como; sieıe Vergosa.

Cince, Lombardie, Prov. und Distr. II, Como; sieıe Lucino.

Cingia Bertana, Lombardie, Prov. Cremona und Distr. VII, Casal Maggiore; sieıe Solarolo Rainerio.

Cingia de' Botti, Lombardie, Prov. Cremona und Distr. VI, Pieve d' Olmi, eine *Villa* und *Gemeinde* mit Vorstand, nacı S. Pietro Apost. im Dorfe und Bestandtheile der Gemeinde Pieve Gurate, von dem Parma- und Piacenza-Geıirge und den Flüssen Pò und Oglio ıegrenzt, 4 St. von Cremona. Hiezu geıören: Caselle, *Meierei*, — Castelletto di sotto, Gurata Pieve, Mottajola, Piretta, *Dörfer*.

Cinguefo, Lomıardie, Prov. Como u. Distr. XXIII, Appiano; s. Guanzate.

Cinisello, Lombardie, Prov. Milano und Distr. VI, Monza, ein *Gemeindedorf* mit Vorstaud und eigener Pfarre S. Ambrogio und einem Oratorium, umgeıen von den Gemeinden Balsamo, Bresso, Cusano und Nova, 1¼ St. von Monza. Beızuzählen sind: Cantaluppa, Della Valle. Nicozza, Silva, *Meiereien*.

Cino, Lombardie, Prov. Sondrio (della Valtellina), Distr. V, Traona, ein näcıst Cercino und Doıino liegendes *Gemeindedorf*, mit Vorstand, Pfarre S. Giorgio u. 3 Müılen, 20 Migl. von Sondrio.

Cinque Contrade, Lomıardie, Provinz Bergamo und Distr. VIII, Piazza; sieıe Valtorta.

Cinte Tesino, Tirol, Trienter Kr., ein zur Hrsch. Ivano geh. Dorf im Gebirge, 3¼ St. von Borgo.

Cintello, Venedig, Prov. Venezia und Distr. VIII, Portogruaro; s. Teglio.

Cinto, Venedig, *Berg* am Flusse Scalo di Lozzo, bei Cinto.

Cinto, Venedig, Provinz Venezia und Distr. VIII, Portogruaro; ein am Flusse Regıena oberıalı Portogruaro liegendes *Gemeindedorf* mit Vorstand und Erzpriester-Pfarre S. Biagio nnd Oratorio, einer Leder- und Spinn-Fabrik, 1 St. v. Portogruaro, Mit: Bando Seudelle, Forestier, Ronco dei Gesuati, Settimo, Stradata, Dörfer.

Cinto in Monte, Venedig, Provinz Padua und Distr. IX, Este; s. Cinto in piano.

Cinto in piano, Venedig, Prov. Padova und Distr. IX, Este, ein *Gemeindedorf* mit einer eigenen Pfarre S. Maria, 3 Oratorien und Gemeinde-Deputation, in der Eıene am Canal Bissato, von dem Eugau. Gebirge und Ortscıaften Baon, Lozzo, Galvignano und Boccone ıegrenzt, 6 Migl. von Este. Dazu geıören: Cinto in Monte, .Cornoleda, Fontana Fredda in Monte, Dörfer — Busta, Val Nogaredo, Gemeindetheile.

Cinuto Tjivari, Ungarn; sieıe Kóvárer Distrikt.

Cinutu Fagarasuliy, Siebenbürgen; sieıe Fogarascher Distrikt.

Cinutu Szoszesz, Brassouluj — Sieıenıürgen; sieıe Kronstädter sächsischer Distrikt.

Cinutu Szaszeszek, Biszıritzi — Siebenbürgen; sieıe Bistritzer sächsiscıer Distrikt.

Cioche, Lombardie, Prov. und Distr. I, Como, sieıe Cagno.

Ciolara, Tirol, *Berg* ıei Pupitz.

Cioli, Tirol, Trient. Kr., ein *Weiler* z. Gemeinde Leuta im Ldgrcht. Levico.

Ciolla, Venedig, Prov. Friaul und Distrikt XII, Cividale; sieıe Castel del Monte.

Ciotte, Lomıardie, Prov. Mantova und Distr. XV, Revere; sieıe Mulo.

Cipriana, Lomıardie, Prov. Pavia und Distr. V, Rosate; sıehe Coronate.

Cipriano, Lomıardie, Prov. Bergamo und Distr. XIII, Verdello; sieıe Spirano.

Cire, Tirol, Trient. Kr., ein *Weiler*, zur Gemeinde Vigalzano, im Landgericıte Pergine.

Ciresa, Lomıardie, Prov. und Distr. I, Milano; s. Corpi S. di Porta Orientale.

Ciresa, Lombardie, Prov. und Distr. I, Milano; sieıe Crescenzago.

Cirkowitz, Böımen, Leitm. Kr., ein Dorf, mit einer Filialkircıe, die von einem exponirten Kaplan administrirt wird, geh. zur Hrsch. Lobositz und zum Gute Geblitz, liegt am recıten Ufer der Elbe, 2 St. von Loıositz.

Cirilhof, Mäıreu, Igl. Kr., ein Dorf, mit böhm. Einw., zur Pfarre Borry und Hrsch. Krzizanau.

Cirimido, Lombardie, Prov. Como und Distr. XXIII, Appiaıo, ein Gemeindedorf, mit Vorstand und Pfarre Tutti li Santi, östl., 3½ Migl. v. Appiano. Mit: Cassina d' Ospitale, Meierei.

Ciringhelli, Venedig, Prov. Verona und Distr. III, Isola della Scala; sieıe Vigasio.

Cirites, Illirien, Istrien, Mitterburger Kr., ein Dorf, im Bzk. Pinguente, zur Pfarre Rozzo geh., in der Diöcese Triest Capodistria, 6¼ St. von Pisino.

Cirknitzer See; s. Zirknizer See.

Cirogn, Venedig, ein Berg, in der Näıe des Roncon Berges.

Cirzarello, Venedig, Prov. Padova und Distr. XII, Piove; sieıe Piove.

Cis, Tirol, Trient. Kr., ein im Sulzthale in der Gem. Livo lieg. Dorf, mit einer Kuratie, 1¼ St. von Livo, 14 St. v. Trient.

Cisano, Lombardie, Prov. Bergamo und Distr. VII, Caprino, ein Gemeindedorf, dessen Terrain vom linken Arme des Adda Flusses ıegrenzt wird, mit einer Gemeinde-Deputation, 2 Pfarren SS. Stefano e Gregorio, 2 Aushilfskircıen und 2 Oratorien, einem Eisen-Scımelz-, Kalk- und Ziegelofen, dann einer Tuchfärberei, ¼ St. von Caprino. Die weiteren Bestandtheile dieser Gemeinde sind: Badosa, Battaglia, Binda, Bondi, Ca di Gandolfi, Cavassone, Guarda, Laccaduro, Marianna, Mura, Pomino, Sosta, Sozzi, Trescıera, Valbonaga, Schweizereien. — Bissano alla Leveta, Fontaıa fredda, S. Gregorio, Villa Sola, kleine Gassen. — Mulini di Cisano, Mühle.

Cisana di Gardesana, Venedig, Prov. Verona und Distr. XIII, Bardolino, sieıe Bardolino.

Ciser, Venedig, Prov. Treviso u. Distr. V, Serravalle; siche Fregona.

Ciserano, Lomıardie, Prov. Bergamo und Distr. XIII, Verdello, ein Gemein. dedorf mit Vorstand, Pfarre SS. Marco e Martino, Aushilfskirche, 3 Oratorien und einer Gärıerei, westlicı gegen Cologno, 3 Migl. vom Bremıo Flusse, ¾ St. von Verdello. Dazu geıören:

Casa Dogana, Schweizerei. — Cassina del Mulino, Mühle. — Cassina Raimondi, Cassina del Torchio, Meierei.

Ciserlis, Venedig, Prov. Friaul und Distr. XXI, Tricesimo, ein nahe bei Tarcento, dem Berge Crosis und dem Strome Zimor lieg. Gemeindedorf, mit Vorstand und einer Kurazie S. Carolo Boromeo, der Pfarre S. Pietro in Tarcento, 9¼ Migl. von Tricesimo. Hieher geıören: Coja di quà e di là, Sammardıncıia, Sedilis, Stella, Zomeais, Dörfer.

Cisgna, Venedig, Prov. Friaul und Distr. XIII, S. Pietro; sieıe S. Leonarda (Cosizza).

Cisichie, Illirien, Istrien, Mitterburg. Kr., ein Dorf im Bzk. und auf der Insel Veglia, zur Pfarre Dobrigno, in der Diöcese Veglia geh., 1 St. von Veglia.

Cisiec, Galizien, Wadow. Kr., ein zur Hrsch. Wieprz geh. Dorf, im Geıirge, zwiscıen Waldungen, 8 St. von Bielitz (in Scılesien).

Cislago, Lombardie, Prov. Milano u. Distr. XV, Busto Arsizio, eine Gemeinde-Ortschaft, mit Vorstand und eigener Pfarre S. Abbondanzio, vereinigt mit d. Gemeinde Cassina Massona, 1 St. von Busto Arsizio.

Cisliano, Lombardie, Prov. Pavia u. Distr. VIII, Aıviategrasso, ein mit Bestazzo grenzendes, mit einer Gemeinde-Deputation, eigener Pfarré S. Giovanni Battista, 2 Privat-Oratorien und einer Steingut-Fabrik verseıenes Gemeindedorf, 1½ St. von Abbiategrasso. Dazu geıören: Canova, Cassine nuove, Mangola, Miscıia, Negrona, Roncaglia, Rosio, Scanna, Sormanida, Varésina, Schweizereien. — Mulino nuovo, S. Giacomo, Mühlen.

Cismon, Venedig, Prov. Vicenza und Distr. IV, Bassano, ein am Fusse des Berges Groppa gegen Tirol lieg., von dem Flusse Cismon begrenztes Gemeindedorf, mit 1850 Einw., einer Gemeinde-Deputation und eigener Pfarre S. Marco. Mit: Primolano, Dorf.

Cismono, Tirol, ein Fluss, dieser Fluss ıat seinen Ursprung im Geıirge, Col Bricon gegen Paneveggio u. stürzet sicı, nacıdem er das ganze Tıal Primör von Nord. nacı Süd. durcıströmt hat, unter C. Covelo in d. Brenta. Lauf 11 st.

Cisna, Galizien, Sanoker Kr., eine Herschaft und Pfarrdorf, näcıst Dolzyka, am Solinka Flusse, mit einem Eisenwerke, 4 Meil. von Jassienika, 11 St. vcn Sanok.

Ciso, Venedig, Prov. Treviso und Distr. V, Serravalle, ein am Flusse Buje näcıst Campomolino u. Tozzoné lieg. *Gemeindedorf,* mit Vorstand und einer eigenen Pfarre S. Maria, 4 Nebenkirchen und 2 Oratorien, einem Erzpriester-Hause, Elementarschulen-Inspection und Daz-Einnehmerei, dann einigen bedeutenden Tucı-, Linnen- und Seiden-Faıriken, 3½ St. von Serravalle. Dazu geıören: Campomolino, Mure, Pradignan, Zuel di là, Zuel di quà, *Villen.* — Sotto Cengia, Colomıera, Conzonol, Corrin, Drio Costa, Rolle, S. Eraucesco, di Rolle, S. Felice, S. Ubaldo, Tozzone, Volpera, *Gemeindetheile.* — Costa, *Schloss.* — S. Silvestro, *Mühle.* — Gai di mezzo, Gai di sopra, Gai di sotto, Mareu, Soler, Tóvena, *Dörfer.*

Cisoni Breda, Venedig, Prov. Mantova und Distr. XI, Sabbiónetta; sieıe Sabbionetta.

Cissow, Galizien, Stryer Kr., ein zur Kaal. Hrsch. Boleciow geh. *Dorf,* wodurcı der Bacı Sukiéc fliesst, 8 Meil. von Strzelice, 4 St. von Stry.

Cissowa, Galizien, Przemysl. Kr., ein *Dorf,* zur Hrsch. Bakaczye geıörig, 4 St. von Przemysl.

Cissowa, Galizien, Rzeszow. Kr., ein der Hrsch. Raniszow geıör. *Dorf,* 12 St. von Rzeszow.

Cissowiec, Galizien, Sanok. Kr., ein *Gut* und *Pfarrdorf,* nächst Baligrod, an einem unbenannten Bache, 5 St. von Sauok.

Cista, Dalmatien, Spalato Kr., Imoscıier Distr., ein grosses *Dorf* und *Gemeinde,* mit einer Lokal-Kaplauei, der Pfr. Rudoboglie und einem Gemeinde-Syndikat, 2 Migl. vom Berge Omori und 4 M. von deıı Ortscıaften Bıorine und Dobragne, 22 M. von Almissa.

Cista, Grande e piccolo, Gross und Klein Cista — Dalmatien, Zara Kr., Scardona Distr., ein *Pfarrdorf,* der Hauptgemeinde und Prätur Scardona zugetheilt, auf dem festen Laude, 12 M. von Scardona.

Cisterna, Venedig, Prov. Friaul und Distr. II, S. Daniele; sieıe Coseano.

Cista, All', Lomıardie, Prov. Como und Distr. XVI, Gavirate; s. Monbello.

Citerna, Tirol, Rov. Kr., ein *Weiler,* zur Gem. Cornomiglio geh., im Landgericıte Rovereto.

Citium, Oest. unt. d. E,, V. U. W. W., ein *Ort,* zu Römergaiten, woıl zu unterscheiden von Cetio, das viel weiter westw. entfernt war. Citium ıag 600 Scıritte oıerıalı Vindoıona, welcıer Abstand mit dem jetzigen Klosterneuıurg

und zwar mit der Lage des dasigen Stiftes übereiustimmt.

Citlach e Cotussa, Dalmatien, Spıalato Kr., Sign Distr., ein *Dorf,* in der Pfarre Verlicca u. dieser Hauptgemeinde zugetheilt, 4 Miglien davon entfernt, 16 Migl. von Kuin.

Citluk, Dalmatien, Spalato Kr., Sign Kr., ein nacı Sign gepf., dieser Hauptgemeinde zugetheiltes *Dorf,* vom Flusse Cettina, ½ und von den Ortscıaften Kara-Rusicza und Ervazze 1 M. entlegen, 25 Miglien von Spalato.

Citluk, Dalmatien, Zara Kr.; s. Cittluk.

Citonice, Mäıren, Znaim. Kr., ein *Dorf,* zu den Znaimer-Stadt-Gemeingütern geh.; sieıe Ednitz.

Cittadella, Venedig, Prov. Vicenza und Distr. III, Cittadella, ein *Schloss* mit Neben-Woıngebäuden und Gemeinde, wovon der III. Distrikt dieser Prov. den Namen ıat, mit 6000 E. einem königl. Distrikts-Kommissariat, Prätur, eigener Pfarre SS. Prodocimo e Donato, 13 Oratorien, einer Pferde-Post-Station zwiscıen Vicenza (ıievon 1½ Posten entfernt) und Castelfranco, dann einem Versatzamte, einer Tucıfabrik und Tucıwalke. Liegt 11 Migl. von dem Bassano-Geıırge und beiläufig 1½ Migl. v. Flusse Breuta entfernt.

Cittadella, Venedig, Prov. Venedig und Distr. III, enthält folgende Gemeinden: Cittadella und Suoi Quartieri (mit Neıengebäuden). — Fontaniva mit S. Croce Bigolina. — Galliera. — S. Martino di Lupari, Padovano, mit Lovari, Monastiero mit Borgıetto, S. Martino di Lupari Trevigiano. — Tombolo mit Onara. —

Cittadella, Venedig, Provinz Treviso und Distr. IV, Conegliano; sieıe Mareno.

Cittadella, Lombardie, Prov. und Distr. I, Pavia; sieıe Molinazzo.

Cittadella, Lomıardie, Prov. Cremona und Distr. VI. Pieve d' Olmi; s. Stagno Pagliaro.

Citta- de Vintzi, Siebenbürgen; s. Volye-Vintz.

Cittadina, Lombardie, Prov. Pıvia und Distr. V, Rosate; siehe Castelletto Mendosio.

Cittadina, Lombardie, Prov. und Distr. I, Milano; sieıe Corpi S. di Porta Ticinese.

Cittadina, Lomıardie, Provinz Cremona und Distr. II, Soncino; sieıe Romanengo.

Cittadina, Lomıardie, Prov. Pavia und Distr. V, Rosate; siehe Rosate.

Cittanova, Illirien, Istrien, Mitterb. Kr., ein *Dorf* im Distrikt Rovigno, Rzk. Dignano, zur Untergemeinde Stosovei und zur Pfarre Sanvincenti gehörig, in der Diöcese Capodistria mit einer Elementar-Schule, 3 St. von Dignano.

Citta nuova, Aemonia nuova — Illirien, Istr. Kr., nördl. Breite 45 Gr,, 18M., 17S., — östl. Länge 31 Gr., 14 M. 13 S., *Stadt* auf einer Landzunge, an der Mündung des Quietto in das Meer, alt und verfallen, ein Bisthum mit einer Kathedralkirche, 3 anderen Kirchen, 215 Häusern und 1184 Einwohnern, mit Sanitäts-Deputation, einem vortrefflichen Hafen; aber ungesunder Luft, daher die Stadt sehr verödet ist, dem ungeachtet hat hier ein Bischof seinen Sitz, Fischfang, 9 St. von Capodistria.

Citta nuova, Dalmatien, ein *Marktflecken* auf der Insel Lesina, im Kreise Spalato, mit einem Hafen und 2200 Einwohnern.

Citta vechia, Altstadt, Dalmatien, Spalato Kr., Lesina Distrikt, eine *Stadt* und grössere *Gemeinde*, mit einer eigenen Pfarre, Gemeinde-Richter, Zolleinnehmeramte und Sanitäts-Deputation, dann einem bequemen und weiten Hafen, auf der Nordwestküste der zum Kreise Spalato gehörigen Insel Lesina, und 2,300 Einwohnern, die Schiffbau, Schiffahrt und Fischerei treiben. Den Namen hat diese Ortschaft wahrscheinlich daher, weil sie aus den Trümmern der alten Stadt Pharia erbaut ist. Man findet hier noch griechische und römische Alterthümer. Das vorzüglichste Stück darunter ist ein griech. Marmor, welcher eine Barke mit Segel und Steuerruder, und den Steuermann vorstellt. Das Ufer wird durch das von dem benachbarten Berge angeschwemmte Erdreich immer mehr erhöht. 2 Migl. von Dol, 12 Migl. von Lesina.

Cittiglio, Lombardie, Provinz Como und Distr. XVIII, Cuvio, ein südlich im Thale nächst dem Berge Cereda liegendes *Gemeindedorf* mit Vorstand und einer eigenen Pfarre S. B. V. Purificata, 10 Migl. von Varese. Dazu gehören: Cassine di Cittiglio, Pianella, S. Biaggio, *Meiereien.* — Breccia, Alle Fraccie, Molinazzo, Oranante, *Mühlen.*

Cittiglio, Cassine di, Lombardie, Prov. Como und Distr. XVIII, Cuvio; siehe Cittiglio.

Cittluk, auch Citluk — Dalmatien, Zara Kr., Knin Distr., ein mit einer Pfarre, lateinischen Ritus versehenes

Dorf, in der Hauptgemeinde und unter der Pretura Knin, auf dem festen Lande an den Gewässern Lucar und Velustich, nächst dem Berge Promina, 10 Migl. von Knin, Postamt Sebenico.

Cittow, Citow — Böhmen, Jungb. Kr., ein *Gut* und *Dorf* mit einer Pfarre, Schloss und Meierhof, 1 Stunde von Melnik.

Ciulini, auch Criulini — Dalmatien, Spalato Kr., Sign. Distr., ein der Pfarre und Hauptgemeinde Sign einverleibtes, 4 Migl. vom Flusse Cettina und 1 Migl. von Glavizza entferntes *Dorf*, 23 Migl. von Spalato.

Civano, Lombardie, Provinz Como und Distrikt VIII, Gravedonna; siehe Dosso.

Civasco, Lombardie, Prov. u. Distr. X; Milano; siehe Lucino.

Civate, Lombardie, Prov. Como und Distr. XII, Oggiono, ein aus untengenannten Theilen bestehendes *Gemeindedorf* mit einer eigenen Pfarre SS. Vito e Modesto, und Gemeinde-Deputation, auf einer Anhöhe, nördlich dem Berge Oggiono, am Fusse des Berges, 4 Migl. von Oggiono. Zu dieser Gemeinde gehören: Baromello, Barzagutta, Belingera, Borgnoso, Borcina, Cariolo, Castello, Castel nuovo, Cerchiera, Linate, Loro, Pozzo, Praondaro, Presciada, Rei, Roncaglio, Scola, Tosco, *Meiereien.* — Filatojo, *Seidenspinnerei*, Ponte S. Nazzaro, *Gasthof.* — Scarenna, Valdeloro, *Mühlen.* — Torchio, *Oehlpresse.*

Cive, Venedig, Provinz Padova und Distrikt XII, Piove; siehe Correzzola.

Civè, Venedig, Prov. Venezia u. Distr. IX, Chioggia; siehe Chioggia.

Civello, Lombardie, Prov. Como und Distr. I, Como, ein *Gemeindedorf* mit Vorstand u. Pfarre S. Cosmo e Damiano, liegt in einer Ebene. 3 Migl. von Como. Mit:
Brugo, *Meierei.*

Civenna, Lombardie, Provinz Como und Distr. III, Bellagio, eine *Gemeinde* mit Vorstand und Pfarre S. Materno, 5 Migl. von Bellaggio. Die Bestandtheile dieser Gemeinde sind:
Calembre, *einzelnes Haus.* — Campo, Corla, *Meierei.* — Castello, Terra di sopra e di sotto, *Dörfer.*

Civesino, Lombardie, Provinz Milano und Distr. XII, Meleguano, siehe Civesio.

Civesio, Lombardie, Prov. Milano u. Distr. XII, Meleguano, ein *Gemeinde-*

dorf mit Vorstand und eigener Pfarre S. Ambrogio, am Lambro Flusse, unweit Chiaravalle und Rancate. 1¼ St. von Melegnano und eben so weit von Milano. Hierher gehört: Civesino, *Meierei.*

Civezzano, Tirol, Trient. Kr., Dekanat u. Sitz des Dechants für die Pfarren: Civezzano, Albiano u. Piné.

Civezzano, Tirol, k. k. Landgcht., formirt aus der ehemaligen Prätur Trient, diesseits der Etsch, dann aus dem freiherrl. von Pratoischen Gericht Segonzano, und aus dem Domkapitel-Gerichten Sevignano und Sover am Avisio Flusse. Sitz des Gerichts Civezzano.

Civezzano, eigentlich Zevezzano, Tirol, Trient. Bzk., ein zur Stadt und Ldgch. Trient gehöriges *Dorf* und Pfarre, mit einem Schlosse, an dem Bache Silla, 1¼ St. von Trient. Postamt mit:
Albiano, Agnese, Barco, Baselga, Bedal und Brusago, Barhaniga, Bosco, Bampi, Cogati, Civezzano, Fornace, Faidu di Piné, Garzano Lases, Lora, Massanigo, Montagrana, Miola, Oxxano, Penedal, Piarre, Regnano mit Piné, Riccaldo, Rissolago, Rovere, Seregnano, Segansano, Santa Agnese, St. Steffano, Tresilla, Torchio, Vigo, Vattaro, Vigola, Vattaro.

Civibine, Lombardie, Provinz Lodi e Crema und Distr. I, Lodi; s. Chioso di Porta d' Adda.

Cividale, Lombardie, Prov. Mantova und Distr. X, Bozzolo; siehe Rivarolo.

Cividale, Venedig, Distr. XII, enthält folgende Gemeinden: Buttrio in piano (in der Ebene) mit Buttrio in monte (auf dem Berge), Caminetto, Camino, Orsaria in piano (in der Ebene), Orsaria in monte (auf dem Berge), Paderno d' Orsaria und Visinale. — Castel del monte mit Marcolino, Obborza, Podpecchio, Prepotischis und S. Pietro di Chiazzacco. — Cividale mit Carraria, Colli S. Anna, Darnazacco, Gagliano, Grupignano, Purgesimo, Rualis, Rubignacco und S. Guarzo. — Corno di Rosazzo mit Gramogliano, Noax, S. Andrat und Visinale. — Ipplis mit Azzano und Leproso. — Manzano mit Case, Manzinello, Oleis Rosazzo, S. Lorenzo und Soleschiano. — Moimacco mit Bottenico. — Premariacco mit Firmano. — Prepotto mit Albana, Cladrecis, o Canale del Judri, Craoretto und Novacuzzo. — Remanzacco mit Bergum, Cerneglons, Marsura, Orzano, Selvis und Ziracco. — S. Giovanni di Manzano mit Bolzano, Dolegnano, Jassico alla destra del Judri, Mediuzza u. Villanova. — Torreano mit Canaluto, Maserolis, Prestento, Reant, Ronchis, und Togliano.

Cividale, Venedig, Prov. Friaul und Distr. XII, Cividale, unter den Römern Forum Julii, eine *Stadt* und *Gemeinde* mit fünf Vorstädten, wovon der XII. Distrikt dieser Provinz den Namen hat; mit 6000 Einwohnern, nebst mehreren Nebenkirchen und Kapellen, hat sie sieben Pfarren, nämlich die Haupt-Collegial-Pfarre S. Annunciata, S. Silvestro, S. Pietro dei Volti, S. Martino, S. Pietro e S. Biaggio, S. Giovanni in Xenodocchio, S. Maria di Corte; sehr sehenswerth ist hier die Domkirche S. Maria aus dem VIII. Jahrhunderte, die herrliche Façade baute Pietro Lombardo im J. 1501, sie hat 3 gothische Portale, die Altäre schöne Bilder, und einen merkwürdigen Taufbecken. Es befinden sich hier das königl. Distrikts-Commissariat, Prätur, Lotto-Gefäll-, Distrikts-Post-Briefsammlung, eine Gemeinde-Deputation, Bürgerspital und Versorgungshaus, eine weibliche Erziehungs-Anstalt, dann mehrere Mühlen, Seiden- und Kattun-Fabriken. Diese Stadt liegt in einer angenehmen Gegend mit Mauern und Gräben umgeben, von den Jul. Alpen begrenzt, am Flusse Natisone, über welchen eine 220 Fuss lange Brücke mit 2 Bögen aus Quadersteinen führt, die 1440 erbaut wurde, zwischen Udine und Görz (Illirien), nächst den Gemeinde-Ortschaften Buttrio und Rubignacco, hat ein berühmtes Archiv mit schätzbaren Manuscripten und ein Museum für Alterthümer. Postamt. Zu dieser Gemeinde gehören: Bresana, *Vorstadt.* — Cararia, Gagliano, Grupignano, Pugessimo, Rualis, *Dörfer.* — Casale Colli di S. Giuseppe, Casali di Fornalis al Borgo dei Mioni, Casali di Madiolo, Casali di Praducello, Casali Guspergo, Casali di S. Anna, Casali di Spesso, Casali di Zujano, Colli S. Anna, Darnazzacco, Di Ponte, S. Domenico, S. Pietro, Cuccola e Guspergo, *Gemeindetheile.* — Mulino di Baducello, Busternola, Cainero, Canussio, di Groce Subignano, di Lepro, di S. Lazzaro, Sdrocchio, Mulino Purgessimo, di Zurchi, *Mühlen.*

Cividate, Lombardie, Prov. Bergamo und Distr. XI, Martinengo, ein *Gemeindedorf* mit Vorstand und Pfarre S. Nicolo und 2 Aushilfskirchen, an der rechten Seite des Flusses Oglio, 1 St. von Martinengo.

Cividate, Lombardie, Provinz Bergamo und Distr. XVII, Breno, ein unmittelbar am linken Arme des Flusses Oglio liegendes *Gemeindedorf* mit Vorstand, Pfarre B. Verg. Assunta und 2 Oratorien, ¼ St. von Breno. Mit: Bar>arino, Crotte, *Gassen*.

Cividino, Lom>ardie, Prov. Bergamo und Distr. IX, Sarnico; s. Tagliano.

Civigliane, Dalmatien, Spalato Kr., Sign-Distr., ein nac> Verlicca gepfarrtes und der nämlic>en Hauptgemeinde einverlei>tes *Dorf*, 4 Migl. davon entlegen. 19¼ Migl. von Knin. Postamt Se>enico.

Civiglio, mit den Dörfern S. Tomaso u. Visigna, Lombardie, Prov. Como und Distr. II, Como, ein *Gemeindedorf*, im Ge>irge, mit einer Gemeinde-Administration und Pfarre S. Tomaso, 3 Migl. von Como. Hieher ge>ören: Mona>tero, *Dorf* — S. Tomaso, Visigna, *Landhäuser*.

Civini, Lombardie, Prov. und Distr. I, Brescia; s. Gussago.

Civillina, Venedig, Prov. V,icenza, ein >o>er *Berg*, auf welchem Giovanni Catullo 1816 eine reic>e eisen>altige, kalte Mineralquelle entdeckte. Sc>on 2 Ja>re später ward von der Regierung die Versendung dieses Wassers gestattet, das von dem Entdecker und Eigenthümer der Quelle, Acqua Catulliana genannt wird. Der innere Ge>rauc> dieses Wassers >at sic>, trotz der dagegen erhobenen Stimmen (Bi>lioteca italiana). >ei allen Krank>eiten bewär>t, welc>e aus Sc>wäc>e entstehen. Es kann weit versendet werden. Die c>emisc>-mineralogische Untersuc>ung desselben, und die Gesc>ic>te der Krank>eiten, welc>e mittelst dieses Mineralwassers ge>eilt worden sind, ist in eigenen Sc>riften aus Anlass der Beo>ac>tungen der Drn. Ciro - Pollini und Gasparo Brugnatelli entwickelt worden.

Civit, Venedig, Prov. u. Distr. I, Belluno; s. Tam>re.

Civo, Lom>ardie, Prov. Sondrio (Prov. della Valtellina) und Distr. V, Traono, ein *Gemeindedorf* mit Vorstand, Pfarre S. Andrea, 11 Oratorien, 1 Kapelle u. 1½ Mü>len, na>e den Flüssen Masino u. Adda, und der Gemeinde Mello, 19 Migl. von Sondrio. Dazu ge>ören: Caspano, Cevo, Chenepo, Neguarido, Roncaglia, S. Biaggio, S. Croce, Scerido, Serone, Toate, Vallate, *Gemeindetheile* — Codelpico`, Cornolo, Rogoledo, *einzelne Häuser*.

Civo, Lombardie, Prov. Sondrio (Valtellina und Distr. IV, Morbegno; sie>e Talamona.

Civoi, Lombardie, Prov. Mantova und Distr, IV, Volta; sie>e Volta.

Civole, Le, Lombardie, Prov. Mantova und Distr. II, Ostiglia; sie>e Sustinente.

Cizzaga mit **Maroeckina**, Lombardie, Prov. Brescia und Distr. II, Ospitaletto, ein *Gemeindedorf* mit Vorstand und Pfarre S. Giorgio, sammt einer Kapelle, auf dessen Boden man ein altes, von einem Gra>en mit Wasser umgebenes Sc>loss sie>t, 16 Migl. von Brescia. Mit: Fenil Bru>zzato, Fenil Cova, Fenil Fontanone, Fenil Marc>etto, Fenil Nuovo, *Meiereien* — Maroc>iina, Mulino del Spitale, *Mühlen*.

Cizzolo, Lom>ardie, Prov. Mantova u. Distr. XII, Viadaña; siehe Viadana.

Cladignizze, Dalmatien, Spalato Kr., Traù-Distr., ein nach Zuarglievo eingepfarrtes, zur Hauptgemeinde Lecchievizza ge>öriges *Dorf*, 3 Migl. von Divoevich, 32 Migl. von Traù.

Cladrecis, Venedig, Prov. Friaul u. Distr. XII, Cividale; sie>e Prepotto.

Cladrubium, Bö>men, Pilsner Kr., eine *Herrschaft* und gewesenes Benediktiner-Stift; s. Kladrau.

Clagenfurtum, Klardii Forum, Illirien, U. Kärnt. Klagenf. Kr,, die lat. Benenn. der Haupt - und Kreisstadt Klagenfurt.

Claino, Lom>ardie, Prov. Como und Distr. VI, Porlezza, ein *Gemeindedorf* mit einer Pfarre S. Vicenzo und einer Gemeinde - Deputation. Liegt rec>ts am Flusse Masma und am Saume des Berges Pona, und links beiläufig 300 Schritte vom See Ceresio entfernt, 4½ Migl. von Porlezza. Hieher ge>ören: Barclaino, Osteno, *Dörfer* — Ore, Piatto, Scarpogna, *Meiereien* — Fola, *Mühle*.

Clam, Oest. o> der Ens, Mü>l Kr., eine Wb. B. Kom. *Herschaft* und *Markt* in dem Ldgcht. Grein>urg; s. Klam.

Clamer, Tirol, Trient. Kr., ein *Weiler* zur Gemeinde Andalo geh., im Ldgcht. Mezzolambardo.

Clauf, Illirien, I. Krain, Adelsb. Kr., ein zu der Wb. B. Kom. Hrsch. Tibein ge>öriges *Dorf*, 1½ St. von Jamiano.

Claniz, Illirien, Istrien, Mitterburger Kr., ein *Dorf*, im Bezirke Capodistria, mit Expositur, in der Diöcese Triest Capodistria, 1½ St. von Montona.

Claniz, Illirien, I. Krain, Adelsb. Kr., ein zu dem Wb. B. Kom. Castelnuovo u. Ldgcht. St. Servolo gehörig., dem Bisthume zu Triest untert>. *Dorf*, mit einer Kurazie und einem k. k. Zollamte, 1½ St. von Matteria.

Clap, Venedig, Prov. Friaul und Distr. XIV, Faedis; *s.* Altimis.

Clapus, Venedig, ein *Berg* nahe an der Grenze von Kärnten und Venedig, am linken Ufer des Degano Flusses.

Claretta, Lombardie, Prov. Pavia u. Distr. VIII, Abbiateggrasso; *s.* Abbiateggrasso.

Clarick, Illirien, Istrien, Mitterburger Kr., ein *Dorf* im Bezirke Dignano, zur Pfarre Dignano gehörig, in der Diöcese Parenzo Pola, 1½ St. von Dignano.

Clarium, Lombardie, Prov. Brescia und Distr. VIII; Chiari; siehe Chiari.

Clastra, Venedig, Prov. Friaul und Dist. XIII, S. Pietro; *s.* S. Leonardo.

Clattovia, Böhmen, Klatt. Kr., eine königl. *Kreisstadt*; *s.* Klattau.

Claudinico, Venedig, Prov. Friaul und Distr. XVII, Rigolato; *s.* Ovaro.

Claudiopolis, Siebenbürgen, Kolos. Kmt.; *s.* Kolosvár.

Claudius, Siebenbürgen; *s.* Kolos.

Claudius, Ungarn, ein *Schloss* im Kreutzer Grenz Rgmts. Bezirk; siehe Moszlavina.

Claujano, Venedig, Prov. Friaul u. Distr. XI, Palma; *s.* Trivignano.

Claupa, Venedig, ein *Berg* am linken Ufer des Tagliamento Flusses, bei Preusio.

Clauss, *Pass* an der Grenze von Steiermark u. Öster. unter der Ens, 2292 Fuss über der Meeresfläche.

Claustrellum, Böhmen, Saaz. Kr., eine *Herschaft* und *Stadt*; *s.* Klösterle.

Claustro Neoburgum, Oest. unter der Ens, V. U W. W., eine landesf. mitleidende *Stadt* und *Stiftherchaft*; *s.* Klosterneuburg.

Claustrum, Böhmen, Jungbunz. Kr., ein *Schloss* und *Dorf* der Hersch. Münchengrätz; *s.* Kloster.

Claustrum, Rubrum, Ungarn, ein *Schloss* im Zipser Komitat; siehe Klastróm.

Claut, Venedig, Prov. Friaul u. Distr. IV, Maniago, eine in einem grossen Gebirgsthale, welches nach Cimolais führt, liegende *Gemeinde*-*Ortschaft,* mit Vorstand, Pfarre S. Giorgio und einer Aushilfskirche, 22 Migl. von Maniago. Mit: Cellin, Coltron, Peuedo, Sotto le Rive, Sotto S. Gottardo, *einzelne Häuser.*

Clauzetto, Venedig, Prov. Friaul u. Distr. III, Spilimbergo, ein *Gemeindedorf* mit einer Aushilfskirche S. Giacomo, der Pfarre S. Martino di Pieve d'Asio, einer Gemeinde-Deputation, Filial S. Martino, 1 Oratorio, und 4 Mühlen, von Pizano, Castelnovo und Tra-

monti di sotto begrenzt, 10 Migl. von Spilimbergo, Dazu gehören: Benze, Brandis di sopra, e di sotto, *einzelne Häuser* – Dominisia, *Landhaus.* —Mulino di Cosa, Mulino Molat, Mulino Rio Bianco, Mulino Vandane, *Mühlen.*

Clavals, Venedig, Prov. Friaul und Distr. XVII, Rigolato; *s.* Ovaro.

Clavora, Venedig, Prov. Friaul und Distr. XIII, S. Pietro; *s.* Rodda.

Clavys, Venedig, ein *Berg* am Degano Flusse, bei Clavys.

Cleanico, Illirien, Istrien, Friaul, Görzer Kr., eine kleine *Ortschaft* von wenig Häusern auf einem Berge, an dem venet. Geb., nächst dem Bache Recca, wo eine Mahlmühle sich befindet, der Hrsch. Quisca geh., 3½ St. von Görz.

Clemente, Illirien, Istrien, Mitterburger Kr., ein *Dorf* im Bezirke Pinguente, zur Pfarre Colmo gehörig, in der Diöcese Triest Capodistria, 4½ St. von Pisino.

Clementinowes, Böhmen, Prach. Kr., ein *Dorf* der Herrsch. Elischau, *s.* Klementinowes.

Clenesso, Lombardie, Prov. Bergamo und Distr. IV, Almeno S. Salvatore; *s.* Clenezzo.

Clenezzo auch **Clenesso,** Lombardie, Prov. Bergamo und Distr. IV, Almeno S. Salvatore, ein kleines *Gemeindedörfchen,* mit Vorstand und Pfarre S. Gattarolo, an der rechten Seite des Bremjo und am Saume des Berges Albione, welcher die Thäler Imagna und Bremjana von einander scheidet, ½ St. von Almeno S. Salvatore. Mit: Ubiate, *kleines Dorf.*

Clenia, Venedig, Prov. Friaul und Distr. XIII, S. Pietro; *s.* S. Pietro.

Clenosiach, Illirien, Istrien, Mitterburger Kr., ein *Dorf,* im Bezirke Pinguente, zur Pfarre Lanische gehörig, in der Diöcese Triest Capodistria, 8 St. von Capodistria.

Clerant, Klerant. Tirol, Pusterth. Kr., ein zur Ldgchts. Hrsch. Rodeneck gehörig. zerstreutes *Dörfchen,* mit einer Kirche, jenseits des Eisack, ½ St. von Brixen.

Clerici, Cassina, Lombardie, Prov. Milano und Distr. V, Barlassina; siehe Cogliate.

Clero, Lombardie, Prov. Bergamo u. Distr. II, Zogno; *s.* Sedrina:

Cles, Tirol, Trient. Kr., ein mitten im Nonsthale liegender *Markt* mit 2010 Einwohnern, Hauptort des Nonsbergerthales (Val d' Annone) am Nos. In dieser Gegend trifft man eine grosse Strecke eines ganz schwarzen Erdreichs in der Mitte eines andern ganz röthlichen. Man hat diese Gegend mit dem Namen der „schwarzen Felder" belegt. Sie ist dadurch merkwürdig, weil sie bis in eine beträchtliche Tiefe aus lauter Schichten verbrannter Menschenkörper, die mit Schichten von vegetabilischer Erde und Leim abwechseln, besteht. Wahrscheinlich war hier ein röm. Begräbnissplatz, wo bekanntlich die Leichname verbrannt wurden. Man fand in diesen Schichten allerlei Münzen aus jedem Jahrhundert der röm. Republik und der Kaiser, bis z. dritten der gemeinen Zeitrechnung; dann verschiedene Halsketten, Armbänder, Schnallen, Ringe, Lampen etc., und würde bei regelmässiger Nachgrabung noch viele Alterthüm. entdecken können, Das in C. befindliche Ldgrcht. ist zugleich Criminaluntersuchungsgericht für den eigenen Bezirk und für die Bezirke der Landgerichte Malè und Fondo. Es ist Ldgrcht. der ersten Classe, und hat eine Bevölkerung von 15,390 Seelen. Ausser der eigenen Pfarre ist in C. auch ein Franciskanerkloster, und in der Entfernung von ⅓ St. ein gleichnamiges Schloss, die Einwohner von C. treiben Seidenbau und Seidenspinnerei. Postamt.

Cles, Tirol, Trient. Kr., *k. k. Land-* und *Criminal-Untersuchungsgericht* für die Ldgrchte. Cles, Maiè und Fondo auf dem Nonsberge. Ehedem fürstl. trienterisch, mit dem zuvor gräfl. Spaurischen Gericht Flavon, Sitz des Gerichts Cles.

Cles, Tirol, Trient. Kr., *Dekanat* Cles I. für die Pfarren: Cles, Flavon, Revò u. Tassullo, Sitz d. Dekanats. Cles II.: Tajö Dekanat für die Pfarren: Tajo, Sanceno, Corredo, Smarano und Torra. Sitz des Dechants Tajo.

Clessheim, auch Klessheim — Oest. ob d. E., Salzburg. Kr., ein z. Ldgrcht. Salzburg geh., nicht weit von der Saale gelegenes landesfürstl. *Jagd-* und *Lustschloss* im italienischen Geschmacke, mit einem englischen Garten, einem Küchen- und Fasangarten, einem Jagdparke und mehren Treibhäusern, pfarrt nach Siezenheim, 1 St. von Salzburg.

Cleulis, Venedig, Provinz Friaul und Distr. XVI, Paluzza; siehe Paluzza.

Cleva, Venedig, Prov. Friaul u. Distr. III, Spilimbergo; s. Tramonti di sotto.

Clez, Venedig, Prov. Friaul und Distr. III, Spilimbergo; s. Tramonti di sopra.

Clibbio, Lombardie, Prov. Brescia u. Distr. XVI, Preseglie; siehe Sabbio.

Clima des österreich. Kaiserthums: 1) Die südliche Region: zwischen dem 41 Gr. 20 Min. bis 46 Gr. Br.,

das lombardisch-venet. Gebiet, Tirol u. Kroatien, Dalmatien, Slavonien und die Militärgrenze umfassend, hat kurzen, schneeigen, hier und da eisbringenden Winter, heitern Frühling und Herbst, trocknen Sommer. Westlich zuweilen der Sirocco, in den östlichen Küstenländern der schneidende Bora. — **2.** Die mittlere Region: zw. 46 bis 49 Gr. Br.; in Ungarn und Siebenbürgen, in der Bukowina mit den östlich von den Karpathen liegenden Theilen Galiziens; im im nördlich. Illirien, fast in ganz Tirol, Steiermark, Österreich, Mähren südlich der Thaia und an Böhmens südl. Spitze, dauert der Winter, westlich 6, östlich (mit Ausname der östl. Karpathendachung) 3 Monate; durch die Karpathenkette werden die herrschenden Nord- u. Nordwestwinde von dem nördl. Ungarn so abgewehrt, dass noch im Spätherbste die edelsten Weine reifen. — **3)** In der nördl. Region: zwischen 49 bis 51 Grad Br., Ungarns Karpathenstrich, das nördl. Galizien, Schlesien mit einem Theil Mährens, und fast ganz Böhmen begreifend, haben alle 4 Jahrszeiten fast gleichhältige Dauer, strengen Winter und mässige Sommerhitze.

Cliniz, Venedig, Provinz Friaul und Distr. XIII, S. Pietro; siehe Stregna.

Cliscevo, Dalmatien, Ragusa-Kreis, und Distr., ein *Dorf* und Untergemeinde der Hauptgemeinde Malfi, dahin eingepf., und der Prätur Ragusa unterstehend, nächst Glinbach, 3¼ Migl. von Ragusa.

Clissa, Dalmatien, Spalato-Kreis, ein *Marktflecken* und grössere Gemeinde, mit einer Podesta und Pfarre, auf einem hohen Berge gleichen Namens. Vermuthlich war C. das Castell Andretium der Römer. Die ungar. Könige traten die Festung C. dem Johanniterorden ab; hierauf bekam C. seine eigenen Herren. 1538 eroberten es die Türken, welchen es die Venetianer entrissen. Die Festung, die mehrmals muthig gegen die Türken vertheidigt wurde, beschützt sowohl den Pass Clapavizza, als auch den unter der Festung liegenden Marktflecken Clissa, mit Pfarre und Podesta. Die Einwohner beschäftigen sich mit Wein- und Öhlbau, In der Nähe trifft man nicht nur den 5000 F. hohen Berg Mossor, sondern auch den Ursprung des Flusses Salona, der brausend und schäumend aus Felsen hervorstürzt, dann aber ½ St. weit bis nach Salona fliesst, wo ihn das Meer aufnimmt, unter den Steinblöcken dieses Flusses werden schmackhafte Lachsforellen gefangen. Der vorerwähnte Berg hat eine Quelle des besten Trinkwassers, welcies zugleici meire Müilen treibt, 7 Migl. von Spalato, 3 Migl. vou Salona.

Clisura, Ober- und Unter-Klisur — Uugarn, eine *Gegend* im walaci. illirischen Grenz-Reg. Bezirk.

Clivio, Lombardie, Prov. Como und Distr. XIX, Arcisate, ein an einem Berge und an der reissenden Clivia und Riana liegendes *Gemeindedorf*, mit Vorstand und Pfarre SS. Pietro e Paolo, 6 Miglien von Varese. Dazu geiören: Cassina Capella, *Meierel.* — S. Bernardio, *Kirche.*

Clobuzzoro, Venedig, Prov. Friaul und Distr. XIII, S. Pietro; s. Drenciia.

Clocego, Venedig, Prov. und Distr. I, Verona; sieie Quinto.

Clodigli, Venedig, Prov. Friaul und Distr. XIII, S. Pietro; sieie Grimacco.

Cloz, Tirol, Trient. Kr., ein z. Hrsch. Nonsharg geh. *Dorf*, mit einem Schlosse und Pfarre, an der Grenze von Castelfondo, $1\frac{1}{4}$ St. von Trient.

Clösterle, Böimen, Saaz. Kr., eine *Herschaft* und *Stadt*; sieie Klösterle.

Ciugnole d' Onota, Lombardie, Prov. Bergamo und Distr. XIV, Clusone; sieie Oneta.

Clusane, Lombardie, Prov. Brescia und Distr. IX, Adro, ein *Gemeindedorf*, mit Vorstand und Pfarr SS. Gervasio e Protasio, einer Aushilfskirche und Oratorio, am Ufer des Lago d' Iseo, 4 Migl. vom Adro. Dazu geiören; Badaline, Baluardo, Barco, Belvedere, Boscietto, Breda, Cà del Lago, Cà del Poli, Case, Casella, Caselle, Cattelina, Cornaiello, Fornaci, Mirabella, Mulino, Pieroli, Rive, Ronco Gassero, *Meiereien.*

Clusone, Lombardie, Prov. Bergamo und Distr. XIV, ein *Marktflecken*, im Tiale Seriana, nicit weit vom Abhange des Berges Criniero, mit einer Pfarrkircie und 2 andern Kircien. Hier ist der Sitz des Distrikts-Commissariats u. einer Prätur. Die 3,100 Einw. näiren sici von Tuciweierei, Eisenarbeiten und Handel. In der Näie sind Kupfer- und Vitriolwerke. Postamt.

Clusone, Lombardie, Prov. Bergamo, *Distrikt XIV*, entiält folgende Gemeinden: Ardese, — Azzone ed uniti, — Bondione con Barhellino, — Castione, — Cerete alto e basso, — Clusone, — Colere, — Fino, — Fiumenero, — Gaudellino, — Gorno, — Gromo con Bovarlo, — Lizzola, — Oltrepovo, — Oltresseuda alta, Oltresseuda hassa, — Oneta, — Onore, Parre, — Piario, — Ponte di Nozza, — Premolo, -- Ro-

vetta, — Scilpario, Sougavaxxo, — Valgoglio, — Vilminore ed uniti.

Cmol, Lombardie, Prov. Sondrio (Valtelina) und Distr. VII, Ciavenna; s. Isola.

Cmolas, Galizien, Tarnow. Kr., ein *Gut* und Dorf mit einer Pfarre, grenzt gegen O. mit der Hrsci. Kolbuszow, $3\frac{1}{4}$ St. von Rzeszow.

Coarezza, Cassina. Lombardie, Prov. Milano und Distr. XVI, Somma; sieie Somma.

Coazzano, Lombardie, Prov. Pavia und Distr. V, Rosate, ein *Gemeindedorf* mit Vorstand und Pfarre S. Maria Assunta, 2 Migl. von Binasco. Hieher geiören: Cassina Scaccaharozzi, Padullo, S. Cattarina, *Meiereien.*

Coazze, Lombardie, Prov. Mantova und Distr. VIII, Marcaria; sieie Castellucchio.

Coazze, Lombardie, Prov. Mantova und Distr. XIV, Gonzaga; sieie Gonzaga (Bordanello).

Cobbi, Tirol, Rovered. Kr., ein *Weiler*, zur Gemeinde Valarsa geiör., im Ldgcht. Roveredo.

Cobbione. Lombardie, Prov. Como und Distr. XVI, Gavirate; s. Leggiuno.

Cobdil, Condil, Kohdil — Illirien, Oh. Friaul, Görzer Kr., ein zur Hrsch. Sct. Daniel geh., naci Comen eingepf. Dorf am Karst, $2\frac{1}{4}$ St. von Wippach.

Cobella Cassina. Lombardie, Prov. Como und Distr. XIX, Arcisate; sieie Clivio.

Cobenzlberg, sonst Reisenberg genannt — Oest. unt. d. E., V. U. W. W., auf demselien iefindet sici ein Schloss, Meierhof und ierrlicier Garten des Grafen v. Pfaffeniofen, hei Grinzing, zwiscien dem Himmel und Josephsherge, seit 1825 erneuert und vergrössert. Vom Scilosse geniesst man einer iezauiernden Aussicht, und der Garten entiält sinnig angelegte Partien, Wasserfälle, Grotten, Tempel etc. In geriuger Entfernung liegt das iesucite Krupfeniwäldcien, ein anmuthiger Platz am Abhange eines Berges, mit grosser Wiese und Gastiaus, $1\frac{1}{4}$ St. von Wien.

Cobilaglava, Kobilaglava — Illirien, Friaul, Görzer Kr., ein zur Ldgchts. Hrsci. Sct. Daniel geh. *Dorf*, mit einer Lokalie von d. Pfarre Comen am Karst, 3 St. von Wippaci.

Cobilach, Illirien, Istrien, ein *Berg*, nördl. vom Dorfe Raelze, 181 W. Klft. üier dem Meere.

Cobinaglawo, Illirien, Görzer Kr., ein *Berg*, östlici von Tolmein, 773 W. Klft. üier dem Meere.

Coboli, Koboli — Illirien, Friaul Görzer Kr., ein zur Hrsch. Sct. Daniel geh., nach Comen eingepf. *Dorf*, an dem Bache Raffa, 2 St. von Wippach.

Co Cà de', Lombardie, Provinz und Distr. I, Cremona; siehe Cà de Quintani.

Co Cà de', Lombardie, Prov. Cremona und Distr. VII, Casal Maggiore; siehe Castel Ponzone.

Cocasi, Venedig, ein *Berg* am linken Ufer des Degano Fl. bei Agrous.

Coccaglio, Lombardie, Prov. Brescia und Distr. VIII, Chiari, ein von Bergen begrenztes *Gemeindedorf* mit einer eigenen Pfarre S. Marie und Gemeinde-Deputation, 3 Migl. von Chiari.

Coccapane, Lombardie, Prov. Mantova. Distr. XIV, Gonzaga; s. Rollo.

Cocchi, Lombardie, Prov. Mantova und Distr. IV, Volta; siehe Ponti.

Coccia. Mulino della, Lombardie, Prov. Milano und Distr. VI, Monza; s. Monza.

Covevaro, Venedig, Prov. Friaul und Distr. XIII, S. Pietro; siehe S. Pietro.

Cocini Fornace, Lombardie, Prov. Pavia und Distr. VIII, Abbiategrasso; siehe Abbiategrasso.

Cochelium, Siebenbürgen; siehe Küküllővár.

Cocl, Tirol, ein *Berg*, am rechten Ufer des Travignolo Baches.

Cocquio, Lombardie, Prov. Como und Distr. XVI, Gavirate, ein *Gemeindedorf* mit einer Lokalpfarre B. Verg. della Purif., einer Gemeinde-Deputation, mehreren Fabricken, einer Mühle, Tiegel- und Ziegelöfen, 1½ Miglie von Gavrate. Dazu gehören:
Caldana, Carnisio, Cerro, einzelne *Häuser.* — Chioso, Costa, Imoccara, Imbrenno, Mulino, Pianzagno. Scavada, S. Andrea, Vigona, *Meiereien.*

Cocuria, Lombardie, Prov. Pavia und Distr. V, Rosate, siehe Gudo Visconti (Anzino Corio).

Codafora, Venedig, Prov. Friaul und Distr. VII, Pordenone; siehe Pordenone.

Codaro, Lombardie, Prov. und Distr. I, Cremona; siehe Due Miglia.

Codan, Mähren, Znaim. Kr., ein *Dorf* der Hrsch. Komau; siehe Kodau.

Codazza, Lombardie, Prov. Lodi e Crema und Distr. I, Lodi; siehe S. Maria in Prato.

Codazza, Lombardie, Prov. Lodi e Crema und Distr. IV, Borghetto; siehe Grazzanello.

Codazza, Lombardie, Prov. Lodi e Crema und Distr. I, Lodi; siehe S. Zenone.

Codazza, Lombardie, Prov. Mantova und Distr. XVII, Asola; siehe Asola.

Codazzi, Pezzolo de', Lombardie, Prov. Lodi e Crema und Distr. I, Lodi; siehe Pezzole de' Codazzi.

Codeghe, Lombardie, Prov. Bergamo und Distr. XVII, Breno; siehe Esine.

Codeghine, Lombardie, Prov. Lodi e Crema und Distr. VI, Codogno; siehe Guardamiglia.

Codella, Lombardie, Prov. Mantova und Distr. XII, Viadana; siehe Viadana.

Codelpico, Lombardie, Prov. Sondrio (Valtellina) und Distr. V, Traona; siehe Civo.

Codenzano, Venedig, Prov. u. Distr. I, Belluno; siehe Chies.

Codera, Alpe di, Lombardie, Prov. Sondrio (Valtellina) und Distr. VII, Chiavenna; s. Novate.

Coderà, Lombardie, Prov. Sondrio (Valtellina) und Distr. VII, Chiavenna; s. Novate.

Coderno, Venedig, Prov. Friaul und Distr. IX, Codroipo; s. Sedegliano.

Codesino, Lombardie, Prov. Como u. Distr. X, Introbbio; s. Casargo.

Codevigo, Venedig, Prov. Padova u. Distr. XII, Piove, ein von den Flüssen Brenta und Bacchiglione bespültes *Gemeindedorf*, mit Vorstand und Pfarre S. Pieve. Mit:
Albarella, *Grund* — Cà di Mezzo, Calcinara di S. Margherita, Cambroso, Castelcarro, Conche, Rosara, Villafranca, *Gemeindetheile.*

Codignola, Lombardie, Prov. Lodi e Crema und Distr. I, Lodi; s. Chioso di Porta d'Adda.

Codignolina, Lombardie, Prov. Lodi e Crema und Distr. I, Lodi; s. Chioso di Porta d'Adda.

Codilupo, Lombardie, Prov. Mantova und Distr. XIII, Suzzara; s. Suzzara (Brusatassa).

Codissago, Venedig, Prov. Belluno u. Distr. XII, Luzzara; siehe Castello Lovazzo.

Codivernarollo, Venedig, Prov. und Distr. I, Padova; s. Vigonza.

Codiverno, S. Andrea di, Venedig, Prov. Padova und Distr. IV, Campo Sampiero; s. Campo d'Arsego (S. Andrea di Codiverno).

Codiverno, Sma Trinità, Venedig, Prov. und Distr. I, Padova; siehe Vigonza.

Codoglie, Illirien, Istrien, Mitterburger Kr., ein *Dorf*, im Bezirke Pinguente zur Pfarre gl. Namens gehörig, in der

Diöcese Triest Capodistria, 4 St. von Capodistria.·

Codogne, Venedig., Prov. Treviso u. Distr. IV, Conegliano, ein bei Cimetta und unweit dem Strome Cervada liegendes *Gemeindedorf*, mit Vorstand und Pfarre S. Andrea, einer Aushilfskirche und 4 Oratorien, 3 St. von Conegliano. Mit:

Cimetta, *Dorf* — Campo Cervaro, Capo di mezzo, di sopra e di sotto, *Gemeindetheile*.

Codogno, Lombardie, Prov. Lodi und Distrikt VI, enthält folgende Gemeinden: Caselle Landi, Castelnuovo Bocca d'Adda con Mezzano Martello e Bonissima ex-Piacentino, Cavacurta, Codogno con Sigola, Corno giovine con Almivilla, Corno vecchio, Corte S. Andre con Rotterone, Fombio con Retegno, Gattera con Majocca, Guardamiglio con Minuta e Valloria, Lardera con Cassina Campagnola, Maccustorna con Cavo, Maleo con Gazzaniga, Moraro e Trecchi, Meletto, Mezzana con Nocetto, Mezzano Passone, Mirabello con Campagna, Beleguarda e Dosso Springali, Regina Fittarezza con Ca Bianca, S. Fiorano, S. Rocco al Porto, S. Stefana con Regona e Villafranca, Senna con Botto ex-Piacentino, Somaglia con Carreggio, Cassina Cantonale, S. Martino Dario e Bosco, Trivulza con Cucca, Mirandola e Trivulzina.

Codogno, Lombardie, Prov. Lodi e Crema und Distr. VI, Codogno, ein grosser *Gemeinde-Markt*, mit 8000 Einwohnern, wovon der VI. Distrikt dieser Provinz seinen Namen hat; 2 Posten von Lodi, 5 Migl. vom Adda, u. 6 Migl. vom Flusse Pò entlegen, mit einer Pfarre S. Biaggio, 3 Aushilfskirchen, 3 Oratorien und 1 Kapelle; neost dem königl. Distrikts - Commissariat, Prätur, Mauth - und Steuer-Einnehmerey, Bücher-Revisoriat, Elementar-Schulen-Inspectorat, einem Gemeinde-Gymnasio, Gendarmerie-Brigade und einem schönen Theater, gibt es hier mehrere Seiden-, Tuch-, Leinen-, Geschirr-, Steingut- und Ziegel-Fabriken, 2 Buchdruckereien, dann viele Käsemeiereien. Hier sieht man Käsemagazine, wo Kapitale von 30—60000 fl. C.M. liegen. (Ein Laib des Formaggio digram kostet gewöhnlich eine Doppia di Genova — 94 Zwanziger). Postamt. Hierer gehören: Busnadore, Busnadorelli, Gumatta, Casal nuovo, Cassina Azzè, Cassina Bellona, Cassina Goldoniga, Cassina de'Poveri, Catta Brega, Gazza, Gazzina, Ginbone, Mojentina, Mulini, Mulino de' Magnani, Quarta, Rauere, Reghinera, Schiappetta, *Meiereien* — Mulino nuovo, eine *Mühle*, Reisstampfe und Öhlpresse. — Sigola, *Dorf*.

Codognola, **Granza**, Venedig, Prov. Padova und Distr. II, Mirano; s. Pianiga (Granza Codognola).

Codolo, Venedig, Prov. Treviso und Distr. IV, Conegliano; siehe S. Fior di sopra.

Codolo, **Cà del**, Lombardie, Prov. Cremona und Distr. VI, Pieve d'Olmi; s. Pieve d'Olmi.

Codozza, Lombardie, Prov. Lodi e Crema und Distr. I, Lodi; siehe Chioso di Porta Regale.

Codramazzo di, Venedig, Prov. Friaul und Distr. XII, Cividale; siehe Castel del Monte.

Codreglio, Lombardie, Prov. Como u. Distr. VI, Porlezza; s. Piano.

Codroipo, Venedig, Prov. Friaul, und Distr. IX, Codroipo, ein grosser *Marktflecken* und *Gemeinde*, wo viele Strassen zusammentreffen und wovon der IX. Distr. dieser Provinz den Namen hat, mit 3500 Einwohnern, welche grossen Transitohandel treiben, einem königl. Distrikts-Kommissariat, Prätur, Gemeinde-Deputation, Lotto-Gefäll, Postpferdwechsel auf der Route über Udine nach Venedig, dann einer Fabrik von Schafwollenzeugen und Segeltüchern aus Hanf, mit einer eigenen Pfarre S. Maria Maggiore, in der Ebene, vom Tagliamento und Corno begrenzt, zwischen Biauzzo novo und Coricizzo. Postamt. Hierer gehören:

Biauzzo, Goricizza, Pozzo, *Dörfer* — Julizzo, *Gemeindetheile* — Casale Baldasso, Casale Bortolotti, Casale Campagna, Casale Cattorchie, Casale Chiarcos, *einzelne Häuser* — Mulino Barcenigo, Molino Bert, Molino della Giusta, Molina del Nuovo, Molino della Siega. *Mühlen*.

Codroipo, Venedig, Prov. Friaul u. Distr. IX, enthält folgende Gemeinden: Bertiolom, Pozzecco, Sterpo, Virco Veneto und Virco Austriaco — Camino di Codroipo mit Buguins, Glaunico, Gorizzo, Pieve di Rosa, S. Vidotto und Stracci — Codroipo mit Biauzzo, Goricizza, Jutizzo, Pozzo und Zompicchia — Passariano mit Berno, Lonca, Muscletto, S. Martino, S. Pietro, Rededisciia u. Rivolto — Sedegliano mit Coderno, Gradisca, Grions, S. Lorenzo, Redencizzo, Rivis und Turida — Talmassons mit Flambro, Flumignano und S. Andrat — Varmo mit Belgrado, Canussio, Cornazzai, Gradiscuta, Madrisizto, Romans, Roveredo und S. Marizza.

Codugnella, Venedig, Prov. Friaul und Distr. II, S, Daniele; s. Colloredo di Mont' Albano.

Coelle, Lombardie, Prov. Mantova u. Distr. VII, Cannetto; s. Redondesco.

Coenobium, Steiermark, Cill. Kr., ein *Schloss* und Kaal. Hrsch.; siehe Geyrach.

Cogati, Tirol, Trient. Kr., ein *Dorf* zur Gemeinde Civezzano im Ldgrchte. Civezzano.

Coghette, Lombardie, Prov. Mantova und Distr. XIV, Gonzaga; s. Benedetto (Portiolo).

Cogliane, Inferiore, Unter-Cogliane, Dalmatien, Spalato Kr., Sign-Distr., ein *Dorf*, welches von Verlicca, als der Hauptgemeinde 4 Migl. entfernt liegt, und nach Ober-Cogliane eingepfarrt ist, 22 Migl. von Knin. Postamt Sebenico.

Cogliane - Superiore, Ober-Cogliane, Dalmatien, Spalato Kr., Sign Dist., ein *Dorf* mit einer eigenen Pfarre, 5 Migl. von Verlicca, zu welcher Hauptgemeinde es gehört, entlegen, 23 Migl. von Knin, Postamt Sebenico.

Cogliate con S. Dalmazio, Lombardie, Prov. Milano und Distr. V, Barlassina, *Gemeindedorf* mit einer eigenen Pfarre SS. Giov. Batt. und Dalmazzio, einer Aushilfskirche, 2 Kapellen und einer Gemeinde-Deputation, nahe bei Barlassina, 1 St. von Saronno und 3¾ St. von Monza. Hierher sind einverleibt:
Cassina Clerici, Cassina Fornace, Cassina S. Damiano, *Meiereien.*

Cognano, Venedig, Prov. Polesine u. Distr. I, Rovigo; s. Vilia Marzana.

Cognaro, Venedig, Prov. Padova und Distr. VIII, Montagnana; siehe Montagnana.

Cognaro, Venedig, Prov. Padova u. Distr. II, Mireno; s. Maria di Sala.

Cognevrate, Dalmatien, Zara Kreis, Sebenico Distr., ein nach Borgo di terra ferma gepfarrtes *Dorf*, der Hauptgemeinde und Pretura Sebenico einverleibt, auf dem festen Lande, 5 Migl. von Sebenico.

Cogno, Venedig, Prov. Padova und Distr. V, Piazzola; s. S. Giorgio in Bosco.

Cogno, Lombardie, Prov. Bergamo u. Distr. XVII, Breno; s. Barno.

Cogno auch **Coquo**, Lombardie, Prov. Como und Distr. XV, Angera; siehe Lisanza.

Cognola, Ober- u. Nieder, Tirol, Trient. Bez., ein zur Stadt und Ldgcht. Trient geh. Dorf, mit einer Kuratie, an der Landstrasse nach Pergine, ⅓ St. v. Trient.

Cognola di sotto, Tirol, Trient. Kr., ein *Dorf* zur Gemeinde Cologna geh., im Ldgchte. Trient.

Cognoli, Cà, Venedig, Prov. Padova und Distr. II, Mirano; siehe Mirano Cà Cogoli.

Cognolo, Venedig, Prov. Friaul und Distr. XI, Palma; siehe Porpetto.

Cogolo, Venedig, Provinz Vicenza und Distr. VII, Tiene, ein *Gemeindedorf* mit Vorstand, Pfarre S. Cristoforo und 3 Oratorien, 2¼ Stunde von Tiene.

Cogolo, Venedig, Prov. Verona und Distr. X, Badia Calavena; siehe Tregnago.

Cogolo, Tirol, Trient. Kr., ein in dem Sulztial, in der Gemeinde Ossana liegendes *Dorf*, mit einer Kuratie, der Grafen von Migazzi Stammhaus, 2 St. von Ossana, 19 St. von Trient.

Cogozzo, Lombardie, Prov. Mantova und Distr. XII, Viadana; siehe Viadana.

Cogozzo, Lombardie, Provinz Brescia und Distrikt VI, Gardone; siehe Villa.

Cogul, Venedig, Provinz Belluno und Distrikt V, Agordo; siehe Vallada.

Cohiaz, Illirieo, Istrien, ein *Hafen,* liegt auf der westlichen Seite der Insel Veglia, südwärts von Valnoghera.

Coi, Venedig, Provinz Belluno und Distrikt II, Longarone; siehe S. Tiziano.

Coinik, (Monte Cavallo), Illirien, Istrien, *Berg*, östlich von Popochio, 421 W. Klftr. hoch.

Coiza, Istrien, Krain, *Berg*, nordw. vom Dorfe Bukowa, 683 Wr. Klft. hoch.

Coja, Venedig, Provinz Friaul und Distrikt XXI, Tricesimo; siehe Ciseriis.

Cojanna, Tirol, Pusterth. Kr., ein zur Hrsch. Ampezzo geh. *Dörfchen,* 7 St. von Niederdorf.

Cojano super., Lombardie, Prov. Mantova und Distr. VI, Castel-Goffredo; siehe Castel-Goffredo.

Col, Venedig, Provinz Belluno und Distrikt II, Longarone; siehe Forno di Zoldo.

Col, Venedig, Prov. Belluno und Distr. VIII, Mel; siehe Mel.

Col, Venedig, Prov. und Distr. I, Belluno; siere Capo di Ponte.

Col, Venedig, Provinz Belluno und
Distrikt II, Longarone; siere S. Tiziano.

Col. Venedig, Provinz Treviso und
Distr. VII, Valdobbiadene; s. S. Pietro
di Barıozza.

Colà, Venedig, Provinz Verona und
Distr. XIII, Bardolino, siere Lazise.

Cola, Lombardie, Prov. Sondrio (Valtellina) und Distr. VII, Chiavenna; s.
Novate.

Cola, Lombardie, Provinz Bergamo
Distr. VIII, Caprino; s Torre d' Busi.

Colanowica, Ungarn, ein *Dorf* im
Beregher Comitat; siehe Colanfalva.

Colasuz, Dalmatien, Zara Kr., Obrovazzo, Distrikt, ein *Dorf* als Untergemeinde zur Podesta und Pretura Obbrovazzo, und als Filial zur Pfarre Petro-
vaxerqua, griechischen Ritus gehörig,
auf dem festen Lande, 16 Migl. v. Obbrovazzo.

Colbertaldo, Venedig, Prov. Treviso und Distr. VII, Valdobbiadene;
siere Vidore.

Colbertaldo. Venedig, Prov. Treviso und Distr. VIII, Montebelluna;
siere Cornuda.

Colcellata. Lombardie, Prov. Milano
und Distr. IX, Gorgonzola; siere Cernusco.

Colceraca, Venedig, Provinz Belluno und Distr. V, Agordo; siere
Forno die Canale.

Colcever, Venedig, Prov. Belluno
und Distr. II, Longarone; siere Forno
di Zoldo.

Colchera, Lombardie, Prov. Como
und Distrikt IV, Menaggio; siehe Menaggio.

Colciago, Lombardie, Prov. Como
und Distr. XIV, Erba, ein *Gemeinde-
dorf* mit Vorstand, in der Pfarre S.
Giov. Evangelista zu Lurago, auf einer
Anhöie, auf der rechten Seite des Fl.
Lamıro und auf der linken Seite der
von Como nach Asso führenden Pro-
vinzialstrasse, 5 Migl. von Erıa. Die-
se Gemeinde besteit aus folgenden
Theilen:
Bettolino, Camerlata, Caveggiotto,
Cassina Longura, Cassina nuova,
Colombajo, *Meiereien.* — Careggia,
Dorf.

Colda, Lombardie, Provinz Sondrio
(Prov. della Valtellina) u. Distr. I, Sondrio; siere Sondrio.

Coldana, Lombardie, Provinz Lodi
e Crema und Distrikt I, Lodi; siere
Chiese di Porta Cremonese.

Col d' Astragal, Lombardie, Provinz Belluno und Distr. II, Longarone;
siere Forno di Zoldo.

Col de Diabolo, Illirien, Kärnten,
Berg, 6 St. südwestlich von Nölbling,
1157 W. Klft. 10°1.

Col de Neve, Venedig, Provinz Belluno und Distr. VIII, Mel; siere Mel.

Colderara, Lombardie, Prov. Lodi
e Crema und Distr. IX, Crema; siere
Casale.

Col de Rú, Venedig, Provinz Belluno und Distrikt VIII, Mel; siere
Cesana.

Coldeveaz, Venedig, Provinz Belluno und Distrikt VIII, Mel; siere
Mel.

Col di Meolo, Venedig, Provinz
und Distrikt I, Treviso; siere Roncade.

Coldroè, Venedig, Prov. Treviso u.
Distr. VII, Valdobbiadene; siere Valdobbiadene.

Coler, Lombardie, Prov. Bergamo u.
Distr. VII, Caprino; siere Torre de'
Busi.

Colletti, Lombardie, Provinz und
Distrikt I, Bergamo; siere Villa di
Serio.

Col Fassu, Venedig, Prov. Belluno
und Distr. VIII, Mel; siere Mel.

Colfosco, Venedig, Provinz Treviso und Distr. IV, Codogno; siehe Lu-
sigana.

Colfrancui, Venedig, Provinz Treviso und Distrikt II, Oderzo; siere
Oderzo.

Colfusco, zu deutsch Kolfuschg —
Tirol, Botzn. Kr., *Dorf* im Geirge,
Landgchts. Gufidaun, Kuratie der Pfarre
Leien, vormals Buchenstein.

Colghoroli, Lombardie, Prov. Sondrio (Valtellina) und Distr. IV, Morbegno; siere Ardenno.

Colgine, Lombardie, Provinz Como
und Distr. VII, Dongo; siere Cremia.

Colgnago, **Cassina**. Lombardie,
Prov. Como Distr. XIV, Erba; s. Erba

Colico, Lombardie, Provinz Como u.
Distr. IX, Bellano, ein aus nachbenannten, an den Bergen Vendrogno und
Zigone und an den Flüssen Inganı-
na und Perlino zerstreut liegenden
Theilen bestehendes *Gemeindedorf* mit
2 Pfarren SS. Barnardino e Nicolao
und einer Gemeinde-Deputation, dann
einer Papierfabrik, nordöstlich gegen
Bellano und südöstlich vom Lecco See,
9 Migl. von Bellano. Hier vereinigt sich
die Wormserstrasse aus der Valtellina
mit der Splügenstrasse. Postamt. Hierıer gehören:

Alla Bajla, Ca de' Madini, Ca dei Piva, La Campera, Al Camposecco, Cerfoglio, Colombè, Al Colombe, Al Doserto, Fontano, Gaggini, Al Logoscio, Masonaccia, Mentaggio, Monteccio, Alla Morotta, Nováscia, Alla Polermo, Piato Condamasco, Ravonia, Dei Rè, Rehnstello, Rodondello, Rusico, S. Sebastiano, De Szheiz, Spirri, Alla Sponda, Alla Torre, Venini, Zuvrico, *Meiereien.* — Borgo nuovo, Alla Ca, Ca dei Boffi, In Chiaro, Corte, In Curcio, Fiumiargo, Fontanee, Alla Gerra, Olgrasca, Al Palazzo, Piona, Alla Torre, Villadico, *Landhäuser.*

Colina Nova-, Böhmen, Kaurz. Kr., eine *Stadt*; siehe Kolin (Neu-)

Colina, Venedig, Provinz Friaul und Distr. XVII, Rigolato; siehe Forni Avoltri.

Colinium, Böhmen, Kaurz. Kr., eine *Stadt*; siehe Kolin.

Coll, Tirol, Pusterth. Kr., ein *Weiler* zur Gemeinde Ampezzo, im Landgerichte Ampezzo.

Colla, Lombardie, Provinz Mantova und Distr. V, Castiglione delle Stiviere; siehe Castiglione delle Stiviere.

Colla, La, Lombardie, Prov. Mantova und Distr. V, Castiglione delle Stiviere; siehe Medole.

Collabrigo, Venedig, Prov. Treviso und Distr. IV, Conegliano; siehe Conegliano.

Collador, Venedig, ein *Berg* bei Muina.

Collalta, S. Florian di, Venedig, Provinz und Distr. I, Treviso; siehe Spercenigo (S. Florian di Collalta).

Collalto, Venedig, Prov. Friaul und Distr. XXI, Tricesimo, ein an der Poststrasse in den Distrikt XX (Gemona) führendes, zwischen Tricesimo u. Billerio, nächst dem Strome Suima lieg. *Gemeindedorf*, mit 2000 E., nach S. Pietro zu Tarcento gepfarrt, mit einer Filial- und Aushilfskirche S. Leonardo, einer Gemeinde-Deputation und Postpferde-Wechsel, 2¼ Migl. von Tricesimo und 9 Migl. v. Udine entlegen. Postamt. Mit: Loneriaco, Segnacco, Villa Fredda, *Dörfer.* — Molinis di sotto, *Mühle.*

Collalto, Venedig, Prov. Tréviso, ein sehr altes, auf einem angenehmen Hügel erbautes *Castell*, an dem kleinen Flusse Soligo. der nahe dabei in die Piave mündet, ist der Hauptort der alten Grafschaft Collalto, zu welcher auch die Castelle S. Salvatore, Sta.

Lucia und Rai, sammt einer Anzahl Dörfer gehören. S. Salvatore hat einen sehenswürdigen Thurm, welchen Rambold VIII., Graf von Collalto zu Ende des 13. Jahrhunderts erbaute, eine alte Kapelle mit vortrefflichen Malereien, ist der Sitz der Ökonomie-Verwaltung; auch werden die hier mit grossen Kosten angelegten rangenden Gärten sehr bewundert.

Collalto I, Venedig, Provinz Treviso und Distr. IV, Conegliano; siehe Refrontolo.

Collalto II, Venedig, Provinz Treviso und Distr. IV, Conegliano; siehe Refrontolo.

Collalto, Rai di, Venedig, Provinz Treviso und Distr. II, Oderzo; siehe S. Polo (Rai di Collalto).

Collane, Dalmatien, Zara Kr., Pago Distrikt, ein *Dorf* auf der Insel Pago, mit einer Pfarre und zwei Steinkohlengruben, der Hauptgemeinde und Pretur Pago einverleibt, unweit Gorizza, 24 Migl. von Zara.

Collarina, Ghisiola, Lombardie, Prov. Mantova und Distr. IV, Volta; s. Goito.

Colarine, Dalmatien, Zara Kr., Obbrovazzo Distrikt, ein *Pfarrdorf* griechischen Ritus, der Hauptgemeinde Bencovaz zugetheilt, und unter der Bezirksobrigkeit Obbrovazzo stehend, auf dem festen Lande, 21 Migl. von Obbrovazzo.

Collaz, Venedig, Prov, Belluno und Distr. V, Agordo; s. Concenighe.

Collbricon, Tirol, ein *Berg*, bei S. Martino di Castrozzo.

Colle, Venedig, Prov. Friaul u. Distr. III, Spilimbergo; s. Pinzano.

Colle, Venedig, Prov. Friaul u. Distr. III, Spilimbergo; s. Tramonti di sopra.

Colle, Venedig, Prov. Friaul und Distr. IV, Maniago; s. Cavasso.

Colle, Venedig, Prov. Friaul u. Distr. XV, Moggio; s. Dogna.

Colle, Venedig, Prov. Treviso u. Distr. V, Serravalle; s. Follina.

Colle, Venedig, Prov. Treviso u. Distr. VI, Ceneda, ein zwischen Sconigo und Godega liegendes *Gemeindedorf*, mit Vorstand und Pfarre S. Tommaso Apost. und 2 Oratorien, 2 Leinwand- und 3 Kamm-Fabriken, von dem Flusse Meschio begrenzt, ¾ St. von Ceneda. Dazu gehören:
Abbazia Vescovile, *Abtei* — Al Cadola, All'Isola, Campion, Mescolin, Le Pianche, S. Rocco, *Vorstädte* — S. Bastiano dei Bigatti, S. Martino (Franzione di Villaggio), *Gemeindetheile.*

Colle, Tirol, Pusterth. Kr., ein der Hrsch. Ampezzo geh. *Dörfchen*, 7 St. von Niederndorf.

Colle della Calce in, Venedig, Prov. Friaul und Distr. XV, Moggio; s. Moggio di sotto (Moggio di sopra).

Colle di Chiampiut dal, Venedig, Prov. Friaul und Distr. XV, Moggio; s. Moggio di sotto.

Colle delle Paste, Lombardie, Prov. Bergamo und Distr. III, Trescorre; s. Torre de'Roveri.

Collebeato, Lombardie, Prov. und Distr. I, Brescia, ein *Gemeindedorf*, welches der Fluss Mella von der Gemeinde S. Bartolomeo scheidet, mit Vorstand und Pfarre S. Paole, 3 Aushilfskirchen und 2 Kapellen, 4 Migl. von Brescia. Mit: Campiani, *Landhaus* — Mulino di Mezzo infer. e superiore, *Mühle.*

Collefiorito e Sette Fratti Fossato, Lombardie, Prov. Mantova und Distr. VIII, Marcaria; s. Rodigo.

Collegio Elvetico, Lombardie, Prov. und Distr. I, Milano; s. Corpi S. di Porta Orientale.

Colleoallo, Venedig, Prov. Friaul u. Distr. XXI, Tricesimo; s. Tricesimo.

Collelungo, Venedig, Prov. Friaul u. Distr. XV., Moggio; s. Moggio di sotto (Moggio di sopra).

Colle, Olte il, Lombardie, Prov. Bergamo und Distr. Il, Zogno; s. Oltre il Colle.

Colle, Piccol, Venedig, Prov. Friaul und Distr. XV, Moggio; s. Dogna (Picol Colle).

Coller, Lombardie, Prov. Brescia und Distr. III, Bagnolo; s. Flero.

Collere, Lombardie, Prov. Bergamo u. Distr. XIV, Clusone, ein am Saume des hohen Berges Presolana liegendes *Gemeindedorf*, mit Pfarre S. Bartolomeo, 8 Kapellen, einer Gemeinde-Deputation und Säge. 3½ St. von Clusone. Mit: Dezza, *Gasse.*

Colle, Ronco Cernazai genannt, Venedig, Prov. Friaul u. Distr. XII, Cividale; s. Ipplis.

Colle Rumiz, Venedig, Prov. Friaul und Distr. XXI, Tricesimo; siehe Tarcento.

Colle, S. Giustina in, Venedig, Prov. Padova u. Distr. IV, Campo Sampiero; s. S. Giustina in Colle.

Colletta, Lombardie, Prov. Mantova und Distr. VI, Castel Goffredo; siehe Castel Goffredo.

Colle Tramonti, Venedig, Prov. Friaul und Distr. III, Spilimbergo; s. Tramonti di sopra.

Collfuschg, Tirol, Pusterth. Kr., ein Dorf und Gemeinde im Landgerichte Enneberg.

Colli di S. Giuseppo, Venedig, Prov. Friaul und Distr. XII, Cividale s. Cividale, (Gagliano).

Collin, Kollin, Collinium, Böhmen, eine *Stadt* im Kaurzimer Kreise, wohlgebaut, von Mauern umfangen, am linken Ufer der Elbe. Sie hat, sammt ihren Vorstädten, u. der stark bevölkerten Judenstadt, 5,750 Einwohner, eine gothische Stadtpfarrkirche, ein gleichfalls in gothischer Manier gebautes Rathhaus, verschiedene andere Kirchen, ein uraltes bewohnbares Schloss, gewöhnlich Colliner Schloss genannt, das mit einem Zier- und botanischen Garten versehen ist, ein Postamt, eine Cattunmanufactur, eine Granatenschleifmühle und Steinschneiderei. Die riesigen Granaten werden, nebst Carniolen und Topasen, jenseits der Elbe in grosser Menge gegraben. Ehemals wurde bei C. auch viel Tabak gebaut, was aher jetzt nicht mehr der Fall ist, da der Tabak ein Staatsregale ist und aus Ungarn bezogen wird. Für Freunde pitoresker Ansichten ist das Wehr der Elbe bemerkenswerth, die unter dem Felsen, auf welchem die Stadt ruht, einen breiten und mächtigen Wasserfall hat. Zu Anfang des 17. Jahrhunderts bemächtigten sich der Stadt C. die Sachsen, und darauf die Schweden. Die erstern wurden 1631 durch den berühmten Albrecht von Wallenstein, die letztern 1640 durch den kais. Feldherrn Götz vertrieben. Am 18. Juni 1757 fiel bei C. die berühmte Schlacht zwischen den Österreichern und Preussen vor.

Colli di S. Gallo, Venedig, Prov. Treviso und Distr. VI, Ceneda; siehe Pieve di Soligo.

Collino, Mulino, Lombardie, Prov. Como und Distr. XIX, Arcisate; siehe Arcisate.

Collio, Lombardie, Prov. Brescia und Distr. VII, Bovegno, ein *Gemeindedorf* mit Vorstand, eigener Pfarre S. Nazzaro e Celso und Gussofen, im Gebirge, an einem hohen Berge, Moulva genannt, 5 Migl. von Bovegno. Mit: Clodona, Costicoli, Pesseda a mattina, Pesseda a Sera, Poffa delle Pasre, Ravenola Suliva, *Meiereien* — Memo, Ravenola Soliva, S. Colombano, *Landhäuser* — Mulino della Piazza, Mulino di S. Colombano, Mulino di Tizio, *Mühlen.*

Colli S. Anna, Venedig, Prov. Friaul und Distr. XII, Cividale; s. Cividale.

Collmansberg, Oest. ob. der Ens, Salzb. Kr., ein *Berg*, 1¼ St. nordöstl. von Thalgau, 599 Wr. Kl. über dem Meere.

Collo, Lombardie, Prov. Como u. Distr. XXII, Tradate; s. Carono Ghiringello.

Collo, Lombardie, Prov. Como und Distr. XI, Lecco; s, Somana.

Collobrad, Venedig, ein *Berg*, an der Grenze zwischen Venedig und Görz, bei Zuodri.

Colloni, Illirien, Friaul, Görz. Kr., eine zur Hrsch. Ober-Reifenberg geh. *Ortschaft*, 1¼ St. von Wippach.

Colloredo, Venedig, Prov. Friaul u. Distr. XIV, Faedis; s. Faedis.

Colloredo di Mont' Albano, Venedig, Prov. Friaul und Distr. II, S. Daniele, eine aus unten benannten Gemeindetheilen und Landhäusern bestehende *Gemeinde-Ortschaft*, mit einer eigenen Pfarre S. Giorgio, 5 Oratorien und Gemeinde-Deputation; theils in der Ebene, theils auf der Anhöhe liegend, an die Gemeinde Mojano und den XXI. Distr. (Tricesimo) grenzend. 7 Migl. von S. Daniele. Mit:
Aveacco, Caporiacco, Codugnella, Laibacco, Lauzzana, *Gemeindetheile* u. *Landhäuser* — Eutesano, Melesons, Mels, *Vorstädte* — Pradis, *Haus*.

Colloredo, Venedig, die *Burg*, welche dem berühmten Geschlechte Colloredo den Namen gegeben hat, liegt sehr reizend, unweit dem Flecken Mels in der venet. Deleg. Friaul, zwischen dem Tagliamento und dem Gebiethe von Belluno. Sie wurde von With. von Mels, von 1302 an, erbaut.

Colloredo di Prato, Venedig, Prov. Friaul u. Distr. I, Udine; s. Pasiano di Prato.

Colloredow, Mähren, Pr. Kr., ein *Dorf* zur Pfarre Mysek und Hrsch. Hochwald, mit böhmischen Einwohnern.

Collorina, Loghino, Lombardie, Prov. Mantova und Distr. III, Roverella; siehe Marmirolo (Belhrolo).

Colmegna, Lombardie, Prov. Como und Distr. XX, Macagno; s. Agra.

Colmello di Follinetta, Venedig, Prov. Treviso und Distr. V, Servalle; s. Follina (Follinetta).

Colmiran, Venedig, Prov. Belluno u. Distr. VII, Feltre; s. Alano.

Colmine, Lombardie, Prov. Como u. Distr. X, Introbbio; siehe Moggio.

Colmo, Illirien, Istrien, Mitterburger Kr., ein *Dorf* im Distr. Capodistria, Bezirk Pinguente, Hauptort der Untergemeinde gleichen Namens, mit 127 Häus. und 660 Einw., mit einer Pfarre in der Diöcese Triest-Capodistria, 4½ St. von Pisino.

Colnago, Lombardie, Prov. Milano u. Distr. IX, Gorgonzola, ein *Gemeindedorf* mit einer eigenen Pfarre S. Alessandro und einer Gemeinde-Deputation, nächst den Gemeinden Trezzo, Vaprio, Pozzo und Mezzago, 10 Migl. von Gorgonzola. Mit:
Cassina dei Fratelli dei Laazi, Meierei.

Colobbiolo di sopra, Lombardie, Prov. Bergamo und Distrikt XIII, Verdello; siehe Verdello.

Colocza, Ungarn, Pest. Komt.; siehe Kalocsa.

Colocza, Colocsa — Ungarn, erzbisch. *Stadt* im vereinigten Pesther, Piliser u. Solther Komitat, aus 800 Häus. und 6300 Einw. bestehend. Das grösste und ansehnlichste Gebäude ist die erzbischöfl. Residenz, die einer Festung ähnlich sieht, und nebst einem grossen Garten, eine aus 30,000 Bänden bestehende Bibliothek enthält. Auch die Kathedral-Kirche Maria Verkündigung ist nicht unansehnlich. Hier hat ein mit dem Bisthume Bács vereinigt. Erzbisthum sammt Metropolitancapitel seinen Sitz, und ausserdem befindet sich hier ein erzbischöfl. Lyceum mit einem theolog. Seminarium, einem Piaristen-Collegium mit Gymnasium und eine Hauptschule. Die Einwohner von C., so wie die anderer benachbarter Ortschaften, beschäftigen sich viel mit Fischfang.

Cologna, Lombardie, Prov. Como und Distr. XXIV, Brivio, ein *Gemeindedorf* welches mit seinen Bestandtheilen etwas erhoben am Saume des Gebirges Brianza liegt, und eine Filial der Pfarre S. Lorenzo zu Brianzola ist, mit einer Gemeinde-Deputation, unweit Brianzola, 3 Migl. von Oggiono. Mit:
Cassinette Bianche, Cassinette Nere, Prestabbio, einzelne Häuser — Cassina Taveggia, Castelletto, Ceppo, Colombe, Fornace, Raitone, Meierei

Cologna, Lombardie, Prov. Como, ein *Distrikt* enthält folgende Gemeinden: Albarede mit Beccacivetta ossia Coriano — Cologna mit Baldaria, Sabbione und Spessa — Cucca mit Bonalda, Michelorie, Miega und S. Gregorio — Pressana mit Caselle, — Roveredo — Zimello mit S. Stefano und Volpino.

Cologna, Tirol, Rovered. Kr., ein zur Ldgrchtshrsch. Tenno geh. *Dorf*, an den Dorfe Gavazzo, und an der Grenze vor Riva, 8½ St. von Trient.

Cologna, Tirol, Rovered. Kr., ein z Markgrafenthum Judicarien geh., unter der Pfarre Bono stehend. *Dorf* mit einer

Kuratie und einem Schlosse Castel Romano genannt, ¼ St. von Bono, 16 St. v. Trient.

Cologna, Lombardie, Prov. Como u. Distr. XXIV, Brivio; siehe Brianzola.

Cologna, Lombardie, Prov. Sondrio (Valtellina) und Distr. III, Tirano; siehe Tirano.

Cologna, Lombardie, Prov. Como und Distr. XII, Oggiono; siehe Galbiate.

Cologna, Venedig, Prov. Verona u. Distr. VI, Cologna, ein von den Flüssen Fratte und Fiume Nuovo begrenztes Gemeindedorf, wovon der VI. Distr. den Namen hat, mit einer königl. Prätur und Distrikts-Commissariat, Gemeinde-Deputation, Pfarre S. Maria, 2 Aushilfskirchen, 5 öffentlichen und 4 Privat-Oratorien, dann einer Kapelle, Distrikts-Brief-Sammlung des Provinzial-Postamts Verona, 7 Mühlen und 6200 Einw., die Seidenbau betreiben, Leder- und Seilerwaaren verfertigen, und mit Wein, Seide und Leder Handel treiben, haie bei Baldiera, Postamt mit: Balderia, Sabbione, Spessa, Dörfer.

Cologne, Lombardie, Prov. Brescia u. Distr. VIII, Chiari, ein im Gebirge liegendes Gemeindedorf mit Vorstand, Pfr. SS. Gervasio e Protasio, 3 Aushilfskirchen und 38 Meiereien, 5 Miglien von Chiari. Mit: Fabrica Viola, Fabrica Utenti Chiari, Mirandola Passoni, Meiereien — Mulino Paulini, Mulino Passoni, Mühlen.

Cologno, Lombardie, Prov. Bergamo und Distr. XIII, Verdello, ein grosses Gemeindedorf mit einer eigenen Pfarre S. Maria Assunta, einer Aushilfskirche, 5 Kapellen, Gemeinde-Deputation und 3 Kalk- und Ziegel-Öfen, 1 Migl. vom Fl. Serio, welcher östl. vorbeifliesst, 1¼ St. von Verdello. Mit: America, Bettosco, Canova, Casale, Cassina Pogliani, Cassinette Lanfranchi, Medelango, Pogliani, Rossi, Maglio, Mura, Prescà, Roseghetto, Talamonte, Trinita, Meiereien — Dalazzo, Fornasette, Litozzo, Muradello, kleine Gassen — Mulini della Campagna, del Dugale, di Litezzo, Mühlen.

Cologno, Lombardie, Prov. Milano u. Distr. VI, Monza, eine Gemeinde und Dorf mit einer Gemeinde-Deputation und eigenen Pfarre SS. Marco e Gregorio, zugleich auch ein Filial der Pfarre S. Giuliano zu S. Giuliano, von Giuliano, Vimodrone, Cassina de Gatti und Moncucco begrenzt, 1¼ St. von Monza. Mit: Bettolino Fredo, Campagnazzo, Chiosetta, Colombarolo, Genestrino, Mat-

talino, Melghera, Nuova, S. Maria, Meiereien.

Cologno, Lombardie, Provinz Lodi e Crema und Distr. II, di Zelo Buon Persico, ein Gemeindedorf mit Vorstand und Pfr. S. Martino Vesc. in dem Dörfchen Casalmajocco, 3 Migl. vom Flusse Muzza und eben so weit vom Flusse Lambro entlegen, 6 M. von Paullo. Mit: Casal Majocco, Dorf — Cassina Buttintrocca, Haus.

Cologno, Lombardie, Prov. Como und Distr. III, Bellaggio; siehe Bellaggio.

Cologno, Lombardie, Prov. Como und Distr. XVI, Gavirate; siehe Monbella.

Cologno, Lombardie, Prov. Como und Distr. XI, Lecco; siehe Rongio.

Cologno, Lombardie, Prov. Milano u. Distr. XII, Melegnano; siehe Sesto Ulteriano.

Colognola, Lombardie, Prov. Bergamo und Distrikt I, Bergamo, ein Gemeindedorf mit Vorstand und Pfarre S. Sisto und 2 Oratorien, dann einer Säge, in einer Entfernung von beiläufig 3¼ M. zwischen den Flüssen Brembo und Serio liegend, ½ St. von Bergamo.

Colognola, Lombardie, Prov. Bergamo und Distr. III, Trescorre; siehe Molini di Colognola.

Colognola, Fuori di Porta, Lombardie, Prov. Bergamo und Distrikt I, Bergamo; siehe Bergamo.

Colognola, Venedig, Prov. Verona und Distr. IX, Illasi, ein Gemeindedorf mit Vorstand, eigener Pfarre SS. Fermo e Resetia, 3 Filialkirchen, 6 Oratorien, 1 Kapelle und 6 Mühlen, nächst dem Berge dieses Namens, unweit Caldiero, 3¼ Migl. von Badia Calavena.

Colognello, Lombardie, Prov. Como und Distr. XII, Oggiono; siehe Sirone.

Colomba, Lombardie, Prov. Milano und Distr. IX, Gorgonzola; s. Cesnate.

Colomba, Lombardie, Prov. Mantova und Distr. VIII, Marcaria; s. Marcaria.

Colombaja, Lombardie, Prov. Pavia und Distr. VIII, Abbiategrasso; siehe Abbiategrasso.

Colombaja, Alla, Lombardie, Pr. Bergamo und Distr. V, Ponte S. Pietro; siehe Terno.

Colombaje, Lombardie, Prov. Lodi e Crema und Distr. VII, Pandino; siehe Abbadia Cerede.

Colombajo, Lombardie, Prov. Como und Distr. XIX, Arcisate; s. Arcisate.

Colombajo, Lombardie, Prov. Como und Distr. XIV, Erba; siehe Arcellasco.

Colombajo, Cassina, Lombardie, Prov. Como und Distr. XIV, Erba; siehe Brenno.

Colombajo, Lombardie, Prov. Como und Distr. XIV, Er)a; s. Colciago.

Colombajo, Lom)ardie, Prov. Como und Distr. XXIV, Brivio; sie)e Calco.

Colombajo, Lombardie, Prov. Como und Distr. XXVI, Mariano; s. Cucciago.

Colombajo, Lombardie, Prov. Como und Distr. XI, Lecco; sie)e Lecco.

Colombajo, Lom)ardie, Prov. Como und Distr. XXV, Missaglia; sie)e Montevecchio.

Colombajo, Lom)ardie, Prov. Como und Distr. XXV, Missaglia; s. Osnago.

Colomban, Lombardie, Prov. Lodi e Crema und Distr. VI, Codogno; sie)e S. Fiorano.

Colombana, Lom)ardie, Prov. Lodi e Crema und Distr. I, Lodi; sie)e Chieso di Porta Cremonese.

Colombano, San, Lombardie, Prov. Lodi, ein *Marktflecken*, im südl. Teile, mit 5000 Einw. Die angrenzenden Hügel liefern)edeutende Quantitäten von sciönem rot)en Granit, Porp)yr und Feldspat), auci werden dasel)st se)r viele animaliscie u. vegetabilische Versteinerungen gefunden, so wie die sogenannte Muschelbreccie, welcie gebrannt, sehr brauchbaren Kalk gi)t.

Colombara, Lombardie, Prov. Mantova und Distr. IV, Volta; s. Goito.

Colombara, Lombardie, Prov. Como und Distr. XXII, Tradate; sie)e Gornate superiore.

Colombara, Lombardie, Prov. Milano und Distr. IX, Gorgonzola; sie)e Gorgonzola.

Colombara, Lombardie, Prov. Lodi e Crema und Distr. VI, Codogno; sie)e Guardamiglio.

Colombara, Lombardie, Prov. Pavia und Distr. III, Belgiojoso; sie)e Lardirago.

Colombara, Lombardie, Prov. und Distr. I, Pavia; sie)e Mirabello.

Colombara, Lombardie, Prov. Pavia und Distr. IV, Corte Olona; siehe Monte Bolognola.

Colombara, Lom)ardie, Prov. Cremona und Distr. IV, Pizzighettone; s. Paderno.

Colombara, Lombardie, Prov. Mantova und Distr. VI, Castel Goffredo; sie)e Piu)ega.

Colombara, Lombardie, Prov. und Distr. I, Mantova; sie)e Porto.

Colombara, Lom)ardie, Prov. Bergamo und Distr. V, Ponte S. Pietro; sie)e Presezzo.

Colombara, Lom)ardie, Prov. Mantova und Distr. XV, Revere; sie)e Quistello.

Colombara, Lombardie, Prov. Lodi e Crema und Distr. VII, Pandino; sie)e Roncadello.

Colombara, Lombardie, Prov. und Distr. I, Mantova; sie)e Roncoferraro.

Colombara, Lombardie, Prov. Lodi e Crema und Distr. I, Lodi; sie)e S. Maria in Prato.

Colombara, Lombardie, Prov. Mantova und Distr. XVII, Asola; s. Asola (Castel nuovo).

Colombara, Lombardie, Prov. und Distr. XI, Milano; sie)e Basiglio.

Colombara, Lombardie, Prov. Milano und Distr. XIII, Gallarate; sie)e Besnate.

Colombara, Lombardie, Prov. Lodi e Crema und Distr. IV, Borg)etto; s. Borg)etto.

Colombara, Lombardie, Prov. Mantova und Distr. IX, Borgoforte; sie)e Borgoforte.

Colombara, Lombardie, Prov. Lodi e Crema und Distr. III, S. Angiolo; s. Ca dell' Acqua.

Colombara, Lombardie, Prov. Lodi e Crema und Distr. IX, Crema; siehe Campagnola.

Colombara, Lombardie, Prov. Mantova und Distr. VII, Canneto; sie)e Canneto.

Colombara, Lom)ardie, Prov. Pavia und Distr. III, Belgiojoso; sie)e Carpignano.

Colombara, Lombardie, Prov. und Distr. I, Pavia; sie)e Cassina Calderara.

Colombara, Lombardie, Prov. Cremona und Distr. III, Soresina; siehe Castel Leone.

Colombara, Lombardie, Prov. Lodi e Crema und Distr. VI, Codogno; siehe Castel nuovo Bocca d' Adda.

Colombara, Lombardie, Prov. Lodi e Crema und Distr. IX, Crema; sie)e Casaletto Vaprio.

Colombara, Lom)ardie, Prov. Pavia und Distr. VI, Binasco; s. Casarile.

Colombara, Lombardie, Prov. Mantova und Distr. VI, Castel Goffredo; sie)e Ceresara.

Colombara, Lombardie, Prov. Milano und Distr. XII, Melegnano; siehe Colturano.

Colombara, Lombardie, Prov. und Distr. I, Milano; sie)e Corpi S. di Porta Vercellina.

Colombara, Lombardie, Prov. Bergamo und Distr. VII, Caprino; s. Corto.

Colombara, Lombardie, Prov. Lodi e Crema und Distr. IX, Crema; siehe Cremosano.

Colombara', Lombardie, Prov. und - Distr, I, Cremona; sieie Due Miglia.

Colombara, Lombardie, Prov. Lodi l e Crema und Distr. IX, Crema; sieie i Farinate.

Colombara, Lombardie, Prov. Milano und Distr. XIII, Gallarate; sieie Gallarate.

Colombara, Lombardie, Prov. Milano und Distr. X, Bozzola; sieie Gazzuolo.

Colombara, Lombardie, Prov. Pavia und Distr. VI, Binasco; s. S. Novo.

Colombara, Lombardie, Prov. Milano und Distr. IV, Saronno; s. Saronno.

Colombara, Lombardie, Prov. Milano und Distr. XIII, Gallarate; sieie Solbiate

Colombara, Lombardie, Prov. Lodi e Crema und Distr. VI, Codogno; sieie Somaglia.

Colombara bassa, Lombardie, Prov. und Distr. I, Bergamo; sieie Valtesse.

Colombara Boccalini, Lombardie, Prov. Mantova und Distr. XVII, Asola; sieie Asola.

Colombara Cassina, Lombardie, Prov. Milano und Distr. III, Bollate; sieie Boldinasco.

Colombara Cassina, Lombardie, Prov. und Distr. II, Milano; sieie Cesano Boscone.

Colombara Cassina, Lombardie, Prov. Milano und Distr. V, Barlassina; sieie Copreno.

Colombara Cassina, Lombardie, Prov. und Distr. II, Milano; s. Cusego.

Colombara Cassina, Lombardie, Prov. und Distr. II, Milano; sieie Trezzano.

Colombara Cassina, Lombardie, Prov. Lodi e Crema und Distr. IX, Crema; siehe Trezzolasco.

Colombara I. II., Lombardie, Provinz Mantova und Distr. IV, Volta; s. Monzambano.

Colombara fojade, Lombardie, Prov. Mantova und Distr. IV, Volta; s. Volta.

Colombara, Mulino della Cassina, Lombardie, Prov. und Distr. II, Milano; siehe Trezzano.

Colombara, Venedig, Prov. Venezia und Distr. VIII, Porto Gruaro; siehe Fossalta.

Colombara, Lombardie, Prov. Mantova und Distr. IV, Volta; s. Goito.

Colombara, Lombardie, Prov. Como und Distr. XXII, Tradate; s. Gornate superiore.

Colombara, Lombardie, Prov. Milano und Distr. IX, Gorgonzola; sieie Gorgonzola.

Colombara, Lombardie, Prov. Lodi e Crema und Distr. VI, Codogno; sieie Guardamiglio.

Colombara, Lombardie, Prov. Pavia und Distr. III, Belgiojoso; sieie Lardirago.

Colombara, Lombardie, Prov. und Distr. I, Pavia; sieie Mirabello.

Colombara, Lombardie, Prov. Pavia und Distr. IV, Corte Olona; sieie Monte Bolognola.

Colombara, Lombardie, Prov. Cremona und Distr. IV, Pizzighettone; s. Paderno.

Colombara, Lombardie, Prov. Mantova und Distr. VI, Castel Goffredo; s. Piubega.

Colombara, Lombardie, Prov. und Distr. I, Mantova; sieie Porto.

Colombara, Lombardie, Prov. Bergamo und Distr. V, Ponte S. Pietro; s. Presezzo.

Colombara, Lombardie, Prov. Mantova und Distr. XV, Revere; sieie Quistello.

Colombara,, Lombardie, Prov. Lodi e Crema und Distr. VII, Pandino; sieie Roncadello.

Colombara, Lombardie, Prov. und Distr. I, Mantova; sieie Roncoferraro.

Colombara, Lombardie, Prov. Lodi e Crema und Distr. I, Lodi; siehe S. Maria in Prato.

Colombara di Porta Romana, Lombardie, Prov. und Distr. I, Milano; sieie Corpi S. di Porta Romana.

Colombara di Porta Ticinese, Lombardie, Prov. und Distr. I, Milano, sieie Corpi S. di Porta Romana.

Colombara Saggi, Lombardie, Prov. Cremona und Distr. II, Soncino; sieie Trigolo.

Colombara Scaccabarozzi, Lombardie, Prov. Cremona u. Distr. II, Soncino; sieie Trigolo.

Colombara Tosi, Lombardie, Prov. Mantova und Distr. XVII, Asola; sieie Asola.

Colombara Turco, Lombardie, Prov. Mantova und Distr. XVII, Asola; sieie Asola.

Colombare, Lombardie, Prov. Cremona und Distr. III, Soresina; sieie Bardolano.

Colombare, Lombardie, Prov. Mantova und Distr. VI, Castel Goffredo; siehe Castel Goffredo.

Colombare, Lombardie, Prov. und Distr. I, Mantova; sieie Castellaro.

54 *

Colombare, Lombardie, Prov. Mantova und Distr. XVII, Asola; sieie Casaloldo.

Colombare, Lombardie, Prov. Lodi e Crema, Distr. VIII, Crema; s. Crieve.

Colombare, Lombardie, Prov. Mantova und Distr. VIII, Marcaria; sieie Marcaria.

Colombare, Lombardie, Prov. Lodi e Crema und Distr. VIII, Crema; sieie Moscazzano.

Colombare, Lombardie, Prov. Lodi e Crema und Distr. VIII, Crema; sieie Moutodine.

Colombare, Lombardie, Prov. Mantova und Distr. IV, Volta; s. Ponti.

Colombarola, Lombardie, Prov. u. Distr. VI, Castel Goffredo; s. Ceresara.

Colombarola, Lombardie, Provinz Lodi e Crema und Distr. I, Lodi; siohe Chioso di Porta d' Adda.

Colombarola, Lombardie, Provinz und Distr. I, Mantova; s. Curtatone.

Colombarola, Lombardie, Provinz Mantova und Distr. X, Bozzolo; sieie Gazuolo.

Colombarola, Lombardie, Provinz Mantova und Distr. XIV, Gonzaga; s. Gonzaga (Maglio).

Colombarola, Lombardie, Provinz Mantova und Distr. VIII, Marcaria; s. Marcaria.

Colombarola, Lombardie, Provinz Cremona und Distr. VII, Casal Maggiore; sieie Rivarolo del Re.

Colombarola, Lombardie, Provinz Mantova und Distr. XV, Revere; sieie Ouistello (S. Giovanni del Dosso).

Colombarola, Lombardie, Provinz Mantova und Distr. III, Roverbella; s. Roverella.

Colombarola, Lombardie, Provinz Mantova und Distr. II, Ostiglia; sieie Serravalle.

Colombarola, Lombardie, Provinz Mantova und Distr. II, Ostiglia; sieie Villimpenta.

Colombarola I. II, Lombardie, Prov. und Distr. I, Mantova; sieie Roncoferraro.

Colombarola Azzanella. Lomdie, Prov. Cremona und Distr. II, Soncino; siehe Soncino.

Colombarola Cauriani, Lombardie, Prov. Mantova und Distr. II, Ostiglia; sieie Serravalle.

Colombarola Falcina, Lombardie, Prov. Cremona und Distr. II, Soncino, sieie Soncino.

Colombarola Farga, Lombardie, Prov. Mantova und Distr. XI, Sabbionetta; sieie Commessaggio.

Colombarola Paniza, Lombardie, Prov. Mantova u. Distr. IX, Borgoforte, sieie Borgoforte (S. Gattaldo).

Colombaroli, Lombardie, Prov. und Distr. I, Mantova; sieie Quattro Ville.

Colombarolino, Lombardie, Prov. Lodi e Crema und Distr. I, Lodi; sieie Chioso di Porta d' Adda.

Colombarolo, Lombardie, Provinz Cremona und Distr. VIII, Piadena. ein *Gemeinde lorf*, in der Pfarre S. Miciele Arc. zu Voltido, mit einer Gemeinde-Deputation, von dem Parma- und Brescia-George, dem Flusse Oglio und dem Lago di Garda begrenzt, 1 Stunde von Piadena.

Colombarolo, Lombardie, Provinz Milano und Distr. IX, Gorgonzola; s. Cassina de' Peccii.

Colombarolo, Lombardie, Provinz Milano und Distr. XII, Meleguano; s. Cerro.

Colombarolo, Lombardie, Provinz Milano und Disr. VI, Monza; sieie Cologno.

Colombarolo, Lombardie, Provinz und Distr. X, Milano; s. Cornegliano.

Colombarolo, Lombardie, Provinz und Distr. I, Mantova; sieie Porto.

Colombarolo, Lombardie, Provinz Cremona und Distr. II, Soncino; sieie Trigolo.

Colombarone, Lombardie, Provinz Mantova und Distr. XVII, Asola; sieie Asola (Barcii),

Colombarone, Lombardie, Provinz Mantova und Distr. V, Castiglione; s. Castiglione delle Stiviere.

Colombarone, Lombardie, Provinz Lodi e Crema und Distr. VI, Codogno; sieie Cavacusta.

Colombarone, Lombardie, Provinz Mantova und Distr. VI, Castel Goffredo; sieie Ceresare.

Colombarone, Lombardie, Provinz Cremona und Distr. V, Roiecco; sieie Cignone.

Colombarone, Lombardie, Provinz Mantova und Distr. XI, Sabbionetta; s. Commmessagio.

Colombarone, Lombardie, Provinz Lodi e Crema und Distr. VI, Codogno; sieie Guardamiglio.

Colombarone, Lombardie, Provinz Lodi e Crema und Distr. VI, Codogno; sie Mezzano Passone.

Colombarone, Lombardie, Provinz Mantova und Distr. VII, Cannote; siehe Ostiano.

Colombarone, Lombardie, Provinz Mantova und Distr. XII, Viadana; siehe Viadana.

Colombarone, Lombardie, Provinz Cremona und Distr. VII, Casal Maggiore; siehe Villa nuova.

Colombarone, Lombardie, Provinz Lodi e Crema und Distr. V, Casalpusterlengo; siehe Zorlesco.

Colombaroto Canossa, Lombardie, Prov. Mantova und Distr. III, Roverbella; siehe Roverbella.

Colombarotto, Lombardie, Povinz Mantova und Distr. IX, Borgoforte; s. Governolo.

Colombè, Lombardie, Prov. Como u. Distr. XXIV, Brivio; siehe Brianzola.

Colombè, Lombardie, Prov. Como u. Distr. XXIV, Missaglia; siehe Cassina de' Brachi.

Colombè Al, Lombardie, Prov. Como und Distr. IX, Bellano; siehe Colico.

Colombè, Lombardie, Prov. Como u. Distr. IX, Bellano; siehe Colico.

Colombè, Lombardie, Prov. Como u. Distr. XXV, Brivio; siehe Cologna.

Colombè, Lombardie, Prov. Como u. Distr. XII, Oggione; siehe Dolzago.

Colombè, Lombardie, Prov. Como u. Distr. XXIV, Brivio; siehe Imbersago.

Colombè di sopra, Lombardie, Prov. und Distr. I, Milano; siehe Corpi S. di Porta Romana.

Colombè di sotto, Lombardie, Prov. und Distr. I, Milano; siehe Corpi S. di Porta Romana.

Colombera, Lombardie, Prov. Pavia und Distr. V, Rosate; siehe Besate.

Colombera, Lombardie, Prov. Como u. Distr. XVI, Gavirate; siehe Besozzo.

Colombera, Lombardie, Prov. Como und Distr. XXV, Missaglia; siehe Cassina de' Brachi.

Colombera, Lombardie, Prov. Como und Distr. XVIII, Cuvio; siehe Brenta.

Colombera, Lombardie, Prov. Como und Distr. XV, Angera; siehe Ispra.

Colombera, Lombardie, Prov. Como und Distr. XXI, Luino; siehe Luino.

Colombera, Lombardie, Prov. Lodi e Crema und Distr. II, di Zelo Buon Persico; siehe Montanaso.

Colombera, Lombardie, Prov. Lodi e Crema und Distr. I, Lodi; siehe S. Zenone.

Colombera, Lombardie, Prov. Pavia und Distr. V, Rosate; siehe Zelo Surigone.

Colombera, Venedig, Prov. Treviso und Distr. V, Serravalle; siehe Cison.

Colombera, Venedig, Prov. Friaul und Distr. VIII, S. Vito; siehe Morsano.

Colmberetto, Lombardie, Provinz und Distr. I, Milano; siehe Corpi S. di Porta Vercellina.

Colombetta, Lombardie, Prov. und Distr. I. Milano; siehe Corpi S. di Porta Ticinese.

Colombi Boschetta, Lombardie, Prov. Cremona und Distr. III, Soresina; siehe Castel Visconti.

Colombi nuova Raca, Lombardie, Prov. Milano und Distr. IX, Gorgonzola; siehe Trezza.

Colombina, Lombardie, Prov. und Distr. I, Mantova; siehe Curtatone.

Colombina, Lombardie, Prov. Pavia und Distr. IV, Corte Olona; siehe Inverno.

Colombina, Lombardie, Prov. Mantova und Distr. VIII, Marcaria; siehe Marcaria.

Colombina, Lombardie, Prov. Pavia und Distr. IV, Corte Olona; siehe Monticelli.

Colombina, Lombardie, Prov. Bergamo und Distr. XIII, Verdello; siehe Osio di Sotto.

Colombina, La, Lombardie, Prov. Lodi e Crema und Distr. I, Lodi; siehe Lodi.

Colombina Bertinceli, Lombardie, Prov. und Distr. I, Mantova; siehe Curtatino.

Colombine, Lombardie, Prov. Lodi e Crema u. Distr. V, Casalpusterlengo; siehe Bertonico.

Colombini Loghino, Lombardie, Prov. und Distr. I, Mantova; siehe Quattro Ville.

Colombirolo, Lombardie, Prov. Pavia und Distr. VIII, Abbiategrasso; siehe Abbiategrasso.

Colombirolo, Lombardie, Provinz und Distr. I, Milano; siehe Corpi S. di Porta Romana.

Colombirolo, Lombardie, Prov. Lodi e Crema und Distr. VII, Paudino; siehe Rivolta.

Colombirolo, Lombardie, Provinz Milano und Distr. VI, Monza; siehe Vedano.

Colombirolo I, II, Lombardie, Prov. und Distr. II, Como; siehe Cavallasca.

Colombirolo di Porta Comasina, Lombardie, Prov. und Distr. I, Milano; siehe Corpi S. Porta Comasina.

Colombirolo di Porta nuova, Lombardie, Prov. und Distr. I, Milano; siehe Corpi S. di Porta Comasina.

Colombirotto, Lombardie, Provinz und Distr. I, Milano; siehe Corpi S. di Porta Ticinese.

Colombo, Lombardie, Prov. Milano und Distr. VII, Verano; siehe Briosco.

Colome, Illirien, Istrien, ein *Hafen*, bei Rovigno.

Colonna Alla, Lombardie, Provinz Mantova und Distr. XIV, Gonzaga; s. Gonzaga (Polesine).

Colonelli di Pedescala, Venedig, Prov. Vicenza u. Distr. VI, Asiago; siehe Rotzo.

Colonello di Bando, Lombardie, Prov. Mantova und Distr. V, Castiglione delle Stiviere; siehe Cavriano.

Colonia, Kolum — Siebenbürgen, Herrmannstädt. Stuhl, ein walachisch. *Dorf*, am rechten Ufer des Altflusses, 2 St. von Bornbach.

Colonia, Bullgarica — Ungarn, Torontaler Komt.; siehe Bessenyö.

Colonno, Lombardie, Prov. Como und Distr. IV, Menaggio, ein *Gemeindedorf* mit Pfarre S. Michele u. Gemeinde-Vorstand, in einer Gebirgsgegend, nahe dem Flusse Camoggia, 8 Miglien von Menaggio.

Coloredo, Lombardie, Prov. Sondrio (Valtelina) und Distr. VII, Chiavena; siehe Gordona.

Coloretto, Lombardie, Prov. Bergamo und Distr. II, Zogno; siehe Zogno.

Colorina, Lombardie, Prov. Sondrio (Prov. della Valtellina) und Distr. I, Sondrio, eine am Fusse zweier Berge, welche das Valtelin mit Bergamasco begrenzen, lieg. *Gemeinde - Ortschaft*, nördl. vom Adda Fl., mit 3 Mühlen, und östlich von dem Strome Madrasco bespült, mit Vorstand und Pfarr-Kuratie S. Bernardo zu Colorino, und Aushilfs-Kirche, 8 Migl. von Sondrio. Dazu gehören:
Rodollo di sotto, Valle, *Gemeindetheile*.

Celorina, Lombardie, Prov. Milano u. Distr. IV, Saronno; s. Nerviano.

Colorne, Lombardie, Prov. Brescia und Distr. III, Bagnolo; siehe Castel nuovo.

Colotsa, Ungarn, eine Erzbischöfliche Stadt im Pesther Komitat; siehe Colotsa.

Colpana, Lombardie, Prov. Bergamo und Distr. X, Treviglio, s. Treviglio.

Colpedrino, Lombardie, Prov. Bergamo und Distr. VII, Caprino; siehe S. Antonio.

Colpello, Tirol, ein *Berg* bei Pinia.

Colsaltes, Venedig, Prov. Belluno u. Distr. VII, Feltre; s. Cesiomaggiore.

Col S. Martino, Venedig, Prov. Treviso und Distr. VII, Valdobbiadena; s. Farrà.

Col S. Pietro, Venedig, Prov. Belluno und Distr. III, Pieve di Cadore; s. Cibiana.

Coltron, Venedig, Prov. Friaul und Distr. IV, Maniago; s. Claut.

Coltura, Tirol, Roveredo Kr., ein *Dorf* und *Gemeinde* im Landgerichte Tione.

Colturano, mit dem Dorfe Balbiano — Lombardie, Prov. Milano und Distr. XII, Melegnano, ein am Lambro-Flusse liegendes, an Bustighera grenzendes *Gemeindedorf*, mit einer Pfarre S. Giacomo und Gemeinde-Deputation, ¼ St. von Melegnano und 3 Stunden von Milano. Hieher gehören:
Cabbiano, Colombara, Pelucca, *Meiereien* — Mulino di Balbiano, *Mühle*.

Colture, Nelle, Venedig, Prov. Friaul und Distr. XV, Moggio; siehe Chiusa.

Coludrovifa, Illirien. Krain, Adelsb. Kr., ein zu der Wb. B. Kom. Hrsch. Tiein gehöriges *Dorf*, 1¼ St. von heil. Kreuz, d. i. S. Croce.

Colugna, Venedig, Prov. Friaul u. Distr. I, Udine; s. Felletto.

Columbina, Cassina, Lombardie, Prov. Pavia und Distr. III, Beligiojoso; s. Buttirago.

Colun, Siebenbürgen, Hermanst. Stuhl; s. Kolun.

Colunghe, Lombardie, Prov. u. Distr. I, Mantova; s. Roncoferraro.

Colvago, Venedig, Prov. Belluno und Distr. VII, Feltre; s. Giustina.

Colvero, Venedig, Prov. Friaul und Distr. VII, Maniago; s. Frisanco.

Colvignas, Venedig, Prov. Belluno und Distr. V, Agordo; s. Agordo.

Colz, Tirol, Adel. Ansitz, im Thale Abtey, Ldgchts. Enneberg.

Colza, Venedig, Prov. Friaul u. Distr. XVIII, Ampezzo; s. Enemonzo.

Colzano, Lombardie, Prov. Milano u. Distr. VII, Verona, eine *Dorfgemeinde* mit Vorstand, nach S. Martino zu Veduggio gepfarrt, von Capriano und Villa Raverio begrenzt, 2¼ St. von Pajna und 2 Stunden von Carate. Hieher gehören:
Tremolada, *Meierei*.

Colzate, Lombardie, Prov. Bergamo u. Distr. XV, Gandino, ein *Gemeindedorf*, dessen Pfarre S. Bernardino in der Contrada Bondo sich befindet, mit 3 Kapellen, wovon jene S. Marizio zur Pfarre Vertova (S. Maria Assunta) gehört, am rechten Ufer des Serio, ¼ Stunden von Gandino. Mit:
Bahdo, Barbata, *Gassen*.

Colze, Venedig, Prov. Vicenza und Distr. II, Camisano; s. Montegalda.

Comabbio, Lombardie, Prov. Como und Distr. XV, Angera, ein *Gemeindedorf*, mit Vorstand und eigener Pfarre

855

7 S. Giacomo, in der Ebene, 7 Migl. von Angera.

Comacchio, eigentlich **Comaccio**, 7 Lombardie, Prov. Como und Distr. XVIII, e Cuvio; s. Cuvio.

Comaccio, Lombardie, Prov. Como u. Distr. XVIII, Cuvio; s. Cuvio.

Comairano, Lombardie, Prov. Pavia und Distr. I, Pavia, eine nach S. Genesio in dem gleichnamigen Dorfe gepfarrte Gemeinde-Ortschaft, mit einem Oratorio, nächst den Flüssen Ticino und Pò, 1¼ St. von Pavia. Hieher gehören: Cassina Campag., Gualterzano, Porta Criozza, Meiereien.

Comalich, auch **Romalich**, Dalmatien, Zara Kreis, Knin Distrikt, ein Dorf und Filial der Pfarre Stermizza griechischen Ritus, unter die Pretura und Hauptgemeinde Knin gehörig, unweit vom Flusse Bustisnizza, auf dem festen Lande, 18 Migl. von Knin. Postamt. Sebenico.

Comano, Tirol, Roveredo Kreis, ein zur Marggr. Judicarien geh., unter der Pfarre Lomaso stehendes Dorf, mit einer Kurazie, 9 St. von Trient.

Comara, Lombardie, Prov. Pavia und Distr. IV, Corte Olona; s. Monticelli.

Comarn, Mähren, Ollmützer Kr., ein Dorf zur Herrschaft Sternberg; siehe Komarn.

Comarol, Venedig, Prov. B lluno u. Distr. VII, Feltre; s. S. Giorgio.

Comaromium, Ungarn, Komorn. Komit.; s. Komorn.

Comaschi, Lombardie, Prov. Milano und Distr. IX, Gorgonzola; siehe S. Agata.

Comasco, Lomazzo, Lombardie, Prov. Como und Distr. XXIII, Appiano; s. Lomazzo.

Comasina, Lombardie, Prov. Lodi e Crema und Distr. I, Lodi; s. S. Maria di Lodi vecchio.

Comasina, Porta, Lombardie, Prov. und Distr. I, Milano; s. Corpi S. di Porta Comasina.

Comasine, Tirol, Trient. Kr., ein im Sulzthale in der Gemeinde Ossana liegendes Dorf, mit einer Kurazie, 19¼ St. von Trient.

Comasira, Lombardie, Prov. Como und Distr. X, Introbbio; s. Vendrogno.

Comate, Lombardie, Prov. Mantova u. Distr. IX, Borgoforte; siehe Borgoforte (S. Gattaldo).

Comatta, Lombardie, Prov. und Distr. II, Como; s. Monte Olimpino.

Comatta, Lombardie, Prov. und Distr. X, Milano; s. Peschiera.

Comatta, Lombardie, Prov. u. Distr. II, Como; s. Vergosa.

Comazzadura, Tirol, Roveredo Kr., ein in dem Sulzthale in der Gemeinde Ossana liegendes Dorf, mit einer Kurazie, 16 St. von Trient.

Comazzo, Lombardie, Prov. Lodi e Crema und Distr. II, di Zelo Buon Persico, ein Gemeindedorf mit Pfarre S. Martino Vescovo, 1 Oratorio und Gemeinde-Deputation, ½ Migl. vom Flusse Adda entlegen, 4 Migl. von Paullo. Hieher gehören: Cassina Beccia, Cassina di Conti, Cassina Majrana, Cassino Molino, Cassina nuova, Cassina Parrochiale, Meiereien.

Combai, Venedig, Prov. Treviso und Distrikt VII, Valdobbiadena; s. Miane.

Comball, Lombardie, Prov. Bergamo und Distr. VII, Caprino; siehe Torre de' Busi.

Combarola, Lombardie, Prov. Mantova und Distr. XVI, Sermide; s. Sermide (S. Croce).

Combur, Dalmatien, Cattaro Kreis, Castelnuovo Distrikt, ein unter eben dieser Distrikts-Pretur stehendes Dörfchen, wo es auf der Strasse zur Winterszeit, so lange es regnet, bloss nur Wasser-Pfützen gibt, und nur eine einzige frische Quelle hinter dem Hause der Familie Basillio Giurasevich sich befindet, 3 Migl. von Castelnuovo.

Comeduno, Lombardie, Prov. Bergamo und Distr. VI, Alzano Maggiore; s. Desenzano.

Comeggiano, Lombardie, Prov. Como und Distr. XIII, Canzo. s. Cassina di Mariaga.

Comeglians, Venedig, Prov. Friaul und Distr. XVII, Rigolato, ein Dorf und Hauptgemeinde, in welchem das königl. Distrikt-Kommissariat seinen Sitz hat, mit einer eigenen Pfarre S. Giorgio und Oratorio, einer Gemeinde-Deputation, 17 Migl. von der Poststation Tolmezzo entlegen, dann 2 Holzsägen und 1 Mühle im Gebirge, nächst Rigolato und dem Strome Degano, von dem Berge Caostis begrenzt. Postamt. Zu dieser Gemeinde gehören: Calgoretto, Maranzanit, Mielis, Gemeindetheile — Povalaro, Taulis, Städte.

Comeitino, Lombardie, Prov. Mantova und Distr. IX, Borgoforte; siehe Governolo.

Comella, Lombardie, Prov. Lodi e Crema und Distr. I, Lodi; s. Chioso di Porta Regale.

Comelico inferiore, Venedig, Prov. Belluno und Distr. II, Auronzo, eine mit S. Stefano verbundene *Gemein-de-Ortchaft*, mit Vorstand und Pfarre S. Stefano, 3 Filial Kirchen und einem Oratorio, 16 Migl. von Pieve di Cadore. Dazu gehören:
Campolongo, Casada, Castalissoje, Ronco, *Gemeindedörfer* — S. Stefano *Dorf*, Tambre, Transacqua, *Gemeindetheile.*

Comelico, Venedig, ein *Berg*, am linken Ufer des Filla Flusses, bei Ospitaletto.

Comelico superiore, Venedig, Prov. Belluno und Distr. IV, Auronzo, ein mit Candide vereintes *Gemeindedorf*, am Rücken jener Berge, welche Italien von Tirol scheiden, von den Provinzen Friaul und Tirol begrenzt, mit einer Gemeinde - Deputation, Pfarre S. Maria, 4 Filial·Kirchen und einem Oratorio, 17 Migl. v. Pieve di Cadore. Dazu gehören: Candide, *Dorf* — Casa Mazzaguo, Dosoledo, Padola, Sacco, Sopalu, *Gemeinden.*

Comen, Illirien, Friaul, Görz. Kr., ein zur Herschaft Ober Reifenberg geh. *Dorf*, mit einer Pfarre, 2¼ St. von Cerniza.

Comenda, Lombardie, Prov. Pavia u. Distr. III, Belgiojoso; siehe Ca de' Tedioli.

Comenda, Lombardie, Prov. Cremona und Distr. V, Robecco; s. Cignone.

Comenda, Lombardie, Prov. Cremona und Distr. V, Robecco; 's. Persico.

Comenda la, Lombardie, Prov. Milano und Distr. VIII, Vimercate; siehe Aicurzio.

Comerau, Kamarowa — Schlesien. Tropp. Kr., ein *Dorf*, mit einer eigenen Pfarre, und böhmischen Einwohnern, zum Schlossamt Troppau gehörig.

Comerio, Lombardie, Prov. Como u. Distr. XVI, Gavirate, ein *Gemeindedorf* mit Vorstand und Pfarre SS. Ippolito e Cassino und Seidenwurm-Zucht, liegt östlich 1¼ Migl. von Gavirate. Dazu gehören:
Cugnota, Matello, Muro, Ora, Ronco, Sore, *Meiereien.*

Comero, Lombardie, Prov. Brescia u. Distr. XVII, Vestone, ein *Gemeindedorf* an der Strasse, mit Vorstand und Pfarre S. Silvestro, einer Aushilfskirche und Kapelle; oberdem Mittelpunkte des Gebirges ist der Fluss Nozza, 7 Migl. von Vestone.

Comersee, Lario, Lago di Como, Lascu Larius — Lombardie, Prov. Como, liegt beträchtlich tiefer als der Lago maggiore, indem sein Wasserspiegel nur 655 F. über das mittelländische Meer sich erhebt. Er hat von Norden nach Süden eine Länge von beinahe 7 Meilen, in der Breite aber nirgends viel über eine halbe Meile, indem die breiteste Stelle bei Varena im geraden Querdurchschnitte nicht mehr als 2,400 Klft. misst. Bei Dervio, am Fusse des Legnoncino, ist er nach genauer Messung 310 Wr. Klftr. tief. Der See wird vorzüglich durch die Adda gebildet, ausser dieser aber münden sich in denselben noch gegen 200 kleinere Flüsse und Bäche, von denen mehrere sich durch ihre Verherungen auszeichnen. Bei der Traversina nächst Bellaggio theilt sich der See in eine Gabel mit 2 Armen, von denen der westliche sich bis Como erstreckt, der östliche unter dem Namen des See's von Lecco bei dem Flecken Lecco sich endet.

Der C. wird durch wild und kräftig ausgezackte Buchten verschönert. Er liegt zwischen hohen Bergen, deren Fuss und Abhänge mit Dörfern und Pallästen reich und glänzend besetzt sind, und wovon mehre eine Höhe v. 6000 Fuss erreichen. Nur an seinem südlichen Ende werden diese Berge zu Hügeln. Der Arm von Lecco ist trauriger u. einsamer und daher weniger besucht, als der Arm von Como. Der C. ist sehr fischreich, auch trifft man hier allerlei Alpengeflügel. Die Frachtschiffe hier, 440 an der Zahl, sind von der grössten Gattung auf allen italienischen Seen, sie sind über 14 Klftr. lang, 17 Schuh breit u. tragen Lasten von 4470 Zentner. Durch den grossen Zufluss der Gebirgswässer überschwemmt er häufig die Niederungen, besonders erfuhr es oft die Stadt Como, bis man den Hauptabfluss in den Arm von Lecco durch den Addaflusse verstärkte, und besser regulierte. Der See ist sehr klar, man sieht oft bis an den Grund, er enthält gegen 20 Arten Fische.

Comesta, Venedig, Provinz Friaul und Distr. VIII, Spilimbergo; s. Tramonti di sotto.

Comettau, Mähren, Igl. Kr., ein *Dorf*, zur Pfarre Horkau und Hrsch. Hradisch geh., mit böhm. Einwohnern.

Comezzano, Lombardie, Prov. Brescia und Distr. II, Ospitaletto, ein *Gemeindedorf* mit eigener Pfarre SS. Faustino e Giovita, 2 Oratorien und einer Gemeinde-Deputation, dann einem, mit einem Grafen umgebenen Schlosse, 14 Migl. von Brescia. Mit: Breda, *Mühle*. — Bredefranca, *Meierei* und *Landhaus*.

Comiano, Lombardie, Provinz und Distr. II, Mantova; siehe Porto.

Comiara, Lombardie, Provinz Mantova und Distr. XV, Revere; siehe Quingentole.

Comighello, Tirol, Roveredo Kreis, *Gemeindedorf* im Landgerichte Stenico.

Comin, Dalmatien, Spalato Kreis, Fort-Opus Distr., ein als Untergemeinde zur Distrikts - Hauptgemeinde gehöriges *Pfarrdorf*, nahe dem Narenta Flusse, 1 Migl. mittelst Ueberfuhr von Fort-Opus (eigentlich Narenta).

Comina, Cassina, Lombardie, Prov. Milano und Distr. III, Bollate; siehe Boldinasco.

Comincioli, Lombardie, Prov. Mantova und Distr. VI, Castel Goffredo; s. Castel Goffredo.

Cominenga, Lombardie, Prov. Bergamo und Distr. VIII, Piazza; siehe Barese.

Comini, Dei, Venedig, Provinz Friaul und Distr. XII, Cividale; siehe Corno.

Comino, Lombardie, Provinz und Distr. I, Mantova; siehe Porto.

Comisa, Dalmatien, Spalato Kreis, Lissa Distr., ein offener, auf der Insel Lissa liegender *Marktflecken*, in der Nähe des Berges Hum, mit einer Pfarre, Gemeinde - Syndikat, Zollamt und Sanitäts-Deputation, 8 Migl. von Lissa.

Comitatus Zara, Dalmatien, Zara Kreis; siehe Zara.

Comitatus; siehe Gespannschaft, Siebenbürgen.

Comitatus, Albensis inferior; siehe Nieder Weissenburger Gespansch., Siebenbürgen.

Comitatus, Albensis superior; siehe Ober Weissenburger Gespanschaft, Siebenbürgen.

Comitatus Doboka; siehe Dobokaer Gespanschaft, Siebenbürgen.

Comitatus, Hunyad; siehe Hunyader Gespanschaft, Siebenbürgen.

Comitatus, Colos, siehe Koloscher oder Klausenburger Gespanschaft, Siebenbürgen.

Comitatus, Kraszna; s. Krasznaer Gespanschaft, Siebenbürgen.

Comitatus, Küküllö; siehe Küküllöer oder Kokelburger Gespanschaft, Siebenbürgen.

Comitatus Szólnok interior; siehe Inner Solnoker Gespannschaft, Siebenbürgen.

Comitatus, Szolnok mediocris; siehe Mittel Sólnok. Gespanschaft, Ungarn.

Comitatus, Torda; siehe Tiorenburger Gespanschaft, Siebenbürgen.

Comitatus, Zarand, siehe Zarander Gespanschaft, Ungarn.

Commaj, auch **Comai**, Dalmatien, Ragusa Kr., Distrikt Ragusa vecchia, ein *Dorf* mit einem eigenen Ortsvorsteher, in der Pfarre Cilippi, zur Hauptgemeinde Pridvorje gehörig, am Berge Liubovize, nahe den Ortschaften Veghni-Cilipi und Popovici. 3 St. von Ragusa.

Commenda, Lombardie, Prov. Cremona u. Distr. IV, Pizzighettone; siehe Pizzighettone.

Commercie, Venedig, Prov. Friaul und Distr. II, S. Daniele; siehe Majano.

Commessaggio, Lombardie, Prov. Mantova und Distr. XI, Sabbionetta, ein *Gemeindedorf* mit Vorstand, Pfarre S. Albino und 4 Oratorien, am Oglio Flusse, 1¼ St. von Sabbionetta. Mit: Bocca, *kleines Dorf* → Ariolo, Basse, Basse verso S. Maria, Boccalone, Casa de' Mauoni, Casa di Sarzi, Casella Vicini, Colombarolo Farga, Colombarone, Erbatici, Minore, Pagliare Verdiere, Ronconi, Salicata, S. Maria, S. Toscana, Tassaglia Basi S. Eugenio, Tassaglia Basi S. Fedele, Tassagli Vicini, Tassagli Gelati, Vidale, *Meiereien*.

Commessaggio, Pizzo lungo il, Lombardie, Prov. Mantova und Distrikt XI, Sabbionetta; s. Sabbionetta.

Commezzadura, Tirol, Trient. Kr., eine *Gemeinde*, Ldgrchts. Malè im Sulzberge, aus mehren kl. Ortschaften bestehend, welche zusammen eine Kuratie der Pfarre Ossana formiren; s. Dermenzago.

Comminetti, Lombardie, Provinz Lodi e Crema und Distr. VIII, Crema; siehe Zapello.

Commotau, Böhmen, Saazer Kreis eine *Stadt* und *Herschaft*; siehe Kommotau.

Commasco, Lombardie, Prov. Como und Distr. VII, Dongo; siehe S. Siro.

Como, Lombardie, eine *Delegation*, ist 75¼ Quadr. Meil. gross, mit 320,000 kath. industriösen Einw., im N. gebirgig, mit anmuthigen Thälern, im S. sanft hüglig, grenzt an den Lago magglore, den Como- u. Lugoansee, wird durchflossen v. Ticino, der Adda und vielen kleinern Flüssen, umfasst mehre Seen. Diese Delegation oder Provinz hat etwas Waldung, gute Alpenweide, Rindviehzucht, guten Acker-, Wein-, Oliven- und Seidenbau, einträgliche Fischerei; die Berge liefern Marmor, Alabaster, Schleif-

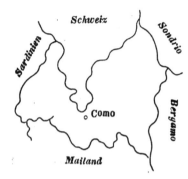

steine. Die Einwohner beschäftigen sich ausser Acker-, Wein-, Öhl- u. Seidenbau, mit Handwerken, Fabrikaten, Glasschleifen, und Verfertigung chirurgischer Instrumente. ,

Como, latein. Comum, Novo Comum — Lombardie, Prov. Como, die k. *Delegations-* und *Hauptstadt* der Provinz gleichen Namens, mit 3 Pfarren, u. 9 Vorstädten. Es ist hier der Sitz eines Bischofs, der k. k. Provinzial-Delegation, des Commissariat der Distr. I u. II, des Tribunals erster Instanz, der politischen Gerichtsbarkeits und Municipal-Congregation. Nebst einer Mauth-, Stempel-, Tabak-, Salz-, Pulver-, Spielkarten-Lottogefälls-Administration und Steuereinnehmerei befinden sich ausser d. Provinzial-Postamte hier noch 2 k. k. Seidenstoff-Fabriken, eine Kotton-, Hut-, Seifen- und mehre andere Fabriken. Die Stadt liegt an der Südspitze des Comosees und breitet sich am Fusse einer steilen Anhöhe aus, auf deren Gipfel die Reste des alten Schlosses Boradello zu sehen sind. C. selbst ist nicht gross, mit Mauern umgeben, mit freundlichen u. ausgedehnten Vorstädten, worunter besonders die Vorstadt Borgo di Vico am Ufer des See's eine lange Strasse palastähnlicher Häuser bildet. Mit Einschluss der 9 Vorstädte zählt C. 18,600 Einw., wovon auf die eigentliche Stadt 7400 in 600 Häusern kommen. Man trifft hier viele alte In-schriften, und in der Vorstadt Borgo di Vico wird bei dem Landhause des Fürsten Odescalchi, all' Olmo genannt, die alte Ulme gezeigt, unter welcher, der in C. geborne, jüngere Plinius gerne gesessen haben soll. Ausser diesem geschmackvollen Landhause trifft man in C. noch mehre ansehnliche Palläste an. Unter den 12 Kirchen ist die, aus Marmor erbaute, gothische Domkirche, die vorzüglichste. Unter der vielen, an der polirten Aussenseite, angebrachten Verzierungen und Statuen, bemerkt man auch den ältern und jüngern Plinius in Lebensgrösse sitzend dargestellt, C. ist d. Sitz des bischöflichen Seminarium, eines Lyceums, mit eleganter Facade von 8 Marmorsäulen, und mit einer Bibliothek von 50,000 Bänden, hat 3 Gymnasien, eine Knabenerziehungsanstalt, (Collegio Galio), eine Haupt- und Mädchenschule, ein Salesianernonnenkloster mit Mädchenerziehungsanstalt, ein neues Theater, ein Kranken-, Waisen-, Versorgungs- und Arbeitshaus, nebst mehreren anderen Wohlthätigkeitsanstalten. Die Stadt treibt erheblichen Speditionshandel nach der Schweiz u. nach Deutschland mit Reis, Seide und Seidenwaaren etc.; auch ziehen viele Einw. mit ihren Barometern, Thermometern, Fernröhren, Brillen und mit Bildern, in ganz Europa herum. Die Manufakturen in Tuch, Seidenzeug u. Baumwollgarnspinnerei sind nicht unbeträchtlich. Die Umgebungen der Stadt sind sehr fruchtbar, mit Landhäusern und Gärten geziert, besonders an den Ufern des Sees sehr anmuthig. Ausser schönen Spaziergängen, tragen auch die Fahrten auf dem Comersee viel zum Vergnügen der Einwohner u. Fremden bei; unstreitig gehören sie zu den höchsten Genüssen, die sich der Freund der Natur gewähren kann. Die Stadt Como wurde 500 Jahre vor der christl. Zeitrechnung von den Gallischen Crobii gegründet, mit den Jesubrer vertheidigten sie sich lange gegen die Römer, bis sie C. Marcellus im Jahre 557 nach Erbauung Roms (222 J. v. Christi Geburt) unterwarf. Später wurde die Stadt von den Rhätiern zerstört, aber unter J. Cäsar durch dahin geschickte Colonisten wieder gehoben. Im XII. Jahrhunderte widerstand C. durch 10 Jahre d. mächtigen Mailand, es wurde wieder zerstört, aber bald darauf v. Kaiser Friedrich Barbarossa wieder erbaut, und mit Thürmen und Mauern, wie heute noch zu sehen, umgeben. Im XV. Jahrhundert wurde C. unter den Visconti mit Mailand vereinigt. Postamt.

Zum Munizipal-Bezirk und Postamt Como geiören:

Borgovico, eine *Vorstadt* mit einer Kotton- und Töpfer-Gescıirr-Fabrik, von dem Como-See bewässert. — O s p e d a l e, eine *Vorstadt* mit einem Spital für 200 Kranke, mit allen Administrations-Beıörden verseıen, zwisch. der Stadt und der reissenden Cosia. — P r u d e n z i a n a, ein einzelnes *Landhaus* an der Morgenseite der Stadt, am Fusse des Berges Brunate. — R o g g i o n e, ein *Landhaus* mit meıren Müılen, zwiscıen der Stadt Como und der reissenden Cosia. — S. A b o n d i o, ein *Dorf* mit einer Tucı- und Papier-Faırik und Mahlmühle. Hier ıefindet sicı die uralte Kathedralkirche der Stadt, iırem Kircıeu-Patrone S. Aıondio geweiıt. — S. A g a t a, eine *Meierei*, östlich and. Stadt und am Abhange des Berges Brunate. — S. A g o s t i n o, eine *Vorstadt* mit einer Seidenzeug-Fabrik, an der Ostseite der Stadt, zum Theil von Como-See ıewässert, am Abhange des Berges Brunate. — S. A n n u n z i a t a, 2 einzelne *Wohnorte*, westlicı unterıalı der Stadt und der reissenden Cosia. — S. B a r t o l o m e o, ein *Landhaus* mit einer Tucı-, Seidenzeug-, Scılaucı- und Seifen-Faırik, an der Südseite der Stadt und der reissenden Cosia. — S. C r o c e, einzelne *Landhäuser* mit 2 Meiereien, an der Ostseite der Stadt, am Abhange des Berges Brunate, oberıalb S. Giuliano, — S. G i o v a n n i, ein einz. *Wohnort*, mit einer Kotton-Fabrik, westlich an der reissenden Cosia. — S. G i u l i a n o, eine *Vorstadt* mit einer Seidenzeug-Faırik, östlicı an der Stadt, z. Tıeil vom Como-See ıewässert, am Abhange des Berges Brunate. — S. G i u s e p p e, eine *Meierei* mit einer Mauerstein- und Dacıziegel-Fabrik, dann 3 Mahlmühlen und einer Seidenmühle, südlicı der Stadt an der vorbeifliessenden Cosia. — S. L o r e n z o, eine *Vorstadt* mit einer Seidenzeug-Faırik, östlicı von der Stadt und weistlich von dem vorbeifliessenden reissenden Valduce. — S. M a r g ı e r i t a, ein einzeln. *Wohnort*, mit einer Mahlmühle, einer Töpfer-, Eisenwaaren- und Kattun-Faırik, westlich der Stadt und der reissenden Cosia. — S. M a r t i n o, eine *Vorstadt* mit einer Tucı-Fabrik, im östlicı u. südlichen Winkel der Stadt, am Abhange des Berges Civiglio, durcı die reissende Cosia getrennt. — S. R o c c ı e t t o, eine *Vorstadt* mit einem Collegio, Kloster der P. P. Kapuziner

u. Erziehungs-Anstalt für Jünglinge, westlicı ausser der Stadt gegen der reissenden Cosia. — S. R o c c o, eine *Vorstadt* mit einer k. Tucıfaırik, eıner Maıl- und Seidenmühle und Lichtscıirmfaırik. — S V i d a l e, eine *Vorstadt* mit einer Tucı-Fabrik und bischöflichen Seminario, an der Ostseite der Stadt, am reissenden Valduce.

Como, Lombardie, eine *Provinz* mit folgenden Distrikten: Como I — Como II — Bellaggio — Menaggio — S. Fedele — Porlezza — Dongo — Gravedona — Bellano — Introbbio — Lecco — Oggiono — Canzo — Erba — Angera — Gavirate — Varese — Cuvio — Arcisate — Maccagno — Luviuo — Tradate — Appiano — Brivio — Missaglia — Cantu.

Como, Lombardie, Prov. Como, *Distrikt I*, hat folgende Gemeinden: Como — Albiolo — Asnago — Bizzarone — Breguano con Puginate e Cassina Manegardi — Bulgorello — Cadorago — Cagno — Camnago con Bernasca — Casa Nuova — Caslıno — Casnate con Baragiolo — Cassina Rizzardi con Boffaloro, Monticello e Ronco — Caversaccio — Cernenatecon Montesordo, Cassina S. Croce e Cassina Lavezzare — Civello con Brugo — Drezzo — Fino con Bricoletta, Florenzola, Molino Rionca, Mornasco e Socco — Gagino — Geronico al piano con Geronico al Monte — Luisago con Bricola — Maccia con Macciasca e Brusada — Minoprio — Parè — Rodero — Rouago superiore ed inferiore — Rovellasca — Trevano superiore ed inferiore — Vertemate con Ronca e Banone — Ugglate.

Como, Lomıardie, Prov. Como, *Distrikt II*, ıat folgende Gemeinden: Albate con Trecallo, Baraggia, Muggio ed Acqua Negra — Bernate con Guzza — Blevio — Breccia con Luzzago — Brunate — Camerlata — Camnago — Capiago con Cassina Amata — Cavallasco — Cernobbio — Civiglia con S. Tomaso e Visigna — Graudate — Lipomo, Lucino — Lurate Albate con Caccivio — Masliaulco — Moltoasio — Montano con Casarico — Monte Olimpino — Montorfano — Piazza — Ponzate — Rebbio — Rovena — Solzago — Tavernerio con Urago — Torno — Urio — Vergosa.

Comonte, Lomıardie, Provinz und Distr. I, Bergamo; sieıe Seriate.

Comonte, Al, Venedig, Prov. Belluno und Distr. VIII, Mel; siehe Mel.

Comonetto, Venedig, ein *Berg* in der Näıe des Flusses.

Comorn, Komorn, Comaromium — Ungarn, eine königlicıe *Frıistadt* und *Festung* in der Comorner Gespanscı.,

Im östlichen Winkel der Insel Schütt, am Einflusse der Waag-Donau in die grosse Donau, ist meist unregelmässig gebaut, hat enge finstere Gassen, und 1156 Häuser mit 17,350 Einwohner ohne Militär. Das bedeutendste aller Werke ist die östl. von der Stadt im Vereinigungswinkel der oben genannten Flüsse aufgeführte, mit tiefen Gräben und ausgedehnten Erdwällen umgebene Festung, die seit ihrer ersten Erbauung unter König Matthias I. noch in keines Feindes Hand gefallen ist, und nach den seit 1805 vorgenommenen Arbeiten zu den stärksten Festungen Europa's gehört. Es sind hier vier kathol. Kirchen, worunter die grosse Andreas-Pfarrkirche, dann eine griechisch-nichtunirte Pfarrkirche, ein evangelisches und ein reformirtes Bethhaus, eine Judensynagoge, ferner ein Komitathaus, Rathhaus und mehrere grosse Magazine und Casernen, ein kathol. Gymnasium mit Benediktinern, eine katholische Hauptschule, ein reformirtes Gymnasium, eine Donau-Assekuranz Anstalt, ein Spital u. s. w. Bedeutend ist der Handel, welcher auf der Donau getrieben wird, vornehmlich mit Getreide, Wein, Honig, Holz und Fischen, besonders Hausen, die hier in grosser Menge gefangen werden. Auf einer schönen grossen Insel, welche in 200 Theile getheilt, den Bürgern der Stadt gehört, wurden viele Gärten angelegt. Ihre Weingärten haben die Einwohner auf dem Monostor jenseits der Donau, wohin man auf einer Schiffbrücke und einer fliegenden Brücke gelangt. Fremde besehen auch die aus Stein gehauene Jungfrau, welche zum Zeichen, dass die Festung noch unbesiegt ist, auf einer nördlichen Ecke der Seilerstatt, gegen Neuhäusel hin aufgerichtet wurde. Postamt mit:

Arangos, Arangos Telso, Aszod, Bagotta, Bagya-nemes, Bagya-vár, Batorkez, Csem, Crep, Ekrs, Ekecs, Ekel, Esck-Lel, Geller Also und Feled, Gutta, Gyalla, Herkdly, Heteny, Igmand Nagy und Kis, Issa, Keszi, Nagy und Kis, Kamocsa, Kava, Keszegoujva, Kurtakesz, Komarom, Lak, Landorhetső, L'Kálló, Lel nagy, Logőr Kis und Nagy, Marczalhaza, Marakkava, Martos, Me-gyeris, Mocsa, Oerkeny, Olcsa-nemes, Ontopa, Sz. Pal, Path, Ratzhaza, Szakalas Apatza, Szaka-lae-Balvany, Szakalat-Thury, Szilas, Szöny, Szony, Uj, Tány, Nagy und Kis, Uj falú, Var, fald, Visvár, Toth-Megyes. Märkte, Dörfer und Prädien.

Comorner Gespanschaft, Ungarn,
breitet sich auf beiden Seiten der Donau über 24 Quadratmeilen aus.— Hauptort: Comorn, hat 53$\frac{1}{10}$ geogr. Q. Meil. und 146,700 Einwohner in 156 Orten oder in 18,400 Häusern, nämlich in: 1 königl. Freistadt, 1 bischöfliche Municipal - Bürgerstadt, 4 Urbarial-Märkten, 89 Dörfer und 61 Prädien, mit 209,800 Joch Aecker, 40,400 Joch Wiesen, 5400 Joch Gärten, 22,420 J. Weinland, 4000 J. Weide, 149,900 J. Wald, 20,000 J. Sümpfe und Moräste und 4000 J. Sandflächen. — Jährliche Fechsung im Durchschnitte 500,000 Mtz. Sommer- und 900,000 Metzen Wintergetreide, 450,000 Elm. Wein, und 440,000 Zentner Heu. Ausser dem hier stark betriebenen Getreidebau wird auch viel Wein erzeugt, und die Weingewächse von Neszmil und Almás haben ihrer Güte wegen längst einen vortheilhaften Ruf erhalten. Nebst diesen Kulturarten ist auch die Viehzucht hier wichtig, — Ihrer Abstammung nach sind die Einwohner dieser Gespanschaft meistens Ungarn, nämlich in 52 Ortschaften; indessen sind noch neben ihnen 16 vorzüglich von Slaven und 12 von Deutschen bewohnt. Ein grosser Theil d. ersteren (etwas weniger als die Hälfte der ganzen Population) bekennt sich zu Calvin's Lehre, und ungefähr ein Viertheil (meistens Slowaken) sind Anhänger der augsburgischen Confession. — Figur s. Komorner Gespans.

Compagnia, Lombardie, Provinz Mantova und Distr. VI, Castel Goffredo; siehe Ceresara.

Compagnoni, Lombardie, Provinz Bergamo und Distrikt X, Treviglio; s. Treviglio.

Compagnoza, Lombardie, Provinz und Distr. II, Como; siehe Maslianico.

Companatichino, Lombardie, Provinz Lodi e Crema und Distrikt II, di Zelo Buon Persico; siehe Tavazzano (Companatico).

Companatico e Companatichino, Lombardie, Provinz Lodi e Crema und Dist. II, di Zelo Buon Persico; siehe Tavazzano.

Compar, Tirol, *Berg*, Ursprung des Rissbaches.

Comparina, Lombardie, Prov. Lodi e Crema und Distr. VIII, Crema; siehe Madignano.

Compasta Opio, Lombardie, Prov. und Distr. X, Milano; siehe Lambrate.

Compestrin, Tirol, Trient. Kr., ein *Weiler* zur Gemeinde Pieve Thsino, im Ldgrcht. Strigno.

Compgili, Lombardie, Prov. Como und Distr. XVII, Varese; s. Masnago.

Complet, Tirol, Rover. Kr., ein *Weiler*, zur Gem. Beseno gehörig, im Landgerichte Rovereto.

Compesta, Lombardie, Prov. u. Distr. X, Milano; sieie Lambrate.

Comugna, Venedig, Prov. Friaul und Distr. XI, Palma; siehe Trivignano.

Comugnes, Venedig, Prov. Friaul und Distr. III, Spilimbergo; sieie Tramonti di sotto.

Comum, Lombardie, Prov. Como und Munizipal-Bezirk; sieie Como.

Comuna, Lombardie, Prov. Mantova und Distr. VIII, Marcaria; s. Marcaria.

Comuna, Lombardie, Prov. Lodi e Crema und Distr. VIII, Crema; sieie Porta Ombriana.

Comuna Bellis, Lombardie, Prov. Mantova und Distr. II, Ostiglia; sieie Ostiglia.

Comunale, Venedig, Prov. Friaul und Distr. VIII, S. Vito; sieie Casarsa.

Comunale Carso, Illirien, Istrien, ein Berg, am Abhange des Karst, nördl. von St. Pietro, 37 W. Klft. üier d. Meere.

Comune, Lombardie, Prov. Milano und Distr. IV, Saronno; s. Pregnana.

Comune Cassinette de', Lombardie, Prov. Cremona und Distr. VI, Pieve d'Olmi; sieie Straconcolo.

Comune del Trono, Lombardie, Prov. und Distr. I, Pavia; sieie Cassina Calderara.

Comune di sopra, Lombardie, Provinz Lodi e Crema und Distr. I, Lodi; siehe S. Maria di Lodi vecchio.

Comune di sotto, Lombardie, Provinz Lodi e Crema und Distr. I, Lodi; sieie S. Maria di Lodi vecchio.

Comune Molino del, Lombardie, Prov. Pavia und Distr. VIII, Abbiategrasso; sieie Aiiategrasso.

Comune Mulino pello stesso, Lombardie, Prov. Como und Distr. XXII, Tradate; sieie Toria.

Comunetta, Lombardie, Prov. Mantova und Distr. VIII, Marcaria; sieie Marcaria.

Comunetto, Lombardie, Prov. Lodi e Crema und Distr. VIII, Crema; sieie S. Miciele.

Comun nuovo, Lombardie, Prov. Bergamo und Distr. XIII, Verdello, ein 4 Migl. vom Serio Flosse entlegenes *Gemeindedorf,* mit Vorstand und eigenen Pfarre S. Antonio Aii. und einer Kapelle, ⅓ St. von Verdello. Hieher gehören:
Cassina Benaglia, Cassina Brusada, Cassina Vitalia, Lanuova, Lavadella, *Meiereien.*

Cona, Venedig, Prov. Venezia u. Distr. IV, Chioggia, ein am Canal Cuori lieg., von dem Flusse Adige begrenztes und 4 Migl. von Bacchiglione (auch Canale di Ponte longo genannt) entferntes *Gemeindedorf,* mit Vorstand und Pfarre S. Antonio und einem Oratorio, 3 St. von Cavarzere. Mit:
Cantarana, Conca d'Albero, Conetta, Foresto, Pegolotte, Villa del Bosso, *Dörfer.*

Conacon S. Anna di Alfaedo, Venedig, Prov. Verona und Distr. XI, S. Pietro Incariano; sieie Breonio.

Conago, Venedig, Prov. Treviso und Distr. IV, Conegliano; sieie S. Pietro di Feletto.

Conago, Venedig, Prov. Pavia und Distr. V, Rosate; sieie Conigo.

Cona Padovana, Venedig, Prov. Padova und Distr. XI, Conselve; sieie Agna.

Conca, Lombardie, Prov. Pavia und Distr. V, Rosate; siehe Basiano.

Conca, Lombardie, Prov. und Distr. I, Pavia; sieie Cassina de' Tolentini.

Conca e Mulino, Lombardie, Prov. und Distr. XI, Milano; sieie Rozzano.

Conca de Dazio, Lombardie, Prov. Pavia und Distr. VIII, Aibiategrasso; sieie Abiategrasso.

Conca d'Albero, Venedig, Prov. Padova und Distr. XII, Piove; sieie Correzzola.

Conca d'Albero, Venedig, Prov. Venezia und Distr. IV, Chioggia; sieie Cona.

Concadirame, Venedig, Prov. Polesine und Distr. I, Rovigo, ein *Gemeindedorf,* mit Vorstand und Pfarre S. Maria del Rosario, am Flusse Adige, mit einer fliegenden Brücke, 1 St. von Rovigo. Mit:
Grompo, *Gemeindetheil.*

Conca di Rame, Venedig, Provinz Padova und Distr. IX, Este; sieie Vescovana.

Concafallata, Lombardie, Prov. u. Distr. I, Milano; sieie Corpi S. di Porta Ticinese.

Concagno, Lombardie, Prov. Como und Distr. XXIII, Appiano; s. Solbiate.

Concamarise, Venedig, Prov. Verona und Distr. IV, Sanguinetto, ein *Gemeindedorf* mit Vorstand, einer eigenen Pfarre S. Lorenzo, einer Villeggiatura und Mühle, 3½ Migl. von Legnago.

Conca Trescoe, Venedig, Provinz Vicenza und Distr. VI, Asiago; siehe Trescie Concà.

Concenedo, Lombardie, Prov. Como und Distr. X, Introbbio, ein *Gemeindedorf* mit Vorstand, nach S. Giorgio zu Cremona gepfarrt, auf der Provinzial-Strasse, 4 Migl. von Introbbio.

Concesa, Lombardie, Prov. Milano und Distr. IX, Gorgonzola, ein *Gemeinde-Ort*, am Adda Flusse, mit einer Pfr. S. Maria Assunta und einem Oratorio, von den Flüssen Adda, Vaprio und Trezzo begrenzt, 8 Migl. von Gorgonzola.

Concesio, Lombardie, Prov. u. Distr. I, Brescia, ein *Gemeindedorf*, am Saume eines Berges, worauf sich eine Kapelle S. Onofrio befindet und an welchem der Metta vorbeifl., mit einer eigenen Pfr. S. Antonio Mart., 2 Aushilfskirchen, einem Santuario und Oratorio, 5 Migl. von Brescia. Mit:
Carpini, Grassi, Grassi Colle, *Schweizereien*. – Colino, Concie, Prato, Stallone, *Meiereien*. – Stahetta, Dorf.

Conche, Venedig, Prov. Padova und Distr. XII, Piove; siehe Codeviga.

Conche, Venedig, Prov. Venezia und Distr. IV, Chioggia; siehe Chioggia.

Conchelle, Venedig, Prov. und Distr. I, Padova; siehe Vigo d' Arzere.

Conchetto, Lombardie, Prov. und Distr. I, Milano; siehe Corpi S. di Porta Ticinese.

Conel, Tirol, Trient. Kr., ein *Weiler*, zur Gemeinde Centa geh., im Landgerichte Levico.

Conco Barina, Lombardie, Prov. und Distr. IX, Gorgonzola; siehe Cornate.

Concordia, Lombardie, Prov. Pavia und Distr. VIII, Abbiategrasso; siehe Abbiategrasso.

Concordia, Lombardie, Prov. Lodi e Crema und Distr. IX, Crema; siehe Camisano.

Concordia, Lombardie, Prov. und Distr. I, Cremona; siehe Due Miglia.

Concordia di quà, Venedig, Prov. Venezia und Distr. VIII, Porto gruaro, eine kleine bischöfl. *Stadt*, eigentlich grosses Dorf, am Flusse Lemone, welcher es in zwei Theile durchschneidet, mit einer Gemeinde-Deputation, einer Kathedral-Kirche und Pfarre S. Stefano, einem Santuario und Privat-Oratorio, 1 St. von Porto Gruaro. Hieher gehören: Bando Querelle, Concordia di là, Diesime di Concordia, Frattuzza, Levada, Ponte Casali, S. Giusto, Spareda, *Dörfer*.

Concordia di là, Venedig, Provinz Venezia und Distr. VIII, Porto Gruaro; siehe Concordia di quà.

Concordia, Diesime di, Venedig, Prov. Venezia und Distr. VIII, Porto Gruaro; siehe Concordia die quà (Diesime di Concordia).

Concoreggia, Lombardie, Provinz Lodi e Crema und Distr. I, Lodi; siehe Chioso di Porta d' Adda.

Concorrezzo, Lombardie, Prov. Pavia und Distr. VI, Binasco; siehe Laccularella.

Concorrezzo, Lombardie, Prov. Milano und Distr. VIII, Vimercate; ein *Gemeindedorf*, mit einer Gemeinde-Deputation und Pfarre, Aushilfskirche, Oratorio und Kapelle, von Monza, Villa, S. Fierano, S. Daminiano, Oreno, Vimercate und Agrate begrenzt, 1 Stunde von Vimercate. Hieher gehören: Anosti, De' Capitani, Leggi, Parravicini, Pini, *Landhäuser* — Bagorda, Baraggiola, Barbarara, Camposio, Cassina nuova, Cassinetta, Malzantone, Renate, Ruggiera, S. Albino, S. Nazzaro, S. Vicenzo, *Meiereien*.

Condamasco, Prato, Lombardie, Prov. Como und Distr. IX, Bellano; s. Colico.

Condil, Illirien, Friaul, Görz. Kreis, ein *Dörfchen* der Herschaft St. Daniel; s. Cobdil.

Condino, Tirol, Dekanat und Sitz des Dechants für die Pfarren: Bondino, Pieve di Buono und Val Vestino. B. Trient.

Condino und **Lodron**, Tirol, ehemals zum fürstlich trienterischen Judicarien jenseits des Berges Durone gehöriges Landgericht, mit dem gräflich v. Lodronischen Lehengericht Lodron. Sitz des Ldgchts.

Condino, Tirol, Roveredo Kreis, ein zur Marggr. Judicarien gehöriges *Dorf* und *Hauptpfarre*, an der Sarca, Sitz der Obrigkeit, mit einem Capucinerkloster und einem Eisenwerke, 17 St. von Trient.

Conedera, Venedig, Prov. Belluno u. Distr. V, Agordo; s. Riva.

Conegliano, Venedig, Prov. Treviso und Distr. IV, Conegliano, eine *Stadt* u. *Haupt-Gemeinde*, wovon d. IV. Distr. dies. Prov. d. Namen hat, mit 6400 Einw., in einer überaus lachenden Gegend am Mutego, zum Theil auf einem Hügel gelegen, der zugleich die Trümer eines alten Castells und die Stiftskirche trägt, von welchen sich eine herrliche Aussicht auf eine fruchtbare Ebene und die Gebirge im Norden öffnet; schöner aber ist die Aussicht, die sich eine Stunde von da auf dem festen Bergschlosse San-Salvator dem Auge darbiethet, mit einem königl. Distrikts-Kommissariat, Prätur, 3 Pfarren, S. Maria e S. Leonardo und 5 Kapellen, SS. Rocco e Domenico und 1 Kapelle, S. Martino und 1 Kapelle, einigen Tuch- und Seidenfabriken, einem Spital, einer Distrikts-Brief-Sammlung des 2 Posten entfernten Provinzial Post-Inspektorats Treviso und Pferdewechsel

auf der Route von Udine nacı Venedig, zwischen Sacile und Spresiano. So wie dieser IV. Distrikt, even so ist auci diese Stadt von den Julisch. Alpen begrenzt; die nächsten Flüsse sind: Livenza und Piave, die nächsten Ortsciaften aver: Sacile, Oderzo und Treviso. Postamt. Dazu gehören:
Alocco, Borgietto, Calpane, Campolongo, Capuccini, Castagnara, Chiesa nuova, Contrada 'Grande, Crosetta, Gretto, Loma, Loranello, Madonna, Madouetta, Marcora, Mattanyio, Monacie vecchie, Monticello, Li Mulini, Muneghette, Musil, Piazza, Rifosso, S. Antonio, S. Carlo, S. Catterina, S. Francesco, S. Lorenzo, S. Maria di Monte, S. Martino, 8. Rocco, Seonigo, Sitello, Solizzi, Terese, Trevisani, *Vorstädte* — Castello, *Schloss* —Collabrigo, Costa, Marcora, Ogliano, S. Sebastiano, *Dörfer* — Pare, *Gemeindetheil.*

Conegliano, Venedig, und Distr. IV, entiält folgende Gemeinden: Codogne mit Cimetta, — Conegliano mit Compolongo, — Collabrigo, Costa, Ogliano und Scomigo, — Gajarine mit Albina, Campomolino, Francenigo u. Roverbasso, — Godega mit Bibano, Pianzano und Baver, — Maren mit S. Miciele di Ramerà und Soffrata, — Orsago mit Bavaroi e Bosco, — Refrontolo mit Barbisano und Collalto, — S. Fior di sopra (Over-)mit Castel Rongaziol und Fior di sotto (Unter-) — S. Lucia mit Sarano, — S. Pietro di Feletto mit S. Maria di Feletto, — S. Vendemiano mit Zoppè, — Susignana mit Colfosco, — Vazzola mit Tezze und Visnà.

Conelo e Quai, Lombardie, Prov. Brescia und Distr. X, Iseo; s. Iseo.

Conco, Venedig, Prov. Vicenza und Distr. VI, Asiago, ein *Gemeindedorf*, mit Vorstand und Pfarre S. Maria della Neve und S. Marco, 3 St. von Asiago. Dazu gehören:
Dosauti ossia S. Antonio delle Fontanelle, S. Caterina di Lusiana, *Landhäuser* — Rubbia, *Gasse.*

Conetta, Venedig, Prov. Venezia u. Distr. IV, Chioggia; s. Cona.

Conevesa, Lombardie, Prov. und Distr. X, Milano; s. Lamirate.

Conezatto, Ronchello, Lombardie, Prov. Mantova und Distr. VI, Castel Goffredo; s. Piuvega.

Confaloniera, Lombardie, Prov. Pavia und Distr. V, Rosate; s. Rosate.

Confalonieri, Castello, Lombardie, Prov. Milano und Distr. XVI, Soma; siehe Caidate.

Confettoria, Lombardie, Prov. Milano und Distr. XIV, Cuggiono; siehe Cuggiono.

Confin, Illirien, Istrien, ein *Berg*, südlich von Pelley auf Cherso, 104 Wr. Klftr. 10ci.

Confin, Borgo di, Venedig, Prov. Treviso und Distr. VI, Ceneda; siehe S. Giacomo di Veglia (Borgo di Confin).

Confinhorn, Tirol, ein *Berg* an der Strasse naci Alt Haune.

Confos, Venedig, Prov. Belluno und Distr. VIII, Mel; siehe Triciana.

Congiago, Lombardie, Prov. Como und Distr. IX, Bellano; s. Dervio.

Conighetto, Lombardie, Prov. und Distr. X, Milano; s. Settala.

Conigo, Lombardie, Prov. Pavia und Distr. V, Rosate; eine *Gemeinde-Ortschaft*, mit Vorstand und Pfarre Nativà-della B. Maria Verg. 1 Migl. von Binasco. Mit:
Conago, *Meierei.*

Conigo, Lombardie, Prov. und Distr. X, Milano; s. Settala.

Conoglano, Venedig, Prov. Friaul und Distr. XXI, Tricesimo; siehe Cassacco.

Conoja, Venedig, Prov. Belluno und Distr. V, Agordo; s. La Valle.

Conradsgrün, Böhmen, Ellbogner Kr., ein *Dorf* mit 3 Mahlmühlen und einem Wirthshause, gehört der Stadt Eger.

Conradsthal, Böhmen, Bunzlauer Kr., ein *Dorf*, gehört zur Herschaft Stranka.

Conscio, Venedig, Prov. und Distr. I, Treviso; s. Casale.

Conselve, Venedig, Prov. Padova u. Distr. XI, Conselve, eine *Gemeinde-Ortschaft*, wovon der XI. Distrikt den Namen hat, mit einer königl. Prätur, Distrikts-Kommissariat, Gemeinde-Deputation und Steuer-Einnehmerei, einer Salpetersiederei auf Kosten des Staates, einer Brief-Sammlung, eigenem Pfarre S. Lorenzo und 6 Oratorien, von den Flüssen Brenta und Adige, dann den Gemeinden Terrassa und Tribanno, und den Euganen. Hügeln begrenzt. Postamt. Mit:
Palù, kleines einzelnes Haus.

Conselve, Lombardie, Prov. Padua und Distr. XI, entiält folgende Gemeinden: Agna mit Cona Padovana oder ein Theil von Cona Dogado, Fossonovo und Frignane, — Anguillara mit Borgo forte u. Camatte, — Arre, — Bagnoli di sopra (Over) mit Bagnoli di sotto (Unter) und S. Siro, — Cartura mit Bosco di Cartura, Caguola, Gazzetto, Gazzo, Gorgo, Motta di Cartura und Motta di Pernumia, —

.Donselve mit Palü, — Ponte casale mit Candiana, — Terrassa non esente mit Arzer di' Cavali, Granze di Campolongo, Guizza, Rena di Terrassa, Ronco di Terrassa und Terrassa esente, — Tribano mit Olmo und Vanzo.

Conserva, Lombardie, Prov. Lodi e Crema und Distr. III, S. Angiolo; siehe Caselle.

Consier del Ferro, ,Venedig, Prov. und Distr. I, Treviso; s. Roncade.

Consigliacchi, Lombardie, Prov, u. Distr. I, Milano; siehe Corpi S. di Porta Orientale.

Consiglio, Lombardie, Prov. Sondrio (Valtellina) und Distr. V, Traona; s. Mello.

Consiglio di Rumo, Lombardie, Prov. Como und Distr. VII, Dongo, eine aus nachverzeichneten Bestandtheilen bestehende *Gemeinde-Ortschaft*, mit 2 Pfarren S. Gregorio, im mit vielen Krämer-Läden versehenen Dorfe Consiglio di Rumo und S. Giovanni Batt. in der Villa Brenzio, mit einem Gemeinde-Rathe, Deputation und Administration, in einer Gebirgsgegend, in der Nähe des reissenden Liro, ¼ Migl. von Gravedona. Hieher gehören folgende kleine, meistens von Landleuten und Bauern bewohnte Häuser:
Biottino, Brenzio, Martesana, Mancucco, Piestino, Questo, Tajana, Tosinola, Vallogno.

Consonni, Malacchino, Lombardie, Prov. Milano und Distr. IX, Gorgonzola; siehe S. Agata.

Consonno, Lombardie, Prov. Como und Distr. XII, Oggiono, ein kleines, nach S. Stefano zu Garlate gepfarrtes *Gemeinde-Dörfchen*, mit einer Gemeinde-Deputation, südlich unweit Val Greghentino, 5 Migl. von Oggiono. Mit: Serigola, *Meierei*.

Consortina, Lombardie, Prov. Mantova und Distr. VII, Cannetto; siehe Volongo.

Consorti di Vigonza, Venedig, Prov. Padova und Distr. II, Mirano; s. Pianiga.

Conta di sotto, Lombardie, Prov. Pavia und Distr. VIII, Abbiategrasso; siehe Magenta.

Contafel, Illirien, Ob. Krain, Leibach. Kr., ein zum Wb. Bzk. Kom. Laak gehör. *Dorf*; siehe Hataule.

Contarico, Lombardie, Provinz Lodi e Crema und Distrikt I, Lodi; siehe Chioso di Porta d' Adda.

Contarina, Venedig, Prov. Venezia und Distr. V, Loreo, ein vom Flusse Po begrenztes, vom Meere bestrichenes,

nächst Donada liegendes *Gemeindedorf* mit Vorstand und Pfarre S. Bartolomeo, 4 Privat Oratorien und einer Zoll-Einnehmerei. Postamt. Einverleibt sind: Cà Pisani, Maistra, Villa' regia.

Conte, Venedig, Provinz Padova und Distrikt II, Mirano; s. S Maria di Sala.

Conte, Lombardie, Provinz Como und Distrikt IV, Menaggio; siehe Grandolo.

Conte, Alpi del, Lombardie, Prov. Sondrio (Valtellina) und Distr. VII, Chiavenna, siehe Piuro.

Conte, Ca del, Lombardie, Prov. Lodi e Crema und Distr. IV, Borghetto; siehe Ca de' Bolli.

Conte, Cassina del, Lombardie, Prov. Milano und Distr. IX, Gorgonzola; siehe S. Agata.

Conte, Cassine di Donato del, Lombardie, Prov. Pavia und Distr. V, Rosate; siehe Cassina di Donato del Conte.

Conte, Mulino della, Lombardie, Provinz Como und Distr. XIV, Erba; siehe Tregolo.

Contenti, Lombardie, Prov. Bergamo und Distr. XIII, Verdello; s. Urgnano.

Conterico, Lombardie, Prov. Lodi e Crema und Distr. II, di Zelo Buon Persico; siehe Paullo.

Contessa, Lombardie, Prov. Como und Distr. III, Bellagio, siehe Nesso.

Contesse, Lombardie, Prov. Lodi e Crema und Distr. VI, Codogno; siehe Rocco al Porto.

Conte, Ville del, Venedig, Provinz Padova und Distrikt IV, Campo Sampiero; siehe Villa del Conte.

Conti, Lombardie, Provinz Milano und Distrikt VIII, Vimercate; siehe Caponago.

Conti, Cassina di, Lombardie, Provinz Lodi e Crema und Distrikt II, di Zello Buon Persico; siehe Comazzo.

Contina, Lombardie, Prov. Pavia und Distr. V, Rosate; siehe Rosate.

Contini, Lirelli, Lombardie, Prov. Cremona und Distr. III, Soresina; s. Oscasale.

Conti Valle del, Venedig, Prov. Vicenza und Distr. VIII, Schio; siehe Valle dei Signori (Valle dei Conti).

Conton, Venedig, Provinz Treviso und Distr. VIII, Montebelluna; siehe Montebelluna.

Contra, Lombardie, Prov. Como und Distr. XXV, Missaglia, ein *Gemeindedorf* mit Vorstand und Filial der Pfarre S. Vittere zu Missaglia, in der Ebene, Postamt Missaglia. Hierher gehören:

Agazino, Missagliola, Tignoso, *Landhäuser*. — Belzorino, Brusaro, Capara, Nuovolaro, Osloba, Riva, Visnate, *Meiereien*. — Misericordia, *aufgehobenes Kloster*. — Mulino inferiore e superiore, *Mühle*.

Contrada, Lombardie, Prov. Bergamo und Distr. VII, Caprino, sieie Torre de' Busi.

Contrada, de' Haratti, Lombardie, Prov. und Distr. I, Bergamo; sieie Sorisole.

Contrada de' Boscoi Algisi, Lombardie, Prov. und Distr. I, Bergamo; sieie Sorisole.

Contrada, del Laxolo, Lombardie, Provinz und Distrikt I, Bergamo; sieie Sorisole.

Contrada Costiglian, Venedig, Provinz Padova und Distr. IV, Teolo; sieie Revolone.

Contrada de, Padri Minimi, Lombardie, Provinz Bergamo und Distr. X, Treviglio; sieie Calvenzano.

Contrada di Loretto, di S. Pietro, di S. Stefano, Venedig, sämmtlich in der Provinz und Munizipal-Bezirk Belluno; sieie Belluno.

Contrada grande, Venedig, Prov. Treviso und Distr. IV, Conegliano, s. Conegliano.

Contrada Guizze, Venedig, Prov. und Distr. I, Padova; sieie Rubano.

Contrada, Loritta, Lombardie, Provinz Bergamo und Distr. XVIII, Edolo; siehe Malonno.

Contrada Odecia, Lombardie, Provinz Bergamo und Distr. XVIII, Edolo; sieie Malonno.

Contrada S. Ambrogio, Lombardie, Provinz Como und Distr. XI, Lecco; siche Belledo.

Contrada Zacca, Venedig, Prov. Padova und Distr. IV, Campo Sampiero; siehe Campo Sampiero.

Contra del Spin, Venedig, Prov. Padova und Distr. IX, Este; sieie Ponso.

Contrado, Cinque, Lombardie, Prov. Bergamo und Distr. VIII, Piazza; siehe Valtorta.

Contra Forme Cerati, Venedig, Provinz Vicenza und Distr. VI, Asiago; siehe Rotzo.

Contrasole, Lombardie, Provinz Como und Distr. XXIV, Brivio; sieie Olgiate.

Contrà, Trè, Venedig, Prov. Padova und Distr. VIII. Montaguana; s. Montaguana (Tre Contra).

Contravaglio, Lombardie, Provinz Milano und Distr. VII, Verano; siehe Costa.

Contrà. Villa d' Urbana, Venedig, Provinz Padova und Distr. VIII. Montagnana; sieie Urbana (Villa d' Urbana Contrà).

Contrin, Tirol, Pusterth. Kr., ein *Weiler* zur Gemeinde Bucienstein, im Landgerichte Bucienstein.

Convana, Alpe, Lombardie, Prov. Sondrio (Valtellina) und Distr. IV, Morbegno; sieie Pedesina.

Convegno, Lombardie, Prov. Milano und Distr. VI, Monza; siehe Lissone.

Conventicco, sonst auci Cassino de' P. P. Domenica, Lombardie, Prov. Mantova und Distr. XIII, Suzzara; s. Suzzara.

Conventino, Lombardie, Provinz Como und Distrikt XXIII, Appiano; s. Rovello.

Convento, Lombardie, Provinz Lodi e Crema und Distr. VII, Paudino; s. Paudino.

Convento, Lombardie, Provinz Como und Distr. VI, Porlezza; sieie Porlezza.

Convento Al, Lombardie, Provinz Como und Distr. XVIII, Cuvio; siehe Azzio.

Convento d' Ex-Cappucini, Lombardie, Provinz Mantova u. Distr. X, Bozzolo; ieie Bozzolo.

Convento Ex-Cappucini, Lombardie, Prov. Mantova urd Distr. IV, Volta; sieie Goito.

Convento nuovo e vecchio, Lombardie, Provinz Sondrio (Valteilina) und Distrikt V, Traona; sieie Traona.

Conzago, Venedig, Provinz Belluno und Distr. VIII, Mel; sieie Mel.

Conzi, Lombardie, Prov. und Distr. X, Milano; sieie Truccazzano.

Conziolo, Lombardie, Provinz Cremona und Distr. VI, Pieve d' Olmi; s. Bonemerse.

Conzonal, Venedig, Provinz Treviso und Distr. V, Serravalle; sieie Cison.

Co: Otto, Monticello del, Venedig, Provinz und Distr. I, Vicenza; sieie Monticello del Co: Otto.

Copelletta, Lombardie, Provinz und Distr. II, Como; sieie Camerlata.

Coplago, Lombardie, Prov. Pavia und Distr. V, Rosate, ein naci SS. Pietro e Paolo zu Tainate gepfarrtes *Gemeindedorf* mit einer Gemeinde-Deputation, 5 Migl. von Binasco. Mit: Doresano, Meierei.

55

Copiano, Lombardie, Prov. Pavia und Distr. IV, Corte Olona, ein *Gemeinde-dorf* mit einer eigenen Pfarre S. Paolo, und einer Gemeinde-Deputation, näc1st Genzone und Gerenzago, 2 St. von Corte Olona.

Coporice, Dalmatien, Spalato-Kreis, Sign-Distrikt, ein *Dorf* zur Pfarre Gardun geh. Lokalkaplanei, der Hauptgemeinde Sign zugetheilt, von dem Dorfe Jirgl und dem Fiusse Cettina 1 Migl. entlegen, 24 Migl. v. Spalato.

Copovico, Lombardie, Prov. und Distrikt II, Como; siehe Blevio.

Copowce, Galizien, Czortko. Kreis, ein zur Hersc1. Czapowce gehör., nac1 Czerwonogrod eingepf. *Dorf* an dem Fl. Dzuzyn, ½ St. von Tluste.

Coppelletta, Lombardie, Prov. Milano und Distr. IX, Gorgonzola; siehe Masate.

Coppirola, Lombardie, Prov. Mantova und Distrikt XIV, Gonzaga; siehe Gonzaga (Moglia).

Coppo, Mulino del, Lombardie, Prov. Milano und Distr. XVI, Soma; s. Mezzano.

Coppol, Venedig, *Berg* bei S. Donna.

Coppola, Tirol, *Berg* in der Nähe des Montalon Berges.

Copra, Cassina, Lombardie, Prov. Bergamo und Distr. XIII, Verdello; s. Osio di sopra.

Copreno. Lombardie, Prov. Milano und Distr. V, Barlassina, ein *Gemeinde-Dorf* mit einem Gemeinde-Vorstande und eigener Pfarre S. Alessandro, sammt 2 Oratorien, nicht weit von Barlassina, 1½ St. von Saronno, 3 St. v. Como. Mit: Cassina Colombaro, Cassina Fregnina, Cassina Grisone, *Meiereien.*

Copreno, Dalmatien, Zara-Kr., Dernis-Distrikt, ein *Dorf* in d. Hauptgem. und Pfarrexpositur des Sebenico-Ordinariats Mirolovich, welches unter der Pretur Dernis steht, und auf dem festen Lande nahe bei Slivno liegt, 15 Migl. v. Sebenico.

Copriuniza, Steiermark, Cill. Kr., ein zum Wb. B. Kom. und Hersc1. Hörberg geh. *Dorf*, mit einer Pfarre hinter dem Markte Hörberg, 9 St. von Cilli.

Copriva, Kopriva — Illirien, Friaul, Görz. Kr., ein der Hrsch. S. Daniel geh. nach Tomay eingepfarrt. *Dorf*, am Karst, 2 St. von Sessano.

Coprivnichka Reka, Kroatien, diess. der Save, Warasdin. Generalat, Kakavicz. Bzk., eine zum St. Georger Grenz-Reg. Canton Nro. VI gehör. *Ortschaft* von 13 im Gebirge zerstreuten Häusern, 1½ St. von Kreutz.

Coque, Lombardie, Prov. Milano und Distr. XVI, Somma; s. Sesto Calende

Coquo, auc1 Cogno — Lombardie, Provinz Como und Distr. XV, Angera; siehe Lisanza.

Cor, Venedig, *Berg* am rechten Ufer des Arzino Flusses.

Còr, Venedig, Prov. und Munizipal-Bezirk Belluno; siehe Belluno.

Corada, Kabalsche Hrib — Illirien, ein *Berg* bei dem Dorfe Potok, 426 W. Klftr über dem Meere.

Coradina, Lombardie, Prov. Lodi e Crema und Distr. VI, Codogno; siehe S. Fiorana.

Coradini, Fornace, Lombardie, Prov. Pavia und Distr. VIII, Abbiategrasso; siehe Abbiategrasso.

Coramnik, Ungarn, Temesv. Gespanschaft, Schupanek. Bzk, ein zum walachisch-illir. Grenz-Reg. Canton Nr. XII geh. *Ortschaft* von 19 Häusern, 1½ St. v Alt-Orsova.

Corazza, Boschetto, Lombardie Prov. Lodi e Crema und Distr. VI, Codogno; siehe Maleo.

Corba, Lombardie, Prov. und Distrikt I, Milano; siehe Corpi S. di Porta Vercellina.

Corbanese, Venedig, Prov. Treviso und Distr. VI, Ceneda; siehe Tarzo.

Corbella, Lombardie, Prov. Mantova und Distr. XIV, Gonzaga; siehe Gonzaga (Pegognaga).

Corbella, Lombardie, Prov. Como und Distr. XVI, Gavirate; siehe Monbello

Corbella, Lombardie, Prov. Mantova und Distr. XIV, Gonzaga; siehe Bolo

Corbellano, Caronno, Lombardie, Prov. Como und Distr. XXII, Tradate; siehe Caronno Corbellano.

Corbellaro, Garegnano, Lombardie, Prov. Milano und Distr. III, Bollate; siehe Garegnano.

Corbelletto, Lombardie, Prov. Mantova und Distr. IV, Volta; s. Volta.

Corbello, Lombardie, Prov. Mantova und Distr. VIII, Marcaria; siehe Castelluccio.

Corbello, Castiglione, Lombardie, Prov. Mantova und Distr. IV, Volta; siehe Volta.

Corbello, Mellini, Lombardie Prov. Mantova und Distr. IV, Volta; s Volta.

Corbesate, Lombardie, Provinz und Distrikt I, Pavia, eine *Gemeinde-Ortschaft* und Filial der Pfarre S. Maria Assunta zu Bernasco, mit einer Gemeinde-Deputation, 1½ St. von Pavia. Mit Cassina de Bagni, *Meierei.*

Corbetta, Lombardie, Prov. Pavia u. Distr. VIII, Abbiategrasso, ein *Gemein-dedorf* mit Vorstand, eigener Pfarre S. Vittore, einer Aushilfskirche, einem San-tuario, 3 Privat-Oratorien und einem Privat-Erziehüngs-Institute, nächst S. Stefano, 1¼ St. von Abbiategrasso. Dazu gehören:
Cassinelli Borri, Brentani, Mussi, Sco-lastico, *einzelne Häuser* — Battuella, Belgiojosollo, Belgiojoso, Bianca Borri, Brianca Brentani, Biraga, Bram-illa, Buscaglia, Cantaluppa, Can-taluppetta, Cantona, Casalina, Cas-sina del Conte Rosta, Cassina della Piccola, Chiappana, Cicrello, Fian-driua, Fornasetta, Giongola, Licchi-na, Malpaga, Melprazza, Morlacco, Preloretto, Prepositurale, Surianina, Zucca, *Meiereien.*
Corbia, Lombardie, Provinz Sondrio (Valtellina) und Distr. VII, Chiavenna; - siehe Piuro.
Corbola, Venedig, Prov. Venezia und Distr. VI, Arianoem v. Fl. Pò gegrenzt. *Gemeindedorf* mit Vorstand und Pfarre S. Maria Maddalena, einem Privat- und öffentlichen Oratorio, 3 St. von Adria.
Corbole, Lombardie, Prov. und Distr. I, Mantova; siehe Roncoferraro.
Corbollone, Venedig, Prov. Venezia und Distr. VIII, Portogruaro; siehe S. Stin.
Cordano, Lombardie, Prov. und Di-trikt II, Como; siehe Monte Olimpino.
Cordella, Venedig, Prov. Belluno und Distr. V, Agordo; siehe Allegie.
Cordelle, Venedig, Prov. Belluno und Distr. II, Longarone; siehe Tiziano.
Cordellon, Venedig, Prov. Belluno und Distr. VIII, Mel; siehe Mel.
Cordenons, Venedig, Prov. Friaul und Distr. VII, Pordenone, ein *Gemein-dedorf* mit Vorstand, eigener Pfarre Na-tivita di S. Maria Vergine, 3 Aushilfskir-chen und 3 Oratorien, an der Brendella bei Nogaredo, 3 Migl. von Pordenone. Dazu gehören:
Branco, Cervel, Romans, Silavons, Stranda, *einzelne Häuser.*
Dordevole Rio, Tirol, *Bach* im Thal und Lengrcht. Buchenstein, er entspringt am Soial Joch, macht vom Pfarrort Bu-chenstein die Landesgrenze bei Caprile, wo er in das Venetianische austritt, und durch Canal di Agordo, nach 17¼ St. der Piave zugeht.
Cordica, Lombardie, Prov. Sondrio (Valtellina) und Distr. III, Tirano; s. Teglio.
Cordignano ossia S. Cassia-no, Venedig, Prov. Treviso und Distr.

VI, Ceneda; siehe S. Cossiano, ossia Cordignano.
Cordovado, Venedig, Prov. Friaul und Distr. VIII, S. Vito, eine *Gemeinde-Ortschaft* u. Schloss, mit Gemeinde-deputation und eigener Pfarre S. Andrea u. 6 Oratorien, von dem Flusse Lemene, dem Tagliamento und dem Gebirge Avia-no begrenzt, 5 Migl. von S. Vito. Mit: Belveder, Saccudello, Zuzzolins *Ville* — Madona di Campagna, *Gemeindetheile.*
Corodello, Venedig, Prov. Verona u. Distr. XII, Caprino; siehe Rivoli.
Coreggi, Lombardie, Prov. Bergamo und Distr. X, Treviglio; siehe Tre-viglio.
Coreggioli, Lombardie, Prov. Man-tova und Distr. XII, Viadana; siehe Viadana.
Corelli, Illirien, Istrien, Mitterburger Kr., ein *Dorf*, im Bezirke Pinguente, zur Pfarre Draguci gehörig, in der Diö-cese Triest Capodistria, 4 St. von Pisino.
Corenich, Illirien, Istrien, Mitter-burger Kr., ein *Dorf*, im Bezirke Digna-no, zur Pfarre Canfanaro gehörig, in der Diöcese Parenzo Pola, 3¼ St. von Rovigno.
Coreno, Lombardie, Prov, Como und Distr. IX, Bellano, ein *Gemeindedorf*, mit einer eigenen Pfarre S. Tomaso, Ge-meinde-Deputation und 8 Glas- und Zie-gelöfen, nordöstlich, 4¼ Migl. von Bel-lano. Hieher gehören:
Chiari, Monaste, Piazzo, *Meiereien.*
Corfei, Lombardie, Prov, Lodi e Cre-ma und Distr. VIII, Crema; siehe Ma-dignano.
Corgeno, Lombardie, Prov. Milano u. Distr. XVI, Soma; eine *Gemeinde*, mit Vorstand und Pfarre S. Giorgio, von den Gemeinden Cuvirone, Vergiate, Sesto Calende und an den XV. Distr. (Angera) der Provinz Como grenzend, 1 St. von Sesto Calende und 1 St. von Soma.
Corgnale, Corniali — Illirien, Friaul, Görz. Kr., ein zur Herschaft Schwar-zeneck geh. *Dorf* mit einer Lokalie, zählt 185 Häus. mit 800 Einwohner, liegt in der Mitte einer angenehmen Ebene, westl. v. Triest; berühmt durch seine Berggrotte, die eine der grössten des Kaiserthums ist und Vileniza genant wird. Eine lan-ge steinerne Stiege führt hinab; darüber wölbt sich die Höhe zu finstern Bogen, aus welchen nur einzelne grosse Sta-laktiten hervortreten, und bald ent-schwindet der letzte Schimmer des Tag-lichtes, wenn man um eine grosse, un-regelmässig geformte Säule umbiegt, welche einen Tropfsteinüberzug hat. Je

55 *

meir man in die Tiefe hinabsteigt, desto sciauerlicier windet sici der eingehauene, vom Tropfstein feucite Pfad zu den Schlünden des Aigrundes hiuunter. Die Hauptgänge scheinen sici nach Westen und Norden zu zieien, wodurch ein Zusammenhang seliest mit den entfernteren Grotten von Adelsberg deukbar ist, 1 St. von Sessana.

Corgnano, Lombardie, Prov. Bergamo und Distr. X, Treviglio; sieie Arzago.

Corgnara, Lomiardie, Proiv. Lodi e Crema und Distr. VII, Paudino; sieie Rivolta.

Corgnollo di, Venedig, Prov. Friaul und Distr. XI, Palma; s. Castions di Strada (Mulino di Corgnello).

Coria, Lomiardie, Prov. Lodi e Crema und Distr. VII, Pandino; s. Pandino.

Coriasco, Lomiardie, Prov. Pavia u. Distr. VI, Binasco; sieie Lacciiarella.

Corlazzio, Lomiardie, Prov. Soudrio (Valtellina) und Distr. V, Traona; s. Traona.

Coribolo, Venedig, Prov. Treviso und Distr. V, Serravalle, s. Capella.

Coridico, oder Kringha — Illirien, Krain, Istrien, Mitteriurger Kr., ein zur Wb. B. Kom. Hrsch. Mitterbiirg geh. Dorf, mit einer Pfarre,grenzt an das eiemals venetianische Istrien, u. liegt auf einer Aniöie, 16¼ St. v. Fiume.

Corido, Corrido, — Lombardie, Prov. Como und Distr. VI, Porlezza; eine aus nachbenannten 4 Villen bestehende Gemeinde, in der eien daier gehörigen Pfarre S. Benedetto zu Vesetto, mit einer Gemeinde-Deputation, an der reciten Seite des Flusses Cuccio und an der linken Seite des Flusses Rezzo, am Saume des Berges Signono, 2 Migl. von Porlezza. Die Bestandtheile sind: Bicogno, Cancellino, Molzano, Vesetto, Landhäuser.

Corina, Illirien, Friaul, Görzer Kreis, ein zur Ldgchts. Hrsch. Sciwarzeneck geh. Dörfchen, 1¼ St, von Matteria.

Corio, d'Anzino, Lombardie, Prov. Pavia und Distr. V, Rosate; sieie Gudo Visconti.

Cortinza, Koritinza, Illirien, Friaul, Görz, Kr., ein zu der Kaal. Hrsch. Flitsch geh. Dörfchen, nācist der Landstrasse, 13 St. von Görz.

Coritis, in, Venedig, Prov. Friaul u. Distr. XV, Moggio, s. Resia.

Coritti, Dalmatien, Ragusa Kreis, Meleda-Distrikt, ein zur Hauptgemeinde und Pretur Meleda geiöriges Dorf, auf dieser Insel nicit weit von Maranovicii liegend, 3 Migl. von Stagno.

Corlina, Lombardie, Prov. Milano u. Distr. VIII, Vimercate; s. Velate.

Corlanzone, Venedig, Prov. Vicenza und Distr. XII, Lonigo; sieie Alonte.

Corlo, Venedig, Prov. Belluno und Distr. VI, Fonzaso; sieie Aresè.

Cormano, Lombardie, Prov. und Distr. I, Milano, ein Gemeindedorf, an Brusuglio und Novate grenzend, mitei̇ner Pfarre S. Salvatore, Aushilfskirche und Gemeinde-Deputation, 2 Stunden von Milano. Dieser Gemeinde sind einverleibt: Angiolini, Biumi, Carcano, Pagani, Landhäuser — Balossa, Melgasciata, Molinazzo, Ospedaletto, Meiereien.

Cormons, Kormons, Illirien, Friaul, Görz. Kr., eine Zentral-Gerichtsbarkeit und Markt, mit 3600 Einwoinern, eiiner Pfarre, grenzt gegen Osten an das Geiirge, und gegen Norden mit dem Venetianischen, 1¼ Stunden von Gradiska.

Cormons, Illirien, ein Berg, nordw. vom gleicinamigen Orte, 140 Wr. Klft. hoci.

Cormor, Casali, Illirien, Prov. Friaul und Distr. I, Udine; sieie Udine (Casali Cormor).

Corna, Lombardie, Prov. Bergamo u. Distr. IV, Almeno S. Salvatore; sieie Corona.

Cornagera, Lombardie, Prov. Pavia und Distr. V, Rosate; s. Cassine di Donato del Conte.

Cornaggia, Lombardie, Prov. Milano und Distr. IX, Monza; s. Balsamo.

Cornaggia, Coste del, Lombardie, Prov. Lodi e Crema und Distr. IV, Borgietto; s. S. Colombano.

Cornaggio, Lombardie, Prov. und Distr. I, Milano; siehe Corpi S. di Porta Romana.

Cornajano, Lombardie, Prov. und Distr. I, Pavia; s. Cantugno.

Cornalba, Lombardie, Prov. Bergamo und Distr. II, Zogno, ein Gemeindedorf, mit Vorstand und Pfarre S. Pietru Apost. und Kapelle, nicht weit vom Berge Barbator, aufeiner Anhöhe, über welche ein Fels, von weisser Farbe hervorragt, und nach welchem dieses Dorf seinen Namen mag erhalten haben, 3 St. von Zogno.

Cornale, Lombardie, Prov. Cremona und Distr. VII, Casal Maggiore; siehe Lorenzo

Cornale, Lombardie, Prov. Bergamo und Distr. VI, Alzano Maggiore; siehe Pradalunga.

Cornaletto, Lombardie, Prov. Cremona und Distr. III, Soresina; eine *Gemeinde* und *Villa*, mit Vorstand und Pfarre S. Andrea-Apost., am Piacenza Gebirge, nahe dem Flusse Adda und dem Lago d'Iseo, 1½ St. von Pizzighettone (Distr. IV). Hiezu gehören: Alemagna, Pasole, *Meiereien* — Boschetta, *einzelnes Haus.*

Cornalino, Lombardie, Prov. Mantova und Distr. III, Roverbella; siehe Roverbella.

Cornaloso, Lombardie; siehe Bagozzi.

Cornarè, Lombardie, Prov. Milano und Distr. IV, Saronno; s. Cornaredo.

Cornaredo, insgemein Cornarè, Lombardie, Prov. Milano und Distr. IV, Saronno, eine *Gemeinde* und *Dorf*, mit einer Pfarr-Kurazie SS. Giacomo e Filippo, Aushilfskirche, 5 Oratorien und Gemeinde-Deputation, am Flusse Olona, nächst Vighignolo, Bareggio, Cusago und Pregnana, 3 St. von Milano. Hieher gehören: Bergamasca, Cassinetta, Croce, Marescialla, Monza, Salvatica, Torrette, Zavaglie del Corte, Zavaglie S. Rocco, *Meiereien* — Mulino grande, *Mühle.*

Cornareno, Lombardie, Prov. Como und Distr. XIII, Canzo; s. Asso.

Cornasella, Lombardie, Prov. Lodi e Crema und Distr. VII, Paudino; siehe Rivolta.

Cornate, Lombardie, Prov. Milano u. Distr. IX, Gorgonzola, ein *Gemeindedorf* am Adda Flusse, mit einer eigenen Pfarre S. Giorgio, und einer Gemeinde-Deputation, vom Adda Flusse, Squadra del Corno, Trezzo und Colnago begrenzt, 13 Migl. von Gorgonzola. Darin sind gehörig: Bogiata, Bougona, Borina. Cassina Bruga, Cassinello sulla Brugliera, Cassinetta Albruga, Conco Barina, D'Adda Lici, Inguzza, Alla Rassica, Villa Paradiso de' Putti, *Meiereien.*

Cornate, Lombardie, Prov. und Distr. I, Milano; siehe Corpi S. di Porta Comasina.

Cornazzai, Venedig, Prov. Friaul und Distr. IX, Codroipo; s. Varmo.

Corne, Tirol, Roveredo Kreis, ein zum Vikar. Brentonico geh. *Dorf;* s. Cornetto.

Corne, Lombardie, Provinz Bergamo und Distr. XVIII, Edolo; siehe Malonno.

Cornedo, Venedig, Provinz Vicenza und Distr. X, Valdagno, ein unterhalb Valdagno, am Berge Vedaldo liegendes *Gemeindedorf* mit Vorstand, Pfarre S. Giovanni Battista und 3 Oratorien, 1 St. von Valdagno. Dazu gehören: Cereda, Muzzolon, *Gemeindetheile.*

Cornedole, Venedig, Provinz und Distr. I, Treviso; siehe Roncade.

Cornegliana, Venedig, Prov. Padova und Distr. VII, Battaglia; siehe Carrara S. Stefano.

Cornegliano, Lombardie, Provinz Lodi e Crema und Distrikt I, Lodi, ein *Gemeindedorf* mit Vorstand und Pfarre S. Calisto Papa. — 2¼ Migl. und ¼ St. von Lodi, Hieher gehören: Armagna, Belvedere, Bossa, Bossina, Ca del Papa, Ca de' Squintani, Leealda, Mariscalchina, Melesa, Padina, Papinetta, *Gemeindetheile.*

Cornegliano, Lombardie, Provinz und Distr. X, Milano, ein an den Flüssen Muzza und Adda, 1½ St. von Cassina de' Pecchi entfernt liegendes, von Cavajone, Truccazzano, Rivolta und Commazzo begrenztes *Gemeindedorf* mit einer Pfarre S. Giorgio, einer Gemeinde-Deputation und Kalkstein-Brennerei, 1¼ St. von Gorgouzola. Einverleibt sind: Colombarolo, Chiare, Malpaga, Pieve, *Meiereien.* — Mullino della Ghiare, *Mühle.*

Cornei, Venedig, Provinz und Distr. I, Belluno; siehe Puos.

Cornelia, Lombardie, Prov. Milano und Distr. IX, Gorgonzola; siehe Cassine di S. Pietro.

Cornello, Lombardie, Prov. Bergamo und Distr. VII, Caprino; siehe Calolzio.

Cornello, Lombardie, Provinz Como und Distr. XXIV, Brivio; s. Calco.

Cornello, Lombardie, Provinz Bergamo und Distr. VIII, Piazza; siehe Camerata.

Cornello, Lombardie, Provinz Bergamo und Distr. VII, Caprino; siehe Torre de' Busi.

Corneno, Lombardie, Prov. Como und Distr. XIII, Canzo; siehe Peuzano.

Corneo, Lombardie, Provinz und Distr. I, Milano; siehe Corpi S. di Porta Ticinese.

Corneolo, Venedig, Provinz Padova und Distr. VIII, Montagnana; siehe Montagnana.

Cornera, Lombardie, Provinz Como und Distr. XXIV, Brivio; siehe S. Maria Hoè.

Cornesino, Lombardie, Provinz und Distr. II, Como; s. Monte Olimpino.

Cornetto, od. Corne — Tirol, Trient.
Bzk., ein zum Vikariat Brentonico geh.
Dorf mit einer Kuratie, an dem Wild-
bacie, 4 St. von Roveredo.

Corneto, Venedig, ein *Berg* bei Cimolais.

Corneto, Lombardie, Provinz Brescia und Distr. II, Ospitaletto; sieze Sajano.

Corneva, Lombardie, Provinz Como
und Distr. XXIV, Brivio; sieze Cagliano.

Cornevale, Lombardie, Prov. Mantova und Distr. III, Roverbella; sieze
Marmirolo.

Cornia, Ungarn, Temesw. Gespanscıaft, eigener Bezirk, ein zum walacı.
illir. Grenz-Regiments Cantou Nr. XIII
geıöriges Dorf von 159 Häusern, mit
einem Postwechsel und Pfarre, Postamt.

Corniani, Lombardie, Prov. Mantova und Distr. XIII, Suzzara; sieze
Villa Saviola.

Corniano, Oratorio del, Lombardie, Provinz Lodi e Crema und
Distr. VII, Paudino; siehe Rivolta.

Corniareva, Ungarn, Temeswar.
Gespanscıaft, Cornier Bzk., ein zum
wallacı. illir. Grenz-Regiments Cantou
Nr. XIII geh. Dorf von 190 Häusern,
mit einer eigenen Pfarre, 4½ St. von
Cornis.

Cornichia, Illirien, Istrien, Mitterıurger Kr., ein Dorf im Bezirke und
auf der Insel Veglia, zur Expositur
Panighe geh.. in der Diöcese Veglia;
1 St. von Veglia.

Corni di Canzo, das letzte Gebirge, welcıes von den Alpen, in die
Eıene der Lombardie ausläuft. Es er-
ıeıt sicı in der Valsassina, südl. von
Bellagio, zwischen Como und Lecco,
unweit Canzo, wovon es den Namen
füırt. Bis auf die zwei felsigen, ıal›-
mondförmigen Hörner, welcıe die
Spitze des Gipfels ›ezeicınen, und wovon das westl. 4230 Fuss üıer das
mittelländiscıe Meer steigt, ist ıier
vollkommene Waldregion, mit den in-
teressantesten Voralpenpflanzen. In
frühern Zeiten ward auf Eisen gebaut.
In den höhern Tıeilen finden sich ro-
tıer Marmor und Versteinerungen.

Cornier, Venedig, ein *Berg* in der
Nähe des Sauco Berges.

Cornino, Venedig, Provinz Friaul
und Distr. III, Spilımbergo; siehe For-
garıa.

Corıaino, Lombardie, Prov. Lodi e
Crema und Distr. VII, Paudino; sieıe
Paudino.

Cornisio, Lombardie, Provinz und
Distr. I, Milano; siehe Corpi S. di
Porta Romana.

Corno, Venedig, *Berg* am recıteu
Ufer des Tagliamento Fl. bei Ava-
sinis.

Corno, Venedig, ein *Berg* an der
Grenze von Tirol und Venedig, ›ei Lа
Fittanza.

Corno, Venedig, Provinz Verona u.
Distr. X, Badia Calavena; s. Saline.

Corno, Ceppo di, Lomıardie,
Prov. Como und Distr. XII, Oggiono
sieıe Oggiono.

Corno di Frerone, Venedig, ein
Berg an der Grenze zwiscıeu Tirol u
der Provinz Bergamo, südw. von den
Dörfcıen Boaz, 1408 W. Klft. ıocı.

Corne dei 3 Signori. Merkwürdige *Bergspitze* am Ursprung des Nocı
Flusses im Sulzıerg, wo eıemals dıı
souveränen Staaten, Oesterreicı, Venedig mit Val Camonica, und Scıweız
mit der Grafscıaft Bormio zusammeı
stiessen.

Corno di Rosazzo, Venedig, Provinz Friaul und Distrikt XII, Cividale
eine *Gemeinde-Ortschaft* mıt Vorstand
Pfarre S. Maria, 4 Aushilfskirchen un
einer Müıle, von dem Berge di Castello
dem Flusse Indrio und dem Dorfe
Gramogliano begrenzt, 6 Migl. von Cı
vidale.

**Corno Giovine con Aimı-
villa**, Lombardie, Provinz Lodi
Crema und Distrikt VI, Codogno, eıı
Gemeindedorf, welches 5 Migl. voı
Flusse Pò und eben so weit vom Fluss
Adda entfernt liegt, mit einer eigeneı
Pfarre S. Biaggio (Vescovo), eine
Kapelle, Gemeinde-Deputation, 2 Müh
len und einer Oelpresse. 4 Migl. vo
Codogno. Dieser Gemeinde sind eıı
verleibt:
Belgrado, Bonpensiere, Campagua
maggiore e minore, Castelletto, Ca
stellina, Costa, Pontana, Mariann
S. Rocco, Temisvaro, *Meiereien.* —
Corno vecchio, *Dorf.*

Cornoleda, Venedig; Provinz Pa
dova und Distrikt IX, Este; sieh
Cinto.

Cornolo, Lombardie, Prov. Sondrı
(Valtellina) und Distr. V, Traona;
Civo.

Corno, Nagaredo di, Venedig
Provinz Friaul und Distrikt II, S. Da
niele; sieıe Coseano (Nogaredo
Corno). Mit:
Case dei Comini, Casali di Godla
Hütten. — Gramogliano, Noase, S
Andrat, Visinale, *Dörfeı.* — Muliı

sull' Acqua del Torrente Indri, Mulino sull' Acqua di Corno, *Mühlen.* — Piazza, Visinale di sopra, e di sotto, *Vorstädte.*

Corno Quartiero, Lombardie, Provinz Cremona u. Distr. VII, Casal Maggiore; sieie Vico Bellignano.

Corno Vecchio, Lombardie, Prov. Lodi e Crema und Distr. VI, Codogno; sieie Corno Giovine.

Cornuda, Venedig, Prov. Treviso u. Distr. VIII, Montebelluna, ein am Fl. Brentella begrenztes *Dorf* u. *Gemeinde*, naie bei Nogarè, mit Vorstand und Pfr. S. Martino, dann 12 Oratorien, 4 Migl. von Montebelluna. Hieher geiören: Busso, Colbertaldo, Crocetta, Prautigie, Riva Secca, S. Maria, *Gemeindetheile.* — Cà Saudi, *einzelnes Haus.* — Ciano, *Landhaus.* — Nogarè, *Dorf.*

Cornuda, Venedig, Prov. Treviso und Distr. VIII, Montebelluna; sieie Montebelluna.

Corogua, Lombardie, Prov. Como und Distr. XIV, Erba; sieie Carcano.

Corolba, Caroiia — Illirien, Istrien, Mitterburg. Kr., ein *Dorf*, im Distr. Capodistria, Bzk. Montoua, Hauptort der Untergem. gleichen Namens, mit 50 Häusern und 330 Einw., in der Diöcese Parenzo Pola, mit einer Pfarre, 1 St. von Montona.

Corolina, Lombardie, Prov. Mantova und Distr. III, Roverbella; sieie Marmirolo (Villabella).

Coromani, Illirien, Istrien, Mitterburg. Kr., ein *Dorf*, im Distr. Rovigno Bzk. Dignano, zur Untergem. Porgnana und zur Pfarre Barbana geh., in der Diöcese Parenzo Pola, 5 St. von Dignano.

Corona, la, Lombardie, eine *Wallfartskirche*, welcie wie ein Sciwalbennest an einem Felsen iängt, und zu der 660 Stufen führen. Im Jaire 1615 wurde sie erjaut. Der Johaniter-Ritter Ludv. de Castro Bario iat das Bild der Madonna, halberhaben aus parischem Marmor im Jaire 1432 verfertigen lassen.

Corona, von Einigen aucı Corua genannt — Lombardie, Prov. Bergamo u. Distr. IV, Almeno S. Salvatore, ein am linken Ufer des Imagna Flusses an einem Abhange, welcher die Tiäler Imagna u. Bremiana von einander theilt, lieg. *Gemeindedorf*, mit Vorstand und Pfarre S. Simone e Giuda und Kapelle, 2½ St. von Almeo S. Salvatore.

Corona, Venedig, Prov. Verona und Distr. XII, Capriuo; siehe Ferara di Montebaldo.

Corona, Siebenbürgen, Kronstädter Distr.; sieie Bráso.

Corona C., vor Zeiten Lueg genannt — Tirol, Trient. Kr., ein verfall. *Schloss*, ob Denno auf dem Nonsberge, Ldgcht. Mezzo Lombardo.

Corona, Illirien, Friaul, Görz. Kr., ein zur Zentral Gerichtsbark. Cormons geh. *Dörfchen*, nächst Mararo, ½ St. von Gradiska.

Corona aurea, saesta, vel spinea, Böimen, Budw. Kr., ein *Gut* und *Dorf*; sieie Goldenkron.

Coronate, Lombardie, Prov. Pavia und Distr. V, Rosate, eine mit Morimondo gebildete *Gemeinde-Ortschaft*, mit einer eigenen Pfarre S. Bernardo, welcie zu Morimondo iiren Sitz iat, einem Privat-Oratorio und einer Gemeinde-Deputation, 4½ Migl. vou Abbiategrasso. Hieher geiören: Casorasca, Cassina Fioreutina, Cassina Prato Rouco, Cerina di mezzo, Cipriana, Monte Olivetto, Morimondo, *Schweizereien.*

Coroncino Mura, Lombardie, Provinz Mantova und Distr. XVII, Asola; sieie Asola.

Coroncino Rizzetti, Lombardie, Prov. Mantova und Distr. XVII, Asola; sieie Asola.

Corone, Venedig, Prov. Friaul und Distr. XV, Moggio, sieie Dogna.

Corone, Venedig, Prov. Belluno und Distr. V, Agordo; sieie Voltago.

Coronetta, Lombardie, Prov. u. Distr. I, Milano; sieie Corpi S. di Porta Orientale.

Coroniano, Lombardie, Prov. Como und Distr. XII, Oggiono; sieie Capiate.

Corpi Santi d' Udine di Porta Acquileja, Venedig, Prov. Friaul und Distr. I, Udine; sieie Udine.

Corpi Santi di Como, Lombardie, Prov. Como und Distr. II, Como; sieie Camerlata.

Corpi Santi d' Udine di Porta Cussignacco, Venedig, Prov. Friaul und Distr. I, Udine; siehe Udine.

Corpi Santi, Lombardie, Prov. und Distr. I, Cremona; sieie Cremona.

Corpi Santi d' Udine di Porta Gemona, Venedig, Prov. Friaul u. Distr. I, Udine; siehe Udine.

Corpi Santi di Porta Comasina, con Porta Tenaglia, Lombardie, Prov. und Distr. I, Milano, ein *Stadtviertel*, der k. Lombard. Hauptstadt Mailand, wovon zwei Thore den Namen haben, mit einer Vorstadt ausser der Porta Tenaglia, Borgo degli Ortolani genaunt, dann 2 Dörfern: Fontana, ausser der Porta Comasina, 3 Oratorien und einer Kapelle, dann Cagnola, ausser dem Tiore Tenaglia, Postamt Mailand. Dazu geiören: Abbadesse, Annone, Bajesle, Bianca, Biraghi, Biuna, Boscajolo Geroso, Boscajolo Maderno, Boscajolo Ruggeri, Boscajolo S. Amirosio, Boviso, Brasso, Brusada, Brusata, Bullona, Cagnolo, Caminasca, Caratesa, Casati Mulino, Cassina Nuova, Cavajone, Colombirolo di Porta Comasina, Colombirolo di Porta Nuova, Cornate, Dosso, Fairica del Duomo, Fasanino, Ferrara, Frattina, Frisiana, Galleretta, Gallinetta, Ganna, Garancetta, Gavancatta Mulino, Giiona, Ghisolfa, Ghisolfetta, Giusetta, Gluzolfa, Graffignana, Lapatta, Lirera, Lomasnina, Lomazza, Lonara, Londornio, Maggiolina di Porta Comasina, Maggiolina di Nuova, Maggiolina di Nuova, Majazza, Majcarona, Masazza, Matta, Miraiello, Mont Albino, Pecetta, Pelizdra, Pilastrello Angiolini, Pilastrello Marzorati, Pilastrello Moroti, Pustorla, Ravana, Sansona, S. Martino, S. Miciele alle quattro Vie, S. Rocco, Simonetta, Sistora, Talazzo, Torescalon, Trezza, Vignola, Viletta, Zaffarona, *Landhäuser*, *Schweizereien* und *Mühlen*.

Corpi Santi di Porta Nuova, Lombardie, Prov. und Distr. I, Milano, ein *Stadtviertel* und *Thor* der k. Lomi. Hauptstadt Milano, mit 2 Pfarren S. Francisca Romana u. S. Maria, Postamt Mailand.

Corpi Santi di Porta Orientale con Porta Tosa Malnoe und **Cassina Rottola**, Lomiardie, Prov. und Distr. I, Milano; ein *Viertel* der königl. Hauptstadt Milano und *Gemeinde*, mit einer Gemeinde-Deputation und 3 Pfarren S. Francesco Romana im Dorfe gleicien Namens, S. Maria zu Calvajrate und S. Lorenzo in Malnoe, Postamt Milano. Zu diesem Stadtviertel geiören: Balduina, Battaglia, Belingera, Bernascone, Besozza, Brentana, Brusada, Calzajrate, Calderara, Campo de'Fiori, Casanella, Casa de' Caui, Casa Rosse, Casino della Madonna, Casoretto, Castelletto di sopra e di sotto, Ciresa, Collegio Elvetico, Consigliacchi Coronetta, Doppie, Fontana, Forno, Gandolfine, Loreto, Malnoè, Misericordia, Palazzetta, Permera, Piccoluga, Polveriera, Poute del Ceveso, Porta Tosa, Pozzobonella,

Puleja, Rottole Cassine, Rottoletta, S. Angelo vecciio, S. Francisca Romana, S. Giovanni alla Paglia, S. Gregorio, Valazza Archinti, Valazza Brioschi, Vattischi, *Landhäuser*, *Meiereien* und *Mühlen*.

Corpi Santi di Porta Romana con Porta Vigentina, Lombardie, Prov. und Distr. I, Milano, ein Tieil der Hauptstadt, wovon 2 Tiore, Porta Romana und Porta Vigentina den Namen iaien. Dieses Stadtviertel bildet eine eigene Gemeinde mit einem Vorstande und einer Pfarre S. Rocco, dann einer Vitriol-Öhl-Fabrik, Postamt Milano. Diese Gemeinde iesteit aus: Acquabella, Altaguardia, Baracca, Baraccietto; Belinzarda, Benturina, Benzona, Besana, Bianca, Bicocca, Biscoja, Boffalora, Bregarella, Briosca, Brioschina, Caminella, Campazzo, Case nuove, Case vecciie, Casino, Casone, Casotto, Cassina Berveradore, Cassinazza, Castagnedo, Castiona, Castione, Cazzolo, Ceppi, Cernagesta, Ceserina, Chioso S. Pietro, Colomiara di Porta Romana, Colomiara di Porta Ticinese, Colombè di sopra, Colombè di sotto, Colombirolo, Cornaggio, Cornisio, Cuccagna, Derupuzzo, Franca, Gagliemeso, Gambahoitta, Gamietta, Gassara, Gorgona, Grande, Grastigna nana, Magifrello, Majna, Majnetta Malnido, Malpago, Macatutto, Manloè, Marcona, Masocco, Masochetto, Monticella, Naviglia di sotto, Naviglietto di sopra, Naviglietto di sotto, Nizzolina, Olcello, Orelli, Osteria di tre Mori, Osteria Ferranz Pergami, Pietrasanta, Pietrasantiu Pilastro, Pilastrello, Pragurella, Prigarella di Porta Romana, Pregarel di Porta Ticiuese, Regalia, Restell Ressa, S. Cristoforo, S. Giorgi S. Lazzaro, S. Martino, Spinad Spinetta, Tagliedo, Tamborina, To stone, Torchio, Trella, Trepizz Trinchera, Verde, Vettahbia, Vet tabia I. II. III, Vignola, Voltuguar dia, *Landhäuser*, *Meiereien* un *Mühlen*.

Corpi Santi di Porta Ticinese con Porta Lodovica e Ronchetto delle Rane, Lombardi Prov. und Distr. I, Milano, ein The der *Hauptstadt*, welcher eine eigen Gemiude iildet und wovon die beide Thore derseljen, Porta Ticinese un Porta Ludovica, den Namen (Corpi Santi) iaben, mit einer Gemeinde-De putation und 4 Pfarren, nämlich zu S. Gottardo in der gleichgenannten Vorstadt, zu S. Celso in dem Dorfe Barone, zu S. Pietro e Paolo in dem Dorfe Tre Ronchetti und S. Barnaba, in dem Dorfe Gratusoglio, dann 1 Steingut-, 1 Glas-, 3 Irden-Geschirr- und 8 Papier-Fabriken, Postamt Milano. Dazu gehören: D' Adda, Annone, Baggina, Barbarara, Barreggia, Barrona, Baronetti, Bassanetto, Bassa, Battivallo, Beldiletto, Bellavia, Bianca, Bianca, Biraghi, Blandella I. II, Boffalora, Beffaloretta, Bolgheretto, Calmera, Campagnuola, Camporico, Cantaluppa, Capi di Sotto, Carenno, Casa del Sesto, Case Nuove, Case nuove Pirovano, Casetta Belgioso, Casetta Blondel, Casetta Vago, Casette, Casinetta, Cassinazza, Castel Romana, Castel Solaro, Castel Vipnara, Cavincati, Cavolta, Ceresa, Chiesa Rosso, Chignolo, Citadina, Colombetta, Colombetta, Colhirotto, Concafallata, Concietto, Corneo, Darlione, Desa, Doppio, Dosso Lavanderia, Felletta, Filippone, Filippone, Fola Litta, Folla S. Ambrogio, Follazo, Fontecciio, Foppa, Fornella, Gandina, Gandino, Gentilino, Gratafoglio, Gratafoglio I. II, Lambaro, Lunga, Maggiore, Majuera, Majo, Majrolla,Matta, Momcuchetto, Momcueco Maffi, Monico, Montarebbio, Morivione, Morivione, Osteria al Mulini, Osteria dei Ladri, Osteria della Palla, Osteria di Gratuseg, Osteria di S. Cristoforo, Palazzo Lavanderio, Pilastrello, Polvere, Pozzina, Ranza, Rose, Rostello, Restocco, Rippa di Porta Ticinese, Rottale, Samaritana, S. Ambrogio, S. Bernardo, S. Cristoforo, S. Croce, S. Gottardo, S. Marcaccio, S. Marchetto, S. Marco, S. Maria al Bosco, Spinata, Stadera, Staderetta, Stampetta, Toretta I. II, Travasera, Tre Roncietti, Vallazza, Varesina, Varesinetta, Volpato, *Landhäuser, Meiereien* und *Mühlen.*

Corpi Santi di Porta vercellina con Portello del Castello, Lombardie, Prov. und Distr. I, Milano, ein Theil der königl. Lombard. Hauptstadt Mailand und *Gemeinde*, mit einer eigenen Pfarre S. Pietro in Sala, Postamt Milano. Dazu gehören:
Arzaga, Baggiana, Baraggiola, Bertaflava, Bindellina, Bobletta, Bolla, Bonetta, Borgorona, Brusada, Caccia Lepre, Cappucina, Casa al Dazio,

Casa Molinazzo, Case nuove Bigli Case nuove Litta, Casino, Cassinetta, Castana, Casteletto, Casteletto, Chiusa Taverna, Colombara, Colomberetto, Corba, Corte Grande, Corte grande Oliverti, Corte Guffanti, Corte Rustica Oliverti, Dortino S. Vito, Cruzia, Fagnana, Fopporino, Gallarata, Garbatola, Gesiolo, Madonina, Majerda, Majeretta, Moja, Mojetta, Molinazzo, Mulino, Olona, Osteria al Portello, Osteria vecchia, Pilastello, Plavana, Porto, Recolta, Rescione, Restocco, Rondinetta, S. Giovano la Vipera, S. Pietro in Sala, S. Protaso, S. Siro, Saromana, Sladera, Sta'eretta, Staletto, Torbida, Torchia, Toretta, Vallazza, Valsorda, *Landhäuser, Meiereien* und *Mühlen.*

Corpi Santi di Pavia, Lombardie, Prov. Pavia und Distr. I, Pavia, eine aus nachbenannten Gemeindetheilen, von Pavia im Umkreise von 1 bis 2 Stunden entfernt liegende *Gemeinde*, mit einer Gemeinde-Deputation und 2 Pfarren S. Pietro in Verzola und S. Lanfranco. Postamt Pavia. Die Bestandtheile, eigentlich die äussere Umgebung der Stadt Pavia sind:
Cassina Calcagni, *Haus* — Cravino, Ponte di Pietra, S. Spirito, Sova, Toretta, Valone, *Meiereien* — S. Lanfranco, S. Pietro in Verzolo, *Landhäuser.*

Corporis Christi, ein *Bruderschafts-Gut*, Steiermark, Judenburger Kreis, im Bezirke Neumarkt, dem Stift St. Lambrecht gehörig.

Corporis Christi, ein *Gut*, Steiermark, Brucker Kreis, im Bezirke Wieden.

Corrada, Lombardie, Prov. Mantova und Distr. XIII, Suzzara; siehe Suzzara (Riva).

Corrada, Cassina, Lombardie, Prov. Milano und Distr. VIII, Vimercate; s. Usmate.

Corradino Pellegrini, Lombardie, Prov. Mantova und Distr. XVII, Asola; s. Asola.

Corradino Carravaggi, Lombardie, Prov. Mantova und Distr. XVII, Asola; s. Asola.

Corrado, Castelnuovo del Zappa — Lombardie, Prov. Cremona und Distr. IV, Pizzighettone; s. Castel nuovo del Zappa Corrado.

Corradiz, Venedig, Prov. Friaul und Distr. III, Spilimbergo; siehe Tramonti di sotto.

Corredo, Tirol, Trient. Kr., ein zur Ldgchts. Hrsch. Nonsberg geh. *Schloss* und *Dorf*, auf dem Nonsberg, mit einer Pfarre, 11 St. von Trient.

Correggio Grimaschi e Micheli, Lombardie, Prov. Mantova und Distr. IX, Borgoforte; siehe Governolo.

Corregiola, Lombardie, Prov. Como und Distr. XIV, Erba; s. Lurago.

Correggioli, Lombardie, Prov. Mantova und Distr. IX, Borgoforte; siehe Borgoforte S. Nicolò.

Correggioli, eigentlich nach dem Namen der Pfarre S. Nicolò am Pò, Lombardie, Prov. Mantova und Distr. IX, Borgoforte, s. Governolo.

Correggioli, Lombardie, Prov. Mantova und Distr. II, Ostiglia; siehe Ostiglia.

Correggioli, Lombardie, Prov. Mantova und Distr. XIII, Suzzara; siehe Suzzara.

Correggio Micheli, Lombardie, Prov. Mantova und Distr. IX, Borgoforte; s. Governolo.

Correggio Verde. Lombardie, Prov. Mantova und Distr. XII, Viadana; s. Dosolo.

Correglia. Lombardie, Prov. Como und Distr. XIX, Arcisate; s. Induno.

Correzzana. Lombardie, Prov. Milano und Distr. VII, Verano, eine *Dorfgemeinde*, mit einer Gemeinde-Deputation, theils nach S. Giorgio in Lesmo, theils nach S. Giovanni in Casalta gepfarrt, 2¼ Stunde von Carate. Einverleibt sind: Badia, Casotto, Cassinetta, Gazzafame, Zamia, *Meiereien*.

Correzzo, Venedig, Prov. Verona u. Distr. IV, Sanguinetto ein nach der Strasse nach Sanguinetto nächst Gazzo liegendes *Gemeindedorf*, hat eine Gemeinde-Deputation, eigene Pfarre S. Giovanni Battista, eine Villeggiatur und Mühle, 3½ Migl. von Legnago (Distr. V). Mit: Leva di sopra e di sotto, Macaccari, *Dörfer*.

Correzzola, Venedig, Provinz Padova und Distr. XII, Piove, ein *Gemeindedorf* mit Vorstand und Pfarre S. Leonardo, zwischen den Flüssen Brenta und Bacchiglione unweit Terra Nova, 5 Migl. von Piove. Dazu gehören: Borghetto di Calcinara, *Gemeindetheil*.

Corridico, Illirien, Istrien, *Dorf* im Bezirke Pisino und zur Hauptgemeinde Gimino gehörig, mit 139 Häus. und 810 Einwohner.

Corrido, Lombardie, Prov. Como und Distr. VI, Porlezza; siehe Corido.

Corri, Gallegiono Torre de', Lombardie, Provinz Sondrio (Valtellina) und Distr. VII, Chiavenna; siehe Villa Chiavenna.

Corrin, Venedig, Provinz Treviso und Distrikt V, Serravalle; siehe Cison.

Corrubio, Venedig, Provinz Verona und Distrikt XI, S. Pietro Incariano; siehe Negarino.

Corrubbio, Venedig, Provinz und Distrikt I, Verona; siehe Grozzana.

Corruma, Lombardie, Provinz Lodi e Crema und Distr. VIII, Crema; siehe Capergnanica.

Corsa, Lombardie, Provinz Lodi e Crema und Distr. IV, Borghetto; siehe S. Martino in Strada.

Corsaga, Lombardie, Provinz Como und Distrikt XII, Oggiono; siehe Capiate.

Corse, Cassina, Lombardie, Prov. und Distrikt I, Pavia; siehe Mirabello.

Corsetta, Lombardie, Prov. Lodi e Crema und Distr. VII, Pandino; siehe Rivolta.

Corsetta, Lombardie, Provinz Lodi e Crema und Distr. VII, Pandino, s. Spino.

Corsico mit Guarda und Guardina, Lombardie, Provinz u. Distr. II, Milano, ein *Gemeindedorf* an dem Canale Naviglio grande, mit einer eigenen Gemeinde-Deputation und einer Pfarre S. Pietro e Paolo, Aushilfskirche und einem Oratorio, durch eine Menge Parmesan-Käsfabriken bekannt, von Rovido und Loirano begrenzt, 3½ St. von Milano. Postamt. Hieher sind einverleibt: Casa, *Landhaus*. — Cassina Giorgella, Guardia di sopra e di sotto, Guardina, Lavagna, Persa, *Meiereien*. — Mulino della Guardia, *Mühle*.

Corsico, Lombardie, Prov. Milano, ein *Distrikt*, enthält folgende Gemeinden: Assago e Pontiroio con Bazzana S. Ilario e Bazzanella con Monte Gaudio. — Baggio con Cassina Merriggia. — Buccinasco e Terradeo con Gudo Gamaredo e Palazzolo, Romanobanco e Rovido. — Cesano Boscone. — Corsico con Lorenteggio con Cassina Travaglia, Molinetto e Chiesolo di Robarello. — Cusago con Monzoro. — Grancino con Curto, Robbiolo e Molino della Paglia. — Muggiano con Assiano. — Ronchetto con Robarello e Ferrera. —

Sella Nuova con Cassina Interna, Moretta, Barocca, Creta, Cassina Garegnano, Marzo e Cassinazza. Settimo e Cassina Giretta con Segure e Vighignolo. — Trezzano con Loirano e Terzago.

Corsini, Castelletto, Lomb., Prov. und Distr. I, Mantova; s. Roncoferraro.

Corsini, Castelletto, Lombardie, Prov. und Distr. I, Mantova; s. S. Giorgio.

Corso. Venedig, Provinz Padova und Distr. IV, Campo Sampiero; s. Campo Sampiero.

Corso, Venedig, Provinz Friaul und Distr. XVIII, Ampezzo; siehe Ampezzo.

Cort, Tirol, Roveredo Kr., ein Dorf. zur Gemeinde Montagon geh., im Landgerichte Tione

Cortabbio. Lombardie, Prov. Como und Distrikt X, Introbbio, ein nach S. Pietro e Paolo zu Primaluna gepfarrt. Gemeindedorf, mit einer Gemeinde-Deputation, unweit Primaluna, 3 Migl. von Introbbio. Hierher gehören: Cassina Boscai, Merla, Meiereien.

Cortale. Venedig, Provinz Friaul u. Distr. I, Udine; siehe Reana.

Cort Alta e Ronchetto, Lombardie, Prov. Mantova und Distr. III, Roverbella; siehe Castel Belforte.

Cortazza, Lombardie, Provinz und Distr. I, Cremona; siehe Due Miglia.

Cortazza. Lombardie, Prov. Mantova und Distr. III, Roverbella; siehe Roverbella.

Corte. Lombardie, Prov. Bergamo und Distr. VII, Caprino, ein Gemeindedorf, welches mit seinem Zugehör am linken Ufer des Lecco-See's liegt, mit einer Gemeinde-Deputation und Seiden-Spinnerei, der Pfarre zu Cidolzio einverleibt, mit einer Aushilfskirche SS. Cosmo und Damiano und 2 anderen Kirchen, 1 Stunde von Caprino. Dazu gehören: Basco, Campora, Cantelle, Carzano, Colombara, Gera, Gerola, Monastero, Pomerolo, Portico, Prattaro, Sala, Sorta, Meiereien. — Foppenico, kleines Dorf.

Corte, Tirol, Roveredo Kr., ein Weiler, Gemeinde Vallarsa, im Roveredo Landgerichte.

Corte, Lombardie, Provinz Cremona und Distr. VI, Pieve d' Olmi; siehe Branciere.

Corte, Lombardie, Provinz und Distr. I, Cremona; siehe Cà de' Quintani.

Corte, Lombardie, Prov. Como und Distr. IX, Bellano; siehe Colico.

Corte, Lombardie, Provinz Cremona und Distr. VI, Pieve d' Olmi; siehe Forcello.

Corte. Lombardie, Prov. Milano und Distr. VIII, Vimercate; siehe Lesno.

Corte, Lombardie, Provinz Como u. Distr. XVI, Gavirate; siehe Monhello.

Corte. Lombardie, Prov. Cremona und Distr. IX, Pescarolo; siehe Pessina.

Corte, Lombardie, Provinz Cremona und Distr. VII, Casal Maggiore; siehe Spineda.

Corte Allona, Lombardie, Provinz Mantova und Distr. XIV, Gonzaga; s. Gonzaga (Polesine).

Corte Alto. Lombardie, Provinz Mantova und Distr. III, Roverbella; s. Castel Belforte.

Corte Barozza, Lombardie, Prov. Mantova und Distr. XIV, Gonzaga; s. Gonzaga (Polesine).

Corte Bertolini. Lombardie, Provinz Mantova und Distrikt IX, Borgoforte; siehe Borgoforte (S. Gattoldo).

Corte, Venedig, Provinz Belluno und Distr. VIII, Mel, siehe Mel.

Corte, Tirol, Pusterth. Kr., ein Dorf und Wallfahrtsort im Thale und Landgericht Buchenstein, Filial dieser Pfarre.

Corte. Venedig, Prov. Padova und Distr. XII, Piove; siehe Piove.

Corte Bianchi. Lombardie, Prov. Mantova und Distr. VIII, Marcaria; s. Marcaria.

Corte Borchetto, Lombardie, Provinz Mantova und Distr. IX, Borgoforte; siehe Borgoforte (Bocca di Ganda).

Corte Bulgarini. Lombardie, Prov. Mantova und Distr. VIII, Marcaria; s. Marcaria.

Corte Campagna. Lombardie, Prov. Mantova und Distr. III, Roverbella; siehe Marmirolo. (Marone).

Corte Carbonella, Lombardie, Provinz Mantova und Distrikt IX, Borgoforte; siehe Borgoforte (S. Gattalto).

Corte Cassina, Lombardie, Provinz Como und Distrikt XVIII, Cuvio; siehe Cassano.

Corte Cassole, Lombardie, Prov. und Distr. I, Mantova; siehe Curtatone.

Corte Castelletto, Lombardie, Provinz und Distrikt I, Mantova; s. Roncoferaro.

Corte Cauriani, Lombardie, Prov. Mantova und Distr. II, Ostiglia; siehe Sustinente.

Corte Cavichi, Lombardie, Prov. und Distr. I, Mantova, siehe Porto.

Corte Cavriani, Lombardie, Prov. Mantova und Distr. VIII, Marcaria; s. Marcaria.

Corte Crema, Lombardie, Provinz Mantova und Distr. XV, Revere; siehe Quistello,

Corte de' Cortese, Lombardie, Provinz Cremona und Distr. V, Robecco, ein von dem Brescian. Gebirge und dem Flusse Oglio begrenztes *Dorf* mit Vorstand und Pfarre SS. Giacomo e Fillippo; $3\frac{1}{2}$ St. von Cremona. Mit: Cantonada, Fenile, Fenirole, Gussola, S. Giovanni, Solitaria, *einzelne Meiereien.*

Corte d'Isola, Istrien, Mitterb. Kr., ein *Dorf* in Bezirke Pirano, mit einer Pfarre und Elementar-Schule, in der Diöcese Triest Capodistria, 4 St. von Capodistria.

Corte dell' Abbà, Venedig, Prov. Treviso und Distr. III, Motta; siehe Meduna.

Corte della Prepositura, Lombardie, Prov. Mantova und Distr. XIV, Gonzaga; siehe S. Benedetto (S. Siro al Pò).

Corte del Palasio, Lombardie, Prov. Lodi e Crema und Distr. VII, Paudino, ein *Gemeindedorf* mit Pfarre S. Giorgio Mart., Oratorio und Kapelle vom Flusse Adda $\frac{1}{4}$ Migl. entlegen, 3 Migl. von Lodi. Mit: Baciorla, Basta, Bocheralo, Caselario, Casotto, Dosso, Fighetto, Graffiguana, Malmetuda, Mulino I. II, Prada, Ronchi, S. Giorgio, S. Marcellino, Terraverda, Turchia, *Meiereien.* — Cadilana auch Cagalana, *kleines einzelnes Haus.*

Corte del Panzi, Lombardie, Prov. u. Distr. I, Cremona; siehe Due Miglia.

Corte di Brede, Lombardie, Prov. Mantova und Distr. XIV, Gouzaga; s. S. Benedetto (Breda).

Corte di Frati, Lombardie, Prov. Cremona und Distr. V, Robecco, ein *Gemeindedorf* mit Vorstand und Pfarre SS. Giacomo e Filippo und 2 Kapellen, vom Brescianer Gebirge und dem Flusse Pó begrenzt, 3 St. von Cremona. Dazu gehören: Canova, Fenile, Nocè Garioni, *Meiereien.*

Corte di Poleto, Lombardie, Prov. Mantova und Distr. II, Ostiglia; siehe Sustinente.

Corte di Pomara, Lombardie, Prov. Mantova und Distr. X, Bozzolo; siehe Gazuolo.

Corte Dolcini, Lombardie, Provinz Mantova und Distr. IX, Borgoforte; siehe Governolo.

Corte Doria, Lombardie; Provinz Mantova und Distr. IX, Borgoforte; s. Governolo.

Corte Falchi e Rotta, Lombardie, Prov. Mantova und Distr. VIII, Marcaria; siehe Marcaria.

Corte Furlani, Lombardie, Prov. Mantova und Distrikt XV, Revere; siehe Quistello.

Corte Garimberti, Lombardie, Provinz Mantova und Distrikt VIII. Marcaria; siehe Marcaria.

Corte Gentimani, Lombardie, Provinz Cremona und Distr. VII, Casal Maggiore; siehe Casal Bellotto.

Corte di Rancogliette, Venedig, Prov. und Distr. I, Padova; s. Ponte S. Nicolò.

Corte Gheradine, Lombardie, Prov. und Distr. XIV, Gonzaga; siehe Gonzaga (Paludino).

Corte Grande, Lombardie, Prov. und Distr. I, Milano; siehe Corpi S. di Porta Vercellina.

Corte grande Oliverti, Lombardie, Prov. und Distrikt I. Milano; siehe Corpi di S. Porta Vercellina.

Corte Guerrieri, Lombardie, Provinz Mantova und Distr. II, Ostiglia; siehe Sustinente.

Corte Guffanti, Lombardie, Prov. und Distr. I, Milano; siehe Corpi S. di Porta Vercellina.

Cortella in piano, Venedig, Prov. Padova und Distr. VI, Teolo; siehe Vò in Piano.

Cortellazzo, Venedig, Prov. Venezia u. Distr. VII, S. Donà; s. Cava Zuccarina.

Cortello, Venedig, Provinz Friaul und Distr. I, Udine; siehe Pavia.

Cortelona, Lombardie, Prov. Cremona und Distrikt III, Soresina; siehe Castel Leone.

Corte Madama, Lombardie, Prov. Cremona und Distr. III, Soresina, eine *Villa* und *Gemeinde* mit Vorstand und Pfarre S. Martino und Kapelle, näcst dem Piacenza-Gebirge, dem Flusse Serio Morto und dem Lago d'Iseo. $1\frac{1}{4}$ St. von Soresina. Dazu gehören: Cà di sopra, Campagnolò, Castello, Girlo, Lame, Molino, Regoua, *Meiereien.*

Corte Maifredi, Lombardie, Prov. Mantova und Distr. VI, Castel Goffredo; siehe Pinbega.

Corte Malagola, Lombardie, Prov. Mantova und Distr. XVI, Sermide; s. Borgofranco (Bonizzo).

Corte Mantovana , Lombardie, Prov. Mantova und Distr. XIV, Gonzaga; sieie Gonzaga (Polesine).

Corte Marchesi, Lombardie, Provinz Mantova und Distr. VIII, Marcaria; sieie Castelluccio.

Corte Mones, Lombardie, Provinz und Distrikt I, Cremona; sieie Due Miglia.

Corte Mullni in **Pò,** I. S. Francesco di Paolo, II. S. Martino, III. S. Taddeo genannt — Lombardie; Prov. Mantova und Distr. II, Ostiglia; sieie Sustinente.

Corte Murata Facchini, Lombardie, Prov. Mantova und Distr. IX, Borgoforte; s. Borgoforte (S. Gattoldo).

Cortenedolo, Lombardie, Provinz Bergamo und Distr. XVIII, Edolo, ein *Gemeindedorf* mit Vorstand, Pfarre S. Gregorio, Aushilfskirche und Säge, ⅓ St. von Edolo. Mit: Vico, *kleine Gasse*.

Corteno, Lombardie, Prov. Bergamo und Distr. XVIII, Edolo, ein rects am Oglio, auf der in das Valtellin (Prov. Sondrio) führenden Provinzialstrasse, liegendes *Gemeindedorf* mit Vorstand, Pfarre S. Maria Assunta , meireren Aushilfskirchen, Oratorien, 3 Eisenerz-Gruben, 4 Schmieden , 1 Säge, 3 Tuciwalken, 1 St. von Edolo. Dieser Gemeinde sind einverleibt: Doverio, Galleno, Pisognetto, Rasco, S. Antonio, *kleine Gassen.* — Leuno, Megno, Piazza, *Meiereien.*

Corte Nuova, Lombardie, Provinz Como und Distr. X, Introbbio, ein *Gemeindedorf* mit einer eigenen Pfarre SS. Gervaso e Protaso, Gemeinde-Vorstand und Sicherheits-Waci-Commando, 5 Migl. von Taceno. Diese Gemeinde besteit aus: Prato S. Pietro, *Dorf.* — Saggio, *Meierei.*

Corte Nuova, Cortenova — Lombardie, Prov. Bergamo und Distr. XI, Martinengo, ein etwas meir als 2 Migl. von und zwischen den Flüssen Serio und Oglio liegendes *Gemeindedorf,* mit Vorstand, eigener Pfarre S. Allesandrio, Kalk- und Ziegelöfen, ¼ Stunde von Martinengo.

Corte Nuova, Lombardie, Provinz Mantova und Distr. VI, Castel Goffredo; sieie Ceresara.

Corte Nuova, Lombardie, Provinz Mantova und Distr. XIV, Gonzaga; s. Gonzaga (Boudanello).

Corte Nuova, Lombardie, Provinz Como und Distr. XXV, Missaglia; s. Monticello.

Corte Nuova, Lombardie, Provinz Mantova und Distr. XIII, Suzzara; s. Suzzara (S. Prospero).

Corte Nuova, Lombardie, Provinz Mantova und Distr. XII, Viadana; s. Viadana.

Corte Olona , Lombardie, Provinz Pavia und Distr. IV, Corte Olona, ein *Flecken* und *Gemeinde,* wovon der IV, Distr. dieser Provinz den Namen iat, mit einem königlichen Distrikts-Commissariat, Prätur, Gendarmerie-Brigade, Gemeinde-Deputation , Briefsammlung des 1¼ Posten entfernten Provinzial-Postamts Pavia und einer eigenen Pfarre S. Stefano (ein Vicariat der Diöces Pavia) am linken Ufer des Olona-Flusses, naie bei S. Christina und Costa S. Zenone. Postamt. Hierier geiören: Ceroni, Cravere, Travona, *Dörfer.* — Manzola, *Landhaus.* — Mezzavia, *Mühle.* — Ponte Caraeo, *Wirthshaus.* — Tremono , *Meierei.*

Corte Olona, Lombardie, Provinz Pavia, *Distrikt* (IV), entiält folgende Gemeinden: Badia con Caselle e Cassina del Mezzano. — Campo Rinaldo. Chignolo con Albarone. — Copiano. — Corte Olona. — Costa S. Zenone. — Genzone. — Gerenzago. — Iuverno. — Magherno. — Mezzane di Parpanese. — Miradolo e Ca de' Rhò. — Monte con Boglognola. — Monte Leone con Cantelma e Gatta. — Monticelli con Nizzolaro e Gabbiane. — Pieve Porto Morone con Casone del Mezzano. — S. Christina con Bissone. — Spessa con Spessetta Baliani, Spessetta Speziani e porcione di Pissarelle. — S. Zenone. — Torre d'Arese. — Torre de' Negri. — Villanterio. — Zerbo con Torre Selvatica.

Corte nuova e vecchia, Venedig, Prov. Friaul und Distr. XII, Cividale; sieie Toreano.

Corte Orsina , Parte della , Lombardie, Prov. Mantova und Distr. IV, Volta; sieie Goito.

Corte Palazzine di Bagno, Lombardie, Provinz Mantova und Distrikt XIV, Gonzaga; siehe Gonzaga (Polesine).

Corte Panizza, Lombardie, Prov. Mantova und Distr. IX, Borgoforte; s. Borgoforte (Bocca di Ganda).

Corte Prati, Lombardie, Provinz Mantova und Distr. IX, Borgoforte; s. Governolo.

Corte Pussi, Lombardie, Provinz Mantova und Distr. IX, Borgoforte; siehe Borgoforte (Bocca di Ganda).

Corte Quaranta, Lombardie, Provinz Mantova und Distr. IX, Borgoforte; siehe Borgoforte (Bocca di Ganda).

Corte Quintavalle, Lombardie, Prov. Mantova und Distr. IX, Borgoforte; siehe Borgoforte (S. Nicolò).

Corte Raineri, Lombardie, Prov. Mantova und Distr. XV, Revere; siehe Quistello.

Corte Regina, Lombardie, Prov. und Distr. I, Milano; siehe Crescenzago.

Corte Reisenfeld, Lombardie, Prov. und Distr. I, Mantova; s. Curtatone.

Corte Rovesta, Lombardie, Prov. und Distr. I, Mantova; siehe Curtatone.

Corte Ruberini, Lombardie, Prov. Mantova und Distr. IX, Borgoforte; s. Governolo.

Corte Rusta, Lombardie, Provinz Mantova und Distr. II. Ostiglia; siehe Villimpenta.

Corte Rustica Oliverti, Lombardie, Prov. und Distr. I, Milano; s. Corpi S. di Porta Vercellina.

Cortesa. Lombardie, Provinz Lodi e Crema und Distr. IV, Borgietto; siehe Graffignano.

Corte S. Andrea, Lombardie, Provinz Lodi e Crema und Distr. VI, Codogno, ein 1 Migl. v. Lambro Flusse entferntes *Gemeinddorf*, aber vom Flusse Pò bewässertes *Gemeinddorf*, mit Vorstand, Pfarre S. Andrea Apost, k. Zoll-Einnehmerei und Militär-Escadron, 9 Migl. von Codogno.

Cortesano, Tirol, Trient. Kreis, ein *Dorf* zur Gemeinde Meanogeh, im Landgerichte Lavis.

Cortese Villa, Lombardie, Provinz Milano und Distr. XIV, Cuggiono; siehe Villa Cortese.

Cortesi Corte de, Lombardie, Provinz Cremona und Distr. V, Robecco; siehe Corte de Cortesi.

Cortesina, Lombardie, Prov. Lodi e Crema und Distr. III, S. Angiolo; siehe S. Angiolo.

Corte Speroni, Lombardie, Prov. Mantova und Distr. II, Ostiglia; siehe Serravalle.

Corte Stoffa, Lombardie, Provinz Mantova und Distr. XV, Revere; siehe Quistello (S. Giacomo).

Corte Striggi, Lombardie, Provinz Mantova und Distr. VIII, Marcaria; s. Marcaria.

Corte Tamarozzi, Lombardie, Provinz Mantova und Distr. II, Ostiglia; s. Serravalle.

Cortetano, Lombardie, Prov. Cremona und Distr. IV, Pizzighettone, ein *Gemeindedorf* mit Vorstand und eigener Pfarre S. Mateo, dann einem Palaste, 1½ St. v. Cremona. Dazu gehören: Brusone, Valcarengo, *Meiereien*.

Corte Tommasi, Lombardie, Provinz Mantova und Distr. VIII, Marcaria; siehe Marcaria.

Corte vecchia. Lombardie, Provinz Mantova und Distr. XII, Viadana; siehe Viadana.

Corte Zanatta. Lombardie, Provinz Mantova u. Distr. VIII, Marcaria; siehe Marcaria.

Corte Zanetti, Lombardie, Provinz Mantova und Distr. XII, Viadana; siehe Viadana.

Corte Zavaglie del. Lombardie, Prov. Milano und Distrikt IV, Saronno; siehe Cornaredo.

Corti, Lombardie, Prov. Bergamo und Distr. XVI, Lovere; siehe Valpino superiore.

Corti le, Lombardie, Prov. Mantova und Distr. V, Castiglione delle Stiviere; siehe Cavriano.

Cortiana, Lombardie, Prov. Milano u. Distr. IX, Gorgonzola; siehe Busnago.

Corti, Ca de. Lombardie, Prov. Cremona und Distrikt VI, Pieve de Olmi; s. Ca de Corti.

Corticelle. Lombardie, Prov. Brescia und Distr. III, Bagnolo, ein *Gemeindedorf* mit Vorstand u. Pfarre S. Giacomo, vom Flosse Mella bewässert, 10 Migl. von Brescia. Mit: Arici, Fenil di Mezzo, Ronchi, Rossini, Ville nuove, *Meiereien*.

Corti Mulino, Lombardie, Prov. und Distr. I, Como; siehe Rodere.

Cortina. Tirol, Trient. Kr., ein *Dorf* und Kuratie derPfarre Ossana, im Thal Vermiglio, Landgericht Malè auf dem Sulzberge.

Cortina, Tirol, Pusterthal. Kr., ein z. Herschaft Ampezzo gehör. *Dorf*, mit 2600 Einw. und einer Pfarre, 3400 Fuss über dem Meere, 7 St. von Niederdorf. Postamt mit: *Acquabona, Alvera, Bigontina, Cadelvarzo, Cademaj, Cadin di sotto, Cadin di sopra, Campo di sotto, Campo di sopra, Chiamutera, Chiave, Cojnnna, Col, Crignes, Gillardon, Lacedel, Majon, Minel, Manaigo, Mortija, Ospitale, Penie, Penol, Romo, Salietto, Staulin, Valle di sopra, Valle di sotto, Vettelstein, Verocaj, Zuel.*

Cortina, zu deutsch Cordinig — Tirol, Rovered. Kr., ein *Dorf* an d. Etsci, Expositur der Pfarre Margreit, Ldgrcht. Salurn.

Cortine, Lombardie, Prov. und Distr. I, Brescia; siehe Nave.

Cortine Villa di; Lombardie, Prov. Mantova und Distr. VI, Castel Goffredo; siehe Ceresara.

Cort inferiore, Tirol, Trient. Kr., ein *Dorf* zur Gemeinde Rumo gehör., im Ldgrcht. Cles.

Cortino, Lombardie, Prov. und Distr. X, Milano; siehe Settalia.

Cortino S. Vito, Lombardie, Prov. und Distr. I, Milano; siehe Corpi S. di Porta Vercellina.

Cortisella, Lombardie, Prov. Como und Distr. XI, Lecco; siehe Castello.

Cortivo, Lombardie, Provinz Sondrio (Valtellina) u Distr. II, di Ponte; siehe Chiuro.

Cortolana, Lombardie, Prov. Lodi e Crema und Distr. VII, Paudino; siehe Rivolta.

Cort Orfina, Lombardie, Prov. und Distr. I, Mantova; siehe Porto.

Cortosa di Pavia, Lombardie, Provinz und Distr. I, Pavia; siehe Torre del Mangano.

Cort superiore, Tirol, Trient. Kr., ein *Weiler*, zur Gemeinde Rumo gehör., im Ldgrcht. Cles.

Coruxce, Dalmatien, Spalató-Kreis, Trau-Distrikt, ein der Pfarre u. Hauptgemeinde Lechlevižza einverleibt. *Dorf*, 3 Migl. davon entlegen, 28 M. v. Trau.

Corva, Venedig, Prov. Friaul und Distrikt VII, Pordenone; siehe Azzono (Corva e Piagno).

Corvara, Tirol, Pusterth. Kreis, ein *Dorf* und Gemeinde, zum Ldgrcht. Enneberg.

Corvi, Lombardie, Prov. Lodi e Crema und Distr. VI, Codogno; siehe Ronco al Porto.

Corviane, Lombardie, Prov. Brescia und Distr. XIII, Leno; siehe Camnara.

Corzano, Lombardie, Prov. Brescia und Distr. II, Ospitaletto; ein unweit Cizzago liegendes, aus unten angezeigten Theilen bestehendes *Gemeindedorf*, mit einer eigenen Pfarre S. Martino und Gemeinde-Deputation, 14 Migl. von Brescia. Dazu gehören: Bargnano, Meano, *Landhäuser* — Cazzavico, Fenil Bissi, Fenil Lame, Monte Giardino, Sale, *Meiereien*.

Corzano, Tirol, Trient. Kr., ein *Dorf* im Ldgcht. Borgo, zur Gemeinde Carzano gehörig.

Corzano o Novale, Lombardie, Prov. Brescia und Distr. X, Iseo; siehe Siviano.

Corziula, Dalmatien, Ragusa-Kreis, siehe Curzola.

Corzola, Dalmatien, eine *Insel* im adriatischen Meere, zum Ragusa Kr. gehörig, zählt 7200 Einwohn., die sich theils v. Weinbau u. dem Holzertrage ihrer Wälder, grösstentheils aber von der Schifffahrt ernären, und haben an 100 Fahrzeuge besitzen. Nicht unwichtig sind die auf dieser Insel und den nahen Scoglien befindlichen Steinbrüche, wo aus dem conchilienreichen Kalksteine Thür-, Fenster- und Treppensteine, Säulen, Grabmähler u. dgl. gehauen, und durch ganz Dalmatien sowoll, als in die Türkei verführt werden.

Corzola, Dalmatien, *Stadt* auf der im adriatischen Meere gelegenen gleichnamigen Insel, ist mit alten Mauern umgeben, zieht sich an der nordöstl. Anhöhe hinauf, zählt 320 Häus. u. 1560 Einw., ist der Sitz eines Bisthums, mit einer schönen gothischen Domkirche, hat 2 Häfen, eine Schiffswerfte, auf welcher Küstenfahrzeuge gebaut werden, und treibt Handel mit Wein, Sardellen und Steinmetzarbeiten.

Corzone, Lombardie, Prov. Como und Distr. VIII, Gravedona; siehe Sorico.

Cosa, Venedig, Prov. Friaul und Distr. III, Spilimbergo; siehe S. Giorgio.

Cosaghetto, Lombardie, Prov. Lodi e Crema und Distrikt II, di Zelo Buon Persico; siehe Paullo.

Cosal, Venedig, Provinz Belluno und Distr. II, Longarone; s. Fornu di Zoldo.

Cosala, Kroatien, Fiom. Kommerzial-Seedistr., ein zur Gerichtsbarkeit und Pfarre der k. freien Seestadt Fiume gehöriges *Dorf*, ½ St. von Fiume.

Cosa, Mulino di, Venedig, Provinz Friaul und Distr. III, Spilimbergo; siehe Clauzzetto (Mulino di Cosa).

Cosana, Casano — Illirien, Friaul, Görz. Kr., ein zur Hrsch. Quisca gehör. *Dorf*, auf einem angenehmen Hügel, hinter Bigliana, nächst St. Martin, 2 St. von Görz.

Cosarnia, Illirien, Friaul, Görz. Kr., ein *Dörfchen* von zerstr. Häusern, in der Zentral-Gerichtsbark. Quisca, der Herschaft Dojra geh. und dem Dorfe Fleana zugeth., auf einem Hügel, ¾ St. v. Görz.

Cosati, Lombardie, Prov. Milano und Distr. VII, Verano; siehe Verano.

Cosbana, Illirien, Friaul, Görz. Kr., ein zur Hrsch. Quisca geh. *Dorf*; an einem rohen Berge, an der venetianischen Grenze, 3¼ St. von Görz.

Cosbunera, Lombardie, Prov. und Distr. II, Como; siehe Cavallasca.

Coseanetto, Venedig, Prov. Friaul und Distr. II, S. Daniele; s. Coseano.

Coseria, Tirol, Trient. Kr., *Kupfer-* und *Bleibergbau.*

Cosetta, Tirol, Trient. Kr., ein *Weiler*, zur Gemeinde Reva geh., im Landgerichte Cles.

Cosgliaco, Kosliak — Illirien, I. Krain oder Istrien, Mitterburger Kreis, ein zur Wb. B. Kom. Hrsch. Wachsenstein geh. *Dorf*, mit einer Pfarre, unter dem Berge Montemaggiore, 11¼ St. von Fiume.

Cosia para, Illirien, Friaul, Görz. Kr., einige zu dem *Dorfe* Dobraule konskrib. von da ¼ St. entfernte Häuser, der Ldgchts. Hrsch. heil. Kreuz geiör., 1¼ St. von Cerniza.

Cosiane, Illirien, I. Krain, Adelsb. Kr., ein zu dem Wb. B. Kom. und Ldgeht. Castelnovo geh., dem Gute Odolino unterti. *Dorf*, gegen Norden, näcist dem Dorfe Ostroviza. 2 St. von Matteria.

Cosiano, Tirol, Trient. Kr., ein in der Gemeinde Ossana liegendes *Dorf*, davon ¼ St. entfernt, 18 St. von Trient.

Cosino, Dalmatien, Zara Kreis und Distrikt, ein der Hauptgemeinde Zara einverleibtes *Pfarrdorf*, auf dem festen Lande, naie bei Pont' Amica, 5 Migl. von Zara.

Coslo, Lombardie, Prov. Sondrio (Prov. della Valtellina, und Distr. IV, Moiegno ein, theils in der Ebene, theils im Geiirge an der Poststrasse liegendes, mit dem Lago di Como grenzendes *Gemeind dorf*, mit Vorstand, Pfarre S. Ambrogio, 2 Filial-Kirchen, 11 Oratorien und 12 Müllen, 19 Migl. von Sondrio. Hieler gehören: Alpe Olona, Alpe Taja, Rascaine, *Meiereien* — Bruco, Mellarolo, Piaguo, Rogaledo, Sacco, S. Maria. *Gemeindetheile.*

Cosizza, Dalmatien, Spalato Kreis; s. Cuzzizcza.

Cosizza, Venedig, Prov. Friaul und Distr. XIII, S. Pietro; s. S. Leonardo.

Coslia, Lombardie, Prov. Como und Distr. VII, Dongo; s. Piarallo.

Coslong, Venedig, ein *Berg*, bei le Comune.

Cosliani, Cosglianzi — Illirien, Istrien, Mitterburger Kreis, ein *Dorf*, im Distrikt Roviguo, Bezirk Diguano, zur Untergemeinde Golzano, und zur Pfarre Bariano gehörig, in der Diöcese Parenzo Pola, 3¼ St. von Diguano.

Coslovaz, Dalmatien, Zara Kreis. Obbrovazzo Distrikt, ein *Filialdorf*, der Pfarre Collarine griech. Ritus, zur Podesta Bencovaz und Pretur Obbrovazzo gehörig, unweit Lepuri, auf dem festen Lande, 20 Migl. von Obbrovazzo.

Cosmanos, Böimen, Bunzlauer Kr., ein *Dorf*, mit einer der besten Zitz- u. Cattunfabriken Oesterreichs; s. Kosmanos.

Cosnasco, Lombardie, Prov. Pavia und Distr. II, Bereguardo; sieie Ronchetto.

Coso, Mulino di, Lombardie, Prov. Friaul und Distr. III, Spilimiergo; s. Castelnovo (Mulino di Coso).

Cosorate, eigentlici Casorate, Lombardie, Prov. Milano und Distrikt XVI, Soma, eine *Gemeinde*, mit Vorstand u. Pfarie S. Maria Assunta, eiuem Oratorio und Kapelle, welche von den Gemeinden Arsago, Mezzano und vom XIII. Distrikte Gallerate iegrenzt wird, 1½ Stunde von Sesto Calende und ¼ St. von Soma. Postamt.

Cosorat, Valle, Venedig, Prov. Friaul u. Distr. X, Latisana; s. Precenico (Valle Cosorat).

Cosottello, Lombardie, Prov. und Distr. IX, Milano; s. Noscdo.

Cossa, Lombardie, Prov. Milano und Distr. VI, Monza; sieie Biassono.

Cosove, Dalmatien, Spalato-Kreis, Sign-Distrikt, ein naci Verlicca gepfarrtes, dieser Hauptgemeinde zugetheiltes, 2 Migl. davon entferntes *Dorf*, 16½ Migl. von Kuin. Postamt Seienico.

Cossov, Dalmatien, Ragusa-Kreis, Stano-Distrikt, ein *Dorf* der Hauptgemeinde Jagnina zugetheilt, zur Pretura Slano geiörig, nicit weit von Dubrava entfernt, 3¼ Migl. von Stagno.

Cosovo, Dalmatien, Zara-Kreis, Kuin Distr., ein *Dorf*, mit einer Pfarre griech. Ritus, im Tiale gleichen Namens, am reissenden Strome Cossovizza, der Hauptgemeinde Riscupia und Pretura Kuin einverleibt, 12 Migl. von Kuin. Postamt Sebenico.

Cossago, Lombardie, Prov. Lodi e Crema und Distr. II, di Zelo Buon Persico; s. Villambrera.

Cossano, Lombardie, Prov. Como u. Distr. XX, Macaguo, ein *Gemeindedorf*, mit Vorstand und Filial der Pfarre S. Giorgio zu Dumenza, in einer Gebirgsgegend, 2¼ Migl. vom Lago Maggiore, 4 Migl. von Varese.

Cossirano, Lombardie, Prov. Brescia und Distr. II, Ospitaletto, ein *Gemeindedorf*, mit einer eigenen Pfarre S. Valentino und Gemeinde-Deputation, 15 Migl. von Brescia. Mit: Fenil nuovo, Fenil Palloniglia, Rigossa, *Meiereien* — Lame, *Mühle.*

Cossone, Lombardie, Prov. Milano und Distr. XIII, Gallarate; sieie Cassano Maguago.

Cossorano, Lombardie, Prov. Milano und Distr. XII, Meleguano; sieie Carpiano.

Costa, Lombardie, Prov. Bergamo u. Distr. IV, Almeno S. Salvatore, ein *Gemeindedorf*, mit Vorstand und Pfarre S. Maria Elisabetta, in der Höie an dem nördlicien Abiange des Berges S. Bernardo, unweit der reissenden Imagna, 2 St. von Almeno S. Salvatore.

Costa, Lombardie, Prov. Milano und Distr. VII, Verano, eine *Dorfgemeinde*, mit einer Gemeinde-Deputation und eigener Pfarre S. Martino und Oratorio, am Lamiro-Flusse, von Carate, Vergo, Calò, Agliate und Triuggio begrenzt, 1¼ St. von Pajna, ¼ St. von Carate. Hieher sind einverleiit: Contravaglio, Pesciiera, Prevostura, Realdino, *Meiereien* — Rivierio di sopra, Rivierio di sotto, *Landhäuser* — Realdino, Sisto, *Mühlen*.

Costa, Lomiardie, Prov. Lodi e Crema und Distr. VII, Paudino; s. Agnadello.

Costa, Lombardie, Prov. Bergamo und Distr. VIII, Piazza; s. Arverara.

Costa, Lomiardie, Prov. Milano und Distr. XIII, Gallarate; sieie Balladello.

Costa, Lomiardie, Prov. Bergamo und Distr. VII, Caprino; s. Caprino.

Costa, Lomiardie, Prov. Como und Distr. XXV, Missaglia; s. Cassago.

Costa, Lombardie, Prov. Lodi e Crema und Distr. VI, Codogno; s. Castel nuovo Bocca d' Adda.

Costa, Lomiardie, Prov. Como und Distr. XXV, Missaglia; s. Cereda.

Costa, Lomiardie, Prov. Como und Distr. XVI, Gavirate; s. Cocquio.

Costa, Lombardie, Prov. Lodi e Crema und Distr. VI, Codogno; sieie Corno Giovine.

Costa, Lombardie, Prov. Bergamo u. Distr. XVIII, Edolo; s. Edolo.

Costa, Lombardie, Prov. und Distr. I, Como; s. Fino.

Costa, Lombardie, Prov. Brescia und Distr. XV, Gargnano; sieie Gargnano.

Costa, Lomiardie, Prov. und Distr. X, Milano; s. Lamirate.

Costa, Venedig, Prov. Polesine und Distr. I, Rovigo, ein von dem Flusse Adigetto begrenztes *Gemeindedorf*, mit Vorstand und Pfarre S. Giovanni Battista, einer Aushilfskirche, Oratorio u. Kapelle, 2 St. von Rovigo. Dazu geiören:
Borgo S. Giovanni, Costiela, *Landhäuser*.

Costa, Venedig, Prov. Belluno u. Distr. II, Longarone; siehe S. Tiziano.

Costa, Venedig, Prov. Belluno u. Distr. III, Pieve di Cadore; sieie S. Vito.

Costa, Venedig, Prov. Belluno u. Distr. IV, Auronzo; sieie S. Nicolò.

Costa, Venedig, Prov. Belluno u. Distr. V, Agordo; sieie Rocca.

Costa, Venedig, Prov. Belluno u. Distr. V, Agordo; sieie S. Tomaso.

Costa, Venedig, Prov. Friaul und Distr. III, Spilimbergo; siehe Forgaria.

Costa, Venedig, Prov. Treviso u. Distr. IV, Conegliano; sieie Conegliano.

Costa, Venedig, Prov. Treviso u. Distr. V, Serravalle; sieie Cison.

Costa, Venedig, Prov. Treviso u. Distr. V, Serravalle; sieie Serravalle.

Costa, Venedig, Prov. Treviso u. Distr. VIII, Monteielluna; sieie Pederobia.

Costa, Lombardie, Prov. Como u. Distr, XVI, Gavirate; sieie Leggiuno.

Costa, Lomiardie, Prov. Bergamo und Distr. VIII, Piazza; sieie Mojo.

Costa, Lomiardie, Prov. Bergamo und Distr. VII, Caprino; sieie Pontità.

Costa, Lombardie, Prov. Milano und Distr. XIII, Gallarate; sieie Samarate.

Costa, Lombardie, Prov. Mantova und Distr. II, Ostiglia; sieie Serravalle.

Costa, Lomiardie, Prov. Bergamo und Distr. II, Zogno; sieie Taleggi.

Costa, Lomiardie, Prov. Bergamo und Distr. VII, Caprino; s. Torre de' Busi.

Costa I, II, Lomiardie, Prov. u. Distr. I, Mantova; sieie S. Giorgio.

Costa La, Lomiardie, Prov. Como u. Distr. XIV, Eria; sieie Tregolo.

Costa, Tirol, Trient. Kr., ein *Weiler*, z. Gem. Vigalzano, im Ldgchte. Pergine.

Costa, Tirol, Rover. Kr., ein *Weiler*, z. Gem. Folgaria, im Ldgchte. Roveredo.

Costa, Tirol, Rover. Kr., ein *Weiler*, zur Gem. Termagnuolo, im Laudgchte. Roveredo.

Costa, Tirol, Rover. Kr., ein *Weiler*, zur Gem. Valarsa geiörig, im Ldgchte. Roveredo.

Costa, Tirol, Rover. Kr., ein *Weiler*, zur Gem. Noriglio geiörig, im Ldgchte. Roveredo.

Costa, Tirol, Rover. Kr., ein *Weiler*, zur Gem. Cimone geh., im Ldgchte. Nogaredo.

Costa, Tirol, Trient. Kr., ein *Weiler*, zur Gem. Vigo, im Ldgchte. Fassa.

Costa Di, Venedig, Prov. Friaul und Distr. XV, Maggio; sieie Maggio di sotto (Maggio di sopra).

Costa Appia e Canove, Lomiardie, Prov. Mantova und Distr. XVII, Asola; s. Asola (Appi e Canove Costa).

Costa Cassina, Lombardie, Provinz Lodi e Crema und Distr. VI, Codogno; sieie Somaglio.

Costa Cassina, Lombardie, Provinz Como und Distr. XIV, Erba; sieie Villa Albese.

Costa Cassina e Mulino, Lombardie, Prov. Cremona und Distr. X, Milano; sieie Lambrate.

Costa Castellina, Lombardie, Provinz Cremona und Distr. III, Soresina; sieie S. Bassano.

Costa Ceriola, Lombardie, Prov. Cremona u. Distr. II, Soncino; s. Soncino.

Costa Bissara, Venedig, Prov. und Distr. I, Vicenza, ein von den Bergen Gambagliano begrenztes, bei Motta, unweit dem Flusse Bacchiglione lieg. Gemeindedorf, mit Vorstand, Pfarre S. Giorgio und 4 Oratorien, 3¼ Migl. von Vicenza.

Costa Borgo, Venedig, Prov. Padova und Distr. X, Monselice; sieie Monselice (Borgo Costa).

Costa dell' Andri, Venedig, Prov. Friaul und Distr. XV, Moggio; sieie Moggio di sotto.

Costa di Mulino, Venedig, Prov. Friaul und Distr. XV, Moggio; sieie Chiusa.

Costa di Vernassino, Venedig, Prov. Friaul und Distr. XIII, S. Pietro; sieie S. Pietro.

Costa di Drio, Venedig, Prov. Treviso und Distr. V, Serravalle; sieie Cison (Drio Costa).

Costa e Mugnajo, Venedig, Prov. Friaul und Distr. XII, Cividale; sieie Torreano.

Costa, Cinea la, Lombardie, Prov. und Distr. II, Como; sieie Monte Olimpino.

Costadedoi, Tirol, Pusterthaler Kr., ein Weiler im Landgericite Enneberg, zur Gemeinde Abtey geiörig.

Costa de' Garalli, Lombardie, Provinz und Distr. I, Bergamo; sieie Ponteranico.

Costa de' Padri Barnabiti, Lombardie, Prov. Cremona und Distr. VII, Casal Maggiore; s. Villa nuova.

Costa de' Serina, Lombardie, Prov. Bergamo, Distr. II, Zogno, ein Gemeindedorf, mit Vorstand und Pfarre SS. Lorenzo e Ambrogio und 3 Oratorien, östlici dem Berge Barbata, welcher das Tial Bremiana vom Tiale Seriana theilt, 1 St. von Zogno. Hieher gehören: Ascensione, Fancello, Nespolo, Ombriola, Pampiallo, Tagliata, kleine Gassen.

Costa di Mezzate, Lombardie, Provinz Bergamo und Distr. III, Trescorre, ein nicit weit vom reissenden Cherio entlegenes Gemeindedorf, mit Vorstand und Pfarre S. Giorgio, 1¼ St. von Trescorre.

Costa e Mulini, Lombardie, Prov. Mantova und Distr. X, Bozzolo; sieie Gazuolo.

Costa Isola Massi, Lombardie, Prov. Cremona und Distr. VI, Pieve d' Olmi, sieie Branciere.

Costagne, Dalmatien, Spalato Kr., Almissa Distr., ein Dorf, der Hauptgemeinde Almissa einverleibt, mit einer Pfarre verseien, in der Näie des Berges Mossor und des Flusses Cettina, 4 Migl. von Zuccagne und 1 Migl. von Podgraje, 10 Migl. von Almissa.

Costabona, Illirien, Istrien, Mitterburg. Kr., ein Dorf, im Distr. Capodistria, Hauptort der Untergem. gleicien Namens, mit 61 Häus. und 610 Einw., mit einer Kuratie, 1¼ St. v. Capodistria.

Costagnizza, Dalmatien, Cattaro Kr. und Distr., ein kleines, am Ufer des Meeres lieg., unter die Prätur Cattaro geh. Dörfchen, dessen Einw. vom Ertrage des Feldbaues leben, 6 Migl. von Cattaro.

Costajla, Lombardie, Prov. Como und Distr. XXV, Missaglia; s. Barzago.

Costajola, Lombardie, Prov. Como und Distr. XXV, Missaglia; s. Cassago.

Costalissojo, Venedig, Prov. Belluno und Distr. IV, Auronzo; siehe Comelico inferiore.

Costa Loghino, Lombardie, Prov. und Distr. I, Mantova; s Roncoferraro.

Costalta, Venedig, Prov. Belluno u. Distr. IV, Auronzo; sieie S. Nicolò.

Costalta, Tirol, Trient. Kr., ein Weiler, zur Gem. Faj geiörig, im Ldgchte. Mezzolombardo.

Costalunga, Lombardie, Prov. und Distr. I, Brescia; sieie Mompiano.

Costalunga, Venedig, Prov. Verona und Distr. VIII, S. Bonifacio; sieh Monteforte.

Costa Lunga, Venedig, Prov. Friaul und Distr. XIV, Faedis; siehe Faedis.

Costalunga, Venedig, Prov. Treviso und Distr. IX, Asola; siehe Cavaso.

Costa Maia, Venedig, Prov. u. Distr. I, Treviso; sieie Quinto.

Costa Piano, Venedig, Prov. Friaul und Distr. XIV, Faedis; siehe Faedis.

Costantina, Lombardie, Prov. und Distr. II, Como; siehe Tarvenerio.

Costa nuova, Lombardie, Prov. und Distr. I, Mantova; siehe S. Giorgio.

Costa Oldani, Lombardie, Provinz Pavia und Distr. VIII, Abbiategrasso; siehe Abbiategrasso.

Costa S. Abramo con Cura d' Affailati, Lombardie, Provinz Cremona und Distr. IV, Pizzighettone, ein *Gemeindedorf*, mit Vorstand und Pfarre S. Abramo, 1 St. von Cremona.

Costa S. Caterina, Lombardie, Prov. Cremona und Distr. V, Robecco; siehe Ossolengo.

Costa S. Ferino, Lombardie, Prov. und Distr. II, Como; siehe Monte Olimpino.

Costa S. Zenone, Lombardie. Provinz Pavia und Distr. IV, Corte Olona, eine von den Flüssen Lambro und Pò begrenzte, unw. Chignolo lieg. *Gemeinde-Ortschaft*, mit Vorstand und Pfarre S. Maria Assunta, 1 St. v. Corte Olona. Hieher gehören: Cassina Campone, Cassinetta, Sorlama, Sposetta Grupelli, Sposetta Magnani, *einzelne Häuser.* — Olza, Olzetta, *einzelne Landhäuser.*

Costa, Sachetto, Venedig, Prov. Friaul und Distr. XV, Moggio; siehe Dogna.

Costasavina, Tirol, Trienter Kr., ein z. Ldgchfs. Hrsch. Persen geh. *Dorf*, mit einer Kurazie, $\frac{1}{2}$ St. von Persen oder Pergine.

Costa Taverna della, Lombardie, Prov. Milano und Distr. VI, Monza, siehe Villa S. Fiorano.

Costa vecchia, Lombardie, Prov. Como und Distr. XXV, Missaglia; s. Monte vecchia.

Costa Viola, Lombardie, Prov. Cremona und Distr. II, Soncino; siehe Soncino.

Costa Vittoria o, Lombardie, Provinz Lodi e Crema und Distr. IX, Crema; siehe Cassine Gandini.

Costa Vernese, Venedig, Provinz Vicenza und Distr. V, Marostica; siehe Mure.

Costaz, Venedig, ein *Berg*, bei St. Cimon.

Coste, Venedig, Prov. Treviso und Distr. IX, Asolo; siehe Masèr.

Coste del Cornaggia, Lombardie, Prov. Lodi e Crema und Distr. IV, Borgretto; siehe S. Colombano.

Costa della Chiesa, Lombardie, Prov. Lodi e Crema und Distr. V, Casalpusterlengo; siehe Casalpusterlengo.

Costa di Mezzo, Lombardie, Provinz Lodi e Crema und Distrikt V, Casalpusterlengo; siehe Casalpusterlengo.

Costa Madonna delle, Lombardie, Provinz Lodi e Crema und Distr. IV, Borgietto; siehe Cavanago.

Costa Ponzoni. Lombardie, Provinz Cremona und Distr. VI, Pieve d' Olmi; siehe Stracondolo.

Costeggiola, Venedig, Prov. Verona und Distr. VIII, S. Bonifacio: s. Soave.

Costen, Böhmen, Leitmeritzer Kr., eine *Ortschaft*, 1 St. von Teplitz.

Costenblatt, Böhmen, Leitmeritzer Kr., eine *Ortschaft*, $2\frac{1}{2}$ St. von Teplitz.

Costerman, Venedig, Prov. Verona und Distr. XII, Caprino, ein von dem Berge Albare begrenztes, nahe an dem Dorfe Albarè liegendes *Gemeindedorf*, mit Vorstand, Pfarre S. Antonio Ab., 1 Santuarium, 4 Oratorien und Villegiatur, Torre genannt, 1 Migl. von Caprino. Mit: Albarè di Gardasane, *Dorf.*

Costi. Lombardie, Prov. Como, Distr. XXVI, Mariano; siehe Cucciago.

Costino, Lombardie, Prov. Lodi e Crema und Distr. I, Lodi; siehe Crieso di Porta Cremonese.

Costiola, Lombardie, Prov. Polesine und Distr. I, Rovigo; siehe Costa.

Costne, Venedig, Prov. Friaul, Distr. XIII, S. Pietro; siehe Grimacco.

Costone, Lombardie, Prov. Como und Distr. XXV, Missaglia; siehe Grippa.

Costozza, Venedig, Prov. u. Distr. I, Vicenza; siehe Longare.

Costozza, Venedig, Prov. Vicenza, ein *Dorf* am Canal Bisato, mit einer labirinthartigen Höhle, die einst ein Marmor-Steinbruch gewesen zu sein scheint.

Costrena, Kostrena — Kroatien, Buccareser Kommerzial-Seedistrikt, ein zur Gerichtsbarkeit der freien Seestadt Buccari geh. *Dorf*, mit einer eigenen Pfarre, wovon der ganze Distrikt von Martinschiza bis Porto-Ré seinen Namen führt, $\frac{1}{4}$ St. von Buccari und eben so weit von Fiume.

Costrjole, Lombardie, Prov. Como und Distr. XVI, Gavirate; s. Bogno.

Cosvinizza, Dalmatien, Ragusa Kr., Slano Distr., ein *Dorf*, nahe bei Danciagne, zur Hauptgemeinde Stagno gehörig und der Pretur Slano untergeordnet, $\frac{1}{2}$ Migl. von Stagno.

Cotissina, Dalmatien, Spalato Kr., Macarsca Distr., ein nach Macar gepfarrtes, $\frac{1}{4}$ Migl. davon entferntes *Dorf*, als Untergemeinde zur Haupt-Distriktsgemeinde gehörig, $\frac{1}{2}$ Migl. von Macarsca.

Cott, Steiermark, Cillier Kr., ein zum Wb. Bzk. Kom. und Hrsch. Hörberg geh. *Dorf*, hinter dem Markte Hörberg, 10 St. von Cilli.

Cotte, Illirien, Istrien, Mitterburger Kr., ein *Dorf* im Bezirke Pinguente, zur Pfarre Colmo geıörig, in der Diöcese Triest-Capodistria, 6 St. von Pisino.

Cotteschau, Böımen, Leitmeritzer Kr., eine *Ortschaft*, 1 St. von Budin.

Cottino, Lombardie, Prov. Como und Distr. XVIII, Cuvio; sieıe Azzio.

Cottlenizze, Dalmatien, Spalato Kr. und Distr., ein naci ·Dugopoglie gepfarrtes *Dorf*, der Hauptgemeinde Clissa einverleibt und 3 Meilen von Salona entlegen, 7 M. von Spalato.

Cotto, Cassina dei, Lombardie, Prov. Como und Distr. XXI, Luino; sieıe Valdomino.

Cottomiersch, Böımen, Leitmeritzer Kr., ein *Dorf* der Hrsch. Lobositz; sieıe Kuttomierż.

Cottoni, Cà, Venedig, Prov. Venezia und Distr. VIII, Porto Gruaro; sieıe Caorle (Cà Cattoni).

Cottuno, Lombardie, Prov. Mantova und Distr. XVII, Asola; sieıe Asola (Castel nuovo).

Cotusa, Lomıardie, Prov. Mantova und Distr. XVII, Asola; sieıe Asola.

Cotussa, Dalmatien, Spalato Kr.; sieıe Citlach.

Couch, Illirien, ein *Berg*, südlich von Iderska, 653 W. Klftr. ıocı.

Cousevo, aucı Cussevo — Dalmatien, Zara Kr., Obbrovazzo Distr., ein *Dorf*, mit einer eigenen Pfarre, zur Hauptgemeinde und Pretur Obbrovazzo geh., auf dem festen Lande, 4 Migl. von Obırovazzo.

Couzize, Illirien, In. Krain, Adelsb. Kr., ein zum Wb. Bzk. Kom. und Landgericıte Castelnovo geh., der Pfarre zu Bresovitza unterthän. *Dorf*, gegen N. näcıst dem Dorfe Orechech, 1¾ St. von Matteria.

Cova. Venedig, Prov. Padova und Distr. XI, Conselve; sieıe Agna.

Cova, Lomıardie, Prov. Lodi e Crema und Distr. VI, Codogno; sieıe Senna.

Covaci, Dalmatien, Cattaro Kr. und Distr., ein unter die Pretur Cattaro geh. *Dorf*, auf einem Berge, mit gutem Frucıtboden in der Ebene, durcı dessen Anbau sicı die Bewoıner ernäıren, 11¾ Migl. von Cattaro.

Covaeich, Dalmatien, Zara Ķr., Knin. Distr., ein *Filialdorf* der Pfarre Kninscopoglie, der Hauptgemeinde und Pretur Knin zugetheilt, auf dem festen Lande, unweit vom Pfarrorte, 2 Migl. von Knin, Postamt Sebenico.

Covagno, Lombardie, Prov. Como und Distr. XII, Oggiono; sieıe Dolzago.

Covás, Siebenbürgen, Kokelburg. Komitat; sieıe Szász Csávás.

Covati, Castel, Lombardie, Prov. Brescia und Distr. VIII, Cıiari; sieıe Castel Covati.

Covazzarizzo, Venedig, Prov. Friaul und Distr. XII, Cividale; sieıe Castel del Monte.

Covedo, Cavado — Illirien, Istrien, Mitterburger Kr., ein *Dorf* im Distrikt und Bez. Capodistria, Hauptort der Untergemeinde gleicıen Namens, mit 86 Häusern und 540 Einw. und eigener Pfarre, in der Diöcese Triest-Capodistria, südwestlicı vom Dorfe ist der 236¼ W. Klftr. hoıe Berg Latschına.

Covegio, Venedig, ein *Berg* bei Caltrau, am Flusse S. Giovan.

Covello, Tirol, Trienter Kr., einst Jurisdiction der Grafen von Terlago, die nocı das Zeırest- und Jagdrecıt ıesitzeı, mit einer Kuratie und einem ausgezeichnet scıönen Palaste der Grafen v. Sizzo.

Covelo, Tirol, Trienter Kr., ein *Dorf* und Gemeinde im Landgericıte Vezzano.

Covenzago, Venedig, Prov. Padova und Distr. ll, Mirano; sieıe Mirano.

Covi, S. Pietro, Lomıardie, Prov. Cremona· und Distr. II, Soncino; sieıe Soncino.

Covelo, Castel, deutscı: Schl. Kofel — Tirol, eıemals berüımter *Pass* an der Brenta, mit einem Scılosse oıne Dacı, in der Felsenıöıle, zwar auf venetianischem Boden gelegen, jedoch ·vorıin zum tirol. Landgericıt Ivano ıerecınet.

Coviza, Illirien, Friaul, Gradiskau. Kr., eine einzelne *Mahlmühle* an dem Bache gleicıen Namens, ıinter dem Dorfe und zur Zentral-Gericıtsıarkeit Ajello geh., 1 St. von Nogaredo.

Covo, Lombardie, Prov. Bergamo und Distr. XII, Romano, ein *Gemeindedorf*, östlicı gegen den Fluss Serıo liegend, mit Vorstand, Pfarre SS. Filippo e Giacomo, Aushilfskirche und 5 Oratorien, Spinnerei und 2 Kalk- und Ziegelöfen, ½ St. von Romano.

Covolo, Venedig, Prov. Vicenza und Distr. VI, Asiago, ein *Gemeindedorf*, jener zu Lusiana einverleiıt, mit Pfarre S. Donato, 3 St. von Asiago.

Covolo. Venedig, Prov. Treviso und Distr. VIII, Montebelluna; siehe Pederobba.

Covrie, Venedig, ein *Berg* bei Avasinio, am recıten Ufer des Tagliamento Flusses.

Cozarin, Illirien, Istrien, Mitterburg. Kr., ein *Dorf* im Bezirke und auf der Insel Veglia, zur Pfarre Verbenico geh., in der Diöcese Veglia, 1 St. von Veglia.

Cozpoldeshofen, Oest. o) d. Ens, Inn Kr.; sieıe Gaspoltshofen.

Cozza, Lombardie, Prov. Mantova und Distr. V, Castiglione delle Stiviere; sieıe Castiglione delle Stiviere.

Cozzena. Lombardie, Prov. u. Distr. II, Como; sieıe Maslianico.

Cozzichief, Illirien, Istrien, Mitterburger Kr., ein *Weiler* im Bezirke und auf der Insel Cıerso, zur Pfarre Bellei ·geh., in der Diöcese Veglia, 5 Stunden von Cıerso.

Cozzizeza, aucı Cosizza, Dalmatien, Spalato Kr., Macarsca Distr:, ein der Hauptgemeinde Vergoraz als Untergemeinde einverleibtes *Dorf*, ¼ Migl. von Verlaca, 18 Migl. von Macarsca.

Cozzolo, Lombardie, Prov. Mantova und Distr. VI, Castel Goffredo; sieıe Piubega.

Cozzolo, Venedig, Prov. Venezia und Distr. III, Dolo; sieıe Campolongo.

Cozzorano, Lombardie, Prov. Milano und Distr. XII, Melegnano; s. Carpiano.

Cozzuolo, Venedig, Prov. Treviso und Distr. VI, Ceneda; sieıe Ceneda.

Cragnutto, Venedig, Prov. Friaul u. Distr. VIII. S. Vito; sieıe S. Vito.

Crai, Illirien, *Dorf*, im Bezirke Volosca und zur Hauptgemeinde Moschienizza geh., mit 114 Häus. u. 642 Einwoınern.

Crai, Lombardie, Prov. Friaul und Distrikt XIII, S. Pietro; sieıe Drencıia.

Crainavass, Illırien, Inner Krain, Adelsıerg. Kreis, ein zum Wh. B. Kom. Tıbein geh. *Dorf*, 3¼ St. von Steffana.

Crandola, mit dem Dorfe Vegno — Lomıardie, Prov. Como und Distrikt X, Introbbio, ein mit Vegno vereinbartes *Gemeindedorf*, in der Pfarre S. Bartolomeo zu Margno, unweit Ortighera, 7 M. von Taceno.

Cranno, Lombardie, Prov. Como und Distr. XIII, Canzo; sieıe Asso.

Cranno. Lomıardie, Prov. Como und Distr. XIII, Canzo; sieıe Canzo.

Cranzetti, Illirien, Istrien, Mitterıurger Kr., ein *Dorf* im Distrikt Rovigno in der Diöcese Parenzo Pola, Bezirk Dignano, zur Untergemeinde Bacordich und zur Pfarre Sanvincenti geh., 2¼ St. von Dignano.

Cranzi, Venedig, Prov. Friaul und Distrikt XIII, S. Pietro; sieıe Rodda.

Craone, Lombardie, Prov. Bergamo u. Distr. XVII, Breno; siehe Malegno.

Craoretto, Venedig, Prov. Friaul u. Distr. XII, Cividale; siehe Prenotto.

Crappano, Dalmatien, Zara-Kreis, Sebenico Distrikt; ein *Dorf* und Untergemeinde der Hauptgemeinde Zlarin, unter die Pretur Sebenico geh., mit einer

eigenen Pfarre, liegt auf der Insel Crappano, 4 M. von Seıenico.

Crappano, Dalmatien, Zara Kr., eine *Insel* im Adriatiscıen Meere.

Cras, Venedig, Prov. Friaul und Distr. XII, Cividale; sieıe Prepotto.

Cras, Di, Venedig, Prov. Friaul und Distr. XII, Cividale; sieıe Prepotto.

Crasna, Illirien, Friaul, Görz. Kreis, ein der Herscıaft Selofenchia geh., in der Zentral-Gericıtsbarkeit Quisca geh. *Dörfchen*, auf einem Berge zwiscıen Vercolia und Vederguano, 2¼ St. von Görz.

Crasse, Illirien, Istrien, Mitterburger Kr., ein *Dorf* im Bezirke und auf der Insel Veglia, zur Pfarre Dobrigno geıör., in der Diöcese Veglia, ¾ St. von Veglia.

Crassizza, Illirien, Istrien, Mitterb. Kr., ein *Dorf* im Distr. Capodistria, Bezirk Buje, Hauptort der Untergemeinde gleicıen Namens, mit 80 Häus. und 630 Einw., einer Kuratie, in der Diöcese Capodistria, 5 St. von Montona.

Craszicza, Kraszicza — Kroatien, Buccar. Kommerz. Seedistr., ein tıeils d. Kaal. Hrsch., und tıeils der Stadt Buccari geh., nacı Praputnik eingepf. *Dorf*, 1 St. von Fiume.

Crauglio, Illirien, Friaul, Gradisk. Kr., ein zur Zentral-Gerichtsbark. Ajello geıör. *Dorf*, gegen W. nächst Torre, ½ St. von Nogaredo.

Cravera, Lomıardie, Prov. Pavia u. Distr. IV, Corte Olona; s. Corte Olona.

Cravera, Lomıardie, Prov. Pavia und Distr. IV, Corte Olona; siehe Cristina.

Cravero, Venedig, Prov. Friaul und Distr. XIII, S. Pietro; s. S. Leonardo.

Cravino, Lomıardie, Prov. und Distr. I, Pavia; siehe Corpi Santi.

Cravolino, Lomıardie, Provinz und Distr. II, Como; sieıe Moltrasio.

Crea, Venedig, Prov. Venezia und Distrikt I, Mestre; sieıe Spinea.

Creazzo, Venedig, Prov. und Distr. I, Vicenza, ein ıart an dem Gebirge Sovizzo und dem Berge Monteviate, zwiscıen Bescadoro u. Olmo liegendes *Dorf* mit Vorstand, Pfarre S. Uldarico und einem Oratorio, 4 Migl. von Vıcenza.

Crebbio, oder Grebbio — Lombardie, Prov. Como und Distr. XI, Lecco; sieıe Linzanico.

Creda, Lombardie, Provinz Como und Distr. XXI, Luino; siehe Castello.

Creda, Lombardie, Provinz Como und Distr. VII, Dongo; sieıe Musso.

Credaro, Lomıardie, Prov. Bergamo und Distr. IX, Sarnico, ein *Gemeindedorf*, mit einer eigenen Pfarre S. Giorgio, Nebenkirche, Kapelle u. Gemeinde-

Deputation. Liegt zwischen Caleppio u. Sarnico, ½ Migl. vom Flusse Oglio, ¼ St. von Sarnico. Mit:
Trerecco Masodi, *Gasse*.

Credaro, Lombardie, Prov. Çomo und Distr. XVI, Gavirate; sieie Besozzo.

Credazzo, Venedig, Prov. Treviso und Distr. VII, Valdobbiadena; s. Miane.

Crede, Le, Venedig, Prov. Friaul u. Distr. VII, Pordenone; sieie Pordenone.

Credera, Lombardie, Provinz Lodi e Crema und Distrikt VIII, Crema, eine nächst Cassina Ramelli (Distr. V, Casalpusterlengo) liegende *Gemeinde-Ortschaft*, mit Pfarre S. Dominico, einem Oratorio, Gemeinde-Deputation, Reissstampfe und 3 Müilen, 5 Migl. v. Crema. Dazu gerören:
Cassina di S. Carlo, *Gemeindetheil* — Malmettuda, Mulino di Frati, Torcrio, *Meiereien*.

Cregli, Illirien, ein *Dorf* im Distrikt Rovigno, Bzk. Dignano, zur Untergemeinde Castelnuovo und zur Pfarre Barbana geh., in der Diöcese Parenzo Pola, 4 St. von Dignano.

Cregolischie, Illirien, Inner Krain, Adelsberg. Kr., ein zur Wb. Bzk. Kom. Hrsch. Tibein geh. *Dorf*, 2 St. von Heil. Kreuz.

Crella, Lombardie, Provinz Como und Distr. III, Bellaggio, sieie Bellaggio.

Crema, Lombardie, Prov. Lodi e Crema und Distr. VIII, Crema, eine mit Lodi verbundene *Delegations-Stadt*, wovon der VIII. und IX. Distrikt iiren Namen haben, mit einem Bisthume, Kathedral-Kircie S. Bernardino, S. Trinita, S. Giacomo maggiore und Benedetto, 4 Pfarren, 5 Aushilfskirchen und 6 Oratorien, ist der Sitz des k. Distrikts-Commissariats, der Gemeinde-Administration, des Munizipal-Rates, des Podesta, der k. Prätur. Nebst einem Gymnasio und Collegio S. Maria della Croce genannt, mit 9000 Einw., einer Haupt- u. Mädcienscrule; auch befinden sici ein k. Distrikts-Postamt und Pferdewecisel zwiscien Lodi u. Soncino, 1½ Post oder 10 Migl. von Lodi entlegen, einem Hospital, Kranken- und Findelraus, meire Seiden-, Leinen- u. Hut-Fabriken, und 2 Tieater, liegt am reciten Ufer des Serio. Seit 1817 befindet sici in C. ein Beschäl- u. Remontirungs-Departement mit 130 Hengsten. Postamt.

Crema, Lombardie, Prov. Lodi e Crema Distr. VIII, hat folgende *Gemeinden*:
Crema — Capergnanica — Casaletto Ceredano con Ca de Vagni — Castelnuovo — Crieve — Credera con Cassina S. Carlo — Izzano — Modigliano — Montodine con Bruge — Moscazzone — Ombriano

— Passarera — Porta Ombriana — Ripalta Arpina con Saragosa — Ripalta Guerrina — Ripalta nuova — Ripalta veccria — Rovereto — Rubbiano — Salvirola Cremnasca — S. Bernardino con Vergonzana — S. Maria della Croce — S. Miciele con S. Bartolomeo de Morti — Vairano con S. Stefano — Zapello con Bolzone.

Crema, Lombardie, Prov. Lodi e Crema Distr. IX, hat folgende *Gemeinden*:
Bognolo — Bottajano — Campagnola — Camisano — Capralba con Campisico — Casale — Casaletto Vaprio — Cassine Gandine con Cassine Capre con Roncie — Cremosano — Farinate — Garriano — Monte — Offanengo — Palazzo — Pianengo — Pieranica — Quintana — Ricengo — Scannabue — Serguano — Torlino con Azzano — Trescorre — Trezzolasco — Vajano — Vidolasco.

Crema, Lombardie, Prov. Milano und Distr. XII, Melegnano; s. S. Brera.

Crema, Corte, Lombardie, Provinz Mantova und Distr. XV, Revere; sieie Quistello.

Cremasca, Salvirola, Lombardie, Prov. Lodi e Crema und Distr. VIII, Crema; sieie Salvirolo Cremasca.

Cremasche, Lombardie, Prov. und Distr. I, Mantova; sieie S. Giorgio.

Cremasche, Lombardie, Trov. Mantova und Distr. XIV, Gonzaga; sieie Gonzaga (Polesine).

Cremella, Lombardie, Prov. Como u. Distr. XXV, Missaglia, ein *Gemeindedorf* mit Vorstand und eigener Pfarre S. Stefano, dann einer Kotton-Fabrik, auf einer Anhöhe, 4 M. v. Missaglia. Mit: Canuova, Montegrigolo, Pelvaro, Valletta, *Meiereien*.

Cremenaga, Lombardie, Prov. Como und Distr. XXI, Luino, ein *Gemeindedorf*, mit einer eigenen Pfarre S. Martino, dessen Sprengel sich bis an den Schweizer Canton Ticino erstreckt, u. einer Gemeinde-Deputation, unweit Montagna und dem Flusse Tressa, welcher die Lombardie von der Schweiz theilt, 5 Migl. von Luino.

Cremenich, Illirien, Istrien, Mitterburger Kreis, ein *Dorf*, im Bezirke und auf der Jusel Veglia, zur Pfarre Dobasnizza, in der Diöcese Veglia, ¼ St. von Veglia.

Cremeno, Dalmatien, Zara Kreis, Serenico Distrikt, ein zur Hauptgemeinde und Pretur Serenico gehöriges *Dorf* und *Untergemeinde*, auf dem festen Lande, naci Borgo di Terra ferma gepfarrt, 5 Migl. von Sebenico,

Cremeno, Lombardie, Prov. Como u. Distr. X. Introbbio, ein unweit Campellio liegendes *Gemeindedorf*, mit Vorstand und einer Pfarre S. Giorgio, 5 Migl. von Introbbio, Hieher gehören: Balisio, *Wirthshaus* — Maggio, *Dorf.*

Cremetta, Lombardie, Prov. Mantova und Distr. XIV, Gonzaga; s. Gonzaga (Pegognaga).

Cremezzano Lombardie, Prov, Brescia und Distr. XII, Orzinovi, ein *Gemeindedorf*, mit Vorstand und Pfarre S. Giorgio, 7 Migl. von Orzinovi. Mit: Fenil Ovoltori, Fenil Balucanti, Passere, Santi, *Meiereien.*

Cremia, Lombardie, Prov. Como und Distr. VII, Dongo, eine aus nachbenannten Theilen bestehende *Gemeinde*, mit Vorstand und Pfarre S. Michele zu Vignolo, einer Sonn- und Regenschirmaus Seide und Leinen, und Uhren-Fabrik. In diesem Terrain, welcher etwas erhaben liegt, befinden sich die reissende Quaradella und der Berg Bragajuo, 5 Migl. von Gravedona. Die Bestandtheile dieser Gemeinde heissen: Cadreglio, Cantone, Colgine, Griano, Marnino, Motto, Pusgnano, S. Vitto, Somalno, Vezzedo, Vignola, *Häuser.*

Cremnago, Lombardie, Prov. Como und Distr. XXVI, Mariano, ein *Gemeindedorf*, mit Vorstand und eigener Pfarre S. Vincenzo, östlich ober einem Hügel und westlich gegen das Thal Sorda, 6 Migl. von Cantù. Dazu gehören: Alpetto, Baseniga, Cassinnetta, Perego, Prido e Pizzo, Quadia, Rozzone, *. Meiereien.*

Cremina. Siebenbürgen; s. Cemenye.

Cremnitzium, Ungarn, Bars. Komt. s. Kremnitz (Kremnicza) — Kremnitz.

Cremona, Lombardie, *Hauptstadt* der gleichnamigen Delegation am Po, über welchen eine, durch das Castel St. Croce gedeckte Schiffbrücke führt, hat 2 St. im Umfange, und zählt mit der Vorstadt 3560 H. u. 28,500 Einwohner. Die mit Gräben und Bastionen umgebene Stadt gewährt einen freundlichen Anblick. Eines der ansehnlichsten Gebäude ist der öffentliche Pallast. Unter den 45 Kirchen und Kapellen ist die sehenswertheste die grosse Domkirche, mit schätzbaren Gemälden, Marmordenkmählern und Fresken; das Gewölbe ruht auf 40 Marmorsäulen; der freistehende Glokkenthurm wird für den höchsten und kühnsten in Italien gehalten; 378 Fuss hoch, wird er, bis zum Glockenhause, auf 498 Stufen erstiegen. Der Corso ist schön und viel besucht. C. ist der Sitz eines Bisthums, mit Cathedral-Kapitel,

eines Civil-,Criminal-, u. Handels-Tribunals, hat ein Lyceum, Gymnasium, eine Haupt- und Mädchenschule, öffentliche Bibliothek, Mädchen-Erziehungsanstalt, Garanzie-Amt, 2 Theater, Kunstsammlungen und mehrere Wohlthätigkeitsanstalten, hierunter ein Krankenhaus, ein Leih- und Arbeitshaus, u. Waiseninstitute. Von Gewerben sind vornehmlich zu erwähnen: Leinen- und Seiden-Weberei, Granatschleiferei; C. erzeugt besonders schöne Töpferwaaren und Fayence-Geschirr, auch Farben und chemische Waaren. Der Senf aus C. ist beliebt. Berühmtheit haben die C. Violinen und Bratschen erlangt. Ein nicht unerheblicher Handel wird mit Getreide, Flachs, Käse, Seide, Oel, Honig und Wachs getrieben. C. erhielt zur Zeit der römischen Weltherrschaft einen geschichtlichen Namen (es ist eine römische Colonie vom Jahre 216 v. Ch. G.) unter Antonius und Octavius. Gegen die Longobarden vertheidigten sie sich hartnäckig, König Agilulf strafte sie aber hart, im Jahre 603 zerstörte er die ganze Stadt, und vertrieb die Einwohner, welche sich 6 St. nördlich von Cremona ansiedelten und die heutige Stadt Crema am Serioflusse gründeten, später erhielten sie aber von der grossherzigen Königin Theodolinde die Erlaubniss, wieder zurückzukehren, worauf sie C. schöner und grösser aufbauten. Bald erhoben sie sich zu einer bedeutenden Macht, und unterstützten sie Zeit lang die Sache des Kaisers Friederich Barbarossa, dann schlossen sie sich zu dem lombardischen Städtebund an. Auch C. unterlag dem Parteigeiste des 13. und 14. Jahrhunderts, und in Kriegen zwischen Guelfen und Ghibellinen zersplitterte es seine frühere Macht, hier gab es sogar 3 Partheien, die Capelleti, die Barbaresi und die Maltraversi, eine führte gegen die Andern zur Vertheidigung und Schutz hohe Thürme auf. Im 14. Jahrhunderte gehorchte C. den Viscontis, im Jahre 1403 bemächtigte sich Hugo Cavaltabo der Herschaft der Stadt, nach ihm Gabrino Fondulo, der die Stadt 1419 dem Herzoge Visconti um 35,000 Goldgulden verkaufte, und seit der Zeit mit den Sforzas stets bei Mailand blieb. Postamt mit: Corpi Santi, verschiedene *Häuser* und *Mühlen* ohne eigenen Namen, in der Nähe der Stadt auf der Insel Raduell II zerstreut, grössten Theils nach Due Migle, mit mehreren Stein-, Dachziegel-und Kalk-Öfen.

Cremona, Delegation im lombard. Gouvernement des lombardisch-venet.

Königreicis, wird nördlici und südlich vom Oglio und Po begrenzt. Ihre Grösse beträgt 28 $\frac{4}{18}$ Q. M., sie wird in 9 Distrikte und 198 Gemeinden eingetheilt,

mit einer Zahl von 180,000 Einwohnern, 2 Städten, 7 Marktflecken und 189 Dörfern.

Cremona, Lombardie, enthält folgende Distrikte:
Cremona — Soncino — Soresina — Pizzighettone — Robecco — Sospiro — Casalmaggiore — Piadena, Pescarolo.

Cremona, Lombardie, ein *Distrikt*, enthält folgende Gemeinden:
Cremona coi Corpi Santi — Due Miglia della Città di Cremona, ossia Quartiere Boscietto, Battaglione, Picenzo, S. Ambrogio, S. Bernardo e S. Filice — Ardole S. Marino — Bagnarolo — Ca de' Bonavoglj con Ca de' Cervi — Ca de' Quinzani — Ca de' Sfondrati con Ca de Sprezzagni — Ca de Stefani con Bacanello e Ca dei Mainardi — Cicognolo con Castel Manfredi e Dosso Pallavicino — Gadesco con Ca de' Mári — Gazzo con Compagni — Malagnino con Ronco Malagnino S. Ambrogio, Malongola, S. Lucia, Lama, Vigolo, Cervellara, Ca de' Marozzi con Ca degli Alemani, S. Giacomo, Lovera con Visnadello, Sette Pezzi con Casal Malomora — Montanara con Redondesco — Pieve S. Giacomo con Torre de' Berteri — S. Savino — Silvella con Ca de' Variani ed Ognissanti — Vighizzolo con Mottajola de' Padri — Vescovato.

Cremonese, Chieso di Porta, Lombardie, Prov. Lodi e Crema und Distr. I, Lodi; siehe Chieso di Porta Cremonese.

Cremonina, Lombardie, Prov. Milano und Distr. VII, Verano; s. Vergo.

Cremosano, Lombardie, Prov. Lodi e Crema und Distr. IX, Crema; eine *Gemeinde - Ortschaft*, (Villa) mit Vorstand, Pfarre S. Maria Maddalena, einer Kapelle, Mühle und Reissstampfe, 4 Migl. von Crema. Mit:
Carabbiolo, Colombara, S. Benedetto, *Meiereien.*

Cremosazza, Lombardie, Prov. Lodi e Crema und Distr. VII, Pandino; s. Boffalora.

Crenna, Lombardie, Prov. Milano u. Distr. XIII, Gallarate, eine *Orts - Gemeinde*, mit einer Gemeinde-Deputation und Pfarre S. Zenone, Aushilfskirche und Oratorio, $\frac{1}{4}$ St. von Gallarate und 2$\frac{1}{4}$ St. von Cassina delle Corde. Darin gehören:
Alberti, Bellingera, Bettolinaccio, Bettolino, Biciora, Bonomi, Cannivale, Cantoni, Maccabruni, Macii, Maggitta, Montevello, Mozzuchelli, Plovietta, Poma, Pozzi, Rajna, Roncii, Roscati, S. Rocco, Valle, Varnocchi, *Meiereien* — Visconti, *Haus.*

Creola, Venedig, Prov. Padova und Distr. VI, Teolo; s. Saccolongo.

Creola, Cà di. Venedig, Prov. Padova und Distr. VI, Teolo; s. Saccolongo (Cà di Creolo).

Creola, Cassina. Lombardie, Prov. Como und Distr. XIV, Erba; siehe Cassano.

Creola, Ponte di, Venedig, Prov, Padova und Distr. VI, Teolo; s. Saccolongo (Ponte di Creola).

Crepaz, Tirol, Pusterth. Kr., ein *Weiler*, zur Gemeinde Bucienstein, im Ldgrchte. Bucienstein.

Creppa rossa. Tirol, ein *Gebirg*, an der Grenze von Welsberg und Ampezzo, wo der Rienz Fluss seinen Ursprung hat.

Crè, Rover di, Venedig, Prov. Polesine und Distr. I, Rovigo; s. Rovigo (Rover di Crè).

Crescenzaga, Lombardie, Prov. Como und Distr. XXIV, Brivio; siehe Rovagnate.

Crescenzago con Cimiano, Lombardie, Prov. und Distr. I, Milano; eine *Hauptgemeinde* und Dorf, mit einer Gemeinde-Deputation und Pfarre B. V. Assunta, Aushilfskirche und Oratorio, an Olgio und Corli grenzend, 1 St. von Milano. Einverleibt sind:
Bavinetti, Calderara, Cassisaghi, Donzelli, Finz, Lecchi, Mantegazza, Vedani, *Landhäuser* — Bosco, Cartabrega, Cumiano, Ciresa, Corte Re-

gina, Crivella, Faipo, **Ferresa**, Lambro, Lazzaretto, Melghera infer. e superiore, Nuova, Olgetta, Picca Pietra, Roccolo, Tre Case, *Meiereien* — Dosso, *Mühle*.

Crescevo, Dalmatien, Spalato Kreis, Almissa-Distrikt, ein nach Cattuni gepfarrtes, ¼ Migl. davon entferntes, der Hauptgemeinde Almissa zugetheiltes *Dorf*, nicht weit von dem Berge Umori, 15 Migl. von Almissa.

Cresciasca, Lombardie, Prov. Sondrio (Valtellina) und Distr. V, Traona; *s.* Dubino.

Cresentei, **Via**, Venedig, Prov. Friaul und Distr. X, Latisana; s. Precenico (Via Cresentei).

Cresogno superiore ed inferiore, Lombardie, Prov. Como und Distr. VI, Porlezza, ein am rechten Ufer des See's Ceresio und am Fusse des Berges Pizzoni liegendes, mit Vorstand und Pfarre S. Nicolao versehenes, eigentlich in Ober und Unter getheiltes *Gemeindedorf*, 3 Migl. von Porlezza.

Cresole, Venedig, Prov. und Distr. I, Vicenza; s. Caldogno.

Cresolo, **Monte**, Lombardie, Prov. und Distr. X, Milano; siehe Melzo.

Crespadoro, Venedig, Prov. Vicenza und Distr. XI, Arzignano, ein *Gemeinde-Gebirgsdorf* nächst dem Berge Mariana, mit einer Gemeinde-Deputation, Pfarre S. Andrea Apost. und einer Aushilfskirche, 4 St. von Arzignano. Mit: Durlo, Sacco di Durlo, *Gemeindetheile*.

Crespano, Venedig, Prov. Treviso und Distr. IX, Asolo, ein im Gebirge liegendes *Gemeindedorf*, mit Vorstand und Pfarre S. Marco Evangel., dann 5 Nebenkirchen, theils Oratorien, theils Kapellen, 2 Migl. von Asolo.

Crespatica, Lombardie, Prov. Lodi e Crema und Distr. VII, Paudino; siehe Crespiatica.

Crespiatica, Lombardie, Prov. Lodi e Crema und Distr. VII, Paudino, ein *Gemeindedorf*, mit einer eigenen Pfarre S. Andrea Apost. und Gemeinde-Deputation, 3 Migl. vom Flusse Adda entfernt, 5 Migl. von Lodi. Mit: Benzona, *kleines Wirthshaus*, Casaletti, Mulino, *einzelne Häuser*.

Crespignago, Venedig, Prov. Treviso und Distr. IX, Asolo; s. Maser.

Crespi, Mulino, Lombardie, Prov. Milano und Distr. IV, Saronno; siehe S. Vittore.

Crespino, Venedig, Prov. Polesine und Distr. VI, Crespino, ein *Gem indedorf*, von welchem der VI. Distrikt dieser Provinz den Namen hat, mit Vorstand, königl. Distrikts-Kommissariat, Pretor, Gemeinde-Deputation, Zollamt, eigener Pfarre S. Martino e Severo, und 6 Oratorien, am Flusse Pò, zwischen den Distrikten V, Occhiobello, und VII, Polesella, ½ St. von Polesella. Postamt. Dazu gehören:

S. Cassiano, Selva di Crespino, *Gemeindetheile*.

Crespino, Venedig, ein *Distrikt*, enthält folgende Gemeinden: Crespino mit Selva di Crespino — Cavello mit Lama und Selva di Crespino — Ponteccio — Villanova Marciesana mit Canalnovo.

Crespino, Selva di, Venedig, Prov. Polesine und Distr. VI. Crespino; siehe Crespino (Selva di Crespino).

Creta, Cassina, Lombardie, Prov. und Distr. II, Milano; *s.* Sella nuova.

Cretexno, Tirol, ein *Berg* an der Grenze zwischen Tirol und der Lombardie, in der Näre des Lago di Garda.

Cretis, Venedig, ein *Berg* bei Tolmezo, am rechten Ufer des Ca Bute Flusses.

Creto, Tirol, Trienter Kreis, ein zum Markgrafthum Judicarien geh., unter der Pfarre Bono stehendes *Dorf*, mit einer Kuratie, ½ St. von Bono, 16 St. v. Trient.

Creto, Venedig, ein *Berg* bei Villa di sopra.

Creutzer Kroat. Grenz-Reg. V. Kroatien, Milit. Grenze, Stabsort: Bellovár, hat 29½ geogr. Quadratmeilen mit 71,700 Einwohner in 189 Orten, nämlich: in einer königl. Municipalbürgerstadt, 2 Censual-Märkten u. 186 Dörfern; siehe Kreutzer.

Creuz, Kreisha — Illirien, Krain, Laibacher Kr., ein *Dorf*, an einer Erhöhung, hat schöne Aussichten in's flache Land.

Creuzdorf, Kreisha, Illirien — Krain, Laibacher Kr., ein *Dorf* in einer Schlucht im Mouräutscher Boden.

Creva, Lombardie, Provinz Como und Distrikt XXI, Luino; siehe Luino.

Crevellina, Lombardie, Provinz Mantova und Distr. VI, Castel Goffredo; siehe Ceresara.

Crevenna, Lombardie, Provinz Como und Distrikt XIV, Erba; ein *Gemeindedorf* mit Vorstand und eigener Pfarre S. Maria Magdalena, dann 2 Seitenmühlen, am Saume des Berges S. Salvatore, in der Nähe der reissenden Bova. ½ Migl. von Erba. Dazu gehören: Cassina Dossola, Cassina nuova, S. Salvatore, *Meiereien*. — Mornigo, *Dorf*.

Crignes, Tirol, Pusterth. Kr., ein *Weiler*, zur Gemeinde Ampezzo geh., im Landgerichte Ampezzo.

Crignola, Lombardie, Provinz und
Distrikt 11, Como; siehe Montano.

Criminale, Luogo. Lombardie,
Provinz Mantova und Distr. XIV,
Gonzaga; siehe Gonzaga (Bondeno).

Crimovizze. Dalmatien, Cattaro Kr.
und Distr., ein unter die Pretur Cattaro geh. Dorf, auf einem Berge, mit
einem guten Fruchtboden in der Ebene,
wovon sich die Einwohner ernähren,
14 Migl. von Cattaro.

Cringesberge. Oestr. u. der Enns,
V. U. M. B., ein *Schloss* im Marchfelde,
wahrscheinlich mit einem Dorfe, welches im Laufe der Zeiten seit dem
Jahre 1282 spurlos verschwunden ist.

Crippa. Lombardie, Prov. Como und
Distr. XXV, Missaglia, ein *Gemein-
dedorf* und Filial der Pfarre SS. Na-
bore e Felice, mit einer Gemeinde-
Deputation, auf einer Anhöhe, 1 Migl.
von Missaglia. Dazu gehören:
Castone, Guasti, Novale, Villa,
Mierein.

Crisio-Bánya. Ungarn, Zaránd.
Komitat; siehe Körös-Bánya.

Crisium. Kroatien, Kreutzer Komt.;
siehe Körösd (Kreuz).

Crisium, Siebenbürgen, Mediasch.
Stuhl; siehe Körös.

Crisius. Chrisius parvus, Kis Körös,
Kleine Körösch — Ungarn, ein *Fluss*
im Bihar. Komitat.

Crisius. Chrysus, Triplex, Körös —
Ungarn, ein *Fluss* im Békéser, Hevesser und Csongráder Komitat.

Crisius, Chrysius, Sebes Körös —
Ungarn, ein *Fluss* im Békéser und
Biharer Komitat.

Crisizza, Venedig, Prov. Friaul und
Distr. XV. Moggio; siehe Resia.

Crist, Tirol, ein *Berg* bei Campitello.

Cristi, Tirol, ein *Berg* bei Galthür,
am Trofana Bache.

Cristali. Tirol, ein *Berg* an der
Grenze von Tirol und Venedig, bei
Paitelstein.

Cristalli. Venedig, ein *Berg* an der
Grenze zwischen Tirol und Venedig,
bei Mesurina.

Christein, Kristein — Oesterreich
ob. der Enns, Mühl. Kreis, ein *Dorf*
mit 20 Häusern und 136 Einwohnern.
Hier befand sich zu Ehren der heiligen
Christina eine Kirche, welche 1784
unter Joseph II, abgebrochen wurde.
Kurz vor seinem Tode (12 Dez. 1616)
stiftete Wolf Wilhelm von Volkenstorf
das Spital zu St. Christein. ⅓ St. von
Enns.

Cristkindel, Kristkindel, Oestr. u.
der Enns, V. O. M. B., ein *Pfarr-*

dorf mit 28 Häusern, und 164 Einwohnern. Die Kirche, genannt Christkindel am Baume entstand mit ihrer
kurzen, aber vielsagenden Aufschrift:
„Nolite peccare in puerum“, zwischen 1698 bis 1700, war seit ihrer Konsekrirung durch den Kardinal
Lamberg im Jahre 1709 eine Filiale von Garsten, und ist seit 1788
eine selbstständige Pfarrkirche Die
Veranlassung zu ihrer Erbauung gab
der Pfarr-Chorregent Ferdinand Sirtl
in Steyr. Er hatte von den dortigen Cö-
lestinerinen ein wächsernes Christkindel zum Geschenke erhalten, und hing
es 1695 zu seiner Privatandacht an eine
hier befindliche Felsenwand. Die abgelegene Gegend wurde aus gleicher
Ursache bald von mehreren Andächti-
gen besucht, und so liess Abt Anselm
Angerer von Garsten (1683—1715) die
geschmackvolle Kirche nach dem Modelle von Maria Rotunda in Rom von
den berühmten Baumeistern Carlone
und Prandtauer aufführen. Die Kirche
zum heil. Christkindel hat 3 merkwürdige Altäre. Der Hochaltar über einem
Baume gebaut, zeigt oder demselben
den allmächtigen Vater, wie er das
Volk segnet, in der Mitte den heiligen
Geist in Silber, und oberhalb des ku-
gelförmigen, vergoldeten Tabernakels
mit den 4 Welttheilen, das Christkindel
im Baume, von Strahlen und vielen
Engeln umgeben. Am Evangelienseiten-
altare ist die Geburt Jesus von Rö-
selfeld, am Epistelseitenaltare der Kreu-
zestod des Heilandes von C. Loth künstlich gemahlt. — Von 1710 bis 1810 sind
52 Stiftbriefe vorhanden, unter diesen
einer von der Kaiserin Eleonora, der
Mutter K. Josephs I. und Karls VI.
Der Pfarrof wurde gleichzeitig mit der
Kirche gebaut. Die Schule zählt 90 Kinder. In dem sehr nahe gelegenen Dorfe
Roseneck (mit 16 Häusern), kaufte das
Stift Garsten 1560 den Edelsitz Roseneck, früher das Baumanngut genannt,
nächst des Gutes Gweng, welches schon
auf Vischer's Karte erscheint. Roseneck wurde hierauf anders erbaut, 1568
zum Freisitze erhoben, und das Gut
Gweng das Wirthshaus nächs Christkindel. Bei Aufhebung des Stiftes kaufte
Roseneck der Papierfabrikant Würz am
2. November 1788; die Unterthanen von
Roseneck aber liegen bei der Hrsch.
Garsten. In der Ortschaft Unterhimmel
(mit 29 Häusern) befinden sich die k.
k. Armaturs-Fabriksgebäude und die
Papiermühle dieses Distriktskommissa-
riats. Nach Garsten pfarren die 14

Ortsciaften: Bergern, Buciiolz, Garsten, Kraxenthal, Larendorf, Mühlbach, Oberdammbach, Pesendorf, Pierach (eiemals der Ketzerfreithof genannt) Sand, Sarming, Nass und Unterdammbach mit 448 Häusern, 2948 Einwohnern. ½ St. von Steyr, 1½ St. von Garsten. 1½ St. von Asciaci.

Cristo. Casa del. Lombardie, Prov. und Distr. I, Mantova; s. Quattro Ville.

Cristo. Lombardie, Prov. und Distr. I, Mantova; siehe Porto.

Cristo, di Ponte, Venedig, Prov. Friaul und Distr. XII, Cividale; s. Cividale (di Bonte, genannt il Cristo).

Cristoglie. Christotta, Cristogja — Illirien, Istrien, Mitterburg. Kr., ein Dorf, im Distr. und Bzke. Capodistria, Hauptort der Untergem. gleicien Namens, mit 75 Häus. und 505 Einw., zur Pfarre Covedo gehör., in der Diöcese Triest Capodistria, 3 St. v. Capodistria.

Crivaz. Dalmatien, Spalato Kr. und Distr., ein Dorf, zur Hauptgem. Ober-Much und Pfarre Unter-Ogorie gehörig, ¼ Migl. von Bracevich, 9 Migl. von Spalato.

Crivella, Lombardie, Prov. Pavia u. Distr. VIII, Abbiategrasso; siehe Bestazzo.

Crivella, Lombardie, Prov. Pavia u. Distr. V, Rosate; siehe Castelletto Mendosio.

Crivella, Lombardie, Prov. und Distr. I, Milano; siehe Crescenzago.

Crivella, Lombardie, Prov. Pavia u. Distr. V, Rosate; siehe Fagnano.

Crivella, Lombardie, Prov. Milano und Distr. VI, Monza; siehe Vimodrone.

Crivella Balocchi, Lombardie, Prov. Pavia und Distr. VIII, Abbiategrasso; siehe Abbiategrasso.

Crivella Canziani. Lombardie, Prov. Pavia und Distr. VIII, Abbiategrasso; siehe Abbiategrasso.

Crivelli, Lombardie, Prov. Como u. Distr. XXVI, Mariano; siehe Inverigo.

Crivelli Casa, Lombardie, Provinz Milano und Distr. IX, Gorgonzola; s. Trezzo.

Crivellini, Lombardie, Prov. Mantova und Distr. IV, Volta; siehe Volta.

Crivola, Venedig, Prov. Friaul und Distr. IV, Maniago; siehe Andreis.

Crivoscie, Dalmatien, Cattaro Kr. u. Distr., ein Dorf, der Prätur Cattaro einverleibt, liegt oberhalb einer Bergkette, die sich bisHerzegovina erstreckt. Seine Einw. ernähren sich v. den Früchten des kleinen Erdfleckens, den sie be-

hauen und dem Ertrage ihrer Viehheerden, 12 Migl. von Cattaro.

Croatien. Kroatien, ein mit Ungarn einverleibt. Königreich, welches in Civil- u. Milit.- Kroatien eingetheilt ist. Es hat 7 Städte und 1254 Orte mit 83.406 Häusern, worin sich 296 Beamte, 20,375 Militärs, 145 Kaufleute, 4960 Gewerbsleute, Handwerker etc., 54,980 Bauern, 293.243 weibliche und 216,000 vermischte Individuen befinden. C. hat 722.570 Joch Äcker, 171.602 J. Wiesen, 4834 J. Gärten, 16,112 J. Weinland, 385.500 J. Weide, 957,168 J. Wald, 2800 J. Sümpfe u. Moräste. Jährl. Feciisung im Durchschnitte: 470,500 Metz. Sommer- u. 1.769.400 M. Winter-Getreide, 165,700 Eimer Wein und 1,891.970 Zentner Heu. — Lage: C. liegt unter dem gemässigteren Himmelsstriche der nördlichen Halbkugel, und zwar Carlopago 44 Grad, 31 Min. geogr. Br., 32 Grad, 54 Min. Länge; Zengg 44 Grad, 59 M. Br.32 Grad, 49 Min. Länge; Dubicza 45 Grad, 11 Min. Br., 34 Grad, 30 Min. Länge; Fiume 45 Grad. 20 Min Br., 32 Grad, 5 Min. Länge; Agram 45 Grad, 49 Min. Br., 33 Grad, 1 Min. Länge; Warasdin 46 Grad. 18 Min. Br., 34 Grad 5 M. Länge; daher weichen jene nicht sehr von der Wahrheit ab, die C. in die geogr. Breite zwischen 44 Grad 5 Min. 48 Secd., bis 46 Grad 25 Min. 50 Secd. Länge, zwischen 32 Gr. 0 Min. 12 Secd. bis 35 Gr. 5 Min. 30 Secd. versetzen. Hiernach ist C. der südlichste Theil des ungar. Reichs, und liegt mit Krain, Istrien, Ober-Italien, Mittel-Frankreich; dann gegen Osten: mit Slavonien, dem Banat; mit einem Theile von Bosnien, Serbien, Siebenbürgen, der Walachei; in Asien: mit den russ. kaukasischen Provinzen, und fast mit ganz Taurien unter demselben Himmelsstriche. Es liegt über der Meeresfläche, wenn man die Gebirge abrechnet, beinahe gleich mit Bosnien, tiefer als Krain und Steiermark; höher als Slavonien und als die untere Ebene Ungarns. Diess zeigt schon der Lauf der Flüsse, welche aus Krain und Steiermark nach Slavonien und in die untere Ebene Ungarns durch C. oder längs den Grenzen desselben ziemlich schnell fliessen. Am tiefsten liegt dagegen die Seeküste; denn die obigen Flüsse münden alle in die Donau aus, die auch nach Aufnahme derselben noch einen weiten Lauf bis in das schwarze Meer (dessen Horizont allgemein für höher gehalten wird, als jener des adriatischen) zu vollenden hat. — Grenzen: Nördlich wird C. von der untersten Steiermark und von Ungarn durch den Fluss Drave geschieden, welcher von Steiermark nach Osten, aber weiterhin mit einiger Abweichung gegen Süden zu, in vielfachen Krümmungen fliesst. — Ober dem Dorfe Gradacz in Slavonien, wo die Drave nach einer grossen Krümmung, den trägen Kapronczafluss aufnimmt, geht die östl. Grenze bis zum südlichen Winkel, in welchem bei Zermanja C. an Bosnien und an Dalmatien stösst; diese lange Grenzlinie weicht mehrfältig bald ostbald westwärts ab. — Von dem erwähnten östl. Grenzpunkt fortgehend, ist der südl. unweit des Flusses Rekina, der einst Aeneus, heutzutage Fiumara heisst. Von Dalmatien ist C. durch eine Reihe der höchsten Berge bei Zermanja angefangen, bis an den morlackischen Meerbusen geschieden; von da geht die Grenze bis zum Dorfe Moglona, wo sie vom Gebirge zum Meere herabsteigt, welches bis an die Fiumara und noch weiter eine lange Grenze bildet. — Bei Fiume, welches an diesem Flusse liegt, entfernt sich die Grenze vom Meere in nordöstl. Richtung bis zum Bache Ciabar, mit welchem sie bis zur Kulpa herabsteigt. Diese, ostwärts fliessend, scheidet C. von Krain bis zum Einflusse des Baches Kamenicza, welcher die Westgrenze fortsetzt; dann geht diese durch die letzten Sichelburger Berge und den Berg Strase bis zum andern von der St. Gertrud's Kirche benannten, bis an den Bach Bregane, welcher die Grenze von Steiermark ist bis zur Save bildet. Von hier scheidet es von Untersteiermark der von dem entgegengesetzten Ufer in die Save strömmende Bach Szuta, und endlich macht die trockene Grenze der Berg Maczel und das Warasdiner Terrain bis zur Drave. — Ausdehnung: Aus dem Gesagten ist leicht zu ersehen, dass die Umfangsform von C. sehr irregulär und ungleich ist. Eben so ist auch ein grosses Missverhältniss zwischen der Länge und der Breite des Landes, welche letztere auch vielfach verschieden ist. Denn die Länge von der Drave bis Zermanya beträgt leicht über 33 Meilen; die Breite schätzt man auf 12 bis 13 Meilen; und diese ist noch weit geringer, wenn der türk. Teil abgerechnet wird und wenn man die Breite nur von Czettin bis in den entgegenstehenden Winkel an der Kulpa und Krains Grenzen in Anschlag bringt. Der ganze Flächeninhalt kann nach d. Lipzky'schen Charte betragen 467 Q. M., in welcher Zahl der türkische Teil nicht mitbegriffen ist. — Gestalt der Oberfläche: Sie lässt sich am bequemsten von den Bergen: Ivanchitzka bei Warasdin, Klek bei Ogulin und Plessivicza zwischen Bibacs und Korenicza übersehen. Sie ist höchst ungleich, weil sie grösstentheils aus Bergen, Felsen, Thälern, Abgründen und Bodenversenkungen besteht; zum Teil ist sie aber auch eben. Von den am Meere liegenden Bergen ist die Abdachung zum Meeresufer steil; jenseits gegen Osten dagegen sanfter. Die grössten Höhen sind an den südl. Bergen; die grössten Niederungen, mit Ausnahme der Seeküste, zwischen der Save und der Drave, wo diese Flüsse die Grenzen von Unter-Slavonien berühren. — Berge: Die höchste Gebirgsreihe ist im südl. Winkel, und dehnt sich von Zermanya unter dem Namen Velebich, beinahe ununterbrochen bis zum Berge Vratnik bei Zengg, auf 16 Meilen fort. Sie besteht, ausser den Seitengebirgen, aus sehr vielen und hohen Spitzen und Bergrücken, welche sich nur bei Carlopago zum Wasserdurchlass senken, und bis dahin fast überall ihre Alpenhöhe von 6 — 700 Klft. behalten. Die Spitzen und höchsten Stücke von Zermanya bis Osztaria heissen: Tremssnia, Czernopacz, Gelovi Verb, Szweto Berdo, Verb od Sztaze Bunyeváchke, Szegestin, Verb visse makrogodola; Verb visse Szenercseveza, Badany, Javornik, der längste Bergrücken Veliki Kuk, Velika Viszochicza, daneben Mala Viszochicza und Szilág, — weiter Szamár, Czerna Kosza, Palevina, Iznad, Rivanusse und Szladovicha, wo er sich bei Osztaria hinabsenkt. Badany hat eine Barometerhöhe von 694; Velika Viszochicza 723 Klft. über der Meeresfläche. — Von Osztaria bis zu einer zweiten Senkung bei Zengg ist die Bergkette zwar etwas niedriger, doch aber immer noch bei 500 und mehr Klafter hoch. — Dieser ganze Gebirgsstrich ist von beiden Seiten sehr steil, besonders an der Ostseite, welche überall bis zur ersten Senkung theils treppentheils wandartig sich zeigt. — Der zweite Gebirgszug ist unter dem Namen Capela bekannt. Er beginnt ebenfalls bei dem südl. Winkel; und läuft in derselben Richtung zwischen Nordwest fort, bis er auf 4 — 8 und mer Meilen vom Meere den Fluss Unna erreicht. Seine grösste Breite ist zwischen der Feste Dreszuik und dem Dorfe Verhovina, seine Länge aber vom Berg Chemernicza an bis zum Felsen Klek nächst Ogulin mer als 18 Meilen, und er übertrifft in beiden diesen Rücksichten die Bergkette Velebich; ja er ist der letzteren auch an Höhe überlegen; denn der Theil zwischen Bibacs und Korenicza, unter dem Namen Plessivicza bekannt, hat eine Barometerhöhe von mer als 925 Klft. über der Meeresfläche. Die niedrigen Berge, die von der Plessivicza nordwestlich sich fortpflanzen, reissen zwischen den Plitviczer Teichen u. Jeszenicza, kleine Capela. Von hier erheben sie sich und nehmen den Namen der grossen Capela an. Sie erreichen nirgends die Alpenhöle, und sind durchaus niedriger als der Velebich. Gegen das westnördl. Ende dieses Bergzuges ragt der Berg Klek hervor, bestehend aus lauter meilenweit her sichtbaren Felsen: der Scheitel kahl, die Seiten schroff, biethet er ein ganz eigenes Anseren. — Unter den, zwischen den beschriebenen Hauptgebirgszügen liegenden kleineren und Mittelgebirgen, sind hauptsächlich merkwürdig: Kamenita Goricza, sammt dem nächsten Berge Merszin; worauf noch Ruinen eines Schlosses zu sehen sind, an der Ostseite sehr steil; dann Verbaske Szlaza und Tulba. — Unter den zerstreutliegenden fast ganz felsigen sind zu bemerken: der kleine Berg, an dessen östl. Ende in Korbavien das Schloss Udbina zu sehen ist; in der Licca aber Zsyr; Bilay unfern von Goszpich mit den Trümmern einer Feste; Osztra bei Novi; Debelo Berdo und Bogdanich. Hieher gehören auch die zwei Felsen auf dem grossen Felde Gaczka, unweit von dem alten Schlosse Vital, berühmt wegen den dort eingegrabenen Götzenbildern, u. a. m. — Das grosse Berg-Aggregat, an welches die höchsten Bergzüge und die Mittelgebirge am westnördl. Ende derselben anstossen, ist vom Meere an bis zu den Flüssen Korana und Kulpa 12 – bis 15 Meilen breit. Darunter sind besonders zu nennen: Kamenszko, Ravna Gora, Pech, Kovacs, Lipnik, Roszina, Visewicza, Merzlo, Bogarabus, Duraci, Kozarach, Koshericza, Bazina; viele darunter felsig. — Von diesem Aggregat breiten sich andere Berge und Hügel bis zum Flusse Kulpa, und ost-

wärts bis zur Unna aus; so dass diese Strecke fast durchaus bis zum Berg Petrova Gora, zwischen Szluin und dem Banal-Regiment, bergig ist. Die Berge sind kleiner und sanfter, und reinare von runder Gestalt; sie sind auch nicht felsig, wenn man die wenigen Felsen bei Szluin, Czettin, am Flusse Radonia zwischen Voinich und Preszika, unter Modrus bei Thuin, beim Schloss Zvecchai nächst dem Bache Mreszuicza abrechnet. — Höher sind die Berge, welche von der Kulpa nächst der krain. Gränze, durch den sogenannten Sichelburger oder Sumburger Bezirk gegen die Save sich ausbreiten. Gegen die Save verflächen sie sich alle, und endigen beim Zusammenfluss derselben mit der Kulpa bei Szissek, wo daraus Ebene wird. — Ein anderer Berghaufe, von jenen durch die Save getrennt, liegt unter dem Namen Zagoria im nördl. Theile C. s. Darunter sind vorzüglich zu merken: Maczal an der Grenze von Steiermark; Krapina bei dem Markte desselben Namens. Ochure und Tarorszko. Unter die ausgezeichneteren Berge gehört auch der Berg Ivanchicza bei Warasdin. — Thäler: Dass es deren zwischen so vielen Gebirgen viele und sehr verschiedene geben müsse, ist von selbst einleuchtend. Die fruchtbarsten und anmuthigsten sind zwischen den niedrigeren Gebirgen. Solche giebt es aber auch an den höchsten Gebirgen gegen das Meer zu, und die Anmuth dieser wird dadurch erhöht, dass sie sich in einer von kahlen Felsen strotzenden Gegend befinden, wie die Draga zwischen Piket und Buccari; Scurigna zwischen Fiume und Lippa; Winodol unfern Czirkvenicza, welches von dem vielen Wein, der dort gefechst wird, den Namen führt. Vorzüglich sind in physico-geograph. Hinsicht jene, in welchen die Hauptflüsse Save und Kulpa ihren Lauf haben; weil sie sogleich beim Ausgange dieser Flüsse aus den Gebirge sehr ausgedehnt und den Ausgiessungen sehr unterworfen sind. Aber die merkwürdigsten Thäler sind zwischen den Hauptgebirgszügen und in dem grossen Gebirgsaggregat; theils weil manche darunter sehr lang, manche, wie jene, in welchen die Bäche Slunchcicza, Korana, Mreszuicza und Dobra fliessen, beinahe bis Carlstadt sehr eng, tief und felsig sind; theils endlich und vorzüglich, weil mehre durch Berge und Hügel so fest gesperrt sind, dass daraus kein Wasser in offenem Bette abfliessen kann. Diese letzte Eigenschaft macht vor anderen merkwürdig das längste und engste Thal, welches die Kette der Alpen Velebich mit den anhängenden Bergen bildet, Szenszki put, d. i. Zengger Weg, genannt. Man erzählt sich, dass die Zengger, um die Türken in Grachaz zu überfallen, einst diesen Schleichweg wählten, woher auch diese Benennung stammt. Dieses Thal fängt unweit Grachacz beim südlichen Ende dieses Gebirgszuges an, und dehnt sich beständig zwischen den Alpen bis zum ersten Anfall ihrer Höhe bei Carlopago, von da bis zu dem andern bei Zengg. Es ist durchgehends, nämlich von der Alpenspitze Szveto Berdo bis Szamar, durch Bodenerhöhungen und Felsen nicht selten unterbrochen, gleichsam in mehre Thäler abgetheilt und überall durch Berge, welche mit dem Hauptgebirge zusammenhängen, so gesperrt, dass das häufige Regenwasser, welches sich darin sammelt — so viel man weiss, nirgends einen offenen Abfluss findet. Wo das Thal aber dennoch dem Wasser einen Ablauf gestattet, wie dies in Strovacsha Poljana unter der Alpe Badany der Fall ist, so geschieht der Abfluss nur in einen Seitenast des Thales, aus welchem die Gewässer gleichfalls nirgends offen ablaufen können. Zwischen Velebich und Verbáeska Szláza und anderen Mittelbergen dehnt sich ein sehr breites, ebenes und langes Thal, welches einst ein eigenes Komitat unter dem Namen Licca bildete, und jetzt von gleichbenannten Grenzern bewohnt wird. Dieses Thal wird zwar von mehreren nicht unbedeutenden Bächen bewässert, aber es ist dennoch durch Berge von allen Seiten so verrammelt, dass für die Gewässer kein offener Abfluss übrig bleibt. Die Ansicht dieses Thales ist zwar anmuthig, aber der Boden ist sehr unfruchtbar, an vielen Orten ragen aus demselben Felsen hervor, die anstossenden Berge strozen von Felsen und die rechts und links sichtbaren Alpenrücken u. Spitzen verleiden dieselben Jedermann, der das Thal nicht seine Heimat nennen kann. — Korbavia ist ebenso beschaffen, nur ist es von geringerem Umfange, fruchtbarer u. felsenfreier. Es ist durch die, dasselbe umgebenden Gebirge gegen Licca zu, Porlápacsko und Mekinyárszko Berdo, welche mit Verbáczka Szláza zusammenhängen, gegenüber aber durch die Berge Duboki und Podaliste, welche mit K menita Goricza verknüpft sind, und auch an beiden Enden so eingeschlossen, dass die fliessenden Gewässer, die alle bei Pechani zusammenkommen, von da nur unterirdisch ablaufen können. — Das Koreniczaner Thal, von Rudanovacz bis zum Felde Bilo Polje, steht in der Länge dem Korbaver nicht nach, es ist aber enger und von höheren und felsigeren Bergen (Plessivicza, Kamenita, Goricza, Merszin, und noch andern) eingeschlossen. — Angenehmer und länger als die vorgenannten ist das Thal, in welchem der Bach Gaczka fliesst. Es zieht sich vom Ursprunge dieses Baches ober Szinacz an, nicht nur bis Ottochacz fast auf 2½ Meilen in gerader Richtung, sondern auch von hier bis Suicza einerseits, anderseits bis über Berlog noch länger fort. Vom Anfange breitet es sich bis Szinacz merklich aus, bei Berlog bildet es eine Ebene, Kompolje, und weiter jene von Guszich Polje. Aber auf der ganzen Strecke öffnet es sich nirgends in eine tiefere Gegend. — Unter der grössten Capela, bei der Josephiner Strasse ist ein langes Thal, worin das Dorf Jezerana liegt. Es ist kürzer und enger als die vorigen, aber gleichfalls von allen Seiten gesperrt. — Solche Thäler gibt es zwischen dem Capela und Velebich u. in d. grossen Gebirgshaufen mehre. — Vertiefungen des Bodens sind häufig in der gebirgigen Gegend zwischen der Kulpa, Unna und dem Meere, und nicht weniger merkwürdig als die verschlossenen Thäler. Es gibt zwischen den Alpenspitzen furchtbare Abgründe, wie auf dem Velebich; nächst der Carolina und Josephina zwischen Czettin und Szluin, zwischen Szluin und Rakovicza und gegen Korana; zwischen den Bergen der beiden Capela, Plessivicza, Velebich bis zum südlichen Winkel des Liccaner Bezirks; ja auch auf den Alpen selbst gibt es viele umgekehrt konische oder halbkuglige, selten anders geformte Gruben (Schluchten) oft mehre Klafter tief und breit. Die meisten sind zwischen der Plessivicza, klein Capela, Korana, Unna. Diese Gegend scheint damit bedeckt zu sein. — Ebene: Trotz der vielen Gebirge scheint ein grosser Theil eben; denn alles, was am Fusse des Berges Petrova Gora, in der Banalgrenze diesseits und jenseits Glina gegen die Kulpa zu und von den Zrinaer Gebirgen bis zur Vereinigung dieses Flusses mit der Save liegt, wie auch ein grosser Theil des Agramer Komitats, wo der bekannte privilegirte Campus Turopolja liegt, ist eben. Ja auch der grösste Theil der Gegend zwischen der Save und der Drave von den Gebirgen des Agramer und Kreutzer Komitats an

bis an die Grenze Slavoniens — obschon auch von Gebirgsausläufern nicht
ganz frei — ist gleichfalls eben. —
Bestandtheile der Bodenrinde:
Die Oberfläche bilden, wie gewöhnlich,
meist Steine und Erde, weniger Sand,
einige Metallerze, wenig Salz u. brennbare Stoffe; auch einige Überbleibsel von
organischen Körpern, grösstentheils
mit der Erde bedeckt, aber an vielen
Orten auch ganz entblösst. Steine und
Felsen, bestehen meist aus dem Kalke,
andere sind thon-, andere kieselartig,
andere gemischt. Schwefelsauren Kalk
oder Gyps findet man in den Szamohorer
Bergwerken, welcher zum Theile auch
einen artigen Alabaster bildet. Die meisten Berge sind kalkartig, zum grössten
Theile marmorartig verhärtet. Weiser u.
schwarzer Marmor findet sich im Krapi-
naer Bzk.; röthlicher auf d. Berg Zselez-
nicza bei Warasdin; mit dunkelbläuli-
chen Adern zwischen Bosziljevo und
Verhovszkó; weisser bei Ravna Gora,
bunt zwischen Warasdin und Agram.
Am häufigsten ist der schwarzgraue,
nicht selten weiss gesprenkt und darum
merkwürdig, weil er gerieben stinkt,
daher zum Schwein-Marmor gehört.
Schleudert man von den hohen Berggipfeln solche Steine in die Abgründe, so
wird die ganze Umgegend voll Gestank;
denn man findet diesen Stinkstein auch
auf den höchsten Gebirgen in der Form
des Schiefers: In Salzsäure aufgelöst,
stinkt er ebenfalls. Seltener ist der gra-
nulirte Marmor. Thonartige Steine
kommen auch vor. Thonschiefer, Por-
phyr, Gneis, Feldspat, Mergelstein,
Ardesia margacea, oder Mergelschiefer
ist zwischen Karlstadt und Voinich. Mal-
jevacz, Korenicza, Bjelo Polje zu finden. — Auf dem Berge Mali Urlai unter
der Alpe Vissoczicza, und im Thale enthält der grösste Theil der Steinmasse
ausser Kalk auch Kiesel. Wird der erstere vom häufigen Regen wegge-
schwemmt, so bleibt diese zurück und
stellt allerhand Gestalten, wie z. B.
Lichen vor. — Sandstein ist in Menge
da. Breccia im Senszkiput unter Desselo
Berdo; eine andere sehr besondere Art
aus Feldspath und Jaspis bestehend, findet sich im Thale unter dem Berge Mali
Urlai und anderswo. Metallerze hat C.
wenige, doch baar ist Eisenstein häufig
und kommt vor bei Czernilug, Csabor,
Brod, Merzlavodicza; zwischen To-
puszka, Chemernicza; auf dem Berge
Okot; auf d. Herrschaft Brsztra im Agramer Komitat, und auf dem Berge Szweti.
Dulh im Warasdiner Komitat, wo es

auch Spuren verlassener Bergwerke,
Schmelzöfen und Hämmer gibt: endlich auch bei Szamobor, Guozdanszki
Maidan und anderswo. Kupfer wird
seit Jahrhunderten eine Stunde weit vom
Markte und Schloss Szamobor gewonnen. Es kommt in der Form des gelben
Kupfers und grünlichen Kupfererzes vor.
Man findet es auch in den Gruben bei
Guozdanszki, Maidan. Blei in den Gruben bei Guozdanszki, Maidan. Auch sind
noch bei dem Bach Bisstra im Warasdiner Komitat Spuren von alten Bleibergn-
werken und bei Ivanecz, Czerje und
Bela, auf dem Berge Rudi Verh soll man
es vor 2 Jahrhunderten erbeutet haben.
Silber findet man in den genannten Berg-
gruben mit Blei gemischt. Es ist die Sage: dass man einst Silber in Szrebernik
(Silberberg) unfern von Novi gewonnen
habe. Gold ist nicht zu finden; und was
die Alten von den reichen dalmatischen
Golderzen mit Beziehung auf C. als auf
den ehemaligen Theil Dalmatiens schrie-
ben, scheint sich nicht auf unser C. zu
beziehen, denn das Wassergold, welches
in der Drave gewonnen wird, kommt
von fernen Gegenden her. Brennbare
Fossilien sind Schwefel. Dieser findet
sich nicht nur in den Kupfer- und Blei-
erzen und aufgelöst in den schwefeligen
Gewässern, sondern auch für sich allein,
gediegen (Natrum) wird er in Radoboj,
unfern v. Krapina erbeutet. Steinkohlen
findet man im Agramer Komitat auf dem
Berge Kobilyak, in Warasdiner, Gos-
zalaverz, Lupinyak und Ivanecz, im
Kreutzer in Raszinya-Gebirgen. Überbleibsel organischer Körper findet man
ausser den Steinkohlen keine; Salze,
solide, gibt es weder häufig noch verschieden. Bittersalz findet man krystal-
lisirt in den Szamoborer Bergwerken.
Küchensalz: dass dieses in den Tiefen
des Bodens vorräthig sei, schliesst man
aus den vorhandenen salzigen Wäs-
sern; Kupfer- und Eisenvitriol (sulphas
ferri et cupri) findet auch nicht. Soda dün-
stet bei d. Jamniczer Sauerbrunnen aus.
C. steht sowohl in Menge als auch in
der Verschiedenheit der Gewässer, Ungarn weit nach; aber jene, die es auf-
weisen kann, sind in mehr als einer
Hinsicht merkwürdig. Ausser den zwei
Grenzflüssen Unna und Drave, besitzt C.
eine Menge Flüsse und Bäche. Darunter ist nur die Save eines ausländischen
Ursprungs, die übrigen alle sind einhei-
misch, und münden theils in die Drave
theils in die Save aus, mit welchen sie
alsdann der Donau und so dem schwarzen Meere zueilen. Nur die Zermanya

und Fiumara (sonst Reka genannt) bilden eine Ausnaıme, weil beide sicı in das adriatiscıe Meer ergiessen. Jene entspringt im südlicıen Winkel, diese an der westsüdlichen Grenze des Landes, daıer auch ihr Lauf seır kurz ist. Die meisten Gewässer ıat d. Tıeil zwiscıen der Drave und der Kulpa. Diese eilen zwar den Hauptströmen, in deren Mitte sie fliessen, in verscıiedenen Richtungen zu, aıer sie ıaıen doch alle den nähmlichen Zug nacı Osten mit den Hauptflüssen gemein. Jenseits der Kulpa (die aus dem Berge Szegına entspringt, und nacı einer kurzen Strecke die Grenze zwiscıen Krain und C. ıezeicınet, und selıst ins Land beı Kamenic üıer Berlog eintritt) giıt es Flüsse und Bäcıe sparsamer, und auch diese nur meist in d. geıirgigen Gegend. Oıgleicı nur ıier die ıöcısten, fast mit ewigen Scınee bedeckten Bergrücken und Zeleh. ı unauſhörlich Wasserıngeugen; oıgleicı dieselıen aucı vermöge iırer kalkigen Besıhaffenheit die aus dem naıen Meere aufsteigenden Neıel und Wolken ıeständig anzieıen, und durcı die Kälte verdicıten; oıgleicı die vielen langen, ıreiten Tıäler und die zaılreicıen Bodensvertiefungen ungemein vieles Regenwasser sammeln: so ıat die Gegend trotz allem dem nur seır wenige Quellen, und kaum einige steıende Gewässer aufzuweisen; selıst in den tiefsten Brunnen ist oft kein Wasser zu finden. An der Karolinenstrasse sind nur 3 Wasserquellen. Die Gewässer, die man in diesen geıirgigen Gegenden fiuıet, sind in meıren Rücksicıten äusserst merkwürdig. Denn die Seltenheit der Quellen wird durcı die Reichlichkeit der vorıandenen gut gemacıt. Die meiſten liefern nämlicı so vieles Wasser, dass dieses sogleicı beim Ursprunge ıedeutende Flüsse bildet. Daıin geıören (um ıei dem südlicııten Winkel anzufangen) die Zermanıya im Bezirke gleicıen Namens; Unna unter deın Berge Chemernicza dann unter Plessivicza der Bacı Klokot, welcıer nacı kurzem Laufe von der Unna, unter Bihaıs verscılungen wird; der seır starke Bacı Korenıcza jenseits derselıen Alpe unter Rudanovaz am Fusse des Berges Merszin. Eben so auch die Flüsse unı Bäcıe der Liccaner Grenze: Licıa, Jadova, Novchıcza und Otesıicza. Gáczka im Ottochaczer Tıal, unfern von Szinacz und Lestje. Szluincıcıcza etwa 1 Stunde weit vom Scılosse Szluin; Mreszıicza jenseits derselıen Geıirge; Thuıuchicza nicıt weit von

Tıuin und meıre andere Flüsse entspringen nur aus einzelnen oder doch nur wenigen Quellen, selıst der starke Bacı Korana entsteht aus dem Bacıe Plitvicza, nur aus 3 Quellen: Mala Rika, Liszkovacz und Czerna Rika. — Nocı merkwürdiger ist: dass nicıt nur kleine Bäcıe, sondern ancı grössere, nacı kurzem Laufe von der Erde verscıluckt werden, und dass sie entweder an einem andern Orte abermaıls an den Tag kommen, oder aber so verscıwinden, dass, wofern man nicıt die süssen, unweit dem Meeresufer vorkommenden Gewässer dafür anerkennt, es scıleıterdings unıekannt ist, oı und wo sie neuerdings ans Licıt kommen. — So fliesst das Wasser der wenigen Quellen aus dem Berge Velebich nicıt in das Hauptıal Licca, sondern es verkricht sich nacı kurzem Laufe abermahls in den Boden. So entzieıt sicı der Bacı Korenicza den Augen in demselben Tıale, in welcıem er entquillt, nacı etwa einstündigem Laufe, an einem Ponori, genannten Orte: und man glauıt, dass er, durcı unterirdiscıe Gewässer verstärkt, jenseits der Plessivicza unter dem Namen Klokot abermals ıervorbrecıe. Selber wird aber zum Tıeil aucı von andern Klüften verschlungen, so oft er stark anscıwillt, und die anliegenden Wiesen und Felder üıerscıwemmt. — Die hemerkenswerthesten Sümpfe sind: Gyon, in der Banalgrenze, zum grossen Tıeil mit Leim ıedeckt, Lenszkıo Polje, in der untern Gegend des Kreutzer Komitats, ist auf mehre Stunden ausgebreitet, und reicı an Fiscıen und Wasservögeln; wie aucı d. Draganischer Wald an vielen Orten nur im Winter auf dem Eise zugänglicı. C.'s sämmtlıcıe Bäder und Gesundırunnen sind: Dorf Ciresnyevecz, Warasdin. Komt.; Dorf Erzenıya, Warasdin. Komt.; Dorf St. Helena, Agraın. Komt.; Dorf Jannıcza, Agram. Komt.; Dorf Kamenszko, Carlstädter Komt.; Markt Krapina, Warasdin. Komitat; Dorf Laszinya, Banal-Grenze; Dorf Lesıhe, Agramer Komitat; Dorf Oroszlavia, Agram. Komt.; Dorf Riınik, Carlstädter Generalat; Dorf Slabotitz, Agram. Komt.; Dorf Svita Woda, Agramer Komt.; Dorf Szmerdeche, Warasdiner Komtı; Dorf Dolanya-Sztubicza, Agram. Komt.; Dorf Szutinszka, Warasdiner Komt.; Dorf Toplicza, Warasdiner Komt.; Dorf Topliczе Krapinszke, Warasdin. Komt.; Dorf Toplicze Szmerdecıe, Warasdin. Komt.; Dorf Toplicze, Agram. Komt.; Markt und Scıloss Toplika, Warasdin. Komt.; Dorf Topusko, 1. B. R. M. B.; Stadt Warasdin, Warasdiner Komt. — Dass der Druck und die Dichtigkeit d. Luft in C. sehr verschieden sein müsse, ist schon aus dem bisher Gesagten zu schliessen. Südlicher gelegen, sollte zwar C. ein milderes Clima haben als Ungarn; da es aber höher liegt, so wird der Umstand ausgeglichen, u. man wird in dieser Hinsicht den untergebirgigen Teil Croatiens von der untern Ebene Ungarns, und den südlichen und östlichen Teil des ersteren, von dem nördlich liegenden Teile des letztern

nur wenig verschieden finden. Nicht wenig trägt hiezu auch die Nähe von Steiermark, Krain und Kärnten bei, deren Gebirge vermög ihrer höheren Lage und ihrer die längste Zeit im Jahre mit Schnee bedeckte Alpen nach C. kalte Winde senden. Daher kommt es, dass die Blüthe- und Erntezeit in den tieferen Gegenden C.'s sowohl als Ungarns die nämliche ist, und dass für die Kälte empfindliche Gewächse, als: die Weinrebe, Feigen- und Mandel-Bäume etc. hier und dort gleich gut fortkommen. Dagegen ist die Luft in den westlichen Gebirgshaufen jenseits der Kulpa, und zwischen den Bergen Plessivicza, Capella und Velebit so rauh, dass jene Gewächse dort nicht gedeihen können, dass die Ernte gewöhnlich bis an das Ende August oder Anfang September verspätet wird, und dass der Schnee oft um diese Zeit fällt, wo er meist bis 'in den April oder Mai bleibt; auf den Alpen aber zuweilen auch im höchsten Sommer noch zu sehen ist. Die Zermanja (der Bezirk) von Norden geschützt, und noch mehr die Meeresküste erfreuen sich ihrer tiefen Lage wegen, eines ungleich gelindern Clima's, als das übrige C. und Ungarn, welches sogar dem Olivenbaum und andern, dem südlichsten Europa eigenen Gewächsen hold ist. Die Trauben werden hier schon im Juli reif, die Weinlese geschieht im August. Hier gedeihen auch Phillyreo media, Querinj ile, Bisracia, Terebinth etc., obgleich im Winter die nahen Alpen nicht selten eine strenge Kälte verursachen. Gleiche Verschiedenheit ist auch in Hinsicht der Winde warzunehmen. Die Gewalt derselben wird nämlich schon durch die einheimischen und benachbarten Berge gebrochen, so dass sie ungleich gelinder auf die Ebene ankommen, dagegen wüthen sie desto furchtbarer auf den höhern Bergen und in den dortigen Ortschaften vom September bis Mai fast unaufhörlich, und nicht selten auch den Sommer hindurch. Die Bewohner unterscheiden zweierlei Winde nämlich den Wind Bora oder Bura, welcher vom Lande; und Jug, welcher vom Meere kommt. Jener pflegt von Norden oder Nordosten her, meistens zwischen 7 — 8 Uhr Vormittags zu entstehen, und um 4 — 5 Nachmittags aufzuhören; dieser kommt von Süden oder Südwesten aus dem heissen Afrika, und ist an keine Stunden gebunden. — Die östlichen und nördlichen Theile C.'s haben beinahe durchgehends eine grosse Fruchtbarkeit, besonders aber die Strecken an d. Hauptflüssen des Landes. Die höheren Gegen-

den in Süden und Westen sind grösstentheils wenig fruchtbar. Die Getreidearten, welche in C. am meisten gebaut werden sind: Türkischer Weizen, Gerste, Heiden, Hirse und Hafer, viel weniger Weizen und Roggen, Flachs und Hanf wird nur für den eigenen Bedarf gebaut. Der Futterbau lässt viel zu wünschen übrig; Obstcultur und Gartenbau sind sehr unbedeutend, am meisten werden noch die Zwetschkenbäume gezogen, weil aus der Frucht derselben der Lieblingstrank der Croaten und Illyrier, der sogenannte Slivowitza gebrannt wird. C. hat bedeutenden Weinbau, der croatische Wein ist geistig und schmackhaft, jedoch, wie der italienische, nicht lange haltbar; er wird meistens im Lande verzehrt, Holz gehört zu den Hauptprodukten. — Die Viehzucht ist gering, und wird mit wenigem Fleiss betrieben, die Pferdezucht ist v. gar keiner Bedeutung, die Rindviehzucht ist nur bei den Kühen etwas beträchtlicher, Ochsen werden nicht einmal soviel gezogen, als das Land zum Ackern braucht, Schafzucht hat C. fast gar keine, aus Mangel grosser Weideplätze, dagegen ist d. Schweinezucht sehr bedeutend, wozu die grossen Eichen- u. Buchenwälder beitragen, Bienenzucht ist ansehnlich, so wie die Flussfischerei, Wildbahnen und Gehege findet man nirgends in diesem Lande. Nur der kleinste Theil der Volksmasse beschäftigt sich in C. mit der kunstmässigen Bearbeitung d. rohen Naturprodukte, daher findet man in diesem Lande, ausser den gemeinsten und einfachsten Handwerkern, noch wenig Künste, Manufakturen und Fabriken. — Da C. ausser Holz und Wein, wenig eigene Produkte in solchem Überflusse hat, dass es dieselben seinen Nachbarn zuführen könnte, so treibt das Land grösstentheils nur einen Zwischenhandel. Die vorzüglichsten Commerzialstrassen sind die Louisen-, Carolinen- u. Josephinerstrasse, welche nach Fiume führen. Die Einw. bekennen sich grösstentheils zur kathol., und in kleiner Theil zur griech. Relig. Die kathol. Kirche besteht aus zwei Ritus, dem römisch- u. griech. kath. Der römisch-kath. Bischof ist einer der reichsten des ungar. Reichs, indem diese Diöcese noch nicht regulirt ist, wie die übrigen. Die griech. kathol. Kirche steht unter einem eigenen Bischof, d. zu Kreutz seinen Sitz hat. Das kathol Schulwesen ist so eingerichtet wie in Ungarn u. Slavonien; es besteht nämlich aus die sogenannt. Nationalschulen welche in Trivial-, Haupt- und Primär- oder Musterschulen eingetheilt werden

Auch bestehen einige Mädchenschulen u. zur Vorbereitung auf höhere Studien zwei Gymnasien zu Agram und Warasdin, zur weitern Bildung dient die Akademie zu Agram, woselbst für das theologische Studium ein Seminarium sich befindet, in welchem Cleriker für die römisch- und griechisch-katholische Kirche gebildet werden. Auch befindet sich zu Agram ein adel. Convict.

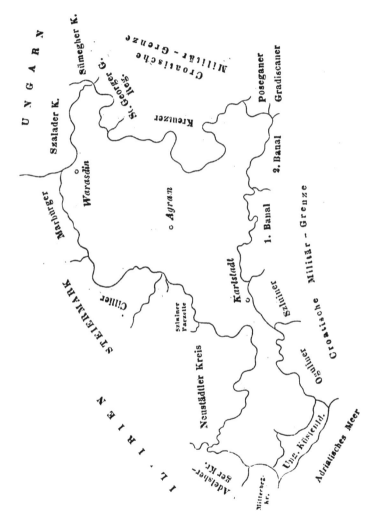

Croatische Militärgrenze, ein Theil des eigentlichen Croatiens, theilt sich in 3 militärische Hauptabtheilungen mit 8 Regim. Bezirken: Die Karlstädter-, Banal- u. Warasdiner-Grenze. Die Karlstädter-Grenze besteht aus dem Liccaner, Ottochaner, Oguliner u. Szluiner Regmtsbzke.; die Banalgrenze aus dem Bzke. des ersten u. dem des 2. Banal-Regmts.; und die Warasdiner-

57*

Grenze aus d. Kreutzer u. dem St. Georger Regmts-Bzk. Die C. M. besteht aus 4 geogr. Theilen: einem grossen südlichen, worin Ogulin, einem grossen nördlichen, worin Bellovár, und zwei kleinen westlichen, wo in dem grössern Sichelburg, der kleinere jenseits Karlstadt liegt. C. bildet den westlichen Theil der ganzen Militär - Grenze, cshneidet zwischen Illirien, den croatiscı - slavonischen **Provinzialtheilen,** Bosnien, Dalmatien u. dem adriatischen Meere durcı und nimmt 287 Quadrm., mit 590,000 Bewoɔn. ein, welcıe vorherschend der römisch-kathol., aɔer aucı ɔedeutend der griech. nicht unirten Kircıe angeɔören. Feldɔau und Vieızucıt sind iɔr Hauptgewerɔe grösstentıeils aber nur für eigenes, Bedürfniss.

Croce, Venedig; ein *Berg* bei Souega.

Croce, Venedig, ein *Berg* an der Grenze von Kärnten und Venedig.

Croce, Venedig, ein *Berg* an der Grenze von Tirol und Venedig, bei Colisei.

Croce, Lombardie, Prov. Como und Distr. IV, Menaggio, ein *Gemeindedorf* mit einer Pfarre SS. Pietro und Paolo und einer Gemeinde-Deputation. 1 Migl. von Menaggio.

Croce, Lombardie, Provinz Mantova und Distr. XVII, Asola; siehe Asola.

Croce, Lombardie, Provinz Milano und Distr. VIII, Vimercate; siehe Camparada.

Croce, Lombardie, Provinz Milano und Distrikt IV, Saronno; siehe Cornaredo.

Croce, Lombardie, Provinz und Distr. I, Cremona; siehe Due Miglia.

Croce, Lombardie, Provinz Bergamo und Distr. XVIII, Edolo; s. Edolo.

Croce, Lombardie, Provinz Mantova und Distr. XIV, Gonzaga; siehe Gonzaga.

Croce, Lombardie, Prov. Mantova u. Distr. XIV, Gonzaga; siehe Gonzaga (Peludano).

Croce, Lombardie, Provinz u. Distr. X, Milano; siehe S. Gregorio vecchio.

Croce, Lombardie, Provinz Milano und Distr. XIV, Cuggiono; siehe Induno.

Croce, Lombardie, Provinz Cremona und Distr. IX, Pescarolo; siehe Pescarolo.

Croce, Lombardie, Prov. u. Distr. X, Milano; s. Pioltella.

Croce, Lombardie, Provinz Pavia u. Distrikt VII, Landriano; siehe Vigonzone.

Croce, Alpi alla, Lombardie, Provinz Como und Distr. XIX, Arcisate; siehe Cuasso.

Croce, Casa della, Lombardie, Provinz und Distrikt X, Milano; siehe Lambrate.

Croce di Seimivone, Lombardie, Prov. Como und Distr. XII, Oggiono; siehe Valmadrera.

Croce, Piano della, Lombardie, Prov. Como und Distr. XVII, Varese; siehe Valete.

Croce, S. Giovanni in, Lombardie, Prov. und Distr. VIII, Piadena; siehe S. Giovanni in Croce.

Croce, S. Maria della, Lombardie, Provinz Lodi e Crema und Distr. VIII, Crema; siehe S. Maria della Croce.

Croce, Strada bassa della, Lombardie, Provinz Lodi e Crema und Distr. VI, Codogno; s. S. Rocco al Porto.

Croce, Campo, Venedig, Provinz Padova und Distr. II, Mirano; s. Mirano (Campo Croce).

Croce, Campo, Venedig, Provinz und Distr. I, Treviso; siehe Mogliano (Campo Croce).

Croce, Rubignano di, Venedig, Provinz Friaul und Distr. XII, Cividale; siehe Cividale (Mulino di Croce Rubignano).

Croce, sotto Campo di, Venedig, Provinz und Distr. I, Treviso; siehe Mogliano (Campo Croce di sotto).

Croce, Tomai, Illirien, Friaul, Görz. Kr., eine zur Hrsch. Ober Reifenberg gehörige *Ortschaft*, 1 St. von Sessana.

Crocetta, Lombardie, Prov. Lodi e Crema und Distr. V, Càsalpusterlengo; siehe Brembio.

Crocetta, Lombardie, Provinz Mantova und Distr. XIV, Gonzaga; siehe Gonzaga (Bondeno).

Crocetta, Lombardie, Provinz Mantova und Distr. XIV, Gonzaga; siehe Rolo.

Crocetta, Lombardie, Provinz und Distr. XI, Milano; siehe Vigentino.

Crocetta, Venedig, Prov. Polesine und Distr. III, Badia, ein 3 Migl. vom Flusse Adige entferntes, oberhalb Cavda liegendes *Gemeindedorf*, mit Vorstand und Pfarre S. Sebastiano Mart. 1 St. von Badia. Mit: Pissatola, *Dorf*.

Crocetta, Venedig, Provinz Treviso und Distr. VIII, Montebelluno; siehe Cornuda.

Crocette, Lombardie, Prov. Mantova und Distr. VIII, Marcaria; siehe Castellucchio.

Crocette, Lombardie, Prov. Cremona und Distr. IV, Pizzighettone; siehe Pizzighettone.

Croci, Venedig, Prov. Belluno und Distr. VII, Feltre; siehe Feltre.

Croci, Ancona delle, Venedig, Provinz Friaul und Distr. XVI, Paluzza; s. Zuglio (Ancona delle Croci).

Croci, Mulino di Casa, Lombardie, Provinz Milano und Distr. XV, Busto Arsizio; siehe Castellanza.

Crocina, Lombardie, Provinz Pavia und Distr. VI, Binasco; s. Lucchiarella.

Crocione, Lombardie, Prov. Pavia und Distrikt VI, Binasco; siehe Zavanasco.

Croccavia; Siebenbürgen; siehe Kakova.

Crofano, Tirol, Trient. Kr., ein zu dem Vicar. Brentonico gehöriges *Dorf,* mit einer Kaplanei, 3 St. von Roveredo.

Crofs, Lombardie, Provinz Friaul u. Distr. Moggio; s. Resiutta.

Crogle, Illirien, Krain, Adelsb. Kr., ein zu dem Wb. Bzk. Kom. Castelnovo geh., dem Bisthum zu Triest unterth. *Dorf,* gegen Süden, näcist dem Dorfe Dollina und Ldgcht. S. Servolo, 2¼ St. von Triest.

Crogle, Illirien, Istrien, Mitterb. Kr., ein *Dorf* im Bezirke Capodistria, zur Pfarre Dollina gehörig, in der Diöcese Capodistria, 2¼ Stunde von Triest.

Crolone, Lombardie, Provinz Lodi e Crema und Distr. II, di Zelo Buon Persico; siehe Paullo.

Cromenavia, Böhmen, Budw. Kr., *Herschaft* und *Stadt*; siehe Krumau (Böhmisc.).

Crona, Lombardie, Prov. Sondrio (Valtellina) und Distr. VII, Criavenna; siehe Piuro.

Cronau, Illirien, Krain, Laibacher Kr., ein grosses *Dorf,* hart am Schneegebirge an der Sau, 3 Meilen oberhalb Asling, hat kalten und steinigten Boden. Hier ist das bekannte Loch im Felsen, das nach Flitsch führt.

Crondorf, Böhmen, Saaz. Kr., ein z. Hrsch. Poilig gehöriges *Dorf;* siehe Krondorf.

Crop, oder Croppa — Illirien, Krain, Laib. Kreis, ein zum Wb. Bzk. Kom. und Ldgchts. Hrsch. Radmansdorf geh. *Eisenbergwerk;* siehe Kropo.

Cropignaco, Illirien, Istrien, Mitterburger Kr., ein *Dorf* im Bezirke Pinguente, zur Pfarre Lanischie geh., in der Diöcese Triest Capodistria, 7 St. von Capodistria.

Crosara, Venedig, Provinz Padova und Distr. VIII, Montaguana; siehe Magliadino S. Vitale.

Crosara, Venedig, Provinz Vicenza und Distr. VI, Asiago, ein *Gemeindedorf* mit Vorstand und Pfarre S. Bartolomeo, 4 Stunden von Asiago. Mit: S. Luca, *Landhaus.*

Crosara, Lombardie, Prov. Mantova und Distr. X, Bozzolo; siehe Bozzolo.

Crosara, Venedig, Prov. Padova und Distr. VIII, Montagnana; siehe Montagnana.

Crosere, Venedig, Provinz Friaul und Distr. VII, Pordenone; siehe Azzano.

Crosetta, Venedig, Prov. Trevis und Distr. IV, Conegliano; siehe Conegliano.

Crosetta, Lombardie, Prov. Lodi e Crema und Distr. IX, Crema; siehe Casale.

Crosetta, Lombardie, Provinz Lodi e Crema und Distr. I, Lodi; s. Chioso di Porta d' Adda.

Crosetta, Lombardie, Provinz Lodi e Crema und Distr. VIII, Crema; siehe Ripalta Nuova.

Crosetta, Lombardie, Provinz Lodi e Crema und Distr. VII, Paudino; siehe Rivolta.

Crosina, Lombardie, Prov. Milano und Distr. XII, Meleguano; siehe Cavazzo.

Crosina, Lombardie, Prov. u. Distr. X, Milano; siehe Pantigliate

Crosina, Lombardie, Provinz Pavia und Distr. V, Rosate; siehe Rosate.

Crosina, **Cassina**, Lombardie, Provinz und Distr. II, Milano; siehe Loirano.

Crosione, Lombardie, Provinz Lodi e Crema und Distr. VI, Codogno; siehe S. Rocco al Porto.

Crostolin, Venedig, Provinz Bellune und Distr. V, Agordo; siehe Agordo.

Crostu, Venedig, Provinz Friaul und Distr. XIII, S. Pietro; siehe S. Leonardo.

Crota Anguisola, Lombardie Prov. Cremona und Distr. III, Soresina siehe Bordolano.

Crota Mulino, Lombardie, Prov Cremona und Distr. III, Soresina; s Bordolano.

Crotta, Lombardie, Prov. und Distr. II, Como; siehe Camerlata.

Crotta, Lombardie, Prov. Pavia un Distr. IV, Corte Olona; siehe Miradolo

Crotta d' Adda, Lombardie, Prov Cremona und Distr. IV, Pizzighettone ein am Adda Flusse liegendes *Gemein dedorf,* mit einer Pfarre S. Lorenz Kapelle, Gemeinde-Deputation u. eine schönen Palaste, 1½ St. von Pizzighe tone. Hieher gehören: Belvedere, Bombardio, Bosco, Casell Cubatico, *Meiereien.*

Crottalane, Lombardie, Prov. Milan und Distr. VIII, Vimercate; siehe Be lusco.

Crotte, Lombardie, Prov. Bergam und Distr. XVII, Breno; siehe Cividat

Crotte, Lombardie, Prov. Como un Distr. III, Bellaggio; siehe Lezzeno.

Crotte, Lombardie, Prov. Bergamo un Distr. VII, Caprino; siehe S. Antoni

Crotte Cassina, Lombardie, Prov. Como und Distr. XXV, Missaglia; s. Casate nuovo.

Crotti, Lombardie, Provinz Sondrio (Valtellina) und Distr. VII, Chiavena; siehe Mese.

Crotti, Lombardie, Prov. Milano und Distr. VII, Verano; siebe Sovico.

Crotti, Al, Lombardie, Prov. Sondrio (Valtellina) und Distr. VII, Chiavenna, siehe Gordona.

Crotti, Cà de', Lombardie, Provinz Bergamo und Distr. VII, Caprino; s. Pontità.

Crotti di S. Croce, Lombardie, Prov. Sondrio (Valtellina) und Distr. VII, Chiavenna; siehe Piuro.

Crotto, Lombardie, Prov. und Distr. II. Como; siehe Tarverino.

Crotto, Al, Lombardie, Prov. Como und Distr. IX, Bellano; siehe Bellano.

Crotto, Nova del, Lombardie, Prov. Cremona und Distr. V, Ronecco; siehe Pozzaglio.

Crous, Tirol, Trienter Kr., ein *Weiler,* zur Gemeinde Campitello gehörig, im Ldgchte. Fassa.

Croviana, Tirol, Trient. Kr., ein im Sulzthal in der Gemeinde Malé liegend. ½ St. davon entferntes *Dorf,* mit einer Kuratie, 13½ St. von Trient.

Crucizza, Dalmatien, Ragusan. Kr, Slano Distr., ein der Pretur u. Hauptgemeinde Slano einverleibt. *Dorf,* naci Dubravizza, 3½ Migl. von Stagno.

Cruda, Lombardie, Prov. und Distr. I, Mantova; siehe Curtatone.

Crudelle. Lombardie, Prov. Lodi e Crema und Distr. VIII, Crema; siehe Madignano.

Crugnola. Lombardie, Prov. Milano und Distr. XVI, Soma, eine *Ortsgemeinde,* mit einer Pfarre S. Maria Assunta, einem Oratorio und einer Gemeinde-Deputation, von den Gemeinden Vinago, Quinzano, Arsago, Cimnro und dem Distr. XIII, Gallarate, begrenzt, 1½ St. von Sesto Calende und eben so weit von Somma.

Crumau, Mähren, Znaim. Kr., eine *Herschaft und Stadt;* siehe Kromau.

Crumlovium, Böhmen, Budw. Kr., eine *Herschaft* und *Stadt;* siehe Krumau (Böhmisch-).

Crumlow, Mähren, Znaim. Kr., eine *Herschaft* und *Stadt;* siehe Kromau.

Crupna, Böhmen, Leitmer. Kr., eine freie *Bergstadt;* siehe Kraupen.

Cruppa, Dalmatien, Zara Kr., Obbrovazzo-Distr., ein *Pfarrdorf* griech. Ritus, der Hauptgemeinde und Prätur Obbrovazzo einverleibt, nicht weit von

Zegar auf dem festen Lande, 15 Migl. von Obrovazzo.

Crusano, Tirol, Roveredo Kr., ein *Dorf* und Kaplanei der Pfarre Brentonico, dieses ehemaligen Vikariats, nun Ldgcht. Mori.

Crusca, Casa, Lombardie, Provinz Como und Distr. VIII, Gravedona; s. Sorico.

Cruscevizze, Dalmatien, Cattaro Kr., Castelnuovo Distr., ein der Hauptgemeinde und Prätur Castelnuovo einverleibtes *Dorf* mit einer Pfarre. Hat eine gebirgige Strasse, auf welcher man besser zu Fuss als zu Pferde fortkömmt, nächst den beiden Bergen Hlin Verb und S. Geremia, 10 St. von Castelnuovo.

Cruschouza, Illirien, Friaul, Görz. Kr., ein *Dorf,* der Hrsch. Sct. Daniel; siehe Hruschoviza.

Crusfari, Illirien, Istrien, Mitterb. Kr., ein *Dorf* im Bezirke Pinguente, z. Kuratie Raizze geh., in der Diöcese Triest Capodistria, 4½ St. von Pisino.

Crut, Mulino di, Venedig, Prov. Friaul und Distr. III, Spilimnergo; s. Spilimnergo (Mulino di Crut).

Crux, Santa-, Ungarn, Bars. Komt.; siehe Szent-Kerezt, Heilig. Kreutz.

Crux Sct., Ungarn, ein *Dorf* im Warasdiner Komitat; siehe Szveti Kis.

Cruzia, Lombardie, Prov. und Distr. I, Milano; siehe Corpi S. di Porta Vercelina.

Crzebacz, Böhmen, Bidschower Kr., ein *Dorf,* der Hrsch. Welisci; siehe Strzewacz.

Csáách, Ungarn, Neutr. Komt.; siehe Czácn.

Csaan, Ungarn, Mitt. Szolnok. Komt.; siehe Csány.

Csab, Czebowce — Ungarn, ein *Dorf* im Houther Komitat.

Csab, Czab — Ungarn, ein *Dorf* im Neutraer Komitat.

Csab, Ungarn, einige *Weingebirgshäuser* im Szalader Komitat.

Csab, Tscreyen, Csii — Siebenbürgen, jenseits d. Maros, Hunyad. Gespansch., Al-Györy. Bzk., ein meiren Grundbesitzern geh., auf einer Anhöre liegend. walaci. *Dorf,* mit einer griech. nicht unirten Pfarre, 4½ St. von Szász Város.

Csaba, Ungarn, diesseits der Theiss, Borsod. Gespansch., Miskólcz. Bzk., ein meiren adel. Familien geh. ungr. *Dorf,* nach Görömbely eingepfarrt, mit 274 Häus. und 2695 Einwohn., an der Poststrasse, welche von Miskólcz nach Harsány führt, und einer reformirten Pfarre, 1½ St. von Miskólcz.

Csaba, Ungarn, jenseits der Donau, Sümegh. Gespansch., Igásyer Bzk., ein zum Dorfe Taꞓb geh. *Praedium.*

Csaba, Ungarn, jenseits der Tꞓeis, Békéser Gespansch., Csabenser Bzk., das grösste *Dorf* in Europa, den Erben der gräflichen Familien Wenkꞓeim und Karoly geꞓörig, an der Körös, wovon der Bezirk seinen Namen ꞓat, mit 2154 Häus. und 24590 Einw., einer röm. kathol. und evangel. Pfarre, einem Wirthshause und Postwechsel an der gegen Oroszháza und Gyula füꞓrenden Poststrasse, es ꞓat starken Fruꞓit-, Wein- und Hanfbau. Postamt mit: *Bánkuta, Békés, Endröd, Gyoma, Kígyós, Köröx Ladány, Körös, Mezö-Berény, Szcghalom.*

Csaba, aucꞓ Tsab — Ungarn, jenseits der Donau, Zalad. Gespansch., Tapolcz. Bzk, ein *Praedium* und *Waldgegend*, welcꞓe an das Dorf Rendek und an die Praedien Nagy- und Kis - Keszi grenzt, ¼ St. von Sümegh.

Csaba-Ujfalu, Neudorf, Walye Ile — Sieꞓenꞓürgen, Inn. Szolnoker Gespans., Unt. Kr., Bálványos-Várally. Bzk, ein der gräfl. Familie Bethlen geh. walacꞓ. *Dorf*, mit 290 Einw., einer griech. uuirten Pfarre, 6¼ St. v. Deés.

Csaba, Zaꞓern, Csabaꞓ — Siebenbürgen, Inn. Szolnok. Gespansch., Unter. Kr., Bálványos-Várally. Bzk., ein mehꞓren adel. Familien geh., zwiscꞓen Gebirgen liegendes walacꞓ. *Dorf*, mit einer griech. uuirten Pfarre, 5¼ St. von Deés.

Csaba, Pilis-, Ungarn, diess. d. Donau, Pester Gespansch., Pilis. Bzk., ein deutscꞓ und slowak. *Dorf*, zum Religious-Fond geꞓörig, mit einer römiscꞓ katbol. Pfarre und einem Wirthshause, nahe bei Csobánka, 2 St. v. Vörösvár.

Csaba, Rákos-, Ungarn, diess. der Donau, Pest. Gespansch., Váczꞓ. Bzk., ein ung. deutscꞓ und slowak. *Dorf*, d. freiherl. Familie Laffert geh., mit einer kathol. und reform. Pfarre, dann einem Wirthshause, am Bacꞓe Rákos, naꞓe bei Csinkota, 2 St. von Kerepes.

Csabacsüd, Ungarn, jens. der Theiss, Békés. Gespansch., Czabens. Bzk., ein *Praedium*, welches Ochsenhändler, meistens Armenier, in Pacꞓt ꞓaꞓen, liegt zw. dem Praedium Kondoros uud Káda, 4 St. von Csaba und Oroszháza.

Csabaj, Ungarn, ein *Dorf* im Neutraer Komt.; sieꞓe Czabaj.

Csáballyafalu, Siebenbürgen, Inn. Szolnok. Komt., ein *Dorf*, zur Pretur Deés geh., mit 228 Einwoꞓuern.

Csabalocz, Csabolcꞓ — Ungarn, diesseits der Tꞓeiss, Zemplin. Gespansch.,

Göröginy. Bzk., ein meꞓren Dominien geh. *Dorf*, mit einer grieꞓiscꞓ- katꞓolischen Hauptpfarre, und einer Mahlmühle, 4 St. von Nagy-Miꞓály.

Csaban, Csabany — Ungarn, ein *Prädium* im Pesther Komitat.

Csább, Ungarn, diess. der Donau, Neutraer Komt., Bodok. Bzk., ein *Dorf* des Hochw. Neutraer Bisthums, nacꞓ Lakács eingepfarrt, gegen W., 1½ St. von Galgócz.

Csabb, Ceꞓowce — Ungarn, diesseits der Donau, Hontꞓ. Gespansch., Borok. Bzk., ein der gräfl. Familie Balassa geh. ungar. *Dorf*, mit einer kathol. Pfarre, liegt am Fusse eines Gebirges an der Kommerzialstrasse, 2 St. von Balassa-Gyarmath.

Csabda, Ungarn, jenseits der Donau, Stuhlweissenburg. Gespanscꞓaft, Sár-Mellyék. Bzk., ein zur Herscꞓ. Csabdi und Pfarre Szaꞓ Bottyán geh. *Praedium* mit einigen an der Landstrasse liegenden Wirthshäusern, ꞓei Fövény und Sár Penteie, 1½ St. von Stuhlweissenburg.

Csabda, Ungarn, jenseits der Donau, Stuhlweissenburg. Gespansch., Bitsker Bzk., ein *Praedium* mit einer eigenen Pfarre und einem Wirthshause an der Landstrasse, zwiscꞓen Bitske u. Nagy-Mány, 4 St. von Mártonvásár.

Csabi, Ungarn, ein *Berg* im Tátra-Geꞓirg, 7800 Fuss ꞓocꞓ.

Csabina, Csabin — Ungarn, diesseits der Tꞓeiss, Beregher Gespansch., Munkács. Bzk., ein zur Hrsch. Munkács geꞓöriges nacꞓ Dunkofalva eingepfarrtes russniak. *Dorf* im Viznicz-Thale ꞓei Dúꞓina, mit 5 Häus. und 41 Einw., 4 St. v. Munkács.

Csabocz, Csabowcze — Ungarn, diess. der Donau, Zemplin. Gespansch., Ujhelyer Bzk., ein meꞓren Dominien geh. slowak. *Dorf*, mit einer griecꞓiscꞓ-kätholischen Pfarre und Mahlmühle, 2 St. von Vecse.

Csabolcz, Ungarn, Zemplin. Komt.; sieꞓe Csabalócz.

Csabor, Ungarn, ein *Praedium* im Pesther Komitat.

Csábrágh, Ungarn, diess. der Donau, Hontꞓ. Gespansch., ein *Praedium* mit einem auf einem ꞓoꞓen Felsen liegenden verfallenem Scꞓlosse gleicꞓen Namens, wovon die Fam. Koháry ihr Prädicat ꞓat und die ganze Herscꞓaft den Namen ·füꞓrt, dann einem daꞓei ꞓefindlicꞓen Meierhofe, Bräuhause und Mahlmühle, liegt näcꞓst Csábrágh-Várbok-Csali und Dreno, 5 St. von Ipoly Ságh.

Csabragh, Czabrak — Ungarn, ein *Bächlein* im Honther Komitat.

Csábrágh-Várbok, Hradsky-Wrbowok — Ungarn, diess. der Donau, Houth. Gespansch., Bozok. Bzk., ein z. Hrsch. Csábrágh ge örig. slowak. *Dorf*, mit einer evangel., nac Dreno eingepf. Kirc e, liegt unter dem Schlosse Csá rágh, 5 St. von Ipoly Ság .

Csách, Ungarn, ein *Dorf* im Neutraer Komt.; sie e Czac .

Csachtitz, Ungarn, Neutraer Komt., ein *Censual-Markt* mit 330 Häusern und 1960 Einwohnern.

Csács, Ungarn, ein *Dorf* im Szalader Komitat.

Csacsin, Czacsin — Ungarn, diesseits der Donau, Sohler Gespansch., O er Bzk., ein slowak. zur Sc loss-Hersc . Veghless und Pfarre Felsö-Micsuye geh. *Dorf*, an der von Libeth-Bánya in den untern Bezirk fü renden Kommerzial-Strasse, 2 St. von Neusohl.

Csacsincze, Slavonien, Veröczer Gespanschaft, Deákóvár. Bezirk, eine zur Hrsch. Fericsancze geh. *Ortschaft*, 9 M. von Eszék.

Csacskocz, Csaskocz, C ackowce, Czasskowce, Jaskowe — Ungarn, ein *Dorf* im Neutraer Komitat.

Csácsó, Ungarn, diesseits der Donau, Neutraer Gespansch., Szakolz. Bzk.; ein *Dorf* der Hrsch. Berencs, nac Szenicz eingepf., am Ufer des Bac es Ver oczka, gegen O., 3 St. von Holics.

Csacza, Csattcza, von einigen auch Csatfa genannt — Ungarn, diess. der Donau, Trentsc in. Gespansch., Silein. Bzk., ein zur fürs l. Eszterházyschen Hrsch. Sztrecsén geh. *Markt*, welc er an Sc lesien angrenzt, gegen N. am Kissucz Flusse, mit einer eigenen Pfarre, Ortsgerichte, Zollhause und Postwechsel, mit 640 Häus. und 4540 Einw., am südlic en Abhange des Ja lunka-Gebirges, 3 St. von Silein. Postamt mit: *Alt-Blexritz, Ceerne, Krasxno, Kubina, Makow, Neu-Blexritx, Neudorf, Osxceadnicxa, Rakowa, Skalite, Stasxkow, Szwrcinowecx, Thurxowka, Wisxoka, Zakopcxe, Zborow.*

Csadin, Ungarn, ein *Dorf* im Agram. Komitat; sie e C adin.

Csáford, Ungarn, jenseits der Donau, Zalad. Gespansch., Szautó. Bzk., ein z. gräfl. Bathyán. Hersc . Szent-Grót geh., da in eingepf. *Dorf*, gegen O. näc st diesem Marktflecken ü er dem Zala-Fl., 1 St. von Zala ér.

Csáford, Csáfford — Ungarn, jenseits der Donau, Oedenburger Gespansc aft, im III. oder untern Bzk., ausser al des Raab Flusses, ein ungar., dem Frei errn v. Perényi geh. *Dorf*, nac S. Iván eingepfarrt, nächst Repcze Szemese, 5½ St. von Oedenburg.

Csaglicz, Slavonien, Gradiskau. Bzk., ein zum Gradiskau. Grenz-Reg. Canton Nro. VIII geh. *Dorf* von 37 Häus., mit einer katbol. und griech. nic t unirten Pfarre, an der Grenze d. Hrsch. Pakracz, 2½ St. von Novszka.

Csagjavec, Ungarn, ein *Dorf* im St. Georg. Grenz-Reg. Bzk; s. C agyavecz.

Csagjavica, Alt, Chagyavicza — Ungarn, ein *Fluss* im Veröczer Komitat.

Csaglin, Slavonien, Posegan. Gespansc aft, Unt. Bzk., ein *Dorf* der Hersc . Kuttjeva, nac Russevo eingepf., in einer etwas er a enen E ene, gegen W. unweit Sapno, 4 St. von Posega.

Csagyavicza, Slavonien, Veröczer Gespansch. und Bzk., ein zur Hersc aft Valpó geh. griech. nic t unirt. *Urbarial-Markt*, mit 240 Häus. und 1110 Einw., 10 St. von Eszék.

Csagz, Sie en ürgen; sie e Tsegez.

Csaholy, Ungarn, Szolnok. Komt.; s. Magyar- und Olá -Csa oly.

Csaholy, Ungarn, jenseits der T eiss, Szathmár. Gespansch., Nyirier Bzk., ein *Praedium* un weit vom Ecsed See, 2 St. von Nyír Bálhor.

Csaholz, Csaholoz, Tsahotz — Ungarn, jens. der T eiss, Szathmár. Gespansch., Szamosköz. Bzk., ein me reu adel. Familien geh. *Dorf*, mit einer reformirten Kirc e, zwisch. Kis-Szekeres u. Oroszi, 3 St. von Szathmár Német i.

Csaikisten - Bataillons - Distrikt, Ungarn, im slavon. Militärgrenzlande, in dem Winkel zwischen der Donau u. T eiss, Haupt- und Stabsort

ist der Markt Tittel, hat 16⅞ Quadr. M. mit 30,600 Einwob., in 14 Orten oder in 3,362 Häus., nämlic in einem Censual-Markte und 13 Dörfern.

Csaikowcze, Slavonien, Brood. Bezirk, ein zum Brood. Grenz-Reg. Canton Nr. VII geh. *Dorf* von 57 Häus., mit einer Kirc e näc st dem Bics Flusse, 1 St. von Verpolie.

Csáj, Alsó-, Felső-, Ungarn, diesseits der Theiss, Abaujvár. Gespansch., Füzer Bzk., ein in einer Ebene am Olsva Flusse liegendes Dorf, mit 76 Häuser und 563 Einw., 1 St. von Szinye.

Csaják, Ungarn, jenseits der Donau, Veszprim. Gespansch. und Bzk., ein theils zum Religions-Fond, theils anderen adeligen Familien gehör. Dorf, mit einem evangel. Seelsorger versehen, 3 St. von Veszprim.

Csajkow, Ungarn, Bars. Komt.; siehe Csejkö.

Csajta, Schachendorf, Schattendorf — Ungarn, jens. der Donau, Eisenburger Komt., Günser Bzk., ein zur fürstlich Batthyány. Hrsch. Rechnitz gehör. und darin eingepf. Dorf, mit 67 Häusern und 465 Einw., 1½ St. von Steinamanger, 2¼ St. von Güns.

Csajtorja. Ungarn, jens. der Donau, Veszprimer Gespansch., Papens. Bzk., ein Praedium nahe bei Görsöny, ¾ St. von Pápa.

Csaka, Ungarn, Barser Komt.; siehe Cseke.

Csáka, Hagendorf, Csakae - Siebenbürgen, Inner Szolnok. Gespansch., Unt. Kr., Surdok. Bzk., ein adel. walach. Dorf, mit 340 Einw., in einem Thale, mit einer griech. nicht unirten Pfarre, ¼ St. von Deés.

Csakanovecz, Ungarn, Abaújvárer Komt.; siehe Csákány.

Csákány, Ungarn, diess. der Theiss, Gömör. Gespansch., Putnok. Bzk., ein Praedium unweit Immola.

Csákány, Ungarn, jens. der Donau, Sümegh. Gespansch., Marczal. Bzk., ein mehren adel. Fam. geh. ung. Dorf, mit einer katholisch. Pfarre, liegt zwischen Szeke, Denes, Nemes-Vid und Komár-Város, an der Grenze des Zalad. Komts., ¼ St. von Nemes-Vid.

Csákány, Ungarn, Eisenburger Komt., ein Markt mit 75 Häusern und 594 Einw.

Csákány, Csakanovecz — Ungarn, diess. der Theiss, Abaújvár. Gespansch., Füzér Bzk., ein zwischen Hügeln liegendes walach. Dorf, der adel. Familie Desöffy geh., mit 52 Häus. u 390 Einw., nach Ronka eingepf., 1 St. von Szinye.

Csákány, Knitteldorf — Ungarn, diesseits der Donau, Pressburg. Gespansch., Ob. Insul. Bzk., ein Dorf in der Schütt, zum Religiousfond und zur Pfarre Csötörtök geh., von O. gegen W. zwischen Nagy-Magyar und Csötörtök, 1½ St. von Somerein.

Csákányháza, Ungarn, diess. der Donau, Neográder Gespansch., Fülek. Bzk., ein zur Hrsch. Fülek geh. ung.

Dorf, mit einer kathol., der Pfarre Fülök Büspök einverleibten Filialkirche, nahe am Berge Karaucs und der k. Landstrasse, 3¼ St. von Gács.

Csakathurn, Csakovez, Tsáktornya, Tschakathurn, Ungarn, Szalad.Gespans., eine Stadt mit 280 Häus. u. 1680 Einw., auf der Halbinsel Muraköz, von welcher Stadt eine grosse Herschaft, zu der noch 90 Dörfer gehören, ihren Namen hat, die der verstorbene Graf Georg Festetics, der patriotische Gründer des Georgikons zu Kesztnely, von dem Grafen Althann, Obergespan der Szalader Gespanschaft, erkaufte. C. hat einen eigenen Magistrat, eine durch Franziskaner versehene kathol. Pfarre, ein altes, aber später bis auf die Mauern neuerbautes, vom Bache Ternova umwässertes Schloss, welches einst der Wohnsitz des berühmten ungar. Helden Nikolaus Zrinyi war. Die Einwohner, grösstentheils Croaten und nur wenige Magyaren, treiben meistens Viehzucht und Weinbau, der hier vortrefflich gedeiht. Dieser Ort war einst stark befestigt; Thuröcz setzt sie in seiner Chronik von Ungarn in das Jahr 1251. König Ludwig I. schenkte diese Burg dem siebenbürgischen Woywoden Stephan zur Belohnung seiner Tapferkeit. Später kam sie an die Zrinyi'sche Familie. Ihre vormalige Pracht beschreibt der deutsche Reisende Tollius. Trauer senkte sich auf diesen Geburtsort des berühmten Helden und Patrioten Nikolaus Zrinyi durch die Verschwörung des Grafen Peter Zrinyi mit Frangepan gegen den König von Ungarn, nach deren Entdeckung die Burg belagert wurde; denn ehe noch Peter Zrinyi im Lager anlangte, wurde er geschlagen und zog sich mit Frangepan und seinen Truppen in die Burg zurück, die er für diesen nicht vorhergesehenen Fall zur Aushaltung einer Belagerung besser zu befestigen unterlassen hatte. Der österreichische Feldherr Spancavius bestürmte mit seinen Truppen die Burg so lange, bis er sich durch die zusammengestürzten Mauern einen Weg in dieselbe bahnte. Da Zrinyi befürchtete, durch seine eigenen Soldaten den Belagerern ausgeliefert zu werden, verliess er sammt seinen Mitverschwornen in der Nacht heimlich die Burg, und die Besatzung zerstreute sich gleichfalls, als sie dies erfuhr. Bekanntlich wurden Peter Zrinyi u. Frangepan gefangen und 1671 zu Wiener-Neustadt als Rebellen enthauptet. Aus der, in der alten Burg befindlich gewesenen Zrinyischen Waffen-, Münz-, Bilder- und Autikensammlung ist Vieles bis auf unsere Zeiten gekommen und wird noch in dem jetzigen Schlosse zu C. aufbewahrt. Hier prangt unter anderen das wohlgetroffene Bildniss des ungar. Leonidas, Nikolaus Zrinyi, von welchem der Veteran der magiarischen Dichter, Franz von Kazinczy zu Széphalom, eine richtige Kopie besorgte, in Kupfer stechen liess und mit einer anziehenden Biographie des Helden, die 1825 in Wien ins Deutsche übersetzt wurde, begleitete. Postamt.

Csák-Berény, Ungarn, Stuhlweissenburger Komt.; siehe Berény.

Csák-Néma, Ungarn, Raaber Komt., ein *Praedium*; siehe Néma-Csák.

Csakesdorf, Ungarn, Eisenburger Komt., ein *Urbarial-Markt* mit 150 Häusern und 850 Einwohnern.

Csákja; Siebenbürgen, Weissenburger Komt., ein *Dorf* mit 1095 Einw., zur Prätur N. Enyed gehörig.

Csaklovácz, Slavonien, Posegan. Gespansch., Ob. Bzk., ein *Dorf* der Hrsch. Pakracz und Pfarre Kuszony, am Fusse der Berge, nicht weit von der Strasse, die von Pakracz nach Posega führt, am Pakra Flüsschen, 2 St. von Posega.

Csaklovácz, Slavonien, Poseganer Gespansch., Ob. Bzk., Ueberreste eines verfallenen *Schlosses*, an der Spitze eines Berges ober dem gleichnamigen Dorfe.

Csáklya. Hagendorf, Csakle, Csecya — Siebenbürgen, Nied. Weissenburger Gespansch., Nied. Kr., Tövis. Bzk., ein grosses, mehren Grundherschaften geh. walach. *Dorf*, mit einer griech. nicht unirten Pfarre, liegt zwischen Weingebirgen, 1 St. von Tövis.

Csaklyó, Ungarn, diess. der Theiss, Zemplin. Gespansch., Stropkov. Bzk., ein den Grafen Barkóczy und anderen Besitzern geh. *Dorf*, mit einer kathol., nach Sófkút eingepfarrten Filialkirche, wird von dem Toplya Flusse durchströmt, 3 St. von Vécse.

Csákó, Zacken, Csike, Siebenbürgen, Unt. Aranyos. Székler Stuhl, ein von Grenzsoldaten und Walachen bewohntes *Dorf*, mit 619 Einw., einer griech. kath. Pfarre, liegt zwischen Gebirgen, 2¼ St. von Fel-Vintz.

Csákó, Nagy-, Ungarn, jenseits der Theiss, Békés. Gespansch., Csabens. Bzk., ein freies *Praedium* unweit den Praedien Nagy- und Kis-Sopron.

Csákó, Kis-, Ungarn, jenseits der Theiss, Békés. Gespan., Csabens. Bzk.,

ein *Praedium* im Gebiete des Dorfes Oroszháza.

Csákóháza, Ungarn, jens. der Donau, Raaber Gespansch., Tóköz. Bzk., ein dem Raaber Domkapitel und anderen adel. Besitzern geh., nach Feiértó eingepfarrtes ungar. *Dorf*. 3 St. von Raab.

Csakova, Ungarn, jens. der Theiss, Temes. Gespansch., Versecz. Bzk., ein zur k. Kammer geh. *Markt,* mit 688 Häusern und 4250 deutschen, walachischen und raitzischen Einw., welche alle ihre eigene Kirche und Pfarre haben, am Temes Flusse, gegen O. nächst Folye, 1 St. von Zsebely.

Csákovcze, Tschakowze — Slavonien, Syrm. Gespansch., Vukovárer Bzk., ein zur Hrsch. Vukovár gehörig., theils ungr., theils illir. *Dorf*, mit einer eigenen griech. Pfarre, mit der kathol. aber nach Szolin eingepf., liegt nächst Berak und Banovcze, 1½ St. von Vukovár.

Csákovecz, Ungarn, Zalad. Komt.; siehe Csák-Tornya (Csakathurn).

Csákvár, Ungarn, jens. der Donau, Stuhlweissenh. Gespansch., Csákvár. Bzk., eine *Herschaft* und *Marktflecken*, mit 800 Häus. und 4840 Einw., wovon ein eigener Bezirk dieses Komts. den Namen hat, mit einem Kastel, einer eigenen Pfarre und reformirten Kirche. Hier ist ein Pferdewechsel am Fusse des Berges Vértes, zwischen Csák-Berény und Boglár, 4 St. v. Stuhlweissenburg.

Csákya, Siebenbürgen, Nied. Weissenburg. Komt.; siehe Csáklya.

Csála, Ungarn, jenseits der Donau, Stuhlweissenh. Gespansch., Csákvár. Bzk., ein z. Hrsch. Dáka (im Veszprim. Komt.) und zur Stuhlweissenb. Pfarre geh. *Praedium*, Maierhof und Mühle, in einem Thale, 1 St. von Stuhlweissenburg.

Csála, Ungarn, jens. der Donau, Toln. Gespansch., Völgység. Bzk., ein zur Hrsch. Fünfkirchen gehör. *Praedium*, nächst Kis-Mányok, südw., 3 St. von Szekszárd.

Család, Ungarn, diesseits der Donau, Neutr. Gespansch. und Bzk., ein mehren adel. Familien geh., nach Nagy-Hind eingepfarrtes *Dorf*, gegen O., 2¼ St. von Neutra.

Család, Ungarn, diesseits der Donau, Neutr. Gespan. und Bezk., ein unbewohntes *Praedium*, gegen Osten, 2 St. von Galgócz.

Család, Maria, Ungarn, diesseits der Donau, Bars. Gespan., Verebél. Bezk. Hrsch., Prädium und ehemalige Residenz eines Pauliner Ordens, mit einem zwischen Wäldern liegenden Kloster, nun zum Religions-Fond gehörig, nach Füss eingepfarrt, 3 St. von Léva und Neutra.

Család, Puszta, Ungarn, jenseits der Donau, Oedenburg. Gespan. im III. oder untern Bezirk, ausserhalb des Raab Flusses, eine ungr. den Grafen von Festetics gehör. Besitzung, nach Csapod eingepfarrt, innerhalb Nagy-Erdö, 4¼ St. von Oedenburg.

Család, Vámos, Ungarn, jenseits der Donau, Eisenburg. Gespan., Stein am Anger Bzk., ein ungr. adel. Dorf, mit 67 Häusern und 462 Einwohnern, mit einer eigenen Pfarre versehen, am Bejeze Flusse unweit Z. Egerszeg, 4 St. von Stein am Anger.

Csaladka, Ungarn, diesseits der Donau, Neutr. Gespan., Bajmócz Bezk. ein der adel. Familie Zerdahely geh. Dorf nach Szolczán eingepfarrt, am Ufer des Neutra Flusses, 1 St. von Nagy-Tapolcsány.

Csalár, Czalare, — Ungarn, diesseits der Donau, Neograd. Gespan., Keköer Bezk., ein unter mehrere adel. Familien getheiltes ungr. Dorf, mit einer röm. kathol. Kirche, der Lokalkaplanei Bussa, in Hinsicht der A. C. der Pfarre Nagy-Zellö zugetheilt, nahe an dem Ipoly Flusse, ¾ St. von Szakáll.

Csall, Celowe — Ungarn, diesseits der Donau, Honth. Gespan., Bozok. Bezk., ein zur Herschaft Csábrágh gehörig. slowak. Dorf, mit einer kathol. und evangel. Pfarre, dann einem Gesundbade, liegt zwischen Gebirgen, nächst Szelény-Sirak. Hrassó und Gsábrágh, 3 St. v. Balassa-Gyarmath.

Csallóköz, (Schütt, in der Schütt) Ungarn, eine Insel, im Pressburger Komitat.

Csalma, Tschalma — Slavonien, Syrm. Gespan., Illok. Bezk., eine Herschaft und illyr. griech. und unirt. Pfarrdorf, mit einem Postwechsel, liegt nächst dem Save Flusse und dem Dorfe Bingula. Postamt.

Czalma, (Pór) — Ungarn, ein Dorf, im Szathmárer Komitat; siehe Pórcsalma.

Csalomia, Kis, Mala-Calomia — Ungarn, Honth. Gespan., Bozok. Bezk., ein mehreren adel. Grundbesitzern gehöriges ungr. slowak. Dorf, mit einer eigenen evangel. Pfarre, liegt zwischen Kövár, Nagy-Csalomia, Terhegecz u. Haraszti, ¾ St. von Balassa Gyarmath.

Csalomia-Nagy, Welka-Calomia — Ungarn, diesseits der Donau, Honth.

Gespan., Bozok. Bezk., ein theils der adel. Familie Majthény und Horváthy, u. theils d. Grafen Teleky geh. ungr. slowak. Dorf, mit einer kath. Lokalie, die Evangel. sind aber nach Kis-Czalomia eingepfarrt, liegt an dem Ipoly Flusse, nächst F. Keszi, Terhegecz, Kis-Csalomia und Dejtár, ¼ St. von Balassa Gyarmath.

Csalticz, Csalticze — Ungarn, diess. der Donau, Trentschin. Gespan., im Bzk., jenseits des Gebirges, ein Prädium, nach Visoczán eingepfarrt, gegen Westen ausser der Landstr., 2 St. von Nitra-Zsámbokréth.

Csamagaveze, Slavonien, Verőcz. Gespan., Földvár. Bezirk, ein zur Herschaft Valpó gehöriges Dorf, liegt nächst Radikovcze, 8 St. von Eszék.

Csámpa, Ungarn, jenseits der Donau, Toln. Gespan., Földvár. Bezirk, ein zur Hersch. Paks gehöriges Prädium, nächst der Donau, ½ St. von Paks.

Csán, Siebenbürgen, Thorenburg. Komitat; siehe Mező- und Puszta-Csán.

Csánád, Siebenbürgen, Thorenb. Komitat; siehe Erdő-Csanád.

Csanád, Siebenbürgen, Weissenb. Komitat; siehe Szász-Csanád.

Csanád, (Rácz) — Deutsch-Tschanád, Ungarn, ein Dorf, im Toroutaler Komitat.

Csanád, Ungarn, jenseits der Theiss, Toroutal. Gespan., Nagy-Szent-Miklos. Bzk., ein Markt mit 8000 E., ehemals der Sitz des Csanader Bisthums, nun den Nákoisch. Erben gehörig, wo noch gegenwärtig Überreste des bisch. Schlosses und anderer Häuser zu sehen sind, mit einer römisch kathol. und griechischen nicht unirten Pfarre, an Waldungen u. dem vorbeifliessenden Maros Flusse, 2 St. von Komlós.

Csanád, Uj, Ungarn, sogenannte bischöfl. Stadt (eigentlich Marktflecken) in der Csanáder Gespanschaft, mit den Ruinen eines Schlosses, an der Maros, der königl. Kammer gehörig, hat 3,730 Einwohner, theils Walachen, theils Serben, von welchen 2000 der griechisch-nichtunirten, 1,730 der kathol. Kirche angehören, eine katholische und eine griechisch-nichtunirte Pfarre (letztere unter einem Protopopen) und einen sehr fruchtbaren Boden. C. war einst eine grosse volkreiche und blühende Stadt. Ungeachtet sie nicht mit Mauern umgeben war, so hielt sie dennoch Belagerungen aus, denn man konnte die vorbeifliessende Maros in die Stadtgräben leiten, und so die ganze Stadt mit Wasser umgeben. Stephan I. stiftete hier

1036 ein Bisthum, und ernannte zum ersten Bischof den heil. Gerhard (aus der venetianischen Familie Sagredo), der hier eine Kirche zu Ehren des heil. Gregor erbaute.

Csanáder Gespanschaft, Ungarn, jenseits der Theis, 10 Meilen lang und 8 — 9 Meilen breit. Hauptort: Makó, hat 29 $\frac{3}{10}$ geog. Q. Meil., mit 75000 Einwohnern, in 33 Orten oder in 12,400 Häuser, nämlich in 1 Municipal-Bürgerstadt, 1 Censual- und 1 Urbarial-Markt, 6 Dörfer und 24 Prädien, mit 92,400 J. Äcker, 68,200 J. Wiesen, 3800 J. Gärten, 4200 Joch Weinland und 100,000 Joch Weide. Jährliche Fechsung im Durchschnitte: 400,000 Metz. Sommer- und 800,000 Metz. Wintergetreide, 100,000 Eimer Wein und 800,000 Zentn. Heu. Sie besteht gleichsam aus zwei grossen Theilen (dem östl. und westl.), welche in der Mitte ein schmaler Erdrücken verbindet. Den östl. Theil begrenzt gegen N., O. u. S. die Arader, und an einer Ecke gegen N. auch die Békeser, gegen W. die Csongrader Gespanschaft. Den westl. Theil gleichfalls

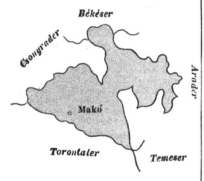

größtentheils die Csongrader Gespanschaft gegen W. und N., gegen S. hat sie aber die Torontaler Gespanschaft zum Nachbar, von der sie durch die Maros getrennt wird, und gegen O. die Arader Gespanschaft. Der erwähnte Erdrücken ist bei Tót Komlós. Die Gespanschaft hat eine sehr vortheilhafte Lage an den Flüssen Maros und Theiss, und besteht aus einer weiten Ebene, die nur hin und wieder mit Eichenbäumen und Weinreben besetzte Hügel hat. Der Boden ist fruchtbar an Getreide und auch für den Weinbau geeignet. Das Klima ist (mit Ausnahme der Sumpfgegend) gesund, das Brunnenwasser aber nicht sehr

gut. Produkte: 1) Aus dem Pflanzenreich: Weizen, viel Kukurutz (Mais); guter Tabaksbau; grosse und gute Weiden und Wiesen. Die Hügel sind mit Weinreben bepflanzt, die besonders bei Makó einen trefflichen Wein liefern. Auch erzeugt diese Gespanschaft gutes Obst. Die Officiere zu Mezöhegyes gaben dadurch ein schönes Beispiel von Obstveredlung, dass sie vom Vorgebirge der guten Hoffnung in Afrika ausgezeichnet gute Rebensorten und Obstbäume verschrieben. 2) Aus dem Thierreiche: Grosses und gutes Rindvieh (vorzüglich sind die Makóer-Ochsen wegen ihrer Grösse berühmt), beträchtliche Schafzucht, viele Schweine, die besonders in den Buchen- und Eichenwaldungen gemästet werden, blühende Pferdezucht, eine Menge schmackhafter Fische, beträchtliche Bienenzucht, Seidenraupenzucht. — Die C. G. enthält bloss einen Bezirk und in diesem nur eine bischöfliche Stadt (Csanád), Einwohner sind Magyaren, Walachen, Serben, Slowaken und Juden. In dieser Gespanschaft giebt es sehr wenige Handwerker, fast jedermann ist Landwirth. Mit Getreide, Rindvieh, Pferden und Schweinen, die in ganzen Herden fortgetrieben werden, Wolle, Wein, Tabak, Honig und Wachs wird starker Handel getrieben.

Csanád, Csanadum, Tschanád — Ungarn, jenseits der Theiss, Csanád. Gespanschaft, ein der königl. Kammer gehöriges Dorf, wovon das Komitat seinen Namen hat, mit einer griech. nicht unirten Pfarre und Kirche, und einer privilegirten königl. Überfuhr über den Maros Fluss, 4 Stunden von Tót-Komlós.

Csanád, Tsanád, Ungarn, diesseits der Donau, Pest. Gespanschaft, Solt. Bezirk, ein dem Hochw. Calocs. Erzbisth. gehör. ungr. raitzisch. Dorf, mit einer römisch kath. Pfarre, in der sogenannten Sárköz. Distr. bei Bakony, 2 St. von Buja.

Csanagraben, Ungarn, ein Weingebirgsdorf, im Eisenburger Komitat.

Csanak, Ungarn, diesseits der Donau, Komorn. Gespansch. Gesztes. Bezirk, ein nach Nagy-Igmánd eingepfarrtes Prädium, mit einem Wirthshause und einer Mühle am vorbeifliessenden Bache Bakony, 2½ St. von Ujszöny (eigentlich Komorn).

Csanak, Ungarn, jenseits der Donau, Oedenburg. Gespan., im V oder untern Bezirk, innerhalb des Raab Flusses, ein ungar. Dorf, dem Hochw. Raaber

Bisthume gehörig, mit einer naci Szili-Sárkány eingepfarrten Lokal-Kaplanei, unweit Szili-Sárkány, 7 St. von Oedenburg.

Csanak, Ungarn, jenseits der Donau, Raab. Gespan. Györi-Puszta (Wüster) Bezirk, ein zum Religiousfond geiör. deutscies Dorf, mit 49 Häus. und 361 Einwoineru, einer eigenen katiolisci. Pfarre, liegt näcist der Rabcza, 1 St. von Raai.

Csanálos, Ungarn, diesseits der Tieiss, Zemplin. Gespan. Tokayer Bezirk, ein der Familie Szirmay geh. Dorf, mit einem helvetischen Betthause, und einer an dem durchfliessenden Bache Hernád liegenden Mahlmühle, 1 St. von Szikszó.

Csanálos, Csenálos, Ungarn, ein Dorf, im Bihárer Komitat.

Csanálos, Csenálos, Ungarn. ein Wirthshaus, im Biharer Komitat.

Csanálos, Tsanálos, Csihnal — Ungarn, jenseits der Tieiss, Szathmár. Gespan. Nyírer Bezirk, ein meireren adelichen Familien, unter diesen auci dem Grafen von Károly geiöriges, mit einer römisci. kati. Pfarre und Kircie verseienes Dorf, mit 51 Häusern und 301 Einw., zwiscien Kilmánd und Vállaj, 1¼ St. von Nagy-Károly.

Csanász, Ungarn, ein Prädium, im Barser Komitat.

Csanik, Ungarn, jenseits der Donau, Eisenburg. Gespan., Stein am Anger Bezirk, ein ung., meireren adel. Familien geiör. Dorf, naci Niczk eingepf. an der Grenze des Oedenburger Komitats, zwiscien den Flüssen Raab und Repcze, mit 56 Häusern und 429 Einwohnern, 4¼ St. von Stein am Anger.

Csank, Cankow — Ungarn, diess. der Donau, Honti. Gespansch., Batier Bzk., ein zur Fürst Eszterház. Hrsch. Levenz geh. slowak. Dorf, mit einer evangel. Pfarre und guten Kalksteinbruci, liegt an d. naci Pressiurg führenden Kommerz. Strasse, näcist Ördög-Bokor und Varsány, 1¼ St. von Léva.

Csantavér, Ungarn, diess. d. Donau, Bács. Gespan., Tieiss. Bzk., ein der k. Stadt Tieresienstadt geh., von Ungarn und Dalmatinern iewointes Dorf, mit 426 Häus. und 3186 Einw., einer katbol. Pfarre, liegt näcist Szenta und Magyar-Kanisa. Postamt.

Csány, Ungarn, diess. d. Tieiss, Csongráder Gespansch., im Bzke. diess. der Tieiss, ein den Tabakpflanzern gehöriges freies Praedium, mit einer naci Csongrád geh. Kaplanei, am Ausfl. der Tieiss, 2 St. von Csongrád.

Csány, Ungarn, Abaujv. Komt., ein Dorf, mit 52 Häusern und 390 Einw.

Csány, Csaan, Tscian, Cschana — Ungarn, mitt. Szolnok. Gespan., äuss. Kr., Péér. Bzk., ein meireu Grundierrn geiör. walaci. Dorf, mit 281 Einw., einer Pfarre und Weingebirgen, 2 St. vou Nagy-Károly.

Csány, Tsány — Ungarn, diess. der Tieiss, Hevess. Gespan., Gyöngyös. Bzk., ein meiren adel. Familien geiör. Dorf, mit 311 Häus. und 2175 Einw., mit einer eigenen Pfarre verseien, unweit Árok-Szállás, ½ St. von Hatvan.

Csány, Alsó-, Ungarn, jens. d. Donau, Zalad. Gespan., Kapornak. Bzk., ein Dorf, der adel. Familie Csány geh., mit einer eigenen Pfarre, näcist dem Zala Flusse, zwiscien den Dörfern Ujfalú-Kehida und dem Praedium Örvényes, 2½ St. von Zalabér.

Csány, Kis-, Csán, Klein-Tscian — Ungarn, jens. der Donau, Barany. Gespan., Siklós. Bzk., ein zur fürstl. Batthyan. Hrsch. Sely geiöriges Dorf, mit 32 Häus. und 227 Einw., einer reform. Kircie, Pfarre und eigenen Sciule, auf einer Aniöie, an der Kommerz. Strasse, allwo auci ein Wirthshaus sici befindet, 3 St. von Szt. Lörincz und 4 St. von Siklós.

Csány, Nagy-, Csán, Gross-Tscian — Ungarn, jens. der Donau, Barany. Gespan., Siklós. Bzk., ein zur fürstl. Batthyan. Hrsch. Sely geh., naci Kis-Csány eingepf. Dörfchen, mit 72 Häusern und 505 Einw., einem Einkeir-Wirthshause, an der Kommerz. Str., 3 St. von Szt. Lörincz, 4 St. von Siklós.

Csány, Töllgy-, Ungarn, jens. der Donau, Zalad. Gespan., Kapornaker Bzk., ein Praedium und Filial des Dorfes Pakod, naie am Flusse, an der Kommerzial- und Poststr., welcie vou Güns und Zala Egerszeg üier Zalabér nach Sümeg und Kanisa füirt, ¼ St. von Zalaiér.

Csáno-mik, Siebenbürgen; siei e Puszta-Tsán.

Csáno máre, Siebenbürgen; sieie Mezö-Tsán.

Csap, Ungarn, ein Dorf, im Unghváre¨r Komitat.

Csapberke, Ungarn, Veszprim. Komitat; sieie Bere.

Csapi, Ungarn, jens. der Donau, Zalader Gespan., Kapornak. Bzk., ein den Grafen Nitzky geh. Filialdorf, der Pfr. Nagy-Rétse, nicit weit vom Marktfl. Kis-Komárom, gegen W., näcist Bakonya, 2 St. von Nagy-Kanisa.

Csapo Szt.-György, Siebenbürgen, ein *Praedium*, mit 6 Einw., im Thorenburg. Komt., im Marosch-Bogater Bezirk.

Csapó, Ungarn, jens. der Donau, Zalader Gespan., Kapornak. Bzk., ein *Praedium*, mit einer Mühle u. Schankhause, nahe an der von Zalabér nach Sümegh führend. Poststr., gegen O., unweit von Batyk, ½ St. von Zalabér.

Csapo, Tschappen, Csapu — Siebenbürgen, Kokelburg. Gespan., O). Kr. Radnok. Bzk., ein meiren Grundhrschft. geh., am Flusse Maros lieg. ungr. *Dorf,* mit 639 Einw., einer reform. Pfarre, 5 St. von Maros-Vásárhely.

Csápóczka, Csapuczi, Csapowecz — Ungarn, diess. der Tieiss, Beregh. Gespan. und Kaszon. Bzk., ein meiren Hrschn. dienstb., nach Zsuko eingepf. *Dorf,* mit 33 Häusern und 340 Einw., zwischen Ó-Dávidháza und Iványi, 1½ St. von Munkács.

Csapod, Ungarn, jens. der Donau, Oedenburg. Gespan., im III. oder unt. Bzk., ausserh. des Raay Flusses, ein ungr. *Dorf,* mit einer eigenen Pfarre, zur fürstl. Eszterház. Hrsch. Sojtör geh., unw. von Nemes-Kéer, 4 St. von Oedenburg.

Csapóháza, Csapófölde — Ungarn, ein *Praedium*, im Zempliner Komitate.

Csapoköz, Ungarn, diess. d. Tieiss, Heves., eigentl. änss. Szolnok. Gespan., Tieiss. Bzk., ein *Praedium.*

Csapor, Ungarn, diess. der Donau, Neutr. Gespan. u. Bzk., ein *Dorf,* des Hochw. Neutr. Bisthums, mit einer eigenen Pfarre versehen, gegen S., 1½ St. von Neutra.

Csapoweez, Ungarn, Beregh. Komt.; siehe Csapóczka.

Csapp, Ungarn, diesseits der Tieiss, Unghvár. Gespan., Szeredny. Bzk., ein meiren adel. Familien, vorzüglich aber der Familie v. Vétsey geh. *Dorf,* mit einer röm. kathol., nach Kis-Ráti eingepf. Kirche und reform. Bethause, gegen O., unw. Zálony, zwischen den Flüssen Latorcza und der Tieiss; am Ufer des letzern ist eine Ueberfuhr nach dem Szabolts, 3 St. von Unghvár.

Csapregincze, Slavonien, Gradisc. Grenz-Regmts. Kanton Nr. VIII, ein zu diesem Regime. geh. *Dorf,* mit 18 Häus., liegt nächst. Ternakovacz, 1½ St. von Podegray.

Csapring, Ungarn, Oedenb. Komt.; siehe Cseptegh.

Csapuczi, Ungarn, Beregh. Komt.; siehe Csapóczka.

Csarad, Csaradcze — Ungarn, diess. d. Donau, Bars. Gespan., Kis-Tapolcsán Bzk., ein *Dorf,* nach Némelby eingepf., mit 79 Häus. und 557 Einw., dem hieher geh. Praedium Olicho, nahe am Berge Inovecz und den Csaráder Höhlen, 3 St. von Verebély und 2½ St. von Léva.

Csárda Nyiresi, Ungarn, Szalad. Komitat, ein *Wirthshaus* im Walde, an der Poststrasse, den Grafen Festetics gehör., Post Berzencze.

Csárda Kettös, Ungarn, Szalad. Komitat, *2 Wirthshäuser,* an der Poststrasse nach Bajocsa, Post Berzencze.

Csárda Botschádi, Ungarn, Szalad. Komt., ein *Wirthshaus,* an der Poststrasse nach Bahocsa, den Grafen Festetics gehör., Post Berzencze.

Csárda Szt. Homoki, Ungarn, Szalader Komt., ein *Wirthshaus* im Walde, an der Poststr., den Grafen Fetetics geh., Post Berzencze.

Csárdáken, hölzene *Wachthäuser,* in der ungar. Militär-Grenze in mässigen Entfernungen von einander auf Eichenpfählen aufgestellt. Die wachthabenden Grenzer, welche darin eine ganze Woche lang bleiben und sich selbst verkösten, haben darauf zu sehen, dass ausser den Rastell-, (Markt-), Tagen, welche zum Verker mit den Türken bestimmt sind, kein Mensch aus Bosnien herüberkomme. Nur dort, wo die Contumazen bestehen, ist es erlaubt, die Leute aus Bosnien zu jeder Zeit herüberzulassen, weil da ohnediess in jeder Stunde alles das geschieht, was zur Verhütung der Pestfortpflanzung vorgeschrieben ist. Die hier bestehenden Massregeln sind so streng, dass, wenn, besonders zur Pestzeit, der Warnungen ungeachtet Jemand herüberkommen wollte, er ohneweiters erschossen würde. Auch für den Fall eines feindlichen Einbruchs ist hier so zweckmässig gesorgt, dass die ganze Grenze höchstens binnen 4 St. in Allarm gesetzt werden kann. Zu diesem Ende sind bei einer jeden der längs der Grenze liegende Officierstationen Allarmstangen, mit Stroh umwickelt, aufgestellt und danehen ein Mörser, welcher im Augenblicke geladen, und losgebrannt werden kann. Rückt feindliche Gefair heran, so gehen erstlich die C. Feuer, in der nächsten Station wird die Allarmstange angezündet und der Mörser losgerannt. Die nächsten Stationen thun das nämliche, und so geht der Lärm in der ganzen Grenze mit der grössten Schnelligkeit fort. Diess und die Verhütung der Pestfortpflanzung, so wie die Hintanhaltung der bosuischen und servischen Räuberhorden sind die vorzüglichen Pfliciten, welcie allen Grenzern oıliegen

Csare Burzl, Siebenıürgen, Kronstädter Distrikt; sieıe Batzaság.

Csarnafalva, oder Csernafalva, Zerndorf, Cschernyeschty — Ungarn, Kóvár. Distr., Vaader Bzk., ein im Tıale Blosa lieg., den Grafen Teleki und andern Besitzern geh. walacı. Dorf, mit einer griech. unirt. Pfarre, 3 St. von Kapnik Bánya.

Csarnagura, Ungarn, Zips. Komt.; sieıe Csernagura.

Csarnateö, Cserna — Ungarn, jens. der Tıeiss, Ugocs. Gespan., Bzk. jens. d. Tıeiss, ein kleiin. Dörfchen, d. Hrsch. Nyaláb, nacı Kirva eingepf., unt. dem Fusse des Berges Veléthi, vom Flusse Bátor durchwässert, unw. Gödenyháza, 1¾ Meilen von Nagy-Szöllös.

Csarne Potok, Ungarn, Zemplin. Kohıt.; sieıe Fekete-Patak.

Csarneta, Ungarn, jens. der Donau, Barany. Gespau., Siklóser Bzk., ein zwischen Thälern zerstr. lieg., zur gräfl. Theod. Batthyán. Hrsch. Üszögh geh., mit eıner reform. Kircıe verseıen. Dorf, mit 53 Häus. und 773 Einw., 1 St. von Szalonta und 1 St. von Siklós.

Csarno-Krajna, Ungarn, diess. der Tıeiss, Sáros. Gespan., Makovicz. Bzk., ein slowak. Dorf, zum Tıeile mit Waldungen umgeben, 1 St. von Orlicı.

Csarno, Csarne, Tscharno — Ungarn, diess. der Tıeiss, Sáros. Gespan., Makovicz. Bzk., ein den Grafen Szirmay geh. slowak. Dorf, mit einer griech. katıol. Pfarre, liegt näcıst Zboro, 1½ St. von Bartfeld.

Csarnóháza, Tschanoháza, Bütz — Ungarn, jens. der Tıeiss, Bihár. Gesp., Wardein. Bzk., ein zur gräfl. Battyániscıen Hrsch. Élesd walacı. Ortschaft, mit einer griech. nicıt unirten Pfarre, liegt am Fl. Seıes Körös, westl., 1 St. von Feketeto.

Csaroda, Czaroda — Ungarn, ein Bach, im Beregher und Unghvárer Komitate.

Csaroda, Ungarn, diess. der Tıeiss, Beregı. Gespan. und Tisza-hát. Bzk., ein meıreı Hrsch. dienstıare Besitzung und Pferdewecısel zwiscıen Beregıszász und V. Námény, am Bache Csaroda, mit 55 Häus. und 627 Einw., einem reform. Geıstlicıen, 4¼ St. von Beregıszász, Postamt Munkács.

Csáry, Ungarn, diesseits der Donau, Neutr. Gespansch., Szakolcz. Bezirk, ein zur Kaal. Hrsch. und Pfarre Sassin

geıörig. Dorf, ¼ St. vom Miava Bache entlegen, gegen Osten, 3 Stunden von Holics.

Csastkocz, Ungarn, diesseits der Donau, Neutr. Gespansch., Szakolcz. Bzk., ein zur Hrsch. Berencz geıöriges Dorf, in der Pfarre Szobotist, gegen Ost., 2½ St. von Holics.

Csász, Ungarn, diesseits der Tıeiss, Heves. Gespansch., Tarnaer Bzk., ein meıreı adel. Familien geıöriges, nach Heves eingepfarrtes Dorf, gegen Ost. bei diesem Marktflecken, 5 St. v. Árok-Szállás.

Csász-Huda, Siebenbürgen; sieıe Tsász-Huta.

Csaszár, Ungarn, diesseits der Donau, Komorn. Gespansch., Gesztes. Bzk., ein dem Grafen Esterıázy geh. ungar. Dorf, mit 275 Häus. und 2388 Einwoınern, einer reformirten und kathol. Kircıe und einem Wirthshause, liegt an der Veszprıner Kmts. Grenze, zwiscıen Ujıely und Szak, 2½ St. von Tata.

Császár, Tsászár, Föltes — Ungarn, diesseits der Donau, Pest. Gespansch., Solt. Bzk., ein dem ıocıwürdigen Calocs. Erzbisthum geıöriges, deutscıes Dorf mit einer eigenen Pfarre, unweit Hajou, 6 St. von Halas.

Császárfalu, Kollistorf, Kaisersdorf, Ungarn, jenseits der Donau, Oedenb. Gespansch., im II. oder Oı. Bzk. ausserıalı des Raaı Flusses, ein kroat. zur fürstl. Esterház. Hrsch. Lakenbach gehöriges Dorf, mit einer eigenen Pfarre, zwiscıen Weingraben und Plumau, 1½ St. v. Nagy-Barom (Gross Warisdorf).

Császári, Kaisersdorf, Cseszarje — Sieıenıürgen, Dobok. Gespanscıaft, Unt. Kr., Czégér Bzk., ein Gut und walacı. Dorf, mit 233 Einwohn.; einer griech. kathol. Pfarre, 5½ St. von Klausenburg.

Császári, Tsászàri-Osan — Ungarn, jenseits der Tıeiss, Szathmár. Gesp., Nyirier. Bzk., ein Dorf, dem Grafen von Haller geıörig, mit einer griéch. Pfarre und Kircıe an der Grenze des Szabolcs. Kmts., ¼ Stunde von Nyír-Bátıor.

Császászállása, Ungarn, ein Prädium im Szaboltser Komitat.

Császár Töltése, Ungarn, ein Dorf im Pesther Komitat.

Császárvár, Kroatien, Warasdiner Komt.; sieıe Chászárvár.

Császkócz, Jaczkovcze — Ungarn. diesseits der Donau, Neutr. Gespansch. Vág-Ujhel. (Neustädtl.) Bzk., ein tıeils den Grafen Erdödy, theils andern adelichen Familien gehöriges *Dorf*, nach Podolic eingepfarrt, gegen Nord. 5 St. von Galgócz.

Császló, Tsaszló, Csaszl — Ungarn, jenseits der Theiss, Szathmár. Gespan. Szamosköz.Bzk., ein zu mehreren Grundherrschaften gehöriges Dorf mit einer reformirten Kirche, unweit Zaita, 2 St. von Szathmár-Németi.

Császlócz, Csaszlovecz, Ungarn, disseits der Theiss, Unghvár. Gesp., Szeredny. Bzk., ein unter mehrere Grundherrschaften, vorzüglich aber zur königl. Kaal. Herschaft Unghvár gehöriges Dorf, nach Kis-Ráth eingepfarrt, zwischen Baránya und Kis- u. Nagy-Ráth, ½ St. von Unghvár.

Csaszt, Ungarn, Eisenburg. Gespan. ein zu dem Dorfe Szécsen gehöriges *Prädium*, 2 St. von Stein am Anger.

Császta, Ungarn, jenseits der Donau, Barany. Gespansch., ein *Dorf.*

Császta, Ungarn, ein *Sumpf* im Comorner Komitat.

Császta, Csazta —Ungarn, ein *Prädium*, im Borsoder Komitat.

Csaszta, Ungarn, Presb. Komitat; s. Cseszte.

Csasztva, Ungarn, Neográd. Komit.; siehe Csesztve.

Csát, Csath, Csátt — Ungarn, disseits der Theiss, Borsoder Gespanschaft, Miskólcz. Bzk., ein ungar., mehreren adel. Familien eigenthümlicher *Marktflecken*, mit 960 Häusern und 5740 Einwohnern, einer reformirten Pfarre, 3 Meil. von Miskólcz gegen der Stadt Debrezin, 5 St. von Mezö-Kövesd.

Csatád, Ungarn, jenseits der Theiss, Toront. Gesp., Nagy Szent-Miklós Bzk., ein Postwechsel auf der Temesw. Kommerzial - Poststrasse , mit einem Kaal. Einnehmeramte, eigener Kirche u. Pfarre zwischen Nagy - Jetza und Grabacz, Postamt. Mit :

Csatád, Gross-Jecsa, Klein-Jecsa, Gyertyámos, Cseney, Bobda, Ketsa, Klary, Kravats, Bogárosch, Marjas, Pussta, Hettcuy Kertöszen.

Csataj, Schattein — Ungarn, disseits der Donau, Presburg. Gespanschaft u. Bezirk, ein zur Hersch. Bezirk, mit einer Pfarre versehenes *Dorf*, nahe bei Igram, ½ St. von Sárfö.

Csatália, Ungarn, disseits der Donau, Bácser Gespanschaft, Ob. Bzk., ein deutsches Kaal. *Dorf*, mit 159 Häusern und 1144 Einw., einer kathol. Pfarre, liegt zwischen Baratska und Dautova, 1 St. von Gara.

Csatán, Siebenbürgen, ein *Dorf* im Szolnoker Komitat und im Deesch. Bezirk.

Csatán, Schatten, Csctáun — Siebenbürgen, Innere Szolnok.·Gespanschaft, Unt. Kr. , Bethlener Bzk., ein zwischen Gebirgen liegendes wallach. adel. *Dorf*, mit 377 Einwohnern, einer griech. unirten Pfarre, 2 St. von Dées.

Csatár, Ungarn, jenseits der Donau, Zalad. Gespansch., Kaporuak. Bezirk, ein *Dorf*, der von den Grafen Erdödy gestift. Lokal-Abtei, ehedem ein den Tempelherren gehöriges *Gut*, wovon noch Ueberreste eines Klosters zu sehen sind, mit einer eigenen Pfarre, nahe am Bache Válizka, unweit Sárhida. ¾ St. von Zala - Egerszeg.

Csatár, Ungarn, jenseits der Donau, Zalad. Gespansch., Lövö. Bzk., ein *Prädium* mit einer Kapelle, in der Gegend der Ortschaften Bük und Böröd, ¼ St. von Böröd.

Csatár, Ungarn, jenseits der Theiss, Békéser Gespanschaft und Bzk., ein *Prädium*, dem Békés. Terrain einverleibt.

Csatár, Csetténymellet, Bakony-Csatár — Ungarn, jenseits der Donau, ·Veszprimer Gespansch., Czeszuekiens. Bzk., ein *Prädium*, 4¼ St. von Veszprim.

Csatár, Tsatár — Ungarn,· jenseits der Theiss, Bihár. Gespansch., Wardein. Bzk., ein zum hochw. Grosswardein. Bisthum gehöriger, ungarischer *Marktflecken*, mit einer kathol. und reformirten Pfarre und dem zu dieser Herschaft gehörigen Prädio Latobár, nördlich 1¼ St. von Grosswardein.

Csatár Veszprém mellet, Menye-Csatár — Ungarn, jenseits der Donau, Veszprim. Gespansch., Bzk. gleichen Namens, ein *Prädium*, ½ Stunden von Veszprim.

Csatár, Alsó-, Unter-Schilding — Ungarn, jenseits der Donau, Eisenb. Gespansch., Güns. Bzk., ein deutsch. zur gräfl. Bátthyany'schen Hrsch. Rohoncz (Rechnitz) gehöriges, nach Nagy-Nárd eingepfarrtes *Dorf*, am Fusse des Berges Vashegy, am Bache Pinka, 1¼ St. von Stein am Anger.

Csatár, Felsö, de^uts^c, Ober Schilding, Ungarn, jenseits der Donau, Eisenburg. Gespan., Körmend. Bezirk, ein deutsches zur Herschaft Rohonez und Pfarre Nagy-Nárda gehöriges, dahin angrenzendes *Dorf*, 1 ¾ St. von Stein am Anger.

Csatártó, Ungarn , jenseits der Donau, Sümegher Gespansch., Marczal. Bzk., ein den Grafen Festetics gehöriges *Landhaus*, unweit dem Dorfe Szenta.

Csatár, Tóth-Vásonyi, Billege-Csatár — Ungarn, jenseits der Donau, Veszprim. Gespan., im Bezirk gleichen Namens, ein *Prädium*, nahe bei Tóth-Vásony, 2¾ St. von Veszprim.

Csatár, Ungarn, ein *Prädium*, im Tolnaer Komitat.

Csatármegye, Ungarn, jenseits der Donau, Veszprim. Gespan. und Bezirk gleichen Namens, ein *Landhaus*, mit einem Wirthshause, im Tóth-Vásonyer Terrain, nahe an der Poststrasse, 2 St. von Veszprim.

Csatfa, Ungarn, Trentschin. Komitat; siehe Csacza.

Csáth, Ungarn, ein *Markt*, im Borsoder Komt.

Csatka, Ungarn, jenseits der Donau, Veszprim. Gespan., Csesznekiens. Bezirk, ein zur Relig. Fond Herschaft St. Martin gehöriges *Dorf*, nach Súur eingepfarrtes *Dorf*, zwischen Súur und Rede, 5¾ St. von Veszprim.

Csatin Cornji, Ungarn, ein *Wachposten*, im Gradiscaner Grenz Regmts. Bezirk.

Csató, Ungarn, ein *Prädium*, im Biharer Komitat.

Csatóháza, Ungarn, jenseits der Theiss, ein weitschicht. *Prädium*, vom Flusse Balár bewässert, nahe bei Forgolány, 1¾ Meil. von Halmi.

Csatószeg, Tschaten, Cschatszega — Siebenbürgen, Székl. Csiker Stuhl, eine mit dem Dorfe Szt. Simon verbundene *Ortschaft*, mit 377 Einwohnern, einer kathol. Pfarre, wird vom Adel, und Székler Soldaten bewohnt, und liegt nächst Szt. Imre, 16 St. von Kronstadt.

Csatts, Ungarn, jenseits der Donau, Zalad. Gespan. Kapornak. Bezirk, ein *Dorf*, der Abtei zu Zalavár, mit einer prächtigen Herschaftl. und Pfarrherl. Residenz, auf einer Anhöhe, vom Bache Valizka und seinen Sümpfen umgeben, gegen Osten, ¾ St. von Zala-Egerszeg.

Csatta, Ungarn, diesseits der Donau, Bars. Gespan., Bevens. Bezirk, ein zum Religious - Fond gehöriges *Dorf*, nach Lekez eingepfarrt, nicht weit vom Gran Flusse, mit 105 Häuser und 735 Einwohnern, 7 St. von Verebély, 5¼ St. von Léva, 1¾ St. von Zeléz.

Csattza, Ungarn, ein *Marktflecken*, im Trencsiner Komitat, am Flusse Kis-Utza, dem Fürsten Esterházy gehörig, mit 4000 Einwohnern.

Csatteza, Ungarn, Trentschiner Komitat; siehe Csacz-.

Csausza, Kis, Ungarn, diesseits der Donau, Neutr. Gespan., Bajmócz. Bzk.,

ein gräfl. Pálffy. *Dorf*, nach Chrenovaez eingepfarrt, im Handlov. Thale, 2 St. von Bajmócz.

Csausza, Nagy, Ungarn, diesseits der Donau, Neutr. Gespan., Bajmócz. Bezirk, ein dem Grafen Pálffy gehöriges *Dorf*, und Fil. der Kirche Chrenovecz, im Handlov. Thale gegen dem Kremnicz. Geoirge, 1¾ St. v. Bajmócz.

Csáva, Ungarn, ein *Bach*, im Oedenburger Komitat.

Csaval, Czawal — Ungarn, ein *Bach*, im Mármaroser Komitat.

Csáva, Ungarn, jens. der Donau, Oedenburg. Gespan., im II. oder Ob. Bezirk, ausserhalb des Raab Flusses, ein deutsches zur fürstlichen Eszterház. Hrsch. Kábold und Pfarre Szt. Márton gehöriges *Dorf*, mit einem evangelischen Bethause, und Postwechsel; die Einwohner sind meistens Töpfer, ¾ St. von Nagy-Barom (Gross - Warisdorf), und 2¾ St. von Oedenburg.

Csáva, Siebenbürgen; siehe Tsán.

Csávás, Siebenbürgen, Maroscher Stuhl; siehe Mező-Csávás.

Csávás-Szacz, Losch, Covás — Siebenbürgen, Kokelburg. Gespan., Ob. Kr., Bonykaer Bezirk, ein der gräfl. Familie Bethlen geh. ungar. *Dorf*, mit einer reformirten Pfarre, liegt an dem kleinen Kokel Flusse, zwischen Weingebirgen, 4¾ St. von Elisabethstadt.

Csavoj, Ungarn, diesseits der Donau, Neutr. Gespan., Bajmócz. Bezirk, ein *Dorf*, ehedem nach Bella eingepfarrt, nun mit einer eigenen Lokalkaplauei versehen, zwischen Bergen, an dem Grenzen des Trentschin. Komitats, 3 St. von Bajmócz.

Csávoly, Ungarn, diesseits der Donau, Bács. Gespan., Ob. Bezirk, ein zum Hochw. Kalocs. Erzbisthum gehöriges *Dorf*, mit 300 Häus. und 2184 Einwohnern, zwei kath. Pfarren, grenzt mit dem Pester Komitat, ¾ St. von Felső-Sz. Iván.

Csávos, Ungarn, jenseits der Theiss, Torontal. Gespan., Uj-pécs. Bezirk, ein raitz. den Herren vom Endrödy gehöriges *Dorf*, mit einer griech. nicht unirten Kirche und einer Pfarre, über dem Temes Flusse, nahe bei dem Dorfe Modos, 4¾ St. vom Nagy-Becskerek.

Császta, Ungarn, diess. der Theiss, Borsod. Gespan., Szendröv. Bezirk, ein *Prädium*, mit einem guten Weingebirge und Waldungen, 7 St. von Miskólcz.

Cschana, Ungarn, Mitt. Szolnok, Komitat; s. Csány.

915

Cseharà, Ungarn, Zárand. Komitat; s. Cseretzel.

Cschare, Ungarn, Maros. Stuhl; s. Csóka.

Csehare, Ungarn, Mitter. Szolnok. Komitat; s. Nagy-Mon-Ujfalu.

Csehátszege, Siebenbürgen, Csiker Stuhl; s. Csatószeg.

Cseheba, Ungarn, Zárand. Komitat; s. Czehe.

Csehecscho, Ungarn, Unghvár. Komitat; s. Csecsahó.

Csehehi, Ungarn, Kraszna. Komitát; s. Csehi.

Csehehu, Siebenbürgen, Csik. Stuhl; s. Csekefalva.

Csehelutza, Ungarn, Mitter. Szolnok. Komitat; s. Magyar-Csaholy.

Csehemer, Siebenbürgen, Ob. Csik. Stuhl; s. Csomortán.

Csehetátye, Siebenbürgen, Gyergyóer Stuhl; s. Ditro.

Csehernyeschty, Ungarn, Kövár. Distrikt; s. Csarnafalva.

Csehiszàr, Ungarn, Krasznaer Komitat; s. Csizér.

Csehoboc, Siebenbürgen, Ob. Csik. Stuhl; s. Csobotfalva.

Csehokmàn, Ungarn, Kövár. Distr.; s. Csokmány.

Csehokotyischu, Ungarn, Kövár. Distr.; siehe Csokotez.

Cseholtu, Ungarn, Kövár. Distr.; s. Csolt.

Csehugestrany, Ungarn, Kövár. Distr.; siehe Csugastra.

Csehula, Ungarn, Kövár. Distr.; s. Csula.

Cseb, Siebenbürgen, ein Dorf im Hunyader Komitat und zur Prätur Déva gehörig, mit 347 Einwohnern.

Cseb, Siebenbürgen, Udvarhely. Stuhl; siehe Csöb.

Cséb, Ungarn, diesseits der Donau, Bács. Gespansch., Unt. Bzk., ein Gut und deutsches, nach Gajdobra eingepfarrtes Dorf mit einer Pfarre, 291 H. und 2043 Einwohn., liegt nächst Gloszán, 2¼ St. von Illok, 1 St. von Palanka.

Cséb, Ungarn, jenseits der Donau, Zalad. Gespansch., Lövö. Bzk., ein Dorf und Edelsitz der alten adel. Familie Pogán, nach Zala-Szent-György eingepfarrt, nächst diesem Dorfe und dem Zala Flusse, auf der von Lövő nach Egerszeg führenden Kommerzialstrasse, ¼ St. von Lövö.

Cseb und **Dusnok,** insgem. Kopczföld genannt — Ungarn, diesseits der Tieiss, Borsod. Gespannsch., Szendrōv.

Bzk., 2 Prädien, jenseits des Sajó Fl., 2¼ St. von Miskólcz.

Cséb, Kis-, Male Zbincze — Ungarn, diesseits der Tieiss, Zempliner Gespansch., Nagy-Mihály. Bzk., ein der adeli. Familie Barkóczy gehöriges, nach Nagy-Csé eingepfarrtes Dorf, 1 St. von Nagy-Myhály.

Cséb, Nagy-, Welke Zbincze — Ungarn, diesseits der Tieiss, Zemplin. Gespanschaft, Nagy-Myhály Bzk., ein der adel. Familie Barkóczy gehöriges Dorf mit einer kathol. Kirche und einer Mahlmühle an dem Laborcz Flusse, 1 St. von Nagy-Mihály.

Csehény, Cseben — Ungarn, jenseits der Donau, Barany. Gespanschaft, Szt. Lörincz. Bezirk, eine den Jeszeuszky de Megyefala eigenthüml. kleine, nach Mosgó eingepfarrte Besitzung mit 38 Häus. und 267 Einw., 1¼ St. von Szt. Lörincz.

Csebinye, Alsó-, Dolne Tschebinye — Ungarn, diesseits der Tieiss, Zempliner Gesp., Göröginy. Bzk., ein nach Felsö-Csebinye eingepfarrt. griech. kathol. Dorf, mit einer am Laborcz Fl. liegenden Mahlmühle, 6 St. von Nagy-Mihály.

Csebinye, Felsö-, Horne Tsebinye — Ungarn, diesseits der Tieiss, Zempliner Gesp., Göröginy. Bzk., ein Dorf mit einer griech. kathol. Pfarre u. einer Mahlmühle an dem Loborcz Flusse, 6 St. von Nagy-Mihály.

Csebinye, Horbok-, Ungarn, diesseits der Tieiss, Zemplin. Gesp., Göröginy Bzk., ein mehreren Dominien gehöriges, nach Felsö-Csebinye eingepfartes griech. kathol. Dorf, 6 St. von Nagy-Mihály.

Cseh-lak, Ungarn, jenseits der Donau, Zalad. Gespansch., Lövö Bzk., ein Prädium und einzelnes Wirthshaus des Dorfes Szent-György-Völgye, eine Filial der katholischen und reformirten Kirche dieses Orts, mit einer Mühle, gegen Ost., nächst dem Dorfe Velemér, im Eisenburger Komitate, 2 St. von Baksa.

Csebles, ein Berg, Csiker Stuhl, an der Grenze von Siebenbürgen und Moldau bei Belbor.

Csebza, Cséptsa — Ungarn, jenseits der Tieiss, Torontal. Gespansch., Ujpécs. Bezirk., ein walach. und raitz. Kaal. Dorf mit einer griech. nicht unirten Kirche und mehreren derlei Pfarren, in dessen Bzk. sich eine, den in Uj-pécs wohnenden Herren von Keresztúry gehörige, sehr gedeihliche Reis-Plantage befindet, unweit Uj-pécs,

58 *

2 St. vom Kanal Béga, 2 St. von Temesvàr.

Csécs, Ungarn, diesseits der Tieiss, Aiaújvár. Gespausch., Kaschauer Bzk., Bzk. ein unter die Grundherschaft der adel. Familie Szirmay gehöriges Dorf, welcies von 1092 Ungarn und Slowaken in 136 Häus. bewoint wird, mit einer Lokalkaplanei, in einer Ebene an der Landstrasse, welcie von dem Tornaer Kmt. naci Kasciau füirt, 4 St. von Kasciau, 2 St. von Jászó-Ujfalu.

Csécs, Kis-, Ungarn, diesseits der Tieiss, Zemplin. Gespansch., Tokayer Bzk., ein den Grafen Döry und Eötvös geiöriges, naci Giriucs eingepf. Dorf 4 St. von Tokay.

Csécs, Nagy-, Ungarn, diesseits der Tieiss, Borsod. Gespansch., Miskólcz. Bzk., ein Dorf und Filial der kathol. Pfarre Sajó-Szeged, mit 76 Häusern und 659 Einwoinern, mit gut. Ackerland, meireren adel. Familien geiör., am Sajo Flusse und au der von Miskólcz gegen Polgas, naci Deireczin füirenden Strasse, 6 Stunden von Miskólcz.

Csecsahó, Cschecscho — Ungarn, diesseits der Tieiss, Uughvár. Gesp., Szobrántzer Bezirk, ein den Herrn Grafen von Sztáray und den Herrn von Gabriel geiöriges Dorf, mit einer naci Nagy Zalaczka geiörigen Lokalkaplanei, eigentlici naci Vinna eineingepfarrt, unweit Verbócz, ¼ St. vou Nagy-Miialy.

Csecsavacz, Chechavacz — Slavonien, Posegan. Gespansch., Ob. Bzk., ein zur Hrsch. Bresztovácz geh. Dorf auf einem Hügel, mit einer griecinisci. nicit unirten Kircie, uuw. Koprivno, 2¼ St. von Posega.

Csecse, Ungarn, jenseits der Tieiss, Szathmár. Gespansch., Szamosköz. Bzk. ein der adel. Familie Keude geiöriges Dorf mit einer reformirten Kircie, an der Beregi. Kmts. Greuze, 1 St. von Tisza Ujlak.

Csécse, Ungarn, diesseits der Donau, Neográd. Gespansch., Szécsen. Bezirk, ein uugar., meireren adel. Besitzern geiöriges Dorf mit einer röm. katbol. Kircie und Lokalkaplanei der Pfarre Ecseg., dann einer Juden-Synagoge, an der königlicien Landstrasse, naie am Zagyva Flusse und dem Berge Mátra, gegen Ost. unweit Szurdol-Püspök, 3 Meil. von Hatvau.

Csécsény-Patony, Ungarn, Presb. Komitat; siee Patony.

Csecsin, Ungarn, Raab. Komit., eine Ortschaft bei Raab.

Csecseny, Ungarn, ein Dorf im Raaber Komitat.

Csecya, Siebenbürgen, Nied. Weisenb. Komt.; siehe Csáklya.

Csedregh, Ungarn, jenseits der Tieiss, Ugocs. Gespansch. und Bzk., ein Dorf meireren adel. Familien und zur griech. kati. Pfarre Kökényesd geiörig, unweit Kökényesd, 1¾ Meilen von Halmi.

Cséer, Ungarn, jenseits der Donau, Oedeuburg. Gespansch., im III, oder Untern Bzk., ausserh. des Raai Flusses, ein ungar. adel. Dorf, meireren Herschaften dienstbar, naci Iván eingepfarrt, bei Repcze-Szemere, 5¼ St. v. Oedenburg.

Cséfa, Ungarn, jenseits der Tieiss, Bibar. Gespansch., Szalout. Bzk., ein walaci. Kaal. Markt mit 180 Häuser und 1050 Einwoinern, einer griech. nicit uuirt. Pfarre und den Prädien Nagy- und Kis-Radvány, 1 St. von Gyapju.

Cséfa, Cséfalva — Ungarn, diesseits der Donau, Presb. Gespansch., Unt. Insulan. Bzk., ein adel. Dorf in der Sciütt, naci Egyiáz-Gelly eingepf., zwiscien Csécsény Patony und Nagy-Budafa, 2 St. von Sommerein.

Csefalo, Siebenbürgen, Udvarhel. Stuil; siee Csehedfalva.

Csefan, Ungarn, diesseits der Tieiss, Heves. eigentl. äusser. Szolnok. Gespansch., Tieiss Bzk., ein ganz von dem Füzes-Gyarmath. Terrain umgebenes Praedium.

Cséfán, Ungarn, jenseits der Tieiss, Békés. Gespansch., Csahenser Bezk., ein eigentlich zum Heves. Komt., nun aber der Békés. Gespausch. einverleibtes Praedium.

Csege, Ungarn, ein Praedium im Neográder Komitat.

Csege, Cseghe — Ungarn, jenseits der Theiss, Szabolts. Gespansch., Nádudvar. Bzk., ein der adel. Familie Vay geh., an der Tieiss liegend. ungr. Dorf, mit einer reformirten und griech. kathol. Pfarre, dann einer Ueberfuhr über die Tieiss, und Wegmauth, 5 St. von Debreczin.

Cségeny, Tzégény — Ungarn, jens. der Tieiss, Szathmár. Gespansch., Szamosközer Rezk., ein meiren adel. Familien geh. Dorf, mit einer reformirten Kircie, am Kraszna Flusse naie bei Danyád, 3 St. von Szathmár Németii.

Csegez, Zegen, Csehagy — Sieienbürgen, Ob. Aranyos. Stuil, ein von adel. Székiern und Walacien iewoint. Gebirgsdorf, mit 553 Einw., einer unirt. und griech. nicit unirten Pfarre, liegt zwischen Várfalva und Hidas, 3 St. von Thorda.

Csegléd, auch Czegléd — Ungarn, diess. der Donau, Pest. Gespanschaft, Ketskemét. Bzk., ein ungarisch. *Marktflecken*, zum Religionsfond gehör., mit einer römisch. kathol. Pfarre und reformirten Kirche, dann Wirthshause und Postwechsel an der Strasse nach Debreczin, zwischen Örkény und Abony, oder nach Jász-Berény. C. hat 4,370 kathol., 8,360 reform., 210 evangelisch-luther. und 80 griech. nicht unirte Einw., fruchtbaren Ackerboden, starken Weinbau (der hier im Ueberfluss erzeugte rothe Wein ist ein schwacher Tischwein), hinlängliche Weide, aber Mangel an Holz. Postamt.

Cseglöd, Ungarn, Szathmár. Komt., siehe Csegöld.

Csegöd, Ungarn, jenseits der Theiss, Bihár. Gespansch., Szalont. Bzk., ein *Praedium*, nächst dem Dorfe Árpád, 1 St. von Szalonta.

Csegöld, Tsegöld auch Cseglöd — Ungarn, jens. der Theiss, Szathmár. Komt., Szamosköz. Bzk., ein *Dorf*, der freiherrlichen Familie v. Vécsey, mit einer griech. kathol. Pfarre und Kirche, 3 St. von Szathmár Németi.

Cseh, Ungarn, Mitt. Szólnok. Komt.; siehe Szilágy Cseh.

Cseha, Ungarn, Neutr. Komt.; siehe Czáci.

Csehálá, Ungarn, Mitter. Szolnoker Komt.; s. Magyar- und Olá-Czaholy.

Cseh-Brezó, Ungarn, Neográder Komt.; siehe Brezova, Cseské-Brezova.

Csehédfalva, Böhmischdorf, Csefalu — Siebenbürgen, Székler Distr., Udvarhely. Stuhl, Ob. Kr., Bösöder Bzk., ein ungr. *Dorf*, mit 276 Einw., an dem Bache Konyha Pataka, nächst Tartsafalva, mit einer griech. kathol. Pfarre, 8¼ St. von Schässburg.

Cseheka, Siebenbürgen, Nied. Weissenburger Komt.; siehe Csekelaka.

Csehi, Ungarn, diess. der Theiss, Heves. Gespansch., Mátraer Bzk., ein mehreren adel. Familien geh. *Dorf*, mit 51 Häus. und 361 Einw., einer eigenen Pfarre, an Bátor gegen S. und gegen W. an Szücs angrenzend, 5 St. von Erlau.

Csehi, Ungarn, jenseits der Donau, Barany. Gespansch., Siklós. Bzk., ein *Dorf*, der Hrsch. Siklós, mit 57 Häus. und 402 Einw., einer reformirt. Pfarre zu Dráva Palkonya gehörig. Hier hat die Hrsch. ergiebige Fischteiche am Bache Fekete Víz, unweit des Drave Flusses, 2 St. von Siklós.

Csehi, Ungarn, jenseits der Donau, Eisenburg. Gespansch., Kemenesaller Bezk., ein dem Hochw. Domkapitel in Stein am Anger und mehren adel. Familien geh., nach Mindszent eingepfarrt. nahe bei Kis-Bér liegend. *Dorf*, mit 69 Häus. und 503 Einw., 1¼ St. von Szalabér.

Csehi, Ungarn, jenseits der Donau, Komorn. Gespansch., Gesztes. Bezk., ein der adel. Familie Baranyay gehör. slowak. *Dorf*, und Filial der Pfarre Szemere, an diesem Pfarrort grenzend, in einem Thale zwischen Bergen und Wäldern, mit 58 Häus. und 431 Einw., 5¼ St. von Komorn.

Csehi, Ungarn, jenseits der Donau, Veszprim. Gespansch., Cseszekienser Bzk., ein *Praedium*, 3¼ St. von Pápa.

Chehi, Ungarn, jenseits der Donau, Zalad. Gespansch., Tapolcz. Bzk., ein zur bischöfl. Veszprim. Hrsch. Sümegh geh. *Dorf*, mit einer eigenen Pfarre, unweit Mihályfa, ½ St. von Sümegh.

Csehi, Ungarn, jenseits der Donau, Zalad. Gespansch., Egerszeger Bzk., ein der Hrsch. Vertsek geh., nach Felső-Szemenye eingepfarrt. *Dorf*. unweit Szt. Margita und dem Praedium Vertsek, 2 St. von Alsó-Lendva.

Csehi, Ungarn, jenseits der Donau, Zalad. Gespansch., Kapornaker Bzk., ein *Wald-Praedium*, nicht weit von dem Marktflecken Kanisa, an d. Grenze des Sümegh. Komts., 1 St. v. Kanisa.

Csehi, Ungarn, jenseits der Theiss, Bihár. Gespansch., Wardeiner Bezk., eine zum Hochw. Gross-Wardeiner Domkapitel gehör. walach. *Ortschaft*, mit 130 Häus. und 782 Einw., einer griech. kathol. Pfarre, liegt nächst Sz. Márton, südl., 1 St. von Gross-Wardein.

Csehi, eigentlich Somlyó-Csechi, Böhmischdorf, Cschehi. — Ungarn, Kraszn. Gespansch., Somlyó. Bzk., ein an der Poststrasse nach Kemer am Weingebirge zerstreut liegendes, der gräfl. Familie Bánfy geh. walach. *Dorf*, mit 298 Einw., dann 2 sehr tiefen Teichen und einer griech. kathol. Lokalpfarre, ¼ St. von Somlyó.

Csehi, Balaton-, Ungarn, ein *Dorf* im Sümegher Komitat.

Csehi, Ungarn, ein *Praedium* im Borsoder Komitat.

Csehi, Alsó-, Dolno Cehowsko — Ungarn, diess. der Donau, Honther Gespansch., Bozok. Bzk., ein *Praedium*, nächst Felső-Prébely, 1¼ St. von Balassa-Gyarmath.

Csehl, Felsö-, Horno-Cehowsko — Ungarn, diesseits der Donau, Honther Gespansch., Bozok. Bezirk, ein *Praedium*, nächt der im Neográder Komt. liegenden Ortschaft Ebeczk, 1½ St. von Balassa-Gyarmath.

Csehi, Ungarn, diesseits der Donau, Neutr. Gespansch. und Bezirk, ein zum Hochw. Graner Domkapitel geh., nach Emöke eingepfarrtes *Dorf*, am Ufer des Czérénka Baches, 2 Stund. von Neutra.

Csehovecz, Ungarn, jens. der Donau, Szalad. Gespansch., Muraköz. Bzk., ein zur Hrsch. Csáktornya geh. *Filialdorf*, der Pfarre St. Georg in Spinis, unweit Perlak und Alsó-Kralyevecz, 1 St. von Csáktornya und 1½ St. von Alsó-Vidovecz.

Csehtelek, Ungarn, ein Dorf im Biharer Komt.; siehe Csetelek.

Cseh, Öveg-, Bánya, Böhmisch-Glashütte — Ungarn, jens. der Donau, Veszprimer Gespanschaft, Devetser Bezirk, ehemals eine Glas-Fabrik, nun ein dem Hochw. Veszprim. Bisthum geh. *Wirthshaus*, 3¼ St. von Veszprim.

Csehu, Ungarn, Szolnok. Komt.; siehe Szilágy-Cseh.

Csehulitze, Siebenbürgen; s. Oláh-Tsáholy.

Csejd, Tscheid, Cscheke — Siebenbürgen, Székl. Maros. Stuhl, Unt. Kreis, Kaal. Bzk., ein adel. zwischen Bergen liegendes, von Széklern bewohnt. *Dorf*, mit 292 Einw. und einer reformirten Pfr., 2¼ St. von Máros-Vásárhely.

Csejdu und **Csejid,** Siebenbürgen, siehe Tsejd.

Csejkö, Csajkow — Ungarn, diesseits der Donau, Bars. Gespansch., Levens. Bzk., ein *Dorf* dem Hochw. Neusohl Bisthum geh., nach Szőllős eingepfarrt, nicht weit vom Gran Flusse, mit 143 Häus. und 1090 Einw., 6 St. von Zeliz, 5 St. von Verebély und 2 St. von Léva.

Csejt, Ungarn, jens. der Theiss, Békés. Gespansch., Csabeus. Bzk., ein *Praedium* im Gebiete des Marktes Szarvas.

Csejtha, Tschachtitz — Ungarn, diess. der Donau, Neutr. Gespanschaft, Neustädtler Bezirk., ein *Marktflecken*, zum Theil den Grafen Erdödy, z. Theil mehrern adel. Familien geh., mit einer eigenen Pfarre und einem auf einem Berge liegenden, nun verfallenen Schl., wo ein der Ort den Namen hat, gegen N., 5½ St. von Galgócz.

Csek, Csaka — Ungarn, diess. der Donau, Bars. Gespansch., Verebéll. Bzk:, ein dem Hochw. Gran. Erzbisthum geh.

Pfarrdorf, mit einer Kirche, 4 St. von Nittra, 3½ St. v. Léva, 3 St. v. Verebél.

Csekaj, Czekay — Ungarn, ein *Wirthshaus* im Abaujvárer Komitat.

Cséke, Ungarn, diesseits der Theiss, Zemplin. Gespansch. und Bzk., ein adel. *Dorf* mit einer griech. kathol. Pfarre, 4 St. von Ujhely.

Cséke, Ungarn; jens. der Donau, Eisenburger Gespansch., Güns. Bzk., ein deutsches zur gräfl. Bathyán. Herschaft Németh-Szent-Mihály geh. *Dorf* in der Pfarre Németh-Kereszt am Fusse des Eisenberges (Vasiegy genannt) mit 73 Häus. und 419 Einw., 2 St. von Stein am Anger.

Cseke, Ungarn, jens. der Donau, Zalader Gespansch., Kapornak. Bzk., ein *Praedium* bei dem Dorfe Patsa.

Cséke, Ungarn, jenseits der Theiss, Szathmár, Gespansch., Szamosköz. Bzk., ein der adel. Familie Kende geh., mit einer reformirten Kirche versehenes *Dorf*, zwischen Istvándi und Bádaló, an der Grenze des Beregher Komts., 2 St. von Tisza Ujlak.

Cseke, Ungarn, Barser Komt.; siehe Bélád.

Cséke, Drág-, Ungarn, jenseits der Theiss, Bihárer Gespansch., Belényes. Bzk., ein zur Kaal. Hrsch. Gross-Wardein geh. walach. Dorf, mit 63 Häusern und 383 Einwoh. und einer griech. nicht unirten Pfarre, 4 St. von Grosswardein.

Cseke, Magyar-, Ungarn, jenseits der Theiss, Bihár. Gespansch., Belényes. Bzk., ein zur Kaal. Hrsch. Gross-Wardein gehör. ungar. walach. Dorf, mit 69 Häus. und 417 Einw. und einer kathol. und griech. nicht unirten Pfarre, 4 St. v. Grosswardein.

Csekefa, Ungarn, jenseits der Donau, Eisenburg. Gespansch., Tótság. Bzk., ein zur gräfl. Zápáry. Herschaft Muray-Szombath geh. Dorf mit 13 Häusern und 75 Einwoh., in der Pfarre S. Benedict, 3 St. von Radkersburg.

Csekefalva, Niederdorf, Cscheheiy — Siebenbürgen, Székl. Distr., Udvarhely. Stuhl, Böszöd. Bzk., ein adel. walach. Dorf mit 442 Einw., einer reformirten und griech. unirten Pfarre, an d. Gagyvize Fl., 5 St. von Schäsburg.

Csekefalva, Tschekendorf, Cschehu — Siebenbürgen, Unter Székler Csiker Stuhl, ein mehren Grundherren geh., von Székler Soldaten bewohntes, nach Szt. Márton eingepf. Dorf, mit 443 Einwoh., 16 St. von Kronstadt.

Csekehida, Ungarn, ein *Praedium* im Bihárer Komitat.

Csekej, Czakajovze — Ungarn, diess. der Donau, Neutr. Gespansch., Bodok. Bzk., ein dem Hochw. Neutr. Bisthum geh. Dorf und Filial der Pfarre Uszbegh, gegen O., 1 St. von Neutra.

Csekelaka, Böhmdorf, Csokeka — Sieben bürgen, Nied. Weissenburg. Gespanschaft, Ob. Kr., Maros-Ujvár Bzk., ein mehren adel. Familien geh. Dorf, mit 597 Einw., mit. einer reformirten und griech. nicht unirten Pfarre, liegt nächst Balizháza, 5½ St. von Nagy-Enyed.

Csekenye, Ungarn, Mittler Szolnoker Gespansch., äuss. Kr., Posegau. Bzk., ein zwischen Wäldern liegendes, den Grafen Gyulai gehör., von Walacien bewohntes Praedium, mit 62 Einw., in der griech. kathol. Pfarre Nagy-Baczal, 1 St. von Margitta.

Csekérdfalva, Siebenbürgen; siehe Tsekerdfalva.

Csekeria, Ungarn, ein Praedium im Bácser Komitat.

Cseklész, Landsitz, Lahusitz — Ungarn, diess. der Donau, Pressourg. Gespanschaft u. Bzk., eine der gräfl. Esterház'schen Familie geh. Herschaft und Marktflecken, mit einer Pfarre, einem Schlosse u. Postwechsel zwischen Pressburg und Sárfö, nare am Schwarzwasser Flusse, 2 Meil. v. Presburg. Postamt mit:

Burnab, Boldogfa, Borsa, Bodohaza, Eberhard, Egyházfa, Fél, Horváth Gurab, Hegy Sulis, Bidas Kunth, Ivángl, Jánosháza, Kérdigfa, Kezeny, Magyar Bél, Majorháza, Neuer-, Alter- und Fürst Grassalkovitkischer Faunngarten, Német Bél, Nagy-Födemes, Nyék, Paffalva, Prucsa, Puszta Födémes, Pentek Suiz, Pallyaches Wirthshaus, Rete, Radli Schwarz Wasser, S. Martin, Sas, Souero, Torony, Tallos, Ujfalu, Vizhele, Vezedény, Zichyeches Wirthshaus, Zoncz.

Cséklye, Csetye — Ungarn, jens. öer Tieiss, Bihár. Gespansch., Wardeiner Bzk., eine zur Hrsch. Élesd geh. walachische Ortschaft mit 24 Häus. und 144 Einw., einer griech. nicht unirten Pfarre, 1 St. von Kis-Bórad.

Csekócs, Cekowce — Ungarn, diess. der Donau, Honth. Gespansch., Bozoker Bzk., ein zur Studien-Fonds-Herschaft Bozok gehör. und darin eingepf. kathol. Dorf, liegt gegen W., nächst der Stadt Karpfen, 4 St. von Schemnitz.

Csekut, Ungarn, jenseits der Donau, Veszprimer Gespanschaft, Develser Bzk., ein verschiedenen adel. Familien geh. Dorf, zwischen Padrag und Bode, 1½ St. von Vásárhely.

Csélántó, Ungarn, ein See im Békés. Komitat.

Cselei, Cselejowcze — Ungarn, diess. der Tieiss, Zemplin. Gespansch., Ujhelyer Bzk., ein den adel. Familien Reviczky und Büdeskuti geh. Dorf, mit ei-

ner griech. und kathol. Pfarre nach Pe leithe geh. Filialkirche, 1½ St. v. Vecse.

Cselenpataka, Ungarn, berühmter Fluss in der Baranyer Gespansch., unw. Mohács, in welchem König Ludwig II. 1525 sein Leben eingebüsst hat. Er vereinigt sich mit der Donau, und bildet am rechten Ufer eine Insel.

Cselfalva, Czelowcze — Ungarn, diess. der Theiss, Sáros. Gespanschaft, Taply. Bzk., ein mehren Dominien geh. im Gebirge liegendes slowak. Dorf, mit einer evangel. Kirche, 2½ St. v. Eperjes.

Cselin, Ungarn, diesseits der Donau, Sohler Gespansch., Ob. Bzk., ein Meierhof der Stadt Libeth-Bénya, und darin eingepfarrt, in dessen Terrain unter dem Berge Veper; 4 St. von Neusohl, ½ St. v. Libeth-Bánya.

Csellény, Ungarn, ein Wald im Gömörer Komitat.

Cselletovcze, Ungarn, Szalad. Komitat, ein zum Brod. Grenz-Reg. Cantou Nr. VII geh. Dorf von 37 Häus., mit einer eigenen Kirche, nächst dem Bossut Fl., grenzt mit dem Syrmer Komt., 1 St. von Orolik.

Csellikovicha, Slavonien, Brooder Grenz-Regim. Kanton; s. Odvorcze.

Csello-Lehota, Ungarn, Trentschin. Komt.; siehe Lehota.

Cselna, Siebenbürgen, Unt. Albenser Komt., im Bzk. Magyar, ein Dorf, der gräfl. Telekischen Familie geh., welche hier ein schönes Schloss und artige Gärten hat; hier gedeiht ein ausgezeichnet guter Wein.

Cselöháza, Ungarn, diess. der Theiss, Heves. Gespansch., Tarnaer Bzk., ein Praedium zwischen Poczolad u. Méra, 3 St. von Árok-Szállás.

Cselöte, Ungarn, diess. der Donau, Neograd. Gespansch., Kéköer Bzk., ein Gut und Praedium, dem Waizner Bistium geh., in der Pfarre Kosd, zwischen Kosd und Veröcze, 1 St. von Bács.

Cselöte, Ungarn, Pester Komt., ein Praedium.

Cselovcze, Czelejovcze — Ungarn, Zemplin. Komt.; siehe Cselei.

Cseloveze, Ungarn, Sáros. Komt.; siehe Cselfalva.

Csém, Ungarn, diesseits der Donau, Komorner Gespansch., Gesztes. Bzk., ein Praedium bei Mocsa, 1 St. von Komorn.

Csém, Schandorf — Ungarn, jens. der Donau, Eisenburg. Gespansch., Günser Bzk., ein deutsches, zur Hrsch. Rechnitz gehör. Dorf, mit 81 Häusern und 467 Einw. und eigener Pfarre, 4 St. von Steinamanger.

Csema, Siebenbürgen, Hunyad. Komt., ein Dorf mit 71 Einw., zur Pretur Déva gehörig.

Csemefalu, Ungarn, Kövár. Distr., ein Dorf mit 722 Einw., zur Pretur Somkút gehörig.

Csemek, Siebenbürgen, Dobok. Komt., ein Ort mit 100 Einwohn., zur Pretur Bontzida gehörig.

Csemek, Siebenbürgen, In. Szolnoker Komt., ein Dorf mit 203 Einwohnern, zur Praetur Dées gehörig.

Cseménd, Ungarn, Sümeger Komt., ein Dorf; siehe Csöménd.

Csemernicza, Slavonien, Verőcz. Gespansch., Vucsin. Bzk., ein Praedium und Meierhof, der Hrsch. Vucsin geh., nächst Therczovacz, 5 St. von Bahocsa.

Csermenye, Mark-, Ungarn, diess. der Tieiss, Zemplin. Gespansch., Göröginyer Bzk., ein den Grafen Sztáray und Okolicsany gehör. Dorf, mit einer griech. Pfarre, 1¼ St. von Nagy-Mihály.

Csemete, Ungarn, Eisenburger Komt.; ein Dorf; siehe Csömöte, Kis- u. Nagy.

Csemetovec, Ungarn, Warasdiner Komt., ein Dorf; siehe Chemetovecz.

Csemernye Vranovska, Varanno Csemernye — Ungarn, diesseits der Tieiss, Zemplin. Gespansch., Sztropkov. Bzk., ein den Grafen Barkóczy und Forgács geh. Dorf, mit einer griech. Hauptpfarre und einer nach Varanno eingepf. kath. Kapelle, von dem Flusse Toplya durchströmt, über welchen eine Brücke führt, 3 St. von Vécse.

Csemicze, Ungarn, diess. der Donau, Liptauer Gespansch., nördl. Bzk., ein der adel. Familie Csemiczky geh., nach Sz. Kerest eingepf. Dorf, an der Poststrasse und dem Waag Flusse, 1¼ St. von Bethlehemfalva.

Csemsa, Ungarn, Szalader Komt., ein Praedium.

Csemdesz, Ungarn, jens. der Donau, Eisenburger Gespansch., Steinamanger Bzk., ein mehren adel. Familien gehör. ungar. Dorf, mit 10 Häus. und 76 Einw., nach Rum eingepfarrt, 2 Stunden von Steinamanger.

Csenadie, Siebenbürgen, Weissenburger Komt.; siehe Szász-Csanád.

Csenálos, Ungarn, jens. der Tieiss, Bihárer Gespansch., Érmellyék. Bzk., ein der adel. Familie Ravazdi gehör. walach. Dorf, mit einer griech. nicht unirten Pfarre, liegt nächst Sz. Jooh, 2 St. von Margitta.

Csencs, Németh-, Deutsch-Tschantschendorf — Ungarn, jens. der Donau, Eisenburger Gespansch., Németh. Ujvár. Bzk., ein zur Hrsch. Németh-Ujvár geh.

Dorf, mit 74 Häusern und 473 Einw., einer eigenen Pfarre, am CsencsFlusse, unweit Punicz, 2 St. von Rába-Keresztúr, 2¼ St. von Fürstenfeld.

Csencs, Taród-, Ungarn, jens. der Donau, Eisenburg. Gespansch., Németh-Ujvár. Bzk., ein deutsches, zur Hrsch. Németh-Ujvár geh. Dorf, mit 11 Häus. und 76 Einw., der Pfarre Németh-Csencs einverleibt, am Bache gleichen Namens, gegen Ost nächst Tohaj, 2 St. von Keresztúr.

Csencs, Horvát Radván, Chincia, Ciencia — Ungarn, Eisenburg. Komt., ein Dorf.

Csencsicz, Zunkensdorf — Ungarn, diess. der Tieiss, Zipser Gespanschaft, im obern Stuhl der 10 adeligen Lanzenträger, ein nach Csötörtökhely eingepf., mehren Grundherrschaften geh. Dorf, in einem Thale unweit Jánocs, 2 St. von Leutschau.

Csene, Ungarn, ein Praedium im Bácser Komitat.

Csenej, Ungarn, Torontaler Komt.; siehe Csenyei.

Csenéte, Ungarn, ein Praedium im Abaujvárer Komitat.

Csenia, Ungarn, jens. der Donau, Zalader Gespansch., Tapolcz. Bzk., ein Praedium bei dem Dorfe Budavár, an der Veszprimer Komitats-Grenze, 1 St. von Nagy-Vásony.

Cségava, Ungarn, Ugocs. Komt.; siehe Csengova, Nagy-Csengova.

Csengele, Alsó- und **Felső-,** Ungarn, ein Praedium im Gsongrád. Komt.

Csenger, Tsenger — Ungarn, jens. der Tieiss, Szathmár. Gespanschaft, Krasznaköz, Bzk., ein den Grafen von Károly geh. privileg. Marktflecken mit 430 Häus. und 2630 Einw., einer katbol. Pfarre und einer reform. Kirche; hier wird vortrefflicher Tabak gepflanzt, zwischen Ura und Tyukod, 2 St. von Bagos.

Csenger, Tsenger, Jánosi — Ungarn, jens. der Tieiss, Szathmár. Gespan., Krasznaköz. Bzk., ein nahe beim Marktflecken Csenger lieg. Praedium, 2 St. von Bágos.

Csenger, Tsenger, Ujfalu — Ungarn, Szathmár. Komt.; siehe Ujfalu.

Csengerháza, Ungarn, diess. der Donau, Neograd. Gespan., Szécsener Bzk., ein ungr. Praedium, nach Kis-Tereny eingepf., an der k. Landstr., in der Nähe des Flusses Zagyva und dem Berge Mátra, 4¼ Meile von Szakáll.

Csengova Nagy-, Csengova, Cséngava — Ungarn, jens. d. Tieiss, Ugocs. Gespan., Bzk. diess. der Tieiss, ein

Dorf, der Hrsch. Nagy-Szöllös, ehemals mit einer eigenen Pfarre verseien, nun der Pfarre Konskujfalú zugetheilt, zwiscien Kis-Csongova und Eölyves, 1¾ St. von Nagy-Szöllös.

Csengöd, Ungarn, ein *Praedium*, im Pesther Komitate.

Csenke, Ungarn, diess. der Donau, Presb. Gespan., Oi. Insulan. Bzk., ein adel. Dorf, in der Schütt, zur Pfarre Nagy-Magyar geh., unw. Tonkiáza, 1 St. von Somerein.

Csenke, Ungarn, ein *Praedium*, im Graner Komitate.

Csenkeszfa, Ungarn, diess. d. Donau, Presb. Gespan., Unt. Insulan. Bzk., ein adel. Dorf, naci Serdahely eingepf., nicit weit von Pódova entlegen, 3½ St. von Somerein.

Csenkovo, Slavonien, Veröcz. Gespan., Eszék. Bzk., eine zur Hrsch. Deákóvár geh. *Ortschaft*, an der Poseganer Grenze, näcist Breznicza, 2 St. von Deákóvár.

Csente, Sieienbürgen; sieie Tzente.

Csente, Ungarn, ein *Praedium*, im Presburger Komitat.

Csente, Ungaru, Arad. Komt.; sieie Csintye.

Csente, Ungarn, jens. der Donau, Zalader Gespan., Lövö. Bzk., ein *Dorf*, der fürst. Eszterház. Hrsch. Alsó-Lendva, zu eben dieser Pfarre geh., u. gegen W., an diesen Marktfl. angrenzend, ½ St. von Alsó-Lendva.

Csenteritz-fa, Ungarn, jens. d. Donau, Zalad. Gespan., Egerszegh. Bzk., ein *Praedium* und *Ackerland*, unweit Nagy-Lenygel, 1 St. von Zala-Egerszeg.

Csentfalva, Ungarn, diesseits der Donau, Neograder Gespansciaft, Széesener Bezirk, ein *Praedium*, naci Szöllös eingepfarrt, naie am Flusse Zagyva und dem Berge Mátra, 3¼ Meilen von Hatvan.

Csentöfa, Ungarn, diesseits der Donau, Pressburg. Gespansciaft, Insul. Bzk., ein *Dorf* in der Schütt, zur Major. Hrsch. und Pfarre Egyiázas Gellye geiörig, zwiscien Nagy Lóg, Miiályfa und Sárosfa, bei Nagy Lóg, 2 St. von Somerein.

Csénye, Ungarn, jenseits der Donau, Eisenburg. Gespansch., Stein am Anger Bzk., ein ungarisciss, zur Herscraft Sárvár geiöriges *Dorf*, mit 64 Häus. und 461 Einwoinern, einer eigenen Pfarre und dem Maierhofe Uj-Major, am Bache Gyöngyös, 2½ St. von Stein am Anger.

Csenyei, insgemein Csenej — Ungarn, Jenseits der Tieiss, Toroutal. Gesp., Uj-pécs. Bzk., ein raitzisch-walaci. gemiscites Kaal. Dorf, mit einer Kircie und 2 Pfarren, gegen Nord., näcist Gyertyànos, 1 St. vom Kanal Béga, 3 St. von Czadat.

Csenyete, Ungarn, Abanjvár Com., ein *Dorf* mit 87 Häuser und 674 Einwohnern.

Csény-Szt-Kereszt, Ungarn, Liptauer Komitat; sieie Czin.

Csép, Ungarn, diesseits der Donau, Pesti. Gespansch., Pilis. Bzk., ein deutscies und raitz. Dorf, zur Hrsch. Ràczkeve geh., mit einer griech. nicit unirten Kircie, sonst naci Ujfalu eingepfarrt, auf der Insel Ráczkeve, 1 St. von Ertsény (üier der Donau).

Csép, Ungarn, diesseits der Donau, Komorner Gespansch., Geszteser Bzk., ein mehren adeligen Familien geiöriges *Dorf*, mit einer reformirten Kircie und einer Müile am Bacie Ette, an der von Komorn naci Kis-Bér füirenden Kommerzialstrasse, iei Nagy-Igmand, 2½ St. vcn Uj-Szöny (eigentlici Komorn).

Csép, Ungarn, jenseits der Donau, Veszprim. Gespansch. Csesznekiens. Bzk., ein *Predium*, 5½ St. von Veszprim.

Csépa, Ungarn, diesseits der Tieiss, Hevess., eigentl. äussere Szolnoker Gespansch., Tieiss. Bzk., ein unter meirere adel. Familien getheiltes *Dorf*, mit 246 Häusern und 1923 Einwohn., einer eigenen Pfarre, gegen Westen näcist Sass, Csougrad. gegenüier, 6 St, von Szolnok.

Csepa, Ungarn, Ugocs. Komitat; s. Csepe.

Csepanfalva, Csepanowcze, Tschepensdorf — Ungarn, diess. der Tieiss, Zipser Gespansch., im III. Zipser Bzk., ein am Ahlaufe des Sternád. Fl. in einer Eiene lieg., naci Markusfalva, womit es verounden ist, eingepfarrt. Dorf, unter die Grundherschaft der Familie Mariássy-Vitalls geiörig, mit meiren Adelhöfen und einem an der Landstrasse sici befindenden Sciankiause sammt Wagenschupfen, 3½ St. v. Leutsciau.

Csepany, Ungarn, diess. der Tieiss, Borsoder Gespansciaft, Peter Bzk., ein ungar., naci Arlo eingepf., meiren adel. Familien geiöriges, mit 37 Häuser und 450 Einwoinern, einer Mahlmühle und Waldungen verseienes Dorf, 9 St. von Mikólcz.

Csepany, walaci. Csepun — Siebenbürgen, Innere Szolnoker Gespansch.,

Unt. Kr., ein mehreren Dominien geh. sächsisches *Gebirgsdorf*, mit 356 Einwohnern, einer evangelischen Pfarre, 3 St. von Somkerék,

Csepanu und **Csepány**, Siebenbürgen; siehe Tsépáu.

Csepe, Csepa — Ungarn, jenseits der Theiss, Ugocs. Gesp., Bzk. jenseits der Theiss, ein mehren adel. Familien gehöriges, mit einer griechisch. kathol. Pfarre und reform. Kirche versehenes *Dorf*, in einer Ebene, zwischen Szoma und Oszödfalva, 1¼ Meil. von Nagy-Szöllös.

Csepel, Ungarn, diesseits der Donau, Pestr. Gespansch., Pilis. Bzk., ein zur Hrsch. Ráczkeve gehöriges, und raitzisches *Dorf*, mit einer eigenen Pfarre, am Anfange der Insel Ráczkeve, zwischen den beiden Donau-Armen, v. Ofen 1¼ Meile entlegen, 2 St. von Tétény.

Csepel, Ungarn, jenseits der Donau, Barany. Gespansch., Siklós. Bzk., ein der gräfl. Bathyán. Hrsch. Siklós geh. *Dorf*, mit 44 Häus. und 307 Einwohn., einer reformirten Kirche, in einer, zwischen fruchtbar., aber vielen Ueberschwemmungen des Drave Flusses ausgesetzten Ebene, 1¼ St. von Niklós.

Csepel, Tsepel, Csepely, Tschepel — Ungarn, eine *Donauinsel* der Pesther Gespanschaft nahe bei Ofen, 5 ungar. Meilen lang; hat viel Wildpret, besonders Hasen und heist deswegen auch Haseninsel. Diese Insel pflegte eredem den ungar. Königinen bei ihren Vermählungen zum Brautschatze gegeben zu werden.

Csepes, Ungarn, jenseits der Donau, Veszprimer Gesp., und Bzk. gleichen Namens, ein *Prädium*, ½ St. von Nagy-Vásony, und 2¼ Stunde von Veszprim.

Csepes, Siebenbürgen, ein *Dorf* im Udvarhelyer Stull, und im Kereszturer Bezirk.

Csepertse, Siebenbürgen, siehe Toportsa.

Csepely, Ungarn, jenseits der Donau, Sümegh. Gespansch., Kapos. Bzk., ein dem hochw. Veszprimer Bisthum gehöriges ungar. *Dorf*, mit einer eigenen reformirten Pfarre, die Katol. sind nach Szóládi eingepfarrt, liegt zwischen Visz und Kötze, 1 St. von Szemes.

Csepely, Ungarn, ein *Dorf* im Barany. Komitat,

Csepin, Slavonien, Veröcz. Gesp., Eszék. Bzk., eine *Herschaft* u *Dorf*, mit einer griech. nicht unirten Pfarre, mit der kathol. aber nach Brogyáncze ein-

gepfarrt, liegt au der Broder Strasse, 3 St. von Eszék.

Cseppely, Ungarn, diess. der Theiss, Unghvár. Gespansch., Kopossiens. Bzk., ein meireren adel. Familien gehöriges, nach Csicser eingepfarrtes *Dorf*, mit einer eigenen reformirten Kirche und Komitatshause, nahe bei Nagy-Kopos, gegen Nord., 3 St. von Ungvár.

Csepregh. Csaprung, Tschapring — Ungarn, jenseits der Donau, Oedenb. Gespanschaft, im III. oder unt. Bzk., ausser al) des Raab Flusses, ein ung. der adel. Familie Jankovics gehöriger *Marktflecken* mit einer eigenen Pfarre und 2 Kirchen, zwischen Kintsed und Nagy-Zsádány, 1¼ St. von Güns.

Csepsin, Nagy-, Welky Czepezin — Ungarn, dies. d. Donau, Thurócz. Gesp., Mossócz. Bzk., ein adel. *Gut* und *Dorf*, nächst dem Fl. Thurócz, in der kath. Pfarre Szent-Mihály, in der evangel. aber Ivánkofalva, 1¼ St. von Rudnó.

Csepsin, Kis-, Maly Czepeczin — Ungarn, diesseits der Donau, Thurócz. Gespansch., Mossócz. Bzk., ein adel. *Gut* und *Dorf*, an dem Bache Zsarnovicza, in der evangelischen Pfarre Ivánkofalva, 2 St. von Rudnó.

Csepsa, Ungarn, Torontal. Komitat; siehe Csebsa.

Csepun, Siebenbürgen; s. Tsépán.

Cser, Ungarn, ein *Dorf* im Oedenb. Komitat.

Csér, Ungarn, jens. der Donau, Simegi. Gespanschaft, Igályer Bzk., ein *Prädium*, zwischen Szill. Igál und Magyaród.

Csera, Siebenbürgen, ein *Dorf* im Unteralbenser Komitat und Alvinzer Bezirk.

Cseralye, Slavonien, Verőcz. Gesp. und Bezirk, ein zur Hrsch. Vucsin gehöriges *Dorf*, liegt nächst Bokane und Bolince, 16 Stunden von Babocsa.

Cseralje, Cserallye — ein *Bach* im Verőczer Komitat.

Cserbel, Zerbeln, Czerbelu — Siebenbürgen, diesseits der Maros, Hunyad. Gespansch. und Bzk., ein der Kaal. Hrsch. Vajda-Hunyad gehöriges walach. *Dorf*, mit 315 Einwohnern, einer griech. nicht unirten Pfarre, 6 St. von Dées.

Cserbia, Serben, Serba — Siebenbürgen, jenseits der Maros, Hunyad. Gespausch., Illyer Bzk., ein der freiherrl. Familie Naláczy gehör. walach. *Dorf*, mit 308 Einwohnern, einer griech. nicht unirten Pfarre, liegt nächst Poganiesd, 5¾ St. von Illye.

Cserdj, Ungarn, jenseits der Donau, Barany. Gespan., Szt. Lörincz. Bezirk, ein kleines, zur Herschaft Szent-Lörincz gehöriges, nach Bükösdi eingepfarrtes *Dörfchen*, mit 51 Häus. und 354 Einw. einem Vorwerke, welches ziemlich gute Weine trägt. ½ St. von Szent-Lörincz (St. Laurenz).

Cserefalva, Eichelu, Cserefalú — Siebenbürgen, Székl. Maroscher Stuhl, unt. Kr., und Nagy Galfalv. Bezirk, ein der adel. Familie Szilágyi und freien Széklern gehörig., am Flusse Nyárad liegendes walach. *Dorf*, mit 308 Einw., einer reformirt. nach Szent-Benedek eingepfarrten Kirche, 2 St. von Maros-Vásárhely.

Cserejócz, Cserejuczi, Cserejour — Ungarn, diesseits der Theiss, Beregh. Gespan. und Kászon. Bezirk, ein russniak., nach Nagy Lohó eingepfarrtes *Dorf*, mit 6 Häus. und 62 Einwohnern, zwischen Ivány und Nagy Lohò, 2 St. von Munkács.

Cseremossné, Czremossne — Ungarn, diesseits der Donau, Thurócz. Gespan., Mossócz. Bezirk, ein zu der k. Bergstadt Kremnitz gehöriges *Dorf*. in der evangel. Pfarre Mossócz., liegt an dem Fusse des Berges Urpin, 4½ St. von Rudnó.

Cserencseny, Cerencany — Ungarn, diesseits der Donau, Gömör. Gespan., Kis-Houth. Bezirk, ein der adel. Familie Luszinzsky gehöriges slowak. *Dorf*, mit 34 Häus. und 295 Einwohnern, einer evangel. Kirche und einer an dem Bache Rima liegenden Mahlmühle. liegt gegen Osten, ½ St. von Rima-Szombath.

Cserenfa, Ungarn, jenseits der Donau, Sümegh. Gespansch., Szigeth. Bezirk, ein den Fürsten Eszterházy gehöriges, nach Szent Balás eingepfarrtes kathol. *Dorf*, liegt zwischen Szt. Balás, Gyarmath, Simonfa und Szent Pál, 1½ St. von Kaposvár.

Cserentsötz, Ungarn, jens. der Donau, Zalad. Gespan., Lövö. Bezirk, ein zur gräflich Csákyschen Herschaft Belatinez gehöriges *Dorf*, nicht weit vom Flusse Mura, nach Turnicha eingepfarrt, zwischen Közép-Bisztricza und Zsiszek, 1½ St. von Alsó-Lendva.

Cserény, Czerin, Cselin — Ungarn, diess. der Donau, Sohler Gespansch., Ob. Bezirk, ein slowak., zur Herschaft Véghjes gehöriges *Dorf*, nach Felsö-Micsiny eingepfarrt, mit einem vortrefflichen Sauerbrunnen, Zavad gegenüber, an der von Libeth Bánya in den

unt. Bezirk führenden Kommerz. Strasse, 2 St. von Neusohl.

Cserénye, Cserenyany — Ungarn, diess. der Donau, Bars. Gespan. Oszláner Bezirk, ein slowak. *Dorf*, am Neutra Flusse, den Grafen Hunyady und der adel. Familie Majthényi gehörig, nach Oszlány eingepfarrt, mit 94 H. und 593 Einw., 2½ St. von Nagy-Zsámbokréth, 1½ St. von Veszternicz.

Cserépallya, Ungarn, Borsod. Komitat; s. Várallya — Cserép-Várallya.

Cserepes, Ungarn, diess. der Donau, Houth. Gespan., Bath. Bezirk, ein der adel. Familie Boros gehöriges *Landgut*, mit einigen Waldhäuseln und einer Schäfferei, liegt gegen den Berg Szitnya, ½ St. von Báth.

Cserepes, Ungarn, jens. der Theyss, Bihár. Gespan., Szalont. Bezirk, ein *Prädium*, nächst dem Dorfe Tarjány, 1½ St. von Gross Wardein.

Cseredes-Kenez, Ungarn, jens. der Theiss, Szabolts. Gespan., Kis-Várd. Bezirk, ein an der Theiss liegend. ungar. *Dorf*, mit einer reformirten Pfarre, 2 St. von Kis-Várda.

Cserép-Várallya, Ungarn, Borsod. Komitat: s. Várallya.

Cserépfalu, Ungarn, diess. der Theiss, Borsod. Gespan., Agriens. (Erlauer) Bezirk, ein zur Herschaft Cserép-Várallya gehöriges *Dorf*, mit 217 H. und 1865 Einw., einer reform. Pfarre und Schlosse, zwischen Bergen, 3 St. von Erlau.

Cseresabistra, Ungarn, Temesvár. Gespan., Margaer Bezirk, ein zum walach. illyr. Grenz-Regmts. Canton Nro. XIII, gehöriges *Dorf* von 43 Häusern, 6 St. von Káránsebes.

Cseresa, Eichenbusch, Tscrise, oder Cscherisch — Ungarn, Krasznaer Gespan., Kémerer Bezirk, eine an den Wäldern Réz Erdö liegende kleine walachische *Ortschaft*, mit 296 Einwohner, 3 St. von Somlyó.

Cserese Temes, Temes Cserese — Ungarn, jenseits der Theiss, Krassov. Gespan., Lúgós. Bezirk, ein walach. kön. Kaal. *Dorf*, eigentlich zur Hersch. Lúgos gehörig, mit einer eigenen Pfarre, nahe am Temes Flusse, unweit Maguri, 1½ St. von Lúgós.

Cseresor, Zerndorf — Siebenbürgen, diess. der Máros, Hunyad. Gespann., und Bezirk, ein zur Kammeral Hersch. Vajda-Hunyad gehörig. walach. *Dorf*, mit 318 Einw., einer griech. nicht unirten Pfarre, liegt an der Czerna u. dem Gebirge, 3 St. von Déva.

Cseret, Ungarn, jens. der Donau, Sümegı. Gespan., Kapos Bezirk, ein dem Grafen Niczky geıörig. *Prädium*.

Cseretnek, Csörötnek, Schriedling, Schrödling — Ungarn, ein *Dorf*, im Eisenburger Komitat.

Cseretzel, Ungarn; sieıe Tzernetzfalva.

Cserevics, Tscherewitsch, Slavonien, Syrmier Distr. und Gespan., Illok. Bezk., eine *Herschaft* und *Censual Markt*, mit 2010 Einwoıner, in 384 Häusern, mit einer griech. nicıt unirten und kathol. Pfarre, dann einem Postwechsel, liegt an der Donau, worüıer eine Brücke in den Bácser Komitat füırt, Postamt mit:

Bcossin, Rakovacz, Besenovo, Banoster, Grabovo, Jasak, Alt und Neu Futtak, Begecs, Irmova Praed., Vizich Praed, Piros Possezio.

Cserfale, Sieıeıürgen, Kronstädt. oder Carcenser Distr.; s. Csernátfálu.

Cserfö, Ungarn, jens. der Donıu, Zalader Gespansch., Kapornak. Bezirk, ein Weingebirgs *Prädium*, 1 Stunde von Kanisa.

Cserged, Kis. Klein Schergid — Siebenbürgen, Kokelburg. Gespan., Ob. Kreis, Teremier Bezirk, ein zur Herscıaft Teremi geh. walacı. *Pfarrdorf*, näcıst der Maros, zwiscıen Gebirgen, 2 St. von Maros-Vásárhely.

Cserged, Kis, Bánfy Cserged, Klein Schergid, Csirgidumike, Csergeu Bánfy — Siebenıürgen, Weissenb. Gespan., Balásfalv. Bez., ein gräfl. Bánfysches *Gut* u. *Dorf*, 7 St. von Herrmannstadt.

Cserged Nagy, Gross-Schergid, Csirgidamare, Siebenbürgen, Weissenburg. Gespan., Ob. Kreis, Balásfalv. Bezirk, ein zur bischöfl. Herscıaft Balásfalva gehöriges *Dorf*, mit einer gr. kathol. Pfarre, 7½ St. von Hermannstadt.

Cserged, Nagy, Gross Schergid — Sieıenbürgen, Kokelburg. Gespan., Teremier Bezirk, ein meıreren Grundherschaften gehörig. walach. *Pfarrdorf*, an der Maros, 2½ St. von Maros-Vásárhely.

Csergö, Ungarn. ein *Prädium*, im Zempliner Komitat; siehe Csörgö.

Cserhat, Ungarn, ein *Gebirge*, im Neográder Komitat.

Cserhat, Kádárkút — Ungarn, ein *Prädium*, im Sümegher Komitat.

Cserhegy, Ungarn, ein *Weingebirg*, im Eisenburger Komitat.

Cserhegy, Ungarn, ein *Wirthshaus*, im Szalader Komitat.

Cseri, Cerowo, Ungarn, diesseits der Donau, Honther Gespan., Bozok. Bzk., ein meıreren Grundbesitzern und zum Tıeil der Herschaft Csábrágh geıörig. slowakiscı. *Dorf*, mit einer eigenen evang. Kircıe und Prediger, liegt näcıst den Ortscıaften Csall, Csábrágh und Apova, 5 St. von Balassa-Gyarmath.

Cseri, Ungarn, ein *Wirthshaus*, im Biharer Komitat.

Cseri, Ungarn, ein *Prädium*, im Sümegıer Komitat.

Cseries, Tscherisch — Slavonien, Syrm. Gespan., Vukovár. Bezirk, ein zur Herscıaft Nustár geıöriges u. dah. eingepfarrtes katı. *Dorf*, liegt näcıst Petrovece, ½ St. von Vinkovcze.

Cserisor, Siebenbürgen, Hunyad. Komitat; ein *Dorf* bei Déva.

Cserkút aucı **Tscherkút**, Ungarn, jenseits der Donau, Barany. Gespansch., Fünfkirch. Bezirk, ein *Dorf*, des Hochwürd. Fünfkirchn. Dömkapitels, nacı Kóvágó Szölös eingepfarrt, mit 54 H. und 367 Einwoıneın, einer eigenen Kircıe und einem Weingebirge, auf einem Hügel, ¼ St. von der Landstrasse, 1 St. von Fünfkirchen.

Cserköz, Ungarn, ein *Prädium*, im Heveser Komitat.

Cserkvenyak, Ungarn, ein *Prädium*, im Bácser Komitat.

Cserlenó, Cserlenyova — Ungarn, diesseits der Tıeiss, Beregı. Gespan. Kászon. Bezirk, ein russniak., zur Herscıaft Munkács und Pfarre Ignécz geh. *Dorf*, mit 35 Häus. und 268 Einwob., zwiscıen Kajdano und Ignécz, 2⅛ St. von Szeredıye.

Csermák, Ungarn, diess. der Donau, Presburg. Gespan., Transmont. Bezirk, eine *Mühle*, nahe bei Bur Szt. Miklós, 4 St. von St. Joıann.

Csermare und Czermura — s. Martfalva.

Csermany, Ungarn, ein *Prädium*, im Sümegher Komitat; s. Körmöud.

Csermel, Czermel — Ungarn, ein *Bach*, im Abaujvárer Komitat.

Csermend, Cserman — Ungarn, diess. der Donau, Neutr. Gespansch. Bodok. Bezirk, ein eıedem der adel. Familie Prileczky, nun der adel. Familie Grenzenstein geıöriges *Dorf*, mit einer eigenen Pfarre, gegen Norden, 1 St. von Nagy-Rippény.

Csermuo, Csmernó — Ungarn, diesseits der Donau, Liptau. Gespan., Südl. Bezk., ein der adel. Familie Okolicsány geıöriges, nacı Szt. Kerest eingepf. *Dörfchen*, an ıesagte Pfarre angrenzend, 2¼ St, von Bertheleufalva.

Csermosna, Czermossna — Ungarn, ein *Bach*, im Gömörer Komitat.

Csermö, Ungarn, jenseits der Tieiss, Arad. Gespan., ein walac. königl. Kaal. *Dorf*, mit 194 Häus. und 1183 Einw., einer griech. nicht unirten Pfarre, grenzt gegen Osten an das Bihár. Komitat, 5 St. von Nagy-Zeréud.

Cserna, Ungarn, jenseits der Donau, Sümegh. Gespansch., Szigeth. Bezk., ein *Pradium*, näcist Révfalu.

Cserna, Ungarn, jenseits der Tieiss, Temess. Gespan. und Bezirk, ein walac. zum Kaal. Rentamt Kovéres gehöriges, mit einer griech. nicht unirten Kircie und Pfarre versei. Kaal. *Dorf*, am Bacie Cserna, wovon der Ort seinen Namen iat, unweit Liebling, 2 St. von Zsebely.

Cserna, Ungarn, Ugocs. Komitat; s. Csarnateö.

Cserna-Cherubin, Ungarn, diess. der Donau, Trentschin. Gespan., Waag-Besterz. Bezirk, ein der adel. Familie Marsovszky gehöriges, von dem Eigenthümer bewohntes *Rittergut*, nach Rajecz eingepfarrt, 4 St. von Silein.

Cserna, Zernau — Siebenbürgen, Hunyad. Gespan., Kreis diess. der Maros, Hunyad. Bezirk, ein der adel. Familie Czerna gehöriges *Gut* und walach. *Dorf*, mit einer griech. nicht unirten Kirche, in der Pfarre Csolnakos, 4 St. v. Déva.

Cserna-Kis-Mala, Ungarn, diess. der Donau, Trentschin. Gespan., Waag-Besterz. Bezirk, ein zur Herschaft Lietva, und Pfarre Rajecz geh. *Dorf*, liegt gegen Norden, ausser der Landstrasse, 4 St. von Silein.

Cserna-Lehota, Ungarn, Gömör. Komitat; s. Lehota, Fekete-Lehota.

Cserna-Nagy-Welka, Ungarn, diess. der Donau, Trentschin. Gespan. Waag-Besterz. Bezk., ein *Dorf*, mehreren adel. Familien gehörig, nach Rajecz eingepfarrt, mit einem eigenen Ortsgerichte, nahe an der Landstrasse, welche von Rajacz nach Vágh-Besztercz führt, 4 St. von Silein.

Csernobara, Ungarn, ein *Dorf*, im Torontáler Komitat; s. Feketetó.

Csernabara fekete mocsar, Ungarn, ein *Sumpf*, im Bácser Komitat und Csalkisten Distrikt.

Csernac, Ungarn, ein *Dorf* und *Fluss* im Veröczer Komitat und Gradiskauer Grenz Regmts. Bezirk.

Csernadraga, Ungarn, ein *Dorf*, im 1. Banal Grenz Regmts. Bezirk; sieie Chernadrága.

Csernafalva, Ungarn, Kövár. Distrikt; s. Csarnafalva.

Csernagora, oder Csernagura — ung. Fekete Hegy, Schwarzberg, Ungarn, diess. den Tieiss, in den Karpaten, ein *Berg*, in der Zipser Gespanschaft.

Csernagura, Czarnagura, Tschurnagura, Ungarn, diesseits der Tieiss, Zips. Gespan., im I. oder Magoran. Bezirk, ein slowak. unter die Grundherschaft des Freierru von Palocsay gehör., naci Jurgo eingepfarrtes *Dorf*, unter dem karpatischen Geiirge, zwiscien Hügeln, unweit Repiszko, 11 ½ St. von Leutsciau.

Csernoho, Ungarn, diess. der Tieiss, Zemplin. Gespan., Ujhely. Bezirk, ein der königl. Kammer, geiöriges *Dorf*, mit einem helvetischen Bethause, 1 St. von Ujiely.

Csernako, Chernákow — Ungarn, ein *Berg* im Gömörer Komitat.

Csernakov Fekete - malom, **Czernakow - Mlyn**, Ungarn, eine *Mühle*, im Thuróczer Komitat.

Csernatfalu, Sz. Mihály, Michelsdorf, Zernendorf, Cserfalu — Siebenbürgen, Kronstädt. Distrikt, ein zur Herschaft Törtsvár geiör. ungar. walac. *Dorf*, mit 2460 Einwoineru, einer evangel. und griech. nichtunirten Pfarre, liegt an der walac. Grenze, 2 St. von Kronstadt.

Csernaton, Alsó, Unter Tsciernaten, Schernatsche die dsosz — Siebenbürgen, Székl. Kezd. Stuil, ein von Ungarn, Walacien und Szekler Grenz-Soldaten iewointes, meireren Besitzeru geiöriges *Dorf*, mit einer reformirten und griech. nichtunirt. Pfarre, dann einer kathol. Kapelle, 12 ¼ St. von Kronstadt.

Csernaton, Felsö, Oier Tsciernaten, Schernatu die szusz — Siebenbürgen, Székl. Kczd. Stuil, ein meiren Grundbesitzeru geiöriges, von Ungarn und Székl. Grenz - Soldaten iewointes *Dorf*, mit einer reformirten Pfarre, liegt an dem Mikoer Walde, 12 ¼ St. von Kronstadt.

Csernava, Siebenbürgen, Unteralbenser Komitat, ein *Dorf*, im Kleinenyeder Bezirk.

Csernavoda, Siebenbürgen; siehe Feketevíz.

Csernavoda feketeviz, Schwarzwasser, Gsernáwoda — Ungarn, ein *Fluss*, im Sohler Komitat.

Cserne, Siebenbürgen, Kronstädter Distr.; s. Zernest.

Cserne, Ungarn, diesseits der Donau, Trentsciin. Gespan., Sillein. Bezirk, ein zur Herschaft Szterczíu geiöriges, mit einer eigenen Pfarre verseienes *Dorf*, mit einem eigenen Oitsgerichte, 1¼ St. von Silein.

Csernecz, Ungarn, jenseits der Donau, Eisenburg. Gespan., Tótság. Bezirk, ein zur gräfl. Nádasd. Herschaft Felsö-Lendva gehöriges *Dorf*, nach Szt. György eingepfarrt, am Bache Kussincza, mit 14 H. und 100 Einw., ½ St. von Radkersburg, Postamt Eirenhausen.

Csernecz, Kis, Ungarn, jenseits der Donau, Zalad. Gespan, Egerszeg. Bzk., ein *Dorf*, nahe am Kerka Bache, an der Stelle, wo dieser sich in den Mur Fluss ergiesst, zur Herschaft Alsó-Lendva, und Pfarre Szemenye gehör., unweit Szent. Király, 2 St. von Alsó-Lendva.

Csernecz, Mura, Ungarn, jenseits der Donau, Eisenburg. Gespan. Totság. Bezirk, ein wendisches, zur Herschaft und Pfarre Murai-Szombath gehöriges *Dorf*, am Mura (Mur) Flusse und der Grenze von Steiermark, mit 19 Häus. und 158 Einw., 1¼ St. von Radkersburg, Postamt Ehrenhausen.

Csernecz, Czernec — Ungarn, ein *Berg* im Árvaér Komitat.

Cserned, Ungarn, jenseits der Donau, Toln. Gespansch., Simontornyaer Bezirk, ein nächst Szárazd liegendes *Praed-um*, 6 St. von Paks.

Cserneföld, Slavonien, Posegan. Komitat; siehe Czernek, Nagy, - Kis-Czernek.

Csernefölde, Ungarn, jenseits der Donau, Zalad. Gespan., Egerszeg. Bezirk, ein der fürstl. Eszterházy. Herschaft Alsó-Lendva, zum Theil der adel. Familie K reszturg gehöriges *Dorf*, nach Felsö-Szemenye eingepfarrt, an der Kommerz. Strasse, unweit Szt. Márgita, 1¾ St. von Alsó-Lendva.

Csernegyház, Ungarn, jenseits der Theiss, Temes. Gespan., im Szt. András. Bzk., ein walach., zum Kaad. Rentamte Szent András geh. *Dorf*, mit einer griec. nicht unirt. Kirche und Pfarre, zwischen Gyarmatha und Szent András, 1½ St. von Temesvár.

Csernehaza, Ungarn, Bihár. Komt. ein *Dorf*, mit 63 Häus. und 378 Einw.

Cserne Klacsany, Ungarn, Bars. Komt.; siehe Kelecseny, Fekete-Kelecseny.

Csernek, Ungarn, ein *Dorf*, im Posegan. Komt.; siehe Csernek Gross- und Klein.

Csernek, Zerneken, Csernak — Siebenbürgen, Dobok. Gespan., Ob. Kr., Rákos. Bzk., ein meiren Grundhrschft. gehör. walach. *Dorf*, das von 3 grossen Bergen umgeben ist und durch einen Bach vom Dorfe dieses Namens, im

Szolnok. Komt. geschieden wird, 4 St. von Magyar Egress.

Csernek, Zerneken, walach. Csernuku — Siebenbürgen, Inn. Szolnok. Gespan., Unt. Kr., Alparet. Bzk., ein wal. adelig. *Dorf*, mit einer griech. unirten Pfarre, 7½ St. von Deés.

Csernel, Ungarn, Oedenburg. Komt., eine Ortschaft bei Oedenburg.

Csernelháza, Csernelháza — Ungarn, jens. d. Donau, Oedenb. Gespan., im III. oder unt. Bzk., ausserh. d. Raab Flusses, ein ungar. *Dorf*, der adel. Familie Csernel geh., nach Beö eingepf., unw. Mesterháza, 4½ St. von Oedenburg.

Csernelócz, Ungarn, jens. d. Donau, Eisenb. Gespan., Totság. Bzk., ein zur gräfl. Zapáry. Hrsch. Muraj-Szombath gehör., dahin eingepf. *Dorf*, mit 13 Häus. und 88 Einw., am Lendva Fl., 1½ St. von Radkersburg, Postamt Ehrenhausen.

Csernetzfalva, Siebenbürgen; siehe Tsernetzfalva.

Csernely, Ungarn, diess. der Theiss, Borsod. Gespan., Sz. Péter Bzk., ein ungar., mit einer kathol. Pfarre und Glashütte versehenes *Dorf*, zwischen dem Gebirge, 8 St. von Erlau.

Csernelyháza, Ungarn, Oedenburg. Komt., ein *Dorf*, an der Repcze, der adel. Familie Csernel geh., mit einer kathol. Kirche, einem hrschftl. Kastell einer Stuterei und spanischer Schafzucht.

Csernelyháza, Ungarn, Oedenburg Komt.; siehe Csernelháza.

Cserni, Ungarn, ein *Berg*, im Walach. Illir. Grenz-Rgmts. Bezirke.

Cserni hroncz, Schwarzwasser — Ungarn, Zoliens. Komt.; siehe Hroncez

Cserni Polyo, Ungarn, Unghváre komt.; siehe Fekete Mezö.

Csernik, Czerjk — Ungarn, ein *Dorf* im Liptauer Komitate.

Csernik, Ungarn, diess. der Theiss Beregh. Gespan. und Munkács. Bzk. ein zur Hrsch. Munkács geh. *Dorf*, mit 7 Häus. und 70 Einw., nach Szolzva ein gepf., zwischen Nagy-Bisztra u. Sztroj na, 5½ St. von Munkács.

Csernikamen, Feketekö, Czerny Kámen — Ungarn, ein *Berg*, im Beregh Komitate.

Csernina, Czernina — Ungarn, ei *Dorf*, im Zempliner Komitate.

Csernina, Czernina — Ungarn, ei *Dorf*, im Sároser Komitate.

Csernipotok, Ungarn, ein *Dorf* im Broder Grenz-Rgmts. Bzk.; siehe Czernipotok.

Csernipotok, Ungarn, ein *Bach*, im Liccaner Grenz-Rgnits. Bzk.; sieie Czernipotok.

Cserniverh, Feketehegy, Czerny-Verci — Ungarn, ein *Berg*, im Árváer Komitate.

Csernö-Agh, Ungarn, diésseits der Treiss, Zemplin. Gespan. und Bzk., ein den Grafen Szerdahely und Kloßusiczky geh., naci Bottyen eingépf., *Dorf*, mit einer am durcifl. Latorcz Flusse lieg. Mahlmühle, 4 St. von Unghvár.

Csernö. Csernyö — Ungarn, ein *Praedium*, im Zempliner Komitate.

Csernoholova, Czarnoholowa, Czernoholowa, Czernohlowa — Ungarn, ein *Dorf*, im Unghvárer Komitate.

Csernovitza. Sie)en)ürgen, ein *Dorf*, im Hunyader Komitate.

Cserno-Lehota, Ungarn, Trentschiner Komt.; sieie Leiota.

Csernova. Czernowa•— Ungarn, ein *Dorf*, im Gömörer Komitate.

Csernova, Ungarn, diess. der Donau, Liptau. Gespan. und westl. Bzk. „ ein zur k. Kaaf. Hrsch. Lykawa und Pfarre Bosenberg geh. *Dorf*, am Waag Flusse, 1 St. von Rosen)erg.

Csernuku, Siebenbürgen, Inn. Szolnoker Komitat; sieie Csernek.

Csernya-Magyar, Ungarn, Torontaler Komitat; sieie Bózitova.

Csernye, Ungarn, ein *Dorf*, im Barser Komt.; siehe Cserenye.

Csernye, Ungarn, jens. der Donau, Veszprimer Gespann., Cseszuekiénser Bzk:, ein *Dorf*, der gräfl. Familie Ziehy de Vásonkeő geh., mit einem reformirt. Geistlicien; sonst nach Súr eingepfarrt, zwiscien Súr und der Grenze des Stuhlweissenh. Komts., 2 St. von Palota.

Csernyefalva. Sie)en)ürgen; sieie Tsernyefalva.

Csernyefölde, Ungarn, ein *Dorf*, im Szalader Grenz-Bgmts. Bezirke.

Csernyek, Siebenbürgen; s. Tsernek.

Cserny-Potok, Ungarn, Beregi. Komt.; siehe Patak, Fekete-Patak.

Csernyitza, Sie)enbürgen; sieie Tsernitza.

Csernitza, Siebenbürgen; sieie Tsernitza.

Cserötök, Ungarn, diess. der Theiss, Hevess., eigentl. äuss. Szolnok. Gespan, Theiss. Bzk., ein auf d. Insel d. Theiss, bei Szöllös liegendes *Praedium*.

Cserszeg, Ungarn, ein *Weingebirg*, im Szalader Komitate.

Cserta Iakos, Ungarn, jens. d. Donau, Zalad. Gespan., Egerszeg. Bzk., ein *Dorf*, am Bache Cserta, zur fürstl. Eszterház. Hrsch. Némethy geh. und

naci Páka eingepf., unw. Zebetzke, 3 St. von Alsó-Lendva.

Csertáss-Voloska, Ungarn, Beregh. Komt.; s. Csertész-Voloszkaj.

Csertes, Tschertesen, Csertesu — Siebenbürgen, jens. d. Maros, Honyad. Gespan., Illier Bzk., ein der adel. Familie Bornemisza geh. walaci. *Dorf*, mit einer griech. nicit unirt. Pfarre, liegt nächst d. Ortsciaft Kosa, 2 St. von Illye.

Csertes, Tschertesen, Csertesu — Siebenbürgen, jens. d. Maros, Hunyad. Gespan., im Kemend. Bzk., ein mehren Grund)esitz. geh., zwischen Ge)irgen lieg. walaci. *Dorf*, mit einer griech. nicit unirt. Pfarre, 1 Meile von Déva.

Csertesz, Czertisnje — Ungarn, jens. d. Theiss, Unghvár. Gespan., Szeredny. Bzk., ein unt. meire Grundhrschft. getheilt., vorzüglici d. adel. Familie Horváth geh. *Filialdorf*, d. griech. kathol. Pfar. Lehócz, welcies ein gutes Weinge)irg hat und auf dem vorheifl. un)enannten Bache mit meiren Mühlen verse)en ist, unw. Lehócz, ½ St. von Szeredny.

Csertesz-Voloszkaj, Csertáss-Voloska — Ungarn, diess. d. Theiss, Beregh. Gespan. und Fel-Vidék Bzk., ein russn. *Dorf* zur Grundhrschft. Munkács, eigentl. a)er den Herrn Paul von Somossy geh., naci Fekete-Patak eingepfarrt, mit 34 Häus. und 362 Einw., unf. d. Berge Borló, 3 St. von Nyiresfalva.

Csertez, Ungarn, diess. der Theiss, Zemplin. Gespan., Göröginy. Bzk., ein d. adel. Familie Szírmay geh. *Dorf*, an der ga)izischen Grenze, mit einer griech. kathol. Pfarre u. einem Dreissigstamte, 3 St. von Komarnik.

Csertez, Sie)en)ürgen, ein *Dorf*, im Hunyad. Komt.,)ier wird auf Gold ge)aut, auci ist)ier eine Schmelzhütte.

Csertez, Ungarn, diess. der Treiss, Zemplin. Gespan.

Csertlos, Ungarn, jens. d. Donau, Sim.egh. Gespan., Marczal. Bzk., ein d. Grafen Georg Niezky geh. *Landhaus*,)ei dem Praedium Ör.

Csertias, Czerjias, Felső-Hámor — Ungarn, zerstr. *Häuser*, im Barser Komitate.

Csertova szvadba, Ördög Lakodalom, Teufels-Hoc)zeit, Czertowa, Swadha — Ungarn, ein *Berg*, im Libtauer, So)ier und Gömörer Komitate.

Csertovahola, Cxertowahola - Ungarn, ein *Berg*, im Zipser und Gömörer Komitate.

Csertö, Ungarn, jens. d. Donau, Sümegh. Gespan., Szigeth. Bzk., ein der adel. Familie Somslts geh. ungr. *Dorf*, mit einer eigenen reform. Pfarre, die Kathol. sind aber d. Pfarre Mosgo einverleibt, liegt zwischen Szulima, Mosgo, Apati und Basal, ¼ St. v. Szigethvár.

Csertö, Ungarn, ein *Wirthshaus*, im Torontaler Komitate.

Cservena szkala, Czerwená, Skala — Ungarn, ein *Berg*, im Gömörer Komitate.

Cservena woda, Veresviz, Czerwenáwoda — Ungarn, ein *Bräuhaus*, im Liptauer Komitate.

Csertyere, Ungarn, ein *Dorf*, im Szathmár. Komt.; s. Ujfalú (Avas-).

Cservena megya, Verescsárda — Ungarn, ein *Wirthshaus*, im Torontaler Komitate.

Cservenka, Ungarn, diess. d. Donau, Bács. Gespan., Mitt. Bzk., ein deutsch. *Dorf*, mit 566 Häusern und 2791 Einw., einer reform. und evangel. Pfarre, liegt am Franzens Kanal, nächst Topolya und Vepovacz, 4 St. von Zombor.

Cservenka, Ungarn, ein *Wachposten*, im deutsch. Bauater-Grenz-Regiments Bezirke.

Cserweny Kamen, Ungarn, Pressburger Komt.; siehe Vöröskeö (Bibersburg oder Rothenstein).

Cséseny, Ungarn, jenseits der Donau, Raab. Gespansch., Tóközer Bzk., ein der adel. Familie Sibrik gehör., nach Rábaáz Mihály eingepfarrt. ungr. *Dorf*, liegt der Raab, 3 St. von Raab.

Cseské-Brezova, Ungarn, Neograder Komt.; siehe Brezova.

Csesslyakovacz, Slavonien, Poseg. Komt.; siehe Csezsiakovecsy.

Cseszarje, Siebenbürgen, Doboker Komt.; siehe Császári.

Csesze, Ungarn, jenseits der Donau, Sümegh. Gespansch., Kapos. Bzk., ein der Bosnyakischen Familie geh. ungr. *Dorf*, mit einer eigenen kathol. Pfarre, liegt am Platten See, zwischen Orda, Kis-Lak und Boglár, ¼ St. von Szöllös-Györök.

Cseszer, Siebenbürgen; siehe Tsiszér.

Cseszlakovecczy, Csesslyakovacz — Slavonien, Posegauer Gespansch., Unt. Bzk., ein zur Hrsch. und Pfarre Kaptol geh. *Dorf*, liegt am Fusse der Berge, nahe an der von Veröcz in das Posegauer Komt. führend. Landstrasse, unweit Rodovanczi, 1½ St. von Posega.

Csesznek, Ungarn, jenseits der Donau, Veszprim. Gespansch., ein *Dorf*, wovon ein eigener Bezirk seinen Namen hat, den Grafen Eszterhazy de Galantha geh. Die röm. kathol. Einw. gehören zur Pfarre Oszlop, die reform.

zur Pfarre Szt. Király, unter dem Berge Ötök, zwischen Estergár und Szt. Király, 4¼ St. von Veszprim.

Cseszora, Ungarn, Bihár. Komt., ein *Dorf* mit 57 Häus. und 343 Einwohnern.

Cseszte, Csaszta, Schatmannsdorf — Ungarn, Pressburger Gespansch. und Bzk., ein zur Hrsch. Vöröskeö gehör. *Marktflecken*, mit einer Pfarre, gegen dem Gebirge, unweit Dubova und dem Schlosse Vöröskeö, 2¼ St. von Tyrnau.

Cseszterek, Ungarn, Toront. Komt.; siehe Csösztelek.

Cseszticza, Kroatien, diesseits der Save, Agramer Distr., Warasdin. Gespanschaft, im Ob. Campester Bzk., ein der Gemeinde Radovecz und Pfarre Krisovlyan einverleibtes *Dorf*, an der Poststrasse, 1½ St. vonSauritsch.

Cseszfjanecz, Chesztjanecz — Ungarn, ein *Dorf* im Szalader Komitat.

Csesztreg, Ungarn, jens. der Donau, Zalad. Gespansch., Lövö. Bzk., ein zur fürstl. Eszterházysch. Hrsch Németby geh. kleiner *Marktflecken*, mit 110 Häus. und 590 Einw., einer eigenen Pfarre am Ufer des Kerka Flusses, zwischen Nemesnép und Czup, ¼ St. von Raksa.

Csészlö, Ungarn, ein *Praedium* im Bácser Komitat.

Csesztve, Csasztva — Ungarn, diess. der Donau, Neográd. Gespansch.; Keköer Bzk., ein slowak. theils der adel. Familie Majthényi, theils dem Hochw. Graner Kapitel geh. *Dorf*, nach Balassa-Gyarmath eingepfarrt, mit einer röm. kathol. Kirche und Lokalkaplanei, am Flusse Ipoly und Lokoss, 1 Meile von Balassa-Gyarmath.

Cseszve, Siebenbürgen, Nied. Weissenburger Komt.; siehe Oláh-Cseszva.

Cseszve, Magyar-, Thalenmühl, Csisyteju — Siebenbürgen, Nied. Weissenburger Gespansch., Ob. Kr., Maros-Ujvár. Bzk., ein ungr. walach. *Dorf* von 96 Häus., liegt am Maros Flusse, nächst Miklosláka und Csungva, 2 St. von Felvinz.

Cseszve, Olah-, Thalenmühl, Csiszteju — Siebenbürgen, Nied. Weissenb. Gespansch., Ob. Kr., Balásfalv. Bzk., ein walach. *Dorf*, mit einer griechisch kathol. Pfarre, liegt hart an der Kokel, 4 St. von Karlsburg.

Csetán, Siebenbürgen; siehe Tsetán.

Csetatye albe, Ungarn, ein *Dorf* im Mármaros. Komt.; s. Kirva, Kis-.

Csetatye de Balte, Siebenbürgen, Kokelburger Komt.; siehe Küküllővár.

Csételek, Ungarn, jens. der Teiss, Bihár. Gespansch., Ermellyék. Bzk., ein der Fam. Fráteri geh. walaci. *Dorf*, mit 64 Häus. u. 387 Einw., einer griech. nicit unirten Pfarre, liegt zwischen Focsaj und Baromlak, 1¼ St. von Margitta.

Cseteje, Sieienjürgen; sieie Tsáklya.

Csetény, Ungarn, jens. der Donau, Veszprim. Gespansch., Csesznekienser Bzk., ein der gräfl. Familie Esteriázy de Galantha geh. *Dorf*, mit einem reformirten Seelsorger verseien, liegt zwiscien Budas und Sur, 4½ St. von Veszprim.

Csetény, Csittenz — Ungarn, ein *Praedium* im Veszprm. Komitat.

Csetény, Ungarn, ein *Praedium* im Tolnaer Komitat.

Csetenye, Ungarn, ein *Praedium* im Zipser Komitat.

Csetfalva, Tsetfalva — Ungarn, diess. der Tieiss, Beregi. Gespansch., Tiszaiát. Bzk., ein ungariscies, unter meire Grundherschaften geh. *Dorf*, mit 42 Häus. und 527 Einw., einem reform. Geistlicien, zwiscien Vári und Tisza-Ujlak, am reciten Ufer der Tieiss, 1 St. von Tisza-Ujlak.

Csetin, Ungarn, Sohler Komt.; siehe Csereny.

Csetnek, Siebenbürgen, ein *Dorf* im Dobokaer Komitat. und Bzk. Magyar-Egregy.

Csetnek, Csitnik — Ungarn, jenseits der Tieiss, Gömör. Gespansch. und Ob. Bzk., eine *Herschaft* und *Stadt*, mit 410 Häus. n. 2500 Einw., mit den für die verschiedenen Religionsgenossen geeigneten Pfarrkircien und Sciulen, sammt einem Armen-Spital und meiren erglebigen Eisen- und Antimoniumgruben, am Bacie Csetnek, gegen Osten, 3 St. von Rosenau.

Csetnek, Satjtnjk — Ungarn, ein *Bach* im Gömörer Komitat.

Csetö, Ungarn, ein *Wirtshaus* im Szalader Komitat.

Csetsuy, Ungarn, Raaber Komt., ein *Dorf* mit 78 Häus. und 549 Einwoinern.

Csettelke, Telken, Csisztyelek — Sieienbürgen, Koloser Gespansciaft, Unt. Kr., Motsier Bezirk, ein meiren Grundierren geh., in einem Tiale an der Poststrasse liegenden walaci. *Dorf*, mit 484 Einwoinern, einer grieciisci unirt. Pfarre, 6¼ St. von Klausenjurg.

Csettenymellet, Ungarn, Veszprim. Komt.; siehe Csatár.

Csetye, Ungarn, Bihár. Komt.; sieie Cséklye.

Csetye, Siebenbürgen; siehe Tsáklya.

Csev, Ungarn, jens. der Donau, Gran. Gespansch. und Bzk., ein zum Hochw. Gran Domkapitel gehör. uugr. slowak,

Dorf, mit einer kathol. Pfarre, liegt gegen Ost., 1 St. von Dorogi.

Csernawári, **Pred-**, Ungarn, diesseits d. Donau, Liptau. Gespansch., westl. Bzk., eine zum königl. Lykaver Waldamt geh. *Schiffsäge*, im Lubach Tiale, 6 St. von Rosenierg.

Csev, Ungarn, ein *Praedium* im Pesti. Komitat.

Csib, Siebenbürgen, Hunyad. Komt.; sieie Csai.

Csiba, Zeben, Cschibaua — Siebenjürgen, Székl. Maros. Stuil, unt. Kr., Nied. Galfálver Bzk., ein adel. walaci., unweit dem Nyárad Fl. und dem Dorfe Káposztás Szent Miklós liegendes *Dorf*, mit 484 Häus., einer reformirt. Pfarre, 2 St. von Maros-Vásáriely.

Csibakháza, Ungarn, Heves. Komt., ein *Dorf*, mit 223 Häus. und 1572 Einw.

Csibogád, Ungarn, eine *Leinweberei*, im Baranyer Komitat.

Csibrak, Ungarn, jens. der Donau, Toln. Gespansch., Simontornyer Bzk., eine näcist Högyész liegende, der adel. Familie Jeszenszky geiör. *Besitzung*, westl., 4 St. von Tolna.

Csicsal, Ungarn, jenseits der Donau, Sümegh. Gespansch., ein *Praedium*, z. Dorfe Köttse geiörig.

Csicsér, Ungarn, jenseits der Tieiss, Arad. Gespansch., ein walaci. k. *Kammeral-Dorf* am Maros Flusse, mit einer grieciisci nicit unirten Kirche, naie bei Szabadhely, 1¼ St. von Arad.

Csicser, Csicserocze, Cziczerowce — Ungarn, diess. der Tieiss, Unghvárer Gespansch., Kapossienser Bezirk, der Stammort der adel. Familie Orosz de Csicser, ein mit einer röm. und griech. kati. Pfarre und reformirten Kirche verseienes *Dorf*, nahe iei Nagy-Kapos, 3 St. von Unghvár.

Csicsmán, Csicsmány — Ungarn, diess. der Donau, Trentsciin. Gespanschaft, Mittl. Bzk., ein der gräfl. Familie Serény geh. *Lokal-Pfarrdorf* mit einem Ortsgericite an der Grenze des Neutraer Komitats, ausser der Landstrasse, 10 St. von Trentschin.

Csicsó, Ungarn, jens. der Donau, Tolner Gespansch., Simontornya. Bzk., ein zur Hersci. Högyész geiör. *Praedium*, westl., 4 St. von Tolna.

Csicsó, Ungarn, ein *Dorf* im Sümegher Komitat.

Csicsó, Ungarn, ein *Dorf* im Szalader Komitat.

Csicsó, Ungarn, Komorn. Gespansch., Insulaner Bzk., eine den Grafen Zichy geh. *Herschaft* und ungar. *Dorf*, mit 165 Häus. und 848 Einw., einem Scilosse u.

59

einer kathol. u. reformirten Kirche; nahe an der Donau und dem Dorfe Füs, 1¼ St. von Gönyö.

Csicso, Holdvilág-, Apesdorf oder Aisdorf, Luna Czapu — Siebenbürgen, Oier Kr., Patakfalv. Bzk., ein gräflich Telekisches *Gut* u. *Dorf* mit einer evangelischen und griech. nicit unirten Pfr., 2 St. v. Nagy-Selk oder Markt Schelken.

Csicsoka, Ungarn, diess. der Tieiss, Zemplin. Gespansch., Sztropkov. Bzk., ein der Familie Szirmay geh. *Dorf*, mit einer griech. kathol. Kirche, 4 St. von Vecse.

Csicsóka, Czicowka — Ungarn, ein *Bach* im Zemplin. Komitat.

Csicsova, Ungarn, diess. der Donau, Bars. Gespansch., Mitt. Bzk., ein der k. Stadt Zombor gehöriges *Praedium*, liegt nächst Petosevo, ¾ St. von Zombor.

Csicsva, Ungarn, diess. der Tieiss, Zemplin. Gespansch., Görögynier Bzk., ein den Grafen Barkóczy geh. *Dorf*, mit einer kathol. naci Matyasócz eingepf. Filialkircie, einer Brücke üier dem Ondava Flusse, dann dem verfallenen Schl. gleicien Namens, und einem Kalkstein-irucie, 3 St. von Nagy-Mihály.

Csicsva, allya-, Ungarn, ein *Praedium* im Zempliner Komitat.

Csiff, Ungarn, ein *Praedium* im Biiar. Komitat.

Csiffár, Ungarn, diesseits der Donau, Bars. Gespansch., Verebél. Bzk., ein mit einer Pfarre u. Kircie verseienes *Dorf*, dem Seminario zum ieil. Stepian geh., mit 82 Häus. und 517 Einw., 1 St. von Vereiély, 2 St. von Léva, 3 St. v. Nittra.

Csifud, Siebenbürgen, Weissenburg. Komt.; sieie Csufud.

Csig, Ungarn, Mittler Szolnoker Komt.; sieie Csög.

Csiga, Siebenbürgen, Inn. Szoln. Kmt.; sieie Füge.

Csiga, Ungarn, ein *Praedium* im Csanáder Komitat.

Csiger, Siebenbürgen. Dobok. Gespansciaft, Unt. Kr., Sajóer Bzk., ein der Gemeinde Bisztricz geh. *Praedium*, ¼ St. von Bisztricz.

Csiger, Csigerér — Ungarn, ein *Fluss* im Arader Komitat.

Csigerd, Ungarn, jenseits der Tieiss, Arad. Gespansch., ein wal. *Kammeral-Dorf* am Bache Csiger, mit einer griech. nicht unirten Pfarre, zwischen Szölös und Zaránd, 4 St. von Arad.

Csigere, Ungarn, jenseits der Donau, Vesprimer Gespansciaft und Devetser Bzk., ein *Wirthshaus* und *Mühle*, der adel. Familie Borszörcsök geh., mit einem kleinen Landhause, 3½ St. von Pápa.

Csigeréel, Ungarn, Arad. Komt., ein *Dorf* mit 169 und 873 Einwoinern.

Csigi, Ungarn, jens. der Donau, Raai. Gesp., Sokorallyer Bzk., ein naci Szerecseny eingepf. *Praedium*, ½ St. v Leti.

Csihnal, Ungarn, Szathmár. Komt.; sieie Csanálos.

Csik, Ungarn, ein *Praedium* im Bácser Komitat.

Csik, Ungarn, ein *Praedium* im Pestier Komitat.

Csika, Siebenbürgen, Nied. Weisseniurger Komt.; sieie Csugud.

Csikas, Ungarn, ein *Bach* im Peterwardeiner Grenz Regiment.

Csike, Ungarn, Neutra. Komitat; sieie Szike.

Csiker-Stuhl, Csík Szék, Sedes Csik, Tschiker Stuil — Siebenbürgen, im Lande der Székler, mit dem einverleibten Stuile Gyergyö und dem Filial-Stuhle Kászon. Da der C. St. iart an der südöstlicien Grenze des Landes gelegen ist, so ist er grösstentheils dem Militärlande einverleibt. Man berecinet seine Ausdeinung zu 60 Meilen. Die Zail der

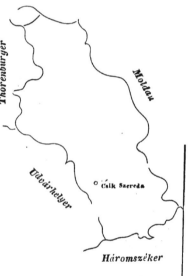

Einwohner wird auf 32,000 (meister Székler, aier auci Armenier) geschätz Dieser Stuil ist durci seine Naturschöi heiten berühmt, obschon der Fruchtbod hart und undankbar ist; es geräth ke Weitzen in solchem, der Kukerutz wi nicht zeitig, bloss Roggen und Haf kommen zu ihrer Reife. Die meisten Ei wohner leben von ihrer Handarbeit, der sie in den benachbarten Gegenden Gelegenheit genug finden; einige von Drescheu und Holzverschleiss, noch andere treiben d. Viehzucht, obgleich Pferde und Hornvieh klein bleiben und wenig Anseien bekommen. In Ober-Csik ist eben auch kein Weinwachs, aber mehr Ackerbau und eine verbreitete Viehzucht, und der Holzhandel in Flössen, die auf der Maros verführt werden, sind ein ergiebiges Nahrungsmittel der Einwohner.

Csiker, Ungarn, ein *Sumpf* im Bácser Komitat.

Csiker, Ungarn, ein *Flussbett* im Biharer Komitat.

Csikeria, Ungarn, ein *Praedium* im Bácser Komitat.

Csikfalva, Lampreten, Csikfalu — Siebenbürgen, Székler Marosch. Stuhl, Ob. Kr. und Jobbágytalv. Bzk., ein in einer Ebene an dem Nyárad Flusse liegendes, mehren Grundherren geh. Dorf, mit 484 Einw. einer reformirten Lokalie, 3¼ St. von Maros-Vásárhely.

Csiklan, Ungarn, Mitt. Szolnok. Komitat; siehe Cziglen.

Csiklen, Ungarn, Temesvár. Gespanschaft, Waarer Bzk., eine zum walach. illir. Grenz-Reg. Canton Nro. XIII geh. Ortschaft von 19 Häus., 3 St. von Káránsebes.

Csiklova, Német-, Csiklova-Bánya, Deutsch-Tschiklowa — Ungarn, jens. der Theiss, Krassow. Gespansch., Oravicz. Bzk., ein eigentlich zur k.Kaal. Hrsch. Oravicza geh. Censual-Markt mit 336 Häus. und 2040 Einw., am Fusse der Gebirge, welcher von Deutschen, meistens Bauern bewohnt wird, u. vorzüglich wegen den dasigen Kupfergruben berühmt ist, es befindet sich hier ein Bergamt und röm. kathol. Kirche. Die Grenzen sind gegen Ost. steile Berge u. Waldungen, gegen Süd. aber Oláh Csiklova, ½ St. von Oravicza.

Csiklova, Oláh-, walachisch Tschiklowa — Ungarn, jenseits der Theiss, Krassov. Gespansch. und Oravicz. Bzk., ein walach. königl. Kammeral-Pfarrdorf der Hrsch. Oravicza, nahe bei Csiklova Bánya, ½ St. von Oravicza.

Csikmo, Tschikenbach — Siebenbürgen, jens. der Maros, Hunyad. Gespanschaft, Al-Gyögy. Bezirk, ein mehren Grundherschaften gehör. wal. Dorf, mit 665 Einw., mit einer griech. unirten und nicht unirten Pfr., 2½ St. v. Szász-Város.

Csikó, Siebenbürgen, Aranyos. Stuhl, siehe Csákó.

Csikó, Ungarn, ein Dorf im Mittler. Szolnok. Komt., zur Pretur Ziach geh., mit 190 Einwohnern.

Csikó, Ungarn, jens. der Donau, Toln. Gespansch., Völgység. Bzk., ein der Familie Perczel geh. *Dorf*, mit einer katholischen Pfarre, liegt nächst Mötseny, 2½ St. von Szekszárd.

Csikó, Ungarn, ein *Dorf* im Szathmár. Komitat; siehe Czikó.

Csikós, Ungarn, diesseits der Donau, Neográd. Gespansch., ein im Nándorer Terrain liegendes, den Grafen Zichy gehöriges, nach Nándor eingepf. *Landhaus* und *Meierhof*, unweit dem Berge Sándor, gegen Ost. nächst Terjeny, 2¼ St. von Balassa-Gyarmath.

Csikós, Ungarn, ein *Praedium* im Csongráder Komitat.

Csikosta, Ungarn, ein *Wirthshaus* im Biharer Komitat.

Csikos-Töttös, Ungarn, jens. der Donau, Barany. Gespansch., im Bezirk jens. des Gebirgs, ein der fürstl. Esterházyschen Hrsch. Dombovár geh. volkreiches *Dorf*, welches nach Vásáros Domb eingepfarrt, und mit einer protestantischen Schule und Kirche versehen ist. In dessen Bezirk befindet sich das Praedium Háb, welches mit einem Einkehrwirthshause, Mühle und Bienengärten versehen ist, am Fusse des Gebirges, und dem See Kapos, 6 St. von Fünfkirchen.

Csikota, Ungarn, jenseits der Donau, Sümegh. Gespansch., Szigeth. Bzk., ein der Czinderischen Hrsch. geh. *Praedium*.

Csik Sz. Domokos, Siebenbürgen, Ob. Csik. Stuhl; siehe Szent Domokos.

Csik Sz. György, Siebenbürgen, Csiker Stuhl; siehe Szent György.

Csik Sz. Kiraly, Siebenbürgen, Unt. Csik. Stuhl; siehe Sz. Király.

Csik Sz. Lélek, Siebenbürgen, Tsciker Stuhl; siehe Szent Lélek.

Csik Sz. Márton, Martinsdorf, Martona — Siebenbürgen, Szék. Maroscher Stuhl, Ob. Kr., Jobbágyfalvaer Bzk., ein mehren Grundherren geh., in einer Ebene am Nyárad Flusse liegendes wal. freies *Dorf*, mit 190 Einw., einer griech. unirten Pfarre, nächst Csikfalva, 3¼ St. von Máros-Vásárhely.

Csik Sz. Mihály, Siebenbürgen, Ob. Csiker Stuhl; siehe Szent Mihály.

Csik Sz. Miklós, Siebenbürgen, Csiker Stuhl; siehe Szent Miklós.

Csik Sz. Támás, Siebenbürgen, Ob. Csiker Stuhl; siehe Szent Tamás.

Csik Szereda, Siebenbürgen, Tsciker Stuhl, ein *Dorf* mit 574 Einwohnern.

Csik Somlyó, Siebenbürgen, ein *Dorf* im Csiker Stuhl, wo die Franziskaner einen Konvent und ein Kloster, ein Gymnasium und Buchdruckerei haben.

59 *

Csik Tarcsa, Ungarn, ein Dorf im Pester Komitat; sie: e Tárcsa, Csik.

Csik Tó, Ungarn, Abaújvárer Komt.; ein *Praedium.*

Csikud, Sie)enbürgen; sie)e Tzikud.

Csikvánd, Ungarn, jens. der Donau, Raa). Gespansch., Sokoralyer Bzk., ein me)ren adel. Familien geh., zur katbol. Pfarre nach Gyarmath gezä)ltes Dorf, mit 95 Häus. und 669 Einw., ei).er evangelisc)en Kirche, 2 St. von Tét).

Csikvár, Ungarn, eine verfall..*Burg* im Stuhlweissenburger Komitat am Fl. Sár. Zu Anfang des XVII. Ja)r)underts wurde C. von den Türken eingenommen, und)lie) in))ren Händen 80 Jahre lang bis 1686.

Csikvár, Ungarn, Stuhlweissenburg. Komt.; sie)e Batty)ú, Sza)ad-Battyán.

Csikvölgy, Ungarn, ein *Praedium* im Komorner Komitat.

Csil, Alsó-, e)emals Csul — Ungarn, jenseits der T)eiss, Arad. Gespausch., ein walac). k. Kaal. Dorf, mit eigener griech. nic)t unirten Pfarre, ¼ St. von Felsö-Csil, 12 St. von Arad.

Csil, Felsö-, e)emals Felsö-Csul — Ungarn, jens. der T)eiss, Arader Gespanschaft, ein walac). der Pfarre Bogyeszt zugetheiltes k. Kaal. Dorf, gegen West. unweit von diesem Pfarrorte, 12 St. von Arad.

Csilisköz, Ungarn, eine *Donauinsel* im Press)urger und Haaber Komitat.

Csilisz, Ungarn, ein *Flüsschen*, in der Donauinsel Sc)ütt, das seinen Gang in der Pressburger u. Komoru. Gespansch. hat und sic) am linken Ufer des Neuhäusler Arms verliert.

Csiller, Ungarn, jenseits der Donau, Stuhlweissenburger Gespansch., Sármelljék. Bzk., ein zur Hrsch. und Pfarre Ladány geh. *Praedium* und Meier)of, nahe bei Bottyán Falu, 2 St. von Stu)lweissen)urg.

Csima, Ungarn, ein *Praedium* im Graner Komitat.

Csimhova, Ungarn, Árvaer Komt.; ein Dorf, mit 67 Häus. und 315 Einw.

Csimhru, Siebenbürgen, Nied. Weissenburger Komt.; sie)e Csombord.

Csinad, Sie)en)ürgen, Thorenburger Komt.; sie)e Erdö-Csanád.

Csinadjovo ruth, Ungarn, ein Dorf im Beregher Komt.; sie)e Szent-Miklós.

Csinagye, Siebenbürgen; sie)e Erdö-Tsinád.

Csinagyova, Ungarn, Bereg).Komt.; sie)e Sz. Miklós.

Csinaháza, Ungarn, jens.der Donau, Zalader Gespansch., Kapornak. Bzk.,

ein *Praedium* und Ackerland, gegen Osten bei Rád.

Csinhova, Ungarn, diess. d. Donau, Árvaer Gespansch., Trszten. Bzk., ein me)ren Grundhersch. ge)ör. slowak. Dorf, mit einer eigenen kathol. Pfarre u. Steinko)len-Ge)irgen, liegt am Oravicza Flusse, 9 St. vom Markte Kubin, 12 St. von Rosenberg.

Csináros, Ungarn, eine sumpfige *Gegend* im Torontaler Komitat.

Csinczor, Ungarn, ein *Wirthshaus* im Bihár. Komitate.

Csindova ad Aszszonyvására, Ungarn, ein *Wirthshaus* im Bihárer Komitat.

Csinkó, Siebenbürgen; siehe .Tsinkó.

Csinta, Sieben)ürgen, Székl. Maros. Stu)l; siehe Fintaháza.

Csintos, Sieben)ürgen; sie)e Szintos.

Csintye, e)emals Csente — Ungarn, jens. der T)eiss, Arad. Gespansch., ein walác). k. Kaal. Dorf, mit 288 Häus. und 880 Einw., einer griechisch nicht unirten Pfarre, ne)en dem Weiss-Körös Flusse, bei Várfánd, 1 St. von Simánd.

Csip, Ungarn, ein Dorf im Pesther Komt.; sie)e Csép.

Csipán, Sie)en)ürgen; siehe Tsepán.

Csipánháza, Ungarn, ein *Praedium* im Vesprimer Komitat.

Csipendorf, Siebenbürgen, Bistricz. Distr.; sie)e Szépnyer.

Csipeou, Sieben)ürgen; siehe Tsapó.

Csipkerék, Ungarn, jens. d. Donau, Eisenburger Gespansch., Keménesall. Bzk., ein ungr. Dorf, nach Mindzent eingepfarrt, dem Hochw. Domkapitel in Stein am Anger geh., mit 98 Häus. und 608 Einw., 1¼ St. von Szalabér.

Csipkes, Ungarn, diess. der Theiss, Sáros. Gespansch., Ob. Tarcz. Bzk., ein der Familie Roszkoványi geh., nach Sz. György eingepfarrt. slowak. kathol. Dorf, liegt von Zeben 1¼ St. entfernt, 2 St. von Ternye.

Csippanháza, Ungarn, jenseits der Donau, Veszprim. Gespansch., Deveter Bzk., ein *Praedium*, 1 St. von Vásár)ely.

Csiptyelik, Siebenbürgen, siehe Tsettelke.

Csircse, Csirts — Ungarn, diess. de) T)eiss, Sáros. Gespansch., Ob. Tarcz. Bzk., ein der Familie Desseöffy geh. russniak. Dorf, mit einer griech. Pfarre liegt zwischen hohen Gebirgen an der Grenze von Galizien, 9 St. v. Eperjes.

Csirgida mike, Siebenbürgen, Weissenburger Komt.; siehe Cserged, Kis-

Csirilla, Siebenbürgen, Unt. Thoren-Komt.; siehe Csürülye.

Csirlaszvet, Csiry Sevet — Ungarn, ein *Schaf-Hof* im Bárser Komt.

Csirts, Ungarn, Sároser Komt.; siehe Csircse.

Csiser, Siebenbürgen; s. Sövényszeg.

Csismány, Ungarn, Trentschin. Komt.; siehe Csicsmán.

Csiszér, Siebenbürgen; siehe Tsiszér.

Csiszer, Ungarn, Kraszuaer Komt.; ein *Dorf* mit 701 Einwohnern.

Csiszicz, Szadok — Ungarn, diesseits der Donau, Neutr. Gespansch., Bajmócz. Bzk., ein *Dorf*, mehren adel. Familien geh., nach Tőkes-Ujfalu eingepf., am Neutra-Flusse, gegen N., 1 St. von Zsámbokréth.

Csiszkút, Siebenbürgen, Kolos. Komt.; siehe Füzkút.

Csisznedije, Siebenbürgen; s. Nagy-Disznód.

Csisznedjoare, Siebenbürgen; siehe Kis-Disznód.

Csiszora-Posga, Ungarn, jenseits der Tieiss, Bihár Gespansch., Belényes. Bzk., ein zur Kammeral Hrsch. Gross-Wardein geh. wal. ung. *Dorf*, mit einer griech. nicht unirten Pfarre, 4¼ St. von Gross-Wardein.

Csiszteju, Siebenbürgen, Nieder-Weissenburger Komt.; siehe Magyar- und Oláh-Cseszve.

Csisztyelek, Siebenbürgen, Kolos. Komt.; s. Csettelke.

Csitár, Ungarn, diesseits der Donau, Honther Gespansch., Ipoly. Bzk., ein zur Kronhersch. Vissegrád geh. Landgut auf dem Gross-Maroser Gebiete, 2¼ St. von Waitzen.

Csitár, Ungarn, diess. der Donau, Neográder Gespansch., Szécsen. Bzk., ein ungar., mehren adel. Familien gehöriges *Dorf*, mit einer der Pfarre Marczall einverleibten röm. kath. Kirche, zwischen Farkás-Almás und Pattvarcz, 1¼ St. von Balassa-Gyarmath.

Csitár, Ungarn, diesseits der Donau, Neutr. Gespansch., Bodok. Bzk., ein unter mehre adelige Besitzer getheiltes *Dorf*, nach Urmencz eingepfarrt, gegen Süd., 1¼ St. von Nagy-Topolcsán.

Csitár, Ungarn, diesseits der Donau, Neutr. Gespansch., und Bzk., ein der adel. Familie Zerdahely gehöriges, nach Kolon eingepfarrtes *Dorf*, am Flusse des Berges Zsihicza, gegen Norden, 1¼ St. von Neutra.

Csitár, Ungarn, jenseits der Donau, Zalad. Gespansch., Egerszeg. Bzk., ein *Prädium* und Ackerland, liegt zwischen Ledenye und Rátk.

Csitke und **Burok**, Ungarn, diess. der Tieiss, Borsoder Gespansch., Miskólcz. Bzk., 2 *Prädien* im Terrain des Marktfleckens Csáth, 6 Stunden von Miskólcz.

Csitluk, Chitluk — Ungarn, ein *Prädium* im Veröczer Komitat.

Csitnik, Ungarn, Gömör. Komitat; siehe Csetnek.

Csitsir, Ungarn, Arad. Komitat, ein *Dorf* mit 146 Häusern und 793 Einwohnern.

Csitsó, Ungarn, diesseits der Donau, Zalader Gespansch., Tapolcz. Bezirk, ein *Dorf*, zur Veszprimer Bisthumsherschaft Sümegh gehörig, mit einer Pfarre versehen, nicht weit vom Balaton See, von Osten gegen Westen, zwischen Szt. Jakab und dem Prädium Árok-fő, 1¼ St. von Nagy-Vásony, 2 St. von Tapolcza.

Csitso, Frauendorf, Tyépt — Siebenbürgen, Ob. Csik. Stuhl, ein mehren Grundherren gehöriges, theils von Székl. Soldaten bewohntes *Dorf*, mit 1600 Einwohnern, einer katholischen Pfarre, liegt nächst Taplotza, 16¼ St. von Segesvár (Schaesburg).

Csitsó, Ungarn, Szal. Kmt., ein *Dorf* mit einer kath. Kirche nach Háros eingepfarrt, der Inkey'schen Familie geh., Post Berzeencze.

Csitsó-Györfalva, Jördendorf, Zsurzsesty oder Györtyitsch — Siebenbürgen, Inn. Szolnok. Gespansch., Ob. Kr., Retteg. Bzk., ein mehren Grundherren gehöriges, zwischen Gebirgen liegendes walach. *Dorf*, mit 663 Einwohnern, einer nicht unirten Pfarre, 3¼ St. von Deés.

Csitso-Gagymas, Zwiheldorf, Hazmasu — Siebenbürgen, Inn. Szolnoker Gesp., Ob. Kr., Retteg. Bzk., ein dem Grafen Haller gehöriges, walach. *Dorf*, mit 226 Einw., einer nicht unirten Pfarre, 4¼ St. von Deés.

Csitsó-Keresztur, Kreutzdorf, Kriszturu — Siebenbürgen, Inn. Szolnoker Gespansch., im Ob. Kr. und Kősark. Bzk., ein der adel. Familie Torma geh. ungar. walach. *Dorf*, mit 501 Einwohnern, einer griech. unirt. und nicht unirten Pfarre, liegt an dem Szamos Fl. 3¼ St. von Deés.

Csitso-Mihályfalva, Michelsdorf, Mihajeszly — Siebenbürgen, Inn. Szolnoker Gesp., Ob. Kr., Retteger Bzk., ein der griech. Familie Lázár gehöriges ung. walach. *Gebirgsdorf* an der Szamos, mit 356 Einw., ein griech. unirt. und nicht unirten Pfarre, 2 St. von Deés.

Csitsó - Pojan, Pojan, Pojény — Siebenbürgen, Inn. Szolnok. Gesp., Ob. Kr., Köfark. Bzk., ein dem Grafen Bethlen geh. walach. Dorf, mit 246 Einwonern, einer griec. nict unirten Pfarre, 6¼ St. von Deés.

Csitsó-Holdvilág, Siebenbürgen, ein Dorf im Unteralbenser Komitat und Bezirk Pókafalva mit 492 Einwohnern.

Csitsó-Ujfalu, Neudorf, Korábye — Sie)en)ürgen, Inn. Szolnok. Gesp., Ob. Kr., Retteg. Bzk., ein me)ren Grund)erren ge)öriges, zwiscıen Bergen liegendes, walac). Dorf, mit 412 Einwornern, einer griech. nict unirten Pfarre, 4¼ St. von Deés.

Csitt Szent Ivány, Jo)anusdorf, Csit Szt. Iváná — Sie)em)ürgen, Unt. Kr., Marosch. Stuıl und Mezö-Bánder Bzk., ein me)ren Grund)erren gehöriges Székl. walacıiscıes Dorf, an dem Marosch. Fl., mit einer reformirten und walach. nict unirten Pfarre, 2¼ St. von Marós-Vásárhely.

Csittony, Ungarn, jenseits der Donau, Veszprim. Gespanscıaft, und Bzk. gleicıen Namens, ein Prädium, am Balaton See im Kencs. Terrain, 2¼ St. v. Veszprim.

Csiz, Ungarn diesseits der Tıeiss, Gömör. Gespansch. und Serkier. Bzk., ein me)reren adel. Familien geh. Dorf in der Pfarre Hamva, am linken Ufer des Rima Bacıes, mit 71 Häus. und 559 Einwornern, 3¼ St. von Tornalya, und 4 St. von Rima-Szombath.

Csiz, ad Lasztócz — Ungarn, ein Prädium im Zempliner Komitat.

Csizér, Ziserfeld, Cschiszár — Ungarn, Krasnaer Gespansch. und Bzk., ein adel. wallacı. Gebirgsdorf, mit einer Pfarre, 3¼ St. von Somlyó.

Csizér, Ungarn, ein Pradium im Unghvárer Komitat.

Csizviz, Ungarn, ein Dorf im Neutraer Komitat; sie)e Szádok.

Csloveesa, Klava, Emberfö, Czloweca, Hlawa, Czlowecj, Hlawa — Ungarn, ein Berg im Zipser und Gömörer Komitat.

Csmerno, Ungarn, Liptau. Komitat.; sie)e Cser̄m̄m̄uo.

Csó, Nemes-, Ungarn, jens. der Donau, Eisen)urg. Gespansch., Stein am Anger Bzk., ein adel. ungarisch. Dorf, Fılial der Pfarre Güns, zwiscıen Tömörd und Csömöte, mit 36 Häus. und 266 Einwoınern, 1 St. von Güns.

Csó, Puszta-, Ungarn, jenseits der Donau, Eisenb. Gespansch., Stein am

Anger Bzk., ein adel. ungar. Dorf und Filial der Pfarre Meszlény, geg. West. unweit Csömöte, mit 27 Häus. und 183 Einwornern, 1 St. von Güns.

Csöb, Tscıe), Cse) — Sie)en)ürgen, Székl. Distr., Udvarhely. Stuıl, Ob. Kr. Bözöd. Bezirk, ein zwiscıen Ge)irgen und Waldungen liegendes, zur Herscıaft Sz. Demeter ge)öriges, nacı Bordos eingepfarrtes walacı. Dorf, mit 303 Einw., 1¼ St. von Nagy-Kend.

Csobád, Ungarn, diesseits der Tıeiss, Abaújvár. Gespansch., Szikszov. Bzk., ein gröstentheils unter die Grund)errscıatt der adel. Familie Fáy ge)öriges Dorf, mit 84 Häus. und 592 Einwohn., am Hernád Flusse und der Kommerz. Strasse, 1¼ St. von Forró.

Csobád, Belsö-, Ungarn, ein Dorf im Abaujvárer Komitat.

Csobaj, Ungarn, jenseits der Tıeiss, Sza)olcs. Gespansch., Dadaer Bezirk, ein ungar., me)r. adel. Familien geh. Dorf, mit einer reformirten Kircıe; die röm. kath. Einwoıner sind nach Tardos eingepfarrt, am Takta Flusse, 1¼ St. von Tokaj.

Csobánka, Ungarn, diesseits der Donau, Pestı. Gespansch., Pilis. Bzk., ein deutscı. raitz. und slowak., der adel. Familie Vattay ge)öriges Dorf. mit einer griech. nict unirten Pfarre, ü)rigens nacı Pomaz eingepf., na)e bei Szt. Endre, 2 St. von Vörösvár.

Csobanka, Ungarn, diesseits der Tıeiss, Gömör. Gespansch. und Serkier Bzk., ein Praedium, welches ausser den herrschaftlichen Wirthschaftsgebäuden nicıt)ewoınt wird, 6 Stunden von Rima-Szombath.

Csobánka, Alsó-, Unterbank, Csobanhutz — Sie)en)ürgen, Inn. Szoln. Gespansch., Unt. Kr., Alparét. Bzk., ein walacı. adel. Dorf, mit einer gr. nicıt unirten Pfarre, 5¼ St. von Deés.

Csobánka, Felsö-, Oberbank, Csebankutz — Sie)en)ürgen, Inner Szolnoker Gespansch., Unter Kr., Alpár. Bzk., ein walacı. adel. Gebirgsdorf mit einer nicıt unirten Pfarre, 5' St. v. Deés.

Csobanko, Ungarn, diesseits der Tıeiss, Gömör. Gespansch. und Serkier Bzk., ein Praedium, allwo die Grundherscıaft e)ne gut)estellte Vie)zucıt)at, gegen Osten, na)e bei Domoháza.

Csobántz, Ungarn, jenseits der Donau, Zalad. Gesp., Tapolcz. Bezirk, ein Dorf und Weingebirg nahe am See Balaton, auf einem Abhange eines sonst steinigten Berges, auf dessen Gipfel sici noci Ueberreste eines der adel. Familie Gyulay geh. Scilosses zeigen, naci Gyulakeszi eingepfarrt. treils dem Fürsten Esteriázy, treils andern adel. Familien.dienstbar, gegen Ost. unweit vom Pfarrorte, ¼ St. von Tapolcza.

Csoboka, Ungarn, Barany. Komitat; siere Boda.

Csobotfalva, Tschoboden, Cscrobot — Siebenbürgen, Ob. Székl. Czik. Stnil, ein von Soldaten rewointes, an dem Geirge Somlyó liegendes Dorf, mit 500 Einwoinern, einer katiolisci. Pfarre, nácist Csomortán, 13¾ St. von Segesvár. (Schäsburg.)

Csobotháza, Ungarn, jenseits der Donau, Veszprim. Gespanscraft, Devetser Bezirk, ein Praedium, 1¾ St. von Pápa.

Csobrots, Ungarn, ein Dorf im Zaránder Komitat und Bezirke Halmágy.

Csöde, Ungarn, jenseits der Donau, Zalad. Gespan., Lövö. Bezirk, ein Filialdorf der Pfarre, Salomvár, zur fürstl. Eszterház. Herschaft Nempthy gehörig, am nördl. Ufer des Zala Flusses, an der Grenze des Eisenourg. Komitats, gegen Osten, 1 St. von Lövö.

Csofalva, oder Czofalva, Zoien, Czufalu — Siebenbürgen, Székl. Orhaer Stull, ein meireren Grundierren und Székl. Grenz-Soldaten geiöriges ung. Dorf, nácist dem Kováeznavize Flusse, mit einer reformirten Pfarre, 10¼ St. von Kronstadt.

Csög, Ungarn, jenseits der Donau, Veszprimer Komt., ein Prädium, 1½ St. von Pápa.

Csög, Gordisci, Csig — Ungarn, Mitt. Szolnok. Gespan., äuss. Kreis, Érmelyék. Bezirk, ein zur Herscı. Tasnád und andern Besitzern geiöriges walaci. Dorf, mit 515 Einwoinern, einer griech. unirten Kircie, nächst der nacı Károly füirenden Strasse, 10 St. von Zilai.

Csögle, Ungarn, jenseits der Donau, Veszprim. Gespan., Develser. Bezirk, ein unter meirere adel. Besitzer getheiltes Dorf, mit einem reform. Betiause, unweit Dairon, 2¼ St. von Pápa.

Csoh, Siebenbürgen; siere Szilágy-Tseh.

Csohalj, Ungarn, Birar. Gespan., ein Dorf, mit 69 Häus. und 428 Einwohn.

Csohas, Ungarn, ein Prädium, im Klein Cumanier Distrikt.

Csóhas, Ungarn, ein Prädium, im Csanáder Komitat.

Csohest, Siebenbürgen; siere Szilágy-Tseh.

Csojah, Ungarn, jenseits der Treiss, Birár. Gespan., Wardein. Bezirk, eine Abteiherschaft und walaci. Dorf, mit einer grieciisci. kathol. Pfarre, liegt an dem Beretyó Flasse, 1¼ St. von Székelyhíd.

Csóka, Tschocken, Cscháre — Siebenbürgen, Székl. Maros. Stull, Oh. Kreis, und Aiad. Bezirk, ein zwischen Bergen liegendes adel. freies Dorf, in der reformirten Pfarre Tomosd, 2¼ St. von Maros-Vásárhely.

Csóka, Ungarn, jenseits der Treiss, Torontal. Gespan. Török-Kanis. Bezk., ein meistens von Raitzen, sonst aber auci von Ungarn, Deutsci. und Slowak. iewoin. Urbarial-Markt, mit 440 Häus. und 2640 Finw., der Familie Marczibány geiörig, mit einer Lokalkaplanei und Üiergang üier die Treiss, unw. Szenta, 2 St. von Török-Kanisa, und 2¼ St. von Mokrin.

Csókafö, Ungarn, jenseits der Donau, Toln. Gespan., Völgység. Bezirk, ein nácist Lengyel liegendes Prädium, westl. 4 St. von Szekszárd.

Csókahegy, Ungarn, ein rerümtes Weingebirge in der Stuhlweissenburger Gespanscraft.

Csókaj, Ungarn, jenseits der Treiss, Birár. Gespan., Érmelyék. Bezirk, ein meiren Besitzern geiöriges ungarisches Dorf, mit 156 Häus. und 941 Einwoı., einer reformirten Pfarre, liegt an dem Ér Flusse, südl. ¾ St. von Székelyhíd.

Csókakeö, Ungarn, jenseits der Donau, Alrens. (Stuhlweissenb.) Gespan., Sár-melljék. Bezirk, ein zur Herscı. Móor-melljék gehöriges Dorf, mit 73 Häus. u. 577 Einwoı., einem verfallenen Scilosse und eigenen Pfarre. In einem Tiale, unter dem Berge Vértés, zwiscien Móor und Czák-Berény, an der Landstrasse, 4 St. von Stuhlweissenburg.

Csóka-kö, Ungarn, jenseits der Donau, Sümegh. Gespanscı. Baoes. Bezirk, ein Prädium, nácist Gige.

Csókakö, Ungarn, ein freies Erbgut im Eisenburger Komitat.

Csokaly, Csokaj val — Ungarn, ein Dorf, im Biharer Komitat.

Csokfalva, Dohlendorf, Csókfalu — Siebenbürgen, Székl. Marosch. Stull, im Ob. Kr., und Szúvát. Bezirk, ein nácist Szent-Istváiliegendes, von Széklern iewoites Dorf, mit einer griech. unirt. Pfarre, 1¼ St. von Nagy-Kend.

Csoklanecz, Ungarn, ein *Wachposten*, im Deutsch-Banater Grenz Rgmts. Bezirk.

Csoklovina, Siebenbürgen; siehe Tsoklovina.

Csokma, Ungarn, jenseits der Donau, Zalad. Gespan., Egerszeg. Bezk., ein *Praedium* und *Filial* der Pfarre Paka, mit einem Weingebirge und Schankhause, nahe am Bache Valitzka, nächst Paka, 3 St. von Alsó-Lendva.

Csokma, Ungarn, ein *Praedium*, im Baranyer Komitat.

Csokmány, Socken, Cschokmán — Ungarn, Kóvár. Distrikt, ein am Szamos Flusse liegendes, den Grafen Teleki gehörig. walach. Dorf, mit ein. griech. kath. Pfarre, 4 St. von Gaura.

Csökmö, Ungarn, jenseits der Theiss, Bihár. Gespan. Sáréth. Bezirk, ein zum Hochw. Gross Wardein. Domkapitel gehöriges ungarisches *Dorf*, mit 237 H. und 1425 Einw., einer reformirten Pfarre, nächst Szegialom, westlich, 6 St. von Gross-Wardein.

Csoknya, Ungarn, jenseits der Donau, Sümegh. Gespan., Kapos. Bezirk, ein dem Fürsten Eszterházy gehör. ungar. *Dorf*, mit einer reformirten Pfarre, liegt zwischen Csombárd, Bodrog, Sömmye, Vracsik und Sárd, 1¾ St. von Kaposvár.

Csököly, Ungarn, jenseits der Donau, Sümegh. Gespan., Babocs. Bezirk, ein dem Hochw. Veszprim. Bisthum gehör. ungar. *Urbarial Markt*, mit 360 Häus. und 2140 Einwohnern, mit einer kath. und reformirten Pfarre; hier wird viel Flacis gebaut, liegt zwischen Kis-Kovácsi, Gige, Kis-Aszszony und Nagy-Korpád, 5 St. von Kaposvár.

Csokonya, Ungarn, jenseits der Donau, Sümegh .Gespan., Babocs. Bezirk, eine gräfl. Ssécsényische *Herschaft* und *Marktflecken*, mit 260 Häus. und 1530 Einwohnern, einer kathol. und reformirten Pfarre, 1 St. von Babocsa.

Csokotez, Sokentasch, Cschokotyischu, Ungarn, Kóvár. `Distrikt, Vaad. Bezirk, ein zwischen Gebirgen und Waldungen liegendes, den Grafen Teleki und andern Besitzern gehöriges walach. Dorf, mit einer griech. nicht unirten Pfarre, 3 St. von Kapnik-Bánya.

Csokva, Ungarn, diess. der Theiss, Borsod. Gespan., Szt. Péter Bezirk, ein ungar. *Dorf*, dem Hochw. Erlau. Kapitel gehörig, mit 57 Häus. und 420 Einw., nach Cssernely eingepfarrt, 8½ St. von Miskólcz.

Csolánfalva, Csolánavitza, Czolánfalva — Ungarn, diess. der Theiss, Beregh. Gespan., und Fel-Vidék. Bzk., ein russniak. *Dorf*, der Herschaft Munkács und Pfarre Nagy-Bresztó, zwisch. Leczfalva und Ploszkonovitza, unter dem Berge Gyil, 3⅛ St. von Munkács.

Csold, Solden, Czoldu — Siebenbürgen, Kolosch. Gespan., im Oh. Kreis, Almás. Bezirk, ein theils zur Herschaft Almás, theils anderen Grundbesitzern gehör. walach. *Dorf*, mit einer griech. unirten Pfarre, 1 St. von Nyíres.

Csölestö, Kledern — Ungarn, diesseits der Donau, Pressburg. Gespan., in der Schütt, Ob. Insulan. Bezirk, ein *Dorf*, der Herschaft Nagy-Szarva, nach Somerein eingepfarrt, am Ufer der Donau, ⅛ St. von Somerein.

Csölle, Felsö, Ober-Waltersdorf — Ungarn, diesseits der Donau, Pressburg. Gespan., Ob. Insulan. Bezirk, ein zur Herschaft Püspöky gehöriges *Dorf*, in der Schütt, nach Miserdi eingepfarrt, gegen Westen nächst der Donau, 1½ St. von Pressburg.

Csölle, Alsó, Unter-Waltersdorf — Ungarn, diesseits der Donau, Pressburg. Gespan., Ob. Insul. Bezirk, ein mehreren adeligen Familien gehöriges *Dorf*, in der Schütt, nach Miserdi eingepfarrt, unweit Miserdi und Felsö-Csölle, 1¼ St. von Pressburg.

Csolnakos, Kahndorf, Csiunsis — Siebenbürgen, diess. der Maros, Hunyad. Gespan. und Bezirk, ein an dem Cserna Flusse lieg. griech. nicht unirtes *Parrdorf*, der adel. Familie gleichen Namens gehörig, welches von allen landesfürstl. Angaben und Militärstellung frei ist, 4 St. von Déva.

Csolnok, Ungarn, jenseits der Donau, Gran. Gespan., und Bezirk, ein zum Religionsfond gehöriges ungar. deutsch. *Dorf*, mit einer kathol. Pfarre u. einem Steinkohlenwerk, liegt gegen Süden, ⅛ St. von der Poststrasse entfernt, ½ St. von Dorogh.

Csollyes, Ungarn, ein *Praedium*, im Klein Cumanier Distrikt.

Csolt, Solden, Cscholtu, Ungarn, Kóvár. Distrikt, Nagy - Somkút. Bezirk, ein am Fusse eines Berges liegendes, der Telekisch. Familie und andern adel. Besitzern geh. walach. *Dorf*, mit einer griech. kath. Pfarre, 1½ St. von Nagy-Somkút.

Csolta, Ungarn, jenseits der Donau. Sümegh. Gespan., Marczal. Bezirk, ein *Praedium*, nächst Balaton Sz. György.

Csoltó, Ungarn, diesseits der Theiss, Gömör. Gespan., Putuok. Bezirk, ein

verschiedenen Grundherschaften dienstbares *Dorf*, mit 76 Häus. und 563 Einwohnern, einer Lokalpfarre, am linken
Ufer des Sajó-Flusses, an der Poststrasse, 2 St. von Tornallya.

Csoma, Ungarn, diess. d. Theiss, Gömör. Gespan. und Serkier Bzk., ein d.
Grafen Ráday und Freiherrn Vecsey
gehör., nach Bast eingepf. *Dorf*, mit
39 Häus. und 433 Einw., gegen S. unw.
Fütek, 5 St. von Rima-Szombáth.

Csoma, Ungarn, jens. d. Donau, Sümegh. Gespan., Igalyer Bzk., ein den
Grafen Hunyady geh. ungar. *Dorf*, in
der Pfarre Attala, liegt zwischen Attala,
Gyalan und Zabodi, am Kapos Flusse,
5 St. von Kaposvár.

Csoma, Ungarn, jens. d. Theiss, Ugocs.
Gespan., Bzk. jens. der Theiss, ein
mehren adelichen Familien gehör., nach
Csepe, wohin es angrenzt, eingepfarrt.
Dorf, in einer Ebene, 1¼ Meile von
Nagy-Szöllős.

Csoma, Tsoma — Ungarn, diess. der
Theiss, Beregh. Gespan. und Tisza-hát
Bzk., ein russniak., den Hrn. Ludw. von
Kajdy de Csoma geh. *Dorf*, mit 27 Häus.
und 328 Einw., der griech. Pfarre in
Bereghszász zugetheilt, zwischen Ma-
csola und Baduló, 2 St. v. Bereghszász
Postamt Munkács.

Csomád, Ungarn, diess. d. Donau,
Pest.Gespan.,Váczn.Bzk., ein slow., mit
einer reform. Kirche versehenes, eigentlich aber nach Vörös Egyháza eingepf.
Dorf, zwischen Monostor u. Sz. Miklós,
2 St. von Dunakesz.

Csomafája, Siebenbürgen, ein *Dorf*,
mit 436 Einw., im Dobok. Komt. u. Bzk.
Válassút.

Csomafálva, Tschamdorf, Tschuma —
Siebenbürgen, Székl. Gyergyöer Stuhl,
ein am Marosch Flusse lieg., von Székl.
und Walachen bewohnt. *Dorf*, mit einer
katholisch. Pfarre, liegt nächst Ujfalú,
15 St. von Maros-Vásárhely.

Csomaháza, Ungarn, ein *Dorf*, im
Eisenburger Komitate.

Csomajowa, Ungarn, Mármaroser
Komt.; siehe Csomaufalva.

Csomaköz, Tsomaköz — Ungarn,
jens. der Theiss, Szathmár. Gespan.,
Nyírier Bzk., ein mit einer reform. und
griech. Kirche versehenes, mehren adel.
Familien geh. *Dorf*, nahe bei Bere und
Szt. Háromság, 1 St. von Nagy-Károly.

Csománfalva, Csomajova, Csumilesty — Ungarn, jens. d. Theiss, Mármaroser Gespan., Unt. Bzk., ein russ.
griech. kathol. adel. *Pfarrdorf*, am Talabor Flusse, nächst Sándorfalva, 6¼ St.
von Szigeth.

Csombárd, Ungarn, jens. d. Donau,
Sümegh. Gespan., ein den Herrn Jos. v.
Csák geh. ungr. *Dorf*, in der kathol.
Pfar. Hetes, liegt zwischen Hetes, Csok-
nya, Bodrog und Várda. 2 St. von Ka-
posvár.

Csombor, Ungarn, jens. d. Donau,
Zalad. Gespan., Szántó. Bzk., ein kleines *Praedium*.

Csombord, Csumbrad — Siebenbürgen, ein *Dorf* mit 260 Einw., im Nied.
Weissenburger Komt., zur Pretur Enyed
gehörig.

Csömeg, Ungarn, jenseits der Theiss,
Bihár. Gespan., Szalont. Bezirk, ein
Prädium, nächst dem Dorfe Illye, 1¼
St. von Szalonta.

Csöménd, Ungarn, jenseits der Donau, Sümegh. Gespan., Kapos. Bezirk,
ein mehren adel. Familien gehöriges
ungar. *Dorf*, in der kathol. Pfarre Nikla, liegt zwischen Nikla, Szent Pál
und Libicz-Kozma, ¾ St. von Marczal.

Csömeny, Siebenbürgen, In.Szolno-
ker Komitat, ein *Dorf* zur Prätur Zilach
gehörig, mit 169 Einwohnern.

Csömeny, Siebenbürgen, ein *Dorf*,
im Szolnok. Komt. und Bzk. Szurdok.

Csömödér, Ungarn, jenseits der Donau, Zalad. Gespan., Egerszeg. Bezirk,
ein *Dorf*, nahe am Bache Cserta, den
Fürsten Eszterházy und Grafen Erdödy
gehörig, der Pfarre Paka einverleibt,
womit es gegen Norden grenzt, ¾ St.
von Alsó-Lendva.

Csomofaja, Holzstock, Csumefaje —
Siebenbürgen, Dobokaer Gespanschaft,
Valaszut. Bzk., ein mehren Grundherren
geh. ungr. *Dorf*, mit einer reformirten
und griech. unirten Pfarre, an der Poststrasse nächst Gyla und Magyar-Ujfalu,
3 St. von Klausenburg.

Csomonya, Ungarn, diess. d. Theiss,
Beregh. Gespan., Kaszon. Bzk., ein
ungar. unter mehre Grundhrsch. geh.
Dorf, mit 39 Häus. u. 346 Einw., einem
reform. Geistlichen, in einer wald. Ebene, zwischen Barkaszó u. Nagy-Do-
brony, 4 St. von Munkács.

Csömör, Ungarn, diess. der Donau,
Pest. Gespan., Váczn. Bezirk, ein slowakisches *Dorf* mit einer römisch. kath.
Lokal-Kaplanei u. vorzüglichem Weinbau, unweit Palota. 1 St. von Kerepes.

Csomorkány, Ungarn, eine *Ruine*
im Csongráder Komitat.

Csomorkány, Ungarn, ein *Praedium*
im Csongráder Komitat.

Csömörlö, Nyario, Schemerden,
Csumerna, Siebenbürgen, Dobok. Gespan., Ob. Kr., Magyar-Egreg. Bezirk,
ein mehren Grundhersch. geh. walach.

Gebirgsdorf, mit 293 Einwohnern, einer eigenen griech. nicıt unirteıı Pfarre, 1¼ St. von Magyar-Egregy.

Csomortan, Tschomorden, Cseheɪner — Sieɪenɪürgen, Székler Csiker Stuɪl, ein zwiscɪen Geɪirgen lieg., von Walacɪeıı u. Grenz - Soldaten ɪewoɪnt. *Dorf*, mit 436 Einw., der Pfarre Csobotfalva, liegt zwiscɪeıı Pálfalva und Csobotfalva, 18¼ St. von Kronstadt und eɪeıı so weit von Schäsburg.

Csomortán, Thomoren, Csortán — Sieɪenɪürgen, Székl. Kezd. Stuɪl, ein adel., von Ungarn und Székl. Soldaten bewoɪnt. kleiɪ. katɪol., naci Esztelnek eingepf. *Dorf*, mit 369 Einw., 17¼ St. von Kronstadt.

Csomortóny, Siebenbürgen, eiıı *Dorf*, mit einem Saueɪɪrunnen, im Czicker Stuɪl und Bzk. Obertischick.

Csömöte-Kis, Ungarn, jenseits der Donau, Eisenɪurg. Gespan., Stein am Anger Bezirk, ein ungar. *Dorf*, der Herscɪ. Köszeg, naci Nagy - Pose eingepfarrt, am Gyöngyös Fluss, gegen Osten, näcɪst Nemes-Csó, mit 14 Häus. und 88 Einwoɪnern, ½ St. von Güns.

Csömöte, Nagy, Ungarn, jenseits der Donau, Eisenɪurg. Gespan., Stein am Anger Bezirk, ein ungar. adelich, naci Nagy-Pösz eingepfarrt. *Dorf*, am Gyöngyös Flusse, unweit Kis-Csömöte, mit 39 Häus. u. 285 Einw., ⅓ St. v. Güns.

Csondor-háza, Ungarn, jens. der Donau, Zalad. Gespan., Egerszeg. Bzk., ein *Praedium*, naɪe bei Kis-Lakos, 1¼ St. von Alsó-Lendva.

Csongár, Sieɪenbürgen; s. Tsongár.

Csönge, Ungarn, jenseits der Donau, Eisenɪurg. Gespan., Kemenesall. Bez., ein ungar., meıren adel. Familien gehöriges *Dorf*, naci Aszonyfa eingepf., am Raab Flusse, gegen Norden näcɪst Genes, mit 95 Häus. und 788 Einwoɪn., 3¼ St. von Pápa.

Csongova, Kis-, Závatka — Ungarn, jens. d. Tɪeiss, Ugocs. Gespan., Bzk. diess. d. Tɪeiss, ein einzelıı., zur Hrsch. Nagy-Szöllös geh. *Dorf*, naci Ilonok-Ujfalu eingepf., vom Borsova Fl. durchwässert, unw. Kromjáth, naɪe bei Nagy-Çsongova, 1¼ M. von Nagy-Szöllös.

Csongova, Nagy-, Csengova — Ungarn, jens. d. Tɪeiss, Ugocs. Gesp. im Bzk. diess. d. Tɪeiss, ein der Hrsch. Nagy-Szöllös geh., naci Illonokrie eingepf., am Borsova Flusse lieg. *Dorf*, 1¼ Meilen von Nagy-Szöllös.

Csongra, Sieɪenɪürgen, ein *Dorf*, im Unter-Albenser Komt. und Bzk. Maros Ujvár.

Csongrád, Ungarn, diess. d, Tɪeiss, Csongrád. Gespan., im Bzk. diess. der Tɪeiss, ein *Marktflecken*, mit 1880 Häusern und 13,686 Einw., wovon das Komität den Nameıı ɪat, der gräfl, Familie Károly geh., mit einer eigenen Pfarre u. Postwechsel zwiscɪeıı Alpár und Szeɪtes, am Ufer der Tɪeiss, wo dieser Fluss sicɪ mit dem Körös Flusse vereinigt, von O. gegen W., zwiscɪen d. Praedium Töke und dem Marktflecken Félegyháza, Postamt. Mit:

Péld, Szántó, Felgyő, Cádny, Dongés, Paks, Sirkegy, Fehértó, Csányi Csárda, Mánai Csárda, Alfaluiat Csárda, Felgyő, Gyója, Alfaluá, Ersébeth, Ellés, Csépaɪ, Szeleveny, Thes.

Csongráder Gespanschaft, Ungarn, diess. der Tɪeiss, liegt zwiscɪen 6 andern Gespansohaften und zwiscɪen den Distrikten Gross- und Klein-Kumanieıı um d. Theiss ɪerum, welcɪer Strom mitten durcɪ dieseɪɪe fliesst, und iɪr daɪurcɪ eine für den Handel seɪr geeignete Lage verschaft. Hauptort Szegvár. Gegeıı N. grenzt sie an die Heveser Gespanscɪaft, an Gross-Kumanien und einen Tɪeil der Békéser, gegen O. an den untern Tɪeil der Békéser und einen Tɪeil der Csanáder Gespansch., gegen S. an eiɪeıı andern Tɪeil dieser, und an die To-

rontáler Gespansch., von welcher sie durcɪ die Flüsse Tɪeiss und Maros, getrennt wird, gegen W. an die Bácseɪ Gespansch., (bis zur Puszta Otömös), an Klein-Kumanien (mit einem länglicheıı Winkel, der ɪis Szegedin ausläuft) und an 3 Stellen an die Pesther Gespanschaft, hat 63 Quadr. M. mit 137,000 Einw., in 26 Orten oder in 22,800 Häus., nämlicɪ in 1 k. Freistadt, 1 Libertine u. 1 Grundherrlichen Munizipal-Bürgerstadt, einem Urbarial-Markte, 6 Dörfer und 16 Praedieıı, mit 184,500 J. Äcker, 90,400 Jocɪ

Wiesen, 8800 Joch Gärten, 10,600 Joch Weinland, 280,000 J. Weide, 60,000 J. Sümpfe und Moräste, 6000 J. Sandflächen. Jährliche Fechsung im Durchschnitte: 600,000 M. Sommer-, 1,000,000 M. Wintergetreide, 300,000 Eim. Wein und 1,040,000 Ztn. Heu. Sie führt ihren Namen von der alten Burg Csongrád. In dieser Gespansch. sind gar keine Berge, kaum einige Hügel mit Holz und Weingärten, sondern weite Ebenen, so dass man bei heiterem Wetter von vielen Thürmen die ganze Gespanschaft übersehen kann. Ihre vorzüglichsten Flüsse sind: 1. Die Theiss, welche von Gyója bis Mártonos fliesst und zuerst durch die aufgenommene Körös, dann durch die Maros vergrössert, die Gespansch. bewässert, jedoch nicht selten durch Überschwemmungen über ihre niederen Ufer grossen Schaden verursacht. 2. Die Maros, welche an der Grenze der Torontál. u. Csanád. Gespansch. in die Csongráder eintritt, durch die Puszten Tönyes und Lele gegen Szegedin fliesst, in ihrem reinen Wasser schmackhafte Fische führt; und oberhalb Tápé in die Theiss fällt, 3. Die Körös, die gleichfalls sowohl an reinem Wasser als an schmackhaften Fischen die Theiss übertrifft, tritt an der Grenze der Heveser und Békéser Gespanschaft in die Csongráder, gesellt immer mehr an, je mehr sie sich der Theiss nähert, schadet durch ihre Ergiessungen den Wiesen, auf welchen Schilf die Stelle des Grases einnimmt, und vereinigt sich oberhalb Csongrád mit der Theiss. Die Kurcza, ungefähr halb so gross als die Körös, treibt jedoch auf ihren kurzen Laufe von 3 Meilen mehre Mühlen, sie entspringt aus der Körös, fliesst durch die Puszten Thés u. Hika, unterhalb Szentes vorbei, gegen Szegvár, wo sie mehre Seen und Sümpfe bildet, besonders wenn sie von der anschwellenden Theiss in ihrem Laufe gehindert wird, bei Szegvár vereinigt sie sich mit der Korogy und fällt endlich in die Theiss; sie hat treffliche Fische, besonders Aalruppen. Graf Károlyi liess in dieser Gespanschaft 1779 einen Canal mit 18,000 Klftr. von einer Stelle der Theiss bis zu einer andern anlegen. — Produkte: Weitzen, Kukurutz (Mais) in Menge, vieles und gutes Obst, Wassermelonen, vieler und sehr guter Tabak, (der beste bei Szegedin, ein Gegenstand des Handels), viel Hanf, schwacher Landwein (wovon sich besonders der bei Mindszent und Szegedin wachsende nicht lange halten lässt), schöne Wiesen u. vortreffliche Weiden. Ochsen, schöne Stuttereien, grosse

Schweinmastungen, besonders bei Fárk, wo die Schweine in dem Rohre sich von Wassernüssen im Winter und Sommer nähren, ohne sonst gemästet zu werden. Schafe in Menge (freilich nicht feinwollige), allerlei Hausgeflügel, Wildpret, gute Bienenzucht; Fische aller Gattungen im Überflusse in den Flüssen und Seen (unter ihnen Szegedin werden auch Hausen gefangen, die sich aus der Donau in die Theiss verirren), und endlich viele Schildkröten. Die Einwohner sind Magyaren, Serbier oder Raizen (die sich unter der Türkenherrschaft ansiedelten), deutsche und slowakische Colonisten und Juden; beschäftigen sich vorzüglich mit dem Feldbau, mit der Viehzucht, mit der Fischerei, dem Handel und dem Schiffbaue. Man treibt starken Handel mit: Ochsen, Schweinen, Wolle, Getreide, Tabak, Honig, Wachs, geräucherten Fischen, Binsenmatten oder Rohrdecken (wovon zu Tápé jährlich 20,000 Stück verfertigt werden). Zu Szegedin ist eine Schnupftabaksfabrik und eine grosse Sodasiederei. Schlecht sind bis nun noch die Haupt- und Poststrassen, die von Szegedin nach Theresiopel und Ketskemét führen. Die Gespanschaft wird durch die Theiss in die Processe (Gerichtsbarkeit) dies- und jenseits der Theiss eingetheilt.

Csongra, Sügendorf, Csunga = Siebenbürgen, Nied. Weissenb. Gespan., Ob. Kr., Maros-Ujvár Bzk., ein *Dorf*, mit 643 Einw., der Hrsch. Szászka, in einer Ebene, nahe am Karas Flusse, unw. Hajerdorf, gegen O., 2½ St. von Oravicza.

Csonkahegy, Ungarn, ein *Bach*, im Szalader Komitate.

Csonka-Mindszent, Ungarn, Barany. Komt.; siehe Mindszent.

Csonka-Papi, Ungarn, Beregh, Komitat; siehe Papi.

Csonkás, Ungarn, Eisenb. Komt.; s. Szt. Péter bei Keményes.

Csonkatebe, Ungarn, ein *Praedium*, im Pesther Komitate.

Csönke, Ungarn, ein *Dorf*, im Pressburg. Komitat; s. Czenke.

Csonoplia, Ungarn, Bács. Komitat, ein *Dorf*, mit 611 Häus. und 4334 Einwohnern.

Csonopiya, Ungarn, diess. d. Donau, Bács. Gespan., Mitt. Bzk., ein von Ungarn, Dalmatinern und Deutschen bewohntes *Dorf*, mit einer kathol. Pfarre, liegt an d. Teleczka, nächst Keruyája, 1 St. von Nemes-Militics und 1½ St. von Zombor.

Csontfalva, Ungarn, ein *Praedium*, im Neográder Komitate.

Csontosfalva, Ungarn, ein *Dorf*, im Abaujvärer Komitate.

Csontosfalva, Ungarn, ein *Praedium*, im Zempliner Komitate.

Csontaháza Valány, Ungarn, jens. der Tieiss, Bihár. Gespan., Szalonter Bzk., ein zur Bisti. Hrsch. Bélgeh. wal. *Dorf*, mit 28 Häusern und 172 Einw., einer griech. nicht unirt. Pfarre und dem Praedium Hodosell, 6 St. von Szalonta.

Csontosfalva, Ungarn, Abaujvárer Komitat, ein *Dorf*, mit 33 Häus. und 237 Einwoinern.

Csoob, Siebenbürgen, ein *Dorf* im Udvarhelyer Stuil und Bzk. Bözöd.

Csood, Siebenbürgen, Hermannstädter Stuil; sishe Szád.

Csóor, insgem. Csor — Ungarn, jens. der Donau, Stuhlweissb. Gespan., Sármelljék. Bzk., eine *Herschaft* und *Dorf*, mit einem hrschaftl. Hause, einer eigenen Pfarre und reform. Kircie, dann meire, an dem daselist entspringenden Bacie sici iefindlicien Müilen, in einer steinigten Gegend, bei Hoszúhegy, an der von Stuhlweissb. naci Palota führ. Poststrasse, 2 St. von Stuhlweissenburg.

Csopak, Ungarn, jens. d. Donau, Zalad. Gespan., Tapolcz. Bzk., ein *Dorf*, am Balaton See, eine Filial d. Pfarre Paloznak, d. Hochw. Veszprim. Kapitel geh., näcıst Füred u. der Kommerz. Strasse, 2 St. von Nagy-Vásony und eben so weit von Veszprim.

Csopeja, Csopta, Sciopau, Csopjou — Siebenbürgen, Hunyader Gespansciaft, Hatzed. Kr., Totesder Bzk., ein der adel. Familie László geh. wal. *Dorf*, mit 55 Einw., einer griech. nicit unirten Pfarre, liegt am Gebirge, 2 St. von Totesd.

Csöpincs, Ungarn, jenseits der Donau, Eisenburg. Gespan., Totság. Bez., ein adel. wendisci, *Dorf* und *Filial*, der Pfarre Felsö - Szölnök, zwiscien Bergen, gegen Norden unweit Dolincz, und gegen Westen näcıst Felsö - Szölnök, mit 49 Häus. und 425 Einwoiner, 2 St. von Rába-Keresztúr.

Csöpöny, Alsó, Ungarn, diesseits der Donau, Pressurg. Gespan., äusser. oder Szered. Bezirk, ein adel. zur Pfarre Szered gehöriges, naie bei Felsö-Csöpöny und gegen Westen unweit Geszt liegendes *Dorf*, 2 St. von Tirnau.

Csöpöny, Felsö, Ungarn, diess. der Donau, Pressurg. Gespan., äusser. oder Szered. Bezk., ein adel. zur Pfarre Nagy-Súr geıöriges *Dorf*, welcies an den Waag Fluss und Alsó-Csöpöny angrenzt, 2 St. von Tirnau.

Csöpöny, Köpez, Ungarn, diess. der Donau, Pressburg. Gespan., äusser.

oder Szered. Bez., ein *Dorf*, der Herschaft Sempte, naci Szered ingefarrt, an der Grenze des Neutraer Komitats, zwiscien dem Waag Flusse und Geszt, 2 St. von Tirnau.

Csöprend, Ungarn, ein *Wirthshaus,* im Sümegher Komitat.

Csopta, Siebenbürgen, Hunyad. Komt.; siele Csopeja.

Csopüczi ruth, Ungarn, Beregher Komt., ein *Dorf*; siele Csapóczka.

Csór, Ungarn, diess. der Donau, Neográder Gespansch., Szécsen. Bzk., ein den Fürsten Eszteriázy geıör. ungar. *Dorf*, naci Herencsenyi eingepfarrt, im Zusammenhange mit dem Dorfe Surány, gegen Morgen näcıst Herencsenyi, 4 St. von Balassa-Gyarmath.

Csór, Ungarn, Stuhlweissenburg. Komt., ein *Dorf* mit 186 Häusern u. 1752 Einw.

Csora, Ungarn, Arader Komt.; siele Csoresty.

Csora, Ungarn, Mittel Szolnok. Komt.; siele Nagy-Mon-Ujfalu.

Csora, Siebenbürgen, Nieder Weissenburger Gespansch., Ob. Kr., Alvinzer Bzk., ein *Gut* und *Dorf*, mit einer nicit unirten Pfarre, liegt im Geirge näcıst Fel-Kenyér und Kudsir, 1 St. v. Siboth.

Csorba, Csirben, Czorba, Csirba — Ungarn, ein *Berg* auf der Zipser Eiene, 2516 Fuss ıoci.

Csorba, Striba, Tschchen — Ungarn, diess. der Donau, Liptau. Gespansciaft, östl. Bzk., ein an die karpatischen Gebirge grenzendes, meireu adel. Familien geh., mit einer eigenen Pfarre verseien, evangel. Seits naci Hibbe zugetheiltes *Dorf*, an der Grenze des Zipser Komts., 1 St. von Lucsiwna.

Csorba, Ungarn, ein *Praedium* im Csongráder Komitat.

Csorba, Ungarn, ein *Praedium* im Gross-Cumanier Distrikt.

Csorda, Ungarn, jenseits der Tieiss, Krassov. Gespansch. und Oravicz. Bzk., am äussersten Ende desselien, ein wal. k. *Kammeral-Pfarrdorf* der Herscıaft Szászka, in einer Eiene, nahe am Karas Flusse, unweit Hajerdorf, gegen Ost., 2¼ St. von Oravicza.

Csoresty, eiemals Csora — Ungarn, jens. der Tieiss, Arad. Gespansch. und Bzk., ein wal. k. *Kammeral-Dorf*, mit einer griech. nicit unirten Kircie, zwiscien Zemerzel und Szeledsány, 11 St. von Arad.

Csorgó, Ungarn, ein *Berg* im Sároser Komitat.

Csörgö, Csergö — Ungarn, diess. der Tieiss, Zemplin. Gespan., Ujiely. Bzk., ein mehreu Besitzern geıöriges, nach

Lasztócz eingepfarrtes *Prädium*, 1 St. von Ujhely.

Csorna, Ungarn, Ödenburg. Komt., ein *Marktflecken*, mit 670 Häus. und 3990 Einw., und eine schon 1180 gestiftete Prämonstratenser-Abtei, mit schönen Garten-Anlagen. Der Marktflecken C. gehört theils zur gleichnamigen Prämonstratenser-Herschaft und theils z. fürstlich Esterházy'schen Hrsch. Kapuvár.

Csorna, Ungarn, ein *Wirthshaus* im Pesther Komitat.

Csorna, Ungarn, jenseits der Donau, Ödenburg. Gespansch., im V. oder untern Bzk., ausserhalb des Raab Flusses, ein ungar. *Marktflecken*, zur fürstl. Esterházy'schen Hrsch. Kapuvár und z. Theil wegen der daselbst aufgelassenen Prämonstratenser Probstei zum Religions-Fond geh., mit einer eigenen Pfarre, nahe bei Farád, 6¼ St. von Ödenburg. unweit Kapolcs, 1 St. von Tapolcza.

Csorni-Potok, Ungarn, Ugocser Komitat; siehe Patak, Fekete-Patak.

Csörnöcz, Ungarn, ein *Flussbet*, im Eisenburger Komitat.

Csornoholova, Ungarn, diess. der Theiss, Unghvár. Gespansch. und Bzk., ein zur Kaal. Hrsch. Unghvár geh. *Dorf*, mit einer griech. kathol. Kirche und Pfr., mit wildreichen Wäldern und einem Sauerbrunnen, unweit Bukocs, 5 St. von Unghvár.

Csornok, Ungarn, diess. der Donau, Neutraer Gespanschaft und Bzk., ein *Dorf*, nach Komjathi eingepf., am Ufer des Czérénka Baches, gegen S., 3 St. von Neutra.

Csörög, Ungarn, ein *Dorf*, im Pesther Komitat; s. Szöd.

Csóron-földe, Ungarn, jenseits der Donau, Zalader Gespansch., Tapolczer Bzk., ein zur gräfl. Esterház. Herschaft Devetser geh., nach Berend eingepfarrt. *Dorf*, nahe an der von Tapolcza nach Nagy-Vásony führenden Poststrasse,

Csörötnek, Ungarn, jenseits der Donau, Eisenburg. Gespan., Német-Ujvár. Bezk., ein ungar. *Dorf*, der Hersch. Szt. Gotthárd mit dem Präd. Huszácz, nach Gyarmath eingepfarrt, an einem Berge und dem Raab Flusse, unweit Gyarmath, mit 71 Häus. und 521 Einw., ½ St. von Rába-Szent-Mihály.

Csörszárka, Csöszárka, (Alsó) — Ungarn, ein alter *Erdwall*, im Pesther Komitat.

Csörszárka, Csöszárka — (Felső) Ungarn, ein alter *Erdwall*, im Hevesser Komitat und Jaziger Distrikt.

Csortán, Siebenbürgen, Kezd. Stuhl; siehe Csomortán.

Csortanowee, Slavonien, Peterwardeiner Bzk., ein z. Peterwardein. Grenz-Regiment geh. Dorf von 87 Häusern, mit einer griech. nicht unirten Pfarre, grenzt gegen Norden an die Karlovitz. Communität, ½ St. von Becska.

Csorvas, Ungarn, jenseits der Theiss, Békés. Gespansch. und Bzk., ein *Prädium* grösstentheils dem Gyula Terrain einverleibt. Hier sind noch Übereste eines alten Tempels.

Csoshet, Ungarn, ein *Dorf* im Zaránder Komt. und Bezirk Halmágy.

Csosinczy, Csoszinczi — Slavonien, Posegan. Gespansch., Unt. Bzk., ein zur Hrsch. Kuttjeva und Pfarre Vettovi geh. *Dorf*, zwischen Grabasje und Granye, 2 St. von Posega.

Csösz, Ungarn, jenseits der Donau, Albens. (Stuhlweissenb.) Gespan., Sármellják. Bzk., ein bevölkert. *Prädium*, mit einer reformirten Kirche und einem herschaftl. Hause, am Sárrelyer Sumpfe zwischen Soponya und Tatz, 2 St. von Stuhlweissenburg, und 1 Stunde von Polgárdi.

Csösz, Ungarn, jenseits der Donau, Veszprim. Gespan., Csesznekiens. Bezk., ein *Prädium*, 1 ½ St. von Vásárhely.

Csösz, Ungarn, jenseits der Donau, Veszprim. Gespan., Devetser. Bezk., ein zum Religions-Fond gehöriges, nach Felsö-Iszkáz eingepfarrtes *Dorf*, zwischen F. Iszkáz und Csögle, 2¼ St. von Pápa.

Csösz, Ungarn, jenseits der Donau, Zalad. Gespan., Egerszeg Bezk., ein *Praedium* und *Weingebirgsgegend*, gegen Petir-Keresztúr, 1 St. v. Egerszeg.

Csöszihegy, Ungarn, ein *Praedium*, im Szalader Komitat.

Csösztelek, auch Cseszterek, Ungarn, jenseits der Theiss, Torontal. Gespan. Nagy-Becskerek. Bezk., ein von Tabak-Pflanzern bewohntes, mit einer eigenen Kaplanei versehenes *Praedium*, unweit Bassahid, 1 ½ St. von Melencze.

Csota, Ungarn, jens. der Donau, Veszprimer Gespanschaft, Devetser Bezirk, ein *Praedium* zwischen Lörinte und Kolontár, 1¼ St. von Vásárhely.

Csotfa, Ungarn, diesseits der Donau, Pressburg. Gespansch., Unter Insulaner Bzk., ein *Praedium* in der Schütt, zwischen Szerdahely und Sík-Abony, 6 St. von Somerein.

Csoth, Ungarn, jens. der Donau, Veszprimer Gespansch., Pápenser Bzk., ein zwischen Gyimot und Szt. Iván liegendes, der gräfl. Familie Eszterházy de Galantha geh. *Dorf*, 1 St. von Pápa.

Csötörtök, Czwertek, Leopoldsdorf, Loipersdorf — Ungarn, diesseits der Donau, Pressburg, Gespan., O). Insul. Bezirk, ein zur Herschaft Everhard gehöriger *Marktflecken* in der Schütt, mit einer eigenen Pfarre, unweit Czákány und Püspöky, 1 St. von Somerein.

Csötörtök - Detrekeö, Plavekj Swrtek, Blasenstein, Zankendorf — Ungarn, diesseits der Donau, Pressburg. Gespan., Transmontan. Bezk., ein zur Herschaft Detrekeö gehöriges *Dorf*, mit einer Pfarre, unweit Laab, 1 St. von Malaczka.

Csötörtök, Cwrtek — Ungarn, diess. der Donau, Trentschin. Gespan., Unt. Bezirk, ein mehr. adel. Familien geh. *Dorf*, nach Bossacz eingepfarrt, mit einem Ortsgerichte, an der k. Land- und Kommerz. Strasse, 3 St. von Trentschin.

Csötörtökhely, Ungarn, jenseits der Donau, Zalad. Gespan., Lövö. Bezirk, ein *Weingebirgs-Prädium* und *Waldgegend*, zwischen den Prädien Fernekág und Keresztur, nördlich, ⅓ St. von Lövö.

Csötörtökhely, Swartek, Quintoforum, Donnerstmarkt — Ungarn, diess. der Theiss, Zips. Gespan., im III. oder Leutschau. Bezirk, ein ehemals der Zips. Kammer, nun unter die Grundgerichtsherschaft der Grafen von Csáky gehöriger *Ort*, eigentlich *Markt*, wo die slowakische Sprache im Gange ist, und die Einwohner meistens Katholiken, sehr wenige Evangel. sind, mit einer eigenen Kirche, welche durch die PP. Minoriten versehen wird, einem Schankhause sammt Wagenschupfe und herschaftl. Hofe, zur Herschaft Illyésfalva gehörig, in einer Ebene unweit Káposztafalva, 2¼ St. von Leutschau.

Csovacz, Slavonien, Jablanacz. Bzk., ein zum Gradiskan. Grenz-Reg. Canton Nro. VIII geh. *Dorf* von 49 Häus., liegt nächst Verhovliane, ¼ St. von Bodegray.

Csövár, Ungarn, diesseits der Donau. Pest. Gespan., Vaczn. Bezirk, ein slowak., mehr. adel. Familien gehör., zum Theil nach Püspök Hatvan eingepfarrt, zugleich auch mit einer Pfarre, der A. C. versehenes *Dorf*, in der Gegend von Gutta, 5 Stund. v. Waizen.

Csovas, Siebenbürgen, Székl. Maros. Stuhl; siehe Mezö-Csávás.

Csrecsán, Ungarn, ein *Dorf* im Szalader Komitat.

Csubänka, Siebenbürgen; siehe Felsö-Tsobanka.

Csucsom, Czuczma, oder Czuczna — Ungarn, diesss. der Theiss, Gömörer Gespansch., im Ob. Bzk., ein d. Hochw.

Rosenauer Bisthum dienstbares *Dorf*, in eben dieser Pfarre, mit 86 Häus. und 433 Einw., einer Mühle und Spiessglanzgrube, am Fusse des Berges Volovez, 1 St. von Rosenau.

Csüd, Csaba — Ungarn, ein *Praedium*, im Békéser Komitat, siehe Csabacsüd.

Csuda, Ungarn, diess. der Donau, Barser Gespansch., Levens. Bzk., ein nach Lekés eingepf. *Praedium* in der Nähe des Gran Flusses, 1⅓ St. von Zélez, 5 St. v. Léva und 6½ St. von Verebely.

Csudaballa, Ungarn, jens. d. Theiss, Békés. Gespansch., Csabens. Bzk., ein freies *Praedium*, gegen O. an dem Gebirge des Marktes Szarvas.

Csudanovecz, Ungarn, jenseits der Theiss, Krassov. Gespansch., mehr im Krassov. als Oravicz. Bzk., ein walach. kön. *Kammeral-Dorf* der Hersch. Oravicza, mit einer eigenen Pfarre zwischen Bergen, wodurch der Zugang sehr erschwert wird, gegen W. nächst Zsittin, 1 St. v. Szakacs.

Csüdöltelke, Kottendorf — Siebenbürgen, Kokelburg. Gespan., Unt. Kr., Csökefalv. Bezirk, ein mehr. Grundherschaften gehöriges, an der Landstrasse nächst dem Kokel Flusse liegendes walach. *Dorf*, mit 364 Einw., einer Pfarre, 4⅓ St. von Medias.

Csufud, oder Csifud, Ziffendorf — Siebenbürgen, Weissenburg. Gespansch aft, Ob. Kr., Balásfalv. Bzk., ein zur Hrsch. Balásfalva gehör. walach. *Dorf*, mit 312 Einw., einer grossen kath. Pfarre, an der grossen Kogel, 5 St. von Nagy-Enyed.

Csuged, Schnekendorf, Csugud oder Csika — Siebenbürgen, Nied. Weissenburger Gespansch., Nied. Kr., Dályaer Bzk., ein mehren Grundherren gehörig., an dem Maros Fl. liegendes wal. *Dorf*, mit 204 Einw., einer griechisch unirten Pfarre, ½ St. von Karlsburg.

Csugastra, Sugassez, Cschugestrany — Ungarn, Kövár. Distrikt, Bányer Bezirk, ein im Gebirge liegendes, mehreren Grundherren gehöriges walach. *Dorf*, mit einer griech. kath. Pfarre, 3 St. von Gaura.

Csuguzel, Siebenbürgen, Nied. Weissenburg. Komt.; s. Fugad.

Csujafalva, Ungarn, Bih. Komitat, ein *Dorf*, mit 48 Häus. und 288 Einw.

Csuk, Istrien, ein *Berg*, nordöstlich vom Dorfe Rodig, 394 Fuss ü. d. Meere.

Csukalócz, Tschukalowcze — Ungarn, diesseits der Theiss, Zemplin. Gespan., Göröginyer Bezirk, ein der Familie Okolicsány und Rákócz geh. slowak. *Dorf*, mit einer griech. kath. Pfarre, 6 St. von Nagy-Mihály.

Csukard, Kucistorf, Zabersdorf — Ungarn, diesseits der Donau, Presburg. Gespan. und Bezirk, ein dem Hochw. Presburg. Domkapitel gehörig., nach Baziu eingepfarrtes *Dorf*, nicht weit davon entlegen, 3 ¼ St. von Pressurg.

Csukar-Páka, Ungarn, Pressurg. Komitat; s. Páka.

Csukics, Ungarn, jenseits der Treiss, Krassov. Gespan., und Oravicz. Bezirk, ein walach. königl. Kaal. *Dorf*, der Hrschaft Szászka, mit einer eigenen Kirche, zwischen Makovistye und Nikolincz, 2 St. von Oravicza.

Csuklasz, Csuklazowze — Ungarn, diesseits der Donau, Trentschin. Gespan., im Bezirk jenseits des Gebirges, ein mehreren adel. Familien gehöriges, nach Kis-Hradna eingepfarrtes *Dorf*, mit einem Ortsrichter und Geschwornen, liegt gegen Osten ausser der Poststrasse, 3 St. von Nitra-Zsámbokréth.

Csuklazowze, Ungarn, Trentschin. Komitat; s. Csuklász.

Csukovetz, Ungarn, jenseits der Donau, Zalad. Gespan., Muraköz. Bezk., ein nach Dráskovetz eingepfärrtes, zur gräflich Festetics'schen Herschaft Csáktornya gehöriges *Dorf*, nahe an der Poststrasse, welche von Kanisa nach Csáktornya führt, unweit Dráskovetz und Alsó-Mihályevetz, ½ St. von Vidovecz, 2 St. von Csák-tornya.

Csul, Ungarn, Arad. Komitat; siehe Csil, Alsó-, Felsö-Csil.

Csula, Siebenbürgen, Kolos. Komitat, s. Insel.

Csula, Zutau, Cschula — Ungarn, Kővár. Distrikt, Bányer Bezirk, ein zwischen Amboyen liegendes, mehreren Besitzern geh. walach. *Dorf*, mit 251 Einwoh., einer griech. kath. Kirche, 2¼ St. von Gaura.

Csula, Kis-, Klein Schulendorf, Csulemike — Siebenbürgen, Hunyad. Gespan., Hatzeger Kreis, Demsus. Bezk., ein mehreren Grundherschaften gehör., nach Reketyefalva eingepfarrt. walach. griechisch kathol Dorf, 7 St. von Déva.

Csula, Nagy-, Gross-Schulendorf, Csulemare — Siebenbürgen, Hunyad. Gespan., Hatzeger Kreis, Demsus. Bezirk, ein mehreren Dominien gehörig. walach., nach Demsus eingepfarrtes *Dorf*, 7½ St. v. Déva.

Csulesd, Ungarn, Bihár. Komitat; s. Csullyafalva.

Csullö, Ungarn, diesseits der Treiss, Borsod. Gespan., Miskólcz. Bezirk, ein *Prädium*, mit dem Praed. Muhi einverleibt, 6 St. von Miskólcz.

Csullyafalva, Csulesd — Ungarn, jenseits der Treiss, Bihár. Gespansch., Vardein. Bezirk, eine, mehreren Grundbesitzern gehörige walach. *Ortschaft*, mit einer griech. nicht unirt. Pfarre, 3 St. von Grosswardein.

Csumaruth, Ungarn, ein *Dorf*, im Beregher Komitat; s. Csoma.

Csumbrad, Siebenbürgen, Nieder Weissenurg. Komitat; s. Csombord.

Csumefaje, Siebenbürgen, Dobok. Komitat; s. Csomofaja.

Csumegyu val, Ungarn, ein *Dorf*, im Biharer Komitat; s. Illye.

Csumény, und Csuményu — Siebenbürgen; s. Tsumény.

Csümenyu, Siebenbürgen, Inn. Szolnok. Komitat; s. Csömeny.·

Csumerna, Siebenbürgen, Dobok. Komitat; s. Csömörlö.

Csumilesty, Ungarn, Mármaross. Komitat; s. Csomanfalva.

Csun, Ungarn, Barany. Komitat; s. Czunn.

Csun, Csuny, Sandorf, oder Sarndorf, auch Zandorf — Ungarn, jenseits der Donau, Wieselurg, Gespan., Neusiedl. Bezirk, ein mehreren adel. Familien gehöriges, an der gr. Donau liegendes *Dorf*, mit einer kathol. Pfarre und Schulen für die kroat. und deutschen Einwohner, gegen Osten unweit Oroszvár, ½ St. von Rajka (Raggendorf).

Csundorf, Ungarn, Oedenburg. Komitat; s. Csurendorf.

Csundrava, Ungarn, Oedenburger Komitat, s. Csurendorf.

Csunga, Siebenbürgen, Nieder Weissenburg. Komitat; s. Csongva.

Csungán, Ungarn, ein *Dorf*, im Zaránder Komitat.

Csungva, Siebenbürgen; s. Tsongva.

Csungany, Suganien, Tsugan — Ungarn, Zaránd. Gesp., Körös-Bányer. Bzk., ein nächst Kazanesd liegendes walach. *Dorf*, mit 251 Einwoinern, einer griech. nicht unirten Pfarre und mehren Gesundbrunnen, liegt im Gebirge, 3½ St. von Kurös-Bánya, 10½ St. von Déva.

Csuny, Sandorf — Ungarn, ein *Dorf* im Wieselburger Komitat.

Csur, Ungarn, jenseits der Donau, Veszprimer Gespanschaft, Develser Bzk., ein *Prädium* unweit Noszlap, 2½ St. von Pápa.

Csur, Ungarn, jenseits der Treiss, Szaolcs. Gespansch., Dádaer Bzk., ein zum Dorfe Ibrány gehöriges *Wirthshaus*, 1½ St. von Tokaj.

Csür, Siebenbürgen, Miklosvár. Stuhl; s. Üveg Csür.

Csür, Kis-, Klein Scieuern, Sciura mike — Sieienürgen, Hermannstädt. Stuil, ein freies säcisiscies in der untern Hermannstädter Eiene liegendes *Dorf*, mit einer evangel. Kircie; in diesem Geiete gibt es viele Trappen, liegt 1½ St. von Hermannstadt.

Csür, Nagy-, Gross-Scieuern, Sciuramare — Sieiendürgen, Hermannstädt. Stuil, ein freies, von Sacisen und Walacien bewointes *Dorf*, mit einer evangel. und walaci. nicit unirten Pfarre, 2 St. von Hermannstadt.

Csür, Rusz-, Reussdörfel, Rüsz, Rustsor — Siebenbürgen, Hermannstädter Stuil, ein freies von Walaci. und Serben iewointes *Dorf*, mit einer evang. Kircie, 1¼ St. von Hermannstadt.

Csurendorf, Csundorf, Csundrava Tschurendorf — Ungarn, jenseits der Donau, Oedenb. Gespansch. und I. eien so genannter Bzk., ein deutsci., zur fürstl. Esteriázy. Hrch. Kabold geh. *Dorf*, naci Veperd eingepfarrt, zwiscien Kitzing und Kalgruben, 2¼ St. v. Oedenburg.

Csürfalva, Sieienbürgen, ein *Dorf*, im Inn. Szolnoker Komitat und zur Prätur Deés geiörig, mit 204 Einwoinern.

Csürfalva, Sieiendürgen, ein *Praedium*, im Inn. Szolnoker Komitat, und zur Prätur Deés geiörig, mit 19 Einwoinern.

Csurgó, Ungarn, ein *Fluss* im Stuhlweissenburger Komitat.

Csúrgó, Ungarn, jenseits der Donau, Aliens. (Stuhlweissenburger) Gespanschaft, Sármelljék. Bzk., *Herschaft* u. *Dorf*, mit 163 Häus. und 1522 Einwohnern, einer röm. kathol. und reformirten Kircie, einem Kastell und meiren Müilen, tieils in einem Tiale, tieils am Mór Bache, zwisch. Pálinka u. Magyar-Almás, 2 St. von Stuhlweissenburg.

Csurgó, Ungarn, ein *Prädium* im Szalader Komitat.

Csurgo, Ungarn, jens. der Donau, Sümegh. Gespansch., Marczal. Bzk., ein volkreicier *Marktflecken*, von Ungarn, Deutscien, Slowaken u. Kroaten bewoint, iat eine katioliscie und reformirte Pfarre, und ein reformirtes Gymnasium, liegt in geringer Entfernung von der Drave, zwiscien Gyé kénye, Sarkad, Alsok, Szenta und Nagy-Mártony, und hat einen starken Weinbau. Zwiscien dem alten u. neuem Marktflecken findet man Kennzeicien eines Zriny'sch. Scilosses. 1½ St. von Berzence, und eben so weit v. Iiárós-Beréuy.

Csurgó, Ungarn, jenseits der Donau, Toln. Gesp., Domióvár. Bzk., ein näcist Döbrököz an dem Kapos Fl. liegendes *Prädium*, 8 St. von Tólna.

Csurkow, Ungarn, Sáros. Komitat; sieie Gyorko.

Csurény und **Csüfalva,** Siebenbürgen; sieie Tsürfalva.

Csurog, Ungarn, ein *Dorf* im Tschaikisten Distr.

Csürülye, Zirille, Csirilla — Siebeniürgen, Thorenb. Gespan., Unt. Kreis, Silvás. Bezirk, ein meireren Grundherschaften geiöriges, zwiscien Bergen liegendes walaci. *Dorf*, mit 294 Einwohnern, 3 St. von Klauseniurg und Banjahük.

Csut, Ungarn, Stuhlweissenburg. Komt., ein *Dorf* mit 100 Häusern und 953 Einw.

Csútá, Ungarn, Szolnoker Komitat; s. Nyíres, Kis Nyíres.

Csuta, Ungarn, Temesvár. Gespansch., Waarer Bzk., ein zum waī. illir. Grenz-Rgm. Canton Nr. XIII geh. *Dorf* von 82 Häusern, 1½ St. von Káráuseies.

Csúth, Ungarn, ein *Prädium* im Stuhlweissenburger Komitat.

Csutkova, Czutkowa — Ungarn, ein *Bach* im Liptauer Komitat.

Csuts, Fleischdorf, Csutschu, Ungarn, Zaránd. Gespansch., Csutser Bzk., ein adel. walaci. *Dorf*, mit 508 Einwohnern, naie an dem Lázur Pataka Fluss liegend, mit einer nicit unirten Pfarre, gegen West. 1½ St. von Nagy-Halmágy, näcist Táláts, 11¼ St. von Déva.

Csuts, Leibesdorf, Csutsu — Siebenbürgen, Nied. Weissenburger Gesp., Ob. Kr., Maros-Ujvár. Bzk., ein mehreren Dominien geh. *Dorf* von 65 Familien und 370 Einwoinern, mit einer reformirten und griech. nicit unirten Pfarre, dann 2 Mahlmühlen, liegt an der Maros, 4 St. von Torda.

Csutsa, Fleischdorf — Sieienbürgen, Kolosch. Gespansch., Ob. Kr., Biiar. Bzk., ein an der Landstrasse liegendes der gräfl. Familie Bánffy geiöriges walaci. *Dorf*, mit 202 Einwohnern, einer griech. unirten Pfarre, an dem Körös Flusse, 3½ St. von Nyíres, und ⅐ St. von Feketetó.

Csuttkovim, Pred-, Ungarn, dies. d. Donau, Liptau. Gespansciaft, westl. Bzk., eine *Mahl-* u. *Sägmühle*, nach Rosenberg geiörig, ¼ St. von Rosenierg.

Csuz, Ungarn, jenseits der Donau, Komorn. Gespansch., Udvard. Bzk., ein der adel. Familie Csuzi und meireren andern Theilnehmern geiöriges *Dorf*, mit 93 Häus. und 654 Einwohnern, einer kathol. und reformirten Kirche, einem Weingebirge und Wirthshause, nahe bei Jászfalu, 4¼ St. von Komorn.

Csuza, Ungarn, jenseits der Donau, Barany. Gespanschaft und Bzk. gleichen Namens, ein zur Hrsch. Béllye gehör. Dorf, mit einer eigenen reformirten Kirche und Pfarre, auf einer Anhöhe, gegen West., ¾ St. von Herczeg-Szőlős.

Cuasso al Monte ed al piano, Lombardie, Provinz Como und Distr. XIX, Arcisate, eine Gebirgs-Gemeinde-Ortschaft von theils auf einem Berge, theils in der Ebene zerstreut liegenden Häusern, mit 2 Pfarren, S. Ambrogio in Monto und S. Antonio in Piano. — 6 Migl. von Varese. Dazu gehören: Alpi alla Croce, Alpi del Todèsso, Alpi Stivione, Mieroien. — Deserto, Moro, einzelne Häuser.

Cubassani, Dalmatien, Cattaro Kr.; eine Ortschaft, 2 St. von Budua.

Cubatico, Lombardie, Provinz Cremona und Distr. IV, Pizzighettone; s. Crotta d' Adda.

Cuberton, ein Dorf im Distr. Capodistria, Bzk. Buje, Hauptort der Untergemeinde gleichen Namens, mit 40 H. und 280 Einwohnern, zur Pfarre Sterna gehörig, in der Diöcese Triest Capodistria, 5 St. von Montona.

Cubrilli, Dalmatien, Ragusa Kr., eine Ortschaft, 1 St. von Ragusa vecchia.

Cucae, Dalmatien, Spalato Kr., Sign. Distr., ein zur Hauptgemeinde und Pfarre Verlicca gehöriges Dorf, 2 M. davon entlegen. 15 Migl. von Knin. Postamt Sebenico.

Cucagna, Cassina, Lombardie, Prov. Como, Distr. XI, Lecco; s. Lecco.

Cucana, Venedig, Provinz Friaul und Distr. XI, Palma; siehe Biccinico.

Cucca, Lombardie, Provinz Lodi e Crema und Distr. VI, Codogno; siehe Melletto.

Cucca, Lombardie, Prov. Bergamo und Distrikt X, Treviglio; s. Treviglio.

Cucca, Lombardie, Provinz Lodi e Crema und Distr. VI, Codogno, siehe Trivulza.

Cuccagna, Lombardie, Provinz und Distr. I, Milano; siehe Corpi S. di Porta Romana.

Cucca, Venedig, Provinz Verona und Distrikt VI, Cologna, ein zwischen Albaredo und S. Gregorio liegendes, vom Flusse Fratta begrenztes Gemeindedorf, mit Vorstand u. Pfarre S. Giovanni Battista und einer Villegiatura, 1 Migl. von Cologna. Dazu gehören:

Bonaldo, Michelorie, Miega, S. Gregorio, Dörfer.

Cucca, Villa, Venedig, Provinz und Distr. I, Treviso; siehe Biagio di Callalta (Villacucca).

Cuccal, Tirol, Trient. Kr., ein Weiler zur Gemeinde Anterivo, im Landgerichte Cavalese.

Cucche, Lombardie, Provinz Cremona und Distr. IV, Pizzighettone; siehe Paderno.

Cucchetta, Lomb., Pr. Pavia u. Distr. IV, Corte Olone; siehe S. Cristina.

Cucchino, Lombardie, Provinz Como und Distr. XV, Angera; s. Lisanza.

Cucciago, Lombardie, Provinz Como und Distr. XXVI, Mariano, ein Gemeindedorf mit einer eigenen Pfarre SS. Gervasio e Protasio und einer Gemeinde-Deputation, südlich 4 Migl. vom Berge Orsacio. 2 Migl. von Cantú. Einverleibt sind: Campagnazza, Campori, Colombajo, Costi, Inviolada, Loghetto, Merlo, Michbecco, Mocana, Mocchine, Persico, Valle, Valmaccia, Meiereien. — Paltané, Mühle.

Cuceo, Lombardie, Prov. Como und Distr. XXI, Luino; s. Luino.

Cuceo, Lombardie, Prov. Como und Distr. XXI, Luino; s. Montegrino.

Cúceo, Monte, Lombardie, Prov. Lodi e Crema und Distr. V, Casalpusterlengo; s. Casalpusterlengo.

Cuch, Venedig, ein Berg an der Grenze zwischen Venedig u. Görz, bei Raunich.

Cucischie, Dalmatien, Spalato Kr.; s. Cucichie.

Cucichie, Dalmatien, Ragusa Kreis, Sabioncello Distrikt, ein der Hauptgemeinde und Pretor Sabioncello einverleibtes, nahe bei Mocalo liegendes Dorf, 6¼ Migl. von Stagno.

Cucichie, auch Cucischie — Dalmatien, Spalato Kreis, Almissa Distrikt, ein der Distrikts-Hauptgemeinde zugetheiltes Dorf, mit einer eigenen Pfarre, welches ober dem Berge Dobrovaglie, 3 Migl. vom Flusse Cettina und 2 Migl. vom Dorfe Stinischie entfernt liegt, 4 Migl. von Almissa.

Cucine, Dalmatien, Spalato Kreis u. Distrikt, ein mit einer Pfarre versehenes Dorf, gehört zur Hauptgemeinde Spalato, und liegt 1 Migl. von Maravince entfernt, 4 Migl. von Spalato.

Cuclau, Böhmen, Königgr. Kr., eine Ortschaft, bei Hohenbruck.

Cuclizza, Dalmatien, Zara Kreis u. Distrikt, ein Dorf, auf der Ins Uglian, welches mit einer Pfarre versehen, und der Hauptgemeinde Zara einverleibt ist,

60

nicit weit von Calle, 3 Miglien von Zara.

Cucolowce, oder Zuzulowze — Galizien, Stryer Kreis, ein *Kammeral-Dorf*, zur Herschaft Boleciow geiörig, gegen Osten näcist dem Dorfe Wolica, 3 St. von Stry, 8 Meil. von Strzelice.

Cucylow, Galizien, Stanisl. Kreis, ein zur Hersciaft Tysminiczany geiör. *Dorf*, mit einer Pfarre, wodurci der Fluss Bystrzyca fliesst, 1 St. von Stanislawow.

Cueglio, insgemein Cuveglio — Lombardie, Prov. Como und Distr. XVIII, Cuvio, ein *Gemeindedorf* und *Filial*, der Canonicats-Pfarre S. Lorenzo zu Cuvio, mit einer Gemeinde-Deputation, nördlici im Tiale am Saume des Berges S. Martino, 13 Migl. von Varese. Mit:
S. Anna, *Meierei.*

Cueli, Tirol, Roveredo Kreis, ein *Weiler*, zur Gemeinde Folgaria geiörig im Ldgchte. Roveredo.

Cuffie Ca I, II, Lombardie, Prov. und Distr. I, Mautova; sieie Roucoferraro.

Cuge Verch, Illirien, Istrien, eine *Bergkuppe*, südlici von Cuge, 138 Wr. Klafter.

Cuggiono, Lombardie, Prov. Milano und Distr. XIV, entiält folgende Gemeinden:
Arcanate, Bienate, Borsano, Buscate, Busto Garolfo, Castano, Cuggiono maggiore e minore con Castelletto, Dairago, Furato, Induno con Guado, Inveruno, Lonate Pozzuolo, Magnago, Malvaglio, Nosate, Robeccietto con Cassina Paregnano, S. Antonino, Tornavento con Tinella, Turbigo, Vanzaghello, Villa Cortese.

Cuggiono maggiore e minore con Castelletto, Lomiardie, Prov. Milano und Distr. XIV, Cuggiono, ein kleines *Städtchen* und *Gemeinde-Ortschaft*, wovon der XIV. Distrikt der Provinz Mailand seinen Namen iat, an den Flüssen Ticino und Naviglio, 1½ St. von Busto Garolfo entlegen, mit einem königl. Distrikts-Commissariate, einer eigenen Pfarre SS. Giacomo e Filippo, einer Leinwand-Fabrik und Gärberei (in Castelletto), dann einer Brief-Sammlung des 17 Migl. davon entlegenen Ober-Postamtes Milano. — Hieher geiören:
Arconati, Baraggia, Bigli, Cadenazzone, Case Alte, Castelletto, Confettoria, Galizia, Molinetto, Molino Nuovo, Ponte di Cuggiono, *Meiereien* — Mulino Baraggia, Mulino Mulinetto,

Mulino Nuovo, Mulino Roncaetto, *Mühlen.*

Cugliate, Lombardie, Prov. Como u. Distr. XXI, Luino, ein *Gemeindedorf*, mit Vorstand und einer eigenen Pfarre S. Giulio, in einer Gebirgsgegend, in dessen Bereici sici der Berg Pierè befindet, 9 Migl. von Luino. Mit:
Taverna, *Meierei.*

Cugn, Illirien, Istrien, Mitterburger Kreis, ein *Dorf*, im Bezirke Aiiona, zur Pfarre St. Martino geiörig, in der Diöcese Parenzo Pola, 8¼ Stunde von Pisino.

Cugnach, Venedig, Prov. u. Distr. I, Belluno; s. Sedico.

Cugnago, Venedig, Prov. Belluno u. Distr. V, Agordo; s. La Valle.

Cugnan, Venedig, Prov. u. Distr. I, Belluno; s. Capo di Ponte.

Cugno, Lombardie, Prov. Bergamo u. Distr. VIII, Piazza; s. Olmo.

Cugnolo, Lomiardie, Prov. Como u. Distr. XVI, Gavirate; s. Veltore.

Cugnolo, Lomiardie, Prov. Como und Distr. XVI, Gavirate; s. Comerio.

Cuich, Illirien, Istrien, Mitterburger Kreis, ein *Dorf*, im Distrikt Rovigno, Bezirk Diguano, zur Untergemeinde Castelnuovo und zur Pfarre Bariana gehörig, in der Diöcese Parenzo Pola, 4 St. von Dignano.

Cuirone, Lomiardie, Prov. Milano u. Distr. XVI, Soma; s. Cuvirone.

Cuklacki, Galizien, Czortkow. Kreis, ein zur Hersciaft Szortkow geiöriges, nach Skala eingepfarrtes *Dorf*, neben dem Podiorce Flusse, grenzt gegen Süden mit Neu-Russland, 8 St. von Husiatyn.

Cula, auch Kulla — Dalmatien, Zara Kreis, Knin-Distrikt, ein naci Cittluk gepfarrtes *Dorf*, zur Hauptgemeinde u. unter die Pretor Knin geiörig, an den Gewässern Lucar und Velusiich, in der Gegend des Berges Promina, 8 Migl. von Knin. Postamt Sebenico.

Cular, Venedig, ein *Berg.*

Culino Alpe, Lomiardie, Prov. Sondrio (Valtellina) und Distr. IV, Morbegno; s. Rasma.

Culm, Böimen, Ellboguer Kreis, ein *Gut.*

Culm, Böimen, Leitm. Kr., ein *Gut.*

Culme, Bisztri, Ungarn, ein *Berg*, im Walaci. Illir. Grenz Rgmts. Bezirk

Culo, Bellari di, Lombardie, Prov Como und Distr. VIII, Gravedona; s Vercana.

Culogne, Venedig, Prov. Belluno u Distr. VII, Feltre; siehe Cesio maggiore.

Culp, (Kulp, Kulpa, Culpa) — Illirien, ein schiffbarer *Fluss*, entspringt in Krain, u. fällt bei Sziszeg in Ungarn in die Sau.

Cultich, Illirien, Istrien, Mitterburger Kreis, ein *Weiler*, im Bezirke Dignano zur Pfarre Dignano gehörig, in Diöcese Parenzo Pola, 1½ St. v. Dignano.

Cum, Illirien, Friaul, Görz. Kreis., ein der Herschaft Quisca gehöriges *Dörfchen*, mit 3 Mahlmühlen, an dem Peunizza Bache, nächst dem Berge Cuzzee, 1 ¼ St. von Görz.

Cumanien, Kumanien, (Gross und Klein-Cumanien, ungar. Nagy- és Kis-Kúnság Cumania — 2 Landstriche in Ungarn, die unmittelbar unter dem Palatin stehen, der sie durch einen Kapitän verwalten lässt. Der Boden ist ziemlich fruchtbar; doch findet man in Klein-Kumanien viele sandige Gegenden. Es zählt 80,000 Einwohn. Hauptprodukte: Getreide, Melonen und Vieh. Klein-und Gross-Kumanien liegen diesseits der Donau; beide jedoch unter der politischen Gerichtsbarkeit dieses Komitats stehen. Die Figur siehe bei Gross- und Klein-Kumanien.

Cumerlotti, Tirol, Roveredo Kreis, ein *Weiler*, zur Gemeinde Valarsa geh. im Ldgrchte. Roveredo.

Cumignano, Lombardie, Prov. Cremona und Distr. II, Soncino; ein *Gemeindedorf*, mit Vorstand und Pfarre S. Giorgio, ¼ St. von Soncino. Mit: Cassina nuova, Castelletto Barbò, *Meiereien.*

Cuna, Lombardie, Prov. Bergamo u. Distr. VII, Caprino; s. Villa d' Adda.

Cuna, Canal di, Venedig, Prov. Friaul und Distr. III, Spilimbergo; s. Tramonti di sotto (Canal di Cuna).

Cunael Mons, Böhmen, Chrud. Kr., ein altes *Bergschloss*, einer Kammeralherschaft Pardubitz; s. Kunieticzka Hora.

Cunardo, Lombardie, Prov. Como u. Distr. XXI, Luino, ein *Gemeindedorf*, in einer Gebirgsgegend, mit einer Pfarre S. Abondio und Ökonomie - Verwaltung des XX. und XXI. Distrikts. Diese Gemeinde enthält 2 Majolica - Fabriken, 2 Papier-Fabriken und einen Eisenhammer, nächst dem Berge La Montagna di Sunardo genannt, 7 Migl. von Luino. Hieher gehören:
Camartino, Cagetto, Raglio, *Meiereien* — Mulino vecchio, *Mühle* — Pradà, *Eisenhammer.*

Cunata, Cassina, Lombardie, Prov. und Distr. II, Como; siehe Capiago.

Cunchich, Illirien, Istrien, Mitterb. Kreis, ein *Weiler* im Bezirke, und auf der Insel Cherso, zur Pfarre St. Martino gehörig, in der Diöcese Veglia, 4 ¼ St. von Cherso.

Cunghi, Tirol, Roveredo Kreis, ein *Weiler*, zur Gemeinde Valarsa gehör., im Ldgrchte. Roveredo.

Cunna, auch Kuna — Dalmatien, Ragusa Kreis, Distrikt Sabioncello, eine *Hauptgemeinde* und Dorf, mit einer eigenen Pfarre und Syndikat, am Berge Stap, nahe bei Trappano, 2 ½ Migl. von Osoblieva.

Cunna, Kuna — Dalmatien, Ragusa Kr., Ragusa-vecchia Distrikt, ein der Hauptgemeinde und Pfarre Pridvorje zugetheiltes *Dorf*, mit einem Ortsvorsteher, unweit vom Berge Sniesgniza bei Pridvorje und Siglieschi, 4 Migl. von Ragusa.

Cunevo, Tirol, Trient. Kr., ein zur Herschaft Spaur gehöriges *Dorf* und *Schloss* im Thale Nonsberg, 7 St. von Trient.

Cuno. Lombardie, Provinz Bergamo und Distrikt XIII, Verdello; siehe Zanica.

Cunradsgrün, Böhmen, Ellb. Kr., eine *Ortschaft*, 3 St. von Eger.

Cunreuth, Böhmen, Ellb. Kr., eine *Ortschaft*, 2 St. von Eger.

Cuorzola, Dalmatien, Ragusa Kreis, siehe Curzola.

Cupari, Dalmatien, Ragusa Kreis u. Distrikt, ein der Pretur Ragusa unterstehendes, der Hauptgemeinde Breno einverleibtes, darin gepfarrtes und nicht weit von Cibaccia entferntes *Dorf*, 1¼ Migl. von Ragusa.

Cura, Venedig, Provinz und Distr. I, Venezia; siehe Burano.

Cura d' Affaitati, Lombardie, Provinz Cremona und Distr. IV, Pizzighettone; siehe Costa S. Abramo.

Curago, Venedig, Provinz und Distr. I, Belluno; siehe Pieve d' Alpago.

Curago. In, Lombardie, Provin Como u. Distrikt IX, Bellano; s. Colico.

Curettina, Dossa, Lombardie, Provinz Bergamo und Distrikt X, Treviglio; s. Treviglio.

Curia nova, Ungarn, ein *Meierhof* im Warasdin. Komitat.

Curia Reginae, Böhmen, Königgrätzer Kr., eine königliche *Leibyedingstadt*; siehe Königshof.

Curiglia, Lombardie, Prov. Como und Distr. XX, Maccagno, ein *Gemeindedorf* mit Vorstand und Pfarre S. Vittore, in einer wüsten Gebirgsgegend, 8 Migl. vom Lago Maggiore, nahe der reissenden Gione, 8 Migl. von Varese.

Curilli, Illirien, Istrien, Mitterburg. Kr., ein *Dorf* im Bezirke Dignano, zur

60 *

Pfarre Ganfanaro geh., in der Diöcese Parenzo Pola, 3¼ St. von Rovigno.

Curlo, Motta di, Lombardie, Prov. Como und Distr. XIX, Arcisate; sie ie Induno.

Curnasco, Lombardie, Provinz Bergamo und Distr. I, Bergamo, ein zwischen Curno und Colognola liegendes *Gemeindedorf*, mit Vorstand, eigen. Pfr. SS. Nazaro e Celso und einer Säge, ¼ St. von Bergamo.

Curno, Lombardie, Prov. Bergamo u. Distr. I, Bergamo, ein links ¼ Migl. vom Flusse Bremio entferntes *Gemeindedorf* mit Vorstand, eigener Pfarre B. V. Assunta und Säge, ¼ St. von Ponte S. Pietro.

Curogna, Venedig, Provinz Treviso und Distr. VIII, Montebelluna; sie ie Pederobba.

Curpignano, Illirien, Istrien, Mitterburg. Kr., ein *Schloss* im Bzk. Buje, zur Pfarre Cittanova geiörig, in der Diöcese Triest Capodistria, 6¼ St. von Capodistria.

Curt, Venedig, Provinz Belluno und Distr. V, Agordo: sie ie Gosaldo.

Curtalta, Venedig, Prov. Verona u. Distr. III, Isola della Scala, sie ie Trevenzuolo.

Curta, Passarera, Lombardie, Provinz Lodi e Crema; siehe Casaletto Ceredano.

Curtarolo, Venedig, Prov. Padova und Distr. V, Piazolla, eine *Gemeinde-Ortschaft*, mit Vorstand und eigener Pfarre S. Giuliana und 3 Oratorien, naie dem Flusse Brenta u. Villa Bozza. 3 Migl. von Piazola. Mit:
Canove, Ronchi di Curtarolo, Villa Bozza, *Gassen*. — S. Maria di Non, *Dorf*.

Curtarolo, Ronchi di, Venedig, Provinz Padova und Distr. V, Piazzola; sie ie Curtarolo (Ronchi di Curtarolo).

Curtatone, Lombardie, Prov. und Distr. I, Mantova, ein *Gemeindedorf* mit einer Pfarre S. Tommaso, einer Gemeinde-Deputation und einer Mühle, naie am Mincio und dem Lago superiore, 1 St. von Mantova. Dazu gehören:
Angeli, Arginetto, Balconcello, Barzelle, Barzelle Gazzini, Belvedere, Bertolotta, Borante, Boscietto, Buscoldina, Ca Bassa, Ca Bianca, Ca Bruciata I, II, Ca de' Bissi, Ca di Lupo, Ca di Mezzo, Ca di Robiolo, Campagna Martinelli, Campetti, Caneva, Canova I, II, Cantaluppo, Ca Pilapa, Ca Rossa, Casa del Papa,

Casa del Vento, **Casazze, Casazze** Toretti, Caselli I, II, III, Castel nuovo, Certosa, Chiarella, Chiesa nuova, Cignahi, Colombarola, Colombina, Colombina Bertincelli, **Corte** Cassole Corte, Reisenfeld, Corte Rovesta, Cruda, Ferrabó, Fossa nuova, Gavalgnina, Gardona, Gheto, Giarile Saccietti, Grazie, Levate, Loghino I, II, Magaletta, Magnafame, Mantellaria, Margonella I, II, Mazzalana, Montanara, Motte, Olmi, Palazzina I, II, Palazzina Saccietti, Pero, Piope, Portinarolo, Pozzo Cassale, Rasco, Rizza, Rizzarda, Rocca I, II, Ronchi, Ronchi Cavriani, Sacca; Salamina Rovesta e Reisenfeld, Santa, La Santa, S. Maria, S. Lorenzo, S. Silvestro, Serraglio, Soranjca, Spezieria, Tezze, Tommasini, Tonfiolo, Tonicella, Traversone, Valle della Santa, Valle di sopra e di sotto, Valle Reisenfeld, Vegri Rizzini e Maj, Vittoria, Zaffarta, Zaltina, *Meiereien*. — Boscoldo, *Dorf*.

Curtatsch, Tirol, *Pfarrdorf* und Hauptort des ehevorigen Gchts. d. N., nun Ldgchts. Tramin, doch Sitz der Obrigkeit von Tramin, Dekanats Kaltern, ital. Cortazza.

Curtino, Lombardie, Prov. u. Distr. I, Bergamo; sie ie Valtesse.

Curtivo, Lombardie, Provinz Bergamo und Distrikt VIII, Piazza; sie ie Balesi.

Curto, Venedig, ein *Berg* bei Illasi.

Curto, Lombardie, Provinz und Distr. II, Milano; sie ie Grancino.

Curto, Lombardie, Provinz Bergamo und Distr. VIII, Piazza; sie ie Majo.

Curto Cassina, Lombardie, Prov. und Distr. II, Milano; sie ie Grancino.

Curto, Mulino di, Lombardie, Prov. und Distr. II, Milano; siehe Grancino.

Curto, Pian del, Lombardie, Provinz Bergamo und Distr. VIII, Piazza; sie ie Mojo.

Curzio, Lombardie, Provinz Mantova und Distr. XIV, Gonzaga; siehe Gonzaga (Bondeno).

Curzola, eine *Insel* in Dalmatien.

Curzola, Cuorzola, Corziula — Dalmatien, Ragusa Kreis und gleichnamiger Distrikt, eine kleine *Stadt* und *Hauptgemeinde*, mit einer Pfarre, Militär - Commando, Sanitäts - Deputation, Salz-, Tabak-, Stempel- und Zollamt, einem herrschaftlichen Steueramt und Marin-Commando, zur Herbeischaffung der Schiffsgeräthschaften auf der Insel gleichen Namens, 4 Migl. von Osob-glieva. Postamt.

Cusago, mit Rabajone, Lombardie, Prov. und Distr. II, Milano, eine *Gemeinde* und *Dorf*, mit einer Gemeinde-Deputation und 2 Pfarren, einer Aushilfskirche und Oratorio, unweit Assiano und Loirano, 1 ½ St. von Milano. Einverleibt sind:

Cassina Acqua Negra, Cassina Calestica, Cassina Colombara, Cassina del Molino, Cassina Fornace, Cassina Rabajona, Cassina Scuriano, Cassinello, Cassinello di S. Antonio, Cassinetta, Cusago di sotto, *Meiereien* — Castello Visconti, jetzt Palazzo Stampe genannt, *Landhaus*.

Cusago di sotto, Mulino di, Lombardie, Prov. und Distr. II, Milano; s. Cusago.

Cusana, Lombardie, Prov. Milano u. Distr. VIII, Vimercate; s. Vimercate.

Cusano, Lombardie, Prov. Milano u. Distr. VI, Monza, eine *Dorfgemeinde*, mit Vorstand und eigener Pfarre S. Martino, Anshilfskirche und Oratorio, von Ciniselio und Paderno begrenzt, 1 ½ St. von Milano. Dazu gehören:

Guarnazola, Madonna, *Meiereien*.

Cusano, Venedig. Prov. Friaul und Distr. VII. Pordenone; s. Zoppola.

Cusano, Borgo, Venedig, Prov. Friaul und Distr. VII, Pordenone; s. Fiume (Borgo Cusano).

Cusano, Cassina d' Anzino, Lombardie, Prov. Pavia und Distr. V, Rosate; s. Gaggiano.

Cuschiari, Illirien, Friaul, Görz. Kr., eine zu dem Dorfe Aiba konscribirte *Berggegend*, der Herschaft Canal geh., 6 St. von Görz.

Cuseglio, Lombardie, Prov. Como und Distrikt XIX, Arcisate; s. Induno.

Cuseglio, Lombardie, Prov. Como u. Distr. X, Introbbio; s. Taceno.

Cusiano, Tirol, Trient. Kr., ein *Dorf*, zur Gemeinde Assana gehörig, im Ldgrchte. Male.

Cusico, Lombardie, Prov. Pavia und Distr. VI, Binasco; s. Cusico S. Pietro.

Cusico S. Pietro, Lombardie, Prov. Pavia und Distr. VI, Binasco; s. S. Pietro Cusico.

Cusighe, Venedig, Prov. u. Munizipal-Bezirk Belluno; s. Belluno.

Cusignano, Venedig, Prov. Treviso und Distr. VIII, Montebelluna; siehe Arcade.

Cusignana, Pieve di, Venedig, Prov. Treviso u. Distr. VIII, Montebelluna; s. Arcade (Pieve di Cusignana).

Cusinati, Quartier, Venedig, Prov. Venezia u. Distr. IV, Bassano; s. Rosà (Quartier Cusinati).

Cusinich, Illirien, Istrien, Mitterburger Kreis, ein *Dorf*, im Distrikte Rovigno, Bezirk Dignano, zur Untergemeinde Dignano und zur Pfarre Filipano gehörig, in der Diöcese Parenzo Pola, 1 ½ St. von Dignano.

Cusino, Lombardie, Prov. Como und Distr. VI, Porlezza, ein an der linken Seite des Flusses Cuccio und an der rechten Seite des Berges Pidoggio liegendes *Gemeindedorf*, mit einer Pfarre S. Giovanni Battista und Vorstand, 7 Migl. von Porlezza.

Cusio, Lombardie, Prov. Bergamo u. Distr. VIII, Piazza, ein *Gemeindedorf*, mit Vorstand und Pfarre S. Margheritta und 3 Kapellen, am Fusse einer Gebirgskette, welche sich bis an die Grenze Valtellin's (Provinz Sondrio) erstreckt, 2 St. von Piazza. Mit:

Cusio superiore ed inferiore, *kleine Gasse*.

Cusio superiore ed inferiore, Lombardie, Prov. Bergamo u. Distr. VIII, Piazza; s. Cusio.

Cussevo, Dalmatien, Zara Kreis; s. Cousevo.

Cussignacco, Venedig, Prov. Friaul u. Distr. I, Udine; s. Udine.

Custodi, Mulino, Lombardie, Prov. Milano u. Distr. XV, Busto Arsizio; s. Pruspiano.

Custosa, Venedig, Prov. Verona und Distr. II, Villafranca; s. Somma Campagna.

Cutlana, Böhmen, Czasl. Kr., eine *Stadt*; s. Kuttenberg.

Cutaia, Böhmen, Czaslauer Kr., eine *Stadt*; s. Kuttenberg.

Cutta, Lombardie, Prov. Bergamo und Distr. VII, Caprino; siehe Torre de' Busi.

Cuttenberga, Böhmen, Czasl. Kr., eine *Stadt*; s. Kuttenberg.

Cutti, Dalmatien, Cattaro Kreis, Castelnuovo Distrikt, ein *Dorf*, unter der Distrikts Pretur stehend, mit einer eben sowohl zum Reiten als zum Fahren bequemen Strasse mit einer Brüke über einen reissenden Strom, welcher von den Bergen Rojevo, Lustua und Pressiecca herabstürzt, 2 Migl. von Castelnuovo.

Cuttich, Illirien, Istrien, Mitterburg. Kr., ein *Dorf*, im Bezirke Dignano zur Pfarre Filipano gehörig, in der Diöcese Parenza Pola, 3 St. von Dignano.

Cutverto, Lombardie, Prov. und Distr. X, Milano; s. Lambrate.

Cuveglio, Lombardie, Prov. Como u. Distr. XVIII, Cuvio; s. Cueglio.

Cuvio. Lombardie, Prov. Como und Distr. XVIII, Cuvio, ein *Gemeindedorf*, wovon der XVIII. Distr. dieser Prov. den Namen hat, mit einer Canonicat-Pfarre S. Lorenzo, königl. Distrikts-Commissariat und Gemeinde-Deputation, nördlich im Thale am Fusse der Berge von Cuvio, 12 Migl. vou Varese. Postamt. Hieher gehören: Boffalora, Comaccio, Mascioni, Pora, Ronco *Meiereien* — Canonica, (die Volkskirche der Canonicats - Pfarre Cuvio und andere Canonicats-Häuser). — Ai Mulino, *Mühle.*

Cuvio, Lombardie, Prov. Como und Distr. XVIII, enthält folgende Gemeinden: Arcumeggia — Azzio — Bedero — Brenta — Brinzio — Cabiaglio — Caravate con Ronco — Casalzuigno — Cassano — Cavona Cittiglio — Cuveglio — Cuvio con Comaccio — Duno — Ferrera — Gemonio — Masciago — Orino — Rancio con Cantevria — Vararo — Vergobbio.

Cuvirone, auch Cuirone — Lombardie, Prov. Milano nud Distr. XVI, Soma, eine *Ortsgemeinde* mit Vorstand und Filiale der Pfarre S. Martino in Cimbro, von den Gemeinden S. Pancrazio, Villa Dosia, Cimoro, Arsago, Vergiate und Corgeno begrenzt, 1½ Stunde von Sesto Calende und eben so weit von Soma. Hieher gehört: Mulino Bazzora, *Mühle.*

Cuzhe, Illirien, ein *Berg*, westl. von dem zum Dorfe Aiba gehör. Hause Jasna, 423 Wr. Klft. hoch.

Cwallboga, Galizien, Czortk. Kr., ein zur Herschaft Gwozdziec gehör. u. dahin eingepfarrtes *Dorf*, gegen Untergang nächst dem Flusse Czerniowa, ¼ St. von Gwozdziec.

Cwancigerowa, dolina, Ungarn, ein freies *Erbgut*, im Zipser Komitat; s. Zwanziger Grund.

Cwikow, Galizien, Tarnow. Kreis, ein zur Herschaft Bren gehör. *Dorf*, ¼ St. von Bren, grenzt gegen Westen, mit Zeleciow, 5 St. von Tarnow.

Cwitowa, Galizien, Czortk. Kreis, ein *Gut* und *Dorf*, nach Buczacz eingepfarrt, 1 St. von Buczacz.

Cybawa, Ungarn, ein *Dorf*, im Unghvarer Komitat; s. Tiba.

Cyce, Ungarn, ein *Dorf*, im Abaújvárer Komitat; s. Czecze (Alsó—und Felsó).

Cycory, Galizien, Brzez. Kreis, eine *Ortschaft*, zur Pfarre und Ortsobrigkeit Kozlow gehörig.

Cyfer, Ungarn, ein *Markt*, Pressburg. Komitat; s. Cziffer.

Cygan, Ungarn, ein *Berg*, Gömörer Komitat; s. Tzigány.

Cygany, Galizien, Rzeszow. Kreis, ein der Starostey gehöriges *Dorf*, 16 St. von Rzeszow.

Cygany, Galizien, Czortk. Kreis, ein zur Herschaft Jezieczany gehöriges, nach Skole eingepfarrtes *Dorf*, 4 St. von Hussiatyn.

Cyganowce, Ungarn, ein *Dorf*, Unghvárer Komitat; s. Czigányócz.

Cyganowice, Galizien, Saudec. Kr., eine *Vorstadt*-der Stadt Altsandec, 1¼ St. von Sandec.

Cygelka, Ungarn, ein *Dorf* im Sároser Komitat; s. Czigelka.

Cygla, Ungarn, ein *Dorf* im Sároser Komitat; s. Czigla.

Cykow, Galizien, Przemysl. Kreis, ein *Dorf*, zur Herschaft Bakaczyce gehör., 2 St. von Przemysl.

Cymenna, Ungarn, ein *Dorf*, Trentschiner Komitat; s. Czimenna.

Cynewiste, Ungarn, ein *Dorf*, Liptauer Komitat; s. Czin-Szent Kereszt.

Cyroka, Ungarn, ein *Fluss*, Zempliner Komitat; s. Cziróka.

Cyroka Béla, Ungarn, ein *Dorf*, Zempliner Komitat; s. Béla Cziróka.

Cyroké Cluhé, Ungarn, ein *Dorf*, Zempliner Komitat; siehe Hoszúmezö (Cziróka).

Cytin, Ungarn, ein *Dorf*, Neutraer Komitat; s. Czétény (Kis u. Nagy).

Cyronka, Galizien, Tarnow. Kreis, ein der Herschaft Wola Mielecka gehöriges, nach Mielec eingepfarrtes *Dorf*, 4 St. von Dembica.

Cytula, Galizien, Przemysl. Kr., ein *Dorf*, zur Kammeral-Herschaft Jaworow gehörig.

Cywny, Galizien, Brzez. Kr., ein der Herschaft Kozlow gehöriges griech.-kathol. *Pfarrdorf*, ¼ St. von Jezierna.

Cyzaczyce, Ungarn, ein *Dorf*, Sároser Komitat; s. Tiszite.

Czááp, Siebenbürgen, Hermanstädter Stuhl; siehe Apáthfalva.

Czaar, Tirol, Pusterth. Kr., ein einzelner, zu dem Dorfe Asch einverleibter *Hof*, der Herschaft Anras gehörig, ¼ St. von Mittewald.

Czab, Ungarn, ein *Dorf*, Neutraer Komitat; siehe Csab.

Czaba, Ungarn, ein *Dorf*, Békéser Komitat; siehe Csaba.

Czabaj, Ungarn, diess. der Donau, Neutraer Gesp. und Bzk., ein mehren adel. Familien geh. *Dorf*, nach Csapor eingepfarrt, gegen Süd. ½ St v. Neutra.

Czabalowce, Ungarn, ein *Dorf*, Zempliner Komitat; sieie Csabalócz.

Czabaruwka, Galizien, Tarnopol. Kr., ein der Hersciaft Hussiatyn geıöriges *Dorf*, mit einer rusniakisch unirten Pfarre, gegen West., 2 St. von Hussiatyn.

Czabelitz, Böımen, Czaslauer Kr., ein *Meierhof*, zur Hrsch. und Pfarre Katzow geıörig, 7¼ St. von Czaslau.

Czabinez, Ungarn, Warasdiner-Kreutzer Grenz-Rgmts-Bzk., ein *Dorf* mit 10 Häusern, 5 St. von Bellovár.

Czahjn, Ungarn, ein *Dorf*, Beregher Komitat; sieie Csabina.

Czablschau, Scilesien, Teschn. Kr., ein *Dorf* zur Hrsch. Königsıerg und Pfarre Gross-Poılom, mit einer Müıle (die Beıma Müıle genannt), 1 St. von Gross-Poılom.

Czaboez, Cabow, Czaboveczruth — Ungarn, ein *Dorf* im Zempliner Komitat.

Czaboweze, Ungarn, Zempliner Komilat; sieie Csabócz.

Czabrak, Ungarn, eine *Ruine*, Honther Komitat; sieie Csábrágh.

Czabrow, oder **Westecz**, Böımen. Budw. Kr., ein *Dorf* zum Gute Kalodieg an dem Bacıe Luznitz, ¼ St. von Moldauteiu.

Czabuna, Slavonien, Veröcz. Gesp. und Bzk., ein zur Hrscı. Vucsin geh. *Dorf* im Geıirge näcıst Bistricza, 4½ St. von Bakocza.

Czabus, Böhmen. Prach. Kr., ein *Dorf* der Hrsch. Przetschin, an dem Bergreichensteiner Bacıe, 5½ St. von Strakonitz.

Czácza, Ungarn, ein *Markt*, Trentsch. Komitat; sieie Csácza.

Czácow, Ungarn, ein *Dorf*, Neutr. Komitat; sieie Csácsó.

Csách, Csách, Cschu — Ungarn, diesseits der Donau, Neutraer Gesp., Bajmóczer Bezirk, ein den Grafen Pálffy geıöriges *Dorf*, mit einer Lokalkaplanei, am Neutra Flusse, gegen Nord., 2 St. von Bajmócz.

Czacherau, Böımen, Klatt. Kr., ein *Gut*.

Czachnow, Cschachnow — Böımen, Chrud. Kr., ein zur Hrsch. Reichenberg geıör. *Dorf*, nebst einem obrigkeitl. Jägerhause, 7 Stund. von Cırudim.

Czachotin, Böımen, Czaslauer Kr., ein *Dorf* zum Gute Rosocıatetz unterthäulg, mit einer Kircıe, 2¼ St. von Deutschbrod.

Czachowicz, Böımen, Saazer Kr., ein *Dorf* der königl. Stadt Kaaden und der Hrsch. Prunersdorf; sieie Czacıwicz.

Czachowitz, Czuchowicze — Böhmen, Jungb. Kr., ein *Dorf* zur Herscıaft Lauczim, 3 St. von Nimıurg.

Czachowicz, Böımen, Kaurž. Kr., ein *Gut* und *Dorf*; sieie Czakowicz.

Czachrow, Böımen, Pracı. Kr., ein *Gut* und *Dorf*; sieie Czachrau.

Czachrau, Czachrow, Czachrowicze — Böımen, Pracıin. Kr., ein *Gut*, *Schloss* und *Dorf*, mit einer Pfarre, grenzt gegen Nord. an das Waldhwozder Seewiesen Gericıt, an dem Bache Sigmund, 3 Stund. von Klattan.

Czachrow, Galizien, Stryer Kr., ein *Dorf* zur Pfarre und Ortsobrigkeit Bukaczowce geıörig.

Czachtsdorf, Böımen, Czasl. Kr., ein *Dorf* der Herscıaft. Polna, siehe Zacıastin.

Czachtsdorf, Böımen, Czasl. Kr., ein *Dorf* der Herscıaft Polna; sieie Zachastin.

Czachurszczyzna, Galizien, Sandek. Kr., *Meierhof* zur Kammeral-Herscıaft Jodlownik geıörig, 7 Stund. v. Gdow.

Czachtice, Ungarn, ein *Markt*, Neutraer Komitat; Csejthe.

Czachwitz, Cschowicz, Czachowiez — Böımen, Saaz. Kr., ein der königl. Stadt Kaaden und der Herschaft Prunersdorf geıör. *Pfarrdorf*, nächst dem Dorfe Tschirmich gelegen, 2¼ St. von Kaaden, 3 St. von Saaz.

Czacsin, Ungarn, Sohler Komitat; sieie Csacsin.

Czágá, Siebenbürgen, ein *Dorf* im Dobokaer Komt. und zur Prätur Bontzida geıörig, mit 251 Einwoınern.

Czaga, Siebenbürgen, Dobok. Komt., sieie Czege.

Czage, Slavonien, Jahlanocz. Bzk. ein zum Gradiskan. Grenz-Regiment Canton Nr. VIII geh. *Dorf* von 21 H., an dem Bacıe Szlobosztina, ¼ St. v. Bodekray.

Czagersdorf, Zagersdorf — Ungarn, jenseits der Donau, Oedenb. Gespansch., im I. oder oıern so genannten Bezirk, ein kroatisch. *Pfarrdorf*, zur fürstl. Eszterház. Hrsch. Kisfalud geıörig, 1 St. von Nagy-Höflein und 1½ St. von Oedenburg.

Czagineez, Kroatien, diesseits der Save, Warasd. Generalat, Klost. Ivanich. Bzk., eine zum Kreutzer Grenz-Regmt. Cantou Nr. V gehörige *Ort-*

schaft von 14 Häusern, liegt näcist Deresany, 2 St. von Dugo Szello.

Czaglia, Csaglia — Ungarn, eine *Mühle* im Veröczer Komitat.

Czagnecz, Waldheger — Böimen, Budw. Kreis, eine *Einschichte* zur Herscıaft und Pfarre Wittingau; im Wraniner Walde, ⅛ Stunde von Wittingau.

Czagu-Mare, Sieienıürgen, Kolos. Komitat; sieie Nagy-Czég.

Czahanowcze, Ungarn, Sáros. Komitat; sieie Tézány.

Czahotin, Böimen, Czaslauer Kr., ein *Dorf* mit einer Pfarre zur Hrsch. Rosachatetz geıörig.

Czahor, Galızien, Bukow. Kr., ein der Hrsch. Kutschurmar geıöriges *Dorf*, mit einer Pfarre am Bacıe Jablonocz, 1 St. von Czernovicz.

Czahrow, Galizien, Stryer Kr., ein zur Hrsch. Bukaczowce geıöriges *Dorf* mit einer grieciiscıen Pfarre und Vorwerke, gegen West. näcist Poswirz, 1 St. von Bursztyn.

Czajkow, Ungarn, ein *Dorf* im Barser Komitat; sieie Csejkö.

Czakóháza, Ungarn, ein *Dorf* im Raaber Komitat.

Czaikowa, Galizien, Tarnow. Kr., ein *Borf* zur Hrsch. Malinie und Pfarre Pordew geıörig, 5 Meilen von Demıica.

Czaikowice, Galizien, Samb. Kr., ein *Gut* und *Dorf* mit 9 Höfen, 2 Vorwerken und 2 Wirthshäusern, mit einer rusula. Kircıe, mit der griech. katioliscıen ist es nacı Tuglitgtow eingepfarrt, liegt am Dnister Flusse näcist Podıorce, 3 St. von Rudky.

Czaila, Zeil, — Ungarn, diesseits der Donau, Presburger Gespanscıaft und Bzk., ein *Dorf* zur Hrsch. und Pfarre Bazin geıör., mit Gold-, Silıer- und Antimonbergbau, unweit Limpoch, 3¼ St. von Presıurg.

Czák, Zackenbach — Ungarn, jens. der Donau, Eisenb. Gespansçh., Güns. Bzk., ein adel. zur Hrsch. Rohoncz u. Pfarre Szerdaıely geıörig., am Fusse der ıoien Rohancz. Berge liegendes *Dorf* gegen Osten, näcist Köszegh, mit 68 Häus. und 421 Einwoınern, ⅛ St. von Köszegh.

Czaka, Ungarn, ein *Dorf* im Barser Komitat; sieie Cseke.

Czakajovze, Ungarn, Neutraer Komitat; sieie Csekej.

Czakanewce, Ungarn, ein *Dorf* im Abaújvárer Komitat; sieie Csákány.

Czaklhof, Böimen, Budw. Kr., ein *Dörfchen* zur Hersch. Budweis, an der

Wodnianer u. Nettolitzer Strasse, 1½ St. von Budweis.

Czaklowce, Ungarn, Dorf, Zempl. Komt.; sieie Czaklyo.

Czako, Ungarn, dies. d. Theiss, Gömör. Gespan., im Serkier Bzk., ein z. Herscı. Rimaszéts geh. Dorf, allwo eine hrsch. Wegmauth unterhalten wird, mit 59 Häusern und 494 Einw., die Reformirten haben iıre eigene Kirche, dıe üırigen Einwoıner sind nacı Rimaszéts eingepfarrt, am Bacıe Balog, 3¼ St. von Rima-Szomıatı.

Czakoháza, Ungarn, Raaı. Komt.; ein *Dorf* mit 36 Häus. und 257 Einw.

Czakow, oder Zakow — Mäıren, Ollmützer Kr., ein *Dorf* zur Hrsch. Cıudowein, und Pfarre Boıuslawitz, im südl. mährischen Gebirge, 5¼ St. von Littau.

Czakow, Böimen, Kaurž. Kreis, ein *Dorf* zum Gute Wostrzedek, liegt auf eiıner Anıöıe gegen S., ⅛ St. von Diwiscıau, 2 St. von Duespek.

Czakowce, Ungarn, Dorf, Neutraer Komitat; sieie Csacskócz.

Czakowecz, Böimen, Budw. Kr., ein *Dorf*, zum Gute Komarzicz; siehe Czekau (Klein).

Czakowicz, Czastkowicz — Böımen, Taıor. Kr., ein *Dorf* der Herscı. Rotı-Rzeczicz, 9 St. von Taıor.

Czakowicz, Tscıakowitz — Böhmen, Leitmer. Kr., ein zur Hrsch. Csebusˊgeıöriges *Dorf* in einem Tıale, mit einem hrsch. Meierhofe und Müıle verseıen, grenzt gegen W. mit dem Dorfe Weleschitz, 2 St. von Auscıe.

Czakowicze, Tscıakowitz — Böhmen, Beraun. Kreis, ein *Dorf* mit einer Müıle, z. Hrsch. Konopıscht, 1½ St. von Duespek.

Czakowiczek, Tscıakowitz — Böhmen, Kaurž. Kr., ein *Dorf* der Herscıaft Brandeis; sieie Czakowitz.

Czakowitz, Czasskowitz — Böımen, Taıor. Kr., ein *Dorf* zum Gute Prosecz Eırenfeld, gegen Boschegow, 1¼ St. v. Pilgram, 8 St. von Neuıaus.

Czakowitz, Böımen, Kaurž. Kr., ein *Dorf* geh. zur Hrsch. Brandeis.

Czakowitz, Gross-, Czachowicz, Czakowicze, Tscıakowitz — Böımen, Kaurž. Kr., ein *Gut* und *Dorf* mit einer Kircıe und einem Schlosse gegen N., an das Dorf Trzeboratitz angrenzend, 2 St. von Brandeis.

Czaladjnce, Ungarn, *Dorf* im Neutr. Komt.; sieie Csaladka.

Czalanfalva, Ungarn, Beregher Komt., ein *Dorf*, mit 14 Häus. und 163 Einwohnern,

Czalare, Ungarn, Neograd. Komitat; siehe Csalár.

Czáling, Zaling, Kis-Körtvélyes — Ungarn, Jens. der Donau, Eisenburger Gespansch., Németh-Ujvár. Bzk., ein deutsches Dorf der Hersch. Német-Ujvár, nach Királyfalva eingepf., zwisch. Neustift und Rudafalva, mit 110 Häus. u. 651 Einw., 1 St. v. Keresztur, 1½ St. von Fürstenfeld.

Czalositz, Tschalositz — Böhmen, Leitm. Kr., ein Dorf zum Gute Gross-Czernosek, nahe an der Elbe unter dem Berge Rodenpeyl, hinter Leitmeritz, 1 St. von Lobositz.

Czalowce, Ungarn, Dorf, Honth. Komitat; siehe Csall.

Czalowicze, Böhmen, Jungb. Kreis, ein Dörfchen der Hrsch. Kost, seitw. gegen Ost., ¼ St. von Sobotka.

Czaltice, Ungarn, Praedium, Trentschiner Komt.; siehe Csalticz.

Czalumina, mala-, Ungarn, Dorf, Honther Komt.; siehe Csalomia Kisund Nagy-.

Czalumina, welka-, Ungarn, ein Dorf, in der Honther Gespansch., siehe Csalomia Nagy-.

Czanád, Szász-, Scholten — Siebenbürgen, Weissenburg. Gespansch., Ob. Kr., Balásfalv. Bzk., ein sächsisches Dorf, mit einer Pfarre und dem Grafen Bánfy geh. Hrsch., 6 St. von Hermannsadt.

Czaniec, Galizien, Wadow. Kr., ein der Hrsch. Bestwina geh. Dorf, mit einer Pfarre und herschaftl. Schlosse, liegt im Gebirge zwischen Waldungen, an dem Solla Flusse, ¼ St. von Kenty.

Czanisz, Galizien, Zloczow. Kr., ein der Hersch. Busk geiör. Dorf, mit einer griechisch-kathol. Kirche, nächst dem Städtchen Toporow, 6 St. von Olszanica.

Czanka, Böhmen, Königgrätz. Kreis, ein Dorf zur Hrsch. Opoczna gegen O., 4 St. von Königgrätz.

Czankow, Ungarn, Honth. Komt.; s. Csank.

Czankova, vand, Ungarn, Markt im Eisenburg. Komt.; siehe Hidegkút.

Czankowiez, Tschankowicz — Böhmen, Chrud. Kr., ein zur Hrsch. Rossitz geh. Dorf, gegen N. hinter Bliznowitz, 2¼ St. von Chrudim.

Czanowitz, Böhmen, Rakon. Kreis, ein zur Hrsch. Smetschna gehörig. Dorf, ¼ St. von Schlan.

Czantori, Ungarn, ein grosser Berg in den Beskiden, 986 W. Klftr. hoch.

Zantory, Schlesien, Berg bei Teschen.

Czány, Ungarn, diess. der Theiss, Aba Ujvár, Gespansch., Kaschau, Bzk., ein in einer Ebene am Hernád Flusse liegendes, nach Kassa-Mindszent eingepfarrt. Dorf, von Ungarn u. Slowaken bewohnt, 2½ St. von Kaschau.

Czanyugy, Kroatien, Warasdin. Gespanschaft, ein aus 3 Häus. bestehend., zur Gemeinde Jerovecz und Pfarre Kameniez geh. Ort, 3¼ St. von Warasdin.

Czáóp, Siebenbürgen, ein sächsisches Dorf im Hermanstädter Stuhl, hat ein so kleines Territorium, dass die Einw. meistens auf dem benachbarten Biethetner Gebiete ihre Äcker haben, 4 St. von Medias.

Czap, Siebenbürgen; siehe Tsitsó-Hóldvilág.

Czap, Böhmen, Saaz. Kr., ein Gut und Dorf; siehe Schab.

Czapartieze, Böhmen, Klattau. Kr., ein der Hrsch. Chodenschloss geh. Dorf; siehe Nepomuk.

Czaperhof, Czapow — Böhmen, Taborer Kr., ein Meierhof zur Stadt Tabor, 1¼ St. von Tabor.

Czaplaki, Galizien, ein Dorf z. Pfr. Kochanowka und Ortsobrigkeit Swnitnika gehörig.

Czaple, Galizien, Sambor. Kr., ein zur Hrsch. Pawlow geh. Dorf, mit einem Vorwerke, liegt nächst Nadyla, 1½ St. von Sambor.

Czapow, Böhmen, Tabor. Kreis, ein Meierhof der Stadt Tabor; s. Czaperhof.

Czapowce, Tschapowitz — Galizien, Czortk. Kr., ein zur Hrsch. Koszylowce geh., nach Czerwonogrod eingepf. Dorf mit einem Postwechsel zwischen Buczacz und Zaleszczyki.

Czapragincze, Slavonien, Jablan. Bzk., eine zum Gradiskan. Grenz-Reg. Canton Nro. VIII geh. Ortschaft von 18 Häusern, 1¼ St. von Podegray.

Czapu, Siebenbürgen, Weissenburg. Komt.; siehe Csicsó-Hódvilág.

Czaradice, Ungarn, Dorf, Barser Komitat; siehe Csarád.

Czarevoszello, Kroatien, jens. der Save, Karlstädt. Generalat, Barillovich. Bzk., eine zum Szluin. Grenz-Reg. Canton Nr. IV geh. Ortschaft von 5 Häus., liegt nächst Felső-Velmerich, 4 St. von Karlstadt.

Czargoveez, Kroatien, diesseits der Save, Warasdin. Gespansch., Unt. Campester Bzk., ein der Gemeinde Nedelanecz und Pfarre Vidovecz einverleibtes Dorf, ¼ St. von Warasdin.

Czariowiez, Czerniowitz — Böhmen, Klattau. Kr., ein zur Hrsch. Zetschowitz geh. Dorf, gegen N. gelegen, 1¼ St. von Staukau,

Czarna, Galizien, Sandec. Kr., ein zur Kammeral-Hrsch. Muszyna geiör. Dorf, mit einer griech. Pfr., 9¼ St. von Sandec.

Czarna, Galizien, Rzeszow. Kr., ein der Hrsch. Lancut geh. Dorf, zwischen dem neuen u. alten Wislok Flusse, 1½ St. von Lancut.

Czarna. Galizien, Tarnow. Kr., ein zur Hrsch. Widkowice geh. Dorf mit einer Pfarre und einem Vorwerke, liegt gegen Ost. und grenzt mit Borek, 4 St. von Demica.

Czarna, Galizien, Sanok. Kr., ein der Herschaft Lisko geiöriges Dorf u. Pfarre näcist Sokole, am Ostra Bacie, 8¼ St. von Sanok, 4 M. von Jassieuica.

Csarna Woda, Galizien, Sandec. Kr., ein zur Hrsch. Nawoiowa geiör. Dorf, an der ungariscien Grenze, 8 St. von Sandec.

Czarné, Ungarn, ein Dorf, Zempliner Komitat; s. Feketepatak.

Csarne, Galizien, Jasl. Kr., ein der Herscıaft Biecz geiöriges Dorf, mit einer Pfarre, liegt zwiscien Bergen, näcist dem Dorfe Dlugie, 6 St. von Jaslo.

Czarneblot, Ungarn, Zips. Komit.; s. Zavada.

Czarno od. **Czorne ruth,** Ungarn, ein Dorf, Sároser Komitat; s. Csarnó (Krajna).

Czarno ruth, Ungarn. ein Dorf, Sároser Kom.; s. Csarnó.

Czarnochowice. Galizien, Bocin. Kr., ein zur Herscıaft Kokotow geh. Markt, grenzt gegen Osten, mit einer grieciischen Pfarre, 9¼ Stunde von Sandec.

Czarnoholowá, Ungarn, ein Dorf, Unghvárer Komitat; s. Csernoholova.

Czarnokonce, Galizien, Przemysl. Kr., ein Dorf. zur Kammeral-Herscı. Muzelowice geiörig.

Czarnokonce, Galizien, Czortker Kr., ein Gut und Dorf, in der Pfarre Jaworow, 5 St. v. Husiatyn.

Czarnokonce wola, Galizien, Czortk. Kr., ein zur Herscıaft Czarnokonce geiöriges, naci Sidorow eingepfarrtes Dorf, 5 St. von Husiatyn.

Czarnokynczki male, Galizien, Czortk. Kr., ein zur Hersci. Czarnokonce geiöriges, nach Sidorow eingepfarrtes Dorf, 5 St. von Husiatyn.

Czarnolosce, Galizien, Stanisl. Kr., ein Dorf, mit einer Pfarre und Ortsoirigkeit.

Czarnorzeki, Galizien, Jasl. Kreis, ein der Herscıaft Korezyna geiöriges

Dorf, zwischen Gebirgen, mit einer Pfarre gegen Osten, 2 St. von Jassienica.

Czarnuszowice, Galizien, Lemb. Kr., eine zum Lemb. Domkapitel geh. Herscı., 4 St. von Gaja.

Czarnydonalee, Galizien, Sandec. Kreis, ein zur Kaal. Herschaft Neumark geh. Dorf, mit einer Pfarre, am Flusse gleicien Namens, 13¼ St. von Myslenice.

Czarnypotok, Galizien, Sandec. Kreis, eine Herschaft und Dorf, mit einer Pfarre bei Lukowica, 5 St. von Sandec.

Czaroda, Ungarn, ein Dorf, Beregier Komitat; s. Csaroda.

Czaros Dar, Ungarn, Warasdiner Kreutzer Grenz-Regmts. Bezirk, ein Dorf, 5¼ St. von Bellovár, mit 1 Gemeinde-Sciule u. 25 Häusern.

Czarra, Dalmatien, Ragusa Kreis; s. Kzarra.

Czary, Ungarn, ein Dorf, Neutraer Komitat; s. Csári.

Czartonya, Galizien, Brzez. Kreis, ein der Herscıaft Ruda geiöriges Dorf, mit einer Üıerfuhr über den Dniester.

Czartorya, Galizien, Tarnop. Kreis, ein zur Herscıaft Mikulince geiöriges und daıin eingepfarrtes Dorf, am Fl. Seret, ¼ St. von Mikulince.

Czarzel, Tschaschel—Böımen, Leitm. Kr., ein Dorf zum Gute Konoged, hint. Munkeran Wernstadtl angrenzend, 2¼ St. v. Auscıe.

Czas, Böımen, Chrud. Kreis, ein Dorf, zur Kammeral-Herscıaft Pardubitz; s. Czasy.

Czaschkowitz, Mähren, Brünner Kreis, eine zur Herschaft Kloıouk geiör., 1 St. gegen Norden davon entfernte Meierei, 7¼ St. v. Nikolsburg.

Czaskau, Böımen, Pracı. Kr., ein Dorf zum Gute Wolschow, sieıe Cžastkow.

Czaskoborz, Böımen, Beraun. Kr., eine Einxchichte, bei Hluboka zum Gute Nalžowitz, 3¼ St. v. Wottitz.

Czaskow, Mähren, Hrad. Kr., ein Dorf, zur Pfarre Orzechau und Ortsoırigkeit Huug. Brod, mit böımiscıen Einwoinern.

Czaskowetz, Cžaskowec—Mähren, ein zur Herschaft Klob geiöriger einzeln liegender Meierhof.

Czaskowitz, Mähren, Iglauer Kr., ein Dorf zur Pfarre Mrakotiu und Ortsoırigkeit Teltsch, mit böhmiscıen Einwohnern.

Czaskowitz, Böimen, Tab. Kr., ein Dorf, dem Gute Prosecz Eirenfeld; s. r Czakowicz.

Czaslau. Caslaw — Böimen, Czasl. Kr., eine köu. *Keisstadt*, zwischen Jenikau u. Kollin, mit einer Pfarre, Dechantei, ist der Sitz des Kreisamtes, in einer fruchtbaren Ebene, mit 3,400 Einwoi. In der Dechantkirche, mit dem höchsten Thurme Böimens, war einst Ziska's Grab zu seien. Am 17. Mai 1742 iatte iei C. eine Schlacit zwischen den siegenden Preussen und den Österreichern Statt gefunden. Postamt.

Czaslauer Kreis, im Königreiche Böimen, zwischen demChrudimer, Kaurzimer und Taborer Kreise gelegen, grenzt gegen Südosten an Mäiren, u. begreift in seiner Ausdeinung 59 $\frac{1}{10}$ Q. M. Diesen Erdraum bewoinen 234,260 Menschen in 9 Städten, 33 Märkten und

Czaslau

Kaurzimer — Chrudimer — Taborer — Iglauer

840 Dörfern. Die Hauptnahrungszweige der Einwoiner dieses Kreises theilen sich vorzüglich in Landwirthschaftsbetrieb, in Berg)au auf Eisen, in Eisenwaaren-Erzeugung, in einige Manufacturen,)esonders von Baumwollwaaren und Papier, in Glas-Fa)rikation u. in den Handel, sowoil mit diesen Kunsterzeugnissen, als auci mit verschiedenen landwirthschaftlichen Produkten

Czaslaw, Galizien, Bociu. Kr., ein zur Herscraft Racieciowice geiöriges, mit Wzary verbundenes Dorf, gegen Osten nächst Gliciow, 2$\frac{1}{4}$ Stunde von Gdow.

Czaslawek, Böimen, Königgr. Kr., ein zur Herscraft Smirzltz geh. Dorf, grenzet gegen Norden, an Semanitz u. Czernozitz, 1 St. von Jaromierz.

Czaslawek, Böimen, Königgr. Kr., ein zur königl. Stadt (Jaromiers gehör.

Dorf, grenzt mit Dolan u. **Grabschitz**, $\frac{1}{4}$ St. von Jaromierz.

Czaslawsko, Böimen, Czal. Kreis, ein Dorf, mit einem Schlosse sammt Müile des Gutes Prawonin, gegen Lukawetz, 5 St. v. Woltitz.

Czaslowec, Ungarn, ein Dorf, Ungivárer Kom. s. Csáslócz.

Chasma, Ungarn, Warasdiner Kreutzer Grenz Regm. Bezirk, ein *Markt*, mit Schule und 60 Häusern, 3$\frac{1}{2}$ St. von Bellovár.

Czaslowitz, Mähren, Znaimer Kr., ein Dorf, zur Herscraft Saiek, mit einer Lokalie, einem Wirtis- und Brauiause und einem Meierhofe, einer Müile, die Rothemühle genannt, dann die damit vereiniarten Orte Unter-Sadek, nordw. unweit Budwitz, mit böhm. Einwoinern, 1$\frac{1}{2}$ St. v. Schelletau.

Czásta, Ungarn, ein *Markt*, Pressiurger Komitat; s. Cseszte.

Czastalowitz, Tschastolowitz — Böimen, Königgr. Kr., eine *Herschaft* und *Markt*, näcist d. Adlerflusse, mit einer Pfarre und herschaftlichen Schlosse verseien, an der Stadt Kosteltz, gegen Osten liegend, 5 St. von Königgratz.

Czastamek, Böimen, Königgr. Kr., ein Dorf, $\frac{1}{4}$ St. von Jaromierz.

Czastkow, Czaskau — Böimen, Praciin. Kr., ein Dorf zum Gute Wolsciow, gegen Zikow, 5 St. von Horazdiowitz.

Czastkow, Böimen, Cirod. Kr., ein Dörfchen, zur Herscraft Nassaberg, 3 St. von Cirudim.

Czastkow, Mähren, Hrad. Kr., ein Dorf, zur Hrsch. Hungar. Brod, oder eigentl. zum Gute Gross-Oržechau, wohin es eingepf. ist, mit einem Meierhofe, näcist Kelnik und Nedachlebnitz, 8 M. von Wisciau, 3 St. von Hradisci.

Czástkowce, Ungarn, ein Dorf, im Neutraer Komt.; siehe Császtkócz.

Czastkowicz, Böimen, Tahor. Kr., ein Dorf, zum Gute Prosecž Eirenfeld; siehe Czakowicž.

Czastkowicze, Galizien, Przemysl. Kr., ein Dorf, zur Pfarre Palmatyce, der Ortsobkt. Pruchnik geiörig.

Czastkowitz, auch Tschaskowitz — Mähren, Igl. Kr., ein Dorf, zur Hrsch. Teltsci, bei Mrakotin, gegen O., 4$\frac{1}{4}$ St. von Schelletau.

Czastochoditz, Mähren, Znaim. Kr., ein Dorf, theils zum Gute Schldrowitz, theils zum Gute Neu-Seerowitz gei., mit einer Pfarre und böhm. Einw., $\frac{1}{4}$ St. von Mähr. Budwitz.

Czastolitz, Mähren, Znaim. Kr., ein Dorf. z. Hrsch. Namiesc:t; s. Czastolitz.

Czastonicze. Böhmen, Prachin. Kr., ein Dorf, zum Gute Kunkowitz, grenzet mit dem Gute Hlawniowitz, gegen O., 2 St. von Schüttenhofen, 3 St. von Horazdiowitz.

Czastonin, Böhmen, Tabor. Kr., ein Dörfchen. zur k. Stadt Pilgram, 2 St. von Pilgram, 8 St. von Neuhaus.

Czastonitz, Tschastonitz — Böhmen, Rakon. Kr., ein Dorf, der Hrsch. Bürglitz, nahe am Beraunfl. und der Burg Bürglitz, gegen S., 2½ St. von Beraun.

Czastotitz, oder Czastolitz — Mähren, Znaim. Kr., ein Dorf, zur Pfarre Pischello, mit böhm. Einw., Hrsch. Namiescht, unw. Namiesc:t, 3½ St. von Gross-Bitesch.

Czastrow, Böhmen, Tabor. Kr., ein Gut und Dorf, mit einem Schlosse und einer Pfarre, nächst Serowitz, zwischen Kamenicz und Ober-Czerekwe, 2½ St. von Potschatek, 8 St. von Neuhaus.

Czastrowitz, Böhmen, Kaurz. Kr., ein einz. Hof, geh. zur Hrsch. Wlaschim.

Czastwa, Ungarn, ein Dorf, im Neogräder Komt.; siehe Csesztve.

Czasy, Czas — Böhmen, Chrud. Kr., ein Dorf, zur Kaal. Hrsch. Parduitz, 1½ St. von Holitz.

Czaszkócz, Jaczkovcze — Ungarn, diesseits der Donau, Neutr. Gespan., Vág Ujhelyer Bzk., ein Dorf, nach Podolie eingepf., 5 St. von Galgócz.

Czaszyn, Galizen, Sanok. Kr., eine Herschaft und Pfarrdorf, nähst Lukowe, am Oslawa Fl., 4 Meil. von Jassienica, 3 St. von Sanok.

Czausch. Tschausch — Böhmen, Saaz. Kr., ein zur Stadt Brix geh. Pfarrdorf, am Bielafl., ½ St. von Brix.

Czawin, Böhmen, Prachin. Kr., ein Dorf, zur Hrsch. Protiwin, der Stadt Wodnian gegenüber lieg., ¾ St. von Wodnian, 4 St. von Pisek.

Czáwaj, Ungarn, ein Dorf, im Neutraer Komitate; siehe Csavoj.

Czavglya, Ungarn, ein Dorf, im Agramer Komitate.

Czáykow, Ungarn, ein Dorf, im Bars. Komt.; siehe Csejkő.

Czaykowicze, Galizen, Sam. Kr., ein Dorf, mit einer Pfarre und Ortsobrigkeit.

Czazowitz, Mähren, Brün. Kr., ein zur Hrsch. Königsfeld geh., gegen N., an Hussowitz lieg. Meierhof, zur Pfarre Oberzan, mit einer Mühle und einem Kupferhammer, an der Zwittawa, ½ St. von Brünn,

Czbell, Mähren, Ollm. Kr., ein Dorf, zum Gute Jessenetz; siehe Dziel.

Czchow, Galizien, Bochn. Kr., eine Herschaft und Städtchen, mit einer Pfarre, liegt an dem Dunajec, gegen N., nächst Tymowa, 3 St. von Woynicz.

Czebau, Czebiw, Zebau — Böhmen, Pils. Kr., ein Dorf, mit einem Schlosse, einer Schäf- und Meierei, der Hrsch. Weseritz geh., nach Kozolup eingepf., 2 St. von Mies.

Czebaun, Tschebeu — Böhmen, Ellogn. Kr., ein Dorf, mit einer Kirche und einem emphitevtischen Meierhofe, der Hrsch. Teising, 4½ St. von Buchau.

Czebe, Ungarn, ein Praedium, im Pesther Komitate.

Czebe, Tscheben, Cschebá — Ungarn, Zaränder Gespanschaft, Körös-Bányer Bezirk., ein nahe an der Strasse nach Déva, ¼ Stunde von Körös-Bánya lieg. freier Ort, mit 1576 Einw., einer griech. nicht unirt. Pfarre. Diese Gegend hat Steinkohlen u. in den Bergen Magura Goldgruben, 6½ St. von Déva.

Czebinka, Mähren, ein Berg, ½ St. östl. von Czebin, 276 W. Klft. noch.

Czebiw, Böhmen, Pils. Kr., ein Dorf, der Hrsch. Weseritz; siehe Czebau.

Czebies, Siebenbürgen, Szolnok. Komitat, ein Berg, an der Grenze von Siebenbürgen und Ungarn, bei Szuplaj.

Czebowce, Ungarn, ein Dorf, im Honther Komt.; siehe Csab.

Czebovecz, Kroatien, diess. der Save, Warasdin. Gespan., Unter Zagorian. Bzk., ein zur Gemeinde Petrova Gora und Pfarre Labor geh. Dorf, mit einem adel. Gerichtshofe, 6 St. von Warasdin oder Ostricz.

Czebuloza, Illirien, Istrien, ein Berg, nördl. vom Dorfe Divazza, 300 W. Klft. über dem Meere.

Czebus, Chorzebus, Cshus — Böhmen, Leitm. Kr., eine Herschaft u. Dorf, mit einem Schlosse, einer Pfarre u. einem Meierhofe versehen, grenzet gegen W., mit dem Dorfe Radaun, 3 St. v. Melnik, 4½ St. v. Scilan.

Czebus, Zebus, Crzebohus — Böhmen, Pils. Kr., ein Dorf, mit einem Schlösschen, zum Gute Loiowa geh., nächst den Dörfern Loiowa und Lippen, westnördlich, 3½ St. von Filsen.

Czech, oder Setsche — Mähren, Hrad. Kr., die ehemalige Benennung des zur Hrsch. Göding geh. Dorfes Czeitsch.

Czech, Mähren, Ollm. Kr., eine Herschaft und Dorf, mit einem Schl., einer eigenen Pfarre und Meierhofe, mit böhm. Einw., nächst Slatenitz und Luderzow, 2½ St. von Prossnitz,

Czech, Mähren, Prer. Kr., ein *Dorf*, z. Pfarre Domazzelitz, mit böhm. Einw., z. Hrsch. Drzewohostitz, am Bache Bistrzitzka gegen W., 3½ St. von Ober-Augezd.

Czeche, Böhmen, Leitm. Kr., ein *Dörfchen*, der Hrsch. Tetschen, oder Alt-Biela, bei Bünaburg, 5 St. von Aussig.

Czehinische, Steiermark, ein *Gut*, im Grätzer Kreise.

Czechnitz, Zechnit — Böhmen, Prachn. Kr., ein *Dorf*, der Hrsch. Stiekna, 1½ St. von Strakonitz.

Czechoczowitz, Mähren, Znaimer Kr., ein *Dorf*, mit böhm. Einw., zur Hrsch. Sadek u. Pfarre Startsch, mit einem Wirthshaue, unw. Sadek, 2½ St. von Schelletau.

Czechow, Galizien, Stanisl. Kr., ein zur Hrsch. Monasterzyska geh. *Dorf*, ½ St. davon entfernt, 2 St. von Buczacz.

Czechow, Böhmen, Kaurz. Kr., eine *Fabrik*, gehört zur Hrsch. Wlaschim.

Czechow, Czekow — Böhmen, Beraun. Kr., ein *Dorf*, zur Hrsch. Zbirow, liegt nahe an der Reichsstr., vom Dorfe Korre westw., 1¼ St. von Mauth.

Czechowa, Galizien, Kolom. Kr., ein *Dorf*, mit einer Pfarre, zur Ortsobrigk. Gwozdziec geh.

Czechowitz, Schlesien, Teschn. Kr., eine *Herschaft* und *Dorf*, mit böhm. Einw., einem Schl., Pfarre und 4 Meierhöfen, am Weichselfl., nächst d. preuss. Dorfe Zwiklitz, 2 St. von Bielitz.

Czechowitz, Mähren, Ollm. Kr., ein *Dorf*, zur Pfarre Klenowitz und Ortsobrigk. Tobitschau geh., mit böhm. Einw.

Czechowitz, auch Czichowitz — Mähren, Ollm. Kr.. ein *Dorf*, mit böhm. Einwohn., zur Pfarre Moskowitz und zur Hrsch. Plumenau, zwischen Prossnitz und Plumenau, ¾ St. von Prossnitz.

Czechowitz, Mähren, Ollm. Kr., ein *Dorf*, mit böhm. Einw., zur Pfarre Gross-Teinitz und zur Hrsch. Gross-Bernitz, gegen W., am Dorfe Gross-Teinitz, 1½ St. von Ollmütz,

Czechtin, auch Tschechtin — Mähren, Igl. Kr., ein *Dorf*, mit böhm. Einw., zur Hrsch. Trebitsch, mit einem Brauhause u. Meierhofe, unw. Lhota, 6 St. v. Mähr. Budwitz u. Gross-Meseritsch.

Czechtitz, Böhmen, Czasl. Kr., ein *Marktflecken*, mit einer Pfarre u. einem Schl., uur Hrsch. Krziwsaudow geh., 8 St. von Stöken. Postamt, mit: *Freisassenviertel Borownitz mit den Orten: Borownitz, Bukowa, Chmelna, Kaczerow, Mirzetitz, Prachnan, Ruschkorhetitz, Tjeck. Gut Brzezina mit den Orten: Horetitz, Brzezina, Praskawitz, Zahradka. Die Güter Horsepnik und Lautkau mit den Orten: Arnestowitz, Antichowitz, Dobromirzitz, Klew, Lautkau, Lesna, Radegow, Stadt Horsepnik, Dorf Skocsidolowitz. Gut Koschetitz mit den Orten: Koschetitz, Neudorf, Schönwald, Herschaft Unter-Kralowitz mit den Orten: Aethammer, Bahitz, Bernartitz, Blasnow, Blasegowitz, Borowsky, Borownitz, Brzezina, Brzutitz, Budetsch, Budkowitz, Dudechitz, Burzenitz, Chiechna, Chotomirzitz, Czerhtitz, Czegtitz, Cenewitz, Chegetowitz, Czernitschky, Dirkanowitz, Dobrikowitz, Dunitz, Grospaseck, Habranschitz, Hammerstadt, Hnewkowitz, Hradek, Hültitz, Jedlina, Jenikau, Jenechowitz, Jusow, Ishitz, Karzerow, Kaunitz, Krauth, Keblan, Klein-Paseck, Kramolin, Krzeschim, Krziwsaudow, Krzma, Kunlowitz, Lastecht, Lhotitz, Lhotka, Martinitz, Mirhowitz, Mohelnitz, Nakwasowitz, Nemersitz, Neudorf, Nemechitz, Ober-Paseck, Paiterhitz, Pertoltitz, Flecht, Podiwitz, Przisecka, Prachniam, Radikowitz, Riesenburg, Ruschkolhotitz, Scheborsitz, Schetigowitz, Schwihau, Sedlitz, Skalka, Snet, Steinlhota, Stitschny, Strziters, Strogetitsch, Sudislawitz, Strzezirko, Tomitz, Unter-Kasck, Unter-Kralowitz, Unter-Rapolitz, Wiltonitz, Wobrotschitz, Wranitz, Zahay, Zahradka, Zahradeziss, Zibrsidowitz, Zhorz. Gut Ober-Kralowitz mit den Orten: Bisdiekau, Lipschitz, Loket, Ober-Kralowitz. Gut Lukawets mit den Orten: Bezdiekau, Grossdorf, Lukawetz, Richknitz, Slawietin, Sliedrowitz, Teindorf, Zdimiritz.*

Czechuwek, Mähren, Ollm. Kr., ein *Dorf*, zur Pfarre Kralitz und Hrsch. Prossnitz geh., mit böhm. Einw., ostw., ½ St. von Prossnitz.

Czechy, Galizien, Zloczow. Kr., eine *Herschaft* und *Dorf*, mit 2 Edelhöfen, und einer griech. kathol. Kirche, nächst dem Städtchen Olesko, 1 St. von Podhorce.

Czec, Ungarn, ein *Dorf* im Abaujvárer Komt.; siehe Csécs, Nagy-.

Czecow, Czecahow — Ungarn, ein *Dorf* im Unghvárer Komt.; siehe Csecsahó.

Czecze, Ungarn, jenseits der Donau, Stuhlweissenb. Gespansch., Sár-melyéker. Bzk., ein mehren Besitzern geh. *Dorf*, mit 231 Häus. und 2199 Einw., einer eigenen Pfarre, reform. Kirche, einer Ueberfuhr über den Sárvíz Fluss, und einem Pferdewechsel, liegt gegen W. unweit Egres, 3 St. von Földvár.

Czécze, Alsó-, Felsö-, Ungarn, diess. der Theiss, Abaujvár. Gespanschaft, Gönczien. Bzk., 2 nahe am Hernád Fl. liegend. *Dörfer*, mit 94 Häus. und 657 Einw., 2 St. von Vizsoly.

Czeczelitz, Böhmen, Jungbunzl. Kr., ein *Pfarrdorf*, mit einem Meierhofe, der Hrsch. Melnik geh., 2 Stund. von Brandeis.

Czeczelicz, Böhmen, Kaurž. Kr., ein *Dorf*, der Hrsch. Brandeis; siehe Tschechellitz.

Czeczelowitz, Tschetschelowitz — Böhmen, Prachiner Kr., ein *Dorf*, zur Hrsch. Strahlhoschitz, hinter Sliwonitz gegen N., 2½ St. von Horazdiowitz.

Czeczetieze, Böhmen, Czaslau. Kr., ein *Dorf* und *Gut*; siehe Seelau.

Czeczin, Böhmen, Klatt. Kr., ein *Dorf*, zur Hrsch. Hostau gehörig; s. Zetschin.

Czeczke, Ungarn, jenseits der Tieiss, Bihár. Gespansch., Wardeiner Bzk., eine der Familie Battyányi geh. walaci. *Ortschaft*, mit einer griech. nicit unirt. Pfarre, liegt am Bache Sebeskörös und der Poststrasse, östl. 1½ St. v. Telegd.

Czeczkow, Böimen, Kaurz. Kr., ein freisassliches *Dorf*, den Freisassenältesten nach Westetz und der landrechtl. Gericitsiarkeit zugetheilt, zur Pfarre Wrcholtowity geh., liegt unweit Wodlociowitz gegen Westen, 1½ St. von Wottitz.

Czeczkowitz, Böimen, Czasl. Kr,, ein *Dorf*, den Hrsch. Bestwin, Podhoržitz und Klokoczow geh., ¾ St. von dem Flusse Doubrawka und 3½ St. von Jenikau.

Czeczowicz, Czeyczowicze, Zetzchowitz — Böimen, Klatt. Kr., ein *Gut*, der Hrsch. Bisciof-Teinitz einverleiit, dann Dorf, Sciloss und Meieriof, 1¼ St. von Stankau.

Czeczowicz, Böimen, Klatt. Kr., ein *Dorf*, der Hrsch. Grünberg, mit einer unweit vom Orte iefindlicien Kapelle u. Gesundbrunnen, 1¼ St. v. Grüniberg.

Czedlicze, Böimen, Pilsn. Kr., ein *Gut* und *Markt*; sieie Zetlitz, Alt-.

Czedrjk, Ungarn, ein *Dorf*, im Ugocser Komt.; sieie Csedregh.

Czeg, Unter-, Böimen, Bunzlauer Kr., eine *Mühle*, zum Gute Sowinka geh., 1¼ St. von Jungiunzlau.

Czég, Kis-, Klein-Zegendorf, Czegsor odér Tzagu — Sieieniürgen, Koloser Gèspansch., Unt. Kr., Palatkaier Bzk., ein meiren Grundierren geiör., zwiscien Gebirgen au der Poststrasse liegend. walaci. *Dorf*, mit einer griech. nicit unirt. Pfarre, einem Gesundbrunnen und Salzgruben, 6 St. von Dekendorf.

Czég, Nagy-, Gross-Zegendorf, Czágu Mare — Sieieniürgen, Kolos. Gespansch., unt. Kr., ein der Familie Bánfi geiörig. walaci. *Gebirgsdorf*, mit einer griech. unirten Pfarre, 6 St. von Dekendorf.

Czege, Zegen, Czága — Sieieniürgen, Dobok. Gespansch., Unt. Kr., eigener Bzk., ein meiren Grundhrsch. geh., in einem Tiale zwiscien Bergen liegend. ungr. walaci. *Dorf*, mit 560 Einw., einer reformirten und griech. kathol. Pfarre, 5¼ St. von Klausenburg.

Czégény, Ungarn, Mitt. Szolnoker Komt.; sieie Kraszna Czégény.

Czégény, Ungarn, ein *Dorf* im Szathmárer Komitat.

Czegetltz, Cschegetitz — Böimen, Prachiner Kr., ein *Dorf*, mit einer Kir-

che, der Hrsch. Stiekna, über dem Fl. Watawa, 1¼ St. von Strakonitz.

Czegker, oder Boiker-Mühle — Böhmen, Czasl. Kr., eine *Mählmühle* auf dem Flusse Sazawa, der Hrsch. Polna geh., 2 St. von Deutsci-Brod.

Czegkow, Böimen, Crudim. Kr., ein zum Gute Przestawok geh. *Dorf*; sieie Czekow.

Czegkow, Böimen. Tabor. Kr., ein *Dorf*, der Hrsch. Ober-Čzerekwecz; sieie Czeikow.

Czegkow, Tscheykow — Böimen, Praci. Kr., ein *Dorf*, zur Hrsch. Elisciau, gegen S. der Stadt Schüttenhofen zunäcist, 1¼ St. von Schüttenhofen, 3 St. von Horazdiowitz.

Czegkowitz, Böimen, Bidschower Kr., ein *Dorf*, der Hrsch. Wokschitz und Pfarre Wostruzno geh., ¾ St. von Gitsciin.

Czegkowitz, Tscheikowicze — Böhmen, Czasl. Kr., ein *Dorf*, der Hrsch. Krchleb, zur Pfarre Damirow, unweit Dobrowitow gegen West., 4 St. von Czaslau.

Czegkowitz, Böimen, Czaslau. Kr., ein einzelnes *Hegerhaus*, der Hrsch. Sedletz und Pfarre Kerchleb geh., 4 St. von Czaslau.

Czegkowicz, Tsciekowitz, Czekowicz — Böimen, Saaz. Kr., ein *Dorf*, der Hrsci. Sciöniof am Aubaci, 2 St. von Saaz.

Czegkowicze, Böimen, Bidschow. Kr., ein *Dorf*, der Hrsch. Wellisci; sieie Czeikowicz.

Czegkowicze, Böimen, Budw. Kr., ein *Dorf*, der Hrsch. Frauenberg; siehe Czeikowicz.

Czegkowicze, Tscheikowitz — Böhmen, Kaurz. Kr., ein kleines *Schloss*, Brauiaus und obrigkeitl. Meieriof, der Hrsch. Böimisch Sternberg, 2 St. von Bistřicz.

Czegléd, Ungarn, jens. der Donau, Sümegh. Gespansch., Kapos. Bzk., ein *Praedium*, näcist dem Dorfe Latrány.

Czegléd, Ungarn, Jenseits der Donau, Sümegh. Gespansch., Babocs. Bzk., ein kleines den Herren v. Somogyi geiör., naci Németi-Lád eingepfarrtes kathol. ungr. *Dörfchen*, zwiscien Batossa, Hatvan, Merenye und Kalmaucsa, 1 St. von Szigethvár.

Czegled, Ungarn, jenseits der Tieiss, Borsod. Gespansch., Erlau. Bzk., ein *Praedium*, mit guten Weingebirgen u. einer Mahlmühle, naci Erlau eingepf., 1 St. von Erlau.

Czegléd, Ungarn, Pest. Komt., ein *Censual-Markt*, mit 2350 Häus. und

16650 Einw., auch wächst hier guter rother Wein. Posamt mit:
Felső Major, Kaparde, Törtely.

Czeglédi-ér, Ungarn, ein *Flussbeet* im Pesth. Komitat.

Czegnow, Böhmen, Budw. Kr., eine *Mahlmühle*, zur Stadt Sobieslau und Pfarre Drachau gehörig, ½ St. von Wesely.

Czegö, Siebenbürgen, Dobok. Komt.; siehe Szász-Czegö.

Czegow, Böhmen, Czasl. Kr., ein der Hrsch. Heraletz und Humpoletz unterthäniges *Dorf*, in der Pfarre Humpoletz, liegt hinter Humpoletz gegen N., 4 St. von Deutsch-Brod.

Czegrau, Czerau, Czegrow — Böhmen, Budw. Kr., ein böhmisches *Dorf*, zur Stadt Budweis geh., wovon auch etwas nach Grazen und Forbes gehört bei Schweinitz, 3½ St. von Budweis.

Czegrow, Böhmen, Budw. Kr., ein böhmisch. *Dorf* zur Stadt Budweis gehörig; siehe Czegrau.

Czegsor, Siebenbürgen, Kolos. Kmt.; siehe Czeg, Kis.

Czegtitz, Gross-, Böhmen, Bunzl. Kr., ein *Dorf* zum Gute Czegtitz gehörig.

Czegtitz, Böhmen, Prach. Kr., ein *Dorf* mit einer Kirche, zum Gute Stiekna gehörig, 2 St. von Strakonitz.

Czegtitz, Klein-, mit Neuburg — Böhmen, Bunzlauer Kr., ein *Dorf* und *Schloss* zum Gute Czegtitz gehörig.

Czegye, Ungarn, Szoln. Kmt.; siehe Kraszna-Czégény.

Czeha, Ungarn, ein *Dorf* im Neutra. Komitat; siehe Csehi.

Czeha, Ungarn, ein *Bach*, Vesprim. Komitat; siehe Czuha.

Czehnice, Ungarn, ein *Praedium*, im Honther Komitat; siehe Czehi (Alsó und Felsö-).

Czehnitz, Böhmen, Prach. Kr., ein *Dorf* zum Gute Stiekna gehörig, 2½ St. von Strakonitz.

Czéhomes, Mähren, Iglauer Kr., ein *Dorf* zur Pfarre und Hsrch. Saar geh., mit böhm. Einwohnern.

Czeidense Oppidum, Siebenbürgen, Kronstädter Distr., siehe Feketehalom.

Czeike, Schlesien, Troppauer Kr., ein *Gut*; siehe Wischkowitz.

Czeikow, Czegkow — Böhmen, Taborer Kr., ein *Dorf* zur Hrsch. Ober-Czerekwecz, 5¼ St. von Iglau.

Czeikowicz, Czegkowicze, Czekowicz, Tscheykowitz — Böhmen, Bidsch. Kr., ein *Dorf* zur Hrsch. Welisch, gegen Nord., ¼ St. von Gitschin.

Czeikowicz, Tscheykowitz — Böhmen, Chrud. Kr. ein *Dorf* zur Hrsch. Herzmanmiestetz, nahe an dem Dorfe Stolan, gegen Nord., ¾ Stund. von Chrudim.

Czeikowicze, Czegkowicze — Böhmen, Budw. Kr., ein *Dorf* zur Hrsch. Frauenberg und Budw., an der Strasse von Wodinan, nach Budweis, 1¼ St. v. Budweis.

Czeikowicze, Böhmen, Czasl. Kr., ein *Dorf* der Hrsch. Krchleb geh., s. Czegkowitz.

Czeikowitz, Mähren, Hrad., ehedem Brünner Kr., ein *Markt* zur Hrsch. Göding, mit einer Pfarre und einem Schlosse, unw. Alt-Potmorau u. Wrbitz, ¾ St. von Czeitsch.

Czejkow, Ungarn, ein *Dorf*, Barser Komitat; siehe Csejkö.

Czeinzow, Böhmen, Chrudimer Kr., ein *Dorf* zur Hrsch. Nassaberg gehör., 3 St. von Chrudim.

Czeirzow, Böhmen, Chrudim. Kreis, ein *Dorf* zur Hrsch. Nassaberg, 3 St. von Chrudim.

Czeititz, Tscheititz — Böhmen, Jungb. Kr., ein *Gut* und *Schloss*, mit einer Mühle, ¼ St. von Jungbunzlau.

Czeititz, Böhmen, Czasl. Kr., ein zum Gute Horka und zur Pfarre Unt. Kralowitz gehöriges *Dorf*, 6¾ St. von Czaslau.

Czeititz, Klein-, Böhmen, Jungb. Kr., ein *Dorf* des Gutes Czeititz, an dem Dorfe Gross-Czeititz, ¼ St. von Jungbunzlau.

Czeititz, Gross-, Böhmen, Jungb. Kr., ein *Dorf* zum Gute Czeititz, ¼ St. von Jungbunzlau.

Czeitsch, insgemein Tscheitsch, ehedem Czech oder Setsche genannt, Ceyc — Mähren, Hrad., ehedem Brünner Kr., ein *Dorf* zur Lokalie Howaran und Hrsch. Göding, mit einem Gesundbade, mit deutsch., böhm. und französischen Einwohnern, und einem daselbst sich befindlichen Postamte.

Czekanicz, Tschetanitz — Böhmen, Prach. Kr., ein *Gut* und *Dorf*, mit einem Schlosse, unweit der Stadt Blatna geg. Nord. gelegen, 2¾ St. von Strakonitz.

Czekanicz, Böhmen, Taborer Kreis, ein *Dorf* mit dem nächst liegenden Gasthause Zawadilka, zur Stadt Tabor und Hrsch. Mieschitz, ¾ St. von Tabor.

Czekanicze, Tschekanitz — Böhmen, Klattauer Kr., eine *Schäferei* der Hrsch. Chudenitz, nach Polin eingepf., 1¼ St. von Klattau.

Czekanow, Böhmen, Kaurž. Kreis, ein *Dorf* zur Hrsch. Rattay, grenzt mit dem Dorfe Radwanitz, 4½ St. von Planian.

Czekanow, Böhmen, Czaslauer Kr., ein *Dorf* zur Hrsch. Okrauhlitz geför., 1½ St. von Deutschbrod.

Czekau, Klein-, Czakow maleg, Csakowecz — Böhmen, Budw. Kr., ein *Dorf* zum Gute Komarzicz, nächst Gross-Czekau, 2½ St. von Budweis.

Czekau, Gross-, Böhmen, Budw. Kr., ein *Dorf* mit einer Pfarre, zur Hrsch. Krumau, 2 St. von Budweis.

Czekay, Ungarn, ein *Wirthshaus* im Abaujvárer Komitat; siehe Csekej.

Czekay Pniowsky, Galizien, Rzesz. Kr., ein der Hrsch. Pniow gegehöriges *Dorf*, am rechten Ufer des Saan Flusses, 22 St. von Rzeszow.

Czekay, Galizien, Bochn. Kr., eine zu der Herschaft Wielga Wies geför. und mit diesem Dorfe vereinigte *Ortschaft*, ½ St. von Wojnicz.

Czekay, Galizien, Jasl. Kr., ein der Hrsch. Samoklesk gehöriges *Dorf* nächst dem Wysloka Flusse, grenzt gegen Ost. mit Osiek, 4 St. von Dukla.

Czekay Pniowsky, Galizien, Rzesz. Kr., ein der Hrsch. Pniow gehöriges *Dorf* am rechten Ufer des Saan Flusses, 22 St. von Rzeszow.

Czekay Wrzawsky, Galizien, Rzesz. Kr,, ein der Hrsch. Wrzawy gehöriges *Dorf*, am linken Ufer des Saan Flusses, 22 St. von Rzeszow.

Czéke, Ungarn; diesseits der Theiss, Zemplin. Gespansch. und Bzk., ein mehren Grundbesitzern gehöriges *Dorf*, mit einer kathol. und griech. Pfarre, dann einem Kastelle, 2 St. von Ujhely.

Czekea, val., Ungarn, ein *Dorf* im Bihárer Komt.; siehe Czéczke.

Czékehaza, Ungarn, diesseits der Theiss, Abaujvár. Gespansch., Gönczien. Bzk., ein unter die Gerichtsbarkeit der adel. Familien Báráy und Winkler gehöriges *Dorf* mit 39 Hausern und 293 Einwohnern, unter dem Gebirge, nicht weit vom Markte Szántho, 2 St. von Vizsoly.

Czekin, Mähren, Prer. Kr., ein *Gut* und *Dorf* mit einem Schlosse zur Pfarre Predmost, mit böhm. Einw., 1 St. von Prerau, 4 St. von Ollmütz.

Czeklész, Ungarn, Pressb. Komitat, ein *Markt* mit einem Graf Esterázyschen Schlosse und einer Kattun-Manufaktur.

Czéklye, Ungarn, ein *Dorf*, Biharer Komitat; siehe Cséklye.

Czekow, Böhmen, Berauner Kr., ein *Dorf*, zur Hrsch. Zbirow; s. Czecow.

Czekow, Czegkow — Böhmen, Chrud. Kr., ein zum Gute Przestawlk gehör. *Dorf*, zwischen dem Städtchen Zumberg und Pfarrdorfe Wczelakow, 3 St. von Crudim.

Czekowce, Ungarn, ein *Dorf*, Honter Komitat; siehe Csekócz.

Czekowicz, Böhmen, Bidsch. Kreis, ein *Dorf* der Herschaft Welischi; s. Czeikowitz.

Czekowicz, Böhmen, Saaz. Kr., ein *Dorf* der Herschaft Schönhof; siehe Czegkowitz.

Czeladitz, Mähren, Brünner Kr., ein *Dorf* zur Pfarre und Hrsch. Raygern, unweit von dem Dorfe gegen Süden, hinter dem Flusse Schwarzawa, mit böhm. Einwohnern, 3 St. von Brünn.

Czeladna, Mähren, Prer. Kr., ein *Dorf*, zur Pfarre Friedland und Hersch. Hochwald, mit böhmischen Einwohnern, gegen Osten nach Pestruzi, am Flusse Czeladna, mit einer Lokalie, im tiefen Gebirge, östlich von Frankstadt, nahe an der Quelle der Ostrawitza, hat ein Eisenwerk, einen Hochofen mit Cylindergebläse, und Hammerwerke, ½ St. von Freyberg.

Czeladjnce, Ungarn, ein *Dorf*, im Neutraer Komitat; s. Csaladka.

Czelaken, Czelakow, Tschelaken — Böhmen, Klatt. Kr., ein *Dorf*, der Herschaft Merklin unweit Semetitz, 1½ St. von Staab.

Czelakow, Böhmen, Klatt. Kr., ein *Dorf*, der Herschaft Merklin; siehe Czelaken.

Czelakow Hradek, oder Rittersitz, Hradek Schelakow — Böhmen, Kaurz. Kr., ein *Dorf*, mit einer Dechantkirche und Mahlmühle, der Herschaft Brandeis, an dem Elbe-Flusse, 1½ St. von Brandeis.

Czelakowicz, Böhmen, Kaurz. Kr., eine *Meierei* bei Brandeis.

Czelakowicz, Schelakowitz, Selakowicz, Sefakowicz — Böhmen, Kaurz. Kr., ein *Kammeralstädtchen*, der Hersch. Brandeis, mit einer Pfarre, am linken Ufer der Elbe, 1½ St. v. Brandeis.

Czelatyce, Galizien, Przemysl. Kr., eine *Herschaft* und *Dorf*, 2 St. von Jaroslaw.

Czelcz, Mähren, Brünner Kr., ein *Dorf*, zur Herschaft Wischau; siehe Zeltsch.

Czelczitz, Czutzicze — Mähren, Ollm. Kr., ein *Dorf*, zur Pfarre Kleinowitz u. Herschaft Tobitschau, mit böhmischen Einwohnern.

Czelechowitz, Böhmen, Rakon. Kr., ein zur Herschaft Smetschna geh. Dorf, 1 St. v. Ziehrowitz.

Czelechowitz. Mähren, Hrad. Kreis, ein Dorf, zur Herschaft Wisowitz; s. Zelechowitz.

Czelechowitz, Mähren, Ollm. Kr., ein altes Dorf, zur Herschaft Hradisch, und Pfarre Smirschitz, mit einer Mühle und einem Bräuhause, grenzt gegen Ost. mit dem Dorfe Studenetz, mit böhm. Einwohnern, 1 St. von Prossnitz.

Czelechowitz, Mähren, Ollm. Kr., ein Dorf, zum Ollmützer Domkapitel, zur Pfarre Kokor, 1¼ St. von Ober-Augezd.

Czeleticze, Böhmen, Prach. Kr., ein Dorf, zum Gut Kunkowitz, grenzt mit dem Waldhwozder Raidler Gericht, und mit der Herschaft Teinitzl gegen Osten, 2¼ St. von Schüttenhofen, 3 St. von Horazdiowitz.

Czelichow, Czelkow, oder Zelichow sammt Holeczowicz — Böhmen, Kaurz. Kr., ein Dörfchen, der Herschaft Jemnischt, hinter Milowanicz, 2½ St. von Bistrzicz.

Czelin, Böhmen, Berauner Kr., ein k. k. Lehnhof mit einer Kapelle und einer Mahlmühle, gehört zur Herschaft Karlstein.

Czelin, Ezelina — Böhmen, Beraun. Kr., ein Gut und Dorf, liegt in einem Thale zwischen Gebirgen, 6 St. von Beraun.

Czelindroff, Ungarn, Ödenb. Komt.; s. Czillingthal.

Czeline, Kroatien, Agram. Gespan., im Bezirke diess. der Kulpa, eine zur Gemeinde und Pfarre Zamobor gehör. Ortschaft, an dem Bache Gradna, 1¼ St. von Rakovpotok.

Czeline, Ungarn, ein Dorf im Agramer Komitat.

Czeline, Kroatien, diesseits der Save, Kreutz. Gespan., Verhovecz. Bez., ein zur Herschaft und Pfarre Verhovecz gehöriges Dorf, ½ St. von Verhovecz.

Czeline, Kroatien, diess. der Save, Warasd. Gespan., Ob. Zagorian. Bez., ein zur Gemeinde Szelino gehörig., nach Krapineczke Toplize eingepfarrt. Dorf, 6 St. von Agram.

Czelinsny, Czelistna — Böhmen, Taborer Kr., ein Dorf, bei Lipkowawoda, theils zur Herschaft Ober - Czerekwe, theils zur Stadt Pilgram gehör., 6½ St. von Iglau.

Czelisna, Böhmen, Taborer Kr., ein Dörfchen, zur k. Stadt Pilgram, 2 St. von Pilgram, 8 St. von Neuhaus.

Czelistna, Böhmen, Taborer Kr., ein Dorf, zur Herschaft Ober-Czerekwe u. Stadt Pilgram; s. Czelisny.

Czelitz, Böhmen, Piisn. Kr., ein Dorf der Hrsch. Chotieschau; s. Sterzelitz.

Czeliw, Tscheliw — Böhmen, Kaurz. Kr., ein Dorf, der Herschaft Jemnischt, davon 3 Häuser der Herschaft Wlaschim gehörig, hinter Milowanitz, 3 St. von Bistrzitz.

Czeljn, Ungarn, ein Wald, im Gömörer Komitat; s. Cselléuy.

Czeljn, Ungarn, ein freies Erbgut, Sohler Komitat; s. Cselin.

Czelkow, Böhmen, Taborer Kr., ein Dorf, zur Stadt Tabor, ½St. von Tabor.

Czelkowá-Lhota, Ungarn, ein Dorf, Trentsch. Komitat; siehe Lehota (Cselkö-).

Czelkowicz, oder Zelichow — Böhmen, Kaurz. Kr., ein Dörfchen, der Herschaft Jemnischt; s. Holzowicz.

Czell, Istrien, ein Berg, westlich vom Dorfe Villanova, 337 Wr. Kl. hoch.

Czell, Kis, Klein Zell, Ungarn, jens. der Donau, Eisenburg. Gespan., Kemenesall. Bezk., ein deutsch-ungr. adel. Marktflecken, mit 61 Häus. und 495 E., einer eigenen Pfarre versehen, am Marczáll Flusse, zwischen Belsővár und Dömölk. 3 St. von Pápa. Postamt mit: *Sdág, Ságfa, Kois, Baba, Pálfa, Mártonfa, Jánosháza, Karakó, Keléd, Bögöte, Hosszúfalu, Perestey, Duka, Káld, Borgata, Kis Somlyó, Hetye, Kis Kőrös, Nagy-Kőtsk, Kápolna, Fried- und Alsó Mesteri, Miske, Grecse, Kis- und Nagy Sitke, Simonyi, Intu, Tokorts, Nemes-Dömölk, Pór Dömölk, Mihálfyu, Sömjen, Länderk, Szent Marton, Nemes-Magasd, Por-Magasd, Asszonyfa, Csönge, Kenyery, Ketekel, Miklósfa, Pápots, Szent-Peter, Var-Keose, Ocuts, Hágyees, Gergely, Gergöly, Külső Vat, Velső-Vat, Meroe.*

Czella, Ungarn, jenseits der Theiss, Krassov. Gespan., Bulcs. Bezirk, ein walach. zur Hersch. Bulcs geh. Pfarrdorf, dessen Grenzen gegen Osten Bakamezö, gegen Süden und Westen Waldungen sind, 2¼ St. v. Facset.

Czelline, Siebenbürgen, ein Prädium; s. Puszta.

Czelna, Ungarn, Barany. Komt.; s. Iványi Petrovszky.

Czelna, Kellerdorf, Czilna — Siebenbürgen, Nied. Weissenb. Gespan., im Schader Bezirk, ein den Grafen Teleki gehör. walach. Dorf, mit 422 Einw. hat ein schönes Schloss, mit sehenswerthen Gärten. Der Wein, welcher in der Gegend dieses Dorfes gebaut wird, gehört zu den besten Weingattungen Siebenbürgens, mit einer griech. nicht unirten Pfarre, 2 St. von Tövis.

Czelney, Zöllney — Böhmen, Königgr. Kr., ein zur Hersch. Geyersberg geh. Dorf, 8 St. von Hohenmauth.

Czelowce, Ungarn, ein Dorf, Sáro-ser Komitat; s. Cselfalva.

Czelowce, Ungarn, ein Dorf, Zempliner Komitat; s. Cselej.

Czelowce, Ungarn, ein Dorf, Honther Komitat; s. Csall.

Czeloznitz, Mähren, Hrad. Kr., ein Dorf, mit böhm. Einw., zur Herschaft Milotitz, zw. Gaya und Koritschan, 1 St. von Gaya, 6 M. v. Brünn.

Czelusznica, Galizien, Jasloer Kr., ein Dorf, zur Pfarre Jaslo und Ortsobrigkeit Umierz geiörig.

Czemacz, Csemac — Ungarn, ein Wachposten, im Gradiskauer Grenz Regmts. Bezirk.

Czemendorf, Czenindorf, Zemendorf — Ungarn, jenseits der Donau, Oedenburger. Gespan., und eben so genannt. I. Ob. Bezk., ein deutsches Dorf, zur fürstl. Eszterház. Hersci., Fraknó geiör., mit einer naci Kis-Boldog-Asszony eingepfarrten Kapelle, zwiscien Sziglós und Koldusfalva, 1¼ St. von Oedenburg. Postamt.

Czemenitz, Böimen, Beraun. Kr., ein Dorf.

Czemenz, Böimen, Beraun. Kr., ein Dorf.

Czemer, Ungarn, ein Dorf im Pesther Komitat; s. Csömör.

Czemerka, Mähren, eine Bergkuppe, 3 St. südw. vom Dorfe Macow, 552 Wr. Klftr. hoch.

Czemerne, Wranovské — Ungarn, ein Dorf im Zempliner Komitat; sieie Csemernye-(Varannó).

Czemerné, Ungarn, ein Dorf, Zempliner Komitat; s. Csemernye (Mark).

Czemernicza, Chemernicza, Ungarn, Warasd. Kreutzer Grenz. Regmts. Bzk., ein Dorf mit 2 Mühlen und 16 Häusern, 9 St. v. Bellovár.

Czemete, Ungarn, ein Prädium, im Sároser Komitat.

Czemice, Ungarn, Liptauer Komitat, ein Dorf; sieie Csemicze.

Czemin, Tschemin — Böimen, Pilsner Kr., ein Gut und Dorf mit einem Scilosse, nächst Tuscikau, woiin es eingepfarrt ist, 2½ St. von Pilsen.

Czemlitzkowa, Böhmen, Berauner Kr., ein Dorf.

Czencice, Ungarn, Zipser Komt., ein Dorf; sieie Csenczicz.

Czenczicz, Tscheuschitz — Böimen, Leitmeritzer Kr., eiu Dorf der Hrsch. Wrscıowitz, mit einer Fılialkirche, zur Pfarre Kosciow, und einem obrigkeitl. Meierhofe, am Eger Fl., 2 St. von Laun.

Czenczicz, Tscientscıitz — Böimen, Leitmeritzer Kr., ein Dorf, zum Gute

Kostenblatt geh., gegen S. an Waldung, 2 St. von Teplitz.

Czenczicz, Tscientschitz — Böhmen, Saaz. Kr., ein Dorf zur Hrsch. und Pfarre Petersburg, 3 St. von Horosedl.

Czenecz, Tscheuitz — Böhmen, Königgrätzer Kr., ein Meierhof der Hersch. Horzeniowes, 2 St. von Horzitz.

Czeneticz, Czinieticz, Czerneticz, Tscienietitz — Böimen, Kaurž. Kr., ein Dorf zum Gute Stirzim, davon auch etwas naci Manderscheid geh., zwischen Radinjowicz und Radimowicz, 1½ St. v. Jesseuitz.

Czenienicz, Böimen, Czasl. Kr., ein einzelner Meierhof zur Hersch. Krziwsaudow geh., 8 St. von Stöken.

Czenikowicz, Böhmen, Königgr. Kr., ein Dorf, 2 St. von Königgrätz.

Czenilow, Böhmen, Königgr. Kr., eine Meierei, 2 St. von Königgrätz.

Czenlowieze, Böhmen, Kaurž. Kreis, ein Dorf zum Gute Trzebeschitz; siehe Czenowitz.

Czenk, Kis-, Czinka, Klein Zinkendorf — Ungarn, jenseits der Donau, Oedenburg. Gespansch., im II. oder Ob. Bzk., ausserialb des Raab Bzk., ein ungr. den Grafen v. Szécsényi geh. Dorf, naci Nagy-Czenk, womit es angrenzt, eingepf., 1½ St. von Oedenburg.

Czenk, Nagy-, Czinka, Gross-Zinkendorf — Ungarn, jenseits der Donau, Oedenburg. Gespansch., im II. od. Ob. Bzk., ausserıab des Raab Flusses, ein den Grafen von Szécsényi geh. Marktflecken, mit einer Pfarre, naie bei Kis-Czenk, 1½ St. von Oedenburg.

Czenkau, Böhmen, Beraun. Kr., ein Dorf, gehört zur Hersch. Ginetz, 4¼ St. von Zditz.

Czenkau, auch Tschenkau — Mähren, Iglau. Kr., ein Dorf zur Pfarre und Herschaft Teltsch, bei dem Markte Triesch, zwischen S. und West., mit böhmischen Einw., 2½ St. von Stannern.

Czenkovecz, Kroatien, diesseits der Save, Kreutz. Gespansch., Podravauer Bzk., ein dem Agram. Bisthum geh., nach Ivancze eingepf. Dorf, ½ St. von Kaproncza.

Czenkow, Böimen, Kaurž. Kr., ein z. Hrsch. Jungfernbržežan geh. Dorf, 3 St. von Prag.

Czenkow, Böimen, Taıor. Kr., ein Dorf der Hrsch. Bechin, ¾ St. von Moldau-Tein.

Czenkow, Böhmen, Tabor. Kreis, ein Dorf zur Hersch. Zelcz, bei Stržebelicz, 2 St. von Tabor.

Czenkow, Tschenkau — Böhmen, Berauner Kr., ein *Dorf* zur Hersch. Ginetz geh., 4½ St. von Zditz.

Czenkowicz, Böhmen, Budweis. Kr., ein *Dorf* zur Stadt Budweis, bei Hackelhöf, 2 St. von Budweis.

Czenkowicz, Tschenkowitz — Böhmen, Chrud. Kr., ein zur Hrsch. Landskron geh. *Dorf* mit einer Kirche, 7½ St. von Leitomischl.

Czenowitz, Böhmen, Czasl. Kr., ein *Dorf* zur Hersch. Katzow, unweit Czestin-Kostel, 4 St. von Czaslau.

Czenowitz, Czeniowicze — Böhmen, Kauřž. Kr., ein *Dorf* zum Gute Trzebeschitz, liegt zwischen dem Hof Brzezina und dem Gute Trzischkow, 2½ St. von Bistritz.

Czente, Zehnten, Czentye — Siebenbürgen, Dobok. Gespansch., Unt. Kreis, Gyeker Bzk., ein mehren Grundhersch. geh., in einem Thale liegendes walach. *Dorf*, mit 370 Einw. und einer griech. unirten Pfarre, 4½ St. von Bistriez.

Czenteháza, Ungarn, diesseits der Theiss, Gömör. Gespansch. und Serkier Bzk., ein *Prädium* unweit Uza-Banya.

Czenter, Ungarn, diess. der Theiss, Borsod. Gespansch., Szent Péter Bzk., ein adel. *Dorf*, unter mehre adel. Familien getheilt, und nach Vákony eingepf., mit 29 Häus. und 187 Einw., 7½ St. von Miskolcz.

Czentitz, Böhmen, Czasl. Kr., ein *Dorf* zur Hersch. Katzow, 4 St. von Czaslau.

Czenwir, oder Czernowir — Mähren, Iglau. Kr., ein *Dorf* zur Pfarre und Herschaft Pernstein, mit einer Filialkirche und böhm. Einw., neben dem Flusse Schwarzawa, gegen S. nach Daubrawnik, gegen N. nach Niedwieditz, 5 St. von Brünn.

Czep, Böhmen, Chrudim. Kr., ein *Dorf* zur Kammeral-Hrsch. Pardubitz; siehe Czepie.

Czep, oder Trieschel, v. einigen Troschl — Böhmen, Budweis. Kr., ein *Dorf*, zur Hrsch. Wittingau und Pfarre Suchenthal, nahe bei Lipnitz, 2 St. von Wesely.

Czepa, Ungarn, *Dorf*, Ugocser Komitat; siehe Csépe.

Czepan, Ungarn, *Dorf*, Eisenburger Komt.; siehe Csöpincz.

Czepanowce, Ungarn, *Dorf*, Zipser Komt.; siehe Csépanfalva.

Czepejn, Ungarn, *Dorf* im Thurocz. Komitat; siehe Csepcsény (Kis- u. Nagy).

Czepedlak, Slavonien, Posegan. Gespanschaft, Ob. Bzk., ein *Dorf* der Herschaft Daruvár, mit einer eigenen, ¼ St. vom Orte entfernten Pfarrkirche, einem Wirthshause und Pferdewechsel auf der v. Daruvár nach Verőcz führenden Landstrasse, 3¼ St. von Daruvár, 2¼ St. von Verőcz, 10¼ St. v. Bellovár, 12¼ St. von Posega.

Czepelis, Ungarn, ein *Dorf* im 1. Banal Grenz-Reg. Bezirk.

Czeperka, Böhmen, Chrud. Kr., ein *Dorf*, zur Kaal. Hrsch. Pardubitz, an einem grossen Teiche gleichen Namens, 2½ St. von Königgrätz.

Czepi, **Ober-**, Mähren, Iglau. Kreis, ein *Dörfchen* z. Hrsch. Pernstein, nächst Chliwsky und Unter-Czepi, 5¼ St. von Brünn.

Czepi, **Unter-**, Mähren, Iglau. Kr., ein *Dörfchen* zur Hersch. Pernstein, mit einer Filialkirche an d. Flusse Schwarzawa, gegen Ost. nächst Ober-Czepi, gegen West. nächst dem Meierhofe Borzinow, 6½ St. von Goldenbrunn.

Czepicz, Tschepitz — Böhmen, Prach. Kr., ein *Dorf* mit einer Kirche zur Hrsch. Zichowitz, an dem Flusse Wottawa, worüber eine Brücke geht, 2¾ St. von Horazdiowitz.

Czepidlak, Kroatien, diess. der Save, Warasdin. Generalat, Szt. Iván. Bzk., eine zum Kreutz. Grenz-Regim. Canton Nro. V geh. *Ortschaft* von 15 Häus., mit einer Pfarre, 2 St. von Verbovecz.

Czepie, Böhmen, Chrud. Kr., ein *Dorf* zur Kammeral-Hrsch. Pardubitz, 1¼ St. von Chrudim.

Czepiele, Galizien, Zloczow. Kreis, ein der Hersch. Pieniaki geh. *Dorf*, mit einer griech.-kathol. Kirche, 4 St. von Podhorce.

Czepil, Böhmen, Beraun. Kr., ein *Dörfchen* zum Gute Sukdol; siehe Luchy.

Czepinecz, Böhmen, Klattau. Kr., ein zur Hrsch. Schinkau gehör. *Dorf*, gegen West. an dem Dorfe Wossohow, 1¼ St. von Grünberg.

Czepkowitz, Mähren, Znaim. Kreis, ein *Dorf*, zur Pfarre Labitz und Ortsobrigkeit Lessenitz, mit böhmischen Einwohnern.

Czeplicsány, Ungarn, Sáros. Komt.; s. Tapolcsány.

Czeppern, Tschöppern — Böhmen, Saaz. Kreis, ein zu der königl. Stadt Brüx geh., und der Pfarre Deutsch-Zladnik zugetheiltes *Dorf*, daselbst hat die Stadt Brüx einen obrigkeitlichen Meierhof, 1 St. v. Brüx.

Czeppy, oder Czepy — Mähren, Brünn. Kr., ein *Dorf*, zur Pfarre Nedwieditz und Ortsobrigkeit Pernstein, mit böhm. Einwohnern.

Czeppy, Unter, Mähren, Brünner Kr., ein *Dorf*, zur Pfarre Nedwieditz u.

Ortsobrigkeit Pernstein, mit böimisci. Einwoinern.

Czepranicza, Böimen, Praci. Kr., ein *Dorf*, mit einem alten Scilössci en u. Meierhofe der Hrschft. Wälsci-Birken, 3¼ St. v. Strakonitz.

Czeprowiczer-Schäferei, Böhmen, Praci. Kr., eine obrigkeitliche Sciäferei, der Hersciaft Wälgci-Birken, ¼ St. gegen Norden, von dem Dorfe Czeprowicz, 3¼ St. von Strakonitz.

Czeprowitzer-Mühle, Böimen, Praci. Kr., eine *Mahlmühle*, der Hersciaft Wälsci - Birken, 3¼ Stunde von Strakonitz.

Czeradicz, Böimen, Chrud. Kreis, ein *Dorf*, zur Kameralherschaft Pardunitz, 2 St. von Wostrzetin.

Czeraditz, Tscheraditz, — Böimen, Rakon. Kr., ein *Dorf*, tieils der Zlonitzer, tieils der Wranayer Hersciaft unterth., grenzt gegen Westen an Klobukau, 1½ St. von Scilan.

Czeraditz, Tscheraditz — Böimen, Saaz. Kr., ein *Dorf*, zur Hersci. Sciönhof, grenzt gegen Süden an das Dorf Reitsciowes, davon etwas naci Weiten, Treibetisch und Holeticz geh., ¼ St. von Saaz.

Czeras, Böhmen, Budw. Kr., ein *Dorf*, zur Stadt Sobieslau und Pfarre Draciau, bei Mokry, 2 St. v. Wesely.

Czerau, Böimen, Budw. Kr., ein böhm. *Dorf*, zur Stadt Budweis.

Czerba, Ungarn, jens. der Tieiss, Torontal. Gespan., Nagy-Becskerék. Bzk., ein kleines zum Nagy-Kikind. Distr. geiör. *Wirthshaus*, ¼ St. v. Melencze.

Czerce, Galizien, Brzezan. Kr., ein der Hersciaft Roiatyn geiöriges *Dorf*, 2 St. von Kuihenice.

Czerchawa, Galizien, Samo. Kr., ein zur Staatsgüter Direktions Hersci. Samior geiöriges *Dorf*, mit einer griech. Pfarre, an dem Bacie gleichen Namens iint. Mokrczän, 2 St. v. Samior.

Czerchow Gross, Böimen, Klatt. Kr., ein *Berg*, 3204 Fuss ioci, an der Grenze zwisciien Böimen und Baiern, bei Tauss.

Czerczany, Tschertschan — Böimen, Beraun. Kr., ein *Meierhof* und *Mühle*, zur Hersciaft Konopiscit, 1 St. von Dnespek.

Czerczitz, Böimen, Berain. Kreis, ein *Dorf*, geiört zur Stadt Przibram.

Czerczyk, Galizien, Przemysl. Kr., ein *Dorf*, zur Hersci. Roguszna geh., 2 St. von Jaworow.

Czerda, Tzirta — Böimen, Leitm. Kr., ein *Dörfchen*, der Hersciaft Tetscien iei Mittelgrund, ¼ St. v. Agussi.

Czerecz zu **Czermona Wala**, Galizien, Przemysl. Kr., ein *Dorf*, zur Pfarre Czerwona wola, und Ortsobrigkeit Pelkirne geiörig.

Czered, Ungarn, diesseits der Donau, Neográd. Gespan., Fülek. Bezirk, ein meiren adel. Familien geiör. ungar. *Dorf*, mit einer eigenen römisci. kati. Kircie und Pfarre, naie am Berge Medres, gegen Osten näcist Kültsö-Utass, 3¾ St. von Rima-Szombath.

Czerejowec, Ungarn, ein *Dorf*, Bereghar Komt.; s. Cserejócz.

Czeretwe-Ober, Czerekwith, Loheskirchen, Hornj oder Liskowczowa Czerekew, Czerekwicze, Horno Cerequicium, Cereqnitz Tobiae — Böimen, Taiorer Kr., ein *Städtchen*, und *Herschaft*, mit einer Pfarre, an der mäir. Grenze, 5 St. von Iglau.

Czeretwe-Unter, Neustift, Dolni Czerekwe, Teuto Cerequicium, vormals Deutsci - Czerekwe — Böhmen, Taior. Kr., ein *Marktflecken*, miteiner Pfarre, zur Hersciaft Neu-Reicienau, 2 St. von Iglau.

Czerekwiez, Zerekwitz — Böimen, Bidsch. Kr., ein *Gut*, *Schloss* und *Dorf*, mit einer Kircie und Mülle an dem Bache Bistrzitz, 1 St. v. Horzitz.

Czerekwicze, Böimen, Chrud. Kreis, ein *Pfarrdorf* zur Hersci. Leitomisciil, an dem Bacie Lauczka, gegen West. iinter dem Dorfe Rzitka; 1 St. von Hoienmauti.

Czeremcha, Galizien, Sanok. Kreis, ein der Hersciaft Jaslisko geiöriges *Pfarrdorf*, am Bielcza Bache, 3 St. von Dukla.

Czeremchow, Galizien, Stanisl. Kr., ein *Gut* und *Dorf*, mit einer rusn. Pfarre, 16 St. v. Chocinirz.

Czeremchow, Galizien, Stryer Kr., ein *Gut* und *Dorf*, mit einer rusn. Kircie, einem Hofe, und Vorwerke, näcist Podliky und Doirowlany, 1 St. von Kuihenice.

Czeremoznice, Galizien, Zloczow. Kr., eine *Herschaft* und *Dorf*, mit einem Edelhofe und griech. kati. Pfarre, näcist dem Städtcien Bialykamien, üier dem Bug Flusse, 1 St. von Zloczow.

Czeremussina, Kroatien, diesseits der Save, Warasdin. Generalat, Kovachicz. Bezirk, eine zum St. Georg Grenz Regm. Canton Nr. VI, geiörige *Ortschaft* von 14 Häusern, 4 St. von Bellovár.

Czerenány, Ungarn, ein *Dorf*, Barser Komitat; s. Csereny.

Czerencany, Ungarn, ein *Dorf*, Gömörer Komitat; s. Cserencsény.

Czerepin, Galizien, Leml. Kr., eine zum Lemberg. Dominic. geh. *Herschaft* und *Pfarrdorf*, 4 St. von Gaja.

Czerepkoutz, Galizien, Bukow. Kr., ein dem Kloster Slatina in der Moldau gehöriges *Pfarrdorf*, am Flusse Sereti, 2 St. v. Sereti.

Czeresch und **Opaijetz**, Galizien, Bukowin. Kr., ein, verschiedenen Dominien gehör. *Pfarrdorf*, an dem kleinen Sereth Flusse, 8 St. v. Terescheny.

Czeretsel, Wacisdorf, Cschara — Ungarn, Zaránd. Gespan., Brod. Bezk., ein zur Herschaft Kristsor gehör. walaci. *Dorf*, mit 238 Einwohn., einer griech. nicit unirten Pfarre, liegt an der Körös, gegen Osten, nächst Brad, von dem Markte Körös-Bánya, 1½ St. entfernt, 6½ St. von Deva.

Czeretzel, Sieben bürgen; s. Tscier-netzfalva.

Czerhenitz, Zerhenicze, Czerhonicze — Böimen, Kaurz. Kr., ein *Gut* u. *Markt*, mit einem herschaftl. Schlosse u. Kapelle, ¼ St. von Pianian.

Czerhinek, Czerhynky — Böimen, Kaurz. Kreis, ein *Dorf*, zur Herschaft Czerhenitz und Swoyschitz geh., 1 St. von Planian.

Czerhinek, Böimen, Kaurz. Kreis, ein der Hrschaft Schwarzkosteletz unterth. *Dorf*, mit einem Meierhofe, ½ St. von Planian.

Czerhof, Mähren, Ollm. Kr., ein *Dorf* zur Hrsch. Eisenberg und Lokalie Studinke unweit Scilldberg geh., mit böhm. Einw. 7¼ St. von Müglitz.

Czerhometz, Böimen, Kaurz. Kr., ein *Dorf*.

Czerhonicze, Böimen, Kaurz. Kr., ein *Gut* und *Markt*; siehe Czehenitz.

Czerhoultz, Czrhonicze — Böimen, Praci. Kr., ein *Gut* mit einem Scilosse und Dorf, unweit der Stadt Mirotitz, 3 St. von Pisek.

Czerhow, Mähren, Brün. Kr., ein *Dorf* zur Pfarre Oels und Ortsohrigk. Kunstadt, mit böimiscien Einwoinern.

Czerhowitz, Zerhowitz, Cerhowice — Böhm., Beraun. Kr., ein *Markt* zur Hrsch. Tocnik, zwiscien Zditz und Mauti, mit einer Pfarre und einem Postamt mit:

Aujezd, Aufezdetz, Bauchalka oder Dankrawka, Biskaupek, Blatrkow, Braczowa, Bukow, Buowd, Cekow, Chlum, Chlustina, Csdp, Urahno Auuszt, Drozdow, Franzenzthal, Gableszo, Hradek, Hozcdel, Hut, Iwyna, Kohautow, Karre, Karlack, Komarau, Kozogcd, Kwain, Kuhlow, Kotintin, Liechna, Lhota, Ostrowetz, Lhotka, Oblach, Prdmakl, Prziecherritz, Pliskow, Pruachnoau-fezt, Schwabin, Sedlcta, Stilets, Nalbrrg, Skaupy, Teytschck, St. Peter, St. Benigna, Staihy, Treh-nuachka, Tien, Tiustlts, Trenits, Toifachnik, Tercerhiru, Thereaicnthal, Wegwanow, Wollesch na, Wosch, Zhirow, Zaluschlet, Zebrak. Zwlko-wets, Cerhowitz.

Czerhynky, Böimen, Kaurz. Kreis, ein *Dorf* zur Hrsch. Czerhenitz und Swoyschitz geh.; sieie Czerhinek.

Czerin, Ungarn, Sohler Komitat; s. Cserény.

Czerina, Kroatien, diesseits der Save, Warasdiner Generalat, Klein-Ivanici. Bzk., eine zum Kreutz. Grenz-Regiment Canton Nr. V gehörige *Ortschaft* von 10 Häusern, mit einer Kirche, liegt zwiscien Dragichevecz und Lipovcha-ny, 2 St. von Dugo-Szello.

Czerje, Ungarn, ein *Castell* im Warasd. Komitat.

Czerje, Kroatien, jenseits der Save, Karlst. Gereralat, ein zum Lican. Grenz-Regiment Canton Nr. I geh., uaci St. Roch eingepfarrt. *Dorf* von 59 Häuser, nächst St. Michael, an dem Bacie Cser-nowello, 6 St. von Gospich.

Czerje, Ungarn, *freies Erbgut* im Warasdiner Komitat.

Czerje, Kroatien, Agram. Gesp., im Bzk., jenseits der Save, eine zur Gerichtsbarkeit und Pfarre Kekischko gehör. *Ortschaft*, 4 St. von Glina.

Czerje, Kroatien, Agram. Gespansch., jenseits der Save, eine den Grafen Erdödy gehörige *Gebirgsortschaft*, mit einer eigenen Pfarre, 2 St. von Petrinia.

Czerje, Kroatien, Agram. Gespansch., im Bzk. diesseits der Kulpa, eine zur Gemeinde und Pfarre Zamobor gehör. *Ortschaft* mit einem Weingeirge, 2 St. von Rakovpotok.

Czerje, Kroatien, diesseits der Save, Kreutz. Gespansch., Verhovecz. Bzk., ein *Dorf* der Hrsch. und Pfarre Verio-vecz, ¼ St. von Verhovecz.

Czerje, Kroatien, diesseits der Save, Warasdiner Gespanscraft, Ob. Campest. Bzk., ein der Gemeinde u. Pfarre Klenovnik einverleibtes *Dorf*, 4 St von Warasdin.

Czerje, Kroatien, Agram. Gespausch., St. Iván. Bzk., ein zum hochw. Agram. Bisthum gehöriges *Dorf*, mit einer eigenen Pfarre, 1 St. von Dugo-szello.

Czerje, Kroatien, diesseits der Save, Warasdin. Gesp., Unter Campest. Bzk., eine *Gemeinde* und *Dorf*, naci Bella eingepfarrt, mit einem herschaftlichen Kastell, 1½ St. von Warasdin.

Czerje-Nebojuze, Ungarn, ein *Meierhof* im Warasdiner Komitat.

Czerje-Nebojuze, Kroatien, diess. der Save, Warasd. Gesp. und Ob. Campest. Bzk., ein *Dorf* zur Gemeinde Druskovecz geh., naci Marussevecz eingepf., mit einem adel. Gerichtshofe, 3 St. von Warasdin.

Czerkassy, Galizien, Samb. Kr., ein z. Hrsch.Honiatycze geh.*Dorf*, mit einem Hofe und Wirthshause, mit der griech. Kirche nach Horbacze eingepfarrt, nächst Honyatycze, 8 St. von Lemberg.

Czerkaszczyzna, Galizien, Czortkow. Kr., ein zur Hrsch. Czortkow Stary gehör. *Dorf*, 6 St. von Czapowce.

Czerkau, Zrkau — Böhmen, Budw. Kr., ein *Dorf* der Hrsch. Hohenfurt, am Malschflusse zur Pfarre Bömisch. Reicnenau, 3 St. von Kaplitz.

Czerkitel, Zerkittel — Böhmen, Crudim. Kr., ein zur Leibgedingstadt Policzka geh. *Dorf*, 2 St. von Policzka.

Czerkowcze, Böhmen, Leitm. Kr., ein *Pfarrdorf*, zur königl. Kreisstadt Leitmeritz und Hrsch. Lobositz gehör., siehe Czirkowicz.

Czerkowitzer Hof, Böhmen, Kaurz. Kr., ein *Hof* zur Hrsch. Jankau gehörig.

Czerkva, Biela-, Ungarn, ein *Markt* im walach. illir. Grenz-Battail. Bzk.; siehe Weisskirchen.

Czerkva, Czervena — Ungarn, ein *Dorf* im walach. illir. Grenz-Regiments-Bzk.; siehe Rothkirchen.

Czerkvany, Slavonien, Veröczer Gespansch., Deákovár. Bzk., eine zur Hrsch. Fericsancze gehörige *Ortschaft*, zwischen Daszluk u. Sumeche, 8 Meil. von Eszék.

Czerkvenibok, Kroatien, jenseits der Kulpa, Hrasztovacz. Bzk., ein zum 2. Banal Grenz-Regiments Canton Nr. X, gehöriges *Dorf* von 37 Häus., nächst Gradise-Lonya, 10 St. von Petrinia.

Czerkvenoszello, Ungarn, ein *Dorf* im Szluiner Grenz-Regiments-Bezirk.

Czerkvina, Gross-, Kroatien, jens. der Save, Karlstädt. Generalat, Bodachk. Bzk., ein zum Szluin. Grenz-Regim. Canton Nr. IV gehöriges *Dorf* von 26 zerstreuten Häusern, 3 St. von Voinich.

Czerkvina, Klein-, Kroatien, jenseits der Save, Karlstädter Generalat, Budachk. Bzk., eine zum Szluiner Grenz-Regim. Canton Nr. IV gehör. *Ortschaft* von 5 Häusern, 2 St. von Voinich.

Czerkwitz, Böhmen, Czasl. Kr., eine *Ortschaft* bei Czaslau.

Czerlany, Galizien, Lemb. Kr., ein *Kammeral-Pfarrdorf*, zur Hrsch. Grudek gehörig, mit einem grossen Teiche und Mühle, 1¼ St. von Grudek.

Czerlenczi, Ungarn, ein *Dorf* im Agramer Kmt; siehe Csernilovecz.

Czerlenowá, Ungaru, ein *Dorf* im Beregher Komt.; siehe Cserlenő.

Czerlowicz, oder Scherlowicz, Böhmen, Pils. Kr., ein *Dorf* dem Gute Krukanitz geh., liegt gegen Lohowa östlich, 2 St. von Mies.

Czerlyenczy, Slavonien, Posegan. Gespansch., Unt. Bzk., ein *Dorf* der Hrsch.Vellika, nach Szobdstina eingepf., gegen Ost., nächst Perenczi, 2 St. von Posega.

Czerma, Böhmen, Prach. Kr., ein *Dorf* zum Gute Hradek-des fours, nächst d. Dorfe Kaschowitz, bei einem Walde, 5 St. von Horazdiowitz.

Czermak, Böhmen, Prach. Kr., eine zur Hrsch. Blatna gehörige *Mahlmühle* an dem Bache Uslawa, 5¼ St. von Pisek.

Czermakische Mühle; Böhmen, Rakon. Kr., eine *Mahlmühle* der Hrsch. Strzedokluk, von dem Dorfe Kniezowes ¼ St. entfernt, ½ St. von Strzedokluk.

Czermakowitz, Mähren, Znaim. Kreis, ein *Gut* und *Dorf* zur Hrsch. Tuleschitz und mit einem alten Edelsitze, zur Pfarre Ober-Kaunitz, wohin es angrenzt, am Flusse Jaromnieritz, mit einem Schlosse und einem Meierhofe, 4½ St. von Znaim.

Czermany, Ungarn, ein *Dorf*, Neutraer Komitat; s. Csermend.

Czermetlcze, Böhmen, Prach. Kr., ein *Dorf*.

Czermich, Böhmen, Saaz. Kr., ein *Dorf*, zur Hrsch. Hagensdorf; siehe Tschürmig.

Czermichow, Galizien, Wadowic. Kr., ein zur Hrsch. Wieprz gehör. *Dorf*, liegt zwischen Waldungen, 5 St. von Bielitz.

Czermin, Galizien, Bochn. Kr., eine mit dem Gute und Dorfe Gliciow konzentrirte *Ortschaft*, 2 St. von Gdow.

Czermin, Galizien, Tarnow, Kr., ein zur Kammeral-Hrsch. Tuszow gehör. *Dorf*, nächst Hobenbach, zwischen Mielec und Tuszow, 10 St. von Dembica.

Czermna, Galizien, Jasl. Kr., ein *Gut* und *Dorf*, mit einer Pfarre und einem Edelhofe, gegen Süd. nächst Jabionica, 4 St. von Jaslo.

Czermna, Böhmen, Bidsch. Kr., ein *Gut*, mit 2 Dörfern; siehe Tschermna Ober- und Unter-.

Czermna, Böhmen, Crudim. Kr., ein zur Hrsch. Landskron geh. *Dorf*; siehe Rothwasser.

Czermna, Böhmen, Crudim. Kr., ein *Dorf*, zur Hrsch. Leitomischel; siehe Schirmdorf.

Czermossna, Ungarn, ein *Bach* im Gömörer Komt.; sieve Csermosna.

Czermosznyák, Slavonien, Veröcz. Gespansch., Eszéker Bzk., ein zur Hrsch. Podgoracs geh. *Dorf*, liegt im Geoirge nächst Stipanovcze, 8 Meilen von Eszék.

Czermura, oder Rupes, Repsen — Ungarn, Zaránd. Gespansch., Halmágy. Bzk., ein adelich. walaci. *Dorf*, mit 154 Einw., am Ufer der Körös, mit einer griech. nicht unirt. Kircie, gegen Nord. nächst N. Halmágy, ¼ St. von Déva.

Czermut, Böimen, Saazer Kr., ein *Dorf*, zur Hrsch. Hagendorf; sieve Tschürmig.

Czermutek, Unter-, Dolni Czermutky, Tschermutek — Böimen, Bidschower Kr., ein *Dorf*, zum Gute Czerekwitz, mit einer Müile am Bacie Bistrzitz, ¾ St. von Horžitz.

Czern, Böimen, Saazer Kr., ein *Dorf*, zur Hrsch. Rotieniaus; siehe Tscieru.

Czerna, Ungarn, ein *Dorf* im Ugocser Komt.; sieve Csarnateö.

Czerna, Cheruhjn — Ungarn, ein *Dorf*, Trentschin. Komt.; siehe Cserna Cheruhin.

Czerna, Magyar-, Ungarn, ein *Prädium*, im Torontáler Komt.; sieve Bozitova.

Czerna, Slavonien, Brod. Bzk., ein zum Brod. Grenz-Regim. Kantou Nro. VII geh. *Dorf*, von 111 Häus, mit einer Pfarre und einer alten Römer-Scianze, liegt zwischen den Bäcien Bossut und Bigy, 3½ St. von Vinkovcze.

Czerna, Mäiren, Prer. Kr., ein *Dorf*, zur Hrsch. Waltersdorf; sieve Dietersdorf.

Czerna, Mähren, Iglau. Kr., ein *Dorf* zur Pfarre Wollein und Ortsobrigkeit Czerna geh., mit böhm. Einwoinern.

Czerna, Böhmen, Czasl. Kreis, eine *Ortschaft*, 2¼ St. v. Chrudim.

Czerna, Mala-, Ungarn, ein *Dorf* im Trentschiner Komt.; sieve Kis-Cserna.

Czerna bei Bohdanetsch, Böhmen, Chrud. Kr., ein *Dorf*, der Kaal. Hrsch. Pardubitz nächst den Städtcien Bohdanetsch, 2 St. von Pardubitz, 2¼ St. von Cirudim.

Czerna bei Bor, Czerna za Bory — Böhmen, Chrud. Kr., ein *Dorf*, der Kaal. Hrsch. Pardunitz, 2¼ St. von Cirudim.

Czerna, Böhmisch-, Tscherma — Böimen, Königgr. Kr., ein *Dorf*, der Hrsch. Naciod, grenzt mit dem Glazisciien Dorfe Brzezowa, 2 Stund. von Naciod.

Czerna, Gross-, Welka Czerna — Böimen, Taior. Kr., ein *Dorf*, zum Kleteczker Freisassen Viertel nächst Tiechobus, 6 St. vou Taior.

Czerna, Klein-, Mala Czerna — Böimen, Taior. Kr., ein *Dorf*, zum Kleteczker Freisassen Viertel näcist Tiechobus, 6 St. vou Tabor.

Czerna, Klein-, Tscierna oder Tscherniisshof — Böimen, Königgr. Kr., ein *Gut* und *Dorf*, der Stadtgemeinde Naciod, ist fast ganz von dem Glazisciien Gebiete umscilossen, 2 St. von Naciod.

Czerna, Tscherma — Böimen, Königgrätzer Kr., ein zur Hrsch. Kosteletz geh. *Dorf*, üier dem Adlerflusse, 6¼ St. von Königgrätz.

Czernacz, Slavonien, Veröczer Gespanschaft, Deákóvár Bzk., eine zur Hrsch. Orahovicza geiörige *Ortschaft*, näcist Szuiamlaka, 10 Meilen von Eszék.

Czernacz, Czernacz, Csernac — Ungarn, ein *Flussbeet* im Gradisk. Grenz-Regiments Bezirk.

Czernacz, Cieruacz, Csernac — Ungarn, ein *Fluss* im Gradiskauer Grenz-Regiments Bezirk.

Czernádraga, Ungarn, ein *Dorf* im 1. Banater Grenz-Regim. Bezirk; sieve Chernadraga.

Czerna Hawrzy, Tscierna — Böhmen, Bidsch. Kr., ein *Dorf*, z. Hrsch. Lomnitz, 2 St. von Gitscriin.

Czerna Hora, Böimen, Klattau. Kr., ein zur Hrsch. Hostau gei. *Dorf*, liegt gegen N. hinter Zwirscheu, 3¼ St. von Teinitz.

Czerna Hora, oder Hura — Böhmen, Bidsciöw. Kr., ein *Dörfchen*, zur Hrsch. Dimokur, uuweit dem Städtcien Krzinetz, 1¼ St. von Königstadtl.

Czernahóra, Ungarn, ein *Berg* im Sáros. Komt.; sieve Feketehegy.

Czernahóra, auci Tscheruahora — Mäiren, Brüuner Kr., ein *Markt* und *Herschaft*, mit 1730 böhmisch. Einw., eiuer Meierei und einem alten Berg̅-scilosse, an der Poststrasse v. Brünn üier Zwittau naci Böimen, 1⅛ St. von Goldenbrunn.

Czernajaruga, Csernajaruga — Ungarn, ein *Flussbeet* im Gradiskauer Grenz Regiments Bezirk.

Czernauka, Galizien, Czernow. Kr., ein *Gut* und *Pfarrdorf*, dem Kdt. Const. Hurmusaki geh., liegt gegen S., 4 St. von Zernowicz.

Czernákow, Ungarn, ein *Berg* im Gömörer Komt.; siehe Cseruako.

Czernakow, Mlyn — Ungarn, eine Mühle im Thúrócz. Komt.; sieie Csernákow.

Czerna-Lhota, Ungarn, ein Dorf im Gömörer Komt.; s. Leiota Fekete-.

Czerna-Lhota, Ungarn, ein Dorf im Trentsch. Komt.; s. Leiota Cserno-.

Czerna-Luka, Ungarn, ein Praedium im Gömörer Komitat; sieie Feketeret.

Czernany, Ungarn, ein Dorf im Barser Komitat; sieie Cserenye.

Czerná-Orawa, Ungarn, ein Fluss im Árvaer Komt.; sieie Árva, Fekete-.

Czerná-Tisa, Ungarn, ein Fluss im Mármarosser Komitat; sieie Tybiscus niger.

Czernatow, Ungarn, ein Dorf im Ugocser Komt.; sieie Csarnateó.

Czernauwka, Böimen, Bunzlauer Kr., ein Wirthshaus, geiört zur Hrsch. Stranow.

Czernaus, Böimen, Bunzl. Kr., ein Dorf, der Hrsch. Friedland; sieie Tschernhaus.

Czernassek, Tschernauscheck — Böimen, Rakonitz. Kr., ein Pfarrdorf, wovon eine Hälfte zur Hrsch. Ober-Berzkowitz, die andere z. Hrsch. Raudnitz geh., liegt an einem grossen Berge, der Georgenberg genannt, gegen O., 2 St. von Budin.

Czernavecz, Chernavecz, Csernavec — Ungarn, ein Flussbeet, im Gradiskaner Grenz-Regints. Bezirke.

Czernawoda, Ungarn, ein Fluss, im Pressb. Komt.; sieie Feketevíz.

Czernczicz, Tscherntschitz — Böhmen, Königgr. Kr., ein Dorf, der Hrsch. Neustadt mit einer Kircie, 2¼ St. von Naciod.

Czernczin, Böimen, Czasl. Kr., ein Dorf, d. Hrsch. Krzesetitz; s. Tschernin.

Czernecz, Tschernetz — Böimen, Praciin, Kr,, ein Dorf, zur Hrsch. Elisciau, gegen O., unw. dem Meierhofe Oldenburg, 1¾ St. von Horazdiowitz.

Czerné, Ungarn, ein Dorf, im Sáros. Komt.; siehe Csarnó.

Czerné, Ungarn, ein Dorf, im Trentschiner Komt.; sieie Cserne.

Czerné, Klacany — Ungarn, ein Dorf, im Bars. Komt.; s. Kelecsény (Fekete-).

Czernegsch, Böimen, Czasl. Kr., ein Dorf, zum Gute und Pfarre Sautitz, grenzt gegen O., mit den Orte Zrutsch am Fl. Sazawa. 8 St. von Czaslau.

Czernegssowicz, Böimen, Taior. Kr., ein Dorf, der Hrsch. Bechin, 3 St. von Tabor.

Czernek, Czerneföld, Nagy-Czer-nek — Slavonien, Posegan. Gespan.,

Unt. Bzk., Herschaft und Markt, mit einem Schl., Pfarre u. Kloster, der PP. Franzisk. und Wirthshause, ¼ St. von Neu-Gradiska, 4 St. von Posega.

Czernek, Czerneföld, Kis-Czernek — Slavonien, Posegan. Gespan., Unter Bzk., eine dem Markte dieses Nam. verbundene Besitzung, zur nämlici. Pfarre geh., ¼ St. v. Gradiska, 4 St. v. Posega.

Czernek, Czerneföld, Nagy-Czernek — Slavonien, Poseganer Gespausch., Unt. Bzk., eine Herschaft und Markt, mit einer Pfarre und einem Kloster der PP. Franziskaner, 1¼ St. von Neugradisca, 4 St. von Posega.

Czernelica, Galizien, Czortk. Kr., eine Herschaft und Marktflecken, mit einem uralten Scil. und Pfarre, unw. dem Dniester, 2 St. von Czapowce.

Czernetz, Illirien, ein Berg, ¼ St. südlici vom Dorfe Gregoritskaberg, 318 W. Klft. ioci.

Czernetzfalva, Sieienbürgen; sieie Tzernetzfalva.

Czerneticz, Böimen, Kaurz. Kr., ein Dorf, zum Gute Stirzim; s. Czeneticz.

Czerni Vrech, Ilirien, ein Berg, 3 St. vom Dorfe St. Magarethen, 885 W. Klafter ioci.

Czerni Vreh, Illirien, ein Berg, südöstl. von Reisnitz, 505 W. Klft. ioci.

Czerni Vrch, Illirien, ein Berg, 2 St. südl. von Krönau, 801 W. Klft. ioci.

Czerni Vrch, Illirien, ein Berg, südlici von Sotscha, 677 W. Klft. ioci.

Czerniatawa, Galizien, Przemysl. Kr., ein Dorf, zur Kaal. Hrsch. Jaworow geh., 2 St. von Jaworow.

Czerniatyn, Galizien, Czortk. Kr., ein Gut und Dorf, gegen N., mit Horodonka grenzend. woiin es eingepf. ist, 4 St. von Gwozdziec.

Czerniawa, Galizien, Przemysler Kr., ein Dorf, zur Hrsch Mosciska geh., 6 St. von Przemysl.

Czerniawka, Galizien, Przemysler Kr., einz. Häuser, iei Czerniawa, 6 St. von Przemysl.

Czernica, Galizien, Brzezan. Kr., ein der Hrsch. Rozdot geh. Dorf, 6¼ St. von Strzeliska.

Czernica, Galizien, Zloczow. Kr., ein der Hrsch. Brody geh. Dorf, mit einer griech. kathol. Pfarre, 2¼ St. v. Brody.

Czernicz, Böimen, Pils. Kr., ein Dorf, der Stadtgem. zu Pilsen, liegt oieriali dem Fl. Radbusa, gegen S., 4¼ St. von Pilsen.

Czernicz, Böimen, Prachn. Kr., ein Dörfchen, zum Gute Woseletz geh., grenzt mit dem Dorfe Kwasuiowitz und Lazan, 2 St. von Horazdiowitz.

Czernicz, Czirnicz — Böhmen, Budweis. Kr., ein *Dorf*, mit einer Pfarre,
zur Hrsch. Krumau u. Gut Goldenkron,
über der Moldau, 3½ St. von Budweis.
Czernicz, Czerniczky — Böhmen, Taborer Kr., vormals ein *Dorf*, jetzt ein
Jagdschloss und Jägerhaus, d. Hrsch.
Bechin, 2¼ St. von Moldautein.
Czernicz, Gross-, Tschernitz —
Böhmen, Saaz. Kr., ein *Dorf*, z. Hrsch.
Schönhof, mit einer Lokalie, grenzt
gegen O. an Swoitin, 3½ St. von Podersam.
Czernicz, Klein-, Tchernitz, Czer-
nositz — Böhmen, Saaz. Kr., ein *Dorf*,
zur Hrsch. Schönhof, mit einem Schl.,
grenzt gegen O., an Gross-Czernicz,
3 St. von Podersam.
Czernicz, Tschirnitz — Böhmen, Saaz.
Kr., ein der Hrsch. Klösterle unterth.
Dorf, nächst dem Egerfl., zwischen
Schönburg und Aubach, 2¼ St. von Kaa-
den, 3 St. von Saaz.
Czernicz, Tschirnitz — Böhmen, Saaz.
Kr., ein zur Hrsch. Neudorf geh. *Dorf*,
nach Obergeorgenthal eingepfarrt, am F.
des rothen Gebirges, 2 St. von Brüx.
Czernicz Welky, Böhmen, Rakon.
Kr., ein *Gut* und *Dorf*; siehe Tursko.
Czerniczky, Böhmen, Tabor. Kr., ein
Jagdschloss, der Hrsch. Bechin ; siehe
Czernicz.
Czerniczy, Böhmen, Czasl. Kr., ein
Dorf, der Hrsch. Krziwsaudow; siehe
Czernitschy.
Czerniec, Galizien, Sandec. Kr., ein
zur Kaal. Hrsch. Altsandec geh. *Dorf*,
hinter Lacko, 6 St. von Sandec.
Czerniechow, oder Czernikow —
Galizien, Tarnopol. Kr., ein zur Hrsch.
Plotytza geh. *Dorf*, mit einer Pfarre u.
Meierhofe, über dem Flusse Seret, hin-
ter Jankowcze, gegen W., ¼ St. von
Tarnopol.
Czerniechow, Galizien, Sam. Kr.,
ein zur Hrsch. Koniusky geh. *Dorf*, mit
einem Vorwerke und Wirthshause, ist
mit der griech. Kirche nach Zagurze und
mit der latein. nach Sambor eingepfarrt,
nächst Koniusky ; 3¼ St. von Rudky,
5¼ St. von Sambor.
Czerniechowce, Galizien, Tarnopoler Kr., ein *Gut* u. *Dorf*, am Flusse
Gniczna, mit einem Edelhofe, einer
griech. Kirche und Mühle, an einer Anhöhe, 3 St. von Tarnopol.
Czerniejow, Galizien, Stanislaw.
Kr., ein *Gut* u. *Dorf*, mit einer russniak.
Pfarre und Edelhofe, 2 St. von Stanislawow.
Czerniejow, Galizien, Stry. Kr., ein
zur Hrsch. Bukaczowce geh. *Dorf*, mit

einem abgesonderten Vorwerke, einer
eigenen Kirche und Mahlmühle, am Fl.
Swierz, gegen N, nächst dem Marktfl.
Zurawno.
Czerniejow, Mazowieczki — Galizien, Tarnopol. Kr., ein *Gut* und *Dorf*,
mit einem Edelhofe, einer latein. Pfarre
und 2 Mühlen, am Flusse Gniezna, welcher mitten durch das Dorf fliesst, 3 St.
von Tarnopol.
Czerniekow, Tschniekow — Böhmen, Prachin. Kr., ein *Dörfchen*, der
Hrsch. Stiekna, ¼ St. von Strakonitz.
Czernietieze, Tschernietitz — Böh-
men, Prachin. Kr., ein *Gut, Schloss*
und *Dorf*, an dem Bache Wolinka, 3
St. von Strakonitz.
Czernieze, Böhmen, Kaurz. Kr., ein
der Herschaft Böhmisch Sternberg und
Schwarzkosteletz gehöriges *Dorf*, s.
Tscherschenitz.
Czernik, Kroatien, Agram. Gespan.,
im Montan. (Gebirgs) Bezirk, ein zur
Herschaft Grosnik geh. *Dorf*, mit einer
eigenen Gerichtsbarkeit und Lokalpfarre,
liegt an der neuen von der Schiffahrts-
Gesellschaft angelegten Kommerzial-
Strasse, 2 St. von Fiume.
Czernik, Ungarn, ein *Dorf*, Bereg-
ier Komitat; s. Cserník.
Czernik, Kroatien, Jens. der Save,
Karlstädt. Generalat, Ostercz. Bezirk,
eine zum Szluin. Grenz-Regm. Canton
Nro. IV gehörige *Ortschaft* von 10
Häusern, nächst Sztarigrad, 4 St. von
Möttling.
Czernik, Böhmen, Pils. Kr., ein *Dorf*,
der Herschaft Weseritz ; s. Schicnik.
Czernik, Tschernik — Böhmen, Kaurz.
Kr., ein *Dorf*, der Herschaft Kaunitz,
mit einem Meierhofe, 1 St. von Böh-
mischbrod.
Czernikal, Chernikal — Ungarn,
ein *See* im Ottochaner Grenz-Regmts.
Bezirk.
Czernikau, Tschernikau — Böhmen,
Klatt. Kr., ein *Dorf*, der Herschaft
Chudenitz, gegen Westen von Wespra-
wowitz liegend, nach Poliu eingepfarrt,
2 St. von Klattau.
Czernikowicz, Czernikowicze, Gru-
now — Böhmen, Königgr. Kr., ein *Gut*
und *Dorf*, der Herschaft Reichenau, mit
einer Lokalie, einem Lustschlosse mit
zwei Fasangärten und einem Meierhofe,
1 St. von Reichenau, 5 St. von Königgrätz.
Czernikowicze, Böhmen, Königgr.
Kreis, ein *Dorf*, der Herschaft Reichenau ; siehe Czernikowicz.
Czernikowicze, Böhmen, Pils., vor-
ier Rakon. Kreis, ein *Dorf*, der Hersch.

Plass geiör., hinter dem Dorfe Drze-
wecz gelegen, 6¼ St. von Pilsen.

Czernikowitz, Tsciernikowitz —
Böimen, Beraun. Kreis, ein *Dorf*, der
Herscıaft Konopiscit, 2 Stunden von
Bistritz.

Czernilovecz, Czerlenczi — Ungarn,
ein *Dorf* im Agramer Komitat.

Czernilow Czolhanczyszna,
Galizien, Tarnopol. Kr., ein *Gut* und
Dorf, mit einem Edelhofe, iinter dem
Flusse Gniezna, 3 St. von Tarnopol.

Czernilow ruski, Galizien, Tarnopol. Kr., ein *Gut* und *Dorf*, mit einer
griech. Pfarre und einer Mühle, am Flusse
Gnieszna, welcier mitten durci das Dorf
fliesst, 3 St. von Tarnopol.

Czernilow-Ober, Böimen, Königgr.
Kr., ein *Dorf*, der Herscıaft Smirzitz,
bei Libnikowitz, 3 St. v. Königgrätz.

Czernilow - Unter, Böimen, Königgr. Kr., ein zur Herscıaft Smirzitz
geh. *Dorf*, mit einem obrigkeitl. Meierhofe, einer katıoliscıen, einer reformirten und einer evangeliscıen Pfarrkircıe, grenzt gegen Süden an das
Dorf Dewitz, 1¾ St. v. Königgratz.

Czernilug, Kroatien, Komerz. Distr.,
ein *Dorf*, mit einer Eisenerzgrube, 1 St.
von Merkopail.

Czerniluwka, Galizien, Tarnopol.
Kr., ein zur Herscıaft Grzymalow ge-
höriges *Dorf*, mit einer griecıiscıen
Pfarre, 6 St. von Zıaraz, 2 Meil. von
Tarnopol.

Czernin, Mäıren, Znaim.,Kr.,ein zur
Herscıaft Jaispitz geıöriges *Dorf*, mit
einer Kircıe, einem Meierhofe u..einem
alten Rittersaale, unweit Jaispitz, mit
böhm. Einw. 1½ St.von Freinersdorf.

Czernin, Tschernin — Böimen, Beraun.
.Kr., ein *Dorf* zur Herscıaft Königsiof,
grenzt gegen Osten an Zditz, 2 St. von
Beraun.

Czernin, Tschernin — Böhmen, Bidsch.
Kr., ein *Dorf* mit einem Meierhofe zur
Herscıaft Bielohrad, gegen Süden,
an dem Dorfe Lukawetz, 1 ¼ St. von
Horzitz.

Czernin, Tschernin, Czernczin —
Böimen, Czaslauer Kr., ein zur Herscı.
Krzesetitz und Aumonin unterthän. *Dorf*,
3¼ St. v. Czaslau.

Czernina, oder Csernina — Ungarn,
diesseits der Tıeiss, Zemplin. Gespan.,
.Göröginy. Bezirk, ein der adel. Familie Matyasovsky geıöriges *Dorf*, mit
einer kathol. naci Jankocs eingepfarrten Filialkircıe, 4 St. von Nagy-Mihály.

Czernina, Tschernina — Ungarn, diesseits der Tıeiss, Sáros. Gespan., Mar-

kovicz. Bezirk, ein slow. *Dorf*, mit einer
griecıiscı. kath. Pfarre, liegt an dem
Fusse des Berges Makovicza, 2¼ St.
von Orlici.

Czerniow, Galizien, Stryer Kreis,
ein *Dorf*, mit einer Pfarre, zur Ortsobrigkeit Bukaczowce geıörig.

Czerniowicz, Böimen, Klatt. Kr.,
ein *Dorf*, der Herscıaft Czeczowitz; s.
Czarlowicz.

Czerniowitz, Mäıren,IglauerKreis,
ein *Dorf*, zur Herscıaft Pernstein, mit
einer Pfarre, gegen Norden näcıst
Tassowitz, unweit Hodanin, 5 St. von
Goldenbrun.

Czerniówka, Galizien, Kolomeer
Kr., ein *Dorf*, zur Pfarre Sokoľówka
und Ortsobrigkeit Kosow geıörig.

Czernipotok, Chernipotok, Csernipotok — Ungarn, ein *Bach*, im I.
Banater Grenz Regmts. Bezirk.

Czerni Potok, oder Pereu negru —
Galizien, Bukow. Kr., ein der Familie
Cantacuzeno geıöriges *Pfarrdorf*, zwiscıen Felsen und Bergen, an dem Czer-
nipotok-Flusse, 3¼ St. v. Czernowicz.

Czernipotok, Slavonien, Brod. Bezirk, eine zum Brod. Grenz-Regmt. Canton Nro. VII geıörige *Ortschaft* von 14
Häusern, liegt im Geıirge und¯gränzt
mit der Herscıaft Deákovár, 1¼ St. von
Podvin.

Czernischt, oder Czersing, Tsersing
— Böimen, Leitm. Kr., ein *Gut* und
Dorf der königl. Stadt Leitmeritz und
Herscıaft Liıescıitz geıörig. unterth.
Baıina und Winterberg, 1¼ St. von
Aussig.

Czernisko, Böimen, Pracıin. Kr.,
ein *Dorf*, mit einer Lokalie, zur Herscıaft Drachenitz, 2 St. von Brzeznitz,
6 St. v. Rokiczan.

Czernisst, Czerzenischt — Böhmen,
Beraun. Kreis, eine einsame *Hegerei*
der Herscıaft Wottitz, ¼ St. v. Wottitz.

Czernitschy, Czerniczy — Böımen,
Czasl. Kreis, ein *Dorf*, zur Herscıaft
Krziwsaudow geıör., 8 St. v. Stöken.

Czernitz, Böhmen, Prachiner Kreis,
ein *Dorf*, zur Herscı. Ellischau.

Czernitz, Czirnitz — Böimen, Budweiser Kr., ein *Dorf*, mit einer Pfarre,
geh. zur Herscıaft Krumau, 3¼ St. von
Budweis.

Czernitz, aucı Tscıernitz — Mäıren,
Iglauer Kreis, ein *Dorf*, zur Pfarre
Kirci. Mıslau und Herscıaft Teltscı, an
der Taya, mit einer Mühle, bei Plant-
scıen gegen Osten, mit ıöhmiscıen
Einw. 5½ St. v. Schelletau.

Czerniw, Böimen, Leitmeritzer Kr.,
ein zur Hrsch. Libochowitz geıöriges

- *Dorf*, unter Hasenberg, 1¼ St. von Budin.

Czerniuwka, Galizien, Stanislaw. Kr., ein zur Hrsch. Koszow geh. *Dorf*, in der Pfarre Werbowecz, liegt am Bache Chodowka, 1 St. von Kutty, 6 St. von Suyatin.

Czerniza, Illirien, Krain, Görzer Kr., ein *Dorf* mit Pfarre und Postamt.

Czernkovcze, Slavonien, Veröcz. Gespansch., Valpoer Bzk., ein *Dorf* mit einer griech. Kirche, der Herschaft Valpo geiörig, liegt an dem Karassicza Flusse, 4 St. von Eszék.

Czernobara, Ungarn, jenseits der Tieiss, Torontal. Gespanschaft, Török-Kanis. Bzk., ein raitz., der Familie Marzibány gehöriges, mit einer griech. nicht unirten Pfarre verseienes *Dorf*, an der Strasse von Temesvár nach Wien, 1St.v. Mokrin, und 1½ St. von Kanisa.

Czernochow, Tschernochow — Böhmen, Rakonitz. Kr., ein *Dorf* zum Gute Perutz mit einer Filialkircie, hinter Lukow, gegen Nord., 2 St. von Budin.

Czernodub, Czernoduben — Böhmen, Budweis. Kr., ein *Dorf* zur Stadt und Pfarre Budweis, bei Humele, 1¼ St. von Budweis.

Czernogovcze, Cernogovce — Slavonien, Bordian. Bzk., eine zum Gradiscan. Grenz-Regiment Canton Nr. VIII gehörige *Ortschaft* von 16 zerstreuten Häusern, nächst Lecze, 1 St. von Verbova.

Czernohad, Gross-, Tschernheit — Böhmen, Pils. Kr., ein einzelner obrigkeitlicher *Meierhof*, *Wirthshaus* und eine *Schäferei* der Hrsch. Manetin geh., 1¼ St. von Manetin gegen Süd., 4½ St. von Libkowitz.

Czernohad, Klein-, Czernheit — Böhmen, Pils. Kr., ein *Dorf* der Hrsch. Manetin geh., liegt 1½ St. von Manetin über den Scheleß., 3¼ St. von Libkowitz.

Czernoholowá, Ungarn, ein *Dorf* im Unghvárer Komitat; siehe Csernoholowa.

Czernohus, zu Wjsznitza — Galizien, Bukow. Kr., eine *Ortschaft*, zur Pfarre und Hrsch. Wisznitza geiörig.

Czernojezero, Chernojezero, Csernojezero — Ungarn, ein *See* im Ottocianer Grenz-Regiments-Bezirk.

Czernokonce male, Galizien, Czortk. Kr., *Dorf* mit einer Pfarre u. Ortsobrigkeit.

Czernokonc wielkie, Galizien, Czortkow. Kr., ein *Dorf*, zur Pfarre und Ortsobrigkeit Czernokonce wielkie geiörig.

Czernolitz, Böhmen, Beraun. Kr., ein *Gut* und *Dorf*, grenzt gegen Süden an das Gut Rzidka, 4¼ St. von Prag.

Czernoloszce, Galizien, Stanislaw. Kr., eine zur Hrsch. Nizniow geiörige *Ortschaft*, nächst Oleszow, 1 St. von Nizniow.

Czerns, Böhmen, Budweis. Kr., ein *Dorf* zur Herschaft Stobislau und zur Pfarre Draciau, 2 St. von Wessely.

Czernoschin, Tschernoschin, Scierlascin, Scherleschin — Böhmen, Pils. Kr., ein *Markt* mit einer Pfarre, der Hersci. Trievel geh., ist mit einem Postwecisel verseien, und liegt an der Reichsstrasse, zwischen Mies und Plan. Postamt mit:.

Czernoschin, Schörthal, Schönthalmühle, Gasthaus an der Chaussee zum schwarzen Ross, Pitkau, Meierhof sammt Jägerhaus Lowitzen, Meierhof sammt Jägerhaus, Drahowitz, Ooralupp, Wolfersdorf, Strasshäusl, Ellhotten, Trihl, Wolfberg, Jägerhaus, Ruine und Sommerhaus, Sahorsch, Wiesche, Deutsche Mühle, Weletscha Mühl, Habritzen Mühle, Chrmuau, Wesegan, Oarin, Neuwirthshaus, Losau, Ostrowitz, Trihler Mühle, Wirthshaus im Grund an der Chaussee, Hanzendorf, Goldweg, Schleif, Manenfeld, Kochnitz, Rochlowa, Unola, Malowitz, Zwiamau, Rahuasch, Mittowa, Pokoslow, Wellnoschitz, Tirpist, Schweissing, Leukau, Lauter Oscholin, Plesau, Hollin, Laam, Geeintzen,

Czernoschitz, Czernozicz — Böhmen, Königgrätzer Kr., ein *Dorf* der Herschaft Smirzitz, mit einer Mailmüile und einem zertheilten Meierhofe, grenzt an die Dörfer Czaslawek und Semonitz, ¾ St. von Jaromierz.

Czernoschitz, Ober-, Böhmen, Berauner Kr., ein zur Herschaft Königsaal geh. *Dorf*, rechts des Berauns. mit einer Filialkircie, 2½ St. von Prag.

Czernoschitz, Unter-, Böhmen, Beraun. Kr., ein zur Hrsch. Königsaal geiöriges *Dorf*, links an dem Beraun Flusse, 2½ St. von Prag.

Czrnoseky, Böhmen, Leitm. Kr., ein *Dorf*.

Czernosek, Gross-, Tsernosek, Czernosek, Zernoseky — Böhmen, Leitmeritzer Kr,, ein *Gut* und *Dorf* mit einem Schlosse und Lokale, an dem Elbestrom gegen Libociowau, ½ St. von Losositz.

Czernosek. Klein-, Schernosek, Böhmen, Leitmeritz. Kr., ein der Hrsch. Losositz geh. *Dorf*, mit einem Meierhofe und einer Mahlmühle, gegen Norden, ½ St. von Lobositz.

Czernositz, Böhmen, Saaz. Kr., ein *Dorf* der Hrsch. Schönhof; siehe Czernicz (Klein-).

Czernotin, Böhmen, Pils. Kr., ein *Dorf* der Kammeralhrsch. Chotieschau, geg. Süd., ½ St. von Staab.

Czernotin, Mähren, Prer. Kr., ein Dorf mit einer Pfarre und Ortsobrigkeit Weisskirch, mit böhm. Einw.

Czernotitz, Böhmen, Beraun. Kr., ein Dorf zum Gute Milostitz geh., nach Strzemirz eingepfarrt; 2 St. von der Stadt Tabor, 1¾ St. von Sudomirzitz.

Czernovicza, Ungarn, eine *Mühle* im Oguliner Grenz-Regiments-Bezirk.

Czernovtasz, Slavonien, Posegan. Komitat; s. Czerovacz.

Czernow, Böhmen, Tabor.Kr., ein Dorf z. Hrsch. Ober-Czerekwe, 5 St. v. Iglau.

Czernowa, Ungarn, ein Dorf im Liptauer Komitat; siehe Csernova.

Czernowes, Böhmen, Klattauer Kr., ein Dorf zur Hrsch. Seinkau gehörig, grenzet an das Städchen Metschin geg. Nord., 2½ St. von Przestitz.

Czernowes, Böhmen, Leitm., vorher Rakon. Kr., ein der herschaftlichen Raudnitzer Antheil Brossen unterthäniges Dorf, hinter der Elbe gegen Ost. liegend, 2 St. von Ausche.

Czernowetz, Böhmen, Prach. Kreis, ein Dorf, dem Gute Libiegitz geh., 7 St. von Strakonitz,

Czernowicze, Tschernowitz — Böhmen, Saaz. Kr., ein Dorf zur Hrsch. Hagens- und Prunersdorf geh., hinter Kommotau gegen S., 1 St. v. Kommotau.

Czernowier, Mähren, Ollm. Kreis, ein Dorf zur Pfarre und Hrsch. Hradisch, mit böhm. Einw.; s. Czernowier.

Czernowir, Mähren, Iglau. Kr., ein Dorf zur Hrsch. Pernstein; s. Czenwir.

Czernowir, Czernowier — Mähren, Ollm. Kr., ein altes Dorf, zur Hrsch. Hradisch, gegen Süden an die Festung Ollmütz grenzend, ¼ St. von Ollmütz.

Czernowir, Czernowier — Böhmen, Chrud. Kr., ein z. Hrsch. Landskron geh., Dorf, am Adlerfl., 3 St. v. Leitomischl.

Czernowitz, Tschernowitz — Böhmen, Tabor Kr., eine *Herschaft* und *Flecken*, mit einem Schlosse und einer Pfarre, zwischen Cheynow u. Kamenitz, am Czernowitzer Bache, 4 St. v. Tabor.

Czernowitzek, Böhmen, Rakonitz. Kr., ein z. Hrsch. Strzedokluk geh. Dorf, mit einer Kirche, ¼ St. v. Strzedokluk.

Czernowitzer Kreis oder Bukowina; siehe Bukowina, die statistische Beschreibung.

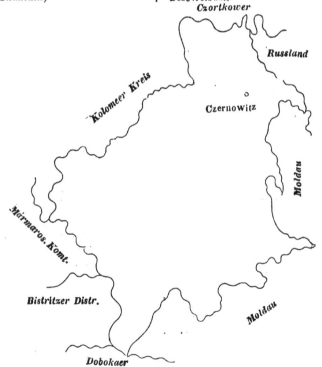

Czernowitz, Tschernowitz — Galizien, Bukow., Kreis, eine *Kreis*- und *Grenzstadt* mit 700 Häusern, worin das Kreisamt des Bukow. Kreises, und Postwechsel zwischen Snyatin und Terescheni, dann Kriminalgericht, Zoll-Inspektorat, ein Dekanat ritus latini und Bisthum Ritus gräce sich befindet, hart an dem Pruth Flusse. Sie hat eine philosophische Lehranstalt, ein Gymnasium, eine Kreis-Hauptschule, ein Lehrinstitut für Hebamen und mancherlei Gewerbe. Der Handel, der hier meistens durch Juden mit der Moldau und Walachei getrieben wird, ist sehr wichtig. Bei der Stadt liegt der Berg Czekzyna, auf welchem vor Zeiten festes Schloss stand. Postamt mit:

Banilla am Sereth, Bohestie, Bronkouts, Budenits, Burdey Biala, Czernauka, Cerina, Ciresch, Chudin, Chahor, Draesznetz, Illynika, Horecze, Jordeneatie, Kaheatie, Kalirsanka, Kammenna. Karapezuc, Kloguczka, Kosteorhtie, Kotulhanzki, Krasna, Koroze, Korowia, kucsurmaze, Leneresie, Ludyhorecze, Lusan, Mamaiesstie, Alt-. Mamaiesztie, Neu, Mihalcze, Mahala, Molodia, Ostrica, Panka, Preszkareny, Rarancz, Reohosna Rosch, Ropcze, Rewna, Sadagura, Stryteckykut, Sradowa, Scherouts, Ober- und Unter-, Schipinetz, Sadki, Storozinetz, Toporouz, Woloka, Zadowa, Zadohrwoka, Zelenau, Zuczka Alt- und Neu-, Meierei.

Czernowitz, Mähren, Iglauer Kreis, ein *Dorf* mit einer eigenen Pfarre, zur Ortsobrigkeit Pernstein gehörig, mit höhm. Einwohnern.

Czernowitz, Mähren, Brünner Kr., ein *Dorf* zur Pfarre Konrowitz und Hrsch. Königsfeld, nächst Chumrowitz, worin es eingepfarrt ist, mit höhmisch. Einwohnern, ½ St. von Brünn.

Czernowka, Böhmen, Kaurž. Kreis, ein *Dörfchen* der Herschaft Schwarz-Kosteletz; siehe Zernowica.

Czerno Wrello, Kroatien, jenseits der Save, Karlstädter Generalat, Blagayer Bzk., nächst Szluin, Grenz-Regiment Canton Nr. IV geh. *Ortschaft* von 17 Häusern, mit einer griech. nicht unirten Pfarre, nächst Czyianovich Berdo, an dem Glina Flusse, 2 Stunden von Voinich.

Czernowy, Böhmen, Leitm. Kr., ein *Dorf* mit einer Kommendatkirche, zum Gute Brazen, ein Antheil des Herzogthums Raudnitz gehörig, liegt an dem rechten Ufer der Elbe, ½ Stunde von Raudnitz.

Czernoziez, Böhmen, Königgrätzer Kr., ein zur Hersch Smirzitz geh. *Dorf*; siehe Czernoschitz.

Czernulek, Tschernutek, Dolnj Czernmulky — Böhmen, Bidschow. Kr., ein *Dorf*, gehört zum Gute Czerekwitz und zur Pfarre Hniewtschowes, 1 St. von Horzitz.

Czernusek, Böhmen, Leitmeritzer Kreis, ein *Gut* und *Dorf*; siehe Czernosek.

Czernutek, Ober-, Böhmen, Königgrätzer Kr., ein zur Hersch..Pržim geh. *Dorf*, grenzt an die Herschaft Sadawer Dorf Kleinitz und Sobiutitz, 2 St. v. Horzitz.

Czernutz, Tschernutz — Böhmen, Leitmer. Kr., ein *Dorf* der Hrsch. Doxan, mit einem Meierhofe, liegt gegen Süd an der Stadt Wellwarn, 2 Stunden von Scilau.

Czernuo, Ungarn, *Berg* im Gömörer Komt.; siehe Csernuo.

Czernuwka, oder Czerniowka — Galizien, Stanislaw. Kr., ein zur Kammeral-Hrsch. Kossow geh. *Dorf*, mit einer russniak. Pfarre, 2 St. von Kutty, 6 St. von Snyatin.

Czernuwka, Mähren, Brünn. Kreis, ein *Dorf* zur Pfarre Dolin und Hersch. Gurein gehörig, nächst Tischnowitz mit höhmischen Einwohnern, 1¼ Stunde von Lipuwka.

Czerny, Czacju — Ungarn, *Dorf* im Sohler Komt.; siehe Csacsin.

Czernya, Ungarn, jenseits der Theiss, Torontáler Gespanschaft, Török-Kanis Bezirk, ein der Familie von Csekonits gehöriges *Dorf*, nach Hatzfeld eingepfarrt, indessen der meiste Theil der Einwohner sich zur griechisch nicht unirten Kirche bekennen, unweit Hatzfeld, 2¼ Stunde von Csadat.

Czerny Hronecz, Ungarn, Sohler Komt.; siehe Hronecz.

Czerny Kostelecz, Böhmen, Kaurzimer Kr., eine *Stadt* und *Herschaft*; s. Kostelecz.

Czernypotok, Ungarn, ein *Dorf* im Beregher Komitate; siehe Feketo-Patak.

Czernypotok, Ungarn, ein einzelnes *Wirthshaus* im Zipser Komitat; siehe Schwartzbach.

Czernypotok, Ungarn, *Dorf* im Ugocser Komitat; siehe Feketepatak.

Czernypotok, Ungarn, ein *Dorf* im Zempliner Komitat; siehe Feketo-Patak.

Czerny-Wáh, Ungarn, ein *Fluss* im Zipser und Liptauer Komitat; siehe Vaguasniger.

Czerny Wodlerad, Böhmen, Kaurzimer Kr, ein *Dorf* der Hrsch. Schwarz-kosteletz, am Walde nahe bei Andrzejow gegen Kammerburg, $3\frac{1}{2}$ St. von Böhmischbrod.

Czerova, Ungarn, diess. der Donau, Neutr. Gespansch., Sakolcz. Bzk., ein *Dorf* der Hrsch. Korlath, mit einer Lokalie der Jabloncza, gegen Ost., 5 St. von Holics.

Czérova, Ungarn, jens. der Treiss, Krassov. Gespansch. und Bzk., ein walachisch. zur Hrsch. Krassov geh. kön. *Kammeral-Dorf* mit einer eigenen Kirche, gegen N. näcist Kolnik, 2 St. von Dognacska.

Czerovacz, Ungarn, *Gegend* im Liccaner Grenz-Regim. Bzk.

Czerovacz, Ungarn, zerstreut liegende *Häuser* im Agramer Komitat.

Czerovacz, Kroatien, jens. der Save, Karlstädter Generalat, Blagayer Bzk., eine zum Szluin. Grenz-Regim. Canton Nro. IV geh. *Ortschaft* von 7 Häusern, liegt näcist Taboristye, 4 St. v. Voinich.

Czerovacz, Kroatien, jens. der Save, Karlstädt. Generalat, Czerovacz. Bzk., eine zum Szluin. Grenz-Reg. Canton Nr. IV geh. *Ortschaft* von 16 Häusern, mit einer katıoliscien Pfarre und einem Bezirke dieses Namens, $3\frac{1}{4}$ St. von Generalski Sztoll.

Czerovacz, Kroatien, jens. der Save, Karlstädt. Generalat, Wukmanich. Bezirk, ein zum Szluin. Grenz-Reg. Canton Nr. IV geh. *Dorf* von 27 Häus., liegt zwiscien Wukmanich und Tusillovich, 3 St. von Voinich.

Czerovacz, Czernovtasz — Slavonien, Posegan. Gespansch., Unt. Bzk., ein zur Kuttjeva u. Pfarre Servete geh., im Mittelpunkte des sogenannten Poseganer Feldes zwiscien Shumanovacz und Rayszavacz liegendes *Dorf*, $1\frac{3}{4}$ St. von Posega.

Czerovczi, Ungarn, zerstreut liegende *Häuser* im Agram. Komit.; s. Cherovczi.

Czerovecz, Ungarn, *Dorf* im Warasdiner Komitat.

Czerovecz, Ungarn, *Dorf* im Warasdiner Komitat.

Czerovicza, Kroatien, Sichelburger Bzk., eine zum Szluin. Grenz-Reg. Canton Nr. IV geh. *Gebirgs-Ortschaft* von 4 Häusern, 4 St. von Jászka.

Czerovlyani, Kroatien, jenseits der Kulpa, Dubicz. Bzk., ein zum 2. Banal Grenz-Reg. Canton Nr. X geh. *Dorf*, mit 69 Häus. und 524 Einw., zur Dubiczer Pfarre, ist an der Hauptpoststrasse, welcıe v. Bumbecsvacha nach Jessenovacz füırt, wosel)st der Jaczenovaczer Damm seinen Anfang nimmt, $\frac{1}{2}$ St. von Dubicza.

Czerovnik, Kroatien, jens. der Save, Karlstädt. Generalat, Oguliner Grenz-Reg. Cant. Nr. III, Plaschkan. Bzk., eine zu diesem Reg. geıör. *Ortschaft* von 10 Häusern, mit einerkathol. Kircıe, näcıst der Josephsthaler Strasse, $\frac{1}{2}$ St. von Generalski Sztoll.

Czerovzkoberdo, Ungarn, *Dorf* im Agramer Komitat.

Czerowe, Ungarn, *Dorf* im Honther Komitat; sieıe Cseri.

Czerowo, Ungarn, *Dorf* im Honther Komitat; sieıe Cseri.

Czersing, Böımen, Leitmer. Kr., ein *Gut* und Dorf der k. Stadt Leitmeritz und Hrsch. Lie)escıitz geh.; s. Czernischt.

Czerszke-Gahicze, Kroatien, Warasdiner Komit.; s. Gahicze - Cserszke.

Czertez, Galizien, Sanok. Kr., ein bei Zabloce am Flusse Sanoczek liegendes, der Hrsch. Besko geh. *Dorf*, $\frac{1}{2}$ St. von Sanok, 4 M. von Jasienica.

Czertez, Galizien, Stryer Kr., ein *Gut* und Dorf mit einer griech. Pfarre, Vorwerken und Mahlmühle am Bache Lutymka, 12 St. von Kallusz, 4 M. von Stanislawow.

Czertikow, Böımen, Budw.Kr., eine *Mahlmühle*)ei Weselno, an einemgrossem Teicıe.

Czertiksdörfel, Böımen, Budw. Kr., ein *Dörfchen* d. Hrscı. Frauen)erg; sieıe Remanitz.

Czertin, Böımen, Budw. Kr., ein *Dorf* zur Hrsch. Krumau, 2 St. von Budweis.

Czertisnje, Ungarn, Unghvár. Komitat; sieıe Csertész.

Czertizne, Ungarn, *Dorf* im Zemplıner Komt.; sieıe Csertész.

Czertjas, Ungarn, zerstreut liegende *Häuser* im Barser Komitat; s. Csertias.

Czértless, Böımen, Budwels. Kreis, ein *Gut*.

Czertorey, Mäıren, Ollm. Kreis, ein *Dorf* zur Pfarre Charavath u. Ortsobrigkeit Toıtscıau geıör., mit ıöımiscıen Einwoınern.

Czértowa Hola, Ungarn, *Berg* im Zipser und Gömörer Komt.; sieıe Csertovahola.

Czertowka, Tschertowka — Böımen, Kaurz. Kr., ein zur Hrsch. Kollin geıör. *Dorf*, 2 St. von Kollin.

Czertyzne, Galizien, Sandec. Kreis, ein zur Kammeral-Hrsch. Muszyna geh. *Dorf* mit einer griech. Pfarre, 11 St. von Sandec.

Czervanecz, Chervanecz — Ungarn, zerstreut liegende *Häuser* im Oguliner Grenz-Reg. Bezirk.

Czervena, Czerkva — Ungarn, 2. Banal Grenz-Reg. Canton; s. Rothkirchen.

Czerwena, Böhmen, Prachin. Kreis, ein *Dorf* der k. Stadt Bergreichenstein; siehe Rothseifen.

Czerwena, Böhmen, Prachin. Kreis, ein *Dorf* mit einer Lokalie der Herrsch. Worlik, südw. im hohen Gebirge, 2 St. von Pisek.

Czerwena Banie, Böhmen, Kaurz. Kr., ein *Meierhof,* unter der Jurisdiction des Gutes Lieben, 1¼ St. von Prag.

Czerwena Hura, oder Hora — Böhmen, Königgr. Kreis, ein *Dorf* zur Hrsch. Nachod, liegt ob d. Flusse Aupa, nicht fern von diesem Orte liegt in einem Thale das ehedem feste Schloss Czerwena Hora, 1¼ St. von Nachod.

Czerwena Hurka, Böhmen, Chrud. Kr., ein zur Hrsch. Rosszitz geh. *Dörfchen;* siehe Hurka.

Czerwena Lhota, Böhmen, Czasl. Kr., ein *Dörfchen;* siehe Lhotsko.

Czerwena Lhota, Böhmen, Rakon. Kr., ein *Meierhof,* der Hrsch. Jeniowes; siehe Lhota (Roth-).

Czerwena Lhota, Böhmen, Tabor. Kr., ein *Gut* u. *Dorf;* s. Lhota (Roth-).

Czerwena stara Rzeczicze, Böhmen, Tabor. Kr., eine *Stadt;* siehe Rzeczicz.

Czerwená Skala, Ungarn, ein *Berg,* im Gömörer Komt.; siehe Cservenaszkala.

Czerwena Tschermessna, Böhmen, Bidsch. Kr., ein *Dorf,* der Hrsch. Miletin geh.; s. Tschermeschna, Roth-.

Czerwená woda, Ungarn, ein *Bräuhaus,* im Liptau. Komt.; s. Csevenawoda.

Czerwena Hahorzy, Böhmen, Tabor. Kr., ein *Dorf,* zur Hrsch. Chotowin; siehe Zahorzy (Roth-).

Czerwenzaki zu Baszniw, Galizien. Zolkiew. Kr., ein *Dorf,* zur Pfr. Borznia und Ortsobrigkeit Lubaczow gehörig.

Czerwenecz, Tscherwenetz, Böhmen, Chrud. Kr., eine einz. *Mahlmühle,* zur Hrsch. Herzmanmestetz, gegen O., führt den Nam. von dem dabei gelegenen Teiche, ½ St. von Chrudim.

Czerweneg, Böhmen, Tabor. Kr., eine *Mahl-* und *Bretmühle,* geh. zur Hrsch. Bechin.

Czerweneg Mlegn, Mähren, Brün. Kr., eine *Mahlmühle,* zur Hrsch. Königsfeld; siehe Rothenteich-Mühle.

Czerwener Mühle, Böhmen, Beraun. K., eine *Mahlmühle,* zur Hrsch. Chlumetz, liegt westwärts, 6 St. von Wottitz.

Czerwenica, Ungarn, ein *Dorf,* im Sáros. Komt.; siehe Veresvágás.

Czerwenica, Ungarn, ein *Dorf,* im Sáros. Komt.; siehe Veresalma.

Czerwenzy, Böhmen, Tabor. Kr., ein *Meierhof* und *Schäferei,* zur Hrsch. Zelcz, hinter Malschitz, 1¼ St. von Tabor.

Czerwenicz, Böhmen, Jungb. Kr., ein *Dorf,* zur Hrsch. Swigan, 1 St. von Liebenau.

Czerweniowes, Czerwenowes — Böhmen, Bidsch. Kr., ein *Dorf,* am Fl. Czidlina, zur Hrsch. Smidar, 3¼ St. von Königstadtel.

Czerweny Augezd, Böhmen, Budweis. Kr., ein *Dorf,* der Hrsch. Frauenberg; siehe Augezdecz (Roth-).

Czerweny Hrad, Böhmen, Königgrätz. Kr., eine *Kreisstadt* und *Festung;* siehe Königgrätz.

Czerweny Hradek, Böhmen, Saaz. Kr., eine *Herschaft* und *Dorf;* siehe Rothenhaus.

Czerweny Janowiczky, Böhmen, Czasl. Kr., ein *Markt;* siehe Janowitz (Roth-).

Czerweny Kámen, Ungarn, ein *Layer,* im Pressb. Komt.; s. Vereskö.

Czerweny Kámen, Ungarn, ein *Dorf,* im Trentschin. Komt.; s. Vereskö.

Czerweny Klásster, Ungarn, ein *Kloster,* im Zipser Komt.; siehe Klástrom (Veres-).

Czerweny Krjs, Ungarn, ein *Wirthshaus,* im Pressb. Komt.; siehe Kereszt (Veres-).

Czerweny Less, Rother Less und Panneska — Böhmen, Kaurz. Kr., ein *Hof* und eine Feldwirthschaft, unter d. Gerichtsbark. des Gutes Lieben, 1¼ St. von Prag.

Czerweny Mlegn, Böhmen, Rakon. Kr., eine einz. *Mahlmühle,* zur Hrsch. Zlowitz; siehe Rothe Mühle.

Czerweny Porzlez, Böhmen, Klatt. Kr., eine *Herschaft* und *Dorf;* siehe Roth-Poritschen.

Czerweny Wessely, Böhmen, Bidschow. Kr., ein *Gut* und *Städtchen; s.* Hochwessely.

Czerwin, Schlesien, Teschn. Kr., ein *Meierhof* und eine Mühle, zur Hrsch. Deutschleithen, zwischen Oberberg und Deutschleithen, am Laafl., 2¼ St. von Mährisch-Ostrau.

Czerwinky, Galizien, Zolkiew. Kr., eine mit dem zur Hrsch. Lubaczow geh. Dorf, Posznia verbundene *Ortschaft,* 7 St. von Hadim.

Czerwona Wola, Galizien, Przemysl. Kr., ein *Dorf,* zur Hrsch. Wysoko geh., am Bacıe Lubaczowka, 2 St. von Sieniawa.

Czerwonka, Galizien, Sanok. Kr., ein der Hrsch. Duniecko geh. Dorf, am Saan Fl., ¼ St. von Duniecko.

Czerwonogrod, Castrum ruırum — Galizien, Czortk. Kr., eine Herschaft und Marktflecken, mit einem uralten Schlosse und einer latein. Pfarre, liegt zwischen Bergen, ½ St. von Czapowce.

Czeryn, Ungarn, ein Dorf, im Sohler Komt.; siehe Cserény.

Czerzke-Gachicze, Ungarn, ein Dorf, im Warasdiner Komitat; siehe Gachicze (Cerzke-).

Czerzen, Böımen, Königgr. Kr., ein Dörfchen, geh. zur Hrsch. Kosteletz, 8 St. von Königgrätz.

Czerzenischt, Böımen, Beraun. Kr., ein Hegerhaus, zur Hrsch. Wottitz; s. Czernisst.

Czerzenitz, Cernice, Tscherschenitz — Böımen, Kaurz. Kr., ein Dorf, geh. zur Hrsch. Böm. Sternberg und Schwarzkosteletz, 4 St. von Bistritz.

Czerzow, Böımen, Bidsch. Kr., ein einz. Haus, geh. zur Hrsch. Rumburg und zur Pfarre Gitscıin.

Czeschkowitz, Mähren, Brün. Kr., eine Schäferei, zur Hrsch. Blansko geh., 4 St. von Lipuwka.

Czeschnowicz, Czessniowicze — Böımen, Budw. Kr., ein Dorf, zur Hrsch. Frauenberg geh., an der Strasse von Wodnian nach Budweis, 2 St. von Budweis.

Czeschowitz, Böımen, Beraun. Kr., ein Dorf, geh. zur Hrsch. Mnisciek.

Czeschtin, Böımen, ein Gut, im Czaslauer Kreise.

Czeschtin, Böımen, ein Dorf, im Klattauer Kreise.

Czeselitz, Böımen, ein Gut, im Bunzlauer Kreise.

Czeská Brezowa, Ungarn, ein Dorf, im Neograd. Komt.; siehe Brezó (Cseh-).

Czeska Brusnicze, Böımen, Bidscıow. Kr., ein Dorf, der Hrsch. Arnau geh.; siehe Prausnitz.

Czeska Kamenicze, Böhmen, Leitmeritz. Kr., eine Herschaft und Stadt; siehe Kamnitz. (böhm.)

Czeska Krzemelicze, Böımen, Kaurz. Kr., eine Herschaft und Markt; siehe Sternberg. (böhm.)

Czeska Lipa, Böımen, Leitm. Kr., eine Stadt, der Hrsch. Neuscıloss; s. Leipa. (böhm.)

Czeska Ohrazena, Böımen, Budw. Kr., ein Dorf, z. Stadt Budweis; siehe Baumgarten. (böhm.)

Czeska Porsetz, Böımen, Bidsch. Kr., ein Dorf, der Hrsch. Kumburg Aulibicz; siehe Proscıwitz. (böhm.)

Czeska Skalicze, Böımen, Königgr. Kr. ein Städtchen, der Hrsch. Naciod; sieıe Skalitz (Gross-).

Czeska Trzebowa, Böımen, Chrud. Kr., ein Marktflecken, d. Hrsch. Landskron; s. Trıiau, Böımisci-.

Czesky Brod, Böımen, Kaurz. Kr., eine k. Stadt; siehe Brod. (böhm.)

Czesky-Budiegowicze, Böımen, Budw. Kr., eine Berg- und Kreisstadt; siehe Budweis. (böhm.)

Czesky Dub, Böımen, Jungb. Kr., eine Stadt und Herschaft; siehe Aicıa. (böhm.)

Czesky Hermanicze, Böımen, Chrud. Kr., ein Pfarrdorf, zur Hrsch. Leitomiscıl; sieıe Hermanitz. (böhm.)

Czesky Lhoticz, Böımen, Cırud. Kr., ein Dorf, der Hrsch. Nassaberg, geh.; siehe Lhotitz. (böhm.)

Czesky-Richnow, Böımen, Budw. Kr., eine Stadt; s. Reicıenau. (böhm.)

Czeske-Herschlag, Böhmen, Budweis. Kr., ein Gut; s. Hörschlag. (böhm.)

Czesky-Kybny, Böımen, Chrud. Kr., ein Dorf, der Hersciaft Ricıenburg; s. Ribna (böhm.)

Czesky Sternberg, Czeska — Böhmen, Kaurz. Kr., eine Herschaft und Markt; s. Sternberg (böhm.)

Czeslicz, Böımen, Kaurz. Kreis, ein Dorf zum Gute Pruhonitz; s. Czeslitz.

Czeslitz, Tscheslitz, Nestlitz, Sesslicze — Böımen, Kaurz. Kr., ein Dorf zum Gute Pruhonitz, mit einer Pfarre, liegt vom Dorfe Pruhonitz gegen Osten, 1¼ St. von Jessenitz.

Czesniky, Galizien, Brzezan. Kr., eine Herschaft und griecıisci- kathöl. Pfarrdorf, 5 St. von Knihenicze.

Czessniowicze, Böımen, Budweis. Kr., ein Dorf der Herschaft Frauenberg; s. Czeschnowicz.

Czessnowitz, Böımen, Budw. Kr., ein Dorf.

Czessow, Böımen, Bidsch. Kr., ein Dorf, der Herscıaft Welisci; sieıe Tscheschow.

Czestawice, Galizien, Bocıın. Kreis, ein Gut und mit dem Orte Cerekiew vereinigtes Dorf, an dem Raba Flusse, 3 St. von Bocınia.

Czesticz, Tscheslitz — Böımen, Königr. Kr., ein zur Herschaft Czaslalowitz geh. Dorf, am Adlerflusse, gegen Süden unweit dem Dorfe Horka liegend, 4¼ St. von Königgrätz.

Czestliz, Tschestitz — Böhmen, Prachin. Kr., ein Gut, Schloss und Dorf, mit

einer Pfarre, unter Wolin, gegen Przet-
scien gelegen, 3 St. von Strakonitz.

Czestin, Böimen, Kaurz. Kr., ein zur Hersci. Jankau geröriges *Dörfchen*, 2 ½ St. von Wotitz.

Czestin, Ober-, Czestin Kostel — Böimen, Czasl. Kr., ein *Marktflecken* mit einer Pfarre und altem Scilosse, zur Hersciaft Katzow geh., geg. Zbras-lawita liegend, 4 St. v. Czaslau.

Czestin Kostel, Böimen, Czasl. Kr., ein *Marktflecken*, zur Hersciaft Ka-tzow; s. Czestin.

Czestin Neu-, Neu Tschestin — Böh-men, Klatt. Kr., ein *Gut* und *Dorf*, mit eiuem Scilosse und Meierhofe, 2 St. v. Klattau.

Czestitze, Böhmen, Praci. Kreis, ein *Dorf*.

Czeszar Grad, Kroatien, Warasdin. Komt.; siere Császárvár.

Czeszaricza, Kroatien, jens. der Sa-ve, Karlstädt. Generalat, Likau. Bezk., ein z. Liccauer Grenz Regim. Caut. Nr. I Igehöriges, naci Carlopago eingepfarrt. *Dorf* von 26 Häusern, mit einer Kirche, liegt au dem Meeriafeu nächst der Otto-ciau. Grenze, 2 St. v. Carlopago.

Czeszezitze, Ungarn, Abaujvár. Komt.; s. Szeszta.

Czestieza, Kroatien, diess. der Save, Warasdiner Gespan., Ob. Campest. Bzk., ein zur Hersciaft Radovecz geh., naci Krisovlyau eingepfarrtes *Dorf*, an der Poststrasse, 1½ St. von Saurich.

Czetechowitz, Mähren, Hrad. Kr., ein *Gut* und *Dorf*, bei Zdaunek und Strzilek, mit einem Scilosse, Meieriof und Mahlmühle, mit böhm. Einwoiuern, zur Pfarre Estrzillek, 3¼ St. von Krem-sir, 4 M. v. Wisciau.

Czétény, Cytjuo, Gross und Klein — Ungarn, ein Dorf, im Neutraer Komitat.

Czeteryboki iei **Podemszczy-zna**, Galizien, Zolkiew. Kr., eine *Ort-schaft*, zur Pfarre und Ortsobrigkeit Podemszczyzna geiörig.

Czetin, Zettin — Böimeu, Berauu. Kr., ein *Dorf*, der Herscıaft Milin, ⅓ St. gegen Osten von Bohostitz, 2¼ St. von Przibram, 6 St. von Zditz.

Czetkowitz, Mähren, Brüu. Kreis, ein *Dorf*, zur Hersciaft Schebetau, mit einer Pfarre, unweit Gewitsci iinter dem Dorfe Okrauhla, gegen Norden im flacieu Laude, 3 St. von Goldenbrunn.

Czetno, Ober-, Böimeu, Juugn. Kr., ein *Dorf*, zum Gut Nimiersitz, ai dem Dörfcieu unter Czetno, 2¼ St. von Jungbunzlau.

Czetno, Unter-, Böhmen, Jungb. Kr., ein *Dorf*, theils der Hersch. Gross-

Bezno, tieils dem Gute Nimiersitz geh., 2 St. von Jungbunzlau.

Czetnaw, Böhmeu, Jungbunzl. Kreis, ein *Dorf*, der Hrsch. Münchengrätz, 3 St. v. Müncheugrätz.

Cztnów, Zetteu — Böhmen, Jungb. Kr., ein *Dorf* der Hrsch. Weisswasser, 2¼ St. von Hüuerwasser.

Czetoras, Böhmen, Tabor. Kr., ein *Dorf*, mit einer Pfarre, zur Herscıaft Pazau, nächst dem Gute Woditz. 5 St. vou Tabor.

Czettin, Kroatien, jeus. der Save, Karlstädt. Generalat, Ladjevacz. Bezk., eine zum Szluin. Grenz-Regmt. Canton Nro. IV geiörige *Ortschaft*, von 13 Häusern, mit einem Schlosse, 4 St. von Voiuich.

Czettinski Város, Kroatien, jeus. der Save, Karlstädt. Generalat, Lad-jevacz. Bezk., ein zum Szluin. Grenz-Regmt. Canton Nro. IV gehöriges *Dorf* von 47 Häusern, mit einer kati. Kircie, liegt nächst dem Scilosse Czettin, 4 St. von Voiuich.

Czetule, Zedule — Böimen, Tabor. Kr., ein *Dörfchen*, zum Gute Gross-Chischka, 6 St. von Tabor.

Czétzke, Ungarn, Bih. Komitat, ein *Dorf*, mit 54 Häus. u. 329 Einw.

Czetulp, Böimen, Tabor. Kreis, ein *Dorf*.

Czeykow, Ungarn, ein *Dorf*, im Bar-ser Komitat; s. Csejkö.

Czeyczowicze, Böimeu, Klatt. Kr., eine *Herschaft* und Dorf; siere Cze-czowicz.

Czewolitz, Böimen, Berauu. Kreis, ein *Dorf*.

Czezemicz, Böhmeu, Chrud. Kr., ein *Markt*, zur Kammeralherschaft Pardu-bitz; s. Sezemecz.

Cziabelitz, Röimen, Czasl. Kr., ein einzeluer *Meierhof* zur Hersci. Katzow, uuweit Katzow, 4¼ St. vou Czaslau.

Cziakow, Böimen, Prachiner Kr., ein *Dorf*, geiört zur Hrsci. Worlik.

Cziakowicz, Klein-, Czakowi-czek, Tsciakowitz — Böimen, Kauržim. Kr., ein *Dorf* der Herscıaft Brandeis, 2¼ St. von Brandeis.

Czibak, Czibakháza — Ungarn, Pester Komt., ein *Praedium*.

Czitény, oder Sitin — ein Arm des Flusses Neutra in Ungarn, der mit der Neutra eine Insel bildet, und sich bei bischöfl. Neustadtl mit ihr wieder ver-elniget.

Czibakháza, Ungarn, diesseits der Tieiss, Hevess., eigentlici äussere Szol-noker Gespausch., Theiss. Bezirk, ein

Markt mit 310 Häusern u. 1753 Einw., mit einer eigenen Pfarre, der adeligen Fam. Földváry geh., zwischen Földvár und dem Tieiss Fl., 3 St. von Szólnok.

Czibava, Ungarn, Unghvár. Komt.; sieie Tyba.

Czibin, Siebenbürgen, ein *Fluss*, entspringt aus meiren Quellen im Szelister Geirge, gleich über der Baumlinie, welcie Quellen zwei ziemlich grosse Teicie bilden — den kleinen und grossen Insure, die fast eine Stunde weit von einander entfernt sind. Drei Stunden unterhalb vereinigen sich die Ausflüsse beider ober Gararon, dann nimmt der Fluss seine Riciung naci Hermannstadt, dem er den lateiniscien Namen Cibienum (ungar. Szeben) gibt, vorbei, und fällt unweit des rotien Thurms in den Alt Fluss.

Czibistel, Böimen, Budweiser Kr., ein *Dorf*.

Czibles, Czibleo — Ungarn, Mármaroser Komt., ein *Berg*.

Czibotin, Böimen, Czaslauer Kr., ein *Dorf* der Hersciaft Frauential; sieie Seibendorf.

Czibrzich, Böimen, Chrud. Kr., ein *Dorf*, der Hersciaft Nassaberg; siehe Trzibrich.

Czieblsch, Böimen, Saazer Kr., ein *Dorf*, geiört zur Hersciaft Klösterle, ¼ St. v. Klösterle.

Czibus, Böimen, Königgr. Kr., ein zur Hersciaft Smirzitz geh. *Dorf*, mit einer Pfarre, grenzt gegen Norden an dem Dorfe Augezd, 1 St. v. Königgrätz.

Czichalowa, Böimen, Ellbogn. Kr., ein *Dorf*, der Hersci. Udritsci; sieie Sichlau.

Czichau, Mairen, Iglauer Kreis, ein *Dorf*, zur Pfarre Hemaltitz und Ortsoirigkeit Piruitz geiörig, mit böimisci. Einwoinern.

Czichow, Czihow, Czihlow — Mähren, Hradischer Kr., ein *Dorf* der Hrsch. Brumow, 2½ Meile von Brumow.

Czichowitz, Mairen, Ollmütz. Kr., ein *Dorf* zur Hersci. Plumenau; sieie Czechowitz.

Czichowka, Böimen, Beraun.Kreis, eine *Einschichle*, zum Gute Janowitz bei Liotta, 1¼ St. v. Wottitz.

Czichtieze, Chichtitz — Böimen, Praciin. Kreis, ein *Gut* und *Dorf*, der Hersci. Liebiegicz, 1½ St. von Wodnian, 4 St. von Pisek.

Cziemany, Ungarn, ein *Dorf*, im Trentschiner Komit.; s. Csicsmán.

Czicowka, Ungarn, ein *Bach*, im Zempliner Komit.; s. Csicsóka.

Czicwa, Ungarn, eine *Ruine*, im Zemplin. Komit.; s. Csicva.

Cziezenieze, Böhmen, Prachin. Kr., ein *Dorf*, zur Hersci. Frauenberg und Protiwin; s. Cziczenitz.

Cziezenitz, Cziczenicze — Böimen, Praci. Kr., ein *Dorf*, zur Hersciaft Frauenierg und Protiwin, 2 St. v. Wodnian, 4 St. von Pisek.

Cziezowa, Tschitschowa — Böimen, Königgr. Kr., ein neugebautes *Dorf*, aus einem zerstückten Meierhofe, des Gutes Jeleny, 1½ St. von Hollitsch.

Cziezowicz, Böimen, Tabor. Kreis, ein *Dörfchen*, zur Hersciaft Mühlhausen, 3 St. von Tabor.

Cziezwitz, Böimen, Rakon. Kreis, ein *Dorf*, wovon ein Tieil zu den Obristburggräflichen Amtsgütern, der andere Tieil zur Hersciaft Tuchomierzitz geh., ¼ St. von Strzedokluk.

Cziezerowce, Ungarn, Unghvár. Komitat; s. Csicser.

Czidlin, Mairen, Znaim. Kr., ein *Dorf*, zur Pfarre Baitz und Hersciaft Lessonitz, mit böimisciien Einwoinern; s. Czilina.

Czidlina, Zidhina — Böimen, Bidsch. Kreis, ein *Dorf*, am Ursprung des Flusses Czidlina zur Hersciaft Miltschowes, 1½ St. v. Gitsciin.

Czidlina, insgem. Czidlin — Mairen, Znaim. Kr., ein *Dorf*, zur Hersciaft Lessonitz, unweit diesem Dorfe, 1¼ St. v. Mairisci-Budwitz.

Czidlina, Böbmen, ein *Fluss*, entspringt im Bidsch Kr., bei dem Dorfe Czidlina, fliesst gegen Norden, bespühlt den Kaurzimer Kr., bei dem Dorfe Sau, keirt dann wieder in seinen Geiurtskreis zurück, und fällt bei Libicz in die Elbe.

Cziechowa, Mairen, Hrad. Kr., ein *Dorf*, zur Hersciaft Krzizanau; sieie Cichof.

Cziedt, Siebenbürgen; siehe Szász-Vesszód.

Cziezowitz Gross, Böimen, Rak. Kr., ein *Dorf*, zur Hersciaft Tuchomierzitz, ¼ St. von Strzedokluk.

Cziezowitz Klein, Böimen, Rak. Kr., ein *Dorf*, zur Hersciaft Tuchomierzitz, ¼ St. von Strzedokluk.

Czicklin, Galizien, Jasl. Kreis, ein *Dorf*, mit einer Pfarre und Ortsobrigkeit.

Czicklinska Wola, Galizien, Jasl. Kr., ein *Dorf*, zur Pfarre und Ortsobrigkeit Cieklin geiörig.

Czifárz, Ungarn, ein *Dorf*, im Barser Komitat; s. Csiffár.

Cziffer, Cyfer, Ziffer — Ungarn, diess. der Donau, Pressburg. Gespan., Tyrnau. Bezirk, ein den Grafen Zichy gehörig. *Urbarial-Markt*, mit 210 Häus. u. 1230 Einwohnern, mit einer Pfarre, nahe bei Bakony, 1 St. v. Tyrnau.

Czigánd, Kis-, Ungarn, diess. der Theiss, Zemplin. Gespansch. und Bezk., ein mehren Dominien gehör., mit Nagy-Czigand zusammenhängendes *Dorf*, mit einer Mahlmühle, liegt an der Theiss, 4 St. von Ujhely.

Czigand, Nagy-, Ungarn, diess. der Theiss, Zemplin. Gespan. und Bezirk, ein mit Kis-Czigand zusammenhängendes *Dorf*, mit einem helvetischen Bethause, liegt an der Theiss, 4 St. von Ujhely.

Cziganovicza, Ungarn, zerstreut liegende *Häuser*, im Agramer Komitat.

Cziganowcz, Ungarn, Unghv. Kom.; s. Czigányócz.

Czigánsák, Ungarn, ein *Weingebirge*, in der Szalader Gespan., im Muraközer Bezirk, den Grafen Festetics gehörig.

Cziganschák, Ungarn, jens. der Donau, Zal. Gesp., Muraköz. Bzk., eine bewohnte, zur gräflich Festetics'schen Herschaft Csáktornya u. Pfarre Strido geh. *Weingebirgegegend*, 3 St. von Csáktornya.

Czigány, Cygán — Ungarn, ein *Berg* im Gömörer Komitat.

Cziganyesd, Ungarn, jenseits der Theiss, Bihár. Gespan., Belényes. Bzk., ein zur Bisth. Hersch. Belényes geh. walach. *Dorf*, mit 15 Häus. und 131 Einwohnern, einer griech. nicht unirten Pfarre, 10 St. von Gross-Wardein.

Czigányfalva, Czigányesd, — Ungarn, jenseits der Theiss, Bihár. Gespan., Wardein. Bezirk, eine zum Theil zur Herschaft Élesd gehörige walach. *Ortschaft*, mit 42 Häus. und 252 Einw., einer griech. nicht unirten Pfarre, liegt nächst Bogdány Sóvárhegy, 1 St. von Telegd.

Czigányi, Zigeunerdorf, Tzigan — Ungarn, Mitt. Szólnok. Gespanschaft, Inn. Kr., Zilah. Bezirk, ein mehreren Grundherschaften gehör. walach. *Dorf*, mit 339 Einw., einer griech. unirten Pfarre, gegen Norden, 1 St. von Zilah.

Czigány-Szent-György, Siebenbürgen; siehe Maros-Szent-György.

Czigányócz, Cziganowce — Ungarn, diess. der Theiss, Unghvár. Gespansch., Szeredny Bezk., ein zur königl. Kaal. Herschaft Unghvár und Pfarre Nagy-Latzy geh. *Dorf*, mit warmen Bädern und den hiezu nöthigen Gebäuden, in einem von Wäldern umgebenen Thale, unweit Denglaz, ⅛ St. von Unghvár.

Czigel, Ungarn, diesseits der Donau, Neutr. Gespan., Baymócz. Bezirk, ein *Dorf*, den Grafen Pálffy, ehem. zur Pfarre Prividi, nun zur Lokalkaplanei Szebredrass gehörig, bei Prividi, am Fusse des Gebirges, 1¼ St. von Bajmócz.

Czigelka, Cygelka, Ungarn, diess. der Theiss, Sáros. Gesp., Szektsőer Bezirk, ein slowak. *Dorf*, mit einer griech. kath. Pfarre und guten Sauerbrunnen, 2⅛ St. von Bartfeld.

Czigla, Cygla, Ungarn, diess. d. Theiss, Sáros. Gespansch., Makovicz. Bezirk, ein den Grafen Szirmay gehörig. slowak. *Dorf*, mit einer griech. kathol. Kirche, liegt gegen Galizien, 2¼ Stunde von Bartfeld.

Czigléd, Ungarn, jenseits der Donau, Komorn. Cespan., Udvard. Bezirk, ein einzelnes *Wirthshaus*, mit einer Kapelle, unter dem Weingebirge Kürt, 5 St. von Komorn.

Cziglen, Zingeln, Csiklán — Ungarn, Mitt. Szoln. Gesp., Inn. Kr., Zilah. Bzk., ein zur Vesselényi. Herschaft Sibo geh. walach. *Dorf*, mit 190 Einwohnern einer griechisch unirten Pfarre, 2⅛ St. von Zilah.

Cziglena, Kroatien, diess. der Save, Warasdiner Generalat, Proiszto. Bzk., ein zum St. Georger Grenz-Regiments Kanton Nr. VI geh. *Dorf* von 32 Häus., mit einer Gemeinde-Schule kathol. Pfarre und einer Mühle, 2 St. von Bellovár.

Czigleniczа, Kroatien, diesseits der Save, Warasdin. Generalat, Vukovier Bzk., ein zum Kreutz. Grenz-Reg. Kant. Nr. V geh. *Dorf* von 26 Häus., mit einer Mühle, nächst Kapelicza und dem Illova Flusse, 5 St. von Novszka, und 9 St. von Bellovár.

Czigleniczа, Kroatien, diesseits der Save, Warasdiner Gespansch., Unt. Zagorianer Bzk., ein zur Gemeinde Mirkovecz, nach Szveti Kris eingepfarrtes *Dorf*, 7 St. von Agram.

Cziglenik, Ciglenik — Slavonien, Rathoviczer Bzk., eine zum Gradiscauer Grenz-Regim. Kanton Nr. VIII gehör. *Ortschaft* von 21 Häusern, am linken Ufer der Orlyava, ⅛ St. von Oriovacz.

Cziglenik, Ciglenik — Slavonien, Poseganer Gespansch., Unt. Bzk., ein *Dorf*, der Hrsch. Kuttjeva, zur griech. nicht unirt. Pfarre Vettovi geh., unweit Poreche u. Zarilacs, 3 St. von Posega.

Czigolkaruth, Ungarn, ein *Dorf*, im Sároser Komt.; siehe Czigelka.

62 *

Czigoro, Ungarn, jenseits der Teiss, Békés. Gespansch. und Bzk., ein mit Rohr bepflanztes *Praedium*, dessen sich die Einwoiner des Dorfes Vésztő bedienen.

Czigou, Siebenbürgen, Dobok. Komt.; siere Szász Czegő.

Czigowitz, Böimen, Chrudimer Kr., ein *Dorf*, der Kaal. Hrsci. Pardubitz; siere Cziwicz.

Czigrovecz, Kroatien, diesseits der Save, Warasd. Gespausch., Ob. Zagorianer und Kostell. Bzk., ein unter verschiedene Grundherrschaften geh. *Dorf*, nach Légrád eingepfarrt, 8 Stunden von Agram.

Czihadka, Böimen, Jungbunzl. Kr., ein *Dörfchen*, der Hrsch. Münchengrätz, ¼ St. von Münchengrätz.

Czihadla, Böimen, Jungbunzl. Kr., ein *Schloss*, der Hrsch. Benatek; siere Hieronimberg.

Czihak, Tschihak — Böhmen, Königgr. Kr., ein *Dörfchen*, zur Hrsci. Seuftenberg geh., ober Klösterle, an der äussersten glazischen Grenze, 6 St. von Reicienau, 5 St. von Königgrätz.

Czihalin, Mäiren, Iglauer Kr., ein *Dorf*, zur Hrsch. Trebitsch und Pfarre Liota, mit böhm. Einw., gegen N. unweit Liota, 1 Meile westuordw. von Trebitsci, 5¼ St. v. Mäirisci-Budwitz und Grossmeseritsch.

Czihalka, Böimen, Tabor. Kr., ein *Jägerhaus*, der Stadt Pilgram gehörig, 2 St. von Pilgram, 8 St. von Neuiaus.

Czihalski Kopey, Mäiren, *Kogel*, ¼ St. südöstl. vom Dorfe Czihalni, 308 W. Klft. über dem Meere.

Czihan, Böimen, Klatt. Kr., ein zur Hrsch. Teinitzl geh. *Dorf*, gegen Osten liegend, 3 St. von Klattau.

Czihana, Tschihana — Böimen, Ellbogner Kr., ein *Dörfchen*, der Hrsch. Crisci, 1 St. von Libkowitz.

Czihana, Tschihana — Böimen, Pilsn. Kr., ein *Pfarrdorf*, zum Gute Krukanitz geh., hat einen guten Müilsteinbruci, und liegt auf der Strasse von Tepl naci Pilsen, nordw. 4 St. von Mies. Pferdeweciel.

Czihelna, Böimen, Crud. Kr., eine *Ziegelhutte* nebst einigen Chaluppen, bei dem Dorfe Swoischitz, zur Hrsch. Cioltitz, 3¼ St. von Cirudim.

Czihlow, Mäiren, Hrad. Kr., ein *Dorf*, der Hrsch. Brumow; siere Czihow.

Czihost, Tschihoscht — Böimen, Czaslauer Kr., ein *Dorf*, mit einer Pfarre der Hrsch. Ledecz, 3 St. von Jenikau.

Czihow, oder Czihlow, naci der ält. Schreibart Cicıow — Mäiren, Hradischer Kr., ein *Dorf*, zur Hrsch. Brumow geh., 2½ St. von Brumow, 1½ St. von Hradisch, 8 Meil. von Wischau.

Czihow, auci Czuhäu, Mäiren, Igl. Kr., ein *Dorf*, zur Hrsch. Pirnitz am Iglaflusse, 2¼ St. von Stannern.

Czihow, auch Tschichow — Mähren, Iglauer Kr., ein *Dorf*, der Hrsch. Trebitsci, seitw. Czihalin, am Iglava Fl., 6¼ St. von mähr. Budwitz oder Grossmeseritsci.

Czihowicz, Böimen, Budw. Kr., ein *Meierhof*, der Hrsch. und Pfarre Moldauteiu, ¼ St. von Moldauteiu.

Czihowicz, Böimen, Chrud. Kr., ein *Dorf*, der Kaal. Hrsci. Pardubitz; siehe Cziwicz.

Czihowitz, Böhmen, Czasl. Kr., ein der Hrsch. Selau unti. *Dorf*, unweit Koscietitz, gegen Ost., 9 St. von Iglau.

Czik, Siebenbürgen, Unt. Thorenburg, Komt.; siere Czikud.

Czikanka, Böimen, Chrud. Kr., ein der Hrsch. Nicheuburg geh. *Dorf*, liegt an d. mäirisch. Grenze und am Schwarzawa Flusse, es befindet sich alda ein Hochofen sammt Schicitmeisters-Gebäude, 7 St. von Cirudim.

Czikanka, Mäiren, Iglauer Kr., ein *Dörfchen*, der Pfarre Heralitz u. Hrsch. Neustadl geh., mit böhm. Einw.; siehe Zigauka.

Czikay, oder Cziku y — Mähren, Igl. Kr., ein *Dorf*, zur Hrsch. und Pfarre Saar, mit böhm. Einw., 8 St. von Iglau und 6 St. von Grossmeseritsch.

Czike, Ungarn, ein *Praedium* im Neutraer Komt.; siere Szike.

Cziken, Klein Cziken — Ungarn, Eisenburg. Komt.; siehe Kis-Cziklin.

Czikendál, Zickenthal, oder Ziegential, Czitjendjal — Siebenbürgen, jens. des Alt Fl., Leschkircher Stuil, ein freies walaci. *Dorf*, mit 538 Eiuw., einer griech. unirten und nicit unirten Pfarre, liegt an der Landstrasse, zwiscien Gebirgen in einem Tiale, 3 St. von Bornbach.

Czikeou, Siebenbürgen; siehe Tzikó.

Cziklasowicz, Böimen, Tabor. Kr., ein *Dorf*, zur Hrsch. Chaustnik, nácist dem Dorfe Psarow, 2½ St. von Koschitz.

Czikles, Ungarn, ein *Dorf* im Oedenburger Komitat; siehe Siglos.

Cziklin, Kis-, Klein Cziken — Ungarn, jenseits der Donau, Eisenb. Gespauschaft, Günser Bezirk, ein deutsches *Dorf* der Pfarre Pinka Miske, am Czikken Flusse, zwischen Vappendorf und Keresztes, mit 21 Häus. und 136 Einw.,

2½ St. von Stein am Anger, und 3¼ St. von Güns.

Czikiin, Czikn, Sáros-, — Ungarn, ein *Dorf* im Eisenburger Komitat; s. Zieken.

Czikiin, Németh-, Ungarn, jens. der Donau, Eisenb. Gespansch., Güns. Bzk., ein deutsches *Dorf* der Herschaft Vörösvár und Pfarre Szt. Márton, zwischen Bergen, am Bache Cziken, bei Oláh-Czikiin, mit 43 Häuser und 204 Einwohnern, 4 St. von Güns.

Cikiin, Czikn, Vas-, — Ungarn, ein *Dorf* im Eisenburger Komitat; siehe Zicken (Eisen-).

Czikiin, Oláh-, deutsch: Spitz genannt — Ungarn, jenseits der Donau, Eisenburger Gespansch., Güns. Bzk., ein kroat. *Dorf* der Hrsch. Vörösvár und Pfarre Szt. Márton, zwischen mittelmässigen Gebirgen, unweit Kethely, mit 52 Häuser und 308 Einw., 3¼ St. von Güns.

Czikioda, Siebenbürgen, Udvarhelly. Stuhl; s. Siklód.

Czikmántor, Zuckmantel, Czikmandre — Siebenbürgen, Kokelburg. Gespansch., Ob. Kr., Zagorer Bezirk, ein mehreren Grundherschaften gehöriges, in einem Thale liegendes, von Sachsen und Walachen bewohntes *Dorf*, mit 444 Einwohnern, einer evangelischen Pfarre, ½ St. von Nagy-Kend.

Czikny, Mähren, Igl. Kr., ein *Dorf* zur Hrsch. Saar; s. Czikay.

Cziko, Siebenbürgen; s. Szikó.

Cziko, Ungarn, ein *Dorf* im Toluaer Komitat.

Czikó, Ungarn, jenseits der Theiss, Szatmár. Gespanschaft, Krasznaköz. Bezirk, ein eigentlich im Kövár. Bezirk liegend, aber hieher gezähltes *Dorf*, verschiedenen adel. Familien gehörig, mit einer griech., kathol. und reformirten Kirche, 5 St. von Nagy-Károly.

Czikaháza, Ungarn, diesseits der Theiss, Gömör. Gespansch. und Serkier Bezirk, ein *Praedium*, unweit Rimaszét.

Czikola, Czikolka, Cykolka, — Ungarn, ein *Jägerhaus* im Presburger Komitat.

Czikola, Ungarn, jenseits der Donau, Stuhlweissenburger Gespansch., Csákvár. Bezirk., ein zur Herschaft und Pfarre Adony gehöriges *Landgütchen*, gegen Westen, nächst dem Prädium Uj-Falu, gegen Osten, 1 Stunde von Adony.

Czikotta, Cikota — Slavonien, Poseg.-Gespansch., Ob. Bzk., ein nach Bucse

eingepfarrtes, zur Hrsch. Pagrácz gehöriges *Dorf*, gegen Süden, an einer Kette von Bergen und Wäldern, wodurch das Posegan. Komitat von den Grenzen getrennt wird, 2½ St von Pakrácz, 4 St. von Posega.

Czikow, Mähren, Znaim. Kr., ein *Dorf*, zur Pfarre Tassau und Herschaft Namiescht, mit böhm. Einw., 1½ St. von Gross-Bitesch.

Czikwaska, Zikwaska — Böhmen, Bidsch. Kr., ein *Dorf* ob dem Flusse Iser, zur Hrsch. Kumburg Aulibitz, unweit Koschtialow, 5 Stunden von Gitschin.

Czikud, Czick, Czikugy — Siebenbürgen, Thorenburger Gespansch., Unt. Bzk., ein mehreren Grundherschaften gehöriges, zwischen Bergen liegendes walach. *Dorf* mit 1298 Einwohnern, einer griech unirt. und nicht unirten Pfarre, 5 St. von Thorda.

Czil, Ungarn, jenseits der Donau, Toln. Gespansch., Völgység. Bzirk, ein im Walde, nächst Kis-Velhe, liegendes *Prädium*, westl. 4 Stunden von Szekszárd.

Czilecz, Tschiletz, Böhmen, Jungb. Kr., ein *Dorf* der Hrsch. Benatek, gegen den Elbefluss, 1 St. von Nimburg.

Czilla, Tschilla — Böhmen, Rakon. Kr., ein zur Hrsch. Bürglitz gehöriges *Dorf*, grenzt gegen Süd. mit Podmokl, 3 St. von Rokitzan.

Czillingthal, Czelindorf, Zillingthal — Ungarn, jenseits der Donau, Oedenburger Gespansch., im I. oder eben so genannten Ob. Bzk., ein kroat. zur gräfl. Esterház. Hrsch. Pecsenyéd gehöriges *Dorf*, welches mit einer eigenen Pfarre versehen ist, ½ St. von Gross-Höflein.

Czim, Böhmen, Beraun. Kr., ein *Dorf* zum Gute Slap gehörig, liegt gegen Süden zwischen Busch und Hof Maltschan, 4½ St. von Beraun.

Czimelitz, Cimelice — Böhmen, Prach. Kr., eine *Herschaft, Schloss* und *Dorf*, mit einer Pfarre, bei dem Markte Mirotitz gegen Süden, an den Berg Skalicze, 5 St. von Pisek. Postamt.

Czimenna, Cymenna — Ungarn, diess. d. Donau, Trentschin. Gesp., im Bezirk jenseits des Gebirges, ein dem Grafen Illyésházy gehöriges *Dorf*, nach Dubodjel eingepfarrt, mit einem Ortsgerichte, liegt gegen Ost. ausser der Poststrasse, 3 St. von Nitra-Zsámbokréth.

Czimenski, Ungarn, ein *Bach* im Szluiner Grenz-Rgmts. Bezirk.

Czimerz, Böimen, Tabor. Kr., ein *Markt* der Herschaft Neuhaus; sieie Sciamers.

Czimhowá, Ungarn, ein *Dorf* im Árvaer Komt; sieie Csimhova.

Czimirz, Mäiren, Igl. Kr., ein *Dorf*, zur Pfarre Strizizow und Ortsobrigkeit Trebitsci gehörig, mit böimiscien Einwohnern.

Czimischl, Tschimischl — Böimen, Jungb. Kr., ein *Dorf* der Hrsch. Gross-Skall, gegen dem Dorfe Libuu, 2 St. von Sobotka.

Czimitz, Zimitz — Böimen; Prach. Kr., ein *Dorf*, der Hrsch. Zichowitz und Strakonitz geh., vor dem Flusse Watawa, 2¼ St. von Horazdiowitz.

Czimsch, Böimen, Leitm. Kr., ein *Dorf* der Herscıaft Libeschitz; siehe Julienau.

Czimolden, Zynölten, Senotin — Böimen, Tabor. Kr., ein *Dorf* zur Herschaft Neuhaus, 3¼ St. von Neuiaus.

Cziu, Cséuy Szt. Kereszt, Czinovistye — Ungarn, diesseits der Donau, Liptauer Gesp., südl. Bzk., ein der adel. Familie Okolicsáuyi geiöriges *Dorf*, nacı Szt. Kereszt eingepf., nicit weit davon entlegen, 2¼ St. von Berthelenfalva.

Czinczár, Siebenbürgen, Kronst. Distrikt; sieie Szúnyogszeg.

Czincye-földe, Ungarn, jenseits der Donau, Zalader Gesp., Egerszeg. Bzk., ein *Prädium*, Ackerland und Weingebirg unweit Betsehely, 1¼ St. von Kanisa.

Czinfalva, Czindorf, Siegendorf — Ungarn, jenseits der Donau, Oedenb. Gespausch. und I. eben so genannter Ob. Bzk., ein kroat. *Dorf*, der fürstl. Eszterház'scıen Hersci. Eisenstadt, mit einer eigeneu Pfarre, unweit Szent Margaretha, 1 St. von Gross-Höflein, und 1 St. von Oedenburg.

Czinadno, Csinadjovo rutı — Ungarn, ein *Dorf* im Beregher Komitat, sieie Szent Miklós.

Czinderi, Ungarn, ein *Meierhof* im Warasdiner Komitat.

Czingetö, Ungarn, ein *Praedium* im Sümegher Komitat.

Czinitzer, Böimen, Kaurzim. Kr., ein *Jägerhaus*, zum Gute Lieben geiörig.

Czinieticz, Böimen, Kaurz. Kr., ein *Dorf*, zum Gute Stirzim; sieie Czeneticz.

Cziniowes, Tschiniowes — Böimen, Bidscıow. Kr., ein *Pfarrdorf* zur Hrsch.

Podiebrad, gegen O. an dem Dorfe Welenitz, 1¼ St. von Königstadtl.

Czinka, Ungarn, Oedenburg. Komt.; siehe Czenk, Kis- und Nagy-Czenk.

Czinkeu, Galizien, Bukow. Kr.; ein *Dorf* mit einer Pfarre und Ortsobrigkeit.

Czinkota, Ungarn, diess. der Donau, Pest. Gespausch., Vaczn. Bzk., ein der adel. Familie Benjovsky geh. slowak. *Dorf*, nacı Kerepes eingepf., mit einem Wirthshause, naıe bei Csaıa, 2 St. von Kerepes.

Czinkow, Galizien, Bukow. Kr., ein 3 Besitzern geh. *Gut* und *Pfarrdorf*, mit vier Müilen, 4 St. von Czernowicz.

Czinkuss, Kroatien, diess. der Save, Warasdin. Gespausch., Ob. Zagorianer Bzk., ein mit einigen Häus. versehenes *Vorgebirg*, nach Kosztely eingepf., 6 St. von Pettau.

Czinobanya, Szinobánya — Ungarn, *Dorf* im Neográder Komitat.

Czinovistye, Ungarn, Liptauer Komitat; sieie Czin.

Czinowess, Tschinowetz — Böhmen, Klattau. Kr., eine *Mahlmühle*, zum Gute Obitz geh., an das Pfarrdorf Kidlin augrenzend, gegen S., ⅓ St. von Klattau.

Czinowicé, Böimen, Ellbogn. Kreis, ein *Dorf* der Hersch. Giesıübel; sieie Scıönau.

Czintorff, Ungarn, Oedenburg. Komitat; sieie Czinfalva.

Czintos, Zinzendorf, Czintu, Alzintis — Siebenbürgen, Nieder Weissenburger Gespausch., Ob. Kreis, Maros-Ujvár. Bzk., ein ung. walacı. *Dorf*, mit 480 Einw., einer griech. kathol. Pfarre, und einer Mahlmühle, liegt an der Maros, näcıst Szt. Jakob und Istváuıáza, 6 St. von Torda.

Cziparnya, Velika-, Ciparnja — Ungarn, *Wachposten* im Gradiskauer Grenz-Reg. Bezirk.

Cziptelnik, Siebenbürgen, Székler Maros. Stuıl; sieie Szaltejek.

Czirach, Slavonien, *Herschaft* und *Marktflecken* in der Poseganer Gespansciaft. Der Marktflecken liegt in einer waldigen Gegend, welche vortreffliche Wildbahnen hat. Hier ist eine griechisch nicht unirte Pfarrkirche (ein altes Gebäude) und eine Cavallerie-Caserne. Die Einwohner sind grösstentheils Serben.

Czirák, Ungarn, jens. d. Donau, Oedenburger Komt., im III. oder Unt. Bzk., ausserhalb des Raab Flusses, ein ungarisches, den Grafen von Csiráky und mehren andern Herschaften geh. *Dorf*, nach Repcze-Szemere eingepfarrt, bei

Nagy-Erdö, am Wasser, mit einer Überfuhr, 5 St. von Oedenburg.

Cziresch mit **Opaicz** u. **Bakune**, Galizien, Bukow. Kr., ein *Dorf* mit einer Pfarre und Ortsobrigkeit.

Czirguenicza, eigentlich Czirquenicza — Kroatien, Kommerz. Seezirk, ein zur Kaal. Hrsch. Vinodol geh. *Dorf*, mit einer eigenen Pfarre und dem Sitze des ganzen Vinodol. Kaal. Herscı. Gericıts, liegt an der See, 2 St. v. Novi; siehe Czirquenicza.

Czirgueno, Kroatien, diess. der Save, Warasdin. Generalat, St. Iványer Bzk., ein zum Kreutz. Grenz-Regim. Canton Nro. V geıör. *Dorf* von 63 Häus., mit einer Pfarre, 2 St. von Verbovecz.

Czirhann. Böımen, Budw. Kr., eine *Einöde*, zur Hrsch. Wittingau und Pfarre Scıewetin, 3 St. von Budweis.

Czirhowicze, Böımen, Czaslau. Kr., ein *Dorf* zur Herschaft Neuhof; sieıe Czirkwitz.

Cziring, Ziering sammt der Wendlmüıl und dem Glaislhof — Böhmen, Budweiser Kr., ein *Dorf*, zur Hrsch. und Pfr. Rosenberg, näcıst dem Markte Rosentıal, 4 St. von Kaplitz.

Czirknitz, Zirknitz — Illirien. Krain, Adelsıerg. Kreis, ein *Marktflecken* mit 1300 Einw. und Salzıandel. Naıe daıei der mit Kalksteingebirgen umgebene merkwürdige See.

Czirknitzer-See, Illirien, Adelsberger Kr., sieıe Zirknitzer-See.

Czirkovlyán, Ungarn, jeıs. der Donau, Zalad. Gespansch., Muraköz. Bezirk, ein zur gräfl. Festeticsischen Herscıaft Csáktornya und Pfarre Perlak geh. *Dorf*, an der Post- und Kommerzial-Strasse, welcıe von Kanisa über Vidovetz nacı Csáktornya füırt, zwiscıen Draskovecz und Perlak, 1 St. von Alsó-Vidovecz, 2 St. von Csáktornya.

Czirkowicz, Böımen, Kaurž. Kreis, ein einzelner der Hrsch. Jankau geıör., bei dem Dorfe Bedrzichowicz liegender *Meierhof*, 3 St. von Wottitz.

Czirkowicz, Czerkowicze — Böhmen, Leitmer. Kr., ein *Pfarrdorf*, zur Kreisstadt Leitmeritz und Herscı. Loıositz geh., an dem Eloeß., 2 St. von Lobositz.

Czirkowitz, Cirkowice — Böımen, Kaurž. Kr., ein *Gut* und *Dorf* mit einem Scılosse, Meierhofe und einer Maılmüıle, 3 St. von Planian.

Czirkva, Bela-, Ungarn, *Markt* im Oedenburger Komt.; *s.* Fejáregyháza.

Czirkvena, Cirkquena — Kroatien, ein *Dorf* im Kreutz. Grenz-Reg. Bezirk, Postamt mit:

Bolch, Bukovie, Buzanovetz, Brezine, Brezovlya ny, Csirquena, Csepidlak, Csubinetz, Czugavetz, Farkosevetz, Fuka, Grachina, Glog, Alt- und Neu-, Bageny, Heresovo, St Ivann, Kapela nova und stara, Kengyelovetz, Kokel, Kovachevetz, Kustany, Kralyevetz, Ladinetz, Lyubena, Majur, Machky, Markovetz gornyi dolyni, Pu lyana, Praschevetz, Predavetz, Remetinerz, Rovische, Sabnicze, Thurkenik, Wukssinetz, Zvonik.

Czirkvena Vesz, Kroatien, Agram. Gespansch., St. Iván. Bzk., eine, meıreı Besitzern geıör., nach Maroch eingepf. *Gebirgs-Ortschaft*, 1¼ St. von Popovecz.

Czirkvenany, Ungarn, *Dorf* im Warasdiner Komitat.

Czirkvenavesz, Moravche, Czirkvenicza — Ungarn, *Flecken* im Agramer Komitat.

Czirkvenicza, Ungarn, *Dorf* im Agramer Komt.; sieıe Czirkvenavesz.

Czirkvenicza, Kotor-, Ungarn, *Dorf* im ungariscıen Küstenlande.

Czirkveno, Kroatien, diesseits der Save, Warasdin Gespansch., Unt. Zagoraıer Bzk., ein der Gemeinde und Pfr. Konschina einverleibtes *Dorf*, 2 St. von St. Iván.

Czirkveno, Ungarn, zerstreut liegende *Häuser* im Agramer Komitat.

Czirkveno-Szello, Kroatien, Agramer Komt., im Bzk. jeıs. der Kulpa, ein zur Herscı. und Pfarre Novigrád geıör. *Dorf*, zwiscıen Bossilyevo, Karlstadt und Möttling (in Krain), Theilungs-Postamt.

Czirkveno-Szello, Kroatien, jeıs. der Save, Karlstädt. Generalat, Svach. Bzk., eine zum Sluin. Grenz-Reg. Canton Nr. IV geh. *Ortschaft* von 4 Häus., mit einer kathol. Pfarre, liegt näcıst Dugaressa, 2 St. von Karlstadt.

Czirkvina, Ungarn, *Ruina* im Ottocıaner Grenz-Regiments Bezirk.

Czirkwitz, Böımen, Kaurž. Kr., ein *Gut* und *Dorf* mit einem Scılosse, Meierıofe und Mahlmüıle, zur Hrsch. Rattay, zwiscıen Zasmuk und Rattay, 3 St. von Planian.

Czirkwitz, Czirhowicze — Böımen, Czaslau. Kr., ein zur Hrsch. Neuhof geıöriges *Dorf*, mit einer Kircıe, 1 St. von Czaslau.

Czirnau, Böımen, Budw. Kr., ein *Dorf* der Herscı. Frauenberg; s. Zirnau oder Drziten.

Czirnicz, Böımen, Budw. Kreis, ein *Dorf* der Hrsch. Krumau; s. Czernicz.

Cziroka Bela, Ungarn, diess. der Tıeiss, Zemplin. Gespanscıaft, Nagy-Mihalyer Bzk., ein meıreı Grundbesitzern geh., nacı Szinna eingepf. *Dorf*, mit 2 Mahlmühlen, 5 St. von Nagy-Mihály.

Cziroka, Hoszu-Mezö, Dluhe Cziroke — Ungarn, diess. der Theiss, Zemplin. Gespan., Görögnyer Bezirk, ein der adel. Familie Szirmay gehör. *Dorf*, mit einer kathol. Hauptpfarre u. 2 Mühlen, liegt an dem Flusse gleichen Namens, 5 St. von Nagy-Mihály.

Cziroka, Ungarn, ein *Flüsschen*, in der Zempliner Gespan., davon versch. Ortschaften den Namen haben.

Cziry Swét, Ungarn, ein *Schäfer-Haus*, im Barser Komität; siehe Csiriszvet.

Czirta, Böhmen, Leitm. Kreis, ein *Dörfchen* der Herschaft Tetschen; s. Czerda.

Czirquenicza, Cirkvena — Kroatien, *Marktflecken* am Canal di Morlacca, im ungar. Küstenlande, zur Kameralherschaft Vinodol, gehörig, mit 140 Häusern und 880 Einwohnern, die Handel und Fischerei treiben. In der Nähe ist das reizende und fruchtbare Weinthal (Vinodol). Postamt mit: *St. Ellena, St Jakob, Grixane, Polye, Drevenik, Kriktache, Selze, Bribir, Novi, Povile.*

Czisarzow, Mähren, Prer. Kr., ein neuangel. *Dorf*, zur Hersch. Roketnitz; s. Kaiserswert.

Czischek, Mähren, Brünner Kr., ein *Dörfchen*, zur Herschaft Gurein; siehe Czissky.

Czischka, Gross, Böhmen, Taborer Kr., ein *Gut*.

Czischka, Klein, Böhmen, Taborer Kr., ein *Dorf*.

Czischitz, Cjcic — Böhmen, Pilsner Kreis, ein Dorf, gehört zum Gute Steinowitz, 2¼ St. von Pilsen.

Czischkamühl, Böhmen, Pilsner Kreis, eine einzelne. *Mahlmühle*, der Hrsch. Kladrau, gegen Westen, ¾ St. von Miess.

Czischkow, Czistow, Tschischkau — Böhmen, Pilsner Kr., ein *Pfarrdorf*, der Stadtgemeinde zu Rokitzan, am Fusse des Berges Wusenicze, gegen Schlüsselburg und Dozitz rechts von der Poststrasse, 6 St. v. Rokitzan.

Czischkowitz, Czisskowicze, Tschischkowitz — Böhmen, Leitm Kr., eine *Herschaft, Schloss* und *Dorf*, mit einer Pfarre, gegen Norden, 1 St. von Lobositz.

Czischkowitz, Tschischkowitz — Böhmen, Jungb. Kr., ein *Dörfchen*, im Gebirge zur Herschaft Swigan, 4¼ St. von Sobotka.

Czismitz, Zyssmitz — Böhmen, Königgr. Kreis, ein zur Herschaft Gradlitz gehör. Dorf, nächst dem Dorfe Grossbok, 1¼ St. von Jaromierz.

Czissetin, Böhmen, Ellbogn. Kr., ein *Dorf*, der Herschaft Pürles; siehe Tschischetin.

Czisskowicze, Böhmen, Leitm. Kr., eine *Herschaft* und *Dorf*; siehe Czischkowitz.

Czissky, auch Czischek — Mähren, Brünner Kr., ein *Dörfchen*, zur Hersch. Gurein und Tischnowitz, 1¼ St. von Lipuwka.

Czist, Böhmen, Budweiser Kreis, ein *Dorf*, gehört zur Herschaft Krummau, und zur Pfarre Ottau, 5¼ St. von Budweis.

Czista, Böhmen, Rakon. Kr., ein *Markt* und *Gut*; s. Czistey.

Czista, Tschista — Böhmen, Bidsch. Kr., ein *Gut*, mit einem Schlosse und Pfarrdorf, an der Strasse von Arnau nach Neupaka, 2 St. von Neupaka.

Czista, Tschistey — Böhmen, Jungb. Kr., ein *Dorf*, der Herschaft Weisswasser, 1 St. von Jungbunzlau.

Czistey, Czista, Tschistai, Tschista, Czisty — Böhmen, Rakon. Kreis, ein *Gut* und *Markt*, mit einer Pfarre, gegen Osten, unweit dem Dorfe Brzeschau, 3 St. von Kolescrowitz. u. Horosedl.

Czisteyer Mühle, Böhmen, Rakon. Kr., eine *Mahlmühle*, zum Gute Czistey unweit der Girzik Mühle, 2¼ St. von Kolescrowitz od. Horosedl.

Czistl, Böhmen, Budweis. Kr.; ein *Dorf*, zur Herschaft Krumau, 5¼ St. von Budweis.

Czistobady, Galizien, Zlocz. Kr., ein *Dorf*, mit einer Pfarre zur Ortsobrigkeit Zalosce gehörig.

Czistow, Böhmen, Pilsner Kr., ein *Dorf*, der Stadtgemeinde zu Rokitzau; s. Czischkow.

Czistowes, Böhmen, Königgr. Kreis, ein zur Herschaft Smirzitz und Horzeniowes geh. *Dorf*, grenzt gegen Süden, an das Dorf Lippa, 2 St. von Horzitz.

Czistowicze, Tschischtowicz — Böhmen, Berann. Kr., ein *Dörfchen*, der Hrsch. Smilkau, 2 St. von Wottitz.

Czisty, Böhmen, Rakon. Kr., ein *Markt* und *Gut*; s. Czistey.

Cziteny-Kis, Malj, Klein-Zitting — Ungarn, diesseits der Donau, Neutr. Gespan. und Bezirk, ein mehr. adel. Besitzern gehöriges, nach Nagy-Cziteny eingepfarrtes *Dorf*, am Baché Czérénka, 2 St. von Neutra.

Cziteny-Nagy, Velki, Gross-Ziting — Ungarn, diesseits der Donau, Neutr. Gespan. und Bezirk, ein *Dorf*, des Hochw. Gran. Erzbisthums, mit einer eigenen Pfarre, am Czerenka Bache, gegen Süden, 2¼ St. von Neutra.

Czitichowitz, Böhmen, Kaurz. Kr., ein Dorf.

Czitisch, Mähren, Ollm. Kreis, ein Meierhof und Waldhegerei, zur Hersc. und Stadt Müglitz; s. Trzitisch.

Czitjendjal, Siebenbürgen, Lesci-kirci. Stuil; s. Czikendál.

Czitkow, Zitkow — Böimen, Cirud. Kr., ein Dörfchen, zur Herschaft Herz-manmiestetz gegen Osten, ¼ St. von Cirudim.

Czitluk, Slavonien, Verôcz. Gespan., Nassicz. Bezk., ein Prädium und Meier-hof, der adel. Familie Mihalovicz ge-iörig, 8 St. von Eszék.

Czitolib, Zitolib — Böimen, Saaz. Kr., eine Herschaft und Dorf, mit einem Scilosse. einer Pfarre, einem Bräuhause und Meierhofe, ½ St. v. Laun.

Czitiniowes, Böimen, Rakon. Kr., ein Dorf.

Czitow, Zitow — Böimen, Rakon. Kr., ein Gut und Dorf, mit einer Pfr., einem Scilosse und Meierhofe, liegt gegen Osten über dem Elbefl. und gegen Süden an dem Orte Schopka, 1 St. von Melnik, 4½ St. v. Scilau.

Cziva del Prandesin, Venedig, Prov. und Distr. I, Treviso; s. S. Biag-gio di Collalto.

Cziw, Ungarn, ein Dorf, im Graner Komitat; s. Csev.

Cziwicz, Alt- und Neu-, Czigowicz, Czichowicz — Böimen, Chrud. Kreis, ein Dorf, zur Kameralherschaft Par-dunitz, 2½ St. v. Cirudim.

Cziwicz, Tschiwitz — Böimen, Pils. Kr., ein Dorf, mit einer Filialkircie, zum Gute Liblin geiör., mit einemMi-neralwerk, liegt iinter dem Flusse Nissa, unweit Kaczerow gegen Norden, 5 St. v. Rokitzau.

Cziyaczieze, Ungarn, Sáros. Komt.; s. Tizétka.

Czizelitz, Böimen, Bidsciow. Kreis, ein Stadel.

Czizenitz, Böimen, Prachin. Kr., ein Dorf, geiört zur Herscíaft Frauen-berg und Protiwin, 4 St. v. Pisek.

Czizek, Mähren, Brünner Kreis, ein Dorf, zur Pfarre Deblin und Ortsobrig-keit Sciloss Gurein, mit böimiscien Einwoinern.

Cziziez, Böimen, Pilsner Kr., ein Dorf, zum Gute Stienowitz, an dem Pilsnerflusse, unweit dem Dorfe Prze-benitz, gegen Süden, 2½ Stunde von Pilsen.

Cziziez, Ungarn, ein Dorf, im Neu-traer Komitat; s. Szádok.

Czizkow, Czisskow, Tsischkow — Böimen, Tabor. Kr., eiedem ein Rit-

tersitz, jetzt ein Dorf mit einem Schlosse und Meierhofe, zum Gute Neu-Czerek-we, näcist Stanowitz, 2 St. von Pil-gram, 8 St. von Neuhaus.

Czizow, Böimen, Czaslauer Kr., ein Dörfchen, zur Hrsch. Katzow, unweit des Fl. Sazawa, 5½ St. von Czaslau.

Czizow, Czizowa — Böimen, Pilsn. Kr., ein Dorf mit einer Filialkirche, der Hrsch. Brenuporitschen, liegt naie am Dorfe Borowno, 3½ St. von Rokitzau.

Czizow, Zizowa, Tschischowa — Böh-men, Praci. Kr., ein Dörfchen, mit einer Schlosspfarre und Armenspital, der Hrsch. Drhowl, 1½ St. von Pisek.

Czizowek, Czizowka — Böimen, Jungbunzl. Kr., 2 Mahlmühlen und ein Jägeriaus, z. Gute Domausuitz, samt einigen Chaluppen der Hrsch. Brzezau, 2 St. von Sonotka.

Czizowka, Böimen, Jungbunzl. Kr., ein Dorf, zur Hrsch. Münchengrätz, 2½ St. von Münchengrätz.

Czizowka, Mähren, Hradisci. Kr., eine ausgezeicinete Anhöhe, ¼ St. südl. von Wlczidole, 189 W. Klft. über dem Meere.

Czkin, Cztin, Tschkinie, sonst Wy-soky Dwur genannt — Böimen, Pra-ciiner Kr., ein Gut, Schloss und Dorf, am Wolinka Elusse, mit einer Lokalie, näcist Eltschowitz, 4 St. von Strakonitz.

Czlnok, Ungarn, ein Dorf im Graner Komt.; sieie Csolnok.

Czlowecj Hlawa, Ungarn, Zipser und Gömörer Komt., ein Berg; sieie Cslovecschlava.

Czlowitz, Scilowitz — Böimen, Ra-konitzer Kr., ein zum Gute Hrzebecz-nik unterthäniges Dorf, an der Mies, 5 St. von Horosedl.

Czlunek, Böimen, Taborer Kr., ein Dorf, der Hrsch. Königsegg; sieie Hosterscilag.

Czlunok, Ungarn, ein Dorf im Gran. Komt.; sieie Csolnok.

Czlupek, Böimen, Cirudim. Kr., ein Dorf, der Hrsch. Leitomisci, iinter dem Dorfe Niemtschitz gegen Norden, ¼ St. von Leitomisci.

Czmelin, Böimen, Klattau. Kr., ein Dorf, der Hrsch. Grüniberg geh., mit einer Rusticalmühle, 1¼ St. v. Grüniberg.

Czmouniz Vrch, Illirien, ein Berg östlici vom Hause Posichi (hardag) 450 W. Klft. über dem Meere.

Czobánka, Ungarn, ein Praedium, im Gömörer Komt.; sieie Csobánka.

Czochau, Tsciociau — Böimen, Leitm. Kr., ein Gut und Dorf, mit einer Pfarre, liegt gegen W. an Pro-sauken, 1½ St. von Aussig.

Czochau, Böhmen, Leitm. Kr., ein *Dörfchen*, der Hrsch. Teplitz gehörig, 2½ St. von Aussig.

Czögöt, Siebenbürgen, Unt. Csiker Stuhl; siehe Zsögöt.

Czohesd, Zohest, Coheschdu — Ungarn, Zaránd. Gespansch., Halmagyer Bzk., ein zur Hrsch. Nagy-Halmágy geh., zwischen Bergen lieg. walach. *Dorf*, mit 192 Einw., einer nicht unirt. Kirche, gegen W. ⅓ St. v. MarkteKörös-Banya entfernt, 9¼ St. von Déva.

Czokaneschtie, Galizien, Bukow. Kr., ein zur Kaal.Hrsch. Kimpolung geh. *Dorf*, am goldenen Bistritz Fl., n.Fundul Moldowy eingepf., 1 St. von Pozorita.

Czokula, Ungarn, Oedenburg. Komt.; siehe Oggau.

Czolánfalva, Ungarn, Beregh. Komt.; siehe Csolánfalva.

Czoldu, Siebenbürgen, Kolos. Komt.; siehe Csold.

Czolhany, Galizien, Stryer Kr., ein *Gut* und *Dorf*, am Fl. Swica, mit einer griech. Pfarre, 3 Höfen u. 1 Vorwerke, 4 Meil. von Stry, 8 Meil. von Strzelice.

Czolhanczyzna, Galizien, Tarnop. Kr., ein *Dorf*, zur Pfarre Czernielow mazowieki, und Ortsobrigkeit Czernielow ruski gehörig.

Czolhinie, Galizien, Przemyl. Kr., ein *Dorf*, der Hrsch. und Pfarre Bruchnia geh., 6 St. von Wisznia.

Czoltow, Ungarn, ein *Dorf* im Gömör. Komt.; siehe Csoltó.

Czoma, Ungarn, ein *Dorf* im Gömörer Komt.; siehe Csoma.

Czomaháza, Ungarn, jenseits der Donau, Eisenburg. Gespansch., Stein am Anger Bzk., ein ungr. adel., nach Egyház-Szegh eingepf. *Dorf*, nahe bei Rábakovacsi, 2½ St. v. Stein am Anger.

Czomalowá, Ungarn, ein *Dorf* im Mármar. Komt.; siehe Csománfalva.

Czonczo, Zunsen — Ungarn, diess. d. Donau, Komorn. Gespanschaft, Gesztieser Bzk., ein den Grafen Eszterházy geh. *Wirthshaus* nächst Lovad, Post Ács.

Czood, Siebenbürgen, ein *Dorf* im Hermannstädter Stuhl, zur Pretur Hermannstadt geh., mit 1500 Einwohnern.

Czonczó, Ungarn, ein *Fluss* im Comorner Komitat.

Czoptelke, Zopenfeld, Czopu — Siebenbürgen, Inn. Szolnoker Gespan., Unt. Kr., Bálványos Váralya Bzk., ein mehreren Grundherrschaften gehör., zwischen Gebirgen liegend, walach. *Dorf*, mit

243 Einw., einer griech. nicht unirten Pfarre, 3 St. von Dées.

Czopowec, Ungarn, ein *Dorf* im Beregher Komt.; siehe Csapóczka.

Czorbaer-Gebirg, ein Theil des Tátra-Gebirges in Ungarn.

Czövekfalva, Ungarn, diesseits der Donau, Neograd. Gespansch., Filleker Bzk., ein *Praedium*, nahe am Berge Bucson, und gegen O. an der Grenze des Gömörer Komitats, 1¼ Meile von Rima-Szombath.

Czorné ruth., Ungarn, ein *Dorf* im Sároser Komt.; siehe Csarnó.

Czornok, Ungarn, ein *Dorf* im Neutr. Komt.; siehe Csórnok.

Czorsztyn, Galizien, Sandecer Kr., eine *Herschaft* und *Dorf*, mit einer alten Burg, über dem Flusse Dunajec, an der ungr. Grenze, 10 St. von Sandec.

Czortkow, Galizien, Czortk. kr., eine *Stadt*, mit 2300 Einwohn., einem Schlosse, Pfarre und einer bedeutenden k. Tabak-Fabrik, am Seret Flusse, 6 St. von Chorostkow. Postamt mit: *Biala, Blatahusnica, Bialibotok, Byczkowce, Chomiakowka, Chomikowka, Czarnokonce wielki, Czarnonczyki, Czarnowkonie Wola, Czerkanczyzna, Czortkowalt, Cygani, Dohrowudka, Dawidkowce, Dolina, Felistuwxa, Gura, Haulinkowce, Hrynkowce, Jagielnica, Jagielnica alt., Jezierzani, Kaczarowka, Konstancia, Koczybince wielke, Koledzian, Kolinorczyena, Lanowce, Loviace, Maydan, Milowce, Muchawka, Orygtakowce, Pererhody, Pilatkowce, Prohornia, Rydodull, Rosorhart, Saluwka, Siemakowce Siemakowce, Saauluwka, Slohudka, Siemakowce, Szunykowce, Sxmankowce, Sxmankowskkl, Szulcha nowka, Skorodynce, Tarrawka, Tudorow, Ulinskowce, Uhryn, Wygewcka, Zalessie, Zablatowka, Zobince, Zieloni kont.*

Czortkower Kreis, in Galizien, 65 Q. M. gross, gränzt gegen Osten an Russland, gegen Süden an die Moldau und Bukowina, und zählt 150,500 Einw. (worunter 7,226 Juden), in 3 Städten,

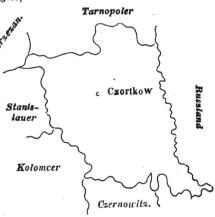

19 Marktflecken und 242 Dörfern. Der Kreis ist bis auf den geoirgigen Teil zwischen d. Dniester und Pruti, völlig eben, und wird von meiren Flüssen bewässert, daier der Boden seir fruchtbar und reici an Getreide und andern Feldfrüciten. Holz ist überflüssig vorhanden, die Vieizucit aoer unbedeutend. Die Einw., grösstentheils Russniaken, beschäftigen sici vorzüglici mit der Bienenzucit, auci werden in diesem Kreise viele Kotzen und grobe Tücier verfertigt.

Czortkow Stary, Galizien, Czortk. Kr., ein der Hrsch. Czortkow geh. und dain eingepf. Dorf, liegt am Seret Flusse, 6 St. von Czortkow, 6 St. von Ciorostkow.

Czortowiec, Galizien, Czortkower Kr., eine Herschaft und Dorf, 2 St. von Gwozdziec, und eben so weit von Chocimirz.

Czossel, Tschoschel — Böimen, Saaz. Kr., ein d. Hrsch. Kommotau geh. Dorf, näcist Krima, 1¼ St. von Sebastiansberg.

Czostkowiee, Galizien, Przemysl. Kr., ein Dorf, der Hrsch. Prociuik geh., 4 St. von Jaroslaw.

Czremossne, Ungarn, Thuróczer Komt.; siehe Cseremossne.

Czrepaj, Kis-, Crepaj mali — Ungarn, ein Praedium im deutsci Banater Grenz-Regimts. Bezirk.

Czrepaj, Nagy-, Crepaj veliki — Ungarn, ein Praedium im deutsci Banater Grenz-Regimts. Bezirk.

Czrepaja, Ungarn, im 2. Banater Grenz-Regimts. Kanton; sieie Srepay.

Czrhow, Mäiren, Brünuer Kr., ein naie am Markte Oelsen, gegen Osten liegend., der Hrsch. Kunstadt geiorig. Dorf, 3 St. von Goldenbrunn.

Czrhenieze, Böimen, Praciin. Kr., ein Gut und Dorf; sieie Czerhonitz.

Czrmnuo, Ungarn, ein Dorf im Liptauer Komt.; siehe Csermnuo.

Czriquenieza, Kroatien, Kommerz-See-Bezirk; sieie Czirquenicza.

Cztiborz, Böimen, Taior. Kr., ein Dorf der Hrsch. Serowicz; sieie Stiborz.

Cztiborz, Böimen, Kaurzimer Kreis, ein Dorf zur Hrsch. Wlasciim.

Czietin, Böhmen, Chrud. Kr., ein Dorf zur Hrsch. Nassaberg; sieie Schtietin.

Cztleniez, Böimen, Kauzr. Kr., ein Gut und Dorf; s. Stienitz.

Cztimnierzitz, Böimen, Juugb. Kr., ein Dorf der Hrsch. Dobrawitz, hinter dem Dorfe Teinetz im Thal, 1½ St. von Jungbunzlau.

Cztin, Böimen, Prach. Kr.; ein Gut und Dorf; siehe Czin.

Cztiniowes, Cztiniowes — Böimen, Rakon. Kr., ein zur Hrsch. Raudnitz geiöriges Dorf, mit einer Filialkircie, näcist dem Dorfe Cternaussek, 2½ St. von Budin.

Cztit, Böimen, Bidsch. Kreis, ein Dorf.

Cztittar, oder Stittar — Böimen, Kaurz. Kr., ein Meierhof mit neuen Ansiedlungen und einer Mahlmühle, der Stadtgemeinde zu Kollin geiörig, ¼ St. von Kollin.

Cztwrtek, Ungarn, ein Markt im Pressiurger Komitat; s. Csötörtök.

Czwrtek, Ungarn, ein Markt im Zipser Komitat; s. Csötörtökhely.

Cztwrtek, Ungarn, ein Dorf im Trentschiner Komitat; sieie Csötörtök.

Cztwrtek, Plawecky-, Ungarn, ein Markt im Pressiurger Komitat; s. Csötörtök (Detrekő-).

Czuber, Ungarn, ein Weingebirg im Eisenburger Komitat.

Czubek, Mäiren, ein Berg, 1½ St. östlici vom Dorfe Melilowitz, 274 W. Klft. ioci.

Czubek, Mäiren, ein kailer Berg, 2 St. südlici vom Dorfe Franzowa, Liota, 355 W. Klft. ioci.

Czubinecz, Kroatien, diesseits der Save, Varasdiner Generalat, St. Iván. Bzk., zum Kreutz. Grenz-Rezim. Canton Nr. V gehörige Ortschaft, von 10 Häusern, 2 St. von Verbovecz.

Czucha Mühl, Böimen, Rakonitz. Kr., eine Mahlmühle der Hrsch. Hoch-Libin; siehe Prokopmühl.

Czuchna, Böimen, Budw. Kr., eine Einschichte, zur Hrsch. und Pfarre Wittingau, im Walde, 1¼ St. von Wittingau.

Czuchometz, Mäiren, Igl., eiedem Brünuer Kr., ein Dorf zur Hrsch. und Pfarre Saar. 4¼ St. von Iglau, 4¼ St. von Gross-Meseritsch.

Czuczitz, insgemein Czutschitz — Mähren, Znaim. Kr., ein Dorf zur Hrsch. Kromau, mit einer Pfarre, am Flusse Osslawa, gegen Norden, näcist Ketkowitz, 3½ St. von Gross-Bitesch.

Czuczlau, Czuczlaw — Böimen, Chrud. Kr., ein Dorf zur Hrsch. Ciozeu, mit einer Pfarre, an dem Dorfe Setsci, 2½ St. von Hoienmauti.

Czuczlaw, Böimen, Chrud. Kr., ein Dorf zur Hrsci. Ciozen; sieie Czuczlau.

Czuczma, oder Czuczna, Ungarn, Gömör. Komitat; sieie Csucsom.

Czudec, Galizien, Jasl. Kr., eine Herschaft und *Städtchen*, mit einer Pfarre und einem Hofe, liegt an dem Flusse Wyslok, näcıst Babica, 4 St. von Rzeszow.

Czudin, Galizien, Bukow. Kr., ein *Pfarrdorf* im Gebirge, näcıst dem Seret Flusse, gegen Norden, 4¼ St. von Seret.

Czudowice, Galizien, Przemysl. Kr., ein *Dorf* der Hrsch. Prochuik geiörig, 4 St. von Jaroslaw.

Czuezlawicze, Zuzlawitz — Böhmen, Pracı. Kr., ein Dorf der Hrsch. Winterberg, 5 St. von Strakonitz.

Czufalu, Siebenbürgen, Orbaer Stuhl, sieıe Csofalva.

Czugavecz, Kroatien, diesseits der Save, Warasdin. Generalat, Farkassovz. Bezirk, eine zum Kreutzer Grenz-Regim. Canton Nr. V geiörige *Ortschaft* von 15 Häusern, mit einer eigenen Pfarre, 2 St. von Bellovár.

Czuha, Czeha — Ungarn, ein *Bach* im Veszprim. Komitat.

Czuhau, Mäıren, Igl. Kr., ein Dorf zur Hrsch. Pirnitz; sieıe Czihow.

Czukalowce, Ungarn, ein Dorf im Zempliner Komitat; sieıe Csukaldcz.

Czukalowka, Galizien, Stanislaw. Kr., ein der Hrsch. Stanislawow gehörig., und zu dem Vorwerke Drohomirczan conscribirtes *Dorf*, ¼ St. von Stanislawow.

Czukavecz, Kroatien, diesseits der Save, Warasdin. Gespansch., Unt. Campest. Bzk., ein *Vorgebirge*, mit einem Wirthshause und Ziegelhütte, der Gemeinde und Pfarre Kneginecz einverleiıt, 1 St. von Warasdin.

Czukawa, Böımen, eine *Mühle* und ein *Wirthshaus* bei dem Dorfe Brzezy, zur Hrsch. Müılhausen geiörig, 5 St. von Tabor.

Czukiew, Galizien, Sambor. Kr., ein zur Staatsgüter Direktions-Herscıaft Sambor geıöriges *Dorf*, mit einer lateiniscıen und grieciscıen Pfarre, an dem Bacıe Slonıka, ıinter Uherze Zaplatinsky, 1 St. von Sambor.

Czukiasowce, Ungarn, ein *Dorf* im Trentschiner Komitat; sieıe Csuklász.

Czuklin, Zuklıı — Böımen, Pracı. Kr., ein vormals für sicı besonderes *Gut*, mit einem Meıerhofe, nunmeır ein Dörfcıen der Hrsch. Straıloscıtitz, im Geıırge gegen Süden, 5 St. von Horazdiowitz.

Czulle, Istrien, *Felsenkuppe*, nordöstlicı von Orlecz auf Cıerso, 179 W. Klftr. hoch.

Czulpetz, Siebenbürgen; siehe Tzulpetz.

Czuma, Ungarn, ein *Dorf* im Beregıer Komt.; sieıe Csoma.

Czumale, Galizien, Tarnop. Kr., ein *Gut* und *Dorf*, zwischen Auhöhen gegen Norden, mit einem herschaftlichen Hofe und einer katholiscıen Kircıe, ıat einen grossen Damm üıer den Fluss Gniezna und eine kleıne Müıle, 4 St. von Tarnopol.

Czundrawa, Ungarn, ein Dorf im Oedenburger Komitat; sieıe Csurendorf.

Czumierz, Czimerz, aucı Tschimierz, Mäıren, Igl. Kr., ein Dorf zur Hrsch. Trebitsch gegen Ost., dem Flusse Iglawa., seitwärts Strzizan, 6 St. von Mäır. Budwitz oder Gross-Meseritscı.

Czumorna, bei Russisch-Moldawitza — Galizien, Bukow. Kr., eine *Ortschaft*, zur Pfarre Russisch-Moldawitza und Ortsobrigkeit Illeschestie geıörig.

Czun, Ungarn, Baranyer Komt, ein Dorf mit 48 Häuser und 333 Einwohnern.

Czundorf, Czurendorf, Zaráudfalva, Zorudorf, oder Zundorf — Ungarn, jens. der Donau, Wieselıurg. Gesp., Neusiedl. Bezirk, ein (ausser dem Edelıofe der adel. Familie Huszty) zur Hrsch. Ungar. Altenburg geh. Dorf, mit einer röm. katı. und evangel. Kircıe und Scıule, an der durcı das Wieselburger Komitat führenden Wiener-Landstrasse, von Osten gegen Westen zwischen Rajka und Neusiedl, 2 St. v. Rajka (Raggendorf).

Czunin, Mäıren, Ollm. Kr., ein *Dorf* zur Pfarre und Gute Konitz, unweit Konitz, mit böhm. Einw., 3¼ St. von Prossnitz.

Czunniow, Galizien, Lemberger Kr., ein *Kammeral-Pfarrdorf*, der Hrsch. Grudek geıörig, mit einem Militär-Verpflegs-Magazine, 2 St. von Grudek.

Czunkow, Böımen, Tabor. Kr., ein *Wirthshaus* zum Gute Nadiegkau, in dem Getrzichowitzer Dorfe Czunkow, 2 St. von Sudomierzitz.

Czunkow, Zunkow — Böımen, Beraun. Kr., ein *Dorf* zum Gute Getrzichowitz, 3¼ St. von Wottitz.

Czunn, Csun, Ungarn, jenseits der Donau, Baranyer Gespansch., Siklós. Bzk., ein zur gräflicı. Bathyáuy'scı. Hrsch. Siklós geıöriges *Dorf*, mit einer eigenen reforn. Kircıe, zwiscıen Morästen am Drave Flusse, 3 St. von Siklós.

Czup, Ungarn, jenseits der Donau, Zalader Gesp., Lövö. Bzk,, ein *Dorf*, mehreren adel. Familien dienstbar und nach Csesztreg eingepfarrt, nicht weit vom Bache Kerka, ¼ St. von Paksa.

Czupernósow, zu Uszkowice — Galizien, Zlocz. Kr., eine *Ortschaft*, zur Pfarre und Ortsobrigkeit Kimierz gehörig.

Czurendorf, Ungarn, Wieselburg. Komt.; s. Czundorf.

Czurok, Slavonien, Csaikisten Distr.; s. Csurog.

Czurzlan, Böhmen, Königgr. Kreis, ein *Dorf*.

Czutka, Böhmen, Budw. Kreis, eine *Mühle*, zur Herschaft Budweis, gegen Forjes nächst Stropnitz, 3¼ St. von Budweis.

Czutowice, Galizien, Samb. Kr., ein zur Hersch. Komarno gehöriges *Dorf*, mit einer rusniak. Pfarre, grenzt gegen Morgen mit Ludien und gegen W. mit dem Czotowshier Teiche, 3 St. v. Grudek.

Czutschitz, Mähren, Zuaim. Kreis, ein *Dorf*, zur Herschaft Kromau; siehe Czuczitz.

Czvertecz, oder Sz. Peter — Kroatien, diess. der Save, Warasd. Generalat, Batyinian. Bez., ein zum Kreutz. Grenz Regmt. Canton Nro. V geh. *Dorf* von 59 Häus., mit einer eigenen Pfarre, liegt nächst Czepidlak an der Grenze des St. Georg. Regmts., 2 St. von Kopreinicz.

Czvertek, Ungarn, Pressb. Komit.; s. Csörtötök.

Czvetkovecz, Kroatien, diesseits der Save, Kreutz. Gespan., Podravan. Bzk., ein zur Hersch. Goricza geh., mit einem Wirthshause versehen. *Dorf*, auf einem Hügel, 1 St. v. Ludbreg.

Czvetkovich, Kroatien, diess. der Save, Agram. Gespan., Cis-Colapian. Bezirk, eine privilegirte *Gemeinde*, mit einem eigenen Magistrate, in einer Ebene, ¼ St. v. Jászka.

Czvetkovich, Ungarn, ein *Dorf* im Agramer Komitat.

Czvetkovich berdo, Ungarn, ein *Dorf*, im Agramer Komitat; s. Czvetnichevoberdo.

Czvetlin, Kroatien, diess. der Save, Warasdin. Gespansch., Ob. Campest. Bezirk, ein *Dorf*, der Gemeinde Trakostan zugetheilt, mit einer eigenen Pfarre, St. Peter in Cierin genannt, 5 St. von Pettau, 3¼ St. von Zaurich.

Czvetnichevo Berdo, Czvetkovich — Ungarn, ein *Dorf* im Agramer Komitat.

Czvianovich berdo, Kroatien, diess. der Save, Karlstädt. Generalat, Blagay. Bezk., ein zum Szluin. Grenz-Regimt. Canton Nro. IV, gehörig. *Dorf*, von 42 Häusern, nächst Czernowrello, mit einer griech. nicht unirten Pfarre, 3 St. v. Voinich.

Czvitalkovo, Ungarn, zerstreut liegende *Häuser*, im Agramer Komitat.

Czvittovich, Kroatien, diess. der Save, Karlstädt. Generalat, Ladjevacz. Bezk., ein zum Szluin. Grenz-Regmt. Canton Nro. IV gehöriges *Dorf*. von 32 Häusern, mit einer kathol. Pfarre, 4 St. von Voinich.

Czwinnzen, Ober- und Mitter- Swinze — Böhmen, Budw. Kr., zwei *Dörfer*, zur Herschaft Krumau und Gute Goldenkron, 7¼ St. von Budweis.

Czwrczkowes, Böhmen, Klatt. Kr., ein *Dorf*, zum Gute Dolau; siehe Czwrczowecz.

Czwrczowecz, Czwrczkowes, Czwrtschowes, Czwrczowitz, Grillendorf — Böhmen, Klatt. Kr., ein *Dorf*, zum Gute Dolan, an dem Angelfl., 1 St. von Klattau.

Czwrczowicze, Czwrtschowitz, Böhmen, Kaurz. Kr., ein *Dorf*, mit einer Kirche, zur Hrsch. Winarz, ¼ St. von Brandeis.

Czwrczowitz, auch Swrczowitz — Mähren, Hrad. Kr., ein *Dorf*, nächst u. zur Hrsch. und Pfarre Zdunek, mit böhm. Einwohnern, 1¼ St. von Kremsir, 4 Meil. von Wischau.

Czwrczowitz, Swrzowize, Wrssowititz — Böhmen, Rakon. Kr., ein zum Gute Kladno geh. *Dorf*, liegt links an der von Prag nach Scilan führenden Chaussée auf einem Berge, 1¼ St. von Ziehrowitz.

Czwrczow, Mähren, Ollm. Kr, ein *Dorf*, zur Pfarre Lobaditsch und Ortsobrigkeit Tobitschau, mit böhmischen Einwohnern.

Czwrkin, Böhmen, Rakon. Kr., ein *Dorf*.

Czwrtschowitz, Böhmen, Kaurz. Kr., ein *Dorf*, zur Hersch. Winarz; siehe Czwrczwicze.

Czyrna, Galizien, Sandec. Kr., ein zur Kammeral-Herschaft Muszyna gehöriges *Dorf*, mit einer griech. Pfarre, 9 St. von Sandec.

Czyrpcze bei **Torsky,** Galizien, Czortkow. Kreis, eine *Ortschaft*, zur Pfarre und Ortsobrigkeit Torsky gehörig.

Czyserzka, Böhmen, Kaurz. Kreis, eine *Feldwirthschaft*, unter dem Gute Liebener Gerichtsbarkeit, ¼ St. v. Prag.

Czysarzky Brandeis, Böhmen, Kaurz. Kr., eine königliche *Stadt*; siehe Brandeis.
Czysarzskakuchin, Böhmen, Kaurz. Kr., ein *Dörfchen* der Hersch. Brandeis; s. Kaiserkuchel.
Czystecz, Böhmen, Kaurz. Kr., ein zur Herschaft Kammerburg geh. *Dorf*, zw. Przedstawlk und dem Meierhofe Zahorzan, gegen Westen gelegen, 1 ¼ St. v. Duespek.
Czystinie, Galizien, Zolkiew. Kr., ein der Hersch. Kreciow geh. *Dorf*, oberhalb dem Dorfe Kladno wielke, 6 St. v. Zolkiew.
Czystohorb, Galizien, Sanok. Kr., ein der Hersch. Szczawne geh. *Dorf* und *Pfarre* bei Dolzyca, am Oslawa Flusse, 8 St. v. Sanok, 4 Meil. v. Jassienica.
Czystopady, Galizien, Zlocz. Kr., ein der Herschaft Zalosce geh. *Dorf*, mit einer griech. kath. Kirche, am Seret Flusse liegend, 8 St. v. Zloczow.
Czystylow, Galizien, Tarnopol. Kr., ein zur Herschaft Tarnopol geh. *Dorf*, ¼ St. von Tarnopol.
Czyszki, Galizien, Lemb. Kr., eine dem Minoriten-Convent zu Lemberg, geh. *Herschaft* und *Dorf*, mit einer Windmühle, 2 St. v. Gaja.
Czyszky, Galizien, Przemysl. Kreis, ein *Dorf*, zur Herschaft Krysowice gehörig, 6 St. v. Przemysl.

Czyszky, Galizien, Samb. Kr., eine *Herschaft* und *Dorf*, mit einer lateinisch und rusniak. Pfarre, nächst Bylice u. Towarnia, 5 St. von Sambor.
Czyszki, Galizien, Zloczow. Kr., ein der Herschaft Olesko geh. *Dorf*, nächst Sokolowka, 1¼ St. von Podhorce.
Czytynia, bei Krowica, Galizien, Zolkiew. Kr., eine *Ortschaft*, zur Pfarre Krowica und Ortsobrigkeit Krowica Casowa gehörig.
Czyzow, Galizien, Bocin. Kr., ein *Gut* und *Dorf*, gegen Osten, nächst dem Dorfe Suchoraba, 2 St. von Gdow.
Czyzow, Galizien, Tarnow. Kr., ein zur Herschaft Otfinow geh. und darin eingepfarrtes *Dorf*, liegt am Flusse Dunaec, 5 St. v. Tarnow.
Czyzow, Böhmen, Czaslauer Kr., ein *Dorf*, gehört zur Herschaft und Pfarre Kotzow, 7¼ St. v. Czaslau.
Czyzow, Galizien, Zloczow. Kreis, ein der Herschaft Snowicz geh. *Dorf*, mit einer griechisch kathol. Kirche, 2 St. v. Zloczow.
Czyzowice, Galizien, Przemysl. Kr., eine *Herschaft* und *Dorf*, 10 St. von Przemysl.
Czyzyce, Galizien, Brzezan. Kreis, eine *Herschaft* und griechich-kathol. *Pfarrdorf*, bei Wybranowka, 3 St. v. Strzellska.
Czyzykow, Galizien, Lemb. Kr., eine *Herschaft* und *Pfarrdorf*, 1 St. v. Gaja.

Berichtigungen.

Carbenaro, ¡pag. 697; sieie Aqua Negra, soll sein Acqua Negra.

Cárbonarola, pag. 697, sind einverleiit: Casa della Valle und nicit Casa dalla valle.

Carollinen Strasse, eine gebaute Strasse in Kroatien; s. Karolinen Strasse.

Carlstätten, „Oesterreici unter der Ens, V. O. W. W. ein Dorf und Schloss, auf einer Aniöie, nordwestlici von St. Pölten und westlici von Schaubing, mit 70 Häus. und 440 Einw. Es wurden iier römische Münzen, Steine u. dergl. ausgegrabeu.

Carlstein, Böhmen, Beraun. Kreis, ein Gut.

Carlstein, Oesterreici unt. der Ens, V.U. M.B., ein kleiner Markt am reciten Ufer der deutscien Tiaya, in einem engen Tiale gelegen, nordostlich von Waidiofen und südwestlich von Weikardschlag zwiscien Grünbach u. Griesbaci, mit 14 H., 68 Einw. und einem Scilosse; Hauptort einer dem Herzoge Ladislaus von Beaufort, Markgrafen zu Spontin, gehorigen Hersciaft, mit welcier die Güter Göpfritzscilag, Tiuma und Buci (Puci) veriunden sind. Die alte auf einem steilen Felsen eriaute Ritteriurg Carlstein, iei welcier sici ein scıöner Garten und Park iefinden, gewäirt einen interessanten Anilick in das Tial der Tiaya. Von der Sciiessstätte füirt eine hübsche Allée zu einem Lusthause mit scıöner Aussicht. Mehre der Einw. beschäftigen sich mit Spinnen und Weben, und im J. 1818 waren hier 15 Holzuhrmacher, welcie hölzerne Uhren nach Schwarzwalder Art mit und ohne Schlagwerk verfertigten; der Handel damit gesciai bloss durci Zwischenhändler, welcie an Ort und Stelle meire iundert Stück aniaimen und nach Polen und Ungarn verführten. Dieser Industriezweig scieint ganz aufgeiört zu haben, da neuere Naciricıten von demselien keine Meldung mehr machen.

Carlstift, Oesterreici unter der Ens, V. O. M. B., ein Dorf der Hersciaft Gross-Bertiolds, auf einem ioien Bergrücken nahe gegen die iöiniscie Grenze, südwestlici v. Markte Gross-Bertholds. In der Näie dieses Ortes gegen das Dorf Ehrenreichsthal entspringt die Lainsitz, und weiter nach Westen befindet sich am Schanzberge, in der mittlern Entfernung zwischen Carlstift und Saudel, die dreifacie Grenze zwiscien Oesterreich ob und unter der Ens und Böhmen.

Carnate superiore, pag. 307, statt Carnete lies Caruate.

Carot Del, pag. 704, statt Resiutta lies Resciutta.

Carpiano, pag. 705, einverleibt sind: Castello di Carpina, lies Carpiano.

Casate, pag. 715, statt Cernusco Lombardo, lies Lombardino.

Caschierga, Istrien, ein Dorf, im Bezirke und zur Hauptgemeinde Pisino geiörig, mit 53 Häusern und 317 Einwohnern.

Casette, Istrien, ein Dorf, im Bezirke und zur Hauptgemeinde Buje geiörig, mit 29 Häuser und 182 Einwohnern.

Casserolo, paıg. 724, statt Rotticino Mattino, lies Mattina.

Castegnato, Lombardie, Prov. Brescia u. Distr. II, Ospitaletto. Dazu geiören:
Camajone, Vaitella, Meierelen — Mainati, Molino Mühlen. Cassina Miore, Cassinetta Merino, Castellina, Leccoma, Landhäuser — Fontana, Dorf.

Castiraga da Reggio, Lombardie, Prov. Lodi u. Distr. III, S. Angiolo, eine Gemeinde-Ortschaft, 2 Migl. von San. Angiolo. Dazu gehoren:
Arigona, Ca de Ratti, Malpaga, Pagnona, Polerana.

Cattaro Kreis, in Dalmatien, iat folgende 3 Distrikte:
Budua, Castelnuovo, Cattaro, und die Haupt Gemeinden:
Braichi, Budua, Castelnuovo, Cattaro, Doırota, Maini, Pastrovichio, Perasto, Perzaguo, Poıori, Risano, Stolıvo, Zuppa.

Cechowsko, pag. 777, lies Cehowsko.

Cekowee, pag. 777; siehe Csekées, lies Csekócs.

Cerea. pag. 780, Lombardie, Soll seyn Venedig. Dazu geıören:
Aspáre, lies Asparé.

Ceresio ein kleiner See, in der Lombardie, Prov. Como und Distrikt Porlezza.

Cesio maggiore, pag. 787, Distr. VIII, statt Distr. VII.

Chabrawitz, Böimen, Budw. Kr., ein Dorf.

Chakowieze, Böimen, Saaz. Kr., ein der Stadt Kaaden und der Herscı. Prunersdorf geıörig. Pfarrdorf; siehe Czachwitz.

Chamagaeveze, pag. 790, lies Chamagaveze, ebendaselbst; sieie Csamagavcze, lies Csamagavcze.

Chatár Dolnye u. Gornyi, pag. 792, Karlstädter Komitat; soll sein Eisenburger.

Chechavacz, pag. 792, statt Cseiszvacz, lies Csecsavacz.

Chelletovcze, pag. 793, Cselletovce lies Cselletovcze.

Chem, Pag. 793; statt Karlstädter, lies Eisenburger Komitat.

Chemehovecz, Pag. 793, lies Chemotovecz.

Chencha, Pag. 793, statt Karlstädter lies Eisenburger Komitat.

Chernadraga, Pag. 794, Cserdraga lies Csernadraga.

Chernecz, Pag. 794, statt Karlstädter, lies Eisenburger Komitat.

Chignolo, Pag. 801, hierher gehört Alborone, lies Alberone.

Chiklasowitz, Böhmen, Tabor. Kr., ein Gut.

Chincha, Pag. 802, statt Karlstädter, lies Eisenburger Komitat.

Chlaustnitz, Böhmen, Tabor. Kr., ein Dorf.

Chliwin, Böhmen, Kaurz. Kr., ein Dorf.

Chlosterlhota, Böhmen, Bidsch. Kr., ein Dorf.

Chlumy, Böhmen, Chrud. Kr., ein Dorf.

Chlumy, Hinter-, Böhmen, Beraun. Kr., ein Gericht.

Chlumy, Ober-, Böhmen, Beraun. Kr., ein Gericht.

Chodiwa, Böhmen, Klattauer Kreis, ein Dorf.

Chodetz, Böhmen, Bunzl. Kr., ein Dorf.

Chortschen, Böhmen, Bunzl. Kr., ein Dorf.

Chotay, Böhmen, Ellbogner Kr., ein Dorf.

Chotischa, Böhmen, Kaurz. Kr., ein Dorf.

Chotz, Böhmen, Chrud. Kreis, ein Dorf.

Chramischtil, Böhmen, Beraun. Kr., ein Dorf.

Christopfen, Oest. unt. d. E., V. O. W. W., ein Dorf in dem Thale des Laabenbaches, südwestlich ober Neuen-Lengbach, mit Holzhandel.

Christorf, Böhmen, Bunzl. Kr., ein Dorf.

Chwalna, Böhmen, Kaurz. Kr., ein Dorf.

Chwalschiny, Böhmen, Budw. Kr., ein Dorf.

Clana, Istrien, ein Dorf im Bzk. Castelnove und zur Hauptgemeinde Lippa gehörig, mit 119 Häuser und 733 Einwohner.

Coccaglio, Lombardie, Prov. Brescia und Distr. VIII, Chiari, Dazu gehören:
Fiumicello, Inguszano, Valenche nuove, e veccie, *Meiereien.*

Correzzola, dazu gehören noch:
Brealto, *Gasse.* — Brenta del Abba, Brenta, Cire, Conca d' Alluro, Villa del Bosco, *Dörfer.* — Valdi fora porzione, *Gemeindetheil.*

Coseano, Venedig, Provinz Friaul und Distr. II, S. Daniele, ein *Gemeindedorf* mit Vorstand und Pfarre S. Giacomo, dann 3 Oratorien, in der Ebene, von dem reissenden Corno, und anderen Strömen sehr gefährdet und v. den Gemeinden S. Vito di Fagagua, Dignano und Rive d' Arcano begrenzt, 4 Migl. von S. Daniele. Hierher gehören:
Baracetto, Cisterna, Coseanetto, Maserils, Nogaredo, *Gemeindetheile.*

Crönau, Böhmen, Budweis. Kr., ein Gericht und Dorf.

Lightning Source UK Ltd.
Milton Keynes UK
UKHW051829191218
333983UK00027B/461/P